2018广西经济社会调查报告

国家统计局广西调查总队　编

中国统计出版社
China Statistics Press

图书在版编目(CIP)数据

广西经济社会调查报告. 2018 / 国家统计局广西调查总队编. —北京:中国统计出版社, 2019.9
ISBN 978-7-5037-8950-2

Ⅰ. ①广… Ⅱ. ①国… Ⅲ. ①区域经济发展—调查报告—广西—2018 ②社会发展—调查报告—广西—2018 Ⅳ. ①F127.67

中国版本图书馆 CIP 数据核字(2019)第 182135 号

广西经济社会调查报告—2018

作　　者/ 国家统计局广西调查总队
责任编辑/ 李　冲
责任校对/ 黄茂平
装帧设计/ 陆　萍
出版发行/ 中国统计出版社
通信地址/ 北京市西城区月坛南街 57 号　邮政编码/100826
办公地址/ 北京市丰台区西三环南路甲 6 号　邮政编码/100073
电　　话/ 邮购(010)63376909　书店(010)68783171
网　　址/ http://www.zgtjcbs.com
印　　刷/ 广西民族印刷包装集团有限公司
经　　销/ 新华书店
开　　本/ 890mm×1240mm　1/16
字　　数/ 853 千字
印　　张/ 45
版　　别/ 2019 年 9 月第 1 版
版　　次/ 2019 年 9 月第 1 次印刷
定　　价/ 300.00 元

《2018广西经济社会调查报告》

编辑委员会和编辑工作人员

编者说明

2018年，国家统计局广西调查总队以习近平新时代中国特色社会主义思想为指导，认真贯彻落实党的十九大精神；以“党建质量年”为抓手，认真落实“党旗红·数据真”党建工作品牌建设工作部署；以实现综合调查工作“高点求进、高位求先”为目标，有力推动综合调查工作迈上新台阶。据统计，2018年全年编发调查信息、报告共编发566篇。其中，调查信息报告获得国家局《每日调查》采用19篇次；获中央“两办”采用10篇次；自治区党委办公厅采用57篇次，自治区政府办公厅采用76篇；获中央领导批示8篇，国家局领导批示14篇，自治区党政领导批示6篇次。2018年度，广西调查总队调查信息报告获国家统计局《每日调查》采用篇数排全国各总队第一位，在自治区党委、政府系统政务信息工作中成绩位列前茅。

《2018广西经济社会调查报告》全书收集了2018年度广西调查队系统开展的经济研究课题和部分统计调查分析报告文章，共127篇。全书按内容分为七个部分：第一部分“课题研究”篇，重点是经济研究课题以及反映广西经济社会发展的综合性调查报告；第二部分“城乡生活”篇，主要是反映城镇居民及农村居民生活情况等方面的调查报告；第三部分“农业农村篇”，主要是反映农业生产情况及农村经济发展等方面的调查报告；第四部分“价格调查篇”，主要是根据国家统计局、自治区党委政府办公厅的需求，以约稿调研的形式反映各个时期经济社会热点难点问题的调查报告；第五部分“企业调查篇”，主要是反映工业生产、企业监测、服务业调查等情况的调查报告；第六部分“约稿调研篇”，主要是常规调查业务以外反映广西及市、县域经济发展等情况的调查报告；第七部分“改革开放40年专题篇”，主是反映改革开放40年以来广西经济社会发展成就的专题分析研究报告。

由于编者水平有限，书中难免有疏漏和错误之处，敬请读者批评指正。

国家统计局广西调查总队

2019年8月

目 录

第一部分 课题研究篇

第二部分 城乡生活篇

第三部分　农业农村篇

第四部分 价格调查篇

第五部分　企业调查篇

第六部分 约稿调研篇

第七部分　“改革开放四十年”专题篇

第一部分

课题研究篇

乡村振兴战略背景下农民创业问题研究
——以广西为例

课题主持人： 施先文
课题组成员： 文 著 陈新华 陈战波 宋淑芳 宋钦年 赵西超 郑月波 蒋宏杰

一、引言

（一）研究背景

改革开放以来，广西农村经历了一波又一波改革热潮，农民创业发展方兴未艾。实行家庭联产承包责任制，调动了广大农民生产的积极性，一举解决了温饱问题。20世纪80年代，国家放宽农村工商业发展的限制，农村能人纷纷加入创业队伍，实现了乡村集体经济和乡镇企业“异军突起”，形成国民经济“三分天下有其一”的局面。1992年南方谈话之后，社会主义市场经济转型发展进一步加快，大量农村青壮年外出务工经商，出现了新一轮农村创业浪潮。党的十八大以来，国家大力实施创新驱动战略，积极推动大众创业、万众创新，农业农村经济新业态新模式蓬勃兴起，为务工返乡农民工、城镇下乡人员在农村创业提供了更多发展机会，也为新型职业农民创新创业提供了更大舞台，推动农村创新创业发展新热潮。

实施乡村振兴战略，是党的十九大作出的重大决策部署，是决胜全面建成小康社会、全面建设社会主义现代化国家的重大历史任务，是实现全体人民共同富裕的必然要求。农民是乡村振兴的主体，在相当长的时期内，农业经营中小规模的兼业农户仍然会占大多数，他们仍将是农业生产经营的主要组织形式，但农村外出务工人员数量多，青壮年多，对落实乡村振兴战略不太有利。据国家统计局广西调查总队调查结果显示，2014—2017年广西农民工总量分别为1211万人、1225万人、1231万人、1276万人。其中：本地农民工（本乡镇内）分别为282万人、301万人、333万人、354万人。农民工总量逐年增加趋势明显，本地农民工数量增速高于农民工总量增速，说明返乡创业的农民工在增加。因此，在实施乡村振兴战略中，调动农民创业热潮，显得尤为必要。

（二）文献综述及研究意义

创业是将各种创新元素转移到产品、服务中的社会化实现机制，是对经济社会中各种无效率和制度空洞问题的发现与化解。被誉为“现代管理学之父”的美国学者彼得.F.德鲁克指出，创业型经济是一种新的经济形态，创业型经济兴起的基础是创新与创业。全球创业管理大师拉里·法雷尔认为，未来全球经济的核心和关键变革力量就是“创业时代发展起来的创业型经济”。国外的创业研究方向主要是创业过程研究、创业行为研究、创业精神研究几个方面，涉及农民创业的研究较少。

随着中国经济进入新常态，创新创业正成为引领中国经济不断向更高层次发展的主要动力，“大众创新、万众创业”正成为中国经济发展新模式。农民创业是指具有创业精神的农民从事创业活动并为社会创造价值的过程，这一过程以家庭为依托，以所拥资源为手段，包括生产要素的新组合，从事生产和经营活动的新方法、新形式及新组织结构等。农民是中国三大主要创业群体之一。党的十九大提出实施乡村振兴战略，农民兴起全面创业热潮方兴未艾，将成为农民就业增收、农业发展、改变中国农村面貌重要推动力量。因此，农民创业问题理论实证研究受到学术界广泛的认可与关注。国内对农民创新创业研究有理论研究为主和实证研究为主。理论研究如王延荣创业机制及其架构，葛建新、宋克勤识别创业机会、组织各种资源提供产品和服务以创造价值的过程。郭军盈对农民创业研究较早且内容也比较丰富，他对农民创业进行理论分析与实证研究，把农民创业分为四种形式：资源开发型、自我创业型、集体创业型、打工—创业型。资源开发型属于安定型创业，农民职业变化不大，更多强调创业精神和创新活动，而不是创造新组织；自我创业型则进行非农产品开发和市场经营；集体创业属于冒险型创业，农民角色转换大，不确定性高，风险相对也大；打工—创业型则通过打工积累资金与技术，同时增强搜集信息、识别创业机会的能力，可分为复制型和模仿型创业。他同时研究了农民如何识别创业机会、影响创业的因素、农民创业的特征与区域差异等问题。其他国内的农民创业研究主要以地域实证研究为主。中国地域辽阔，各地经济社会情况发展不一，农民创业具有很大的差异。与京沪等发达地区创业最活跃地区和广东浙江等创业活跃地区相比，广西与宁夏等西部属于农民创业一般活跃地区，在创业环境、影响因素、面临的问题上仍然需要进一步深入研究。因此，对影响西部地区特别是广西的农民创业状况及其影响因素进行调查研究，有针对性地采取相应的政策措施，促进农民创业，打造创业经济，对实现农民增收，经济发展和乡村振兴具有十分重要的战略意义。

本文尝试以广西9个地级市的城区、11个县（市）共9844户农民创业调查数据为基础，分析广西农民创业认知、创业条件、创业能力、创业模式、影响因素、创业成效，研究乡村振兴战略背景下，适合广西实际情况的农民创业机制、政策和措施，为今后解决相关问题，制定创业政策引导与支持农民创业，推动农村一二三产业融合发展提供决策参考。

二、数据采集

（一）样本的选取

为了保证调查样本数据的代表性，

本课题选取了广西南宁、防城港、钦州、玉林、贵港、来宾、百色、崇左、贺州等9个地级市及合浦县、岑溪市、灵山县、浦北县、扶绥县、宜州市、南丹县、靖西市、马山县、都安县、大新县11个市县进行抽样调查。调查对象地域分布广，发达、中等和落后地区农业发展水平均有分布，兼顾了富裕、中等和贫困地区生活水平，抽中地区能较好地满足本课题收集调查单位数据的代表性。采集内容包括农民家庭基本信息、创业能力、对创业政策环境的认知程度、创业原因、创业信息来源、创业资金来源、创业经营模式、创业外部环境需求等。

（二）调查数据质量

1.信度。本文通过计算Cronbach's α系数来反映调查问卷结果的信度。SPSS分析得出：在64个变量中，基于标准化项的Cronbachs Alpha系数是0.680，在0.6—0.8之间，说明信度检验结果不错。

2.效度。效度是指所测量到的结果反映所想要考察内容的程度。本文是利用因子分析评价问卷的结构效度，SPSS分析显示：KMO的值是0.636，说明可以做因子分析。

3.样本的随机性。通过非参数检验中的游程检验来分析样本的随机性。SPSS检验显示，所有变量中，年龄、文化程度、外出打工的年收入、经营主体、交际能力、经营管理能力、相关创业经验技能、创业政策环境认知程度、创业增加收入、创业带领、农业合作组织介绍、婚姻、家庭人数、大学毕业人数、风险承担能力、创业机会识别能力、有合作社组织和协会等组织可以依靠、公司或企业带动等因素的p值大于0.05，不能拒绝原假设，说明这些因素有随机性，显示样本对总体具有很好的代表性。

三、广西农民创业现状分析

（一）调查样本结构分析

本次调查的9844人中，不具有创业意愿人数为9548人，占调查样本97.0%，创业人数为296人，占调查样本3.0%。在创业的296位农民中，男性236人，占79.7%；女性60人，占20.3%，男性明显高于女性，说明男性承担家庭主要收入来源，提高收入意愿更明显。创业农民年龄段主要集中在25~50岁之间，这类人群是返乡农民工主力军，具备一定知识技能，收入水平高于其他年龄段农民。文化程度方面，初中和高中文化水平的农民比例达79.7%，只有少数农民工拥有较高学历。

表1 创业农民基本情况

指标		百分比（%）
性别	女性	20.3
	男性	79.7
年龄	18~25岁	2.7
	25~30岁	12.5

续表

指标		百分比（%）
年龄	30~35岁	20.3
	35~40岁	22.3
	40~45岁	17.6
	45~50岁	14.9
	50岁以上	9.8
文化程度	小学及以下	9.8
	初中	51.0
	高中	28.7
	大专	9.5
	本科及以上	1.0
婚姻	未婚	7.8
	已婚	87.2
	离异	2.7
	丧偶	2.4

进一步分析创业农民家庭人口，人数一般分布在3~7人之间，4口、5口之家的农户占到的比例达52.7%，说明家庭有老人和儿童需要照顾，面对繁重家庭负担，此类调查者通常会主动寻找创业机会。

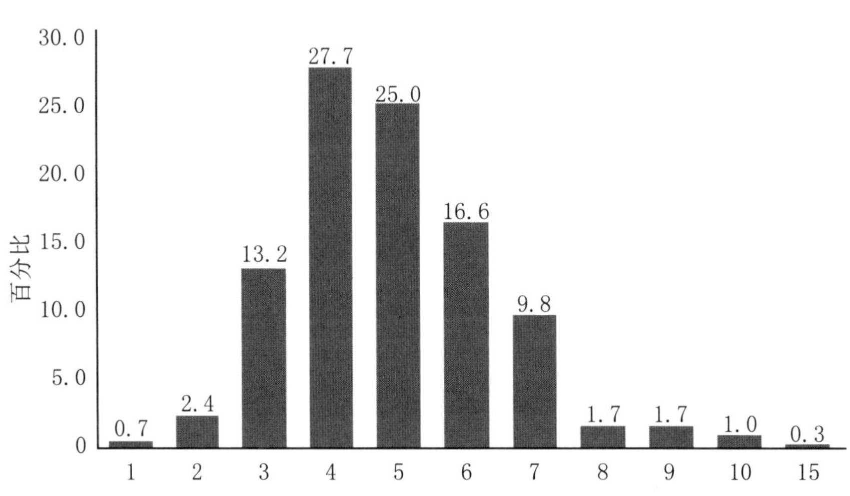

图1　创业农民家庭人口分布情况

计算家庭人口平均受教育时间（设定大学毕业受教育时间为16年，中专或高中为12年，初中为9年，小学为6年），按照创业农民的文化程度，分类画出箱线图（图2），可以看出创业农民受教育水平越高，家庭人口平均受教育水平越高。

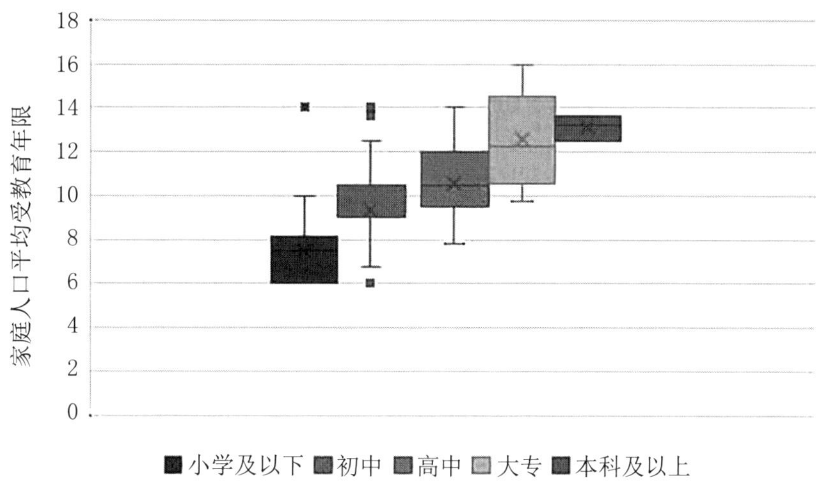

图2 创业农民受教育水平与家庭人口平均受教育年限箱线图

通过创业农民文化程度与外出打工年收入关联分析（表2），皮尔逊卡方统计量为68.835，在1%水平下拒绝原假设，可以认为创业农民文化程度与外出打工年收入之间不是独立的。观察列联表内容，可以看出，创业农民文化程度越高，外出打工的年收入落入高收入层次的可能性越大。

表2 创业农民文化程度与外出打工年收入列联表

文化程度		外出打工的年收入（万元）					合计
		2以下	2~4	4~6	6~8	10以上	
小学及以下	人数（人）	14	12	1		2	29
	比重（%）	48	41	3		7	100
初中	人数（人）	52	65	25	7	1	150
	比重（%）	35	43	17	5	1	100
高中	人数（人）	15	43	16	8	3	85
	比重（%）	18	51	19	9	4	100
大专	人数（人）	3	13	5	4	3	28
	比重（%）	11	46	18	14	11	100
本科及以上	人数（人）				1	2	3
	比重（%）				33	67	100

续表

文化程度		外出打工的年收入（万元）					合计
		2以下	2~4	4~6	6~8	10以上	
合计	人数（人）	84	133	47	20	11	295
	比重（%）	29	45	16	7	4	100

对创业农民从事的行业进行分类统计（图3）可以看出，种植业从业人员占比为44%，畜牧业从业人员占比为19%，渔业6%、林业4%、农业服务业4%，值得注意的是仍有23%的创业农民从事电子商务、运输服务、建筑、广告安装、个体服装经营、批发零售等商业服务行业。男性调查者偏向于种植业和畜牧业创业，而女性调查者偏向于农业服务业和其他行业创业。

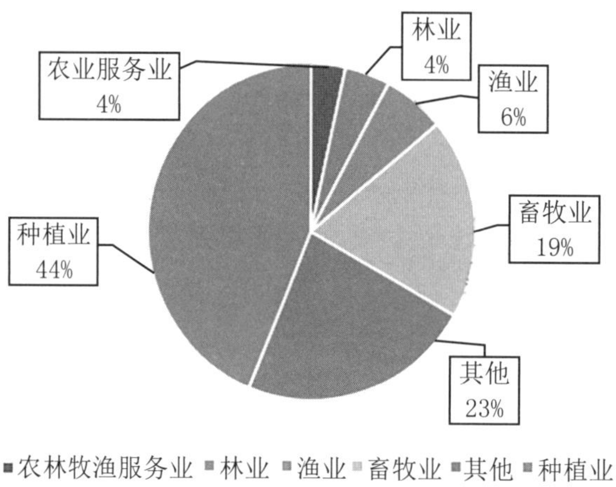

图3　创业农民目前从事行业

创业农民中所属的职业农民占到34%、种养大户占到21%、专业合作社7%、农业企业2%、家庭农场主2%，其他经营主体，占到34%（图4）。

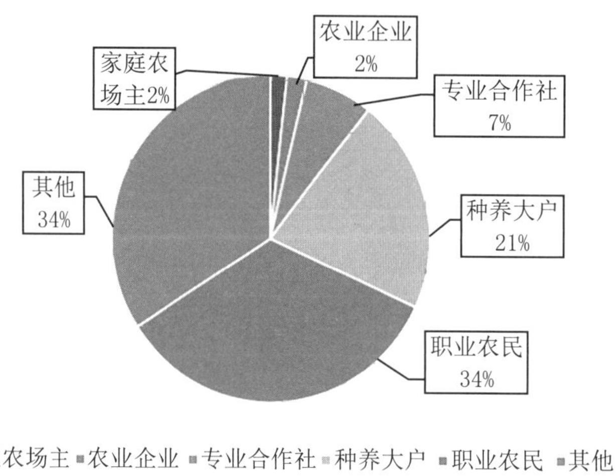

图4　创业农民所属农业经营主体

（二）广西农民创业动力及能力情况分析

1.创业原因分析。对创业原因，75.0%创业者选择“创业增加收入”，54.1%选择“打工不是长久之计”，50.3%选择“方便在家照顾老人和孩子”。而有政府支持、有银行贷款支持、有合作社组织和协会等组织可以依靠等，被选择次数较低，均在25%以下，这与农民工对于返乡创业政策环境认知程度不足，对政策支持信心不够有关。将创业农民收入分为五类，统计各收入段人群选择创业原因，得出创业增加收入、打工不是长久之计、方便在家照顾老人和孩子均是排名前三的原因。而“可以兼顾耕种家里的田地”在低收入群体中比较重要，但随着收入水平提高，选择此原因的人数减少，主要是高收入群体收入来源中土地收入占比较低（图5）。

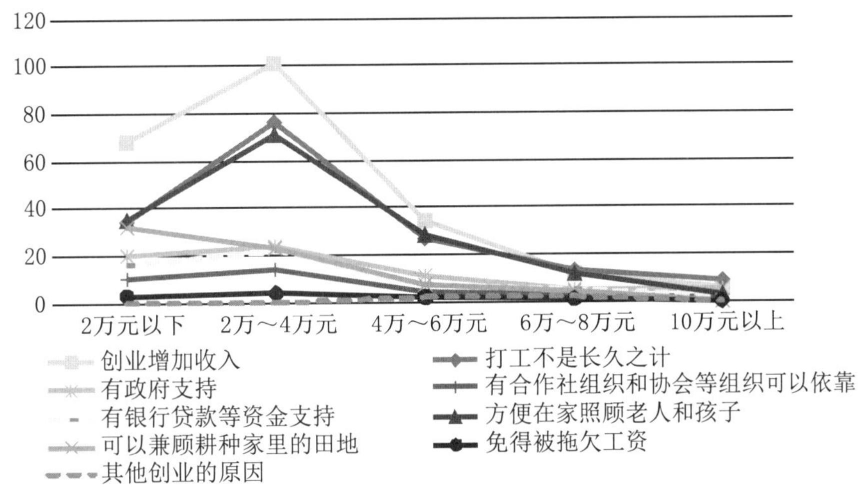

图5 按照年收入分类统计创业原因差异

2.创业能力分析。根据调查对象创业能力自我评价，广西创业农民五种能力和技能评价分值在3.16～3.43之间（表3），处于一般水平之上，说明农民创业具有最直接内生动力。采用Spearman秩相关分析子能力之间相关性，可以看到各子能力之间秩相关系数均在5%水平上显著，相关创业经验技能与创业机会识别能力的秩相关系数达到0.765，创业机会识别能力与风险承担能力的秩相关系数达到0.62，经营管理能力与交际能力的秩相关系数达到0.564（表4）。因此，可以看出，创业经验技能帮助创业者识别创业机会，创业机会同时也意味着承担创业风险，提高创业过程中经营管理能力是降低创业风险手段，而交际能力又是经营管理能力重要组成部分。

表3 创业能力评价

创业能力	最小值	最大值	平均值	偏度		峰度	
	统计	统计	统计	统计	标准误差	统计	标准误差
交际能力	1	5	3.43	0.307	0.142	0.632	0.282

续表

创业能力	最小值	最大值	平均值	偏度		峰度	
	统计	统计	统计	统计	标准误差	统计	标准误差
经营管理能力	1	5	3.40	0.289	0.142	0.276	0.282
风险承担能力	1	5	3.16	0.007	0.142	1.104	0.282
创业机会识别能力	1	5	3.30	0.018	0.142	0.458	0.282
相关创业经验技能	1	5	3.25	-0.073	0.142	0.381	0.282

表4 Spearman秩相关分析

创业能力		交际能力	经营管理能力	风险承担能力	创业机会识别能力	相关创业经验技能
交际能力	相关系数	1	0.564**	0.387**	0.453**	0.375**
	显著性	.	.000	.000	.000	.000
经营管理能力	相关系数	0.564**	1	0.482**	0.575**	0.569**
	显著性	.000	.	.000	.000	.000
风险承担能力	相关系数	0.387**	0.482**	1	0.620**	0.523**
	显著性	.000	.000	.	.000	.000
创业机会识别能力	相关系数	0.453**	0.575**	0.620**	1	0.765**
	显著性	.000	.000	.000	.	.000
相关创业经验技能	相关系数	0.375**	0.569**	0.523**	0.765**	1
	显著性	.000	.000	.000	.000	.

（三）广西农民创业影响因素分析

1.创业政策认知分析。农民工在返乡创业政策环境的认知程度中，表示“完全不了解”占14.2%，“不怎么了解”占32.4%，“一般”占30.4%，“较为了解”占20.9%，“完全了解”占2%，表明广西大部分创业农民存在创业政策环境认知不足的问题。因此，重视返乡农民工创业引导扶持宣传工作，鼓励农民工在当地创业显得十分重要。

2.创业信息来源。创业信息获取方面，54.4%的创业农民表示通过“亲戚朋友介绍”，46.3%是“打工积累的经验技术”，而“政府带领”（18.9%），“从报纸电视广告得到信息”（11.5%），“农业合作组织介绍”（9.5%），“公司或企业带动”（7.8%）占比较低，表明创业农民接受创业信息较为被动，且有怀疑、犹豫心理。分别统计创业农民各文化程度人群获取创业信息来源差异得出，“亲戚朋友介绍”“打工积累的经验技术”均是排名前两位的来源。

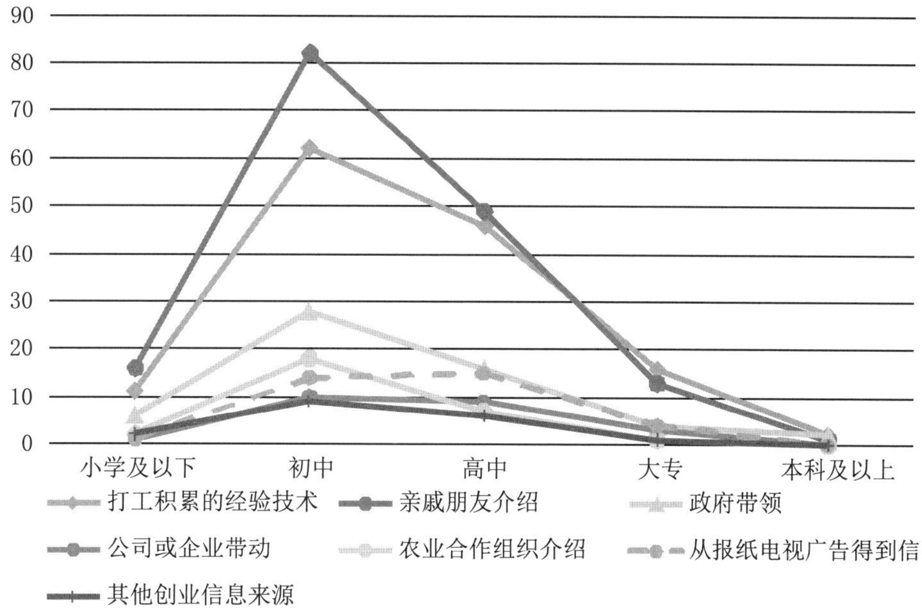

图6 按照文化程度分类统计创业信息来源差异

3.创业资金来源。创业农民创业资金来源认同“自己家庭的积蓄”选项的占78.4%，“向亲戚朋友借款”占47.3%，“向银行贷款”占35.8%，而“政府创业补助款”（13.5%）“征地补偿费和其他政府转移收入”（3.7%）认同率不高。无论是按照农业经营主体分类还是按照从事农业行业分类，各类人群对于创业资金来源认同率趋势较为一致（图7、图8）。

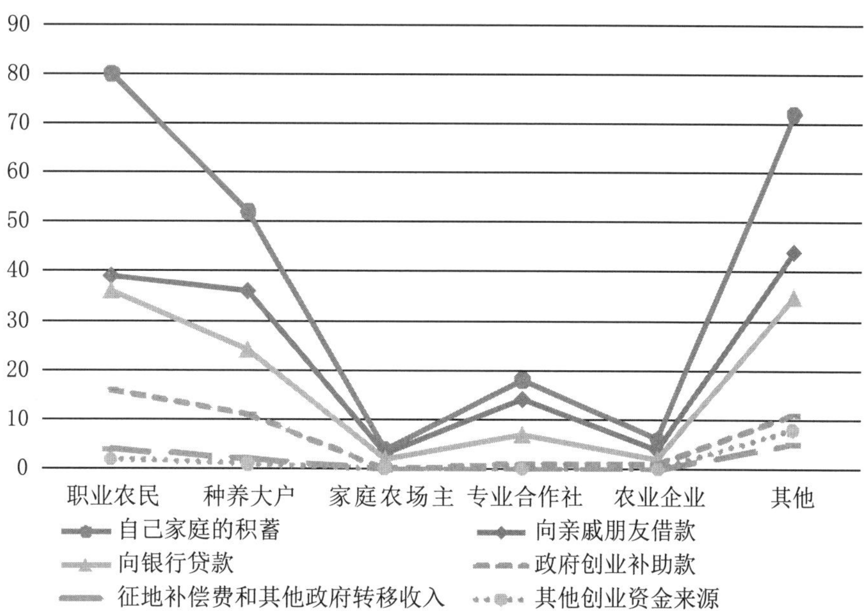

图7 按照农业经营主体分类统计创业资金来源差异

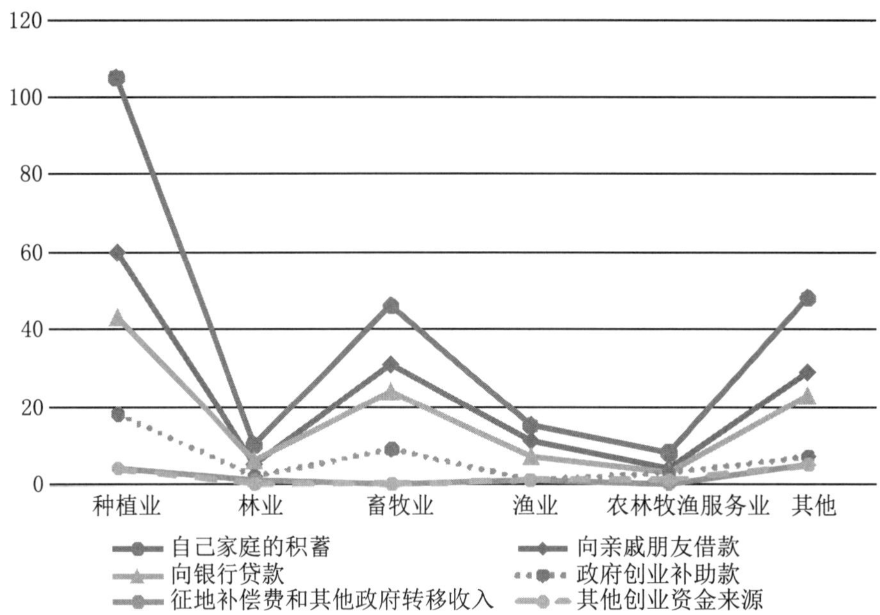

图8　按照从事农业行业分类统计创业资金来源差异

（四）广西农民创业行业和模式分析

创业农民选择相对较多的行业是种植业，占33.9%，畜牧业占25.2%，其他占19.4%，而农业服务业、渔业、林业分别只有8.9%、8.9%、4.2%，说明创业者在创业过程中会参考相关创业经验技能及考虑风险承担能力，选择在自身从事的行业中进行创业。

通过创业经营模式统计发现，71.9%的创业者选择“家庭经营”“个体经营”，而选择“公司+合作社+农户”（12.0%）“合伙创业”（11%）“公司+基地+农户”（7.5%）“公司+农户”（3.8%）模式比例较低，说明广西农村的生产还是小农户生产方式，不利于生产规模化和农业高新技术的应用。对于较为新兴的新型生产模式，农户难以在短期内接受，这与其依赖“亲戚朋友介绍”“打工积累的经验技术”等创业信息接受途径相关，不可避免地阻碍了新兴创业模式的发展。

（五）广西农民创业环境和效果分析

1. 社会化服务需求。57%的创业者选择“资金和金融服务支持”，43.7%选择“政府提供基础设施建设”，40.6%选择“技术推广的服务”，32.2选择“提供信息服务”“生产前的生产资料供应”，29.0%选择“生产中期的服务”，26.2%“生产后期的服务”，21.0%“政策和法律服务”，说明创业农民对社会化服务的需求是多元的、具体的。

2. 外部环境支持。认同需要政府政策扶持的创业者高达74.3%、认同银行贷款支持达61.1%，说明政策扶持力度需加强。需要专家技术指导和培训为43.4%、需要市场销售支持达35.4%，创业农民迫切需要生产过程技术指导，提高产品市场竞争力。

从经营主体创业需求来看，职业农民、种养大户、家庭农场主和专业合作社最需要的是政府政策扶持，依次是银行贷款支持、专家技术指导和培训市场销售支持；农业企业最需要的是银行贷款支持，依次是政府政策扶持、经营风险的保障保险、专家技术指导和培训和市场销售支持。

3. 创业项目所需就业人数和收入估计。由于调查对象不同，其创业目标是存在显著差异的，因此，对需要的就业人数和估计收入也相差较大。调查显示，创业所需就业人数最少为0人，最多为200人，创业预计收入最少为5000元，最多为5000万元。总体而言，每一经营单位平均需要6.9个就业人数，每一经营单位估计带来的收入为37.4万元。由于调查的数据不呈正态分布，创业需要的就业人数和估计带来的收入的偏度为7.4和16.3，数据严重偏右。

从调查的单位类型需要的就业人数和收入看，最高是其他经营单位，平均每一单位需要的就业人数和估计带来的收入分别为8.3人和93.6万元，种植业分别为8人和22.5万元；林业分别为4人和14.5万元；畜牧业分别为4.8人和20.7万元；渔业分别为3人和18.9万元；农业服务业分别为6.4人和14.7万元。

四、乡村振兴战略背景下广西农民创业实证研究

（一）广西农业经营主体多样化与创业的关系

调查分析表明，农业经营主体（包括职业农民、种养大户、家庭农场主、专业合作社、农业企业）是农民创业的主战场。调查显示，不同经营主体的创业平均收入呈现农业企业＞其他经营＞专业合作社＞家庭农场主＞种养大户＞职业农民，创业需要的平均就业人数呈现农业企业＞其他经营＞专业合作社＞职业农民＞种养大户＞家庭农场主的趋势，表明农业企业、其他经营、专业合作社等经营主体的发展质量较好。在农业经营主体中，以从事传统农业经营的职业农民居多，收入水平偏低，而承接农村就业能力强，收入水平较高的现代农业经营主体较少，说明农村的创业潜力大、空间广。因此，要积极支持现代农业经营主体创业，扩大规模，吸纳更多劳动力就业，要引导职业农民、种养大户积极向就业能力强、收入水平高的农业经营主体转型。

表5　各经营主体估算就业人数及收入情况

农业经营主体	每一创业单位估计带来的收入（万元）	每一创业单位需要的就业人数（人）
职业农民	11.893	5.37
种养大户	18.913	4.49
家庭农场主	22.08	4.2
专业合作社	29.15	6.7
农业企业	139.167	39.5

续表

农业经营主体	每一创业单位估计带来的收入（万元）	每一创业单位需要的就业人数（人）
其他经营	71.543	8.23
总计	37.399	6.91

不同的农业经营主体在创业发展中受到的影响因素是有差异的。本文以经营主体为因变量，以性别、年龄、文化程度、婚姻、外出打工的年收入、目前从事农业的行业、创业能力、创业政策环境的认知程度、创业信息来源、创业资金来源、创业项目会需要的社会化服务、希望在创业中得到的帮助、创业需要的就业人数和创业估计带来的收入作为协变量，进行多项logistic回归。SPSS分析显示，显著性水平低于0.05，模型选择正确。利用降階模型的-2对数概似值对调查问卷各指标进行概似比测试，结果表明，各经营主体的创业与个人的性别、年龄、文化程度、外出打工的收入、创业能力、信息来源和周围环境的引导，以及政府给予的资金、设施和配套政策的支持、技术服务等都有显著的相关性。因此，政府应从上述指标来甄别创业者意愿，完善税收政策、资金贷款制度、配套设施以及技术服务等方面工作，支持农民创业。

进一步分析农业经营主体社会化服务需求度可以看出：

1.经营主体规模越大需要社会化服务水平越高。以公司形式参与的农业经营主体对各种社会化服务需求度最高，这是公司扩大规模和健康持续发展的基本保障。因此，农村创业保持可持续良性发展，需以公司形式参与的模式推进。

2.资金和金融服务支持是大多数农业经营主体的第一需求，说明融资环境是制约农民创业和农业发展的最大因素。

3.政府提供基础设施建设是影响农业经营模式第二大因素，对规模化生产的经营主体影响大，对小规模生产的职业农民影响相对较弱，因此，引导农民创业向新型农业经营主体转型发展必须加强基础设施建设。

4.其他经营主体占相当大的比例，占比达34%，从事电子商务、食品销售、农资销售、农家乐、农家饭店、食品加工、运输服务、建筑、广告安装、个体服装经营、批发零售等商业服务行业，所以对农业生产前、中、后的服务需求都普遍最低，但对资金和金融服务支持、提供信息服务、政策和法律服务、税收政策优惠、经营风险的保障保险需要都比其他主体需求高，充分体现其服务农业产业的广泛社会服务需求，也充分体现农业现代化发展需要农业经营主体多样化的趋势。

因此，农户经营主体要向专业合作社和农业企业发展，培育多样化的经营主体，不但是广西农业现代化发展和提高农业竞争力的要求，也是乡村振兴战略背景下扩大农民创业和提高收入的重要途径和手段。

表6 各类经营主体社会化服务需求情况表

所属经营主体		政府提供基础设施建设	技术推广的服务	资金和金融服务支持	提供信息服务	政策和法律服务	生产前的生产资料供应	生产中期的服务	生产后期的服务	合计
职业农民	人数	40	40	54	25	12	45	30	27	101
	比重%	39.6	39.6	53.5	24.8	11.9%	44.6	29.7	26.7	—
种养大户	人数	29	34	28	18	13	21	23	19	62
	比重%	46.8	54.8	45.2	29.0	21.0	33.9	37.1	30.6	—
家庭农场主	人数	2	2	3	2	1	3	3	1	5
	比重%	40.0	40.0	60.0	40.0	20.0	60.0	60.0	20.0	—
专业合作社	人数	12	9	12	6	3	3	5	6	19
	比重%	63.2	47.4	63.2	31.6	15.8	15.8	26.3	31.6	—
农业企业	人数	3	2	3	1	4	1	2	2	5
	比重%	60.0	40.0	60.0	20.0	80.0	20.0	40.0	40.0	—
其他经营	人数	39	29	63	40	27	19	20	20	94
	比重%	41.5	30.9	67.0	42.6	28.7	20.2	21.3	21.3	—
合计		125	116	163	92	60	92	83	75	286

（二）广西小农户创业与现代农业经营组织发展关系

1.创业经营模式分析。在创业经营模式中，选择家庭经营占37.3%，个体经营和合伙创业，分别占34.6%和11%。以个体经营和家庭经营为代表的小农户传统经营占了全部经营组织的71.9%，现代农业经营组织为代表的规模化专业化经营的注册有限公司只占2.1%，而界于现代与传统的公司+农户、公司+基地+农户、公司+合作社+农户和合伙创业经营模式占23.1%，要实现乡村振兴，如何将分散的小农户与现代农业发展有机衔接？如何将条块分割的土地连片规模经营？如何使现代农业技术有效应用于农业生产中？需要一个关键的角色——新型农业经营主体，将小农户生产向公司+合作社+农户以及公司化方向发展，走规模化经营的路子。调查分析表明，注册有限公司每一创业单位需要的就业人数为75.3人，每一创业单位估计带来的收入为936.67万元，分别是公司+基地+农户需要的就业人数和带来收入的12倍和10倍，是个体经营需要的就业人数和带来收入的24倍和84倍。通过多层感知器神经网络模型预测，并与实际观测数据项比较，说明注册有限公司的预测正确率最高，其后分别是公司+农户、个体经营、家庭经营。所以，调整创业经营模式，应该尽量往现代经营模式的注册有限公司和公司+农户方向转变。

表7　创业经营模式

创业经营模式	样本数（个）	比重（%）	每一创业单位需要的就业人数（人）	每一创业单位估计带来的收入（万元）
公司+农户	11	3.8	40.09	36.55
公司+基地+农户	11	3.8	5.64	85.18
公司+合作社+农户	13	4.5	5.69	22.86
个体经营	101	34.6	2.99	10.93
家庭经营	109	37.3	3.8	12.97
合伙创业	32	11	7.75	32.41
注册有限公司	6	2.1	75.33	936.67
其他创业经营模式	9	3.1	3	14.28
合计	292	100	6.94	37.65

2.不同经营模式下创业影响因素分析。利用SPSS中多层感知器神经网络模型，对农业经营主体进行分类。删除样本较少，模型预测效果较差“家庭农场主”“农业企业”“专业合作社”的样本，并剔除部分缺失数据，最终有效样本为202，其中151个样本用作训练集，51个样本用作测试集。在输入层设置上，选取性别、年龄、文化程度、婚姻、目前从事农业行业、创业政策环境的认知程度、创业经营模式作为因子，选取家庭人数、大学毕业人数、中专或高中人数、初中人数、小学人数、外出打工的年收入、创业需要的就业人数、创业估计带来的收入作为协变量，得出输入层神经元个数44个，存在一个隐藏层，隐藏层神经元个数为2个，输出层神经元个数为3个。模型摘要显示，训练集预测错误概率为22.5%，测试集预测错误概率为33.3%。分类预测结果显示，无论在训练集还是测试集，对于“职业农民”“其它”预测正确率都在70%以上，而对“种养大户”预测能力相对较弱，但仍能达到50%以上。

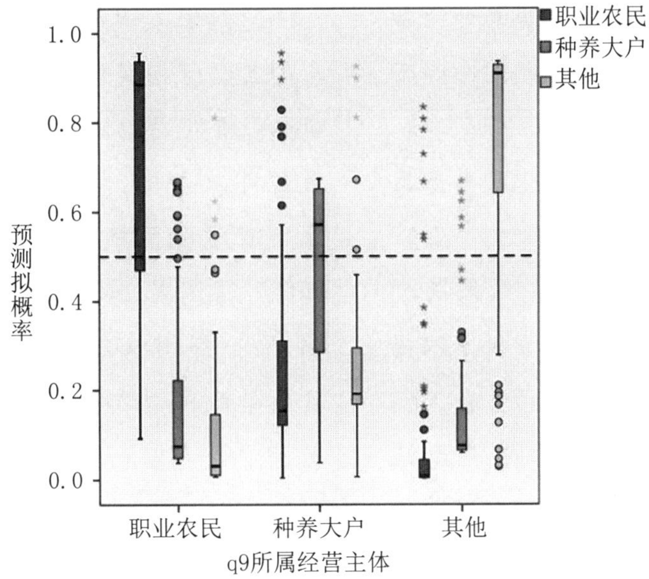

图9 预测—实测图

观察预测—实测图，按照所属经营主体与预测结果进行分组，纵坐标为预测概率。以0.5为分界时，发现模型对于“职业农民”“种养大户”“其它”的识别效果均较好。

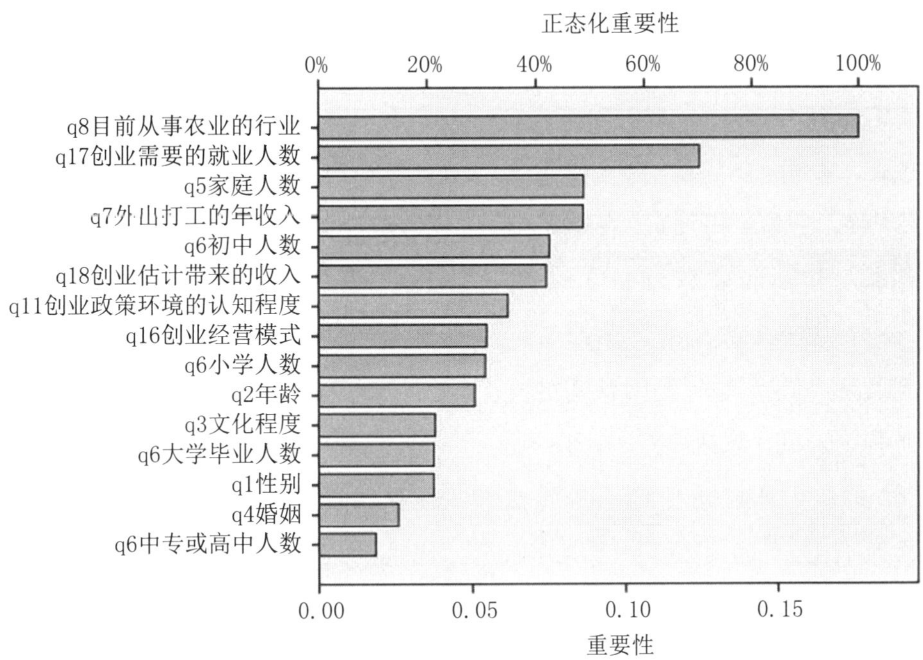

图10 自变量重要性图

从自变量重要性排序可以看到，“目前从事农业的行业”“创业需要的就业人数”“家庭人数”“外出打工的年收入”对于神经网络如何对调查对象经营模式进行分类有重大影响，说明当前农户在选择经营模式时，通常要立足于从事行业，考虑家庭中的劳动力数量，同时会与外出务工收入对比，来决定是否扩大或缩小经营模式。

（三）构建新型农业社会化服务体系与创业的关系

运用社会化服务类型调查结果与创业经营模式调查结果进行交叉分析，以揭示社会化服务类型与创业模式的关系。交叉分析结果显示，在政府提供基础设施建设服务类型中，公司+农户创业经营模式需求度最高，占比达72.7%，其次是公司+合作社+农户，占比达61.5%，说明以公司为依托的运营机制对基础设施建设要求最高。在技术推广服务类型方面，需求度比较高的依次是公司+农户、公司+基地+农户、公司+合作社+农户，分别达到63.6%、54.5%、46.2%。在资金和金融服务方面，需求度较高的分别为公司+农户、合伙创业、公司+合作社+农户，占比分别达到72.7%、71%、63.6%。在信息服务方面，需求度较高的分别为公司+合作社+农户、公司+基地+农户、个体经营。在政策法律服务方面，需求度比较高的是注册有限公司、公司+基地+农户、公司+合作社+农户。在生产前的生产资料供应方面，需求度比较高的是公司+基地+农户、家庭经营、公司+合作社+农户。在生产中期的服务方面，需求度比较高的是公司+基地+农户、家庭经营、合伙创业。在生产后期的服务方面，需求度比较高的是公司+基地+农户、公司+农户、公司+合作社+农户。

通过社会化帮助服务类型调查结果与创业经营模式调查结果进行交叉分析，观察社会化帮助服务类型与创业模式的关系，可以看出，在政府政策扶持方面，注册有限公司经营模式需求度最高，达100%，其次是公司+合作社+农户，占比达84.6%，说明以公司为依托的运营机制对政府的政策扶持非常需要。在银行贷款支持方面，需求度比较高的依次是公司+合作社+农户、公司+农户、合伙创业，分别达到84.5%、72.7%、71.9%。在专家技术指导和培训方面，需求度较高的分别为公司+基地+农户、公司+合作社+农户、公司+农户，占比分别达到81.8%、61.5%、54.5%。在税收政策优惠方面，需求度较高的分别为注册有限公司、公司+合作社+农户、公司+基地+农户。在市场销售支持方面，需求度比较高的是公司+基地+农户、公司+合作社+农户、家庭经营。在经营风险保障保险方面，需求度比较高的是公司+基地+农户、公司+合作社+农户、注册有限公司。

综上所述，可以得出如下基本结论：

一是创业者所有经营模式都把政府政策扶持作为第一需求，政府方便的服务、优惠的政策、激励的措施是推动农民创业发展和成功的主要因素。

二是大多数农业经营模式都把银行贷款支持作为第二需求，创业资金短缺是制约农民创业发展壮大的重要因素。

三是由于农户的文化和技术水平低，难以适应日益增长的新技术更新的需要，在个体经营以及与公司合作中对专家技术指导和技术培训有很高的期望值，需要加快建设知识型、技能型、创新型农业经营者队伍。

四是经营模式内部组织越复杂需要社会化服务帮助要求越高，公司+合作社+农户模式在调查的7项需要社会帮助的需求率都排在前两位，而组织结构单一的个体经营需要社会帮助需求率没有一项能进入前三位。

五是要调动农民的积极性、主动性、创造性，鼓励小农户生产者、农户经营主体做大做强，向公司+合作社+农户以及公司化方向发展，走规模化经营的路子，推动农业由想方设法增产转向努力提高质量上来，促进小农户和现代农业发展有机衔接。

六是要通过培育多样化的经营主体，扩大农民创业途径，吸纳更多劳动力就业，进一步拓宽农民增收渠道，促进农民持续增收。

五、乡村振兴战略背景下广西农民创业的对策及建议

（一）进一步加强创业信息的引导，解决好信息不对称问题

近年来，在“全民创业，万众创新”“振兴乡村”背景下，中央出台了许多强农支农惠农政策，支持鼓励农民创业发展，各地政府也制定了一系列支持农民创业发展的扶持优惠政策，但宣传力度不够，落实效率不佳，许多创业农民对政策知之甚少，理解的更少，很容易引起农民创业政策信息不对称、市场信息不对称的问题，导致农民盲目创业，加大创业的市场风险。因此，政府应为农民创业搭建快捷、便利、透明的信息平台，丰富政策宣传手段和解读方式，扩大政策的公开程度、政策的知情范围，提高政策宣传的效果，帮助具有创业意愿的农民及时正确理解掌握政策，用活用足有关优惠扶持政策，实现创业与创业信息的有效对接，避免重复创业浪费投资，降低创业的市场风险。

（二）进一步加强产业政策的引导，促进多样化创业经营主体发展

政府应通过政策引导、资金扶持和技术支持，培育各类专业化市场化服务组织，推进农业生产全程社会化服务，统筹兼顾培育新型农业经营主体和扶持小农户，把小农生产培育成进行规模化和专业化生产的中坚力量，提升小农户组织化程度，引导小农生产走上现代农业发展轨道，促进传统农业向现代农业的转化。同时，在立足农村、农业的基础上，进一步拓展农民创业空间，把农民创业引向特色多元、新产业新业态、振兴当地产业经济的方向发展。从广西的实际出发，应大力发展与农业农村相关的配套产业。如：利用广西自然生态环境的优势，发展有市场前景、地方特色、三产融合的绿色商品农业；利用“山清水秀生态美”，26个县（市、区）被授予“中国长寿之乡”称号的优势，发展养生长寿健康产业；开发各地乡村、乡土、乡韵潜在价值，发展

休闲农业、林下经济和乡村旅游；以少数民族特色村镇为平台和载体，发展民族风情旅游业；从信息化和流通服务入手，发展“互联网+农产品”的农村电商经济，等等。

（三）推动农业适度规模经营健康有序发展

事实证明，适度规模化经营在农业增效、农民增收、农技推广和提高农业现代化水平方面发挥着不可替代的作用。从长远发展方向看，适度的规模化经营是实现农业现代化的根本出路。同时，不同资源禀赋、经济水平、要素构成和政策环境等影响下的农业适度规模路径不尽相同，因此，要在满足不同农业经营主体基本利益诉求的基础上，因地制宜、分类施策地推进农业适度规模经营。受广西贫困地区面积大、经济发展滞后，土地分散、细碎化程度较高的区情，以及农民创业资金有限、创业行业集中于劳动密集型传统产业的特点影响，广西农民创业的模式中，个体经营模式的占比非常大。因此，要从广西的实际情况出发，紧密结合民众意愿，顺应农业经济规律，适时推进农业规模经营，推动多种形式农业适度规模经营健康有序发展。适度规模经营重在对“度”的把控，如对一些贫困山区，可以继续保留其小规模分散经营模式，在确保满足农民基本生存需求的基础上，通过三产适度融合开发促进提升农业经营效益。

（四）积极培育新型农业经营主体

分析结果表明，广西农业经营主体中，职业农民和其他经营主体居多，种养大户其次，专业合作社再次，家庭农场主、农业企业较少。可见，农业经营还是以传统经营主体为主，现代的农业经营主体较少。而不同经营主体的创业估计平均收入总的来看，农业企业及其他的经营主体创业可为社会经济带来较高的收入，创造更多的就业岗位。因此，要加大扶持力度，使之不断发展壮大；要鼓励支持职业农民、家庭农场主、专业合作社、农业企业联合体的发展，注重发挥新型农业经营主体在产品品质、市场、品牌、设施的带动作用，构建集约化、专业化、组织化、社会化相结合的新型农业经营体系，实现家庭经营、合作经营、集体经营、企业经营共同发展。

广西城镇低收入居民家庭现状、问题及建议

课题主持人： 黄茂平
课题组成员： 史　进　汤宗健　金德泉　李兰澜
施杨勇　陈　雨　郑雯月

摘要： 中国经济在改革开放几十年里飞速发展，经济总量不断提升，公共设施逐渐完善，居民收入水平持续增长。但是随着经济体制改革的深入和收入分配体制的发展，居民收入差距不断扩大，城镇贫困问题日趋明显。近年来，国家对低收入群体问题的关注越来越多，党的十八届五中全会明确要将到2020年全面建成小康社会，作为我们党确定的“两个一百年”奋斗目标的第一个百年奋斗目标。要解决区域性整体贫困问题，补齐民生短板，我们必须加大对城镇低收入群体的研究力度。广西在地缘上位处中国南疆，属于亟待振兴、处在崛起进程中的省份，其城镇贫困的体现较为典型，具有一定研究价值。

本文在借鉴与吸收国内外专家学者关于城镇低收入家庭产生原因与应对措施的研究成果的基础上，通过问卷调研与深度访谈，以城镇低收入家庭为对象，从家庭户规模、收入来源与消费支出、从业者年龄结构、文化程度、从业特征、住房情况、生活展望等多个方面对城镇低收入家庭的现状进行全面细致地分析，从宏观与微观两方面来深入探讨城镇贫困产生的原因，继而结合广西实际情况，分析城镇社会救助工作取得的成绩与存在的主要不足。在上述分析的基础上提出改善广西城镇低收入家庭生活状况具体的对策建议：保持经济快速增长，拓展新的就业领域是增加低收入群体收入的关键；要建立公平合理的收入分配制度；完善城镇社会保障体系，提高保障标准；提升低收入群体自我发展能力；建立城镇低收入群体增收工作管理机制。

关键词： 城镇家庭　低收入　实证分析　对策建议

一、绪论

（一）选题背景及研究意义

20世纪90年代以来，中国开始了经济体制转轨和社会结构转型的“两个转变”，从而引发城镇居民下岗再就业、失业及福利保障的变革，新的城市利益格局开始建构，社会结构、生活方式、就业途径等均发生了巨大变化，导致城市出现数量众多的低收入群体，日益凸显成为社会经济生活中的突出问题。

近年来，随着中国社会保障工作的强化，城镇低收入群体的生活状况得到较大改善，但同时与之伴随的是高收入群体和低收入群体差距仍呈逐步扩大趋势，就业再就业较困难，医疗、住房和教育负担过重仍是困扰当前城镇低收入群体生活的主要问题，受到广泛关注。

“十二五”规划纲要中指出：要“促进经济长期平稳较快发展和社会和谐稳定，为全面建成小康社会打下具有决定性意义的基础”，为使“基础更牢固”，则全社会都必须重点关注生活需要明显改善的、收入水平低的群体。“十三五”规划纲要中进一步明确：要“实行有利于缩小收入差距的政策，明显增加低收入者劳动收入，扩大中等收入者比重”“建立健全更加公平、更可持续的社会保障制度”。由此可见，在全面建设小康社会的关键时期，城镇低收入群体是难点和关切点，关注低收入群体、减少收入差距、切实维护社会和谐已经成为从中央到地方各级政府共同的目标，是构筑“中国梦”的关键。

只有深入了解低收入群体的生活现状、原因以及未来的发展趋势，我们才能够制定针对性的有效的政策来解决低收入群体所带来的不利影响，真正做到和谐社会、可持续发展。广西属西部经济欠发达省份，总体发展水平不高，贫困问题较为复杂。立足广西实际情况，借鉴现有理论成果，全面梳理分析城镇低收入家庭特征及影响因素，并提出相应的对策和扶贫方法，使社会各个阶层的群体都能够共享发展的红利，在当前具有积极的现实意义。同时研究结果对于拓展城镇居民低收入问题的研究范围、丰富城镇低收入问题的理论研究也具有一定的现实意义。

（二）国内外研究状况综述

1.国外研究

对贫困测定的研究：国外对于低收入群体收入水平的研究多集中于贫困问题的研究。英国经济学家朗特里（Rowntree，1901）经过调查得出的结论是：家庭总收入如果不足以支付家庭生活必需品，即认定为贫困。这在经济学上第一次清晰的量化了贫困的定义。阿玛蒂亚·森（Amartya Sen，1999）进一步指出贫困不仅仅指收入低下，更是指个人能力的缺乏。德国社会学家马克斯·韦伯（M.Weber）关于社会分层标准的研究最为典型。其理论的核心是划分社会层次结构所必须依据的三重标准，即财富（Wealth）—经济标准、威望（Prestige）—社会标准、权力（Power）—政治标准，通常将位于社会最底层的一部分人群界定为城市贫困阶层。瑞典学者米达尔（Myrdal，1962）指出在富裕的美国社会正在形成一个由失业者、潜在失业者和隐性失业者组成的社会最底层的贫穷阶级。内森（Nathan，1987）在调查了百座大城市后，提出底层阶级的广义和狭义两种界定方法。社会学家威尔逊（Wilson，1978；1987）解释说“底层阶级”包括一组人群，他们缺乏劳动技能，或是经历长期失业，或是非劳动力，也包括那些从事街头犯罪和其他脱轨行为的人，还包括那些经历了长期贫困而依赖社会福利保障的家庭。

对收入分配问题的研究：低收入的本质还是收入问题，在国外，收入分配理论被视为西方经济学中非常重要的一部分。美国经济学家西蒙·史密斯·库兹涅茨（Simon. Smith. Kuznets，1955）在大量数据研究的基础上发现了收入分配状况随经济发展过程而变化的曲线——倒U型曲线（又叫库兹涅茨曲线），认为随着经济的发展，居民收入分配呈现出“先恶化，再改善”的倒U型，它关注的是整个宏观经济。另外一条研究主流基本上源于帕累托，它将收入分配研究引入到微观研究领域，运用统计方法，根据各个不同社会特征的个人或家庭社会平均收入偏移的状况，分析个人或家庭的相对收入差异，集中研究的是内生决定收入模式。

对城市贫困成因的研究：美国学者刘易斯（Lewis，1996）通过对墨西哥、波多黎各贫民窟的调查，在1950至1960年提出了关于“贫困文化”的著名理论。他认为贫困者由于脱离社会主流文化，往往表现出独特的价值观念与生活方式，这种文化由于贫困阶层的内部交往，而得以强化并世代传递。他强调的是个人及家庭的原因是城市贫困产生的根源。而贫困文化观的批评者认为，不是文化价值观而是社会不公正引起了贫困，他们认为社会制度结构等客观因素，例如权力、财富及其他资源分配的不平等，造成了贫困在家庭中的世代传递。

对反贫困策略的研究：随着城市贫困成为世界性的突出问题受到国际社会的普遍关注，各个国家和地方政府都对城市贫困采取了相应的解决对策。主要对策之一是扩大就业，斯泰克（Stack，1978）指出通过促进收入的均衡分配能在一定程度上缓解城市贫困问题的激化。另一主要对策是建立良好的社会福利，北欧一些“高福利”国家，采取完全的“福利主义”模式，政府直接提供多样的福利保障形式，避免社会成员因各种原因陷入贫困。此外，经济学家阿马蒂亚·森主张通过重建个人的能力、发挥贫困者自身的功能活动来避免和消除贫困。波诺普（Bonop，1999）指出加强对贫困人群的教育和职业技能培训，增加穷人的就业机会。还有世界银行的贫民区升级研究项目旨在改善贫民区的环境和服务设施，提高居民生活质量，从而对解决城市贫困阶层的居住问题也起到积极的作用。

2. 国内研究

总体而言，国内研究基本思路为：从对城镇低收入群体的概念界定入手，分析低收入群体的结构特征，解析收入差距扩大、引起低收入群体产生的原因，并寻求相应的解困对策。

首先是对城镇低收入概念界定研究。有以下几种方法，并没有统一的学术界定标准：（1）在城镇居民家庭按收入高低分组中，最低收入户和低收入户占总户数的比例都为10%，两者合计为20%，所以大多数研究是将统计意义上最低10%或者20%家庭作为低收入群体。（2）既然低收入群体是相对贫困群体，那么将贫困线（划定方法包括恩格尔系数法、数学模型法等）按一定比例扩大后的那部分群体作为低收入群体。（3）将各地区制定的最低工资标准或者最低生活保障标准作为评判低收入群体的标准。

其次是对城镇低收入群体特征研究，进而分析引起收入差距扩大和城镇贫困的原因。主流观点多从宏观角度讨论低收入群体的成因。常兴华（2001）认为目前城镇低收入群体和贫困阶层的扩大是与经济体制改革密切相关的正常现象，需要通过经济发展中相关措施的施行而解决。中国社会科学院经济研究所“城市贫困与失业下岗课题组”（2000）在北京、沈阳等国内13个城市进行抽样调查，认为经济结构调整、收入分配领域的矛盾及问题、社会保障制度的功效缺陷以及企业改革是城镇贫困产生的主要原因。李实、吴碧英（2004）认为就业机会的缺乏是造成收入水平偏低的重要原因。近几年来的文献资料一般采用实证方法从微观角度研究低收入群体的形成，研究显示个人的性别、年龄、受教育程度、健康状况、职业以及工作经验等微观因素是决定收入水平的关键变量。王有捐（2006）研究发现收入处于中下游的人群以及受教育年限短的人群比较容易发生贫困，同时引发贫困最主要的原因就是失业。王慧诗、陈晓东（2011）通过对江宁省贫困群体的调查研究指出城市致贫原因有失业、残疾或疾病、子女上学、单亲及老年等因素。谢勇、李放（2007）根据南京市城镇居民就业状况调查数据，对城镇低收入群体就业状况进行了描述，并对年龄、性别、受教育程度等影响低收入群体就业的因素进行了分析。

最后是就如何解决城镇低收入群体困难、提高收入水平，从改善住房、劳动就业、教育培训、社会保障等方面进行研究。许多学者认为解决城镇居民的低收入问题是一个复杂的系统性工程，需要综合治理，目前的文献所提出的对策一般集中在以下几个方面：一是增加就业、扩大就业是解决低收入群体问题首先要采取的措施。国家统计局宏观经济分析课题组（2002）认为，一方面要继续认真落实好现有的对下岗职工再就业的各项优惠政策，讲求实效，提高针对性；另一方面要大力加强和完善就业服务。庞文、唐艳玲、丁云龙（2011）指出要鼓励和促进贫困者积极参加工作，积极就业。二是关注社会公共救助体系，提高城镇最低生活保障标准，提升社会保障的覆盖面，使每个劳动者都有养老保险、失业保险、医疗保险。杨静慧（2014）认为政府应该探索建立边缘贫困群体的扶助制度，扶助的对象要扩展到相对贫困群体，让扶助政策变得更加公平。朱德云（2011）提出将社会救助标准、结构和水平进行相应调整，从而使内需扩大，拉动经济增长。三是调节收入分配制度，缩小贫富差距，促进社会公正公平。羊勇（2014）认为通过缩小城市居民收入差距可以有效地缓解城市贫困问题。四是发展教育、继续加大教育投入，提升居民个人基本素质，增加个人持续获得收入的能力，保障城镇贫困家庭子女的义务教育，防止贫困代际传递。徐舒（2010）认为应大力推广教育和职业技能培训。除上述对策，学者们还提出应加强对流动人口的宏观管理以有效解决农村劳动力转移到城市的就业问题；逐步推进城镇户籍制度的改革创新等等。

3.研究方法的设计与选择

（1）文献归纳法。通过知网、万方、维普等权威网站数据库搜集国内外关于城镇低收入群体研究的文献，分析研究国内外研究进展及理论基础。通过对文献的归纳分析，确定本课题的研究范围和目标。

（2）实证分析法。根据文献归纳法得到的结论，本课题研究是采取在国家统计局组织实施的住户调查中的调查小区中，以抽选的城镇低收入家庭作为研究切入点，确保基础分析指标的科学、完整以及基础数据的可获取，在广西南宁、柳州、桂林、北海、梧州等5个城市随机选取住户调查中的低收入家庭和领取低保的困难家庭进行问卷调查，发放200份调研提纲。同时到民政部门进行专项调查，实地了解广西城镇低收入家庭现状和存在的问题，低保政策出台及落实情况等作为课题研究的论证材料，为课题撰写提供可靠的实证基础。

（3）回归分析法。在通过问卷调查获得的关于家庭人员、教育与就业、收入与消费、低收入原因以及对未来期盼等数据的基础上，进一步运用多元线性回归模型对城镇低收入家庭收入影响因素作定量分析，并结合入户访谈情况相互佐证比对分析。

二、广西城镇低收入家庭实证研究

（一）城镇低收入家庭的界定

1.住户调查中的城镇低收入家庭

住户调查工作是由国家统计局制定调查方案，统一组织调查实施，监督调查过程的常规统计调查。国家统计局各调查总队按照调查方案规定，负责组织本省的住户调查。住户调查对象为中华人民共和国境内的住户，既包括城镇住户，也包括农村住户。目前，对住户调查中城乡居民收入的汇总数据采用的是五等份分组法：即将所有居民家庭按户的人均可支配收入由低到高排队，按照20%、20%、20%、20%、20%的比例依次分为：低收入组、中等偏下收入组、中等收入组、中等偏上收入组、高收入组五组。因此，住户调查中的城镇低收入家庭指的是20%低收入组中的家庭，其人均可支配收入是五个分组中最低的，随着不同时期人均可支配收入的变动而变动。利用这五等份分组的家庭收入，分别计算出与总收入的占比，得到的就是“五等份欧希玛系数”，是国际上通用的测量贫富差距的重要指标。

2.社会救助工作中的城市低收入家庭

在社会救助工作中“城市低收入家庭”这一概念是主观性的，即由社会政策制定者下的定义。因此，“城市低收入家庭”不完全是一个学术性概念，而是一个社会政策范畴的政策性概念。中国是在2007年《国务院关于解决城市低收入家庭住房困难的若干意见》文件中提到

“城市低收入家庭”，明确由城市人民政府负总责解决本地区城市低收入家庭住房困难，并没有明确“城市低收入家庭”的测量标准和办法；2008年，民政部等部门印发《城市低收入家庭认定办法》，规定明确：本办法所称城市低收入家庭，是指家庭成员人均收入和家庭财产状况符合当地人民政府规定的低收入标准的城市居民家庭，由民政部负责全国城市低收入家庭收入核定的管理工作，各省、自治区、直辖市人民政府可以根据本办法制定具体的实施办法；城市居民最低生活保障家庭可直接认定为城市低收入家庭。从2008年开始，全国各省、自治区、直辖市依据职责陆续出台实施办法，明确了城市低收入家庭的测算标准和办法。广西是在2010出台《广西壮族自治区城市低收入家庭认定实施办法》，明确广西“城市低收入家庭”的收入标准按照自治区统计部门公布的当地上年度城镇居民人月均可支配收入的40%—50%确定。

因此，根据这一收入标准测定，广西的“城市低收入家庭”包括了住户调查中“中等偏下收入组”和“低收入组”的“城镇低收入家庭”，以及社会救助中收入较低的那部分“城市低收入家庭”。本课题研究的研究对象“城镇低收入家庭”特指为住户调查中“低收入组”的部分符合条件的家庭，以及社会救助中的领取低保“城市低收入家庭”。

（二）广西城镇低收入家庭生活现状专项调研

国家统计局广西调查总队课题组在南宁、柳州、桂林、北海、梧州5个市中随机抽取200户城镇低收入家庭开展专项调研。调研采取现场问卷调查、走访和面谈等形式，分别从家庭人口、住房、收入水平、消费情况、就业、社保、政府救济帮扶政策等多方面进行调查了解，并对存在的问题和困难、致贫原因、帮扶需求和期盼等进行深入分析，以期为政府保障和改善民生工作，打赢增收脱贫攻坚战提供决策参考。调查结果显示：广西城镇低收入家庭人口规模偏小，收入和消费水平偏低，住房问题虽已基本解决，但仍存在就业稳定性差、家庭生活负担重、社保参与比例不高、抵抗风险能力差等问题，导致低收入家庭对当前生活水平评价不高，寄期望于政府扶持，其中提高低保补助标准和医疗保障水平是最大政策诉求。

1. 家庭人口基本特征

（1）家庭户规模小，就业负担重

广西城镇低收入家庭的一个显著特征是家庭户均人口不多，就业人口相对更少，就业者负担（即每个就业者需要负担的人数）偏重。调查显示，在被调查的200户低收入家庭中，共有556人，户均家庭人口2.78人，比2016年广西城镇家庭户均人口少0.57人。调查对象的家庭规模多集中在3人户和2人户这两个组，呈小型化。3人户的占比最多，为37.5%，1人户的占18.0%，2人户的占21.5%，4人户的占14.0%，5人户及以上的占9.0%（如图1）。200户家庭中共有就业人口154人，占家庭总人口的27.7%，户均就业人口0.77人，平均每一就业者负担人口数3.6

人，可见低收入家庭供养负担之重。

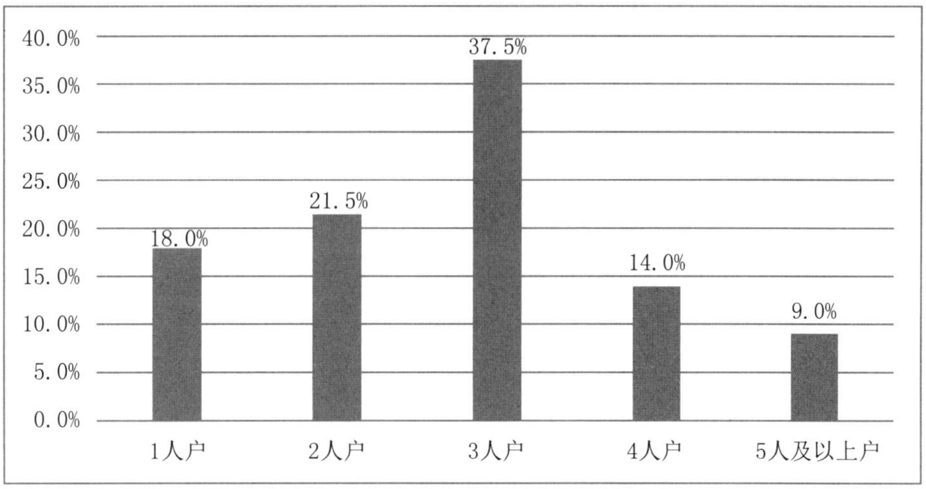

图1 调查对象的家庭户规模

（2）家庭人口文化程度偏低

调查显示，广西城镇低收入家庭人口的文化程度偏低，除在校学生之外，九成以上低收入家庭人口文化程度为初中、高中及以下，其中小学及以下文化程度占33.6%，初中、高中（包括中专、职高、技校等）文化程度占58.6%，占比最大。大专、本科以上文化程度占7.6%，硕士及以上文化程度仅占0.2%。较高文化程度家庭人口比例明显偏低。

2.家庭收支状况

（1）收入水平偏低，收入来源渠道单一

从被调查的200户城镇低收入家庭月收入（不含低保）情况看，七成以上家庭月收入低于2000元，按户均2.78人计算，即人均年收入普遍在8633元以下，远远低于2017年广西城镇居民人均可支配收入30502元的平均水平，家庭月收入为零的尚有45户，占调查总户数的22.5%，仅有2.0%的家庭月收入在5000元以上，低收入家庭收入状况不容乐观（如图2）。

随着政府越来越关注民生，投入到低收入群体的资金逐年增加，低保标准在不断提高。然而，这样也造成低收入家庭对救助金的依赖度较高，在被问及家庭收入主要来源时，五成以上的低收入家庭选择低保等政府救济收入，排在第一位，收入来源渠道单一。受访家庭主要收入来源中（可多选）：固定务工工资占18.5%，打零工工资占37.5%，从事家庭副业、个体经营收入占3.0%，退休金或养老金收入占18.5%，低保等政府或组织救济扶助收入占51.5%，依赖亲友帮忙的占11.0%，出租房屋收入占1.5%，选择其他的占3.0%。除依靠低保政策外，低收入家庭由于从事个体经营活动的不多，自身拥有的财产很少，导致经营性收入和房屋租金等财产性收入微乎其微，主要靠在外打零工工资、老人的离退休养老金和亲友帮助等，造成收入水平偏低且具有不稳定性，无法从根本上改善低收入家庭的生活。

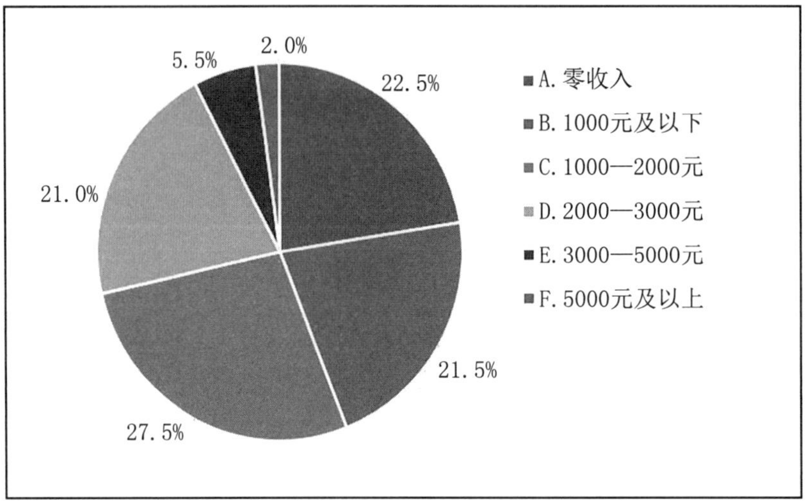

图2　城镇低收入家庭月收入情况

（2）消费水平低，生活质量差

受收入水平低影响，低收入家庭消费水平也偏低。调查显示：40.5%的城镇低收入家庭每月生活消费支出在1000~2000元（如图3），年均不高于2.4万元。按户均2.78人计算，人均年消费支出普遍低于8633元，仅是2017年广西城镇居民人均生活消费支出18349元的47.0%。多数家庭的支出主要用于食品、居住、医疗、子女教育等基本生存需求，享受型、发展型消费较少，消费结构明显不合理，生活质量难以提高。调查显示，在回答消费支出主要项目（可多选）时，有77.0%的受访家庭表示主要支出项目为“食品”，食品支出比重大，表明还处于解决温饱阶段，且受物价上涨影响程度会较明显，66.0%表示为“医疗”，61.5%表示为“水、电、燃料及房租房贷等居住支出”，37.0%表示为“子女教育”。消费支出主要项目如下：（如图4）

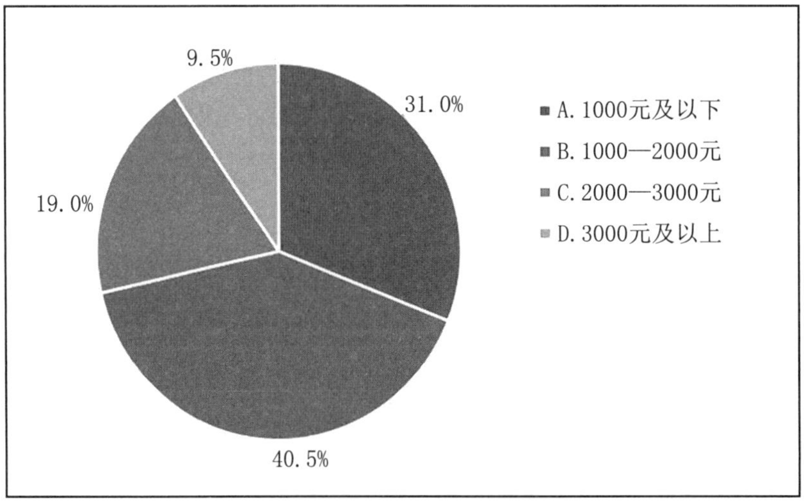

图3　城镇低收入家庭每月生活消费支出

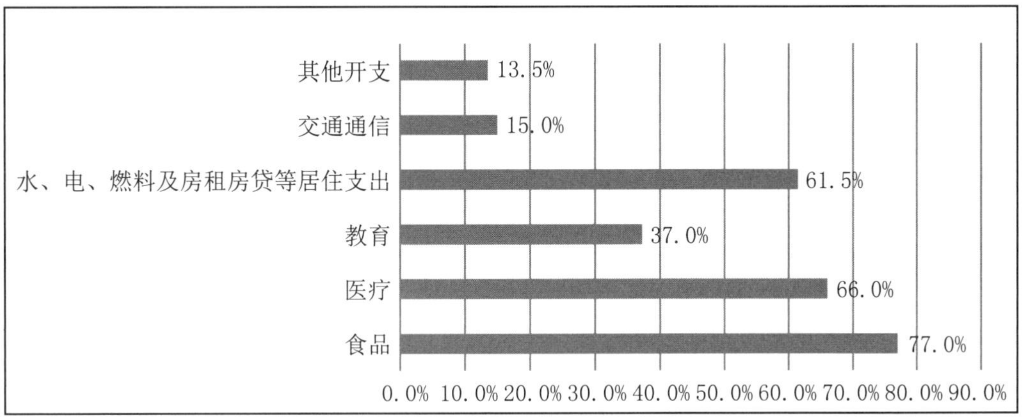

图4 家庭生活消费主要支出项目

（3）收不抵支和基本收支平衡的情况较为普遍

有限的收入决定了低收入家庭绝大部分收入要在当期就消费掉，大多数低收入家庭都是量入为出，然而收不抵支和基本收支平衡的现象仍较为普遍。调查显示，有55.5%的低收入家庭消费支出明显大于收入，他们生活拮据、入不敷出，难以维持基本生活；另有42.5%的低收入家庭收入和支出基本平衡，也就是说他们全部的收入刚刚能满足基本的生存需求，完全没有剩余。低收入家庭借债的情况较为普遍，在接受调查的家庭中，有家庭负债的占39.5%。低收入家庭负款的原因主要是用于支付大额的医疗费用，占45.6%。其次是支付子女教育费用和日常生活开支，分别占20.3%和13.9%（如图5）。表明医疗和教育问题是导致城镇低收入居民家庭收不抵支的主要原因，一旦遇到家庭有病患或者子女就学等需要大笔支出时，这些家庭就会捉襟见肘，只能依靠借贷渡过难关，导致生存压力加重。

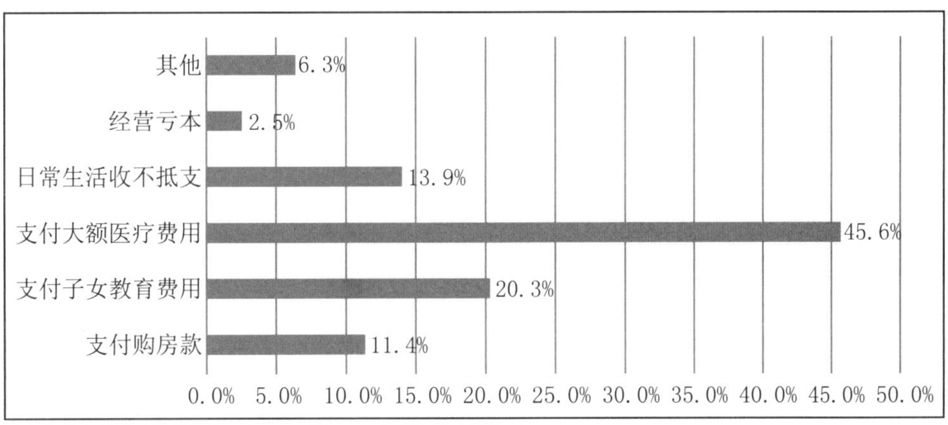

图5 城镇低收入家庭产生负债的原因

3.家庭就业成员状况

（1）家庭就业成员少，就业稳定性差

就业是民生之本，良好的从业状况对居民生活水平和家庭生活质量意义深远。在调查的200户低收入家庭中，就业人口仅为154人，每户平均就业人口不足1人。

154名就业成员平均年龄是44.3岁，有84人年龄分布在45~59岁，占54.5%，这部分人往往文化水平低和缺乏技术特长，难以获得较高收入工作。相对稳定的工作是取得持续收入的前提，而城镇低收入家庭就业成员的工作稳定程度低，流动性大。从主要就业类型看，就业类型主要是临时工或季节工，占56.5%，26.0%是合同工，固定工的比例仅为8.4%；从工作单位性质分布看，多数是在私营企业或其他打零工的工作岗位就职，分别占26.6%和46.8%，而薪酬稳定、福利待遇好的国有经济单位就业的比重较低，仅为6.4%。具体分布情况如下：（如图6）。当回答"在目前岗位就业年限"这个问题时，有103名就业成员表示自己在岗年限不足5年，占66.9%，19.5%的就业成员在岗年限为5~10年，13.6%的就业成员在岗年限为10年以上，其中仅1.3%的就业成员在岗年限超过30年。从调查数据可以看出，城镇低收入家庭面临就业面狭窄、工作稳定性差、低收入职业为主的就业现状，就业形势仍有较大提升空间。

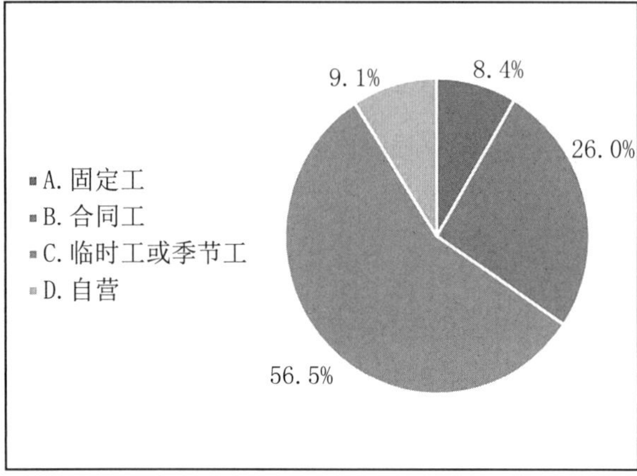

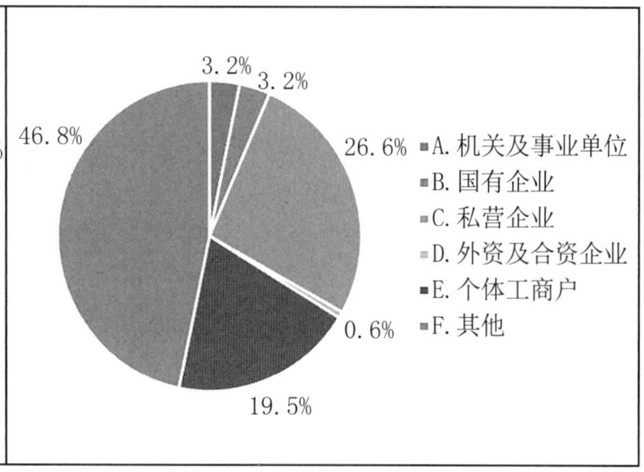

图6 就业类型及工作单位性质

（2）就业满意度一般，对找工作容易程度的感受不乐观

居民的主观意愿和真实感受能够切实反映现实生活的客观状况。从就业状况满意度分析，13.0%的就业成员表示满意，14.3%的表示比较满意，50.6%表示一般，22.1%表示不满意（如图7）。据被访者反映，工资少、工作不稳定、年龄大、学历低、机会少是影响就业满意度的主要原因。随着就业环境不断改善，就业政策多元化，惠民举措常态化，就业满意度获得了正面反馈，也有望能继续提升。

相较于就业满意度评价情况，被访低收入家庭就业成员对找工作容易程度的感受却不乐观，仅3.2%的被访者认为找工作容易，认为找工作不容易的被访者仅占62.3%，认为找工作容易程度一般的被访者占34.4%（如图7）。虽然政府积极加大就业扶持力度，产业多元兴旺发展，就业形势持续向好，但在就业竞争日趋激烈的环境下，工作难找依然是低收入人群的普遍感受。

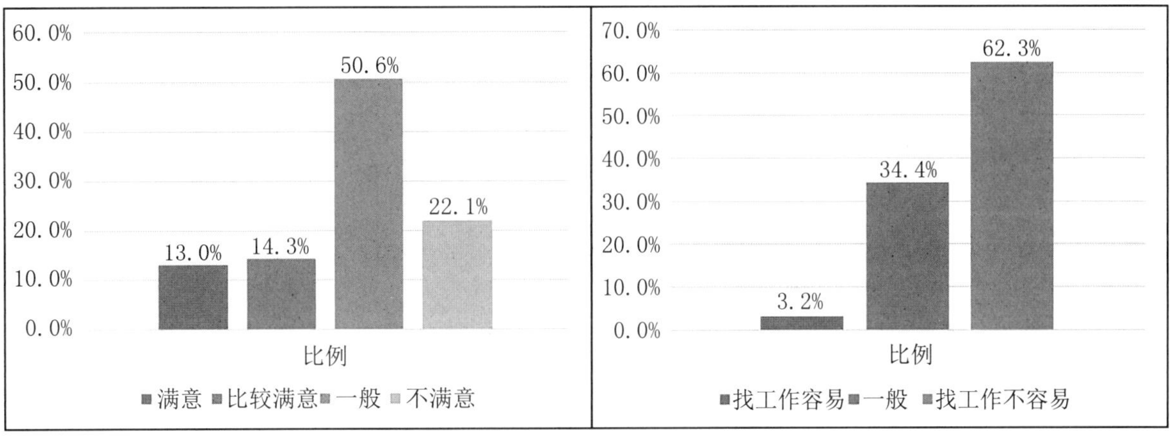

图7 对就业满意度与找工作容易程度的主观感受

4. 家庭住房情况

（1）人均居住面积偏小，但居住条件有所保障

从拥有房屋面积看，被调查的200户城镇低收入居民家庭人均住房面积为23.5平方米，比2017年广西城镇居民人均自有现住房面积的39.5平方米少16平方米。住房面积在120平方米以上的仅占5.5%，以30~60平方米的为主，占到55.5%，30平方米以下的占12.5%。

从住房产权来看，95户低收入家庭住房属于有产权，占47.5%，105户低收入家庭住房属于无产权，占52.5%。从房屋来源来看，有68户家庭主要以租赁公房为主，占34.0%，占比最大；其次是自建住房或购买保障性住房（如拆迁安置房和棚户区改造房），分别占14.5%和14.5%；有27户家庭购买了商品房，占13.5%；购买单位房改房和由亲友、雇主提供免费借住房的分别占10.5%和10.5%；低收入家庭租赁私房的仅占2.5%（如图8）。从以上数据可以看出，一方面是随着城镇化发展，以城镇低收入家庭为对象，政府建立健全城市廉租住房制度，规范经济适用住房制度，加大棚户区、旧住宅区改造力度，使城镇居民住房条件有所改善；但另一方面从调查走访实际情况看来，也有部分低收入家庭居住在设备简陋的平房或老式楼房里，属多年前的原单位福利分房或上一辈遗留的自建房，条件较简陋。

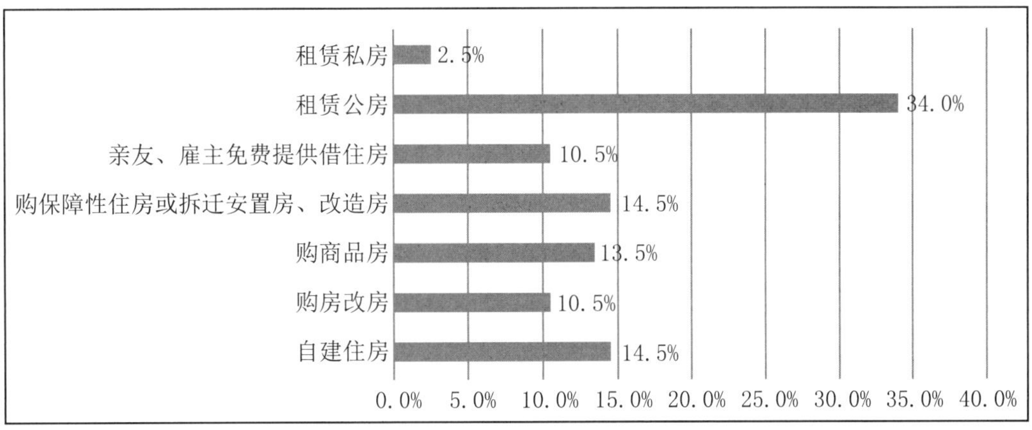

图8 低收入家庭住房来源

（2）对改善居住条件的能力和意愿不大

从现住房建筑年份来看，低收入家庭住房建筑年份在1~10年的占30.5%，在11~20年的占19.5%，在21~30年的占26.0%，在30年以上的占24.0。以上数据说明低收入家庭有半数住房建筑年份在20年以上，使用期长，部分需要拆迁，应另寻新房，但限于经济条件，低收入家庭的收入只能首先用来满足衣、食等基本开支，改善居住条件的能力有限，无力购买新房，当回答“未来五年内是否有购买新住房的计划”这一选项时，仅有5户低收入家庭回答“是”，占被访家庭的2.5%，其余195户低收入家庭均回答“否”，占被访家庭的97.5%。

5.生活水平展望

（1）居民对家庭生活水平的评价不高

调查对家庭生活水平的总体感受，目的是从居民的主观感受分析低收入家庭目前的生活状况，同时，居民对生活发展趋势的评价也可以看出他们对今后改善生活的主观能动性。调查结果如表1所示：

一是对家庭生活现状的满意程度仍偏低。收入是生活消费的质量保障，此外，居住环境、社会保障水平和市政配套等等也会影响居民对生活质量的满意度。调查显示，在被问及对于目前家庭生活水平的满意程度时，仅2.0%低收入家庭感到满意，55.0%感到一般，43.0%感到不满意。

二是多数家庭认为生活水平保持原有水平或有下降。在被问及与上一年相比，家庭生活水平变化情况时，65.5%低收入家庭认为生活水平与上一年持平、23.5%表示有所下降，仅11.0%表示有所提高。

三是对未来生活预期却较为乐观。低收入家庭收入来源相对单一，对外来的救济资助依赖度高，而且在短时期内并不能改变这种现状。然而与此形成对比的是，受访家庭中，只有19.0%表示在未来两年内家庭生活水平会下降，另有44.0%表示会与现在持平，还有37.0%表示生活水平会变好。这和近年来政府财政不断加大民生事业投入，特别是提升基本公共服务覆盖面，加强兜底保障力度，确保部分中低收入居民家庭生活质量不降低的努力是分不开的。

表1　低收入家庭居民对家庭生活水平的评价

（1）对目前家庭生活水平的满意程度：	数量	比例
A.满意	4	2.0%
B.一般	110	55.0%
C.不满意	86	43.0%
（2）与上一年相比，您家庭生活水平变化情况：	数量	比例
A.提高	22	11.0%

续表

B. 持平	131	65.5%
C. 下降	47	23.5%
(3) 对于未来两年生活的预期:	数量	比例
A. 会变好	74	37.0%
B. 没有变化	88	44.0%
C. 会变差	38	19.0%

(2) 解困诉求途径比较单一

低收入家庭生活境遇不理想，物质贫乏易带来情绪波动。特别是遇到找工作、子女上学、看病、借钱等事情时，很难找到能够提供帮助的人。调查显示，生活中在遇到困难的时候，73.5%的被访低收入家庭会寻求以社区为代表的政府基层组织的帮助；66.5%会寻求亲朋好友的帮助，2.5%会寻求单位工会的帮助；1.0%会寻求新闻媒体、宗教组织或慈善机构等组织的帮助；而还有10.0%没有可以求助的对象，不知道向谁求助。被访家庭大多数情况下都会选择借助政府的力量解决实际困难，或是求助于与自己有亲缘关系的家庭成员。社区等基层组织能疏解低收入群体在生活或就业中所产生的不良情绪，利于社会和谐稳定，但同时，对低收入家庭的帮扶渠道仍亟待拓宽，保障网络需要逐步构建，为低收入家庭提供多主体联动的诉求渠道。

（三）参加社会保障和享受救济帮扶情况

1. 参加社会保障比例不高，六成以上享受政府救扶

随着城镇社会保障制度的进一步完善，更多的人被纳入城镇社保范围，更多的人也意识到了社会保障的重要性，对于城镇低收入家庭来说更是如此。目前，中国社会保险主要包括医疗、养老、工伤、生育、失业等五大项，此次问卷侧重从低收入家庭成员的医疗和养老两方面参保情况来进行调查。调查显示，有71.0%的低收入家庭参加了医疗保险，36.0%的低收入家庭参加了养老保险，但都是城镇居民基本医疗保险、新农合、城镇居民社会养老保险、新农保等，与参加城镇职工医疗保险和养老保险（占24.0%）的保障水平差距较大，另外由于收入水平低，除了维持低水平的生存消费以外，绝大多数家庭都没有购买商业保险，仅有1.0%的低收入家庭购买了商业医疗、养老保险，仍有10.5%的低收入家庭没有能力参加任何保险。表明低收入家庭参加社会保障的能力仍然不足，防范疾病和意外事故等风险能力较弱，社保覆盖面和保障水平还有待进一步提高。

调查显示，有64.5%的低收入家庭正在享受政府的救济扶助政策，包括低保待遇、子女教育费用减免、医保费用减免、廉租房补贴和逢年过节发放的现金和实物

补贴等等。还有17.0%的低收入家庭曾经享受过救扶政策，因为经济好转而结束。但是也有18.5%的低收入家庭表示自己家庭十分困难，却从未享受过政府的任何补贴救济。

低收入家庭居民对政府的扶持寄予了深切期盼。在被问及认为今后能帮助提高家庭收入、改善生活的主要方法（可多选）时，70.0%的家庭选择“寄期望于政府扶持”，比重居首位；39.0%和25.0%的家庭分别选择了“继续努力工作”和“提高个人素质，寻找工资水平、稳定性和福利保障水平更高的工作”；6.5%的家庭选择了“考虑个人创业”。总体来看，低收入群众都希望政府加大救助力度，进一步提高相应的救助标准，来帮助提高家庭收入。当然从对就业和创业树立的积极心态来看，也能体现出他们对充分就业、自食其力、增强自身“造血”能力的诉求，明白这才是改善生活状况的长久之策。

2.对政府救扶政策的了解、评价和诉求

（1）绝大多数低收入家庭对救济扶助政策有所了解

调查显示，54.5%的低收入家庭表示对政府出台的相关救济扶助政策有所了解，20.0%表示比较了解，9.0%表示非常了解，也有16.5%表示不了解。政府对城镇低收入家庭采取了多形式、多渠道的帮扶措施。现阶段帮扶政策的主要形式是定期提供现金或实物，占问卷调查结果的69.5%，资金补贴可供低收入家庭自由支配，能直接有效的解决其生活困难的窘境，所以大家对其了解较为清楚。同时，针对不同对象的具体需求，也开展提供就业技能培训、提供就业方向指导，联系企事业单位帮助提供就业岗位，提供创业资金或贷款优惠政策等，分别占比为33.0%、22.0%和14.0%。更有10.0%的家庭认为不知道政府有帮扶措施，1.5%的认为政府没有任何帮扶措施，这明显有一些“事不关己”的原因，但同时也与社区基层人员对政策进行宣传公示的力度不够有关联。

（2）对政府帮助低收入家庭增收工作的评价较满意

政府助增收工作满意度是低收入家庭根据自己的感受，对政府一定时间工作效果的主观评价，是衡量政府工作社会效果的一个重要方面。调查显示，有54.5%的低收入家庭表示对政府帮助低收入家庭增收工作的评价是效果良好、比较满意，24.5%表示效果很好、很满意，4.5%表示效果不好、不满意，也有15.5%表示说不清楚。说明政府近年来把兜底保障稳抓牢靠，以实实在在的办法和成效提升群众对扶贫增收工作的满意度，赢得群众认可。

（3）提高低保补助标准和医疗保障水平是最大期望诉求

在低收入家庭的期望与诉求方面（如图9），由于以低保户为代表的困难群体是本次城镇低收入家庭调查对象的主要组成部分（占61.5%），因此，在被问到“希望能够获得何种形式的社会援助（可多选）”时，受访家庭诉求排名第一位的仍是提高社会最低生活保障金额标准，占比达65.0%；其次，因病致贫和因病返贫依然是城镇低收入家庭生活水平难以提高的重要原因，故54.5%的受访家庭期望政府能够提高医疗保障水平，降低医疗服务价格；低收入家庭为摆脱贫困现状，非常注重子女教育投资，非义务教育阶段的各项支出对于他们来说是一笔负担，31.5%的受访家庭期望能够获得子女学费减免；除此之外，期望政府能提供门槛较低的就业岗位的占26.5%，期望政府能调控物价的占23.5%，期望能提供住房优惠政策的占19.5%，期望能提供更有针对性就业培训的占9.5%，期望能提供贷款、创业优惠的占7.5%。

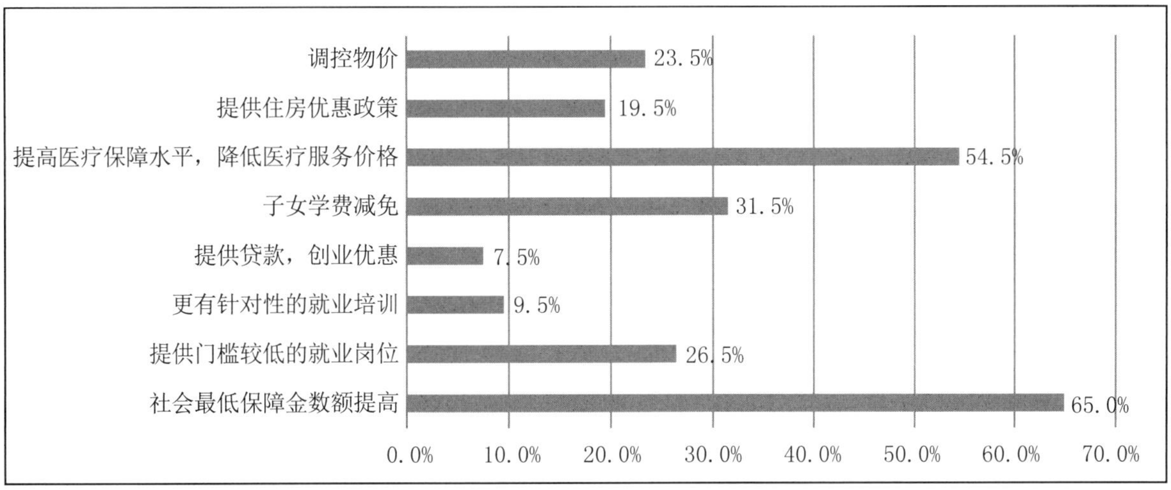

图9 希望能获得何种形式的社会援助

（四）广西出台城镇社会救助政策成效及不足

广西作为经济发展稍欠发达省份，一直致力于解决贫困问题。“十二五”以来，自治区人民政府及有关职能部门相继出台了一系列帮助城镇低收入居民的社会救助政策，如《关于提高我区城乡居民最低生活保障标准的通知》（桂民发〔2012〕123号）、《广西壮族自治区人民政府关于加强和改进城乡居民最低生活保障工作的实施意见》（桂政发〔2013〕49号）、《广西壮族自治区人民政府关于贯彻实施〈社会救助暂行办法〉的意见》（桂政发〔2014〕54号）、《关于提高广西城乡最低生活保障补助水平的通知》（桂财社〔2015〕180号）、《广西壮族自治区人民政府关于进一步健全特困人员救助供养制度的实施意见》（桂政发〔2016〕79号）以及《广西壮族自治区人民政府关于调整广西最低工资标准的通知》（桂政发〔2018〕6号）等。分析城镇低收入居民社会救助政策的实施效果及存在问题，对于进一步研究完善政策措施，提高政策有效性和针对性，维持经济持续快速健康发展，具有十分重要的意义。

1.政策执行成效

（1）保障对象实施动态管理，平均补助水平逐年增长

2017年，广西享受最低生活保障的

城镇居民有19.1万人，占广西城镇常住人口的0.8%，比2013年减少了3.5万人，保障对象不断减少，意味着对最低生活保障对象实施有进有出、补助水平有升有降的动态管理机制下，越来越多的低收入家庭得到有效的生活保障。在保障管理机构设置方面，县级以上民政部门设立有低保办或社会救助科（股），乡镇人民政府、街道办事处和社区居委会均有专门机构和人员具体负责、履行相关社会救助职责，确保及时受理、审核、审批最低生活保障资金的发放管理。并且在工作中采用逐年调整最低生活保障标准和补助水平的做法，广西城市最低保障平均标准由2013年实施年人均4017元的保障标准，逐年调整提高后达到2017年的人均6216元；补助水平由2013年的平均每人每月226元提高到2017年的平均每人每月330元。2017年，广西累计支出城市低保资金8.67亿元。为了尽可能满足最低生活保障资金需求，财政部门也是一直保持增加各项社会保障资金预算支出，以确保尽可能地将经济贫困、生活困难的家庭纳入城市低收入救助体系当中，为低收入家庭提供基本生活权益保障。

（2）管理法规健全，配套政策完善

低收入家庭救助范围的扩大，对城镇社会救助工作的制度化与法制化建设提出了新要求。为提高社会救助规范化管理水平，广西以县为单位，建立起民政、卫生计生、教育、住房城乡建设、人力资源社会保障等参与协作的社会救助工作组织体系，形成“一门受理，协同办理”的综合服务平台。为规范低保审核审批工作，民政厅出台了《关于印发〈广西壮族自治区最低生活保障审核审批操作规程（试行）〉的通知》（桂民发〔2016〕79号），就保障对象资格认定、申请及受理方式、家庭收入的调查、审核审批程序、相关政府部门的主要职责等低保工作各个环节做出明确规定。

以最低生活保障、医疗、养老、就业、工伤等方面为主体的社会救助制度体系逐步完善。2017年广西调整退休人员基本养老金月人均增加150.35元，惠及广西242万名退休人员。城乡居民基本医疗保险财政补助标准提高到每人每年450元，积极推进医疗救助与大病保险衔接。城乡居民医保制度整合工作和扩大职工基本医疗保险个人账户使用范围工作走在全国前列。失业保险金月人均领取水平达1012.39元，并从2018年1月1日起再次提高标准。另外，住房救助、教育救助、特困人员救助、临时救助也是社会救助的重要组成部分。“十二五”期间，广西共建设各类保障性住房和改造棚户区117.65万套，累计完成投资2237.17亿元，解决了300多万中低收入住房困难群众的居住问题，住房保障体系逐步形成。建立起健全的家庭经济困难学生资助体系，在各学段均实现“全程覆盖、无缝衔接”。2017年广西共为25.4万特困人员（其中城市特困人员0.4万人）发放基本生活费11.8亿元，累计支出临时救助资金1.66亿元，实施临时救助17.07万人次。这些不同形式、不同内容的贫困救助方式，标志着以最低生活保障制度为核心的社会救助体系初步形成，各项救助和减免政策效果明显。

2.政策总体评价

总体上看，广西在加强社会救助工作方面做了许多有益探索，出台城镇社会救助政策已经形成较系统合理的体系，涉及到政府多个职能部门，并已经发挥了积极明显的作用，在提升改善低收入居民生活水平、减少低收入人口规模方面取得显著成果，应当予以充分的肯定。但通过实地调查与座谈，我们发现在社会救助制度的实施过程中仍然存在着保障不完善、体系不完整、制度不衔接等一些不足之处。

首先，政策的长效机制及覆盖面有待完善。虽然在广西范围内建立了基本完善的社会救助制度，但覆盖人群还不够，城镇私营个体及灵活就业人员参保率较低。对低保申请人员的甄别、低保对象的认定过程纷繁复杂，给救助工作带来实际困难。还有相当一部分未达低保标准的低收入群体，其实际生活水平可能比低保户还要低，目前尚未明确建立起针对这类人群的专门配套保障机制。

其次，救助标准仍然偏低。与同期的广西城镇居民月人均可支配收入相比，可以发现当前低保标准距离维持低收入居民基本生活需求还有一定的距离。随着物价上涨压力不断加大，尽管对城镇低保边缘家庭因物价上涨造成的生活困难给予了临时救助，但临时补贴仍赶不上消费价格的上涨速度，解决最基础的收入贫困方面能力不足。

再次，救助经费来源不足，政府财政支出压力大。随着人口老龄化和城镇化进程的加快，我区社保基金承载着较大的支付压力。2017年广西累计支出城乡低保资金66.1亿元，比2016年的51.4亿元增长28.6%，而同年广西的财政收入增速只有6.1%。

最后，好的政策由于宣传力度不够以及基层人员工作绩效低而实施效果大打折扣。调查中低收入居民家庭对相关政策认知度较低的情况说明了这一点。

因此，不仅需要客观、理性地发现这些不足，而且应该运用科学的理论与方法去解决这些问题，完善低收入扶贫救助体系。

三、城镇低收入家庭的成因及社会影响

导致城镇居民家庭收入低的原因很多，存在于大的社会背景的变化之中，离不开整个国家、社会、经济等制度变迁所带来的影响，同时，家庭和个人内在致贫因素及背景也各不相同。需要从宏观与微观相结合的层面来分析城镇低收入家庭产生的主要原因，并将其作为有效地解决贫困问题的客观依据。

（一）宏观致贫因素

1.经济体制改革、产业结构调整

经济体制方面，从计划经济体制向市场经济体制转变的直接后果就是将企业推向市场，产业结构调整和企业转换经营机制势在必行。很多国有、集体企业无法适应市场经济下的激烈竞争，经济效益下滑，破产、停产或被兼并、收购，大批职工下岗、失

业，可以说下岗和失业是城市贫困的最主要原因。另外，产业结构变化，金融、信息以及众多高新技术产业出现，要求就业者有更高的知识水平和技能水平以适应产业发展需要，而年龄大、文化程度低、无技能的劳动者无法适应这些变化，进而收入减少，形成城镇低收入群体。

2. 收入分配制度不健全

中国的收入分配制度存在一些不合理因素，导致收入两极分化严重，贫富差距日益扩大。第一，实行以按劳分配为主的多种形式并存的分配制度，允许和鼓励资本、技术、管理等生产要素参与收益分配，而那些缺资金、无技术、仅凭靠体力吃饭的劳动者便容易成为社会的低收入群体。第二，对社会收入的调节手段没有及时跟上。在社会财富一定的情况下，一部分人占有太多，自然会使更多的人分享变少。垄断行业由于政策的限制和进入的高门槛，往往能通过垄断壁垒获得大量的垄断利润，加之个人所得税调节作用有限，会造成行业收入差距过大。还有不合理甚至非法因素造成的收入差距过分悬殊，一些人群利用体制不健全及法规不完善的漏洞，在短期内获得畸高收入，进一步扩大了社会的分配不公。

3. 社会保障制度不够完善

不可否认的是，中国的社会保障制度建设仍滞后于社会经济的发展，也滞后于改革的总体进程。首先，城镇居民最低生活保障制度是城镇社会救济的重要方面，目前最低生活保障标准制定仍然偏低，必然导致救助面偏窄。大批生活在“低保线”附近的低收入人口，人均收入略高于低保标准，由于未能纳入救助范围，仍是捉襟见肘、温饱难保，有可能还不如低保救助对象的生活。从农村分离出来的农民工既不是真正意义上的农民，也不是纯粹的工人，在社会保障制度中亦被边缘化。其次，社保制度还包括失业保险、养老保险、医疗保险制度等，总的来看，都存在着制度设计缺陷、配套措施不到位，保障资金来源渠道单一、缺口大，保障项目不完善等状况。这些问题的存在，使得社保制度作用难以充分发挥，加大低收入群体规模及相应降低其生活水平。再次，由于社会与政府的监管问题，导致各项制度在实施过程中一方面促进了社会效率但另一方面却难以兼顾社会公平，城镇低收入群体的福利降低甚至被取消，如一些保障性住房却变成公务员等中高收入阶层的“福利房”，而本最应享有这项保障政策的城镇低收入者只能望房兴叹。

4. 城镇化的影响

近年来随着城镇化进程加快，农村剩余劳动力转移呈大规模、加速度之势，这一方面确实给城市建设和经济发展做出不可磨灭的贡献，但一方面也给城镇传统的劳动管理体制带来巨大冲击。广西虽是西部欠发达省份，但以其优越的自然条件和经济发展速度仍吸引了众多的外来务工者。由于绝大部分的农村劳动力是非技术人员，他们进入城市寻找工作，劳动力市场上普通劳动力供过于求，导致城镇内部非技术人员的失业率上升，收入减少。另外，外来务工者的工资水平低，这部分城镇低收入者在收入得不到有效提高并且收入基数很低的情况之下，承受着比农村居民在物价水平上涨层面更大的压力。而且制度设置并没有考虑城乡统筹发展，即便进城农民在城市找到工作，也难以得到城里人认同，合法权益时常会受到侵害，不仅加重自身贫困，也在一定程度上加剧了城镇贫困问题。

（二）微观致贫因素

1.被调查家庭的主观认识

首先，本次调研问卷面对被调查低收入家庭设计了七个具体原因多选项。从调查结果看（如图10），回答导致低收入家庭收入不高的首要原因是“家庭成员身体有疾病或伤残”，占67.0%，占比最大；其次是“家庭就业人口少”，占30.5%；接着是“所在岗位工资水平过低”和“技能水平不高，就业层次低”，分别占22.5%和22.0%；另外还有“工作不固定，务工时间短”和“失业后再就业困难”，分别占18.5%和16.0%；最后是“退休金或养老金微薄”，占15.0%。

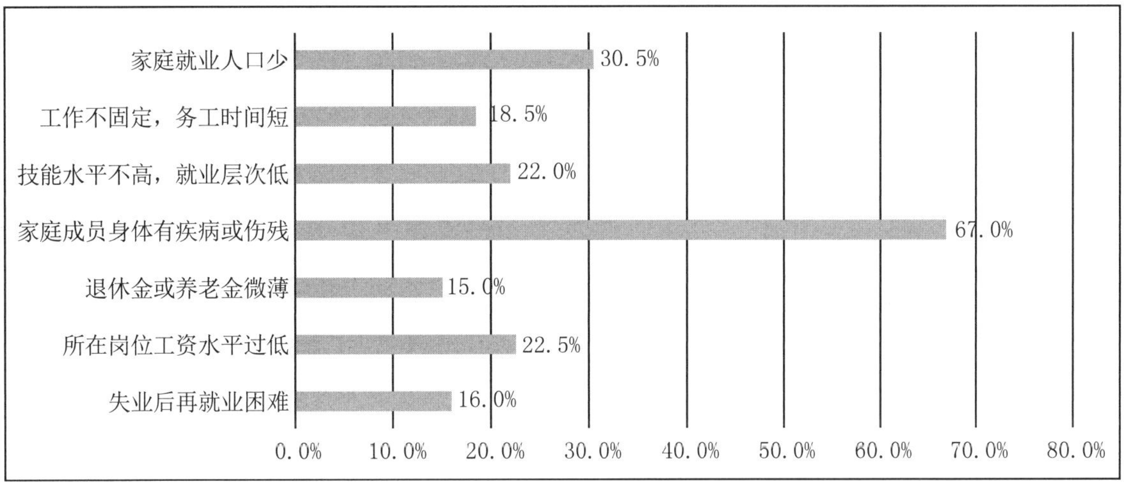

图10　调查对象认为导致家庭收入不高的原因

2.回归建模分析

其次，调查问卷中对城镇低收入家庭生活状况的分析指标较多，通过整理问卷中可量化的指标作解释变量，可建立影响城镇低收入居民家庭收入的多元回归模型作进一步分析。回归分析是计量经济分析中常用的方法，各经济变量之间存在着各种各样的因果关系，一个被解释变量与两个或两个以上的解释变量之间通过建立回归方程来作估计预测，当它们之间存在线性关系时，称为多元线性回归分析。

考虑到各因素量纲的不同，先利用Max—Min方法对数据进行标准化。再以家庭收入分布区间的组中值作为因变量，选取初中以下家庭人口数，有无医疗保险，就业人口在岗平均年限，医疗支出是否是最大负担，职业是否为固定工，家庭是否有负债，有无养老保险，教育支出是否是最大负担，就业人口数，家庭人口数10个变量作为自变量，建立收入预测模型（表2），找到影响广西城镇低收入居民家庭收入的一些主要因素。将变量输入

SPSS22.0进行多元线性回归分析，得到如下结果（表3~表6）：

表2　回归分析的自变量与因变量

输入/除去的变量a			
模型	输入的变量	除去的变量	方法
1	教育支出是否是最大负担，职业是否为固定工，有无养老保险，家庭是否有负债，初中以下家庭人口数，就业人口在岗平均年限，有无医疗保险，医疗支出是否是最大负担，就业人口数，家庭人口数b		输入

a.因变量：家庭月收入组中值

b.已输入所请求的所有变量

表3　多元线性回归结果拟合情况分析

模型摘要b					
模型	R	R方	调整后R方	标准估算的误差	德宾-沃森
1	.741a	.549	.526	891.519	1.761

a.预测变量：（常量），教育支出是否是最大负担，职业稳定程度，有无养老保险，家庭是否有负债，初中以下家庭人口数，就业人口在岗平均年限，有无医疗保险，医疗支出是否是最大负担，就业人口数，家庭人口数

b.因变量：家庭月收入组中值

表3显示模型的拟合情况。拟合优度R为0.741，模型对观测值的拟合程度较好，R方为0.549，调整后R方为0.526，表示自变量一共可以解释因变量52.6%的变化（variance）。模型估计的标准误差为891.519。D-W（德宾-沃森）值接近2，模型变量之间共线性弱。

表4　多元线性回归显著性检验

ANOVAa

模型		平方和	自由度	均方	F	显著性
1	回归	183136572.271	10	18313657.227	23.042	.000b
	残差	150218427.729	189	794806.496		
	总计	333355000.000	199			

a.因变量：家庭月收入组中值

b.预测变量：（常量），教育支出是否是最大负担，职业是否为固定工，有无养老保险，家庭是否有负债，初中以下家庭人口数，就业人口在岗平均年限，有无医疗保险，医疗支出是否是最大负担，就业人口数，家庭人口数

采用ANOVA方法对回归模型进行显著性检验。表4为方差分析结果，F值对应的显著性值小于0.05，表明整个回归方程有使用价值，可以认为列入模型的各个解释变量联合起来对被解释变量有显著影响。

表5 多元线性回归模型系数

系数a

模型		未标准化系数		标准化系数	t	显著性	共线性统计	
		B	标准误差	Beta			容差	VIF
1	（常量）	-78.615	235.105		-.334	.738		
	家庭人口数	340.289	94.101	.333	3.616	.000	.282	3.546
	初中以下家庭人口数	-8.155	107.092	-.006	-.076	.939	.344	2.908
	就业人口数	559.711	100.737	.343	5.556	.000	.624	1.601
	就业人口在岗平均年限	-6.818	10.364	-.035	-.658	.511	.822	1.217
	职业是否为固定工	1569.891	284.822	.289	5.512	.000	.869	1.151
	有无医疗保险	-316.278	200.118	-.082	-1.580	.116	.877	1.140
	有无养老保险	395.130	135.524	.152	2.916	.004	.883	1.133
	家庭是否有负债	-259.112	135.234	-.098	-1.916	.057	.909	1.100
	医疗支出是否是最大负担	284.000	143.844	.108	1.974	.050	.791	1.264
	教育支出是否是最大负担	335.844	188.744	.104	1.779	.077	.697	1.434

a.因变量：家庭月收入组中值

表5列出了自变量的系数及显著性检验结果。家庭人口数、就业人口数、职业是否为固定工、有无养老保险、家庭是否有负债、医疗支出是否是最大负担、教育支出是否是最大负担这7个变量的显著性检验结果小于0.1，表明其对家庭收入影响显著。系数B反映了具体影响程度。家庭是否有负债为负向影响，其余均为正向影响。初中以下家庭人口数、就业人口在岗平均年限、有无医疗保险显著性检验结果大于0.1，影响不显著。共线性统计中VIF均小于5，表明从系数分析看共线性不显著。最后，将从模型得到的研究结果与调研的实际情况联系起来，更准确地分析影响低收入家庭居民收入的具体因素。

表6 多元线性回归共线性分析

共线性诊断a

模型	维	特征值	条件指标	方差比例										
				（常量）	家庭人口数	初中以下家庭人口数	就业人口数	就业人口在岗平均年限	职业是否为固定工	有无医疗保险	有无养老保险	家庭是否有负债	医疗支出是否是最大负担	教育支出是否是最大负担
	1	6.442	1.000	.00	.00	.00	.01	.01	.00	.00	.01	.01	.00	.00
	2	1.124	2.394	.00	.00	.00	.02	.10	.04	.00	.01	.00	.11	.19
	3	.994	2.545	.00	.00	.00	.00	.02	.56	.00	.00	.02	.02	.09
	4	.622	3.218	.00	.00	.00	.00	.48	.20	.00	.02	.23	.02	.03
	5	.556	3.405	.00	.00	.00	.00	.22	.05	.00	.16	.43	.03	.03
1	6	.367	4.189	.00	.00	.00	.13	.00	.03	.00	.04	.05	.52	.50
	7	.358	4.244	.00	.01	.04	.10	.05	.05	.00	.42	.22	.00	.01
	8	.278	4.810	.01	.01	.03	.61	.11	.06	.01	.04	.00	.22	.02
	9	.177	6.029	.05	.02	.06	.03	.01	.00	.31	.26	.02	.01	.01
	10	.051	11.268	.92	.00	.07	.01	.00	.00	.65	.00	.01	.05	.07
	11	.032	14.292	.02	.95	.80	.09	.01	.00	.00	.03	.00	.01	.05

a. 因变量：家庭月收入组中值

教育支出是否是最大负担和医疗支出是否是最大负担的特征值接近于0，且其条件指标大于10，表明模型存在多重共线性，教育支出是否是最大负担与家庭人口数的相关系数接近于1，也表明两者存在线性关系。教育支出是否是最大负担和医疗支出是否是最大负担这两个因素对收入影响也很大，但由于经济变量相关的共同趋势或样本资料的限制而导致存在多重共线性，故下一步结论对这两者不作分析。

3. 主要结论

（1）健康状况差，因病因残致贫

从个人角度来看，身体罹患疾病的程度越重，工作能力和效率相对越低，甚至无法凭自身能力获取收入，这种“因病致贫”是城镇中比较常见的情况。尤其低收入家庭中老、弱、病、残人员相对较多，他们经常是小病不看上药店，大病拖着不住院，疾病使他们生活和就业状况逐步恶化。目前低收入家庭成员参加的多为城镇居民基本医疗保险，其起付标准、报销比例和最高支付限额都有一定额度。所以在药品价格和医疗服务价格不断上涨的情况下，由个人负担的医疗费用还是比较多，居民不堪重负，很容易因为重病或者突发事故，因病致贫和因故返贫。从回归模型看，家庭是否有负债对收入负向影响大也从实证进行了佐证。北海市海城区贵州南社区蒙女士因患尿毒症常年需要服药透析，虽然年龄仅38岁且是硕士研究生学历，仍因病无法工作，没有收入，医疗费除报销金额外尚须自费12722.38元/年，致使生活困难；柳州市城中区山水社区廖女士大专毕业，却身患癫痫病，特别想工作，也一直在寻找，但苦于身体原因，被很多企业拒之门外。

（2）家庭就业面小，缺乏劳动力

就业是劳动者获得合理合法收入的主要途径。从回归模型看，家庭就业人口数对家庭收入有显著影响。家庭就业人口越少，就业者承受的负担也就比较重，会导致个人受到牵连，更容易同家庭一起陷入贫困。调查中发现，很多低收入家庭因需要照顾病人无法外出务工的原因导致家庭成员无法就业，缺乏劳动力是导致该类家庭贫困的主要原因。北海市银海区侨中社区张先生家庭成员3人（本人、妻子及孙子），妻子重病无就业能力，张先生本人年纪偏大且要照顾重病妻子及年幼孙子，无法外出务工，只能在家等亲戚介绍的渔业手工作业维生，收入不稳定。桂林市秀峰区中隐社区李先生家庭成员4人（夫妻、儿子和弟弟），弟弟患精神病，儿子患抑郁症，李先生在公司倒闭后一直没有工作，只能在家照顾弟弟，全家靠妻子打零工收入生活。

（3）学历低、缺技能，限制就业层次提升

教育是获得较高收入的保障。城镇低收入家庭成员受教育程度不高、文化素质普遍较低，往往缺乏一技之长，劳动技能较差，哪怕有较强的就业愿望，也难以接受政府部门组织的就业技能培训，这使得他们较难在优胜劣汰的就业市场上竞争立足，只能选择报酬较低的简单劳动岗位，限制了就业层次的提升，进而影响收入，加剧贫困。桂林市象山区银锭社区徐先生和弟弟两人居住，兄弟二人都身材矮小，文化程度分别为小学和初中，不容易找到工作，哥哥帮人搬酒，弟弟在美团送外卖，家庭收入非常低。

（4）工作稳定性差，失业再就业难

从回归模型看，职业是否为固定工是低收入家庭收入影响最大的因素。低收入家庭从业者大多无固定职业，打零工是家庭收入的主要来源，微薄的收入仅能勉强维系家庭基本开支。另外，就业观念落后导致无法适应市场经济的要求。很多国企下岗失业人员主观能动性和自力更生的积极性很低，在求职过程中存在依赖心理和懈怠态度，甚至存在城镇居民的优越感，对自身缺乏正确定位。再者，面临失业或者收入不高的情况时，大部分低收入家庭不具备创业意识。这些缺乏竞争意识、风险危机意识的观念成为再就业的无形障碍，甚至可以说是其致贫的直接原因。

低收入群体的以上微观特征都是造成其收入较低的重要原因。除了上述几类主要原因之外，还有调查过程中了解到的其他致贫原因，比如支付子女教育费用。在居民消费开支中，教育开支占有很大的比例，低收入家庭本来生活上就难以维系，对子女教育费用的支出可能导致其更加贫困。梧州市万秀区富康社区的梁女士自身患有乳腺癌，儿子正在读初中，由于家庭原因，其儿子自卑、敏感，又有强烈的自尊心，不愿意接受学校优惠政策补助，该户每月仅靠低保、政府救济扶助收入保障日常开支。

（三）低收入带来的负面影响

（1）限制经济增速

适度而有序的收入差距是经济增长的驱动力，但不公平的利益现状会抑制这种激励效应，低收入群体在任何社会中都会对社会经济发展产生重大影响。一方面，其收入水平低下，除了基本生活所需的物质资料，很难有其余的额外消费，更别说有储蓄和投资，这最终也会影响到扩大再生产，不利于扩大内需和投资，限制经济增速。另一方面，如果城镇本身就存在着大量的贫困人口，其自身的经济发展都受到限制，不仅无法发挥向外辐射效应和带动集聚效应，反而需要周边地区的更多经济支持。长此以往，对经济协调发展会产生严重影响。

（2）加剧社会冲突

尽管不平等是社会全体成员争夺有限社会资源的必然结果，收入不平等可能对社会稳定造成危害的问题还是必须重视的。面对其余人群可以拥有更好的资源、更大的平台、更多的机会，低收入阶层对现状的承受力已经比较脆弱，不满情绪相对较严重。若这类消极心态不断扩展，则有可能会带来一些越轨行为的发生，进而影响到社会秩序稳定。很多地区城镇贫困人口的群体行为和群体意识已经显现。如数据显示，进城农民工致贫率高，为了生计往往铤而走险，在城市犯罪中农民工犯罪比例偏高。除此之外，大量下岗职工因就业前景黯淡，生活极度困难，加之网络舆情引导不好，违法乱纪的群体性事件时有发生。

（3）贫困代际传递

城镇低收入家庭维持基本的生活都较勉强，更难去有丰富的精神文化生活来提升个人素质，这种情况会通过家庭教育影响到子女。首先，城镇低收入家庭由于各种原因造成在社会生活中形成独特的生活方式，进而影响到人格特点和思维方式，采取消极态度听天由命，沉溺于现状无力挣扎，即便有时遇到机会也无法摆脱困境。其次，低收入家庭的子女受家庭条件限制，身体素质差，受教育程度低，进而造成缺乏专业技能和文化素养不高，容易产生自卑感和挫败感。再次，教育支出对于城镇低收入家庭而言是一笔不小的开支，会给本身就拮据的生活带来沉重的负担。如果没有政策帮扶和社会关心，他们的子女很难接受高等教育，使得贫困在代际间继续传递。

城镇低收入家庭的社会影响有其自身的特点，符合城镇发展的特征。相比于农村贫困的影响，其蔓延速度更快、影响时间更久，是更为复杂和难以短期解决的问题。因而政府必须给予重视，加快完善治理城镇低收入政策体系，积极维持社会的长治久安。

四、相关政策建议

（一）保持社会经济适度快速发展，拓宽就业门路

保持经济快速增长，拓展新的就业领域是增加低收入群体收入的关键。首先是要实现地区经济总量的不断增长，缩小各地经济发展差距，这是扩大就业的前提条件，社会财富增加了，再分配才能游刃有余，才有能力增强对低收入群体的转移支付力度。其次是结合广西自然资源禀赋，选择发展具有优势的新兴产业，为经济注入新的动力。重点是稳定有序进行产业结构调整，大力发展第三产业。促进和支持中小企业及非国有经济的发展，更好地发挥其吸纳劳动力能力强的特点。第三是加大公益性就业岗位的开发力度，打破各种行业壁垒和区域限制，在政府购买公共服务领域开发就业岗位，努力解决城镇低收入家庭就业难题，鼓励企业吸纳城镇低收入群体劳动力就业，适当给予养老金补贴、税费优惠、就业岗位补贴等政策措施。

另外，还应加大创业扶持力度，提高低收入家庭创业能力，鼓励以创业带动就业。对有创业愿望、潜力的城镇低收入居民，一是制定优惠政策措施，开通“绿色通道”。金融机构优先发放无息小额贷款或低息商业贷款，无需担保和资产抵押。相关部门简化立项及审批手续，放宽行政事业性收费。二是由社区组织提供创业服务。通过创业项目推介、创业场所提供等方式，将相对投入少、风险低、市场前景好的项目推荐给城镇低收入居民家庭，另外，组织专家队伍和企业家现场培训，指导城镇低收入家庭制定创业规划和方案，解决创业过程中随时可能出现的问题。

（二）建立公平合理的收入分配制度，调节收入差距

城镇居民间收入差距扩大，必将影响到社会稳定和经济持续发展，务必从制度入手，配合相应财税措施，才能从根本上解决问题。

首先是改革收入分配体制。初次分配和再分配都要兼顾效率和公平。在初次分配中，对劳动收入与资本收入的比重进行调整，提高劳动收入比重，降低资本收入比重，建立健全合理的工资分配制度；在再分配中合理利用转移性支付等手段进行补贴和减免，消除分配的不公平因素，做到在收入分配中逐渐向低收入阶层、向弱势群体倾斜。

其次是建立强有力的垄断行业收入的管控机制、非法收入的惩罚机制、灰色收入防范机制、高收入群体的税收调节机制。抑制不合理和非法收入的过快增长，消除垄断等因素带来的不合理的收入差距，形成行业间公正合理的收入分配新秩序。

再次是调整财政对城镇低收入群体的转移支付力度，加大公共财政在服务民生事业的投入，真正起到调节社会收入分配的作用。严格执行最低工资标准。根据经济发展和物价水平，适时上调最低工资水平，同时严格监督企业执行最低工资要求。

（三）完善城镇社会保障体系，提高保障标准

为保障低中高各阶层群众共享社会进步和经济发展的成果，必须从实际出发，坚持以人为本，积极完善社会保障体系。现有的社会保障体系虽然基本上比较完整，但社会保障的覆盖面并不大，一些私营业者、自由职业者以及进城农民工等群体均没有列入到保障体系中。所以，解决城镇贫困，在完善社会保障及社会救助制度方面，首要做的就是努力扩大社会养老、医疗、失业、低保等社会保障的覆盖面。然后适度降低社会保险费率，实施多层次的保障方式，充分发挥社会保障制度的扶贫救困功能。财政投入应该向中低收入群体实行倾斜，加大扶贫解困力度，满足中低收入群体的社会保障需求。让没有社会保险的低收入群体加入社会保险，给予参保补贴，实行差别或等级收费，甚至是费用减免。

从低保补助、医疗和住房保障政策来看，可以做出以下的改进。

一是进一步落实完善最低生活保障制度，放宽对最低生活保障的准入条件，努力使工作及生活在城镇的困难群体中符合条件的人员都能纳入最低生活保障范围。建立稳定可靠的低保资金筹措机制，加大最低生活保障补助资金的投入，提高最低保障标准上调幅度，着力解决低保户的基本生活需求。

二是加强医疗救助力度。切实将低收入家庭纳入医疗救助范围，对其难以负担的基本医疗自付费用给予补助；由政府搭台，尝试引入商业保险，强化对低收入人群的医疗保障，避免因病致贫现象的发生；建立社区卫生服务站，对低保户、残疾人等困难群众实行送医上门，就医减免门诊费、药费、治疗费等；逐步扩大慢性病及特殊病种的报销范围；建立大病医疗救助基金。

三是继续加快廉租住房、经济适用房、限价商品房等保障性住房建设，扩大公积金的使用范围。经济适用房建设充分考虑低收入群体的经济承受能力。廉租住房降低申请门槛，规范供应流程和加大监督力度，实施动态管理，使更多低收入居民得到实惠，以求长期不断地解决城镇低收入群体住房问题。

（四）提升低收入群体综合素质，提升自我发展能力

提高低收入群体素质既是经济可持续发展的根本保证，也是低收入群体增加收入的重要条件。首先城镇低收入群体应克服依赖心理，认清社会主义市场经济发展形势，养成积极健康的生活态度和奋发有为的精神状态，积极主动地寻找适合自己的岗位。民政、劳动保障部门也应从主观上帮助其真正树立起独立自主自强的就业意识和创业观念。其次，就业问题的最大困难就是就业主体缺乏知识技能，解决的根本途径是建立免费的就业技能培训机制。对不同群体采取不同类型的培训，增强低收入群体劳动技术水平，增强其就业竞争力。一是重点在第三产业服务技能上进行辅导和培训，结合产业发展实际和行业岗位需求的不同，开办一些手工制作、家政服务、社会服务等低技能技术培训。二是加强就业培训单位建设，创造多方面就业机会。联系用人单位、组织城镇低收入家庭失业人员参加招聘活动，或采取个别介绍的形式，帮助有劳动力的零就业家庭至少一人实现就业。

另外针对城镇贫困有代际转移的现象，要从源头上防止贫困的代际相传，从根本上保障城镇低收入家庭的子女受教育问题，提供公平平等的教育机会。一是加大教育救助资金的强度、力度和持久度。保证国家设立的各类奖学金、困难地区学生补助、学杂费减免、助学贷款优惠等政策得以有效切实的实施。二是规范和完善贫困生救助体系，对贫困生认定做出统一标准，确保助学贷款审批不出漏洞。三是积极发动企业集团等社会各界赞助资本设立专门的助学基金和救助项目，推动社会文明风尚、爱心互助精神发扬光大，进一步减轻城镇低收入家庭子女教育支出的负担。

（五）建立城镇低收入群体增收工作管理机制

对低收入人群的救助现阶段还是以政府行为为主，从实际情况看，政府在资金、人员等方面也会有许多限制。因此，应探索建立政府统一推进、部门协调合作、社会广泛参与的解决低收入群体增收问题的工作管理机制。

第一，通过传媒关注低收入群体实际的生存环境和社会地位，在形成舆论声势，唤起社会关注的同时，寻求有效的解决各种矛盾和问题的办法。以社区为单位，联合慈善组织、社会救助机构、工会等各方群体，成为政府救助以外的补充力量，形成全社会综合性救助机制。

第二，加强政策在执行过程中的监督管理机制，严格监督各部门扶贫项目资金使用情况，确保各项补助发放到位。使公众对各项补贴政策一目了然，增强对政府信任度。另外对监管漏洞产生的不良后果必须严加惩罚，做出示范效应。

第三，加强价格监督，建立预警和应急处理机制。切实加强对生活必需品以及市场药品的价格监测，防止和抑制重要商品价格的突发性暴涨，必要时由政府进行价格干预。建立起低保标准与地方经济发展和物价上涨水平等的联动机制，除了及时足额保证低保金的发放外，还应结合每户的实际，给予相应的必要的临时性救助，建立动态跟踪机制。

第四，借鉴农村精准扶贫的经验做好城镇精准扶贫，将城镇贫困问题纳入到整体扶贫的框架体系中。将农村精准扶贫工作中被证明有效可行的对策措施推行到城镇扶贫的工作中。可以对城镇低收入家庭实施建档立卡，做到认定目标精准，合理安排脱贫时序，让救助工作有的放矢。另外健全精准评估机制，公开考核和验收结果，激发各地政府对城镇贫困问题的重视和治理城镇贫困的积极性。

第五，加强对低收入群体的权益保

护，加大普法宣传，普及国家相关政策法规，让城镇贫困群体了解自身拥有的社会权利，提升维权意识。建立健全相应的法律援助机制，防止贫困群体因为经济贫困和知识困乏放弃或者丧失维护自身合法权益的机会。

附注：研究的不足之处

主要是指：对广西的住建、民政等部门统计数据的口径与概念内涵、数据取得不完整，相关政策覆盖面和实施效果等的资料把握不够全面，造成典型调研结果与国家统计局住户调查的抽样数据衔接存在一定误差；在实证分析过程中，结合有关家庭人口就业、消费行为、社会保障等经济社会经典理论的运用不够，使得课题对广西城市低收入家庭系统成因的体制性、规律性等方面的研究成果稍显薄弱。

参考文献：

[1] 国家统计局宏观经济分析课题组. 低收入群体保护：一个值得关注的现实问题. 统计研究. 2002 (12)

[2] 常兴华. 城镇低收入阶层收入问题研究. 宏观经济研究. 2001 (4)

[3] 李放，沈忱. 城镇低收入群体状况及原因探析——对南京市低收入群体的调查. 南京人口管理干部学院学报. 2007 (2)

[4] 池振合，杨宜勇. 城镇低收入群体规模及其变动趋势研究——基于北京市城镇住户调查数据. 人口与经济. 2013 (2)

[5] 漆先瑞. 提高城镇低收入群体收入水平的对策研究. 硕士学位论文. 2014

[6] 杨钊. 重庆市城市贫困家庭的现状分析与社会救助研究. 硕士学位论文. 2006

[7] 徐巧英. 广西城镇贫困居民扶助政策实施效果分析及对策研究. 学术论坛. 2013 (1)

[8] 透视发达地区城镇低收入群体生活状况—2006年浙江城镇低收入群体生活研究. 中国城市社会经济热点问题调查报告

[9] 郭晓萱. 城镇贫困问题及其治理——以甘肃省为例. 硕士学位论文. 2017

广西贫困地区产业发展研究

课题主持人： 谢　胜

课题组成员： 林家豪　周四海　韦冬艺　王佳辰
龚建峰　黎　俊　梁哲平

摘要： 到2020年农村贫困人口全部脱贫，是解决“人民日益增长的美好生活需要和不平衡不充分的发展之间的矛盾”的根本要求。中央明确提出，“十三五”期间要通过产业扶贫实现3000万以上农村贫困人口脱贫。习近平总书记在河北张家口考察时也提出，“要把发展生产扶贫作为主攻方向，努力做到户户有增收项目、人人有脱贫门路”。自治区党委鹿心社书记3月24日到百色调研时指出，“做好脱贫工作，核心是精准，关键是落实，确保可持续。”要确保脱贫致富的可持续，必须发展扶贫产业。产业扶贫因其涉及对象最广、涵盖面最大成为精准扶贫方略的重点，是脱贫攻坚的根本举措。近几年来，广西贫困地区立足资源禀赋，因地制宜，狠抓特色产业，构建起产业扶贫大格局，成效显著。但在2017年全国脱贫攻坚工作考核和第三方评估对广西检查中也指出，广西扶贫产业发展存在覆盖面不够广、扶贫产业带动力不强等问题，值得引起高度重视。本文通过总结贫困地区发展扶贫产业主要做法及存在问题，并对贫困地区产业发展提出意见建议，为党委政府和有关部门决策提供参考。

关键词： 扶贫产业

一、近年来广西贫困地区产业发展主要成效

（一）贫困地区产业结构逐步改善，产业发展保持较快增长

2017年广西贫困地区生产总值三次产业结构为22.9∶43.3∶33.8，与全自治区（14.3∶45.6∶40.2）相比，第一产业比重较大，第三产业与全自治区存在明显差距；与2015年（25.7∶40.3∶34.0）相比，第二产业比重提高，第一产业比重下降，第三产业保持稳定。其中，第一产业增加值比重比2015年下降2.8个百分点，第二产业比2015年提高3.0个百分点。2015—2017年贫困地区生产总值平均增长7.4%。其中，第一产业增长4.1%，第二产业增长7.6%，第三产业增长9.7%。第一、三产分别高于全自治区0.3、0.6个百分点。

表1 2015—2017年广西贫困地区经济发展与广西对比情况

单位：%

	贫困地区			全自治区		
	2015年三产结构	2017年三产结构	2015—2017年平均增速	2015年三产结构	2017年三产结构	2015—2017年平均增速
地区生产总值	100.0	100.0	7.4	100.0	100.00	7.6
其中：一产	25.7	22.9	4.1	15.3	14.3	3.8
二产	40.3	43.3	7.6	45.9	45.6	7.4
三产	34.0	33.0	9.7	38.8	40.2	9.1

注：全自治区三次产业增速低于贫困地区，但总体高于贫困地区，原因主要为三次产业结构差异，全自治区二产增长7.4%，对地区生产总会拉动明显大于贫困地区二产7.6%增速拉动。

（二）扶贫产业发展迅速

广西各地根据实际情况出发，充分挖掘资源优势，参照自治区编制的特色产业目录，遴选特色产业，精心组织发展，形成一大批农林牧渔特色产品产业、一大批贸易加工、旅游和电商等企业，带领贫困群众脱贫致富。

1.农产品特色扶贫产业发展快速。各地以建设产业基地为抓手，以紧密利益联结机制为纽带，抓好农产品特色产业扶贫工作。2017年实施的项目19798个，截至2018年3月底，已竣工19684个，竣工率为99.42%。共发展种植业59.8万亩，低产改造10.1万亩，家禽养殖1294.3万羽，家畜养殖53.5万只（头），水产养殖306.8万公斤，受益贫困户82.2万户次、417万人次（含重复享受人数）。2018年计划实施项目4438个，截至2018年3月底，已竣工422个，竣工率为9.5%。共发展种植业77.1万亩，低产改造9.6万亩，家禽养殖725.06万羽，家畜养殖29万只（头），水产养殖198.7万公斤，受益贫困户42.6万户次、166.5万人次（含重复享受人数）。林业产业加快发展。2017以来，广西新造经济林38万亩，其中油茶林15.9万亩，核桃林7.9万亩；油茶低产林改造完成10.1万亩。

2.旅游扶贫持续发力。创建休闲农业与乡村旅游示范点22个，四星级以上（含）乡村旅游区（农家乐）120家，广西乡村旅游辐射带动142个旅游扶贫村脱贫摘帽，带动14.71万人贫困人口脱贫。

3.电商扶贫深入推进。广西累计建设电商扶贫示范县28个，农村电子商务服务点覆盖建档立卡贫困村375个，累计服务建档立卡贫困户72945人次，帮助贫困户销售农产品约1973万元，带动贫困户创业就业人数约2.8万人。

4.园区建设加快推进。在54个贫困县累计建成自治区级现代特色农业（核心）示范区59个、县级示范区37个、乡级示范区142个，带动贫困户超过10万户。

5.龙头培育初具规模。据有关部门统计，截至2017年底，广西成立农民专业合作社4.8万家、家庭农场0.8万家，其中国家级农民专业合作社示范社159家，自治区级示范社991家，市级示范社1122家，培养现代青年农场主600多人。广西2017年脱贫的900个贫困村，每村都组建或完善1个以上农民专业合作社，农民组织化程度进一步提高。实施“基层科普行动计划”，在贫困地区建设农技协146个，扶贫产业科普示范基地25个，科普示范村17个。广西供销社系统发展供销合作、生产合作、消费合作、资本合作等形式的基层社923个，组建农民专业合作社联合社71个，领办农民专业合作社1462个，形成“社农联合”“社社联合”的良好局面。

二、贫困地区产业发展带动了农民收入的较快增长

（一）贫困地区农村居民收入得到较快增长

从2010年以来，特别是党的十八大以来，自治区党委政府把扶贫开发当作贫困地区最大的民生工程，加大了对脱贫攻坚的投入，突出发展产业扶贫，加大产业扶贫的扶持力度，完善和提高各项补贴政策，带动了广西贫困地区农村居民收入的较快增长，取得了明显成效。

1.农村居民收入连续多年保持较快增长。广西农村贫困监测调查数据显示，2017年广西贫困地区（33个国家贫困县）农村居民人均可支配收入达到9719元，比2013年增加3467元，增长55.5%，年平均增长11.7%。

表2 广西贫困地区农村居民收入增长情况

	2017年（元）	2013年（元）	2017年比2013年	
			增加额（元）	增长（%）
农村居民人均可支配入	9719	6252	3467	55.5
1.工资性收入	2658	1573	1085	69.0
2.家庭经营收入	4251	3226	1025	31.8
3.财产性收入	132	44	88	200.0
4.转移性收入	2678	1409	1269	90.1

2.农村居民收入结构向多元化发展。近几年来，广西各地加大就业扶贫、产业扶贫的扶持力度，完善扶持政策，提高补贴标准，农民得到的工资性收入、财产性收入、转移性收入比重提高，收入结构向多元化方向发展。2017年广西贫困地区

农村居民人均工资性收入2658元，比2013年增加1085元，增长69.0%；经营性收入4251元，增加1025元，增长31.8%；财产性净收入132元，增加88元，增长2倍；转移性净收入2678元，增加1269元，增长90.1%。

表3　广西贫困地区农村居民收入构成变化情况

单位：%

收入来源	2013年	2014年	2015年	2016年	2017年
农民人均可支配收入构成	100.0	100.0	100.0	100.0	100.0
1.工资性收入	25.2	25.7	27.3	27.6	27.3
2.家庭经营收入	51.6	48.6	47.6	43.8	43.7
3.财产性收入	0.7	0.9	0.8	1.4	1.4
4.转移性收入	22.5	24.8	24.2	27.1	27.6

从收入来源看，2017年贫困地区农村居民家庭经营净收入占可支配收入的43.7%，家庭经营收入仍是农村居民主要收入来源；工资性收入和转移性净收入分别占27.3%和27.6%，财产性净收入占1.4%。与2013年收入结构相比，呈“三升一降”态势，即工资性收入、财产性净收入和转移性净收入占可支配收入比重逐年提高，家庭经营净收入比重呈逐年下降。工资性收入占比由2013年的25.2%提高到27.3%，提高2.1个百分点；财产性净收入和转移性净收入比重分别提高0.7个和5.1个百分点；家庭经营净收入比重下降7.9个百分点。

3.增长速度明显快于广西平均水平。从收入增速来看，贫困地区农民收入仍保持较快增长。2017年贫困地区农村居民人均可支配收入比上年增长10.4%，比广西平均增速高1.1个百分点。从2013年至2017年期间，广西贫困地区农村居民人均可支配收入年均增速为11.7%，比广西农村平均增速（10.4%）快1.3个百分点。

（二）与广西农民收入水平差距逐步缩小

与广西农村居民收入平均水平相比，2013年广西贫困地区农村居民人均可支配收入相当于广西平均水平的80.2%，2017年提高至85.8%，提高了5.6个百分点。广西贫困地区农村居民收入与广西平均农村居民收入的比例系数（以贫困地区为1），由2013年的1∶1.25缩小至2017年的1∶1.17。

表4　广西贫困地区农村居民收入与广西农村平均对比

年份	贫困地区			全自治区	
	人均可支配收入（元）	相当于广西（%）	比上年增长（%）	人均可支配收入（元）	比上年增长（%）
2013	6252	80.2	13.6	7793	13.0
2014	7044	81.1	12.7	8683	11.4
2015	7926	83.7	12.5	9467	9.0
2016	8800	85.0	11.0	10359	9.4
2017	9719	85.8	10.4	11325	9.3

（三）广西贫困地区农村居民收入与全国仍有较大差距

近几年来，广西加大脱贫攻坚工作力度，广西贫困地区群众生活得到了明显改善，但与全国比较，广西贫困地区农村居民收入与全国平均水平仍存在较大差距。

表5　广西贫困地区与全国农村居民人均可支配收入对比表

	广西贫困地区农村居民人均可支配收入（元）	全国农村居民人均可支配收入（元）	广西为全国比例（%）	广西贫困地区与全国差距（元）	比例系数（以广西为1）
2013年	6252	9430	66.3	3178	1：1.51
2014年	7044	10489	67.16	3445	1：1.49
2015年	7926	11422	69.39	3496	1：1.44
2016年	8800	12363	71.18	3563	1：1.40
2017年	9719	13432	72.36	3713	1：1.38

从上表数据看出，近几年广西贫困地区农村居民收入增长较快，与全国平均水平差距有所缩小，广西与全国比较（以广西为1）的比例系数由2013年的1：1.51缩小为2017年的1：1.38。同时也还要看到，广西还与全国平均水平有着相当的差距，2017年农村居民人均可支配收入相差3713元。

表6 广西贫困地区农村居民收入与全国平均水平比较

	2017年广西贫困地区		2017年全国农村平均水平	
	人均收入（元）	比重（%）	人均收入（元）	比重（%）
农村居民人均可支配收入	9700	100.0	13432	100.0
1.工资性收入	2700	27.8	5498	40.9
2.家庭经营收入	4065	41.9	5028	37.4
其中：第一产业净收入	3247	33.5	3391	25.2
#种植业收入	1691	17.4	2524	18.8
牧业收入	1003	10.3	586	4.4
第二产业净收入	172	1.8	319	2.4
第三产业净收入	646	6.6	1318	9.8
3.财产性收入	137	1.4	303	2.3
4.转移性收入	2798	28.9	2603	19.4

从上表看出，2017年广西贫困地区农村居民收入与全国农村居民平均收入水平相比，人均可支配收入相差（低）3732元，其中工资性收入低2798元，家庭经营收入低963元，财产性收入低166元，转移性收入比全国高195元。

在家庭经营收入中，第一产业收入低144元，第二产业收入低147元，第三产业收入低672元。

在第一产业收入中，种植业收入低833元，牧业收入高于全国平均水平417元。

从数据分析，可以得出以下几个结论：

1.广西贫困地区农民收入低于全国平均水平，主要是工资性收入、家庭经营收入和财产性收入三大项收入低于全国平均水平，转移性收入高于全国平均水平。

2.家庭经营收入中，第一产业收入相差不大，二、三产业收入差距明显。二、三产业收入的差异是形成家庭经营收入差距的主要原因。

3.由于广西人多地少，耕地资源有限，第一产业收入中种植业收入明显低于全国，但养殖（畜牧）业收入广西明显高于全国平均水平。

三、广西扶贫产业发展的具体做法

（一）健全组织机构，强化组织领导

2015年10月，根据自治区党委政府部署，组建自治区扶贫开发领导小组产业开发专责小组，由自治区农业厅厅长担任组长，副厅长担任常务副组长。农业厅成立厅产业扶贫领导小组，下设产业扶贫办公室。构建了党组核心抓，厅长亲自抓，

分管领导具体抓，其他领导协同抓，厅产业扶贫办结合机关各处室和直属各单位业务工作，统筹协调贯彻抓的扶贫组织的领导架构。农业厅在产业扶贫办公室在原有的综合协调组、产业指导组和集体经济组3个工作组的基础上，新增宣传统计组和督查考核组2个工作组。农业厅组建了包括粮油、蔬菜、水果、畜牧、桑蚕、食用菌等17个产业扶贫小组，强化业务处站产业扶贫工作意识，加强业务处站协同配合、产业技术服务指导和产业数据信息调度，形成了工作合力。其他市、县（区）也相应成立工作机构，推进扶贫产业顺利开展。

（二）制定和完善了一系列产业扶贫政策，确保扶贫产业发展政令畅通

2015年以来，自治区制定出台产业扶贫有关政策文件40多项，制定出台了一批规划性文件，编制了《广西“十三五”产业精准扶贫规划》《广西养殖产业精准扶贫‘十三五’两广协作计划》，修订完善了《脱贫攻坚特色种养业培育实施方案》，制定出台《关于加快贫困村村级集体经济发展的意见》《关于加强易地扶贫搬迁后续产业发展和就业创业工作的指导意见》，制定了《关于鼓励和支持农民合作社参与脱贫攻坚的通知》和《关于实施以奖代补推进特色产业扶贫的通知》等。自治区还将制定印发《广西农业产业扶贫三年行动计划（2018—2020年）》《关于促进贫困地区农产品产销对接助推脱贫攻坚的指导意见》等文件。

（三）增加扶贫资金投入，提高产业扶贫资金使用成效

2017年广西下达了5批财政专项扶贫资金72.6亿元，各县（市、区）安排产业开发资金23.4亿元，比2016年增长1.82倍。2018年自治区下达第一批财政专项扶贫资金50.8亿元，各县安排产业开发资金16.6亿元，比2017年同期增长22.5%。自治区根据“管总量不管结构、管任务不管项目、管监督不管实施”的原则，督促检查各地统筹整合中央财政下达和自治区财政本级预算产业扶持资金，指导各县自主安排项目。各县发挥财政资金“四两拨千斤”作用，撬动更多地金融资本、民间资本和社会资本投入产业扶贫。

（四）加大培训指导，提升贫困户内生发展动力

一是开展产业脱贫大培训活动。2016年、2017年连续两年开展广西产业脱贫秋冬季大培训，2018年上半年开展了广西产业脱贫春季大培训行动，还将开展2018年秋冬大培训。2016年秋冬季大培训累计举办培训1120多期，培训贫困群众7.8万人次；2017年秋冬季大培训累计举办各类产业技术培训班5600多期，培训贫困群众37.5万人次；2018年春季大培训累计培训贫困群众35万户，发放培训资料近40万份。二是加强产业扶贫干部培训。2017年共开展培训33次，培训干部0.35万人次。2018年5月8日至17日，举办广西乡村振兴暨农村产业扶贫专题研讨班，培训市县分管扶贫及分管农业的负责人150多人。举办了4期产业扶贫专题业务培训班，培训市县产业扶贫业务骨干750多人次。三是加大指导力度，推动政策、责任和工作落实。

（五）聚焦特色产业发展，做大做强特色产业

2016年，围绕“10+3”优势特色产业提升行动，自治区先后下发粮食、水果、桑蚕、蔬菜、茶叶、食用菌等产业发展指导意见，指导特色优势产业发展。2017年，印发《广西有扶贫任务县（市、区）特色产业目录和认定标准》，指导各县（市、区）科学遴选确定县级5个特色产业。今年以来，结合贫困地区特色产业发展现状和发展潜力，调整和完善自治区特色产业目录，项目数据由69个增加到78个，引导各县集中资金、项目等要素，通过以奖代补的形式发展扶贫主导产业，推动特色产业覆盖贫困户80%以上。据自治区有关部门统计，105个县选择发展种植业，102个县选择发展养殖业，发展较多的产业有桑蚕、畜禽、茶叶、特色水果、食用菌、中药材等。目前广西已培育出一批在国内具有影响力的特色扶贫产业，如百色芒果、融安金桔、富川脐橙、东兰板栗、都安山羊、环江香猪等。昭平县是传统茶叶种植大县，通过引入有亿健等15家品牌茶业公司，进一步加大了良种良法的引进和新产品的研发力度，推广普及无公害、绿色食品、有机茶生产技术。在此基础上，采取“生产+基地+农户”的产、供、销、研、深加工一条龙的发展模式，以合作方式带动3000户农户参与到产业化经营中，实现互利共赢，增收脱贫。目前全县有5000亩茶园通过有机茶认证，10.2万亩茶园通过无公害认证，7家茶叶企业产品通过有机茶认证，36家茶叶企业通过QS认证。全县茶园面积超过22万亩，约带动贫困群众5万人参与茶叶种植。百色市在打造“百色芒果”精品产业、提高品牌效应下足功夫，以此辐射带动贫困户脱贫增收。龙州县创新“易地搬迁+边贸扶贫产业园”模式，发展边贸扶贫产业带动农民增收。

（六）注重典型引路，发挥示范作用

一是召开现场会。近年来，先后在来宾召开产业扶贫现场推进会，在天峨县举办食用菌产业精准扶贫现场观摩活动，在崇左市召开马铃薯产业精准扶贫现场培训班，在上林县召开产业扶贫暨贫困村村级集体经济发展工作现场推进会，在钦州举办秋冬菜绿色发展产业扶贫现场会。今年在都安县召开2018年广西产业扶贫现场推进会，推广都安县“贷牛还牛、贷羊还羊”和全产业链发展模式。通过现场参观学习，拓宽发展思路，推动各地扶贫产业发展。二是挖掘先进典型。2016年自治区推广产业扶贫成功典型60多个，2017年推广140个，编印了《广西产业扶贫典型案例汇编100例》。2018年又遴选100多例产业扶贫典型范例，汇编《广西产业扶贫范例》印发各地学习推广。三是加大宣传力度。从2017年开始，在广西电视台专栏宣传第一书记带领贫困群众脱贫致富的光辉事迹和先进经验，在农民日报、广西日报、今日头条等新闻媒体连续报道产业扶贫先进典型。2018年组织新闻媒体到贫困县开展走访，与广西日报合作开办“产业扶贫振兴乡村”专栏，宣传广西产业扶贫信息。

（七）加强对接协作，推进产业发展

一是积极推介贫困地区农产品。近年来，自治区多次举办广西名特优农产品（香港）交易会、中国—东盟农业合作论坛、中国—东盟农业国际合作展等活动，重点推介贫困地区农产品。今年以来，已举办了广西柑橘产销对接会、生鲜优质水果产销对接会、第14届广西名特优农产品（广州）交易会，参加全国贫困地区农产品产销对接等活动，持续推进产销对接。二是加大农业招商引资。近年来，先后开展了“精准招商百日行动”和“加快推进项目实施百日行动”；在2017年广西农业项目投资合作推介洽谈会上，54个贫困县签约项目75个，总协议投资额达159.7亿元。2018年，通过小分队上门招商、点对点招商、办节会以商招商等措施，引进正大集团、正邦、海大、中农联、菜大师等一大批国内外知名企业落实贫困地区发展产业项目，投资额超过200多亿。三是扎实推进世行贷款广西扶贫示范项目，以实现我区脱贫攻坚和产业扶贫规划为目标，以产业发展、基础设施和农民职业教育为主要内容，运用“龙头企业+农民专业合作社+农户（贫困户）”的发展模式，推进贫困地区特色优势产业发展、培育龙头企业和农民专业合作社等产业扶贫建设，改善农村道路、饮水等基础设施条件，开展农民职业教育、培训等农村教育扶贫，完善贫困地区可持续发展政策等。

（八）依托东西扶贫协作，加强粤桂扶贫产业发展

根据自治区2017年制定的《粤桂扶贫产业合作优惠政策》，促进粤桂农业产业招商引资，落实粤桂扶贫协作和区域合作工作清单，推动广西贫困县现代特色农业示范区项目。龙州县北部湾食用菌产业（核心）示范区核心区规划面积3168亩，拓展区规划面积6800亩，辐射区规划面积15700亩。项目由广东江门市提供扶持资金1000万元开展建设，以广西龙州县北部湾现代农业有限公司（下称“北部湾公司”）的56间食用菌大棚为基础，组建28个食用菌专业合作社，每个专业合作社由16个贫困户组成。凤山县核桃产业（核心）示范区核心区面积3200亩，拓展区面积5500亩，辐射区面积12000亩，涉及农户3130户12607人。核心区连片规模种植核桃3200亩、林下种桑养蚕2000亩、林下养鸡7万羽。2018年凤山县又引进粤桂协作产业项目——凤山县核桃地林下种植道地药材千里香仿野生种植项目，总投资2000万元。

四、广西扶贫产业发展的基本经验

习近平总书记强调，“发展产业是实现脱贫的根本之策。要因地制宜，把培育产业作为推动脱贫攻坚的根本出路”。自治区常委政府紧紧围绕贫困群众持续增收的目标，高度重视产业扶贫工作，加强了组织领导，通过“五个注重”促进扶贫产业发展，取得明显成效，实现产业扶贫长效化，确保脱贫效果持续稳定。

（一）注重加强政策扶持

自治区先后制定出台《关于编制县（市、区）发展壮大村级集体经济三年规划（2018—2020年）的指导意见》《关于促进贫困地区农产品产销对接助推脱贫攻坚的指导意见》《关于鼓励和支持农民合作社参与脱贫攻坚的通知》和《关于实施以奖代补推进特色产业扶贫的通知》等系列政策文件，促进社会资本、农业企业等组织参与贫困地区特色产业发展。

（二）注重产业规划先行

产业规划是产业精准扶贫的行动指南，自治区农业部门根据贫困地区自然资源特点，注重与当地经济发展的总体规划和产业发展的整体布局相衔接，精心设计，科学论证，先后制定了《广西“十三五”产业精准扶贫规划》《广西养殖产业精准扶贫“十三五”两广协作计划》等，为贫困地区科学选择扶贫产业提供方向。

（三）注重突出特色发展

产业项目是实施产业扶贫的有效载体，项目是否独具特色，直接影响产业扶贫的成效。贫困地区发挥贫困村驻村干部、第一书记的作用，广泛征求贫困农户意见，挖掘地方特色资源，合理选择产业项目，突出地方特色，避免产业发展同质化现象。

（四）注重以市场为导向

要始终坚持市场导向，尊重市场规律，发挥市场对资源配置的决定性作用。放眼国内外市场，选准发展前景好、预期收益高和区域性、特色性显著的产业项目。同时，加强产业化生产，走绿色、无公害发展道路，提高产品知名度和市场占有率，促进扶贫产业项目可持续。

（五）注重完善利益共享机制

推广“企业+贫困户”“企业+基地+贫困户”“企业+合作社+贫困户”“企业+家庭农场+贫困户”等合作机制，让农业龙头企业、经济能人或合作组织等新型农业经营主体，通过土地托管、土地流转、订单农业、牲畜托养、产销对接、土地经营权股份合作等方式，与贫困村、贫困户建立稳定的利益联结机制，形成利益共享、风险共担的利益共同体。让贫困户充分享受到产业扶贫带来的红利。

五、广西扶贫产业发展面临的困难和问题

（一）产业发展规模小，产业化组织化程度低

受自然条件限制和传统生产模式影响，大多数贫困地区的农业产业存在“小而全”，产地零碎，管理粗放，集约化生产水平低，主导产业不突出，没有形成“一村一品”的发展格局。产业链短和产品附加值不高，产品销路难仍是困扰产业发展的瓶颈。很多地方没有大型的农产品批发市场，产品以地头购销或农户自行销售为主，缺乏大型农产品交易平台，没有贮藏和加工企业，农产品主要以鲜销为主，产品集中上市，容易导致销路不畅，价格波动大。

（二）龙头企业体量小数量少，扶贫减贫带动能力不足

广西大多数贫困地区难以引进有实力、有技术、有市场的大型龙头企业到本地发展扶贫产业，现有的新型经营主体普遍处于起步发展阶段，市场开拓能力弱，辐射带动作用有限，很难推动形成有较强竞争力的主导产业。特别是近年来随着国家各部门对财政资金管理力度的加大，对于农业龙头企业的扶持政策越来越少，目前只有少量的扶贫贷款贴息政策，龙头企业缺乏主动扶贫带贫的积极性。

（三）村级集体经济基础薄弱

据自治区扶贫部门统计，2017年广西5000个贫困村中，无集体经济收入的有2158个，占43.2%；村集体经济收入在0~2万元的有2272个，占45.4%；收入在2~5万元的有327个，占6.5%；收入在5~10万元的有115个，占2.3%；收入在10万元以上的有128个，2.6%。

（四）贫困户发展产业存在诸多困难

据对广西20个深度贫困县贫困户主要致贫原因分析，缺资金农户占35.2%，因病致贫占14.2%，缺技术占9.4%，缺劳动力占比7.9%，因残致贫占6.3%，自身发展动力不足占5.8%，交通条件落后占5.3%，缺土地占1.8%，缺水占0.4%。同时，部分贫困群众文化水平较低，接受新思想新观念的意识差，掌握新的种植技术能力低。还有的贫困户满足于领取低保、政府救灾救济等，存在较严重的“等、靠、要”思想。

（五）贫困户入股村级合作社发展特色产业仍有较大风险

目前广西各地都按要求成立了农民专业合作社，引导和带动农村特色产业发展和贫困户脱贫。但由于合作社成立不久，经营组织生产销售能力并不强，抵御自然风险和市场风险的能力较弱，贫困户和村集体经济组织入股合作社发展存在的风险较大，一旦合作社的发展遇到自然灾害或市场变化，有可能造成重大损失甚至导致入股资金亏损。

（六）贫困地区先天劣势和短期盲目性制约产业发展

贫困地区自身造血功能低，青壮年劳动力大都外出务工，在家劳动力缺乏，产业发展受到较大制约。加上很多贫困户只着眼于眼前，热衷于“短平快”的收入项目，对发展中长期产业项目热情不高。一些地方产业项目建立还不够精准，各地在产业项目的申报上对有些实行“一村一品”项目可行性和必要性没有进行充分论证，项目实施规模达不到预期要求。

六、几点建议

（一）加强技能培训和指导，增强贫困户脱贫的自身能力

习近平总书记2015年2月13日在陕甘宁革命老区脱贫致富座谈会上指出，“家有良田万顷，不如薄技在身。要加强老区贫困人口职业技能培训，授之以渔，使他们都能掌握一项就业本领。”要抓好贫困群众宣传教育和思想引导工作，引导贫困户树立“崇尚致富、脱贫光荣”的理念，克服“等、靠、要”的思想，充分激发贫困群众自我发展的主观能动性，实现由“要我脱贫”向“我要脱贫”转变。加强实用技术培训，增强产业发展技能。把技能培训放在脱贫攻坚发展产业的优先地位，有效整合分散在扶贫、农业、林业、水利、科技和人社等部门的技能培训项目，提升贫困人口整体素质，增强贫困户脱贫致富的信心和能力。

（二）构建产业扶贫利益共生机制，促进扶贫产业可持续发展

在引进龙头企业、专业大户，建立农民合作社等新型农业经营主体发展产业扶贫时，应建立由政府主导的利益共生机制，加强监督管理，强化合同约束，推动合同签订，强化纠纷协调。建立新型农业经营主体和贫困户的诚信档案，加强风险防控，提高风险防范能力，从“双赢”角度构建贫困户与新型农业经营主体之间的合作关系。协调好龙头企业与贫困农户之间的利益分配，保障贫困户的权利，确保贫困户有稳定收入，促进扶贫产业可持续发展。

（三）找准产业发展定位，调动贫困群众积极性

习近平总书记2018年2月12日在打好精准脱贫攻坚战座谈会上指出，“产业扶贫是稳定脱贫的根本之策，但现在大部分地区产业扶贫措施比较重视短平快，考虑长期效益、稳定增收不够，很难做到长期有效。如何巩固脱贫成效，实现脱贫效果的可持续性，是打好脱贫攻坚战必须正视和解决好的重要问题。”贫困村扶贫产业发展，要结合当地产业总体规划布局，充分考虑区位条件、生态自然条件以及市场需求，因地制宜，因势利导发展符合贫困群众意愿、适合本地的特色产业项目。要突出区域化，按照差异化竞争思路，形成本地特色的主导为业。围绕市场，围绕效益，引导贫困户调整产业结构，避免产品大众化。突出规模化，按照市场化方式形成产业规模。

（四）培育与引进加工企业，提高产品附加值

加大招商引资力度，设立优惠政策，引进龙头企业建设大宗农产品批发市场，促进农产品流通销售。延长产品产业链，通过引进与培育加工企业，提升新鲜农产品市场消化的能力，减轻鲜销市场压力，延伸产品产业链，提高产品深加工附加值和经济效益，促进贫困地区产业发展增产增收。

广西民办教育发展现状及价格走势研究

课题主持人： 杨锡虹

课题组成员： 苏小玲　黄岚兰　刘　建　覃其文
黄玉强　蒋志华　杨宁琳　李　辉

摘要： 随着中国改革开放的不断推进和市场经济的蓬勃发展，中国民办教育事业取得了长足发展，已经成为教育事业的重要组成部分和必要的补充。2017年，国务院办公厅发布了《国务院关于鼓励社会力量兴办教育促进民办教育健康发展的若干意见》，修改并颁布了《中华人民共和国民办教育促进法》，为当前发展民办教育（私立教育）制定了基本遵循。发展民办教育既是市场经济的客观要求，也是解决教育资源稀缺，满足差异化需求的有效途径。本文从广西民办教育发展情况为切入点，深入分析广西民办教育的发展现状、发展过程中存在问题、收费现状及价格走势，最后提出几点建议，为党委政府健全民办教育发展政策，优化民办教育发展环境献计献策。

关键词： 民办教育、区域分布、收费情况、价格走势

一、研究理论及意义

（一）民办教育的概念

民办教育的概念在2003年9月1日起施行的《中华人民共和国民办教育促进法》第二条规定下了定义，即“国家机构以外的社会组织或个人，利用非国家财政性经费，面向社会举办学校及其他教育机构的活动”。

对民办教育的界定，主要采用了“非”的定义方法：其一，举办人不是国家机构。其二，资金来源于非国家财政性经费。其三，面向社会举办学校，也就是面向社会进行招生。符合上述三个条件者，即属于民办教育。

本文中提到的民办教育覆盖幼儿园、小学、初中、普通高中、中职学校和高等教育等，不含培训机构。

（二）民办教育发展历程

改革开放以后，特别是1992年初邓小平南方视察谈话以来，民办学校数量迅速增加，纵观40年来民办教育的发展，大致经历了以下几个发展阶段：

第一阶段：起步探索时期（1982—1992）

改革开放之初公有制一统天下，没有民营企业，没有个体行医，没有私人办学。1982年《宪法》修正案正式认可个体经济和社会力量办学的合法地位，

《宪法》规定“国家鼓励集体经济组织、国家企业事业和其他社会力量依照法律规定举办各种教育事业。”，民办学校开始大量涌现。1983年《关于加强和改革农村学校教育若干问题的通知》的表述则是“鼓励农民在自愿基础上集资办学和私人办学”。1985年《关于教育体制改革的决定》规定“地方要鼓励和指导国营企业、社会团体和个人办学。”1986年《义务教育法》重回1982年《宪法》“其他社会力量”的表述。1986年《关于实施<义务教育法>若干问题的意见》提出“个人依法办学可以进行试办”。1987年《关于社会力量办学的若干暂行规定》把社会力量界定为“具有法人资格的国家企业事业组织、民主党派、人民团体、集体经济组织、社会团体、学术团体，以及经国家批准的私人办学者”，私人办学首次明确地被视为社会力量办学的一部分。社会力量办学在短期培训、助学活动、基础教育等领域发展迅猛，但是高等学历教育仍没有对社会民间资本开放。据1989年有关资料统计，仅京、津、沪等十几个城市，经教育行政部门批准的各种民办学校已有2000多所，在校学生达300多万人。截至1991年底，仅民办普通中小学，全国已达1199所，其中中学544所，小学655所。初步形成了多类型、多层次、多学科的民办教育体系。

第二阶段：发展壮大阶段（1993—2002）

1992年邓小平南行讲话是教育体制改革的分水岭。1993年《中国教育改革和发展纲要》提出，要“逐步建立以政府办学为主体、社会各界共同办学的体制。”社会各界参与高等教育办学首次被允许。《纲要》规定，国家对社会团体和公民个人依法办学所采取“积极鼓励、大力支持、正确引导、加强管理”的方针，这十六字方针对中国民办教育的健康发展起了很大的作用。后来颁布的《中华人民共和国教育法》及《教师法》等一系列重要政策法规文件较为明确地指出了中国民办教育的性质、地位，提出了民办教育的总政策和一些基本政策。1993年《教师法》、1995年《教育法》和1996年《中华人民共和国职业教育法》都有专门针对民办教育的条款，表明民办教育已经成为中国教育立法不可或缺的内容。1995年《教育法》在继续表态鼓励社会力量办学（包括个人办学）。在建立社会主义市场经济，经济体制改革不断推进的进程中，教育领域无论是公立学校，还是民办学校都普遍受到市场经济改革的冲击。义务教育阶段的杂费和学前教育学杂费上涨迅猛，高中招生则是以分论价，基础教育阶段出现择校费、赞助费、学校转制，大学开始有了委培生、自费生等（1996年以后实行并轨招生，同时收取学费，毕业生就业双向选择，国家不再包分配）。在民办教育发展迅速的背景下，1997年第一部专门规范民办教育的行政法规《社会力量办学条例》出台，自此民办教育发展有法可依。《条例》是再次确认社会力量办学是社会主义教育事业的组成部分，要求各级人民政府将社会力量办学纳入国民经济和社会发展规划。1998年《面向21世纪教育振兴行动计划》提出，形成公办学校和民办学校共同发展的办学体制，鼓励民办学校滚动发展，保证民办学校自主办学的法人地位等。1999年《关于深化教育改革，全面推进素质教育的决定》明确提出，“经国家教育行政主管部门批准，可以举办民办普通高校”。至此，国家垄断的高等学历教育正式向民间资本开放，民办普通高校、独立学院迅速发展起来。

第三阶段：规范提高、进入法制化阶段（2003年至今）

2002年正式颁布中国第一部关于民办教育的法律《民办教育促进法》。《促进法》继承了《社会力量办学条例》的基本精神，在民办教育举办者获取“合理回报”等问题上实现了突破。《促进法》及2004年《促进法实施条例》以是否要求获得合理回报为标准把民办学校分为两类，并对要求获得合理回报的民办学校如何管理做出具体规定。2004年《实施条例》规定，民办学校应当依法办理税务登记，捐资办学和不要求取得合理回报的民办学校，依法享受与公办学校同等的税收及其他优惠政策。2010年5月《国家中长期教育改革和发展规划纲要（2010—2020年）》明确指出：“民办教育是教育事业发展的重要增长点和促进教育改革的重要力量。各级政府要把发展民办教育作为重要工作职责，鼓励出资、捐资办学，促进社会力量以独立举办、共同举办等多种形式兴办教育。完善独立管理和运行机制。支持民办学校创新体制机制和育人模式，提高质量，办出特色，办好一批高水平民办学校。”这表明对民办学校的发展问题的研究有着重要的现实意义。2016年11月7日，第十二届全国人民代表大会常务委员会第二十四次会议通过了《全国人民代表大会常务委员会关于修改<中华人民共和国民办教育促进法>的决定》。这是《民办教育促进法》施行以来第二次修正。此次法律修正首次明确了营利性民办学校法人属性，明确了民办学校实施分类管理的基本原则和制度，将民办学校分为非营利性和营利性学校，进行分类登记、分类管理和差别化扶持。实施民办学校分类管理，有利于解除民办学校的模糊身份，有利于理顺举办者和学校的关系，有利于加快对民办教育特别是非营利性民学校的扶持力度，进一步促进民办教育事业的健康发展。

（三）研究意义

民办教育作为与公办教育并重的办学力量，对中国整体教育发展作出巨大贡献，不仅推动了教育体制改革，促进教育观念变革，也满足了社会对教育的多样化需求，促进教育公平。随着中国改革开放的不断推进和市场经济的蓬勃发展，中国民办教育事业取得了长足发展，已经成为教育事业的重要组成部分和必要的补充。2010年5月《国家中长期教育改革和发展规划纲要（2010—2020年）》明确指出：“民办教育是教育事业发展的重要增长点和促进教育改革的重要力量”。党的十九大提出，“支持和规范社会力量兴办教育”。2017年，国务院办公厅发布了《国务院关于鼓励社会力量兴办教育促进民办教育健康发展的若干意见》，修改并颁布了《中华人民共和国民办教育促进法》，为当前发展民办教育（私立教育）制定了基本遵循。发展民办教育既是市场经济的客观要求，也是解决教育资源稀缺，满足差异化需求的有效途径。本文以广西民办教育发展情况为着力点，分析广西民办教育的发展现状、发展过程中存在问题、收费现状及价格走势，为党委政府决策提供科学依据，促进广西教育发展具有重要意义。

二、广西民办教育发展情况

近年来，广西民办教育在国家“积极鼓励、大力支持、正确引导、依法管理”方针的指引下得到较快发展，民办学校的办学规模、办学条件、教育教学质量都有了明显提高，在教育体系中所占的比重逐渐上升，占据了重要地位。

（一）现状

从总体看，截至2017年底，广西共有各级各类民办学校（不含培训机构）10511所，占广西所有学校的46.1%（详见图1），与公办学校数量12292所差距不大。在校学生206万人，占广西所有在校生的18.2%（详见图2），与公办学校在校生928.04万人差距较大。

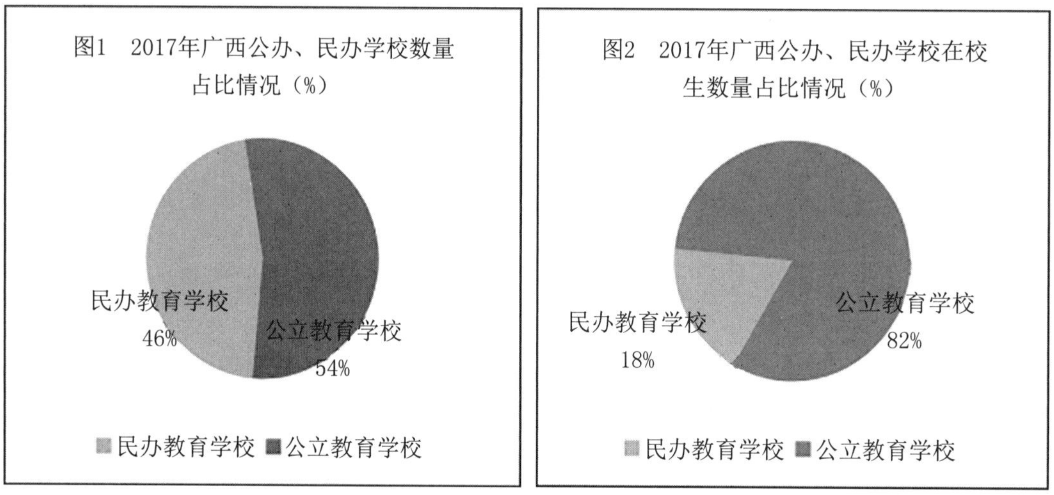

图1—2　2017年广西民办教育学校数量占比情况和在校生占比情况（单位：%）

（二）广西民办教育发展趋势

1.十八大以来，广西民办教育经历快速发展的“黄金时代”

党的十八大以来，广西民办教育事业开启了向纵深推进的进程。2013年—2017年底，短短5年广西民办教育不但实现了巨大的规模扩张，而且实现了明显的质量提升，从学前教育到高等教育，无论学历教育还是非学历培训领域，都涌现出一大批知名品牌，成为广西教育事业重要的增长源泉和引领推动教育改革的重要力量，适应了社会主义市场经济发展的需要，一定程度上满足了老百姓对多样化、优质教育的需要。

2013年—2017年底，广西民办教育机构数量从7572所增加到10511所，民办教育机构占所有教育机构的比重从2013年年底的30.1%上升到2017年年底的45.8%。

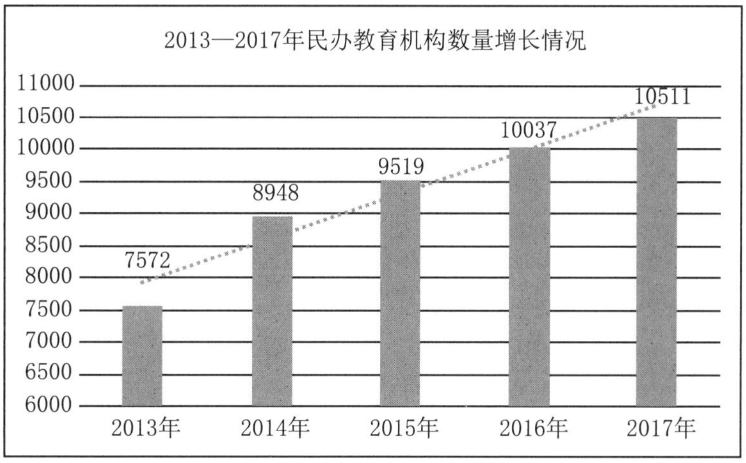

图3 2013—2016年广西民办教育机构增长情况

民办教育在校生人数从148.4万人增加到206.0万人，占总在校生人数比重从2013年13.9%上升到17.5%。民办教育在教育体系中占比重逐步上升。

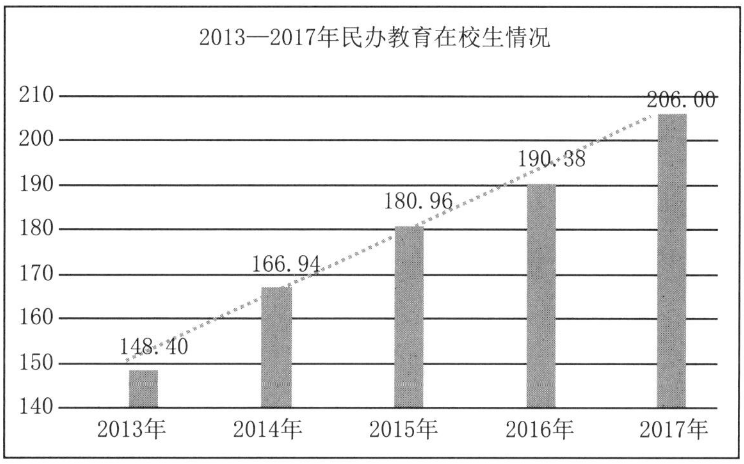

图4 2013—2016年广西民办教育机构增长情况

2.民办教育办学机制灵活多样，较好地满足了个性化、多样化教育需求

（1）民办教育的发展缓解了公办教育供给不足的状况，帮助实现了部分适龄人口的受教育权利，在一定程度上解决了进城务工人员随迁子女和留守儿童的教育问题。与公办学校相比，民办学校从小学到高中阶段基本都是全日制寄宿办学，这对留守学生的吸引力比较大。家长长期外出经商、打工，家人老人年纪比较大，没有人照顾小孩饮食起居，也没办法在身边管教孩子，选择民办全寄宿学校就成了唯一的选项。据调查，外出打工地区九成以上的学生家长选择送孩子到民办学校就学。如来宾市新阳文武小学，其生源则大部分是留守儿童中的边缘孩子（如吸毒、惯偷、孤儿、离异家庭、堕胎），在父母或监管人无力监管的情况下，不得不送到该学校进行寄宿制学习管制。柳州市城中区现有民办学校三所，分别是景行双语，

二桥小学和升官塘小学，其中二桥小学和升官塘小学接收的均为进城务工子弟，极大地缓解了河东片入学儿童入学的困难，成为义务阶段学校的有效补充。目前，二桥小学的人数为519人，升官塘小学的人数为356人，共计875人。

（2）民办教育作为一种选择性教育，满足了人民群众日益增长的差异化教育需求。相对于公办学校来说，民办学校办学机制灵活、注重在“精”“专”“特”上打造品牌，教育硬件设施较优越、教师资源较充足、课程设置有特色，满足了家长的多重教育需求，为学生提供了相对优质的教育资源。如南宁市西大附中、新民中学、三美中学等民办初中，以其先进的办学理念、优质的教育资源，优异的中考成绩，成为家长们心目中的“名校”，近几年来，这几所学校在中考中几乎囊括了南宁市所有全A+的学生，“世界机器人大赛冠军”“中国汉字识字大王”“全国啦啦操比赛团体第一名”……获得的奖杯奖牌及荣誉无数；北大南宁附属实验学校，小初高十二年一贯制，实现一体化无缝衔接，实施全封闭半军事化管理，培养孩子独立自理生活能力，实行小班化教学，开设50多种个性特长课程，实施个性化教学，并提供假日托管服务，帮助家长解决实际困难；南宁市伟才国际幼儿园小班制每班只有20~25人，三教一保，外教全天候带班英语浸入式教学，配备陶艺、高尔夫和奥夫音乐课程；柳州市景行双语实验学校每班只有30人，每周开设六节英语课，学生的英语成绩比同龄其他小学的孩子更为优秀，深受家长好评。

（三）广西民办教育发展过程中呈现的差异化

1.各阶段民办教育发展存在差异

（1）从各阶段民办教育占2017年民办教育总体情况看：

从民办教育学校数量看：在广西10511所民办基础教育机构中，幼儿园数量最多，共9974所，占广西民办基础教育总数的94.9%，是民办教育主要组成部分；小学195所，占广西民办基础教育总数的1.9%；初中155所，占广西民办基础教育总数的1.5%；高级中学99所，占广西民办基础教育总数的0.9%；中级职业技术学校64所，占广西民办基础教育总数的0.6%；民办高等教育24所，占广西民办基础教育总数的0.2%。具体情况如图5所示：

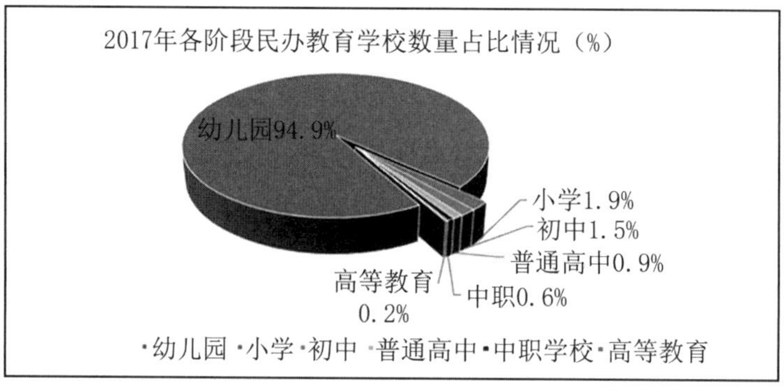

图5 2017年各阶段民办教育机构数量占比情况

从在校生人数看：据统计，2017年广西民办幼儿园的在校生人数最多，共计140.8万人，占民办教育机构在校生总数的68.6%；民办高等教育的在校生人数次之，共计18.1万人，占民办教育机构在校生总数的8.8%；民办小学的在校生人数第三，共计16.5万人，占民办教育机构在校生总数的8.0%。具体情况如图6所示：

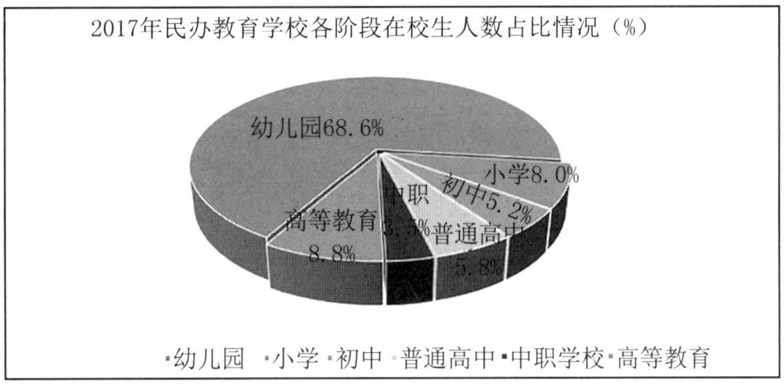

图6 2017年各阶段民办教育机构在校生人数占比情况

（2）从各阶段民办教育占本阶段教育机构和在校生数量看

各阶段民办教育占该阶段教育结构和在校生人数情况如表所示，民办幼儿园9974所，在园幼儿141.35万人，分别占广西幼儿园总数的84.6%和66.1%；民办普通小学195所，在校生16.48万人，分别占广西小学总数的2.3%和3.6%；民办普通初中155所，在校生10.73万人，分别占广西初中总数的8.8%和5.3%；民办普通高中99所，在校生12.04万人，分别占广西高中总数的21.5%和12.3%；民办普通中专学校64所，在校生7.29万人，分别占广西中专总数的23.6%和10.6%；民办普通高校24所，在校生18.11万人，分别占广西高校总数的46.1%和18.2%。（详见表1）

表1 2017年广西各阶段民办教育学校和在校生数量占广西各阶段比情况

学校类别	学校数		在校生数	
	全部（所）	民办占比（%）	全部（万人）	民办占比（%）
幼儿园	11787	84.6	213.99	66.1
小学	8454	2.3	463.75	3.6
初中	1757	8.8	203.46	5.3
普通高中	460	21.5	97.48	12.4
中职学校	271	23.6	68.68	10.6
高等教育	74	32.4	86.67	20.9

由表1的2017年各阶段民办教育学校和在校生数量在该阶段全部学校数量和全

部在校生数量占比情况可知，民办幼儿园发展迅速，幼儿园的学校数和在校生数超过公立幼儿园的数量和在校生数量；民办高等教育、中职学校和高中发展占比2～3成；民办小学和民办初中占比不足1成。

（3）从发展情况看，民办教育阶段发展差异大

民办幼儿园发展势头迅猛。民办幼儿园由2013年7094所增加到2017年9974所，占广西幼儿园总数的84.6%，民办幼儿园在园幼儿141.34万人，占广西幼儿园在园幼儿总数的66%，民办幼儿园已经成为广西学前教育的主力，仍然有大量民间资本计划投资学前教育。

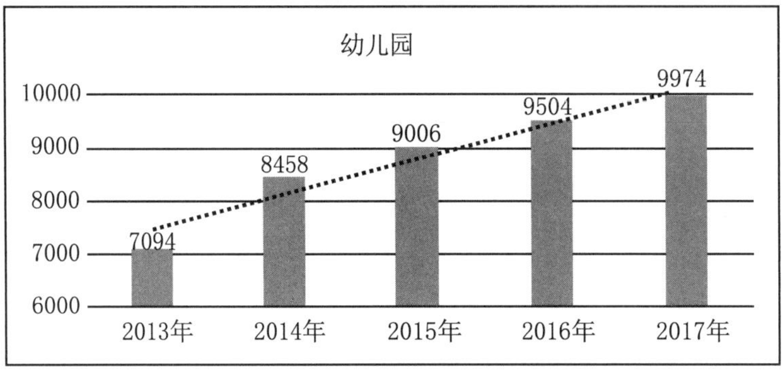

图7　2013—2017年民办幼儿园数量

民办中、小学学校数量呈逐年递增的现象。民办小学学校数由2013年170所增加到2017年195所，民办初中学校数由2013年140所增加到2017年155所。但是除少量中心城市优质学校外，大多数民办中小学校招生难、收费难、办学难，一些投资及管理者目前有苦撑的感觉。

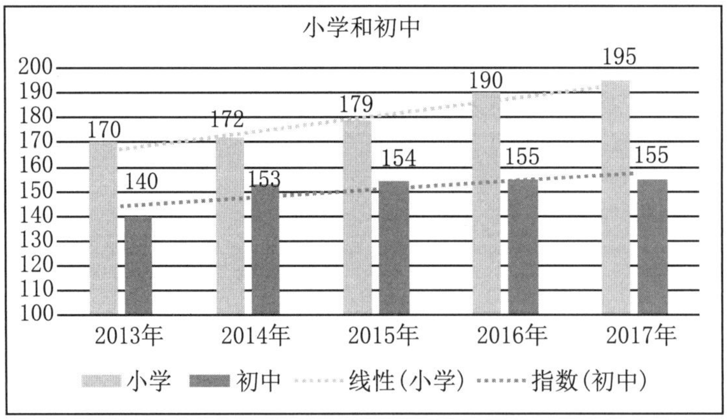

图8　2013—2017年民办小学和初中学校数量

民办中等职业教育萎缩，民办普通高中和稳步上涨，民办高等教育稳定发展。民办中等职业教育，全行业出现萎缩、倒闭现象，民办中职面临生存问题非常严重。2010年底，广西民办中职学校数为131所，2013年为77所，到2017年底仅剩学校64所，平均每年约倒闭7所。如桂林市2012年有13所民办职业学校，在校生10162人，

而到2014年短短两年间，学校数锐减到7所，在校生数仅4253人。民办高中和高等教育，办学数量相对稳定，分别由2013年70所和21所增加到2017年99所和24所。

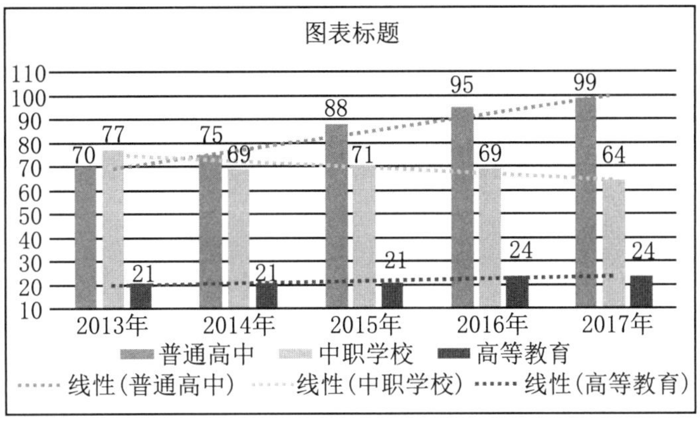

图9　2013—2017年民办高中、中职和高等教育学校数量

小结：民办幼儿园是广西民办教育的主要形式和重要组成部分，其他层次的民办教育机构数量仍有待提升。此外，仍然有大量民间资本计划投资学前教育。

2. 各地域民办教育发展存在较大差异，区域发展不平衡

（1）各地区民办教育机构和在校生占广西比看，广西各市之间民办基础教育机构分布存在较大差距，发展不平衡。如图10所示，民办教育在桂中、桂南及沿海地区发展良好，其中南宁和玉林地区的民办教育发展状况最好，桂东、桂西地区特别是在梧州、贺州、河池、百色等地发展相对落后，在县城（除平果、扶绥外）、乡镇，民办教育更是薄弱。据了解，广西14个地级市，民办基础教育机构较多的地级市有南宁、玉林和百色。其中南宁最多，有1651所民办中小学，占总数的15.8%；玉林次之，有1570所民办中小学，占总数的15.1%；百色第三，有1168所民办中小学，占总数的11.2%。在14个地级市中，民办中小学最少的城市是防城港市，仅有244所，占总数的2.3%。其他地级市民办基础教育机构数量如图10所示。

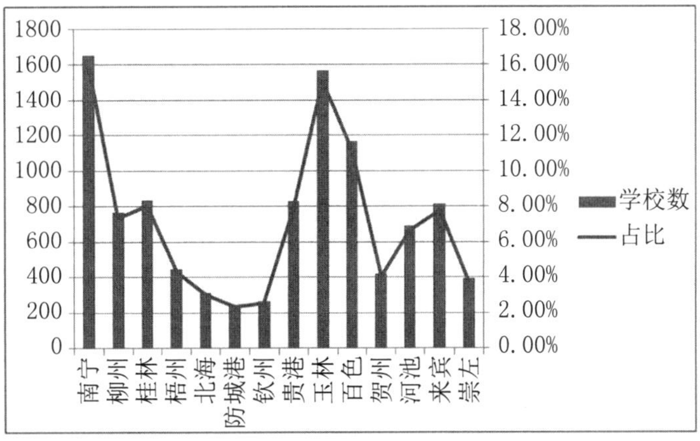

图10　2017年广西各地市民办中小学校数量（单位：所）

广西14地级市中，南宁市民办教育在校学生最多，共计35.8万人，占总数的19.91%，玉林市的民办教育学生次之，共计26.2万人，占总数的14.59%；贵港市的民办教育学生人数第三，共计20.6万人，占总数的11.46%。在14个地级市中，民办教育在校学生最少的是防城港市，仅有3.7万人，占总数的2.3%。其他地市民办教育在校生人数如图11所示。广西中小学民办教育发展主要集中在桂中和北部湾经济开发区区域，包括：南宁市、桂林市、柳州市、北海市、玉林市、贵港市、来宾市，与当地区域民营经济发展情况较为接近。

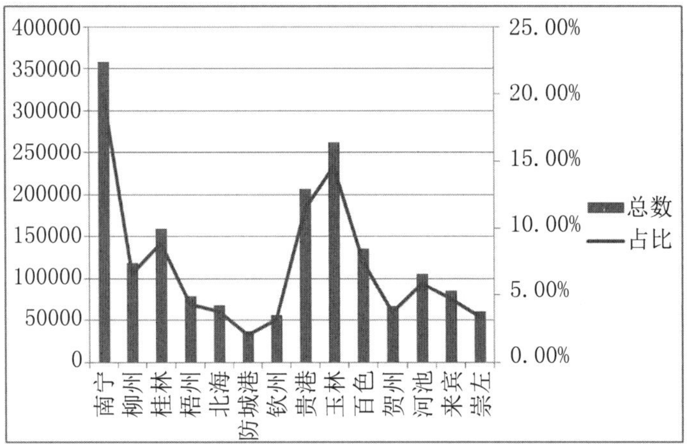

图11　2017年广西各地市民办中小学在校生人数（单位：人）

（2）从各地区民办教育占本地区不同阶段民办教育机构和在校生数量看（附表2），在基础教育阶段民办教育存在区域间发展不平衡，各层次间发展不充分的现象：

表2　广西中小学民办在校生占比情况表

地市名称	幼儿园在校生		小学在校生人数		初中在校生人数		高中在校生人数	
	总数	民办占比	总数	民办占比	总数	民办占比	总数	民办占比
南宁	320110	74.1	646844	11.0	271740	11.9	136986	14.4
柳州	137332	75.1	303737	3.2	137747	1.7	65599	5.4
桂林	171671	65.7	379159	7.0	154552	10.5	76689	7.4
梧州	134151	53.4	289614	0.7	133660	2.2	57270	3.3
北海	79103	63.3	161360	6.6	73227	7.3	37155	5.5
防城港	42028	86.0	97029	1.0	38602	0.2	17174	0.0
钦州	152646	28.4	367260	1.0	160228	4.5	59239	4.1
贵港	203117	66.9	462853	2.7	219280	5.8	127953	35.9

续表

地市名称	幼儿园在校生		小学在校生人数		初中在校生人数		高中在校生人数	
	总数	民办占比	总数	民办占比	总数	民办占比	总数	民办占比
玉林	307536	69.1	648496	2.1	284238	4.0	138339	18.5
百色	171384	73.8	341571	0.4	161284	4.0	71037	2.5
贺州	91965	62.5	212964	1.9	80974	7.0	34335	0.0
河池	158903	62.8	364761	0.2	162461	0.4	74599	6.1
来宾	89107	82.2	190523	1.8	81593	1.9	44257	16.2
崇左	80809	66.7	171377	2.7	75046	3.5	34179	0.7

民办幼儿园：在校生占比超过80%为防城港市和来宾市，最低为钦州市28.4%；

民办小学：在校生占比较高的地市为南宁市、桂林市、北海市，分别为11.0%、7.0%、6.6%；梧州、百色、河池三市在校生占比不超过1%，分别为0.7%、0.4%和0.2%。民办小学在校生占比最大差值达10.91个百分点（最高：南宁市，最低：河池）；

民办初中在校生占比超过5%的地市为南宁市、桂林市、北海市、贵港市、贺州市，南宁市、桂林市占比超过10%，占比不超过1%的地市有2个；民办初中在校生占比最大差值达11.68%（最高：南宁，最低：防城港）；

民办高中在校生占比超过5%的地市为南宁市、柳州市、桂林市、北海市、贵港市、玉林市、河池市、来宾市，其中贵港市民办高中在校生占比最高达到35.84%，占比低于1%的地市有3个，防城港、贺州没有民办高中。民办高中在校生占比最大差值达35.85%（最高：贵港，最低：防城港和贺州）；

部分地市内各层次民办教育发展不均衡，如防城港市民办幼儿园在校生占比为广西最高，而初中在校生和高中在校生占比为广西最低；又如贵港市民办初中在校生占比仅为5.8%，而高中占比高达35.85%。

小结：广西中小学民办教育发展主要集中在桂中和北部湾经济开发区区域，包括：南宁市、桂林市、柳州市、北海市、玉林市、贵港市、来宾市，与当地区域民营经济发展情况较为接近。

（四）与全国平均水平相比，差距较大

如表3所示，广西民办幼儿园数量占全国民办幼儿园总数的6.2%；民办小学占全国民办小学总数的3.2%；民办初级中学占全国民办初级中学总数的2.9%；民办高中学校占全国民办高中总数的3.3%；民办中等职业学校共占全国民办中等职业学校总数的3.1%；民办高等教育占全国民办高等教育总数的3.2%。从数量看，广西民办幼儿园的数量在全国同类学校中所占比重最大为6.2%，其中民办普通高中所占比次之，民办中小学及高等教育均未达到国内平均水平。说明广西民办基础教育发展重点集中在幼儿园，其他层次的民办教育机构数量仍有待提升。

表3　2017年全国和广西民办教育机构数量表

办学层次	全国（单位：所）	广西（单位：所）	占比（%）
幼儿园	160372	9974	6.2
小学	6107	195	3.2
初级中学	5277	155	2.9
普通高中	3002	99	3.3
中等职业学校	2069	64	3.1
高等教育	747	24	3.2
合计	177574	10511	

如表4所示，广西民办幼儿园在校生人数为141.35万人，占全国总数的5.5%；民办小学在校生人数为16.48万人，占全国总数的2.0%；民办初级中学在校生人数为10.73万人，占全国总数的1.9%；民办普通高中在校生人数为12.04万人，占全国总数的3.9%；民办中等职业学校在校生人数为7.29万人，占全国总数的3.7%；民办高等教育在校生人数为18.11万人，占全国总数的2.9%。广西民办幼儿园在校生人数的比例高于全国平均水平；民办普通高中、中等职业学校在校生人数的比例接近全国平均水平；民办小学、初中和高等教育在校生人数低于全国平均水平。

表4　2017年全国和广西民办教育机构在校生数量表

办学层次	全国（单位：万人）	广西（单位：万人）	占比（%）
幼儿园	2572.34	141.35	5.5
小学	814.17	16.48	2.0
初级中学	577.68	10.73	1.9
普通高中	306.26	12.04	3.9
中等职业学校	197.33	7.29	3.7
高等教育	628.46	18.11	2.9
合计	5096.24	206	4.0

总结：经过2013—2017年的快速发展，广西民办学校的办学规模、办学条件、教育教学质量都有了明显提高，在教育体系中所占的比重逐渐上升，占据了越来越重要的地位。其中，分阶段看，民办幼儿园是成为广西民办教育的主要形式，是教育机构中的重要组成部分，其他层次的民办教育机构数量仍有待提升。此外，仍然有大量民间资本计划投资学前教育。分地域看，民办教育发展主要集中在桂中和北部湾经济开发区区域，包括南宁市、桂林市、柳州市、北海市、玉林市、贵港市、来宾市，与当地区域民营经济发展情况较为接近。与全国相比，广西民办基础教育发展重点集中在幼儿园，其他层次的民办教育机构数量仍有待提升。

三、民办教育收费情况及价格变化趋势

新《民促法》明确规定非营利性民办学校收费的具体办法，由省、自治区、直辖市人民政府制定；营利性民办学校的收费标准，实行市场调节，由学校自主决定。《国务院关于鼓励社会力量兴办教育促进民办教育健康发展的若干意见》第十六条规定“实行分类收费政策。规范民办学校收费。非营利性民办学校收费，通过市场化改革试点，逐步实行市场调节价，具体政策由省级人民政府根据办学成本以及本地公办教育保障程度、民办学校发展情况等因素确定。营利性民办学校收费实行市场调节价，具体收费标准由民办学校自主确定。政府依法加强对民办学校收费行为的监管。”《营利性民办学校监督管理实施细则》第二十八条规定“营利性民办学校按学期或者学年收费，收费项目及标准应当向社会公示30天后执行。不得在公示的项目和标准外收取其他费用，不得以任何名义向学生摊派费用或者强行集资。”

目前，广西民办学校教育学杂费收费情况还没有进行分类登记，民办学校学历教育阶段依据办学成本，市场需求等因素，确定收费标准，由物价局审批实行政府定价。2018年7月2日《广西壮族自治区人民政府关于鼓励社会力量兴办教育促进民办教育健康发展的实施意见》（桂政发〔2018〕31号）文件规定，民办幼儿园、营利性民办学校收费实行市场调节价，具体收费标准由民办学校自主确定，并向学生和社会公示后执行。

（一）民办教育收费及价格走势各阶段特点不同

民办教育机构收费主要参照物价局批准的标准进行，每年会根据实际情况有所上涨。据调查，不同阶段的教育机构呈现不同特点：民办小学收费相对平稳，初高中阶段学费根据成绩等级收费，有一定的涨幅，民办幼儿园收费涨幅较大。

1. 义务教育阶段民办学校收费相对较高，收费平稳

公办学校九年义务教育阶段均实行免收学费，而民办学校收费按照“一校一费”原则，自主定价，报政府价格主管部门依据办学成本以及本地公办教育保障程度审定备案，收费价格不一。目前广西义务阶段非营利民办学历教育学校采取每隔

三年备案审定一次。从2016年南宁市义务阶段非营利民办中小学学费标准稳定。如南宁市新民中学2018年收费标准为学费7300元/生·学期，2016年执行标准至今；北大南宁附属实验学校2018年小学学费9000元/生·学期；南宁东盟中学2018年收费标准（学费）为初中12800元/生·学期；西乡塘育才双语实验学校小学收费标准为学费4200元/生·学期，中学收费标准为学费5600元/生·学期；南宁君武小学学费收费标准为10000元/生·学期，2013年执行标准至今。

新民中学等四所学校收费标准统计

<table>
<tr><th rowspan="2">序号</th><th rowspan="2">学校名称</th><th rowspan="2">办学类型</th><th colspan="10">学费收费标准（元/学期）</th></tr>
<tr><th>2009</th><th>2010</th><th>2011</th><th>2012</th><th>2013</th><th>2014</th><th>2015</th><th>2016</th><th>2017</th><th>2018</th></tr>
<tr><td>1</td><td>南宁市新民中学</td><td>初中</td><td></td><td>3500</td><td>3500</td><td>春季：3500
秋季：4900</td><td>4900</td><td>4900</td><td>4900</td><td>春季：4900
秋季：7300</td><td>7300</td><td>7300</td></tr>
<tr><td rowspan="2">2</td><td rowspan="2">南宁市东盟中学</td><td>初中</td><td colspan="4" rowspan="2">无</td><td></td><td>12800</td><td>12800</td><td>12800</td><td>12800</td><td>12800</td></tr>
<tr><td>高中</td><td>5300（2013年秋季临时标准）</td><td>16800</td><td>16800</td><td>16800</td><td>16800</td><td>16800</td></tr>
<tr><td>3</td><td>南宁市西乡塘区君武小学</td><td>小学</td><td></td><td>1600</td><td>1600</td><td>1600</td><td>4000</td><td>4000</td><td>4000</td><td>春季：4000
秋季：10000</td><td>10000</td><td>10000</td></tr>
<tr><td rowspan="2">4</td><td rowspan="2">南宁市西乡塘区育才双语实验学校</td><td>小学</td><td colspan="5">5000（含杂费、水电费、微机使用费、校园安全管理费、内膳生工友费、课本费）</td><td>3800</td><td>4200</td><td>4200</td><td>4200</td><td>4200</td></tr>
<tr><td>初中</td><td colspan="5">6000（含杂费、水电费、微机使用费、校园安全管理费、内膳生工友费、课本费）</td><td>5000</td><td>5500</td><td>5500</td><td>5500</td><td>5500</td></tr>
</table>

图12　南宁市新民中学等四所学校收费标准统计

2.初、高中阶段学费根据成绩等级收费，涨价趋势趋稳

民办初中和高中阶段，在报考生源方面，由于民办初中和高中阶段面临升学压力，选择民办教育时更多考虑民办教育学校的优质资源带来的高升学率，因此优质的民办教育学位一位难求，非常热门。从招生方面而言，民办教育学校需要扩大学校影响力，提升学校品牌和形象，更愿意录取成绩好的生源。如广西大学附属中学2018年初中收费标准：5000~12500元/学期，根据成绩等级收费。以广西师范大学附属外国语学校为例：该校是广西唯一一家广西教育厅批准成立的外国语学校，是广西示范性特色学校和示范性高中。2014年、2017年和2018年招生简章显示，每生每学期分别收费为9000元、10500元和12500元。正式录取后进行新生分班测试，根据测试结果初中三年均按同一标准颁发不同程度金额的入学奖金。2014年测试结果分为A、B、C、D四个等级，A、B、C等学生颁发入学奖学金；2017—2018年测试结果分为A、B、C、D、E五个等级，A、B、C、D等学生颁发入学奖学金。实际交学费如表所示：

表5 广西师范大学附属外国语学校收费情况一览表

年度	每生每学期收费	A	B	C	D	E
2014	9000	5000	6500	8000	9000	
2017	10500	6500	8000	9500	10000	10500
2018	12500	6500	8000	9500	11000	12500

如表5所示，广西师范大学附属外国语学校2014年、2017和2018年学费都在上涨，但为吸引、稳定优质生源，给与成绩好的生源的入学奖学金力度也不断增大。2017年至2018年优质生源（入学成绩A、B、C）学费稳定不变，其他生源收费分别上涨10%和19.0%。

3.民办幼儿园收费存在两极差，价格增长迅速

以广西公益类自治区示范性幼儿园保育教育费为3000元/学期，公益类非自治区示范性幼儿园保育教育费为2100元/学期为标准，品牌连锁幼儿园、各市城区幼儿园的保育教育费收费均高于公立区级示范性幼儿园，而县级幼儿园、私人独办幼儿园保育教育费收费低于公立区级示范性幼儿园。具体如下：

（1）品牌性、民办示范园收费高于区直示范园：南宁市桃李江宇世纪城幼儿园保教费4750元/学期；梧州市长洲区一幼玥城实验幼儿园保教费：3岁以上8000元/学期，3岁以下8800元/学期；北海市较好的普惠性幼儿园保教费在4500元/左右。合浦县小红帽幼儿园普惠性幼儿园保教费2300元/学期。来宾市启慧幼儿园保教费4280元/学期；宜州区琳华幼儿园（城区普惠性幼儿园）每学期收费为2200元。

（2）一般民办幼儿园提供的服务也比较单一，主要是照看小朋友，没有太多学前教育内容，收费低于区直示范性幼儿园。合浦县爱心幼儿园普惠性幼儿园保教费1750元/学期。宜州区德胜镇佳佳宝贝看护点（乡村级托儿所）每学期收费为1700元。

（3）学前教育收费涨幅较大。如南宁市伟才国际幼儿园，学费定价25000元/学期，实际是根据招生情况从2016年秋季学期至2018年秋季学期折扣力度不断降低，实际收费不断走高，从2016年秋季收费15000/学期，2017年春季学期收费17500元/学期，2017年秋季学期收费20000元/学期，2018年春季学期收费22500学期/元，2018年秋季学期收费25000元/学期。从2016年秋季学期到2018年秋季学习，保价费增幅高达66.7%。梧州市长洲区文化宫幼儿园保教费原来标准为3岁以上为1400元/学期，2018年秋季学期涨至1900元/学期，涨幅为35.7%；3岁以下原为1820元/学期，2018年秋季学期涨至2300元/学期，涨幅为35.7%。梧州市长洲区黄金灏景幼儿园保教费原来标准为2000元/月，2018年秋季学期涨至2300元/月，涨幅为15%。

（二）民办教育价格变动因素分析

据调查，影响民办教育价格变动的因素主要有：一是教育部门和物价部门核定的收费标准；二是学校的经营成本，包括办学场地租赁、教师工资、教学设备设施维护、固定资产折旧和教育再投入；三是当地家长消费价格水平和接受程度。

1.教育部门和物价部门核定的收费标准上涨。据调查，广西各地多元普惠幼儿园的保教费限价为同级同类公办园的1.3~2倍，其中南宁2倍定标，柳州、河池、桂林等地按1.3倍定标。2018年8月广西出台《关于调整自治区本级直属公办幼儿园保育教育费收费标准有关问题的通知》（桂价费〔2018〕91号）对2010年5月8日公布的现行公办幼儿园收费标准进行上调。2018年秋季学期起，公益类自治区示范性幼儿园保育教育费从过去的350元/月提高到600元/月，每个学期提高1250元，涨幅高达71.4%；公益类非自治区示范性幼儿园保育教育费从过去的250元/月提高到420元/月，每个学期提高850元，涨幅高达68.0%。方案还指出，到2020年秋季学期起，保教费还将在2018年调整的基础上继续上涨30%的幅度。据悉截至2017年底，广西共有民办幼儿园9974所，其中普惠园3670所，目前执行的《广西壮族自治区多元普惠幼儿园认定及管理办法（试行）》（桂教基教〔2014〕14号），随着区直属公办幼儿园保教费上调，未来多元普惠园价格调整将列入议程，多元普惠幼儿园的保教费随之上涨。

2.经营成本上涨。据了解随着教师薪酬待遇的不断上涨，加上基础建设逐步投入，民办教育经营成本逐年上涨，学校每年的运营成本涨幅在10%左右。平南县大将中学（高中部），2017年学生学费为2698元/学期，比2015年1898元/学期增加了800元，增幅42%。

一是办学场地租赁成本上涨。据调查，河池市东方外国语实验学校2015年场地租金为18万/年，2016年场地租金为20万/年，2017年为22万/年。金城江育才小学2016年以前每年场地租金是2万元，2016年开始上涨至7万/年。北海市国发高级中学的办学场地原租金约为35万元/年，在2016年提至约100万元/年。

二是教师薪酬待遇提高。按《劳动合同法》要求，普惠民办幼儿园聘请人员依法享有薪酬、缴纳“五险”等福利待遇。来宾市启慧幼儿园介绍，该园自2015年至今老师的工资从2015年至2018年上涨幅度将近25%。平南县大将中学，新招中学教师基本工资从2015年的2500元/月涨到了3500元/月。平南县朝阳高级中学每年支付教师职工薪酬约300多万元，占经营支出比重约60%。此外，一些学校为了提高教学质量敢于高薪聘请高学历、有教学经验的教师，教师的工资增长亦从学费中开支。

三是基础教育投入增加。据崇左市新建幼儿园2017年底自费近10万元购置了一批从美国进口的特色室外教学活动设备，用于幼儿在玩乐中学到知识，这笔支出相当于该园15名教师的2个月工资总和。贵港市一所高中学校，由于近几年来，校舍、校园建设、设备购买投入比较大，学生的收费也相应提高，由2015年2400元/学期上涨到2017年3100元/学期，涨幅高达29.9%。

3.当地物价上涨。2015年至2017年广西居民消费价格累计上涨4.8%，各市县居民消费价格水平也纷纷上涨。随着居民消费价格上涨，各地民办教育机构生活成本支出上涨，收费水平也随之上涨。据调查，鹿寨县3家民办幼儿园，2015年—2017年伙食费收费由2015年229元/月上涨到261元/月，涨幅达14.0%。合浦县小红帽幼儿园2017年春季学期伙食费分别为220元/月，比2016年提高25.6%。

（三）民办教育收费上涨仍是主流

从近三年的教育服务价格走势来看，近三年教育服务价格上涨明显，教育收费价格涨幅明显高于居民消费价格总水平，其中，2016年涨幅高出0.2个百分点，2017年高出0.9个百分点，2018年1—9月高0.9个百分点。学前教育、小学初中教育（民办）、课外教育最为突出，特别是2018年以来，截至2018年9月，学前教育、课外教育、小学初中教育（民办）涨幅均超5%。

表6 2016年—2018年9月广西CPI与民办教育收费累计指数情况表

项目名称	2016年	2017年	2018年09月累计
居民消费价格总指数	101.6	101.6	102.2
教育服务	101.8	102.5	103.1
学前教育	103.2	104.6	106.4
小学初中教育	101.5	103.7	105.8
高中中职教育	100.5	102.4	101.2
高等教育	101.5	100.7	100.1
课外教育	103.8	104.0	106.7

随着民办学校自行承担的办学场地、教师工资、校园硬件设施建设等多方面开支日渐增大，以及物价水平的上涨，教育收费上涨已成必然趋势。

四、广西民办教育发展过程中存在的困难

通过10市12县走访调研了解到，当前广西民办教育发展过程中面临着办学场地、教育理念、师资力量、经营压力等困难，制约广西民办教育快速发展，具体情况如下：

（一）自有办学场地难批、租赁办学场地成本高且安全隐患多

办学用地问题是民办教育过程中存在的第一环节的困难。办学用地大致分为：自有场地办学和租赁场地办学。公办学校办学用地由政府无偿划拨；民办学校办学用地不享受优惠政策，且申请难，审批立项环节多，用地成本高，投资过大。因

此，目前大部分民办教育办学用地是租赁场地。

1. 租赁场地办学，成本高，投入不足，基础设施不足。许多民办学校受资金限制，降低办学要求，对改善学校各种办学条件积极性不高，教学设施不全，教学器材不足，其教学条件难以满足正常教学的需要。尤其是在农村或城中村的民办学校，大部分都是利用民房进行改造或租赁，安全问题多。据了解，柳州市90%以上的民办中小学校园校舍靠租赁场地办学，如柳州市新世纪高级中学教学场地紧缺，在2017年4月被城中区消防安全委员会检查出存在严重火灾隐患，要求立即整改，该校只能停止招生，仅使用符合规范的教学设施勉强维持目前教学任务，面临关闭；桂林市优质学校东方中等职业学校是向租赁部队场地办学，面临出租方要求学校搬迁而找不到新校舍的窘境；桂林翰林双语学校原租赁疗养院办学，标准化教室较少，校园内有大面积水域存在安全隐患。

2. 广西乡镇、村级民办幼儿园多数没有独立的办学场所，办学条件简陋，校舍安全问题多。大部分民办幼儿园园舍面积不达到《广西壮族自治区乡镇幼儿园办园基本标准》规定生均用地15平方米的要求，而小型（60人以下）民办幼儿园达标的就更少。如，鹿寨县的民办幼儿园的生均用地面积几乎没有达到要求，即使该县上乘水平的迪米亚幼儿园，建筑面积1748平方米，全园共有305名幼儿，人均5.73平方米，离广西生均用地面积（15平方米）还差9.27平方米。来宾市忻城县“爱育华公司”租赁的11所中心幼儿园，基础设施和教学设备大部分陈旧不全，甚至个别幼儿园连卫生间都没有。河池市南丹县县大部分民办园租用民房，园舍存在安全隐患，消防通道不达要求，园舍使用超过3层楼房，没有符合幼儿的厕所，厕所简陋不卫生，没有流动水洗手设施。钦州市农村民办幼儿园开办经费大多不超过5万元，是典型的“家庭作坊”式幼儿园，场地狭小、光线不足、通风不畅，安全设施不完善，教学设施简陋，根本不能满足保教活动要求。

3. 优质民办教育资源发展，同样受办学场地所困。优质教育资源需要不断的复制和强强联合，才能为广大群众提供多样化的教育。但目前，很多优秀的民办学校苦于场地条件问题而不能进一步扩大办学规模。如，广西大学附属中学创建于1934年，由广西大学举办的民办自治区示范性普通高中，以高升学率著称，是莘莘学子热切向往的求知殿堂，报考火爆，但受限于办学场地、学位不足无法扩招。桂林市奎光中学（民办初中）教育资源较优秀，有扩大规模的急迫愿望，但场地紧缺制约了学校的发展。

（二）办学水平偏低，教学质量提升缓慢

除一些优质民办学校外，一些民办学校在办学理念、育人目标上，落后于教育发展的需要，特别是城乡民办幼儿园粗放式发展、同质化竞争，缺少办学特色与优势，教学质量参差不齐，存在同质化竞

争现象。如部分民办中小学校不按规定开齐课程、开足课时等违规行为不同程度存在，而利用现代信息技术的“微课”“慕课”等新型教学方式极少，普遍以升学率作为学校优劣的唯一评价标准，忽视对学生人格、人生观和价值观的教育。“托儿”式管理和小学化教育是大部分民办幼儿园的基本模式，有的幼儿园“管而不教”，有的是“玩而不教”。民办幼儿园“泛小学”化现象较为严重，不利于幼儿健康成长。如，钦州市灵山部分民办幼儿园贯彻落实《3~6岁儿童学习与发展指南》不到位，不严格按照“健康、语言、社会、科学、艺术”五大领域的要求开展保教活动，长时间违规教学算术、美术、书法、英语等不符合幼儿身心发展特点的内容。

（三）部分民办学校师资力量薄弱

除少数优质民办学校外，大多数民办学校面临师资力量薄弱，素质不高，队伍不稳、流动性大的问题，主要原因是民办教师职称评定难、社会及养老保障差距较大、缺乏校本培训、待遇不佳、地位低等，民办学校难以吸引优秀教师任教，即使初期招聘到了一些好老师，也难以留住人才，严重影响了民办学校的办学质量和可持续发展。

1.教师待遇偏低。民办幼儿园教师待遇远低于公办幼儿园教师待遇。据统计，广西公办幼儿园在编教师平均工资为3685元/月，非在编教师平均工资为2048元/月；民办幼儿园在编教师平均工资为1931元/月，远低于公办幼儿园教师待遇。尤其是民办乡村幼儿园教师仅为1731元/月，只高于广西新的三类地区最低工资标准430元/月。民办教师退休后领取的基本养老金还不到公办学校同资历教师的一半，有的甚至无养老保险。部分民办学校负责人反映公办学校实施绩效工资后，教师人均年收入在原有基础上提高若干万元不等，民办幼儿园大部分幼儿园教师只有年薪。

2.师资流动性大。由于公办和民办教师就职的各项要求（如学历、教师资格证等）都差不多，公办学校和民办学校教师待遇的剪刀差导致民办教师心理失衡，加剧民校教师的流失。农村中一些民办中小学校的教师一旦获得教师资格证或高级职称，就很快给公办学校挖走，民办学校实际上成为公办校人才培育的中转站。来宾市丽景国际双语学校教师流失最严重时一学期走了22个老师，占该校教师人数的四分之三。平南县大将中学每年教师流失比例高达30%，学校每年要新招聘100多名教师，推高了招聘支出和培训支出。

3.教师素质偏低。据调查，广西幼儿园专任教师中，本科以上、专科及中专以下学历占比为15.2%、57.4%、27.3%，未评级的专任教师占总量的84.87%，持证上岗率仅为64%。最为突出的是部分民办幼儿园和小学附属幼儿园教师非学前教育专业毕业的占多数、专业合格率较低，科学保教难以保障。另外，部分民办中小学和幼儿园岗位设置标准偏低，没有执行国家的规定标准，聘用一部分不具备从教资格的人员从事专业工作，造成教育教学质量与效益低下。

4. 教师培训制度缺失。公办学校教师培训费是财政供给，民办学校培训费是自费。民办学校教师大部分为刚毕业的年轻人，基于对自身未来发展的强烈需求，往往更渴望得到更多提升自身能力的机会，而民办学校培训经费大多为自筹，为了降低学校办学成本，难以提供更多的培训机会。崇左市育才幼儿园吴园长反映，民办幼儿园教师想要参加幼儿园教师培训提高教学水平，是不能享受跟公办幼儿园教师一样的培训资源，只能自费。

（四）经营压力较大，融资渠道有限，政府扶植力度有限

民办学校的经营成本，包括办学场地租赁、教师工资、教学设备设施维护、固定资产折旧和教育再投入。场地租赁逐年上涨，教师工资上涨和缴纳社保费用的增加，教学设备的更新换代等等，不断增大民办教育经营压力。但民办教育融资渠道有限，政府扶植力度有限，监管力度不够恶性竞争等问题限制民办教育快速发展。

1. 融资渠道有限。在民办学校的发展融资贷款上，学校产权产业不能抵押担保，利用校产融资受到限制，通过担保公司等担保，融资成本高。比如：在学生刷卡交费上，所有民办高校均注册为民办非企业，非营利性，但银联及各银行按发改委明文规定收取刷卡手续费，不能享受到公办学校的免费待遇，增加了民办高校的财务费用。仅仅是在银行利息上，民办高校往往要上浮30%~40%负担权重。贺州市某幼儿园开办前期投入100万元左右，由于银行贷款要通过个人房产证抵押，而民办幼儿园属于民办非企业单位，加之园所场地又是租赁房屋，所以无法获得银行贷款，自行筹资压力很大。

2. 政府扶植力度有限，补贴形式固化。2014年4月，自治区人民政府印发出台了《关于创新体制机制加快学前教育发展的若干意见》规定多元普惠幼儿园按生均每年200元标准予以补助，并根据星级予以一次性奖励补助，可用于教职工社保、园舍租金、保教开支以及维修费用等。由于自治区下达的生均补助标准较低，加之市和县级财力有限，对普惠性民办幼儿园的扶持资金不足，且补贴形式固化，以发放实物的形式（如：发放图书、教学课桌椅、空调设备等实物）到幼儿园，不够灵活。按预测，以拥有100个幼儿学生，开设四个班的幼儿园为例，按“两教一保”的保教规定，幼儿园最低人员配置为教师8名，保育员4名，工勤人员3名，共15名。该幼儿园得到2万元普惠性幼儿园补助和多元普惠幼儿园一次性补助2万元，而仅教职工社保一项开支，按每人每年7000元计算，幼儿园需要开支10.5万元，收支相差巨大，政府扶植力度不够。如民办幼儿园按此标准申报多元普惠幼儿园，保教费限价为同级同类公办园的1.3~2倍，其中南宁按2倍，柳州、河池、桂林等地按1.3倍定标都明显偏低。

3. 监管力度不够，存在无证经营现象突出。政府对民办教育的监管力度不够，存在安全隐患和不正当竞争。各地普遍反映，由于政府监管不到位，民办幼儿园中无证园数量相当大，存在安全隐患，劣币驱逐良币苗头出现。如南宁市万秀村是全市最大的城中村，居住着大量外来务工人员，他们的小孩基本就读村中的民办幼儿园，几十家幼儿园有证的不到十家。贺州市无证经营幼儿园现象严重，仅八步区无证经营幼儿园就达194家，就读幼儿1万多名。这些幼儿园大部分基础设施较差，存在户外活动场所不足、无“三防”设备、消防通道不合格、校车安全隐患等问题；柳州市大多数无证民办园存在安全防火、食品安全、传染病防控等诸多管理漏洞；桂平市违规新建幼儿园通过价格战来争取生源，连报三年，保教费3.6折，另外赠送1285元大礼包等，促销手段造成恶性循环；都安县新开很多没有办手续的幼儿园，使用没有教师资格证的幼教、提供一餐一点等方式压低成本，以较低的学费抢占生源，给正规民办教育机构的合法经营带来很大冲击。

五、促进广西民办教育发展的对策和建议

（一）加大政府扶持建立规范有序的民办教育机制

建议各地政府全面落实《中华人民共和国民办教育促进法》的各项扶持政策，结合本地实际，制定扶持发展民办学校的具体措施。加速推进民办学校分类管理工作，指导民办学校明确办学性质和方向，推进规范化管理。加大财政对民办教育的扶持力度，出台更具体、更有强制力的民办教育扶持与奖励政策，提高民办教育扶持标准，通过加大财政奖补力度，建立政府购买教育服务机制，落实税费优惠政策等措施，可考虑设立民办教育发展专项资金，减轻民办教育负担，形成民办教育蓬勃发展的态势，以此吸引民间资本注入民办教育。

（二）保障民办学校与公办学校同等待遇，扩大优质民办教育资源

按照所有权和管理权分离的原则，实行公私合营模式（PPP模式）运作管理。在预设基本条件、服务内容、形式、数量和质量的前提下，由各地政府拿出土地、经费和学校资源，面向社会招标共建一批优质学校，推动一批公办薄弱学校转型发展。支持和鼓励公办名校对民办学校的扶持，也支持民办名校对公办薄弱学校的合作，有效发挥名校的辐射作用，提高办学质量，拓展优质教育资源，满足人民群众的多种教育需求，带动提高民办教育整体教学质量。

（三）提高教师待遇，加大师资队伍的建设力度

民办学校要把教职工队伍建设作为提高教育教学质量的重要任务。建立教职工人事档案，对民办学校的教师资格认定、职称评定、业务培训、评先评优与公办学校一视同仁，为教职工缴纳社会保险费（基本养老保险、基本医疗保险、失业保险、工伤保险、生育保险）和住房公积金、职业年金，鼓励民办学校按规定为教职工建立补充养老保险，不断提高教职工的工资和福利待遇。积极推进民办教师社会养老保险并轨改革和年金制度改

革，民办学校教职工参加社会养老保险以及建立年金制度，其费用由学校、个人负担为主，政府给予补贴协助民办学校培养高素质的教师队伍，引导民办学校将教师培养纳入办学任务当中，加强民办学校教师队伍培训工作，督促学校落实教师培训经费，组织教师参加培训，提升教师综合素质。

（四）多渠道补贴，打开融资通道

建立健全自治区“政府补贴、购买服务、助学贷款、基金奖励、捐资激励”等制度的扶持民办教育发展办法，加强经费使用的监管和绩效评价。进一步完善民办教育资助政策体系，政府实施的学生资助政策应覆盖各级各类民办学校学生。制定实施更加优惠的税收返还政策，减免民办学校企业所得税、减免受教育者家庭个人所得税等。对符合条件的民办学校提供基础设施建设贷款贴息，解决民办学校贷款担保及融资难的困境。

（五）综合规划、合理布局，规范民校办学行为

教育行政主管部门在审批时要根据地段需求、师资、设施设备环节严格把关，做好幼儿园的合理化布局，对不符合条件的不予批准，避免行业恶性竞争，促进民办学前教育良性发展。建议由政府牵头，组织教育、工商、物价、财政、城管等多部门联合执法，查禁取缔无证幼儿园。

（六）实行分类收费政策，扩大民办学校办学资金来源

目前，广西尚属经济欠发达地区，各阶段民办学校分布不均，部分优质资源相对集中，尚未形成充分竞争，可分步骤放开非营利性民办学校收费标准。对非营利性民办幼儿园收费实行市场调节价，其他非营利性民办学历教育根据办学成本、办学质量、社会需求等因素确定学费及住宿费标准。“十三五”期间内，试点放开非营利性民办高等学校收费标准，实行市场调节价，由试点学校根据办学成本等因素确定收费标准。2020年后，逐步放开非营利性民办学历教育收费标准，实行市场调节价。同时，依法加强对民办学校收费行为的监管，对实行市场调节价管理的民办学校要依法依规制定收费项目、收费标准和退费管理办法，加强收退费自我管理和自我监督。

参考文献：

［1］《2017年全国教育事业发展统计公报》——教育部

［2］《2017年广西教育事业统计快报》——广西教育厅

［3］广西师范大学附属外国语学校2014年招生简章

［4］广西师范大学附属外国语学校2017年招生简章

［5］广西师范大学附属外国语学校2018年招生简章

［6］《〈民办教育促进法修正案〉对中国民办高等教育基本格局的影响》《浙江树人大学学报》2017-02.王一涛

南宁市营商环境调查分析与思考

课题主持人： 谢　智
课题组成员： 苏　霓　赵录贵　周伟明　李平平
吴　笛　张善海　覃宏珍

摘要： 营商环境是近年来伴随社会主义市场经济体系日趋完善和改革开放进一步深入，开始进入中国党和政府治理视野的新概念、新领域，是在中国特色社会主义进入新时代的大背景下，从中央到地方各级政府推进全面深化改革和体制机制创新的重要内容。本文拟从优化营商环境对地方经济社会发展的意义，参照国内外对营商环境的评估体系，特别是厦门市构建优良营商环境的实践经验，结合南宁市十一年来投资环境现状的详细描述和实证分析，指出了现行南宁市投资环境满意度调查评价体系的局限，提出了组织实施营商环境建设活动，创新招商引资理念、思路明确招商主体在优化营商环境中的作用，正确处理政商关系，重塑价值理念为基础，建设重商、亲商文化等五方面的优化南宁市营商环境对策建议。

关键词： 投资环境、营商环境、评价体系、南宁

一、引言

营商环境主要指企业在开设、经营、贸易活动、纳税、关闭及执行合约等方面遵循政策法规所需的时间和成本等条件。优质的营商环境，不仅是企业良好发展的重要因素，也是一块招商引资的“强力磁铁”。世界银行发布的一项报告表明：良好的营商环境会使投资率增长0.3%，地区生产总值（GDP）增长率增加0.36%。营商环境也因此成为一个国家或地区有效开展国际交流与合作、参与国际竞争的重要依托，是一个国家或地区经济软实力的重要体现，是提高国际竞争力的重要内容。2018年3月，李克强总理在〈2017年政府工作报告〉中强调“优化营商环境”。要求深化“放管服”改革，达到“解放生产力、提高竞争力，破障碍、去烦苛、筑坦途，为市场主体添活力，为人民群众增便利”的高度。欧美、日韩等发达国家以及中国香港地区具有非常良好的营商环境，建立起了先进的制度和采用了适合本地情况的政策措施。厦门、汕头等地也于近几年提出了提升营商环境的战略，形成了一系列良好的做法。当前南宁市深入推进供给侧结构性改革，努力实现降成本、补短板、稳投资，因此南宁市的营商环境如何，优势是什么，问题出在哪里，该如何应对等一系列

必须审视和回答的重大现实问题摆在我们面前。本课题根据《南宁市人民政府办公厅关于印发南宁市县（区）和开发区投资环境监测调查实施意见的通知》（南府办〔2012〕69号）文件要求，参照广西投资环境监测调查指标体系，结合南宁市实际情况，从企业层面选择自然资源环境、基础建设、公共设施、社会环境、政策环境、法制环境、政务环境、经济环境、经营环境、整体投资环境评价、企业创新情况等十一组指标，通过对南宁市1060家样本企业调查问卷的数据处理和分析，力图客观描述南宁市企业营商环境的基础现状与薄弱环节，探讨改善营商环境的思路举措，为南宁市加快建设“四个城市”，勇当广西“两个建成”排头兵提供对策建议。

（一）研究意义和目的

通过对南宁市营商环境进行全面、系统的分析和评价，能够使广大经营者、外来投资者更加全面系统地了解南宁市的生产经营环境，以便为经营者和外来投资者提供投资生产决策参考。

通过对南宁市营商环境进行全面、系统的分析和评价，也是评价各级政府部门工作成效的需要。在市场经济条件下，政府重要职能之一就是为生产经营和投资者创造良好的营商环境。一个地区的营商环境的好坏，直接反映一个地区政府部门工作效率的高度。因此，对于一个地区的营商环境进行全面、系统地分析和评价，有利于政府部门改进工作作风，提高办事效率。

通过对南宁市营商环境进行全面、系统的分析和评价，可以从中发现南宁市在改善和优化营商环境过程中存在的问题和不足，以便为南宁市营商环境进一步改善指明方向，同时也为采取更为有效的措施来改善和优化南宁市的营商环境提供理论依据和方法论意义。

（二）研究内容及方法

本课题通过分析研究十一以年来南宁市投资环境监测调查成果，研究其满意度的结果与世界银行营商环境的评价体系相结合，探索出适应南宁市营商环境的评价体系，采取的调研方法主要为问卷调查和实地访谈相结合，使其能从政府角度来看，鼓励南宁市政府部门及其他相关部门提高服务效率；从企业角度来看，切实为南宁市企业营造宽松且有效率的营商环境；从当地居民角度来看，改善南宁市当地居民创业环境，增加就业机会；从投资者角度来看，可以提供优质的政府服务并切实保障投资者的合法权益，使得投资者能够更好地发展。

二、优化营商环境对地方经济社会发展的现实意义

2015年7月，习近平总书记在吉林省调研东北地区等老工业基地振兴时强调，坚决破除体制机制障碍，坚持社会主义市场经济改革方向，积极发现和培育市场，进一步简政放权，优化营商环境，从放活市场中找办法、找台阶、找出路。2017年7月17日，习近平总书记在中央财经领导小组第十六次会议上进一步强调，要改善投资和市场环境，加快对外开放步伐，降低市场运行成本，营造稳定公平透明、可预期的营商环境，加快建设开放型经济新体制，推动中国经济持续健康发展。这次

会议还要求北京、上海、广州、深圳等特大城市要率先加大营商环境改革力度。2016年10月18日，李克强总理在国务院振兴东北地区等老工业基地推进会议上针对网上“投资不过山海关”的说法指出，东北首先要从自身改革做起，必须痛下决心优化营商环境，真正激发社会潜能，释放东北发展的内生动力。2017年6月13日，李克强总理在全国深化“放管服”改革电视电话会议上作出“营商环境就是生产力”的重要论断。他指出，各地既要积极抓项目建设，更要着力抓环境建设，由过去追求优惠政策“洼地”，转为打造公平营商环境的“高地”，真正做到审批更简、监管更强、服务更优。营商环境建设已然成为简政放权的应有之义，对地方经济社会发展具有重要的现实意义。

三、南宁市投资环境现状与分析

国家统计局南宁调查队从2007年—2017年，对南宁市辖区内的企业开展投资环境满意度调查，主要是对包括软硬环境的9个指标的满意度进行评价，投资硬环境包括（自然资源、基础建设和公共设施），投资软环境包括（社会环境、政策环境、法制环境、政务环境、经济环境和经营环境）。调查对象涵盖了工业、建筑业、交通运输、仓储及邮电通信业、批发和零售贸易、房地产业、社会服务业、信息传输、计算机服务和软件业、住宿和餐饮业、科学研究、技术服务业、租赁和商务服务业等13个行业。

（一）企业对南宁市投资环境的评价

2007年—2017年，调查企业对南宁市总体投资环境满意度分别是77.90、79.10、79.36、80.32、79.89、82.27、81.96、81.55、82.56、82.39、81.71，均保持在较高满意区间（75~90为较高满意），且每年的满意度均高于广西水平，2007年—2017年十一年间保持着波动上升的态势。十一年间投资环境总体满意度由期初的77.90提高到期末的81.71，提高了3.81，且2013年—2016年总体满意度连续四年位居榜首（如图1）。

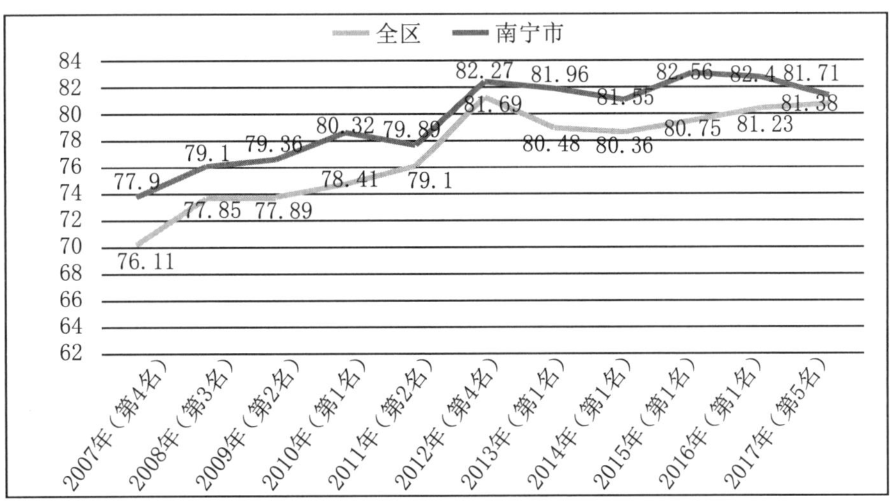

图1　2007—2017年总体投资环境满意度

1. 企业对投资硬环境的评价

近年来，南宁市不断加大投资，加快城市基础设施建设，扎实推进生态文明建设，开工建设了地铁，加快了快速环道的建设，进一步完善城市规划体系，得到了企业广泛认可。投资硬环境包含自然资源环境、基础设施环境和公共设施环境三个方面。2007年—2017年，企业对投资硬环境整体满意度除了2007年低于80以外，其他年份都高于80，且每年的满意度均高于广西水平，在广西14个地级市的排名分别是（2007年和2009年缺）：2008年第3名、2010年第1名、2011年第3名、2012年第3名、2013年—2016年连续4年名列前茅（如图2）。

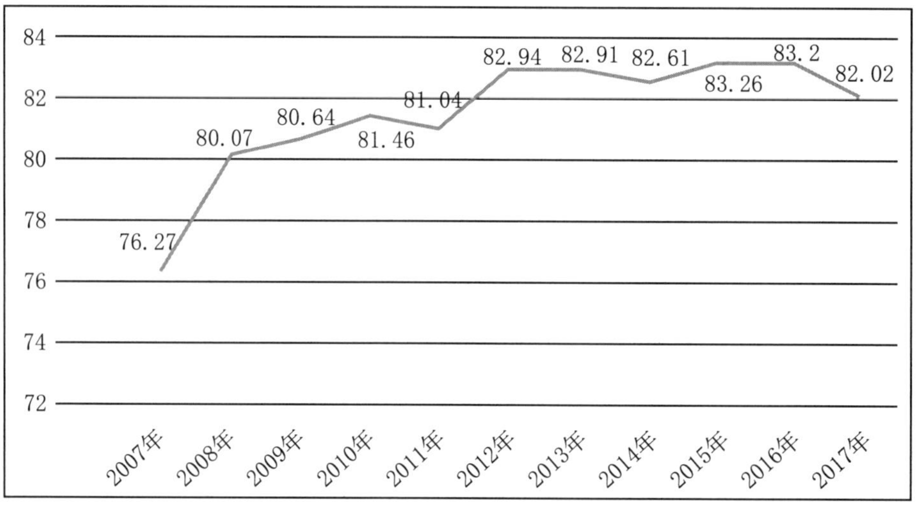

图2　2007—2017年投资硬环境满意度

（1）南宁市区位优势突出，自然环境良好。企业对南宁市自然资源环境的评价的满意度十一年来都保持在80以上，期末评价比期初提高了3.19（如图3）。

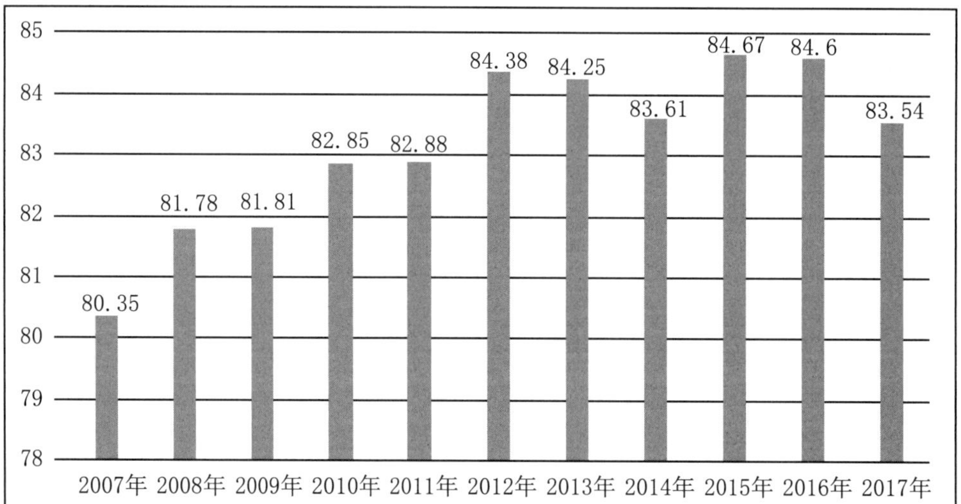

图3　2007—2017年自然环境满意度

企业在对自然资源评价的七项分项指标中，南宁市生态地理环境与企业发展的适合程度十一年间满意度都保持在80以上；南宁市煤、燃油等能源的保障程度及电力保障程度两项上升幅度较大，分别上升了5.21、6.67；淡水资源的保障程度的满意度虽然在2012年—2016年间有下滑趋势，但整个十一年间的平均满意仍达85.54，为自然环境满意度分项7个指标评价中最高。土地资源价格的合理程度十一年间满意度虽然都在持续上升，但都没有超过80，平均满意度仅为75.72；在十一年间，随着用地难问题的突出和土地价格的不断提高，土地资源的保障程度要进一步加强。

（2）基础设施建设加快，尤其是城市规划及配套设施、交通运输和网络通信建设方面，得到了企业的充分认可。十一年间，企业对南宁市基础建设环境满意度呈波动上升的态势，期末比期初满意度提高了4.64（如图4）。

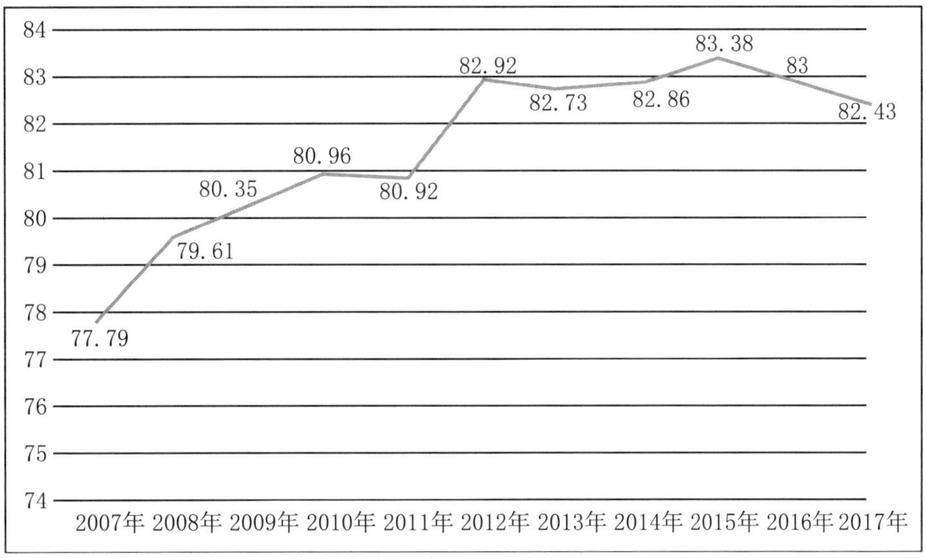

图4 2007—2017年基础建设满意度

在基础建设环境满意度评价的七项分项指标中，南宁市海、陆、空运输便利程度，通迅设施、网络等通信条件完善程度满意度保持在80以上，平均满意度分别为82.83和83.08，物流、仓储、流通相关商业设施完备程度的满意度从2007年的76.77提高到2017年的82.28，提高了5.51；城市规划及配套设施与企业发展的适合程度满意度从2007年的76.09，提高到2017年80.94，提高了4.85；未来总体发展及建设规划与企业发展的适合程度满意度从2007年的78.2，提高到2017年82.98，提高了4.78；污水及废弃物处理设施完善程度满意度最低，2007年—2017年平均满意度仅为78.61。

（3）公共设施环境进一步完善，城市建设国际化程度有待于提高。从2007年至2017年十一年间，公共设施环境满意度呈波动上升的态势，提高了3.86（如图5）。

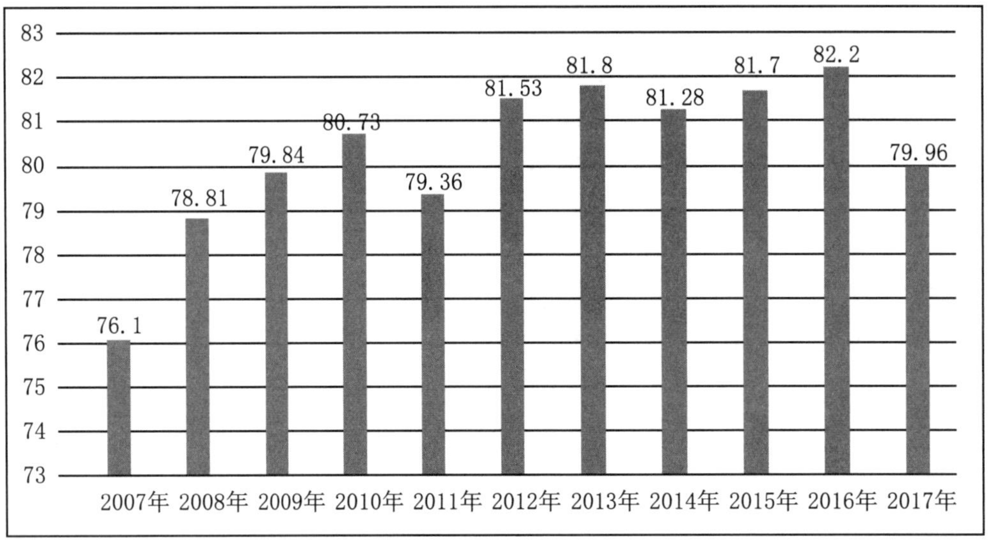

图5　2007—2017年公共设施满意度

企业对公共设施环境评价的六项分项指标中满意度都有不同程度上升，其中，食、衣、住、行便利程度的满意度十一年来满意度都在80以上；南宁市的城市建设国际化程度的满意度，学校、教育设施完备程度的满意度，银行服务、商旅等服务环境便捷程度提高的幅度较大，分别提高了5.20、3.84和4.22。城市建设国际化程度的满意度从2007年至2017年分别为71.27、75.19、76.49、76.53、75.18、78.84、79.06、78.82、78.73、79.02和76.47，都没有达80以上。

2.企业对软环境方面的评价

投资软环境包括社会环境、政策环境、法制环境、政务环境、经济环境和经营环境六个方面。十一年间，企业对南宁市软环境方面的整体满意度分别是77.00、78.20、78.81、79.83、79.40、

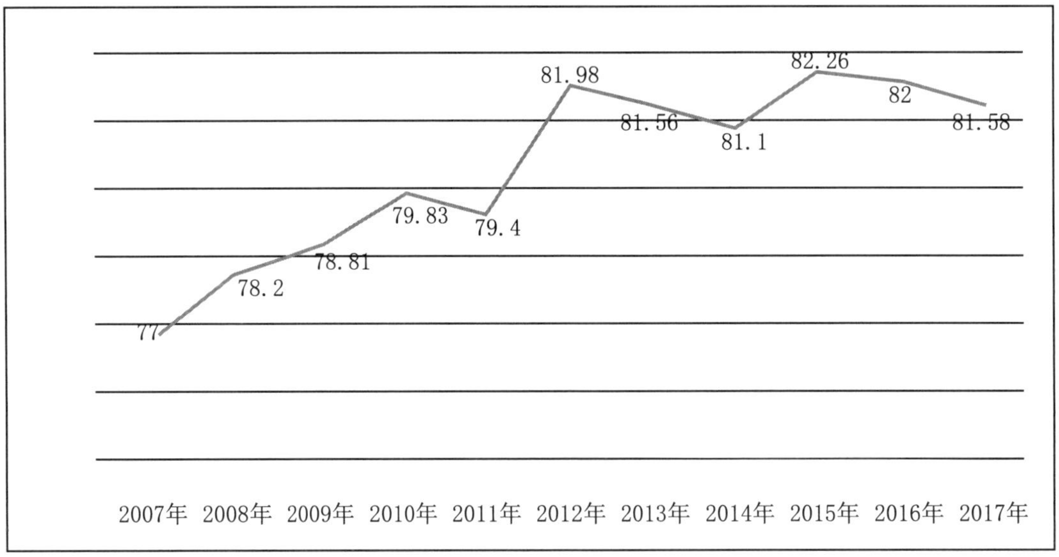

图6　2007—2017年软环境满意度

81.98、81.56、81.10、82.26、82.03和81.58，2007年—2010年呈现直线上升，2011年、2013年、2014年有所回落，在高低起伏中呈上升趋势，期末比期初提高了4.58，2017年比广西水平高了0.29，在广西14个地市中排名分别是：2008年第2名、2010年第1名、2011年第4名、2012年第5名、2013年第2名、2014年第3名、2015年第1名、2016年第2名、2017年排第6位。（2007年和2009年缺）（如图6）。

（1）社会环境持续稳定，民众生活素质提高，民众亲商不排外。2007年—2017年，企业对南宁市社会环境的整体满意度都高于广西水平，期末比期初满意度提高了4.59（如图7）。

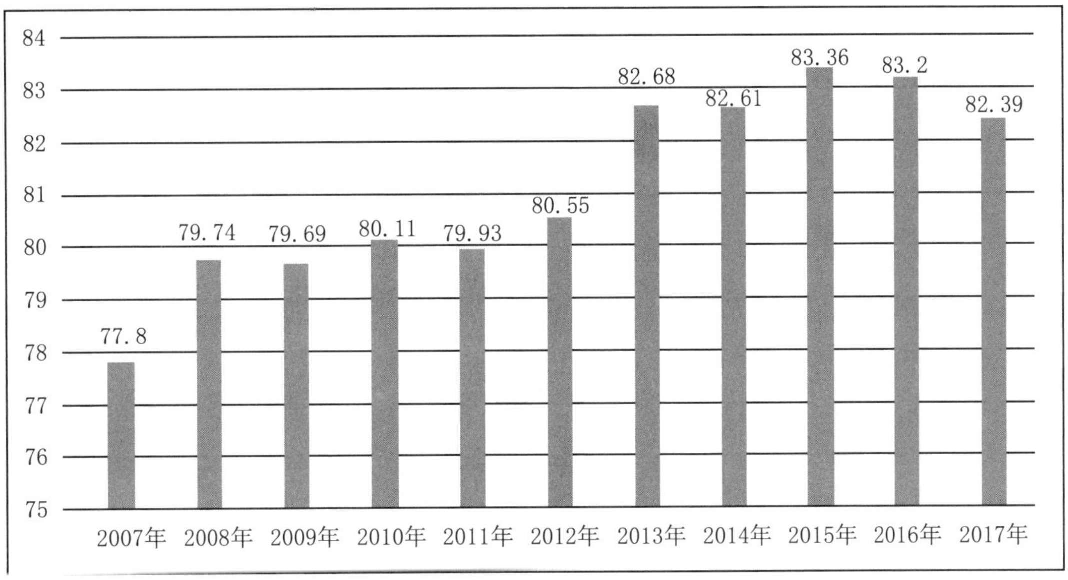

图7 2007—2017年社会环境满意度

企业对社会环境的评价五项分项指标中满意度都有不同程度的提高，其中：民众及政府欢迎外来投资设厂的态度的满意度连续十一年都在80以上；南宁市民众的文化素质及文明程度2007年至2017年满意度分别是88.6、75.16、77.42、78.34、77.04、79.18、79.35、79.62、80.63、81.16和80.16，在2007年已达到80以上，2008年大幅下滑至75.16，从2009年显波动上升，至2017年为80.16，但仍比2007年低8.44；南宁市民众的道德诚信程度的满意度十一年平均为80.78；但南宁市的社会治安状况、民众的文化素质及文明程度、社会风气状况的满意度十一年平均都低于80，分别是78.43、79.70、80.01。南宁企业对民众及政府的招商引资的态度给予了充分的肯定，同时对南宁的治安环境有进一步优化的期望。

（2）政府诚信守诺，政策稳定透明，投资优惠，注重环境、知识产权的保护以及企业合法权益的保障。2007年—2017年企业对南宁市政策环境整体满意度在十一年间有了大幅度的提高，提高了9.27（见图8）。

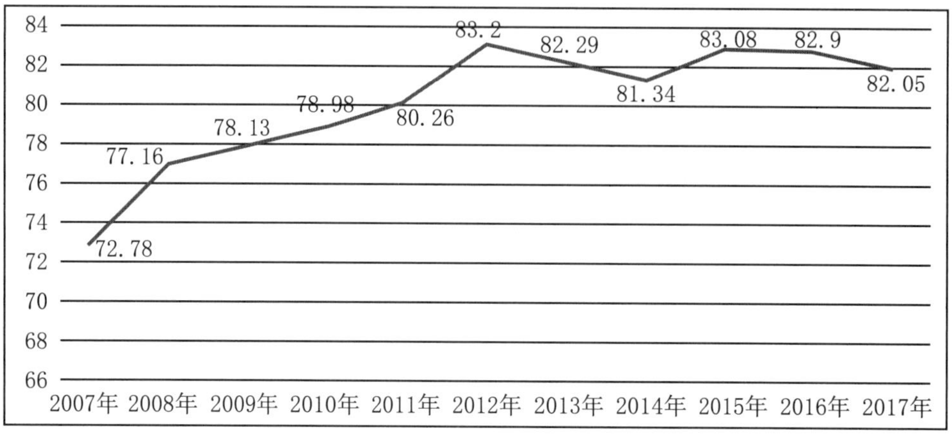

图8 2007—2017年政策环境满意度

企业对政策环境的评价六项分项指标的满意度全部上涨，2007年六项分项指标没有一项达到80以上，从2012年开始至2017年的连续五年六项分项指标，满意度全部达到80以上，其中：2017年与2007年比，南宁市行政政策与国家行政政策的一致性程度的满意度提高了5.31；南宁市的相关投资政策优惠条件的满意度提高了4.44；南宁市政府对外来投资承诺实现情况的满意度提高了5.87；南宁市政府政策的透明度情况的满意度提高了6.46、南宁市对知识产权保护的情况的满意度提高了4.50。

（3）司法环境公正、公平、公开合法，企业纠纷解决渠道完善，企业权益得到法律保障。2007年至2017年十年间企业对南宁市法制环境整体满意度期末比期初提高了9.38（见图9）。

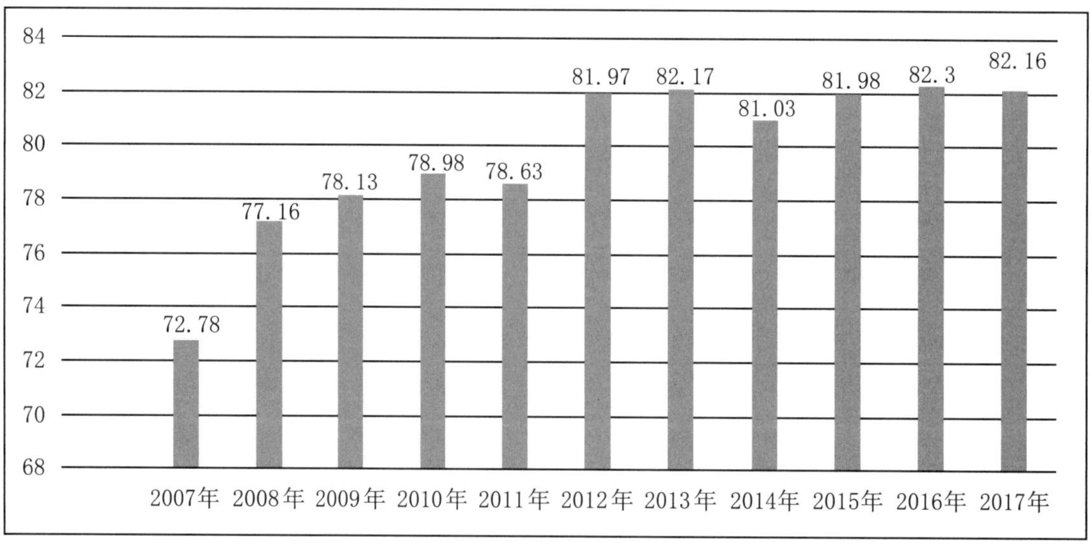

图9 2007—2017年法制环境满意度

企业对法制环境评价的五项分项指标中，南宁市解决纠纷的渠道完善程度在2007年满意度已过到88.81，2008年大幅下滑到76.78，从2009年至2017年呈波动上升，2017年达81.62，但仍比2007年低7.19；南宁市的法规条例与国家法律法规的一致性，南宁市政府落实环保政策法规的情况，在投资经营过程中，合法权益得到法律保障等三项分项指标满意度除了2007年低于80以外，其他年份都高于80，期末比期初分别提高了6.99、5.67、5.48。

（4）机关作风效能建设取得了明显成效，总体上服务能力得到进一步增强。十年间，企业对南宁市政务环境的整体满意度期末比期初提高9.15（见图10）。

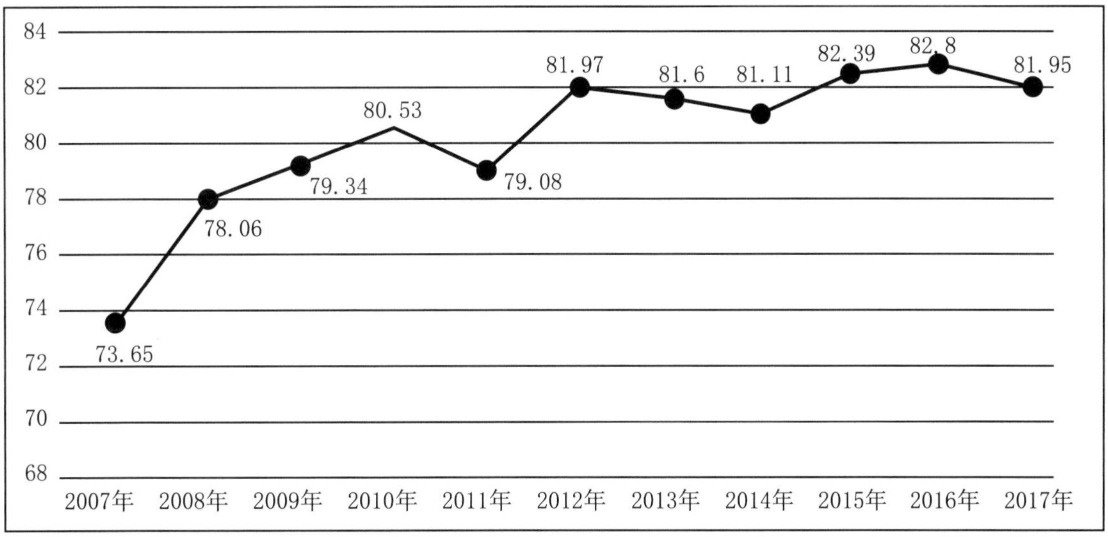

图10 2007—2017年政务环境满意度

企业对政务环境的评价的七项分项指标的满意度，2007年至2017年，期末比期初都有不同程度的提高。其中，南宁市行政机关贯彻落实《行政许可法》的情况、南宁市政府部门的服务意识和南宁市行政机关办事程序公开的情况的十一年平均满意度都达80以上，分别是82.48、80.89和81.05。南宁市行政机关工作效率

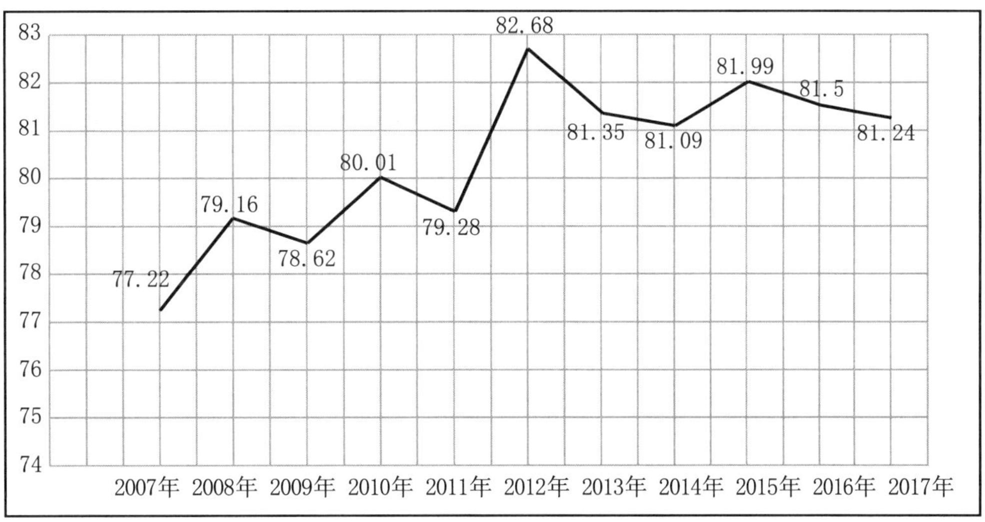

图11 2007—2017年经济环境满意度

情况满意度78.94，不向政府管理机构支付非正常费用对企业的影响程度的满意度79.39、南宁市的各级官员操守清廉程度的满意度79.62，公司近年承担各项社会负担是否增加的满意度70.47。

（5）政府改善投资环境态度积极，但资金贷款和汇兑便利难度加大，人民的生活水平相比较于国内的一般水平有一定的差距。十一年间，企业对南宁市的经济环境条件整体满意度期末比期初提高了4.02（见图11）。

企业对南宁市经济环境评价的十项分项指标中，2007年至2017年企业对南宁市政府改善投资环境的态度和城市经济开放程度的满意度十一年间全部在80以上，所在城市未来具有经济发展潜力的情况和南宁市政府改善投资环境的态度十一年间满意度分别提高了3.50和1.83；但是南宁市人民的生活水平相比较于国内的一般水平、南宁市的商业及经济发展相比较于国内一般水平、南宁市的金融体系完善的程度、南宁市的资金汇兑及利润汇出便利程度期末比期初满意度下降的幅度较大，分别下降了12.80、14.91、7.64和10.97。

（6）整体产业技术研发水平和劳资关系和谐程度提高，市场的发展潜力大。十一年间，企业对南宁市经营环境的整体满意度期末比期初，满意度上升了5.33（见图12），涉及经营环境评价的十二项分项指标中，南宁市环境合适投资者发展内贸，内销市场的程度的满意度从2007年的75.81提高到2017年的79.50，提高了3.69，南宁市的劳资关系和谐程度从2007年的50.77，提高到2017年的81.72，提高了30.95，南宁市的整体产业技术研发水平的满意度从2007年的68.44，提高到2017年的77.52，提高了9.08。

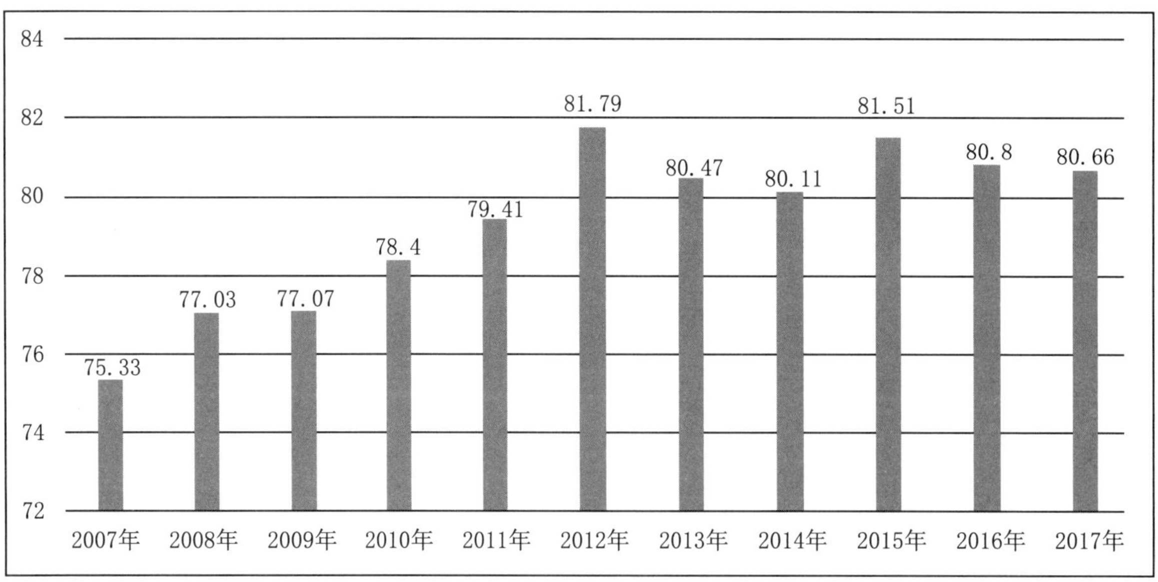

图12　2007—2017年经营环境满意度

四、国内外营商环境评价体系

（一）世界银行营商环境评价体系

企业营商环境指标是世界银行为衡量各经济体小企业运营的客观环境而设计的，指标排名代表该经济体企业营商的难易程度。2001年世界银行提出加快发展各国私营部门新战略，急需一套衡量和评估各国私营部门发展环境的指标体系，即企业营商环境指标体系。为更好实施促进各国私营部门发展的战略，世界银行成立Doing Business小组（DB小组），负责企业营商环境指标体系的创建，并于2003年发布了第一份营商环境报告《营商环境报告2004》，包含133个经济体和5项指标。经过几年努力，DB小组将企业营商环境评估发展到如今基本稳定的190个左右经济体和11项指标，涵盖了企业生命周期的10个领域。作为世界银行的旗舰型出版物，目前世界银行DB小组已正式出版15期系列年度全球营商环境报告，其年度报告的主题或关注点（见表1）。

表1 世界银行营商环境评估报告历年主题（关注点）

年度	主题
2004	企业生命周期的环境
2005	登记物权、税制环境、对投资者保护
2006	知识产权保护、跨国贸易、治安环境
2007	如何改革
2008	办理许可、雇佣工人与执行合同
2009	增强商业活动的监管规则和限制商业活动的监管规则
2010	增强商业活动的监管规则和限制商业活动的监管规则
2011	改变企业家的营商环境
2012	在一个更加透明化的世界里经营
2013	对中小企业实行更为明智的管制
2014	了解针对中小企业的法规
2015	监管效率与质量并重
2016	衡量监管质量和有效性
2017	人人机会平等
2018	改革以创造就业

资料来源：世界银行驻中国代表处网站http：//chinese.doingbusiness.org/。

《营商环境报告》基于标准化的案例研究，依据具体的假设提出了商业监管情况的定量指标，用于对经济体进行横向和纵向的比较。这一研究项目的目的是提供相关知识，从而催化改革，改善对私营部门活动设立的规则的质量。这是一项重要工作，因为在不断变化和改革的全球经济中，规则是合理的还是过于繁琐，会造成不良激励还是有助于建立公平的竞争环境，是否有利于加强透明度、促进竞争——这些都会影响经济的发展。有《营商环境报告》这样一个工具来跟踪每个经济体在建立良好营商环境方面逐年取得的进步以及相对于其他经济体的变化，这对促进全球繁荣、为所有人创造更多机会都是非常重要的。

世界银行将企业的生命周期分为5大阶段，即：创业阶段、获得场地阶段、获得融资阶段、日常运营阶段以及出了问题阶段，营商环境评估指标按照企业生命周期进行设计，各阶段涵盖的一级指标分别是：创业阶段衡量指标包括开办企业和雇佣工人；获得场地阶段的衡量指标包括办理施工许可、获得电力和登记财产；获得融资阶段的衡量指标包括获得信贷和保护少数投资者；日常运营阶段的衡量指标包括纳税和跨境贸易；出了问题阶段的衡量指标包括执行合同和解决破产。二级指标主要是搜集相关数据，包括手续（数量）、时间（天）、成本（美元）等，因一级指标不同而略有差异（见表2）。

表2　世界银行营商环境评估指标

企业周期	一级指标	二级指标
创业阶段	开办企业	手续、时间、成本、最低成本要求等
	雇佣工人	雇佣制度韧性、就业质量
获得场地阶段	办理施工许可	手续、时间、成本
	获得电力	手续、时间、成本
	登记财产	手续、时间、成本
获得融资阶段	获得信贷	信息深度指数、法律权利指数
	保护少数投资者	披露程度指数、董事责任程度指数
		股东诉讼便利度指数
		所有权和管理控制指数
		公司透明度指数
		少数投资者保护力度指数

续表

企业周期	一级指标	二级指标
日常运营阶段	纳税	次数、时间
	跨境贸易	办理进口与出口分别所需的文件、时间、成本
出了问题阶段	执行合同	手续、时间
	解决破产	时间

有学者将世界银行营商环境评估指标分为两大类：一类是监管程序的复杂性和成本，包括开办企业、办理施工许可、获得电力、登记财产、纳税以及跨境贸易；另一类是法律制度的力度，包括获得信贷、保护少数投资者、执行合同、办理破产以及劳动力市场监管。

世界银行营商环境评估一般采用“前沿距离法”的计分方式，这是一种最优比较法。每项指标的便利度排名由它们距离前沿水平距离的分数排序决定，前沿水平距离说明了一个经济体离“前沿经济体”的距离，这些“前沿经济体”通常在每个指标上拥有最有效率的模式或者获得最高的分数。最后，在各项指标得分的基础上简单加和即为该经济体的最终评分。

（二）厦门市构建优良营商环境的经验和实践

国内营商环境（投资环境）评价在指导思想上，仅侧重于改善营商环境（投资环境）以吸引外资，而忽视国内各地区或城市间的横向经济合作；评价系统也仅局限在单个城市营商环境的静态评价，而较少关注城市投资环境的动态变化，较少关注本地城市与周边城市甚至更遥远城市之间的动态联系和竞争，而相对忽视营商环境整体功能的协同提升。本文以厦门市对标一流营商环境的新加坡为例，介绍厦门市在推进“放管服”改革中采用的基本思路、方法及打造法治化、国际化、便利化的营商环境取得的经验和成绩。

1. 厦门构建优良营商环境的基本思路

厦门“对标管理”推进“放管服”改革的基本思路是“建标、对标、达标、创标”。一是建标，确定学习的标杆对象。选取新加坡等营商环境最佳的先进经济体作为标杆，参照世行营商环境评价体系10个方面31项指标，剔除获得信贷合法权利指数、纳税总税率等事权主要在国家层面的6项，统筹考虑9个领域、25项指标，并结合实际，确定审批、监管、时限、服务、流程和成本六个标杆对象。二是对标，寻找与标杆对象的差距。深入对比分析与标杆对象在审批事项、服务时限、成本费用等方面存在的差距，确立向标杆对象学习的重点方向。如通过对标发现，纳税负担比新加坡高45.4个百分点；跨境贸易进口时间（边界合规）比新加坡多53

小时，进口成本高501（美元/箱），出口时间（边界合规）多52小时，出口成本高322（美元/箱）。三是达标，采取有效措施追赶标杆对象。在明确差距的基础上，坚持综合施策，着力从“放管服”改革入手，明确达标时间表和路线图，创新工作方法，全方位追赶标兵。经过两年来的扎实推进，成效明显。根据第三方机构依据世行评价体系进行的评估，厦门市营商环境2016年相当于全球经济体排名第40位的水平，比2015年上升9位。四是创标，争取成为新的标杆。在以分阶段和分步骤的方式稳步达标的基础上，通过不懈的努力和创新，争取在全国乃至世界范围内成为一流营商环境的新标杆。

2.厦门构建优良营商环境的主要做法

（1）对标“事项”，进一步简政放权。一是简权清权。经过六轮行政审批制度改革，市级审批事项由原1177项减至目前的240项。二是接权用权。近些年来，共承接上级下放审批服务事项246项，相关事项全部进驻行政服务中心办理。福建省政府授予厦门自贸片区实施的253项行政许可事项，也全部承接到位。三是放权让权。通过减、放、并、转的方式，2017年再次延伸下放区级的市级审批服务事项33项，进一步提高行政审批的便利度。四是亮权管权。建立“权责清单管理系统”，编制了“一张清单管到底”的“权力铁笼”，接受人民群众监督。通过简政放权，政府对市场、经济领域的微观干预明显减少，企业的发展活力得到了有效提升。

（2）对标“监管”，进一步创新手段。一是全面推广“双随机、一公开”监管模式。从联动协作、随机抽查、督办问责三方面制定一系列制度机制，全市各区共梳理公布随机抽查事项879项，34个市直部门公布抽查事项清单中涉及市场监管等领域102个事项。二是推动综合执法改革。推动“建立一套跨部门综合执法机制，开发一个跨部门综合执法平台，打造一支跨部门联动执法队伍”的“1+X”综合执法模式。三是创新“互联网+”模式。开发“双随机事中事后监管综合执法平台”，进驻市、区两级147个监管执法部门。完善商事主体登记及信用信息公示平台建设，使违法企业“一处违法、处处受限”。其中，市场监管局运用“互联网+食品安全”技术，实现对3.4万家经营主体销售的22.4万种食品追溯监管。

（3）对标“时限”，进一步加快审批。一是推动企业注册提速。2016年9月，厦门市在“三证合一”基础上，率先全面实施“五证合一”登记制度，完成时限减少到最快1个工作日。2017年10月，已顺利推行第一批“二十九证合一”的“多证合一”改革。二是实现数据共享。建设商事登记信息管理平台和“一照一码”信息共享平台，将登记许可、监管公示信息实时汇聚至商事主体登记及信用信息公示平台，实时、准确推送到相关部门。三是实行并联审批。比如“多规合一”建设项目并联审批服务使得投融资项目审批服务时限从项目可研批复、用地规划许可阶段到施工许可证核发，由180多个工作日压缩到49个工作日。

（4）对标“服务”，进一步提质增效。一是以标准化促规范化。制定行政服务1543项标准体系，明确规定市直各审批部门保留事项的主体、依据、条件、数量、程序、办理方式、期限、申请示范文本等要件，统一规范格式，编印服务指南。二是“一个窗口”便民服务。推动各部门办事窗口整合为综合窗口，变“多头受理”为“一口受理”。已在商事企业设立登记、车驾管、出入境、不动产登记、外经贸、国地税等审批管理服务中率先推行部门内综合窗口收件受理制。三是推进“互联网+电子政务”。建设集行政审批、便民服务、政务公开、效能监察于一体的网上办事大厅，打造“线上线下、虚实一体”的政务服务新平台。

（5）对标“流程”，进一步优化环节。一是推动“前置改后置”。推动“先照后证”，将180项许可事项由前置改为后置，仅保留7项涉及国家安全、人民生命财产安全的前置审批事项。2017年新增各类商事主体11.86万家，同比增长22.77%。二是推进流程再造。全面清理审批和服务事项，绘制流程图，对一般行政审批项目实行“一审一核”，复杂审批项目严格控制在5个环节以内，承诺办结时限统一控制在法定时限的35%以内。三是实现数据协同。推动各审批服务部门之间利用信息交互平台加强协同信息共享，精简申报材料，提高办事效率。四是推进“一趟不用跑”“最多跑一趟”服务。80%以上审批服务实现“一趟不用跑”“最多跑一趟”，让企业和群众办事更省时、省心、省钱。

（6）对标“成本”，进一步降低费用。一是清理规范行政审批中介服务事项。保留市级行政审批中介服务事项167项，清理规范115项，清理规范比例达到40.6%，切实降低了实体经济制度性交易成本。二是调整取消税费。实施营改增、下调社会保险费率、取消47项涉企收费等政策措施，为企业减负超过250亿元。三是建设国际贸易“单一窗口”。进出口企业申报项目、通关时间、人力成本分别减少30%、40%和50%以上，每集装箱节约成本600元。四是降低纳税成本。首创税控发票网上申领系统，实现购票“零出户”、申领“零支付”、传递“零风险”，降低纳税成本1400万元。

五、现行南宁市投资环境满意度调查评价体系的局限性及对南宁营商环境评价体系的构想

（一）现行南宁市投资环境满意度调查评价体系的局限性

南宁市连续进行了十多年的投资环境调查，为政府改善营商环境提供了依据，促使南宁市投资环境逐年改善，使南宁作为泛北部湾的区位优势越来越明显，企业投资经营信心不断增强。随着“三会一节”的成功举办以及泛珠三角洲、泛北部湾“一轴两翼”等经济合作发展模式的积极带动，加上整治“五乱”“城乡清洁工程”的有效开展，南宁已经逐步成为中国联系东盟十国的主要窗口和通道，知名度进一步提高，投资环境不断改善，吸引了

越来越多的国内外企业和投资者。调查资料显示，2017年投资环境监测调查表明：从南宁市投资环境的变化趋势来看，有60.4%的企业认为南宁市的投资环境有改善。但单纯进行投资环境满意度评价，已经不适应当前的需要，满意度评价只了解到企业对相关事项办理的满意度高低，在问卷设置上只能提问“企业办理证照审批时间是否太长，企业项目审批程序是否过多？”，而无从知晓“企业办理证照审批用了多长时间？”我们并不能从中找到问题的症结，从而寻求到解决问题的办法。而世界银行将营商环境界定为企业在申请开设、生产经营、贸易活动、纳税、关闭及执行合约等方面遵循政策法规所需要的时间和成本等条件的总和，从其指标的设置可以看出，世界银行的营商环境评价体系更侧重于在手续、时间、成本三个维度的营商便利度，是以提高政府管理服务效率和降低企业建设经营成本为目标。

（二）南宁市营商环境评价体系的构想

为了更准确地衡量南宁市的营商环境，参考世界银行营商环境评价体系与同期投资环境监测调查满意度得分作为整个南宁营商环境得分的基础分数，两项得分各以50%的比例计入总分，最终以该总分作为整个南宁营商环境得分。具体框架内容如下：

1.政务服务环境（企业证照办理、项目审批）。了解市行政审批局和各县区、开发区政务服务中心运营情况、办事方便程度，包括各类企业证照的办理时间（天数）、流程环节（是否联审，是否需要现场勘验等）、收费及需要提交的资料材料情况。

2.经营要素供给。了解企业用地（用林）、用水、用电、用气等要素保障能力，落实前述事项所需要的时间（天数）、办理收费、办理程序、使用成本等情况。

3.融资服务。了解企业融资成本、融资难易程度、获得资金的周期、当地信用生态等情况。

4.人力资源服务。了解企业招工及用人的便利程度，人才政策、配套公共服务等情况。

5.安全质量认可和生产许可。了解企业各类年检、核查需要的程序、时间、费用及提交的材料等情况。

6.税费征管。了解办税便利程度、时间周期、流程环节、费用及提交的材料等情况。

7.通关效率和通关环境。了解通关程序、时间周期、成本及提交的材料等情况。

8.政府信用和法治服务。了解依法行政、公正司法的情况。

六、优化南宁市营商环境的对策和建议

（一）组织实施营商环境建设活动

各级各有关部门要勇于担当、尽职尽责，牢固树立“一盘棋”思想，密切配合、通力协作，形成优化环境、推动发展的整体合力。为此，一是抓紧制定出台推

进经济发展软环境建设的实施意见，成立营商环境建设领导小组，把各地在营商环境建设方面探索的好的经验、好的做法进一步推广。二是细化营商环境建设责任制。组织专门人员，集中调研，结合各部门、各区县园区及各街道乡镇实际，实行有差别化、有针对性、具体可操作的营商环境建设责任制。对营商环境建设不力的要给予问责、追究。三是加大舆论宣传力度，通过市内各主流媒体和新媒体等灵活多样的表达方式，有序地掀起一场宣传营商环境建设活动的浓厚氛围。

（二）创新招商引资理念、思路

用新理念、新思维推动招商引资工作向纵深发展，是营商环境建设工作的重中之重，方法有四：

第一，用市场化运作模式加快配套建设。有些地区、园区基础设施配套建设及项目的承接能力仍然存在一定差距。市场化的园区配套建设者本身就是一种招商，如：江苏泰州医药城建设，让投资商提着包进去就可以办公生产，那是一种更高层次的招商。在目前招商引资竞争非常激烈的情况下，把配套设施进行市场化运作，用新的理念培育地区、园区的基础设施建设，形成一种舒适的创业环境，是一种招商理念的突破。

第二，如何协调专业招商与社会部门招商的关系，实现有效对接方面要有新思维。现在是各部门都在招商，但招什么、怎么招，往哪儿招？这些问题不清楚，有的很茫然、有的为难发愁。比如对某一产业进行招商时，如果不了解国际国内发展现状，不了解产业进展及竞争状况，不了解市场，招商就很难。因此，由招商部门根据各地特点确定的几大招商产业，提出方向性的指导意见或策略，编制招商实务流程及有关知识的普及，就显得尤其重要。

第三，优惠政策要有新思路。各城区要根据当地及园区产业不同、地理环境不同，对土地政策、税收优惠以及各种扶持政策等方面，给出一个统一的指导意见，尽可能在本地区范围内统一口径、统一政策，避免无序、恶性竞争。

第四，对外宣传要有新思维。要制作统一的面向全国和世界推广的招商宣传片。这些年，各城区围绕旅游方面的宣传片很多，但真正体现招商、突出招商特色的不多，如果在宣传上全市能统筹设计、展示各城区的招商优势，包括产业政策、招引优惠政策、环境优势、区位优势等，将会给人耳目一新的感觉，也会大大提高招引的吸引力。

（三）明确招商主体在优化营商环境中的作用

招商主体应当包括业务招商主体、项目落地主体和服务主体三个层次，每一层次都很关键。首先，要扩大招商局的权限、壮大专业招商队伍。其次，突出城区、乡镇（街道）落实项目的主体作用。不管什么项目，最终都是要落实到城区、乡镇（街道）、落实到村。项目招来，如何落实，怎样落地，各城区、乡镇（街道）、各村的积极配合是关键。再者，从服务主体来看，重点是解决招商最后一公里问题。调研中发现，一些基层主管部门、执法部门的个别一线人员不同程度地存在着拜码头心理、山头主义思想。

（四）正确处理政商关系

党的十八大以来，突出强调了要建立正确、清明的政商、官商关系，随着八项规定和反腐工作的不断深入，似乎又出现了另一种现象：领导干部不敢接触商人、怕到企业调研，怕与客户联系，惟恐说不清，由原来的勾肩搭背到“背对背”，对客商漠不关心，毫无感情。怎样确立政商关系，既要强调纪律，严守纪律规矩，与客商保持健康的关系，又要关心客商、关爱客商，做到爱商、亲商、敬商、尊商。

（五）以重塑价值理念为基础，建设重商、亲商文化

在全市范围内形成尊重他人经济权利、尊重市场规则是普遍的社会价值理念。一方面，树立尊重他人经济权利的价值取向，加强与市场经济相应的基本的经济伦理修养水平，真正按照市场经济的内在要求，把自己和他人看成是权利平等的利益主体，并以此作为开展各种市场活动的基础。另一方面，倡导尊重市场规则和法律契约的行为取向，塑造诚实守信、信誉为本的厚重人格，树立公平的竞争观念，在追求企业和个人利益时，以市场规则为尺度，不以损害社会利益为目的；要内化“守信者为荣、失信者为耻”的观念；发挥政府主导作用加强信用行业管理；加快企业信用体系建设，完善企业信用建设领导体系，加强信用服务行业管理监督。

参考文献：

［1］林珣.关于打造国际一流营商环境的思考［J］.北方经贸，2016（1）：34-35

［2］李静.世界银行发布《2015年营商环境报告》［J］.中国新时代，2014（12）：22

［3］曾斌，陈亚辉.时节银行《全球营商环境报告》引介—兼论法与金融分析方法的发展与局限［J］.海南金融，2012（10）：75-78

［4］马太建，丁淑渊，汪立生，褚志霞，打造法制化营商环境［J］.唯实，2016（6）.23-27

［5］《南宁市国民经济发展统计公报》（2007—2016年）—南宁市统计局

［6］刘俊海.完善法制化营商环境［J］.共产党员（河北）.2016（5）：19

［7］厦门市编办. 厦门市对标一流营商环境推进“放管服”改革［J］.《中国机构改革与管理》，2018年第4期42-43

来宾市柑橘产业发展研究

课题主持人： 卢定新

课题组成员： 冯翔宇　覃斌灵　陶　金　严子贞

摘要： 2011年以来，来宾市东部片区的金秀县、象州县逐步兴起种植柑橘水果，截至2018年底，该区域柑橘种植面积迅速扩张，成为主要的作物，目前柑橘产业发展势头良好，并给当地劳动就业、增加农民收入、拉动当地消费、刺激房地产业发展等方面带来极大的促进作用。同时也存在盲目扩种、病虫害威胁等不利因素，为引导本地柑橘产业持续稳定发展，促进当地经济社会持续稳定健康发展，特开展本课题调研。

一、产业发展基本情况

（一）种植规模快速扩张

截至2017年底，全市柑橘类水果面积达41.6万亩，比上年增长83.7%；全年柑橘产量32.55万吨，比上年增长87.3%；全年柑橘水果产值约20.26亿元，因去年没有产值数据，故无法计算增长幅度。2017年来宾市柑橘生产情况如表1所示。

表1　2017年来宾市柑橘生产情况统计表

	果园面积（万亩）	增长（%）	产量（万吨）	增长（%）	产值（亿元）	增长（%）
兴宾区	8.1	15.7	7.75	35.1	5.91	—
忻城县	1.1	285.4	1.14	20.9	0.55	—
武宣县	1.65	88.7	3.21	148.9	1.31	—
金秀县	9.76	96.4	4.9	49	3.14	—
象州县	20.3	122.3	15.3	154.8	9.2	—
合山市	0.6	80.9	0.2	110.5	0.15	—
合计	41.6	83.7	32.55	87.3	20.26	—

从分布区域看金秀县、象州县种植面积比较大，这主要是因为桂林市荔浦县发展柑橘较早，效益可观就逐步向金秀象州扩张。

当前来宾市柑橘类水果主要以砂糖橘为主，面积约占80%左右、除此之外还有沃柑、马水橘、三红蜜柚、茂谷柑等品种。

（二）种植柑橘收益可观

来宾市的柑橘种植以农民自发自主种植为主，农民自主种植或小规模流转土地种植占全部柑橘种植面积的60%以上。以全市种植面积最大的沙糖桔为例，农民利用自家承包土地自主种植沙糖桔，种植到第3年可以挂果，前三年的投入耕地、果苗、农资、少量雇工费等，累计每亩花费资金大约为8000元；如果租赁土地规模化种植，则要多花费地租、雇工费等方面的投资，前三年累计投资成本会达到18000元左右。按每亩产量3750公斤、统果（直径大于3厘米，小于6厘米）收购价格8元/公斤计算（此价格为2018年春节前采集，2018年春节前来宾市的柑橘销售率为80%左右，春节后收果的价格下降至6元/公斤左右）。每亩砂糖橘产值30000元。由此可以看出，目前砂糖橘第三年收果即有盈利，用自家承包地每亩盈利22000元左右，租赁农民承包地每亩盈利12000元左右。

以象州县百丈乡某村吕姓果农为例，种有砂糖橘25亩，其中2017年新植10亩，历年种植至2017年果龄为4年的15亩（2017年新植10亩中，租他人田地3亩，自有7亩。历年种植15亩中，租他人田地8亩，自有7亩）。4年树龄的2017年全部挂果，平均亩产5000公斤，每亩产值3.39万元；2017年种果收入50.9万元，2016年收入17.2万元。4年来，花在种植护理的费用、自费修建通入果园路、地租、搭建灌溉方面设施的费用累计将近15万元。扣除成本，4年累计盈利高达53.1万元。

（三）柑橘销售客户分布广

目前，来宾市柑橘摘果后经过选果厂分级处理后销往东北、华东、西北地区。主要销售模式是外地果商通过选果厂、水果合作社、水果中介（一般是个体）介绍到果园收果，经过当地选果厂处理，运往全国各地。互联网电商、微信社交软件等平台拓展了柑橘营销渠道，但因物流成本高，客户群体多为外地散客，此类销售方式销售的量小。柑橘行业较有影响力的媒体公众平台“农财网桔柑通”2016年已将象州县、金秀县的沙糖桔收购价格录入该平台“柑橘价格行情信息”，来宾市沙糖桔的价格信息已成为全国各地沙糖桔收购价格的参考之一。

二、柑橘产业发展与当地经济社会发展的相关分析

（一）定性分析

经过对市县柑橘生产技术指导部门、柑橘生产大户、柑橘包装厂等的走访调研，来宾市柑橘产业对当地经济社会发展的促进作用主要体现在如下几个方面：

1.增加劳动就业

果园日常管理的用工有除草、施肥、

喷药、裁剪枝芽；收获时节水果中介、摘果工、运果工，选果厂用工都需要大量劳力。有些地方围绕柑橘产收逐渐形成各种专业的劳务团队，实现当地居民在家门口就业。据调查，除草、栽枝、选果厂用工一天薪酬为100元左右；施肥、喷药、摘果一天薪酬200元左右。以选果厂为例，一条生产线开工正常需要工人60~70人。

2.农资销售迅猛发展

柑橘产业的迅速扩张带动当地农资销售迅猛发展，仅象州县就有600—700家农资店，主营水果肥料、农药、薄膜等农资。不少农资店还开设果园生产技术指导服务。

3.催生选果厂和果箱制造行业

柑橘产业的快速发展带动了一批选果厂的发展，通过生产线对采摘的柑橘进行分级、包装，销往全国各地。目前来宾市现已建有选果厂200家左右，有400条生产线，处理水果能力约为50万吨左右。运输水果需要大量的果箱，部分选果厂具备制造果箱的能力，除了自用还向周边厂销售。

4.摘果季节乡镇住宿餐饮行业异常火爆

柑橘收获的季节大量外地果商到各乡镇选果调货，住宿的需求量大。特别是摘果集中的春节前一个月，乡镇旅馆异常爆满，这种“一房难求”的现象维持40天左右。摘果季节，劳务繁忙，果农根本来不及自行做饭为摘果工人解决用餐，而是向集镇饮食店购买饭菜，一支摘果队伍少则40~50人，多则过百人。每个饮食店每餐向200~300人供餐，并且送餐到田间地头。饮食需求量大，餐饮业火爆。

5.房地产、汽车、大件家庭耐用品销售扩大

近年来，果农种植柑橘收益很高，不少果农年家庭卖果收入数万、数十万、甚至上百万，很多果农都到县城或发展较快的乡镇购买商品房、配置汽车和大件耐用消费品。带动了当地房地产业、汽车销售行业、车辆修理服务业、家电家具商场的兴起。

6.休闲旅游逐渐兴起

随着新一轮新农村建设也逐渐兴起，多数乡镇推动农旅结合。以象州县罗秀镇纳禄村为例，该村是目前来宾市唯一入选“中国传统村落”名录的自然村，目前纳禄村80%的农户都种植柑橘，客栈、农家乐、民宿等旅游基础设施建设已完成，游客可以进行柑橘采摘、壮族传统婚俗体验、传统手工艺体验、游览周边自然风光等旅游项目，吸引柳州、金秀等周边市县的游客自驾游，每逢周末接待游客可达200人次左右。象州县借助开展砂糖橘评比契机，扩大销售的同时也推动了农家乐休闲旅游的发展。

（二）定量分析

桂林市是广西柑橘产业兴起比较早，发展比较成熟的地级市，故课题使用桂林市2002—2016年的相关数据，就柑橘产业发展对当地经济社会的拉动作用进行证实分析。

采用相关分析的方法，把柑橘产值（X）作为一个变量，依次把第三产业

增加值（Y^1）、房地产投资额（Y^2）、农村私人建房投资额（Y^3）、社会消费品零售总额（Y^4）、农村家庭人均总收入（Y^5）、农村家庭人均生活消费支出（Y^6）作为另一个变量，分析两个变量之间的相关关系，分析结果如表2所示。

表2　柑橘产值与相关经济社会指标的相关分析

		Y^1-X	Y^2-X	Y^3-X	Y^4-X	Y^5-X	Y^6-X
全部	Pearson相关性	.396**	.171*	.274**	.450**	.464**	.405**
	显著性	0.0000	0.0459	0.0007	0.0000	0.0000	0.0000

**. 在 .01水平上显著相关；*. 在 .05水平上显著相关。

一般认为相关系数|r|在0.8~1.0之间是极强相关；0.6~0.8之间是强相关；0.4~0.6之间是中等程度相关；0.2~0.4之间是弱相关；0.0~0.2则是极弱相关或无相关。经过计算，可以看出，第三产业增加值、社会消费品零售总额、农村家庭人均总收入、农村家庭人均消费支出与当年柑橘产值存在中等偏弱的相关性，其中农村家庭人均总收入与当年柑橘产值的相关性相对比较强。而房地产投资额、农村私人建房投资额与柑橘产值的相关性则相对较弱。

那么在柑橘产值相对大的地区和年份，柑橘产值与这些指标的相关性是否更加强呢？为此课题按产量不低于5万吨、不低于10万吨、不低于14万吨、不低于20万吨的情况下计算相关系数，结果如表3所示：

表3　不同规模柑橘产值与相关经济社会指标的相关分析

		Y^1-X	Y^2-X	Y^3-X	Y^4-X	Y^5-X	Y^6-X
不低于5万吨	Pearson相关性	.245*	0.1081	0.1324	.307**	.348**	.290**
	显著性	0.0114	0.2867	0.1759	0.0014	0.0003	0.0026
不低于10万吨	Pearson 相关性	0.1182	-0.1166	0.0350	0.0350	0.1861	0.1153
	显著性	0.4392	0.4678	0.8195	0.8195	0.2209	0.4509
不低于14万吨	Pearson相关性	0.1838	-0.2604	0.0694	0.1305	0.1955	0.1364
	显著性	0.3587	0.2191	0.7309	0.5165	0.3284	0.4976

续表

		Y^1-X	Y^2-X	Y^3-X	Y^4-X	Y^5-X	Y^6-X
不低于20万吨	Pearson相关性	0.1893	-0.2399	-0.0142	0.0949	0.1634	0.2853
	显著性	0.4826	0.3708	0.9585	0.7267	0.5455	0.2841

数据分析显示，柑橘产值越大，经济社会的相关指标与柑橘产值的相关性越弱。即从长期的发展趋势看，柑橘产业并不是可以持续产生可观效益的产业，柑橘产业的效益引领作用并不明显。

定量分析的结论：

1. 柑橘产值与第三产业增加值、房地产投资额、农村私人建房投资额、社会消费品零售总额、农村家庭人均总收入、农村家庭人均生活消费支出均存在正相关性。

2. 第三产业增加值、社会消费品零售总额、农村家庭人均总收入、农村家庭人均消费支出与柑橘产值存在中等强度的相关性；而房地产投资、农村私人建房投资与柑橘产业相关性很弱。经济社会活动中影响第三产业、社会消费品零售总额的因素很多，柑橘产业与之有显著的中等强度相关性，足以证明柑橘产业是可以持续稳定创造一定经济和社会效益的。然而柑橘产业在为农民生产经营收入方面表现并不十分理想，对农村家庭的收入的影响并不强，对农村私人建房投资额的影响也十分有限。

3. 柑橘产业规模较大的地方和年份，柑橘产值与第三产业增加值、房地产投资额、农村私人建房投资额、社会消费品零售总额、农村家庭人均总收入、农村家庭人均生活消费支出在统计学意义上的相关性很弱，甚至无相关性，个别指标表现出产值越大，相关性越弱，说明柑橘产业效益并不明显。

由此可以判断，从长期趋势看，柑橘产业的发展可以稳定地带动第三产业发展、推动社会消费品销售、农民收入提高，但是柑橘产业并不是一个可以持续带来可观效益的产业，柑橘产值越大，并没有更快地带动相关经济社会指标相应地提高。柑橘投资效益并不明显，不宜盲目跟风。

三、产业发展存在的问题

（一）果苗监管不到位是目前柑橘产业发展的重大问题

近年来，来宾市种植柑橘热情高涨，果苗需求很大，苗木供应鱼龙混杂，大多数苗木在没有许可证的情况下销售，甚至有的携带黄龙病。而农民普遍没有判断其优劣的专业技能。果苗销售对经营许可方面也没有强制要求，对其监管也没有明确的法律依据和规则标准。加上果苗交易渠道多，地点不定，致使农民购买到的苗木品质参差不齐。

（二）技术力量欠缺和产业发展的需求矛盾十分突出

一是技术人员数量远远无法满足产业发展的需求。以象州县为例，目前象州县柑橘果园面积超过20万亩，而全县水果站在编技术员不足10人，每个人要负责超过2万亩的技术指导，其工作量之大是可想而知的。二是专业知识的更新跟不上现实的需求。柑橘品种的推陈出新、病虫害的变异、黄龙病的根治等一系列疑难问题长期存在，而柑橘专业学术研究参考十分有限。

（三）黄龙病的防控治理仍需加强

目前多数果园存在1%~2%的感染率，大果园总有一两棵果树被感染，零发病率基本不存在。柑橘的种植者以个体农民为主，各个种植区连成一片。政府牵头开展黄龙病的防治经费少，难以支撑全面、定期多次开展统防统治。果农对黄龙病统放统治的意识也不强。据了解，全市只有金秀县在2015年开展过统防统治工作。

（四）农药残留问题值得重视

目前农民普遍追求眼前效果，少有考虑柑橘农药残留造成的影响。农药残留、废弃农资回收处理不到位会造成食用安全、环境污染，甚至影响产业持续健康发展。

（五）柑橘在部分区域已经呈现盲目扩张的趋势

目前象州县有柑橘超过20万亩，全县耕地面积100余万亩，柑橘和耕地面积的比例为1∶5。柑橘种植扩张，粮食、桑蚕、甘蔗等作物的种植势必减少。柑橘种植盲目扩张将带来一定程度的隐患，一是区域性粮食生产不稳定；二是柑橘遭遇市场不景气时会对社会稳定带来不利因素。

四、建议

目前柑橘产业在来宾市发展势头火热，有一定的规模，特别是象州县、金秀县的发展势头迅猛。经济产业的发展走向最终由市场来决定，然而在大力倡导打造服务型政府的时代背景下，政府相关部门如何做好生产技术服务和产业发展引导值得关注。

（一）加强水果技术科技队伍建设，做好技术服务工作

做好新形势下的产业技术队伍建设，一是通过调整机构或增加编制充实水果技术指导部门队伍力量。二是梳理柑橘生产需要监管和指导的环节制定流程和标准，规范管理。三是加强和相关科研单位的合作，注入新的科技知识引领产业健康发展。

（二）做好柑橘黄龙病的综合防控工作

黄龙病是柑橘产业发展的顽疾，可防可控但不可根治。黄龙病不及时有效控制局部清除就会引发大面积爆发，引起一个区域果园灭绝。控制黄龙病先要在苗木质量把关，其次要进行统防统治，定时清除病源、及时清除病树。

（三）加强农药残留监管和废弃农资的回收

一是宣传健康安全的用药理念，推动

产业持续稳定发展。二是对高残留农药的销售流通进行治理。三是在销售环节引入农药残留检测环节，阻止残留超标的柑橘进入市场，推动低残留、无残留的水果畅销。四是废弃农资的回收，减少土地水源污染。用环保、安全的健康理念引领产业持续健康发展。

（四）大力发展电商销售

电商销售已经成为当今商品销售的重要渠道，电商销售在扩大销售渠道的同时，还可以发展包装、物流等产业，带动更多的当地农产品销售出去，进一步拉长产业链，推动本地经济更多极更快地发展，促进当地跑上经济发展的快速通道。

（五）合理应对柑橘扩张

柑橘产业迅速发展，短期推动地方经济发展效果也十分明显，但从长期看，柑橘产业的规模越大，并没有相应地引起相关的经济社会指标相应提高。随着扩张趋向盲目则要合理应对。一是扩大柑橘产业发展信息知晓面，公开国内主要柑橘信息的网站网址，让普通老百姓知晓全国的柑橘种植的大体情况、了解价格走势、掌握病虫害防治知识。使广大老百姓全面而理性地认识柑橘产业发展。二是及时掌握区域粮食供应情况，确保区域粮食供应稳定。三是探索推广涉柑橘的农业保险，降低市场风险。四是继续为区域柑橘销售搭台，畅通、拓宽销路。五是坚持走生态健康的柑橘产业发展思路，推动区域柑橘持续稳定发展。

第二部分

城乡生活篇

2018年广西城镇居民可支配收入增速放缓

刘 鹏

2018年，广西深入贯彻落实中央各项方针政策，紧紧围绕“两个建成”战略目标，实施一系列符合广西实际的重大举措，人民生活明显改善，城镇居民可支配收入稳定增长。但从全国范围来看，2018年度广西城镇居民可支配收入增速明显低于全国平均水平，呈现放缓趋势。

一、广西城镇居民人均可支配收入增长情况

2018年广西城镇居民人均可支配收入为32436元，在全国31个省市中排名第23位；同比名义增长6.3%，在全国31个省市中排名第31位。可支配收入名义增幅比全国平均水平7.8%低1.5个百分点，扣除价格因素实际增长3.8%。

（一）分季度看，可支配收入增速呈现回落趋势

2018年一季度广西城镇居民人均可支配收入8838元，同比名义增长7.0%，比上年同期（7.2%）回落0.2个百分点。上半年广西城镇居民人均可支配收入15968元，同比名义增长6.1%，比上年同期（7.3%）回落1.2个百分点。前三季度广西城镇居民人均可支配收入24184元，同比名义增长6.0%，比上年同期（7.3%）回落1.3个百分点。2018年度广西城镇居民人均可支配收入为32436元，同比名义增长6.3%，比上年同期（7.7%）回落1.4个百分点。全年居民可支配收入增速与2017年同期相比下降趋势明显（具体情况见图1）。

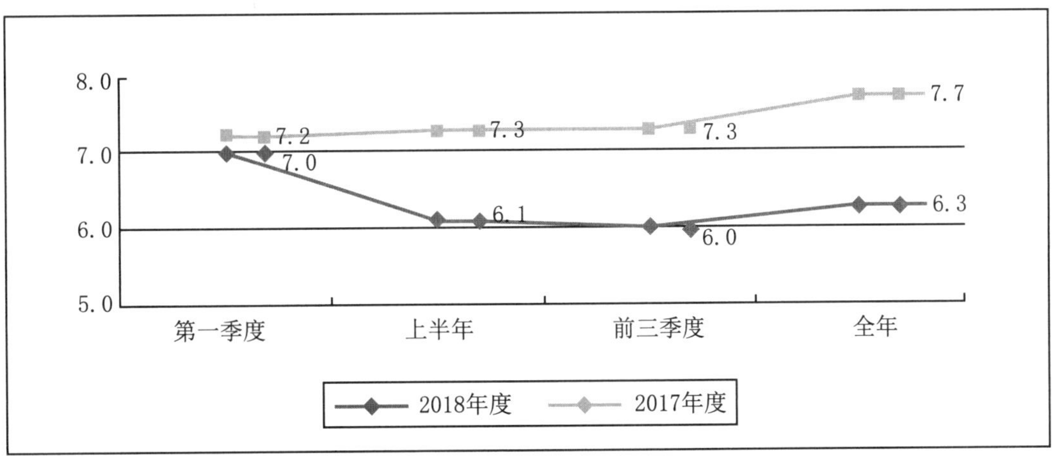

图1 2018年广西城镇居民人均可支配收入增速与2017年同期对比情况表

（二）从结构看，四大项收入全面增长但工资性收入增长较慢

2018年广西城镇居民四大项收入全面增长，工资性收入对城镇居民收入增长贡献率显著降低。工资性收入占比为55.8%，比2017年下降3个百分点，依然是城镇居民收入的最主要来源。经营净收入、财产净收入、转移净收入占比均有所提高，占比均比上年提高1个百分点左右（具体情况见表1）。

1. 工资性收入增速较低。2018年广西城镇居民人均工资性收入18084元，同比增加141元，增长0.8%。对可支配收入增长的贡献率为7.3%，拉动可支配收入增长0.8个百分点，拉动作用比上年同期降低4.6个百分点。

2. 经营净收入较快增长。2018年广西城镇居民人均经营净收入5595元，同比增加691元，增长14.1%。对可支配收入增长的贡献率为35.7%，拉动可支配收入增长2.2个百分点，拉动作用比上年同期提高1.8个百分点。

3. 财产净收入快速增长。2018年度广西城镇居民人均财产净收入2889元，同比增加499元，增长20.9%，增幅居四大项收入之首。对可支配收入增长的贡献率为25.8%，拉动可支配收入增长1.6个百分点，拉动作用比上年同期提高1.0个百分点。

4. 转移净收入小幅增长。2018年度广西城镇居民人均转移净收入5868元，同比增加603元，增长11.5%。对可支配收入增长的贡献率为31.2%，拉动可支配收入增长2.0个百分点，拉动作用比上年同期提高0.4个百分点。

表1　2018年广西城镇居民人均可支配收入结构与2017年对比情况表

指标名称	2017年		2018年			2017年度贡献率（%）	2018年度贡献率（%）	2017年度拉动百分点	2018年度拉动百分点
	绝对值（元）	占比（%）	绝对值（元）	占比（%）	增幅（%）				
可支配收入	30502	—	32436	—	6.3	—	—	—	—
工资性收入	17943	58.8	18084	55.8	0.8	66.6	7.3	5.1	0.5
经营净收入	4904	16.1	5595	17.2	14.1	4.6	35.7	0.4	2.2
财产净收入	2390	7.8	2889	8.9	20.9	7.4	25.8	0.6	1.6
转移净收入	5265	17.3	5868	18.1	11.5	21.4	31.2	1.6	2.0

（三）从全国看，可支配收入增幅与全国平均水平差距逐步拉大

从2010—2018年数据来看，广西城镇居民人均可支配收入绝对数一直低于全国平均水平。排名呈下降态势：在全国31个省（区、市）中的排位从2010年的13位逐年下降到2018年23。绝对额与全国差距不断扩大：2010年，广西城镇居民人均可

支配收入17064元，约为全国平均水平的91%，比全国低1715元；到2018年，广西城镇居民人均可支配收入32436元，约为全国平均水平的83%，与全国差额扩大到6815元（具体情况见表2）。

表2 广西城镇居民人均可支配收入与全国平均水平比较情况表

年份	全国（元）	广西（元）	广西与全国的差额	广西相当于全国的比例（%）	广西在全国的排位
2010年	18779	17064	-1715	91	13
2011年	21427	18854	-2573	88	14
2012年	24127	21242	-2885	88	15
2013年	26467	23305	-3162	88	15
2014年	28844	24669	-4175	86	16
2015年	31195	26416	-4779	85	18
2016年	33616	28324	-5292	84	22
2017年	36396	30502	-5894	84	23
2018年	39251	32436	-6815	83	23

注：本表数据为城乡住户调查一体化改革后调整的新口径数据。

从与周边省份比较情况来看，2018年广西城镇居民增速明显低于周边省份，平均约低2个百分点。从绝对值来看，2018年广西城镇居民可支配收入低于大部分省份，比海南低913元，比云南低1052元，比湖南低4262元，比广东低11905元，比江西低1383元，比贵州高844元。（具体情况见表3）。

表3 广西城镇居民人均可支配收入与周边省份比较情况表

地区	2018年镇居民可支配收入（元）	增速（%）	增速排名	与广西对比收入差距（元）
全国	39251	7.8	—	6815
广西	32436	6.3	31	—
湖南	36698	8.1	14	4262
广东	44341	8.2	10	11905
海南	33349	8.2	11	913
云南	33488	8	18	1052
贵州	31592	8.6	5	-844
江西	33819	8.4	7	1383

二、近年广西城镇居民收入增速放缓的主要原因

（一）从宏观层面看，经济增长放缓影响居民收入的增长

1. 广西地区生产总值（GDP）增速回落幅度快于全国。2013—2018年的6年间，广西GDP增速从10.2%逐年下降到6.8%，下降3.4个百分点，而同期全国GDP下降1.2个百分点；增速在全国排位由第12位下降至第15位。2018年广西GDP增长6.8%，比上年回落0.3个百分点。

2. 广西人均GDP绝对值与全国差距呈现扩大趋势。2014年广西人均GDP为33090元，比全国人均GDP低13915元；2017年广西人均GDP为38102元，比全国人均GDP低21099元，差距呈现扩大趋势。

受GDP增速回落幅度快于全国、人均GDP绝对值与全国差距的宏观经济因素影响，近年来广西居民人均可支配收入同全国的差距呈现同步扩大趋势。2014年广西人均可支配收入为24669元，比全国低4175元；2017年广西人均可支配收入为30502元，比全国低5894元。

（二）从收入结构看，工资性收入等增长乏力拉低城镇居民收入增幅

一是工资性收入绝对值与全国差距逐年增大。2014—2018年，广西城镇居民人均工资性收入分别比全国少4044、4174、4172、4258、5708元，工资性收入差距占全部收入差距的八成以上（见表4）。

表4　2014—2018年广西工资性收入与全国的差异

指标		2014年	2015年	2016年	2017年	2018年
可支配收入（元）	广西	24669	26416	28324	30502	32436
	全国	28844	31195	33616	36396	39251
	差额	-4175	-4779	-5292	-5894	-6815
工资性收入（元）	广西	13893	15163	16493	17943	18084
	全国	17937	19337	20665	22201	23792
	差额	-4044	-4174	-4172	-4258	-5708

二是2018年工资性收入差距拉大了与周边省份的差距。2018年广西城镇居民工资性收入仅增长141元，增长额度比云南省低1686元，比湖南低1115元，比江西低1515元，差距十分明显。工资性收入增长低也导致增长速度在全国排名靠后。如广西和云南两省城镇居民可支配收入绝对值差别不大，分别为32436元和33488元。从收入结构看，广西经营性净收入、财产净收入、转移净收入收入三项收入合计增长1793元，高于云南三项收入合计增长682元，但由于广西城镇居民工资性收入仅增长141元，云南增长1827元，差距1686元，导致广西城镇居民可支配收入增速远低于云南（见表5）。

表5 2018年广西与周边省份城镇居民可支配收入结构变动比较

地区	城镇居民收入		工资性收入		经营净收入		财产净收入		转移净收入	
	绝对值	增加值	绝对值	增加值	绝对值	增加值	绝对值	增加值	绝对值	增加值
全国	39251	2855	23792	1591	4443	378	4028	421	6988	465
广西	32436	1934	18084	141	5595	691	2889	499	5868	603
湖南	36698	2750	20022	1256	5253	647	3715	511	7709	337
广东	44341	3360	32180	2105	4873	310	5816	741	1472	221
海南	33349	2527	21506	1102	3349	169	3244	869	5249	384
云南	33488	2481	18744	1827	3855	42	4518	174	6371	466
贵州	31592	2512	—	—	—	—	—	—	—	—
江西	33819	2621	21451	1656	2824	219	2951	320	6594	426

注：据贵州调查总队介绍，贵州未计算城镇居民可支配收入分结构数据。

表6 2018年广西与周边省份城镇居民可支配收入结构变动增长情况

地区	城镇居民收入			工资性收入		经营净收入		财产净收入		转移净收入	
	绝对值（元）	增速（%）	增速排名	绝对值（元）	增速（%）	绝对值（元）	增速（%）	绝对值（元）	增速（%）	绝对值（元）	增速（%）
全国	39251	7.8	—	23792	7.2	4443	9.3	4028	11.7	6988	7.1
广西	32436	6.3	31	18084	0.8	5595	14.1	2889	20.9	5868	11.5
湖南	36698	8.1	14	20022	6.7	5253	14	3715	16	7709	4.6
广东	44341	8.2	10	32180	7	4873	6.8	5816	14.6	1472	17.7
海南	33349	8.2	11	21506	5.4	3349	5.3	3244	36.6	5249	7.9
云南	33488	8.0	18	18744	10.8	3855	1.1	4518	4	6371	7.8
贵州	31592	8.6	5								
江西	33819	8.4	7	21451	8.4	2824	8.4	2951	12.2	6594	6.9

注：据贵州调查总队介绍，贵州未计算城镇居民可支配收入分结构数据。

从城镇居民增收情况来看，城镇居民各主要群体工资性收入增长水平普遍低于全国水平和周边省份。一是机关事业单位人员收入增长缓慢。据人社厅提供的数据显示，从2008年至2017年广西公务员年平均工资增长率为9.4%，而江西增长率为14.3%，云南增长率为14.0%，贵州增长率为13.0%，四川增长率为11.7%，重庆增长率为11.0%，湖南增长率为10.4%。机关2017年正处长的年申报收入，广西约15.17万元，低于江西（约25万元）、安徽（约24万元）、云南（约20万元）、四川（约18.5万元）、重庆（约18.26万元）等经济发展水平中等的省市。二是企业人员收入增长缓慢，职工收入在全国排名靠后。据自治区统计局提供的数据显示，2018年前3季度广西四上企业在岗职工（含劳务派遣）平均工资为37157元，在全国31个省市中排名第30位，在西部12个省市中排名第12位。

三是转移净收入拉动力减弱。2014—2017年广西城镇居民转移净收入增速远低于全国，年均增速比全国低9.6个百分点。对城镇居民人均可支配收入的拉动力也不断减弱，分别拉动可支配收入增长1.1、0.7、-1.8和1.6个百分点。2018年前三季度，广西城镇居民人均转移净收入4177元，同比增加176元，增长4.4%。对可支配收入增长的贡献率为12.8%，拉动可支配收入增长0.8个百分点，拉动作用比上年同期降低1.3个百分点。

（三）从收入人群看，社会主要群体收入增速放缓

1.机关事业单位增资对全体城镇居民收入影响较小。根据人社厅统计数据，2017年末广西机关事业单位在职人员共114.1万人，其中机关公务员30.9万人，事业单位工作人员83.2万人。2017年广西城镇常住人口2404万人，机关事业单位工作人员占城镇人口比重仅4.6%。由于增幅少、占比小，机关事业单位增资对拉动广西城镇居民收入增长影响较小。

2.就业人数占比较高的私营企业职工工资性收入增长乏力。统计数据显示，2017年末广西私营企业职工人数为787万人，非私营企业职工人数为398万人，私营企业职工人数占比70%。从企业职工收入情况来看，非私营企业收入增速较快，规模以上企业职工收入增速较快，私营企业职工收入增速较慢。调查数据显示，2018年前三季度广西城镇居民非私营企业职工工资性收入同比增长4.7%，私营企业职工工资性收入同比增长-0.6%。从自治区统计局提供的数据来看，2018年前三季度规模以上工业企业、资质以上建筑业、规模以上服务业、批发零售住宿餐饮业等“四上”企业从业人员310万人，从业人员平均工资收入增长9.6%。经测算，“四上”企业从业人员工资性收入增长能够拉动广西城镇居民收入增长水平约1.3个百分点。

3.退休人员保障能力增强对广西城镇居民收入增长贡献较大。根据人社部门提供数据，2017年底广西共有约248万名退休人员，2018年广西月人均基本养老金由调整前的2805元，调整至2952元，月人均增加147元，增幅5.2%，拉高广西城镇居民收入水平约0.5个百分点。

三、提高城镇居民可支配收入工作建议

（一）激发经济活力，提高居民收入水平。一是调整经济结构，加快推进重点项目。以调整和优化经济结构为主线，以

重点项目为载体，加快推进新型工业化进程，优先发展先进制造业，积极催生新经济新业态，将广西丰富的资源转化为经济效益，通过经济高速增长促进城镇居民收入水平提高。二是引导企业加大科技创新和技改力度，大力培育优势产业集群，加大企业从业人员的培训力度，让更多的企业从业人员掌握新知识新技术，从而获得更高的薪酬待遇。三是扩大就业规模，提升就业质量。坚持就业优先战略，落实积极的就业政策，把促进就业作为经济社会发展的优先目标，在稳增长、调结构中努力创造更多的就业岗位。

（二）实施增资政策，完善工资增长机制。一是做好公务员级别工资考核晋级晋档、事业单位考核晋升薪级工资档次等工作，每两年调整一次机关事业单位基本工资待遇。二是增加津贴补贴。根据各地实际情况，逐步适当调整机关事业单位人员津贴补贴标准。落实好无休假补贴等政策，适当提高乡镇机关事业单位工作人员补贴。三是提高机关公务员绩效奖金标准，事业单位绩效奖金逐年灵活增长。四是规范奖励性补贴。在中央规范政策框架内，设立社会治安综合治理奖，立法设立民族团结进步奖励，对民族团结进步做出贡献的机关事业单位工作人员给予奖励。对获得全国文明城市、文明村镇、文明单位荣誉称号的机关事业单位工作人员给予奖励。

（三）提高就业质量，增加企业人员收入。一是提高最低工资标准。根据各地经济发展状况、职业平均工资和生活消费水平，适时适度提高最低工资标准。逐步推广按小时计酬的最低工资标准办法。二是提高企业职工工资水平。推动企业建立健全工资集体协商制度，适时发布重点行业工资指导线，加大劳动保障执法检查力度，引导企业合理提高工资水平。指导督促国有企业在经济效益增长基础上提高工资水平，当年在岗职工平均工资未增长的，企业负责人年薪不得增长。三是扩大就业规模和提高就业质量。2019年城镇登记失业率控制在3.5%以内，加强技能人才培训，2019年职业技能培训50万人以上。实施大学生创业引领计划，加快建设众创空间、大学生创业孵化载体，加大创业金融支持力度。四是落实税收优惠政策。认真落实促进产业转型升级、科技创新、保障和改善民生等各项税收优惠政策，将减税红包发放给企业和个人。

（四）完善保障体系，增加转移净收入。一是提高企业和机关事业单位人员养老金。按照国家和自治区统一部署，逐年调整企业和机关事业单位人员退休养老待遇。二是统筹提高社会救助标准。从2019年起，逐年提高城镇低收入家庭救助标准、城镇特困人员供养标准。三是实施价补联动机制。城镇居民生活费用价格指数同比上涨2%及以上的，向城镇低收入居民分档发放物价补贴。

2018年广西城镇低收入家庭生活现状调研报告

李兰澜

2018年7月，国家统计局广西调查总队在南宁、柳州、桂林、北海、梧州等五市中随机抽取200户城镇低收入家庭（指：城镇低保家庭或符合当地城镇低收入家庭标准，即家庭月收入低于当地上年度城镇居民月人均可支配收入40%~50%的范围）开展专项调研。调研采取入户问卷调查方式，问卷有效率为100%。调查结果显示：广西城镇低收入家庭户规模偏小，收入和消费水平偏低，住房问题虽已基本解决，但仍存在家庭生活负担重、就业稳定性差、抵抗风险能力差等问题，导致低收入家庭对当前生活水平评价不高，寄期望于政府扶持，其中提高低保补助标准和医疗保障水平是最大政策诉求。

一、低收入家庭基本情况

（一）家庭户规模小，人口受教育程度偏低

广西城镇低收入家庭的一个显著特征是家庭户均人口不多。调查显示，被调查的200户低收入家庭共有556人，家庭户均人口2.78人。调查对象的家庭规模多集中在3人户和2人户这两个组，规模呈小型化（如图1）。家庭人口的受教育程度偏低，九成以上文化程度为初中、高中及以下，其中小学及以下文化程度占33.6%；初中、高中（包括中专、职高、技校等）文化程度占58.6%，占比最大；大专、本科以上文化程度占7.6%；硕士及以上文化程度仅占0.2%。较高文化程度家庭人口比例明显偏低。

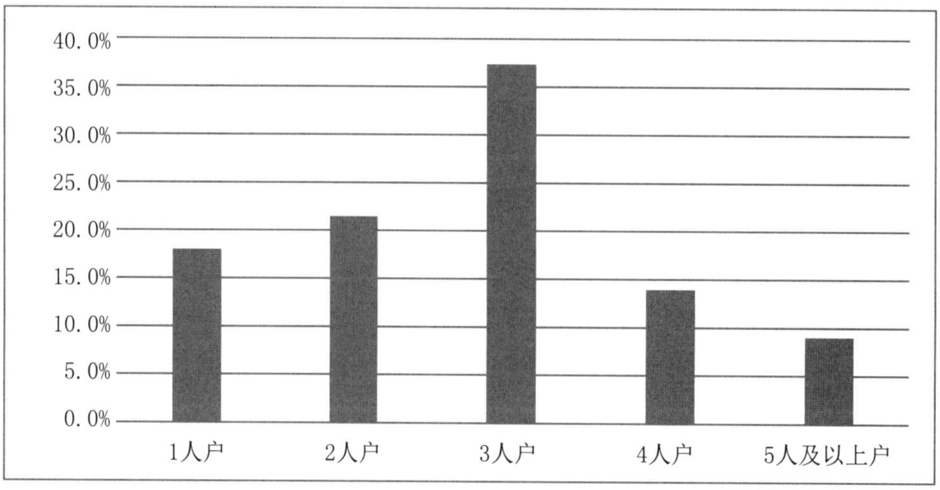

图1 调查对象的家庭户规模

（二）就业成员少，就业稳定性差

就业是民生之本，良好的从业状况对城镇居民生活水平和家庭生活质量意义深远。被调查的200户低收入家庭中，就业人口仅为154人，户均就业人口0.77人，平均每一就业者负担人口数3.6人，可见低收入家庭供养负担之重。

从就业类型看，主要是临时工或季节工，占56.5%，合同工比例为26.0%，固定工的比例仅为8.4%；从工作单位性质分布看，多数是在私营企业或其他打零工的工作岗位就职，分别占26.6%和46.8%，而薪酬稳定、福利待遇好的国有经济单位就业的比重较低，仅为6.4%（如图2）。对被访者“在目前岗位就业年限”这个问题，有103名就业成员表示自己在岗年限“不足5年”，占66.9%；“5~10年”占19.5%；“10年以上”占13.6%，其中仅1.3%在岗年限超过30年。城镇低收入家庭面临就业面狭窄、工作稳定性差、流动性大、低收入职业为主的就业现状。

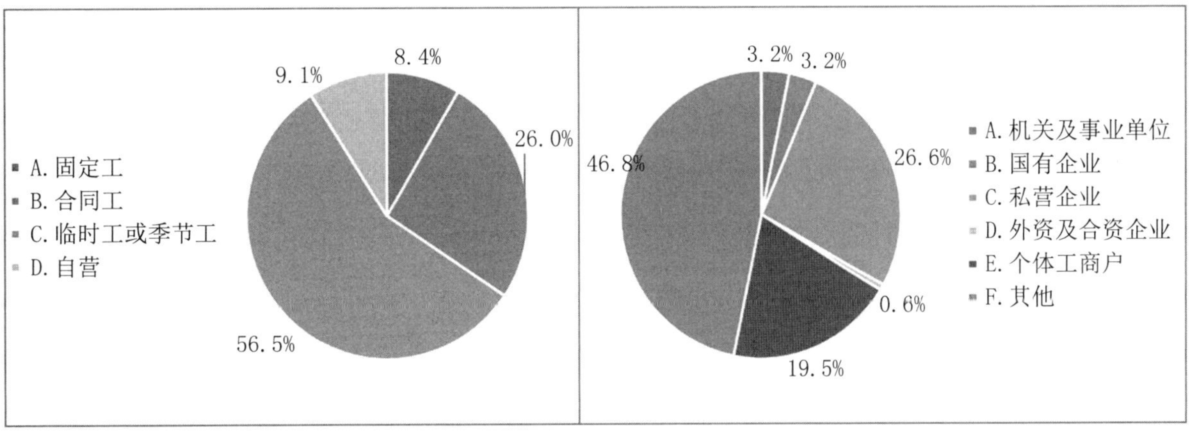

图2　就业类型及工作单位性质

（三）收入水平低，收入来源渠道单一

从被调查的200户低收入家庭月收入（不含低保）情况看，七成以上家庭月收入低于2000元，按户均2.78人计算，即人均年收入普遍在8633元以下，远低于2017年广西城镇居民人均可支配收入30502元的水平；家庭月收入为零的尚有45户，占调查总户数的22.5%；仅有2.0%的家庭月收入在5000元以上，低收入家庭收入状况不容乐观（如图3）。在被问及家庭收入主要来源时，51.5%的家庭选择是低保等政府救济收入，排在第一位，收入来源渠道单一。

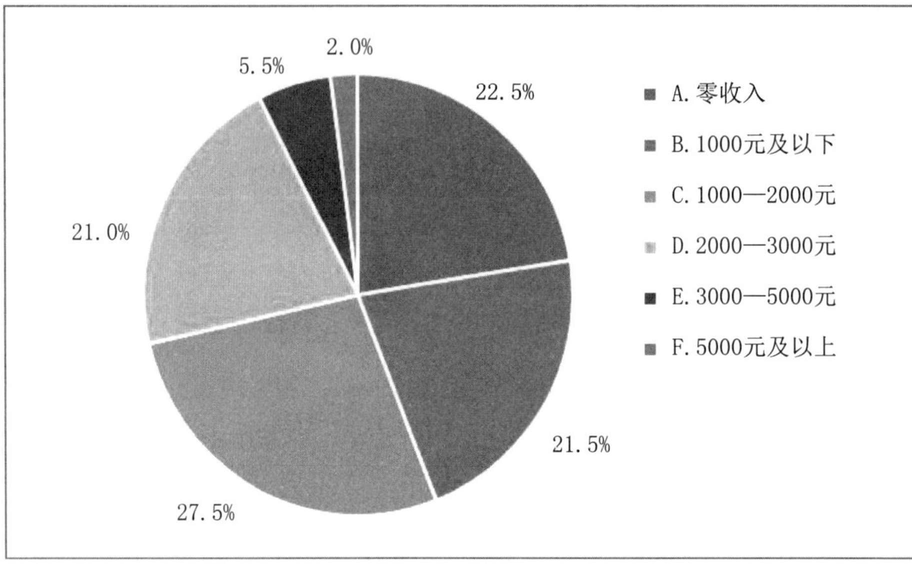

图3 城镇低收入家庭月收入情况

（四）消费水平低，生活质量差

受收入水平低影响，低收入家庭消费水平也偏低。调查显示，71.5%的低收入家庭每月生活消费支出在2000元以下（如图4），年均不高于2.4万元。多数家庭的支出主要用于食品、居住、医疗、子女教育等基本生存需求，享受型、发展型消费较少，消费结构明显不合理，生活质量难以提高。调查显示，在回答消费支出主要项目（可多选）时，有77.0%的受访家庭表示主要支出项目为“食品”，食品支出比重大，表明其仍处于解决温饱阶段，且受物价上涨影响程度会较明显；66.0%表示为“医疗”；61.5%表示为“水、电、燃料及房租房贷等居住支出”；37.0%表示为“子女教育”（如图5）。

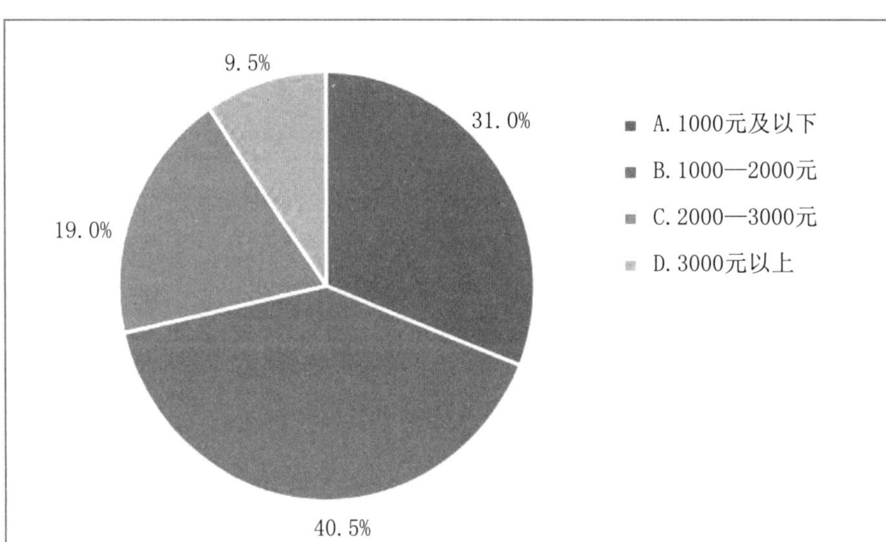

图4 城镇低收入家庭每月生活消费支出

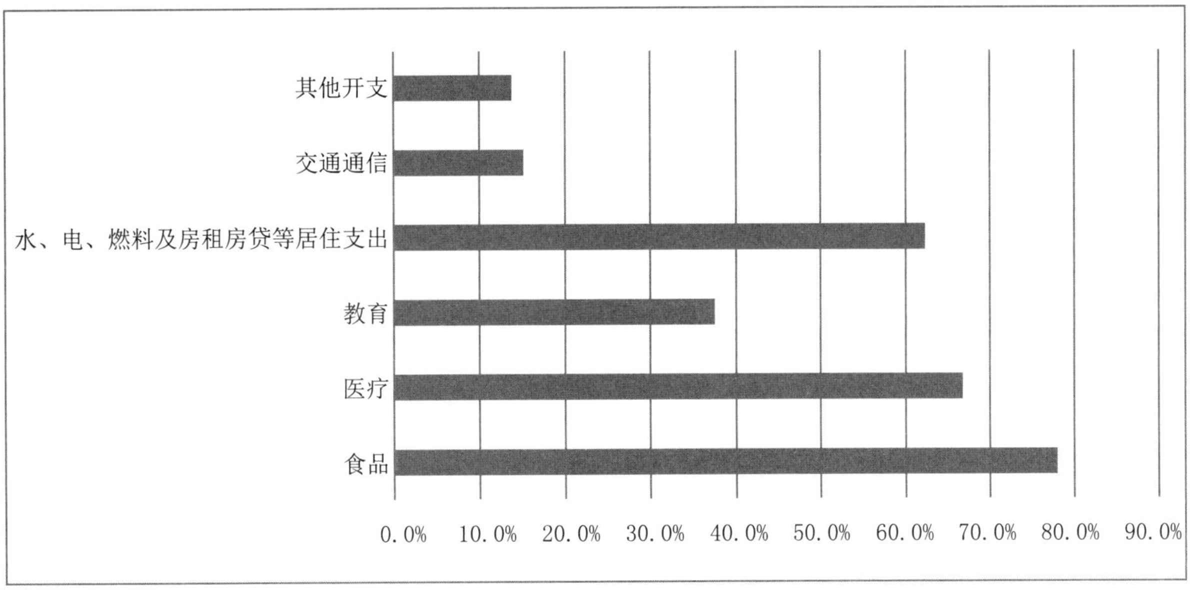

图5 家庭生活消费主要支出项目

（五）超5成低收入户收不抵支

有限的收入决定了低收入家庭绝大部分收入要在当期就消费掉，大多数家庭都是量入为出，收不抵支现象比较严重。调查显示，有55.5%的低收入家庭消费支出明显大于收入，他们生活拮据、入不敷出，难以维持基本生活；另有42.5%的低收入家庭收入和支出基本平衡，也就是说他们全部的收入刚刚能满足基本的生存需求，完全没有剩余。低收入家庭借债的情况较为普遍，被调查家庭中，有家庭负债的占39.5%。负款的原因有45.6%是用于支付大额的医疗费用，其次是支付子女教育费用和日常生活开支，分别占20.3%和13.9%（如图6）。医疗和教育问题是导致城镇低收入家庭收不抵支的主要原因。

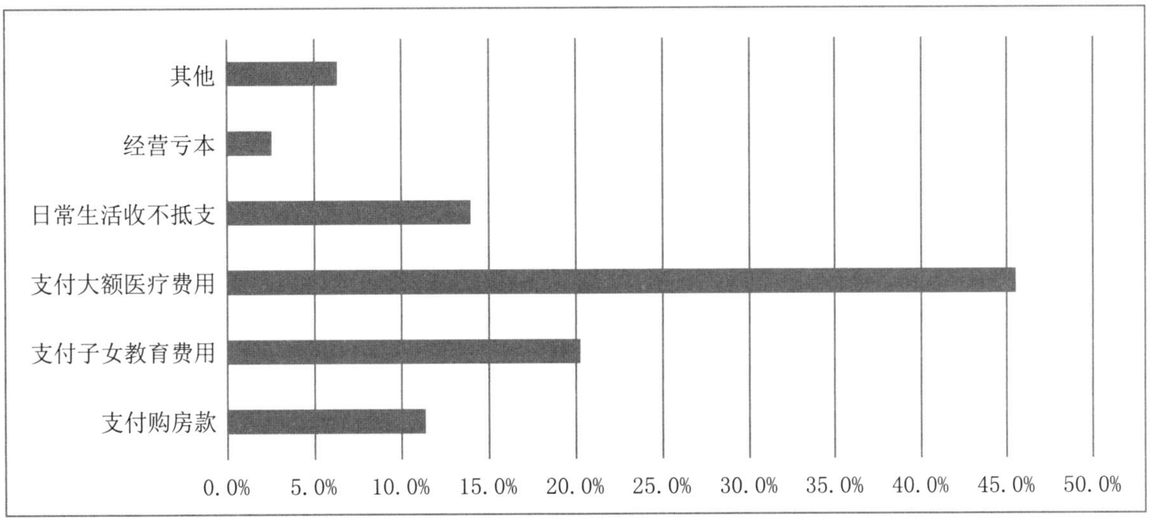

图6 城镇低收入家庭产生负债的原因

（六）住房面积偏小，但居住条件有所保障

从拥有房屋面积看，被调查的200户低收入家庭人均住房面积为23.5平方米，比2017年全区城镇居民人均自有现住房面积的39.5平方米少16平方米。住房面积在120平方米以上的仅占5.5%，以30~60平方米的为主，占到55.5%。

从住房产权看，95户家庭住房属于有产权，占47.5%，105户家庭住房属于无产权，占52.5%。

从房屋来源看，有68户家庭以租赁公房为主，占34.0%，占比最大；其次是自建住房或购买保障性住房（如拆迁安置房和棚户区改造房），分别占14.5%和14.5%；有27户家庭购买了商品房，占13.5%；购买单位房改房和由亲友、雇主提供免费借住房的分别占10.5%和10.5%；低收入家庭租赁私房的仅占2.5%（如图7）。

政府以城镇低收入家庭为对象，建立健全城市廉租住房制度，加大棚户区、旧住宅区改造力度，使城镇居民住房条件有所改善，但仍有部分低收入家庭居住在设备简陋的平房或老式楼房里，属多年前的原单位福利分房或上一辈遗留的自建房，条件较简陋。

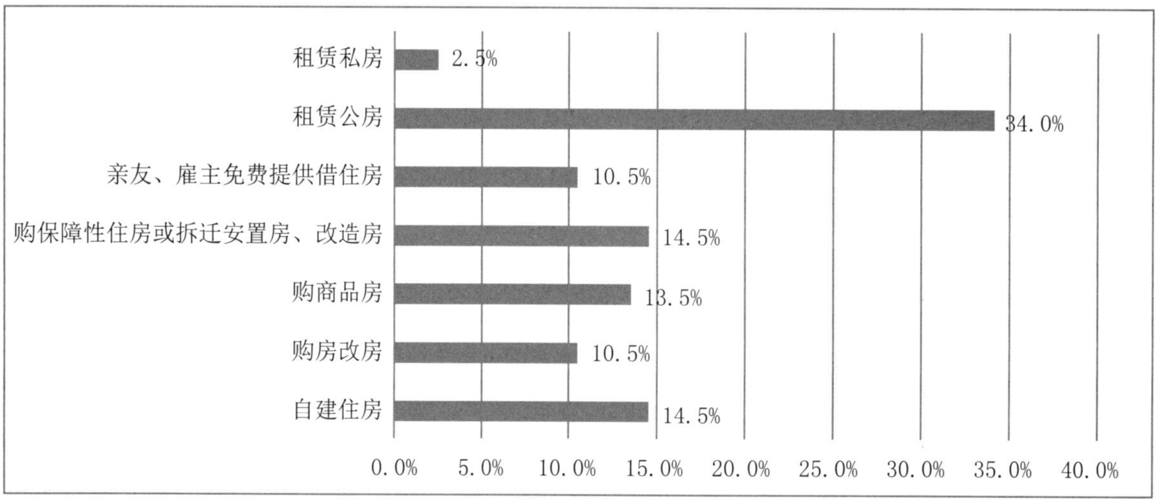

图7 低收入家庭住房来源

（七）对当前生活水平的评价和展望

调查对生活水平的总体感受，目的是从居民主观感受分析低收入家庭当前生活状况，同时，对生活发展趋势的评价也可以看出他们对今后改善生活的主观能动性。结果如表1所示：

一是对家庭生活现状的满意程度仍偏低。收入是生活的保障，此外，居住环境、社会保障水平和市政配套等也会影响居民对生活质量的满意度。调查显示，在被问及对于目前家庭生活水平的满意程度时，仅2.0%低收入家庭感到满意，55.0%感到一般，43.0%感到不满意。

二是多数家庭认为生活水平保持原有

水平或有下降。在被问及与上一年相比，家庭生活水平变化情况时，65.5%低收入家庭认为生活水平与上一年持平、23.5%表示有所下降，仅11.0%表示有所提高。

三是对未来生活预期却较为乐观。低收入家庭收入来源相对单一，对外来的救济资助依赖度高，而且在短时期内并不能改变这种现状。然而与此形成对比的是，受访家庭中，只有19.0%表示在未来两年内家庭生活水平会下降，另有44.0%表示会与现在持平，还有37.0%表示生活水平会变好。这与近年来财政不断加大民生事业投入，特别是提升基本公共服务覆盖面，加强兜底保障力度，确保部分中低收入居民家庭生活质量不降低的努力是分不开的。

表1 低收入家庭居民对家庭生活水平的评价

（1）对目前家庭生活水平的满意程度：	数量	比例
A.满意	4	2.0%
B.一般	110	55.0%
C.不满意	86	43.0%
（2）与上一年相比，您家庭生活水平变化情况：	数量	比例
A.提高	22	11.0%
B.持平	131	65.5%
C.下降	47	23.5%
（3）对于未来两年生活的预期：	数量	比例
A.会变好	74	37.0%
B.没有变化	88	44.0%
C.会变差	38	19.0%

二、低收入家庭陷入贫困的原因

本次调研问卷从家庭及个人角度设计了七类致贫原因多选项。调查结果显示：导致低收入家庭收入不高的首要原因是“家庭成员身体有疾病或伤残”，占67.0%，占比最大；其次是“家庭就业人口少”，占30.5%；接着是“所在岗位工资水平过低”和“技能水平不高，就业层次低”，分别占22.5%和22.0%；另外还有“工作不固定，务工时间短”和“失业后再就业困难”，分别占18.5%和16.0%；最后是“退休金或养老金微薄”，占15.0%。结合现场调查的实际案例分析如下：

（一）健康状况差，因病因残致贫

“因病致贫”是城镇中比较常见的情况。尤其低收入家庭中老、弱、病、残人员相对较多，疾病使他们生活和就业状况逐步恶化。目前低收入家庭成员参与的多为城镇居民基本医疗保险，报销比例和最高支付限额都有一定额度，在药品价格和医疗服务价格不断上涨的情况下，由个人负担的医疗费用还是比较多，居民往往不堪重负。北海市海城区贵州南社区蒙女士因患尿毒症常年需要服药透析，虽然年龄仅38岁且是硕士研究生学历，仍因病无法工作，没有收入，医疗费除报销金额外尚须自费12722.38元/年，致使生活困难；柳州市城中区山水社区廖女士大专毕业，却身患癫痫病，特别想工作，也一直在寻找，但苦于身体原因，被很多企业拒之门外。

（二）受家庭所累，劳动力无法外出务工

调查发现，很多低收入家庭因需要照顾病人无法外出务工的原因导致家庭成员无法就业，缺乏劳动力是导致该类家庭贫困的主要原因。北海市银海区侨中社区张先生家庭成员3人（本人、妻子及孙子），妻子重病无就业能力，张先生本人年纪偏大且要照顾重病妻子及年幼孙子，无法外出务工，只能在家等亲戚介绍的渔业手工作业维生，收入不稳定。桂林市秀峰区中隐社区李先生家庭成员4人（夫妻、儿子和弟弟），弟弟患精神病，儿子患抑郁症，李先生在公司倒闭后一直没有工作，只能在家照顾弟弟，全家靠妻子打零工收入生活。

（三）学历低、缺技能，限制就业层次提升

城镇低收入家庭成员受教育程度不高、文化素质普遍偏低，缺乏一技之长，难以接受政府提供的就业技能培训，使得他们较难在优胜劣汰的就业市场上竞争立足，只能选择报酬低的简单劳动的岗位，限制就业层次的提升，进而影响收入，加剧贫困。桂林市象山区银锭社区徐先生和弟弟两人居住，兄弟二人都身材矮小，文化程度分别为小学和初中，不容易找到工作，哥哥帮人搬酒，弟弟在美团送外卖，家庭收入非常低。

（四）失业再就业难

调研发现，部分低收入家庭户就业观念落后无法适应市场经济的要求。很多失业人员主观能动性和自力更生的积极性很低。在求职过程中依然存在依赖心理和懈怠态度，甚至存在城镇居民的优越感，对自身缺乏正确定位。另外，面临失业或者收入不高的情况时，大部分低收入家庭不具备创业意识。这些缺乏竞争意识、风险危机意识的观念成为再就业的无形障碍，甚至可以说是其致贫的直接原因。

三、低收入家庭对政府救扶政策的了解、评价和诉求

（一）绝大多数对政府救济扶助政策有所了解

调查显示，54.5%的低收入家庭表示对政府出台的相关救济扶助政策有所了解，20.0%表示比较了解，9.0%表示非常了解，也有16.5%表示不了解。政府对城镇低收入家庭采取了多形式、多渠道的帮扶措施。现阶段落实帮扶政策的主要方式是，政府有关职能部门定期为低收入家庭

提供现金或实物，占69.5%，资金补贴可供低收入家庭自由支配，能直接有效解决其生活窘境，所以大家了解较为清楚。同时，针对不同对象的具体需求，也开展提供就业技能培训、提供就业方向指导，联系企事业单位帮助提供就业岗位，提供创业资金或贷款优惠政策等，分别占比为33.0%、22.0%和14.0%。另有10.0%的家庭认为不知道政府有帮扶措施，其中有1.5%的认为政府没有任何帮扶措施。但同时也与社区基层人员对政策进行宣传公示的力度不够有关联。

（二）对政府帮助低收入家庭增收工作的评价较满意

调查显示，54.5%的低收入家庭表示对政府助增收工作的评价是效果良好、比较满意，24.5%表示效果很好、很满意，4.5%表示效果不好、不满意，也有15.5%表示说不清楚。说明政府近年来把兜底保障稳抓牢靠，以实实在在的办法和成效提升群众对助增收工作的满意度，赢得群众的认可。

（三）提高低保补助标准和医疗保障水平是最大期望诉求

在低收入家庭的期望与诉求方面（如图8），由于以低保户为代表的困难群体是本次城镇低收入家庭调查对象的主要组成部分（占61.5%），因此，在被问到“希望能够获得何种形式的社会援助（可多选）”时，诉求排名第一位的是提高社会最低生活保障金额标准，占比达65.0%；其次，54.5%的家庭期望政府能够提高医疗保障水平，降低医疗服务价格；31.5%的家庭期望能够获得子女学费减免，低收入家庭为摆脱贫困现状，非常注重子女教育投资，非义务教育阶段的各项支出对于他们来说是一笔负担；此外，期望政府能提供门槛较低的就业岗位的占26.5%，期望政府能调控物价的占23.5%，期望能提供住房优惠政策的占19.5%，期望能提供更有针对性就业培训的占9.5%，期望能提供贷款、创业优惠的占7.5%。

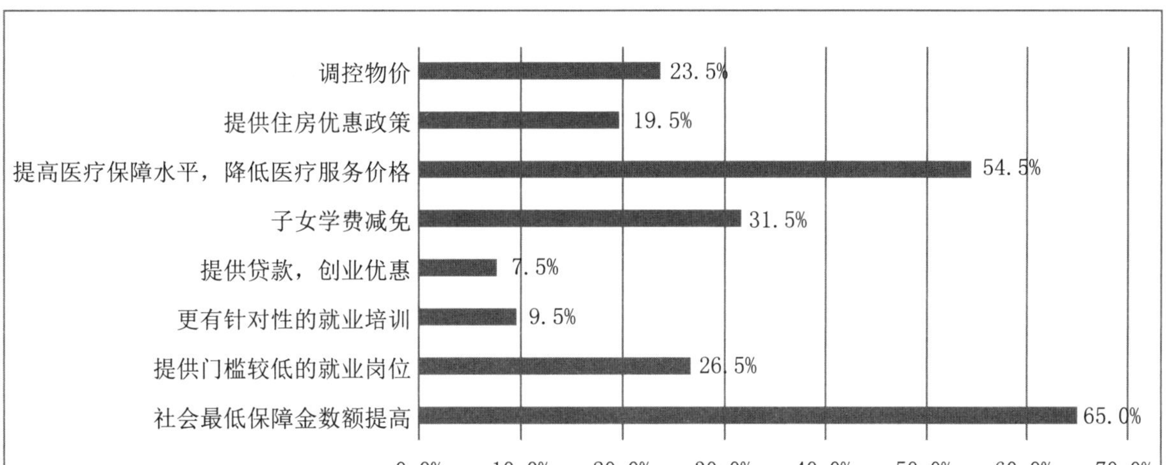

图8 希望能获得何种形式的社会援助

四、改善低收入家庭生活状况的几点建议

（一）保持经济适度快速发展，拓宽就业门路

一是实现地区经济总量的增长，缩小各地经济发展差距，这是扩大就业的前提条件，社会财富增加了，再分配才能游刃有余，才能增强对低收入家庭的转移支付力度。二是稳定有序进行产业结构调整，大力发展第三产业，更好地发挥其吸纳劳动力能力强的特点。三是加大公益性就业岗位的开发力度，打破行业壁垒和区域限制，鼓励企业吸纳低收入家庭劳动力就业，适当给予养老金补贴、税费优惠、就业岗位补贴等政策措施。四是加大创业扶持力度，提高低收入家庭创业能力，鼓励以创业带动就业。对有创业愿望、潜力的城镇低收入居民开通“绿色通道”。

（二）建立公平合理的收入分配制度，调节收入差距

一是建立强有力的垄断行业收入的管控机制、非法收入的惩罚机制、灰色收入防范机制、高收入群体的税收调节机制。抑制不合理和非法收入的过快增长，消除垄断等因素带来的不合理的收入差距，形成行业间公正合理的收入分配新秩序。二是调整财政对低收入家庭的转移支付力度，加大公共财政在服务民生事业的投入，真正起到调节社会收入分配的作用。

（三）完善城镇社会保障体系，提高保障标准

努力扩大社会养老、医疗、失业、低保等社会保障的覆盖面，适度降低社会保险费率，实施多层次的保障方式，充分发挥社会保障制度的扶贫救济功能。让没有社会保险的低收入群体加入社会保险，给予参保补贴，实行差别或等级收费，甚至是费用减免。

（四）提升低收入群体综合素质，提升自我发展能力

一是帮助城镇低收入群体克服依赖心理，认清社会主义市场经济发展形势，养成积极健康的生活态度和奋发有为的精神状态，积极主动地寻找适合自己的岗位。民政、劳动保障部门从主观上帮助其真正树立起独立自主自强的就业意识和创业观念。二是就业问题的最大困难就是就业主体缺乏知识技能，解决的根本途径是建立免费的就业技能培训机制，对不同群体采取不同类型的培训，增强低收入家庭成员劳动技术水平，增强其就业竞争力。

（五）建立城镇低收入家庭增收工作管理机制

现阶段对低收入人群的救扶工作还是以政府行为为主，从实际情况看，政府在资金、人员等方面也会有许多限制。因此，应探索建立政府统一推进、部门协调合作、社会广泛参与的解决低收入群体增收问题的工作管理机制。如以社区为单位，联合慈善组织、社会救助机构、工会等各方群体，成为政府救助以外的补充力量，形成全社会综合性救助机制。又如借鉴农村精准扶贫的经验做好城镇低收入家庭的救扶工作，将城镇贫困问题纳入到整体扶贫的框架体系中，激发各地政府对城镇贫困问题的重视和治理城镇贫困的积极性。

2018年南宁市城镇居民可支配收入增长6.2%

黄芳莎

据国家统计局南宁调查队抽样调查数据显示，2018年南宁市城镇居民人均可支配收入为35276元，较上年增加2059元，增长6.2%，增幅低于广西0.1个百分点，排广西第十位，扣除物价因素，实际增长3.6%。

一、2018年城镇居民收入特点

（一）工资性收入保持增长，仍占城镇居民可支配收入最大比重

2018年，南宁市城镇居民人均工资性收入19679元，较上年增加了946元，增长6.2%，占可支配收入的比重为55.8%，对城镇居民增收贡献率为45.9%，拉动城镇居民可支配收入增长2.8个百分点。工资性收入保持增长的原因主要有：

1.就业形势总体稳定。据南宁市人力资源和社会保障局数据显示，南宁市就业形势保持总体稳定，2018年全市城镇新增就业69717人，城镇失业人员再就业16458人，就业困难人员就业4410人，城镇登记失业率控制在2.71%，稳定的就业形势营造良好、和谐的就业环境，较好地促进了城镇居民工资性收入保持稳定增长，据南宁市统计局数据显示，2018年1—3季度，在岗职工平均工资43503元，同比增长13.5%。

2.最低工资标准提高了20%。2018年南宁市最低工作标准从1400元/月提高到1680元/月，提高了20%。对整体工资增长起到托底作用。

（二）家庭经营净收入平缓增长，增速略有下降

2018年南宁市城镇居民人均经营净收入5675元，同比增加331元，增长6.2%，增速较上年回落0.1个百分点；占可支配收入的比重为16.1%，拉动城镇居民可支配收入增长1个百分点。增长因素有：

1.社会消费品零售业稳增长促进居民收入。据南宁市统计局数据显示，2018年前三季度，全市社会消费品零售总额同比增长9.4%；1—11月，南宁市限额以上消费品零售额同比增长4.2%。主要大宗商品中，石油及制品类增长较快，汽车类零售额低位增长。1—11月，限上企业累计实现石油制品类零售额同比增长11.1%；汽车类零售额同比增长2.3%。商品销售的大幅增长良好地促进了三产服务行业的多元

化和从业人员的就业形势。

2. 旅游业发展促进居民增收。2018年，全市新增国家3A级以上旅游景区16家，新增星级乡村旅游区24家，新增星级农家乐21家，新增广西休闲农业与乡村旅游示范点8家。目前，南宁市共有乡村旅游区62家，农家乐117家，广西休闲农业与乡村旅游示范点27家。2018年全市接待旅游总人数超过1.3亿人次，同比增长19.5%，旅游总消费超过1400多亿元，同比增长24.8%。旅游市场火热，很大程度推动了全市城镇居民经营净收入的稳步增长。

3. 房地产行业发展促进居民增收。据南宁市统计局数据显示，2018年1—12月，南宁市商品房销售面积1745.19万平方米，同比增长13.0%，全市房地产开发投资总额1106.36亿元，同比增长15.5%。房地产市场的活跃，为本地居民提供大量的就业机会，同时带动交通、饮食、零售、建材、家具、装修装饰等相关行业的发展，促进居民增收。

（三）财产净收入快速增长，增速居首

2018年南宁市城镇居民人均财产净收入4670元，较上年增加了482元，增长11.2%，增幅最大，占可支配收入的比重为13.2%，拉动居民可支配收入增长1.5个百分点，对收入增长贡献率为23.4%，贡献作用较为显著。

财产净收入快速增长的主要原因是随着首府城市发展节奏越来越快，各项重大工程、惠民工程陆续开工，一些城中村甚至于近郊地区由于土地被征收，城中村逐渐发展为城中心，村集体大力发展三产及相关出租经营，同时房价的上涨带动房屋出租租金上涨，如兴宁区三塘村、江南区富德村、青秀区南湖村，西乡塘区万秀村房屋出租和三产经营都比较火热，村集体分红也逐年提高；城镇居民参与投资理财的渠道不断增多，理财利息等收入也不断增加，均有效推动了居民财产净收入的大幅增长。

（四）转移净收入保持平缓增长，但拉动作用有限

2018年南宁市城镇居民人均转移净收入5252元，较上年增加了300元，增长6.1%，占可支配收入的比重为14.9%，拉动居民可支配收入增长0.9个百分点，拉动作用有限。转移净收入保持平缓增长主要得益于各项保障性政策和措施的落实：

1. 养老金发放额度稳步增长。2018年，全市各类养老金、离退休金共计发放了近139.2亿元，同比增长12.2%，其中城镇企业职工基本养老金近91.7亿元，同比增长9.0%，机关事业单位基本养老金10.31亿元，同比增长26.81%，城乡居民基本养老金37.17亿元，同比增长16.96%。

2. 最低生活保障标准有所提高。从2018年7月1日起，南宁市各城区（开发区）城市居民最低生活保障标准从每月

600元/人提高到620元/人，各县城市居民最低生活保障标准从每月480元/人提高到620元/人，通过提高城乡居民最低生活保障标准，扩大低保救助范围，将更多符合条件的困难群众纳入最低生活保障范围。

3.最低生活保障平均补助水平提高。从2018年1月1日起，各级财政对南宁市各城区（开发区）城市低保资金补助标准从平均每人每月340元提高到355元，对县城市低保资金补助标准从平均每人每月330元提高到355元，2018年南宁市发放城市低保超过5.3万户次，月人均补助水平485元。

二、制约城镇居民增收的主要因素

1.工资性收入提升空间有限。工资性收入作为城镇居民收入主体，其增长直接影响城镇居民收入增长。在经济下行压力依然较大、企业经营困难较多的情况下，工资性收入在经过近几年快速提高后，已处于较高水平。工资性收入的增长速度和空间，将受到一定的影响。供给侧结构改革去产能、去库存、去杠杆、降成本、补短板，将对部分技术含量较低的行业和产业岗位造成影响，产业结构调整对居民收入的不利影响需要进一步缓解。

2.经营净收入增长势头减弱。经营净收入所占收入比重仅次于工资性收入，而工资性收入增长空间有限，那么经营净收入的增长首当其冲是提高城镇居民收入的发展潜力及方向，而小微企业及个体户经营压力较大，受资金、门市、市场等因素制约，用工成本依然惯性增加，利润空间受挤压而不断缩小，一些实体经济受技术水平更新成本较大、更新周期长，同类产品种类增加，市场占有率波动较大等因素制约，难以发展壮大，使城镇居民经营净收入增长面临诸多困难。

3.用工结构性矛盾依旧较为突出。随着南宁市产业结构转型升级，劳动密集型产业普工招工难，技术技能人才短缺，一些大龄低技能劳动者、少部分大中专毕业生仍存在高不成低不就的就业困难局面。如市人社部门的统计数据显示，2018年有77.53%的岗位对年龄有要求，其中要求16~24岁年龄段的岗位占总需求数的51.61%；要求25~34岁年龄段的岗位占总需求数的3.69%。两者合计占总需求的55.30%。

三、促进城镇居民增收的意见和建议

（一）实施更加积极的就业、工资政策

加大职业技能培训力度，培养高新技术人才，并完善、落实好税费减免、岗位补贴、培训补贴、技术技能补贴等政策，吸引更多的人才就业；继续壮大区域经济规模，依托政府投资和重大项目建设带动就业；同时，建立正常、稳定的工资增长机制，提高机关单位、企事业单位职工福利待遇，充分调动干部工作积极性、主动性，鼓励企业对管理、技术人才采取年薪制、股权制，设立行业工资指导线，加大对行业收入分配调控力度。

（二）积极改善营商环境，加大创业就业扶持力度

通过精简中间办证环节、提高政府审批部门办事效率、减免经营各项税费等方式，积极营造良好的营商环境，并及时落实就业创业服务补贴、孵化补贴等政策，降低创业门槛，鼓励城镇居民投资创业或兼营第二职业，充分发挥创业带动就业，创业带动增收的效应。

（三）鼓励居民多元化投资，提高财产净收入比重

进一步加大政策宣传，引导居民树立正确的投资理念，切勿轻信投资骗局。积极拓宽投资理财新渠道，鼓励金融机构推出创新产品，给居民更多元化的投资选择，同时加强投资理财渠道及交易方式的监管，继续加大对公民财产权的保护力度。

（四）完善社保体系，保障转移净收入的增长

一是加快落实各项社会保障政策，不断提高保障补助水平，加强养老、医疗、失业保险等社会保障体系建设，持续扩大社保覆盖面，提高居民参保率，实现全民参保，全民生活有保障，并建立基本养老金长效增长机制，有效促进转移性收入持续增长。二是完善社会救助体系，提高低保补助标准，并建立医疗救助、教育救助和临时救助等资金救助工作站，及时保障困难家庭、困难群众的正常生活。

2018年桂林市城镇居民收支增速平稳

郑雯月

国家统计局桂林调查队调查数据显示，2018年桂林市城镇居民人均可支配收入34649元，比上年增加2115元，名义增长6.5%，增速比广西平均水平高0.2个百分点，在广西14个市中排第7位，剔除价格因素后，实际增长4.2%。

一、桂林市城镇居民收支增长特点

（一）近四年人均可支配收入增速平稳

2015—2018年，桂林市城镇居民人均可支配收入增速平稳，名义增速分别为7.3%、7.2%、8.0%和6.5%，在广西排位分别为第5、8、6、7位，增速除了2016年与广西持平，2015年、2017年、2018年分别比广西平均水平高0.2、0.3、0.2个百分点。剔除价格因素，四年来，实际增幅分别5.3%、4.8%、6.3%和4.2%。从绝对值来看，2018年桂林市城镇居民人均可支配收入34649元，比2015年增加6548元，四年来，绝对值排位一直保持在广西第3位。从全国来看，桂林城镇居民人均可支配收入增速除了2015年高出全国平均水平0.7个百分点，2016—2018年均低于全国平均水平，绝对值近四年一直低于全国平均水平，且与全国差额越来越大（详见表1）。

表1 2015—2018年桂林城镇居民人均可支配收入与全国广西比较情况表

单位：元、%

年份	全国	增速	广西	增速	桂林	增速	桂林与全国的差额
2015年	31195	6.6	26416	7.1	28101	7.3	-3094
2016年	33616	7.8	28324	7.2	30124	7.2	-3492
2017年	36396	8.3	30502	7.7	32534	8.0	-3862
2018年	39251	7.8	32436	6.3	34649	6.5	-4602

（二）近四年人均工资性收入占可支配收入比重提高

近年来，桂林市各级有关部门积极贯彻落实各项就业、帮扶政策和政策性调资政策，稳步提高最低工资标准，促进城镇居民人均工资性收入快速增长，人均工资性收入占人均可支配收入的比重从2015年的52.3%增长为2018年的54.5%，提高2.2个百分点。经营净收入占比下降，从2015年的15.4%下降为2018年的13.1%，下降2.3个百分点。

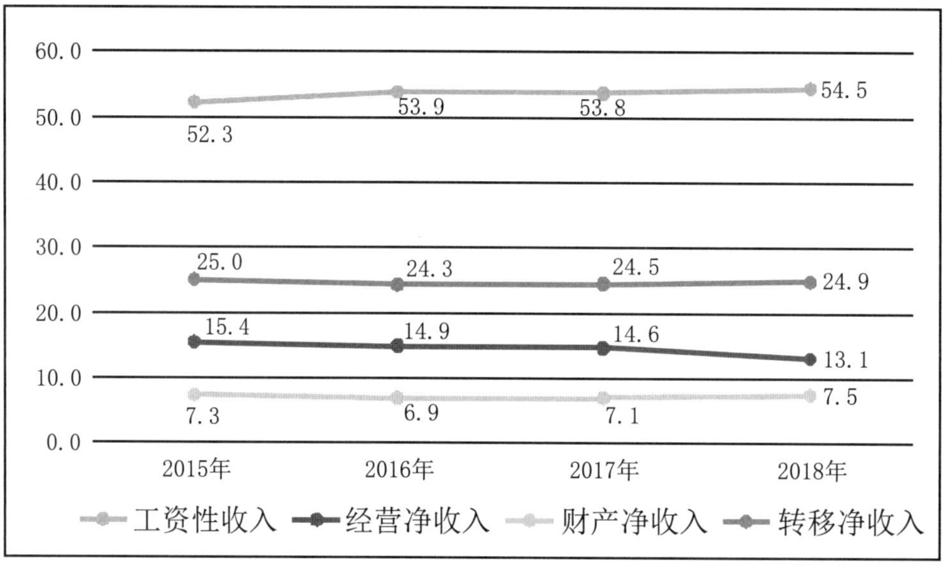

图1　2015—2018年桂林市城镇居民人均可支配收入四大项收入占比走势

（注：图中数据单位为%）

（三）2018年内各季度人均可支配收入呈U型增长

2018年一季度，桂林市城镇居民人均可支配收入9711元，同比名义增长7.3%，在广西排第6位。上半年，城镇居民人均可支配收入17439元，同比名义增长6.0%，在广西排第10位。下半年，随着政策性调资逐步实行，城镇居民人均可支配收入增速和排名逐步回升。前三季度，城镇居民人均可支配收入25795元，同比名义增长6.0%，在广西排第9位。2018年城镇人均可支配收入34649元，同比名义增长6.5%，在广西排第7位。

（四）城镇居民消费增长平稳

受收入平稳增长影响，城镇居民消费增长趋于平稳。2018年桂林市城镇居民人均生活消费支出20465元，比上年同期增长7.7%，恩格尔系数为35.4%，比2017年下降1个百分点，比2015年下降4.8个百分点。八大类消费中，增速最快的三类是生活用品及服务、医疗保健、其他用品和服务，增速分别为17.1%、15.7%、10.5%。增速最慢的三类是交通通信、食品烟酒、衣着，增速分别为1.4%、4.7%、7.7%（详见表2）。

表2 2018年桂林市城镇居民人均消费支出情况表

单位：元，%

指标名称	绝对值			绝对值占比	
	2018年	2017年	增速	2018年	2017年
生活消费支出	20465	19005	7.7	100	100
食品烟酒	7241	6916	4.7	35.4	36.4
衣着	1169	1085	7.7	5.7	5.7
居住	4159	3798	9.5	20.3	20.0
生活用品及服务	1145	978	17.1	5.6	5.1
交通通信	2128	2099	1.4	10.4	11.0
教育文化娱乐	2292	2099	9.2	11.2	11.0
医疗保健	1953	1688	15.7	9.5	8.9
其他用品和服务	378	342	10.5	1.8	1.8

二、城镇居民收入增长的基本情况及有利因素

（一）工资性收入比重和贡献率最大

2018年，桂林市城镇居民人均工资性收入18892元，比上年增加1400元，增长8.0%，占可支配收入的比重为54.5%，拉动可支配收入增长4.3个百分点，对可支配收入增长的贡献率为66.2%。增长的主要原因：

1.最低工资标准上调推动各行业工资上涨。自2018年2月1日起桂林执行最新工资标准，调整后，桂林市城区的最低工资标准从1400元/月增加为1680元/月，每月增加280元，增长20%。桂林市辖各县、自治县从1000元/月增加为1300元/月，每月增加30元，增长30%。这将带动各行业工资、失业保险金等上涨。

2.政策性增资，机关事业单位工资增长明显。一是绩效奖金继续增长，大部分县区标准有较大幅度提高，如平乐县科员级三等奖增幅达57.1%，资源县、阳朔县、全州县等县区也有不同程度的提高。二是市直单位发放物业补贴、县区行政事业单位落实发放下乡补贴等，推动机关事业单位工资增长明显。

（二）经营净收入下降

2018年，桂林市城镇居民人均经营净收入4545元，比上年减少219元，下降

4.6%，占可支配收入的比重为13.1%。拉动可支配收入下降0.7个百分点。受第一产业经营净收入下降影响，经营净收入四年来第一次出现下降情况。

（三）财产净收入增长最快

2018年，桂林市城镇居民人均财产净收入2602元，比上年增加306元，增长13.3%，占可支配收入的比重为7.5%，拉动可支配收入增长0.9个百分点，对可支配收入增长的贡献率为14.5%。增长主要原因一是由于城镇化进程加快，城市改造，租房需求攀升，房租价格上涨，居民出租房屋财产性收入增长。据桂林市CPI调查数据显示，2018年桂林市租赁房房租比上年增长3.7%。住户调查汇总数据显示，2018年桂林市城镇居民人均出租房屋财产性收入同比增长7.2%。二是城郊土地流转面积增加。据桂林市农业农村局资料显示，2018年桂林市土地流转面积68.72万亩，比上年增加2.4万亩。住户调查汇总数据显示，2018年桂林市城镇居民人均转让承包土地经营权租金净收入比上年增长3倍多。

（四）转移净收入平稳增长

2018年，桂林市城镇居民人均转移净收入8610元，比上年增加628元，增长7.9%，占可支配收入的比重为24.9%。拉动可支配收入增长1.9个百分点，对可支配收入增长的贡献率为29.7%。增长的主要原因是养老金增长较快。据桂林市人力资源和社会保障局统计，2018年1—12月全市共发放基础养老金738128万元，比上年同期增长8.6%。自2018年1月1日起，城乡居基本养老保险基础养老金最低标准提高至116元/人.月，每月提高26元/人，增长28.9%。

三、城镇居民增收不利因素

（一）收入增长过于依赖政策拉动

2015年以来，工资性收入和转移净收入占城镇居民人均可支配收入的比重呈上升趋势，2018年对可支配收入增长的贡献率已高达79.4%。受当前宏观经济下行压力大，中美贸易摩擦等因素影响，部分企业效益不佳，企业职工就业和收入受到影响，城镇居民收入增长严重依赖政策性调资，增长后劲不足。

（二）产业经营收入增长乏力

经营净收入占城镇居民人均可支配收入的比重从2015年的15.4%下降为2018年的13.1%，2018年对可支配收入增长没有贡献。柑橘类水果价格总体下跌，环保整改，生猪疫情等因素给城镇水果种植和生猪养殖带来不利影响，一产经营净收入下降。宏观经济下行压力大，互联网购物普及等因素冲击着个体经营户经营，三产经营净收入增长缓慢。

四、促进城镇居民增收的建议

（一）激发经济发展活力，提高经济发展水平

居民增收根本上还是依靠激发经济发展活力，提高经济发展水平。一是发展现代农业，积极引进知名企业并注重培育本土龙头企业，鼓励引导企业加大科技创新力度，发展生态农业、特色农业，培育优势产业集群，加强水果蔬菜等农产品种植技术指导、市场营销宣传；加强养殖业重点疫病预防控制，确保无区域性重大疫病发生，抓住有利时机扩能增产。二是壮大工业经济，振兴实体经济。推动产业供给侧结构性改革，高度重视对工业龙头企业的培育，在企业的“上升期”提供政策允许的资质认定、审批办理等绿色通道，在企业“低潮期”提供宏观引导和技术指导，减轻企业负担，帮助企业度过发展瓶颈；加大对新建企业的帮助指导，推进项目进度，进一步强化规模效应，增强企业发展后劲。三是持续推进国际旅游胜地建设升级，提升城市吸引力。进一步扩大城市知名度，美化城市环境，提高景区质量，整治旅游乱象，提升城市吸引力，增强旅游业对三产的辐射带动作用。

（二）确保政策性调资和补助标准持续稳步上调

一是稳步提高最低工资标准。根据本地经济发展水平，稳步提高最低工资标准，推动各行业收入水平提高。二是稳步提高机关事业单位人员工资和津贴补贴标准。根据实际情况，适时调整机关事业单位基本工资待遇，增加津贴补贴。三是提高机关公务员绩效奖金标准，事业单位绩效奖金逐年灵活增长。四是严格执行机关事业单位、企业离退休人员养老金发放标准。五是严格执行城乡低保标准，落实特困人员救助供养制度。动态调整提高城乡特困人员救助供养标准，有效保障特困人员的基本生活；加大失能、半失能特困人员认定力度，督促各地切实按标准落实特困人员照料护理费。

（三）加强就业指导和培训，提高就业质量

一是将职业教育、高等教育与企业用工、机关事业单位用人需求结合起来，引导帮助学校和企业、机关事业单位建立人才培育协作机制，提高就业质量。二是鼓励有技术、有知识或有资金的人才创业，相关部门做好创业指导和帮扶，营造良好的创新创业环境，扩大就业规模。

2018年梧州市城镇居民可支配收入平稳增长

廖峤卉

据国家统计局梧州调查队抽样调查结果显示，2018年梧州市城镇居民人均可支配收入31209元，比上年增加1850元，名义增长6.3%，与广西平均水平持平，增幅排在广西第9位；剔除价格因素后，实际增长3.9%，保持平稳增长态势。

一、城镇居民收支特点

（一）四大项收入稳步增长，工资性收入仍是城镇居民收入的重要支柱

从四大项收入来看，工资性收入、经营净收入、财产净收入和转移净收入均有增长，但工资性收入对可支配收入拉动作用最明显。2018年梧州市城镇居民工资性收入占可支配收入的比重、贡献率和拉动增幅在四大项收入中均居首位。

（二）城镇居民支出和收入比进一步增大，消费内容丰富和渠道多元化

2018年梧州市城镇居民生活消费支出21215元，增幅11.6%，支出与收入比由2017年64.8%上升到2018年68.0%，而食品烟酒占生活消费支出比重由2017年的40.8%下降到2018年的36.6%。支出与收入比增大显示了城镇居民消费水平的提升，而食品烟酒占生活消费支出的比重下降则进一步说明城镇居民消费渠道多元化。

二、促进梧州市城镇居民增收的主要因素

（一）工资性收入快速增长

2018年梧州市城镇居民人均工资性收入17984元，较上年增长7.7%，占可支配收入比重为57.6%，对可支配收入增长的贡献率达69.9%，拉动可支配收入增长4.4个百分点。工资性收入增长的主要原因：

一是随着工资改革的深入以及梧州财政收入的稳步增长，政策性的津补贴以及考核奖励得到落实，机关事业单位津补贴以及绩效考核奖励标准得到提高。梧州市行政事业单位人员发放2018年度绩效奖励，通讯、物业补贴等均得到落实，受益面较大，拉动了工资性收入的增长。2018年7月起梧州市行政事业单位每月发放160元物业补贴（科级以下标准），并且预发2018年绩效工资。

二是梧州市就业人数及就业形势相对稳定。据市统计局数据显示，2018年全市在岗职工（含劳务）平均工资28729元，同比增长12.2%。梧州市搭建劳动力供需平台积极促进居民充分就业，重点利用春节前后、高校毕业季等关键节点，开展“就业援助月”“春风行动”“民营企业招聘周”就业专项活动，举办了“春

风行动企业用工现场招聘会”“振兴梧州工业服务企业用工专场招聘会”“2018年高（职）院校大中专毕业生就业双向选择暨贫困家庭‘两后生’就业帮扶专场招聘会”等大型招聘活动，竭力促进供需对接。今年以来，全市各级人力资源市场共组织3536家次企业开展154场招聘活动。

（二）经营净收入平稳增长

2018年梧州市城镇居民人均经营净收入4784元，比上年增长3.3%，占可支配收入比重为15.3%，对可支配收入增长的贡献率达为8.2%，拉动可支配收入增长0.5个百分点。经营净收入增长的原因有：消费品市场发展态势良好。今年以来，梧州市加大对消费促进和市场监管力度，2018年全市实现商品销售总额722.0亿元，增长12.8%；住宿和餐饮营业额55.3亿元，增长9.8%；社会消费品零售总额484.7亿元，增长9.5%，其中城镇零售额总额402.0亿元，增长9.5%。消费市场的繁荣带动了经营净收入的增长。

（三）财产净收入增长迅速

2018年梧州市城镇居民人均财产性收入1971元，比上年增长9.9%，占可支配收入比重6.3%，对可支配收入增长的贡献率9.6%，拉动可支配收入增长0.6个百分点。财产净收入增长的主要原因：

随着城市建设加快，旧城改造、棚户区拆迁和城中村改造等项目推进，加上居民家庭投资理财意识增强、投资渠道日益多元化，城镇居民得到的房租、利息、投资收益和拆迁补偿收入增加，拉动了城镇居民财产净收入的增长。

（四）转移净收入平稳增长

2018年梧州市城镇居民人均转移净收入6470元，比上年增长3.7%，占可支配收入比重20.8%，对可支配收入增长的贡献率达到12.3%，拉动可支配收入增长0.8个百分点。增长的主要原因：

今年以来，梧州市加大对城镇低保人群保障和各类民生资金的投入力度。一是城市低保资金补助标准的提高。梧州市城市低保平均补助水平由每人每月330元提高到350元。二是政府加大民生资金投入力度。累计救助低保总人数为1319741人，累计发放救助金额约2.63亿元，其中：累计救助城市低保人数64447人，累计发放金额约2465.01万元，月人均补助为382.49元，超过自治区350元的人均补助标准。

三、城镇居民人均生活消费支出增长11.6%

2018年梧州市城镇居民人均生活消费支出21215元，比上年同期增长11.6%，其中生活用品及服务、其他用品及服务、医疗保健和居住增速最快，分别为48.8%、46.8%、21.7%和21.2%；八大类消费中食品烟酒、交通通信和居住支出比重较大（详见表1）。

表1　2018年梧州市城镇居民生活消费支出情况表

指标名称	2018年（元）	2017年（元）	比上年同期增减（元）	增长率（%）	构成（%）
人均生活消费支出	21215	19017	2198	11.6	—
1. 食品烟酒	7774	7755	19	0.2	36.6
2. 衣着	1490	1312	178	13.6	7.0
3. 居住	2699	2227	472	21.2	12.7
4. 生活用品及服务	1595	1072	523	48.8	7.5
5. 交通通信	2784	2506	278	11.1	13.1
6. 教育文化娱乐	2616	2361	255	10.8	12.3
7. 医疗保健	1758	1444	314	21.7	8.3
8. 其他用品和服务	499	340	159	46.8	2.4

城镇居民消费亮点主要表现在：

1. 生活用品、其他用品和服务消费需求强劲

2018年梧州市城镇居民家庭人均生活用品及服务支出1595元，比上年增长48.8%；其他用品及服务支出499元，比上年增长46.8%。城镇居民对于生活品质的要求逐年提高，生活的舒适性和便捷性日益成为居民注重的问题，生活用品、其他用品和服务消费需求强劲。

2. 医疗保健支出迅猛增长

随着居民收入水平的提高，保健预防意识不断增强，居民对于养生和健康投资加大，带动了医疗保健支出的快速增长。2018年梧州城镇居民人均医疗保健支出1758元，比上年增长21.7%。

3. 食品烟酒类消费支出仍占据生活消费支出主要地位

2018年梧州城镇居民人均食品烟酒支出7774元，比上年增长0.2%，占城镇居民生活消费支出36.6%，尽管占比比上年下降，但在城镇居民消费支出中仍占主要地位。

四、制约城镇居民收入增长的因素

（一）外部经济形势严峻，工资性收入增长乏力

工资性收入与宏观经济发展联系密切，受经济环境影响较大。据市统计局数据显示，2018年梧州市地区生产总值、第二三产业增加值、财政收入、固定资产投资、规模以上工业增加值、海关进出口总额等主要经济指标均在广西排名靠后，经济下行压力加大，企业增资的动力不足，工资性收入增长速度受限。

（二）政策性增资局限较大，增收后劲不足

政策性增资是工资性收入增长的主要推动力。由于政策性增资的覆盖面、影

响群体，以及政策实施本身存在局限等问题，增收的后劲不足。

（三）网络购物消费冲击，传统商业业态经营面临困境

随着电子商务的兴起，物流行业的不断发展，人们消费观念不断转变，居民足不出户通过网络就可以购买到自己需要的商品，网络购物消费逐步成为居民重要消费方式之一，对实体工商经营业造成了明显的影响。加之目前人工成本、融资成本和经营成本（房租等）不断上升，经营风险增加，部分批零企业和个体经营户受到较大的冲击，盈利能力下降，阻碍了经营净收入对城镇居民收入的拉动作用。

五、促进城镇居民收入增长的建议

（一）加快城市周边园区建设，调整产业升级，为城镇居民提供更多就业岗位

加大招商引资力度，吸引优秀的企业和产业落户梧州，同时对已有的企业进行改革、产业升级、技术革新、降低运行成本，培育良好的企业生产环境。抓好城市周边工业园区（如：再生资源加工园区、粤桂合作特别试验区等）项目的建设，加大对园区内企业和项目的扶持力度，进一步提升管理服务效能；大量推进项目建设，支持企业开拓产品市场；为企业提供技术、信息交流平台，力促经济健康快速发展。为城镇居民提供更多的就业岗位，提高城镇居民收入水平。

（二）鼓励创新和创业，促进居民经营净收入和财产净收入增长

大力响应国家“大众创业，万众创新”政策，进一步完善创业的政策，优化创业环境，提供创业信息、培训平台，在信贷、税收、融资等方面为创业者和创新企业提供便利。发展新技术、新产品、新业态、新模式，进一步促进社会就业，推动形成双创蓬勃发展的新局面，实现人才、产业结构的优化。在信贷、融资、社保、财税等方面进行政策扶持，减轻小微企业、个体经营户的经营负担，优化创业经营环境，为居民经营净收入、财产净收入的增加提供动力。

（三）加大民生资金投入力度，确保各项惠民措施迅速得到落实

惠民政策涉及到居民的切身利益，同时受益面广，抓好惠民政策的落实，对居民收入增加有重要的作用。应加大政策扶持和资金投入，对收入进行合理的调控，缩小城镇居民收入差距，保障低收入群体的基本生活水平。对于公共服务、医疗卫生、基础教育，失业人员就业促进等有利于民生的项目应加大投入力度，财政扶持和补贴等应向低收入群体进行倾斜，确保资金真正落到实处。

2018年北海市城镇居民收入稳步增长

米文婷

2018年是贯彻党的十九大精神的开局之年，北海市坚持稳中求进工作总基调，团结全市人民打好经济稳运行、保增长攻坚战，努力开创经济高质量发展的新格局，城镇居民收入实现稳步增长。据国家统计局北海调查队住户调查数据显示，2018年北海市城镇居民人均可支配收入为33954元，同比名义增长6.4%，增幅比广西平均水平高0.1个百分点，扣除价格因素实际增长4.9%。

一、城镇居民收入增长的主要情况

（一）增速和绝对值均高于广西平均水平

从增速上看，2018年北海市城镇居民人均可支配收入增速为6.4%，增速在广西排名第8位，高于广西平均水平0.1个百分点；从绝对值上看，2018年北海市城镇居民人均可支配收入33954元，在广西排名第6位，比广西平均水平高出1518元。

（二）四项构成同步增长

增长最快的是经营净收入，增速为13.2%，高于人均可支配收入6.8个百分点；增长最慢的是工资性收入，增速为4.4%，低于人均可支配收入2个百分点；财产净收入和转移净收入分别增长8.2%和6.6%。

表1　2018年北海市城镇居民人均可支配收入构成情况

指标名称	2018年（元）	2017年（元）	增加额（元）	增幅（%）	拉动增长（%）
可支配收入	33954	31912	2042	6.4	—
1.工资性收入	19853	19015	838	4.4	2.6
2.经营净收入	5665	5005	660	13.2	2.1
3.财产净收入	1709	1580	129	8.2	0.4
4.转移净收入	6727	6312	415	6.6	1.3

（三）收入结构进一步优化

人均工资性收入为19853元，占可支配收入比重为58.5%，比上年下降1.1个百分点；人均经营净收入为5665元，占可支配收入比重为16.7%，比上年提高1个百分点；人均财产净收入为1709元，占可支配收入比重为5.0%，比上年提高0.1个百分点；人均转移净收入为6727元，占可支配收入比重为19.8%，同比基本持平。

表2 2017—2018年北海市城镇居民人均可支配收入构成对比情况

指标名称	绝对值		绝对值占比	
	2018年（元）	2017年（元）	2018年（%）	2017年（%）
可支配收入	33954	31912	100	100
1. 工资性收入	19853	19015	58.5	59.6
2. 经营净收入	5665	5005	16.7	15.7
3. 财产净收入	1709	1580	5.0	4.9
4. 转移净收入	6727	6312	19.8	19.8

二、城镇居民收入增长的利好因素

（一）工资性收入稳步增长，是城镇居民增收的主要动力

2018年北海市城镇居民人均工资性收入19853元，同比增长4.4%，增长的主要因素：

1. 支柱产业向好，居民就业形势好。2018年，北海市电子信息产业发展势头强劲，惠科移动智能终端一期项目投产，中电北部湾信息港入驻企业186家，北部湾表面处理中心基本建成，惠科电子北海产业新城顺利推进。石化产业稳步发展，国内最大的催化汽油吸附脱硫装置建成投产，中航化项目竣工。临港新材料产业加快聚集，诚德公司“填平补齐优化”项目新增两条固溶生产线。三大支柱产业发展日益壮大，用工需求增加。据人社部门统计，2018年，北海市城镇新增就业22126人，城镇登记失业率2.06%，低于年度控制数1.94个百分点；城镇失业人员再就业3081人，就业困难人员实现再就业695人。

2. 薪资政策调整，务工增资有依据。根据自治区政府下发《关于调整广西最低工资标准的通知》，从2018年2月1日起，北海市职工最低工资从1400元/月调整到1680元/月，调整增幅为20%。最低工资标准调整提高了务工者收入，进一步保障劳动者本人及其赡养人口最低生活需要的工资支付。

3. 绩效按月发放，有效拉高工资性收入。2018年6月起，北海市按照2018年度

市直机关事业单位绩效考评奖金（绩效工资增量）预发标准，实行月度绩效发放。其中科员1300元/月、科级1500元/月、处级2000元/月。

（二）经营净收入快速增长，是城镇居民增收的主要推手

2018年北海市城镇居民人均经营净收入5665元，同比增长13.2%，增长的主要因素：

1.营销环境优化，经营主体发展迅速。2018年以来，北海市大力推进营商环境工作，把优化营商环境视为城市经济发展的命脉，政府各级部门千方百计为企业提供良好服务，推进北海营商环境优化提升。同时，大力推进并联审批制度改革工作，推进“一事通办”改革，“最多跑一次”事项比例达98%，在广西率先实现一个工作日完成企业注册登记。截止2018年年底，北海市实有私营企业33694户、投资者人数56456人，分别比上年同期增长18%、14%。新设立私营企业5850户，投资者人数9160人，分别比上年同期增长66%、53%。

2.税收政策红利，激发企业活力。从5月1日起，增值税新政改革举措正式落地，增值税新政为北海市企业送去减负红利。7月25日，北海市转发财政部、税务总局《关于进一步扩大小型微利企业所得税优惠政策范围的通知》，自2018年1月1日至2020年12月31日，将小型微利企业的年应纳税所得额上限由50万元提高至100万元，对年应纳税所得额低于100万元（含100万元）的小型微利企业，其所得减按50%计入应纳税所得额，按20%的税率缴纳企业所得税。随着增值税新政策宣传范围的不断扩大，政策效应还会持续释放，越来越多的企业将会享受到直接减税效应，为企业的发展增添新的动力。

3.全域旅游实施，带动旅游经济创收。2017年以来，北海市将发展全域旅游作为北海打造“向海经济”的重大战略选择，深入实施全域旅游城市建设大会战，在财税、投融资、产业融合、项目推进、企业扶持、人力资源等方面出台支撑性、扶持性、鼓励性、奖励性的政策措施。据旅游部门数据，2018年北海市接待国内旅游者3935万人次，增长28.2%，国内旅游消费499.7亿元，增长37%。旅游业蓬勃发展，带动批发和零售业、住宿和餐饮业、交通运输业等服务业行业，居民家庭经营也随着受益。

（三）财产净收入持续增长，是城镇居民增收的有效补充

2018年北海市城镇居民人均财产净收入1709元，同比增长8.2%，增长主要因素：一是投资理财收益渠道多。随着居民投资、理财渠道的拓宽，网络理财产品兴起，居民可以通过网上银行、手机APP快速理财，理财收益稳步提升，助推居民财产净收入持续增长；二是房屋出租收益好。一方面，北海周边省市实施房地产限购新政后，外省购房群体涌进北海，促使北海房地产市场持续升温，加上“候鸟”购租房群体的逐渐壮大，促使商铺及房屋出租市场行情好，进一步拓展居民财产性收入。另一方面随着城市发展，一些城中村进入城市商业辐射区，村集体大力发展三产及相关出租经营，带动房屋出租租金上涨。

（四）转移净收入平稳增长，是城镇居民增收的重要来源

2018年北海市城镇居民人均转移净收入6727元，同比增长6.6%，增长的主要因素有：

1.政策增资，养老金收入增加。实行退休人员基本养老定额调整，从2018年1月1日起，每人每月增加基本养老金45元，挂钩调整的退休人员按照缴费年限，每满一年每人每月增加基本养老金1.5元，以及按其本人2017年12月基本养老金水平的1.5%增加月基本养老金；适当倾斜调整的截至2017年12月31日年满70周岁的退休人员，每人每月增加基本养老金5元。据了解，北海市本级2018年机关事业单位养老金发放金额39275万元，同比增幅21.36%。

2.改善民生，社会保障水平提高。社会求助保障水平提高，从2018年7月起，城市低保标准由520元/月/人提高到620元/月/人，同比增长19.2%；确定城市低收入家庭收入标准为14400元/年/人，人均比2017年提高600元；城市低保对象补助水平由原来的平均每人每月330元提高到350元，同比增长6.06%。

三、制约城镇居民收入增长的因素

（一）政策性增收效应递减

政府出台了包括绩效工资改革、提高最低工资标准和退休养老金、提高最低生活保障金等有利于居民增收的政策，但是其覆盖面和影响群体的局限性，只能支撑居民收入实现短期内的有限增长。另一方面，随着政策的增长空间缩窄，如机关企事业单位离退休人员养老金一改前11年每年不低于10%的调增幅度，2016年下调至6.5%，2017年下调至5.5%，2018年进一步下调至5.0%，调增幅度逐年下降。政策性增收的效应正在递减，难以长久支撑收入持续快速增长。

（二）营利性增收动力不足

随着城镇居民收入渠道的增多，人均经营净收入和财产净收入应在可支配收入中逐渐占据较大比重，成为城镇居民收入增长的主要动力。尽管经营主体活跃，但是在经济发展新常态下，经济下行压力大，经济运行面临“调档换速”，而绝大多数城镇居民从事第三产业经营种类高度同质性，市场竞争非常激烈，个体经营户经营利润空间收窄。另一方面，人民银行不停地降低利率，各种理财风险不断增加，财产净收入存在不确定性，居民经营净收入和财产净收入拉动增收的潜力未能充分激发。

四、促进城镇居民收入持续稳定增长的建议

一是建立健全工资增长长效机制。大力推进工资制度改革，完善和推进个人所得税扣减，保障工资正常增长机能；健全机关事业单位工资增长机制，建立机关事业单位在岗工资水平与城镇职工平均工

资、企业相似水平人员、广西平均工资水平联系与比较制度，及时合理地调整机关事业单位人员工资；建立健全居民收入与经济发展同步增长的长效机制，确保收入与经济社会发展同步增长。

二是加大对企业的扶持力度。落实减税降费政策，降低企业要素成本，切实减轻企业税费负担。建立完善中小微企业融资担保体系，发挥产业基金作用，对有发展潜力的项目进行风险投资，缓解民营企业特别是中小微企业融资难、融资贵问题。推动大众创业、万众创新，发挥企业创新主体作用。拓宽居民的创业途径，在财政补贴、小额贷款贴息、行业引导等方面加强对失业人员、大学毕业生、低收入群体等自主创业群体的政策指导和扶持，充分发挥创业就业增收倍增效应。

三是引导居民合理投资理财。城镇居民收入中财产净收入占比最小，增长空间巨大。要用好新媒体做好宣传工作，积极引导居民更新理财观念，合理理财。既要加大投资渠道的多元化建设，丰富居民投资种类，又要规范资本市场，重视保护投资者特别是中小投资者合法权益。通过创新金融体系、强化投资理财渠道监管、规范交易方式、探索网络交易模式，让居民拥有更为多样的金融理财工具和产品，促进财富发挥更好的增值效益，不断增加城镇居民财产净收入。

四是促进各项民生事业发展。最低生活保障、社会救助、养老退休、医疗保障、教育投入等是增加居民转移净收入的直接途径，要提高基本公共服务均等化水平和覆盖面，深化医疗改革，完善社会保障和救助体系，不断增加城乡居民的转移净收入，为居民解决后顾之忧，不断释放消费活力。

2018年防城港市城镇居民可支配收入保持较快增长

左　良

据调查，2018年，防城港市城镇居民人均可支配收入34325元，同比增加2246元，名义增长7.0%，高于广西平均水平0.7个百分点，增速排广西14个地级市第3位，保持较快增长。

一、城镇居民可支配收入基本情况

2018年，防城港市城镇居民人均可支配收入34325元，其中，人均工资性收入18202元，同比增长3.0%，占可支配收入比重53.0%；人均经营净收入7144元，同比增长10.2%，占可支配收入比重20.8%；财产净收入和转移净收入分别为2395元、6584元，占可支配收入比重分别为7.0%和19.2%（详见表1）。

表1　2018年防城港市城镇居民可支配收入增长情况表

指标名称	2018年（元）	2017年（元）	增加额（元）	增长率（%）	占比（%）	拉动增长（百分点）
可支配收入	34325	32079	2246	7.0	100.0	—
一、工资性收入	18202	17672	530	3.0	53.0	1.65
二、经营净收入	7144	6483	661	10.2	20.8	2.06
三、财产净收入	2395	2089	306	14.6	7.0	0.95
四、转移净收入	6584	5835	749	12.8	19.2	2.33

二、防城港城镇居民可支配收入增长特点

（一）城镇居民收入总量和增速保持在广西前列

2018年防城港在就业、社会保障、文化、教育、医疗等方面发力，城镇居民可支配收入的总量和增速均排名广西第3位，增加额2246元则在广西14个地级市中排名第一。

（二）增收格局有所改变

2018年防城港市城镇居民可支配收入四大项收入呈“三加速一放缓”态势，除

工资性收入外，其他三项收入的增速均超过了两位数，是2012年实行城乡一体化改革以来首次出现（详见表2）。工资性收入主体地位仍较为稳固，但总量占比是自2014年以来最低的一年，下降至53.0%，低于2014年的53.8%、2015年的53.9%、2016年的54.9%以及2017年的55.1%，改变了2014年以来占比逐年小幅度增加格局，其他三大项收入与工资性收入相比差距较大，但追赶势头迅猛，未来增收发展潜力可期。

表2　2014年—2018年防城港市城镇居民四大项收入增速表

指标名称	2014年（%）	2015年（%）	2016年（%）	2017年（%）	2018年（%）
可支配收入	8.6	7.2	7.9	7.8	7.0
一、工资性收入	11.6	6.9	10.2	8.1	3.0
二、经营净收入	-6.1	9.4	10.8	8.9	10.2
三、财产净收入	6.0	4.4	0.8	7.3	14.6
四、转移净收入	18.8	6.9	1.2	5.9	12.8

三、拉动城镇居民可支配收入增长因素

（一）工资性收入在可支配收入中保持主导地位

2018年，防城港市城镇居民人均工资性收入为18202元，同比增长3.0%，占可支配收入比重53.0%，拉动可支配收入增长1.65个百分点，是推动城镇居民收入增长的主导力量。主要原因有几个方面：

1.政策对就业的促进作用效果显著。截至2018年底，全市城镇新增就业15252人，完成目标任务的117.32%，比上年同期13216人增加2036人，增长15.4%。

2.企事业单位各项工资福利和绩效补贴发放到位。2018年防城港市绩效奖转变发放形式，全年预发金额由8000元增加至12000元，发放时间由次年春节前夕改为当年（2018年）四季度。以三等科员为例，对比实际到手的绩效奖金额，2018年防城港市的公职人员绩效奖人均比上年同期增加超过1万元。企业发放奖金情况也较良好，据了解，2018年全市基本不存在拖欠工资或者扣留奖金等情况。

3.工资水平提升有所提升。一是2018年1月1日起机关公务员晋升一个级别工资档次，事业单位工作人员增加1级薪级工资。据统计，全市机关单位共有4500人符合晋升一个级别工资档次，平均每人每月增加工资80元；全市事业单位共有17683人符合增加1级薪级工资，平均每人每月增加工资60元。二是全市机关事业单位共有22250人调整艰苦边远地区津贴标准（其中：机关4550人，事业17700人），平均每人每月增资70元。三是据市人社部

门数据显示，截至2018年11月，防城港市企业招工平均月工资5133元，比上年同期数增加410元，增长8.7%。

（二）第三产业快速发展促进了城镇居民经营性收入增长

2018年，防城港市加快政府职能转变，持续深化商事制度改革，落实“放管服”和政府积极服务创业创新，积极营造良好营商环境，通过一系列改革创新措施的落地生根，极大地促进了全市各类市场主体的飞速增长，全市社会消费品零售总额同比增长10%，固定资产投资增长10%，港口货物吞吐量保持亿吨水平，第三产业的良好发展态势，客观上促进了经营性收入增长。2018年防城港市城镇居民人均经营净收入7144元，同比增长10.2%，占可支配收入比重20.8%，拉动可支配收入增长2.06个百分点。其中批发零售业、交通运输业和居民服务修理业增速亮眼：城镇居民人均批发零售业收入增长21.9%，交通运输仓储和邮政业增长196.1%，居民服务修理业收入增长达到了1015.3%。此外，受中国—东盟马拉松赛事、短途自驾游和渔家乐等旅游活动的促进，防城港市知名度大幅度提升，2018年防城港市接待国内游客2465.2万人次，同比增长29.1%；国内旅游消费216.6亿元，同比增长38.65%。

（三）房地产市场持续火爆，财产净收入成为新增长点

2018年，防城港市城镇居民人均财产净收入2395元，同比增长14.6%。财产净收入占可支配收入的比重从2016年、2017年的6.5%上升到7%；对可支配收入增长的贡献率是2013年以来最高的年份，拉动可支配收入增长0.95个百分点，分别高于2014年、2015年、2016年及2017年0.44、0.31、0.58和0.48个百分点，成为城镇居民增收新增长点。财产净收入增速为四大项收入中最高项，为1993年建市以来首次出现的现象，城镇居民增收格局发生了转变。财产净收入增长主要得益于楼市行情的火爆，受海南等沿海城市限购等一系列因素刺激，防城港市的房价从进入2018年开始就大幅度飙升，年内商品房均价翻番，销售面积较上年同期增长超过60%，同时随着城镇化建设步伐加快，房屋租赁市场价格也水涨船高。据防城港调查队调查数据显示，出租房屋净收入和房屋虚拟租金占城镇居民财产净收入的99%以上，决定了财产净收入的走势，对居民财产净收入增长起到了积极作用。

（四）惠民政策及时兑现，居民转移净收入增加

2018年，防城港市城镇居民人均转移净收入6584元，同比增加749元，同比增长12.8%，占可支配收入19.2%，拉动可支配收入增长2.33个百分点。主要原因：一是城市低保补助标准从2018年9月1日起由每人每月510元提高到620元；城市特困救助保障标准从每人每月663元提高到806元。二是边民生活补助受益人群在原受益农村人口的基础上，自2018年将符合条件的城镇居民纳入补助对象，并从1月1日起，将补助从每人每月130元提高到167元，人均年增长444元，增长28.5%；全市享受边民生活补助16.5万人，截至2018年11月累计发放补助金2.5亿元。三是渔业柴油补贴正常发放。2018年，渔业主战场港口区共发放渔船柴油补贴1786万元，同比增长499.3%，柴油补贴对于捕捞渔业的持续生产与投入影响重大，对于渔民增收促进效果十分明显。

四、制约可支配收入增长的因素

（一）收入结构存在不合理之处，居民增收渠道较为狭窄

2018年防城港市城镇居民可支配收入以工资性收入为主，占总收入的比重为53.0%，经营净收入和转移净收入发展势头较好，分别占20.8%和19.2%，财产净收入占比仅为7.0%。四大项收入占比差距较大且居民增收渠道少，以工资、养老金和小部分第三产业等收入来源为主，财产性收入结构较单一，居民对自己的动产和不动产的管理模式多为个人拥有和使用，收入来源主要依靠房屋出租，对股票、债券、理财产品等金融产品接触少。

（二）县域经济发展不平衡，地区收入差异较大

2018年，防城港市对新常态经济发展下的新业态和灵活就业给予更多政策支持，提供了更为宽松的经济发展环境和就业环境，为城镇居民快速增长奠定了较好基础。但相对而言，县域经济发展基础薄弱，家门口就业比例不高，由于四个县（市、区）的生产结构和经济发展状况不同，县域城镇居民收入差距较大。2018年防城港市所辖的东兴市城镇居民人均可支配收入40363元，而上思县为23487元，两者相差16876元，差距较上年的15682元进一步拉大。主要是因为东兴市以边境贸易为主，服务业发展迅速，居民收入水平较高，边民享受政策较多，转移性收入较高；上思县主要以甘蔗种植为主，生产性企业发展较慢，经济发展水平较慢，工资性收入较低。

（三）支柱产业和大型企业拉动增收动力不足，港口航运持续低迷

经济发展水平决定了居民收入水平，防城港市主要经济指标较区内同类市区经济发展优势不明显，经济增长动力不足，增速相对较低，支柱产业和大型企业对吸纳大量人口就业的优势作用不明显，对促进就业拉动居民增收作用减弱；同时，由于防城港市大部分闲置劳动力整体年龄偏大，技术手段缺乏，文化水平偏低，再就业难度大，居民收入增长动力不足。交通运输业增长低迷，集装箱航线转移后，造成企业运输成本和时间成本增加，一个集装箱运输费用增加800~1000元左右，出现企业迁出防城港市的现象，影响交通运输、物流和贸易等行业的发展。

（四）渔业发展面临的形势依然十分严峻，影响从业者收入

因为沿海的原因，许多社区和城乡接合部的居民都直接（渔业捕捞和养殖）或间接（海产品加工、运输、销售等）从事渔业相关产业。从防城港整个大农业的格局来看，渔业占了大农口近一半产值，位置举足轻重。渔业的发展主要分捕捞和养殖两部分，远洋捕捞和浅海捕捞是渔业收入的主要来源，但近几年来随着休渔期管理更加规范严格明确以及老旧渔船的逐步硬性淘汰，加上受填海等环境变化影响，海潮循环不畅，浅滩易沉积泥，沙质海滩变成泥质海滩等因素，捕捞渔业对收入的带动逐年减少。2018年以来多因素导致防城港渔业发展的形式依然十分严峻。一是渔业生产资料价格居高不下，生产成本提升，海洋捕捞的比较效益下降；二是近海渔业资源衰退，优质经济鱼类捕捞量下降；三是捕捞渔业发展前景的限制性突出，向养殖渔业转型则受规模化、疫病和自然灾害等因素制约较大。

五、几点建议

（一）稳定城镇居民就业，确保工资性收入稳定持续增长

工资性收入的稳定增长是城镇居民增收的关键。一是要持续推动大众创业、万众创新，积极拓宽增收渠道，形成促进就业的综合政策体系，提高抵御风险的能力，帮助劳动者多渠道、多形式就业，为居民增收创造良好的就业基础；二是要实施重大项目带动就业工程，加快民营经济发展，多渠道开发就业岗位，加强就业创业公共服务平台建设，提高就业创业服务水平、信息化水平、专业化水平，解决高校毕业生、进城务工人员、回流的外出务工人员等就业问题；三是建立健全就业服务体系，完善服务功能，提供“一站式”服务。对城镇就业群体，要加强职业技能培训，特别重视提高技能培训的针对性，不断提升劳动者就业能力。

（二）大力发展沿海地区特色产业，增加经营性收入

一是区域均衡发展，政府转移性支出向现有的产业倾斜，加强沿海产业经济发展的投资和转移性支出，调整沿海和内陆地区的产业结构，发挥地方优势，减少区域间的经济发展差距，带动区域内的就业和劳动者收入水平提高。二是大力发展临港产业，特别是扶持能源、化工、机械、造纸等工业的发展。要充分发挥海洋资源丰富的优势，发展海洋科技，提高种植和养殖业的附加值和深加工能力，加快海洋特色产业的发展。服务业是工业发展的支撑，沿海地区还要积极发展科技咨询、信息服务等服务业，以信息化带动工业化，提升沿海地区的产业层次和发展水平。三是发挥自身的核心竞争力，创造自身的旅游特色，大力发展旅游业，以旅游业带动上思周边住宿餐饮和交通运输业的发展，加快特色产业的发展，努力提高人民的收入水平。

（三）增强投资意识，多渠道增加居民财产性收入

根据住户调查样本显示，防城港市城镇居民财产性收入主要来源于房租及集体自留地年度分红，来源较为单一。相关职能部门应加大宣传力度，鼓励居民正确投资，引导居民转变和更新理财观念，充分利用家庭闲散资金和闲置固定资产，选择适合自己的金融产品获取更多的财产性收入。金融部门要向居民提供多元化的理财产品，满足居民日益增长的财富管理需求。同时，加强市场监管，加强对投资租赁行为的服务、指导和管理，规范融资、房地产等市场秩序，加大对非法集资、放贷等行为的打击力度，保护民间投资的合法权益。

（四）完善社会基础设施建设和社会保障体系

加大对城镇基础设施建设的人力、物力、财力等的投入，合理规划城市布局和分配资源，如规划好港口区产业发展和居民配套设施，抓好行政中心区医疗和教育设施建设，处理好住房建筑和商业中心的开发建设问题。要完善社会保障体系，稳定和提高居民基本生活水平，一是对城镇就业群体，重点做好农民工、非公有制经济组织从业人员、灵活就业人员的参保工作；二是继续解决体制转轨的历史遗留问题，全面落实关闭破产企业退休人员纳入城镇职工基本医疗保险的政策，将未参保集体企业职工等纳入基本养老保险制度；三是对目前实行自愿参保原则的城镇居民基本医疗保险制度，通过强化政策激励，引导符合条件的群众积极参保、长期参保。

2018年钦州市城乡居民收入差距进一步缩小

黄晓岚

2018年，钦州市经济发展稳中有进，人民生活持续改善，全体居民人均可支配收入20749元，名义增长8.0%，扣除价格因素实际增长5.8%。城乡居民收入倍差由上年的2.66∶1下降为2.61∶1，城乡居民收入差距进一步缩小。

一、城乡居民可支配收入情况

（一）城乡居民收入差距逐步缩小

据国家统计局钦州调查队住户调查数据显示，2018年钦州市全体居民人均可支配收入为20749元，比上年增加1534元，名义增长8.0%，扣除价格因素实际增长5.8%；城镇居民人均可支配收入为33488元，比上年增加2073元，名义增长6.6%，高于广西0.3个百分点，在广西14个地级市排第6位；农村居民人均可支配收入为12816元，比上年增加1015元，名义增长8.6%，低于广西1.2个百分点，在广西14个地级市排第末位。城乡居民收入倍差自2014年以来逐步缩小（详见图1）。

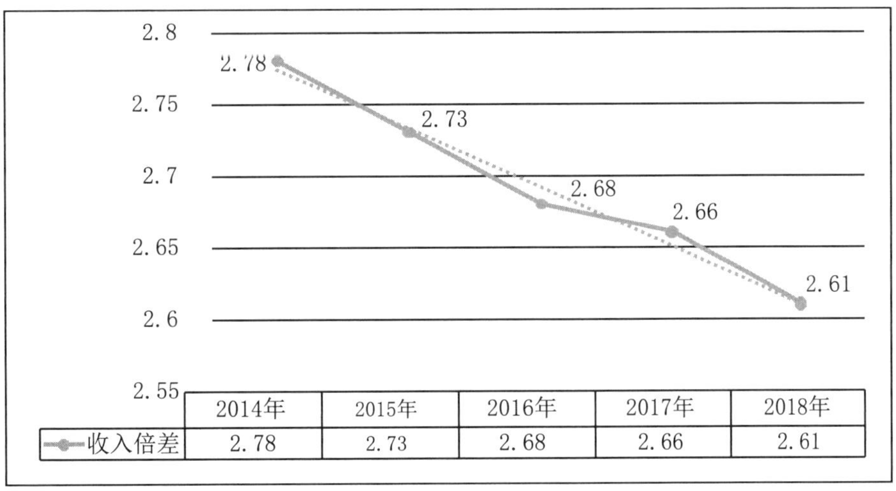

图1　2014—2018年钦州市城乡居民收入倍差变动情况

（二）工资性收入仍是促进城镇居民收入增长的重要因素

从四大项收入对城镇居民人均可支配收入的贡献角度看，工资性收入仍是促进城镇居民收入增长的重要因素，比重及贡献率在四大项收入中均为第一位，分别为51.7%、49.5%（详见图2）。

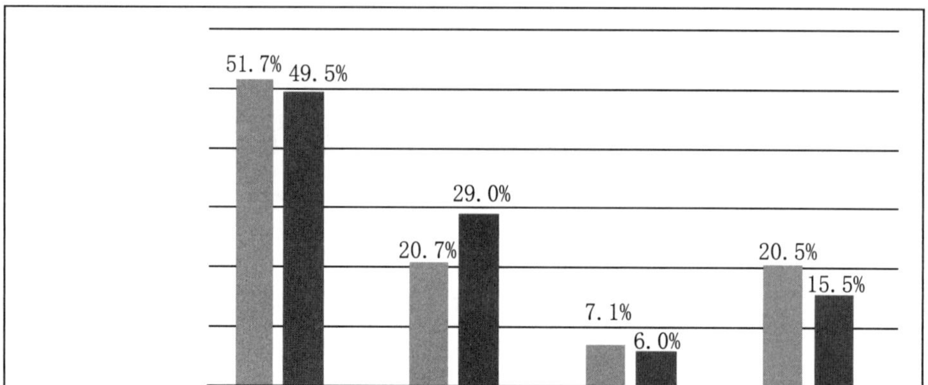

	工资性收入	经营净收入	财产净收入	转移净收入
■占比(%)	51.7%	20.7%	7.1%	20.5%
■贡献率(%)	49.5%	29.0%	6.0%	15.5%

图2　2018年钦州市城镇居民四大项收入占比及贡献率

（三）经营净收入是农村居民收入增长的强劲动力

经营净收入在农村居民收入增长中表现出强劲动力，是拉动农村居民收入的一股强大的补充力量，在农村居民人均可支配收入中比重和贡献率均排在第二位，占比和贡献率分别为36.6%、35.0%（详见图3）。

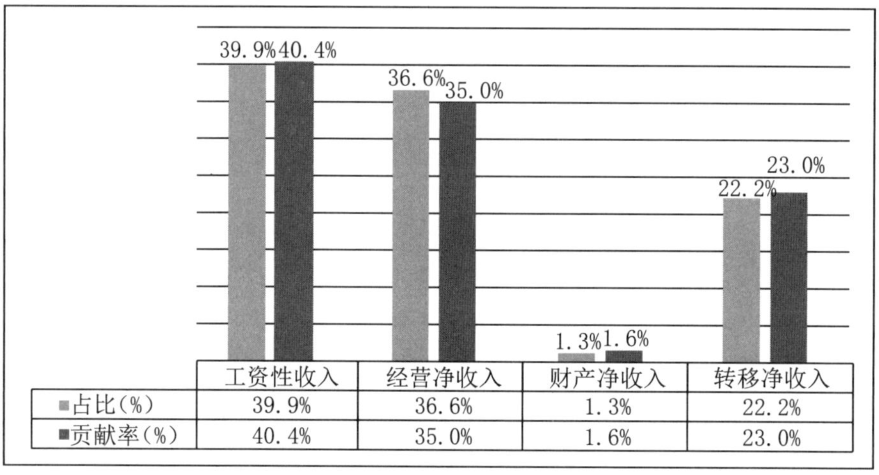

	工资性收入	经营净收入	财产净收入	转移净收入
■占比(%)	39.9%	36.6%	1.3%	22.2%
■贡献率(%)	40.4%	35.0%	1.6%	23.0%

图3　2018年钦州市农村居民四大项收入占比及贡献率

二、促进钦州市城乡居民增收的主要因素

（一）利好政策落地，就业形势稳定，工资性收入平稳增长

2018年，钦州市城镇居民人均工资性收入17325元，较上年同期增加1027元，增长6.3%；农村居民人均工资性收入12816元，较上年同期增加1015元，增长8.6%。增长的主要原因：

1.就业服务平台功能显著，有效促进居民就业。钦州市各级公共就业服务机构利用电视、广播、公共就业微信号、QQ

群、手机短信、LED信息屏等多种方式发布用工信息。至11月底，共组织专场招聘活动133场，进场企业4022家次，提供就业岗位15.49万个，促进农村劳动力新增转移就业25813人次（其中农村建档立卡贫困劳动力新增转移就业6088人）。

2.建立就业扶贫车间，实现家门口就业。钦州市稳步推进就业扶贫车间建设，农民工在家门口就实现就业。如浦北县某电子有限公司通过“园区企业到镇、村设立分厂、加工点”的模式建立就业扶贫车间，吸纳当地富余劳动力108人就业，其中建档立卡贫困家庭劳动力12人，人均月工资2300元以上。

（二）优化营商环境，培育优势产业，经营净收入稳步增长

2018年，钦州市城镇居民人均经营净收入6935元，较上年同期增加602元，增长9.5%；农村居民人均经营净收入5119元，较上年同期增加410元，增长8.7%。增长的主要原因：

1.营商环境进一步优化，全面激发市场活力。2018年钦州市GDP同比增长6%，规模以上工业企业总产值增长8.6%，固定资产投资同比增长11.7%，社会消费品零售同比增长9.5%，构建“政银担”三方合作新模式激活中小企业活力，引导金融资源助推实体经济发展。

2.海水养殖优势特色品种助农增收。创新大蚝养殖模式，推进大蚝一、二、三产业融合发展，延长大蚝产业链，打造100亿元大蚝产业，以“公司+合作社+农场+农户”的经营模式，由散户养殖变为集群发展。目前，钦州市大蚝养殖面积达15.8万亩，产量25万吨，年产蚝苗达1.3亿支（串），产业总产值26亿多元，成为钦州市海水养殖优势特色品种和水产养殖的支柱产业。

（三）创新交易模式，土地有序流转，财产净收入稳定增长

2018年，钦州市城镇居民人均财产净收入2363元，较上年同期增加125元，增长5.6%；农村居民人均财产净收入164元，较上年同期增加16元，增长10.8%。增长的主要原因：

1.创新土地交易模式推动城镇化进程。钦州市大力推进城镇土地开发建设，构建“三枢纽一新城”，发展“一城三区”，完善“一区三轴”，城市土地品牌价值不断提升，如钦北区对闲置土地依法分类处理，整改闲置土地面积大、低效用地多、社会影响高的企业，以“产城融合”为主线，积极创新土地征收和交易发展模式。

2.农村土地经营权有序流转促进农业适度规模经营发展。建立了一批现代农业示范基地，以现代农业示范区和农民专业合作社为载体，积极引导农村土地流转，促进农业与旅游产业融合和休闲农业发展，如钦南区某特色农业示范区流转土地面积4000亩，发展新型农家乐旅游度假区，年接待游客12万人次，旅游收入700多万元。

（四）制度逐步完善，保障标准提高，转移净收入快速增长

2018年，钦州市城镇居民人均转移

净收入6865元，较上年同期增加319元，增长4.9%；农村居民人均转移净收入2849元，较上年同期增加234元，增长8.9%。增长的主要原因：一是进一步完善新型农业补贴制度。推进以绿色生态为导向的农业补贴制度改革，加强耕地地力保护，将补贴从单纯的激励粮食生产调整为耕地地力保护和鼓励发展多种形式适度规模经营，提高补贴政策的指向性、精准性和实效性。二是提高社会保障标准，增强居民保障力度。2018年钦州市城镇居民最低生活保障标准统一提高到每人每月620元，同比增长17%；农村居民最低生活保障标准由每人每年3300元提高到每人每年3860元，同比增长17%，实现了年度低保线与扶贫线两线合一。

三、制约钦州市城乡居民增收的主要因素

（一）工资性收入增长缺乏强劲动力

一是机关事业单位工资制度改革已基本完成，2018年城镇居民工资性收入增长幅度有所放窄，增长率从2017年的7.8%收窄到6.3%，后继增长乏力；二是从业人员择业观念发生变化，一些人员在择业中存在挑精捡肥、手低眼高的心态，一些宁可闲着也不愿干脏活累活和薪酬待遇低的工种，另外一部分外出回流返乡的务工人员也不愿意到工资薪酬较低的本地工厂去务工，导致部分劳动密集型企业工厂招工困难和部分从业者就业困难并存。

（二）财产净收入有待激发活力

一是随着近年房地产市场的逐步饱和，实体经营户发展艰难，房屋租赁市场疲软，大量铺面、房屋空置，租金较低；二是农村居民财产净收入占比仍然较低，虽然2018年农村居民财产净收入增长率突破两位数，但是在可支配收入的比重中占比仍只有1.3%，增长潜力巨大，但是缺乏正确有效的引导，需要进一步激发活力。

（三）农产品销售渠道仍较传统，深加工产业配套没有到位

一是辣椒种植规模扩张较快，且品种较为单一，当辣椒上市时间与外地同步时，仍然停留在等客商上门收购的传统销售方式，销售渠道单一，无法及时销售更多的本地辣椒，造成辣椒滞销。二是大部分农产品没有配套深加工，农产品质量不高、市场竞争不强。如钦州本地的荔枝、辣椒等特色农产品大部分出售鲜果，一旦遭遇销路不畅的情况，农户无奈将农产品烂在枝头、地里。

（四）农民主动创业意识不强，创业融资较为困难

受传统习惯思维的影响，与其它发达地区相比，钦州总体上农民工自主创业意识不强，择业观念相对落后，多数人习惯于“找固定工作，吃稳定饭”，自主创业、自谋职业的氛围还不够浓厚。近年来，钦州市建立农民工创业担保贷款基金3774万元，为各类符合条件的创业者提供创业贷款担保，但从创业担保贷款基金发放情况看，目前其发挥的作用不是很理想，农民工创业担保贷款贴息资金支出较低。主要原因是部分在农村的创业人员，存在信用相对较低、担保相对较难的问题；此外，抵质押物不充足，基

层融资渠道不多等原因，导致创业融资问题更为突出。

四、促进钦州市城乡居民增收的建议

（一）建立工资增长长效机制，优化调整就业模式

一是建立健全稳定长效的工资增长机制，规范工资收入分配秩序，缩小收入分配差距，增加低收入劳动者收入，扩大中等收入者比重。二是加强下岗失业人员、新生劳动力和农村富余劳动力等不同群体的职业培训工作，提高其就业能力、工作能力和职业转换能力。三是重点围绕主要产业发展需求，开展新技术、新材料、新工艺、新设备的培训，培养企业急需的技术工人，特别是复合型技工和高级技工。四是完善和实施大中专院校毕业生就业政策，鼓励、支持和引导大中专院校毕业生面向城乡基层、企业、工厂就业。

（二）积极拓宽农产品销售渠道，努力发展特色农产品深加工

根据本地产业基础条件，进一步优化农业产业结构，发展优势特色农产品的同时，组织更多力量积极拓宽销售渠道，大力发展农民经营合作社，将收购销售渠道延伸到各个村屯，开发行之有效的农产品保鲜技术，合理引导各类客商对各个地区的农产品进行收购，避免出现滞销、积压等情况，提高本地农产品对市场的辐射能力和渗透能力，引进深加工企业，鼓励本地发展深加工生产经营，拓展产业链，有效提高产品附加值。

（三）继续优化营商环境，为创业人员提供资金和政策支持

营造良好的营商环境、投资环境和创业环境，优化投融资流程，改善创业投融资服务，加大政策对中小企业和农民工返乡创业的扶持力度，推动创业人员提供不同额度、期限长、利息低、覆盖面广的贷款，建立合理的信贷扶持担保机制，建立创业信息服务平台，满足创业人群的需求，使创业人员成为发展第二、第三产业和现代农业的骨干力量，并在促进全面创业、振兴区域经济中发挥主要推动作用。

（四）引导及鼓励居民培养正确的理财理念，激发收入潜力

一是进一步拓宽居民投资渠道，引导居民进行合理有效的投资，调动居民参与投资理财的积极性，购买稳定的理财产品增加居民财产净收入。二是参考外地先进农村集体经济模式，整合农村资源，增强农村集体经济实力，实现三个转变即“资源变资产、资金变股金、农民变股东”，拓宽农民增收致富渠道，提高农民财产性收入，激发收入潜力。

2018年贵港市城镇居民可支配收入平稳增长

莫科东

据国家统计局贵港调查队抽样调查数据显示，2018年贵港市城镇居民人均可支配收入30506元，比上年增加1700元，增长5.9%，增速比广西平均水平低0.4个百分点，排在广西第12位，扣除价格因素影响实际增长2.8%，城镇居民可支配收入平稳增长。

一、城镇居民可支配收入基本情况

（一）四大项收入实现全面增长

可支配收入由工资性收入、经营净收入、财产净收入和转移净收入四大项构成。据抽样调查数据显示，2018年贵港市城镇居民人均工资性收入21068元，同比增长5.5%；人均经营净收入3609元，同比增长7.5%；人均财产净收入1230元，同比增长5.1%；人均转移净收入4599元，同比增长6.8%（见表1）。

表1　2018年贵港市城镇居民可支配收入情况表

指标名称	增量（元）	增速（%）	贡献率（%）	占比（%）
可支配收入	30506	5.9	5.9	100.0
1.工资性收入	21068	5.5	3.8	69.1
2.经营净收入	3609	7.5	0.9	11.8
3.财产净收入	1230	5.1	0.2	4.0
4.转移净收入	4599	6.8	1.0	15.1

（二）四大项收入增长的有利因素

1.及时兑现年终绩效奖金。截至2018年8月底，贵港市机关事业单位及时兑现了2017年年终绩效奖金。奖金优秀等次的基数是20200元，比上年19550元增加650元，增长3.3%，不断巩固城镇居民收入增长。

2.严格执行最低工资标准制度。从2018年一季度起，贵港市最低工资标准由1210元调整为1450元，增幅达19.8%，切实保障城镇低收居民的收入增长。

3.转移就业人数持续增加。2017年以来贵港市持续开展“大招商、招大商”活动，推动工业经济从“老五样”（建材、冶金、制糖、板材、电力）向“新三篇”（新能源汽车和电动车、电子信息、生物制药）飞跃，初步构建了广西第二汽车生产基地、中国—东盟新能源电动车生产基地、电子信息制造基地和生物医药生产基地的框架，不断促进城乡居民转移就业。据贵港市人力资源和社会保障局数据显示，2018年1—12月，贵港市城镇新增就业人口22035人，同比增长1.1%，完成年度目标任务的129.6%。

4.现代服务业加快发展。2017年以来，随着贵港市不断提升城市品牌影响力，现代服务业加快发展，以大型商场为例，步步高、王府井、港福梦之岛、建设路地下街、中央广场以及即将开业的恒大、万达、碧桂园商圈等，各类大型商场遍地开花，进一步促进了住宿、餐饮、文化娱乐、商品零售、电子商务、快递等服务业稳步发展，居民经营收入不断提高。据贵港市统计局数据显示，2018年贵港市社会消费品零售总额515.24亿元，同比增长7.6%；按消费类型分，餐饮收入46.22亿元、同比增长20.4%，商品零售469.02亿元、同比增长6.5%。

5.低保金、养老金标准不断提高。一是2017年7月1日起，贵港市城镇最低生活保障标准提高到每人每年5760元，增长12.9%；二是2018年1月1日起，退休人员基本养老金每人每月增加45元；三是2018年11月起，60~65岁居民养老金标准提高到每人每月116元，同比增长28.9%；65岁以上居民养老金标准提高到每人每月121元，同比增长34.4%。

6.社会保障覆盖不断扩大。2017年以来贵港市持续加大转移支付力度，促进城乡社会保障均衡发展，城乡居民基本养老、基本医疗、低保、扶贫等各类会社保障覆盖面进一步扩大。据贵港市社会保障事业局提供数据资料显示，截至2018年底，贵港市各项社会保险参保人数共747.02万人次，其中：基本养老、基本医疗、失业、工伤、生育保险参保人数分别达到208.92万人、496.68万人、10.61万人、17.80万人、13.04万人，同比分别增长20.1%、-0.7%、2.6%、6.5%、8.0%、4.8%。

二、制约城镇居民可支配收入增长的主要原因

2013年—2018年，贵港市城镇居民可支配收入与广西平均水平的差距分别为1337元、1417元、1536元、1553元、1696元、1930元。可见2013年以来贵港市虽然持续较快发展，但是由于城镇居民可支配收入基数较低，历年的增收额并不大，城镇居民可支配收入总量与广西区相比仍然存在较大的差距，并且差距逐年扩大（如图1）。

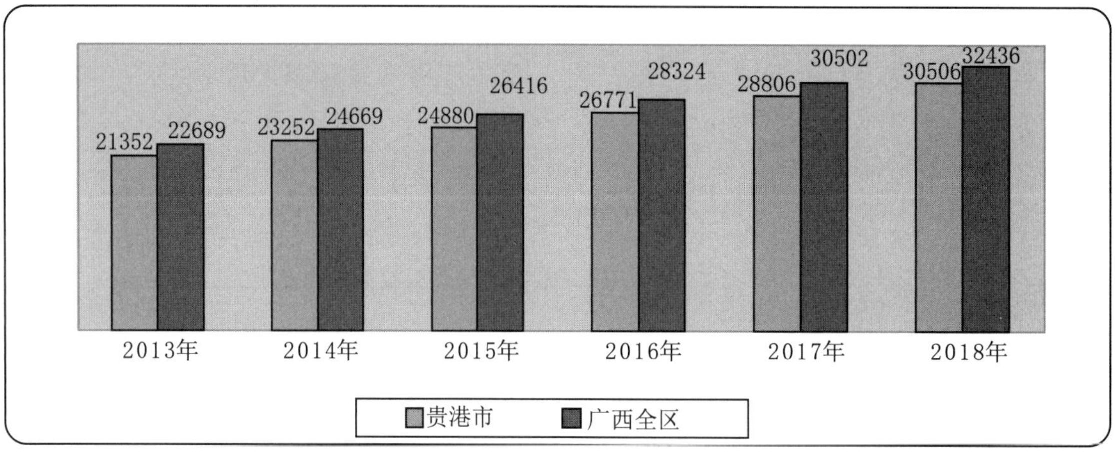

图1　2013年—2018年贵港市与广西城镇居民可支配收入情况

制约贵港市城镇居民可支配收入增长的主要原因有:

（一）对工资性收入的依赖程度仍然较高

调查数据显示，2018年贵港市城镇居民人均工资性收入占可支配收入比重为69.1%，可见城镇居民收入对工资性收入的依赖程度仍然较高。城镇居民工资性收入以机关事业单位公务员财政工资收入以及企业职工工资收入为主，前者受地方政府的财政支持以及相关提资政策的影响较大，倘若没有新的政策性措施继续推动，持续增长较为乏力；而后者由于企业监管机制缺失，提资政策在企业中较难得到落实，部分中小企业、私人企业和民营企业职工很难享受到相关提资待遇，工资收入稳定增长难度较大。

（二）经营和财产净收入的贡献程度不高

调查数据显示，2018年贵港市城镇居民人均经营净收入和财产净收入仅拉动可支配收入增长1.1个百分点，在市场经济日趋发展、收入渠道逐渐多元化的今天，本该贡献程度较高的经营净收入和财产净收入却一直在低水平徘徊，不利于优化居民收入结构，促进居民增收。

三、促进城镇居民可支配收入增长建议

（一）加快产业结构调整增强竞争力

经济增长是居民收入增长的基础和前提条件，城镇居民收入水平的提升归根结底取决于地方经济的发展，地方经济发展的差距是产生居民收入差距的根本原因。促进居民收入增长必须加快结构调整，增强产业竞争力，促进地方经济发展。要着力打造广西第二汽车生产基地、中国—东盟新能源电动车生产基地、电子信息制造基地和生物医药生产基地等新兴产业集群的不断壮大发展；支持推动建材、糖纸、机械、冶金等传统产业优化升级，促进传统产业向精深加工转型、产品向中高端提升；积极发展电子商务、金融保险、文化娱乐、健康、家政、教育培训、信息咨询、汽车服务等现代服务业，促进服务业优化升级；依托县域经济基础，突出特色

发展，培育创新型龙头企业，发展壮大科技型中小企业，着力打造县域经济新增长极。

（二）健全工资正常增长机制

加快建立机关事业单位职工工资正常增长机制，保障公务员收入水平；强化落实最低工资制度，建立健全监管处罚机制，对落实不到位的企业要及时督办，鼓励国有企业、大中型企业带头提高职工工资，并建立完善的企业职工工资增长机制，努力保障中低收入家庭的收入水平。同时，建立企业离退休人员养老金增长机制，确保收入水平稳定增长；继续完善城镇居民最低生活保障制度，尽可能提高救助标准，扩大保障面，切实保障最低收入居民的基本生活。

（三）努力扩大弱势群体就业

2017年以来在贵港市社会经济产业结构调整的进程中，出现了部分职工下岗失业，客观上导致了居民家庭收入的下降；另一方面，一些职工下岗失业后，没能积极转变就业观念，存在等、靠、要的思想，宁可靠不多的失业金维持生活，也不愿到一些相对苦、脏、累的岗位上就业，主观上造成了居民家庭收入的减少。同时，弱势群体面临家庭负担重、无专业技能、缺乏资金等困难，其就业状况在一定程度上阻碍城镇居民收入水平的提升。社会就业面的扩大，对提高居民收入有着举足轻重的作用。因此，政府部门要高度重视弱势群体的就业，加强政策倾斜，坚持就业优先战略，完善农民工创业园、创业孵化基地等平台，落实创业扶持政策，促进困难群众、返乡农民工、退役军人和高校毕业生等群体就业创业。加强职业技能培训，多渠道开发就业岗位，提供全方位公共就业服务。落实社保补贴、稳岗补贴等扶持政策，确保就业形势稳定。

（四）不断优化居民收入结构

在加快经济发展的同时，要注重民间资本的利用，不断提高居民个人对市场的参与度，充分发挥个人资源对经济发展的积极作用，加快提高居民经营净收入、财产性收入比重。此外，还应积极引导鼓励居民多渠道获取工资之外的其他劳动收入，不断优化城市居民的收入结构，通过多种途径提高居民的收入水平。

2018年玉林市城乡居民收入稳步增加 收入差距不断缩小

岑佳霖

据国家统计局玉林调查队调查，2018年，玉林市城乡居民人均可支配收入24041元，同比增长7.5%，扣除价格因素实际增长5.2%。其中，城镇居民人均可支配收入33960元，同比增长5.6%，扣除价格因素实际增长3.3%；农村居民人均可支配收入14984元，同比增长10.2%，扣除价格因素实际增长7.8%。

一、城乡居民可支配收入情况

（一）城镇居民收入持续增加，增速逐年放缓

2018年，玉林市城镇居民人均可支配收入33960元，收入水平比广西平均水平高1524元；同比名义增长5.6%，增速比广西平均水平低0.7个百分点。近年来，玉林市城镇居民人均可支配收入持续增加，从2013年的23729元增加到2018年的33960元；名义增速逐年放缓，从2014年的9.5%下降到2018年的5.6%。

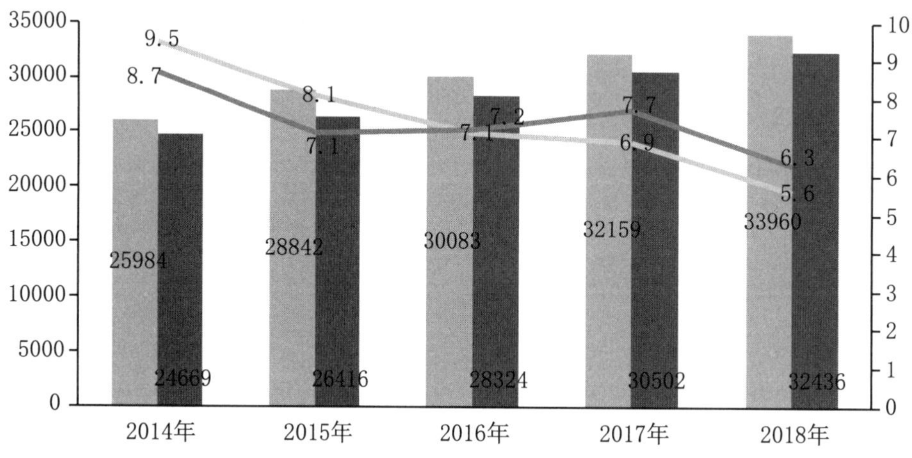

图1　2014—2018年玉林市城镇居民人均可支配收入变动情况

（二）农村居民收入水平和增速均高于全国和广西平均水平

2018年，玉林市农村居民人均可支配收入14984元，收入水平在广西排第1位，比全国和广西平均水平分别高出367元和2549元；同比名义增长10.2%，比全国和广西分别高出1.4和0.4个百分点，在广西各市排第5位。

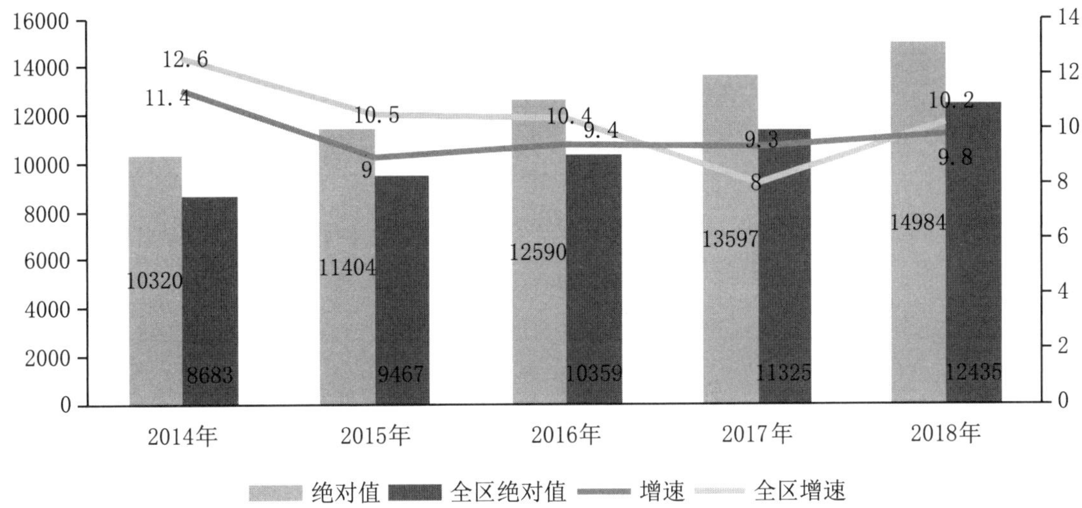

图2 2014—2018年玉林市农村居民人均可支配收入变动情况

（三）城乡居民收入差距不断缩小

2018年，玉林市城乡居民收入倍差由2014年的2.52：1下降为2.27：1，城乡居民收入差距逐年缩小，且低于全国和广西平均水平。

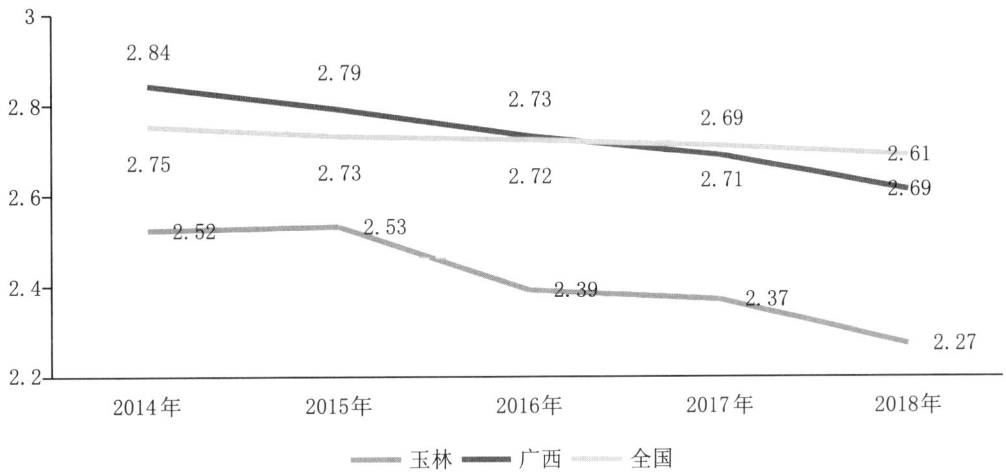

图3 2014—2018年玉林市城乡居民收入差距变动情况

（四）工资性和经营性收入分别是促进城乡居民增长的主要动力

从四大项收入对城乡居民人均可支配收入的贡献角度看，工资性收入是拉动城镇居民收入增长的主要因素，城镇居民人均工资性收入占可支配收入比重及贡献率均为第一位，占比58.1%，拉动可支配收入增长3.9个百分点；农村居民收入增长的主要动力则是经营净收入，农村居民人均经营净收入占可支配收入的比重为50.7%，拉动可支配收入增长4.8个百分点。

表1　2018年玉林市城乡居民可支配收入增长情况表

指标名称	绝对值（元）	增加额（元）	增长率（%）	构成（%）	拉动增长（百分点）
城镇居民人均可支配收入	33960	1801	5.6	100.0	—
一、工资性收入	19739	1252	6.8	58.1	3.9
二、经营净收入	5830	176	3.1	17.2	0.5
三、财产净收入	2066	60	3	6.1	0.2
四、转移净收入	6325	313	5.2	18.6	1.0
农村居民人均可支配收入	14984	1387	10.2	100.0	—
一、工资性收入	3915	461	13.3	26.1	3.4
二、经营净收入	7592	657	9.5	50.7	4.8
三、财产净收入	184	31	20.3	1.2	0.2
四、转移净收入	3293	238	7.8	22.0	1.8

二、促进玉林市城乡居民增收的主要因素

（一）政策助力工资性收入快速增长

2018年，玉林市城乡居民人均工资性收入分别为19739元和3915元，占可支配收入比重分别为58.1%和26.1%，同比分别增长6.8%和13.3%。

1.最低工资标准调整，务工增资有保障。2018年2月1日起，广西职工最低工资标准调整增幅为20%，提高了低端岗位务工者收入，也对其他岗位的工资增长形成带动作用。

2.机关事业单位人员提资和增发绩效补贴，有力拉动工资性收入增长。一是玉林市从2018年1月起，按人均1500元/月预发直机关单位公务员当年绩效考评部分奖金，并于2018年11月全部发放到位。二是多县区事业单位绩效奖金同比大幅提高，如玉州区，从上年同期的5000元/人提高到10000元/人，同比增长100%；容县从上年同期的2500元/人提高到5000元/人，同比增长100%。三是市直及各县区从1月份起按月向公务员发放话费补贴，最低标准为80元/月。

3.保障农民工工资支付专项整治行动成效显著，农民工工资得到有效保障。

据玉林市人社局数据显示，截至2018年12月31日，共清理拖欠农民工工资情况案件合计14件，涉及农民工总人数1585人，总金额1496.07万元，目前已经100%结案，较2017年清理的农民工工资拖欠案件54件，涉及农民工人数5024人，涉及总金额3458.56万元，同比案件下降74.07%，涉及人数下降68.45%，涉及金额下降56.74%。

4.就业形势稳定，有效转移劳动力。2018年，玉林市完善就业创业政策，加强就业创业服务平台建设，开展"返乡农民工就业服务月活动""就业援助月""春风行动""民营企业招聘周""就业援助季"等就业服务专项行动，实施就业扶贫工程，抓好高校毕业生、城镇就业困难人员、农村转移劳动力等各类群体就业工作。全年新增农村劳动力转移73628人，同比增长超过40%。期末城镇登记失业率为2.01%，全市就业局势持续稳定。

（二）宽松的市场创业环境促使经营净收入稳步增长

2018年，玉林市城乡居民人均经营净收入分别为5830元和7592元，占可支配收入比重分别为17.2%和50.7%，同比分别增长3.1%和9.5%。

1.各类市场主体持续增多，有效拉动经营性收入增长。随着营商环境持续优化，玉林市各类市场主体发展迅速。据玉林市工商局数据显示，截至2018年11月底，全市各类市场主体达到25.81万户，同比增长18.45%；私营企业49415户，同比增长15.87%；内资企业8458家，同比增长7.70%；个体工商户195022户，同比增长19.77%；农民专业合作社4945家，同比增长14.07%。

2.持续推进双创，优化创业环境。2017年底，玉林市人民政府出台《关于做好当前和今后一段时期就业创业工作的实施意见》，大力支持创新创业。一是深化商事制度改革，提高行政效率；二是对经认定为创业孵化基地的，给予入驻孵化企业最高1300元/户·月的场地和水电补贴（两项合计），以及孵化基地每扶持1户孵化企业成功运营1年并带动3人以上就业的，按每户1~1.3万元/年予以补贴，补贴期限最长24个月。对经认定为创业孵化基地的众创空间，给予2年的房租、宽带接入费补助。对认定为自治区级创业孵化示范基地的，给予100万元的奖补。认定为市级创业孵化示范基地，给予不超过50万元的奖补。三是对符合国家和自治区创业担保贷款条件的人员，可按规定申请最高额度不超过10万元的创业担保贷款，免息2~3年。对符合条件的借款人合伙创业或组织起来共同创业的，可以申请创业担保贷款，最高不超200万元。截至2018年，认定创业孵化基地17个，累计入驻企业317家。

3.全域旅游示范区建设助力居民增收。2018年，玉林市加快推进铜石岭、大容山、鹿峰山、六万山、都峤山、本草特色小镇等39个重点旅游项目建设，以全域旅游示范区建设为契机推进农村休闲旅游等项目，全面扶持农民创业创富，有效拉动本地居民旅游商贸等第三产业经营收入的增长。2018年，全市共完成旅游投资23.5亿元，旅游接待总人数、旅游总消费分别同比增长31.4%和38.6%。

4.微商、网约车司机等新型就业形式成为居民经营收入新的增长点。随着网购、网约车等形式的普及，越来越多的居民加入到兼职或全职微商、网约车司机等行列中，在一定程度上助增家庭经营收入。

（三）出租性收益和产业扶贫带动财产净收入稳步增长

2018年，玉林市城乡居民人均财产净收入分别为2066元和184元，占可支配收入比重分别为6.1%和1.2%，同比分别增长3.0%和20.3%。一是第三产业发展带动居民财产租赁等财产性收益增长。如玉州区某调查户，在购买土地上建有大面积房子出租商用，每月租金收入3万元；同时，城镇居民不断拓宽建筑业机器设备、农用机器设备等租赁经营服务，财产性收入得到增长。二是土地流转价格上涨。比如福绵区甘蔗种植土地租金从上年同期的1100~1300元上涨至当前的1400~1700元，涨幅超过30%。三是随着城镇居民投资领域的拓宽和理财意识不断增强，对基金、股票、保险等投资参与度逐渐提高，收益不断提高。如玉东新区某调查户，全年保险理财收益超过10万元。四是产业扶贫助力农民增收。今年以来，玉林市各级政府加大产业扶贫政策力度，深入实施脱贫攻坚三年行动计划，建成100个产业扶贫示范基地和100个培训基地，创建就业扶贫车间48家，324个贫困村集体经济收入达到3万元以上，让贫困户通过入股获取效益分红脱贫增收。

（四）多因素促进转移净收入较快增长

2018年，玉林市城乡居民人均财产净收入分别为6325元和3293元，占可支配收入比重分别为18.6%和22.0%，同比分别增长5.2%和7.8%。

1.离退休人员养老金标准提高。根据桂人社发〔2018〕26号文件规定，从2018年1月1日起，退休人员每人每月增加基本养老金45元，同比增幅约为5%。

2.城乡居民养老保险基础养老金标准提高。根据桂人社规〔2018〕23号文件规定，从2018年1月1日起，城乡居民基本养老保险基础养老金最低标准从原来的每人每月90元提高至每人每月108元，对65周岁及以上参保的城乡老年居民每人每月加发5元老年基础养老金。2018年7月1日起，城乡居民基本养老保险基础养老金最低标准为每人每月116元，其中65周岁及以上参保的城乡老年居民基础养老金最低标准为每人每月121元。

3.精准扶贫政策补贴促进农民增收。2018年以来，玉林市深入贯彻落实扶贫惠民政策，其中“提高五保金，低保金标准、危房改造补助、扶贫助学雨露计划”等多项扶贫政策，惠及范围广，扶持力度大。此外，向参与扶贫产业化种养的农户发放奖励补贴，促进了农村居民转移净收入的快速增长。

4. 寄带回和赡养收入增加。得益于玉林市各级政府及部门对农民工就业创业的积极引导和培训，大力促进劳务输出，外出人员收入增加，促使农村外出人员寄带回资金增长，有力拉动转移性收入增长。据农民工监测调查数据显示，2018年玉林市外出自营人员寄带回金额同比增长12.61%。二是手机转账支付兴起，助推转移净收入增长。更多外出务工的年轻人选择手机转账的方式寄带回收入，寄带回收入明显增加。如玉东新区调查户李阿姨，外出工作的儿子不论大小节日都通过微信转账给母亲发红包，2018年仅各种节日祝福红包都近万元。

三、制约玉林市城乡居民增收的主要因素

（一）工资性收入增长后劲不足

1. 居民收入增长主要依靠政策性工资调整和企业效益增长。一是机关事业单位绩效奖励提升的幅度较低，调资的幅度和频率对工资性收入的影响不大，后续缺乏新的收入增长点；二是当前玉林市停产企业、工业投资不足特别是大项目较少等问题依然突出，工业发展下行压力较大，影响企业工人的务工收入增长。

2. 城镇居民工资性收入占可支配收入的比重高。历年来所占比重均超过55%，2018年城镇居民工资性收入占可支配收入比重达到58%，基数大，快速增长较为困难。

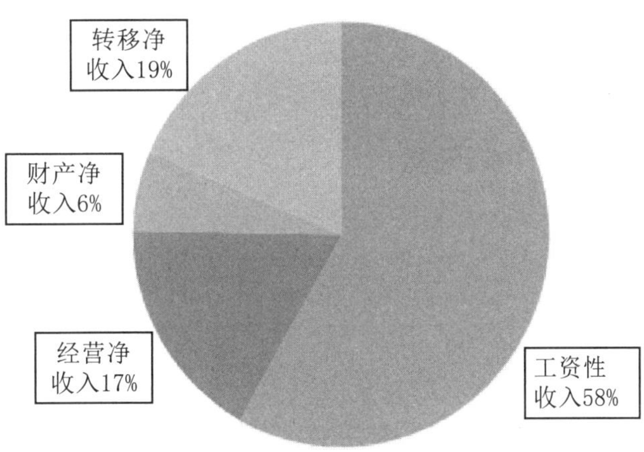

图4 2018年玉林市城镇居民可支配收入构成表

3. 农村劳动力普遍存在文化水平低、接受技术能力差等特点。据农民工监测调查抽样数据显示，2018年，玉林市农民工初中及以下学历的占比高达73.1%，大专

及以上学历的仅占比9.7%，农民工教育程度整体较低，在劳动力市场竞争中处于弱势地位，就业竞争力和维权能力不足，工资待遇较低，制约了工资性收入增长。

（二）农村居民家庭经营收入增收乏力

1.家庭经营净收入是玉林市农村居民可支配收入的最主要来源，而家庭经营收入主要来源仍然是第一产业经营，二、三产业比重较低。一产经营容易受气候、农产品价格、市场供求关系影响，抗风险能力低。而一旦出现影响一产生产经营的不利因素，对可支配收入的影响较大。当前玉林市非农经营以交通运输业和批发零售业为主，行业需求相对较低，经营方式相对传统，生产率有待提高，二产、三产的增收渠道急待扩宽。

2.在当前的生产条件和技术条件下，农产品产量已基本达到了一个较高的水平，靠提高单产增加农业收入较困难，农产品附加值低，加之农业生产成本居高不下，农产品价格不稳定，如2018年以来生猪价格又大幅回落，农民养殖生猪的收入就受到影响，农业收入很难持续高速增长。

3.农村青壮年劳动力转移就业，造成农村从业人员呈老龄化趋势，劳动生产率难以提高，一定程度上也影响了农业持续发展。

4.虽然近年来玉林市发展农业产业化力度持续加大，也取得了较大成绩，但仍有相当部分农民组织化程度相对较低，经营规模小，比较效益低，在生产经营决策时，信息渠道不畅通，无法把握市场行情，缺乏专业化、产业化经营主体带动，制约了农民家庭经营收入的持续稳定增长。

（三）财产性收入比重持续偏低

近年来，玉林市城乡居民财产性收入占可支配收入的比重持续偏低，不论是城镇居民还是农村居民，占可支配收入的比重均不到10%，尤其是农村，甚至不到2%，对居民收入的贡献率也非常小。城镇居民财产性收入主要来源是出租房屋收入、金融财产性收入等，而农村居民中，金融财产性收入还很少，大多数农村居民家庭财富积累低、理财意识弱、理财知识少，在有一定的结余收入后，农民往往选择储蓄，或将大量资金用于建房，财产性收入拉动力不足。

（四）统筹政策体制有待进一步完善

从城乡居民收入整体看，城乡有别的政策体制尚未彻底打破，城乡统筹的政策体制亟需加快完善，养老、医疗、救助等保障体系需要更加健全，尤其是农村居民养老保障标准需要进一步提高等，用政策兜底保障增收之路任重道远。

四、几点建议

（一）稳定就业提高工资性收入

一是加快经济发展与转型升级，提供更多、更好收入的工作岗位。二是加强对企业用工的监督力度，提高就业援助服务能力，保障劳动者合法权益。三是积极落实国家各项工资政策，完善和规范机关事业单位工资制度。四是进一步重视工人职业技能培训，适应转型升级需求，提高就业能力。

（二）优化环境提高经营性收入

一是加大对各类小微企业的扶持力度，改善企业经营状况，提升盈利水平。二是继续营造良好创业环境，加大创业金融服务支持，鼓励有能力、有条件的人员本地创业，引导有条件外出从业人员返乡创业，提高城乡居民创业经营热情，促进居民经营净收入快速增长。三是进一步推进农业供给侧改革，支持休闲观光农业和高效农业发展，突出特色优势调整农业结构，提升农业经营水平和创收增收能力。加大对农村贫困家庭的产业扶贫力度，积极促进农村三产融合发展，提升农户非农经营水平。

（三）合理引导提高财产性收入

拓展居民投资理财渠道，为居民资产提供更多的保值增值方式。加强规范和维护房屋租赁市场秩序，保障出租房屋收入持续增长。加快发展各类专业合作社，完善农户土地流转管理服务，增加农民财产性收入。

（四）加大转移支付力度，增加转移性收入

继续加大政府转移支付力度，严格落实退休金、低保标准上调等政策，积极落实最低工资制度。进一步完善和强化社会保障体系，在健全完善基本养老、医疗、住房和失业保险的同时，进一步完善城乡居民最低生活保障制度。拓展社保基金来源，扩大受益面，使城乡居民生活在社会保障体系中受益最大化。

（五）进一步深化脱贫攻坚，强化农民增收效果

深入贯彻落实脱贫攻坚系列决策部署，继续加大脱贫攻坚力度，强化支撑保障体系。进一步加大扶贫资金整合力度，突出抓好产业扶贫、金融扶贫和民生扶贫，积极探索旅游扶贫、电商扶贫，不断增强贫困户的造血功能，努力增加城乡居民收入。

2018年百色市城镇居民可支配收入增速明显减缓

钟国晖

2018年，百色市城镇居民可支配收入受多方面因素影响，增速明显减缓，全年城镇居民人均可支配收入30611元，比2017年增长5.1%，涨幅比2017年减少3.1个百分点，低于广西平均水平1.2个百分点，在广西14个地级市中排末位。扣除价格因素，2018年百色市城镇居民人均可支配收入实际增长2.5%。

一、城镇居民可支配收入情况及特点

（一）工资性收入增速放缓

2018年，百色市城镇居民人均工资性收入19121元，比2017年增加997元，增长5.5%，涨幅比2017年减少5.3个百分点。人均工资性收入占人均可支配收入的62.5%，对可支配收入增长的贡献率为67.1%，是影响百色市城镇居民可支配收入变动的最重要因素。

2018年，百色市城镇居民工资性收入放缓的主要原因：一是机关事业单位人员基本工资调整完成，工资标准相对上年没有较大变化。2016年下半年至2018年，没有新的工资调整政策出台，机关事业单位工作人员工资只按照晋档晋级标准变动，增长有限，难以拉动工资性收入大幅增长。二是经济下行压力较大，企业职工工资增长放缓。

（二）经营净收入增长平稳

2018年，百色市城镇居民人均经营净收入为4536元，比2017年增加350元，增长8.4%。经营净收入占可支配收入的14.8%，对可支配收入增长的贡献率为23.6%。百色市城镇居民经营净收入增长的主要原因：

1.非公经济健康有序发展。百色市通过召开非公有制经济人士座谈会、新闻媒体专题采访等形式，重点宣传贯彻商事制度改革政策和成果、小微企业扶持政策、促进非公经济发展的政策、优化营商环境的措施，着力营造宽松平等的准入环境，提升工商注册制度便利化效能，激发大众创业热情，政府优化营商环境收效明显。据工商部门统计显示，截至2018年11月20日，全市实有市场主体184543户，比2017年底增长31158户，增长20.3%，总注册资本2745.16亿元，比2017年底增长350.42亿元，增长14.6%。其中：实有企业39520户，新增5405户，增长15.8%，总注册资本2513.65亿元，增长262.24亿元，增长11.7%。实有个体工商户140445户，新增25091户，增长21.8%，总注册资本97.57

亿元，增长26.33亿元，增长37.0%；外商投资企业共130户，投资总额182.04亿元，注册资本45.57亿美元。平均每个工作日有153户市场主体在百色出生。

2.社会消费品零售快速发展。据商务部门统计数据显示，2018年前三季度，百色市社会消费品零售总额215.61亿元，增长8.8%。批发业销售额242.76亿元，同比增长28.8%，零售业销售额222.46亿元，同比增长8.9%，住宿业营业额4.07亿元，同比增长8.5%，餐饮业营业额23.77亿元，同比增长8.0%。1—11月，百色市内贸指标限上社会消费品零售总额实现102.4亿元，增长2.9%。限上批发业销售额实现223.42亿元，同比增长32.7%。其中：中石化、中石油销售增长超过13%，百煤物流销售增长达160%，成为拉动批发业增长的主要动力。

3.外贸进出口增幅居广西前列。据海关部门统计，截至2018年10月底，百色市外贸进出口173.4亿元，同比增长39.6%，增幅排广西第4位，总额排广西第6位。其中：出口138.9亿元，增长42.5%，增幅排广西第2位，总额排广西第3位。进口34.5亿元，增长29%，增幅排广西第4位，总额排广西第7位。

（三）财产净收入小幅增长

2018年，百色市城镇居民人均财产净收入为1892元，比2017年增加70元，增长3.8%。财产净收入占可支配收入的6.2%，对可支配收入增长的贡献率为4.7%。财产净收入增长缓慢的主要原因：一是房地产市场价格平稳。据房产管理部门数据显示，截至2018年11月底，全市商品房销售面积251.95万平方米，同比增长20.0%；全市商品房均价3913元平方米，同比上涨4.4%。住房供给充足，价格上涨平稳，导致房屋出租价格增长空间不大，城镇居民出租房屋净收入增长有限。二是民间投资信心依然不足。据统计部门数据显示，2018年，百色市民间投资平均占总投资的33%左右，仍处于低位运行，1—11月全市民间投资同比下降8.1%，导致城镇居民财产净收入只有小幅增长。

（四）转移净收入增速甚缓

2018年，百色市城镇居民人均转移净收入5062元，比2017年增加68元，仅增长1.4%，转移净收入占可支配收入的16.5%，对可支配收入增长的贡献率为4.6%。虽然百色不断提高低保保障标准，如右江区，城市低保保障标准从2018年1月1日起由原来的每人每月518元提高到每人每月596元，月增长15.06%，但由于低保基数和发放对象数量相比全体城镇居民都少，对转移净收入拉动作用有限。

二、制约当年城镇居民收入增长的不利因素

（一）居民收入结构单一

近年来，百色市城镇居民人均工资性收入在人均可支配收入的构成中一直占绝对主导地位。2014年至2018年，百色市城镇居民人均工资性收入在人均可支配收入的比重分别为：69.0%、68.7%、60.8%、62.2%、62.5%。人均可支配收入增长渠道单一，工资性收入增长受阻时，可支配收

入增长则会受到很大限制。同时，也反映出百色市城镇居民通过创业创新经营、资本投资获利等渠道获得的收益较少，制约了人均可支配收入快速增长。

（二）县域经济发展不平衡

2018年，百色市12个县（市、区）城镇居民人均可支配收入总量首末位相差8818元，比2017年的8606元，增加212元，县域间城镇居民人均可支配收入差距继续拉大，经济水平相对落后的县（市、区）对全市城镇居民收入增长贡献不足。

三、几点建议

（一）夯实工资性收入基础

工资性收入依然是城镇居民可支配收入结构中的核心部分，是推动城镇可支配收入的核心力量。需要推进缩小与发达地区的公职人员工资差距；加快产业结构调整，提升产业增加值，确保重点企业职工工资稳定增长；继续加大基础教育和技能教育投入，提高增量城镇居民总体素质，提升总体城镇居民就业质量，确保工资性收入的可持续增长。

（二）加快经营投资环境的改善

进一步转变机关工作作风，不断提高行政服务效率。积极整合行政资源，简化审批程序，提升政务服务效能，强化对创新创业市场环境的改善和优化力度，降低准入门槛，简化办事程序，降低政策性运营成本。加大对服务业、中小企业特别是民营企业的发展指导和扶持力度，出台可操作性强的政策和措施激发市场活力，增加经营净收入增收助力。

（三）加快健全和完善社会保障体系

一是稳步提高离退休金水平。离退休金收入是城镇居民转移性收入中的主要组成部分，随着社会老龄化的发展，离退休人群所占比重越来越高，离退休金收入对居民增收影响越来越大。二是改革完善各类基本保险制度，实施全面参保。进一步完善社会救助、社会福利、慈善事业、优抚安置等工作，关爱老年人、残疾人、农村留守儿童和妇女，解决社会民生突出问题。

2018年贺州市城镇居民可支配收入分析报告

潘荣华

据贺州市住户调查工作联席会议办公室调查资料显示，2018年贺州城镇居民人均可支配收入30864元，比上年同期增加1965元，同比名义增长6.8%，扣除物价因素，实际增长4.2%，涨幅全区排名第四。

一、2018年贺州市城镇居民可支配收入特点

（一）工资性收入稳步增长

2018年贺州市城镇居民人均工资性收入18932元，同比增长7.5%，在可支配收入中占61.3%，对城镇居民人均可支配收入增长的贡献率为66.9%，拉动可支配收入增长4.6个百分点。主要原因：一是机关事业单位工资绩效有所调整。2018年底统一补发并调整了公务员工资。2018年贺州市调整了艰苦边远地区津贴标准，享受该政策的总人数为20955人，新标准2017年1月起执行，在职人员从原来的人均170元/月提高到210元/月，提高了17.6%。二是首次发放教师绩效工资。2018年首次对贺州市义务教育阶段教师发放3000元/人绩效工资，有效拉动城镇居民收入增长。三是企业工资上涨。经济发展速度加快推动劳动力价格上涨，企业普通员工工资普遍增10%～15%。四是村委社区干部工资有所提高。如八步区社区书记、主任每月基本报酬为2350元，其他定员全额补贴干部每月2150元，分别比去年提高了1150元和1050元，涨幅均为95%。五是最低工资标准提高。贺州市最低工资标准提至1450元/月，同比增长38.7%。六是就业拉动城镇居民工资性收入总体水平提高。据贺州市工商部门统计，2018年贺州市私企雇工人数为19363人，较2017年14687人增长31.84%。截至2018年11月底，贺州市城镇新增就业11097人，完成年度目标任务10100人的109.87%；失业人员再就业3365人，完成年度目标任务3200人的105.16%；就业困难人员实现就业625人，完成年度目标任务400人的156.25%；七是贺州市部分县单位干部开始享受机关事业食堂补贴，标准为2000元/人·年，有效提高了工资收入水平。

（二）经营性净收入有新提高

2018年，贺州市城镇居民人均经营性净收入为3234元，同比增长8.9%，在可支配收入中占10.5%，对城镇居民人均可支配收入增长的贡献率为13.4%，拉动可支配收入增长0.9个百分点。主要原因是政府注重发展实体经济，拉动群众增收。2018年贺州市政府为进一步发展经济，振

兴实体经济，增加群众收入，开展了“实体经济服务年”专项行动，通过实施“六大工程”，切实降低企业成本、提高行政效能、优化营商环境，推动实体经济高质量发展。同时，随着长寿贺州品牌的不断推广，旅游业带动第三产业加快发展日益凸显。据贺州市工商部门统计，2018年度贺州市个体户数14601个，比2017年度13499个同比增长8.16%。私营企业个数2018年度为3807个，比2017年度3173个同比增长19.98%。其中城镇私企雇工人数2018年度为24641人，比2017年度18741人同比增长31.84%。

（三）财产性净收入平稳增长

2018年贺州市城镇居民人均财产性净收入为2944元，同比增长4.6%，在可支配收入中占9.6%，对城镇居民人均可支配收入增长的贡献率为6.6%，拉动可支配收入增长0.4个百分点。主要原因：一是国家不断出台诸如解决小微企业发展融资难等鼓励措施、余额宝等网络金融平台的兴起以及实体经济的回暖，城镇居民投资理财意识不断增强，居民寻找投资途径、民间资本投资活力进一步释放，有效促进了城镇居民利息、出租房屋收入、股息与红利收入的提高。二是第三产业发展带动城镇居民房租铺面收入等财产性收益增长。如八步区某调查户2018年仓库出租收入12万多元。三是住房市场发展加快。2018年租赁房房租上涨18.7%。2016年以来，贺州市商品房价格的不断走高，推动着住房市场的租金水平上升，私人房屋出租价格增长较快。2018年私房房租累计上涨22.8%。

（四）转移性净收入拉动增长力度较大

2018年贺州市城镇居民人均转移性净收入为5754元，同比增长4.7%，在可支配收入中占18.6%，对城镇居民人均可支配收入增长的贡献率为13.1%，拉动可支配收入增长0.9个百分点。转移性净收入增长主要原因：一是养老金水平有新的提高。据贺州市人力资源部门统计，2018年贺州市市本级发放机关事业单位退休金80457万元，同比增长31.46%。企业养老金发放81095万元，同比增长21.6%。二是医疗救助水平提升。2018年，贺州市城乡医疗救助发放总额为3900万元，同比增长17.8%。三是城镇外出从业人员寄回带回收入也是促使转移性净收入增长的主要原因之一。贺州市靠近珠三角地区，本地企业对吸引优秀人才就业的能力相比珠三角地区较弱，城镇高素质人才就业一般选择东部发达省份。近年来，全国经济发展水平平稳增长，城镇外出从业人员收入不断提高，回乡置业、投资等寄回带回收入增长较快。

表1　2018年贺州市城镇居民人均可支配收入情况对比表

指标名称	2018年（元）	2017年（元）	增长率（%）	占比（%）	贡献率（%）	拉动增长（%）
可支配收入	30864	28899	6.8	—	—	—
一、工资性收入	18932	17617	7.5	61.3	66.9	4.6

续表

指标名称	2018年（元）	2017年（元）	增长率（%）	占比（%）	贡献率（%）	拉动增长（%）
二、经营净收入	3234	2971	8.9	10.5	13.4	0.9
三、财产净收入	2944	2815	4.6	9.6	6.6	0.4
四、转移净收入	5754	5496	4.7	18.6	13.1	0.9

（五）城镇居民消费增长缓慢

2018年贺州市城镇居民人均生活消费支出17564元，同比增长7.5%，比2017年只增加了0.1个百分点，增长幅度过小。据贺州市统计局数据显示，2018年，贺州市实现社会消费品零售总额196.18亿元，同比增长9.7%。随着传统商品市场需求日趋饱和，消费新增长点尚在培育之中，贺州市消费品市场总体保持平稳增长态势，但增速有所放缓。

二、影响城镇居民收入增长的不利因素

（一）经济运行不稳定因素仍然较多

从宏观来看，稳增长压力大，去产能对经济总量和增量的影响还没有完全扭转，工业转型升级困难较大，产业基础薄弱单一，结构不合理，传统资源型产业比重大；区域发展不平衡不充分，县域经济发展滞后；工业园区和市管国有企业发展活力不强；项目融资渠道收窄，防范和化解金融风险任务仍然艰巨；基础设施和公共服务供给不足，脱贫攻坚任务艰巨，民生短板突出；开放质量水平整体不高；政府职能转变步伐仍不够快，机关作风还需改进，营商环境有待改善；受环保压力的影响，由于贺州工业基础薄弱，工业设备老旧，环评压力较大，改造升级造成产值受影响。

（二）宏观经济发展压力不断加大

一是工业增长后劲不足。从2018年运行轨迹看，贺州市工业生产增速自2018年9月到达最高点36%后，又逐月回落至30%。主要影响因素：二是钢厂受环保督察的影响，自2018年10月份开始已有5家停产，只有兆鑫公司在生产。三是新动能支撑力不足。贺州市工业处于新旧动能转换时期，旧动能增势减弱，新动能总量偏小，尚未能支撑贺州市工业快速增长。2018年入库工业企业25家，新增产值不足15亿元，仅拉动工业增加6个百分点。

（三）固定资产投资低速增长

2018年固定资产投资仅增长0.1%。从项目构成看：5000万元及以上项目增长7.2%，500~5000万元项目下降42.4%，房地产投资增长8.6%。从三次产业看：第二产业投资同比增长14.2%，拉动全部投资2.3个百分点。第一产业投资下降23.4%，第三产业投资下降1.5%，分别下拉全部投资0.7和1.2个百分点。

（四）新经济新业态处于起步阶段，贡献率有限

贺州市工业战略性新兴产业企业53

家，产值64亿元，增加值16亿元，对GDP的贡献十分有限。

（五）专业人才不足

随着市场的不断扩大，企业对专业型人才的需求与日俱增，但招工难是贺州市企业普遍面临的问题，受历史和地域等原因的影响，贺州市就业环境与相邻城市有不小的差距，在人才引进方面吸引力不足。主要原因是薪资水平与劳动者的期望值不符，平均工资与临近发达省份相比差距明显。

三、提高城镇居民收入的建议

（一）加快经济发展，提高居民收入的整体水平

居民收入水平与经济发展水平密切相关，必须加快发展，把发展作为第一要务，突出世界长寿品牌建设，大力发展旅游业。扶持一批碳酸钙产品龙头企业，做大做强优势产业，加快经济的全面协调发展，提高经济效益，拉动企业和职工的收入，让广大群众更加充分享受到改革发展带来的红利。

（二）着力扩大有效投资

加大支柱产业和园区、景区的重大基础设施项目投资，重点抓好碳酸钙、装配式建筑产业等领域的投资，增强发展后劲。充分利用好国家重大建设项目库，精心谋划一批符合国家、自治区产业导向和投资政策的大项目、好项目，加快项目前期工作，争取更多项目纳入国家和自治区计划盘子；着力推进基础设施建设，提升交通便利水平，促进物流成本降低，提升本地产品竞争力，带动更多企业投资贺州，通过各行各业的发展壮大，提升贺州市城镇企业职工工资水平。

（三）全面优化营商环境

全面推进“放管服”改革，加快推进“互联网＋政务服务”和行政许可标准化建设。全面开展“减证便民”专项行动，推进政务服务“一事通办”改革，提高“最多跑一次”和“一次不用跑”覆盖率。深化商事制度改革，实施“证照分离”改革扩容提速，持续清理规范行政许可和中介服务事项，简化企业生产经营审批，推行政务服务“一网通办”和企业投资项目承诺制改革。着力提升公共服务供给效率，把优化营商办打造成为服务东融的“新窗口”，把市民服务中心打造成为亲商便民的政务服务“旗舰店”，以“店小二精神”做好“保姆式”服务。

（四）支持壮大民营经济

坚决贯彻落实中央、自治区各项部署，突出解决当前民营企业反映最强烈的问题。加快完善融资担保体系，安排资金支持小微企业发展。探索出台科创板上市专项奖补政策，抢先将符合基本条件的拟上市公司和相关股权投资基金引入贺州。发挥行业协会和企业商会的桥梁纽带作用，真正把民营企业家当作自己人，培育壮大民营企业，形成企业顶天立地、铺天盖地的良好局面，促进居民经营性收入增加。

（五）扭转就业结构性矛盾

加大职业培训力度，不断提升劳动者素质。进一步建立和完善劳动就业培训体系，根据劳动力的培训需求，结合企业用工特点，组织开展多形式、多层次、有针对性的劳动力就业技能培训。

2018年河池市城镇居民收入增长7.1%

王香鸾

据国家统计局河池调查队调查，2018年河池市城镇居民人均可支配收入为27468元，比上年同期增加1821元，名义增长7.1%，高于广西水平0.8个百分点，增速排广西第二位，扣除价格因素实际增长6.8%，收入稳步增长。

一、收入增速广西排名靠前，但总量靠后

调查数据显示，2018年河池市城镇居民人均可支配收入同比增长7.1%，与上年相比降低1.3个百分点；增速广西排位第二，与上年相比持平。城镇居民人均可支配收入为27468元，排名广西第十四，与广西水平和广西最高水平相比分别低4968元和7808元，差距与上年相比分别扩大113元和238元。

（一）工资性收入占比降低

2018年河池市城镇居民人均工资性收入为15576元，增长6.0%，占可支配收入的56.7%，对城镇居民可支配收入增长的贡献率为48.2%，占比和贡献率分别比上年降低0.6个百分点和15.0个百分点，占比降低。工资性收入每增长1个百分点，拉动城镇居民收入增长0.6个百分点，对增收影响仍然明显。影响工资性收入的主要原因有：

1.机关事业单位人员基本工资调整影响增收。根据《广西壮族自治区人民政府办公厅转发自治区人力资源社会保障厅财政厅关于调整机关事业单位工作人员基本工资标准和增加机关事业单位离休费三个实施意见的通知》（桂政发〔2018〕151号）文件，调整河池市在岗机关事业单位人员基本工资标准，人均月增资约300元左右，从2018年7月开始执行。

2.全市经济总体发展良好带动居民工资增长。从2018年全年河池市GDP增长6.4%，二、三产业分别增长7.4%、6.2%。其中城镇在岗劳务职工人均工资增长4.9%，全市经济的良好发展，助推城镇居民工资收入稳步增长。

（二）经营净收入稳步增长

2018年河池市城镇居民人均经营净收入为4723元，增长12.7%，增速比上年高4.8个百分点，占人均可支配收入的17.2%，增速进一步上升，占比保持相对稳定。河池市2018年社会消费品零售市场保持稳增长态势，全市实现社会消费品零售总额3302195.9万元，比上年同期增长9.6%，增速广西排名第4位；全市批发零售业实现零售额2992801.4万元，同

比增长9.6%，占社会消费品零售总额的90.7%，居民消费品零售总额、住宿餐饮业、批发零售业的稳步增长是影响城镇居民经营净收入增长的主要因素。

（三）财产净收入平缓增长

2018年河池市城镇居民人均财产净收入为1815元，增长7.9%，增速与上年持平，占可支配收入的6.6%。随着经济的不断发展，各类理财投资产品的多元化，城镇居民投资理财类产品的行为有所增加，居民理财红利、银行利息收入也有所增长，但仍以银行存款利息为主。同时由于房价增速放缓，财产性收入的另一重要来源房租收入增速也有所放缓，一定程度上影响了城镇居民人均财产净收入的增长速度。

（四）转移净收入进一步增长

2018年河池市城镇居民人均转移净收入为5354元，增长5.5%，占可支配收入的比重19.5%。一是根据人社部、财政部联合下发《关于2018年调整退休人员基本养老金的通知》，明确从2018年1月1日起，为2017年底前已按规定办理退休手续并按月领取基本养老金的企业和机关事业单位退休人员提高基本养老金水平，总体调整水平为2017年退休人员月人均基本养老金的5%左右。二是从2018年7月1日起，河池市城市居民最低生活保障标准由每人每月480元提高到每人每月580元，最低生活保障补助也由每人每月330元提高到每人每月370元，提高12.1%。退休金的增长和最低生活保障标准的提高，是推动城镇居民转移净收入增长的主要因素。

二、消费支出保持稳步增长

2018年，河池市城镇居民人均消费支出为18301元，同比增长9.0%，增速比2017年高2.2个百分点，增速有所加快，其中衣着、居住、生活用品及服务消费增幅较大，同比分别增长9.2%、9.8%、11.2%。

表1　2018年河池市城镇居民人均消费支出情况表

指标名称	单位	2018年	2017年	增速（%）
（一）食品烟酒	元	5902	5446	8.4
（二）衣着	元	834	764	9.2
（三）居住	元	3947	3595	9.8
（四）生活用品及服务	元	1237	1112	11.2
（五）交通通信	元	2468	2176	13.4
（六）教育文化娱乐	元	2067	1999	3.4
（七）医疗保健	元	1433	1321	8.5
（八）其他用品和服务	元	413	371	11.3

（一）食品烟酒消费支出增长8.4%

2018年河池市城镇居民食品烟酒人均消费支出5902元，与上年相比增加456元，增长8.4%，占人均消费支出的32.3%，占城镇居民人均消费支出的比例为八大项消费支出中最高。

（二）居住类消费支出增速明显增快

2018年河池市城镇居民居住类人均消费支出3947元，占人均消费支出的21.6%，占比在八大项消费支出中排第二位，与上年相比增加352元，增长9.8%，增速比上年高9.2个百分点。

（三）交通通信消费总金额进一步增长

2018年河池市城镇居民人均交通通信消费支出为2468元，与上年相比增加292元，同比增长13.4%。交通通信类消费支出进一步增加，主要受收入水平不断提高影响，居民家庭中汽车、电脑、手机等产品不断增加，汽油、网络、通讯费用等支出也相应地不断增加。随着交通便利程度的不断提升，人们各种出现活动如旅游、聚会、自驾游等活动越来越多，出行交通费用增加明显，但是由于受购置税优惠退出影响、进口车关税的调整政策出台导致消费者保持观望状态、消费者购买意愿不强，汽车消费市场趋于低迷，所以造成增速相较去年降低。

三、影响收入增长的因素

（一）收入结构不均衡，比重两极分化明显

2018年河池市城镇居民人均可支配收入四大构成中，工资性收入、经营净收入、财产净收入、转移性收入分别为15576元、4723元、1815元、5354元，分别占可支配收入的56.7%、17.2%、6.6%、19.5%，收入结构不均衡，工资性收入与财产净收入占比存在明显的两极分化现象。

1.工资性收入是城镇居民收入的主要来源。在城镇居民群体中，大部分为机关、企事业单位工作人员和雇工，而这部分人群除工资收入外，一般都没有其他收入来源，因此造成工资性收入占城镇居民可支配收入的比重高。由于工资性收入占比高，对城镇居民收入增长拉动作用非常大，一旦出现工资性收入增长速度减缓或下降，城镇居民收入增长也将受到影响。

2.城镇居民整体理财意识和能力不强。河池市城镇居民整体收入较低，大部分居民家庭除去日常生活开支后，一般所剩不多，由于投资理财意识不强，加上没有什么理财能力，将余钱存银行或余额宝之类是普遍的理财行为，产生的收益不多。只有少部分理财能力较强的居民能较好地对手中的余钱进行合理投资，获取较为丰厚的收益，整体城镇居民财产净收入较少，占可支配收入比重非常低。

（二）县区发展差距大，收入水平悬殊

在全市11个县区中，城镇居民人均可支配收入在3万元以上的只有金城江区、宜州区和南丹县，其他县均在2.7万元以下，大部分县在2.3万元左右。其中最高的金城江区为35205元，最低的罗城县为

23057元，两县区城镇居民人均可支配收入相差12148元，罗城县城镇居民人均可支配收入只为金城江区的65.5%，县区发展差距大，收入水平悬殊，不利于全市城镇居民收入的同步提高。

四、促进城镇居民增收的建议

（一）进一步优化城镇居民收入结构

对占收入主要构成的工资性收入建立合理的制度确保稳定增长，对占比较低的财产净收入则加强对城镇居民理财行为的合理引导，逐步增加财产净收入，提升在收入中所占的比重，进一步优化城镇居民收入结构。

（二）进一步优化营商环境

继续优化全市经济发展环境，从招商引资、项目投资建设和企业转型升级等方面加大力度，不断加快全市经济发展速度；同时加强对经济相对落后县区的引领指导，加快落后县区的经济发展，缩小县区差距，力争全市城镇居民收入达到一个比较接近的水平，实现同步增长。

（三）进一步完善社会保障体系

进一步完善社会保障体系，加大对社会公共基础设施的建设投入，为城镇居民提供更多公共服务、基础教育、医疗卫生等民生保障。同时制定相应的制度，确保城镇居民各类民生补助标准不断提高，加强对各类补助资金的监督管理，确保民生补助资金投入到真正有需要的人群身上。

（四）进一步完善就业创业扶持政策

完善更加积极的就业创业政策，鼓励更多的城镇居民自主创业和自谋职业，积极开展各类创业创新活动，营造鼓励创业创新的社会氛围，并加强对自主创业人群的政策及资金扶持，同时加强政策宣传、督促检查，推动政策落地见效。

（五）进一步发展旅游业

充分利用河池市各县（区）独特的自然环境优势，大力发展生态旅游、红色旅游、长寿旅游、民族文化旅游，做好旅游配套服务产品的开发和建设，吸引更多外来旅客，以旅游促进收入增长。

2018年来宾市城镇居民收入增长缓慢消费乏力

李家宝

据国家统计局来宾调查队住户调查资料显示，2018年，来宾市城镇居民人均可支配收入32910元，比上年增加1863元，名义增长6.0%，增幅比广西平均水平低0.3个百分点；扣除价格因素，实际增长4.0%。城镇居民人均消费支出19325元，比上年增加706元，增长3.8%。城镇居民收入增长明显减缓，生活消费难以保持较快增长态势。

一、居民收入增长的构成发生较大变化

（一）经营净收入较快增长，对居民收入增长的贡献提高

2018年，全市城镇居民人均经营净收入6847元，比上年增长17.4%；占可支配收入的比重为20.8%，比上年上升2.0个百分点；拉动人均可支配收入增长3.3个百分点，对可支配收入增长的贡献率为54.5%，贡献率较上年上升34.3个百分点。经营净收入增长的拉动因素主要是：商贸流通及县域旅游业发展，助推住宿、餐饮等服务业发展形势好转，居民第三产业经营收入增长。

一是商事制度改革，营商环境趋好，市场经营较为活跃。截至2018年11月末，全市内资企业总数19255户，注册资本779.56亿元，同比分别增长12.4%和25.6%。商事制度改革带动市场经营活跃发展，商贸持续旺盛。全年城镇消费品零售总额比上年增长9.6%，增速高于广西平均水平0.3个百分点。另外，全市服务业保持较快发展势头，全年服务业增加值增长9.9%，增速高出全市生产总值增速2.7个百分点。

二是旅游发展加速，带动居民从事旅游产业收入增长。2018年全市接待游客总人数2832.52万人次，比上年增长25.2%；旅游总消费243.02亿元，比上年增长34.3%。

（二）工资性收入小幅增长，对居民收入增长的贡献减弱

2018年，全市城镇居民人均工资性收入20506元，增长2.4%。工资性收入占可支配收入的比重为62.3%，拉动可支配收入增长1.5个百分点；对可支配收入增长的贡献率为25.8%；比上年下降18个百分点。

一是全市经济运行稳中向好，就业形势良好，企业职工工资及福利有保障。2018年，全市地区生产总值比上年增长7.2%，增速居广西各市第六位。全市实现财政收入50.73亿元，由上年下降3.4%转为增长5.2%。经济运行向好，城镇登记失

业率全年保持较低水平，全市城镇新增就业1.51万人，比上年增长0.31万人；年末城镇登记失业率2.95%，远低于4.1%的控制目标。

二是市、县（市、区）行政单位工资正常调整，年度绩效奖励发放平稳，市直、部分县区预发当年绩效奖金。根据国家和自治区有关政策，落实市县行政事业单位人员调资增资，累计完成机关事业单位工作人员正常晋级晋档增资调整4.8万人次，与上年相比，机关事业单位工作人员人均收入增加60元/月。10月份，市直单位、部分县区预发2018年度绩效奖金，对1—10月奖金进行补发，处级及以上每人每月2000元，科级及以下每人每月1200元。

三是调高最低工资标准。2018年，全市的最低工资标准调整为1450元/月，各县（市、区）的最低工资标准调整为1300元/月。市本级、兴宾区月最低工资标准比上年增加240元，合山市增加215元，其他4县区增加300元。

四是城市社区充实办公人员，社区干部工资福利待遇大幅度提高。从2018年10月1日起，在职城市社区党组织书记或居委会主任每人每月提高到2700元，社区其他定工干部每人每月提高到2500元，每月提高700元以上，并给予五险一金保障。2018年全市财政民生支出中，城乡社区支出增长126.1%。

（三）财产净收入较快增长，对居民收入增长贡献略有提高

全市城镇居民人均财产净收入1566元，增长11.9%，财产净收入占可支配收入的比重为4.8%，拉动人均可支配收入增长0.5个百分点；对人均可支配收入增长的贡献率为9.0%，比上年提高0.4个百分点。

一是住户存款稳步增长，理财方式有所转变。据金融机构存款余额数据显示，2018年来宾市住户储蓄存款427.36亿元，增长9.7%，占人民币存款余额的59%。在传统储蓄存款利率普遍偏低的情况下，居民存款方式发生较大改变，定活期储蓄存款增速有所下滑，但属于收益增值类较强的金融产品增速较快，居民更加倾向于将手中的钱投向收益更高的金融产品。

二是房价上涨带动租房价格上涨，房屋出租户租金收入有所提高。2018年，来宾市市区商品房价格呈现较快上涨态势，城区房价每平方米上涨1000~2000元，拉动房租价格上涨。2018年来宾市房租价格比上年上涨4.1%，促进居民租房收入提高。

（四）转移净收入增长放缓，对居民收入增长贡献减弱

全市城镇居民人均转移净收入3991元，占可支配收入的比重为12.1%；比上年增长5.3%，增速比上年下降12.4个百分点；拉动可支配收入增长0.6个百分点，对可支配收入增长的贡献率由上年的27.4%下降至10.8%。

一是机关事业单位退休人员养老金调整。全市共有21754名退休人员参加机关事业单位养老金调整，调整前月人均养老金4251元，调整后月人均养老金水平为4435.6元，增加184.7元，增长4.3%。

二是企业退休人员养老金调整情况。全市共有62452名企业退休人员参加养老金调整，调整前月人均养老金2174元，调整后月人均养老金水平为2309元，增加135元，增长6.2%。

二、制约城镇居民收入增长的因素

（一）工资收入增长后劲不足

2018年，全市经济运行总体平稳，基本面运行良好，但受环保整改、中美贸易战等影响，停减产企业面扩大，较多企业生产经营效益下滑，部分企业亏损形势仍较为严峻，影响企业职工工资和福利的提高。另外，机关事业单位职工工资调整后续增资因素不多，绩效奖没有明显增加，工资收入变动不大。

（二）互联网销售普及，本地实体店经营受制

随着网络的发展，人们消费观念不断提升，本地居民网上购物消费增加。本地个体经营户较少参与网上经营，实体商店运营成本增大，经营效益下降，甚至部分商店出现亏损现象，居民从事第三产业经营收入增长压力较大。

（三）居民理财收入渠道不多，增收贡献较小

城区商品房出售价格虽呈明显上涨趋势，但由于城区流动人口变动不大，私房出租价格仍处于相对较低水平。另外，居民从理财产品、投资经营分红得到收入也较少，居民财产性收入绝对值较小。

（四）财力影响民生投入，居民转移性收入增长受限

当前，市县两级财政较为困难，可用财力不足，在加大教育、科技、农林水、城乡社区等民生支出，提高社保财政补助标准，保障性安居工程建设，政府性债务还本付息、征地拆迁安置、政府投资工程项目建设，为民办实事，兑现招商引资优惠政策等方面的财政支出压力非常大，居民转移性收入较快增长难以实现。

三、受收入增长缓慢影响城镇居民消费增长乏力

2018年，全市城镇居民人均消费支出19325元，比上年增加706元，增长3.8%。城镇居民消费恩格尔系数由上年的35.8%降至35.7%，下降0.1个百分点。八大类消费中，居住、教育文化娱乐、医疗消费增速或增量相对较高，但增速仅接近或略超人均可支配收入增速。

（一）城区加速发展，耐用品消费品升级换代，居民居住消费仍具较大潜力

随着城镇化进一步发展，主城区流动人口增加，居民收入水平逐步提高，居民对居住条件要求越来越高，住房装饰投入加大，中高档家具、家电进入普通家庭，加上市区商品房价格较快上涨，助推居民租房支出加大。2018年，城镇居民人均居住类消费支出3166元，增加176元，增长4.8%，成为八大类消费支出中增量较为明显的消费领域。

（二）子女基础及综合素质教育意识增强，居家旅游成为时尚，带动居民教育文化娱乐消费增长

随着生活水平提高，城镇居民对子女教育愈加重视，基础学科辅导班、补习

班和各类特长、兴趣学习班等增多，同时旅游业发展带动文化娱乐消费需求增长。2018年，城镇居民人均教育文化娱乐消费支出2422元，增加104元，增长4.5%。

（三）医改政策缓解居民就医压力，但非报销和降费项目仍是居民医疗支出的较大负担

全市医改减负政策进一步推进，全市公立医院取消药品加成（中药饮片除外）实现全覆盖，共取消、降低部分医疗服务项目价格26项。但取消药品加成后同时提高了88项医疗服务项目价格，另外如慢性病、门诊就医和检查项目等没有列入医保范围，居民负担仍较大。2018年，城镇居民人均医疗保健支出1361元，增加77元，增长6%。

（四）食品烟酒、衣着、交通通信、生活用品和服务、其他用品和服务支出呈略有增长或小幅增长态势

由于收入增长制约居民对物质生活享受的追求，居民在衣、食、行以及服务类的消费增长有所放缓。2018年，城镇居民的食品烟酒、衣着、生活用品和服务、其他用品和服务支出分别增长3.5%、0.5%、4.8%和7%。

四、促进居民增收的建议

（一）加快经济发展，壮大本地经济实体，努力提高就业质量

激发区域经济活力，充分发挥区位、资源等比较优势，深挖经济发展潜力，强龙头、补链条、聚集群，补齐发展短板，重点推进铝产业、电力、制糖、农产品深加工、碳酸钙、茧丝绸、木业、新能源、汽配、医药等产业提档升级，增强发展动力，推动经济加快发展壮大本地经济实体，促进经济发展，为本地提供就业岗位。

（二）继续实施鼓励创业和创新机制，搭建平台，促进居民增收

继续落实和完善创业优惠政策，优化创业环境，为创业者提供创业信息咨询平台，简化创业相关手续，提供创业发展资金，对成功创业的创业者给予奖金鼓励；鼓励企业创新，创新产品，创新技术，实现企业经营受益，促进企业经营者、职工收入增加。

（三）加强职业技术和人才培训，切实解决企业用工与居民就业矛盾，提升企业经营效益和居民就业能力

切实贯彻落实《国家职业教育改革实施方案》，充分发挥政府、院校、企业各自优势，加大对用工企业协作服务工作，针对性开展需要岗位职业技能培训，提高求职者工作技能，满足企业对专业性、技术性较强的人才的用工需求，提高就业率，实现企业用工与居民就业双赢，从而达到增加企业员工工资福利收入。

（四）加大民生保障投入，促进居民转移性收入增长

进一步完善社会保障体系，逐步扩大医疗、失业、养老等社会保障覆盖面，切实为城镇低收入群体提供生活保障和减轻居民医疗负担。严格执行机关事业单位、企业离退休人员养老金发放标准，以及健全社会保障资金管理机制。

2018年崇左市城镇居民收入消费平稳增长

何干升

据崇左市住户调查数据显示，2018年，崇左市城镇居民人均可支配收入30916元，比上年增加2103元，增长7.3%，比广西平均水平高1个百分点，增幅排在广西14个地级市中第1位；扣除物价因素，实际增长5.5%。

一、城镇居民人均可支配收入增长的主要特点

从收入四大项构成看，工资、经营、财产、转移净收入全面增长。

（一）工资性收入是促进城镇居民增收的重要因素

2018年崇左市城镇居民工资性收入为16502元，比上年增长7.7%；工资性收入占可支配收入的比重为53.4%，比上年提高0.2个百分点，对可支配收入增长的贡献率高达56.1%，拉动可支配收入增长4.1个百分点，是拉动可支配收入增长的主要因素。工资性收入增长的原因：

一是机关事业单位工作人员增资。根据自治区人社厅及财政厅的相关文件要求，自2018年7月1日起，调整公务员基本工资标准。调整后，职务工资标准由每月585元至7835元分别提高到每月640元至9280元；级别工资各级别起点标准由每月1020元至6496元分别提高到每月1130元至7109元。2018年，崇左市已全面完成机关工作人员基本工资标准调整工作，全市机关事业单位干部职工提高基本工资人均300元，义务教育教师人均348元。

二是机关事业单位绩效奖金预发。相比于2017年未预发绩效奖金，2018年，崇左市及各县（市、区）机关事业单位于第三、四季度提前发放2018年绩效奖金人均1.2万元，共发放8个月人均每月1500元绩效奖金。

三是增加机关单位干部通讯补贴。崇左市县机关单位2018年新增加发放通讯补贴，从2018年1月起，机关单位干部通讯补贴人均发放140元/月，拉高职工工资水平。

四是着力推进城镇劳动力转移就业，就业形势稳中向好。2018年，崇左市实施就业优先战略和积极就业政策，提供全方位公共就业服务，支持鼓励高校毕业生、就业困难人员、城镇失业人员等重点人群实现就业。根据崇左市人力资源和社会保障局提供数据显示，截止到2018年12月底，崇左市全市实现城镇新增就业17017人，完成全年目标任务121.55%；失业人员实现再就业2734人，完成全年目标任务的109.36%；就业困难人员实现就业740

人；期末城镇登记失业率为2.35%，比控制数低1.85个百分点。

（二）经营净收入稳步增长

2018年崇左市城镇居民人均经营净收入8366元，比上年增长6.4%，对可支配收入增长的贡献率达到23.8%，拉动可支配收入增长1.7个百分点。

一是旅游消费实现快速增长。据崇左市旅游发展委员会数据显示，2018年1—11月，崇左市累计接待游客3395.01万人次，同比增长40.18%；实现旅游总消费325.18亿元，同比增长47.57%。全年预计接待国内外游客3600万人次，同比增长约39.5%，实现旅游总消费约340亿元，同比增长约38.9%。2018年，德天跨国瀑布景区成功创建国家5A级旅游景区，太阳幽谷等6家景区成功创建国家4A级旅游景区，宁明花山生态旅游示范区荣获广西生态旅游示范区称号。旅游业快速发展有力的拉动住宿餐饮、交通物流以及相关行业的快速发展和居民收入的增加。

二是对外贸易快速增长，有力支撑城镇居民经营性收入的增长。据崇左市商务和口岸委提供的数据显示，2018年1—11月，全市外贸进出口1459.7亿元，同比增长15.4%，占广西的37.6%，其中出口1064.6亿元，占广西出口总额52.3%；进口395.1亿元，占广西进口总额21.4%。进出口总额、出口总额继续排在广西第1位，进口总额排在广西第2位。2018年崇左市入围“中国外贸百强城市”，排行第28位。对外贸易快速增长，有力的拉动从事对外贸易、批发零售、住宿餐饮、交通物流从业人员收入的增加。

三是优化营商环境，为市场注入新动力。崇左市推动新一轮商事制度改革，进一步优化营商环境，不断完善市场监管体制，加快市场主体发展，促进大众创业，万众创新，激发市场活力。通过给中小企业发放低息贷款、减轻纳税负担等积极措施，扶持中小企业发展，有利促进经营净收入增加。据崇左市工商局数据显示，2018年，全市共有市场主体104079户，注册资本1244.97亿元，增长率分别为：9.1%、40.1%。其中：实有企业19246户，注册资本（金）1114.47亿元，分别增长9.6%、44.2%；个体工商户80740户，注册资金91.47亿元，分别增长8.7%、11.8%；农民专业合作社4093户，出资总额393562.20万元，分别增长14.0%、14.5%。2018年，崇左市市场主体新增了8674户。

（三）财产净收入增长加快

2018年崇左城镇居民人均财产净收入1617元，比上年增长6.5%，增幅比上年的4.5%上升2个百分点，对可支配收入增长的贡献率为4.7%，拉动可支配收入增长0.3个百分点。

随着城镇化进程的加快，城镇居民财产性收入渠道得到拓宽，居民可以参与更多投资，收入来源更多种多样。2018年，据崇左市居民消费价格指数调查数据显示，崇左市租赁房房租价格同比上涨2.0%，其中私房房租价格同比上涨2.3%。同时利息收入增加促进居民财产性净收入增长。据人民银行崇左市中心支行数据显示，截至2018年12月底，金融机构人民币存款余额825.41亿元，同比增长5.2%，其中住户存款余额548.25亿元，增长10.7%；金融机构人民币贷款余额503.58亿元，同比增长12.1%，其中个人中长期消费贷款余额148.22亿元，增长19%。

（四）转移净收入较快增长

2018年崇左市城镇居民人均转移净收入4431元，比上年增加324元，增长7.9%，对可支配收入增长的贡献率为15.4%。主要是机关事业企业离退休退休金待遇提高。2018年，根据自治区人社厅、财政厅关于调整退休人员基本养老金有关问题的相关文件，对机关事业单位养老金进行调整。从市人社部门了解到，2018年离退休干部职工提高生活补助人均6000元，崇左市市直单位、凭祥市已经兑现。

表1 2018年崇左市城镇居民收入增长情况表

指标名称	2018年（元）	2017年（元）	增加额（元）	增长率（%）	构成（%）	贡献率（%）
可支配收入	30916	28813	2103	7.3	100	—
（一）工资性收入	16502	15322	1180	7.7	53.4	56.1
（二）经营净收入	8366	7865	501	6.4	27.1	23.8
（三）财产净收入	1617	1519	98	6.5	5.2	4.7
（四）转移净收入	4431	4107	324	7.9	14.3	15.4

二、城镇居民人均生活消费支出平稳增长

2018年，崇左市城镇居民人均生活消费支出18814元，比上年增长7.8%，八大类消费均不同程度增长，其中其他用品和服务、交通通信、医疗保健、居住类增幅较大，分别为9.4%、9.1%、8.9%、8.5%。从消费结构看，八大类消费中食品烟酒、居住、交通通信消费支出占的比重较大，分别为40.3%、14.9%和13.9%（详见表2）。

表2 2018年崇左市城镇居民生活消费支出情况表

指标名称	2018年（元）	2017年（元）	比上年同期增减（元）	增长率（%）	构成（%）
人均生活消费支出	18814	17453	1361	7.8	100
1.食品烟酒	7579	7084	495	7.0	40.3
2.衣着	998	936	62	6.6	5.2
3.居住	2803	2584	219	8.5	14.9
4.生活用品及服务	1337	1244	93	7.5	7.1
5.交通通信	2610	2393	217	9.1	13.9
6.教育文化娱乐	2086	1928	158	8.2	11.1

续表

指标名称	2018年（元）	2017年（元）	比上年同期增减（元）	增长率（%）	构成（%）
7.医疗保健	854	784	70	8.9	4.5
8.其他用品和服务	547	500	47	9.4	2.9

（一）食品烟酒消费占比最大

2018年崇左市城镇居民食品烟酒消费支出7579元，比上年增长7.0%，占生活消费支出的比重为40.3%，较上年占比下降0.3个百分点，但在城镇居民消费支出中仍占据主要地位。

（二）其他用品及服务增速最快

2018年崇左市城镇居民其他用品及服务消费支出547元，比上年增长9.4%，增速排在八大类消费支出第一位，占生活消费支出的比重为2.9%。随着城镇居民人口结构变化及人群消费需求的多元化，对于其他用品及服务的需求也在不断提升。

（三）交通通信支出较快增长

随着生活水平的提高，城镇居民休闲娱乐需求也增长，同时拥有私家车的家庭也越来越多，伴随购车费用增长及油费上涨，出行增多带动城镇居民交通费用增长较快。2018年城镇居民人均交通通信支出2610元，比上年增长9.1%，增速排在八大类支出第二位，占生活消费支出的比重为13.9%。

（四）教育文化娱乐消费支出持续增长

2018年城镇居民人均教育文化娱乐支出2086元，比上年增长8.2%。一方面，崇左市围绕“边关旅游”这篇大文章，加快推进旅游重大项目建设，不断完善旅游基础设施建设和提高公共服务能力。2018成功创建一家5A级旅游景区及多家4A级旅游景区。新建和完善越来越多的周边景点及旅游设施，多样性的旅游方式和多选择的旅游景点让人们投入更多的资金在旅游娱乐消费上。另一方面，居民家庭对教育越来越重视，加大了对孩子教育的投入。花费在各种培训班和兴趣班的培训费、家教费、材料费等方面的教育支出持续增长；同时，随着消费能力的不断提高，城镇居民对精神享受也越发重视，文化消费的需求持续旺盛。据崇左市居民消费价格指数调查数据显示，2018年，崇左市教育和文化娱乐类价格上涨5.4%，涨幅比2017年扩大2.9个百分点。

三、制约城镇居民收入增长的不利因素

（一）工资性收入持续增长后劲不足

一是2018年机关事业单位职工工资调整已完成，短期内难有大范围集体增资政策。二是崇左市部分市直单位已经提前预发部分绩效奖金。三是职工通讯补贴、艰苦边远地区生活已逐步落实，后续工资性收入缺乏增长点。

（二）城镇居民收入过度依赖政策性调资

崇左市长期依赖糖、锰的传统产业结构未有彻底性的改变，对新兴产业的培

育能力不足，高新技术、高端设备、新材料、节能环保等战略性新兴产业匮乏，新产业新动能尚未形成。重大项目不多，财税增收困难，产业的聚集效应未发挥体现，对促进城乡居民就业的拉动作用不明显、对提升居民增收作用未显现。

（三）收入结构不合理，增收支撑因素单一

工资性收入占可支配收入的比重为53.4%，是城镇居民收入的主要构成部分；经营性净收入和转移性净收入占比较低，对城镇居民增收的拉动作用不够明显。不够合理的收入结构导致了城镇居民收入过度的依赖政策性提资，城镇居民增收缺乏长期支撑因素。

四、提高城镇居民人均可支配收入的几点建议

（一）抓好改革，优化营商环境

推动支持沿边开放开发政策落地生效，重点推进城市工业园区、产业创业园的管理和政策扶持范围以及通关便利化、跨境劳务合作、沿边金融改革等政策落地生效。持续优化营商环境，建立健全工作机制，贯彻落实自治区优化营商环境政策，全力做好优化营商环境大行动，形成新动能，不断培育新的经济增长点，促进城镇居民收入快速增长。

（二）狠抓项目建设，创造更多优质就业岗位

要加大力度做好招商引资、项目建设、专项建设基金、国企改革、产业升级、降低企业成本等重点工作，进一步做好就业、脱贫等民生工作。要培育新经济新业态，创造更多优质就业岗位。发挥固定资产投资对经济的拉动作用，重点抓好基础设施建设不断扩大就业规模、创造更多的就业岗位，是实现更高质量就业的前提和基础，促进城镇居民收入持续提高。

（三）实施积极就业政策，促进劳动力就业

一是提供全方位公共就业服务。开展各类招聘活动，做好“三支一扶”工作，开展“一对一”就业服务进社区、进企业活动。二是鼓励创业，落实创业政策，扎实开展创业培训，提升大众创业能力。鼓励大学生创业，并为大学生创业提供创业指导培训。三是协调解决企业在用工需求、工资福利待遇、生产生活环境、职工合法权益等方面遇到的问题，加大对企业转型升级、技术改造、培训补贴、基础设施、降低税收社保费率等政策扶持，促进企业良性发展，从而提高企业用工的稳定性。

（四）落实国家相关政策，建立健全社会保障体系

加快建设覆盖城镇各类对象、与经济社会发展水平相适应、城镇衔接的社会保障体系。提高对公共服务、基础教育、就业促进、医疗卫生等民生保障项目的投入力度，加强对财政补贴的发放与民众监督，确保民生资金真正落到实处。如平稳推进机关事业单位养老保险改革，进一步提高全市城乡居民基础养老金最低标准，落实城乡居民基本养老保险基础养老金正常调整机制。

2018年广西农村居民可支配收入保持较快增长

陆　海

据国家统计局广西调查总队住户调查数据显示，2018年广西农村居民人均可支配收入为12435元，比上年同期增加1110元，名义增长9.8%，增幅比全国平均水平高1.0个百分点，在全国排第2位；扣除价格因素实际增长7.4%，比全国平均水平高0.8个百分点。全年农村居民人均消费支出为10617元，比上年同期增加1180元，增长12.5%。

一、广西农村居民可支配收入增长特点

（一）人均可支配收入近四年增速最高

2018年广西各级政府各有关部门以习近平新时代中国特色社会主义思想为指导，全面贯彻落实党的十九大、中央农村工作会议精神和习近平总书记视察广西重要讲话精神，牢牢把握“三农”工作主动权，全面实施乡村振兴战略，奋力开创新时代广西“三农”发展新局面。近四年来广西农村居民人均可支配收入增速稳中有进，2015年至2018年名义增速分别为9.0%、9.4%、9.3%和9.8%，均保持在9%以上的较快增长模式。剔除价格因素，实际增幅分别是7.4%、7.6%、8.1%和7.4%。可支配收入名义增速在全国排位也从2015年第15位上升到2018年第2位。

（二）人均工资性收入占可支配收入比重增加

2018年广西各级各有关部门落实和完善积极的就业政策，提升最低工资标准，实施惠民富民工程，着力打好精准脱贫攻坚战，加大对新型职业农民的培育和支持力度，多渠道促进农民就业增收。四年来广西农村居民人均工资性收入占可支配收入比重不断提升，从2015年的26.9%提升到2018年的29.7%，对可支配收入的贡献率也从27.3%提升至40.5%，连续4年广西农村居民人均工资性收入增幅高于人均可支配收入增幅。

（三）经营净收入结构得到较大改善

2018年广西实施质量兴农工程，牢牢抓住农业供给侧结构性改革这条主线，加快构建现代农业产业体系、生产体系、经营体系，优化农村营商环境，非农经营净收入高速增长。2018广西农村居民经营净收入结构进一步优化升级，其中人均第三产业经营净收入首次突破千元达1255元，比上年增加292元，同比增30.3%。四年来，广西农村居民人均非农经营净收入逐年提升，占可支配收入的比重从2015年的9.0%提高至2018年的11.5%。

表1 2018年广西农村居民人均可支配收入变动情况表

单位：元/人

指标名称	2018年（元）	2017年（元）	增长率（%）	占比（%）	贡献率（%）
人均可支配收入	12435	11325	9.8	—	—
工资性收入	3691	3242	13.8	29.7	40.5
经营净收入	5393	5103	5.7	43.4	26.2
第一产业经营净收入	3961	4010	-1.2	—	—
农业	2436	2433	0.1	—	—
林业	517	435	18.7	—	—
牧业	837	930	-10.1	—	—
渔业	171	212	-19.1	—	—
第二产业经营净收入	177	130	36.7	—	—
第三产业经营净收入	1255	963	30.3	—	—
财产净收入	242	185	30.4	1.9	5.0
转移净收入	3109	2795	11.2	25.0	28.3

（四）城乡居民可支配收入比继续缩小

近年来，自治区党委政府采取一系列政策措施，加大收入分配调节力度，加快推进收入分配制度改革，在增加城乡居民收入、缩小城乡居民收入差距方面取得较好成效。2018年广西农村居民人均可支配收入比上年增加1110元，增长9.8%，增幅高于城镇居民人均可支配收入增幅3.5个百分点。四年来广西城乡居民收入差距逐年缩小，从2015年的1∶2.79缩小为2018年的1∶2.61（其中农村收入为1），城乡收入差距比共缩小0.18。

二、促进广西农村居民增收的主要因素

（一）工资性收入快速增长

2018年广西农村居民人均工资性收入3691元，较上年同期增加449元，增长13.8%，占可支配收入的比重为29.7%，对可支配收入的贡献率为40.5%，拉动可支配收入增幅4.0个百分点。工资性收入增长的主要原因：

1.政策利好促进务工人数增长。一是2018年广西继续深化粤桂劳务协作，深入开展春风行动及各项就业援助专项行动，极大地促进了广西农村非农务工人数的增长；二是扎实执行精准扶贫就业帮扶政

策，召开扶贫就业专场招聘会，设立就业扶贫车间，吸纳贫困劳动力转移就业，增加了农村居民低收入群体的务工人数。

2. 最低工资标准提高促进务工工资上涨。2018年广西调整了最低工资标准，新标准在原来的基础上增幅达20%，同时发布了2018年工资指导线。

（二）经营净收入稳步增长

2018年广西农村居民人均经营净收入5393元，较上年同期增加290元，增长5.7%，占可支配收入的比重为43.4%，对可支配收入的贡献率为26.2%，拉动可支配收入增幅2.5个百分点。经营净收入增长的主要原因：

1. 非农产业经营净收入高速增长。一是积极鼓励农民工回乡创业，安排专项资金用于农民工创业补贴和创业园建设，扶持家庭农场、专业大户和农民合作社等新型经营主体，取得较好效果；二是发挥区域特色，积极举办“三月三”旅游、百色芒果节、灵山荔枝节等旅游节庆活动，带动农家乐、农村休闲游等旅游项目，提高了农村居民第三产业收入。

2. 特色农产品促进一产经营净收入。近年来广西农村居民一产净收入增长主要依靠“一根蔗、一个果”，即糖料蔗和柑橘类水果的拉动。一是甘蔗价格文件出台以及“双高”甘蔗的推广，甘蔗价格维持高位运行。据调查显示，2018年广西农村居民出售甘蔗价格平均达520元/吨，人均出售甘蔗收入1370元，比上年同期增32%；二是广西柑橘类水果种植规模扩大，前几年种植的柑橘类水果陆续进入挂果期，产量增长较快。据调查，2018年广西农村居民人均出售柑橘类水果达164公斤，比上年同期增112.4%。

（三）财产净收入高速增长

2018年广西农村居民人均财产净收入242元，较上年同期增加57元，增长30.4%，占可支配收入的比重为1.9%，对可支配收入的贡献率为5.0%，拉动可支配收入增幅0.5个百分点。财产净收入增长的主要原因：

1. 非农经营高速增长带动红利收入增加。随着投资观念的改善，越来越多的农村居民参与或入股非农经营项目，而非农经营收益的提高，也使得农村居民人均红利收入快速增加。据调查，2018年广西农村居民人均红利收入110元，比上年增31元，同比上涨39.7%。

2. 农家乐等拉动房屋租金收入上涨。农村非农经营的活跃刺激了农村房屋租赁市场，不少农民将自家的房子出租用作农家乐等经营场所，增加了农村居民房屋租金收入。据调查，2018年广西农村居民人均房屋租金净收入24元，比上年增10元，同比上涨80.2%。

（四）转移净收入稳步增长

2018年广西农村居民人均转移净收入3109元，较上年同期增加314元，增长11.2%，占可支配收入的比重为25.0%，对可支配收入的贡献率为28.3%，拉动可支配收入增幅2.8个百分点。转移净收入增长的主要原因：

1. 离退休人员养老金标准提高。根据桂人社发〔2018〕26号文件规定，从2018

年1月1日起，退休人员每人每月增加基本养老金45元，同比增幅约为5%。

2. 从政府得到的实物折价收入提高。随着精准扶贫异地搬迁政策的落实，越来越多的农村贫困人口获得政府提供的住房，农村居民人均从政府得到的实物折价收入高速增长。据调查，2018年广西农村居民人均从政府和组织得到的实物折价收入166元，比上年同期增加74元，同比增81.0%

三、影响广西农村居民增收的不利因素

（一）部分大宗农产品价格较低

2018年，广西大宗农产品如生猪、蚕茧以及柑橘类水果的价格同比有所下降。据畜禽调查显示，全年猪价基本维持在4.8元/斤~7.0元/斤区间，而上年则维持在6.8元/斤~7.8元/斤，受“猪周期”、环保以及非洲猪瘟禁止外调等因素的影响，生猪价格持续低位运行；全年蚕茧价格呈高开低走态势，受到病虫害和市场需求不旺等因素影响，四季度广西蚕茧价格同比下跌26.2%；受扩充面积产量大增以及今年雨水较多品质下降等因素影响，柑橘类水果收购价格同比下降。其中四季度蜜桔价格普遍下跌，且跌幅较大，上年同期收购价约为2.2元/公斤~2.8元/公斤，2018年仅为0.8元/公斤~1.2元/公斤，砂糖橘价格也从上年同期的3.6元/公斤~5元/公斤降为2018年的3.0元/公斤~4.2元/公斤。

（二）农业生产经营成本增加

主要是农业生产资料价格上涨，使得农业生产的经营成本增加。据CPI调查显示，受原材料价格上涨和环保要求提高企业限产停产等因素的影响，2018年广西农业生产资料价格同比上涨1.8%，涨幅比2017年提高0.4个百分点。其中从分类结构看，化学农药价格同比上涨3.4%、化肥价格上涨6.7%、农业用工价格上涨10.1%等，上涨幅度较大。

（三）农产品加工比重不高

广西特色农产品砂糖桔、柿子、蚕茧等缺乏一产生产、二产加工、三产运输销售等完整的产业体系，加工企业较少，农产品深加工薄弱，产品附加值较低，在本地市场需求不旺的情况下，大部分农产品只能依靠外销，以合作社等形式销售的数量所占比重不大，多数为散户自行销售，容易被外地企业或收购商压价压级。据国家统计局统计，2017年广西蚕茧产量31.8万吨排全国第一，产量占全国的49.5%，但丝绸产品产量排位靠后，甚至比不上其他省份的零头，羸弱的加工能力影响广西农村居民特别是蚕农收入增长。

四、促进广西农村居民增收的几点建议

（一）继续加强对重要农产品产业扶持力度

一是加大对农产品加工企业扶持力度，进一步加强农产品深加工能力，提高广西初级农产品的加工占比，切实稳定广西农产品供求关系，稳步提升重要农产品

销售价格；二是要加强重要农产品种植的规划，重视砂糖橘等大面积扩种现象，研究制定政策以应对因盲目扩种导致品质下降，市场供大于求导致价格下跌等影响农村居民增收的情况，对当前柑橘类水果滞销要引起高度重视；三是做好重要农产品战略规划，做好畜禽疫病防疫并及时出台甘蔗收购价格文件，稳定广西农村居民的种养信心。

（二）继续强化政策鼓励农民创业

一是继续扶持农民非农创业。从2018年广西农村居民经营净收入结构来看，第二、三产业已经成为经营净收入新的增长点，需继续强化政策支持，在金融、财税、土地等领域加强对农民创业的扶持力度，继续鼓励农村居民发展非农产业经营，进一步优化广西农村居民收入结构，保持经营净收入稳步增长；二是继续执行政策做好产业扶贫。根据市场需求，针对贫困农户落实好产业扶贫政策，不断提高农村贫困居民的收入，补足广西农村居民收入短板。

（三）加大农民工培训和就业指导力度

一是以市场为导向，提高服务意识，根据企业用工需求有针对性的开设培训课程，继续加大农民工培训力度，使农民工学有所用，实现务工人员和用人企业的双赢；二是继续做好农民工就业招聘的春风行动，及时收集企业用工信息，加强在乡镇、村一级的宣传力度，为农民工就业提供帮助。

（四）继续促进小农生产与现代农业有机衔接

继续推进农村集体产权制度改革，推进农业规模化综合生产的发展，采用合作社、家庭农场或引进龙头企业等方式，将农村地区零散的资源整合起来，制定科学的种养标准，对农产品的生产、加工和销售进行统一管理，有力地解决散户种养技能不高、劳动力和资金缺乏等造成的问题，同时也可以不断提升农产品质量，拓宽销售市场，切实增加农村居民收入。

2018年南宁市农村居民可支配收入增长9.1%

周 庆

据国家统计局南宁调查队调查结果显示，2018年南宁市农村居民人均可支配收入为13654元，比上年同期增加1139元，名义增长9.1%，比广西平均水平低0.7个百分点；扣除价格因素，实际增长6.8%。

一、四大项结构收入基本情况

（一）工资性收入增长较快

据调查数据显示，2018年南宁市农村居民人均工资性收入为5492元，比上年增长9.9%；工资性收入占可支配收入的比重为40.2%，拉动农村居民收入增长4.0个百分点，对收入增长的贡献率为43.6%。据人力资源市场办理招聘登记情况显示，2018年进入南宁人力资源市场登记招聘的用人单位共有超过3500家次，登记需求人数10万余人次。就业形势稳定为提高工资性收入创造了条件，如江南区某村记账户从事绿化种植工作，日工资可达到140~150元/人，与上年同期相比增长10%；青秀区在农村开小客车司机的日工资，普遍从2017年80~120元/天，上涨到2018年100~180元/天，同比增长20%~33%。

（二）经营净收入保持平稳增长

2018年农村居民人均经营净收入为5566元，比上年同期增长7.2%。主要是由于：

1.优质水稻种植面积占比扩大。据南宁市农业委员会统计，2018年南宁市种植的近418万亩水稻中，优质稻（含优质杂交水稻）的面积为363.3万亩，比重达86.8%，同比上升3.45个百分点。绿色水稻、有机水稻、富硒水稻等种植面积也比往年要多。据调研了解，2018年优质稻谷出售价格在1.5~1.6元/斤，普通稻谷出售价格在1.1~1.2元/斤，两者的差价在0.4元/斤左右。

2.特色水果收益显著。全市水果种植面积超211万亩，同比增长5.7%，水果产量270万余吨，同比增长8.9%，产值超过95.9亿元，同比增长70%。特别是柑橘、火龙果、哈密瓜等特色水果，农民种植积极性高，发展势头较猛，且依靠电商网络平台，水果销路顺畅。

3.木材产量增速明显。根据南宁市林园局统计，截至11月，南宁市商品木材产量为444.05万立方米，同比增长25.46%。

4. 家禽养殖积极性较高。受非洲猪瘟影响，农户由养猪转向养鸡、鸭、鸽等家禽，且肉鸡肉鸭属于产业扶贫短平快项目，2018年肉鸡肉鸭处于利好行情，农民出售肉鸭价格为12～13元/斤，比上年同期增加2～3元/斤；肉鸡价格为15～18元/斤，比去年同期增加1～2元/斤。养殖户补栏积极性增高，家禽产业效益可观。

（三）财产净收入平稳增长

据调查结果显示，2018年南宁市农村居民人均财产净收入为668元，比上年同期增长6.9%。主要有两方面因素，一是2018年，全市新增土地流转面积超过2.3万亩，土地流转收入稳定；二是借助精准扶贫项目，如村集体经济发展项目等，农户通过挂靠、加盟、合资入股合作社，领取项目分红，拓宽了农民增收渠道，增加农民财产性收入。如武鸣区城区农村土地流转面积50多万亩，涉及农户8万多户，农村土地流转平均每亩年租金1000元以上，农村土地流转农民收入达到5亿元以上。如上林县大丰镇东春村2018年11月在村委举行茶叶加工基地贫困户入股分红仪式，给31户贫困户分红共计2.35万元，户均分红758元。

（四）转移净收入增长最快

调查结果显示，2018年农村居民人均转移净收入1928元，比上年同期增长13.1%。主要因素是：

1. 民生保障力度进一步加大。从2018年7月1日起，南宁市各城区（开发区）农村居民最低生活保障标准由每人每年3500元提高到每人每年3800元；横县、宾阳县农村居民最低生活保障标准由每人每年3500元提高到每人每年3800元，上林县、马山县、隆安县农村居民最低生活保障标准由每人每年3200元提高到每人每年3800元。提高城乡居民最低生活保障标准，降低城乡居民最低生活保障的准入门槛，确保了更多困难家庭享受到低保家庭的优惠政策。

2. 社会扶持资金有保障。据南宁市民政局统计资料显示，2018年全市累计发放农村低保53.3万户次，127.6万人次，2.69亿元。月人均补助水平211元，比去年178元增长15.6%。

3. 落实养老保险待遇发放。据南宁市人力和社会保障局统计资料显示，截至2018年11月，全市城乡居民基本养老金发放7.94亿元，同比增长6.7%。

4. 落实政策性生产补贴发放。据南宁市农业委员会资料统计，2018年共发放耕地地力补贴资金46413.29万元，发放率100%，比去年同期增长2.7%。发放农机购置补贴11142.94万元，比去年同期增长43.6%，超额完成农机购置补贴资金使用任务，使用总量广西排名第一，拉动社会资金购买机具2亿元。

5. 扶贫资金投入持续加大。据南宁市财政局数据显示，2018年1—11月，全市财政投入专项扶贫资金为26.07亿元，同比增长18.6%。

二、制约农民增收的因素

（一）农民就业形势受文化程度制约

随着土地流转程度不断扩大，部分农民急需在土地流转后再择业，但受年龄、自身知识文化程度、技术技能、劳动报酬等方面因素影响，部分农民无法找到符合自身条件的工作岗位，工资收入和工作稳定性较差。如良庆区某村10户记账户，外出打工人数为12人，文化程度分布为大专1人、高中2人、初中9人；青秀区某村10户记账户，外出打工人数为10人，文化程度分布为高中1人、初中6人、小学3人，以上外出人员均无技术技能证书。由此可见，外出务工人员的文化程度普遍不高，主要为初中毕业，打工收入每月在1200~1800元之间，工作稳定性较差，经常更换工作。

（二）人口老龄化影响居民增收

由于新增农村劳动力大部分转移到城镇打工，农村空巢现象突出，青壮年劳动力的缺乏，加速了土地的撂荒，对居民增收形成不利影响。如南宁市兴宁区某村10户记账户，家庭人口39人，劳动力人口21人，其中50岁以上劳动力占61.9%；良庆区某村的10户记账户，家庭人口35人，劳动力人口20人，其中50岁以上劳动力占85%。由以上数据可以看出，家中主要劳动力都是老年人。

（三）农业种植增收压力大

1.稳粮增产难度加大。农资价格居高不下，2017年以来，氮肥、磷肥、复合肥的平均价格分别上涨了15%、3.3%和3%；农药平均涨幅也达到2—6%，在一定程度上增加了农业生产投入成本，农民务农的积极性有所下降。粮食生产规模化、机械化标准化和产业化程度不够高，社会化服务体系还不够完善，不能很好地应对新形势的发展。耕地撂荒、粮改经等问题非常普遍和突出，特别是玉米等旱粮改种柑橘、火龙果等水果类作物面积较大，粮食播种面积和产量呈现下滑的态势。由于部分县区粮食生产功能区划定经费和技术单位落实较慢，全市粮食生产功能区划定进度整体较慢。

2.特色产业种植结构调整及品牌提升有待加强。一是南宁市水果种植结构不够合理，品种品质有待进一步提升，影响水果业整体效益提高。二是香蕉枯萎病和柑桔黄龙病综合防治难度大，水果保鲜贮藏能力和加工技术水平滞后，水果采后商品化处理和品牌经营不足。三是蔬菜规模化、产业化、标准化生产程度有待进一步加强，蔬菜产品深加工能力仍然较低，蔬菜卖难买贵现象依然存在。四是糖料蔗生产设施化程度低，机械化应用普及面积少，种植收益低。五是畜禽规模场生态养殖改造、认证任务重，工作推进难度大，种养结合不够紧密。

3.产业促脱贫工作仍需长期开展。由于贫困地区耕地资源少、生产条件恶劣，要解决产业发展规模小、组织化程度低、提高产业覆盖率等问题，难度仍然较大。

部分新型农业经营主体带动脱贫成效不明显，产业规模偏小，难以形成产业化和创建品牌，产业综合带动力度不足。村级电商服务站运营能力还需提升，网点业务内容单一，仅从事网上代购、充值等便民服务，网上代卖和网销农副土特产品、旅游产品工作还需提升。

三、促进农民增收的几点建议

（一）特色产业提升上下功夫

加强特色产业“品种改良、品质改善、品牌创建”，通过项目支持和带动龙头企业、专业合作、种植大户开展标准化生产，建设水肥一体化设施，引进推广农业新品种和先进适用技术，实现基地生产条件标准化升级改造，提升农产品质量水平，进而提高农民收入。

（二）加快农业产业结构调整

创新土地流转体制机制，培育新型经营主体，加强对农田基础设施的建设力度，完善农田基础设施，特别是农村饮水安全工程、中小河流综合整治工程和灌溉渠系工程的建设，提高农业抗御自然灾害的能力，积极带动农民加快增收。

（三）加大产业扶持力度

充分发挥科技特派员、各级农业技术干部的作用，加强技术培训和指导服务力度，组织开展春季、冬季农业技术大培训活动。积极推进产销对接工作，综合利用电商平台、农产品展销会、帮扶后盾单位、粤桂合作产业协作对口帮扶等，通过线上线下的方式帮助农民拓宽销售渠道，解决农产品销售问题。大力实施“互联网+”扶贫工程，以电子商务推进贫困地区特色产业发展和农产品网销能力，加快推进农产品上行。

（四）加强农产品品牌意识

以创建特色农产品优势区为契机，加强农产品品牌化发展。重点支持绿色产品、有机农产品、地理标志农产品等的申请认证和扩展，培育市场溢价能力强、占有率高的优秀品牌。加强传统品牌的整合，集中建设一批叫得响、有影响的区域公用品牌作为特优区的“地域名片”。完善品牌维护与保障机制，建立特色品牌目录制度，优化品牌标识。

2018年柳州市农村居民可支配收入增长10.7%

陈 雨

据国家统计局柳州调查队调查，2018年柳州市农村居民可支配收入13451元，比上年同期增加1300元，名义增长10.7%，比广西平均水平高0.9个百分点，增速排名广西第二位；扣除价格因素，实际增长8.0%，农村居民可支配收入呈较快增长态势。

一、农村居民收入增长的主要特点

从可支配收入构成来看，2018年，柳州市农村居民人均工资性收入3978元，增长11.9%；人均经营净收入7417元，增长10.4%；人均财产净收入107元，增长15.1%；人均转移净收入1949元，增长9.4%。

表1　2018年柳州市农村居民人均可支配收入情况

指标名称	绝对值（元）	增加额（元）	增长率（%）	比重（%）	拉动增长（百分点）	贡献率（%）
可支配收入	13451	1300	10.7	—	—	—
一、工资性收入	3978	423	11.9	29.57	3.48%	32.54
二、经营净收入	7417	696	10.4	55.14	5.73%	53.54
三、财产净收入	107	14	15.1	0.80	0.12%	1.08
四、转移净收入	1949	167	9.4	14.49	1.37%	12.85

（一）经营净收入快速增长，是农民收入增长的主要来源

2018年，柳州市农村居民人均经营净收入7417元，同比增加696元，增长10.4%，拉动农村居民收入增长5.7个百分点，占农村居民人均可支配收入比重55.1%，是农民收入增长的最主要来源。经营收入增长的主要因素：

1.乡村振兴战略全面实施，为农村居民增收创造良好条件。柳州市全面实施乡村振兴战略，大力发展特色优质安全高效现代农业，粮食、桑蚕、蔬菜、茶叶等产业生产稳定，甘蔗、水果种植面积不断扩大，46.4万亩“双高”基地建设完成16.9万亩。实施现代特色农业示范区增点扩面提质升级三年行动计划，推进“三区三

园一体”建设，一二三产深度融合，推动“厅市”共建的中国柑桔谷现代农业产业园建设，柳南区螺蛳粉产业园成功创建国家现代农业产业园，融安金桔获批创建中国特色农产品优势区，三江茶叶获批创建广西特色农产品优势区，柳江区“乡约藕遇”入选自治区田园综合体项目，推进农业产业化、规模化发展，重点龙头企业118家，辐射带动农户超过26万户；登记家庭农场481家，农民专业合作社2738家，新型经营主体覆盖带动70%以上的农户。

2. 各项产业稳步发展，促进农民增收效果明显。一是水果产业助力农民增收效益好。据柳州市农业部门预计，2018年柳州市水果面积115.50万亩，产量112.96万吨，产值56.48亿元，比上年分别增加6.9%、13.5%、13.6%。如融水县水果种植面积达6.07万亩，产量达到5.77万吨，同比增长2.2%，产值1.80亿元，同比增长8.6%。二是林业及林下经济发展迅速。2018年，柳州市共完成植树造林20.6万亩，完成酸笋用竹示范基地建设5300亩，预计完成林下经济产值60.5亿元。如鹿寨县林木采伐81万立方米，同比增长3.4%，实现产值5亿元，同比增长11.4%。三是桑茶生产稳定发展。2018年柳州市桑园面积48.5万亩，蚕茧平均价格达到43.8元/公斤，蚕农收入约24亿元；茶园面积22.2万亩，新增茶园面积6740亩，预计干茶产量1.49万吨，产值15.78亿元，同比增长6.2%和7.5%。

3. 旅游扶贫、旅游惠民带动城乡居民收入继续稳步增长。2018年柳州市旅游接待总人数5160万人次，同比增长27.7%，全市旅游总消费约598亿元，同比增长32.9%，乡村旅游总消费达197.5亿元，乡村旅游在促进农村居民增收方面发挥越来越重要的作用。

（二）工资性收入加速增长，对农民收入增长拉动作用明显

2018年，柳州市农村居民人均工资性收入3978元，同比增加423元，增长11.9%，拉动农村居民收入增长3.48个百分点，对农村居民收入增长的贡献率为32.54%。拉动工资性收入增长的主要因素有：

1. 促进农村劳动力转移就业。通过举办招聘会送岗位进村、开发公益性岗位、实施培训促进就业、鼓励自主创业脱贫致富等多种措施加大农村劳动力转移就业力度。2018年1—11月柳州市农村劳动力转移就业7.94万人，同比增长30.1%，农村劳动力转移就业进一步加快，带动农村居民收入增加。如鹿寨县实现农村劳动力转移就业8496人，同比增长21.0%；融水县农村劳动力转移就业新增1.4万人，同比增加13.6%。

2. 务工收入稳步提高。人社部门举办的春风行动，吸引了大量企业集中招工，主要从事制衣、制鞋、建筑、汽配、物流等工种，工价的上涨留住了不少外出务工人员在本地企业打工。如根据农民工监测调查显示，柳州市本地农民工月工资水平2452.8元，同比增加438.4元，增幅为21.76%。又如据调查，柳江区新兴工业园是汽车零部件配套基地，园区内平均工资水平在3000元左右，较上年同期有

200~500元的增长。

3.建设农村劳务合作社，吸纳人口就业增收。成立劳务合作社，提高劳务合作的组织化程度。如鹿寨县截至2018年11月，经工商注册登记的农民专业合作社数已发展到494家，出资额63359.8万元，入社农户3335户，辐射带动农户0.26万户，合作社数量、出资额、入社农户数、辐射带动农户数同比分别增长19.0%、40.0%、17.8%、16.0%，实现年销售额达500万多元，年均带动每户农户增收5000元，带动全县农民人均增收200元。

（三）财产净收入高速增长，增速超过其他三大收入

2018年，柳州市农村居民人均财产净收入107元，比上年增长15.1%，占农村居民可支配收入比重0.8%，虽占比重最小，但增长速度最快，主要是土地流转收入增加，促进农民财产性收入的增长。目前柳州市农村土地承包经营权流转有序推进，土地承包经营权流转面积65.1万亩，承包总金额达45570万元，均同比增长9.0%。

（四）转移净收入稳步增长，成为农民增收的新动力

2018年，柳州市农村居民人均转移净收入1949元，比上年增长9.4%。主要受益于各县区加大精准扶贫攻坚工作力度和落实惠农补贴政策，促进农民收入增长。截至2018年11月底，柳州市共筹集各级财政扶贫资金19.99亿元，与2017年同期相比增加投入3.73亿元，增长22.9%，投入专项扶贫资金9.95亿元，同比增长62.3%，其中市本级落实财政专项扶贫资金3.70亿元，较2017年投入数增加1.64亿元，增幅达79.0%。

二、农村居民收入持续快速增长的制约因素

（一）农户规模化经营水平不高，农产品缺乏市场竞争力

当前农村地块零碎，土地规模化流转少，集约化种养、加工和经营的程度偏低，规模效益体现不足，农产品生产产业化程度低，加上农业资金投入不足，产业增收压力大，农产品质量不高，产业组织体系发展相对滞后，品牌影响力不高，导致市场竞争力不强，价格受市场波动影响大，制约农民增收。

（二）农业基础设施薄弱，产业结构需要调整

农业设施装备总体水平仍然偏低，部分农田基础设施不完善，排灌系统尚未改造完毕，抗灾害能力差；产业基础薄弱，农业经济总量偏小，产业发展大而不强；农产品产业链发展不充分，由于加工能力偏弱、同质化严重、特色产品少、品牌影响力不高、销售渠道不顺畅等因素，市场主导能力弱，产业结构调整任务艰巨。

（三）城镇化水平加快，耕地存量逐渐减少

随着城镇化、工业化进程不断加快，征收土地增加，使得基础设施条件较好粮田面积进一步减少，耕地面积逐年下降，实施耕地占补平衡后新开发的耕地生产水平较低，影响农产品质量、产量，给稳定粮食面积、实现高产稳产带来较大压力，农村居民增收渠道减少。

（四）农村劳动力结构不合理，知识短缺、新技术推广困难

目前农村大部分青壮年劳动力外出务工，年轻劳力少，留守人员以妇女、儿童及50岁以上老人为主，赡养和抚养比例较高，劳动力短缺、老龄化严重、接受能力不强，适应市场变化的应变能力差，缺乏就业技能，新技术，新品种推广困难，不利于科学种养等新知识的普及应用。

三、促进农村居民增收的几点建议

（一）加大产业扶持力度，提高农产品生产集约化、组织化水平

继续加大脱贫攻坚力度，把精准扶贫与农牧产业发展相结合，坚持“以种带养、以养促种、种养互补、循环利用”的立体发展模式，加大产业扶持力度，因地制宜、突出重点、统筹兼顾、科学布局，发展优势特色农业，加快农业特色产业化进程，建立农产品精加工企业，提高农产品加工业技术水平，尽快改变目前“小、散、粗”的现状，走品牌化道路，进行农产品包装、再加工，打造品牌，进入高端农产品市场，促进农民稳步长效增收。

（二）加快产业结构调整，提升农产品市场竞争力

围绕农业特色化、标准化、品牌化、规模化、产业化等“五化”，加快转变农业发展方式，培育规模较大和竞争力较强的优势特色产业。注重农产品加工业的发展，把提升农业产业的综合效益和整体竞争力作为促进新动能转换的重点，着力培育引进加工全产业链项目。同时加大农产品品牌培育和营销，以柳州螺蛳粉、柳州金桔、柳州红茶等优势特色产品为主，打造一批农产品区域公共品牌和企业品牌，不断提高农业创新力、竞争力和全要素生产率。

（三）扩大招商引资范围，优化营商环境

政府等相关部门要积极扩大招商引资，以落实创业就业政策为主线，督促项目落实进度，推进各类产业集聚区和商务中心区发展，在相关要素同心同向、多管齐下、聚焦短板和弱项、抓住关键环节的共同作用下，用系统的思维去补短板、优环境、增活力，做企业创业经营的服务者，提出优化营商环境的目标要求，进一步改善政务、建设经营、融资、人力资源、税费、通关、信用、法治等八大方面，积极营造更加适合农民工回乡创业的环境。

（四）鼓励农民工返乡创业，促进劳动力转移就业

全力支持农民工回乡创业，建立返乡创业“绿色通道”，在工商注册登记、项目审批、土地使用、创业担保贷款等方面简化审批程序，落实税收优惠政策，帮助创业人员提高创业技能，增强创业成功率。同时要开展“引凤归巢”活动，以人文环境、资源优势和政策优势吸引更多的农村能人、劳务大户以及企业家，带技术、带资金回乡创业，以创业带动就业；并认真组织开展农村劳动力转移就业工作，加大对特定人群的职业技能培训力度，进一步扩大就业面和就业范围，帮助农民工就地就近就业，扩宽农村居民增收渠道。

2018年桂林市农村居民可支配收入增速放缓

郑雯月

据国家统计局桂林调查队调查数据显示，2018年桂林市农村居民人均可支配收入14626元，比上年增加1281元，名义增长9.6%，增速比广西平均水平低0.2个百分点，在广西14个市中排第10位，剔除价格因素后，实际增长7.2%。

一、桂林市农村居民人均可支配收入增长特点

（一）近四年人均可支配收入增速逐步回落

2015年—2018年来，虽然桂林市农村居民人均可支配收入均保持在9%以上的较快增长模式，但增速逐步回落，名义增速分别为9.9%、9.8%、9.6%和9.6%，剔除价格因素，实际增幅分别为7.9%、7.3%、7.9%和7.2%。可支配收入名义增速在广西排位从2015年第2位下降到2018年第10位。

（二）人均工资性收入和转移净收入占可支配收入比重提高

近年来，桂林市各级有关部门积极贯彻落实各项就业和帮扶政策，稳步提高最低工资标准，促进农村居民人均工资性收入和转移净收入快速增长，人均工资性收入占人均可支配收入的比重从2015年的33%增长为2018年的34.7%，提高1.6个百分点；人均转移净收入收入占人均可支配收入的比重从2015年的12.8%增长为2018年的14%，提高1.2个百分点。经营净收入占比下降最大，从2015年的52.2%下降为2018年的48.9%，下降3.3个百分点（见图1）。

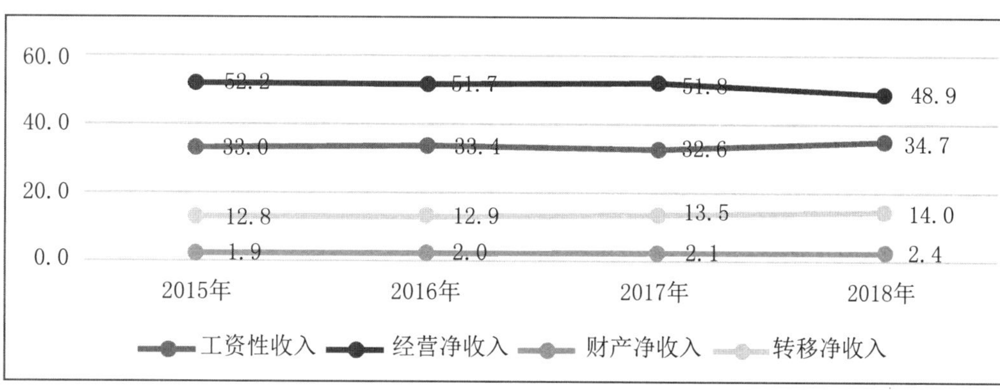

图1　2015—2018年桂林市农村居民人均可支配收入四大项收入占比走势

注：图中数据单位为%。

（三）城乡居民可支配收入倍差持续缩小

近年来，市委市政府加大收入分配调节力度，加快推进收入分配制度改革，在增加城乡居民收入、缩小城乡居民收入差距方面取得较好成效。2018年桂林市农村居民人均可支配收入比上年增加1281元，增长9.6%，增幅高于城镇居民人均可支配收入增幅3.1个百分点。四年来桂林市城乡居民收入倍差逐年缩小，从2015年的2.53缩小为2018年的2.37（见图2）。

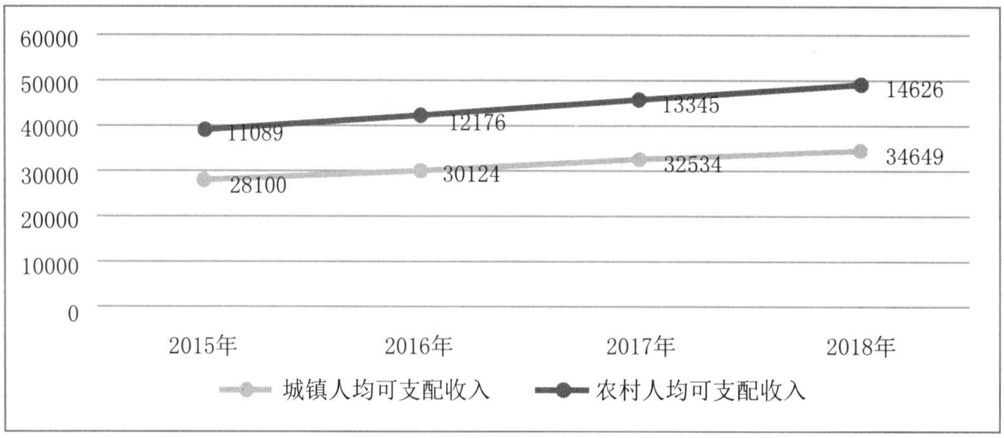

图2　2015—2018年桂林市城乡居民人均可支配收入走势图

注：图中数据单位为元。

二、农村居民收入增长的基本情况及主要因素

（一）工资性收入贡献率最大

2018年，桂林市农村居民人均工资性收入5070元，比上年增加1281元，增长16.4%，占可支配收入的比重为34.7%，拉动可支配收入增长5.4个百分点，对可支配收入增长的贡献率为55.8%。增长的主要原因：

1.最低工资标准上调推动务工工资上涨。自2018年2月1日起桂林执行最新工资标准，调整后，桂林市城区的最低工资标准从1400元/月增加为1680元/月，每月增加280元，增长20%。桂林市辖各县、自治县从1000元/月增加为1300元/月，每月增加300元，增长30%。这将带动各行业工资、失业保险金等上涨。

2.农村居民就业人数快速增长。农村就业人数增加有效地推动家庭收入增加。据桂林市人力资源和社会保障局统计，2018年1—11月，农村新增劳动力转移就业12.06万人次，同比增加4.5万人次，增长48%。全市通过组织大型农村劳动力转移就业专场招聘会、精准扶贫招聘安置工作、落实贫困家庭“两后生”优惠政策等措施，实现大批农村劳动者等就近就地转移就业。

（二）经营净收入占比仍然最大

2018年，桂林市农村居民人均经营净收入7159元，比上年增加251元，增长

3.6%，占可支配收入的比重为48.9%。拉动可支配收入增长1.9个百分点，对可支配收入增长的贡献率为19.6%。增长的主要原因是水果种植促农增收明显。2018年桂林市水果量价齐升。据桂林市水果办初步统计，水果产值199.63亿元，同比增长31.03%，约占广西水果总产值的1/3。主要水果价格都明显上涨，其中：柑橘类水果平均售价约为4.0元/公斤，比上年同期增长14.3%；桃子平均售价约为4.6元/公斤，比上年同期增长9.5%；李子平均售价约为4元/公斤，比上年同期增长11.1%；葡萄平均售价约为6.4元/公斤，比上年同期增长20%。住户调查数据汇总结果显示：2018年农村居民人均出售水果825.2公斤，同比增长55.6%；人均出售水果收入3286.5元，同比增长26.0%，其中人均出售柑桔类水果567.7公斤，人均出售柑桔类水果收入2641.7元，同比增长22.8%。

（三）财产净收入增长最快

2018年，桂林市农村居民人均财产净收入347元，比上年增加62元，增长21.8%，占可支配收入的比重为2.4%，拉动可支配收入增长0.5个百分点，对可支配收入增长的贡献率为4.8%。增长的主要原因是种植水果效益好，很多居民承包土地种植果树，转让土地经营权租金收入增加。据桂林市农业局资料显示，2018年桂林市土地流转面积68.72万亩，同比增加2.4万亩，按800元/亩的转让价格，农村转让土地经营权租金收入增加1920万元。

（四）转移净收入较快增长

2018年，桂林市农村居民人均转移净收入2050元，比上年增加254元，增长14.1%，占可支配收入的比重为14.0%。拉动可支配收入增长1.9个百分点，对可支配收入增长的贡献率为19.8%。

1.“精准扶贫”助农脱贫致富。2018年桂林市共投入财政专项扶贫资金112838.56万元，比上年同期增长1.7%。扶贫资金的大额投入，有效解决了贫困地区基础设施建设、资金短缺等问题，拓宽了贫困地区发展生产的渠道，使贫困地区居民收入明显增加。

2.养老金增长较快。随着新农保参与率和补贴标准不断提高，农村居民养老金收入不断提高。据桂林市人力资源和社会保障局统计，2018年1—12月全市共发放基础养老金738128万元，比上年同期增长8.6%。自2018年1月1日起，城乡居基本养老保险基础养老金最低标准提高至116元/人·月，每月提高26元/人，增长28.9%。

三、农村居民增收不利因素

（一）农业抵御风险能力较弱

一是农业基础设施薄弱。本市农业基础设施条件虽然得到了较大改善，但耕作区道路、水利、电力等基础设施仍然不配套、不完善，抵御自然灾害能力还较弱。二是农业现代化产业化程度低。农业生产规模化、组织化、产业化程度不高，专业合作组织规模小，农产品加工流通环节缺少大型的农业龙头企业、专业合作组织，农产品加工转化率和增值率低。三是农户对市场信息把握不准，生产存在一定的盲目性，存在种植的随意性和品种、数量、质量的不确定性，极易造成市场饱和年份价格大起大落。

（二）农业生产成本增加

主要是农业生产资料价格上涨。如据居民消费价格指数（CPI）调查显示，受原材料价格上涨和环保要求提高企业限产停产等因素的影响，2018年广西农业生产资料价格同比上涨1.8%，其中，桂林市全州县同比上涨4.4%。

（三）多因素影响生猪养殖效益

一是各主要养殖场竞相扩能增产，由于货源充足，导致2018年2—8月生猪价格持续低迷，养殖亏损严重。二是疫情影响养殖效益。2018年10月下旬，云南、湖南先后出现非洲猪瘟疫情，按照有关规定，广西生猪不能外调出境，从而导致桂林市生猪收购价格突然暴跌，10月底一度从13.4~13.8元/公斤直接跌至11.4~11.8元/公斤，下跌2元/公斤，养殖户立即由盈利变为亏损。三是桂林市划定了中心城区禁养区，2017年关停畜禽养殖场894家。各县禁养区陆续划定，许多养殖场面临搬迁问题，禁养区外的养殖场也存在改造升级问题，需要投入较多资金，增加了养殖成本。

四、促进农村居民增收的建议

（一）加大农业投入和指导力度

一是继续加强对农业的投入，加强农业基础设施建设；二是加强农产品种植技术支持和指导，充分发挥本地本市大专院校多、技术力量雄厚的优势，研究农产品种植的技术问题，提高农产品附加值，引进推广实用先进设备，进一步改善农产品质量，提高农业抗天气灾害能力。

（二）培育农业龙头企业，降低农民生产经营风险

一是培育一批区域特色鲜明、带动作用大、劳动力转移能力强的龙头企业，形成与农民利益共享、风险共担的发展机制，形成以市场牵“龙头”“龙头”建基地、基地连农户的格局，带动农业的企业化、集约化和产业化发展。二是打造桂林农产品“互联网+”商贸平台，打破农产品流通壁垒，由相关部门统一监督和管理，打造桂林电商新品牌。

（三）发展质量农业，增强农产品市场竞争力

发展质量农业，推进农业供给侧结构性改革要坚持走绿色发展之路，不断增加绿色优质农产品供给和生态产品供给。加强生态建设和保护，大力发展生态农业、循环农业，实施化肥、农药零增长行动，减少农业面源污染，推广绿色生产方式，确保农业可持续性发展。

（四）多渠道增加农民收入

一是尊重农户自身意愿，推动农户通过土地流转、要素入股、劳动力就业、产销对接等方式参与新型农业经营主体发展乡村产业；二是完善并落实创新创业政策，完善就业服务体系，吸引本地大学毕业生、外出务工人员返乡创业，为农村创业者提供项目开发、开业经营政策扶持服务。

2018年梧州市农村居民可支配收入增长较快

廖峤卉

据抽样调查数据显示，2018年梧州市农村居民人均可支配收入12238元，比上年增加1153元，增长10.4%，比广西平均水平高0.6个百分点，增速在广西14个市排第4位。

一、农村居民收入主要特点

（一）收入继续保持较快增长，在广西排名上升

2018年，梧州市农村居民人均可支配收入增速稳步提高，比2017年增速9.3%提升1.1个百分点，增幅排名在2017年广西第9位上升到2018年第4位。

（二）农村与城镇收入倍差进一步缩小

2018年梧州市农村居民人均可支配收入增幅比城镇人均可支配收入增幅高4.1个百分点，城乡居民收入倍差由2017年的2.65缩小为2.55。

二、促进梧州市农村居民增收的主要因素

（一）工资性收入保持较快增长

2018年梧州市农村居民人均工资性收入为5247元，较上年增长10.3%，占可支配收入比重为42.9%，对可支配收入增长的贡献率为42.4%，拉动农村居民可支配收入增长4.4个百分点。工资性收入增长的主要原因：

1.季节性用工需求和工资水平的提高。砂糖桔、荔枝、蔬菜等农产品采收需要大量劳动力，建筑、装修等工作需要大量有技能的农民工，农民工日工资水平逐年提高。每年砂糖桔等水果采摘季，每天摘果人工达80~150元/人，比上年70~120元/人有一定程度的上涨，是农民务农外重要的收入来源。

2.政府采取积极的就业促进政策。梧州市积极开展“就业援助月”“春风行动”“民营企业招聘周”等专项行动，据统计，2018年全市各级人力资源市场共组织3536家次企业开展154场招聘活动。同时积极送岗下乡，从5月起到11月，分别在藤县太平镇、同心镇和藤州镇、苍梧县沙头镇、长洲区倒水镇、蒙山县陈塘镇等人力资源丰富的乡镇举办巡回招聘会，共邀请111家次市重点服务企业及其他各类企业参加，提供就业岗位9041个次，促进企

业与农民工之间的信息对接，送岗下乡，为农民工提供大量家门口就业机会。

（二）经营净收入比重呈现上升态势

梧州市农村居民人均经营净收入为4179元，较上年增长8.2%，占可支配收入比重为34.1%，对可支配收入增长的贡献率为27.3%，拉动农村居民可支配收入增长2.8个百分点。

1.粮食和蔬菜生产稳步推进。据市农委提供数据，2018年全市粮食播种面积226.88万亩，完成全年任务218万亩的104.07%；全年粮食产量预计76.49万吨，完成目标任务的102.0%；全年蔬菜面积130万亩，增长4.0%左右，产量236万吨，增长5.0%左右。

2.水果种植面积和产量增长迅速。据市农委提供数据，2018年梧州市水果种植面积达到85.38万亩，增长5.89%；产量74.61万吨，增长近11.16%。作为广西砂糖桔的重要产区，梧州市2018年初投产的200多亩早熟柑桔金秋砂糖桔，上市后价格6.5元/斤，平均销价每市斤比上年高0.5~1元，显示了梧州市早熟优质柑桔优势，砂糖桔量价齐升带动了农民创收积极性。

3.蜂蚕养殖产业发展良好。1—11月，全市桑园面积保持在63329亩，今年累计发种27529张，平均售价为72元/张。蚕茧平均收购价每市斤比上年高3~5元。全市养蜂专业户约3000户，共有蜜蜂19.6万群，约占全广西蜂群总数的20%，仅蒙山县和甜蜜家蜂业产值已超5亿元。

4.乡村旅游的发展优化了农民家庭经营结构，带动农村居民经营收入快速增长。据市农委提供数据显示，2018年全市休闲农业旅游总收入可破8.66亿元，农副产品销售收入5.96亿元；从业人数达27067人，其中：农民就业人数26007人，带动农户17363户，接待人数337.78万人次。

（三）财产性收入渠道多元化，净收入增幅迅猛

得益于国家乡村振兴战略的全面实施，农村交通通信和相关基础设施的不断完善，土地确权政策的推进，梧州市农村居民收入途径日益多元化。土地租赁、村集体和农业合作社等分红极大地丰富农村居民收入内容。2018年，梧州市农村居民人均财产净收入为209元，较上年增长32.3%，占可支配收入比重为1.7%，对可支配收入增长的贡献率为4.4%，拉动农村居民可支配收入增长0.5个百分点。财产净收入增长的有利原因有：

1.土地流转租金收入平稳增长。2018年，全市农村土地承包经营权流转面积预计达34.4万亩，流转率27.2%，（全市农村耕地面积126.25万亩），比上年同期增加5.7万亩，增长19.9%。随着梧州市土地确权工作的推进和落实，农村居民出租土地的方式得到规范，土地流转的效率提高。农村大力发展合作社、引进企业，土

地租金持续上涨，土地流转租金收入增加推动了农村居民财产净收入的增加。如梧州市岑溪市西江果蔬产业（核心）示范区连片面积达3200亩，引进市级农业产业化龙头企业九源生态农业公司，发展当地的优势产业百香果产业，采用互联网+网上销售模式，带动当地农户增收致富，辐射带动整个岑溪市乃至全市周边的百香果产业；长洲区龙华现代特色花卉苗木示范区流转5008亩种植各种花卉苗木，大力发展村集体经济，取得良好的经济效益。

2. 红利收入增长迅速。梧州市实施精准扶贫政策，为建档立卡的贫困户提供小额信贷入股合作社分红，累计发放贫困户委托经营分红14315.9万元；政府积极在各村推广合作社模式，引导农民抱团发展，农民以资金、土地或者劳动力投入等方式参与生产，更容易获得扶贫政策扶持、信贷资金和技术支持，入股农户既获得就业机会和股金分红，又降低了经营风险。

（四）转移净收入稳步增长

梧州市农村居民转移净收入为2603元，较上年增长12.9%，占可支配收入比重为21.3%，对可支配收入增长的贡献率为25.8%，拉动农村居民可支配收入增长2.7个百分点。一是梧州市加大精准扶贫力度，对贫困地区农民发放各类惠民补贴，提高了农村居民政策性生活补贴收入。二是农村居民基本养老保险基础养老金标准提高。从原来每人每月90元提高至116元，其中65岁以上人员，每人每月再增加5元。三是外出务工人员寄带回和赡养收入的增加也拉动了转移净收入增长。

三、影响梧州市农村居民增收的不利因素

（一）部分农产品量升价跌

2018年，受天气、疫病和市场需求饱和等不利因素影响，部分农产品销售情况不佳。受市场销售情况和疫病等影响，梧州市生猪价格全年均处在较低水平。2018年是荔枝挂果“大年”，荔枝主产区普遍丰产；入春以来雨水充沛，荔枝品质下降，加上荔枝本身不易保存的特性，价格与往年比出现一定程度下降，导致了“丰产不丰收”。

（二）缺乏劳动技能和法律意识，在求职中处于被动地位

农民工普遍存在劳动技能匮乏的问题，导致部分农民工在就业时选择范围有限，只能从事收入较低的工种。其次，一些农民工法律意识不强，不注重保护自身劳动权益，侵害行为发生时往往不会利用法律武器来保障自身合法权益。如在走访住户时发现存在用人单位拖欠农民工薪资的情况，被拖欠工资的农民工表示对解决农民工工资拖欠问题的文件和法律规定不了解，虽然签订了劳动合同，但由于年龄大和找工作困难，均表示不会向行政部门举报，这一定程度上也说明农民工择业的

局限性，在劳动力供需市场中，供给方仍然处于相对的弱势。

（三）农商对接不畅，农民不敢扩大生产规模

因为文化水平的限制，部分农民缺乏了解市场需求的能力，不能够及时了解市场需求从而生产与市场适销的产品，导致农民不敢生产、不会生产，压制了农民农业生产的积极性，减弱了农村居民增收动力。

四、促进农村居民增收的几点建议

（一）加强劳动力市场监管和就业指导，提高农民工工资水平

继续出台各项就业扶持政策，落实好各项惠农项目，加快发展产业园区，提供就业岗位；结合当前劳务市场需求，加大对农民工就业指导和技能培训，提高农民工的劳动技能，引导农民工就业；加强劳动力市场监管，对拖欠农民工工资的行为严肃处理，并保障农民工各项基本权益，确保农民工工资稳步提高。

（二）优化农村居民收入结构，拓宽农民收入渠道

出台就业扶持和产业扶持政策，对农村地区的企业和产业进行扶持，让土地流转政策给农民带来实实在在的红利收入。同时依托地区资源，引进企业、资金大力发展乡村第三产业，增加农村劳动力就近工作机会，为农村三产收入增长提供有利条件。

（三）拓宽农产品销售途径，促进农民增产又增收

加大农产品产销对接力度，创新农产品销售方式，发展农产品电商平台等现代销售模式，建立产品供求信息系统和产销对接平台，大力推广订单农业、农企直销等农产品销售模式，降低农民种植风险，让农民安心搞生产，在增产的同时又能增收。

2018年北海市农村居民收支稳步增长

莫小晖

据国家统计局北海调查队住户调查数据显示，2018年北海市农村居民人均可支配收入为13998元，同比名义增长9.8%，增幅与广西平均水平持平，比全国平均水平高1.0个百分点，扣除价格因素实际增长8.3%；人均生活消费支出达到9780元，同比名义增长9.5%，扣除价格因素实际增长8.0%。

一、北海市农村居民可支配收入基本情况

（一）四大项收入呈全面增长态势

2018年，北海市农村居民工资性收入4279元，同比增长14.9%，占可支配收入的30.5%；经营净收入8246元，增长6.0%，占可支配收入的58.9%，居四大项第一位；财产性净收入346元，增长3.3%，增长相对缓慢，对总体收入的支撑作用不明显，占可支配收入的2.5%；转移性净收入1127元，增长23.7%，增长较快，增速居四大项首位，占可支配收入的8.1%（见表1）。

表1　2018年北海农村居民人均可支配收入构成情况

指标名称	2018年（元）	2017年（元）	增加额（元）	增幅（%）	占比（%）	贡献率（%）	拉动增长（%）
可支配收入	13998	12749	1249	9.8	—	—	—
1.工资性收入	4279	3724	555	14.9	30.6	44.4	4.4
2.经营净收入	8246	7779	467	6.0	58.9	37.4	3.6
3.财产净收入	346	335	11	3.3	2.5	0.9	0.1
4.转移净收入	1127	911	216	23.7	8.0	17.3	1.7

（二）工资性收入对增收的贡献率最大

2018年，北海市农村居民工资性收入对可支配收入的贡献率为44.4%，拉动可支配收入增长4.4个百分点，是农民增收的首要动力；经营净收入对增收的贡献率为37.4%，拉动可支配收入增长3.6个百分点；人均财产净收入对增收的贡献率

为0.9%，拉动可支配收入增长0.1个百分点；人均转移净收入对增收的贡献率为17.3%，拉动人均可支配收入增长1.7个百分点。从总体上看，工资性收入和经营净收入占比明显较高，财产净收入、转移净收入对居民增收的支撑作用还有待进一步提高。

（三）城乡差距不断缩小，农村居民增收效果明显

2018年，北海市农村居民可支配收入增速比城镇居民可支配收入6.4%的增速高3.4个百分点。2016年至2018年北海市城乡居民可支配收入倍差分别为2.53、2.50和2.43，城乡居民可支配收入差距呈逐年缩减趋势，农村居民收入增速已经连续3年高于城镇（见图1）。

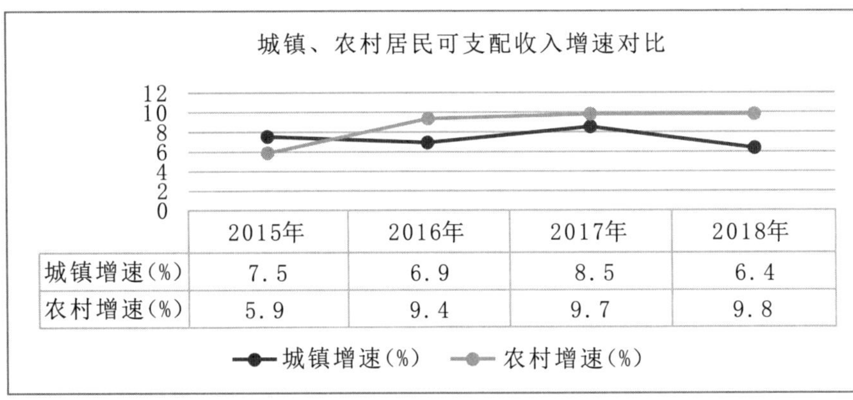

	2015年	2016年	2017年	2018年
城镇增速(%)	7.5	6.9	8.5	6.4
农村增速(%)	5.9	9.4	9.7	9.8

图1　2015—2018年北海市城镇、农村居民可支配收入增速对比

（四）2018年北海市农村居民可支配收入实现稳步增长

2018年北海市农村居民可支配收入实现稳步增长，主要得益于以下因素：

一是本地就业机会增加为工资性收入持续增长奠定了基础。2018年北海市经济运行平稳，各区县新开工项目增加，精准扶贫力度加大，城乡基础设施建设加快，带动农民在本地就业机会增加，农村劳动力潜力进一步释放。据北海市人社局相关资料，2018年全市农村劳动力转移就业新增9800人，其中建档立卡农村贫困劳动力完成转移就业1329人。另据农民工调查资料，2018年农民工本地非农务工日平均工资为124.0元，比上年同期的92.3元，增长34.3%。

二是精准扶贫力度持续加大，各项惠农补贴及时兑现，保障转移净收入较快增长。2018年北海市财政投入专项扶贫资金1.24亿元，比上年的1.03亿元增长20.4%，有针对性地组织建档立卡农村贫困劳动力1992人次进行培训，实现建档立卡农村贫困劳动力完成转移就业1329人。此外，乡村公益岗位、扶贫车间、农民工创业园吸收628人就地就业。通过加大对贫困户的就业、金融、医疗、教育等扶持力度，助推贫困村、贫困户发展产业，促进贫困人口收入持续较快增长。同时，2018年北海市农村居民最低生活保障金标准由每人每年3420元上调到4000元，增幅达到了17.0%；农村低保对象补助水平由平均每人每月140元提高到170元，增幅达到了21.4%，推动了全市农村居民转移性收入增长。

三是第三产业经营净收入成增收亮点。随着农村居民生活水平的提高，消费观念的放开，三产净收入成为增收的一大亮点。2018年三产经营净收入1895元，同比增长18.9%，在三个产业经营收入中增幅和贡献率均为最高（见表2），冲抵了农业和牧业收入下降对经营净收入的影响。

表2 第一、二、三产业经营收入贡献率

指标名称	2018年（元）	2017年（元）	增加额（元）	增幅（%）	贡献率（%）
可支配收入	13998	12749	1249	9.8	—
经营净收入	8246	7779	467	6.0	37.4
（一）第一产业经营净收入	6094	5944	150	2.5	12.0
（二）第二产业经营净收入	257	241	16	6.6	1.3
（三）第三产业经营净收入	1895	1594	301	18.9	24.1

二、北海市农村居民消费支出基本情况

2018年，北海市农村居民人均生活消费支出达到9780元，比上年增加850元，同比名义增长9.5%，扣除价格因素实际增长8.0%。八大类消费支出呈现全面增长态势（见表3）。

表3 2018年北海市农村居民人均消费支出情况

指标名称	2018年（元）	2017年（元）	增加额（元）	增幅（%）
生活消费支出	9780	8930	850	9.5
1.食品烟酒	3285	3145	140	4.5
2.衣着	363	315	48	15.2
3.居住	2632	2318	314	13.5
4.生活用品及服务	569	498	71	14.3
5.交通通信	959	860	99	11.5
6.教育文化娱乐	1104	975	129	13.2
7.医疗保健	716	673	43	6.4
8.其他用品和服务	152	146	6	4.1

（一）生活质量逐年提升

2018年，北海市农村居民人均食品烟酒消费支出3285元，同比增长4.5%，较上年同期5.3%的增速有所放缓，恩格尔系数为33.6%，比上年同期下降1.6个百分点（见图2），其中2015、2016、2017年的恩格尔系数分别为37.5%、36.6%、35.2%。可见，随着居民消费选择不断丰富，尽管食品烟酒消费仍在居民八大类消费中占据主导地位，但占居民消费的比重逐步减小，恩格尔系数逐步降低，农村居民生活质量逐步提升。

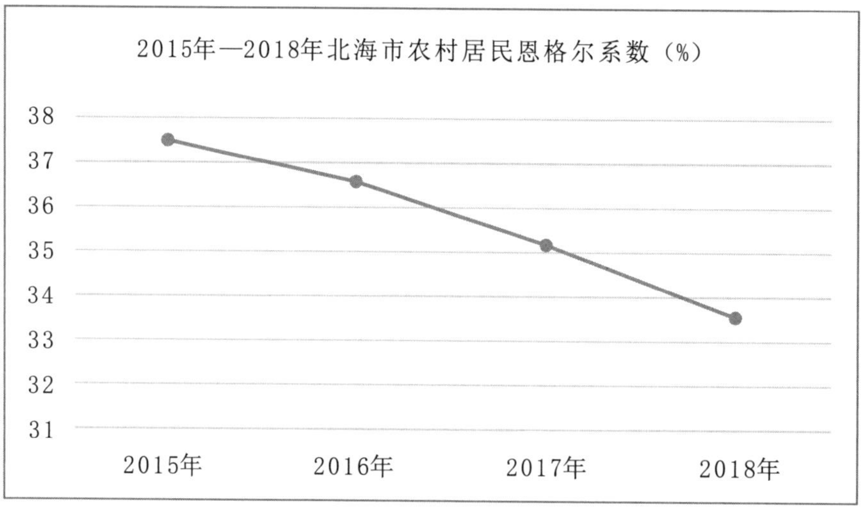

图2　2015年—2018年北海市农村居民恩格尔系数

（二）发展享受型消费支出增长较快

1.出行通信便捷多样。2018年，北海市农村居民人均交通通信消费支出959元，同比增长11.5%。近年来，北海市不断加大对农村基础设施建设的投入，交通上实现村村通公路，助推了农村居民购买私家轿车的热情。同时，科技的发展使手机价格不断下降，功能不断提升，手机由高档品向生活必需品转化，通信资费也逐年下降，促进农村居民交通通信消费持续上涨。

2.教育文化娱乐支出持续增长。“望子成龙，盼女成凤”是所有为人父母者的心愿，农村居民对子女教育和自身教育观念有所转变，越来越舍得投入。2018年，北海市农村居民人均教育文化娱乐支出1104元，增长13.2%，在消费支出中的占比比上年增加0.4个百分点。

（三）居住条件和生活环境不断改善

居住条件不断改善，居住生活设施不断更新。2018年，北海市农村居民人均居住支出2632元，增长13.5%，占消费支出的26.9%，在八大项支出占比中排第二。农村居民人均生活用品及服务消费支出569元，增长14.3%。

三、影响农民收入增长的不利因素

（一）农民工就业状态不稳定

受文化水平低、专业技能缺乏的限制，大多数农民工选择在建筑或餐饮行业打工，而建筑和餐饮行业从业人员流动性大，变换工作的频率快，难以实现持续性从业。就业状态不稳定，收入必然不稳定，能否实现增收也存在一定的不确定性。据农民工调查资料，2018年农民工本地非农务工月平均工作时间为22.2天，比去年同期的24.8天，减少了10.5%。

（二）果蔬种植价格波动影响农民增收

多年来，种植水果蔬菜是北海市农民增收的一大渠道，但近年来受果蔬价格波动大的影响，这一优势逐年消减，农民来自农业经营收入的稳定性减弱。如北海市铁山港区南康镇的住户调查样本村，该村的10户调查户中有8户都种植甘蔗和果蔬，调查户陈某2017年种植甜瓜5亩，甜瓜收购价格平均为2元/斤，由于价格不理想，该户2018年甜瓜种植面积缩减为2亩，2018年甜瓜的收购价格继续下跌为1.5～1.8元/斤，导致2018年陈某种植甜瓜收益减少；赵某2017年种植辣椒2亩，辣椒收购价格为10元/斤以上，而2018年辣椒的收购价格大幅下跌，仅为1.5～3.0元/斤，以这个价格出售辣椒不足以支付人工采摘的费用。

四、几点建议

从调查数据来看，北海市农村居民收支水平稳定增长，收支结构明显升级，但与城镇居民收支水平相比还存在一定差距，应进一步加大惠农强农政策引导力度，确保农民持续增收仍然任重道远。应结合本地实际，开发特色产业，打造多级整合、多极支撑的产业模式，进一步增收入、促消费、缩差距，真正实现农村居民收支升级。

一是深入推进乡村振兴战略。坚持推进实施乡村振兴战略的总目标和农业农村优先发展的总方针不动摇，以产业振兴为核心，紧紧围绕农业供给侧结构性改革，加快发展现代特色高效农业，促进农村一、二、三产业融合和新产业新业态发展，培育新型农业经营主体和新型职业农民，加强农村现代流通体系建设，着力培育农民增收新动能。加快推动农业全面升级、农村全面进步、农民全面发展。

二是高度关注农村居民就业，千方百计促进就业。继续实施积极的就业政策，以创业带动就业，开发就业岗位，扩大就业规模；加大职业培训力度，解决结构性就业矛盾，促进重点人群就业，努力实现更高质量和更充分就业，稳固农村居民收入增长基础。

三是拓宽增收渠道，挖掘财产性收入增收潜力。目前，财产净收入在北海城乡居民可支配收入构成中占比小、基数低，增长潜力大。应加大财产利用力度，拓宽财产性收入增收渠道，提升城乡居民获取财产性收入的机会和能力。引导农民理性投资，培养避险意识，自觉远离和抵制非法集资。通过加强规范和维护房屋租赁市场，引导城乡居民获得长期稳定的租金收益。不断完善资本市场体系，加快推进农村土地“三权分置”和集体经营性土地入市改革，鼓励农民以现金出资、土地承包经营权等不同形式入股农村经济实体，拓宽农村居民财产性增收渠道。

2018年防城港市农村居民收入增速有所回落

裴成荣

据国家统计局防城港调查队调查数据显示，2018年防城港市农村居民人均可支配收入14617元，与全国平均水平持平，总量排广西14个地级市第3位；比上年同期增长9.3%，增速较上一年度回落1.1个百分点，低于广西平均水平0.5个百分点，在广西排名第11位。

一、农村居民可支配收入增长特点

（一）人均经营净收入是拉升农村居民收入增长的主力军

据调查，防城港市农村居民收入同比增速有所回落，但人均经营净收入保持稳步增长，2018年，人均经营净收入6492元，较上同期增加615元，对可支配收入增长的贡献率为49.45%，是拉升农村居民收入增长的主力军。四大项收入对2018年防城港市农村居民人均可支配收入增长贡献率具体如图1所示。

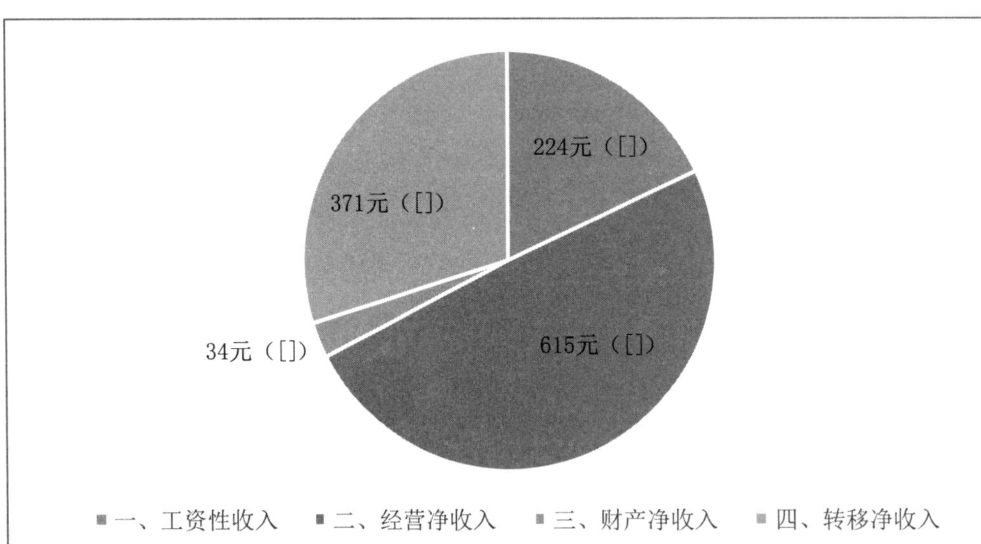

图1　2018年防城港市农村居民人均可支配收入增长贡献率情况

（二）人均财产净收入占比仍有限

2018年防城港市人均财产净收入增速为11.8%，仍保持较快增长速度，但是占比仅为2.2个百分点，在四大项收入中处于最低，对农村居民收入增长拉动作用依然有限。

（三）地区之间收入差距进一步扩大

由于县域经济发展不平衡，防城港市所辖的2个城区、1个市和1个县间的收入差距拉大。调查数据显示，2016—2018年，东兴市与上思县农村居民可支配收入差距分别为5105元、5532元、5915元，逐年扩大。

（四）城乡居民可支配收入比继续缩小

2018年防城港市农村居民人均可支配收入比上年增长9.3%，比城镇居民人均可支配收入增幅高2.3个百分点，城乡居民收入倍差为2.35。自2014年以来逐年缩小（如图2）。

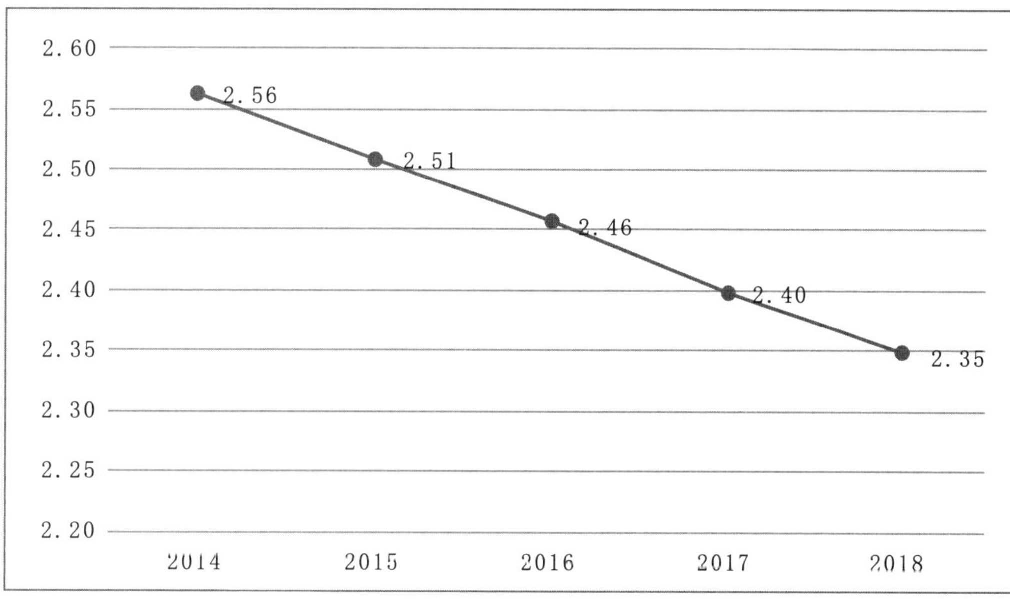

二、拉动农村居民收入增长因素分析

（一）多举措优化就业环境，促进工资性收入增长

2018年防城港市农村居民人均工资性收入4742元，同比增加224元，增长5.0%，占农村居民可支配收入的比重为32.5%，拉动可支配收入增长1.7个百分点。增长的主要原因：

1.精准扶贫政策显成效，本地非农务工人数增加。随着乡村振兴战略和精准扶贫各项政策的落实，农村地区龙头企业、家庭农场、大中型星级农家乐和合作社等吸收了较多农村劳动力就近本地务工，促进了农村居民本地非农务工人数的增长。据农民工调查显示，防城港市2018年4季度本地非农务工人数同比增长8%。

2.非农务工工资水平提高。据市人社局数据显示，2018年防城港市各行业工资水平均有不同程度增长，其中本地非农务工人均日工资增长约10%，外出务工人均月工资比去年同期增长超过20%。

3.最低工资标准提高一定程度促进收入增长。2018年防城港市调整了最低工资标准，从每人每月1400元提高到1680元。

（二）经营净收入占比最大，是农民收入的主要来源

2018年，防城港市农村居民人均经营净收入6492元，同比增加615元，增长10.5%，占可支配收入总量的44.4%，拉动可支配收入增长4.6个百分点，是农村居民增收的主要支撑。快速增长的原因：

1.第一产业继续保持稳定增长势头。一是渔业收入保持较快增长，2018年渔业收入同比增长14.6%，渔业产品产量同比增长25.6%，其中养殖产品的产量同比增长53.7%，水产品价格指数同比增长3.7%，拉动渔业收入增加。二是木材销售行情较好，木材价格回升，各树种木材价格每立方提高50~200元不等。2018年防城港市木材采伐量78.3万立方米，比上年增加了20.9万立方米，产值增加1.2亿元。三是农村电商覆盖率提升，2018年，防城港市农村淘宝等电商网点覆盖率从上年的81.5%提升至100%，为特色农产品的销售扩宽了渠道，促进了农产品价格的提升，增加了农民出售农产品收入。

2.现代特色农业示范区建设有新成效。2018年，全市共建成各级示范区达38个，其中认定为自治区级5个、县级9个，乡级23个。京族海洋特色小镇、金花茶特色小镇列入广西第一批特色小镇培育名单；“东兴石斛”和“东兴市红姑娘红薯”成功入选2017年度全国名特优新农产品目录；上思香糯被认定为广西农产品区域公用品牌；广西农潮果业有限公司“农潮田心”火龙果入选首批广西农业品牌目录，进一步带动进农民增收。如上思县在妙镇佛子村种植香糯面积已从2016—2018年的600亩增到1100亩，播种面积增长近1倍。香糯售价为13元/公斤，而当地种植的普通水稻售价为5.6元/公斤。

3.第三产业净收入快速增长，成为农村居民增收的新亮点。一是节假日旅游市场持续火爆，特别是防城港边境游和边海乡村游，农村居民通过承包观光景点、提供住宿餐饮和出海拉网垂钓等方式增加了收入。据市旅发委统计，2018年全市接待国内外游客2465.2万人次，同比增长29.1%，实现国内旅游消费216.6亿元，同比增长38.7%。二是部分以浅海捕捞为生的渔民，在2018年继续实行为期3个半月休渔期困境下，积极发展第三产业，办起了渔家乐、海边旅馆等，扩宽了收入渠道。如港口区住户李某先前做浅海捕捞，2017年办起了海边旅馆，2018年旅馆总收入同比增长约20%。三是服务业发展延续去年以来的良好态势，全市第三产业2018年总产值增速15.0%，加上东盟马拉松赛事、北部湾全国桥牌公开赛等的宣传，扩大了知名度，也带动了餐饮住宿等行业的发展。据调研了解，每年6~10月周末，港口区、防城区、东兴市海岸线渔家乐、海边旅馆及城区住宿价格比平时涨1倍多；鱼、虾水产品价格比平时涨40%。

（三）转移净收入高速增长，成为农民增收的新动力

2018年，防城港市农村居民人均转移净收入3061元，同比增加371元，增长

13.8%，占农村居民可支配收入的比重为20.9%，拉动可支配收入增长2.8个百分点。高速增长的原因：各级、各部门大力推进精准扶贫工作，各项扶贫政策措施落地生效，农民脱贫致富步伐加快，为农村居民收入的增收注入了新动力；强农惠农政策、边民补贴和低保补助等民生保障政策覆盖率及标准不断提升，离退休人员离退休金逐年上涨，促进转移净收入稳步增长。如防城港市2018年边民生活补助享受人数为16.6万人，同比增长19.94%，补助标准由原来每人每月130元提高到167元，2018年累计发放30484.98万元，同比增长41.1%；外出务工人员由于工资增长等原因，寄带回的赡养收入增加也大大促进了转移净收入增长，据调查数据显示，2018年农村居民家庭成员外出从业人均寄带回收入比去年同期增加642元。

三、制约农村居民收入增长原因分析

（一）农村居民增收渠道较少

2018年防城港市农村居民人均可支配收入中以工资性收入和经营净收入为主，二者占总收入的比重为76%，而财产净收入仅占2.2%，占比差距明显，农村居民增收渠道较少。

（二）特色农业缺乏亮点，促增收效果差

防城港市特色农业发展起步晚，起点较低，亮点不多，肉桂、八角、金花茶、牛大力、海鸭蛋等农产品品质优，但在品牌、商标、包装、信誉等无形资产打造方面做得不够，品牌创建工作明显滞后，产品品牌影响力不大，市场知名度不高。现代特色农业示范园的示范带动能力还不强。特色优势产业方面示范区数量严重不足，林下养殖、香菇等小品种特色产业方面还是空白；示范园区还没有形成高质量、高效益的发展模式，要辐射带动全市现代农业发展，在数量、规模和能力上还远远不够，带动农村居民增收效果不明显。

（三）渔业发展面临的形势依然十分严峻

从防城港市整个大农业的格局来看，渔业占了大农口近一半产值，位置举足轻重。渔业的发展分捕捞和养殖两部分，远洋捕捞和浅海捕捞是渔业收入的主要来源，但近几年来随着休渔期更加规范严格明确以及老旧渔船的逐步硬性淘汰，受海洋等环境变化影响，海潮循环不畅，浅滩易沉积泥，沙质海滩变成泥质海滩等因素，捕捞渔业对收入的带动是逐年减少的，2018年以来多因素导致防城港渔业发展的形势依然十分严峻。一是渔业生产资料的价格居高不下，生产成本提升，海洋捕捞的比较效益下降；二是近海渔业资源衰退，优质经济鱼类捕捞量下降；三是捕捞渔业发展前景的限制性突出，向养殖渔业转型受规模化、疫病和自然灾害等因素制约困难重重。

（四）产业规模化受地理环境、劳动力资源限制

防城港市地处沿海丘陵地带，田地多为小块且分散。农村经济主要是传统农

业，规模小，农产品深加工程度低，农产品附加值低，缺乏市场竞争力，人才、资金、技术跟不上，规模农业发展较为困难，核心竞争力较差，农村居民小型经营的生产模式更加难以提升竞争力；失去竞争优势的农村劳动力必定呈扩散流失，但本地用工又没有立足本地人力资源优势，没有积极开展有针对性的技能培训，就业渠道少且狭窄，农村劳动力资源盘活程度较低。

四、促进农村居民增收的几点建议

（一）加快发展现代特色农业，推动农业提质增效

一是按照“产业兴旺、生态宜居、乡风文明、治理有效、生活富裕”的要求和全域防城港的理念，推进特色农业发展，延伸农业产业链，继续抓好特色农业示范区建设工程、海洋渔业发展工程、休闲农业工程、农村改革工程、龙头企业发展培育工程、农业服务工程等“六大工程”，大力发展生态农业、休闲农业、旅游农业，推进农村二三产深度融合。

二是实施现代特色农业产业“10+3”提升行动，推动优势产业升级。大力支持防城金花茶、牛大力争创全国百强农产品区域公用品牌。支持各县（市、区）围绕甘蔗、海洋渔业、畜禽、金花茶等特色产业培育1~2个具有较大影响力的区域品牌。积极发展休闲农业、观光农业、创意农业等新产业新业态，积极创建一批自治区级农业与乡村旅游示范县、示范点。加大农业项目招商引资力度，重点引进粮油、渔业、木材加工等企业进驻防城港。

三是随着“互联网+”时代的到来，电商已经成为推动农产品销售的重要抓手，通过引进淘宝、京东和乐村淘等电商平台，根据当地特色农产品打造网络平台，培育电商农业，改变农产品传统销售模式，拓宽农业销售渠道，推动“农产品进城”，促进农民增收。

（二）重点关注支柱产业转型升级，增强保险业发展抵御自然灾害

一是转变思路，积极引导和带动相关从业者转变思路，把生产侧重点逐步转移，认清捕捞渔业生存现状，通过政府补贴等形式促进转型，并在转移过程中加强技术指导，确保产业转移的平稳健康过渡。

二是加快保险业的发展，抵御自然灾害。针对防城港市多台风、强降雨等自然灾害的情况，重点做好预防工作，提高抗灾害能力，并加快发展保险及相关配套产业，降低损失，抵御灾害。抓好政策性农业保险的投保工作，继续加大推进南美白对虾等渔业养殖品种的投保力度，推动政策性农业保险工作向纵深发展，提高水产畜牧业政策性农业保险的投保覆盖面，降低养殖风险，促进农民增收。

（三）优化整合农村产业结构，扩大农民就业渠道

一是加快产业结构调整，立足本地资源优势，推广农村科技成果的应用，积极引进适合本地的先进技术，以市场需求为导向，引导农民合理调整农业产业结构。

二是健全城乡就业服务体制，探索“互联网+创业孵化基地”模式，加强农民工创业园和众创空间等项目建设，落实农民工创业担保贷款政策，改善创业环境，以创业带动就业。实施乡村振兴战略，抓好农村改革各项工作，重点抓好农村集体产权制度改革，盘活农村资源资产要素，不断拓宽农村劳动力就业渠道。通过项目扶持，引导合作社和家庭农场规范化发展，带动农户发展特色产业，进一步提高农村居民收入。

三是防城港市农村劳动力外出务工人员较多，应积极开展针对性培训，提高农民工技能，拓宽就业门路，满足农民工与本地企业的双向需求，吸引农民工在本地就业，在周末或农忙时节可以兼顾农业生产。

2018年贵港市农村居民可支配收入平稳增长

莫科东

据国家统计局贵港调查队抽样调查数据显示，2018年贵港市农村居民人均可支配收入13786元，比广西12435元多1351元，同比增长9.9%，比广西高0.1个百分点，在广西排第8位，扣除价格因素影响实际增长6.7%。

一、农村居民可支配收入基本情况

（一）四大项收入全面增长，转移净收入增长最快

可支配收入由工资性收入、经营净收入、财产净收入和转移净收入四大项构成。据抽样调查数据显示，2018年贵港市农村居民人均工资性收入6001元，同比增长8.3%；人均经营净收入6546元，同比增长10.7%；人均财产净收入289元，同比增长5.1%；人均转移净收入950元，同比增长16.2%。四大项收入实现全面增长，其中转移净收入增长最快（如图1、2）。

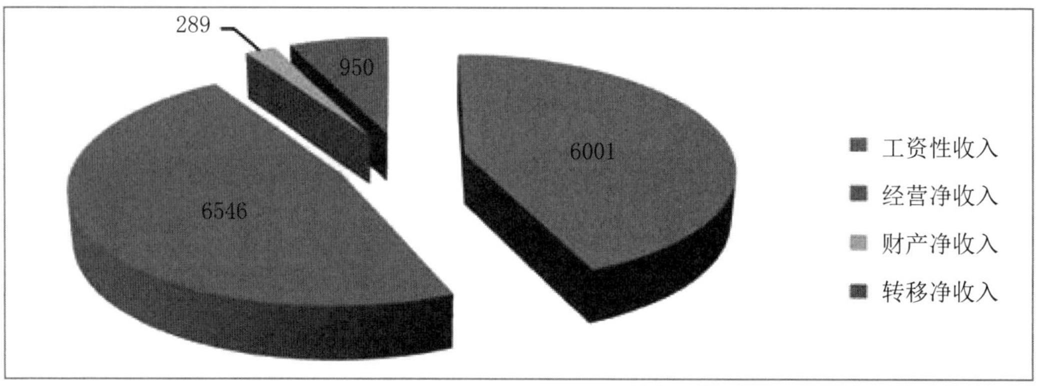

图1　2018年贵港市农村居民可支配收入构成

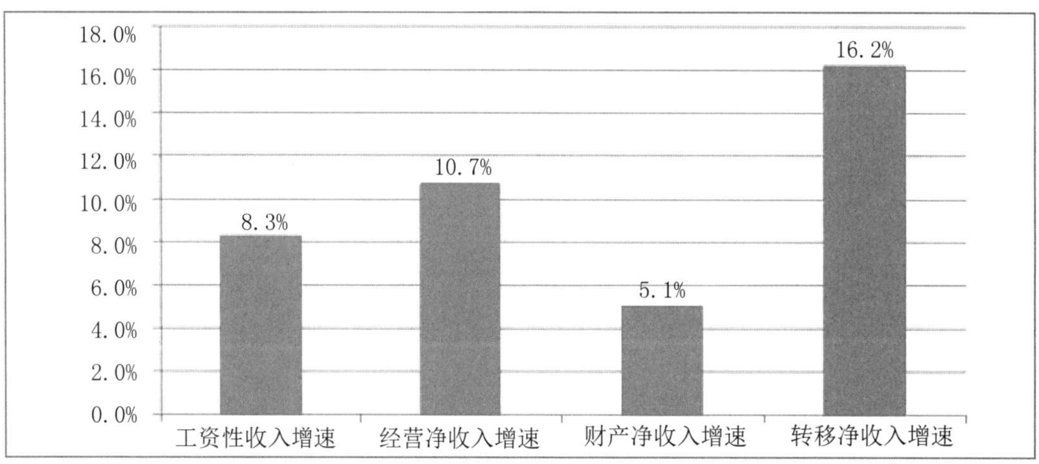

图2　2018年贵港市农村居民可支配收入四大项构成增速

（二）收入增速排位逐季前移

2018年一季度、上半年、前三季度及全年贵港市农村居民可支配收入名义增速分别为10.5%、9.7%、10.1%、9.9%，增速在广西的排位分别是第12位、第11位、第9位、第8位，增速排位实现逐季前移（如图3、4）。

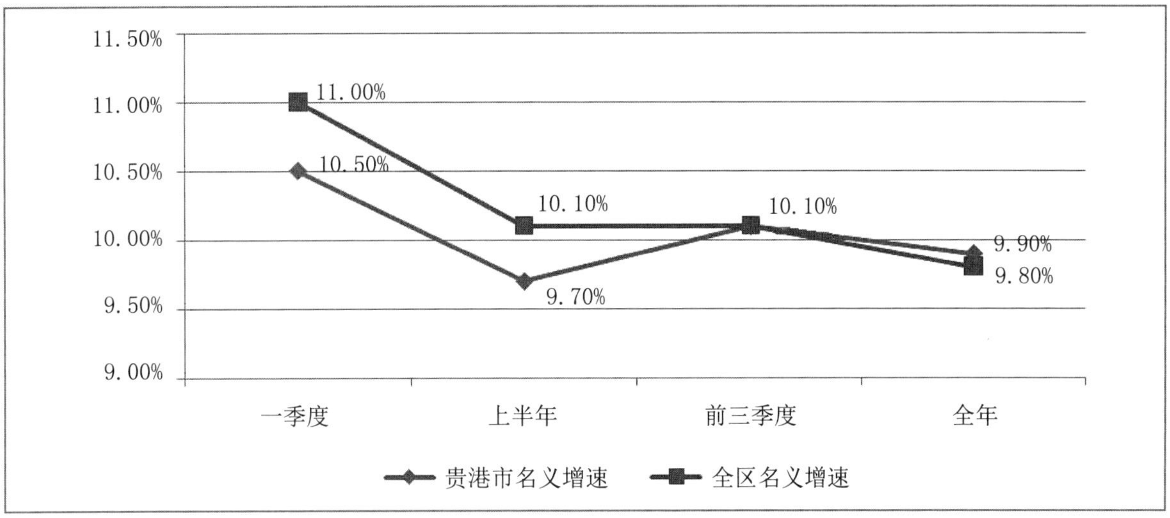

图3 2018年贵港市与广西农村居民可支配收入名义增速变化

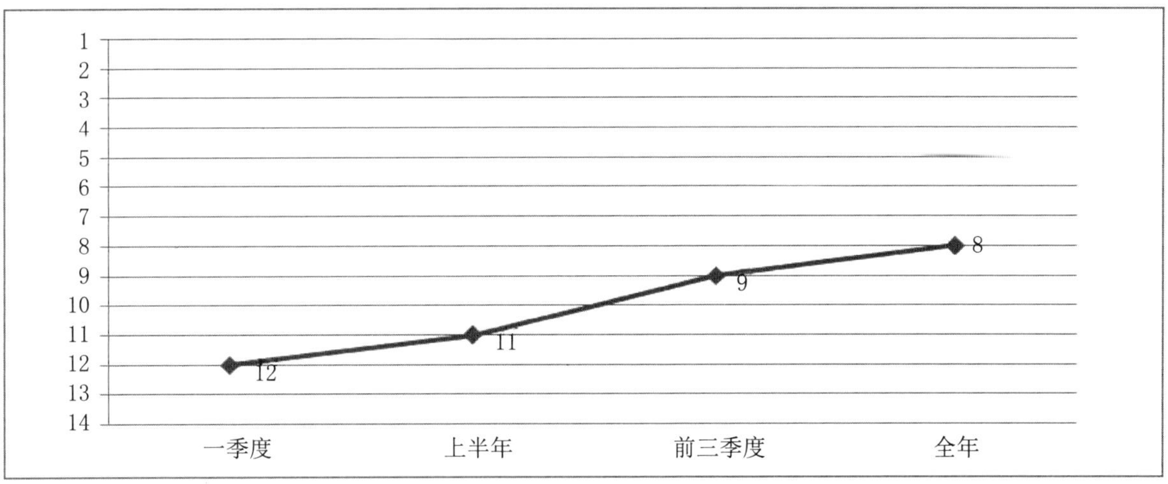

图4 2018年贵港市农村居民可支配收入名义增速排位变化图（单位：%）

二、促进农村居民可支配收入增长因素

（一）农村转移就业人数持续增加

随着贵港市招商引资、“六个年”（工业提质增效年、项目落地年、企业服务品牌年、城市发展跃升年、县域经济突破年、精准扶贫攻坚年）等重大项目工作的推进，以及各项扶贫帮扶就业创业政策的落实，农民就业渠道进一步拓宽，加快了农村劳动力转移就业。据150户农民工

监测调查数据显示，2018年四季度贵港市本地农民工从业人数为132人，占全部从业人数的39.1%，比上年同期提高了6.6个百分点。

（二）非农务工人均月工资稳步提高

贵港市严格执行最低工资标准制度，从2018年一季度起最低工资标准由1210元调整为1450元，增长了19.8%，切实保障了低收入群体的收入水平。据150户农民工监测调查数据显示，2018年贵港市本地非农务工人均月工资为1693.4元，比上年同期增加352.9元，增长26.3%。

（三）糖料蔗价格上涨助农增收

2017/2018年度榨季糖料蔗收购价格为530元/吨，比上年同期提高30元/吨，增长6.0%；同时在本榨季中继续实施糖料蔗优良品种加价政策，实施蔗糖联动价格后收购价格还会有所提高，进一步促进农民收入增长。

（四）强农惠民政策支持力度大

贵港市有着较好的条件继续实施“农业支持保护补贴”的优惠政策，通过“一卡（折）通”直接补贴到户，对稳定和增加农民收入发挥了积极的作用。此外，贵港市致力于打造“中国富硒农业之都”品牌，通过搭建富硒农业深加工、培育壮大农村专业合作社、依托电商销售网络，不断拓宽辐射带动范围，进一步巩固农民收入增长。

（五）农村土地流转承包金增长

随着外来投资不断注入农村，农业经营模式发生改变，如贵港市“小田并大田”模式的推广，农民以土地参股获取收益，一般旱地每亩租金为500~800元，水田租金则达到800~1200元，按照合约，土地租金每3年增长10%，土地流转租金收入成为农民财产性收入增长的主要来源。

（六）政策提资效应拉动

一是受益于最低生活保障标准的提高，从2017年7月1日起贵港市农村最低生活保障标准提高到每人每年3200元，增长了8.8%。二是受益于扶贫“雨露计划”政策惠及，贫困家庭在校生教育补助得到保障。三是受益于新农保养老金标准的提高，从2018年11月起，60~65岁农民新农保养老金标准提高到每人每月116元，65岁以上农民新农保养老金标准提高到每人每月121元，增长28.9%~34.4%；四是贵港市持续加大转移支付力度，促进城乡社会保障均衡发展，城乡居民基本养老、基本医疗等各类会社保障覆盖面进一步扩大。

三、制约农村居民可支配收入增长因素

（一）受“非洲猪瘟”疫情影响，养殖户收入增长受制

自2018年10月下旬贵港市下发严禁生猪外运出省的禁令后，贵港市仔猪停止向广东地区销售，只能靠区内消化，仔猪销售过剩致价格下跌；同时受外运禁令的影响，10月下旬开始贵港市生猪销售价格出现很大波动，最低价格曾跌至10元/公斤

以下，生猪养殖亏损，养殖压力加大，养殖户收入增长受制。

（二）农民工资性收入增长难度较大

据150户农民工监测调查数据显示，2018年贵港市本地非农务工人均月工资为1693.4元，收入水平偏低；同时从实地调研情况来看，农民素质普遍偏低，大部分农民工主要从事建筑、餐饮服务、居民服务等体力劳动，劳动强度大，劳动技能不高，工资收入持续增长难度较大。

（三）农业产业化经营辐射范围有限

受农业基础设施建设发展不均衡的影响，农业龙头企业、农民专业合作社与农户之间连接覆盖面不广，没有真正形成规范的“利益共享、风险共担”的经济利益共同体，在一定程度上影响了农业效益的提高和农民收入的增加。

（四）农业生产经营成本增加

据农业生产资料价格调查显示，2018年受天然气、煤炭等原材料价格上涨的影响，贵港市化肥价格同比上涨4.4%、农业机械作业费价格同比上涨4.5%、农用手工工具价格同比上涨10.9%、农业柴油价格同比上涨14.1%、农业用工成本同比上涨14.4%。

（五）外出从业人员寄回带回收入减少

外出从业人员寄回带回现金收入是农民收入的一个重要渠道。但从调研的情况来看，年轻外出务工人员比较注重个人消费，收入结余较少，部分未结婚的外出务工人员甚至没有寄带回现金收入。据150户农民工监测调查数据显示，2018年贵港市外出务工人均寄带回金额为6526.2元，比上年减少2378.8元，下降26.7%。

四、促进农村居民可支配收入增长的几点建议

（一）大力推动农村劳务输出，鼓励农民工创业就业

贵港市是农业大市，面临人口多、耕地少局限，靠有限的土地资源来增加农民收入成效不大。可通过转移农村劳动力，对外劳务输出和引导农村劳动力向二、三产业发展，落实有关政策鼓励农民工创业，扩大就业面，不断增加农民收入，帮助农民走出低收困境。

（二）因势利导，积极发展优势特色农业

农业收入是农民的生存发展之本，应加快农业产业结构化调整，突出特色，加大蚕茧、甘蔗、百香果、火龙果、荔枝、龙眼、余甘果等优势特色农产品的产业布局和发展，提高农产品质量、提高附加值和市场竞争力，切实增加农民收入。

（三）抓住富硒品牌效应，做大做强助农增收

从一二三产业融合发展和健康产业发展来做好富硒资源保护、富硒基地建设、富硒农产品深加工、富硒产品营销、富硒品牌打造等系统工作，确保富硒资源开发持续有序；同时做好示范区增点扩面提质升级工作，切实发挥示范区连锁效应，带

动周边农民致富。

（四）贯彻落实好农村政策，促进农民减负增收

围绕农民减负增收，切实强化农村政策的落实，充分调动农民生产生活积极性。应加大扶贫攻坚力度，提高精准扶贫效率，缩小农村居民收入差距；大力推进城乡居民医疗改革，切实解决城乡居民看病难、看病贵等问题；认真落实雨露计划、危房改造、改厨改厕等惠民政策，多渠道保障和提高农民的生产生活水平。

（五）加大市场监管，稳定农资价格

农业是三大产业的基础，农资价格波动对农民增收存在一定影响。政府有关部门应建立长效联动价格管控机制，加大对农资市场的监管力度，从农资质量、货源、销售价格等方面着手管控农资价格，维护农民切身利益。

2018年百色市农村居民可支配收入增长9.0%

罗宗序

据国家统计局百色调查队城乡一体化住户调查数据显示，2018年百色市农村居民人均可支配收入11086元，同比增长9.0%，高于全国平均水平0.2个百分点。

一、农村居民收入现状

（一）增长速度同比小幅上升

2018年，百色市农村居民人均可支配收入比上年增长9.0%，与上年相比，增幅小幅上升0.2个百分点。2011年至2018年，百色市农村居民人均可支配收入分别增长17.1%、17.8%、13.3%、13.6%、10.1%、10.6%、8.8%、9.0%，2018年收入总量是2011年的2.2倍。如图1所示：

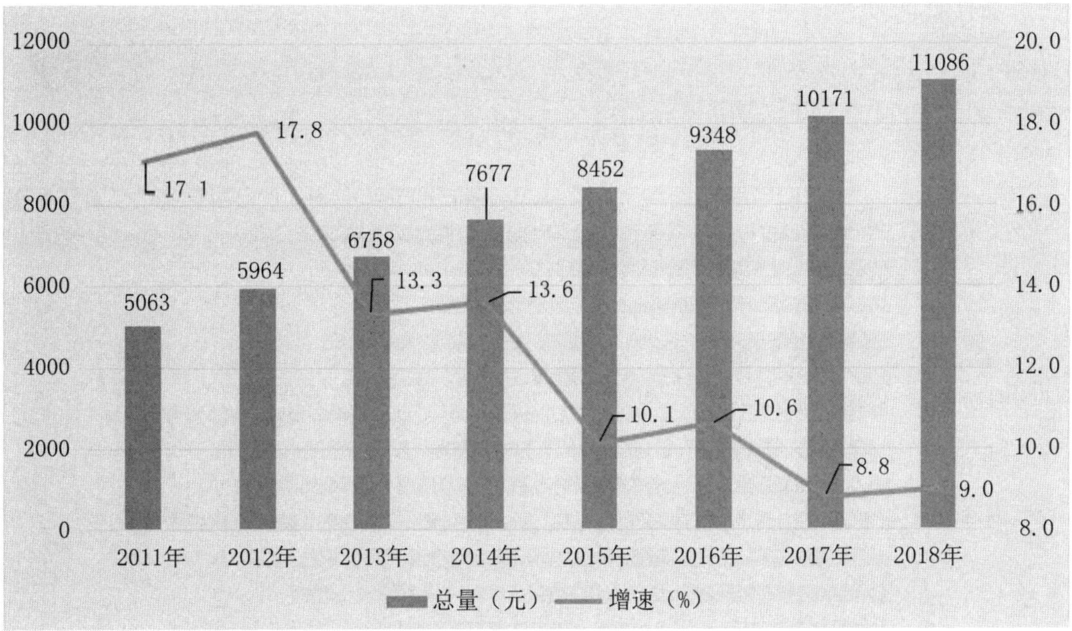

图1 2011—2018年百色市农村居民人均可支配收入走势

（二）城乡居民收入差距继续缩小

按常住地分，2018年百色市城镇居民人均可支配收入30611元，同比增长5.1%；农村居民人均可支配收入11086元，增长9.0%。农村居民人均可支配收入增速高于城镇居民人均可支配收入3.9个百分点。城乡居民收入比由上年的2.86下降为2.76，城乡居民收入差距继续缩小，但绝对值与全国城乡收入比2.69相比还差　0.07。如图2所示：

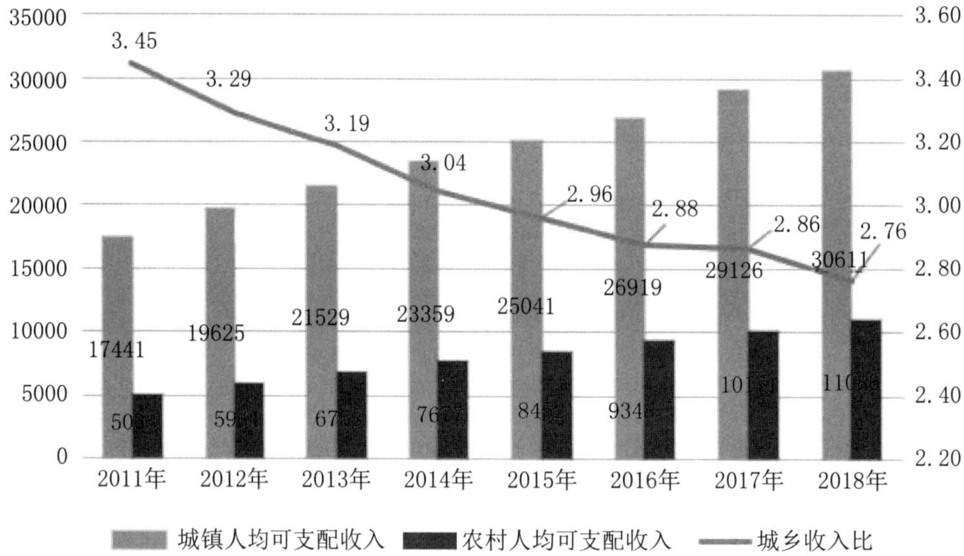

图2　2011—2018年百色市城乡居民收入差距走势

（三）总量绝对值居广西倒数第二

2018年百色市农村居民人均可支配收入总量在广西14个地级市中位列倒数第二，比广西平均水平12435元少1349元，与广西平均水平的差距较上年扩大195元，农民收入整体水平仍然偏低，远低于全国14617元的平均水平，仅为全国绝对值的75.8%。如图3所示：

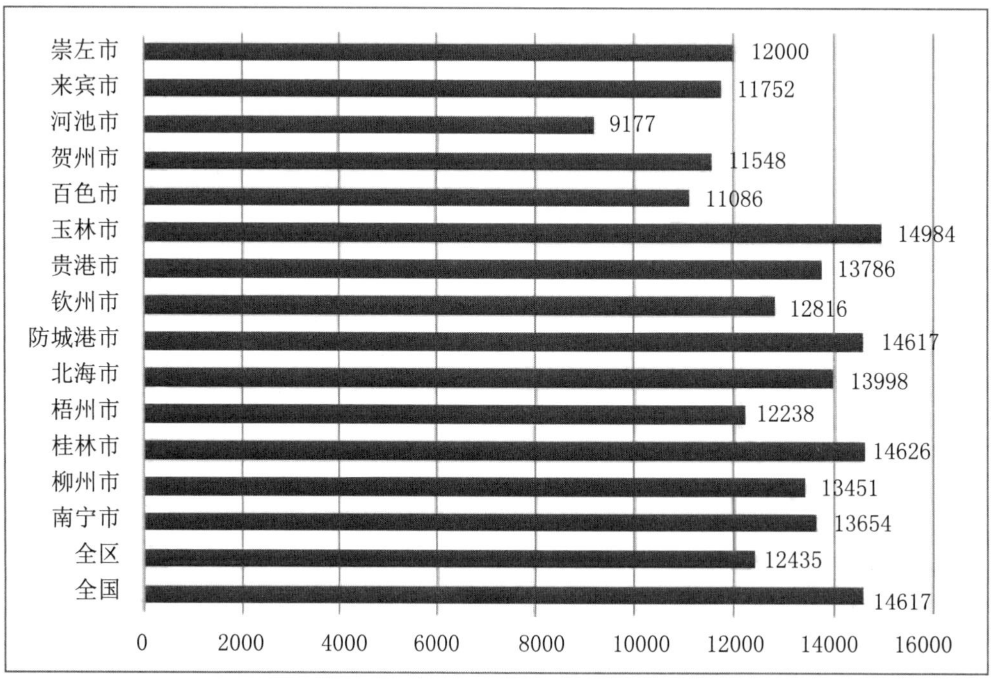

图3　2018年全年广西各市农村居民人均可支配收入（元）

二、农村居民收入情况

2018年，百色市紧扣供给侧改革主线，积极推进绿色兴农、质量兴农、品牌强农战略，持续推进精准脱贫，全力提高农村居民收入，农村居民可支配收入项目具体如图4所示：

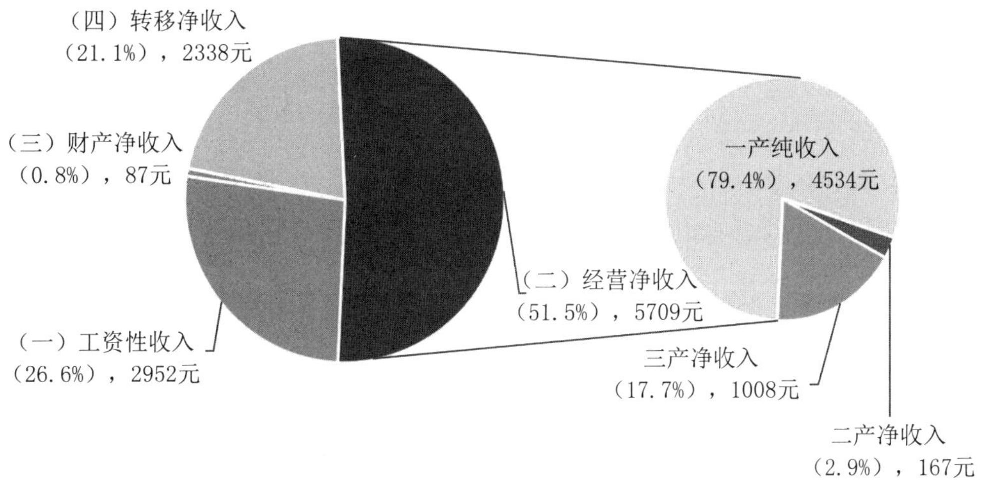

图4　2018年百色市农村居民人均可支配收入项目

（一）工资性收入持续稳步增长

2018年百色市农村居民人均工资性收入2952元，较上年增加250元，增长9.2%，占可支配收入总量的26.6%，对可支配收入增长的贡献率为27.3%。工资性收入增长的主要原因在于：一是政府全力推进精准脱贫工作，相继出台就业扶贫、“百千万”结对帮扶、易地搬迁后续就业扶持、村民合作社开展劳务服务等政策措施，促进上级扶贫政策落地见效，促进就业工作成效显著。截至12月底，农村劳动力新增转移就业91681人次，完成全年任务46000人次的199.31%，其中农村劳动力建档立卡人数50083人次。全年贫困劳动力已实现就业26.1万人，其中转移就业21万人，就地就业5.1万人。二是积极组织就业技能大培训，截至11月底，全市组织参加职业技能培训人数37887人，含建档立卡人员20195人，其中：参加就业技能培训人数为37821人，参加创业培训人数为66人，实现就业人数为17527人，含建档立卡人员9356人。

（二）农业稳中有升，农村居民经营净收入较快增长

2018年，百色市农村居民人均经营净收入5709元，同比增加526元，增长10.1%，较上年同期增幅增加0.9个百分点，经营净收入占可支配收入总量的51.5%，较上年同期占比增加6.5个百分点，是农村居民增收的主要来源。其中，第一产业经营纯收入4534元，同比增加328元，增长7.8%；第二产业经营净收入167元，同比增加14元，增长9.2%；第三产业经营净收入1008元，同比增加184

元，增长22.3%。第一、第三产业是农村居民经营净收入增长的主要因素，拉动可支配收入增长的贡献率分别为35.8%、20.1%，第二产业收入占比较小，绝对值仅为可支配收入的2.9%，虽然增速一直有较快增长，但贡献有限。增收的主要原因：

1.农民自主创业氛围日趋浓厚。一是在全市征集市场前景好、见效快、风险小、适合农民工创业的创业项目，择优纳入农民工返乡创业项目库，积极面向农民工开展推介活动，不断引导创业者在熟悉行业和专业领域实现自主创业。2018年，全市共新征集到创业项目59个，其中24个项目获自治区评审认定入库，每个项目获项目征集一次性补助4.8万元。二是认真落实国家创业担保贷款政策。积极做好国家创业担保贷款新政策的咨询、解答，广泛开展政策宣传，及时解决农民工和城镇就业困难群体缓解就业创业难题。截至2018年11月底，全市各级公共就业服务机构累计设立国家创业担保贷款担保基金4696.9万元，累计发放创业担保贷款1161笔，发放贷款总额9901.2万元，财政贴息1059.62万元。直接扶持自主创业1198人，带动吸纳就业1408人。

2.农业产业结构调整力度加大。政府积极引导各地适度调减效益较低的玉米面积，发展水果、蚕桑等经济作物，鼓励进行粮食品种内部调整，发展特色小杂粮，粮经种植比重由上年同期的1∶1.55变为现在的1∶1.72，主要农产品产量稳步增长。

3.新型经营主体不断发展壮大。初步形成以农民专业合作社为骨干、种养大户、新型职业农民和家庭农场为纽带、农业龙头企业为支撑的新型农业经营体系，农业生产经营逐步由单一的家庭经营向多元主体经营转变。目前全市市级以上重点农业产业化龙头企业有116家，其中自治区级重点龙头企业10家、国家级重点龙头企业1家，经营总收入60.6亿元；农民专业合作社新增569家，累计达4633家，在册成员4.38万户，带动非成员农户17.41万户；家庭农场新增100家，累计发展到635家，经营耕地总面积达到6.42万亩；培育新型职业农民180人。

（三）财产净收入大幅增长

2018年，百色市农村居民人均财产净收入87元，同比增加17元，增长24.3%。增收的主要原因：

1.金融扶贫助推财产净收入增长。全市以深化农村金融改革、建设全国政策性金融扶贫实验示范区为抓手，以行政村“三农金融服务室”为服务平台，建立政策性银行与商业银行、农合机构以及保险等机构金融扶贫合作机制。全市设立县级助农融资担保公司5家、建立扶贫贷款风险补偿资金5.33亿元。调动银行机构发放扶贫信贷积极性，各银行机构创新推出“速贷通”“成长之路”“农房贷”等系列金融扶贫产品，探索出“政、银、担、保”四位一体的金融扶贫模式。

2.农村产权制度改革稳步推进。土地承包经营权向新型农业经营主体流转速度加快，基本完成农村土地承包经营权确权登记颁证工作，全市完成确权家庭承包耕地面积491.9万亩、确权家庭承包地块756.4万块，对76.41万农户进行完善签订土地承包合同和建立健全土地承包经营权登记簿工作，已发证72.35万本，发证率达92.33%。稳定的承包权为完善土地流转服务体系、有效盘活农村富余资源资产奠定了基础，全市建成农村产权流转交易市场3个，承包耕地流转累计达64.5万亩，占承包耕地总面积的24%，50亩以上连片流转的规模达43.4万亩，占总流转68.9%，有力拉动财产净收入增长。

（四）转移净收入持续增长

2018年，百色市农村居民人均转移净收入2338元，同比增加122元，增长5.5%。增收的主要原因：一是农村低保标准提升。2018年1月1日起，百色市农村低保保障标准由2016年平均每人每年2888元提高到每人每年3820元，比2018年扶贫标准（3600元）高220元。二是社会保障体系建设不断完善。全市建档立卡贫困人口103.7万人，参保人数101.01万人，参保率97.4%。全市建档立卡贫困人口住院医疗费用个人实际报销比例平均达到90.7%，门诊特殊慢性病医疗费用个人实际报销比例平均为89.9%。如平果县，2018年1—11月新农合补偿金额同比增长56.6%，大病保险赔付金额同比增长561.4%，健康扶贫保险赔付金额同比增长20.4%，民政医疗救助资金同比增长12.4%。

此外，其他补助标准的提高对农村居民收入起到积极作用。如靖西市，距陆地边境0～3公里边民补助2018年1月1日起从130元/月/人提高到167元/月/人，同比增长28.5%，全市6.86万边民受益，全年共发放补助金1.37亿元。社会救济和补助等标准提高有力拉升转移净收入，2018年百色市人均社会救济和补助收入同比增长36.1%。

三、农村居民增收的主要影响因素

（一）农村就业扶贫工作力度还需进一步加大

据百色市人社部门统计，2018年百色市农民工外出新增就业人数9.1万人，其中向广东省转移就业人数4.3万人，向其他省（区）市转移新增人数0.8万人，区内跨县就业新增人数1.9万人。全市就业工作实现数据和实践说明，外出务工已经成为百色市农民脱贫致富的一条快捷而有效的途径，一方面“稳定转移就业一人，就可以脱贫一家”，农民仍视外出务工为改善生活条件的第一选择；另一方面也表明目前百色市农村劳动力转移就业还不够充分，开发就近就业岗位仍有很大的潜力可以挖掘。

（二）农村产业支撑不足

百色市大部分地区自然资源禀赋较差，三分之一的土地为喀斯特地貌，主要集中在平果、德保、靖西、那坡、凌云、乐业、隆林等县（市），产业尤其是种植业扩大规模连片发展的空间很小。深度贫困地区主要又集中在大石山区，石漠化严重、生产要素缺乏、缺水少地情况突出，发展产业投入成本高、难度大，脱贫产业覆盖率还不够高。产业龙头企业不多、规模偏小，农业组织化程度较低，带动能力不强，种植风险和市场风险较高。扶贫产业重眼前、轻长远问题依然存在，有同质化现象，抵御风险能力较弱。

四、促农增收建议

（一）继续加大农民工返乡创业扶持力度

百色市经济资源环境较为薄弱，大部分农村位于大石山区，发展种养产业的条件较为薄弱，导致可选择的创业项目少，且发展前景有限。充分发挥基层劳动保障服务平台、创业孵化基地的创业服务、资源集聚作用，着力提升创业培训、创业项目推介、创业指导等返乡创业服务能力，将返乡创业农民工作为小额担保贷款重点支持对象，将创业稳定率和创业带动就业人数作为重要培育指标，并对从事个体经营，吸纳登记失业的农民工达到一定比例的劳动密集型企业，提供小额担保贷款支持及财政贴息等政策支持，全力提高创业就业农村居民收入。

（二）着力解决农产品“卖难买贵”问题

2018年以来，百色市农产品销售情况总体良好，但部分农产品卖难现象时有发生，目前百色市农产品销售主要依靠批发收购市场，销售渠道单一，电商销售渠道占比还不够大，遇恶劣天气或节日等特殊情况，农产品的销售较为困难。据调查显示，百色市农产品零售价格中流通成本占比重约为36%，其中运费5%、搬运费6%、摊位费10%、人工费占15%。运输过程中损耗、进场费等原因，也推高了农产品价格，造成买贵现象。一是加大市场信息发布力度，瞄准市场需求安排生产，由当地政府通过村委会或村民合作社引导农民生产适销对路的农产品或种植规模。二是规范批发市场收费，对不该收取的费用坚决取缔，调整收费过高的费用，以缓解农产品零售价过高情况。三是对流通环节采取减免费用或是政府补贴的办法，在农产品价格大幅波动期，对主要农产品种给予一定价格补贴，以稳定市场价格。

（三）继续加大力度推进全域乡村旅游

继续大力开展旅游产业扶贫“十带”行动，推进旅游扶贫村屯建设，系统推进乡村旅游与精准扶贫、环境治理、产业发展、美丽乡村及生态修复相融合，提升带动功能，由传统点式开发趋向旅游目的地建设与线路开发，从原来单体发展农家乐等形式向特色村镇、田园综合体、共享农庄等国家政策主导的新形式转变，串联盘活乡村全域旅游资源，实现从乡村旅游产品发展到全域乡村旅游目的地体系建设。

2018年贺州市农村居民可支配收入稳步增长

潘荣华

据贺州市住户调查工作联席会议办公室调查资料显示，2018年贺州市农村居民人均可支配收入11548元，比上年同期增加1050元，同比名义增长10.0%，扣除物价因素，实际增长7.3%，增长速度在广西14个地级市排名第7。

一、农村居民人均可支配收入基本情况

（一）工资性收入增长加快

2018年贺州市农村居民人均工资性收入5248元，同比增长13.1%，增速比2017年提高4.8个百分点。在可支配收入中占45.4%，对农村居民人均可支配收入增长的贡献率为57.7%，拉动可支配收入增长5.8个百分点。增长因素有以下几方面：

1.现代农业示范区建设力度加大。2018年全市每个县区均新增或扩大了一个以上现代农业示范区建设，示范区吸引周边村民在本地就业，在有效盘活农村闲置人力资源的同时，拉动农民居民工资性收入水平有新提高。如据2018年平桂区新建的羊头镇莲藕水生蔬菜产业核心示范区主要所在的村理事会杨某介绍，该村共1000多人口，以前一到冬天村民无事可干，而现在基本上每户都有劳动力在示范区务工，日工资120元/左右，收入增加明显。

2.水果、茶叶种植面积增加，用工需求增加，务工收入提高。2018年，贺州市新增水果种植面积3.64万亩，茶叶0.75万亩，按1500元/亩·年人工计算，贺州市农民增加工资性收入达6585万元。新增的用工需求有效解决了农村大量50岁左右妇女的就业问题，带动农民本地务工收入总体水平提升。如据贺州市水果部门资料显示，2018年当地果园平均用工日薪为97元/天，较上年同期上涨18%左右，其中专业修剪工、专业采摘工等专业技术工用工日薪上涨23%左右。

（二）经营净收入持续增长

2018年贺州市农村居民人均经营净收入5176元，同比增长6.7%，在可支配收入中占44.8%，对农村居民人均可支配收入增长的贡献率为31.0%，拉动可支配收入增长3.1个百分点。其中，第一产业经营净收入中，农业人均收入2301元，同比增长4.6%，牧业人均收入1003元，同比增长11.1%。

1.龙头企业带动促养殖户增收。引进龙头企业发展养殖业，鼓励农民与龙头企业合作，提高经营性收入。数据显示，2018年全市有323户农户加盟贺州温氏畜

牧有限公司发展合作养猪，户均获利10.4万元，同比增长6.5%；有642户农户加盟钟山温氏畜禽有限公司发展合作养鸡，户均收入达3.34万元，同比增长7.1%；钟山温氏乳业有限公司吸引300多户农户以“公司+合作社+农户”的形式发展饲用玉米等农作物订单种植，为农民增加了800多万元种植收入，同比增长6.3%。

2.扶贫产业助农增收。2018年贺州市积极引导企业投入到扶贫攻坚大决战中，发展“扶贫车间”，增加贫困户收入。如平桂区政府与贺州市某茶叶有限公司合作，在沙田镇狮东村建设“土瑶”竹艺编织扶贫车间，仅沙田镇狮东村就有80户贫困户受益，每户每月增收1200元。

3.乡村旅游助农增收。贺州市共建成休闲农业与乡村旅游点40多个，休闲农业服务收入达0.89亿元，同比增长8.2%。“农业+旅游”发展模式日益受到市场青睐，成为振兴农村经济，农民增收的有效手段。

（三）财产净收入增长较快

2018年贺州市农村居民人均财产净收入193元，同比增长11.6%，在可支配收入中占1.7%，对农村居民人均可支配收入的贡献率为1.9%，拉动可支配收入增长0.2个百分点。

转让承包土地经营权租金收入逐渐成为农民财产性净收入增长的主要拉动因素。据贺州市农业部门统计，2018年贺州市农村土地流转面积达39.38万亩，较2017年增加1.25万亩，增长3.3%，按照每亩每年流转价格800元计算，2018年贺州市农村新增土地流转金额达1000万元。如八步区铺门镇龙桂村2018年新增流转面积318.52亩，每亩租金在1000元左右，新增租金达31.85万元。平桂区2018年仅羊头镇新规划建设的莲藕水生蔬菜产业核心示范区、羊头镇中红村大棚蔬菜示范区就新增流转耕地5000多亩，每亩租金1000元/年，为当地村民新增土地租金收入500万元。

（四）转移净收入有新提高

2018年贺州市农村居民人均转移净收入931元，同比增长11.9%，增速较2017年提高1.8个百分点。在可支配收入中占8.1%，对农村居民人均可支配收入的贡献率为9.4%，拉动增长0.9个百分点。

1.外出从业人员寄带回收入有所增多。调查数据显示，2018年全市农村调查样本中外出务工人员寄回带回收入602.05万元，较2017年503.42万元增加98.64万元，同比增长19.6%。

2.农村养老金有所增长。从2018年11月起，广西农村基础养老金最低标准从90元/月提高到116元/月，每月增加26元。

3.产业奖补增加转移性收入。如平桂区印发了《关于印发贺州市平桂区特色种植养殖扶贫产业帮扶实施方案的通知》，2018年平桂区共发放奖补资金1780万元，惠及贫困户7049户，通过实施奖补实现贫困户人年均增收1000元以上。

4.农村最低生活保障标准提高。贺州市从2018年7月1日起，全市农村居民最低生活保障标准由原来的每人每年3380元统一调整提高到每人每年3800元，提高了12.4%，超过自治区2018年3500元的保障标准。

二、影响农村居民增收的因素

一是优势龙头企业偏少。贺州市新型农业经营组织和农业优势龙头企业较少，农产品生产、加工、流通的产业链短，科技支撑能力不强，产品加工深度不够，市场竞争力较弱，辐射和带动作用有限。

二是农民增收瓶颈亟待突破。农业组织化程度低，一家一户分散的农业生产方式，在激烈的市场竞争中处于不利地位，经营性收入不高。

三是农业新业态发展尚属起步阶段。多数农产品加工企业生产经营规模小、带动能力弱，农产品附加值低，休闲农业与乡村旅游有待加强，对农民增收促进作用有待进一步提升。

四是农产品销售渠道不够畅通。农产品流通有地缘优势无市场优势，农产品集散和配送缺平台、缺秩序。

五是农业品牌塑造力不强。贺州市农业大而不强、特而不优，示范区的引领作用还没有发挥，蔬菜产业虽有规模，但没有品牌优势，大路货居多，难以产生较大的经济效益。

三、提高农村居民收入的一些建议

一是巩固提高示范区建设水平。围绕各级现代特色农业（核心）示范区基地建设，继续开展现代特色农业产业品种品质品牌“10+3”行动。通过加强创建自治区核心示范区、县级示范区、乡级示范园、村级示范点，提升示范区辐射带动作用。

二是继续推进农业产业化。大力培育新型农业经营主体，提升农业组织化、产业化水平，实现小农户和现代农业发展有机衔接。加大农民专业合作社等新型经营主体、贫困村全部有农民专业合作社覆盖面以及经营能力扶持力度，加大现代农业生产示范基地建设力度。

三是继续培育新产业新业态。大力发展休闲农业，推进农业与工业、康养、旅游、文教等产业深度融合，促进农村一二三产业融合发展，支持和鼓励农民就业创业，拓宽增收渠道。积极开发“长寿”农产品，加快推动农业转型升级。

四是稳步推进农业农村改革。实施乡村振兴战略，巩固和完善农村基本经营制度。加大农村土地流转力度，持续增加农民财产性收入。继续推进新型职业农民培训，培养造就一支懂农业、爱农村、爱农民的“三农”工作队伍。

五是切实加强农业品牌建设。通过推进农业供给侧结构性改革、品牌打造，提升农产品附加值，提高农业综合素质、效益、竞争力；鼓励企业着力发展高附加值、高品质农产品，打造高端农产品品牌；积极培育八步三华李、平桂水生蔬菜、钟山贡柑、富川脐橙、昭平茶等区域品牌和“天贺正丰”“潇贺古道”等企业品牌。稳步提升贺州市现代农业的综合竞争能力，实现农业结构调整和农业产业优化升级，全力打造粤港澳大湾区“菜篮子”“果篮子”和“后花园”，有效促进贺州市农业产业化发展和农民增收。

2018年河池市农村居民可支配收入较快增长

李名浩

2018年，河池市紧紧围绕自治区党委、政府的决策部署和市委“1234”总体工作思路，坚持稳中求进工作总基调，落实高质量发展要求，扎实开展“六大行动”提质年活动，统筹推进稳增长、促改革、调结构、惠民生、防风险各项工作，奋力打好脱贫攻坚战，全市各项工作成效显著。经济发展稳中向好、质量提升，全市农村居民收入稳步增长。据国家统计局河池调查队调查显示，2018年，农村居民人均可支配收入9177元，名义增长11.1%，比上年同期提高1.1个百分点，比广西水平高1.3个百分点，增速在广西14个地级市排名第1位，扣除价格因素，实际增长8.4%，农村居民可支配收入呈较快增长态势。

一、农村居民收入特点

（一）收入增速加快、增量提高

2018年，河池市农村居民收入呈现出增速稳步加快、增量逐渐增加的新特点。2018年，农村居民人均可支配收入9177元，名义增长11.1%，比上年同期提高1.1个百分点，比广西水平高1.3个百分点。从增量来看，2018年全年，农村居民人均可支配收入同比增加917元，增量较上年同期的751元提高了166元。

（二）城乡居民收入倍差继续缩小

2018年，城镇居民人均可支配收入27468元，同比增长7.1%，农村居民收入同比增长11.1%，比城镇居民收入增速高4.0个百分点。2018年，全市城乡居民人均收入倍差2.99，比上年同期缩小0.11。自2015年以来，河池市城乡居民收入倍差继续缩小（如图1、2）。

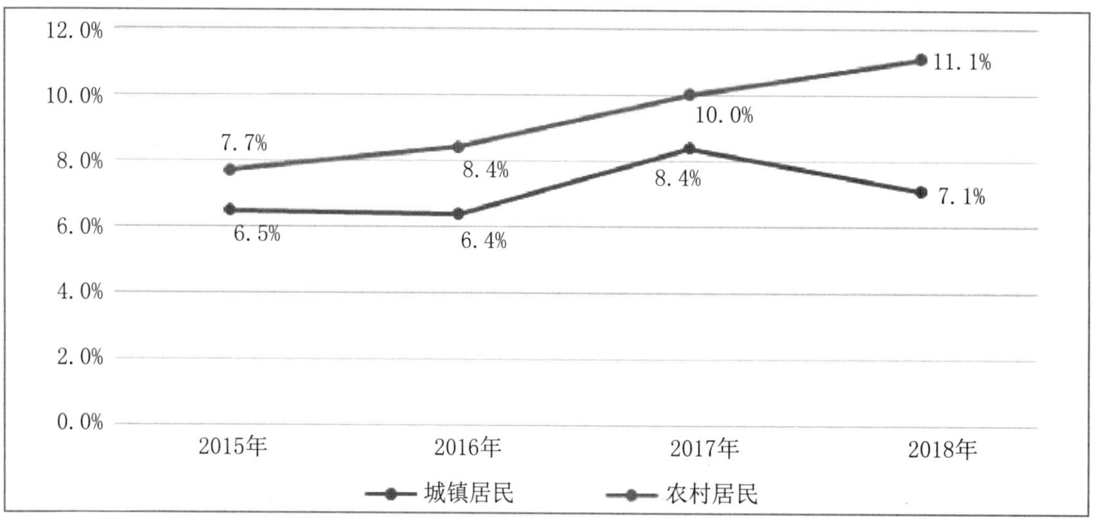

图1　2015—2018年河池市城乡居民可支配收入增速走势图

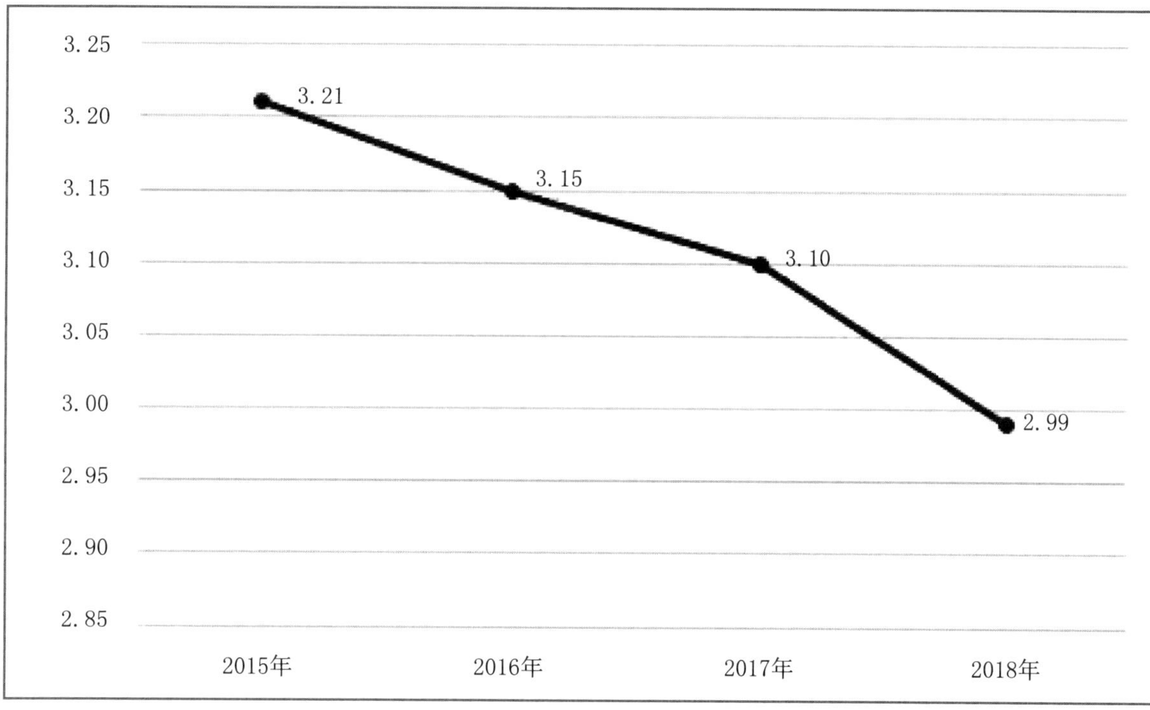

图2 2015—2018年河池市城乡居民可支配收入比走势图

（三）农村居民四项收入全面增长

从可支配收入构成来看，2018年，河池市农村居民人均工资性收入3152元，增长8.7%；人均经营净收入3947元，增长13.6%；人均财产净收入92元，增长9.5%；人均转移净收入1986元，增长10.2%。四大项收入实现全面增长，其中经营净收入增长最快（如表1、图3）。

表1 2018年农村居民人均可支配收入情况表

指标名称	2018年（元）	2017年（元）	增速（%）	增加额（元）	占比（%）	贡献率（%）
可支配收入	9177	8260	11.1	917	100.0	100
一、工资性收入	3152	2900	8.7	252	34.4	27.5
二、经营净收入	3947	3474	13.6	473	43.0	51.5
三、财产净收入	92	84	9.5	8	1.0	0.9
四、转移净收入	1986	1802	10.2	184	21.6	20.1

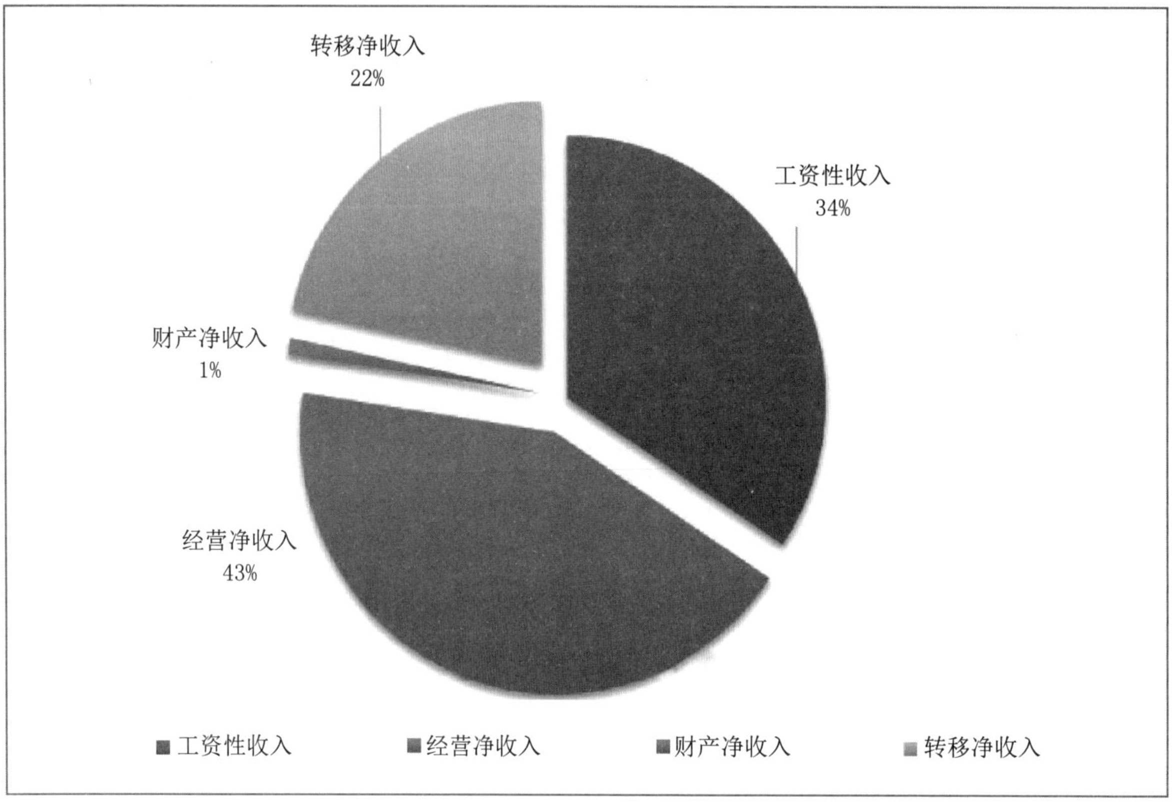

图3　2018年河池市农村居民可支配收入构成图

1.工资性收入稳定增长。2018年河池市农村居民人均工资性收入3152元，同比增长8.7%，占可支配收入的34.4%，对农村居民人均可支配收入增长的贡献率达27.5%。2018年，河池市加快基础设施建设，高速公路、美丽乡村改造、乡村公路建设等项目快速推进，为农村居民就近务工提供了大量就业岗位；充分利用广东深圳市对口扶贫的契机，加强两市之间的劳务协作，2018年举办专场招聘会15场，提供70768个就业岗位，提供针对贫困户就业岗位17600个，逐步拓宽外出务工人员的就业面。同时，农民工外出务工工资水平稳步提高，2018年外出农民工平均月工资3733元，同比增加331元，同比增长9.7%，增速比上年提高4.4个百分点。

2.经营净收入增长较快，对农村居民收入增长的贡献最大，也是农村居民收入主要来源。2018年河池市农村居民人均经营净收入3947元，同比增长13.6%，占可支配收入43.0%，对可支配收入增长贡献率达51.5%，是农村居民收入主要来源。经营收入增长的主要因素：

一是特色水果生产发展较快。2018年河池市大力发展“特早熟、特晚熟、特优质”的“三特”水果产业，加快补齐河池水果产业发展的短板。全年水果产量43.8万吨，增长5.14%，“十大百万”扶贫产业中“三特”水果拉动明显，据对主要农产品集贸市场价格调查结果显示，百香果、李子、葡萄等水果价格与上年相比波动不大，其中百香果产量1.26万吨，增长13.35%，葡萄产量3.63万吨，增长8.69%，李子产量3.05万吨，增长6.22%。

二是林业保持快速增长。近年来，河池大力发展林下种植养殖，提升产业升级，提高综合效率。据林业部门统计，全年营造林抚育管护面积较上年增加53万亩，木材产量较上年增加93万立方米。2018年实现林业产值33.6亿元，同比增长9.4%。

三是畜牧业增长势头强劲。自实施“十大百万”扶贫产业以来，河池各县（区）党委、政府高度重视，结合地方实际，制定相应的激励政策，使畜牧业得到健康快速的发展。如都安县的“贷牛（羊）还牛（羊）”项目效果显著，全市肉牛、羊饲养量及出栏量大幅增长。凤山县的林下核桃鸡养殖，形成了“贫困户自养、公司代养、能人专业合作社和村民合作社集中养殖”的多种模式，在龙头企业的带动下，养殖户按照企业订单、企业保价回收等模式进行养殖，效果显著。2018年肉牛、肉羊、家禽分别出栏26万头、104万只、2202万羽，同比分别增长8.8%、4.3%、9.0%。同时河池市桑蚕产业紧扣脱贫攻坚工作，仍然是全年农村经济稳步发展的主要动力。通过给贫困户桑苗补助扶持发展桑蚕生产、加强培训、提高种养技术水平、创建标准化小蚕共育示范基地成立桑蚕专业合作社等措施，推动桑蚕产业蓬勃发展。2018年春种桑园面积为86.9万亩，同比增长4.7%。全年蚕茧产量13.0万吨，同比增长5.6%；蚕茧产业实现产值55.0亿元，同比增长5.7%，拉动农林牧渔业总产值增长1.1个百分点。

四是水产品产量快速增长，全市水产畜牧业结构调整步伐加快。通过优化产业布局，在红水河沿线的天峨、东兰、都安、大化等县发展名特优水产品，打造示范区项目带动，以全市深入推进“十大百万”扶贫产业工程为契机，重点推进大化县淡水生态养殖示范区等高效养殖业示范项目建设，水产品产量增长迅猛，2018年全市水产品产量9.8万吨，同比增长17.6%。

3.转移净收入和财产净收入平稳增长。2018年，农村居民人均财产净收入为92元，同比增长9.5%，增速比上年同期提高1.8个百分点；转移净收入为1986元，同比增长10.2%，增速比上年同期回落0.1个百分点。

二、影响当前农民增收的不利因素

（一）农业生产水平较低，存在稳增长压力

一是2018年5月以来，河池开展龙滩库区网箱养殖清理整治工作，拉动全市水产品产量迅猛增加，在2018年渔业产量大幅增加的基础上，全市渔业稳增长压力大。二是粮食稳增长压力大。随着近年来种粮效益下降，特别是脱贫攻坚时期，种植业产业结构进一步调整，高效益经济作物种植面积逐年增大，粮食种植面积逐年减少，2018年粮食作物播种面积372.6万亩，同比下降1.7%；粮食产量97.7万吨，同比增长0.3%，粮食稳增长压力较大。三是水果产业发展水平偏低。目前，河池水果产业还停留在生产阶段，水果采后加工和商品化处理水平低，水果市场流通体系尚未健全，水果产业终端产业链尚未形成，冷链物流、电子商务等新业态、新模式起步晚。

（二）农业产业化、标准化和规模化程度不高

河池市地处大石山区，土地零星分

散，流转难度较大，农业生产基地规模小，大多数农业龙头企业等新型农业经营主体经济实力弱，农产品加工水平不高，融资渠道狭窄，银行贷款难度大、信贷成本高，市场竞争力和辐射带动能力不强；目前农产品的生产者主要是分散经营的小规模农户，农业生产模式大多数还处于家庭作坊式，其对“三品一标”（无公害农产品、绿色食品、有机农产品和农产品地理标志）在提高农产品市场竞争力和增产增收方面所发挥的重要作用认识不足，技术规程及质量控制措施难以落到实处，自我提高发展的能力低，产品档次不高，可认证产品少，监管难度大。

（三）财产净收入所占比重过小，来源形式单一

财产收入增收渠道主要来源于出租房屋等资产和转让土地承包经营权。房屋租金的升降受市场影响有不确定性，转让土地承包经营权收入增幅有限，新增的土地流转逐年减少，且流转价格也较为固定，导致农村财产性收入增长幅度不大。

三、促进农村居民增收的建议

（一）扩大农村劳动力就业，增加农村居民工资性收入

一是充分利用“精准扶贫”的契机，动员社会各方面的力量，加大劳务培训力度。二是加强劳务输出组织机构建设，建立农村劳务输出网络，扩大有组织的劳务输出规模。三是为外出务工农民提供务工信息和维权服务，保障外出务工人员的合法权益不受侵害。

（二）落实强农惠农政策，拓宽农民家庭经营渠道

一是坚持以市场需求为导向，因地制宜调整产业结构，优化产业布局，结合各县（区）乡镇的产业特色和区域特色，以及新农村建设的要求，重点发展特色产业。二是加快农业产业基地建设，以“特色+规模+优势”为取向，全力推进农业产业基地建设，鼓励农业龙头企业和农民专业合作组织参与基地建设。三是加大现代化种养殖技术的培训力度，增强自我服务和自我发展能力，逐步提高农民组织化程度，有效降低农村种养殖户的生产经营成本。

（三）做好农产品流通销售，树立河池品牌

继续充分利用政府部门网站、微信公众号等途径进行推介和宣传，及时发布产销信息，进一步提高河池市名特优农产品的影响力和知名度，畅通农产品流通渠道，创新产品供给，为消费者提供更丰富、更优质、更适销的农产品。

（四）加快扶贫攻坚步伐，争取更多的政策和资金支持

加快扶贫攻坚步伐，落实扶贫攻坚政策，加大扶贫投资力度，积极争取上级扶贫资金支持。积极开展扶贫攻坚“挂包帮”工作，实施精准扶贫，因地制宜发展种养殖业和当地特色手工业，努力拓宽农民增收渠道，多元化增加农村居民转移净收入。通过招商引资和积极融资，切实解决农业发展资金的瓶颈问题；大力发展各种种植业、养殖业农协会，积极引导和鼓励供销社、专业大户、农村能人领办各类农民专业合作组织。

2018年来宾市农村居民可支配收入增长10.1%

韦后姬

据国家统计局来宾调查队住户调查结果显示：2018年来宾市农村居民人均可支配收入11752元，比上年增加1078元，名义增长10.1%，增幅比广西高0.3个百分点，在广西14个地级市排第6位；扣除物价因素，实际增长8.0%。

一、农村居民收入增长的主要特点

（一）工资性收入稳步增长

2018年来宾市农村居民工资性收入为3054元，比上年增加245元，增长8.7%。工资性收入拉动农村居民收入增长2.3个百分点，对收入增长的贡献率为22.7%，占可支配收入的比重为26.0%。

1.企业生产趋向稳定，就业形势良好。从全市主要行业生产情况看，虽然一定程度上受中美贸易摩擦影响，但多数企业生产趋向稳定，特别是受糖料蔗榨季用工增加及工业园区入驻企业不断增多等因素影响，企业用工需求强烈，用工缺口较大。2018年全市城镇新增就业1.51万人，比上年增0.31万人；年末城镇登记失业率2.95%，控制在4.1%的目标范围内。

2.砂糖橘大规模种植和投产上市助推居民务工收入增加。金秀、象州、武宣等县水果种植区利用荒山荒地大规模种植砂糖橘，吸引了相当一部分外地种植户或城镇居民参与投资。雇请当地农民在砂糖橘果园进行杀虫、除草、剪苗、保果等日常管理工作，工人工资150元/天以上；砂糖橘收购季节，果地剪果、选果场工人平均工资均在200元/天以上；到春节前采收旺季，剪果工人工资高达300元/天，各类工价较上年同期上涨20%以上。

（二）经营净收入持续增长

2018年来宾市农村居民经营净收入为6739元，比上年增加440元，增长7.0%，对收入增长的贡献率为40.8%，拉动农村居民收入增长4.1%，占可支配收入的比重为57.3%。拉动来宾市农村居民经营净收入增长的主要因素有：

1.糖料蔗恢复增长对农民增收起着稳定性作用。2017/2018年榨季进厂量815万吨，比上榨季增长22.6%。全部完成蔗款及时兑现，且兑现总额增加明显。另外，据测算，“双高”糖料蔗基地每亩增产1吨，良种补贴500元/亩，按照520元/吨的价格计算，每亩增收1020元，“双高”糖料蔗发展带动农民增收成效初显。

2.果、蔬、林产品产销两旺。据在金秀、象州、兴宾等县区调研及到相关部门了解，2018年春节前后砂糖橘市场均价在5.6元/公斤左右，产销25万吨左右，收入14亿元，比上年同期增长81.8%，砂糖橘水果产区农民收入增收明显。各县（市、区）的蔬菜产业稳步发展，价格相对稳定，产销两旺，为农村居民增收提供有力保障。全年木材采伐增长9.9%，木材产品主要是桉材，当前均价600元/立方米左右，与上年基本持平，林农收入保持稳步增长。

3.乡村旅游快速发展带动居民三产收入增加。据来宾市旅发委资料显示，全市共有星级乡村旅游区21个，星级农家乐90个，农业与乡村旅游示范点12个。2018年乡村旅游接待游客人数1275.63万人次，同比增长25.2%；旅游总消费97.25亿元，同比增长34.4%。2018年农村居民人均三产经营净收入1677元，比上年增长29.7%。

4.扶贫产业开发助推贫困地区农民增收。按照各县（市、区）不同的地域特点，重点发展特色产业，2018年全市扶贫系统共安排财政专项扶贫资金22461.8万元用于发展特色产业项目，比上年增加6061.8万元，增长37%。发展种植14.32万亩，发展家畜养殖4.31万头，发展家禽养殖51.89万羽。惠民项目覆盖1269个行政村，其中有247个为贫困村；受益贫困户为6.44万户，24.04万人。

5.特色养殖业发展成为农民增收新模式。2018年全市农民发展特色养殖实现增收的主要模式有：发挥优势资源，促进肉牛产业发展；利用农作物秸秆甘蔗尾叶丰富的资源优势，引导肉牛养殖企业扩建牛舍，扩大养殖规模，促进养殖户增收；家禽产业采用“公司+合作社+农户”模式，带动农户增收；加快发展稻（藕）田特色养殖，在引进小龙虾进行稻田试养成功的基础上，继续加大引进力度，全市稻（藕）田养殖小龙虾由2017年的60亩发展到500多亩；充分发挥生态农业开发品牌优势，加快富硒鸡、富硒鸡蛋生产，为市场提供绿色优质畜禽产品，促进养殖户增收；发展现代生态肉猪养殖，采用了“微生物+平地养殖”模式进行肉猪生态养殖，实现生态高效、产量提升。

（三）财产净收入高速增长

2018年来宾市农村居民财产净收入为114元，比上年增加30元，增长35.7%，对收入增长的贡献率为2.8%，拉动农村居民收入增长0.3%，占可支配收入的比重为1.0%。拉动增收的主要因素：一是土地流转加速。2018年，全市农村土地流转总面积达61.4万亩，其中土地流转新增4.1万亩，土地流转占承包地面积约21.1%。来宾市当前农民发展以种植水果、“双高”糖料蔗和特色养殖等为主，较多为企业参与经营，土地流转租金稳步上涨，收入增长明显。二是财政产业扶持资金入股合作社，农户特别是贫困户获得分红，收入稳定。2018年以来新增贷款贫困户1542户，扶贫到户贷款6787.46万元，有效地扶持了贫困户产业发展，实现了贫困农户增收的目的。三是住户存款增长和理财方式有所转变，农村居民参与金融产品理财意识增强。

（四）转移净收入快速增长

2018年来宾市农村居民转移净收入1845元，比上年增加363元，增长24.5%，对收入增长的贡献率为33.7%，拉动农村居民收入增长3.4%，占可支配收入的比重为15.7%。拉动增收的主要因素：一是脱贫摘帽工作稳步推进，贫困户在产业、住房、教育、健康等方面得到实惠，转移性收入增加。如：各县（市、区）根据不同的地域特点，重点发展特色产业。在交通相对便利、土地资源相对较多的兴宾区、合山市重点发展甘蔗、水果种植；在劳动力相对富足的象州县、忻城县重点发展水果、桑蚕和食用菌种植；在农业产业化程度较高的武宣县，重点发展水果种植和畜禽养殖，做到各有侧重。二是教育相关补助政策落实到位。三是农村最低保障标准及补助水平提高。从5月起，全市要求农村居民低保保障标准从上年每年每人3000元提高到3600元，各县结合本地实际，平均提高标准到3616元/人。四是医改减免或补助惠及农民。2018年1—11月，全市贫困人口住院报销比例为91.2%，慢病门诊报销比例为82%。五是城乡居民基本养老保险基础养老金标准提高。城乡居民基本养老保险基础养老金最低标准从原来的90元/人·月，提高至60~64岁116元/人·月，65岁以上121元/人·月，即分别增加26元/人·月、31元/人·月。

二、影响农村居民收入的主要因素

一是糖蔗种植成本高，农民种蔗效益不明显，对支柱产业糖料蔗发展影响较大。据兴宾区洛洞村委会樊某反映，2018年该村甘蔗人力砍工的费用为100元/吨，比上年同期增加25%。另外，甘蔗装车费450元/车，从甘蔗地搬运至大路边的搬运费40元/吨，加上农药、化肥等前期投入，收入增长并不明显。

二是2018年发展“双高”糖料蔗和砂糖橘水果规模再度扩大，当期投入较大。蔗、果同时扩大是农业的生产亮点，但短期内需要大量投入，对当年可支配收入的增量形成一定冲减。如砂糖橘种植前期投入较大、风险高无回报，从种植到挂果一般需要三年，每年投入约1.5万元/亩。

三是生猪价格长期处于低迷状态，散养农户及规模较小或养殖技术水平不高的规模户养殖出现连续亏损，农民养殖业收入增长受影响较大。如兴宾区石陵镇生猪养殖户陈某，2018年一季度生猪累计出栏140头，按平均出售价格14.5元/公斤，收入233565元；二季度出栏47头，平均售价10.2元/公斤，收入62400元；三季度出栏10头，平均售价13.6元/公斤，收入17680元；四季度出栏45头，平均出价14.1元/公斤，收入82784元。据养殖户反映，2018年生猪价格在供求关系中发生周期性波动，生猪价格持续走低，规模较小的养殖户已出现亏损状态，养殖积极性受挫，养殖热情不高，加上规模小的养殖户资金实力不雄厚，饲养成本相对较高，在生猪价格持续下滑的不利形势下，饲养规模逐渐萎缩，甚至出现弃养现象。

四是自然灾害对农业持续发展有一定

影响，如：台风造成农作物生长倒伏、洪涝灾害、水利设施破坏等，一定程度上增加了农业成本。

三、促进农村居民收入增长的几点建议

（一）加快农业机械化进程，降低农业支出成本

围绕传统农业向现代农业转型升级，探索出一条优化农业产业发展的新路子，利用科技手段降低农业投入成本，积极推动农业增产农民增收，助力乡村经济发展。

（二）加大技能培训力度，促进农村劳动力创业和就业

当前，农村劳动力文化水平偏低、农技水平不高、职业技能欠缺，且自主创业意识不强，与企业用工标准还存在一定差距。因此，建议当地党委政府和人社部门结合实际，不断完善培训体系，依托本地职业院校、创业孵化基地等载体，全面提升农村劳动力技能水平，提高创业意识和就业质量。如：举办农村劳动力创业培训班、实用技能培训班、邀请科技专家现场指导等，培养一批致富带头人，带动一批劳动力就业。

（三）加快推进一二三产业融合发展，延伸产业链助农增收

通过拓展农业多种功能，加强农产品深加工，大力发展休闲农业等新业态，努力拓宽农村农业农民的增收渠道，积极引导发展和培育新型农业经营主体，努力促进“产业富民”项目与二三产业的融合发展。如：挖掘本地特色，扶持本地小作坊向标准化、规模化、产业化发展；加强招商引资，引进外来企业对本地农产品进行包装升级，提高农产品竞争力。

（四）加快推进乡村旅游，带动乡村经济快速发展

积极打造景区依托型、田园观光型、休闲度假养生型等类型的乡村旅游产品，扶持建设一批生态良好、基础完善、特色鲜明的旅游示范村和专业村。加大乡村旅游产品宣传营销力度，不断提高知名度、增强吸引力。如：策划举办乡村旅游节、民俗文化节等乡风民俗和节会活动，吸引游客，聚集人气，拉动消费，促农增收。

（五）加大农产品产销对接，确保销路稳定

当前来宾市农产品生产相对稳定，但产销一直是薄弱环节，因此，创新产销对接机制，实现生产与销售有效衔接迫在眉睫。一是积极参加各类展销会，推销本地区农产品；二是组建销售团队，专门跑销路；三是加快电商建设步伐，使电商渠道真正发挥作用。

（六）加强农产品品牌建设，增强市场竞争力

近几年来，来宾市的商标数量虽逐步增加，但地理标志证明商标、著名商标、驰名商标的发展培育依然滞后，商标品牌意识不强，产品竞争力较弱，因此，建议通过政府牵头和部门配合方式，以发展农业品牌为重点，培育、发展和保护一批具有特色的品牌，以品牌推动整个产业的发展，让商标品牌成为区域经济发展的“金字招牌”，成为农民增收增效的“助力器”。

2018年崇左市农村居民可支配收入增速较高

粟丽林

据崇左市住户调查数据显示，2018年，崇左市农村居民人均可支配收入12000元，比上年名义增长10.5%，增速高于广西平均水平0.7个百分点，高于全国平均水平1.7个百分点，在广西14个地级市中排名第3位，扣除物价因素实际增长8.7%；绝对值比广西水平少435元，在广西14个地级市中排第10位。全市城乡居民人均收入倍差为2.58，比上年缩小0.07，比广西水平低0.03，收入倍差连续两年低于广西水平。

一、农村居民人均可支配收入构成分析

（一）工资性收入稳步增长

据调查，2018年崇左市农村居民人均工资性收入2911元，比上年增长7.7%，占可支配收入的比重为24.3%，对可支配收入的贡献率达18.2%。工资性收入增长的主要原因：

1.糖料蔗“双高”基地建设有利于劳动力转移人数增加。据市农业局提供数据显示：2018年崇左市落实“双高”基地建设面积65.18万亩，比上年增加23.98万亩，“双高”基地建设的公司、合作社用工大量增加。“双高”及“小并大”后解放劳动力的农户部分参加公司劳务，部分进城务工。据崇左市人社局提供数据显示，2018年全市农村劳动力新增转移就业36432人。

2.扶贫车间带动贫困户本地务工。积极引导和鼓励贫困村引进加工企业，利用集体闲置土地和闲置房屋建设“扶贫车间”，搭建就业平台，优先招录贫困群众，实现贫困群众在家门口就业增收。据市扶贫办提供资料显示，2018年全市建设就业扶贫车间695家，认定352家，有效带动就业38000多人，有力带动贫困户增加就业和收入。“扶贫车间”模式得到自治区主要领导批示肯定和《光明日报》《求是》等媒体专题报道。

3.本地务工工资标准增加。因国际劳务用工签证难度加大，季节性用工紧张，2018年砍甘蔗日工资比上年增长10%~15%左右，建筑工工资也比上年上涨5%~10%。

（二）家庭经营净收入大幅增长

2018年崇左市农村居民人均经营净收入7570元，较上年增加699元，增长10.2%，占可支配收入的比重为63.1%，作为崇左市农村居民收入的主要来源。经营净收入增长的主要原因：

1.第一产业净收入大幅增长。2018年

崇左市农村居民人均第一产业经营净收入6493元，较上年增加595元，增长10.1%，占家庭经营净收入的比重为85.8%。

一是原料蔗入厂量大幅增长。据崇左市糖办数据显示，2017/2018榨季崇左市原料蔗入厂量1747.5万吨，比上年1475.6万吨多271.9万吨，增长18.4%。

二是林业经济较快发展。2018年崇左市农村居民人均林业经营净收入338元，较上年增加59元，增长21.1%，据市林业局提供数据显示，2018年崇左市林业木材加工产值157.6亿元，增长45%；完成人造板产量330万立方米，增长45%；完成木材产量215万立方米，增长18%。2018年新增上规入统木业企业25家，占全市46家的54%。

2.第三产业净收入小幅增长。2018年崇左市农村居民人均第三产业经营净收入943元，较上年增加85元，增长9.9%，占家庭经营净收入的比重为12.5%。崇左市农村旅游发展促进农村居民第三产业收入增长：2018年崇左市德天跨国瀑布景区成功创建国家5A级旅游景区，左江花山音画夜游和实景演出成功试运营，崇左市参加中央电视台《魅力中国城》第二季竞演年度总成绩第一名，荣膺“2018年《魅力中国城》十佳魅力城市”榜首，崇左对外知名度美誉度和队内的城市凝聚力、影响力大幅提升。德天跨国瀑布景区旅游收入突破性增长，比上年净增加营业收入2800万元。农业新产业新业态稳定发展，全市农业休闲区30家，农家乐650多家。2018年全市乡村旅游累计接待747万人次，增长29.9%，实现旅游总消费80.7亿元，增长34.9%。全年投入1798.7万元，建设43座旅游厕所，投入299万元安装4A级景区视频监控设备。

（三）财产净收入大幅增长

2018年崇左市农村居民人均财产净收入146元，较上年增加15元，增长11.5%，占可支配收入的比重为1.2%。增长原因主要是流转土地增加带来租金收入增长，全市土地流转面积201.5万亩，增长14%；土地流转平均租金900元/亩，比上年增长5.9%。但财产性收入对农村居民增收贡献率较少，仅有1.3%。

（四）转移净收入快速增长

2018年崇左市农村居民人均转移净收入1373元，较上年增加219元，增长19%，拉动可支配收入增长2个百分点，占可支配收入的比重为11.4%，较上年提高0.8个百分点。转移净收入增长的主要原因：

1.扶贫政策资金投入力度加大。崇左市辖四个贫困县，2017年，龙州县通过国家验收，正式脱贫出列，2018年，宁明县、大新县计划脱贫出列，各类扶贫资金投入力度加大，据崇左市财政局提供数据显示，截止截至2018年11月底，全市各级财政落实财政扶贫资金18.83亿元，同比增长21%。2018年崇左市完成贫困人口减贫104541人，贫困村脱贫出列103个。

2.边民补助标准大幅提高。据崇左市民政局提供数据显示，崇左市0~3公里边民补助从2018年7月起由过去130元/人·月提高到167元/人·月，增长28.5%，均已经发放到位，2018年崇左市发放特殊农村居民生活补贴总额（0~3公里补贴）23414.54万元，增长32.5%。

3.外出务工收入增加，寄带回增长较快。据农民工监测调查数据显示，2018年崇左市外出务工人员平均年收入为32736元，较上年增加2039元，增长6.6%；外出务工人员人均寄带回662元，较上年有较大增长。

二、影响崇左市农村居民收入增收的不利因素

（一）农村居民收入增收支撑因素单一

从收入结构来看，农民收入依靠第一产业尤以农业生产为主，二、三产业收入在经营净收入中所占份额偏小，对农民收入贡献不大。数据显示，2018年崇左市农民从二、三产业得到人均经营净收入仅有134元、943元，仅占家庭经营净收入的1.8%和12.5%。总的来看，崇左市农民收入主要依赖于甘蔗生产，易受市场价格和气候制约。

（二）原料蔗生产成本高，综合效益低

甘蔗生产种植是劳动力密集型产业，崇左市甘蔗种植、管理和砍收主要还是沿用传统的人工经营方式，甘蔗种植规模化、机械化率低，人工成本高，甘蔗砍收季节，蔗区劳动力缺乏、用工紧张，由于对外籍劳工管理规范且严格，雇佣外籍劳工成本增加，砍收工价格逐年提高，传统种植方式让甘蔗种植效益逐年摊薄，不利于甘蔗种植业的长远发展。

（三）占农村居民收入三分之一的工资性收入增幅放缓

受宏观经济下行以及农业生产成本不断提高的影响，崇左市农村居民工资性收入增幅放缓，2018年增速为7.7%，比上年回落1.8个百分点。

三、促进农村居民持续增收的几点建议

（一）加快调整农业结构，发展现代农业

当前，第一产业仍然是崇左市农村居民收入的主要来源。应继续调整农业产业结构，坚持蔗糖产业支柱地位不动摇，确保甘蔗种植面积的稳定和“双高”建设种植任务，再大力发展热带水果、特色养殖、林业种植等特色农业，多渠道促进农民增收。同时，引导家庭农场和农业合作社发展，提高农业经营规模化水平，提升抵御市场风险能力。

（二）加快甘蔗产业优化发展，切实提高蔗农收入

加大惠农支农资金投入和扶持力度，不断优化甘蔗种植道路和水利等基础设施建设，提高甘蔗种植的机械化水平，降低甘蔗种植成本，为甘蔗增产增收创造有利条件，保持蔗农种植甘蔗积极性；合理引导龙头企业、合作社、甘蔗种植大户进行规模化经营，逐步提高机械化水平，减少用工数量，释放更多的农村劳动力，提升甘蔗种植的效益最大化。积极扶持种植高产高糖糖料蔗，提高甘蔗种植品质和产量，筑牢甘蔗种植的传统支柱产业地位。

（三）加强劳动力技能培训，积极引导农民工就业

加大政府对农民工培训的投入，人社部门要丰富培训内容，围绕崇左特色的红木产业、边关旅游、农业特色种养殖、边贸物流等开展各类培训，把职业技能培训和非技能综合素质教育有机结合起来，有效提升农村劳动力整体素质。相关部门要有序引导农民工进入工业园区工作，增加本地非农务工机会，增加农民工资性收入。

第三部分

农业农村篇

粮食播种面积持续下降 单产实现恢复性增长

——2018年广西粮食产量调查报告

林卯来

根据国家统计局广西调查总队粮食产量实测调查结果并经国家统计局核定，2018年广西粮食总产量略高于上年，粮食播种面积持续下降，单产实现恢复性增长。

一、粮食总产量略高于上年

2018年广西粮食播种面积4203万亩，比上年减少76.4万亩，下降1.8%；亩产326.6公斤，增加6.4公斤，增长2.0%；总产量1373万吨，增加2.3万吨，增长0.2%。其中，谷物面积3568.6万亩，减少86.1万亩，下降2.4%；亩产363.1公斤，增加8公斤，增长2.3%；总产量1295.9万吨，减少2.0万吨，下降0.2%（注：2017年粮食生产相关数据根据第三次全国农业普查结果进行了修订）。在全国31个省（区）中，广西粮食单产列第25位，面积列第17位，总产量列第17位。

从主要品种看，早稻播种面积1185.7万亩，减少30.4万亩，下降2.5%，亩产396.8公斤，增加10.2公斤，增长2.6%，总产量470.5万吨，增加0.3万吨，增长0.1%；中稻播种面积203.3万亩，比上年减少8.3万亩，下降3.9%，亩产464.1公斤，比上年增加6.4公斤，增长1.4%，总产量94.4万吨，比上年减少2.5万吨，下降2.5%；玉米播种面积876.6万亩，减少10.2万亩，下降1.1%，亩产311.9公斤，增加5.6公斤，增长1.8%，总产量273.4万吨，增加1.8万吨，增长0.6%；晚稻播种面积1239.8万亩，减少35.1万亩，下降2.7%，亩产364.1公斤，增加8.9公斤，增长2.5%，总产量451.4万吨，减少1.4万吨，下降0.3%。

表1 2018年广西粮食产量情况表

季节	总产量		面积		单产	
	万吨	比上年增长（%）	万亩	比上年增长（%）	公斤/亩	比上年增长（%）
全年	1373	0.2	4203	-1.8	326.6	2.0
早稻	470.5	0.1	1185.7	-2.5	396.8	2.6
中稻	94.4	-2.5	203.3	-3.9	464.1	1.4

续表

<table>
<tr><th rowspan="2">季节</th><th colspan="2">总产量</th><th colspan="2">面积</th><th colspan="2">单产</th></tr>
<tr><th>万吨</th><th>比上年增长（%）</th><th>万亩</th><th>比上年增长（%）</th><th>公斤/亩</th><th>比上年增长（%）</th></tr>
<tr><td>玉米</td><td>273.4</td><td>0.6</td><td>876.6</td><td>-1.1</td><td>311.9</td><td>1.8</td></tr>
<tr><td>晚稻</td><td>451.4</td><td>-0.3</td><td>1239.8</td><td>-2.7</td><td>364.1</td><td>2.5</td></tr>
</table>

二、粮食生产的主要特点

（一）春收粮食作物播种面积和单产均呈下降趋势

2018年春收粮食播种面积161万亩，减少2.4万亩，下降1.4%，亩产132.3公斤，减少0.4公斤，下降0.3%，总产量21.30万吨，减少0.4万吨，下降1.8%。春收粮食减产的主要原因：一是春收粮食作物中单产较高且面积较大的主要品种马铃薯的播种面积比上年减少1.2千公顷，下降2.2%，减幅较大；二是受低温阴雨霜冻天气影响，单产略有下降。

（二）早稻播种面积下降，单产呈恢复性增长

2018年早稻播种面积1185.7万亩，减少30.4万亩，下降2.5%，亩产396.8公斤，增加10.2公斤，增长2.6%，总产量470.48万吨，增加0.3万吨，增长0.1%。广西早稻在播种面积下降的情况下，总产量保持略增的态势，主要原因是：早稻生产期间广西大部没有发生大范围较重的干旱及洪涝等自然灾害，农业气象对早稻生长总体较为有利，病虫害发生面积少、危害轻，早稻单产在上年遭受较严重洪涝灾害减产的基础上呈恢复性增长。据广西调查总队对调查样方的早稻受灾情况统计，2018年早稻受灾面积占早稻播种面积比重为5.4%，比上年减少8.7个百分点，成灾面积比重为1.0%，比上年减少4.4个百分点，早稻受灾情况轻微，早稻生产属较好年景。

（三）秋收粮食播种面积下降，总产量略有增长

秋收粮食（国家口径，下同）播种面积2856.5万亩，减少43.7万亩，下降1.5%，亩产308.4公斤，增加5.5公斤，增长1.8%，总产量881.0万吨，增加2.4万吨，增长0.3%。在秋收粮食主要作物中，中稻和夏收玉米由于生产期间气象条件较为有利，呈实质性增长，晚稻单产在上年下降3.1%的基础上实现恢复性增长，但仍未能恢复到2016年的水平。

三、影响2018年粮食生产的有利因素

（一）农业气象总体上对粮食生产有利

广西粮食作物主要有早稻、玉米、中稻、晚稻等，对粮食生产有重大影响的灾害性天气，一是台风天气引发的洪涝灾害；二是干旱；三是寒露风天气。至秋粮收获，广西没有出现大范围较重的旱灾天

气，台风带来降雨，但未引发大范围较重的灾害，光温条件配合总体较好，降雨时间分布比较均匀，寒露风出现时间在10月9日之后，属于偏晚的年份，对晚稻影响不大，农业气象总体上对粮食生产有利。

1.台风对早稻及秋粮生产的影响总体有利。2018年，影响广西的台风主要有6月的"艾云尼"、7月的"山神"、8月的"贝碧嘉"以及9月的"百里嘉"和"山竹"。在影响广西的台风中，除"山竹"带来明显的大风降雨外，其余几个台风对广西粮食作物的影响不太。9月中旬第22号台风"山竹"对广西晚稻的影响总体来说利大于弊，特别是桂中、桂北前期降雨量偏少，台风带来的降雨，增加了山塘、地头水柜、水库的蓄水，使旱地持续保持墒情，对晚稻及旱粮作物中后期生产用水均较为有利。

2.寒露风天气对晚稻单产影响程度较低。据自治区气象部门资料，2018年10月9日至21日，广西从北向南先后出现10~13天寒露风天气过程，但这次寒露风出现时间偏晚，广西大部地区晚稻已抽穗、灌浆，特别桂北、桂中地区晚稻已经进行灌浆黄熟阶段，桂南、桂东晚稻产区的晚稻基本抽穗、灌浆，只有少数迟插的晚稻受到影响，总体上看，寒露风天气对晚稻单产影响程度是轻微的。据广西调查总队对网点受灾情况调查，晚稻受灾面积占播种面积比重为9.92%，其中受寒露风影响的晚稻面积比例仅2.55%，寒露风对晚稻的影响较轻。

3.旱地持续保持墒情对夏播旱粮作物有利。广西春播玉米、豆类、薯类、其他杂粮等生长期间，农业气象条件较好，单产高于上年。据实测调查，春播玉米单产351公斤，同比增长4.8%，大豆、绿豆、红薯等旱粮作物单产也有不同程度的增长。7月下旬广西桂南地区出现强降雨过程，8月的"贝碧嘉"以及9月的"百里嘉"和"山竹"等台风影响，广西大部先后出现降雨过程，使旱地持续保持墒情，对夏播玉米、薯类、豆类等旱粮作物的播种、发芽、生长都较有利，薯类、豆类旱粮作物单产较上年增长。

（二）良种种植面积大，田间管理及时有效

据自治区农业部门统计，2018年广西早稻推广杂交稻面积1113.9万亩，占早稻插秧面积的80.8%，其中优质杂交稻949.6万亩，占早稻插秧面积的68.2%，超级稻示范推广面积700.5万亩，占早稻插秧面积的50.8%。晚稻推广杂交晚稻1142.15万亩，占晚稻面积的81.7%，优质稻1233.47万亩，占晚稻面积的88.23%，超级稻600.94万亩，占晚稻面积的42.99%。大力推广正大、迪卡、桂单等系列抗旱、抗逆的优良玉米品种，良种覆盖率达95%以上。

据自治区农业部门统计，6月14日，广西早稻追肥一次1379.3万亩，追肥二次1296.0万亩，病虫害发生870.3万亩，防治1008.6万亩，一类禾苗占49.8%，二类禾苗占39.8%，三类禾苗占10.4%，早稻一、二类禾苗面积占早稻总面积的89.6%。9月6日，广西晚稻追肥一次1393.11万亩，追肥二次1297.20万亩，分别占已插晚稻面积的99.65%和92.79%，病虫发生面积585.37万亩，病虫防治面积785.17万亩。晚稻一、二类禾苗比重达88.38%，夏播玉米一、二类苗比重达86.85%。从广西调查总队在各调查县建立的主要粮食作物生长监测点9月15日上报的观测结果看，36.1%的观测点晚稻长势好于上年，52.8%与上年持平，11.1%不如上年；夏播玉米中，33.3%的观测点长势好于上年，66.7%与上年持平。广西早稻、玉米、晚稻等主要粮食作物田间管理及时，禾苗长势普遍较好。

四、影响2018年粮食生产的不利因素

主要粮食作物播种面积下降明显，是影响2018年粮食生产的不利因素。2018年广西早稻因播种面积减少，致使早稻产量减少约11.8万吨；晚稻因播种面积减少导致产量减少12.4万吨左右；玉米因播种面积减少导致产量减少3.1万吨左右。在主要粮食品种中，早稻、晚稻播种面积下降明显。导致粮食作物播种面积下降的主要原因：

（一）粮食作物收益低，农民粮食生产积极性不高

据广西农产品生产价格调查情况显示，种植业生产中，粮食生产收益一直以来低于其他农作物，农民种粮收益有限，种粮意愿不高。如：鹿寨县调查点中龙田、俄洲、木岗、思民和吉云等5个村晚稻面积减少或未种植，而改种水果的较多，少数是只种早稻，到了夏播就改种蔬菜或者丢荒。种植水果、马蹄和草莓的比较收益均比晚稻高，亩收益达上万元，而种植晚稻只是赚自己的人工费，种植水稻的农户基本是为了满足基本生活所需。

（二）生产成本上涨，种植效益进一步下降

虽然农民种粮有补贴，近年来粮价也稳中有涨，但受农资价格居高不下等因素的影响，农民并没有从中得到多少实惠，一定程度上制约了农民的种粮积极性。据岑溪市对部分农户的种植效益概算，本地双季稻每亩产值2350元，每亩消耗1200元，每亩收益1150元，如扣除人工750元，收益更低，一个劳动力，正常耕作3亩田地，一年的种粮收入大约3500元。相比之下，外出务工一个月就有3000至3500元的工资收入。因此，一定程度上抑制了农户的种粮积极性，许多农村的青壮年选择外出打工。

（三）气候原因叠加水利设施不完善，导致部分地方春播推迟，影响夏播进度

2018年开春受天气阴冷影响，桂中、桂北部分地区早稻种植推迟，收获较晚，影响部分晚稻播种。双季种植受天气、水利、种植技术等影响较大，随着年轻劳动力外出务工，留守从事粮食作物种植的多是老人，加之广西地块破碎，水利设施无法全部覆盖，且水利设施维护保养不当的现象在地块破碎的地方较为常见，导致早稻收割完后，无灌溉用水，后续只能不种作物。

（四）园艺果树种植持续增加，挤占粮食播种面积

如：桂林市平乐县的10个调查村，

目前只有5个村还种植晚稻，其他五个已基本不种植晚稻，高桥村夏播全部种植马蹄、莲藕和慈姑等蔬菜类作物，安隆村和协中村以果树和淮山为主，全都不种植晚稻。百色市靖西市调查村园艺果树种植面积340.04亩，比上年同期284.84亩，增加55.2亩，增长19.37%，主要原因是受精准扶贫政策影响，政府大力推广土地流转，加快特色产业的覆盖，提高农户经济效益。据靖西市新甲乡新荣村村民反映，种植粮食全年收益不超过1500元/亩，而种植水果或经济作物每亩产值在8000元以上，粮食生产经济效益低，农户更愿意种植水果或经济效益高的作物，所以导致粮食种植面积下降。河池市南丹县调查村本季园艺果树种植面积575.25亩，较2017年增加122.34亩，增长27.01%，农户种植的园艺果树大部分是桑树、砂糖橘、红心柚。这种大面积改种果树的现象，在广西几大水果产区较为普遍。

（五）政策性影响导致耕地面积区域性下降

广西提出了打造“一村一品”和特色产业园的政策，各地在积极探索、推广政策的落实。如：岑溪市安平镇富宁村的岑溪市威隆蔬果产业示范区，2015年开始建设，通过几年来的不断发展，由原来从农户租赁流转农田200亩扩大到目前的500亩，已建成以大棚种植为主的西瓜、哈密瓜、蔬菜标准化种植示范区。至目前为止，岑溪市经上级核验认定的农业示范园区共占用耕地9213亩，占全市耕地面积的1.49%。

五、对广西粮食生产的几点建议

（一）努力提高水稻种植的机械化水平

广西的水稻种植区域较广，种植区田块小且分散，水稻种植劳动强度大，种植成本高，在农业劳动力大量转移的背景下，需要进一步提高农机技术研发投入，加大农用机械的推广应用力度和农机维修支持，提高水稻种植机械化水平，减轻粮食生产劳动强度，降低种植成本，提高种粮效益。

（二）大力支持粮食生产规模化经营

目前，由于粮食生产效益不高，也阻碍了粮食生产的规模化经营。从土地流转的情况看，流转后的耕地用于种植粮食作物，扣除租地费用和耕作成本后所得利润远低于投入其他项目所获得收益，导致进行粮食种植的企业极少。农户由于人均水田少，亦不愿意把土地流转给别人耕种，此外，由于当前土地还是不少农民正常生活的保障，受传统观念影响，农民不敢流转土地，即使愿意流转的农户仍有不少只签订短期流转合同。为此，仍需进一步完善土地流转制度，鼓励粮食生产规模化经营，对种粮企业和大户在技术和资金上予以支持。

（三）强化粮食生产功能区的保护工作，积极引导种植结构调整

各地根据粮食生产规划划定了粮食生产功能区，有关部门要加强粮食生产功能区的保护工作，对粮食生产功能区的种植结构调整要积极加以引导，完善监管考核制度，确保粮食生产功能区发挥其应有的作用。

2018年广西早稻产量调查报告

林卯来

根据国家统计局广西调查总队早稻产量实测调查结果并经国家统计局核定，2018年广西早稻播种面积为1185.8万亩，比上年减少30.5万亩，下降2.5%；亩产396.8公斤，比上年增加10.2公斤，增长2.6%；总产量为470.5万吨，比上年增加0.3万吨，增长0.1%（注：2017年早稻生产相关数据根据第三次全国农业普查结果进行了修订）。在全国8个早稻主产区中，广西早稻单产列第6位，面积列第4位。

一、播种面积下降

根据早稻播种面积调查结果，2018年广西早稻播种面积1185.8万亩，比上年减少30.5万亩，下降2.5%。因播种面积减少，致使早稻产量减少约11.8万吨。早稻面积减少的主要原因：

（一）稻谷比较效益低，农民种植作物产生结构性调整

据广西农产品生产者价格调查，2018年上半年广西稻谷生产者价格上涨0.4%，水果生产者价格在上年同期大幅上涨的基础上有所回落，但水果种植的效益仍明显好于种植粮食作物。在种植业生产中，粮食生产收益一直以来低于其他农作物，农民在粮食生产中收益甚微，种粮意愿不高，转而把主要精力投入到收益高的其他农业生产上。一是改种经济作物情况遍布广西各主要的甘蔗、水果、蔬菜生产市县。如桂林市全州县自去年以来大力推广沃柑、八月桔等柑橘种植，部分水田、旱地转化为种植柑橘等水果，松川村13.5亩水田改种柑橘、罗家湾村4.2亩水田改种柑橘、车田村新种植柑橘2.2亩，全县样本新增其他园艺水果面积61.3亩，较上年增幅13.1%。如河池市宜州区，桑蚕茧价格上涨，上年三季度价格为48~54元/公斤，至四季度价格涨到50~60元/公斤，同比上涨27%左右，蚕农种植积极性增高，部分农户将耕地改种桑树。二是一些双季稻地区上半年耕地不种植作物，下半年才种植晚稻或者直接改种其他作物，农户粮食生产仅为了满足本户生产生活需要。

（二）国家调低早稻最低收购价格，释放出粮食种植调整信号

2016年国家首次调减早稻最低收购价格，最低收购价格由2015年的135元/50公斤，调整至133元/50公斤，结束了2008年以来每年提高粮食最低收购价的历程。2018年国家在2017年调低收购价的基础上，再次调低粮食最低收购价格，2018年早籼稻、中晚籼稻最低收购价格分别为

120元/50公斤和126元/50公斤，比2017年分别下调10元。

（三）部分地区早稻播种期间降水量少，灌溉条件差的地方，不利于早稻种植

钦州、贵港、南宁等地早稻播种及插秧期间，整体表现为高温少雨天气多，对于灌溉条件差、大多依赖降雨耕作的镇村制约较大，一定程度影响早稻种植，特别是望天田，由于少雨缺水导致早稻无法种植。如南宁市邕宁区省级调查点春播农作物面积调查的样方中，早稻播种面积下降了10.6%，因旱缺水是重要原因。

（四）政策性影响导致早稻种植面积区域性下降

从去年开始，广西结合精准扶贫政策的攻坚期，在积极推动土地流转工作，土地流转、承包后，改种经济效益更好的水果、蔬菜等作物。如：贵港市港北区果园等特色高效产业发展较快，对粮食种植面积造成一定的挤压，调查点福团村的两个样方有私人老板承包大片土地用于种植沃柑和砂糖桔，导致玉米和早稻种植面积大幅减少，造成粮食种植面积减幅较大。

（五）水利设施年久失修，抽水灌溉费用高

崇左市扶绥县调查点大部分水利工程建于二十世纪六七十年代，运行时间40~50年，年久失修，设施老化，普遍存在管（渠）道严重渗水的现象，有的农户甚至在年久失修的渠道上开荒种植作物。农田灌溉用水费用高，也严重影响农民种粮积极性。由于集体水库或电灌站无法正常发挥灌溉功能，水库只能灌溉一两百亩的水田，远离水库的水源费用太高，农民种粮积极性严重下降。如扶绥县昌平乡平白村2018年自费更换电灌站抽水泵等设备，每年种粮所用的费用有：修理费800元/年，抽水费一造50元/亩，比上年同期收25元/亩，水费增加一倍，电站管理费2000元/年，而且交了费用却无人管理，群众意见很大，以上全部费用均由生产队负担，由于种粮费用过高，部分村屯存在水田撂荒现象。

（六）水田地块零星分散，劳动力缺乏制约了农民种粮积极性

广西由于地理原因，导致水田地块零星分散，中间少有机耕道路，不利于机械化耕作。这种情况在以前劳动力充沛的情况下，并没有表现出问题，现在大部分青壮年外出打工，村里留守的多为老年和幼年，种田劳动强度大，制约了农民种粮积极性。

（七）“双季改一季”避开洪水期

2017年部分地区受水灾影响导致减产，2018年农户将地势低洼的水田不种早稻，准备种植晚稻，以使水稻灌浆、生长关键期避开洪水期。这种“两季改一季”的种植变化也对2018年早稻播种面积下降有一定的影响。

二、早稻单产增长

根据早稻实测调查结果，2018年广西早稻亩产396.8公斤，比上年增加10.2公斤，增长2.6%。由于单产增加，广西早稻产量增加约12.1万吨。早稻单产增加主要是早稻生产期间广西大部没有发生大范围干旱及洪涝等自然灾害，农业气象对早稻生长较为有利，病虫害发生面积少、危害轻，早稻单产在上年遭受较严重洪涝灾害减产的基础上呈恢复性增长。

（一）农业气象对早稻生产总体有利

早稻生产期间，广西没有遭受大范围倒春寒、冰雹、洪涝、干旱等严重灾害性天气过程，局部发生的洪涝灾害对早稻造成的直接损失较常年小，大部分时段农业气象条件对早稻生产总体有利。

一是早稻播种育秧期气温明显偏高，日照时数明显偏多，其中2月下旬至3月份各地平均气温较常年同期偏高0.7℃～3.2℃，广西平均气温较常年同期偏高2.1℃，偏高的程度居1951年以来同期第3位。各地日照时数较常年同期偏多6.3～112.9小时，广西平均日照时数较常年同期偏多59.8小时，偏多的程度居1951年以来的第3位。光热充足的气象条件对早稻播种育秧十分有利，各地秧苗素质普遍较好。

二是移栽期气温适宜，光照充足，且大部地区在4月上旬中期、中旬中期、中旬后期至下旬末等均有降雨过程配合，利于犁耙办田和秧苗移栽，广西除桂南局部地区出现插秧用水不足外，多数秧苗能够适时移栽。

三是分蘖期大部地区温高光足，晴雨相间天气为主，雨水均匀，对早稻生长发育较有利，早稻分蘖快，够苗早，露晒田及时。

四是幼穗分化至孕穗期，晴多雨少，气温适宜，对早稻孕穗有利。

五是抽穗扬花期，大部分地区未出现持续性旱涝灾害，利于早稻抽穗扬花和授粉授精，也利于结实率提高。

六是成熟收获期，6月下旬至7月底，早稻进入成熟收获的时期，广西大部分地区以晴朗天气为主，气温高，雨水适中，有利于早稻灌浆成熟和营养积累，早稻结实饱满，也有利于早稻收获。而上年早稻成熟收获期，广西大面积出现水灾，其中桂林、来宾、柳州、贵港、玉林市等灾害较为严重，造成早稻单产不同程度下降。

七是局部地区出现灾情，对早稻生产影响低于上年。3月下旬至4月中旬前期桂南大部降雨量持续偏少，局部地区发生干旱，早稻插秧用水不足，影响了当地早稻的适时移栽；5月份柳州、来宾两市大部降雨持续偏少，局部地区出现旱情，对当地早稻分蘖有不利影响，桂东南等局部地区因降雨量大、降雨过于集中，出现了短时洪涝灾害，给当地早稻生产造成不利影响；5月中旬崇左、百色两市局部地区出现3～5天日最高气温≥35℃的高温天气，对该地区早稻幼穗分化有不利影响。

据广西调查总队对调查样方的早稻受灾情况统计，2018年早稻受灾面积占早稻播种面积比重为5.4%，比上年减少8.7个百分点，成灾面积比重为1.0%，比上年减少4.4个百分点，早稻受灾情况轻微，早稻生产属较好年景。

（二）田间管理及时到位，苗情好

据自治区农业部门6月14日农情统

计，广西早稻追肥一次1379.3万亩，追肥二次1296.0万亩，病虫害发生870.3万亩，防治1008.6万亩，一类禾苗占49.8%，二类禾苗占39.8%，三类禾苗占10.4%，一、二类禾苗面积占早稻总面积的89.6%，早稻禾苗长势良好。

（三）农机服务早稻生产成效明显

春耕春播期间，农机农业部门、农机协会组织农用机械进农村，服务农业，深入田间地头，帮助农民耕地耙田，抢播抢插，在早稻收获期间，帮助农民收割稻谷，运送到户。据农机部门统计，2018年春耕期间，广西106万台农机下田下地作业，水田机耕作业面积1351.9万亩。农机进村下田，既提高抢种抢收效率，又减轻农民劳作强度，为早稻播种、收获提供保障，也解决了外出务工农户的后顾之忧。

（四）早稻良种良法覆盖面广

据自治区农业厅农情统计，广西早稻推广杂交稻面积1113.9万亩，占早稻插秧面积的80.8%，其中优质杂交稻949.6万亩，占早稻插秧面积的68.2%，超级稻示范推广面积700.5万亩，占早稻插秧面积的50.8%。防寒育秧插大田面积1239.7万亩，占早稻面积的89.9%，抛秧面积1225.9万亩，占早稻面积的88.9%。旱播育秧插大田面积727.3万亩，防寒育秧插大田面积1239.7万亩，机插秧面积133.7万亩。

三、建议

（一）切实重视粮食生产

近年来，由于粮食生产比较效益相对较低，对农民增收的促进作用不明显，部分地区重视程度有所降低，对粮食生产的指导和服务有所松懈，农户的种粮积极性下降明显。为此，要继续做好粮食安全首长责任制考核，积极推进扶贫种植产业与粮食生产融合发展，切实做好“藏粮于地”“藏粮于技”的各项相关工作。

（二）强化基本农田保护

受各种因素影响，有些基层的部门对基本农田保护还不同程度地存在认识偏差，个别领导和干部、群众对基本农田保护工作重要性的认识还不到位，擅自占用耕地的现象仍然存在，违法行为时有发生。因此，要加强永久基本农田对各类建设布局的约束和引导，严格控制非农建设占用永久基本农田。强化永久基本农田保护主体责任，健全管控性、建设性和激励性保护机制，完善监管考核制度，实现永久基本农田保护权责统一。

（三）重视土地流转后种植非粮食化的现象

土地经营权流转有利于加速农业产业结构的调整优化，也有利于解决农村耕地弃耕问题。但土地的流转基本是为了规模种植经济作物或果树，土地流转后原来种植粮食作物的土地，极少会继续种植粮食作物，大多数转为种植蔬菜、水果等经济效益较好的作物和果树，随着土地流转面积的进一步加大，粮食种植面积的下降会更加明显。对此现象必须引起重视，在粮食生产功能区内的土地流转，应对所种作物进行引导，限制在粮食生产功能区内种植果树等破坏水田灌溉条件和耕作条件的种植行为。

（四）加快培育新型经营主体，发展适度规模经营

加快培育以粮食种植大户、家庭农场等为主体的、适应现代粮食产业发展的新型经营主体，大力推广“代种代管”“全程托管”“订单种植”等多种社会化服务模式，加速传统的单一农户生产模式向商品化专业化规模化生产模式转变。

2018年广西粮食大县早稻产量稳中有升

何月葵

根据广西2018年县级粮食产量调查，广西38个以县为总体的粮食调查县（简称“粮食大县称，下同）2018年早稻种植面积持续下降、但单产提高，总产量稳中有升。

一、早稻生产基本情况

2018年广西38个粮食大县早稻播种面积547.28千公顷，比2017年减少13.7千公顷，下降为2.44%；平均亩产为397.88公斤，比上年增加13.07公斤，增长3.4%；总产量326.62万吨，比2017年增加2.82万吨，增长0.9%。（注：2017年早稻生产相关数据根据第三次全国农业普查结果进行了修订）粮食大县早稻生产有以下几个特点：

（一）县均产量约8.6万吨

2018年，38个粮食调查大县县均早稻产量约8.6万吨，其中，早稻产量5万吨以下的有10个县，5至10万吨之间的有16个县，10至15万吨的有9个县，15万吨以上的有3个县。桂平市早稻产量24.25万吨，为38个大县中最高，其次是博白、宾阳，产量分别为16.57和16.17万吨，靖西和环江早稻产量较少，均低于1万吨。2018年38个粮食调查县早稻播种面积和总产量数据如下图：

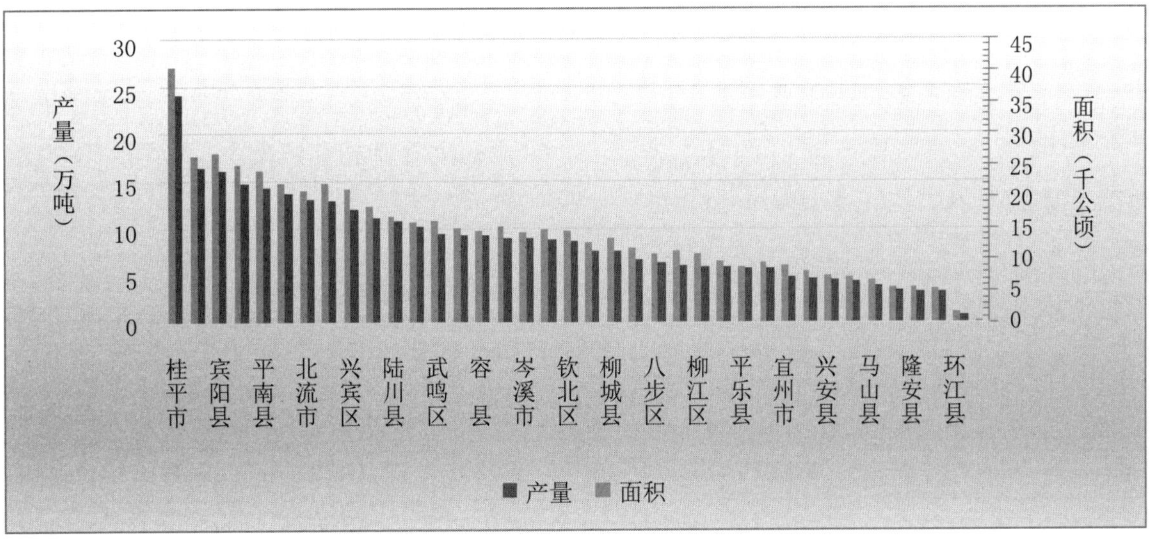

图1 2018年广西粮食大县早稻面积和产量

（二）各县早稻产量以增为主

2018年，在38个粮食大县中，22个县早稻总产量为增产趋势，16个县为总产量减产趋势；34个粮食大县的早稻单产呈增长趋势，兴宾、柳江、宜州、象州的单产有小幅下降；32个粮食大县的早稻种植面积呈减少趋势，马山、博白、平南、岑溪、北流、环江6个县早稻种植面积略有增长。在广西早稻种植面积大范围减少的情况下，相比2017年早稻单产的普遍回升，成为38个粮食大县早稻产量小幅增长的重要推动因素。2018年38个粮食大县早稻面积、亩产、总产增减变化趋势情况如下图。

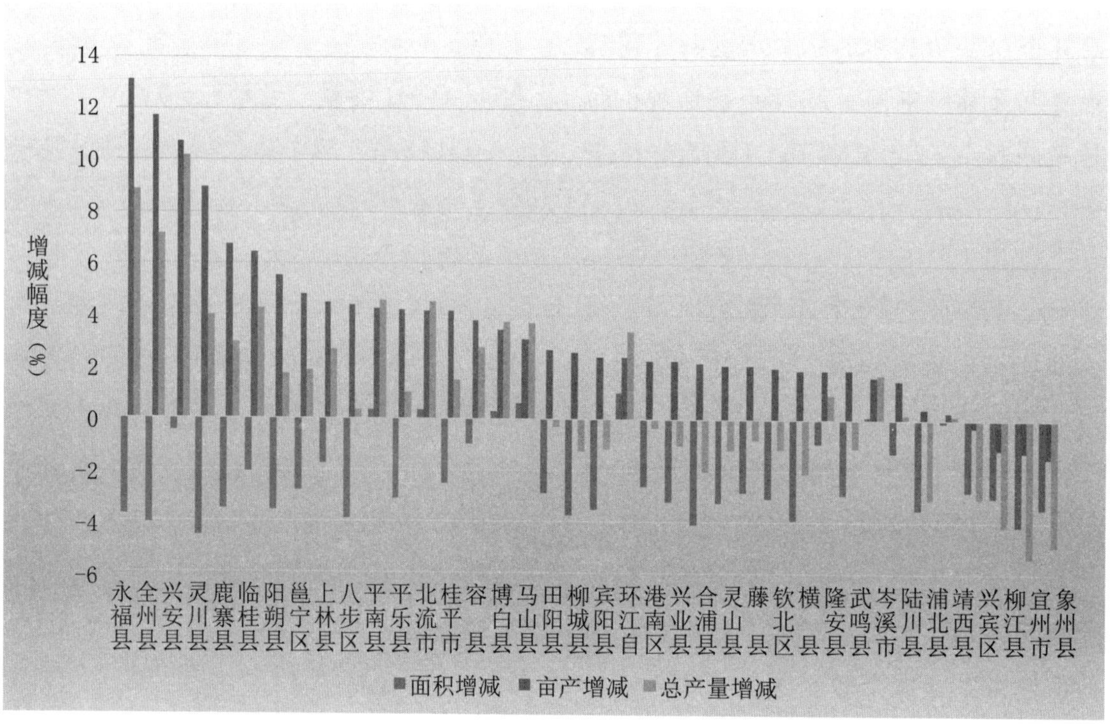

图2　2018年38个粮食大县早稻面积、亩产、总产增减变化趋势

（三）早稻产量广西比重增大

2018年38个县总产量占广西总产量的比重为69.42%，比上年增加0.55个百分点。38个粮食大县播种面积、产量数据和占广西比重情况如下表：

表1　2018年38个粮食调查县早稻产量情况

指标名称	广西		38个大县合计		占广西比重（%）	
	2017年	2018年	2017年	2018年	2017年	2018年
播种面积（千公顷）	810.75	790.46	560.97	547.28	69.19	69.24
总产量（万吨）	470.15	470.48	323.80	326.62	68.87	69.42

二、影响早稻产量的主要因素

2018年广西38个粮食大县早稻单产实现恢复性增长，除柳江、宜州、兴宾、象州4个县有小幅减产外，其余各县早稻单产同比均呈上升趋势。今年影响早稻单产的主要因素有：

（一）早稻生产期间气象条件总体有利

早稻生产期间各粮食大县大部分时段农业气象条件对早稻生产总体有利。据自治区气象部门资料，早稻生产期间农业气象条件总体利大于弊。播种育秧期，大部地区气温偏高，日照时数偏多，光温条件较好，利于播种和秧苗生长发育，各地秧苗素质普遍较好；移栽——返青期，广西各地光温条件适宜，且4月下半月有多次降水过程配合，雨水适宜，利于秧苗适时移栽和插后及时返青；分蘖期，大部地区温高光足，晴雨相间天气为主，雨水均匀，对早稻生长发育较有利，早稻分蘖快，露晒田及时；幼穗分化至孕穗期，晴多雨少，气温适宜，对早稻孕穗有利；抽穗扬花期，大部分地区未出现持续性旱涝灾害，利于早稻抽穗扬花和授粉授精，也利于结实率提高；成熟收获期，广西大部分地区以晴朗天气为主，气温高，雨水适中，有利于早稻灌浆成熟和营养积累，早稻结实饱满。

（二）早稻受灾情况明显轻于2017年

2018年早稻生产期间广西没有遭受大范围倒春寒、冰雹、洪涝、干旱等灾害性天气过程，宜州、兴宾、象州三个调查县局部发生的干旱灾害，但对早稻造成的直接损失相对常年较小，这是早稻单产实现恢复性增长的客观自然基础。2017年早稻成熟收获期前后，广西大面积出现洪涝灾害，其中桂林、来宾、柳州、贵港、玉林等市洪涝灾害较为严重，造成早稻产量不同程度损失。如桂林市全州县罗家湾村上年早稻被水淹单产降至314.7公斤/亩，2018年无明显灾害，早稻单产得到恢复，单产达到436.3公斤/亩，比上年增加38.64%；阳朔县上年7个调查村中5个村早稻发生水灾，2018年无灾，早稻单产恢复到445.39公斤/亩，比2017年增长15.4%。

据广西调查总队对粮食大县早稻受灾情况调查，2018年早稻生产期间灾情轻微，早稻受灾面积占播种面积的比重为2.8%，比上年减少4.5个百分点，成灾面积占播种面积的比重为0.7%，比上年减少3.06个百分点。早稻生产属于较好年景。

（三）积极防控，病虫害危害程度低

早稻播种以来，以晴朗天气为主，时有降雨，雨水适宜，不利于病虫害发生，有利于病虫害的防控。据自治区农业部门资料，截至6月14日，广西早稻病虫发生面积870.27万亩，低于上年同期3.6个百分点，同时，病虫防治面积达到1008.61万亩。据广西调查总队对粮食大县38个大县1710个样方早稻受灾情况统计，2018年病虫害成灾面积占早稻播种面积0.19%，比上年减少0.35个百分点。由于各地加强监测预警预报，加强病虫害的防控防治，早稻病虫危害程度低。

（四）大力推广高产优质品种和新技术

据广西农业厅农情统计，截至5月24日，广西早稻推广杂交稻面积1113.9万亩，占早稻插秧面积的80.8%，其中优质杂交稻达到949.6万亩，占早稻插秧面积的68.2%；超级稻示范推广面积700.5万亩，占早稻插秧面积的50.8%；防寒育秧插大田面积达到1239.7万亩，占早稻插秧面积的89.9%；抛秧面积1225.9万亩，占早稻面积的88.9%。广西各地早稻种植大面积采用了高产优质稻种和防寒、抛秧等新技术。

（五）田间管理及时到位，禾苗长势好

据农业部门生产统计，截至5月4日，广西已完成早稻插秧计划的97.02%；至6月7日，广西早稻追肥二次1283.9万亩，露晒田1115.3万亩，攻三类禾苗121.7万亩，施攻胎肥603.4万亩，喷施叶面肥一次、二次面积分别为809.3万亩、498.3万亩，一、二类禾苗比重达到89.37%，禾苗长势好。

（六）减轻劳力付出，农业机械化程度提高

随着农业机械在农村的推广和应用，机械化程度逐年提高，春耕生产期间，农机、农业部门、农机协会组织大量的拖拉机进村下田，为农户耕地耙田。收获期间，本地的和来自省外的收割机深入农村稻田，帮助抢收、运输稻谷。部分粮食收购企业也派出收割机到田间地头收割稻谷，一边收割一边收购，实现稻谷的收、晒、运、售一条龙服务。另外，部分农户也购置一些小型拖拉机、耕田机、打谷机等小机械进行田间作业。据38个粮食大县调查数据，早稻实测田块中，机耕、机收的田块分别占实测田块的89.7%和72.9%。农业机械的推广和应用，缓解了农业年轻劳动力缺乏的问题，减轻农业劳动强度，为稳定早稻生产提供了强有力的保障。

三、早稻生产的不利因素

2018年广西38个粮食大县中早稻产量绝大部分实现了恢复性增长，但仍存在一些不利于早稻生长的因素。

（一）少数调查县发生局部旱灾，导致减产

2018年早稻生长期间，广西气候条件总体良好，但仍有局部地区发生了少量影响早稻生产的旱灾。如来宾市兴宾区陶邓村、贺山村出现较为严重的旱灾，早稻播种时间较晚，陶邓村因天气干旱，甚至有200亩水田未能种植早稻，占全村水田的一成。河池市宜州区、来宾市兴宾区、象州县早稻部分调查点受旱灾影响较重。据气象部门数据，2018年6月宜州月合计降雨量比上年减少306毫米；月合计日照比上年增加47小时，日照偏多，雨量雨日少，水利较差的宜州东部地区旱象露头，不利于早稻抽穗，导致亩产下降。象州县2018年相比往年雨量偏低，4月至6月降雨总量为267.2毫米，比历年同期偏少6成，全县6月份平均降雨量为89毫米，比历年同期偏少7成，农作物面临干旱缺水和持续高温的双重压力，长势较差。

（二）部分农户田间管理乏力，导致减产

经济作物的生产经营分散了早稻种植农户的精力，大量占用了为数不多的农时，导致农户无暇顾及早稻田间管理，造成减产。如河池市宜州区有种桑养蚕的丝绸产业，2018年鲜茧价格上涨，农户忙于养蚕，在农村劳动力不足的情况下，农户无法抽出更多时间对早稻开展田间护理，早稻长势相对差。

（三）种粮效益降低，影响早稻种植积极性

因粮食种植经济效益不高，种植管理时间长，粮食生产收益低于其它农作物，农民种粮意愿不高，转而把主要精力投入到收益高的其它生产以及外出务工上，一定程度上影响了早稻种植面积。如广西中部、南部地区的糖料蔗、北部的砂糖橘、沃柑和其他柑橘类水果等经济效益好，好的田地基本都改种水果，改种后水田变成旱地，用于水田灌溉的水利设施不用致废，难以恢复为稻谷种植。少量零星分布未改种的田块有相当部分是较难打理的田地，在水稻种植过程中得不到有效灌溉，不得不改种水果，早稻种植积极性逐年降低，致使早稻种植面积不断减少。

四、建议粮食生产走规模化道路

近年来，由于广西单个农户占有耕地数量有限，耕地面积大小、平整程度、灌溉水平参差不齐，不利于大型农业机械化操作，无法形成早晚稻等粮食的规模化种植，以降低成本。同时，农村青壮劳力外出务工形成了粮食种植劳动力缺乏，粮食生产过程中管理水平差异明显，不利于粮食种植单产水平的提高，单个农户种植粮食的经济效益相对较低，水稻和玉米等粮食作物的种植面积不断减少。要实现粮食总产量的稳定，主要依靠粮食种植面积稳定，需要培养农村种粮合作社、粮食种植规模户等新型种植主体，对粮食种植区的农田和水利设施进行集约化管理，对于耕地面积零散破碎的地区，进行耕地平整，推广粮食生产机械化，推动水稻玉米等粮食种植规模化生产。

2018年广西畜牧业保持平稳发展

张建裕

据国家统计局广西调查总队监测调查，2018年广西生猪养殖继续向规模化发展、家禽养殖规模逐步恢复、牛羊养殖保持小幅增长态势，畜禽生产总体继续保持稳步发展态势。

一、主要畜禽养殖规模呈现小幅扩张

2018年末，广西猪、牛、羊、禽存栏量分别为2298.3万头、328.6万头、223.5万只和33300.9万只，同比分别增长0.2%、0.6%、0.5%和1.8%，其中能繁母猪存栏262.4万头、同比增长0.3%；全年猪、牛、羊、禽累计出栏量分别为3465.8万头、123.6万头、210.9万头和84929.5万只，同比分别增长3.3%、5.7%、0.6%和-1.8%，猪牛羊禽肉产量418.4万吨，同比增长1.6%，畜禽生产总体继续保持稳步发展态势。

表1　2018年广西主要畜禽养殖规模表

	2018年末存栏（万只）	增长（%）	2018年累计出栏（万只）	增长（%）
猪	2298.3	0.2	3465.8	3.3
家禽	33300.9	1.8	84929.5	5.7
牛	328.6	0.6	123.6	0.6
羊	223.5	0.5	210.9	-1.8

（一）生猪生产平稳发展，盈利稳定

1.从养殖规模看，前三季度不断扩大，四季度有所回缩

2018年一至四季度，广西生猪存栏、能繁母猪存栏平稳略增，生猪出栏保持同比增长。根据广西调查总队的监测数据显示，2018年四个季度生猪存栏、能繁母猪存栏和生猪出栏的数据均较上年同期有所增长，截止2018年末，广西生猪存栏、能繁母猪存栏量分别为2298.3万头和262.4万头，同比分别增长0.2%和0.3%，全年累计出栏生猪3465.8万头，同比增长3.3%。虽然在上半年经历了生猪价格急剧滑坡的影响，下半年又受到邻省非洲猪瘟疫情波及，但广西生猪产业仍能健康发展，生猪产能保持稳步上升。

总体看来，广西生猪生产形势健康发展，生猪养殖结构也在不断向规模化、科学化进步。在这几轮猪周期调整中，小、散养殖户所占比例显著减少，规模户和大型生产单位快速扩张，强势地利用自身发展优势挤压小、散养户的生存空间。大型养殖户（包括生产企业）由于自身有足够的能繁母猪储备，在猪周期波动中，一直呈现出稳定增长的态势，市场低迷时，产能基本保持稳定，价格高涨时，产业又能快速扩张。相信随着生猪产业的快速发展，规模化现代化养殖一定会占据越来越重要的地位。

图1 2017—2018年各季度生猪季末存栏量（单位：万头）

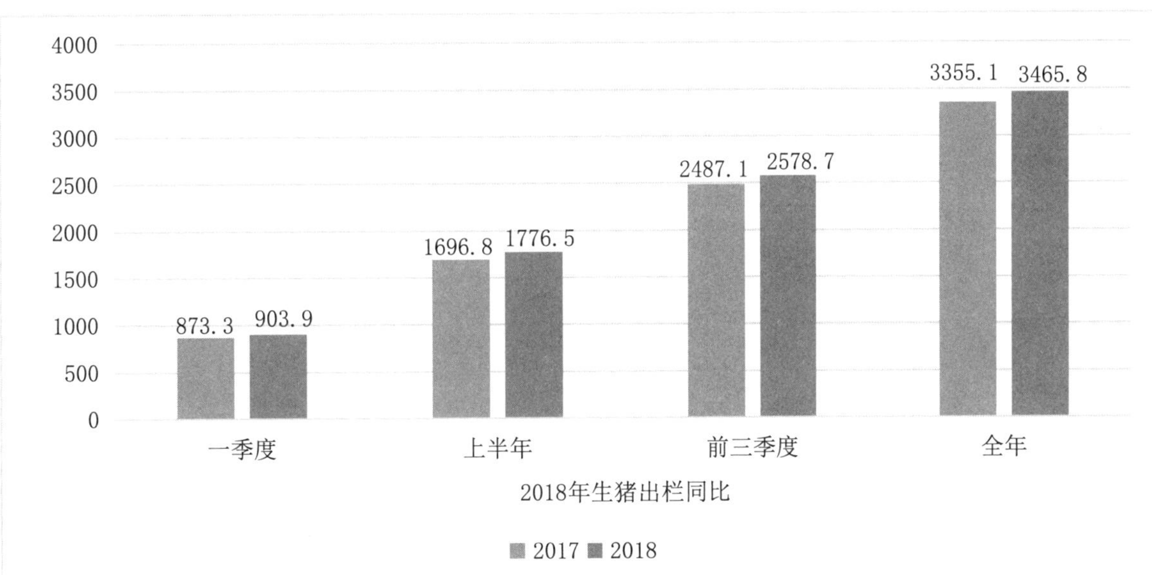

图2 2017—2018年1—各季度生猪累计出栏量（单位：万头）

2. 从生猪价格看，5个月价格低于成本价

2017年一季度，随着生猪产能的逐渐恢复，在春节过后，生猪价格出现急剧下跌的现象，尤其三月份生猪价格出现断崖式暴跌，由月初13.5元/公斤左右跌至月底11.3元/公斤左右，低过成本线，至5月份一度跌至10元/公斤以下。6月中旬，国家统计局广西调查总队在南宁、玉林、贵港等地调研期间，当地的肉猪出售价格基本在11元/公斤～11.6元/公斤，虽然较5月份略有回升，但养猪行业仍处于亏损状态。6月底7月初开始快速回升，但至8月份猪价上升超过14元/公斤后开始小幅震荡波动，徘徊在13.6元/公斤到14.6元/公斤。10月份，受外省非洲猪瘟疫情影响，广西下发《关于暂停广西生猪调运出本自治区的通知》，猪价又出现了短期内的小幅下跌，由14.4～15元/公斤降至12.4～13元/公斤，但仅经过一周左右的阵痛期，猪价便回升至13.8元/公斤左右，12月中旬，平均猪价在14元/公斤以上，保持在盈亏平衡点以上。从全年生猪价格走势看，3—7月5个月，生猪价格低于成本价（据养殖户经验，成本价约13.0元/公斤）。

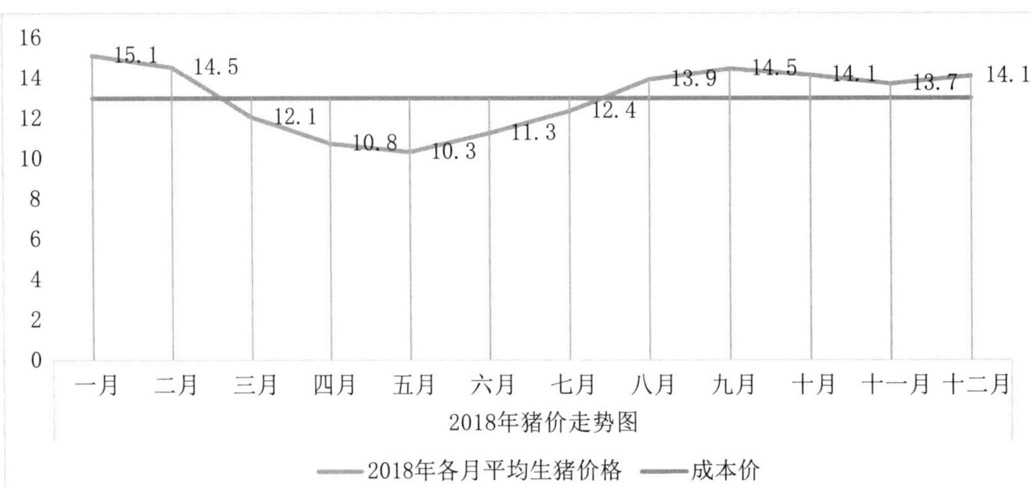

图3 2018年广西各月生猪平均价格（单位：元/公斤）

3. 从养殖收益看，下半年养殖户养殖扭亏为盈，全年基本保持不亏或略有盈利

据调研访问，大部分养殖户认为今年生猪市场上下半年走势明显，下半年的盈利基本上能够抹平上半年所受亏损，有的略有盈利。2018年四季度，规模户的生猪养殖成本为13元/斤左右，杨翔、农垦集团等大型养猪场的饲养成本已经能控制在大约12元/斤，甚至更低。按照12月底当前生猪出售价格14元/公斤的出栏平均价格计算，每出售一头220斤重的活猪的利润在240～300元之间。养殖户对生猪后市的判断相对乐观。养殖场老板表示：目前虽然受非洲猪瘟疫情影响，养殖户普遍不敢大肆扩栏，但目前广西猪价基本保持稳定，养殖户能够保持平本有赚，眼看年关

将至，猪肉消费将进入旺季，看好猪价能够继续上升。

（二）家禽价格维持高位促进养殖规模恢复

2017年的禽流感疫情对家禽养殖带来的较大冲击。2018年，广西家禽的价格总体维持在较高区间，养殖户盈利有保证促进养殖规模的恢复。据调研，2018年一季度，部分规模养殖户阉鸡23.26元/公斤，每只获利20元左右；三黄鸡和灵山土鸡平均价格为16.2元/公斤，每只获利5元左右。仔鸡价格为3.5~4元/只，养殖户补栏愿望强烈，鸡苗供不应求。二、三季度鸡价继续保持在成本线以上。如某养殖公司5—9月份的肉鸡出栏价格为10.9元/公斤、9.9元/公斤，13.5元/公斤，14.5元，除6月份处于小幅亏损状态，其他月份均为盈利状态。四季度，部分养殖户项鸡出栏价格在15~16元/公斤，阉鸡价格在16~20元/公斤左右，若为家禽土鸡价格则更高一点。春节将至，看好近期活鸡价格行情继续向好，可能会保持到2019年上半年左右。

（三）牛、羊生产发展基本平稳

虽然近年来市场上牛、羊肉价格一直较高，但广西牛、羊产业规模仍相对较小，产业规模快速发展的各项条件尚不具备，所以整体上生产一直处于平稳发展的态势。

二、当前畜牧业生产发展面临的问题

（一）生猪规模养殖水平较低，抗市场风险能力较弱

广西生猪规模化养殖虽然得到较快发展，但总体规模不大，不少规模户缺乏对市场的了解和深度分析，有利可图时，农户往往就一哄而上，造成供大于求，价格下跌，无利可图，甚至严重亏本。价格下跌后普通散养户由于缺乏规模效益，养殖成本高，抗市场风险能力弱，不得不通过大幅减少存栏或清栏，抵御市场风险，造成市场畜禽产品供给急剧减少，畜禽生产出现剧烈波动，给普通居民的生活和畜禽生产的正常进行造成了严重影响。

（二）养殖成本呈上升态势

一是雇工价格稳中略长。据调研，2018年生猪生产雇工成本比上年略有上涨。普通饲养员的工资是3000元/月，技术人员平均工资每月为4000~5000元，与上年比雇工价格涨幅不大，基本在5%~10%之间。大型生猪企业雇工价格每年保持8%~10%左右稳定增长，小型养殖户或普通规模户的雇工价格与2017年相比基本持平。二是玉米、豆粕等价格上涨。据对部分大型规模养殖户调研，饲料价格小幅上涨。四季度，玉米价格为2100元/吨，比去年同期上涨了100元/吨左右，涨幅为4.8%，与上半年价格持平。受中美贸易战影响，豆粕作为猪饲料原料，其供货来源和渠道虽不受影响，但价格上升幅度较大，豆粕价格由2930元/吨上涨到3030元/吨，涨幅为3.4%，每头生猪饲料养殖成本上涨约30~40元左右。

（三）养殖业环保压力趋大

新环保法实施后，环保执法力度不断加强，大量不合环保规定的养殖场被迫停养、禁养、搬迁。如广西生猪大县武鸣县，在县改区的过程中，由于城镇区域禁

养、限养政策的限制，大量的养猪场被迫关停、搬迁，对当地生猪产业发展有很大影响；作为生猪调出大县的博白县和合浦县在地九洲江和南流江的环境治理过程中，大量养殖场被关停，迁移和改造。

（四）畜产品加工能力相对较弱，需加强和完善

广西生猪产量虽列全国前列，但以猪肉为原料的食品加工却是短腿，生猪加工业相对来说仍比较薄弱，直接影响生猪产业的发展，影响生猪饲养户的利润收入。另外，生猪加工业欠发达，市场无法消化过多的生鲜猪肉，也影响到市场的平稳供给，造成价格波动，影响生产生活。

三、建议和措施

（一）要大力推广生猪高架床养殖等先进环保的养殖技术

这几年，国家环保政策日趋严格，根据政策要求，沿河沿江流域附近、饮用水源保护区、城镇居民区和主要交通干线两侧等大片区域都实行了严格的生猪禁养、限养措施，加上当前养猪实行的是污染零排放政策，所有养殖场都必须配备有相应规模的排污、治污设备。面对当前环保的高压态势，生猪养殖必须从以前的脏、乱、臭的旧局面，向未来科学、环保、健康的新生态所转化。相关部门，应该紧紧抓住本次猪周期生产结构调整的难得机遇，大力推广和发展生猪高架床养殖等先进环保的养殖技术，对技术先进、环保水平高的养殖企业进行重点扶持，为未来生猪产业可持续、健康发展打下坚实基础。

（二）强化疫病防治力度，提高疫情防控能力

虽然这几年广西生猪、家禽疫情较为平稳，尚未发生任何大规模疾病疫情的情况，但应始终重视疫情防疫，继续做好防疫监测和服务工作，进一步建立健全疫情防疫防治机制加强培养专业技术人才，帮助养殖户提高应对突发疫情的能力，同时做好疫情疾病的监测预警工作，最大限度地减少疫情对养殖业的影响。

（三）主动推动畜牧业产业结构调整，大力发展规模化养殖

一是各级党政应加大相应的优惠扶持政策，加强规划和引导，主动引导带动养殖户从事畜牧标准化规模化产业化经营。二是以现有畜禽标准化规模养殖场为基础，建设一批规模养殖实训基地，重点发展规模养殖户。三是加大对从事畜牧标准化规模化产业化的单位、个人、经济组织等给予物质奖励，资金扶持，税收优惠支持等，用政策调动各主体积极性。

（四）积极建设投融资平台，降低信贷门槛，加大信贷支持力度

融资渠道不畅、贷款难，目前仍是困扰养殖业发展的关键。一是要大力支持有实力的龙头企业，建立养殖户贷款担保机制，并在资本金和贴息方面给予支持；二是积极引导普通中小型养殖户创建专业合作社，开展信用合作、联户联保，探索小额贷款、投融资、信用担保、保险等平台建设；三是推进养殖业小额信贷工作，着力拓宽投融资渠道，为现代畜牧业发展提供更多的资金支持。

2018年玉林市养殖效益处在微利保本状态

林美余

据国家统计局玉林调查队调查，2018年玉林市生猪生产受生猪产能释放，南流江、九州江流域水环境综合整治及国内发现非洲猪瘟疫情等多因素影响，生猪市场跌宕起伏，与上年相比，玉林市生猪市场供给增加，生猪价格降幅收窄，养殖效益处于微利保本状态。

一、生猪价格进入下行通道

（一）生猪价格降幅收窄

2018年，玉林市生猪平均价格为12.8元/公斤，同比下降14.7%，降幅比上年收窄4.2个百分点。从全年来看，受多因素影响，玉林市生猪价格跌宕起伏，呈现先降后升再降的态势（如图1）。从月份来看，由于春节过后市场需求减弱，加上南流江环保整治工作导致生猪产能短期内集中释放，1—5月份生猪价格持续下降，其中，4月份生猪价格跌至年内最低10.4元/公斤，与1月份价格相比下降了28.8%，5月份价格与4月份持平；随着玉林市环保整治工作进入尾声，6月份生猪价格出现反弹，6—8月份价格一路回升，8月份生猪价格上涨到14.3/公斤，比年内最低价时上涨了37.5%，比1月份的最高价仅仅低了0.3元/公斤；9—12月份，受国内发现非洲猪瘟疫情和自治区禁止生猪调运到区外影响，玉林市生猪价格逐月下跌，12月份价格跌至13.5元/公斤。

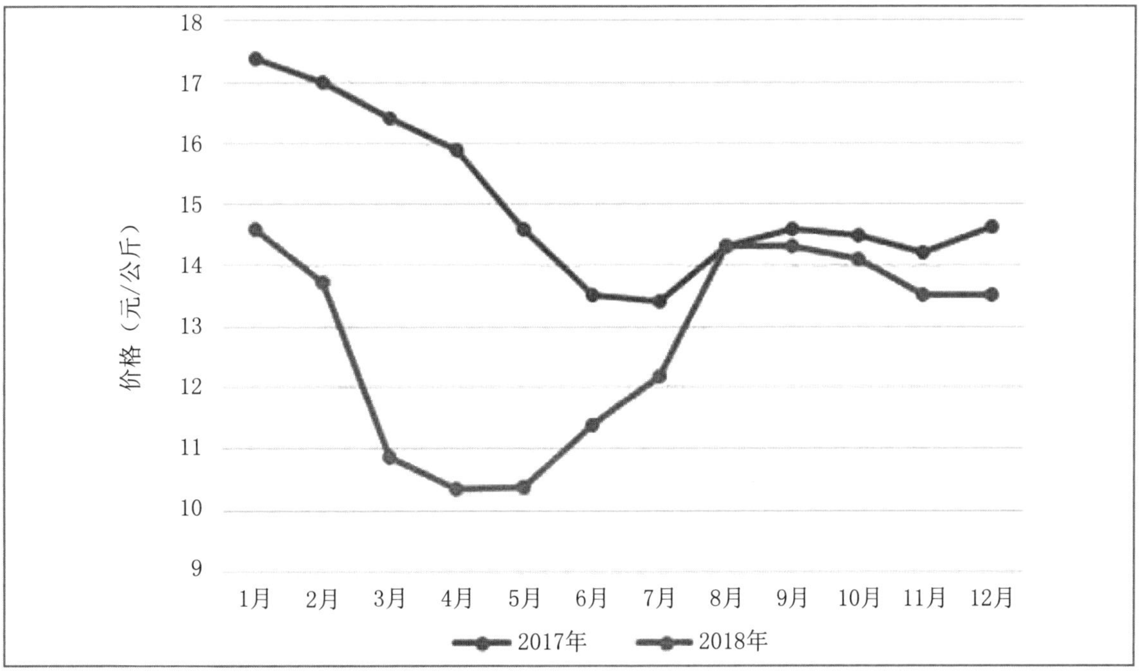

图1 玉林市2017年、2018年生猪价格走势

（二）仔猪价格先降后升

据玉林市调查样本监测数据显示，2018年仔猪价格先降后升，2018年1—4季度，仔猪平均出售价格分别为26.9元/公斤、20.5元/公斤、23.2元/公斤、25.9元/公斤，同比分别下降32.9%、40.6%、23.2%、6.2%。

（三）生猪价格下行的主要原因

1.生猪市场供给增加。自2015年下半年以来的近两年时间里，玉林市生猪价格持续高位运行，养殖户补栏积极，生猪产能恢复。2018年以来，全国生猪价格进入下行通道，生猪产能释放，加上南流江流域水环境综合整治和国内发现非洲猪瘟疫情影响，玉林市生猪市场供给增加。据玉林市统计及畜牧部门数据显示，2018年玉林市生猪出栏量为607.78万头，同比上涨2.7%；生猪屠宰量为242.5万头，同比上涨15.4%。

2.生猪阶段性集中出栏。2018年上半年，随着玉林市南流江全流域水环境综合整治进程的加快，各县（市、区）在划定的禁养区范围内的养殖场清拆或去功能化，限养区的养殖场要按照零排放的环保标准限期整改。大部份在禁养区的养殖户和不想花钱整改的养殖户在清拆期限到来之前将生猪清栏抛售，造成生猪短期内集中出栏，对生猪市场造成激烈冲击，如福绵区福绵镇钟老板5月份时出售的生猪价格不到10元/公斤，同比下降了33.3%。

3.国内非洲猪瘟疫情影响。受邻省发现非洲猪瘟疫情影响，10月22日—12月29日，广西壮族自治区暂停生猪跨省调运，玉林市生猪平均价格从15.0元/公斤降到13.0元/公斤，降幅为13.3%。在经过一周左右的振荡后重新企稳，从11月初到12月中下旬，生猪平均价格基本稳定在12.6~13.6/公斤，但仍比暂停跨省调运之前下降了1.4~2.4元/公斤。

二、生猪养殖效益收窄

（一）生猪和仔猪出售利润下降

据调研了解，2018年玉林市生猪养殖户自繁自养一头肉猪至出栏的利润为100~150元/头，而2017年的利润为200~300元/头。其中3—6月养殖户自繁自养一头肉猪至出栏亏损100~300元，而上年同期，自繁自养一头肉猪毛利润在250~480元左右。同时，仔猪利润也出现明显下降。据调查数据显示，福绵区新桥镇某养殖场1—4季度的出售15公斤以下仔猪平均价格分别为480元/头、380元/头、450元/头、470元/头，扣除养殖成本约400元/头，出售仔猪仅有3个季度盈利，且利润仅为50~80元/头，与上年250~400元/头的利润相比，大幅缩水。

（二）养殖效益收窄

据统计，2018年全年玉林市玉米平均价格为2.01元/公斤，同比上涨8.1%，豆粕平均价格为3.17元/公斤，同比上涨6.4%。据《广西壮族自治区缓解生猪市场价格周期性波动调控预案实施细则》规定，生猪养殖盈亏平衡点为5.5：1。从全年来看，玉林市2018年猪粮比为6.36，比上年低1.75，生猪养殖效益进一步收窄，处于微利保本状态；从月份来看，3—5月份的猪

粮比低于5.5，表明3—5月份玉林市生猪养殖效益处于亏损状态。（详见表1）

表1 玉林市2018年各月猪粮比

月份	1	2	3	4	5	6	7	8	9	10	11	12
猪粮比	7.39	6.84	5.19	5.08	5.35	5.77	6.30	7.43	7.14	6.94	6.51	6.39

三、当前生猪养殖产业发展的存在问题

（一）生猪养殖准入门槛提高

随着玉林市畜禽规模养殖业的不断发展，畜禽规模养殖产生的环境污染问题日渐突出。自2015年起，玉林市开始了对畜禽养殖业高强度、大范围的环保治理，直至2018年才接近尾声。为了推进畜禽养殖业与生态环境保护全面协调可持续发展，合格的养殖场环保设施已经成为生猪养殖行业的准入门槛之一，而养殖场的新建，从养殖用地的选定到养殖设施和环保设施的建设，不仅需要雄厚的资金支持，还需要国土、环保、畜牧等相关部门的审批和验收。随着养殖用地的逐渐减少，建筑成本和环保成本的上涨，生猪养殖的准入门槛逐渐提高。

（二）环保改造压力大，排污成本高

据调研了解，不符合零排污的环保排放标准的生猪养殖场，除了拆除重建，还可以在原有基础上进行改建。养殖场改造成“高架床+益生菌”模式需要700—1200元/平方米不等的价格，而单独进行环保设施改造的，养殖场需要按每头猪1.5立方米的标准来建立三级沉淀池，需要200元/立方米左右的改造成本。据福绵区新桥镇某养殖场负责人介绍，该猪场除了投入300多万建设沼气池和购入净化设备之外，还需将净化后的污水进行处理，该养殖场排污量约为100吨/天，在经过三级沉淀后，污水处理费用为2000~2500元/天。

（三）动物疫病防控形势严峻

从2018年8月份国内发现首例非洲猪瘟疫情起到11月23日北京市排查出非洲猪瘟疫情，2018年非洲猪瘟疫情共涉及了19个省（直辖市）。非洲猪瘟是一种急性，发热传染性很高的滤过性病毒所引起的猪病，其特征是发病过程短，但死亡率高达100%。而一旦排查出非洲猪瘟疫情，要立即对疫区进行封锁，并对疫点的生猪进行全部扑杀、无害化处理、消毒等处置措施，禁止所有生猪及易感动物和产品运入或流出封锁区。由于目前并没有有效的疫苗可以预防非洲猪瘟，因此，养殖户的提前防控是重中之重。

（四）产业链短窄，抗风险能力不足

据了解，玉林市目前生猪销售仍以活猪输出为主，而屠宰、冷链和深加工的生猪产品输出仍然较少，导致生猪行业产业链短窄，抗风险能力不足。据调研了解，在2018年10月22日广西自治区暂停生猪跨省调运之后，福绵区多位养殖户反映，原来外调到广东、贵州等地的生猪无法调运，只能在区内调运，但广西各地基本都

在消化本地生猪，玉林市生猪流通到别的市较为困难，造成本地生猪销售渠道受阻，生猪价格下行。部分养殖户为了降低养殖风险，甚至减少肉猪养殖，转为养殖仔猪。

四、促进生猪养殖业发展的建议

（一）加强社会服务体系建设，加大金融扶持力度

一方面，加强社会服务体系建设，完善各级畜牧信息网，定期发布价格监测预警信息和行业动态，定期召开行业经验交流座谈会、开展畜禽养殖技术培训，为广大养殖户提供及时、有效的市场信息以及畜禽专业知识，切实提高养殖户养殖技术和水平，增强养殖场（户）市场风险意识。另一方面，通过建立财政专项补贴机制、完善担保体系，拓宽金融信贷渠道，简化信贷手续，提高贷款额度，为养殖户提供有力的保障。

（二）加强环保治理，走可持续发展道路

一是继续推进畜牧养殖业环保治理工作，加大污染排查力度，推动养殖场户环保设施建设；二是继续推进“高架床+益生菌”生态养殖模式，引导养殖场户发展种养结合的可循环生态养殖模式，提升粪污资源化利用的能力。

（三）加强疫病防控，重视养殖场户生物安全

疫病已成为制约生猪生产健康发展的重要因素。除了做好生猪常见病和多发病的防控之外，还需要畜牧部门和当地政府部门加强排查和调运监管工作。同时，加强疫病防治培训和监测，引导养殖场户把好生物安全关，从引种到调运，从人员到车辆，每一个环节都要严格管理和消毒，切实提高养殖主体责任意识，进一步提高养殖户抗风险能力。

（四）发展特色养殖，创新养殖模式

面向市场，发展特色养殖，充分发挥玉林本地特有猪种打造优势特色品牌，增加产品附加值，产品可替代性低，增强抗风险能力。比如容县某养殖场，通过自己配料、自己育种等方式来降低成本、改善肉质，其猪肉在玉林和北流都拥有较好的名气，拥有自己的固定市场，在市场价格低迷的时候，他所出售肉猪价格仍比市场上的普通肉猪价格要高一些。

2018年广西农民工就业形势总体良好

周四海

据国家统计局广西调查总队农民工监测调查结果显示，2018年广西农民工总量达到1273.6万人，比上年减少2.4万人，下降0.2%。从农民工就业的情况看，广西区内务工的农民工人数增长较快，农民工回流趋势明显；农民工收入继续保持稳定增长。综合来看，2018年广西农民工就业形势总体良好。

一、农民工就业的主要特点

（一）农民工回流趋势明显

2018年广西本地农民工（在本乡镇范围内）361.2万人，比上年增加7.1万人，增长2.0%；外出农民工（离开本乡镇）912.4万人，比上年减少9.7万人，下降1.1%。2018年农民工约占广西农村从业劳动力的51.3%，比上年下降0.3个百分点。

从输入地看，在两广务工的农民工共867.7万人，占外出务工人员总量的95.1%。其中，在广东务工农民工533.8万人，比上年减少66.5万人，下降11.1%，占外出农民工总量的58.5%，占比比上年降低6.6个百分点；在广西区内务工农民工（不含在本乡镇内）333.9万人，比上年增加58.3万人，增长21.1%，占农民工总量的36.6%，比上年提高6.7个百分点，农民工回流明显。在两广以外地区务工农民工44.7万人，仅占外出农民工总量的4.9%。

农民工回流现象的出现，有社会发展外在因素的推动，也有务工者自身的原因。据我们对3964个返乡农民工返乡原因调查，有16.5%返乡创业，有18.9%在外工作不好找而返乡，有17.2%回乡照顾孩子读书，有9.9%返乡照顾老人，有9.7%年龄大而返乡，有6.6%返乡照顾家里病人，有21.2%其他原因返乡（如结婚、生孩子、回家帮忙等）。从宏观层面分析，农民工回流主要有四方面原因。一是广西县域经济发展，工业化和城镇化建设推进，农村生产生活条件明显改善，吸引了部分外出务工者返乡创业就业。二是近年来广西加大脱贫攻坚力度，大力推进农村水、电、路等基础设施建设，开展农村危房改造和易地搬迁建设，为务工者创造了就业岗位，一些在外务工的农民工选择了回乡创业就业。三是一些新生代农民工不再愿意外出打工。他们认为进厂打工管得严，工作辛苦，没有自由，家里生活也不错，不愿进厂打工而返回家乡。四是部分外出务工人员适应不了新的岗位需要而返乡。近年来，随着我国东部地区产业结构升级和产业转移，东部地区就业需求发生新的变化，一些年纪较大的务工人员由于技术跟不上需求，加上年龄偏大，只好返回家乡。广西农民工回流，客观上增加了本地劳动力，为区域经济发展提供了人力资源，缓解了农村空心化、老龄化、留守儿童问题。同时，农民工返乡也造成短期农村居民收入减少、本地就业压力加大，个别家庭也出现啃老现象。

（二）从事第三产业人员比重小幅提高

从产业结构看，2018年广西农民工从事第一产业的占0.6%，与上年持平；从事第二产业的占54.0%，比上年减少0.3个百分点；从事第三产业的占45.4%，比上年提高0.3个百分点。

从行业分布看，占比超过10%的有四种行业。其中，制造业从业人员比重最高，占36.4%，比上年降低于0.9个百分点，仍为广西农民工就业的主要行业；其次是建筑业，占15.5%，比上年上升0.5个百分点；第三是批发和零售业，占10.6%，比上年下降2.2个百分点；第四是居民服务、修理和其他服务业，占10.1%，比上年下降1.4个百分点。

表1　农民工就业行业结构分布表

单位：%

	2018年	2017年	两年对比
第一产业	0.6	0.6	
农、林、牧、渔业	0.6	0.6	
第二产业	54.0	54.3	-0.3
采矿业	0.9	0.5	0.4
制造业	36.4	37.3	-0.9
电力、热力、燃气及水的生产和供应业	1.3	1.4	-0.1
建筑业	15.5	15	0.5
第三产业	45.4	45.1	0.3
批发和零售业	10.6	12.8	-2.2
交通运输、仓储和邮政业	6.8	6	0.8
住宿和餐饮业	6.3	4.6	1.7
信息传输、软件和信息技术服务业	1.3	1.3	
金融业	0.5	0.7	-0.2
房地产业	0.3	0.3	

续表

	2018年	2017年	两年对比
租赁和商务服务业	0.8	0.9	-0.1
科学研究和技术服务		0.1	-0.1
水利、环境和公共设施管理业	0.3	0.6	-0.3
居民服务、修理和其他服务业	10.1	11.5	-1.4
教育	2.4	2.1	0.3
卫生、社会工作	2.0	1.4	0.6
文化、体育和娱乐业	0.4	0.6	-0.2
公共管理、社会保障和社会组织	3.5	2.2	1.3

（三）农民工受教育水平略有提高

2018年广西农民工中，未上过学的占0.6%，小学文化程度占18%，初中文化程度占57.5%，高中文化程度占15.6%，大专及以上占8.4%。高中及以上文化程度农民工所占比重比上年提高1.4个百分点。

（四）农民工工资收入继续增长

2018年广西农民工月均工资收入为3375元，比上年增加138元，增长4.2%。外出农民工月均工资为3653元，比上年增加308元，增长9.2%。分行业看，第二产业农民工月收入为3415元，增长10.2%；第三产业农民工月收入为3573元，增长8.8%。工资增长的原因，一是劳动力缺口大，人力资源成本不断攀升，为了维持企业的正常运转，企业用工待遇不断提升；二是随着各地针对农民工技能提升培训工作的深入开展，农民工综合素质得到不断提高，促进农民工对工资待遇有更高的追求，收入水平也有了显著增长。

表2 分行业外出农民工人均月收入及增幅情况表

单位：元/月

指标名称	2018年	2017年	两年对比	增幅（%）
第二产业	3715.2	3372.4	342.8	10.2
采矿业	4530.6	—	—	—
制造业	3651.5	3300.4	351.1	10.6
电力、热力、燃气及水的生产和供应业	4658.2	3242.4	1415.8	43.7
建筑业	3854.1	3577.4	276.7	7.7
第三产业	3572.5	3284.5	288.0	8.8

续表

指标名称	2018年	2017年	两年对比	增幅（%）
批发和零售业	3481.5	3083.7	397.8	12.9
交通运输、仓储和邮政业	4255.5	3895.6	359.9	9.2
住宿和餐饮业	3460.7	3465.4	-4.7	-0.1
信息传输、软件和信息技术服务业	3955.0	3441.7	513.3	14.9
金融业	3461.6	3647.5	-185.9	-5.1
房地产业	3692.4	3660.6	31.8	0.9
租赁和商务服务业	3400.6	2888.4	512.2	17.7
水利、环境和公共设施管理业	2878.5	2552.5	326.0	12.8
居民服务、修理和其他服务业	3433.3	3159.2	274.1	8.7
教育	3004.0	2847.1	156.9	5.5
卫生、社会工作	3376.4	3081.5	294.9	9.6
文化、体育和娱乐业	3973.6	3384.7	588.9	17.4
公共管理、社会保障和社会组织	3326.2	2865.6	460.6	16.1

二、外出农民工消费和居住情况

（一）外出务工农民工生活消费支出增速加快

2018年广西外出务工农民工全年平均外出时间10.1个月，比上年减少0.1个月。外出务工农民工全年平均收入39127.4元，同比增加3497.8元，增长9.8%，外出务工农民工全年平均消费支出12751.9元，同比增加1688.9元，增长15.3%，消费的增长造成外出农民工寄带回同比减少670.7元，下降6.5%，全年实际寄带回9667.3元。寄带回减少的原因主要有：一是受物价水平上涨影响和农民工对物质和文化需求不断增长，同时随着收入的不断提高，外出农民工的生活消费水平也得到了一定的提高；二是部分外出务工人员特别是新生代农民工理财意识薄弱，消费观念超前。

表3　2017—2018年广西外出农民工年收支变化

指标	单位	2018年	2017年	增减	增幅（%）
1.年内外出时间	月	10.1	10.2	-0.1	-1.2
2.年收入	元	39127.4	35629.5	3497.8	9.8
其中：寄带回	元	9667.3	10338.0	-670.7	-6.5
3.年消费	元	12751.9	11062.9	1688.9	15.3

（二）独自租房、购房比重上升

2018年广西外出农民工中，独立租赁住房的占41.1%，比上年增加11.4个百分点；在单位宿舍居住的占32.6%，比上年减少3.1个百分点；与他人合租的占10.7%，减少10.8个百分点；在务工地自购住房的农民工比例为1.1%，提高0.4个百分点；在工地工棚居住的占5.8%，增加0.2个百分点；在生产经营场所居住的占1.5%，下降0.2个百分点；乡外从业回家居住的占5.3%，增加1.6个百分点。

表4　2017—2018年广西外出农民工居住类型

单位：%

指标	2018年	2017年
1. 单位宿舍	32.6	35.7
2. 工地工棚	5.8	5.6
3. 生产经营场所	1.5	1.7
4. 与人合租住房	10.7	21.5
5. 独立租赁住房	41.1	29.7
6. 务工地自购房	1.1	0.7
7. 乡外从业但回家居住（老家）	5.3	3.7
8. 其他	1.9	1.3

（三）单位雇主提供伙食比例提高，提供住房补贴比例下降

2018年广西外出农民工中，单位或雇主提供伙食的比例比上年增加3.9个百分点，为47.0%；不提供伙食但有补贴的比例增加0.5个百分点，为5.4%；不提供伙食也无补助的比例由上年的52.0%降至47.6%。从雇主或单位得到免费住宿的农民工所占比重为43.9%，比上年下降1.2个百分点；从雇主或单位得到住房补贴的农民工所占比重为2.9%，下降0.2个百分点；不提供住宿也没有住房补贴的比重为53.2%，增加1.4个百分点。

表5　2017—2018年广西外出农民工食宿情况

单位：%

指标	2018年	2017年
1. 单位或雇主提供伙食情况		
①每天提供三顿	18.3	17.1

续表

指标	2018年	2017年
②每天提供两顿	16.2	16.2
③每天提供一顿	12.5	9.7
④不提供，但补贴部分伙食费	5.4	4.9
⑤不提供，也没有补贴	47.6	52.0
2.单位或雇主提供住宿情况		
①提供住宿	43.9	45.2
②不提供住宿，但住房有补贴	2.9	3.1
③不提供住宿，也没有住房补贴	53.2	51.8

三、农民工就业存在的问题

（一）超时劳动情况仍然存在

2018年广西外出农民工月从业时间平均为25天，比上年减少0.4天，日从业时间平均为8.6小时，比上年增加0.1小时。日从业时间超过8小时的外出农民工占37.3%，比上年上升6个百分点，超时劳动情况仍比较普遍。

（二）没有与雇主签订劳动合同的比重仍然较高

2018年广西农民工没有签订劳动合同的比例为56.2%，比上年下降6.2个百分点。与雇主或单位签订了无固定期限劳动合同的比重为12.8%，比上年提高1个百分点；签订一年及以上劳动合同的比重为26.5%，比上年提高4.1个百分点；签订一年以下劳动合同的比重为4.5%，比上年提高1.1个百分点。

（三）拖欠农民工工资现象依然存在

2018年被拖欠工资的外出农民工人数比重为0.3%，比上年增加0.1个百分点；被拖欠工资的农民工人均被拖欠18611元，比上年增加8906元。被拖欠工资人数比重提高，拖欠工资额增加，这种现象应该引起重视。

四、建议

一是促进农民工就业创业。加强就业创业引导，落实鼓励农民工就业创业的财政、税收等优惠政策，为劳动密集型企业提供支持，加大预防失业和稳定就业的工作力度。为农民工自主创业提供政策支持，落实各种优惠政策扶持农民工自主创业和灵活就业，加快完善和实施与灵活就业相适应的劳动关系、工资支付和社会保险等政策，为灵活就业人员提供帮助和服务，大力促进农民工就业创业。

二是提高农民工权益保障水平。要完善相关法律和制度，加大监管力度。企业或雇主必须严格执行相关法律法规，与农民工签订劳务合同。加大普法宣传，让农民工认识到签订劳动合同的重要性，在自身权益受到损害时，通过法律途径维护自己的合法权益。要真正实施同工同酬，企业或雇主要为农民工按城市职工的比例交纳“五险一金”。完善社保机制，妥善解决跨地区流动农民工的养老保险及其他社保关系转移问题。加大拖欠农民工工资的处罚力度，提高农民工工资等权益保障水平。

三是加强技能培训力度。当前农民工劳动技能普遍偏低，难以适应现代工业发展和产业升级的需要。要加大农民工培训力度，根据劳动力市场需求和创业技能需要，有针对性地设置培训课程，结合农民工的文化水平、年龄、工作和生活等特点，丰富培训方式，建设既实用又有趣的课堂，让农民工愿意来培训，培训技能用得上，提高培训吸引力和培训效果。

2018年桂林市农民工监测调查报告

秦　晋

据国家统计局桂林调查队农民工监测调查显示，2018年度，桂林市农村劳动力人口比例小幅增加，本地就业趋势明显，第三产业仍是吸纳农民工就业的主力。

一、基本情况

2018年度，桂林市抽样调查的110户中，共有常住成员398人。其中，劳动力284人，占总人数71.4%，比上期大样本中的占比增加2.9%。其中整劳动力150人，占52.8%；半劳动力134人，占47.2%。全年从业人员共203人，占总劳动力人数的71.5%。其中新生代农民工55人，占从业人员人数的27.1%。

（一）超七成农民工选择本地就业

从桂林市2018年度农民工从业劳动力分类来看（如图1），本地农业自营43人，占21.2%；本地农业务工31人，占15.3%；本地非农自营6人，占2.9%；本地非农务工67人，占33%；外出务工56人，占27.6%。按照就业地点来看，2018年度本地就业人员共计147人，占72.4%；外出务工人员56人，占27.6%。

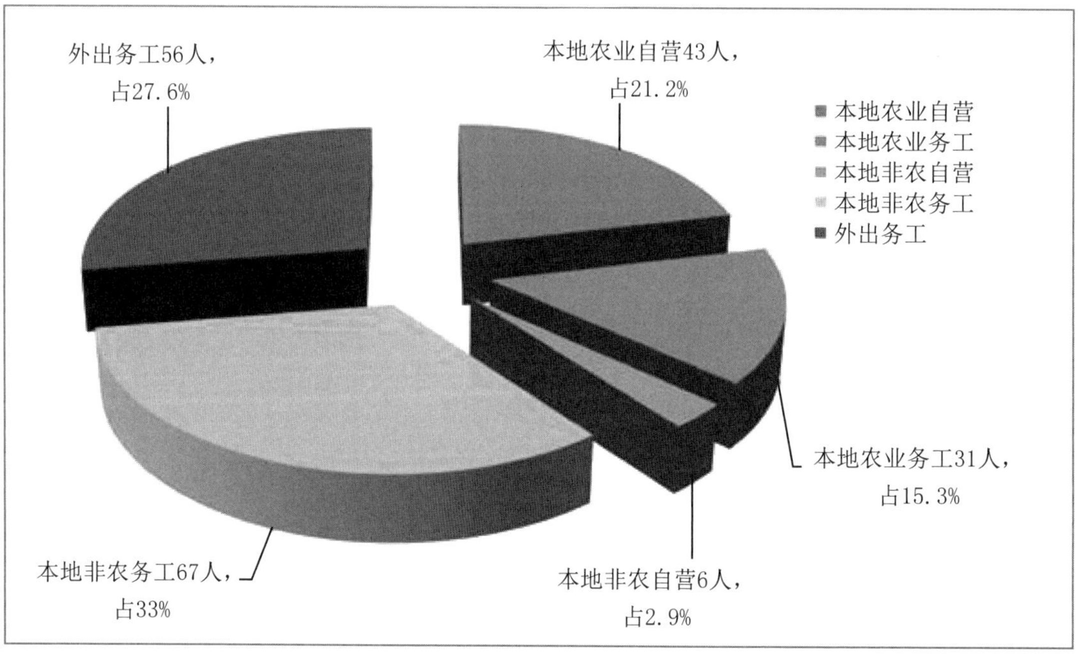

图1　桂林市2018年度农民工从业劳动力分类

（二）第三产业是吸纳农民工就业的主力

从桂林市2018年度农民工从事的主要行业来看（见表1），从事第一产业77人，占37.9%；从事第二产业9人，占4.4%；从事第三产业117人，占57.7%。在从事第三产业的农民工中，从事居民服务、修理和其他服务业的有49人，占41.9%。据悉，桂林旅游行业的蓬勃发展提供了大量的服务行业岗位，而服务行业以其就业门槛低、从业灵活的优势，深受农村劳动力的青睐。

表1 桂林市2018年度农民工从事的主要行业

指标名称	单位	代码	2018年度
（二）本年度从事主要行业	人	761	203
1. 第一产业	人	762	77
（1）农、林、牧、渔业	人	763	77
2. 第二产业	人	764	9
（2）采矿业	人	765	
（3）制造业	人	766	4
（4）电力、热力、燃气及水的生产和供应业	人	767	
（5）建筑业	人	768	5
3. 第三产业	人	769	117
（6）批发和零售业	人	770	16
（7）交通运输、仓储和邮政业	人	771	7
（8）住宿和餐饮业	人	772	27
（9）信息传输、软件和信息技术服务业	人	773	2
（10）金融业	人	774	
（11）房地产业	人	775	
（12）租赁和商务服务业	人	776	9
（13）科学研究和技术服务	人	777	
（14）水利、环境和公共设施管理业	人	778	
（15）居民服务、修理和其他服务业	人	779	49
（16）教育	人	780	2
（17）卫生、社会工作	人	781	1
（18）文化、体育和娱乐业	人	782	1
（19）公共管理、社会保障和社会组织	人	783	3
（20）国际组织	人	784	

二、农民工就业情况分析

（一）本地就业优势逐步凸显

1.薪资情况相近。调查显示，2018年度从事本地非农务工67人，人均年收入为25049.3元；从事外出务工56人，人均年收入为24210.7元。单从收入项来看，两者相近。

2.方便照顾家庭。不少农民工表示，出于买房结婚、照顾家庭等因素考虑，强化归属感，主要考虑本地就业。

3.节约生活成本。据统计，在外出从业的56人中，有54人表示单位不提供住宿和伙食，占96.4%。外出务工生活成本高，尤其是租房、伙食、交通等费用，是必须面对的一大笔开支。

（二）新生代农民工就业缺乏稳定性

据了解，随着时代的发展，农村“80、90后”，甚至“00后”也开始进入打工一族的行列。与上一代人相比，这些年轻人成长的物质条件优越得多，且受教育程度也普遍要好一些，因此他们往往对收入、工作环境、工作荣誉感更加敏感。一旦工作中发生不愉快，他们很容易就选择辞职，就业稳定性较差。

（三）农民工接受职业技能培训情况不佳

1.培训人次未能尽如人意。从桂林市2018年度农民工接受职业技能培训情况来看（见表2），从未接受过农业职业技能培训的农民工有154人，占75.8%；2018年没有接受过，以前接受过的农民工有30人，占14.8%；2018年接受过的农民工有19人，占9.4%。而从非农职业技能培训来看，从未接受过的农民工有154人，占75.8%；2018年没有接受过，以前接受过的有31人，占15.3%；2018年接受过的有18人，占8.9%。近年来，尽管桂林市各地陆续开展农民工技能培训，但有七成以上的农民工缺乏农业与非农职业技能培训，总体培训的参训率偏低，情况并不乐观。

表2　桂林市2018年度农民工接受职业技能培训情况

指标名称	单位	2018年度
（十五）是否接受过农业职业技能培训	人	203
1.今年接受过	人	19
2.今年没有接受过，以前接受过	人	30
3.从未接受过	人	154
（十六）是否接受过非农职业技能培训	人	203
1.今年接受过	人	18
2.今年没有接受过，以前接受过	人	31
3.从未接受过	人	154

2.培训内容未能与时俱进。据了解，随着信息和交通条件的不断改善，互联网及四通八达的高效交通体系使得现代农民几乎与城市市民同时接触到新思想、新事物。部分农民工表示，当前培训内容主要集中在农技方面，学习兴趣不大，希望能学习些当下的从业新技术，培训内容与时俱进，并重点培养就业与择业能力，帮助农民工更好地融入城市工作与生活。

（四）外出从业缺乏就业保障

从桂林市2018年度农民工外出从业社会保障与福利情况来看（见表3），2018年度外出从业的农民工为56人，其中，无固定期限劳动合同工4人，占7.1%；签订一年及以上劳动合同的有14人，占25.0%；签订一年以下劳动合同工1人，占1.8%；没有劳动合同有37人，占66.1%。六成以上外出从业的农民工未能签订劳动合同，其劳动保障程度令人堪忧。据了解，不少外出从业农民工寻找工作方式，都是经过亲戚、朋友相互介绍，由于碍于情面等因素，与雇主的劳动关系多是限于口头协议，劳动缺乏法律保障。此外，外出从业农民工法律意识不强，维权意识淡薄，懂法、守法、用法等方面均需提升。

表3 桂林市2018年度农民工外出从业社会保障与福利情况

指标名称	单位	代码	2018年度
（九）社会保障与福利情况	人	1161	56
1.外出从业的劳动关系	人	1162	56
①无固定期限劳动合同工	人	1163	4
②一年及以上劳动合同工	人	1164	14
③一年以下劳动合同工	人	1165	1
④没有劳动合同	人	1166	37
⑤自营	人	1167	0
⑥其他	人	1168	0

三、促进农民工就业的亮点及对策

（一）创新渠道引导农民工就业、创业

1.积极引导农民工本地就业。2018年度桂林市农民工从业地点比例显示，本地从业人员占总从业人员的72.4%，是农民工就业的主力军。2019年春节后大量本地求职者开始出来找工作，求职热情明显高于年前，桂林市政府部门高度重视，2019年2月14日，桂林市2019年“春风行动”在全州正式启动，今年的活动主题为“促进转移就业，助力脱贫攻坚”。据了解，今年桂林的春风行动会在各县（区）举办专场招聘会共有40余场，数量多于往年。今年的“春风行动”着力为有就业意愿的农村劳动者、城镇登记失业人员、未就业大中专毕业生，重点是建档立卡贫困劳动力和易地搬迁贫困劳动力送政策、送服务、送岗位、送信息。

2.进一步支持农民工返乡创业。在国家大力倡导“大众创业、万众创新”的背景下，农民工返乡创业正在成为新的趋势。一些在外打拼多年的农民工，本身也积累了一定的资金和技术，具有较好的返乡创业的底子。建议相关部门制定扶持农民工返乡创业的具体政策措施，进一步降低创业门槛，引导这部分农民工创业，以创业带动就业。同时，建议金融部门进一步做好农民工返乡创业的金融服务工作，鼓励和引导金融机构加大信贷产品支持力度，提供符合农民工返乡创业特点的金融产品，帮助其解决创业资金困难。

（二）充分发挥本地经济发展优势，帮助新生代农民工稳定就业

随着时间的推移与经济的发展，新生代农民工人数逐渐增多，所占比重逐步增大，帮助这部分农民工实现稳定就业是促进农民工整体就业的重点。新生代农民工有思想、有活力、有闯劲，建议相关部门根据当地经济发展情况因地制宜，采取针对性措施，如对于工业园区，可以借助区位优势，吸纳新生代农民工从事生产、制造业；对于城中村，可以借助区域优势，鼓励新生代农民工从事商业、服务业；对于风景区，可以运用旅游资源，引导新生代农民工从事旅游业、农家乐项目；而对于传统农村，可以采取“公司+基地+农户”的方式，帮扶新生代农民工发展规模化种养殖，同时吸纳农村富足劳动力。通过政府引导帮扶，实现新生代农民工的稳定就业，一方面带动了周边经济发展，另一方面也加强了社会稳定。

（三）进一步做好培训，提升农民工参训率与参训成效

1.积极开展农民工技能大赛。除传统集中授课培训方式外，以赛带训是新模式。如广西农民工技能大赛等模式值得继续推广和发展。

2.加大培训投入，提升农民工参训率。建议相关部门加大对农民工培训的投入，改进培训方式，致力提升农民工参训率，扩大培训效果。一方面围绕市场需求开展订单培训和定向培训，提高农民工择业竞争能力；另一方面围绕产业结构调整和用工岗位需求开展职业技能培训，提高农民工就业的适应能力。

（四）健全法律法规保障外出从业人员劳动权益

建议公安、人社等部门加大协调力度，确保劳动合同的签订，同时有关制度制定部门也要从制度层面确保进城落户农民工各项保险接续手续畅通，实现外出或返乡办理手续的无缝对接，切实保障外出农民工各项权益落到实处，为其就业保驾护航。进一步加强对外出农民工的法制宣传力度，让他们学会运用法律的武器，及时、有效维护自身合法的劳动权益。

2018年贵港市农民工转移就业趋势明显 收入增加

黄 浩

据国家统计局贵港调查队对贵港市150户农村居民家庭开展农民工监测调查结果表明，2018年贵港市近七成农民工呈现由省外就业向省内就业转移趋势，外出务工收入水平进一步提高，新生代农民工成为农民工群体的主体力量。

一、基本情况

2018年贵港市农民工监测调查样本为150户，期末住户成员总数813人，期内常住成员595人，占比73.2%；期末住户成员中男性442人，占比54.4%；女性371人，占比45.6%。农村居民家庭主要呈现以下几个特点。

（一）中青年人数比重减少

2018年抽样调查的住户中，16岁以上60岁以下住户成员占总数的58.3%，比重较上年同期下降7.8个百分点；16岁以下和60岁以上住户成员比重比上年同期分别提高4.0个百分点和3.8个百分点。从年龄上看，住户成员年龄仍以中青年为主，但所占比重有所下降，低龄和高龄人口比重上升。

（二）整体文化水平不高

2018年调查的住户中，6岁以上人口有740人，其中初中及以下文化程度住户成员有603人、高中文化以上137人，分别占6岁以上人口的81.5%和18.5%。数据显示，人口中仍以初中及以下文化程度人群为主，农村住户成员普遍文化水平不高，极大地限制了农村人口就业情况以及收入水平（如图1）。

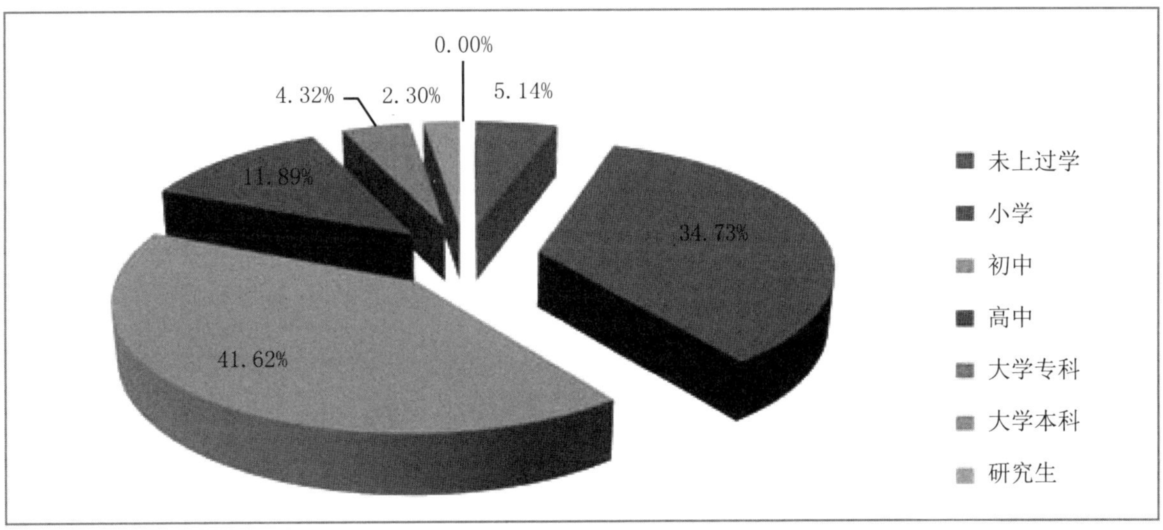

图1 2018年贵港市农民工监测调查文化程度构成

（三）医疗保险覆盖率高，但养老保险参保意识仍较弱

随着医保政策不断的推广宣传以及办理手续简化，农民工参保意识逐步加强，参保率高，数据显示，2018年调查的住户成员中有804人参加新型农村合作医疗保险，占总数的98.9%；但养老保险参保意识薄弱，养老保险参保率不高，2018年调查的住户成员中有581个应参保人员，没有参加任何养老保险262人，占45.1%。

二、外出农民工就业特点

（一）近七成农民工外出就业，外出务工地主要集中在广东

2018年调查的住户中，共有农民工299人，其中外出务工农民工209人，占农民工总数的69.9%。从务工地域分布上看，在东部地区务工的占76.6%，在西部地区务工的占21.5%；其中，在广东务工的农民工有155人，占外出务工农民工总数的74.2%，可见外出农民工务工地主要集中在广东。

（二）外出务工农民工呈由省外向省内流动的趋势

2018年调查的住户中，共有本地务工农民工90人，乡外省内务工农民工44人，两者共占农民工总数的44.8%，较上年提高3.7个百分点；省外务工农民工所占比重由上年的58.9%下降到55.2%。外出农民工整呈现出由省外向省内流动的趋势，这与贵港市经济社会快速发展密切相关。2017年以来贵港市努力优化营商环境，通过招大商大招商，引进一批优质企业进驻落户，初步构建了广西第二汽车生产基地、中国—东盟新能源电动车生产基地、电子信息制造基地和生物医药生产基地新格局，随着企业用工需求的扩大，给本地农民提供了更多的就业岗位，为了更方便照顾老人和小孩，部分农民工更倾向于选择离家较近的地方务工。

（三）六成外出务工农民工在制造行业就业

2018年调查的住户中，共有外出务工农民工209人，从行业分布上看，从事第一产业农民工人数2人，从事第二产业农民工人数146人，从事第三产业农民工人数61人；外出务工农民工就业集中在第二产业，占外出务工农民工总数的69.9%。从具体行业分类来看，从业人数占比排名前五的分别为：制造业62.2%、居民服务和其他服务业6.7%、建筑业6.2%、批发和零售业5.7%、住宿和餐饮业4.8%，可见外出务工农民工从事行业以制造业为主。

（四）新生代农民工已成为农民工群体的主体力量

2018年调查的住户中，农民工总人数有299人，其中新生代农民工（1980年后出生的农民工）人数为199人，占农民工总人数的66.6%，已成为农民工群体的主体力量。

（五）区外务工收入增速明显高于区内

据抽样调查数据显示，2018年贵港市外出务工农民工人均月收入3874.6元，比上年增加310.9元，增长8.7%。其中区内务工农民工人均月收入为3129.5元，较上年增长2.2%；区外务工农民工人均月收入为4336.1元，增长18.8%。区外务工人均月收入比区内务工人均月收入高1206.6元，工资增长速度比区内高16.6个百分点。

三、存在的问题

（一）企业“招工难”，农民工“就业难”

2018年，贵港市从业农民工的文化水平仍以初中及以下学历为主，加上接受职业技能培训机会少等原因，他们就业只能集中在人员密集型行业。但随着经济社会不断发展，企业对工人的文化和技能要求越来越高，此消彼长，造成用工企业“招工难”，农民工“就业难”。

（二）农民工就业培训问题亟需重视

在调查的农民工中，年内没有人接受过职业技能培训，主要原因：一是政府引进的培训机构以及培训内容难以与农民工就业需求匹配，容易造成农民工不愿参加培训；二是农民工文化水平偏低，学习新技术困难，短时间内难以学会，培训效果不大；三是企业积极性不高，对培训认识不足，忽视员工培训；四是农民工虽也有接受培训的意愿，但受限于工作、家庭等生活压力，难以坚持学习新技能新技术。

（三）农民工法律维权意识薄弱

据悉，农民工外出从业往往多数是背井离乡，社会上处于弱势地位，再加上文化水平偏低，法律意识和维权意识淡薄，此外有些用工企业管理不规范，在招聘时没有签订相应的劳务合同或用工合同，仅仅存在口头商定，因此容易导致农民工在实际工作中，工作超时超量，却只能得到基本工资待遇，农民工的基本劳动权利得不到保障。另一方面，由于缺乏劳务合同或用工合同等协议，发生劳务纠纷时，农民工维权相当困难，特别是农民工讨薪难问题突出，非常容易激化矛盾，引发社会问题。

四、几点建议

（一）活用信息交流平台，拓宽信息渠道

贵港市区镇村三级就业服务平台建设已经初步完成，但发挥的作用并不明显，很多就业信息仅宣传到村委就止步，并没有深入到户，政府有关部门应重视，切实发挥就业服务平台应有的作用，并且充分利用互联网、微信等通讯平台，发布招聘信息、政策解读等农民工亟需了解的信息，拓宽信息宣传渠道，让更多的农民工能够及时得到想要的信息。

（二）加强农民工教育培训，提升就业能力

一是政府及有关部门要加大培训力度，定期开展农民工培训活动，并与企业联动合作，使教育培训更有针对性，培养适合企业工作的当代新型农民工。二是企业方面要多鼓励员工参与技能培训，并给予一定的带薪脱产学习机会，减轻农民工在参与学习培训时的生活负担。

（三）加大执法检查力度，保障农民工合法权益

政府及有关部门要加大执法检查力度，定期对企业进行执法检查，对用工不规范的企业给予严惩，积极为农民工争取合法权益。同时加强劳动法等法律法规宣传，让更多的农民工能够知法用法，主动维护自身利益。

2018年广西农村贫困监测报告

王佳辰

2018年，广西壮族自治区党委、政府认真贯彻党中央、国务院《关于打赢脱贫攻坚战三年行动的指导意见》，贯彻“核心是精准、关键在落实、确保可持续”的要求，紧紧围绕“两不愁、三保障”目标，强化落实，因地制宜，精准施策，贫困地区农民收入水平明显提高，贫困发生率持续下降，群众获得感显著增强。据国家统计局广西调查总队贫困监测调查结果显示，2018年广西减贫106万人，贫困地区（指33个国家贫困监测县，下同）农村居民人均可支配收入10761元，比上年增长10.7%，高于广西农村平均水平0.9个百分点。

一、广西脱贫攻坚成效显著

（一）贫困人口减少106万

经国家统计局核定，2018年底广西贫困人口140万人，比上年减少106万人，减贫速度（减贫人口占上年贫困人口的比重）为43.2%，比上年（27.8%）加快15.4个百分点；贫困发生率3.3%，比上年（5.7%）下降2.4个百分点。

2012年以来，广西农村贫困人口由2012年的755万人减少至2018年的140万人，六年累计减少615万人，下降幅度为81.5%，平均每年减少102.5万人，贫困发生率由2012年的18.0%下降至2018年的3.3%。

表1　2012—2018年广西贫困人口和贫困发生率

	贫困人口（万人）		贫困发生率（%）	
	数量	减少	水平	下降
2012年	755	195	18.0	4.6
2013年	634	121	14.9	3.1
2014年	540	94	12.6	2.3
2015年	452	88	10.5	2.1
2016年	341	111	7.9	2.6
2017年	246	95	5.7	2.2
2018年	140	106	3.3	2.4

（二）贫困地区农民收入与广西平均水平差距不断缩小

1. 贫困地区农民收入增长10.7%。2018年广西贫困地区（33个国家贫困县）农村居民人均可支配收入10761元，增长10.7%；2013—2018年，广西贫困地区农村人均可支配收入逐年上升，2018年相比2013年增加了4509元，增长72.1%。可支配收入增速维持10%以上。

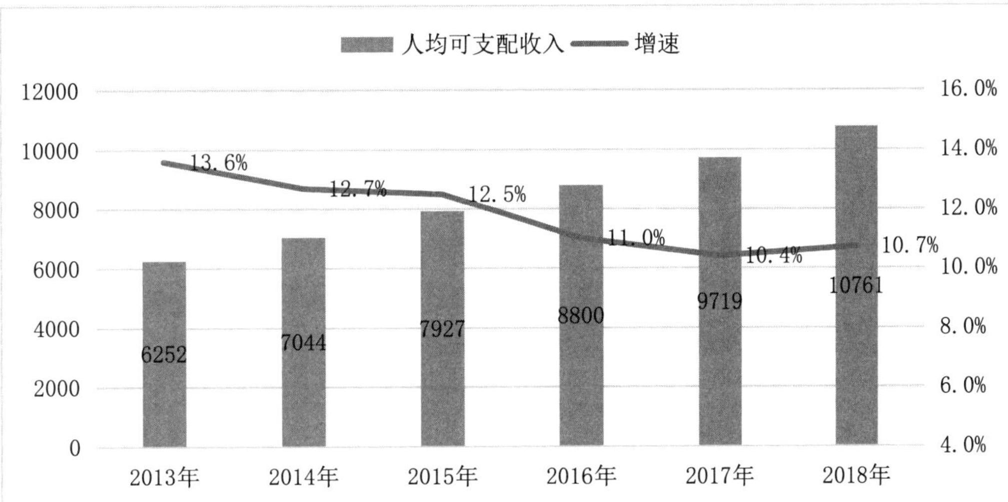

图1 贫困地区农村人均可支配收入与增速

从分项看，工资性收入和转移净收入增长较快。2018年广西贫困地区农村居民可支配收入10761元，增长1042元。其中，工资性收入3032元，增幅14.1%；转移净收入3010元，增幅12.4%；经营净收入保持平稳增长，增幅为7.8%。

表2 广西贫困地区农村居民人均可支配收入情况

指标	2018年（元）	2017年（元）	增长（%）	拉动增长（%）
可支配收入	10761	9719	10.7	—
一、工资性收入	3032	2658	14.1	3.9
二、经营净收入	4582	4251	7.8	3.4
三、财产净收入	136	132	3.0	…
四、转移净收入	3010	2678	12.4	3.4

2. 贫困地区收入增速高于广西水平。一是贫困地区收入水平占广西的比重继续增大。2018年贫困地区农村居民人均可支配收入10761元，占广西农民收入的比重由2013年的80.2%提高至2018年的86.5%，收入差距不断缩小。二是贫困地区收入增

速持续高于广西水平。从收入增速看，2013—2018年广西贫困地区农民收入增速持续高于广西水平，2018年比上年增长10.7%，比广西快0.9个百分点。

3. 国家贫困县农民收入增长速度快于区定贫困县。2018年国家贫困县农村居民收入增长10.7%；21个区定贫困县农村居民人均可支配收入为12064元，增长10.4%，国家贫困县农村居民收入增速比区定贫困县快0.3个百分点。

4. 预脱贫摘帽县农民收入增速高于全国水平。2018年广西14个预脱贫摘帽县农村居民人均可支配收入均实现不同程度增长，各县增幅基本快于全国水平，其中，苍梧县、天峨县、金城江区收入增速较快，达到11%以上。从2016—2018年，广西14个预脱贫摘帽县农村居民可支配收入平均增速都在9%以上，快于全国平均水平。

表3　预脱贫摘帽县农村居民人均可支配收入

地区	2018年		2017年		2016年		2016—2018年
	收入	增幅	收入	增幅	收入	增速	平均增速
龙胜	11640	10.1%	10572	10.4%	9576	10.5%	10.3%
资源	11025	10.6%	9968	10.3%	9037	9.7%	10.2%
田东	14665	8.5%	13516	8.4%	12469	11.7%	9.5%
田阳	16199	9.0%	12109	8.3%	11181	10.6%	9.3%
西林	10203	10.0%	9275	7.8%	8604	9.8%	9.2%
平果	12520	9.2%	11465	8.1%	10606	11.0%	9.4%
富川	11077	9.9%	10079	9.8%	9179	9.4%	9.7%
大新	12526	10.5%	11336	10.9%	10222	9.6%	10.3%
宁明	11786	10.8%	10637	10.7%	9609	9.8%	10.4%
金秀	10254	10.5%	9280	9.3%	8490	8.2%	9.3%
武宣	12295	10.1%	11167	9.0%	10245	9.0%	9.4%
金城江	10887	11.6%	9755	9.3%	8925	8.8%	9.9%
天峨	8878	11.7%	7948	9.9%	7232	8.1%	9.9%
苍梧	9008	11.0%	8115	9.7%	7397	9.6%	10.1%
广西	12435	9.8%	11325	9.3%	10359	9.4%	9.5%
全国	14617	8.8%	13432	8.6%	12363	8.2%	8.5%

（三）消费支出涨幅扩大，居住、交通支出增长较快

2018年广西贫困地区农村居民人均生活消费支出9352元，比上年增加1073元，增长13.0%，增幅比上年提高6.2个百分点，居住、交通通信、医疗保健等消费增长较快。

食品消费方面：由于粮食、猪肉、水果价格下降，2018年贫困地区农村居民人均食品消费支出为2848元，比上年降低2.9%。

衣着消费方面：人均衣着支出为323元，增长8.3%。

居住方面：人均居住支出2089元，增长21.8%，一是易地扶贫搬迁工作取得实效，广西异地搬迁入住7.2万人，建设住房竣工约2万套。二是居民收入提高，住房消费意愿增强，住房装潢维修消费比上年增长45.7%。

生活用品及服务消费方面：人均生活用品及服务消费支出557元，增长22.1%，每百户洗衣机购买量由2.4台上升为4.5台。

交通通信方面：人均交通通信支出1248元，增长24.5%，每百户摩托车、移动电话购买量分别增长65.8%和35.6%。

教育文化消费方面：人均教育文化娱乐支出1200元，增长19.9%，每百户家用笔记本电脑购买量增长86.1%。

医疗保健方面：人均医疗保健支出936元，增长22.2%。

表4 贫困地区农村居民生活消费支出情况

指标名称	2018年（元）	2017年（元）	比上年	
			增加额	增幅（%）
人均生活消费支出	9352	8279	1073	13.0
（一）食品烟酒	2848	2932	-84	-2.9
（二）衣着	323	299	24	8.3
（三）居住	2089	1716	373	21.8
（四）生活用品及服务	557	456	101	22.1
（五）交通通信	1248	1003	245	24.5
（六）教育文化娱乐	1200	1001	199	19.9
（七）医疗保健	936	765	171	22.2
（八）其他用品和服务	151	107	44	40.6

二、贫困地区农民增收情况分析

（一）平均工资水平提高，促进工资性收入增长

从2018年1月起，广西最低工资标准进行了调整，各地区职工的最低工资标准均有提高，平均涨幅达到20%左右。南宁市调整后执行的最低工资标准为：全日制用工最低工资标准为1680元/月，非全日制小时工最低工资标准为16元/小时。相比于原来的1400元/月，全日制用工最低

工资标准每月增加了280元，增幅达20%。最低工资标准提高，有效拉动了农村进城务工人员收入的增长。

（二）积极实施就业扶贫，促进农民增收

各地积极举办“2018年春风行动”招聘会，特别是在乡镇、村大力发展扶贫车间，使农村居民特别是贫困户能就近就地就业。据有关部门统计，2018年广西认定就业扶贫车间1160家，吸纳贫困劳动力就业1.29万人；38个农民工创业园引入722家企业，带动3915名贫困劳动力就业；设立公益性岗位3.02万个，吸纳贫困劳动力就业1.66万人。隆安县2018年有40家扶贫车间，实现就业2970多人，其中贫困人口就业870多人，解决了部分贫困户就业问题。

（三）加大扶贫资金投入力度，促进农民收入增长

一是财政资金投入大幅增加。2018年，自治区、市、县三级财政共筹措落实财政专项扶贫资金87.63亿元。其中，自治区财政安排38.87亿元，比2017年增加14.44亿元；市级财政安排16.99亿元，比2017年增加5.70亿元；县级财政安排31.77亿元，比2017年增加7.25亿元。二是东西部协作扶贫资金投入加大。2018年广东省落实财政帮扶资金10.91亿元，县均投入3000多万元，实施帮扶项目282个，受益贫困人口50多万人，带动脱贫34.24万人。三是教育精准扶贫力度加大。2018年广西共下达补助资金18.38亿元，资助各学段建档立卡贫困家庭学生100.17万人次，发放补助资金9.64亿元。四是落实综合保障政策。广西符合条件的建档立卡贫困人口115万人纳入农村低保，占农村低保对象总数的57.21%，广西农村低保平均标准达年人均3812元，困难群众救助补助资金78.02亿元。

（四）主要大宗农产品增产，部分抵消价格下跌影响

一是粮食和糖料蔗保持增产。据调查统计，2018年广西粮食总产量1373万吨，增产2.3万吨；糖料蔗产量增长3.6%。二是园林水果产量增长13.2%。其中，亚热带水果荔枝、龙眼、芒果、葡萄等水果大丰收，芒果和柑橘产量各增长7.4%和23.1%，虽价格有所下降，但产量创历史新高；三是茶叶、油茶等特色农产品量价齐升，拉动了家庭经营收入的增长。

（五）农村电商发展迅速，缓解农产品卖难问题

2018年广西建设47个电子商务进农村综合示范县，其中33个国家贫困县全部纳入，共建成电商服务站点4029个，物流配送网点2717个，销售农副产品价值总额3.93亿元。如都安县入选2018年全国电子商务进农村示范县，获得1500万元中央财政专项资金支持，在全县设立19个乡镇级电商物流配送服务站，设立130个村级电商物流配送服务点。

三、当前脱贫攻坚和农民增收存在问题

（一）扶贫产业面临自然与市场风险，影响农民收入

当前，一些以种养为主的农业扶贫产

业发展较快，如水果等，但由于存在产销脱节、产品同质化等问题，导致农产品滞销或产品价格下跌现象，农户承担着自然风险和市场风险，影响农民收入稳定增长。罗城县2018年毛葡萄丰产，由于加工企业设备不足消纳缓慢，毛葡萄外销渠道不畅，出现多年未有的毛葡萄卖难问题，兼之受连续下雨影响，毛葡萄落果严重，大多数都烂在地里，增产不增收，直接影响到农民收入，严重影响农民生产积极性。四把镇地门村吴某某种植毛葡萄25亩，2018年仅采收6吨，收购价格每斤1.8元，比上年下跌25%，扣除成本，还亏损1万多元。

（二）加工企业流动资金不足，出现“打白条”现象

一些农产品加工企业由于回款不如预期，流动资金紧张，货款兑付难，出现了蚕茧、甘蔗“白条”。特别是制糖企业资金流紧张，兑付蔗款困难，出现多年未见“打白条”现象。如崇左市2018年14家主要制糖企业平均蔗款兑现率仅为42.8%，比上年同期低31.5个百分点；某糖业有限责任公司2018年榨蔗量为493611吨，未付蔗款为24475.9万元，比上年同期增多14266.9万元；另一家糖业有限公司由于资金紧张，该糖厂蔗区仅按蔗农糖料蔗进厂的40%比例支付；蔗农凌某自2018年12月17日砍蔗以来，已入厂原料蔗105吨，应收蔗款为5.2万元，但截至2019年1月7日，尚未有蔗款到账。

（三）受经济下行和中美贸易战影响，外出务工人员减少

部分企业处于停工或半停工状态，部分外出从业人员已经提前返乡或在外另找工作，影响寄带回收入增长。另据调查，受中美贸易摩擦影响的企业中，有24%选择了减产和裁员来暂时规避损失。如梧州市某纺织制品有限责任公司减产80%，减少管理人员10人和普通员工40人，桂林某工具有限公司减产24%，裁减26人。另据农民工监测数据显示，2018年广西外出农民工（离开本乡镇）912.4万人，比上年减少9.7万人，下降1.1%。

（四）帮扶工作针对性不够，有待进一步加强

当前精准脱贫工作到了攻坚拔寨关键阶段，提高帮扶工作的针对性是关键。在调研中发现，一些地方帮扶工作针对性不够强，帮扶工作停留在填填表、慰问阶段，没有根据各家各户不同情况采取相应措施，致使一些有病贫困户不了解医保政策不敢就医，一些没有技术的群众不知道参加技术培训，一些被拖欠工资的贫困群众不懂维权等等。如都安县贫困户蓝某外出务工，被欠工资2000元，因不懂维权途径，帮扶方面又未能给予相应的协调帮助，致使被拖欠的工资一直没有得到解决。

四、几点建议

（一）把握好五个关系，提升脱贫攻坚效果

一是脱贫与返贫的关系。在做好贫困户脱贫的同时，也要做好新出现困难户的识别和帮扶，解决因病因灾等致贫群众的问题。二是建档立卡贫困户与退出户的关系。一些退出户经济条件比较差，收入不稳定，极容易出现返贫，但目前扶贫政策对退出户没有相应扶持，这部分群体需要引起关注。三是脱贫与未脱贫的关系。一些地方对脱贫村 “爆破式”脱贫，集中大量物力财力开展攻坚，但对未脱贫村缺少项目资金安排，应该统筹兼顾，共同推进。四是贫困户扶持中“输血”与“造血”的关系。对贫困群众不仅要解决当前生活困难，也要立足长远，从根本上解决技能培训、产业发展、就医、子女就学等问题，不仅授之以“鱼”，还要授之以“渔”。五是处理好帮扶工作中的“虚”与“实”的关系。既要了解贫困户信息，填写好帮扶手册，更要帮助贫困户出主意想办法，落实帮扶政策，激发贫困户内生动力，解决贫困户生产生活困难，把帮扶工作落到实处。

（二）加强招商引资，加快扶贫产业发展

鼓励工商资本下乡，使更多的企业和企业家投入到扶贫产业发展之中。引进一些具有影响力、社会责任感强的农业产业化龙头企业，形成具有竞争力的特色产业，促进贫困户的增收。引入的产业化龙头企业要有责任担当意识，能够主动化解产业化扶贫中的市场风险和自然风险，从而使贫困户从风险中解脱出来，实现稳定的收入和可持续发展，提高脱贫质量。

（三）加强扶贫培训，提高干部能力和贫困户内生动力

一是加强干部培训，使帮扶工作更具针对性。2018年新一批驻村队员派驻后，各地开展了相应的培训，但由于脱贫攻坚工作涉及面广，政策性强，组织、扶贫、农业农村、人社等部门要加强对第一书记和工作队员培训，让他们懂方法、熟政策，提高帮扶工作水平。二是加强贫困户的种养技术和技能培训，提高贫困户技能。扶贫、农业农村和人社部门加强宣传，吸引更多贫困群众和外出务工人员参加技能培训，提高劳动技能，拓宽就业门路，激发贫困户内生动力，提升帮扶工作的效果。

广西粮食播种面积持续下降 种植结构调整应合理引导

罗俐芬 李 桥

根据国家统计局广西调查总队开展的广西粮食种植面积变化情况调研结果显示：近五年来，由于水果、蔬菜、甘蔗等经济作物种植效益更优，以及城镇化建设不断推进，土地流转加快，基本农田保护力度不够等综合因素影响下，广西粮食播种面积呈现连续五年下降态势，在单产得不到有效提高情况下，粮食总产量也呈下降态势，对保障粮食安全提出新的挑战。

一、粮食播种面积连续五年下降 粮食安全形势严峻

2013—2017年，广西粮食播种面积分别为3076.0千公顷、3067.7千公顷、3059.3千公顷、3023.6千公顷和2976.2千公顷。2017年粮食播种面积比2013年减少了99.8千公顷，下降3.2%。

（一）主要口粮作物（稻谷）面积下降明显

广西主要粮食作物为谷物，播种面积占广西粮食面积的比重85%左右，豆类、薯类面积约占15%。2017年广西谷物播种面积为2545.2千公顷，比2013年减少110.9千公顷，下降4.2%。其中，稻谷种植面积为1922.5千公顷，下降6.1%；玉米播种面积为597.2千公顷，增长1.6%。

（二）总产目标难以稳定

2015年，广西出台了《2015年广西壮族自治区人民政府关于建立健全粮食安全行政首长责任制的实施意见》，提出了确保粮食总产1500万吨的目标，以维护广西口粮稳定。然而随着广西城镇化的推进，产业结构的不断调整，在粮食作物面积不断缩减的情况下，实现1500万吨总产目标稳定面临重重压力，2017年突破了目标底线，跌至1467.7吨。

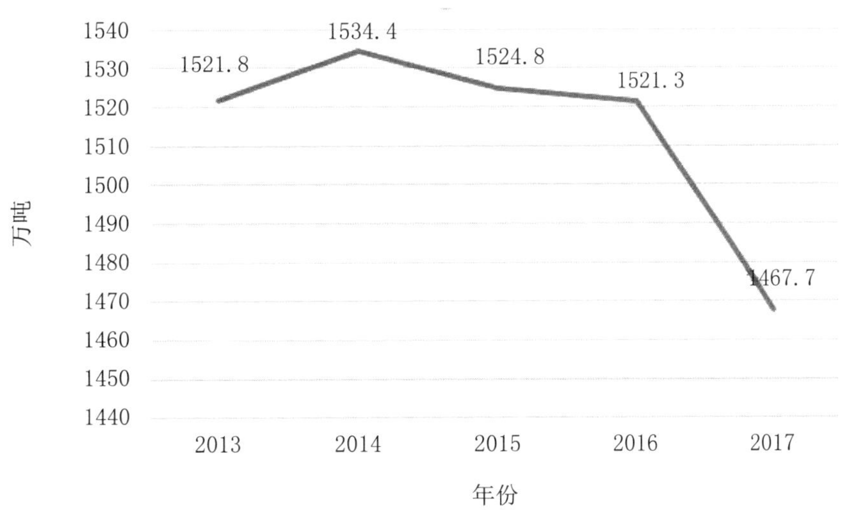

2013—2017年广西粮食总产量情况

（三）人均有粮离安全标准差距较大

在数量上，联合国粮农组织将一个国家人均粮食年占有量400公斤定位粮食安全的标准，中国粮食从2010年（409公斤）已经达到了国际公认的安全标准。但从近几年数据来看，广西人均粮食占有量离国际粮食安全标准还有较大差距，并呈逐年下降趋势，从2013年323.75公斤减至2017年305.57公斤。

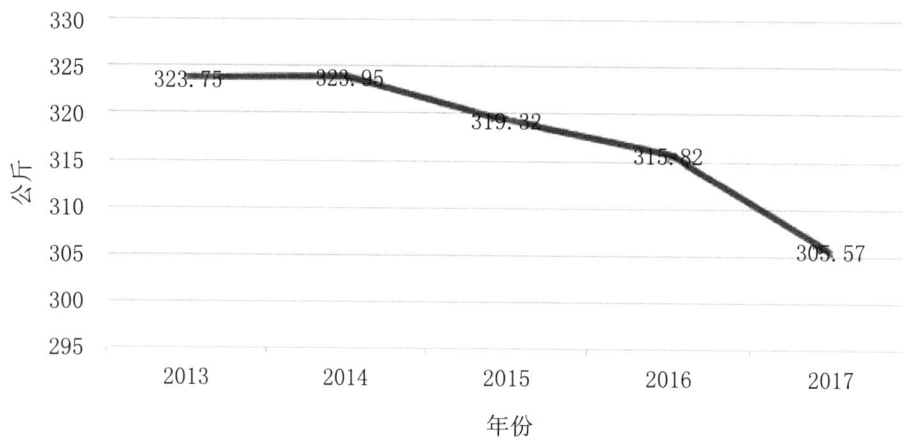

2013—2017年广西粮食人均占有量（单位：公斤/年·人）

二、五大因素导致广西粮食种植面积下降

（一）市场导向，农户改种效益高的经济作物

据广西区价格成本调查监审分局2017年种植业常规品种成本收益调查资料显示，2017年，农户种植的现金收益从高到低依次是桑蚕茧＞露地蔬菜＞柑＞烤烟＞花生＞晚籼稻＞早籼稻＞玉米。成本利润率由高到低依次是柑＞露地蔬菜＞花生＞桑蚕茧＞晚籼稻＞早籼稻＞烤烟。

2017年广西种植业主要品种现金收益对比情况表

项目	早籼稻	晚籼稻	玉米	花生	烤烟	桑蚕茧	柑	露地蔬菜
现金收益（元/亩）	624.38	661.39	245.42	1167.56	1608.13	5840.80	4343.76	4434.55
成本利润率（%）	8.34	12.06	-36.97	30.57	2.38	23.52	126.28	65.62

从数据上看，蔬菜、水果、花生、桑蚕茧等经济作物现金收益和成本利润率远高于粮食作物，效益比较之下，种植户多数会选择利润高的作物种植。如，柳州市鹿寨县龙田村委主任介绍，龙田村寨头屯农作物种植面积约2000亩，种粮面积仅有

200亩左右，农民种粮满足够吃，其他的耕地基本都改种果树和蔬菜了。

种粮经济效益直接影响到粮农生产的决策与行为，经济作物尤其是蔬菜、水果产量逐年增加，经济作物占农作物播种面积比重在2014年首次超过50%并呈逐年扩大趋势，经济作物与粮食作物的角色已然发生了互换。

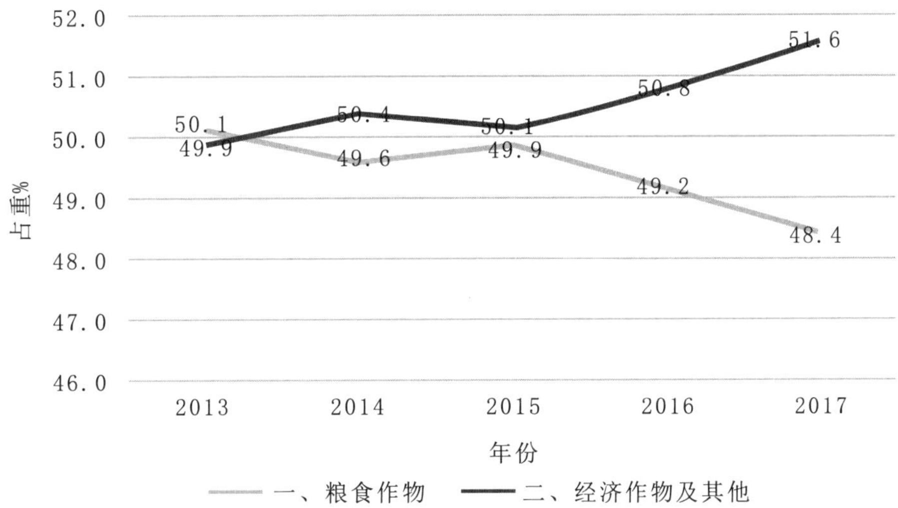

2013—2017年农作物播种面积构成

（二）政策导向，粮食面积受到挤压

1.发展特色农业的影响。2015年广西开始实施现代特色农业产业品种品质品牌“10+3”提升行动，把粮食、糖料蔗、水果、蔬菜、茶叶、桑蚕、食用菌、罗非鱼、肉牛肉羊、生猪十大种养产业和富硒农业、有机循环农业、休闲农业3大新兴产业，作为龙头引领，打造现代农业产业发展龙头集群，特色农业的发展占用了粮食用地，粮食种植减少。如，桂林市永福县近年来通过大力调整产业结构、土地流转等方式，规模化发展特色水果产业，沙糖桔产业从2012年不足7万亩发展到2017年35.6万亩，沙糖桔种植业成为该县农民增收、农业增效的支柱产业，多数农户将水田改种柑桔。

2.发展产业扶贫的影响。为推进产业扶贫，广西制定了一系列适宜当地的种养产业奖补政策，引导农户发展扶贫产业，粮食种植进一步减少。如，来宾市忻城县对建档立卡贫困户桑蚕补助为新植1200元/亩，宿根500元/亩；百香果新植2100元/亩，补苗300元/亩。非建档立卡户连片50亩以上，新植补助2000/亩；其它新植或补苗250元/亩。贵港市平南县思界乡官塘冲村吴某反映，该村目前有122户贫困户，共获得50万扶贫专项资金，用于成立农业合作社，另外贫困户成员1~2人的拔2500元、3~5人的拔3500元为入股资金，所用的土地由合作社统一租赁和管理，全村共有水田3000亩，近两年，在水田内新增种植经济作物约有700亩，占比22.3%，其中沃柑30亩，沙糖柑500亩，皇帝柑70亩，百香果100亩。桂林市全州县2015—2017年因精准扶贫，约1万亩左右的粮食用地改种非粮作物（如柑橘等），如该县绍水镇对2015—2017年种植柑橘的397户贫困户，发放“以奖代补”79.08万元。

（三）土地流转后，种植非粮化现象严重

据广西区农业厅数据，2017年，广西农村土地流转面积938万亩，占广西承包地总面积的28.1%，流转规模将会继续扩大。由于种粮效益低，土地流转后，土地承包商大多种植收益高的经济作物，土地流转呈非农非粮化现象。如，玉林市北流市民乐镇罗政村原来常年种植水稻面积820多亩，土地流转给个体老板后，原来种植水稻的耕地都种上了番石榴、柑橘、木苗等经济作物，水稻面积减少到140多亩。百色市田东县祥周镇保利村2015年之前粮食面积有2000亩左右，2015年之后耕地流转后，90%都种植了香蕉，粮食种植面积仅为300亩左右。

（四）农田水利条件不足，老化、破坏严重

广西壮族自治区第三次全国农业普查主要数据公报资料显示：2016年末，广西耕地面积6592.66万亩（国土资源部门数据），广西灌溉耕地面积1931.24万亩，灌溉面积仅占耕地面积的29.3%。所调研的市县中，普遍反映已有灌溉设施年久失修、老化，“渗、透、漏”现象严重，防灾抗灾能力差，对粮食生产影响较大。如，钦州市反馈，该市农田水利设施整体上较陈旧不利于农业生产，水利建成年限在10年以上的占50%，2017年全市旱稻水田丢荒约9.77万亩（占水田面积5.4%），96%是因水利问题导致的。崇左市扶绥县反映，大部分水利工程建于二十世纪六七十年代，运行时间40~50年，年久失修，设施老化，普遍存在管（渠）道渗水严重，全县渠道利用系数仅为40%。来宾市兴宾区位于桂中旱区的核心区域，十年九旱，旱涝灾害频繁，抵御自然灾害能力较差，因水利建设跟不上，近10万亩水田只能种一季，陶邓乡陶邓村委有70多亩、五山乡止马村、周邓村均有40多亩因缺乏水利条件弃种撂荒。

（五）农村留守劳动力素质下降，粮食产业发展受限

广西从2000年开始进入人口老龄化阶段，是全国较早进入人口老龄化的省区之一。2015年全国1%人口抽样调查资料显示，广西60岁及以上老年人口709.33万人，其中居住生活在乡村的423.64万人，占59.7%。乡村老年人占乡村人口比重为16.1%。据2017年广西农民工监测调查，外出农民工约占广西农村从业劳动力51.6%，大量青壮年劳动力外流，留在农村从事农业生产劳动力素质整体下降，不利于现代农业机械、种粮技术的推广应用，不利于粮食产业的发展。如，南宁市邕宁区新江镇力勒村反映，力勒村总人口973人，外出务工约410人，外出务工人数占全村总人数约42%。南宁市马山县周鹿镇上荣村把读屯全屯95户，人口395人，外出人口达301人，占总人口76.2%。崇左市扶绥县龙头乡坛龙村岸塘屯共53户，举家外出28户，举家外出占户数52.8%。由于村里大量劳动力外出务工，留守劳动力能力、精力有限，耕地弃耕、改种现象普遍。

三、突出政府引导作用，保障粮食安全

（一）严防耕地流转“非农化”“非粮化”，强化基本农田保护

广西人均耕地少，耕地质量较差，这就要求我们必须保护好耕地，落实粮食用地面积。要防止粮食生产功能区耕地“非农化”“非粮化”，保护基本农田，一是必须要建立动态监测制度，及早发现违规行为，及时制止；二是强化群众监督举报功能，加强监管力度，提高违规成本。

（二）继续发展壮大新型粮食生产经营主体及经营模式

一是按照“科教兴农、人才强农、新型职业农民固农”的要求，继续大力开展新型职业农民培育，继续完善在政策、资金、技术上对家庭农场、专业大户、农民合作社、龙头企业等新型农业经营主体扶持力度，让他们充分发挥“领头羊”作用，成为现代农业发展和新农村建设的中坚力量，实现粮食生产由小农模式转向规模化现代化模式转变。

二是鼓励农业龙头企业与农民发展订单粮食，采用“龙头企业+基地+农户”的订单农业模式，延伸农产品加工产业链及配套环节，鼓励发展农民专业合作社，让他们成为农业发展的重要生力军，提高粮食生产经济效益，确保粮食生产稳定发展。如，桂林市永福县百寿镇通过“龙头企业+合作社+基地+农户（贫困户）”建设模式，引进福寿米业、绿禾米业等龙头企业和种粮大户，统一租用农户黄龙病柑橘树砍伐后的田地集中管理，由村委会牵头成立合作社，在江岩村穿岩屯打造600亩的优质稻生产核心示范区。整个示范区由农业技术部门制定统一的无公害优质谷生产技术方案，集中培训，标准化生产，定期指导和适时巡查管护相结合；吸纳农户进入合作社，通过优先解决闲置劳动力或以田地入股分红的方式实现产业增收。同时，企业采取保价回收的方式，亩纯收入可达2360元；对基地辐射区上千亩的富硒水稻种植散户进行统一技术指导、统一保价回收，确保种植户销路保障、收入提高。

（三）继续推进科技兴粮，提高种粮收益

一方面，继续强化农业科技支撑，加强超级稻和优质杂交玉米等新品种选育、引进和示范推广，继续强化高效栽培技术，综合种养技术，充分挖掘粮食增产潜力，提高粮食单产水平。

另一方面，转变农业发展方式，由“多产粮”向“产好粮”发展，加强种植优质稻，树立精品意识，打造品牌大米，以技术创新不断提高粮食品质，加强粮食产品竞争力。同时，积极推进粮食深加工发展，满足人民不同的物质消费需求。如，全州县目前正在大力推广“早稻（超级稻）+再生稻+禾花鱼”立体种养新模式，目前全县已推广5万亩以上，可有效提高种养殖效益、稳定粮食产量，早稻亩产可达600~700公斤、再生稻亩产可达

150~200公斤，两季合计可达到750~900公斤/亩，与双季稻产量基本持平，且再生稻米质更好、价格更高，禾花鱼养殖增加效益，农民的积极性更高。该县还大力推广“冬小麦+中稻”和“中稻+甜玉米”等多茬种植新模式，每亩可增加冬小麦产量近300公斤、增加甜玉米产量250公斤左右。

（四）完善基础设施、信息设施建设，提高种粮抗灾减灾能力

一方面继续加强水利工程建设，提高抗旱排涝能力和水资源的利用效率，减轻水土流失，通过中低产田地改造工程，测土配方施肥等项目提高耕地质量，完善农田基础设施建设，探索建后管护机制，确保基础设施建有所用，用有所管。如，玉林市博白县白石村村委反馈，因水利年久失修，近年水稻种植面积减少约200亩左右，村民迫切能够加大水利水渠的建设，减少望天田、搁荒田，修复水利以使得农户能够及时播种，减少种植成本。另一方面，整合现有的技术资源和设备，建立完备的农业灾害监测、预警信息系统，加强农业重大自然灾害的预报预警。通过通讯、有线电视、网络等多种平台有效传递灾害防范措施，为政府及时实施救助提供依据，为民众正确防范和应对自然灾害提供指导，提高农户防灾抗灾减灾能力。

“灵山百年荔枝”核心示范区辐射作用仍待加强

黄茂平

2018年是乡村振兴的开局之年，广西出台了实施乡村振兴的战略决定，明确要实施特色农业强优工程，推动现代特色农产品优势区建设，全力打造百色芒果、永福罗汉果、融安金橘、富川脐橙、宜州蚕桑、容县沙田柚、灵山荔枝、平南龙眼等八个特色农产品优势区，实现农业强、农村美、农民富，“三农”齐头并进。为深入了解广西特色农产品优势区的建设成效，2018年5月至6月，国家统计局广西调查总队组成调研组对灵山县的百年荔枝（核心）示范区进行典型调查。调查结果显示：灵山县荔枝种植历史悠久，示范区经过四年的发展，荔枝产业的新品种培育—种植护理技术规范化和培训推广—荔枝产品深加工以及利用互联网电商进行销售等取得了较好的成果，但示范区产业辐射带动农民增收的作用亟待加强。

一、荔枝（核心）示范区的建设成效

灵山县是广西的人口大县、农业大县和荔枝特色水果生产大县，是著名的中国荔枝之乡。2015年，灵山县政府以“世界荔枝看中国，中国荔枝看灵山”为理念，以“新产业、新农村、新机制、新景区”为目标，创建了面积近三万亩的灵山百年荔枝示范区（其中核心区约5600亩），2017年1月获自治区人民政府认定为自治区三星级现代特色农业示范区。经过近四年的建设，示范区在荔枝种植、科研、销售、文化展示等基本功能日趋完善，荔枝加工产品有荔枝干、荔枝酒、荔枝醋等，产品远销国内外及东南亚地区，取得了不错的经济社会效益，成为灵山县一二三产业深度融合发展的典范。主要做法：

（一）生产要素集成化，技术创新活力得到了进一步推进

示范区依托自治区农业厅与自治区农科院共建的广西特色作物试验站——“灵山荔枝试验站”，建成了荔枝良种良法展示园，引进气象自动观测仪、智慧农业云平台、名优荔枝新品种引进选育评价、高接换种试验等新技术新品种新装备，推广应用现代农业良种良法，近年累计培训荔枝种植户2100人次，主推技术覆盖率达到92.6%，主导品种覆盖率达到95.8%。核心区开展绿色防控，组建植保机防队，病虫害统防统治覆盖率100%。组成了15人的示范区技术专家团队，引进具有硕士以上学历和研究员职称的技术管理人才3人，调配县内高级农艺师、农艺师各6名，技术创新力量雄厚。高规格规划建设荔枝品种集中栽培圃，荟萃来自全国各地的荔枝品种，突出“多、大、全”的特点，已经引进仙进奉、马贵荔、塘厦红等19个新品种入园栽培。

（二）生产过程标准化，保障荔枝鲜果的产品质量得到了进一步提升

示范区积极协助上级部门制定荔枝相关的地方标准，2015年，灵山荔枝成为国内荔果类果品贸易行业标准，是国内贸易行业标准荔果类果品流通规范，形成了较为完善的标准体系。加强标准化生产技术的推广，核心区3000亩荔枝生产基地全部实行标准化生产，全面落实无公害产品生产技术，质量安全关键技术到位率达到100%。强化质量监督，开展荔枝质量安全专项整治工作，县农产品质量安全检验检测站每年抽检核心区的荔枝鲜果均未检出农药残留超标。2012年“灵山荔枝”获批为国家地理标志保护产品。实施富硒农产品开发项目，2016年8月核心区“龙武”牌荔枝获得富硒农产品认定。

（三）生产经营组织化，保障荔枝产业的经济社会效益得到进一步加强

灵山县政府将示范区的核心区项目列入县招商引资内容，取得较好效果。目前，荔乡天然果酒厂、锦泉生态旅游发展有限公司以及鹿生源鹿业开发有限公司已在示范区运营，成功引进了灵山县农副产品批发市场、灵山县龙三钱食品有限公司等两家自治区级农业产业化重点龙头企业进驻示范区。全面推进“公司+基地+农户”“公司+合作社+基地+农户”的模式经营，实行统一农资供应、统一技术规程、统一生产标准、统一产品质量、统一品牌销售“五统一”的产业化经营，强化新型农业经营主体与农民的利益联结机制。引导示范区成立农民专业合作社和家庭农场，核心区农户大部加入合作社，以农业龙头企业为带动、以合作社、家庭农场为经营主体，荔枝产业链延伸得到扎实提升。

（四）荔枝产业特色化，夯实百年荔枝产业的文化基础

示范区深入挖掘乡土荔枝历史文化等元素，在荔枝科普文化长廊及灵山荔枝文化展示馆设置图文并茂、多种形式的灵山荔枝产业文化展示，全面介绍灵山县种植荔枝的百年历史。示范区全面实施古荔枝树保育，对核心区内382株百年树龄的桂味、香荔开展调查、鉴定、登记、编号，建档立卡、挂牌保护和逐株用红漆标识编码，科学鉴定树龄并挂牌明示，制定发布了《灵山百年荔枝园古荔枝树保育公约》。

（五）产业优势效益化，农民增收作用明显

据调查，由于示范（核心）区功能的健全，带动了拓展区和辐射区的荔枝产品品质的提升，过去到核心区现场采摘交易荔枝的价格平均每斤比拓展区和辐射区的高出5～6元。目前，拓展区和辐射区所在乡镇荔枝现场采摘交易的价格与示范区已基本持平，在一定程度上带动了果农收入的提高。辐射区梓木村委上江村的荔枝种植户反映，近两年在示范区带动下，荔枝品质和价格都有了较大的提升，2018年辐射区荔枝价格与核心区已基本一致，达到6～7元/斤，同期灵山市场价格仅为4～5元/斤，现场采摘交易荔枝的收入增加约四成。

二、示范区发展遇到的几个瓶颈

（一）产业链条短，品牌价值有待提升

农产品加工企业入驻示范区较少，荔枝初加工和深加工产品的品牌效应还未形成，示范区农产品只能直接进入市场销售，不能加工转化增值，抵御市场风险能力较弱，辐射带动能力还不强。而且，在荔枝系列产品的销售过程中缺少“百年荔枝”的悠久文化元素，影响产品的价值提升。

（二）经营主体应用现代农业生产要素积极性还不高

示范区建设主体因资金问题和眼前效益意识强，不愿投资应用水肥一体化滴灌、绿色防控等现代技术，现代农业生产要素应用率还较低，示范带动效果不明显。

（三）保鲜技术落后与交通瓶颈制约荔枝鲜果的销售

目前，示范区对于荔枝新鲜果实的保鲜技术研究尚未取得实质性突破，灵山县没有通高速公路和高铁（动车），再加上荔枝的采摘时间仅为6天左右，因此，在上述不利因素叠加的作用下新鲜荔枝的销售难以保障。

三、对非示范区的辐射带动作用有待加强

为了解示范区对非示范区的辐射带动作用，调研组选取了灵山县18个乡镇中的文利、武利、新圩、檀圩、那隆、三隆、旧州和太平等8个国家统计局抽选的农村住户调查乡镇进行重点调查，采用问卷方式调查8个乡镇的村支书（辅助调查员）和全部80户代表全县农村居民收入的记账户。调查乡镇均在核心示范区外，荔枝种植面积占全县的56.0%，问卷有效率100%。调研结果显示，调查村对示范区的知晓度较低，种植管理技术没有辐射到调查村，示范区的技术未推广到广大的零散农户，调查村出售荔枝收入有限，对农民增收贡献不大。

（一）调查村对示范区的知晓度较低

本次调查的结果表明，村支书（辅助调查员）和记账户对示范区的了解程度存在较大差异，主要体现在全部的村支书都知道或比较了解示范区的存在和主要功能，而有61%的记账户完全不知道有示范区的存在（详见下表）。这说明，灵山县对建立近四年的百年荔枝（核心）示范区的宣传工作做得不够到位，知晓度从上到下呈逐级减弱的态势。

表1　群众对示范区知晓率表

单位：%

	知道比较了解	知道一点	没听说
村支书（）	62.5	37.5	0
记账户	10	29	61

（二）种植管理技术没有辐射到调查村

从调查村、记账户荔枝种植和销售的调查结果看，示范区的规范生产管理、高接换种等较为成熟的管理办法和维护技术并未在调查村、记账户中得到推广运用。82.6%的记账户认为“缺乏杀虫、灭鼠、除草施肥等基本管理”、有53.6%的记账户认为“品种不好，又不懂嫁接换种等科技技术”等两个因素是制约荔枝种植发展的主要原因。同时，有15.9%的记账户认为荔枝种植销售存在的主要问题是“价格低、销路差”。

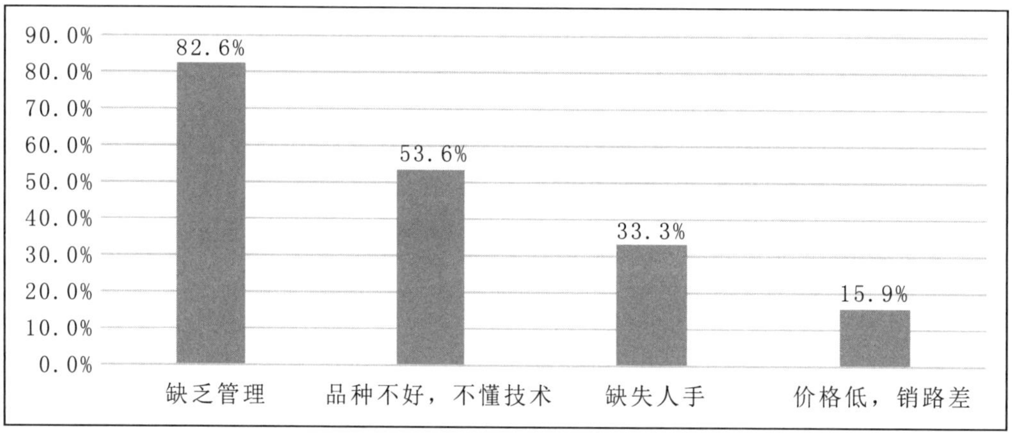

图1　记账户荔枝生产和销存在主要问题

（三）调查村出售荔枝收入有限，对农民增收贡献不大

对记账户的调查结果显示，80户记账户中，有86.3%的记账户均种植有荔枝树，平均每户有17颗左右的荔枝树，2018年每户荔枝预计产量平均270公斤左右，产量比上年的45公斤同期增5倍。通过对村支书的调查发现，虽然记账户拥有较多数量的荔枝树，但是出售成品果换取收入的不多，记账户家庭收入中来自出售荔枝收入较少，占比较低，八个村中仅有一个村荔枝所占家庭总收入的比重达到10%，其他村均不到1%。

据调研，记账户种植的荔枝品种一般为20世纪90年代灵山县大规模种植黑叶荔和以前留存下的山荔等老品种、价格较低。受管理、品种、技术和人手方面的原因，散户种植的荔枝产量不高、品相较差、商品化率较低，基本上就是放任生长或者护理少部分荔枝树，成品果一般都是自己吃或者送亲朋好友，很少拿去卖。因此，出售荔枝所得收入有限，对农民增收的总体贡献不大。

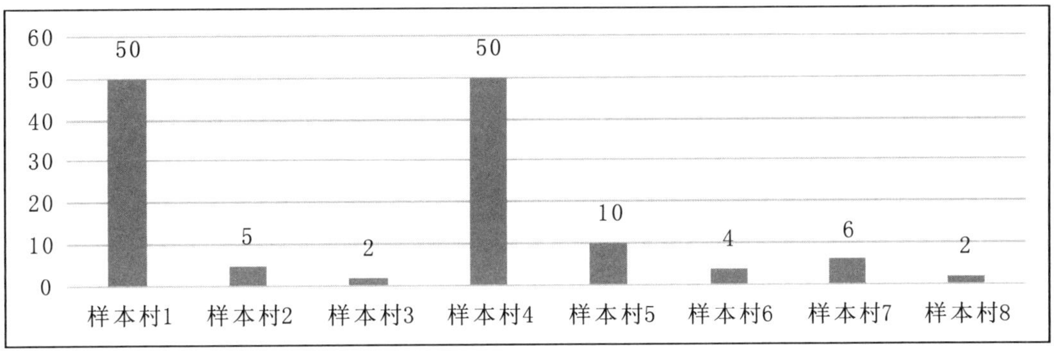

图2 样本村平均每百户家庭拥有百年左右荔枝树的数量

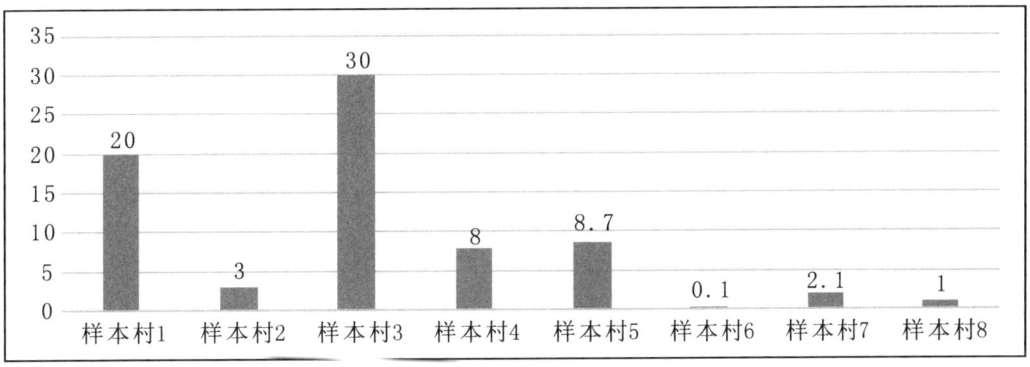

图3 样本村平均每户家庭拥有荔枝树的数量

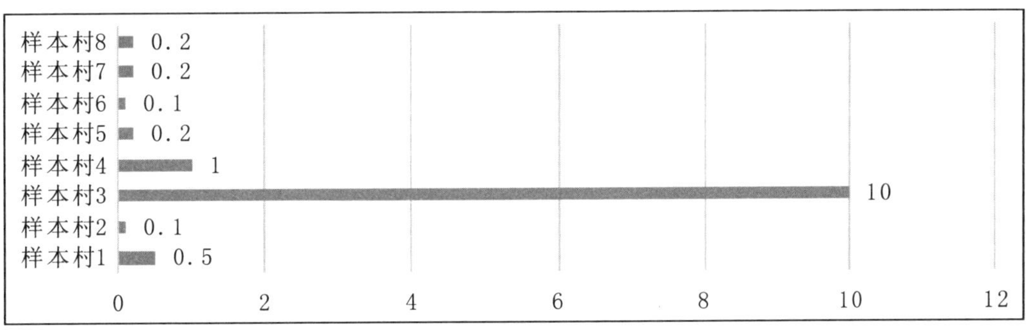

图4 本村居民出售荔枝的收入占家庭总收入的比重（%）

四、振兴荔枝产业提高农民收入的几点建议

振兴乡村，产业兴旺是重点。从调研的结果看，灵山县创建百年荔枝（核心）示范区带动全县约56万亩荔枝提档增效的思路和做法是正确的，取得了阶段性的成

果。下一步，要突出政府主导作用，切实解决示范区发展过程中存在突出问题，发挥示范区产业辐射带动作用，进一步促进农村居民增收。为此，结合本次调研结果提出以下建议：

（一）政府要继续加大对示范区的扶持力度

按照自治区全面开展现代特色农业示范区增点扩面提质升级三年行动部署，灵山县政府要积极争取自治区、钦州市等上级政府部门的政策项目和资金的支持，切实改善灵山县荔枝产业的整体发展环境，增强示范区投资主体、水果深加工企业和物流营销企业的信心，进一步强化和完善示范区的科研、现代农业发展、技术培训服务、产业文化宣传和优质产品营销等主体功能建设，切实改善灵山县的交通运输状况，丰富灵山“荔枝节”的文化内涵，夯实示范区发挥辐射带动作用的基础。

（二）将农村地区零散的荔枝整合起来施行统一管理

本次调研结果显示，有82.6%的记账户愿意在不改变所有权的情况下，采取果树入股或根据荔枝产量比例（30%~50%）缴纳管理费用等方式，通过企业或者合作社将记账户所种植的荔枝进行统一的品种改良和日常维护管理，促进荔枝产品品质和商品转化率提升，以增加记账户家庭经营收入。因此，建议灵山县政府以及相关部门加强调研，积极开展顶层设计，出台针对性政策措施，依托示范区的管理和技术优势，强化农业服务队伍建设，采用合作社和家庭农场等方式，将灵山县农村地区丰富而又零散的荔枝资源整合起来，统一管理，有力地解决农户生产因面积小、缺乏技术指导、劳动力和资金缺乏造成的问题，同时也为提高荔枝产量质量、拓宽市场、引进农业订单、大力发展外向型农业提供良好的物质保证。

（三）打造灵山荔枝的优质农业品牌

立足灵山荔枝种植资源、文化资源优势，挖掘革命历史内涵，着力打造特色地方农业品牌，进一步促进灵山百年荔枝（核心）现代农业示范区提档升级，具体建议：将已经获得“国家地理标识”的农产品的标识赋予有一定实力的农业龙头加工企业使用，并通过包装宣传、参展参评，将其打造广西第一，中国驰名的灵山农产品品牌。同时出台农业品牌创建奖励办法，推进灵山县农产品无公害食品、绿色食品、有机食品、富硒农产品的认证和名牌产品等农业品牌创建工作，从而提高农产品的附加值。

（四）以特色小镇建设为抓手，推动一二三产业融合发展

本次到示范区梓木上江村的调研结果表明，果农同样品质的新鲜荔枝现场采摘的交易价格远高于市场销售价格，经济社会效益相差甚远。因此，建议通过开展以荔枝为特色的小镇建设，发展荔枝种植和采摘、荔枝产品加工、销售和休闲观光农业，进一步强化荔枝产业与文化、观光、饮食等其他相关产业链的整合，延伸农业产业链，促进农业提质增效，带动农民家庭经营增收。

少数民族深度贫困县三江县脱贫攻坚难点及对策建议

谢 胜

近期，国家统计局广西调查总队与自治区扶贫办、广西社会科学院组成联合调研组，对深度贫困县——三江侗族自治县3个村（富禄乡岑牙村、斗江镇扶平村和同乐苗族乡归亚村）的脱贫攻坚情况开展了“解剖麻雀式”的典型调查研究。调研组通过召开县、乡、村三级座谈会以及开展进村入户调查等方式，对三江县脱贫攻坚工作进行调研，分析脱贫攻坚战面临的突出问题、发展瓶颈和制约因素，提出相应的工作思路和对策建议。

一、三江县贫困现状

三江县被誉为“世界楼桥之乡”，辖15个乡镇，169个行政村（社区），人口39.6万人，主要居住有侗、苗、瑶、壮、汉等民族，其中侗族人口占总人口58%，是广西唯一的侗族自治县、全国侗族人口最多的少数民族自治县、国家扶贫开发工作重点县，在广西20个深度贫困县中贫困发生率列第二位，属于典型的深度贫困地区。经过2015年精准识别，全县共有贫困村86个，贫困户21709户，贫困人口92406人，贫困发生率为25.22%。经过2016年、2017年连续两年的努力，全县贫困村减少19个，剩余的67个，2017年全部被确定为深度贫困村，其中贫困发生率在30%以上的重点深度贫困村有37个。截至2018年5月，三江县仍有贫困户16176户贫困人口69210人。其中，因缺资金致贫21023人，占30%；因缺技术致贫16774人，占24%；因学致贫9718人，占比14%；因病因残致贫6791人，占10%；因缺劳动力致贫6281人，占9%；因自身发展动力不足4603人，占7%；因缺土地致贫1483人，占比2%；因交通条件落后致贫1375人，占2%；因灾致贫767人，占比1%。

二、2017年三江县脱贫攻坚工作主要成效

（一）完成年度脱贫任务。按照贫困户脱贫摘帽“八有一超”标准和贫困村脱贫摘帽“十一有一低于”标准，2017年三江县实现11511人脱贫和14个贫困村脱贫摘帽，完成上级下达的任务。其中，通过扶持生产脱贫1289户，转移就业脱贫836户，易地扶贫搬迁脱贫549户，教育扶持脱贫391户，低保兜低脱贫610户。

（二）脱贫基础得到夯实。围绕脱贫摘帽标准，按照“缺什么、补什么”的原则，通过整改基础工作进一步提升。2017年完成基础设施项目建设397个，完成投

资3.51亿元；硬化村屯道路305公里，建成产业路197.7公里；新建村级服务场所123个；累计完成易地扶贫搬迁投资10.44亿元，建成搬迁安置房3873套，惠及17412人。

（三）脱贫政策逐步得到落实。2017年三江县教育扶贫稳步开展，落实补助资金6399.89万元，惠及学生125253人次；社会保障深入实施，居民医疗保险参保率99.16%；低保兜底扎实开展，发放低保金1.13亿元，惠及66.06万人次；医疗救助稳步实施，落实医疗救助资金1016.97万元，惠及5万人次；金融扶贫持续发力，落实扶贫小额信贷风险抵押金2100万元，撬动扶贫贷款2.19亿元；住房保障进一步加强，实施危房改造1998户；产业扶贫全面实施，兑现奖补资金5672万元，贫困户发展两茶一木、种稻养鱼等特色产业覆盖率达97.16%；集体经济加快发展，86个贫困村村民合作社实现全覆盖，其中，47个贫困村实现集体经济收入98.7万元；“粤桂帮扶协作”工作顺利推进，广东吴川市支持三江县帮扶资金2140万元。

（四）集体经济得到有效发展。三江县引导村民合作社利用各级财政扶持资金与县属国有企业开展合股联营，共同开发特色旅游项目。2017年全县已有47个贫困村实现收益分红（每村2.1万元）。在“三资”清查基础上，鼓励村民合作社以合作共建、资源入股、土地流转、承包租赁的方式发展特色产业、置办厂房等，获取集体经济收益；出台政策，制定财政资金投入到村（社区）的管理办法，建立村级集体经济项目；支持村民合作社与县供销社合作，通过为其代销代发获得集体收入。目前全县169个行政村（社区）中，有集体经济收入149个，占88%。

三、少数民族深度贫困村存在的主要问题

为全面真实客观了解三江县脱贫攻坚的实际情况，调研组选取三江县富禄苗族乡岑牙村、斗江镇抚平村和同乐苗族乡归亚村作为典型研究对象，对它们进行了“解剖麻雀式”的实证调查分析。

岑牙村位于三江县西部，属于苗族聚居村，贫困发生率为68.82%，是三江县贫困发生率最高的村；抚平村位于三江县中部，贫困发生率为29.44%，属于侗族聚居村，是2018年预摘帽的深度贫困村；归亚村位于三江县东部，属于苗族聚居村，贫困发生率为56.12%，是典型的深度贫困村。这三个村分别位于三江县东、中、西部，都是深度贫困村和少数民族聚居村，具有一定的代表性。

（一）住房保障问题是当前制约脱贫摘帽最大的瓶颈

1.住房安全问题突出。调研组在三个村共走访了58户贫困户，居住房屋属危房或面积不达标的就有18户，占访问农户的31%，条件最差的岑牙村这个比例甚至占到56%。

一是危房比较严重。少数民族群众居住的木质房屋许多已经有几十年甚至上百年的历史，有的出现支撑木破旧腐烂或整体倾斜，导致住房不稳固、不安全。在一

些发生地质灾害的村屯，有的群众甚至用竹子作为支撑木来加固摇摇欲坠的木楼。

二是住房比较拥挤。一些户居住面积不达标，许多由原来一户人家繁衍生息现已分出多户家庭，住房拥挤，人均居住面积不达标。调研发现最多一栋木楼居住了7户人家30多口人，居住环境显得拥挤、狭窄、阴暗、潮湿，大白天入户也需要开灯。

三是搬迁和危改指标缺口大。据了解，在危房或面积不达标的18户贫困户中，没有一户被列入移民搬迁计划，只有1户被列入危房改造计划，其余17户的住房保障问题尚无考虑。三江是少数民族聚居区，群众大多居住这种有一定年代的木楼。如果认定为危房，按现有的搬迁和危改指标以及现有条件，三江县根本无法解决。

2. 危改政策落实困难。一是缺资金、缺宅基地。一方面危改补助标准太低，许多农户除按政策享受危改补助资金外，自身缺乏资金，即使拿到危改指标也建设不了；另一方面三江县农村宅基地紧张，村落拥挤杂乱，一些农户自身有些建房资金，但由于没有宅基地，改扩建房屋或新建搬迁点都很难找到土地。如归亚村目前未进行旧房改造的还有156户，占全村34%，其中贫困户97户，属于危房75户，有58户贫困户由于没有足够的宅基地，很难实施危房改造；24户贫困户因缺乏资金，没有能力实施危房改造。二是“木楼式”协调难。一栋木楼多户居住，贫困户和非贫困户杂居，改造需要多户协商，实施困难。

3. 移民搬迁意愿低。据调研，一些贫困户表示不愿意参与移民搬迁，一是因为不愿意拆除旧房，担心搬出来后一旦就业、入学问题解决不了被断了退路；二是部分农户认为搬迁安置面积太小不够住。许多农户还在犹豫和观望，归亚村原有37户申请易地扶贫搬迁户，现在只有22户同意搬迁。

三江县少数民族群众的住房保障问题，不仅会影响三江县的脱贫摘帽计划，也会影响全区甚至全国脱贫攻坚大局和“一个民族都不能少”的全面小康社会建设大局。

（二）水、电、路等基础设施建设亟待提升

1. 饮水问题解决难度大。在走访的58户贫困户中，有饮水困难的32户，占55%。其中，岑牙村大部分村民住在海拔比较高的地区，距离水源地较远，从山脚引水到山顶距离远，扬程高，难度大，全村普遍存在严重缺水问题。据了解，1997年三江县在岑牙村投资25万元建设人饮工程，也没有解决缺水问题；2010年政府又投资近200万解决岑牙饮水问题，水管建好了，但因地势太高等种种原因，也没有解决缺水问题。岑牙村还发生过三次大火灾。目前为止，岑牙村世代缺水的问题依然没有得到解决。归亚村也有50%的户存在饮水困难。

2. 村寨防火压力大。三江县少数民族群众居住的木楼通常是栋栋相连，寨寨相通，这些木楼耐火等级低，一旦失火，极易造成“火烧连营”，消防用水压力非常大；另一方面人饮、消防网管不分，村寨消防安全隐患大。三江县历史上也曾经发生过多次造成人员伤亡和财产损失的重大村寨失火事件。在归亚村，调研组了解到目前所有村寨生产、生活和消防用水均接引山泉水，水源少，雨季水能满足需求，旱季缺水，断断续续，经常无法满足农户日常生产生活需求，更别提消防用水保证了。

3.交通基础设施落后面貌亟待改变。现有部分贫困村的生产生活环境恶劣，交通基础设施条件差，少数深度贫困村屯还需二次运输或马帮运输，道路建设成本高，维护难度大，时常出现因灾损毁现象；一部分村屯连接交通主干道的路段建设、维护不到位，境内跨江桥梁密度过小、间距过大（其中，融江两岸桥梁间距过长、部分沿江公路路段过烂，严重影响融江深度贫困带脱贫）；一些贫困村通行路面没有达到4.5米的要求；一些村屯扶贫产业路建设严重滞后，严重困扰农产品的采摘、运输和市场销售。如在岑牙村罗汉果、油茶种植面积较多，但缺乏产业路，严重困扰农产品的采摘和运输。三江县有“世界楼桥之乡”的优秀民族文化旅游资源和生态旅游资源优势，由于旅游配套基础设施太差限制太多，旅游扶贫的作用没有充分发挥，少数民族群众难以从民族旅游发展中获得收益。

4.电网建设需提速。一些贫困村电线老化，2008年电网改造时负荷少不能满足现在用电需求；同时，电线线路老化，也是导致村寨火灾的重大隐患。

（三）解决贫困户稳定收入来源困难较多

三江县的一大资源优势在于森林资源多，生态条件好，因此，除了外出务工以外，三江县农户收入来源主要靠“两茶一竹”和种稻养鱼等。目前种植一亩茶园可以为农户带来3000~5000元不等的收入，油茶每亩收入也有3000元左右。目前主要的制约在于：一是茶叶的提质升级不够，自有品牌不足，缺乏深加工，影响农民增收。调研组走访的农户中，有产业覆盖的占72%，但产业总体规模小，种植面积稍大点的茶叶和油茶，管理粗放、品质和产量低，深加工和品牌化程度低，产品附加值低。二是产业发展的组织化程度低，三个村都没有成立引领产业发展的专业合作社，产业基本都是单家独户在做，抗风险能力差，茶叶加工基本还是家庭小作坊生产，技术含量较低，只停留在炒茶初加工环节，提香环节投入大或技术问题做不了，因此，加工出来的茶叶销售价格低，农民收入少。三是产业发展支持力度不够。目前产业扶持主要以产业奖补为主，覆盖面不大，补助额度小，一般户均1000~2000元。如归亚村18户贫困户中只有8户获得产业奖补，三个村走访的贫困户都无一获得扶贫小额信贷扶持。四是外出务工农户整体文化程度低，收入水平低。在贫困发生率超过50%的岑牙村和归亚村，走访的贫困户小学以下文化占80%以上；所有三个村的走访户只有

1户参加过政府组织的就业培训。外出务工人员因学历低、无技术，大多做的是体力活、临时工，工资偏低，就业不稳定，收入来源保障难以确定。

（四）义务教育保障水平低

三江县义务教育均衡发展问题较为突出，一些偏远山区、深度贫困地区的师资不足、教育设备落后，教育基础设施建设需求缺口较大，一些贫困地区学前教育条件差，影响后续义务教育水平。在落实贫困学生资助政策过程中，对贫困学生的一些优惠政策实行"先交后返"的措施给部分特别贫困家庭带来压力。在一些贫困村，因厌学而导致的辍学现象增多，控辍保学难度较大。在归亚村，调研组走访18户贫困户，有辍学儿童家庭3户，占走访农户16.67%，辍学原因主要是：一是外地读书择校费、租房费、交通费支出大，义务教育补助政策享受不到，家庭开支压力大，18户贫困家庭中有7户表示小孩上学有困难；二是因为厌学自己放弃，也有因逃学捣蛋影响教学老师劝离的；三是身体条件不允许。

（五）医疗保障问题比较突出

一是城乡居民基本医疗保险的缴纳问题，三江县采取的是农户自己交一点、政府补贴一点的方式，目前已基本实现贫困户新农合直接缴纳72元。在走访的58户贫困户中，有6户没有缴纳新农合，占10%。基层干部坦言每年新农合征收工作都感觉压力很大，原因在于：新农合缴纳费用逐年上升，且不能滚动到下一年，农户感觉负担较重；报销手续复杂，住院尚未实现"一站式"报销；贫困户先诊疗后付费政策、住院病人医疗费用报销比例不低于90%政策、费用报销的要求等没有宣传到位，因为不了解政策，一些农户不知如何报销或有病不去治疗；保险知识宣传不够，农户保险意识淡薄，老年人认为年纪大了没必要参保，年轻人认为身强力壮也没必要参保，参保积极性越来越低。

从全县的情况来看，东部乡镇农民经济收入高，新农合缴纳工作通常比较顺利，西部乡镇农民收入低，新农合缴纳工作困难较多。过去一些脱贫村缴纳不足的部分都是由帮扶单位或当地政府兜底解决，这并非长久之计，甚至还会在农村形成"自己不交、政府帮交"的不良导向，影响到下一年农民缴费积极性。寻根究底，新农合缴纳困难最深层次的原因还是因为贫困，农户因为收入水平低，通常不会把缴纳医疗保障作为支出的首要考虑。新农合缴费问题的最终解决还是要靠不断提高农民收入水平和城乡医疗保障服务水平来推进。

（六）村集体经济发展困难

目前，三江县"空壳村"有20个，占12%，其中贫困村17个，非贫困村3个；集体经济收入在2万元以下的"薄弱村"有70个，占41%，其中贫困村28个，非贫困村42个；集体经济收入在2万元以上5万元以下有71个，占42%，其中贫困村51个，非贫困村20个；集体经济收入在5万元以上的仅有8个，占5%，其中贫困村2个，非贫困村6个。

一是村集体经济发展基础弱。三江县

耕地全部承包到户，山林地也大多分配到户。大多数行政村缺乏集体资源，同时也没有产业发展启动资金，部分行政村有集体山林地种植一些杉木、茶叶等，由于杉木砍伐周期间隔18～20年，加上缺乏配套的产业路，砍伐运输成本高。因此，村集体经济发展基础较弱。二是现有村集体经济发展模式单一，目前基本上是整合投入县文旅公司或者大的农业企业，见效周期较长，难以实现快速增收；三是缺乏资金投入和能人带动。扶持资金直接投入村集体经济组织不多，对集体经济组织和致富能人的支持带动作用不强，村集体自我发展、自我管理和生产组织能力难以提高。四是产业发展缺少劳动力因素支撑。村内青壮年以外出务工居多，劳动力资源外溢严重。常住人口为“三留人员”，支持发展集体经济人才缺乏，产业发展思路和方向没有明确。

（七）一些干部作风不实，帮扶政策落实不到位

调研的58户贫困户全部落实了干部帮扶，但帮扶的形式基本都是逢年过节慰问和填表，大多都是“形式”大于“实质”，有针对性的帮扶较少。在贫困发生率较高的归亚村和岑牙村，对帮扶工作不满意的有11户，占27%，还有些贫困户表示，口头上说满意而心里却是不满意。原因在于：帮扶干部来自各行各业，缺乏相应的扶贫知识培训，对扶贫工作的认识不到位，扶贫能力不强，把扶贫工作简单等同于送钱送物，忽视扶贫工作专业性；有些干部帮扶工作责任心不强，干部作风不实，讲空话、套话多，简单敷衍了事，脱离群众，让党和政府的好政策不能惠及最急需的贫困户；还有些干部本职工作压力本来就大，还要兼顾扶贫，精力确实照顾不过来。

调研发现，岑牙村有贫困户的子女就学没有获得“雨露计划”资助；归亚村对辍学学生情况掌握也不准确；有抗美援朝老兵家庭非常困难，但是没有获得低保；一些危旧房在过去应该享受茅草房改造政策但是没有享受。另外，在验收项目发放奖补资金过程中，有的乡镇干部不去现场核验也不按照政策发放奖补资金，群众意见大。

四、三江县脱贫攻坚面临的深层次矛盾

（一）少数民族居住习惯与现行政策之间的落差

三江县少数民族群众住房保障问题之所以长拖不决，其深层次的原因还在于涉及少数民族居住习惯和传统村落的保护问题。对少数民族群众习惯居住的木楼，目前尚未有明确统一的危房评估标准，而且木楼的改造和重建成本要大于一般的砖混结构房屋，目前当地许多已改造重建的房屋也是基础部分采用砖混结构、外墙及其他主要部分仍然采用木质材料，成本较高。按当前危房改造的补助标准，很多贫困户还是无法按民族习惯完成房屋改造。移民搬迁既要解决在本村本土新建搬迁点的土地问题，还要注意搬迁点房屋建设要体现少数民族的居住特点，采用砖混与木

质结构相结合，这也要面临一个搬迁成本高于其他地区的问题。因此，三江县少数民族传统村落的改造和脱贫需要比其他地区投入更多的资源。

（二）少数民族传统村落现代化发展与保护的困境

如何正确处理好传统村落的现代化发展与保护的关系问题也是关键。传统村落的保护已列入法律和政策的范畴，但保护传统村落绝不是原封不动，不能僵化谈保护传统村落而剥夺村落群众享受现代科技文明带来的便利与实惠的当然权利。国内外的一些实践也证明，村落的保护与发展完全可以做到两全其美，比如在不改变街区历史格局、尺度和建筑外墙的历史真实的前提下，改造内部的使用功能，甚至重新调整内部结构，或者在村落附近建设民族传统民居小区，只要合理规划，加大投入，既可以使传统村落群众居住环境和生活质量大大提高，又可以发展民族旅游，实现双赢。传统村落的保护与发展不但不矛盾，反而可以和谐统一，互为动力。只有传统村落生活质量得到提高，宜于人居，人们生活其中感到舒适方便，其保护才会更加牢靠。

（三）上级政策与基层脱贫攻坚实际相脱节的问题

由于帮扶政策涉及部门多，政策要求往往与基层脱贫攻坚实际需求不符。脱贫人口指标和脱贫村数由上级下达给各县，造成县里只能把资源集中投向年度脱贫村，其他贫困村很难安排到项目，该脱贫的人口不能脱，不该脱贫的应急脱贫。危旧改造只给贫困户不给非贫困户，三江共住共有的木楼中一般都有好几户，危旧房改造和易地搬迁拆除旧房难以实施。卫计、社保、民政政策和数据系统不衔接，造成贫困户就医看病困难，家庭签约医生服务对象太多，难以顾及，实际效果没有得到发挥。

五、意见建议

当前中国脱贫攻坚工作进程和贫困基本面已经从注重全面推进帮扶向更加注重深度贫困地区攻坚转变，从注重减贫进度向更加注重脱贫质量转变，从注重完成脱贫目标向更加注重增强贫困群众获得感转变。以三江、融水、龙胜为代表的桂北少数民族聚居区长期以来发展落后，面临相同的制约因素和限制条件，少数民族群众生产生活条件差，再不抓住脱贫攻坚、决胜小康和乡村振兴战略的发展机遇，下大力气切实改善少数民族群众的生产生活条件，不仅会坐失良机，贻误发展，还会影响中国民族团结稳定和共同繁荣进步的大局。

（一）未来两年从自治区层面启动三江、融水、龙胜桂北少数民族聚居区基础设施建设大会战

理由：

1. 实施桂北少数民族聚居区基础设施建设大会战是现实要求。今年是广西壮族自治区成立60周年，离全面建成小康社会还有不到三年的时间，三江、融水、龙胜作为少数民族自治县，是少数民族聚居区和贫困地区高度重合的典型区域，集中解决制约桂北少数民族聚居区发展的瓶颈问题和关键困难，既是按时保质打赢脱贫攻坚战、确保全面建成小康社会目标实现的现实要求，也是中国民族区域自治政策成功实践的缩影。

2. 实施桂北少数民族聚居区基础设施建设大会战是经验推广。自扶贫开发以来，广西在属于特困区域的西部大石山区、北部高寒山区和西南部边境地区进行了一系列扶贫“大会战”，极大地改善了贫困地区和贫困群众的生产生活条件，“大会战”模式也成为中国扶贫开发工作的有益探索和可推广的经验。长期以来困扰桂北少数民族聚居区的房、路、水、电等问题必须采取更精准的举措、超常规的力度才能加以集中解决。充分利用广西首创的大会战经验，在一定时期内集中人财物力集中解决制约桂北少数民族聚居区的重大困难，开展旧房改造、异地安置移民开发、人畜饮水和村寨防火工程建设、乡村公路建设、改善办学条件、电网改造、医疗设施、旅游配套设施等脱贫攻坚大会战，才能为推进桂北少数民族聚居区全面小康社会建设和现代化进程打下坚实的基础，实现“一个民族都不能少”的庄严承诺。

工作重点:

1. 实施桂北少数民族聚居区住房保障工程。开展少数民族聚居区农村住房保障情况大普查，进一步明确少数民族建筑危房评估标准，深入研究民族村寨、传统村落保护、改造、利用的规划方案和实施步骤，做到全面规划和一盘棋。加强对少数民族移民安置点的规划建设，突出民族特色和文化要求，着重加快搬迁安置区的基础设施和配套设施建设、招商引资企业入驻生产，适当增加乡、村两级安置点数量并相应调整安置点布局以尽量满足不同少数民族同族聚居等合理要求；进一步摸清少数民族村寨危房改造需求，明确少数民族村寨危房评估标准，努力解决茅草房改造后危房的改造补助问题；对个别深度贫困村实施的统一建设，应该更加理性地对待，在防控廉洁风险、确保社会稳定的前提下，尊重群众搬迁意愿和需求，鼓励探索创新。

2. 实施少数民族村寨路、水、电等基础设施建设提升工程。工作重点是要着力提升交通基础设施建设水平，着力解决群众饮水困难，着力强化村寨防火能力，着力推动电网升级改造。

3. 实施教育质量提升工程。加大对少数民族聚居区义务教育的校舍、师资、教学设备等投入力度，支持深度贫困地区学前教育发展，全面提升办学质量。落实雨露计划，确保贫困家庭子女得到帮扶。制定针对义务教育阶段辍学的解决方案，提高对义务教育阶段特困户家庭子女的生活补助水平。提高乡村教师的生活待遇，改善教学环境和生活条件，实施边远艰苦地区乡村学校教师周转宿舍建设等。

4. 实施农村医疗保障能力提升工程。夯实农村三级卫生服务网的建设基础，提升农村基本公共卫生及基本医疗服务的设施水平，改善村级卫生机构的诊疗功能、基础设施，推进卫生医疗信息化建设，强化乡村两级医疗卫生机构整体功能，进一步加强乡卫生院对村卫生所（室）的业务指导和行政管理，让村民在家门口也能享受更加专业、规范的医疗服务。加大宣传力度，提高城乡居民基本医疗保险参保率。加大宣传力度，提高农户参合的保险意识，同时，进一步简化农合报销手续，提升报销工作便利化程度。

5. 以需求为导向建设一批扶贫项目。对少数民族聚居区重点深度贫困村贫困现状、脱贫需求进行深入研究，对照自治区脱贫标准要求，尽快谋划建设一批带动脱贫能力强、当地急需、见效快的项目。在通盘考虑大局的基础上，兼顾当前脱贫和长远发展，在深度贫困村连片地区布局建设一些重大项目，例如，在融江深度贫困带建设跨江桥梁，在深度贫困村集聚的大山脉建设等级略高于村屯通道的环山公路并与交通主干道连接等。

（二）全面加强干部队伍作风建设，强化组织保障

抓住今年作为脱贫攻坚作风建设年的契机，全面推进三江县干部队伍作风建设，为脱贫攻坚提供坚强的组织保障。要从干部政治觉悟和思想观念上下功夫，坚定不移以实事求是、为人民服务的好作风推进脱贫攻坚取得好效果，力戒形式主义、官僚主义，不回避、不遮掩脱贫攻坚中的棘手问题，坚持以人民群众的需求为中心，重点整顿“节日扶贫”“慰问扶贫”现象和“挂村不驻村”等帮扶责任落实不到位现象，优化提升三江脱贫攻坚的整体效率。

（三）加大特色产业培育力度，夯实贫困户增收渠道

着力推进新品油茶、茶叶、竹子的种植和种稻养鱼这四大主导产业的发展，实施品牌化发展战略，提升产业化、规模化、品牌化发展水平。以良好的营商环境和更开放、更实惠的措施招商引资，引入带动脱贫能力更强的大中型农业龙头企业、旅游企业和工商业企业；提升茶叶、油茶、中草药等农业特色产业种植品种，加大农产品品牌宣传、保护力度，加强农民技术培训和农业企业经营管理培训，研究解决农业龙头企业用电不能享受农业用电价格优惠等实际问题，鼓励各类农业“能人”带动村民致富、贫困户脱贫，对于市场前景好、带动脱贫见效快的农产业应该给予特殊政策支持；督促广西旅游投资集团等旅游企业兑现投资承诺，建立健全旅游景点发展与当地群众收益联动机制，推动本地旅游资源跨省区合作开发，培育发展“少数民族风情+自然生态+休闲农业”的旅游发展模式，扩大旅游消费总收入，延伸旅游产业链条。

（四）引导贫困户输出劳务，促进贫困户收入稳定增长

通过多种形式加大贫困劳动力务工的组织化，特别是要大力发展“扶贫车间”，让贫困劳动力能够在家附近实现就业增收。引导和鼓励农村劳动力积极参加职业技能培训，提升务工技术水平。可根据粤桂对口扶贫城市的劳务需求，由村集体组织贫困户劳动力成立统一的劳务队，通过分类培训、统一管理，为对口支援城市输送符合条件的劳务人员，拓展收入来源，进一步提高贫困户收入。

（五）发展壮大村集体经济，增强村级自治能力

鼓励探索多种形式的村集体经济发展模式。用好村集体经济发展资金，采取村企联姻入股分红的方式获得收益；通过发展特色农业和特色旅游业等增加村集体经营收入；采取承包、出租、自行开发经营等方式盘活现有村集体资源；大力发展村集体电子商务，开展服务经营，有效整合一二三产的资源，不断延伸产业链；通过建章立制、加强管理，提高集体经济及经营主体的竞争力和活力。

（六）结合乡风文明建设，激发贫困户发展内生动力

强化自立更生、勤劳致富的文明乡风建设，塑造“勤劳致富”的良好道德风尚。结合发展特色农业，定期选择一批农村致富能人给予奖励并大力宣传，通过树立正面典型人物来营造“致富光荣、脱贫光荣”的社会氛围；让脱贫致富农户现身说法定期举办“脱贫故事会”，让脱贫致富户带动贫困户发展。结合“美丽乡村”工作，对深度贫困村的村容村貌和个别贫困农户家居环境进行整治。尊重群众首创精神和地方性知识，逐步提升扶贫对象的自我发展、自我管理和组织生产能力，真正发挥扶贫对象的主体作用，引导贫困群众克服“等靠要”思想，增强脱贫致富的内生动力。

"十三五"期间南宁队畜牧养殖业结构调整趋于完善

郭善同

据南宁市统计局年鉴数据显示（2011年—2016年），南宁市"十二五"期间肉类产量增长喜人，每年肉类产量除了满足南宁市菜篮子要求外，还有部分可以外调。其中生猪和家禽分别占到肉类总产量的53.58%和34.83%，而肉牛、肉羊等生态型养殖品种占比偏少，其合计只占11.59%的比例。从2017年起地方政府加大扶持肉牛、肉羊等养殖，引导养殖业结构调整趋于完善。

一、"十二五"期间的畜禽养殖发展状况

据统计，"十二五"期间，南宁市肉类的产、供、销繁荣发展，肉类产量从2010年的60.76万吨发展到2015年的66.02万吨，同比增长8.55%。数据显示，南宁市"十二五"期间的最后一年2015年肉类总产量66.02万吨，比"十二五"的头一年2011年相比增长6.55%，2015年人均年肉类产量将近90公斤，其中猪肉产量38.64万吨，占53.58%；禽肉产量23万吨，占34.83%。"十二五"时期，南宁市畜禽养殖业克服城市发展与市区控制生猪家禽养殖相矛盾的困难，大力发展规模养殖，生猪及家禽养殖已经成为农业延伸出来的新型大产业，至"十二五"期末的2015年，南宁市已经发展了年饲养量超过5000头的大型养猪场74家，其中年养殖量超过万头的有33家；年饲养家禽超过10万只的大型养鸡场43个，其中年饲养量超过500万只的一家；规模养殖牛场从无到有，其中年饲养量超过1000头牛的大型养牛场2家。按南宁市2015年人均消费肉类53.6公斤计算，"十二五"期间南宁市每年的肉类产量除了满足菜篮子要求外，还有部分可以外调。南宁市"十二五"期间，南宁市的年肉类产量从期初的60.76万吨增长到66.02万吨，稳步增长，逐年攀升，如图所示：

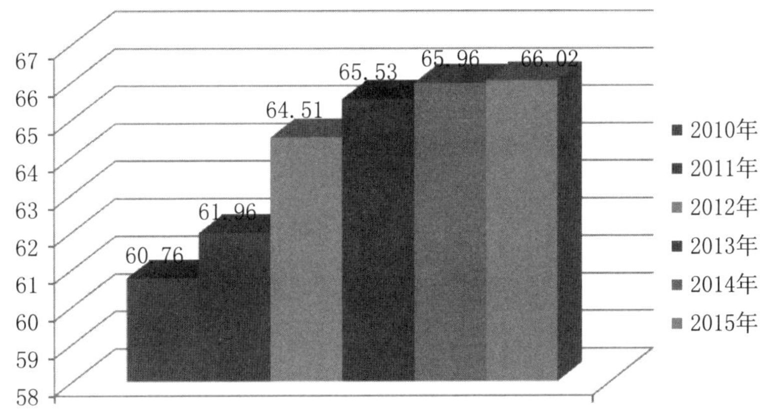

南宁市2010年至2015年肉类产量图（万吨）

（一）规模养猪发展迅猛

从2010年开始，水产畜牧部门切实加强疫病的防控工作，以不发生重大动物疫情，养殖业的健康发展为本。水产畜牧兽医部门非常注重动物防疫工作，重点是防控高致病性禽流感、牲畜口蹄疫、猪瘟、高致病性猪蓝耳病、禽流感等重大动物疫病。生猪规模经营户和生产单位生猪生产积极性不断增加，随着肉猪出栏价格不断上涨，规模经营户和生产单位肉猪出栏收益可观，生猪存出栏量不断增加，促进“十二五”南宁市畜禽养殖的良好开局，生猪养殖尤其是规模、大规模生猪养殖进入较快发展时段，散养农户生产量相对较少。

2012年起，南宁市对规模养猪场的排放要求逐步提高，养猪成本逐步扩大。据往年调研了解，单改建或新建沼气池项目，投入比例要达到总投资的20%或以上，环评测试才有可能达标，这些要求对初入规模养猪的投资者来说，风险考验很高，只有大型、中型规模养殖户的生猪、家禽养殖场，才能克服诸多困难。

2013—2014年，南宁市生猪价格低迷，而饲料价格却仍在不断上涨，养殖成本居高不下，大多数生猪养殖户亏本。其中2013年生猪出栏只是微弱增长了0.47%，存栏增长7.89%。从2013年起，南宁市畜禽养殖业发展的动向是规模户和生产单位占比越来越大，而农村广大散养户占比越来越少，逐渐退出生猪养殖行业。

进入2015年底，全国生猪价格走出一波好行情，南宁市生猪存栏和出栏双双增长，其中生猪出栏大幅增长。南宁市生猪存栏快速回到增长通道。生猪出栏大幅增长的主要原因：一是市场信心开始回复，补栏能力有所增强；二是经过调整，能繁母猪和待育肥猪数量开始增加，为年底的及时补栏创造了条件；三是生猪养殖收益日趋可观，吸引部分规模户恢复养殖。

（二）肉牛、肉羊、家禽的养殖发展基本停滞

由于“十二五”期间南宁市生猪规模养殖发展过快，引起生猪养殖排放环境的污染。此外，肉牛、肉羊、家禽的养殖发展基本停滞。肉类产量结构有待完善。数据显示，“十二五”期间南宁市的肉牛存栏基本维持在1万头左右，肉羊、山羊存栏也是1千头左右，对比期间的1百万头以上的生猪存栏，这两个牲畜品种明显偏少，直到2015年底，规模养牛、养羊得到发展，除了两家养殖量超过1000头大型养牛场，还出现了年饲养达到600头牛的邕宁大朗养牛场和肉牛存栏100头的邕宁屯东养牛场，马山县和上林县也有15家山羊养殖场。

二、“十三五”期间南宁市肉牛、肉羊等生态养殖品种发展较快

（一）“十三五”起家禽生产基本维持“十二五”的规模

一是在家禽方面：壮大“一只鸡”工程，主要依托各乡村的扶贫养殖合作社、南宁广东温氏集团股份有限公司、叁黄公司、南宁德隆公司、阳春公司、利源公司、扬翔公司等家禽养殖企业，二是引

导农民建设现代家庭农场，大力发展家禽生产。

（二）“十三五”起规模肉牛、肉羊养殖场不断增加

进入“十三五”，南宁市通过禁养、限养政策，污染较大的中、小生猪养殖场受到限制，环保生态型的肉牛、肉羊养殖得到扶持，通过2017年、2018年的年底摸底调查发现，南宁市新增的大型生猪养殖场2家，而新增大型肉牛、山羊养殖场有6家，尤其是2018年底，就增加了3家；肉牛、肉羊养殖发展速度超过生猪养殖。据调研了解，“十三五”期间，南宁市肉牛养殖场除了“十二五”期间原有的多家专业养牛的养殖场建成投产，同时在青秀区刘圩镇建设一家集肉牛养殖、屠宰的综合性大型肉牛养殖基地，该基地2017年建成并投产，仅这家大型养殖场的肉类年产量就能达到7000至8000吨，将提高南宁市肉类产量1.06至1.21个百分点。据调研了解，到2018年底，南宁市共有年饲养量1000头以上的大型肉牛养殖场3家，其中青秀区的四野牧业有限公司年饲养量超过5000头，另外年饲养量800头的也有两家，年饲养肉羊1000头以上的合作社、企业共有四家。各县区通过扶持山区贫困村，也发展十多家年饲养量超过100头的肉牛养殖场。

三、南宁市“十三五”时期加快畜禽养殖业发展的建议

虽然促进生猪生产稳定发展是目前和今后较长时间内南宁市各级政府和有关部门的重点工作之一，大中型养殖场怎样在市场经济和首府特定政策环境夹缝中求生存，生猪养殖在畜牧业养殖中占比过高而造成的环境承载压力也是“十三五”期间畜禽养殖业值得思考的问题，由此提出几点建议。

（一）继续强化落实国家政策

充分落实好中央、区、市生猪家禽产业发展扶持政策，将畜禽标准化规模养殖场建设、菜篮子工程、生猪良种补贴、规模猪场无害化处理补贴等资金落实到位，稳定养殖户的积极性。针对近几年禽流感、猪流感等畜禽疾病多发的情况，各级政府及有关部门应注重及时地把畜牧生产、流通、消费、疫情等有关信息，及时告知养殖户，防患于未然，为畜禽养殖长期发展提供保障。

（二）加大贫困山区地方的扶持力度

加强指导、引导工作，规划优化畜牧产业结构同时建立畜牧养殖生产的市场预警机制，有关部门对盲目性、容易跟风突击发展，进行风险警示。消除养殖户的盲目性，帮助养殖户抵御可能出现的产业风险，确保“十三五”期间畜禽生产持续稳步发展。同时进一步优化畜牧产业结构，在稳定发展生猪的基础上，大力发展草食牧业，增加肉牛山羊饲养量，抑制牛羊肉价格的过度上涨；二是积极发展特色养殖业，根据市场需求，发展优质特色养殖产品；三是积极培育品牌产品，牢固树立商品意识，品牌意识，积极开拓市场。

（三）大力发展生态型的环保养殖

积极宣传国务院2014年1月1日颁布

实施的《畜禽规模养殖污染防治条例》，加强对规模养殖场畜禽养殖的粪便污染处理，改善生态环境。一是合理规划布局畜牧养殖区域。从畜牧业发展的长远规划考虑，按照环保的要求，合理规划禁养区、养殖区，对处于江河流域、生活饮用水源、农田保护区、旅游风景区、工业园区、交通干线及生活园区等禁养区内养殖场，要限时拆迁；二是鼓励规模养殖场（户）建设粪便污染处理设施。对实施建设污染处理设施的养殖场给予一定的政府财政资金补贴或奖励；三是大力推进标准化规模养殖。要深入开展标准化养殖示范场创建活动，加快建设一批标准化养殖示范场。

（四）完善普及养殖业保险

出台政策鼓励养殖业保险，完善各项畜禽品种的保险制度，能有效地预防和化解养殖业发展中出现的各种崩溃性风险。

（五）加快土地流转

积极推进农村闲散山地的土地流转，同时鼓励支持农村住户利用乡村道路两旁边、小块零星地进行牧草种植，结合扶贫政策大力发展肉牛和肉羊的养殖。

贵港市富硒产业发展迅猛 存在问题急需解决

潘少健

据国家统计局贵港调查队走访贵港市农业局、贵港市富硒办，并深入部分农民专业合作社了解到，2015年以来，贵港市大力打造“中国富硒农业之都”，立足天然富硒资源优势，突出地方品牌特色，全力推进农业供给侧结构性改革，努力做大特色农业、做强富硒品牌，取得了显著成效。但在富硒产业发展过程中，也存在着不少问题和困难，影响和困扰着富硒产业的健康有序发展。

一、富硒产业发展现状

截至2018年12月，贵港市共创建富硒农产品生产基地88个，总面积58153亩，覆盖水稻、茶叶、蔬菜、中药材、水果、鸡、鱼等优势产业。其中富硒米种植面积44550亩，富硒茶种植面积4770亩，富硒果蔬种植面积7153亩，中药材种植面积1000亩，畜牧养殖面积680亩。贵港市共有37家企业47个产品通过自治区富硒农产品认定，名列广西第一。其中涵盖了东津细米、桂平黄沙鳖、桂平西山茶、覃塘毛尖等多个“农产品地理标志”产品。在第一届、第二届广西名优硒产品评选中，贵港市分别有3个和4个产品荣获“广西名优富硒产品”荣誉称号。2017年中国副食流通协会授予贵港市“中国生态硒港”荣誉称号；在2018年4月举办的首届广西好食材评比中，贵港市的兴中富硒鱼、满田乐富硒米、西山大藤峡牌富硒茶分别获评为首届广西好食材。2018年9月28日，在第五届世界硒都（恩施）硒产品博览交易会颁奖仪式上，贵港市共有11个产品获评为名优（特色）硒产品，获奖数量占全国获奖总数的10.7%，比2017年第四届硒博会获奖数（6个）几乎翻了一番；至此，在历届世界硒都（恩施）硒产品博览交易会，贵港市共有26个产品获中国名优（特色）硒产品称号，是广西获奖最多的地级市。2018年11月，中国农业技术推广协会富硒农业技术专业委员会授予贵港市“全国富硒农业示范基地”称号。此外，贵港市还以贵港富硒农产品协会为载体，申请注册“浔郁”“中国硒港”图形集体商标，“布山”“仙棋”“东井渔歌”等10个富硒集体商标，为塑造农产品区域品牌奠定基础。

二、富硒产业对农业生产的促进作用

（一）促进农民增收

在富硒产业发展中，富硒开发企业

主动为参与富硒基地建设的群众免费提供种子、肥料，提高富硒农产品的收购价，实行订单收购，促进了农民增收。比如，富硒稻谷的收购价比普通稻谷市场价高0.6~0.8元/公斤，按400公斤亩产量计算，农民种植一造富硒稻谷每亩可增收240~320元，全年增可收480~640元。平南县官成镇华新米业建立了“企业+合作社+农户”营运模式，采取合作社或农户以土地形式加入华新基地领取租金和工资、以土地的形式折成股份领取分红、订单收购等方式，与合作社、农民进行合作，发展壮大了富硒水稻种植、生产、加工、研发基地，使富硒水稻从种植农户直接进入工厂进行加工生产，降低生产成本，提升富硒大米的产品价值，极大地调动合作社的积极性，增加了农民收入。

（二）提高企业效益

目前，贵港市的富硒农产品供不应求，且出售价格高。其中富硒大米的价格是普通大米的3~5倍，按平均产量400公斤/亩/年计算，种植富硒稻谷每亩产值达近万元；2017年5月，贵港市几家米业公司共带了6吨富硒大米参加北京（广西）农产品展销会，虽然售价高达30~36元/公斤，但仍然供不应求，比普通大米价格高了3倍多；在邮乐购上，富硒百香果销售至20元/公斤，比普通百香果价格要高出1倍以上；西山富硒茶获得“中国名优硒产品”称号之后，售价由原来1200多元/公斤提高到2000多元/公斤；销售价格的大幅上涨，大大增加了企业效益，提升了企业的竞争能力。

（三）推动农业产业化的健康发展

2015年以来，贵港市通过富硒农产品品牌的推介，越来越多的消费者认可了贵港市属于富硒地区，认识到富硒与人体健康的重要作用。一直以来，贵港市富硒产品协会积极发挥作用，在产品的标准、行业管理上加强自律和约束，给消费者营造了一个放心消费的环境。一些企业树立了生态、有机、富硒的发展理念，将富硒产业与健康产业紧密结合起来。比如，贵港市鸿丰米业有限公司、贵港市三禾米业有限公司的富硒稻谷种植基地使用均是有机肥料，达到有机环保要求；覃塘区将富硒莲藕同美丽乡村、特色农业结合起来，推动养生旅游发展；富硒产业的有序发展推动了贵港市农业产业化的健康发展。

三、富硒产业发展存在的问题和困难

（一）品牌意识不强，知名品牌不多

贵港市大多数农产品生产者或企业对富硒资源的特色性、丰富性、经济性和良好市场前景还缺乏充分的认识，企业参与富硒农产品开发的积极性不高，甚至不愿投入资金、技术去进行富硒农产品认证，大部分的富硒农产品还是以原材料、初级产品的形式销售出去，诸多富硒农产品还没有进行开发和商品化，没有以富硒特色进行营销，出现了以普通产品的价格出售富硒产品的现象。2015年以来，贵港市获自治区认定富硒农产品的品牌主要以大米、茶叶为主，淮山、马蹄、莲藕、火龙果、荔枝、蔬菜、畜牧等特色优势产业虽

然建立了富硒农产品种养基地，但是富硒品牌还没打得响，各县（市、区）还未形成合力，争抢富硒品牌效应意识不够强。

（二）缺乏龙头企业的带动

贵港市虽然有华新米业、鸿丰米业、三禾米业等几家较大型的富硒农产品企业，但总体而言，还存在数量偏少、富硒农产品企业整体实力不够强、资产和产值还较低、企业规模过于分散和细小和带动能力弱等现象，大多数企业是对农产品收购后进行简单的加工，很少有企业延伸到品种改良、质量监控等环节，产品的档次不高，自然影响到品牌的打造。

（三）政策落实不到位

2015年来，贵港市围绕打造“中国硒港”的目标，先后出台了《关于大力开发富硒农产品的意见》《贵港市2015年打造富硒农产品品牌行动计划》和《2016年富硒产业开发计划》等一系列政策，但实际落实情况不如人意。如在《贵港市2015年打造富硒农产品品牌行动计划》中规定，市本级、各县市区财政要根据工作需要安排经费，重点用于资源测查、宣传策划、基地建设、规划编制、品牌创建及推介、产品认证、地理标志认证等，但实际上有的县（市、区）财政根本没有安排工作经费和奖励经费扶持富硒品牌创建工作，影响了富硒产业发展的种植性。

（四）缺乏人才支撑

因富硒产业起步慢，贵港市在富硒产品的研发、生产、管理、加工、销售等环节还缺乏人才。如贵港市富硒办只有3名技术人员，不仅需要承担大量上级部门下达的项目的推进工作，还要做好各县（市、区）富硒产业的规划和指导，帮助种植户和企业解决问题和困难等，所以很难集中精力用在富硒产业的发展上，人才不足影响了富硒产业的快速发展。

（五）销售渠道不够顺畅

在获得富硒产品认证的企业中，只有少数企业销售情况较为理想。如贵港市三禾米业有限公司通过“线上交易+线下社区体验”模式，总公司直接经营连锁店，在贵港市区、南宁市商业中心、珠三角地区等设置直营店，由公司总部直接投资、经营和管理各个零售门店，产品销售量持续攀升；平南县华新集团公司则采取“农超对接”模式，由子公司负责生产基地建设、管理、产品包装等，由集团下属的另一子公司负责营销，产品直供广州市区100多家大型超市。但大部分获得富硒产品认证的企业由于宣传推广的力度不够，了解的群众不多，加上外销手段较为单一，销量不顺畅，出现了只能将富硒产品当作普通产品销售的现象。

四、发展富硒产业的意见和建议

（一）加大宣传力度

首先是加强对生产者、消费者的引导，引导生产者认识到贵港市是优质天然富硒地区，富硒资源极具特色，大力发展富硒产业条件得天独厚，富硒产品国内外市场需求旺盛，富硒产业是农民增收的产业，让生产者自觉增强富硒品牌意识，积极参与富硒农产品开发；同时，引导消费者了解硒元素的独特功效，有意识地使用富硒品牌农产品；其次是加强富硒品牌的宣传，充分利用互联网等各种方式全面宣传贵港市的富硒资源和产品，使外界能够更多的认识和了解贵港市的富硒农产品，为贵港富硒造势，提升贵港品牌形象，提高商品价值。同时，建议与自治区相关部门举办“富硒农业产业发展论坛（或研讨会）”，邀请区内外的专家学者到贵港市进行学术等方面的交流与传播，邀请对富硒农产品开发和研究有效果的农业龙头企业、合作社到贵港市进行交流，同时配套举行“富硒优质农产品订单会和富硒开发项目招商会”等活动。经过几年的打造，贵港市将能打造一批特色鲜明、科技含量高、享誉全国的优质富硒品牌产品。

（二）培育特色富硒品牌

学习借鉴外地的先进做法和经验，从贵港市主导产业和特色产品优质米、茶叶、果蔬、中草药等入手，集中力量将“贵港富硒米”“西山富硒茶”等打造成为广西优质区域品牌，提升其品牌价值和影响力，从而成为贵港市带动能力强、对区域经济贡献大、最具投资潜力的品牌，为贵港市其他区域品牌的创建和塑造树立榜样、提供经验；鼓励和支持企业专利、地理标志性产品申请，同时加强市场保护。天然富硒属于稀缺资源应坚持走高端开发路线，实施区域品牌、企业品牌、商品品牌“三位一体”的品牌发展战略，大动作、高密度地提高贵港品牌影响力，真正实现“以硒为贵”“大有硒望”。可以选取部分富硒资源丰富、富硒产业发展好的乡镇争取富硒小镇认证，努力打造“中国南方富硒小镇”品牌。

（三）培植龙头企业

按照政府引导、市场运作、企业参与的原则，通过制定各种优惠政策，给予项目、资金和技术扶持，积极引进、培植和壮大富硒产品龙头企业，鼓励和引导富硒产品生产企业采用先进技术，提高管理水平，创新经营模式。围绕优势特色主导产业的发展，重点扶持一批具有一定基础和规模、科技含量高、市场前景好、竞争力强的富硒产品生产企业，大力发展富硒产品产业化经营，加快推进富硒产品产业化发展进程，要尽快启动建设贵港市富硒农产品加工区建设项目。

（四）加强优惠政策支持力度

要落实好2015年以来贵港市出台的《关于大力开发富硒农产品的意见》等政策措施，重点支持资源调查、技术研究、专利申请、证明商标、地理标志认证等对“中国硒港”大品牌走出去的有贡献的企业，根据产生社会效应和产业贡献的大小，给予不同数量的奖补。建议出台富硒产业招商引资优惠、税收优惠等多项政策，将富硒农产品开发和品牌创建工作纳入各县（市、区）和有关部门年度绩效考评中去，确保措施落实到位，工作出成效。

（五）组建专业团队

按照“不求所有、但求所用”的原则，大力实施柔性引进人才计划，重点把区内外高校、科研院所专家学者吸引到贵港来，大力引进培养专业技术人才，组建硒资源开发利用研究团队，创建从事硒资源开发的科研机构，开展硒产业标准化研究，加快硒资源深度开发利用研究。加大对现有富硒产业人员的培训力度，培养一批懂技术、会管理、善经营的富硒产业人才。

（六）积极搭建富硒农产品销售平台

一方面，通过广西（贵港）优质富硒农产品订单推介交易会等展会，吸引各地客商和消费者集聚贵港，逐步建设形成区域性的“富硒农产品交易会”。另一方面，要紧随互联网浪潮，引导企业将“富硒”品牌与互联网相结合，建立富硒农产品交易电商平台，在淘宝、京东等网购平台开设网店，并积极申请域名、创建自己的官网、微信公众账号等，扩大“中国硒港”品牌影响力，使销售渠道更广泛。

（七）完善监管机制

进一步完善富硒农产品标准化生产加工体系和富硒农产品质量标准体系，做到产前、产中和产后各环节都有技术标准和操作规范，实行全过程标准化管理；加强对富硒产品的质量监管，完善富硒产品质量追溯、市场准入和责任追究制度，明确各相关单位的监管职责；抓好富硒农产品生产源头监管，强化对富硒资源、富硒生态环境、富硒投入品使用的管理。根据有关标准，建立产品质量识别标志、产地标识、产品条形码制度，做到质量有标准、过程有规范、销售有标志、市场有监测，打牢富硒品牌建设的质量基础。

贺州市生猪生态养殖主要做法及存在问题

廖 益

贺州市享有“百万生猪下广东”的美誉，养猪是贺州市农村经济发展和农民增收的重要产业。为进一步了解贺州市生猪生态养殖业发展现状与进程，国家统计局贺州调查队于2018年11月上旬采取走访贺州市畜牧部门、养殖企业、养殖户及有机肥生产企业开展调研。结果显示，贺州市生猪生态养殖发展速度快，养殖环境得到改善，生猪生态养殖成效初显。

一、贺州市生猪生态养殖的总体情况

2017年以来，贺州市畜牧业持续稳定增长，养殖规模化、专业化、现代化程度不断提高。2017年生猪饲养殖量达313.12万头、出栏达164.78万头（贺州市统计局数据）。至2017年底，贺州市规模猪场1210家（年出栏500头以上），通过自治区星级生态养殖认证的养殖场661家，占规模养殖场总数的54.6%，占广西现代生态养殖星级认证3929家的16.8%，是广西申请认证通过最多的地级市。

二、贺州市生猪生态养殖的主要做法

（一）推广微生物养殖模式

经调查了解，目前贺州市生态养殖主要推广添加微生物饲料、使用微生物消毒和发酵粪污、减少使用抗生素药物三种模式，从而减少氨臭味和粪便臭味改善养殖环境、降低动物疫情风险、提高畜禽粪污利用率。同时，针对贺州市中小型、散养户较多，土地消纳能力不强的特点，采用舍外发酵床处理技术，利用旧猪舍改造加建半漏缝地板技术、饮水装置改造，大多数猪场能根据实际情况来提升养殖技术。截止至2018年11月，贺州市有“微生物+密闭控温漏缝自动刮粪+离舍发酵床”模式的规模养殖场480家，“微生物+高架网床”模式的规模养殖场有16家，“微生物+离舍发酵床”模式的规模养殖场有344家，采用固液分离、厌氧发酵、AO处理污水模式的养殖场11家。

（二）粪污循环减少污染

提倡有条件的养殖场实施“猪——肥——果（林、菜、粮）”的种养相结合养殖模式，实现养殖粪便污水再利用、循环，提高养殖资源利用率，降低养殖源污染，达到生态养殖和粪污资源化利用目的。已建成广西农丰宝生物科技有限公司、贺州市平桂区黑土地肥业有限公司和广西昭平县润土农业科技有限公司等有机肥厂3家，病死畜禽无害化处理厂1个，可年处理15万吨农业废弃物和年产12万吨生物有机肥料，有效地促进了生猪养殖废弃物资源化利用，极大地减轻和环保压力。

（三）发挥示范引领作用

充分利用公司+基地+农户的经营模式，发挥龙头企业与合作养殖户的利益联结纽带作用和企业的主体责任，推广“微生物+密闭控温漏缝自动刮粪+离舍发酵床”生产模式，有效提高生态养殖比例。如广东贺州温氏畜禽有限公司，规模养殖场有563家，截止至2018年11月已有517户使用发酵床进行生态养殖，还有46户在升级改建，计划2018年12月底该公司的签约养户发酵床使用率达到100%，实现粪污零排放；创建生态养殖示范区，“猪福天下生态养殖示范区”成为广西四星级现代特色农业示范区、广西第一家无抗生猪养殖基地，40个生态养殖示范场形成整片推进生态养殖区，有力推动养殖场升级建设。仅“猪福天下示范区”内通过自治区生态养殖场星级认证的养殖场就达106家，占该示范区内养殖家庭农场（合作社）125家的84.8%。

三、存在的主要问题

（一）中小型养殖户环保意识淡薄，环保养殖成本高

走访过程中发现，养殖业主环保意识薄弱。走访的10户中小型，有7户对生态环保认识不到位，存在“等靠要”思想，期望政府出台有相关政策和提供资金扶持再改造。在莲塘镇新莲村，有的散户根本就没有生态养殖观念，表示养殖污染对自身利益影响不大，如果要花钱改造猪舍，那还不如直接不搞生猪养殖，外出打工挣钱。从畜牧部门了解到，目前贺州市只有8家规模养殖场通过环评报告。数量少的主要原因一是养殖场选址不当，有的离城区较近，在禁养区和限养区。有的地势比较低，对环境影响较大；二是生猪养殖观念及基础设施落后，污染防治措施不到位，污染处理成本高；三是生猪养殖准入门槛低，中小型、散养户只要把旧房子随便改造成猪舍进行饲养。

（二）养殖设施陈旧，养殖户资金有限

贺州市大部分规模养殖场在2010年前后建设，建设年份较久，栏舍普遍陈旧，设施较为简陋，要达到生态养殖场标准，需要投入大量资金进行栏舍、饮水设施升级改造及离舍发酵床等设施的建设。据测算投资新建设一个猪场需要费用约700元/头，只有年出栏5000头以上的公司及大型养殖场才有实力建造。而年出栏1000头以下的养殖场由于需要考虑土地租赁、经营年限、养殖效益等问题，对投入资金进行改造升级生态养殖积极性不高。贺街镇蒋姓中小规模养殖户表示，由于资金不足，猪舍升级进度缓慢，又受到用地限制和环保要求，只能缩小养殖规模。地方政府因为财力问题，用于发展生态养殖的专项经费未能按时足额到位，有些地方根本都没有相关的财政预算，对推进生态养殖业发展造成较大的影响。

（三）部分区域养殖污染较大，环境保护压力大

地方政府在招商引资和发展生猪养殖时，只注重上规模、增产量，对区域环境养殖容量和污染防治考虑不多，造成污染防治的投入明显不足。八步区（生猪调出大县）、平桂区的生猪禁养区、限养区内还有较大数量的养殖场，受养殖场数量多、大部分养殖场配套污染防治设施不合格、补助资金落实不到位等影响，生猪养殖污染整治难度大；环保对养殖污染处罚力度不够，处理手段不多。对农民主要以教育为主处罚为辅，中小养殖场因养殖污染被处罚的几乎没有，养殖污染被处理的太少，使的养殖户心存侥幸，只从自身利益出发，对污染重视不够。

（四）生猪粪污资源利用不足

实施现代生态养殖的配套设施不完善。截止至2018年11月，贺州市只有3家利用畜禽粪污生产有机肥企业，生产能力有限，大部分畜禽粪污的处理主要还是通过微生物发酵或经沼气处理后直接用于种植业。有机肥的推广使用宣传不够，而利用畜禽粪污生产有机肥需要投入大量的人工和设备，制造成本和销售价格普遍高于市场上的各类化肥。造成大多数种植户特别是农村的广大零散种植户不愿使用有机肥，制约了畜禽粪污资源化利用的市场化推进。

四、意见和建议

（一）加强现代生态养殖宣传培训

一是在养殖集中区域加强宣传和引导。通过各种形式介绍生猪生态养殖概念、模式，重点宣传生态养殖效益和发展优势，引导养殖户树立生态理念。相关部门应利用互联网及手机APP等技术手段，让养殖户能够及时了解生态养殖信息，推广成功经验，形成以点带面，推进的贺州生态养殖发展。二是基层部门要加大培训力度。从生猪养殖质量安全、废弃物处理利用入手，对中小型养殖户进行培训，不断生态养殖提高养殖水平。

（二）加大对传统养殖设施改造升级

一是畅通投资渠道，加大资金投入。坚持政府引导，部门协调，企业主体，社会参与的原则，地方政府加大财政资金扶持力度，支持生态养殖重点项目建设，激活发展现代生态养殖业的动力。二是要充分利用政策优惠，通过招商引资引技投资贺州的现代生态养殖建设。扶持现代生态养殖建设，对符合现代生态养殖标准的规模养殖基地要予以优先审批建设。优先发展建设大批高标准养殖栏舍，高质量的粪污有机肥和高水平的病死畜禽无害化处理等配套设施。三是建立奖励机制，实施以奖代补的措施。制订一套现代生态养殖的技术标准，实行严格的考核验收办法。定期考核验收，对达标的养殖户给予一定奖励，加大对实行生态养殖并通过星级认定的生态养殖场的奖励。

（三）加强污染治理，促进生态养殖

一是相关部门要做好区域养殖规划，对划定养殖总量、禁养区、限养殖区和适养区。二是提高准入门槛。对新建的规模养殖场，应当依法进行环境影响评价，严格执行环评审批从源头上杜绝产生新的污染。三是对抓好禁养区规模养殖场的依法迁移、关停、拆除工作，控制和削减限养区生猪饲养总量，严格落实污染防治措施，养殖废弃物全部综合利用。四是加强生猪污染监管力度，相关部门要对废弃物乱排、偷排的行为进行严格查处，依照相关法律法规对养殖业主进行严厉惩处。

（四）提高生猪粪污的处理利用率

对生猪粪污的治理，要以就地就近用于农用有机肥和农村能源为主要利用原则。积极推进饲料和农作物秸秆微生物处理饲料化利用，积极推进微生物在粪污处理和环境控制中的使用；大力提倡种养结合，绿色循环发展。实现区域内种养基本平衡，生猪粪污就近消纳；鼓励和引导各类社会资本参与生猪粪污资源化利用，引进更多的粪污有机肥生产企业，以市场为导向，建立可持续运营长效机制，提高粪污综合利用率。

龙州县脱贫攻坚工作成效明显

栗丽林　谢　佛

2013年至2017年，龙州县深入贯彻落实创新发展理念，坚持稳中求进工作总基调，全面贯彻落实崇左市做好“两篇大文章”、打好“四大攻坚战”部署要求，结合边疆民族地区的实际，探索创新扶贫新模式，重点统筹推进脱贫摘帽工作，有力促进龙州农村居民增收，打响广西国家扶贫开发重点县脱贫摘帽第一炮。

一、龙州县正式脱贫摘帽

龙州县是广西28个国家扶贫开发工作重点县之一，也是国家滇桂黔石漠化连片扶贫开发重点县之一。经过“十二五”脱贫攻坚，龙州县贫困人口从2010年底的31159户113306人减少到2015年底的14018户50828人，减贫17141户62478人，贫困发生率从51.63%下降至23.92%。2016年减贫2405户9559人，2017年减贫1万多户3.7万多人。

2018年6—7月，经过国务院扶贫开发领导小组组织的第三方严格评估，龙州县2017年综合贫困发生率1.88%，比2016年下降17.63个百分点，群众满意度96.34%，龙州符合贫困县退出的要求，8月4日，经广西壮族自治区人民政府同意，龙州县正式脱贫“摘帽”，退出贫困县序列，成为广西33个国家扶贫开发工作重点县（片区县）中第一个摘帽的县。

二、龙州县基本情况

全县总面积2317.8平方公里，辖12个乡镇127个行政村（社区），2015年末总人口26.85万人，其中壮族人口占95%，农业人口21.25万人。全县耕地面积97.1万亩，人均耕地面积3.57亩。与越南高平、谅山两省接壤，边境线长184公里，边境线涉及5个乡镇56个行政村，有水口国家一类口岸和科甲二类口岸以及4个边贸互市点。

三、过去五年龙州县农村居民收入情况

（一）农村居民收入增速保持较快增长

2017年，龙州县农村居民人均可支配收入9799元，位居全市7个县（市区）第六位，较2013年6675元增加3124元，增长46.8%；2013—2017年年均增长10.1%，保持两位数较快增长。

（二）农村居民收入增速呈“V”字型

2013年，龙州县农村居民收入增速保持高速增长态势，随着经济发展进入新常态，城乡居民收入增速有所放缓。2013—

2015年龙州县农村居民人均可支配收入增速分别为12.1%、10.0%、9.1%，2015年之后反弹加速，2016年提升至10.4%，2017年持续加速回升到10.8%。五年收入增速呈现回落探底到持续加速反弹的“V”字型。

（三）农村居民收入年均增速高于全市

龙州县2013年—2017年农村居民收入增速分别为12.1%、10.0%、9.1%、10.4%、10.8%，崇左市2013年—2017年农村居民收入增速分别为13.0%、8.9%、7.8%、9.9%、10.8%，除了2013年增速低于全市外，其余4年有3年高于全市，1年持平。龙州县2013年—2017年农村居民收入年均增速10.1%，较崇左市5年年均增速9.3%高0.8个百分点。（见表1）。

表1　2013年—2017年崇左市和龙州县农村居民可支配收入情况表

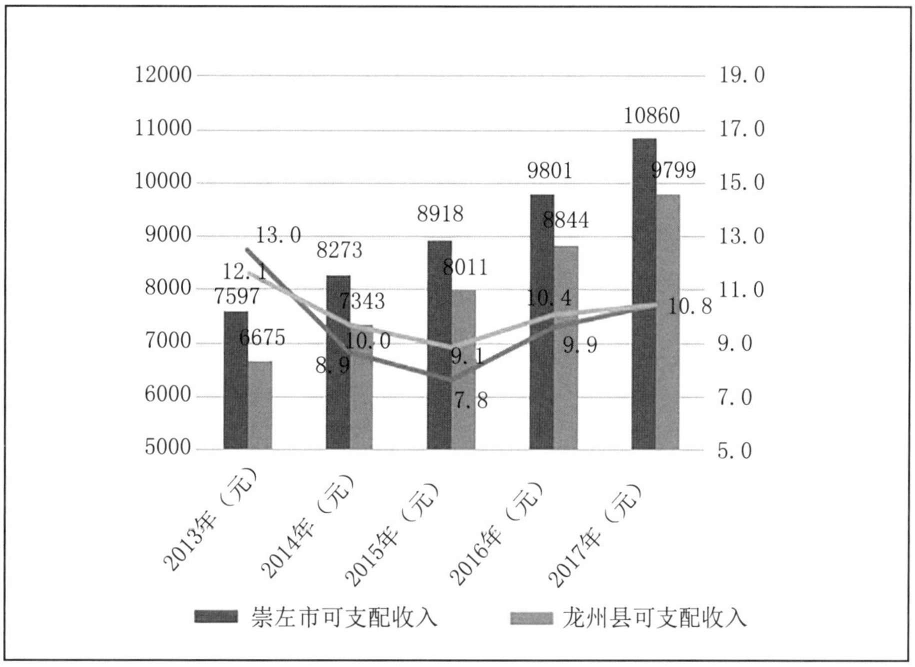

四、龙州县脱贫工作的主要做法及成效

龙州县积极响应党中央、国务院的号召，坚持把脱贫攻坚作为首要政治任务和最大民生工程狠抓落实，坚持把脱贫攻坚作为最大的政治任务，团结拼搏，合力攻坚。

（一）聚焦“两不愁三保障”，攻坚克难

1.狠抓贫困户增收，扶贫产业发展壮大。

狠抓“种、养、贸、游、工”扶贫产业力促贫困户稳收增收。全县特色产业覆盖贫困户比例为82.8%。全县种植甘蔗59万亩，其中1.03万户贫困户种植8.4万亩，占贫困人口73.9%；累计种植澳洲坚果5.1万亩，其中3189户贫困户种植1.5万亩，占贫困户22.75%；成立边民互助组227个，引导2.1万边民参与边贸，其中贫困户5237户，占贫困户37.4%；有40家农家乐200多个旅游点，年带动旅游从业人员3200多人；2017年共发放产业奖补资金3318万元，覆盖贫困户17456户。全县累计发放小额信贷10754户42581万元，2017年已实现分红593户128.9万元。此外，从整合涉农资金安排2000万元，给予2000户贫困户每户贫困户1万元作为委托经营资金投入北部湾现代农业公司、彩港农业公司，每年获得8%或10%的分红，目前已实现分红共190万元。

2.狠抓住房保障，全县群众住有所居。

创新“先搬迁、再危改、后修缮”住房保障模式。一是实施易地扶贫搬迁模式，对符合易地扶贫搬迁政策的建档立卡贫困户，2017年全县易地扶贫搬迁2115户，龙州县制定出台0~3公里范围内安置点入住奖补方案，实施“两床一灶”入住奖励等。二是实施危旧房改造模式，龙州县2017年共落实农村危旧房改造总户数为2354户，其中建档立卡贫困户1678户，非贫困户676户。三是实施住房代建或就地修缮模式，针对不愿易地搬迁、也不愿危旧房改造的危旧房贫困户，采取政府代建或修缮方式，全县共修缮936户。

3.狠抓基本医疗保障，健康扶贫工程成效显著。

全县农村人口参加城乡居民基本医疗保险（含大病保险）或商业保险223571人，参保率100%；2017年建档立卡农村贫困人口因病致贫因病返贫贫困户比例为4.87%，比2016年的7.23%下降2.36个百分点；建档立卡农村贫困人口患病住院费用享受各类保障政策措施后实际报销比例达95%；患有国家集中救治9种大病建档立卡农村贫困人口治疗达100%；年度脱贫摘帽建档立卡因病致贫、因病返贫农村贫困患者治疗达100%。12个乡镇卫生院已全部完成标准化建设任务，117个行政村已全部完成村级卫生室标准化建设。

4.狠抓村集体经济，“空壳村”实现多元增收。

龙州县落实2350万元贫困村村集体经济发展基金，从2017年5月份开始，每个贫困村以50万元委托南华糖业有限公司经营，每年可获8%的红利，2017年仅该项收入就达2.33万元。将甘蔗管理资金纳入村集体经济。落实2700万元在全县47个贫困村实施光伏扶贫产业项目。采取先试点后推广方式，在广西率先启动实施贫困村设立村民合作社，47个贫困村均设立村民合作社，村集体经济管理进一步规范。

（二）创新工作模式，助力脱贫摘帽

1.创新边贸扶贫模式。

一是“易地搬迁+边贸扶贫+驻边守疆”模式。龙州县创新“易地搬迁+边贸扶贫+驻边守疆”模式，动员鼓励内地贫困户搬到边境0~3公里定居，发放边民互市证，引导参与互市贸易，既实现了扶贫搬迁户搬得出、留得住、能致富，又达到了“驻边、守边、富边、稳边”效果。截至2018年4月底，龙州县已建设3个0~3公里边境扶贫易地搬迁安置点，规划安置扶贫搬迁户1568户，已搬迁入住890户，其中0~3公里之外搬迁至边境安置点497户。龙州县重点建设水口、布局、科甲3

个边贸安置点，引导全县危旧住房、增收困难、有劳动力的建档立卡贫困户搬到边贸安置点，让他们除了享受0~3公里范围内边民每月130元的补助外，还可通过参与边贸增加收入，拓宽增收渠道。并配套出台金融、土地、用电等优惠政策，以及后续管理、社会保障、公共服务等制度机制，降低搬迁初期贫困户生活成本，确保搬迁不丢农业户口、不丢原有农地、不丢农民福利，让群众自愿安心搬到边贸安置点、住上新楼房。据调研，共宜新村搬迁户赵仁，原来是0~3公里外八角乡贫困户，家庭人口4人，其中3人搬迁前在外务工，现都在共宜新村就业，赵仁户主在共宜新村物业管理公司上班，每月工资收入1800元，其儿子在共宜新村当保安，每月工资收入1600元，其妹妹在共宜新村摆摊卖菜，再加上以后每月每人130元边境生活补贴，既能在家乡工作照顾老人，又能提升生活质量和水平。

二是创新“易地搬迁+边贸扶贫产业园”模式。依托边境经济合作区设立边贸扶贫产业园，在产业园、互市贸易区（点）内规划建设易地扶贫搬迁村。引进加工企业落地产业园，为贫困移民提供就业机会。如，龙州县为解决水口镇共宜新区搬迁群众就近就业问题，该县在安置点附近规划建设占地5000亩的水口边贸加工扶贫产业园，引进得润电子、赞美公司、龙億等10多家企业入驻，目前安排易地搬迁户就业人数超过200人。走访调研了解到，共宜新村农振东户，搬迁前家在龙州县水口镇沿山村，主要以种甘蔗为主，现在搬到共宜新村后，户主农振东在安置点旁边的扶贫产业园区就业，农振东表示：跟他们家一样，从原来的贫困村老家外迁，现在已经搬迁到共宜新村的有8—9户人家了，很多搬迁家庭的劳动力已经安排到附近的工厂（公司）上班，其本人3月份开始到赞美实业公司上班，月工资2200元，3月份工资已经领到手。

三是创新“易地搬迁+边民互市贸易互助”模式。针对边民缺乏商品信息和交易资金，参与边民少，崇左市创新“边民互市贸易合作社”的互市发展模式，组织边民参股成立“边民互市贸易合作社”，以集体组织的形式开展互市贸易，使边民直接参与互市商品洽谈、采购、交易、运输、销售等活动，形成互市贸易的组织化运营。截至2018年4月底，全县边民参与指纹备案共24371人，其中：贫困户参与指纹备案共6000人，占比为24.6%，全县边民参与运输的车辆有3898辆，其中贫困户参与运输车辆数目占比为12.5%，全县已对377辆互市运输车辆进行奖补，奖补金额99.845万元。截至2018年4月底，全县共有227个互助组，组员8026人。如龙州县兴民合作社（边民互助组），当前有成员1271人，其中贫困人口430人。边民通过资金入股（8000元为一股）方式，实行自主经营、自负盈亏、利益共享、风险共担，10%作为互助组发展基金、10%作为公共设施建设费用、80%作为按月结算给组员。合作社主要通过互市贸易采购越南货物再销售给国内客商，主要货物为冻海产品和坚果类产品。调研了解到，2017年兴民合作社的入股社员每月红利为375元/股，运输工人、装卸工人的劳务收入为每月2000~3000元/人。

2. 创新“旅游+扶贫”模式。

龙州县乡村旅游区（农家乐）共有31家，辐射10个乡镇5749户农户28745人，其中吸纳贫困户参与入股合作社及务工的有682户3410人。2017年，龙州县利用自治区旅游发展资金和旅游扶贫专项资金1340万及地方债券，用于完善县内11个旅游扶贫村和乡村旅游区基础设施建设，引导、吸纳贫困户入股乡村旅游区（农家乐）或参与务工，促进贫困户增收。分别打造了下冻那宋、彬桥壮营、逐卜樱花谷、上金乡白雪屯等以“合作社”“公司+农户”形式为主的旅游扶贫车间。如下冻镇那宋屯，全屯55户，其中19户为贫困户，依托地理及资源优势，于2015年发起注册成立“龙州县那宋农家乐有限责任公司”，自发筹集资金60多万元，建成“那宋岜头休闲农庄”，2015年9月营业，并于当年实现盈利并分红，每户分红5500元；2016年，吸收股东家庭劳动力到农庄上班，工资达到1800元/月，当年每户分红4500元；2017年，每户分红达到4780元。

3. 创新电视夜校扶心扶志扶智模式。

创新开办脱贫致富奔小康电视夜校，采取网格化和“钉钉”管理，以屯为单位，每周播放一期，由驻村第一书记、村“两委”干部主持，帮扶责任人与贫困户一起观看，非贫困户积极参与。龙州县“电视夜校”每期均设置“学习贯彻党的十九大精神专题、扶贫政策主讲、现场解答”等栏目，制作本地扶贫典型经验、励志人物，把发生在群众身边的感人事例、带富致富的典型事例、看得见摸得着的扶贫成效，且所制作的电视节目均以本地壮语言进行主持讲解，观看后谈体会、谈感想、谈建议、谈希望，传播正能量，激发群众内生动力，引导群众感党恩，实现扶心、扶志和扶智。自举办“电视夜校”以来，全县8000多名乡镇干部、帮扶干部、驻村工作队员（驻村第一书记）、村两委干部等，分批分期组织群众“同听课、同学习、同讨论”，得到群众的广泛好评。

4. 创新“第一书记产业联盟”抓党建促扶贫模式。

发挥驻村第一书记扶贫产业核心引领作用，组建扶贫产业合作社，借助扶贫小额免息信贷资金，依托“龙头企业（合作社）+党支部+贫困户”，结合线下和线上销售渠道，打造“第一书记产业联盟”特色农产品品牌。全县成立农业专业合作社122家，已加入第一书记产业联盟68家，惠及贫困人口1.67万人。发展食用菌、火龙果、澳洲坚果和牛羊养殖等特色优势产业项目35个，采取党员致富带头人托管、合作社代养寄养和群众入股分红等方式，辐射带动5700户3.2万人实现脱贫。联合自治区扶贫办、广西电视台、苏宁易购举办了“龙州腾飞奔小康——2017国家扶贫日广西卫视《第一书记》产业扶贫电商大直播”活动。据统计，从2017年10月10日起至15日的电商大直播，各类商品电商销售额达到603万元。

5. 创新“企业领航+基地+合作社+贫困户”扶贫模式。

充分发挥企业减贫带富作用，引进广西龙州北部湾、旭超等龙头企业，因地制宜培育壮大食用菌产业。全县食用菌产业发展已覆盖5个乡镇10个行政村，培育2家龙头企业，出菇棚42栋，辐射带动农户600户，其中贫困户400户，实现户年均增收2.4万元以上，开辟了一条群众脱贫创收新路径，小小蘑菇为广大贫困群众撑起了脱贫“致富伞”。2017年10月，龙州县成功承办中国食用菌行业秋季博览会暨第二届食用菌产业精准扶贫经验交流会，并在会上做经验发言。如下冻镇两庄村易地移民搬迁贫困户周相强，搬迁到下冻镇布局安置点之后，其老婆选择到广西龙州北部湾食用菌公司上班，日工资能达到80元/天，确实解决贫困户就业问题。

五、龙州县脱贫攻坚存在的问题

（一）传统农业种植占主导地位

龙州县扶贫产业主要依赖传统的甘蔗种植，如：2017年，全县种植甘蔗59万亩，甘蔗入厂量215.7万吨，其中1.03万户（占贫困人口73.9%）贫困户种植8.4万亩，按比例计算，1.03万贫困户甘蔗入厂量30.7万吨，户均29.8吨，扣除化肥、人工等农资费用，户均甘蔗纯收入仅有7000元左右。龙州县扶贫产业项目如澳洲坚果、中成药种植、以及种桑养蚕、养羊等项目，占比不够高，对稳固脱贫作用有待提升。

（二）企业减贫带富能力不够强

全县龙头企业数量少、规模小，真正形成规模、具备较强竞争力的只有蔗糖企业，其覆盖贫困户比例占到73%，但大部分贫困户土地偏少，甘蔗产业减贫带富能力不够强。而新引进的北部湾、旭超、彩港等企业对贫困户辐射带动的面不够宽。

（三）部分群众“等、靠、要”思想仍然存在

少部分群众自身发展的内生动力不足，缺乏主动发展产业增收的强烈意愿，特别是随着政策扶持力度不断加大，反而产生更严重的“等、靠、要”思想，需加强扶心、扶志和扶智教育。

六、相关建议

（一）建议以乡村振兴战略巩固脱贫攻坚成果

乡村振兴，脱贫是前提，做好脱贫攻坚，要以乡村振兴战略统领农业农村发展，统筹推进美丽乡村建设与脱贫攻坚融合发展，进一步整合乡村振兴和脱贫攻坚政策、项目、资金等资源，支持龙州脱贫攻坚工作。因此，建议继续抓好脱贫攻坚各项工作，指导好统筹好安排好2018年贫困人口和贫困村脱贫摘帽工作，加大对剩余贫困人口的帮扶力度，继续巩固发展脱贫结果，继续给予支持，确保脱贫退出的稳定和可持续。

（二）建议引进龙头企业进一步发挥产业扶贫作用

从2017年的产业扶贫实践看，“种、

养、贸、游、工”是符合实际且行之有效的扶贫产业。特别是龙头企业在减贫带贫中发挥着至关重要的作用，不仅在种养方面，在乡村旅游方面，也需要大胆引进有实力、口碑好的专业公司参与经营、策划。因此，建议搭建平台、帮助引进有实力、信誉好、经济效益好的龙头企业，以家门口就业的入园务工、以确保稳收的委托经营、以扶智自立自强的技术指导等方式，帮助群众提高致富本领。

（三）建议加快培养农村脱贫攻坚人才队伍

群众是脱贫攻坚的对象，也是脱贫攻坚的主体，在脱贫攻坚工作中，需要激发群众的内生动力，鼓励他们靠自己的努力改变命运。因此，建议制定出台相关政策支持，尽快在农村中培养懂农业、懂技术、会经营的人才队伍；进一步优化发展环境，吸引人才回到农村，让回乡创业的人员有更多更大的发展空间。此外，积极推广脱贫致富奔小康电视夜校、脱贫故事会等扶心扶志扶智的成功经验，不断激发群众的内生动力。

（四）建议建立健全长效机制巩固脱贫攻坚成果

2018年为脱贫攻坚作风建设年，建议进一步加强脱贫攻坚管理和考核，加强驻村帮扶，严格队伍管理，打造专业的驻村扶贫工作队伍；进一步完善扶贫成效监督考核机制；进一步健全完善扶贫资金的使用和管理制度，推行扶贫项目公告公示到村到户制度，接受社会的监督。

第四部分

价格调查篇

2018年广西居民消费价格平稳温和运行

李　辉

据国家统计局广西调查总队调查，2018年广西居民消费价格（CPI）上涨2.3%，涨幅低于3%的控价目标，比上年扩大0.7个百分点，比全国平均水平高0.2个百分点，在全国31个省、自治区、直辖市中排第8位。其中，城市上涨2.4%，农村上涨2.2%，工业品价格上涨2.1%，服务价格上涨3.7%。

一、广西居民消费价格运行情况

（一）八大类商品和服务价格“全线上涨”

调查的八大类商品及服务价格同比呈“全线上涨”的态势。其中：食品烟酒类、衣着类、居住类、生活用品及服务类、交通和通信类、教育文化和娱乐类、医疗保健类、其他用品和服务类价格分别上涨1.0%、1.5%、4.3%、1.9%、1.6%、2.5%、4.5%、1.3%。具体如图1所示：

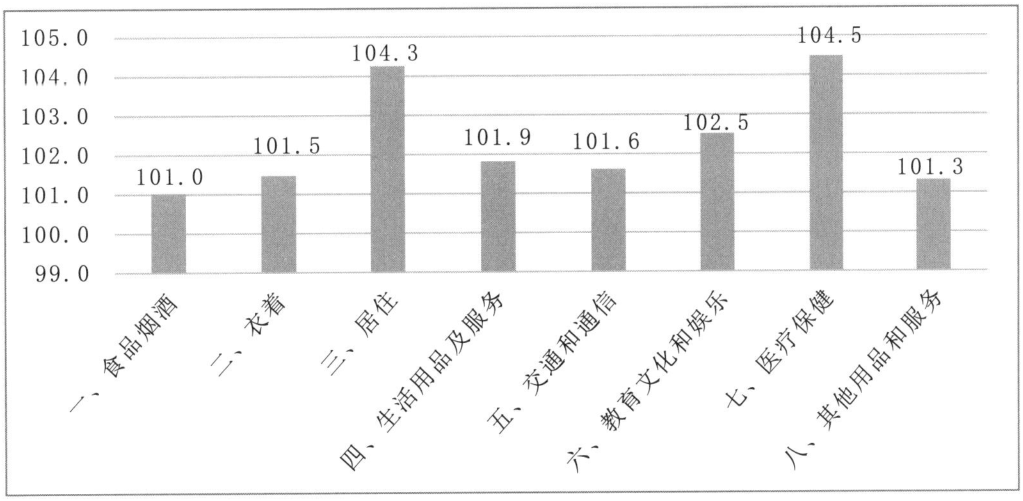

图1　2018年八大类商品价格同比柱形图

（二）各月同比涨幅呈“M”型走势，环比指数涨跌互现

从同比来看，涨幅呈“M”型走势，1—3月和9—12月CPI呈“冲高——回落”。从环比来看，2月受春节节日效应影响，环比涨幅为全年最高，3月回落明显，降幅全年最大。4—7月走势趋于平稳。8—10月受暴雨台风以及旅游旺季影

响，上涨明显，11—12月走势平稳。

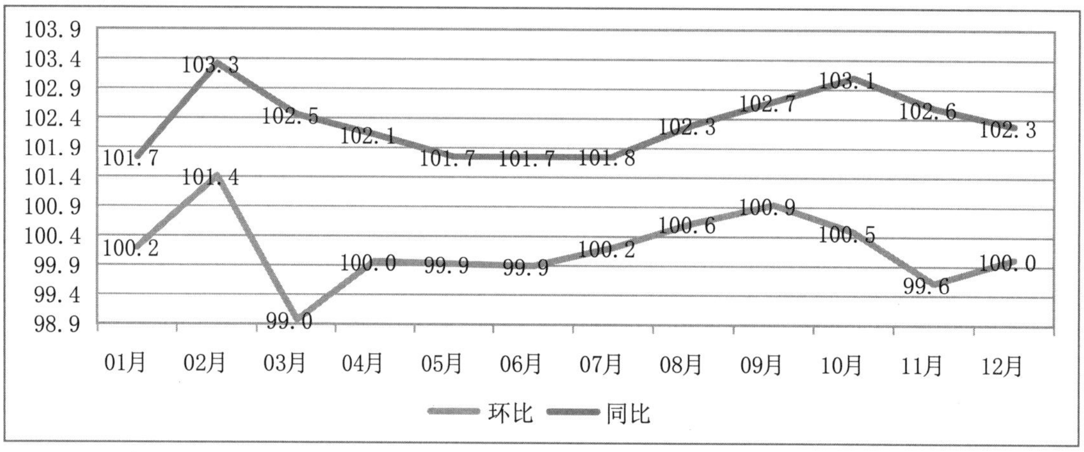

图2　2018年CPI环比同比变动趋势

（三）服务价格涨幅明显

2018年广西服务价格同比上涨3.7%，影响居民消费价格总水平上涨约1.3个百分点，约占CPI涨幅的56.5%，服务价格涨幅创近10年来新高。服务价格不断攀升对CPI总水平的领涨作用愈发明显，比消费品价格涨幅高2.1个百分点，比食品烟酒类涨幅高2.7个百分点。从各月同比来看，2018年广西各月服务价格涨幅均在3%以上，其中2月涨幅达到最高值，上涨4.6%。

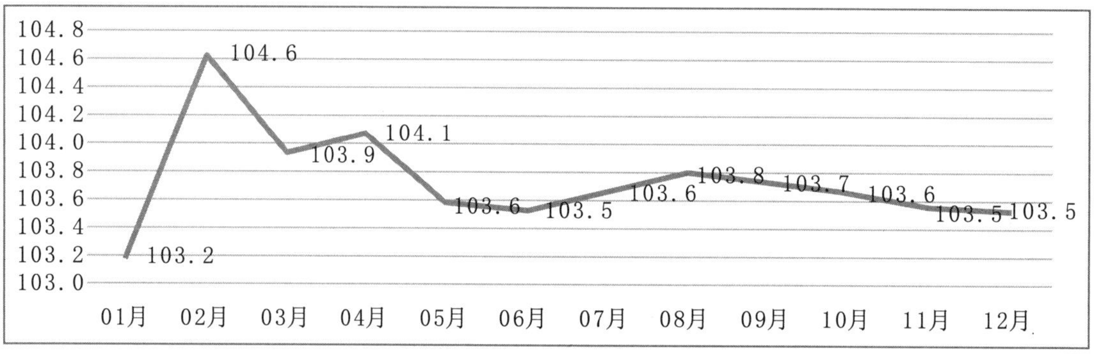

图3　2018年广西服务价格同比走势

（四）工业品价格连续两年上涨

工业品价格上涨2.1%。工业品价格连续两年上涨，影响居民消费价格总水平上涨约0.7个百分点。受政策性调价影响，汽油、柴油价格分别上涨12.8%和14.1%。

（五）涨幅在周边省（直辖市）中排名靠前

与海南省、广东省、重庆市、湖南省、四川省、贵州省、云南省等周边省（直辖市）相比，广西2018年CPI涨幅排第二位。

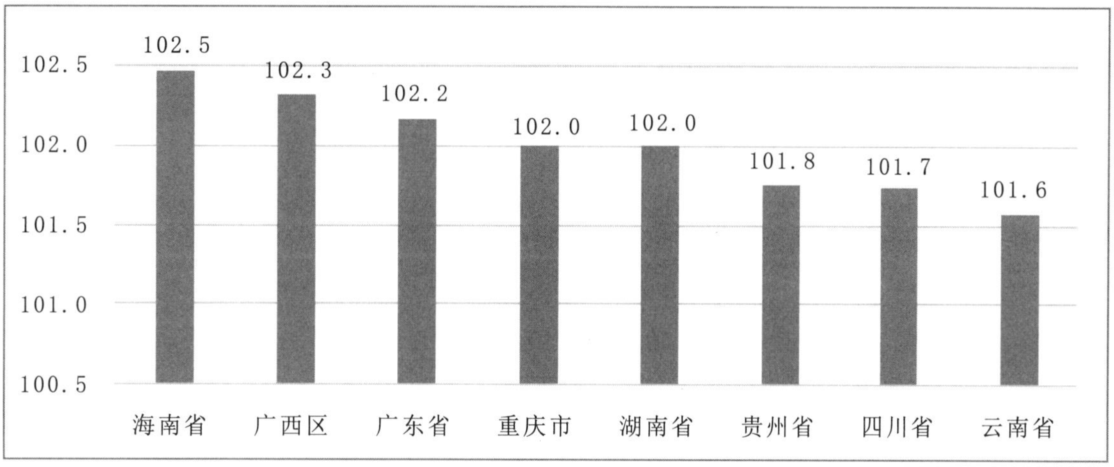

图4 广西及周边省（直辖市）2018年CPI

二、主要商品及服务价格变动特点及原因分析

（一）居住价格上涨明显

2018年广西居住价格上涨4.3%，涨幅比上年同期扩大1.9个百分点，影响广西居民消费价格总水平上涨0.9个百分点。居住类价格上涨的主要原因是房地产市场升温拉动房屋租赁价格上涨影响。随着城镇化进程的不断加快，住房的刚性需求增大，再加上海南省实行新房限购政策后，外地购房团看中广西这块房地产价格“洼地”，纷纷来广西投资购房，推动房屋价格快速上涨，如2018年11月南宁、桂林、北海市新建商品住宅价格同比分别上涨7.6%、8.1%、10.9%。新建房价格快速上涨带动房屋租金和装修价格不断攀升，2018年广西私房房租、自有住房价格分别上涨5.8%、4.6%，合计影响居民消费价格总水平上涨0.5个百分点。

（二）医疗保健类持续上涨

政策性调价医疗保健类价格上涨。根据2017年《广西壮族自治区人民政府关于印发广西深化医药卫生体制改革“十三五”规划的通知》（桂政发〔2017〕16号）要求，广西全面铺开医疗改革，各地根据改革政策纷纷上调医疗服务项目价格，拉动医疗服务价格上涨。2018年广西医疗保健类上涨4.5%，其中医疗服务价格上涨4.5%，影响居民消费价格总水平上涨0.2个百分点，其中护理、其他综合医疗服务、中医治疗、一般医疗服务等医疗服务价格分别上涨25.4%、19.9%、11.3%、10.6%。

（三）食品烟酒价格小幅上涨

2018年食品烟酒类价格同比上涨1.0%，影响广西居民消费价格总水平上涨0.3个百分点，其中食品价格同比上涨0.4%。

1.禽肉和蛋类价格恢复性上涨。广西禽肉类价格上涨7.0%，其中鸡价格上涨7.0%、鸭价格上涨9.7%；蛋类价格上涨8.5%，其中鸡蛋价格上涨8.7%，合计影响居民消费价格总水平上涨0.2个百分点。主要原因是2017年年初广西区内出现人感染H7N9禽流感的情况，使得2017年禽肉和蛋类价格大幅下降，2018年随着H7N9禽流感影响逐渐减小，居民对禽肉和蛋类需求较上年同期有所回暖，价格上涨。

2. 鲜菜价格以涨为主。鲜菜价格同比上涨3.3%，影响居民消费价格总水平上涨0.1个百分点。从各月同比看，鲜菜价格同比分别上涨4.1%、17.9%、8.0%、1.3%、2.5%、2.7%、-9.6%、-3.7%、8.0%、12.0%、-1.4%、-0.5%，呈“八涨四跌”态势。鲜菜价格上涨受两方面影响：一是天气影响蔬菜生产供应。据广西气象局资料显示：2018年2月初，广西受冷空气影响，桂东大部分地区出现了霜（冰）冻天气；9月，受超强台风“山竹”影响，对鲜菜的生产及运输造成较大的负面影响，鲜菜市场供应紧张，价格上涨；12月，广西迎来低温阴雨天气，蔬菜供应减少。

3. 水产品价格涨幅明显。水产品价格上涨4.2%，影响居民消费价格总水平上涨0.1个百分点。其中淡水鱼价格上涨4.8%，海水鱼价格上涨1.3%，虾蟹类价格上涨4.6%。主要原因首先是年初广西经历低温雨雪冰冻天气过程，影响了部分水产养殖品种的投苗和成活率，一定程度上助推了价格上涨；其次全国环保持续高压态势，对不符合环保要求的水产养殖场所进行取缔、拆除、封填、禁养、限养，使得水产品供应量减少；再次是水产饲料的主要原料鱼粉从2017年10月的10500元/吨上涨至2018年11月的11300元/吨，豆粕从2017年10月的2900元/吨上涨至2018年12月的3029元/吨，持续上升的饲料价格提高了水产品的养殖成本。

4. 猪肉价格呈“V”型走势。猪肉价格同比下降9.9%，影响居民消费价格总水平下降约0.3个百分点。从各月同比来看，2月猪肉价格降幅开始扩大，到5月降幅达到最大值，下降18.5%，6月开始降幅收窄，到9月收窄至下降5.5%，10—12月降幅基本稳定4%左右。1—5月生猪价格受生猪产能、供应量扩大影响，价格持续走低；6—9月由于前期生猪价格低位运行，部分养殖户淘汰能繁母猪减少存栏量，供应量减少，生猪价格开始反弹，10—12月受外省非洲猪瘟疫情影响，广西生猪禁止外调，价格有所回落。

（四）教育文化和娱乐价格上涨成为CPI上涨的有力推手

教育文化和娱乐上涨2.5%，影响居民消费价格总水平上涨0.3个百分点，其中学前教育上涨6.9%，课外教育上涨6.7%，合计影响居民消费价格总水平上涨0.2个百分点。一是随着居民生活水平日益提高，对子女教育特别是学前教育以及课外教育重视程度增大，对学前教育以及课外教育等非义务教育需求增加。二是受政策性影响部分公立幼儿园上调教育费和保育费等收费项目，拉动学前教育价格上涨。如9月南宁市日托学费从1320元/学期上涨到1590元/学期。

三、2019年居民消费价格走势分析

从推动物价上涨因素来看，一是2019

年服务价格中的医疗服务价格上涨主要是受2017年医疗改革影响，2019年该因素将逐渐减弱，医疗服务价格涨幅将趋于平稳；二是未来是否会受非洲猪瘟影响仍不清晰，2019年猪肉价格趋势不明朗；三是从11月南宁、桂林、北海新建商品住宅价格指数同比仍继续上涨来看，房价上涨有带动私房房租及自有住房价格继续上涨的可能性；四是2018年3月国务院办公厅出台《国务院办公厅关于促进全域旅游发展的指导意见》（国办发〔2018〕15号），进一步加快旅游供给侧结构性改革。《意见》的出台将会对旅行社收费、长途汽车、飞机票等与旅游相关的服务项目价格产生一定影响。五是农产品总体供求平衡。六是人工成本持续增加。预测2019年CPI呈稳中带涨态势，但不排除极端天气、自然灾害等不确定因素的出现，可能对CPI的短期走势带来影响。

四、稳定居民消费价格的对策建议

2018年主要是服务价格和居住类上涨主导了广西CPI的上涨，因此，要稳定物价关键是要遵循“立足当前、着眼长远、综合施策、重点治理、保障民生、稳定预期”的原则。对此提出以下建议：

（一）进一步加强市场价格监控力度

建立健全市场价格监测网络，加强对市场价格的监测，及时捕捉反映市场价格的苗头性、倾向性问题和潜在的不稳定因素，加强重要农产品、服务行业和重要生产资料的价格监测，加强对市场价格运行情况的跟踪分析，及时掌握市场价格变动的异常情况，提高对市场价格异常波动的反应能力，维护良好的市场秩序，为政府价格决策和其他经济决策提供科学依据。

（二）关注物价走势，有效落实社会救助和保障标准与物价上涨挂钩联动机制

各地要及时关注物价走势。2018年广西各市县共出现23次CPI同比涨幅超过3.5%，根据2016年广西壮族自治区物价局、民政厅、财政厅、人力资源和社会保障厅、国家统计局广西调查总队联合下发《关于进一步完善社会救助和保障标准与物价上涨挂钩联动机制的通知》（桂价电〔2016〕25号）要求，如单月CPI同比涨幅达到3.5%，要及时启动社会救助和保障标准与物价上涨挂钩联动机制，做好临时补贴发放工作，进一步保障联动机制保障对象的合法权益。

2018年南宁市居民消费价格温和上涨

李泉麟

据国家统计局南宁调查队调查，2018年南宁市居民消费价格（CPI）上涨2.5%，比广西平均水平高0.2个百分点，比全国平均水平高0.4个百分点；涨幅在广西14个地级市中排第3位，在全国36个大中城市排第6位。

一、居民消费价格总体运行情况

2018年南宁市CPI比上年上涨2.5%，涨幅较上年扩大0.2个百分点，总体运行平稳，呈温和上涨态势。其中服务价格同比上涨4.6%，工业品价格同比上涨1.3%。

（一）各月环比涨幅小幅波动

从环比来看，2018年南宁市CPI各月环比涨幅在-0.5%至1.5%区间小幅波动，与上年-0.3%至1.4%的区间相比略有扩大。分月度来看，12个月中有8个月上涨，4个月下降，2个峰值分别出现在2月与9月。其中2月份由于春节效应影响，食品、服务类价格大幅上涨，进而拉动南宁市CPI环比上涨1.5%，创全年最高涨幅；9月份受鲜活食品、房租、教育价格上涨等因素影响，南宁市CPI环比上涨1.2%，其余月份环比涨幅波动幅度均在±0.5个百分点之内（见图1）。

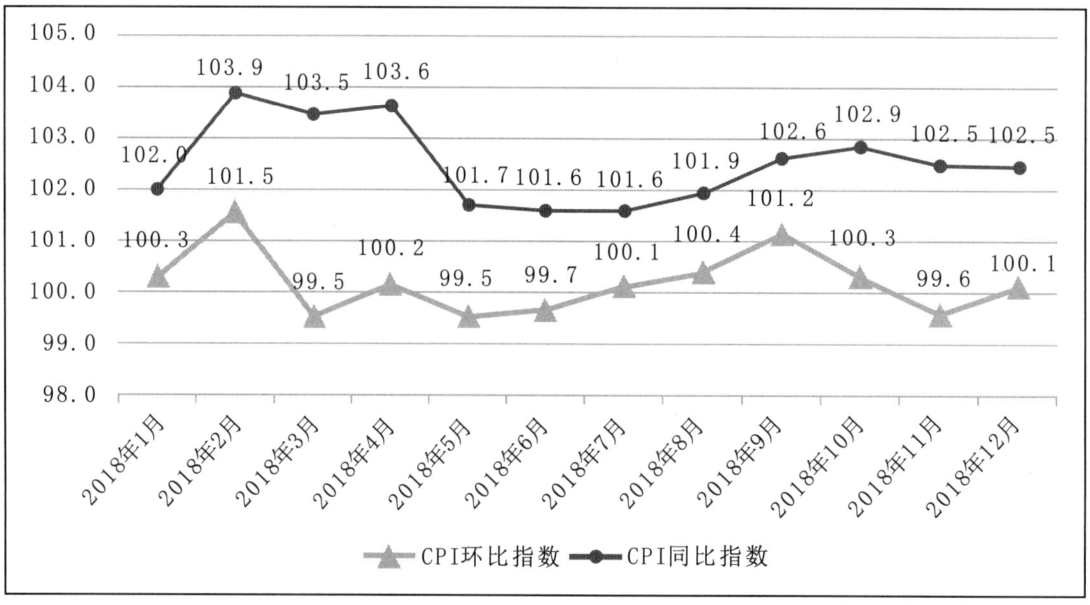

图1 南宁市2018年CPI各月环比、同比指数走势图

（二）各月同比涨幅前高中低，平稳上涨

从同比来看，2018年南宁市CPI各月同比涨幅在1.6%至3.9%区间运行。受翘尾因素的影响，2018年南宁市CPI同比涨幅呈现前高中低的特点，2018年共有3个峰值，分别在2月、4月和10月，2月份CPI同比上涨3.9%，为全年最高涨幅，主要是受2017年翘尾因素和2018年春节“错月”影响；4月份同比上涨3.6%，主要受“清明”“三月三”“五·一”三个节假日叠加影响，物价小幅攀升；10月份同比上涨2.9%，主要受“国庆”假期和食品类价格回升影响（见图1）。

（三）与全国指数对比情况

2018年南宁市CPI同比上涨2.5%，涨幅高于全国平均水平0.4个百分点，从分类来看，南宁CPI八大类商品和服务项目价格与全国分类指数走势相同，都呈全线上涨的态势（见图2），其中食品烟酒、生活用品及服务、交通和通信价格指数分别低于全国指数0.5、0.7、1.6个百分点；医疗保健、教育文化和娱乐、其他用品和服务、衣着、居住价格指数分别高于全国指数0.8、1.1、1.1、1.4、2.0个百分点（见表1）。

表1 南宁与全国2018年CPI指数对比表

项目名称	全国指数	南宁指数	南宁与全国差
居民消费价格总指数	102.1	102.5	0.4
一、食品烟酒	101.9	101.4	-0.5
二、衣着	101.2	102.6	1.4
三、居住	102.4	104.4	2.0
四、生活用品及服务	101.6	100.9	-0.7
五、交通和通信	101.7	100.1	-1.6
六、教育文化和娱乐	102.2	103.3	1.1
七、医疗保健	104.3	105.1	0.8
八、其他用品和服务	101.2	102.3	1.1

（四）与周边省会城市对比情况

在西南五省（广西、重庆、四川、云南、贵州）的省会城市中，南宁2018年CPI全年涨幅高于其他四市。从分类情况来看，南宁市居住类、医疗保健类价格涨幅偏高；生活用品及服务、交通和通信类价格涨幅偏低。

表2 2018年西南五市八大类商品及服务指数表

项目名称	南宁	重庆	成都	昆明	贵阳
居民消费价格总指数	102.5	102.0	101.4	101.7	101.7
一、食品烟酒	101.4	101.4	101.9	100.8	101.0
二、衣着	102.6	101.5	100.4	102.6	101.6
三、居住	104.4	102.8	100.2	99.8	101.1
四、生活用品及服务	100.9	101.7	101.1	101.1	101.2
五、交通和通信	100.1	100.1	101.2	103.5	103.0
六、教育文化和娱乐	103.3	103.0	101.9	104.2	103.9
七、医疗保健	105.1	105.7	102.8	103.7	101.4
八、其他用品和服务	102.3	100.9	104.4	100.8	99.8

二、主要商品及服务价格变动特点

（一）服务价格上涨较快，多类涨幅明显

2018年南宁市服务价格同比上涨4.6%，拉动CPI总指数上涨1.7个百分点，为2010年以来最高涨幅，超过食品、工业品价格指数，成为影响CPI总指数上涨的首要因素。

1.医疗服务、教育服务价格上涨是服务价格上涨的主要动因。一是医疗服务价格同比上涨7.7%，拉动CPI总指数上涨约0.4个百分点，由于2017年5月南宁市开始医疗改革，调整了医疗服务价格，受翘尾因素影响2018年医疗服务类价格仍然有较大幅度的上涨。二是教育服务价格同比上涨6.1%，拉动CPI总指数上涨约0.4个百分点，其中学前教育上涨8.8%，小学初中教育上涨23.2%。

2.居住类服务价格上涨影响较大。一是房租价格有所上涨，其中私房房租同比上涨6.5%，自有住房房租上涨4.4%，两者合计拉动CPI总指数上涨0.5个百分点。二是装潢维修费上涨15.5%，拉动CPI总指数上涨0.3个百分点。

3.部分服务价格涨势明显。除了上述医疗、教育与居住服务价格以外，2018年南宁市另有7个服务项目价格同比涨幅超过10%，分别是鞋类加工服务、养老服务、其他服务、其他文娱服务、衣着洗涤保养、其他旅游、家政服务，同比分别上涨27.5%、26.2%、15.5%、15.0%、14.5%、14.1%、13.5%，此七项服务价格共拉动CPI总指数上涨约0.3个百分点。

（二）食品价格平稳微涨，主要类别涨跌互现

2018年南宁市食品烟酒价格同比上涨1.4%，拉动CPI总指数上涨约0.4个百分点，为2010年以来食品价格上涨幅度最小的一年。

1.在外餐饮价格有所上涨。在外餐饮价格同比上涨3.8%，拉动CPI总指数上涨约0.3个百分点，其中快餐上涨6.6%、地方小吃上涨3.1%。

2.鲜活食品涨跌不一。一是禽肉、鲜菜价格涨幅较大。禽肉类价格同比上涨6.6%，其中，鸭、鸡价格同比分别上涨12.6%、5.2%；鲜菜价格同比上涨5.6%，涨幅比上年同期扩大了9.7个百分点。二是畜肉价格下降明显，其中猪肉价格同比下降9.4%，牛肉价格同比下降1.8%，畜肉副产品价格同比下降7.9%。自2016年中猪肉价格开始下跌后，近2年都持续波动下行，2018年7月猪肉价格触底反弹，价格连续3个月环比小幅上涨后企稳。

（三）工业品价格平稳上涨

2018年南宁市CPI中工业品价格同比上涨1.3%，影响CPI总指数上涨约0.4个百分点，涨幅比上年同期缩小了0.5个百分点。

1.服装价格小幅上涨。2018年南宁市服装类价格同比上涨2.0%，拉动CPI总指数上涨约0.1个百分点，其中男式服装上涨1.7%、女士服装上涨1.7%、儿童服装上涨3.3%。

2.燃料价格涨幅较大。2018年南宁市其他燃料价格同比上涨6.8%，液化石油气价格同比上涨8.8%，汽油价格同比上涨12.7%，柴油价格同比上涨14%，四类因素综合影响CPI总指数上涨约0.4个百分点。

3.家用器具和文娱耐用品价格有所下降。2018年南宁市家用器具价格同比下降0.9%，其中小家电价格下降4.7%；文娱耐用消费品价格下降1.9%，两者共同影响CPI总指数下降约0.1个百分点。

三、价格变动主要原因分析

（一）成本变化影响

一是人工成本上涨，广西2018年2月1日起调整提高最低工资标准，南宁市最低工资标准为1680元/月，与2015年的最低工资标准相比，上涨了20%。最低工资标准的提高使得服务行业的人工成本和经营成本随之提高，拉动部分服务行业价格上涨；二是原材料价格上涨，例如心血管系统用药、调节水、电解质及酸碱平衡药等药品由于原材料价格上涨导致价格涨幅较大；三是综合成本上涨，例如2018年秋季学期部分学校学费上涨主要是由于教学环境改善、教学设备升级，教职工工资上涨等原因导致办学成本增加。

（二）上游产业价格传导影响

一是据国家统计局广西调查总队调查数据显示，2018年广西全年工业生产者出厂价格（PPI）比上年上涨3.2%，PPI价格上涨直接传导至零售终端，进而影响消费价格上涨。二是2018年南宁房地产市场发展较快，新建商品住宅价格连续上涨，影响居住类的房租价格和住房相关服务价格上涨。

（三）国际大宗商品价格影响

一是原油价格进一步上涨。石油输出国组织（OPEC）2018年继续减产、产油国（主要是伊朗）地缘政治危机犹存、世界经济复苏对原油需求回升等因素刺激国际原油价格波动上行。二是美国加息，国际金融市场强势美元给诸多国家货币造成压力，直接或间接推动CPI上涨。

四、2019年居民消费价格趋势预判

2019年南宁市CPI指数同样会受到多方因素的影响：

（一）影响CPI变动的确定因素

一是翘尾因素，据测算2019年CPI受上年价格的翘尾影响将上涨约1个百分点。二是南宁市经济环境因素，在全国宏观经济平稳运行的基础上，预计南宁市经济将继续保持中高速增长，经济的增长将促进物价的平稳运行。

（二）影响CPI变动的不确定因素

1.主要食品价格走势不确定。一是猪肉价格走势存在不确定性，据调查，2018年四季度南宁生猪价格小幅上涨，但是受非洲猪瘟的影响，生猪跨省禁运，外销不畅，加上此前生猪价格持续低迷，部分养殖小型户、散养户出现弃养、抛售的情况，加上中美贸易关系紧张，因此2019年猪肉价格走势还存在一定的不确定性。二是其他鲜活食品价格走势存在不确定性，鲜活食品的生产、运输、销售等环节受气候因素和市场供求关系影响较大，气候很难提前预知，市场自发调节作用又有一定滞后性，导致鲜活食品的价格走势很难预计。

2.国际大宗商品价格走势的不确定性。中国周边国际环境会否因地区热点演化而出现新的变数，中东局势、中美关系、俄美关系、韩朝关系等都将对国际大宗商品价格走势产生不同影响，进而影响CPI走势。

3.公务员工资调整对CPI的影响不确定。2018年5月，人力资源和社会保障部发布的《2017年度人力资源和社会保障事业发展统计公报》，根据《机关事业单基本工资调整方案》，公务员工资从2018年7月开始执行新的公务员工资标准表。公务员作为全社会较为关注的群体，此次调整公务员工资对CPI的影响有一定的不确定性。

综上分析，预计2019年CPI变动仍呈平稳上涨的态势。

2018年柳州市居民消费价格上涨2.5%

贺敬雯

据调查，2018年柳州市居民消费价格（CPI）上涨2.5%，涨幅比全国平均水平高0.4个百分点，比广西平均水平高0.2个百分点，在广西14个地级市中与南宁、百色、贺州、河池四市并列第3位。

一、2018年柳州市CPI总体变动情况

（一）月度环比“九升二降一平”

从月度环比看，2018年柳州市CPI全年居民消费价格在-1.6%~1.2%区间运行，其中，1月份因元旦消费升温，价格上涨0.2%；2月份春节影响显著，价格上涨1.2%；3月份节后需求回落，价格下降1.6%；4月份价格持平，5、6、7三个月分别上涨0.3%、0.2%、0.3%；8月份暑期消费影响明显，加上台风天气逐渐增多，猪肉价格出现低位反弹，价格上涨0.5%；9月份开学季和中秋需求叠加，同时受超强台风“山竹”影响，价格上涨1.1%；10月国庆小长假，旅游消费需求旺盛，价格上涨1.2%；11月传统消费淡季，加之受电商“双十一”活动等影响，价格下降0.4%；12月临近年底价格小幅回升。

（二）月度同比呈全年上涨态势

从月度同比看，2018年1—12月各月同比涨幅在1.8%~3.5%区间内波动运行，呈全年上涨态势，涨幅峰值出现在2月，谷值于4、5月连续出现。

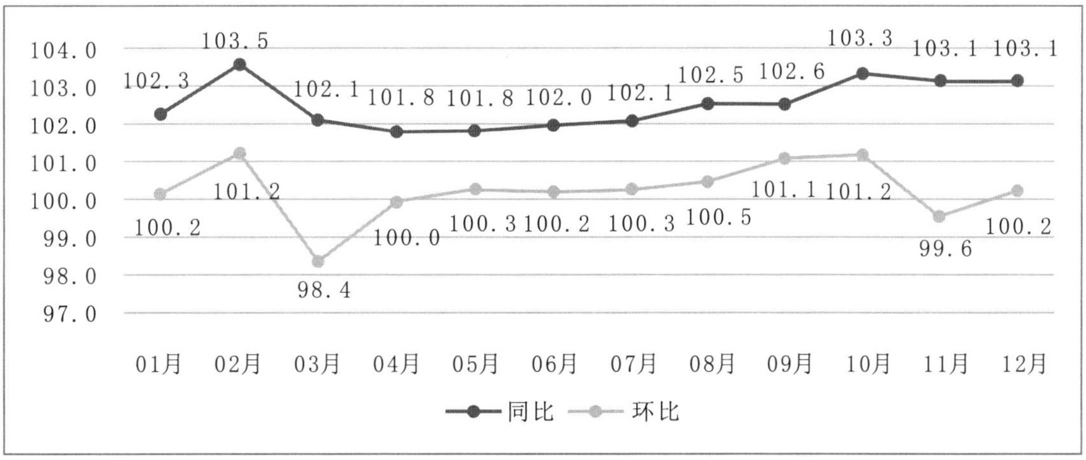

图1 2018年柳州市居民消费价格指数走势

（三）八大类商品和服务价格全部上涨

与上年价格水平相比，调查的八大类商品和服务价格全部上涨。其中，居住价格涨幅最高，上涨5.8%；医疗保健价格上涨3.1%；生活用品及服务价格上涨2.2%；食品烟酒类价格和教育文化和娱乐价格均上涨1.8%；交通和通信价格上涨1.0%；衣着和其他用品和服务价格上涨幅度最低，均为0.8%。

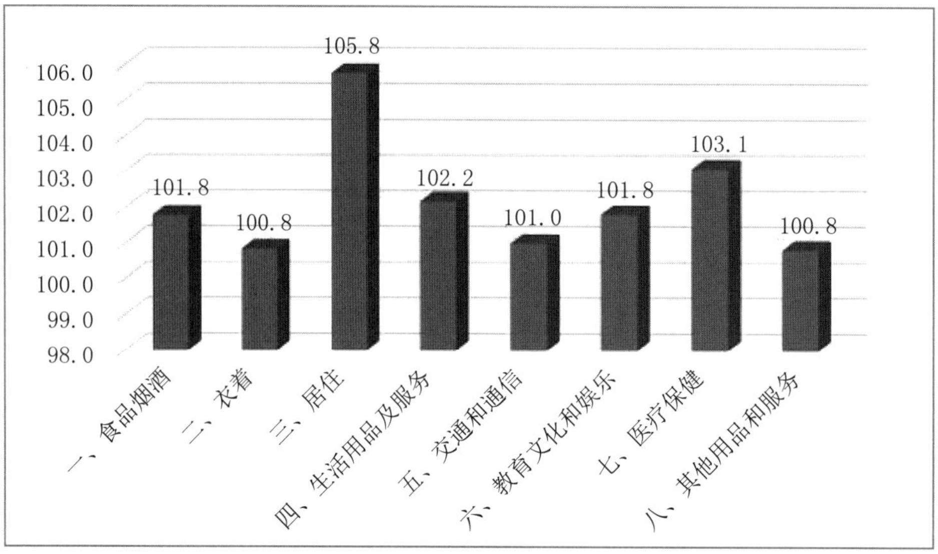

图2 2018年柳州市八大类商品和服务价格指数

（四）指数广西对比

与邻近的南宁、桂林、梧州、河池、来宾五市相比，柳州市2018年CPI涨幅与南宁、河池持平；分别高于梧州、桂林、来宾三市0.2、0.3和0.6个百分点，差距不大。从八大类商品和服务价格指数看，柳州市的八大类商品和服务价格运行态势与广西一致，均呈全线上涨的态势，八大类指数与广西平均水平差异不大。

表1 与广西CPI八大类对比情况表

分类	广西	柳州市	柳州市涨幅比广西高（个百分点）
一、食品烟酒	101.0	101.8	0.8
二、衣着	101.5	100.8	-0.7
三、居住	104.3	105.8	1.5
四、生活用品及服务	101.9	102.2	0.3
五、交通和通信	101.6	101.0	-0.6
六、教育文化和娱乐	102.5	101.8	-0.7

续表

分类	广西	柳州市	柳州市涨幅比广西高（个百分点）
七、医疗保健	104.5	103.1	-1.4
八、其他用品和服务	101.3	100.8	-0.5

二、主要品种价格走势特点及成因分析

（一）服务价格上涨是拉动CPI上涨的主要动力

受到居民消费需求升级、各级政府深入推进教育和医疗领域价格改革、劳动力成本上升等因素影响，2018年柳州市服务项目价格上涨4.0%，涨幅比上年扩大1.7个百分点，拉动居民消费价格总水平上涨1.42个百分点，对CPI上涨的贡献率为56.8%。服务项目价格持续上涨对居民消费价格总水平的影响程度日益明显。

1.消费观念转变推动价格上涨。家政服务费用上涨13.5%，家庭维修服务费用上涨13.6%，美容美发洗浴费用上涨12.2%，旅行社收费上涨9.4%，养老服务费上涨3.0%。

2.政策性因素拉动价格上涨。根据2017年11月《关于柳州市区出租汽车运价调整有关事项的通知》（柳价格〔2017〕83号）文件精神，从2017年12月起，出租车执行新的收费标准，2018年出租车费用价格上涨5.2%。

3.自有住房费用上涨7.6%，私房房租费用上涨3.4%。这两项数据由租房房租价格趋势变动获得，主要原因一是全国房价上涨，水涨船高，推升房租价格上涨，柳州市房租价格亦上涨明显；二是随着柳江县撤县设区，原本县域人口向市区流动加速，外来人口的流入增加了租房需求，推高了租房价格。

（二）食品价格温和上涨

食品价格比上年上涨1.2%，涨幅比上年上升0.5个百分点，拉动居民消费价格总水平上涨0.23个百分点。食品类的14个分类价格呈“十一升三降”态势，上涨类别比上年增加，具体指数变动如图3。

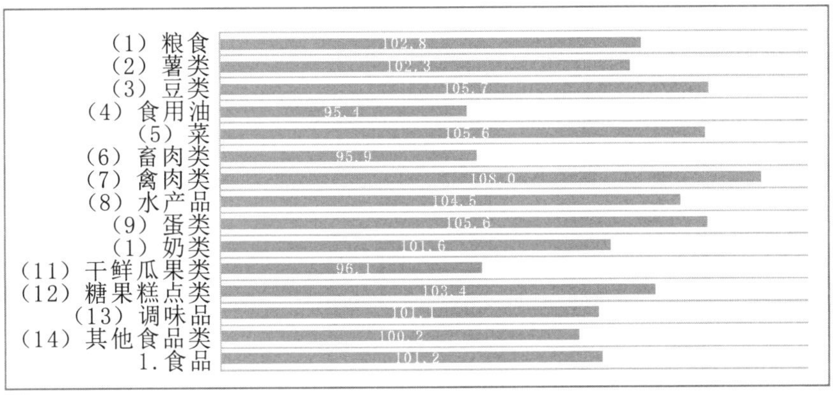

图3 2018年柳州市食品各分类价格同比指数

2018年食品价格主要变动分析如下：

1.鲜菜价格上涨，鲜瓜果价格下降。2018年广西陆续出现强冷空气、干旱、持续强降雨天气，以及“艾云尼”“贝碧嘉”“百里嘉”“山竹”等强台风给农作物生产带来不利影响，蔬菜供应减少，运输成本增加，鲜菜价格上涨5.5%，与上年同期（上年下降1.7%）涨跌幅落差达7.2个百分点；2018年荔枝、龙眼等水果喜获丰收，拉低本地水果价格，鲜瓜果价格下降3.4%。

2.畜肉类下降，其他禽肉、蛋、水产品类上涨。2018年生猪价格总体处于“猪周期”下行阶段，生猪供应充足，虽然上游生猪出栏价格出现过触底反弹行情，但猪肉价格仍下降7.1%，降幅比上年同期（下降4.5%）扩大2.6个百分点，影响总指数下降约0.19个百分点。受需求增加、休渔期等因素影响，禽肉类价格上涨8.0%，蛋类价格上涨5.6%，水产品价格上涨4.5%。由于2014—2016年羊肉价格持续低迷，养殖利润大幅下滑，养羊户减少，导致活羊供应量减少，羊肉价格上涨28.3%。柳州市畜禽调查的数据也显示：活羊出栏价格较上年有所上涨，加上人工、运输成本上升和分销商惜售等因素，造成在零售端价格上涨幅度更大。

（三）工业品价格涨跌互现

在汽柴油、药品及住房装潢材料等价格上涨的带动下，2018年柳州市工业品价格上涨1.7%，涨幅比上年上升1.0个百分点，拉动居民消费价格总水平上涨0.57个百分点。其中，受国际油价变动影响，汽、柴油价格分别上涨12.8%和14.1%；受药品价格放开后部分药品出厂价上调影响，中药、西药价格分别上涨11.9%和3.3%。另外，受产品更新换代以及商家促销等因素影响，交通工具价格下降6.4%，首饰手表价格下降3.5%，通信工具价格下降3.0%，小家电价格下降2.3%，文娱耐用消费品价格下降0.7%。

三、2019年柳州市CPI预测

（一）推动物价上涨的因素

1.城镇化水平不断提高。居民对市区优质教育资源和便利生活环境的追求，工业经济加速提升，房租价格有进一步上涨的可能。城市发展新版图还在持续拓展，城市化进程的加快促进相关服务等价格上升，服务价格未来还具有较大的上涨空间。

2.猪肉价格有望反弹。2018年9月份开始全国各地暴发猪瘟疫情，养殖户出栏意愿强烈，且不打算扩大养殖规模，有的甚至计划减少养殖规模，随着生猪存栏量减少，预计春节和明年上半年，猪肉价格会有所反弹。

3.水果价格或将反弹。受果蔬“大小年”惯例的影响，2018年水果丰收带来的价格大幅下降，在2019年果蔬价格可能迎来较大上涨。

4.中美贸易战乌云未完全散去。2018年12月1日，国家主席习近平与美国总统特朗普在阿根廷布宜诺斯艾利斯举行会晤，就暂停新征关税达成了共识，中美官员进行贸易谈判的结果将影响从美国进口的商品价格走势。

（二）抑制CPI上涨的因素

1. 经济增速相对不高。经济增长总体上平稳，国内需求难以大幅扩张；随着去杠杆、防风险和监管政策趋紧，市场利率小幅上行，流动性合理适度，2019年出现较大通胀压力的几率不大。

2. 进口关税下调。2018年7月1日起，国务院降低部分日用消费品、汽车整车和零部件等商品的进口关税。2018年11月1日起，国务院降低1585个税目的进口关税税率，降低关税的商品包括机电设备、纺织品建材等，关税总水平将由上年的9.8%降至7.5%。

综上所述，预计2019年柳州市CPI将会继续保持温和上涨态势。

四、稳定物价的相关建议

从宏观层面看，经济有望延续稳中向好的态势，有利于物价平稳运行，但仍需关注中美贸易摩擦加剧、原油等大宗商品价格上涨、劳动力成本刚性上扬等不利因素。

1. 积极应对中美贸易战。中美贸易战持续升级，双方均对对方的巨额出口商品征收惩罚性关税，势必抬高国内进口商品的价格，加大价格上涨的风险。应对贸易战，应进一步提高自主创新能力，加强知识产权保护，增加基础研究经费，引导企业加大对研发投入力度。同时密切关注贸易战对企业运营及居民生活的影响，及时采取应对措施，保持经济平稳运行。

2. 继续降低企业成本。近期，面临原材料价格、交通运输费用、人工成本等一系列成本上涨的压力，很多企业为了维持生产经营，不得不提高产品价格。一方面，建议有关部门继续加快推进降成本各项工作，切实降低企业税费、融资、制度性交易、人工费用、用能用地、物流等成本，使降低实体经济企业成本工作取得实效。另一方面，鼓励企业通过科技创新、管理创新与转型升级达到“降本增效”的目的。

2018年桂林市居民消费价格温和上涨

曾　劼

2018年，在2018年国内经济运行稳中向好、上游价格反弹（煤炭、原油等）、成本增加（人工、房租等）、农产品价格稳定等因素共同影响下，桂林市居民消费价格指数（CPI）延续了近5年来的温和上涨运行态势，全年累计上涨2.2%，处于温和上涨区间，涨幅高于全国0.1个百分点，低于广西0.1个百分点，涨幅按照从高到低排序在广西14个市中列第9位，同时，涨幅上年同期相较，扩大0.6个百分点。

一、2018年桂林物价运行基本情况

（一）月度间波动不大，走势平稳

2018年桂林CPI走势平稳，月度间波动幅度较小。从环比看，除2月份、9月份受春节、国庆假期影响，CPI分别上涨1.3%、1.0%外，其余10个月窄幅波动。从同比看，除10月份受鲜菜鲜果价格大幅上涨影响，CPI同比上涨3.7%外，各月份CPI基本小幅波动上涨运行态势。

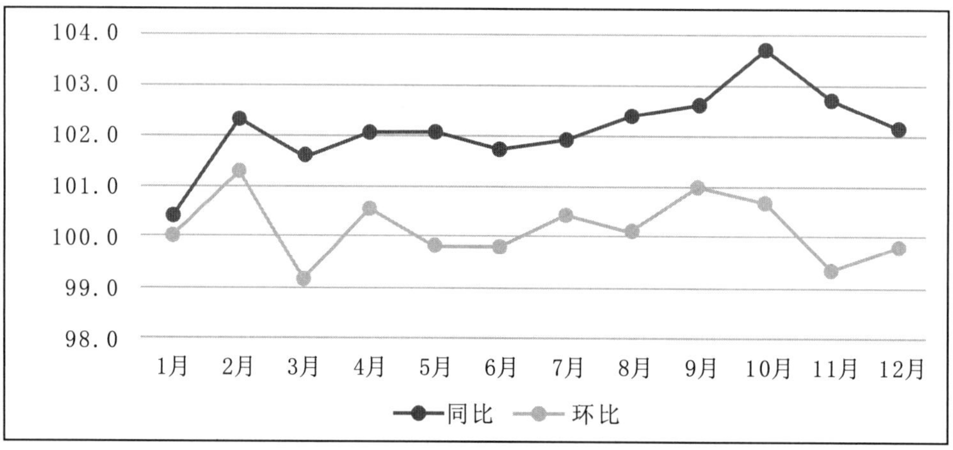

图1　2018年桂林居民消费价格指数

（二）居住类和食品烟酒类价格上涨是主因，涨幅高于上年同期水平

2018年，居住类和食品烟酒类价格上涨均是拉动桂林市CPI上涨主要动力之一，其中，受房租、燃气及住房装潢材料价格上涨等因素影响，居住类价格上涨3.6%，涨幅比上年同期扩大1.1个百分点，拉动总指数上涨0.75个百分点；在禽肉及水产品类价格上涨等因素拉动下，食品烟酒类价格上涨1.6%，涨幅比上年同期

扩大1.6个百分点，拉动总指数上涨0.49个百分点。

从调查的八大类商品和服务项目看，呈“六升两降”运行态势，其中，上涨的六大类的涨幅均不同程度高于上年水平。其中涨幅最大的是医疗保健类，价格上涨5.3%，降幅最大的是教育文化和娱乐类，价格下降0.3%。

表1 2017年和2018年八大类商品及服务项目价格指数

项目名称	2018年	2017年	变动幅度
居民消费价格总指数	102.2	101.6	0.6
一、食品烟酒	101.6	100.0	1.6
粮食	103.6	101.3	2.3
鲜菜	103.5	97.4	6.1
畜肉	93.9	93.6	0.3
水产品	108.3	106.6	1.7
蛋	106.5	97.9	8.6
鲜果	100.0	103.5	-3.5
二、衣着	99.9	98.0	1.8
三、居住	103.6	102.4	1.1
四、生活用品及服务	102.7	101.2	1.5
五、交通和通信	102.4	102.4	0.0
六、教育文化和娱乐	99.7	103.2	-3.5
七、医疗保健	105.3	106.9	-1.6
八、其他用品和服务	103.6	101.6	2.0

（三）近年CPI维持平稳运行

2014年—2018年，桂林CPI呈小幅波动态势，涨幅分别为2.0%、1.9%、2.3%、1.6%、2.2%，涨幅波动为0.7个百分点，走势平稳（如图2所示）。

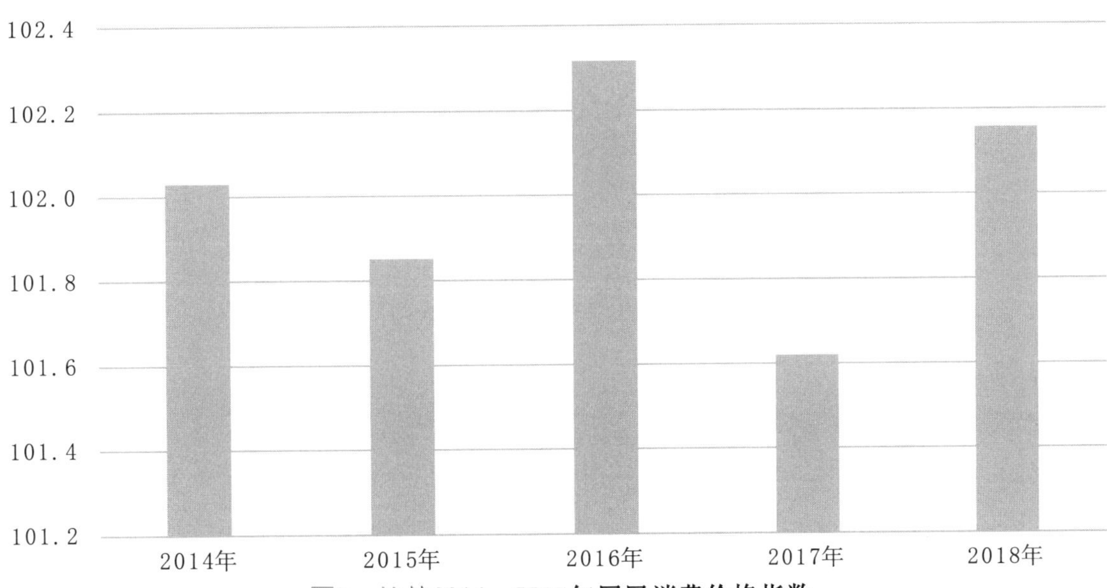

图2 桂林2014—2018年居民消费价格指数

二、2018年桂林CPI变动的主要特点

（一）主要食品价格涨跌互现

1.粮油类价格波动扩大。受生产成本上涨等因素影响，粮食价格上涨3.6%，涨幅较上年扩大2.3个百分点；受油籽产量增加等因素影响，食用油价格下降3.7%，降幅较上年扩大1.3个百分点。

2.猪肉类价格以跌为主。2018年，桂林猪肉价格进入下降通道，比上年同期下降8.7%，其变化经历了由大幅下降到降幅缓慢收窄过程。其中，1月份同比下降10.7%，2月份同比下降5.9%；3月份、4月份继续呈现下跌走势，至5月份出现年内最大降幅，同比下降18.0%；6月份后降幅缓慢收窄，至12月份以同比下降1.0%的降幅收官。

3.鲜菜类价格涨幅明显。鲜菜类价格受天气影响明显，全年上涨3.5%。其中，2月份受春节错月因素影响，同比上涨29.2%；之后气温回升，鲜菜价格持续下降，7月份同比降幅最大，价格下降14.2%；8月份桂林雨量增多，大多数叶菜类生长和运输受到较大影响，价格开始回升，10月份同比上涨12.9%，11月份和12月份天气适宜，鲜菜价格下降。

4.鸡蛋价格回升。2016—2017年，鸡蛋价格保持低位。2018年，鸡蛋价格开始回升，价格上涨3.2%，鸡蛋价格上涨主要受蛋禽养殖量减少，蛋类供应不足影响。从各月同比看，1—8月各月价格均为上涨，随着价格上涨，蛋类产品供应量增加，9月份后价格开始下降，但全年价格总体上仍呈上涨态势。

（二）服务项目价格上涨继续带动CPI的上涨

受人工成本上涨影响，服务类价格的上涨成为拉升居民消费价格水平上涨的主要因素之一。2018年，桂林市服务项目价格同比上涨2.8%，涨幅较上年同期缩小1.1个百分点，带动CPI同比上涨0.94个百分点，成为推动CPI上升的主要力量之一。

（三）居住类价格上涨拉动效应明显

2018年桂林房地产市场持续火热，房屋租售价格也不断上涨，加之人工成本的上涨，与之相关的装潢维修等费用也逐年上涨，进而带动房屋租赁价格和建筑装潢材料价格也随之上涨，推动了居住类价格的上涨。2018年，居住类价格攀升，带动CPI价格累计上涨0.75个百分点；其中租赁房房租和自有住房价格分别上涨4.4%和2.4%，住房装潢材料价格上涨5.9%。

三、影响桂林CPI波动的因素

（一）短期阶段性因素

节假日、季节转换、极端天气都会对CPI波动产生一定影响。如受季节性影响较大的鲜菜价格环比指数波动最高最低值相差37.3个百分点，同比波动最高最低值相差43.4个百分点。

（二）长期周期性因素

以对CPI长期影响较为突出的“猪周期”为例，2018年春节后猪肉价格开始下跌，虽然下半年价格有所反弹，但全年桂林猪肉价格仍下跌8.7%，猪肉价格下跌拉动总指数下降0.27个百分点。

（三）国内政策性因素

桂林实施医疗服务价格改革，对医务人员劳务技术项目收费标准有所提高，医疗服务价格上涨9.0%；为促进旅游消费，政府降低国有景点门票价格，景点门票价格下降5.4%；国家放开火车票价格，铁路部门根据实际供需情况进行定价，火车票价格上涨5.7%。

（四）国际输入性因素

受国际市场价格变动影响，国际原油价格逐步回升，国内按联动机制多次调整价格，虽然有涨有跌，但总体上涨较大，汽油、柴油价格分别上涨12.8%、14.1%。

（五）市场价格传导因素

从上年工业消费品价格和PPI走势看，工业消费品价格和PPI基本同步。住房装潢材料（水泥等）、其他燃料（蜂窝煤等）具体分类涨幅明显，其中住房装潢材料价格上涨5.9%，其他燃料价格上涨12.1%。

四、影响2019年桂林CPI运行的因素及潜在风险

根据中央经济工作会议精神，2019年中国将继续实施积极的财政政策和稳健的货币政策，中国经济运行稳中有变、变中有忧，外部环境复杂严峻，经济面临下行压力；同时，当前国内市场供求总体平衡，局部领域的供求缺口影响尚不显著，在此大环境下，2019年桂林CPI有望继续保持温和上涨态势。

（一）促使CPI上涨的主要因素

1.国家政策助推消费市场上行。根据中央经济工作会议精神，2019年将促进形成强大国内市场，提升产品质量，加快教育、育幼、养老、医疗、文化、旅游等服务业发展，改善消费环境，落实好个人所得税专项附加扣除政策，增强消费能力，预计品质提升的同时，会影响部分产品和服务价格上涨。

2.地方措施影响物价上涨。一是为充分体现医护人员的技术劳务价值，桂林按照自治区统一部署安排，预计医疗改革将继续推向深入。二是随着桂林全力建设国际旅游胜地、中国—东盟博览会旅游展永久落户桂林，桂林航空公司正式运营等旅游红利的释放，桂林游客预计将会增加，推高部分商品和服务价格。

3.成本上涨因素影响。一是随着国家供给侧改革的落实，“三去一降一补”政策的巩固，社会对环保要求不断提高等影响，国内原材料价格不断上涨；二是中国人口红利不断减弱，劳动力数量减少，2018年中国劳动年龄人口比2017年减少470万，劳动力成本逐年上涨。

4.翘尾因素有一定影响。据测算，2018年对2019年的平均翘尾影响为0.76个百分点，也就是说2018年物价即使没有变动，桂林居民消费价格也会上涨0.76%。

（二）抑制CPI上涨的主要因素

1.黑天鹅与灰犀牛事件。中美贸易争端目前处于90天磋商期间，如果不能达成协议，将对中国商品和服务在世界市场面临一定的压力和障碍，可能会导致居民消费能力下降；2018年部分地区发生非洲猪瘟疫情，2019年非洲猪瘟疫情防治情况会

对食品类尤其是猪肉价格产生一定影响。

2.国内经济增速放缓。中国经济正处于新旧动能接续转换、经济转型升级时期，宏观经济形势严峻复杂，风险难以把控，企业投资意愿下降，新的消费热点带动不足，经济下行压力较大，GDP增速不断下降，这将在一定程度上抑制物价上涨。

3.网上购物进一步发展。由于网上商城商品种类繁多，价格极具吸引力，物流的覆盖面更广和速度更快，网购越来越便捷，消费者的参与度和交易金额将进一步增加，加上许多品牌商品开始线上商品布局，市场竞争的加剧和商品价格的合理化将促使部分实体商场出售的商品价格下降。

2018年梧州市居民消费价格涨幅平稳

何沅桦

据国家统计局梧州调查队调查，2018年梧州市居民消费价格总水平（CPI）上涨2.3%，涨幅高于全国平均水平0.2个百分点，与广西平均水平持平。其中食品类价格上涨1.9%，非食品类价格上涨2.4%；消费品价格上涨2.5%，服务价格上涨1.9%。

一、2018年梧州市CPI基本运行情况

（一）各月指数运行情况

1.同比指数方面。2018年各月CPI同比指数呈现“一季度高开，二季度回落，三季度波动、四季度回升”的态势。2018年各月CPI同比涨幅分别为2.6%、3.9%、2.7%、1.5%、1.1%、1.2%、1.3%、1.8%、2.8%、3.3%、2.6%、2.6%。一季度涨幅较高是受2017年4月份医疗价格大幅上涨造成的翘尾因素影响所致。因春节与上年错月影响，2月同比涨幅为前三季度各月同比涨幅中的最大值；二季度CPI同比指数回落到“1”时代，市场物价变动情况较平稳；三季度因8月底，9月初遇到暴雨、台风恶劣天气，本地鲜菜鲜瓜果种植受到影响，外地鲜菜运输困难，导致9月同比涨幅达到2.8%；四季度因转入冬季，气温偏低蔬菜生长慢，10月份涨幅继续上涨达到3.3%。

2.环比指数方面。2018年各月CPI环比指数呈现涨多跌少态势。各月CPI环比涨幅分别为-0.1%、1.5%、-1.2%、0.1%、-0.3%、0、0.4%、0.3%、1.8%、0.5%、-0.5%、0.1%。除2、3月恰逢寒冷阴雨天气及春节节日，9月遇到台风暴雨天气因素影响，11月天气晴好适宜蔬菜生长和“双11”活动影响，月环比指数波动较为明显外，其余月份涨幅在-0.1%至+0.6%区间小幅波动。

（二）八大类价格全面上涨

调查的八大类消费品及服务价格中，医疗保健类价格上涨6.4%，衣着类价格上涨2.2%，居住类价格上涨2.1%，生活用品及服务类价格上涨2.1%，交通和通信类价格上涨2.0%，食品烟酒类价格上涨2.0%，其他用品和服务类价格上涨1.7%，教育文化和娱乐类价格上涨1.1%。

二、CPI运行的基本特点及原因分析

（一）食品烟酒价格小幅上涨

食品烟酒价格上涨2.0%，影响CPI上涨约0.60个百分点，涨幅比2017年扩大1.8个百分点。其中食品类价格上涨1.9%，14个食品调查小类呈现“11升3

降”。蛋类、禽肉类、干鲜瓜果类、菜类价格分别上涨12.0%、7.4%、7.3%、6.3%；畜肉类、食用油类、薯类价格分别下降4.8%、3.4%、1.4%；在外餐饮、茶及饮料价格分别上涨3.2%、0.8%，烟酒价格下降0.2%。2018年食品烟酒类价格变动的主要特点和原因如下：

1.蛋类及禽肉类价格涨幅较大。一是因2017年2、3月份梧州遭受禽流感疫情袭击，鸡、鸭及蛋类等农产品销售情况较为惨淡，价格下降明显，导致2018年上半年蛋类及禽类价格的对比基数较低；随着疫情结束，蛋类及禽类价格逐步回暖，2018年上半年梧州没有再发生禽流感疫情，且受春节因素影响，鸡、鸭及蛋类需求量有所增加；二是2018年中秋节相对提前，受传统节日食品月饼生产影响，市场对蛋类需求增大，价格进一步上涨。2018年鸭、鸡、其他禽肉及制品价格比上年同期分别上涨9.2%、7.5%、4.8%；鸡蛋、其他蛋及制品价格分别上涨12.6%、9.5%。

2.菜类价格涨幅明显。2018年菜类价格上涨6.3%，涨幅扩大14.4个百分点（2017年菜类价格为-8.1%），其中鲜菜价格上涨6.9%。由于2017年年初属暖冬季节，雨水少且气温较高，对蔬菜的生产及运输较为有利，各类蔬菜品种供应量充足，市场整体蔬菜价格较低导致2018年对比基数低。2018年年初及2月份受寒冷阴雨天气及春节节日因素双重影响，蔬菜价格有明显上涨；8、9月受暴雨、台风恶劣天气影响，本地鲜菜种植受到破坏，外地鲜菜运输困难，9月菜类价格环比上涨21.3%（鲜菜类价格环比上涨23.5%），涨幅为近一年多来的新高（2017年6月—2018年12月）。

3.畜肉类价格持续下降。畜肉类价格下降4.8%，其中猪肉价格下降8.1%。主要原因是2018年上半年生猪存栏出栏量保持高位，环保政策的落实，部分环保不达标的养殖户加速出栏，市场生猪供应量增加；特别是进入3月份传统肉类消费淡季以后，市民的消费欲望不高，导致猪肉价格持续下跌。进入7月份后，梧州市生猪销售价格开始恢复性上涨，但是上涨幅度缓慢。四季度后，受生猪非洲瘟疫情报道影响，市场对猪肉需求量减少，价格下降。另外，畜肉副产品、其他畜肉及制品价格分别下降6.8%、2.7%。

（二）工业品价格涨幅明显

工业品价格上涨3.0%，影响CPI上涨约1.03个百分点。工业品价格构成主要受两重因素影响，一方面是原材料进货价，人工费用、场地租金等运营成本，另一方面受外部政府政策、居民消费结构调整等因素。2018年梧州市工业品价格的主要变动特点和原因如下：

1.装修材料及家具用品价格小幅上涨。2018年梧州市进行棚户区改造工程，随着棚户区改造工程的深入，通过拆除老旧房子补偿钱款的方式，房地产交易市场较为活跃，市场上对装修材料、家居用品的需求进一步增加。2018年住房装潢材料、家具价格分别上涨5.4%、2.8%。其中，水泥、其他住房装潢材料、门窗价格同比分别上涨20.7%、11.9%、6.7%。桌、椅、床、沙发价格同比分别上涨6.6%、2.9%、2.8%、1.5%。

2.药品类价格上涨幅度较大。中药、西药价格分别上涨15.4%和3.6%。受中药种植面积减少，产量下降等因素影响，中药原材料价格进入上涨周期，厂家生产成本上升，中药材、中成药价格分别上涨21.5%、13.2%。西药方面，受药品价格开放政策不断深入影响，制药企业调整药品出厂价格，特别是部分低价药品价格涨幅较大。调查的14个西药分类价格同比呈现“10升3降1平”，涨幅较大的种类有治疗精神障碍药、神经系统用药、消毒防腐及创伤外科用药，分别上涨18.4%、6.8%、5.3%。

3.部分石化工业品价格上涨幅度较大。2018年受国际原油价格波动影响，国家发改委共24次调整国内成品油销售价格（13涨11跌），汽油、柴油价格同比分别上涨12.8%、14.1%。

（三）服务类价格涨幅有所扩大

服务价格上涨1.9%，影响CPI上涨约0.66个百分点。服务类价格变动的主要特点和原因如下:

1.政策性价格调整导致医疗服务价格上涨。医疗服务价格上涨6.6%。上半年，梧州市公立医院仍陆续新增调整了三批医疗服务项目价格，重点上调了体现医务人员技术劳务价值的医疗服务项目价格，导致2018年部分医疗服务收费项目价格上涨明显。综合医疗类价格上涨19.2%，其中护理、其他综合医疗服务、一般医疗服务、一般治疗操作价格分别上涨42.5%、18.3%、14.4%、10.2%；其他医疗服务、中医治疗服务类、治疗类价格分别上涨11.1%、8.5%、3.9%。

2.运营成本增加推动服务领域价格上涨。随着生活水平不断提高，居民对各类服务消费需求日益增加，追求个性化、多样化，加上租金、人工费用的上涨，导致商家运营成本持续增加，推动服务价格上涨。其他文娱服务、学前教育、洗浴、家政服务、美容价格同上年相比分别上涨16.3%、9.0%、7.0%、6.1%、3.5%。

3.受成品油价格上涨和假期增多的影响，交通费价格被拉高。受汽油价格上涨和假期增加（广西壮族自治区成立60周年假期等）的影响，2018年交通费价格上涨3.4%。其中，飞机票、其他交通费、长途汽车价格分别上涨12.3%、15.3%、0.5%。

4.金融保险类收费价格有所调整，涨幅较大。金融保险价格上涨4.1%，其中其他保险价格上涨9.0%。变动较明显的是，梧州市城镇居民医疗保险由150元/年提高至180元/年，学生保险（小学及初中）80元/年提高到100元/年。

三、对2019年CPI走势的展望及影响因素分析

2018年梧州市CPI涨幅为2.3%，全年整体呈U形走势，物价总体而言保持平稳上涨态势。在影响CPI的各类因素共同作用下，预计2019年梧州市CPI仍将呈现稳中有升的运行态势。影响CPI走势的主要有以下几个因素:

（一）食品类价格影响CPI上涨

2018年食品价格呈上升趋势，其中占

比较大的鲜菜、禽肉类等均为上升态势，畜肉类呈下降态势，其余食品分类价格上涨幅度较小，但农产品价格容易受极端天气、自然灾害和疫情的影响，不确定性因素较多，短期变化波动显著。预计2019年的食品价格会有小幅波动情况发生，一定程度上推动CPI指数上涨。

（二）医疗服务价格改革基本完成，缩窄CPI涨幅

医疗改革引起医疗服务价格上涨影响将逐渐减弱，根据了解短期内不会再集中上调医疗服务价格，只会对项目的价格按需进行微调。因此医疗服务价格的调整对CPI的影响力将减弱，CPI的上涨压力将得到缓解。

（三）部分石化工业品价格变动影响CPI上涨

受国际原油价格调整，与之关联的交通类、旅游类价格会受到影响，预计价格会有所小幅上涨现象。

2018年北海市居民消费价格上涨1.4%

廖 琴

据国家统计局北海调查队调查，2018年北海市居民消费价格总水平（CPI）上涨1.4%，其中服务价格上涨3.6%，工业品价格上涨1.1%。消费价格总体呈平稳运行态势。

一、基本概况

（一）与广西及周边城市的对比

2018年北海市CPI涨幅分别低于比广西、全国0.9和0.7个百分点，在广西14个设区市中排名末位；与周边城市相比，分别比南宁、钦州、防城港低1.1、0.8和2.0个百分点。在2018年上涨1.4%的涨幅中，受上年负翘尾因素影响下降约0.1个百分点，新涨价因素约1.5个百分点。

（二）各月环比指数受季节性因素影响明显

从各月环比指数来看，2018年北海CPI呈现较为明显的季节性特征。1、2月份受到春节需求旺盛的影响，CPI分别环比上涨0.5%、1.9%；3、4月节日因素消退，需求趋淡，带动CPI分别环比下降1.2%、0.8%；5—9月受食品价格上涨影响，各月环比波动幅度在0.2%~0.4%之间；10月受国庆黄金周、成品油价上调等因素影响，环比指数上涨0.9%；11月节日因素消失，环比下降0.8%；12月环比上涨0.4%。

图1 2018年北海市各月居民消费价格环比指数

（三）各月同比价格呈V型走势

2018年1—2月北海CPI同比指数高开高走，2月CPI同比上涨4.0%，达到全年最高点；3—6月同比指数持续回落，6月份为全年最低拐点；7—12月CPI同比涨幅逐月上行。

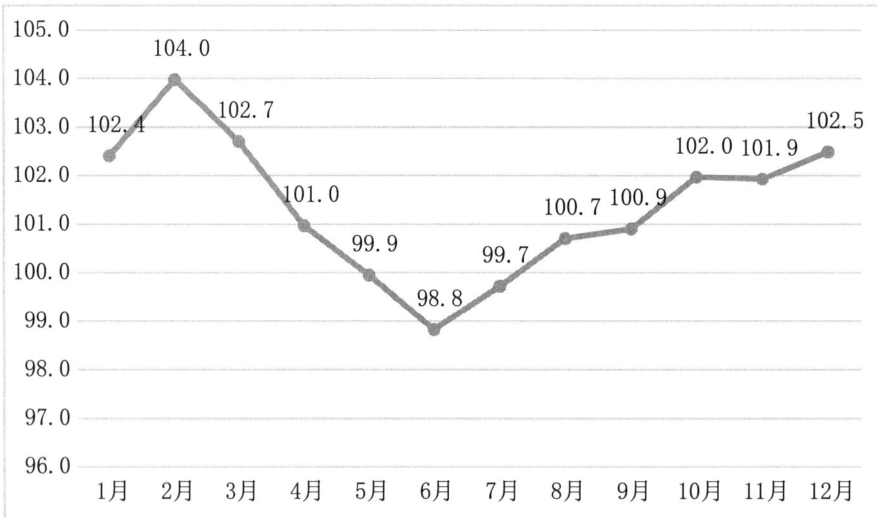

图2　2018年北海市各月居民消费价格同比指数

（四）八大类商品和服务价格呈“四升四降”运行态势

从消费结构来看，2018年北海市八大类商品和服务项目价格呈“四升四降”运行态势。其中，涨幅较大的是医疗保健和居住类价格，分别上涨9.3%、4.6%；其次是交通和通信、生活用品及服务价格分别上涨1.1%、0.4%；食品烟酒、衣着、教育文化和娱乐、其他用品及服务类价格分别下降0.7%、1.2%、0.8%、0.2%。

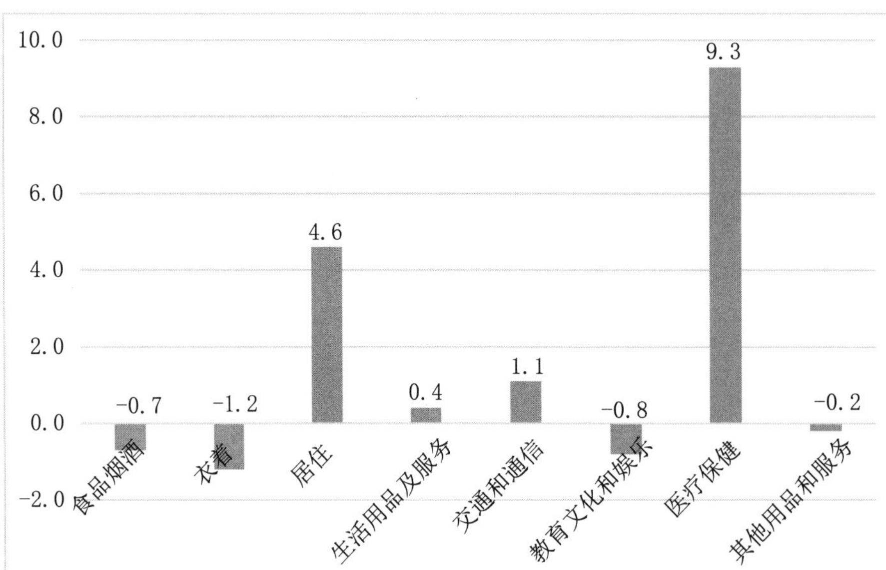

图3　2018年八大类商品和服务价格同比指数

二、影响CPI指数变动的五大因素

（一）食品价格稳中有降

2018年，北海市食品价格较上年同期下降0.7%，影响消费价格总水平下降0.22个百分点。其中，禽肉类、蛋类、菜价格分别上涨8.1%、3.4%、1.2%，共同影响CPI上涨0.2个百分点；在外饮食价格上涨2.1%，影响CPI上涨0.11个百分点。水产品和猪肉价格下降是抑制食品价格涨幅的主要因素，分别下降8.3%和9.3%，共同影响CPI下降0.53个百分点。

1.禽肉类价格涨幅较大。禽肉类价格上涨8.1%，拉动居民消费价格总水平上涨0.15个百分点。其中鸡肉、鸭肉价格分别上涨8.2%和9.8%，共同影响CPI上涨0.13个百分点。上涨的主要原因：一是随着环保整治力度的不断加大，小型养殖场陆续关停，鸡、鸭养殖量下滑，市场供应量萎缩；二是豆粕等养殖饲料价格上涨，禽类养殖成本增加，助推禽肉类价格走高。

2.猪肉价格长时间低位运行。猪肉价格下降9.6%，影响居民消费价格总水平下降0.24个百分点。猪肉价格持续走低的主要原因：一是生猪市场供过于求；二是随着居民生活水平的提高，人们的食物结构向多元化发展，牛羊肉在饮食结构中比重日益上升，从而导致猪肉消费量下降，下半年猪肉价格虽重回上升通道，但受前期猪肉价格疲软以及外省“非洲猪瘟”疫情发生禁止生猪外调的影响，生猪价格回升缓慢，全年猪肉价格依然下跌。

3.水产品价格明显下滑。水产品价格下降8.3%，影响居民消费价格总水平下降0.29个百分点。其中海水鱼、虾蟹类分别下降15.4%、6.8%。

（二）居住价格持续上涨

2018年，北海市居住价格上涨4.6%，涨幅较上年扩大了0.9个百分点，拉动居民消费价格总水平上涨0.93个百分点。在八大类商品及服务价格中，对总指数影响程度最高。居住价格持续上涨的原因主要有以下三个方面：

1.私房房租和自有住房价格上涨。新建住房和二手住宅价格持续上扬，以及北海市冬季“候鸟”效应扩大，带动了私房房租和自有住房价格相应上涨。数据显示，2018年，北海市新建商品住宅价格上涨10.1%；二手住宅价格上涨6.1%。

2.住房装潢材料价格上涨。随着国家环保政策趋严，不达标企业逐步退出市场，建材原材料价格上涨，进而影响市场终端产品涨价，其中水泥、瓷砖价格涨幅较大，分别上涨12.5%、12.1%；自2018年6月中央环保督查“回头看”以来，北海市关闭了大量采砂场，市场上河沙供不应求，价格大幅上涨，目前仍然保持高价位。

3.装潢维修费价格上涨。受各类装修材料价格持续上涨拉动以及人工成本上涨影响，装潢维修费上涨6.2%。

（三）医疗保健价格坚挺

医疗保健类价格上涨9.3%，影响居民消费价格总水平上涨0.7个百分点。其中医疗服务同比上涨12.7%，主要是受2017年4月和9月医疗服务价格改革的翘尾因素影响。中成药、滋补保健品分别上涨8.7%和19.0%，主要原因：一是由于原材料价格上涨，人工成本增加，生产工艺日趋严格，推动终端药价上涨；二是随着居民消费能力提高，越来越重视养生及健康，保健需求增加。

（四）交通和通信价格总体上涨

交通和通信价格较上年同期上涨1.1%，拉动消费价格总水平上涨0.13个百分点。受国际油价变动影响，汽、柴油价格全年呈现先涨后跌运行态势，总体呈涨势，其中，汽、柴油价格分别上涨12.8%、14.1%。

（五）服务项目价格刚性上涨

2018年，北海市服务项目价格上涨3.6%，拉动消费价格总水平上涨1.18个百分点。一是随着劳动力成本不断提高，服务项目价格呈现持续上升势头，价格上涨刚性较强。从2018年2月份起，北海市职工最低工资从1400元/月调整到1680元/月，调整增幅为20%，劳动力成本增加推动服务项目价格上涨；二是居民消费升级，2018年北海市第三产业实现增加值增长11.7%，服务业保持较快增长，服务项目价格亦保持着稳步增长态势，成为消费价格持续上涨的主要因素之一。

三、2019年居民消费价格走势预计

2018年北海市全年居民消费价格指数低位徘徊，预计2019年居民消费价格指数涨幅或将较2018年有所扩大，但仍保持温和上涨态势。主要原因如下：一是受2018年翘尾因素影响，据测算，2019年北海市CPI受上年价格的翘尾影响将上涨约1.0个百分点。二是随着人工成本逐年上涨，服务消费升级，服务项目价格刚性上涨或成常态。三是猪肉价格走势不明朗，在中美贸易摩擦影响下豆粕等养殖成本提高，以及非洲猪瘟疫情造成跨地区转运受限等多重因素影响下，生猪价格未来是否迎来反弹还难以确定。四是国际原油市场不确定因素增多，油价波动程度可能加剧。

四、关于稳定居民消费价格的几点建议

一是加强生猪养殖产业引导。密切关注生猪生产和市场形势，科学指导、调控养殖行业，引导养殖户理性对待“猪周期”，避免盲目扩产，理性补栏，提倡科学养殖，确保生猪市场供应稳定。二是持续建设“菜篮子”工程。重点抓好蔬菜、畜禽、水产品等鲜活农产品生产，加强基地建设，增强均衡供给能力，降低流通成本，保障“菜篮子”产品有效供给。三是遏制房价过快上涨。控制高房价向房屋租赁市场的传递，防止房租价格上涨过快。此外，继续加快廉租房的建设，增加租赁市场房源，保证市场价格稳定。四是加强市场价格监管及预警。加强对居民生活消费主要必需品和服务价格的跟踪监测，及时发现苗头性、倾向性问题，完善市场价格监测、预警、监管工作机制，对可能出现的应急状况及时预警，增强市场监测工作的前瞻性和主动性。

2018年防城港市居民消费价格涨幅扩大

王剑蔚

据国家统计局防城港调查队调查，2018年防城港市居民消费价格总指数（CPI）上涨3.4%，同比上涨0.7个百分点，比全国平均水平高1.3百分点，比广西高1.1百分点，在广西14个地级市中排名首位。

一、居民消费价格运行基本情况

（一）八大类指数呈现全面上涨格局

防城港市2018年所调查的八大类商品和服务项目价格指数呈现全面上涨的格局，其中：食品烟酒类上涨1.0%、衣着类上涨3.0%，居住类上涨6.5%，生活用品及服务类上涨3.8%，交通和通信类上涨2.3%，教育文化和娱乐类上涨1.8%，医疗保健类上涨8.2%，其他用品和服务类上涨2.5%。

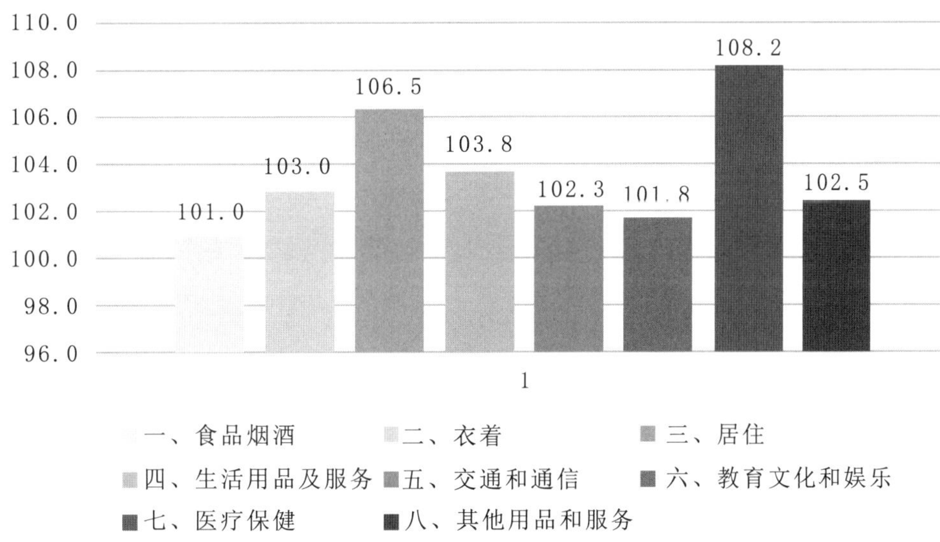

图1 2018年防城港市CPI八大类指数

（二）环比指数低位震荡、同比指数冲高回落

2018年，防城港市CPI八大类商品和服务项目价格指数各月环比分别上涨0.2%、1.9%、-1.1%、0.0%、1.2%、-0.1%、0.1%、0.4%、0.6%、0.0%、-0.5%、-0.1%；同比分别上涨1.6%、3.8%、3.0%、2.9%、3.5%、3.4%、3.6%、4.2%、4.6%、3.7%、3.2%、2.7%；全年环比指数在低位震荡；同比指数冲高回落。

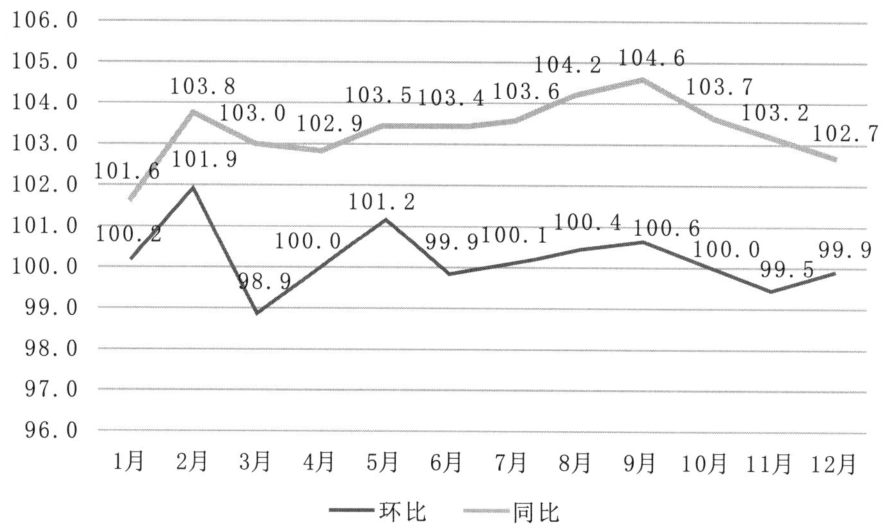

图2　2018年防城港市各月CPI走势图

（三）居住类对CPI的影响居首位

2018年，居住类价格上涨6.5%，拉动总指数上涨1.3个百分点，成为影响CPI指数最大的因素。食品烟酒类、衣着类、生活用品及服务类，交通和通信类、教育文化和娱乐类、医疗保健类，其他用品和服务分别拉动总指数0.3、0.2、0.3、0.3、0.2、0.7、0.01个百分点。

二、主要商品及服务价格变动情况

（一）食品类价格稳定，各种类涨跌差异

2018年食品类价格微幅上涨0.4%，在食品类所调查的十四个种类中，除了食用油、畜肉类、干鲜瓜果类三类价格下跌外，其他十一类价格出现不同程度上涨，主要变动情况如下：

1.菜类价格上涨3.9%。2018年2月份遭遇了入冬以来最强寒潮天气，同时适逢春节期间，菜价一度大幅上涨，虽然3—5月份随着气温的回升，菜价有所回落。9月受全国多雨天气及超大台风“山竹”天气影响，鲜菜的生长及运输受到限制，特别是叶菜类鲜菜，受天气影响比较敏感，涨幅比较大，10月过后价格逐渐回落。

2.猪肉价格大跌拉动畜肉类价格下跌6.5%。2018年以来，除1、2月份受春节需求增加影响价格上涨，3月份以后猪肉价格继续呈现低迷态势。同时市场中生猪出栏量增加，供大于求的局面没有改变，造成生猪出栏价格持续下跌。7月、8月、9月猪肉价格出现触底反弹。但是后期受全国的非洲猪瘟疫情影响，猪肉销售量下降，加上10月份开始，广西禁止生猪外调，猪肉价格反弹乏力，综合影响全年猪肉价格下跌12.4%。受到替代品需求影响及前期牛羊肉价格低位，全年牛肉上涨4.2%，羊肉上涨16.6%，综合影响畜肉类价格下跌6.5%。

3.禽肉、蛋类价格稳步上涨。2017下半年随着禽流感疫情影响的消退，鸡、鸭、蛋价格开始逐步走高。同时2018年受全国家禽和鸡蛋主产区供应紧张的影响，价格稳步上涨，全年禽肉类上涨3.6%，蛋类上涨2.6%。

4.水产品价格上涨3.7%。2018年的休渔期从5月至8月，导致5月份以后市场海鲜供应量骤减，价格不断上涨，8月北部湾开海之后，吸引大量的外地游客来港吃海鲜和旅游，出现供需两旺，导致价格持续上涨，随着市场供应增加，9月、10月价格有所回落，年末水产品价格趋于平稳。

5.干鲜瓜果类下降5.0%。年初，受低温天气影响和春节效应导致鲜瓜果运输、防冻成本加大，外地鲜瓜果运输成本有所提高，春节鲜瓜果市场需求量不断增加，导致价格上涨。3月份以后，受天气及“大小年”影响，2018年各类水果的产量普遍高于去年，市场供应量大幅增加，价格与2017年相比普遍下降。

（二）居住类价格大幅上涨

居住类价格指数累计上涨6.5%。其中：私房房租累计上涨9.8%，自有住房价格累计上涨11.6%，住房装潢材料上涨4.6%，住房装潢维修4.5%，居住类指数上涨成为总指数上涨的最主要推手。主要原因：一是2018年防城港市政策利好叠加，扩大了城市知名度，外来投资者大幅涌入，房地产市场火爆，推动了房租和自有住房价格的上涨。二是水泥、板材等原材料价格上涨，推动了住房装潢材料；三是今年装潢需求大增和人工成本上涨推动了装潢维修费用上涨。

（三）生活用品及服务类上涨3.8%

其中：家用器具上涨3.1%，家用纺织品上涨6.7%，家庭日用杂品上涨4.8%，个人护理用品上涨3.7%。主要受以下因素影响：一是工业原材料推动下游消费价格上涨。2018年，受铜、钢材、铝材、棕榈油、纸板、橡胶、塑料等原材料出现不同程度上涨的，彩电、空调、冰箱、洗衣机等家用电器，个人护肤用品、纺织品等终端销售价格随之上涨，价格反映比较迅速，拉动了生活用品及服务类指数。

（四）交通和通信类上涨2.3%

主要是汽柴油价格变化较大，10月之前，受国际市场油价上涨影响，国家发改委年内进行了十三次上调了汽柴油价格，11月和12月受国际油价大幅下跌影响，国内汽柴油价格也应声下调。综合影响全年汽油价格上涨12.8%，柴油价格上涨14.1%。

（五）医疗保健类大幅上涨

医疗保健类上涨8.2%，拉动总指数上涨0.71个百分点，成为影响CPI上涨的第二大因素。主要是因为医疗服务上涨11.8%，其中：综合医疗类上涨10.7%，诊断类上涨14%，治疗类上涨10.7%，中医医疗服务类上涨30.6%。

（六）其他用品和服务上涨2.5%

主要受旅馆住宿类价格上涨影响，防城港地处边山海天然区位优势，特色是滨海旅游及跨境旅游，由于2018年政策利好叠加，扩大了城市知名度，导致外来投资者大幅涌入，同时旅游加海鲜吸引了越来越多的游客。在旅游旺季的周末和节假日，外地游客大批量涌入，中心城区、旅游景区的宾馆酒店房间爆满，且价格涨幅比较大，拉动旅馆住宿类价格上涨12.5%。

三、影响价格变动的主要原因

（一）政策利好叠加，城市知名度提高

一是4月份海南限购政策出台以后，众多投资客商的目标开始转向沿海地区，同期国务院10个部门联合发文支持同意内蒙古满洲里、广西防城港建立首批边境旅游试验区，引起全国关注，打响了城市知名度，投资需求旺盛，据部门数据显示：1—11月防城港市商品房销售面积355.54万平方米，增长73.7%，增速排广西首位；市直区域住宅商品房均价从1月的4372.52元/平方米上涨到12月的5510.03元/平方米，涨幅约26%，出现量价齐升的现象。二是防城港2018年8月首次举办北部湾开海节，每年11月举办国际东盟马拉松比赛，扩大了城市知名度，旅游加海鲜吸引了越来越多的外地游客。综合推动私房房租、自有住房、旅馆住宿价格大幅上涨。

（二）PPI指数持续上涨

2018年前三季度，广西工业生产者出厂价格（简称PPI）同比上涨3.9%，与全国基本一致。其中：石油、煤炭及其他燃料加工业、纺织业、黑色金属冶炼和压延加工业、橡胶和塑料制品业、非金属矿物制品业和有色金属冶炼和压延加工业六类涨幅居前，1—9月累计比上年同期分别上涨17.7%、13.8%、11.7%、10.4%、8.8%和6.4%，PPI指数的持续上涨对下游居民消费价格具有一定传导作用，直接推动家用电器、个人护肤用品、纺织品等终端消费品价格上涨。

（三）居民收入稳步增长，劳动力成本提高

2018年前三季度，防城港市城镇居民人均可支配收入26788元，同比增加1706元，名义增长6.8%，高于广西平均水平0.8个百分点，增速排广西第2位。同时，2018年广西提高最低工资标准，其中一类工资从2015年的1400/月上涨至1680元/月，二类工资从1210元/月上涨至1450元/月，三类工资从1085元/月上涨至1300元/月，三类工资涨幅均达20%左右，同时最低档失业保险金由原来的最低工资标准一类的70%提高到80%。城镇居民收入和最低工资标准稳步提高，人工成本水涨船高，直接推动了服务类价格上涨。

（四）公立医院医疗服务翘尾因素拉动作用未消

由于2017年自治区分期分批调整公立医疗机构医疗服务项目价格，推动了综合医疗类、诊断类、治疗类一般性服务价格上涨，公立医院医疗服务翘尾因素对总指数的拉动作用还未消除。

四、2019年CPI走势预测分析

2018年防城港市全年居民消费价格指数呈现大幅增长态势，预计2019年居民消费价格指数会延续涨势，但是涨幅会有所回落。主要理由是：一是未来生猪价格

受全国的非洲猪瘟疫情影响还未消除，抑制生猪价格上涨的因素还不明朗，加上受豆粕等主要饲料价格上涨的影响，生猪价格未来是否会迎来反弹还难以确定。二是居住类价格受房地产价格影响较大，经过2018年一轮火爆行情之后，价格已在高位，房价继续大幅增长的可能性很低，虽然房租价格会继续增长，但涨幅有限。三是公立医院医疗服务翘尾因素会逐渐消除，医疗服务价格会趋于平稳。

2018年钦州市居民消费价格温和上涨

谭　明

2018年钦州市居民消费价格（CPI）累计上涨2.2%，涨幅较上年扩大了0.1个百分点，高于全国平均水平0.1个百分点，低于广西平均水平0.1个百分点，位列广西14个地市第9位。其中，服务项目价格上涨2.1%，工业品价格上涨2.6%。

一、2018年CPI运行基本情况

（一）从各月环比来看，呈现出趋缓走势

2018年1—12月环比涨幅分别为：0.3%、1.6%、-0.9%、-0.4%、-0.3%、0、0.3%、0.9%、0.3%、0.1%、-0.3%、0.1%，在-0.9%至1.6%区间内小幅波动运行，波动区间较上年扩大0.8个百分点，受春节因素影响，最高涨幅出现在2月份，最高降幅出现在春节后的3月份。

（二）从各月同比来看，年末涨幅有所回落

2018年1—12月CPI同比涨幅分别为2.0%、3.1%、2.8%、2.4%、2.0%、1.9%、1.7%、2.5%、2.5%、2.3%、1.8%、1.7%，涨幅分别高于上年同期-0.8、1.0、0.9、1.3、0.9、0.4、-0.3、0.3、0.4、-0.3、-1.0、-1.0个百分点。

（三）从构成上来看，八大类商品及服务价格涨幅全面上涨态势

2018年，钦州市医疗保健类价格上涨3.5%、教育文化和娱乐类价格上涨2.9%、交通和通信类价格上涨2.6%、居住类价格上涨2.5%、食品烟酒价格上涨1.9%、衣着类价格上涨1.6%、生活用品及服务类价格上涨1.0%、其他用品和服务类价格上涨0.1%。

二、影响钦州CPI变动的主要特点

（一）食品烟酒类价格涨幅明显

2018年，钦州市食品烟酒类价格上涨1.9%，其中，食品、在外餐饮价格同比分别上涨1.9%、2.5%，合计拉动总指数上涨约0.6个百分点。从14个食品小类来看，呈现“9涨3降2平”的格局，其中涨幅影响较大的有禽肉类、水产品、蛋类、畜肉类价格分别比上年同期上涨15.5%、8.2%、9.1%、-6.4%。（如表1）

表1 食品类的14个中类累计涨幅情况

分类	累计涨幅%	分类	累计涨幅%
1.粮食	0	8.水产品	8.2
2.薯类	-3.8	9.蛋类	9.1
3.豆类	3.0	10.奶类	0
4.食用油	-4.9	11.干鲜瓜果类	0.8
5.菜	0.5	12.糖果糕点类	0.6
6.畜肉类	-6.4	13.调味品	0.6
7.禽肉类	15.5	14.其他食品类	1.2

1.禽肉类价格大幅上涨。2018年，钦州市禽肉类价格上涨15.5%，拉动总指数上涨约0.3个百分点。其中鸡、鸭价格分别上涨18.2%、14.4%。2017年上半年广西出现首例输入性人感染H7N9流感病例，受此影响禽肉类价格大幅下降，下半年疫情过后价格逐步回升，由于养殖户多持观望态度，补栏积极性下降，特别是散养户补栏缓慢，市场供应偏紧，2018年前三季度天气偏热，饲料、人工价格上涨，疫情防控、饲料、人工等投入增加，上述多种因素叠加影响，导致了禽肉类价格持续上行，其中蛋类价格累计同比上涨9.1%。

2.水产品价格持续高位运行。2018年，钦州市水产品价格上涨8.2%，拉动总指数上涨约0.2个百分点。1—12月各月同比涨幅分别为6.8%、13%、15.4%、11.5%、9.3%、8.9%、8.7%、8.4%、6.8%、3.6%、2.8%、3.8%。近年来近海海水产品的大量捕捞、违规渔具的使用，近海海水产品逐年减少，不少海产品都为远海产品，捕捞成本增加，从而导致终端价格上涨。“钦北防”三市作为北部湾海水产品的主要输出地，大量优质海水产品大量外输，近年来到钦州采购海水产品的客商明显增多，特别是节假日前夕，外运海水产品激增，导致当地市场虾蟹类产品供不应求。同时，国家为保护海洋渔业，加大力度打击非法拖网捕捞，并且伏季休渔期的逐年延长，市场海水产品保有量波动较大，进一步刺激了水产品价格上扬。

3.畜肉类价格回落。2018年，钦州市畜肉类价格下降6.4%，下拉总指数约0.2个百分点，其中，猪肉价格下降9.7%，羊肉价格上涨19.7%。随着人民生活水平的提高，肉类消费趋于多样化，猪肉在饭桌上的地位下跌，需求减少。2017年活羊出栏量猛增，市场供应充足，同时2017年遭遇暖冬，羊肉需求疲软，2018年由于活羊出栏减少，加上2018年秋冬季气温比往年低，羊肉需求大增，价格总体上扬。

4.在外餐饮价格持续上涨。2018年，钦州市在外用膳食品价格上涨2.5%，拉动消费价格总指数上涨约0.2个百分点。其中，正餐、快餐、地方小吃价格同比分别上涨3.4%、3.0%、4.1%。随着消费者对饮食要求提高，选择性增强，经历几年的餐饮萧条期，大中小型酒店经过升级变革，菜品数量及质量提高，同时，旅游等行业的兴起及人工成本的提高，助推了在外餐饮价格上涨。

（二）工业品价格回升提速

2018年，钦州市工业品价格上涨2.6%，拉动总指数上涨约0.9个百分点。

1.能源类价格涨势明显。其中汽油、柴油、液化石油气价格分别上涨12.8%、14.1%、7.1%。2018年，国际原油涨势持续时间较长，从年初至10月基本保持上涨态势，也是造成10月之前调价上调居多，甚至出现连涨状况的原因。国内成品油市场共历经26次调整，其中13次上调，12次下调，1次搁浅。

2.衣着类价格保持上行态势。2018年钦州市衣着类价格上涨1.6%，拉动总指数价格指数上涨约0.1个百分点。随着消费者衣着服饰消费档次的提升，铺面租金、用工成本的上涨及款式限量发售、更新换代提速等因素对衣着类价格上涨起到了明显的推动作用。而且棉花、羊绒等原材料价格的回升也助推了衣着价格上涨。

3.装潢材料价格上涨。随着国家去产能、环保节能标准的进一步规范，助推了政策后期原料价格上涨，让企业投入加大，产品成本的进一步提高将传导到终端产品。同时，产品的更新换代加速，不少工业产品新品种辈出，促进了价格上涨。2018年钦州市住房装潢材料价格上涨9.4%。

（三）服务项目价格持续上涨明显

2018年，钦州服务项目类价格上涨2.1%，拉动消费价格总指数上涨约0.7个百分点。从服务项目构成来看，上涨幅度较大的为课外教育、旅行社收费、其他文娱服务、邮政邮寄、护理等价格，分别上涨10.2%、9.5%、9.2%、8.5%、7.8%。

三、影响2018年CPI上涨的主要因素

（一）经济发展对消费需求的刺激

2018年钦州市经济呈现良好的发展势头，地区生产总值、固定资产投资逐年增加，旅游业健康发展，对拉动本地区消费有一定的推动作用。

（二）居民收入增加助推物价上涨

随着居民收入增加，越来越多的消费者更倾向于品质生活，中高端消费品得到青睐。同时，2018年2月，广西调整广西职工最低工资标准，调整增幅为20%。最低工资的增加，非全日制职工最低小时工资标准也水涨船高，进而影响劳务费用提高，助推服务性行业价格上涨。

（三）工业品价格上涨的价格传导

国家经济政策的深层次推进，各地“三去一补一降”等政策的落实推进供给侧改革，加速淘汰落后产能。随着原油、钢铁等大宗工业品价格的上涨，生产成本提高影响向终端产品传导，进而影响物价上涨。

（四）药品价格的助推作用

随着医改的推进，部分原料药材被生产商或经销商垄断，下游药厂及医药企业

生产成本上升压力增大，同时，人工费用增加，产品包装成本提高等因素促使药企抬高销售价格，而且有些药企并非真正落实“两票制”，而是直接销售给供应商，由其进行加工包装后进行销售，增加流通环节，从而影响药品价格上涨。

（五）服务价格的持续上涨

近几年，钦州市服务类价格都保持着增长态势，衣食住行等消费及最低工资标准线的不断提高，推动了服务价格的持续上涨，其中，旅游、教育、医疗等价格上涨明显。成本的提高一方面由内部消化，另一方面向零售和服务终端转嫁，进而推动CPI上行。

（六）房地产业回暖的带动作用

2018年三季度钦州房市悄然变暖，量价齐升，受此利好影响，建材、工业品等价格走高，推动CPI上行。

四、2019年价格走势预测

国际原油和大宗商品价格已经下行，输入性通胀压力较小，受此影响，工业产品价格涨幅收窄，进而影响到消费端价格走势；我国处于经济结构转型时期，过去依靠粗放式投资拉动的经济增长模式正在转变，投资对价格上涨的带动力减弱；消费需求稳中趋缓，也将直接造成消费品价格上涨动力缺乏。同时，2019年国内将继续实施稳健的货币政策，意味着因流动性泛滥而抬升物价的可能性很小。综上所述，预计2019年钦州CPI将保持较为温和、平稳的运行态势。

2018年贵港市居民消费价格涨幅扩大

苏玉怀

据国家统计局贵港调查队调查数据显示，2018年贵港市居民消费价格总水平（CPI）上涨3.0%，已达3.0%的年度控价目标线；涨幅较上年同期扩大1.4个百分点，比广西平均水平高0.7个百分点，按从高到低排序在广西14个地级市中排名第二。其中，食品价格下降0.2%，非食品价格上涨3.8%；消费品价格上涨1.8%，服务项目价格上涨5.4%。

一、居民消费价格运行总体情况

（一）从同比看，各月涨幅度均在2%以上

2018年1—12月，贵港市居民消费价格各月同比分别上涨2.1%、3.6%、2.2%、2.3%、2.3%、2.7%、3.0%、3.3%、4.0%、4.4%、3.2%和2.6%，上涨幅度均超2%，有6个月涨幅超过3%，主要集中在下半年，其中，9月和10月同比涨幅都超过4%。（如图1）

（二）环比涨幅呈冲高回落的走势

2018年1—12月，贵港市居民消费价格各月环比分别上涨-0.2%、1.5%、-0.9%、0.3%、0.2%、0.2%、0.4%、0.5%、1.1%、0.5%、-0.8%和-0.2%，12个月中有8个月环比上涨，分别是2月、4月、5月、6月、7月、8月、9月、10月，到11月、12月环比下降，涨幅呈冲高回落的走势。（如图1所示）

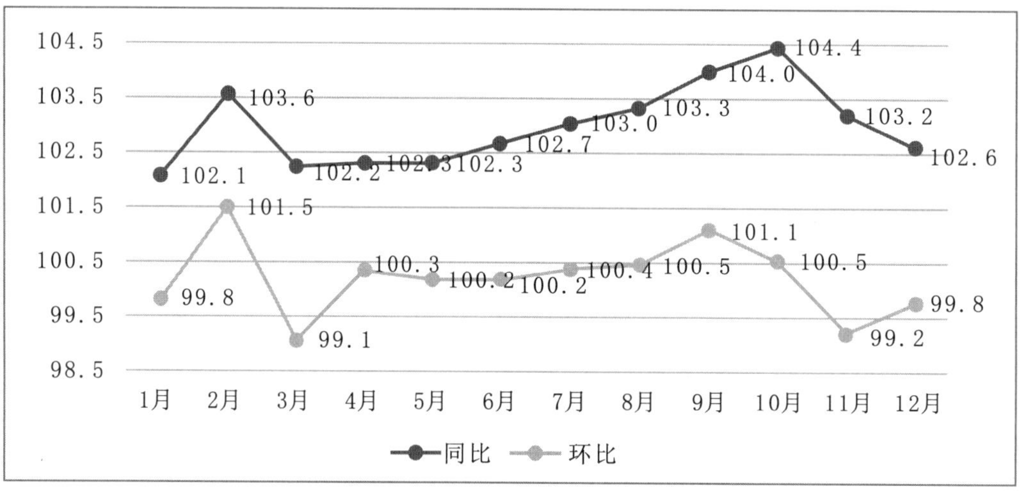

图1　2018年贵港市CPI同比环比走势

（三）八大类商品及服务项目价格全部上涨

从分类看，调查的八大类商品及服务价格同比呈全线上涨态势。食品烟酒类、衣着类、居住类、生活用品及服务、交通和通信、教育文化和娱乐、医疗保健、其他用品和服务价格同比分别上涨0.4%、2.0%、5.1%、2.8%、4.1%、4.7%、5.3%和1.3%，价格同比上涨4%以上的有居住类、交通和通信、教育文化和娱乐、医疗保健，其中，居住类、医疗保健价格同比分别到5.1%、5.3%。

二、主要商品及服务价格变动原因及分析

（一）食品类价格降幅收窄

2018年，贵港食品烟酒类价格同比上涨0.4%，其中食品类价格同比下降0.2%，影响居民消费价格总水平下降约0.05个百分点。1—12月食品类价格各月同比分别上涨-1.1%、4.2%、0.6%、-1.4%、-3.7%、-4.3%、-3.9%、-0.8%、2.3%、3.5%、1.2%和0.7%。走势波动较大，14个小类价格呈“九升五降”态势，涨幅最大的是蛋类，为6.8%，降幅最大的是畜肉类，为-7.2%。（如图2）

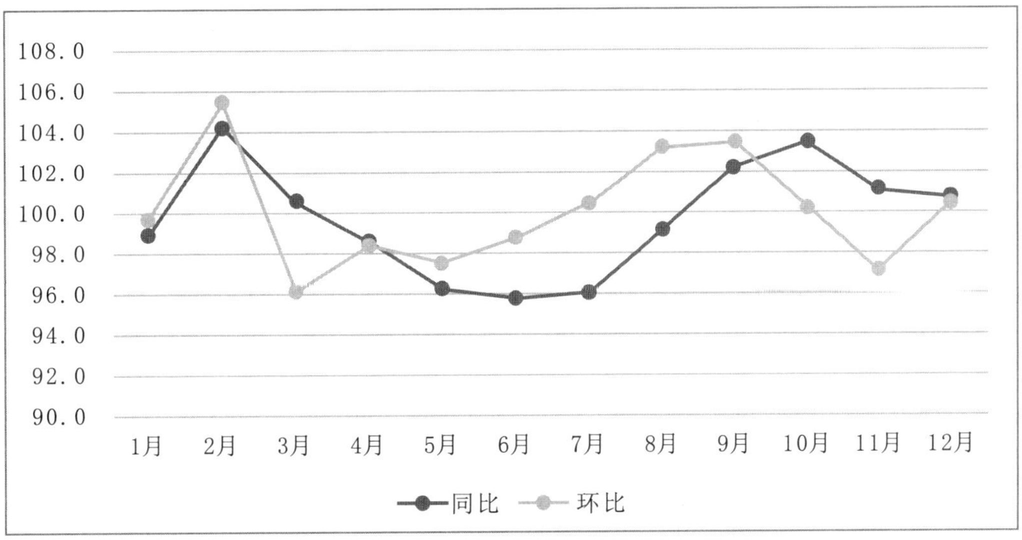

图2 2018年贵港市食品同比环比走势

1.畜肉价格同比下降7.2%。主要原因是猪肉价格同比下降13.5%，下降幅度较大，拉低畜肉价格。2018年1—12月，猪肉价格各月分别同比下降12.3%、6.5%、15.6%、22.4%、26.0%、24.7%、18.1%、8.7%、6.5%、6.5%、6.4%和8.6%。从月度环比上看，1—12月，猪肉价格各月分别环比上涨0.3%、4.4%、-11.9%、-10.5%、-8.1%、-2.0%、7.1%、12.7%、3.7%、0.1%、-0.7%和-1.3%，显而易见，经历了1—2月的小幅上涨后，就一直处于下降态势，直到7月份，猪肉价格才出现反弹。主要原因是随着环保督查力度加大，关停了大量不符合要求的中小型养殖场，使得

市场供大于求的关系得到缓解，且各大型养殖场定价更为理性，最终使得猪肉价格止跌回升；但由于多地爆发非洲猪瘟疫情，特别是10月份受周边省份影响广西生猪暂停外运，打断了猪肉的反弹趋势，使得猪肉价格在年末这一传统消费旺季出现了小幅下跌。

2. 禽肉类和蛋类价格同比大幅上涨。禽肉价格同比上涨4.7%，其中鸡、鸭价格同比分别上涨6.0%、6.3%；蛋类价格同比上涨6.8%，其中鸡蛋价格同比上涨6.1%。禽肉和蛋价格大幅上涨，一方面是因为2017年禽流感影响市场需求不高、2018年禽流感影响消除市场需求大幅回升，拉动禽肉和蛋价格上涨；另一方面则是受环保督查力度加大影响，各小型、放养鸡鸭场关停，造成市场供应减少，禽肉类和蛋类价格上涨。

3. 鲜瓜果价格同比先抑后扬。2018年贵港市鲜瓜果价格同比上涨0.2%，其中1—8月由于2017年苹果、梨等冬储水果丰收，且2018年上半年气候整体适宜水果生长，香蕉、火龙果、西瓜等时令水果产量喜人，荔枝、龙眼又正值丰年，市场供应充足，价格较上年同期有明显回落；进入9月后，随着市场供应减少和翘尾影响等原因，价格止跌回升，且出现连续较大幅度的上涨。

4. 水产品价格同比上涨4.2%。淡水鱼价格同比上涨6.0%。主要的原因是环保力度加大，江河湖泊的网箱养殖大量关停，使得市场淡水鱼供应大幅减少，价格明显上涨。

5. 酒类价格同比上涨2.6%。白酒价格同比上涨3.8%，啤酒价格同比上涨2.0%，其他酒类价格同比上涨3.1%，原因是生产和运输等环节成本上涨，特别是原材料成本和人工成本的提高，生产商上调了价格。

（二）服务价格指数是影响CPI上涨的最主要因素

2018年，贵港市服务价格同比上涨5.4%，拉动CPI上涨约1.8个百分点，影响幅度超过半。主要是以下几个原因：一是农村剩余劳动力由过去的几乎无限供给向有限剩余转变，低成本劳动力优势已经开始逐步减弱，人口红利逐步消失，用工成本不断增加，而且市民消费意识开始转变，服务消费增大，服务行业价格持续上涨；二是随着人们对教育行业越发重视，需求和投入也不断增加，2018年贵港市学前教育投入同比上涨19.2%，小学初中教育投入同比上涨14.7%；三是随着城市化的进行，出行成本增加，出租车、停车费等费用有所上调；四是随着医改的不断深化，医药分离，提高了医疗服务价格。2018年贵港市中医医疗服务价格同比上涨25.0%，其他医疗服务同比上涨20.1%；五是由于新建及二手房价不断上涨，拉高房屋租赁价格。根据有关部门提供的资料，2018年贵港市本级住宅商品房销售成交均价为6534.0元/平方米，同比上涨23%，非住宅商品房销售成交均价为9356.0元/平方米，同比上涨14%；2018年贵港市二手住房成交面积50.6万平方米，同比增长15.0%，成交金额21.4亿元，同比增长40.0%，成交套数4372套，同比增长25.0%，平均售价4224.0元/平方米，同比上涨22.0%。

（三）工业品价格增速放缓

2018年，贵港市工业品价格同比上涨3.0%，涨幅较上年缩小了0.3个百分点。工业品价格涨幅收窄，一方面是由于PPI涨幅放缓所致，PPI涨幅从2017年10月起持续放缓，2018年1—11月全国工业生产者出厂价格（PPI）累计同比上涨3.8%，涨幅比上年同期缩小2.6个百分点，涨幅收窄势必对下游消费终端造成影响；另一方面则是由于CPI、PPI剪刀差所致，上游价格上涨未能有效向下游传导，需要上游继续去产能、调结构，继续推进供给侧改革。

三、2019年居民消费价格走势分析

2019年，贵港市投资增速估计仍将在高位徘徊，但房产投资和路桥设施建设投资将会减少，影响钢材、建材、水泥等产品需求，价格上涨的动力较弱。消费需求稳中趋缓，一方面商品房销售放缓，对后续装潢、家具、家电等消费带来影响；另一方面高房价导致居民部门杠杆水平上升、住房贷款增长较快，对消费支出形成挤出效应。消费增长放缓将直接影响到消费品价格缺乏上涨动力，因此，预计贵港市2019年居民消费价格上涨幅度将低于2018年。

（一）支撑物价上涨的主要因素

1.环保政策推动。受环保限产和成本上升等因素影响，部分工业产品价格持续回升，特别是水泥、砂石等建筑材料价格高企，钢铁、原煤等基础工业产品价格坚挺，将传导至下游产品价格的上涨。

2.人力成本推动。劳动力价格逐年稳中趋涨，刺激市场消费需求，同时带动服务成本和费用上升。

3.房价上涨推动。贵港市全市批准商品房（住宅、非住宅）销售面积将逐年减少，2018年贵港市全市只批准商品房（住宅、非住宅）销售面积350.0万平方米，比2017年下降1.0%，但农村进城买房和外出务工人员回城买房没有减少，房价将不会下降，预计略有上涨态势，有带动私房房租及自有住房价格继续上涨的可能性。

（二）抑制物价上涨的主要因素

1.医疗服务价格改革见效。贵港市公立医院医疗服务价格进行改革，取消了医院药品加成，药品价格过快上涨的势头得到遏制，医疗服务价格涨幅将趋于平稳。

2.产业政策影响。2018年3月国务院办公厅出台《国务院办公厅关于促进全域旅游发展的指导意见》（国办发〔2018〕15号），进一步加快旅游供给侧结构性改革。《意见》的出台将会对旅行社收费、长途汽车、飞机票等与旅游相关的服务项目价格产生一定影响。

四、稳定价格的工作建议

2019年，贵港市价格工作要坚持“稳中控涨”的主基调，精准施策，保障民生、稳定预期，为经济高质量发展营造平稳的价格环境。对此提出以下建议：

（一）坚定不移稳价格

加强综合调控，严防价格异常波动、严防重大不稳定价格事件出现，确保CPI始终在2%～3%合理区间内运行。一是完善价格监测体系。加强价格监测分析预警，发现苗头性、倾向性的价格剧烈波动时，及时启动应急预案予以平抑。二是落实基本保障政策。当价格涨幅达到或超过CPI年度目标控制线时，及时启动社会救助保障标准与物价上涨挂钩联动机制，保障低收入群众基本生活不受物价上涨影响。

（二）坚定不移促发展

经济持续健康地发展是保持CPI平稳运行的“稳定器”。一是要充分发挥扩大消费对稳价格的基础性作用。主动应对消费升级的大趋势，大力发展文化、体育、健康、养老等幸福产业，积极培育教育、医疗、社区物业等公共服务业，适度刺激消费。二是要充分发挥有效投资对稳价格的关键性作用。要始终把项目建设作为“第一位的任务”，确保规模资产投资比2018年有一定幅度的增长。三是要充分发挥招商引资对稳价格的支撑性作用。招商引资是增加投资、促进消费的有效方式，项目落地越多，市场经济活力越大，越有利CPI的平稳运行。

（三）坚定不移管好市场

价格是市场的“风向标”，要建立健全市场价格监测网络，加强对市场价格的监测。一是宣传引导。全面、深层次的宣传价格法律法规，提醒告诫各相关经营业主对商品和服务要实行明码标价；曝光典型案例，加强警示教育。二是专项检查。从与群众密切相关、社会反映强烈的行业入手，重点对农村客运、超市商品零售、电信资费、餐饮、建材等行业进行检查，重点查看明码标价落实情况，重点打击各种哄抬价格和价格欺诈等价格违法行为。

2018年玉林市居民消费价格温和上涨

廖文辉

据国家统计局玉林调查队调查，2018年玉林市居民消费价格（CPI）上涨2.2%，涨幅与上年持平，比广西平均水平低0.1个百分点，在广西14个地级市中，与桂林、钦州并列第9位，物价水平整体温和上行。

一、居民消费价格总体运行情况

（一）环比涨跌互现，同比波动上行，总体呈温和上涨趋势

如图1所示：从环比看，CPI上涨的月份为6个，下降的月份有4个，持平月份2个，涨跌互现，总体呈上涨态势，各月之间波动幅度较小；从同比来看，各月CPI涨跌幅波动较大，其中较高的月份为9月份的3.1%和10月的3.3%，最低为1月份0.5%。

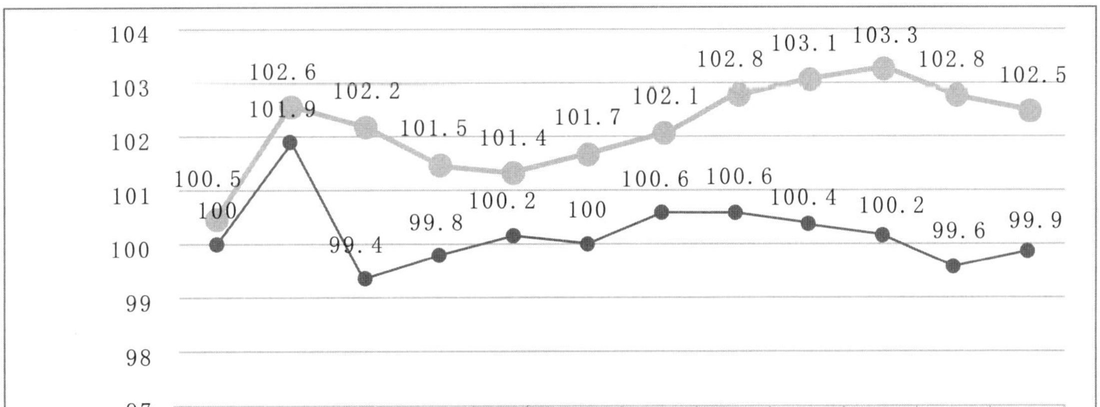

	1月	2月	3月	4月	5月	6月	7月	8月	9月	10月	11月	12月
环比	100	101.9	99.4	99.8	100.2	100	100.6	100.6	100.4	100.2	99.6	99.9
同比	100.5	102.6	102.2	101.5	101.4	101.7	102.1	102.8	103.1	103.3	102.8	102.5

环比　同比

图1　2018年玉林市居民消费价格指数走势

（二）八大类商品及服务价格全线上涨

调查的八大类商品及服务价格呈全面上涨态势。食品烟酒类、衣着类、居住类、生活用品及服务类、交通和通信类、教育文

化和娱乐类、医疗保健类和其他用品和服务类价格分别上涨0.4%、2.3%、3.0%、0.9%、3.6%、5.0%、1.6%、2.2%，其中，教育文化和娱乐类价格上涨最为明显（见图2）。

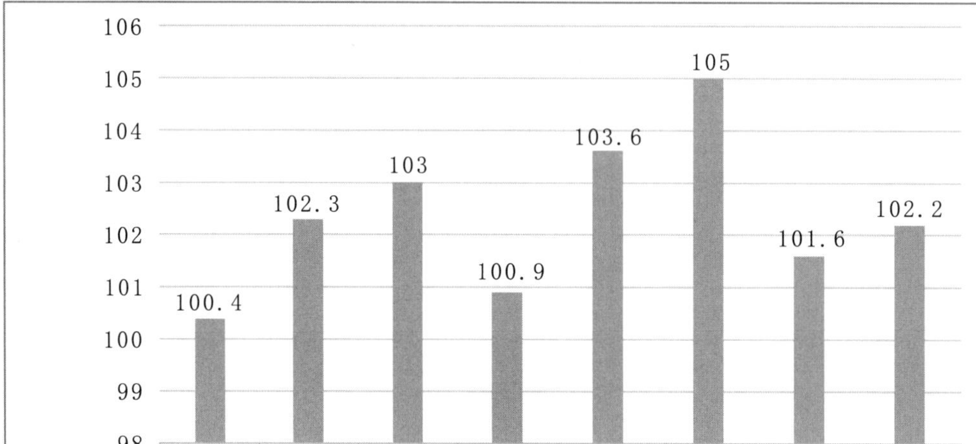

	一、食品烟酒	二、衣着类	三、居住类	四、生活用品及服务类	五、交通和通信	六、教育文化和娱乐	七、医疗保健	八、其他用品和服务
■同比指数	100.4	102.3	103	100.9	103.6	105	101.6	102.2

图2 2018年玉林市八大类消费品及服务价格同比指数

二、主要商品及服务价格变动情况

（一）食品烟酒类价格微幅上涨

食品烟酒类价格上涨0.4%，其中食品类价格上涨0.2%。在调查的14小类食品价格中，10涨4降。其中：禽肉类和蛋类价格上涨最明显，分别上涨了10.8%和10.3%，分别拉高总指数0.2个百分点和0.05个百分点；下降较为明显的是食用油价格，较上年同期下降了8.6%，拉低总指数0.07个百分点，畜肉类价格下降了5.7%，拉低总指数0.25个百分点。2018年食品类价格走势呈现以下几个特点：

1.猪肉价格下降明显。猪肉价格下降8.6%，拉低总指数0.2个百分点。2018年各月，玉林猪肉价格同比涨跌幅分别是-11.3%、-7.8%、-10.7%、-15.6%、-17.3%、-14.1%、-11.2%、-4.4%、-4.5%、-2%、-1.2%和-1.8%，全年降势明显，其中上半年下降幅度较大，最大跌幅一度达17.3%，进入下半年，降幅逐步收减。主要原因：一是生猪产能恢复，市场供应增加，导致活猪销售价格与上年同期相比明显下降；二是受外省非洲猪瘟疫情影响，活猪需求减少导致价格下跌。

2.禽肉类价格大幅上涨。禽肉类价格上涨10.8%，拉动总指数上涨0.2个百分点，其中鸡、鸭分别上涨10.3%和14.7%。2018年各月，禽肉类价格同比涨幅分别是5.9%、13%、21.3%、19.5%、16.5%、16.2%、14.4%、10.2%、4.7%、4.6%、4.8%和2.8%，各月均呈现上涨态势，禽肉类价格上涨的主要原因：经历2017年上半年的禽流感后，不少养殖户退出养殖，大部分养鸡场都有意控制养殖总量，减量养殖，市场上活鸡总量减少，进而影响2018年活鸡价格上涨。

3.菜类价格小幅下降。菜类价格下降2.1%，拉动总指数下降0.06个百分点。2018年1—12月鲜菜价格各月同比涨跌幅分别为-0.4%、7.2%、-2.4%、-4.6%、-7.5%、-2.9%、-14.7%、-7.4%、5.0%、11.2%、-4.3%和-6.3%。从总体走势看，2018年1—8月，除了春节期间上涨幅度较大之外，其余各月保持低价位运行的态势；9月，由于玉林受山竹台风影响较大，鲜菜种植受到不同程度的破坏，市场上鲜菜供应减少，鲜菜价格大幅上涨；进入四季度，蔬菜价格有所回落，10月、11月份天气较晴朗，温度适宜农作物生长，市场上鲜菜供应量增加，价格下降较明显，12月份中旬受寒潮影响大气转冷，虽然部分蔬菜价格有所上涨，但从整体数据看12月份价格还是下降趋势。

（二）衣着类价格小幅上涨

衣着类价格上涨2.3%，拉动总指数上涨0.2个百分点。主要受人工成本、经营铺面租金、员工的工资福利、原材料价格都出现了不同程度的上涨等因素影响。其中，服装价格上涨2.0%，服装材料价格上涨0.2%，衣着服务加工服务费上涨1.1%。

（三）教育文化和娱乐类上涨幅度最大

教育文化和娱乐类价格上涨5.0%，在八大类商品和服务价格中上涨幅度最大，拉动总指数上涨0.62个百分点。主要变动情况：一是教育服务价格上涨7.0%，其中高中中职教育、课外教育分别上涨了4%和35.5%。二是文化娱乐服务和旅游价格保持上涨态势，分别上涨了6.3%和4%。

（四）工业品价格温和上涨

工业品价格上涨2.7%，拉动总指数上涨0.97个百分点，其中，住房装潢材料价格上涨2.8%，交通工具价格上涨3.3%，服装价格上涨2%。玉林市工业生产者价格调查数据显示，2018年，玉林市服装类、水泥、陶瓷等主要工业品全年产品出厂价格均有不同程度上涨，助推各类工业产品的消费价格走高。

（五）服务类价格上涨较为明显

服务类价格上涨3.3%，拉动总指数上涨1.1个百分点，涨幅比上年增加1个百分点，主要原因：一是受居民消费需求的不断升级的影响，对各项服务质量要求不断提升，影响服务价格上涨；二是2018年2月广西最低工资标准提高20%，影响劳动力成本上升，进而推动服务价格上涨；三是受各级政府深入推进教育和医疗领域价格改革，以及居民教育、健康观念的不断提升等因素影响，群众在教育和医疗方面的需求和支出增加，从而影响医疗、教育服务价格上涨。数据显示，2018年，玉林鞋类加工服务价格上涨15%，家政服务价格上涨14.7%，课外教育服务价格上涨35.5%，护理费价格上涨35.7%。

三、2019年玉林市居民消费价格走势预测

（一）拉动物价上涨因素分析

1.服务类价格将呈较快上涨态势。首先是城镇居民收入水平不断增长，生活水平逐步提高，居民对服务行业的需求明显增加，对服务质量的要求也在不断提高，拉动服务价格上涨；其次，受民工工资刚性增长、物价上涨、市场变化等因素影响，行业雇工成本增加，一些劳动力密集型的行业如劳务服务、服装加工制造与销售等方面劳动力成本明显上升，提高了相关行业的服务价格，进而带动CPI上行。

2.翘尾因素影响。据测算，2018年对2019年的平均翘尾影响为0.7个百分点，虽略低于广西0.2个百分点，但对2019年玉林的居民消费价格上涨也有较为明显的影响。测算结果显示，2019年1月受翘尾影响最大，达2.5个百分点，其次是四月的1.5个百分点。

（二）抑制物价过快上涨因素分析

1.全国经济增速放缓，居民消费受到较大影响。2018年全年中国国内生产总值（GDP）同比增速6.6%，实现了6.5%左右的预期发展目标，按总量看，这是中国GDP首次突破90万亿元大关，但GDP增速的放缓也不容忽视，经济下行压力仍然较大，且2019年存在继续下行的可能。

2.猪肉价格趋于稳定。在环保高压下，玉林市生猪养殖结构调整效果将凸显，不符合环保要求的散养户大幅减少，规模化养殖将进一步扩大，预计未来一段时间内，供应量将趋于稳定，价格波动幅度较小，对物价上涨起到一定的抑制作用。

四、稳物价保民生的建议

（一）进一步完善监测体系，及时预警干预维护价格稳定

进一步建立健全价格监测体系，密切关注与民生息息相关的粮油肉禽蛋菜农副产品价格的波动，对可能引发市场价格异常波动的倾向性、苗头性问题，及时预警预报，完善农业信息发布平台，防止农副产品价格波动幅度过大，保障市场合理供应，维护市场价格稳定。

（二）进一步优化产业结构，密切关注重点行业价格动态

引导农民科学种植和养殖，优化产业结构，加大规模化养殖和种植力度，保证重点行业供需平衡；采取积极有效措施落实好《玉林市服务业发展“十三五”规划》，加快发展服务业是推进玉林经济结构调整、产业结构优化升级；继续密切关注医疗服务、交通运输等与民生密切相关的价格动态，做好。

（三）进一步完善保障体系，确保低收入群体基本生活质量

加大相关财政政策研究制定力度，进一步完善社会保障体系，严格执行社会救助和保障标准与物价上涨挂钩联动机制，切实保障低收入群体的基本生活质量。

2018年百色市居民消费价格上涨2.5%

黄 旖

据国家统计局百色调查队调查，2018年百色市居民消费价格（CPI）同比上涨2.5%，涨幅比上年同期扩大1.1个百分点，高于广西平均水平0.2个百分点，高于全国平均水平0.4个百分点，在广西14个地级市中，与南宁、柳州、贺州、河池四市并列第3位。

一、百色CPI基本运行情况

（一）各月环比涨跌互现

从月度环比看，2018年百色CPI各月环比指数涨跌互现。其中，主要受春节节日效应的影响，涨幅峰值于2月出现；3月份节庆效应消失，出现年内最大降幅；其余各月在-0.3%至0.5%区间内小幅波动运行。

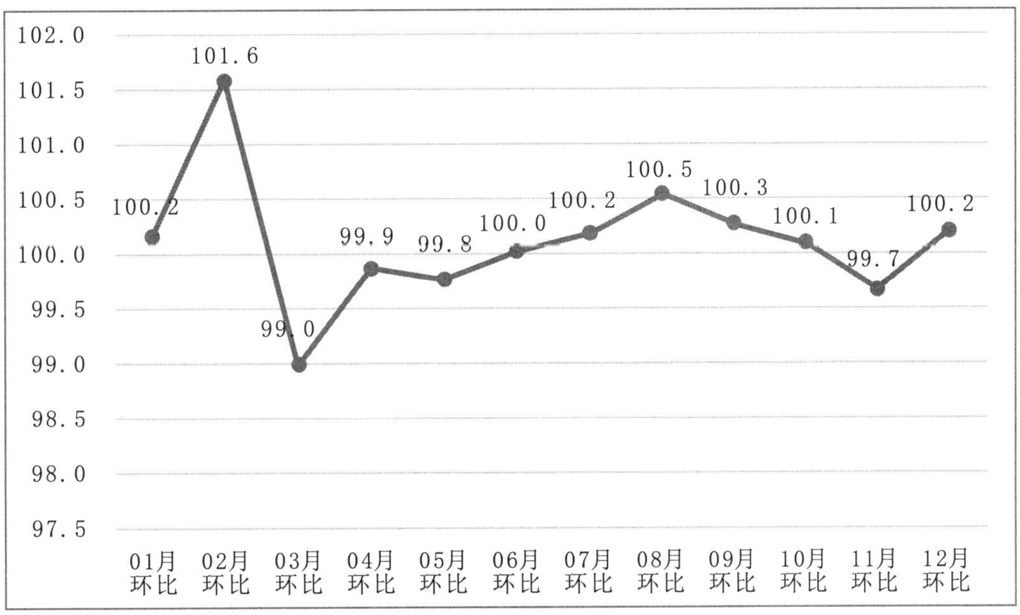

图1 2018年各月环比指数走势

（二）月度同比涨幅高位运行

从月度同比看，2018年百色CPI各月同比涨幅在1.4%至3.8%区间内运行，呈全年上涨态势。受上年翘尾因素影响，百色CPI各月同比涨幅明显偏高，1月平稳开局后，2—10月单月同比涨幅均在2.0%以上，其中，受春节错月节日效应的影响，于2月出现年内最高同比涨幅。11、12月随着翘尾因素回落，同比涨幅亦回落至2.0%以下。

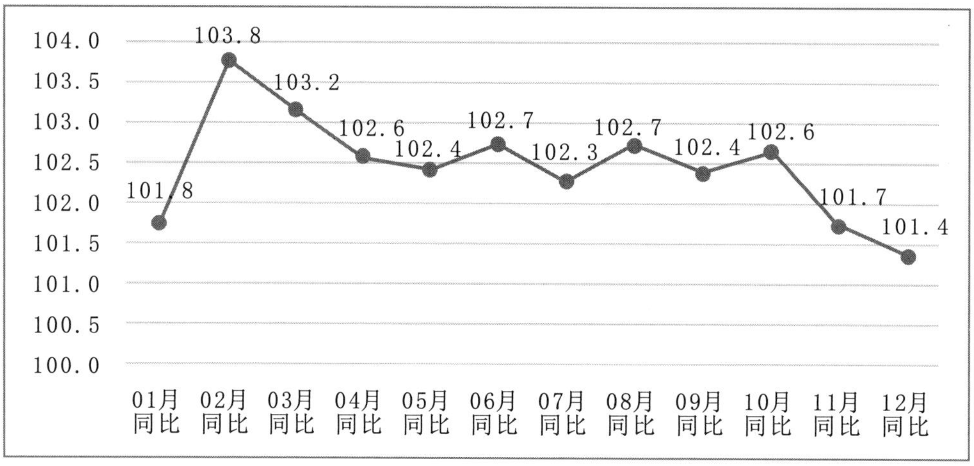

图2　2018年同比指数走势

（三）八大类价格呈全面上涨态势

2018年，构成百色市居民消费的八大类价格呈现全面上涨的态势。其中，衣着价格上涨6.0%，教育文化和娱乐价格上涨4.7%，居住价格上涨3.5%，医疗保健价格上涨3.0%，生活用品及服务价格上涨1.2%，交通和通信价格上涨1.0%，食品烟酒价格上涨0.9%；其他用品和服务价格上涨0.1%。

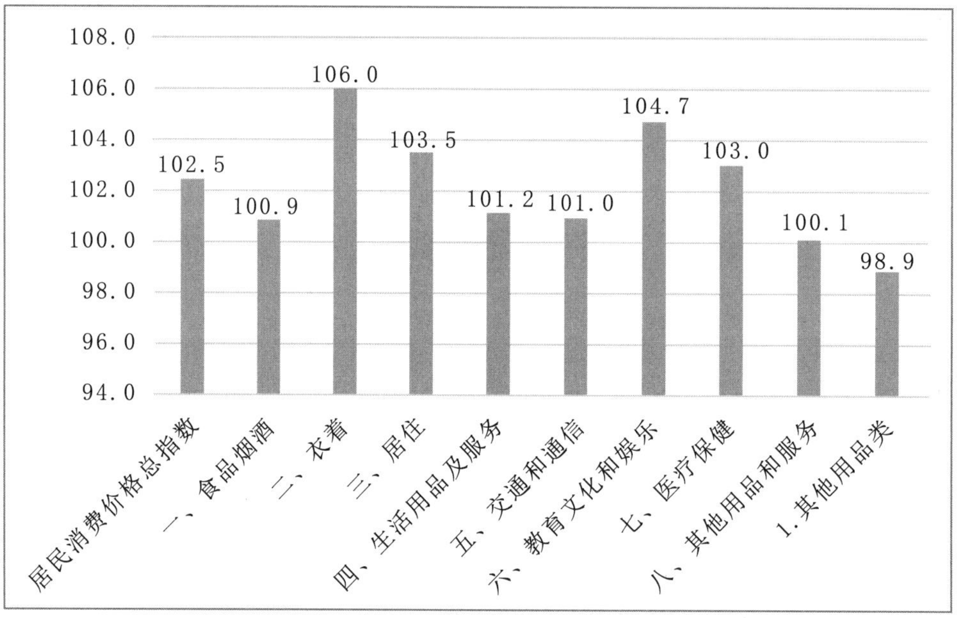

图3　2018年百色市八大类商品价格指数

二、百色CPI运行主要特点及原因分析

（一）服务价格强势助推CPI上涨

数据显示，2018年百色市服务价格同比上涨3.7%，影响消费价格总水平上涨1.3个百分点；与此同时，食品烟酒价格上涨仅拉动消费价格总水平上涨0.2个百分点，显而易见，随着服务价格不断攀

升，服务价格上涨的影响程度超过食品烟酒价格上涨的影响程度，成为2018年百色CPI上涨的主要动因。

1.政策性调价拉动医疗服务项目价格上涨。随着医疗改革深入，医疗服务项目价格纷纷上调，拉动医疗服务价格上涨。2018年百色市医疗服务价格上涨2.8%，其中护理、一般医疗服务、临床手术治疗等医疗服务价格分别上涨26.2%、5.7%、4.0%。

2.房地产价格带动居住价格上涨明显。受房地产市场升温等因素影响，房屋租赁和装修价格上涨。2018年百色市居住价格上涨3.5%，涨幅比上年同期扩大2.0个百分点，影响百色市居民消费价格总水平上涨0.7个百分点。其中，私房房租、自有住房、装潢维修费、物业管理费价格分别上涨9.9%、3.2%、1.5%、1.9%。

3.居民消费水平提高拉高教育文化娱乐价格。教育文化和娱乐价格上涨4.7%，影响居民消费价格总水平上涨0.6个百分点，其中学前教育、课外教育、专业技能培训等教育服务类价格分别上涨2.9%、1.8%、1.1%；此外，健身活动、旅行社收费、其他旅游等文化娱乐类服务项目价格分别上涨19.3%、34.5%、1.9%。

4.交通和通信类服务价格上涨。受场地租金涨价以及经营者更新设备影响，停车费上涨27.5%，车辆使用费上涨1.5%；受行业价格调整影响，邮政邮寄价格上涨5.2%。

5.人工成本上涨推高居民服务价格。2018年，广西提高最低工资标准，其中百色市最低工资从1210元/月上涨至1450元/月，涨幅接近20%，影响服务行业人工成本提高，进而拉动部分服务行业价格上涨。其中鞋类加工服务、家政服务、家庭维修服务、养老服务、美容、洗浴等价格分别上涨12.3%、3.9%、11.0%、1.6%、3.1%、2.9%。

（二）食品烟酒类价格涨幅较小

百色市食品烟酒价格同比上涨0.9%。其中，食品价格上涨0.5%，在食品14个分类商品中，呈现“十一涨三降”格局，上涨面近8成，其中豆类、禽肉类、蛋类、调味品等价格上涨较为明显，畜肉类降幅较大。

1.畜肉类价格下降。畜肉类价格下降3.8%，其中猪肉价格下降6.0%，影响总指数下降约0.2个百分点。从各月同比来看，2018年上半年猪肉价格整体低迷，多个因素叠加导致生猪市场处于供大于求的状态，2月猪肉价格降幅开始扩大，到5月降幅达到最大值；下半年猪肉价格出现反弹，一方面是周期性反弹，由于前期生猪价格低位运行，部分养殖户淘汰能繁母猪，减少存栏量，导致供应量减少；另一方面国内市场受非洲猪瘟疫情冲击，多个省份猪源禁运，供应紧缺，价格出现较大幅度上涨，百色虽然未出现非洲猪瘟疫情，但也受到禁运等因素影响，6—10月猪肉价格回升，且降幅逐月收窄。

2.禽肉和蛋类价格上涨明显。2017下半年H7N9禽流感疫情过后，禽类、蛋类价格因供应紧张而价格高涨，受此影响，2018年禽肉类、蛋类价格涨幅偏高，分别为6.4%、10.6%，其中鸡、鸭、鸡蛋、其他蛋及制品价格分别上涨7.2%、7.0%、10.5%、11.2%。

3.在外餐饮价格水涨船高。随着原材料、人工费用等价格上涨，在外餐饮价格同比上涨2.1%，其中，正餐价格上涨0.4%、快餐价格上涨2.0%、地方小吃价格上涨2.9%，其他在外餐饮价格上涨7.8%。

（三）工业品价格有所上涨

百色市工业品价格同比上涨2.6%，拉动居民消费价格总水平上涨约1.0个百分点。

1.服装类、服装材料类、鞋类价格分别上涨6.0%、2.2%和7.9%。受印染行业环保门槛提高，原材料、店铺租金、人工成本逐年攀升影响，服装类、服装材料类、鞋类价格上涨。

2.药品及医疗器具类价格上涨3.5%。药品价格受政策影响较快上涨，一是垄断影响，部分原料药仅有少数企业获批生产，由此造成的垄断容易导致上游成本大幅上升，进而影响药价快速上涨；二是环保门槛提高，随着监管部门加大环保监察力度，促使不少药企对设备进行改造和技术升级，增加生产成本；三是监管部门对中药材质量监管趋严，中成药生产企业提升药材质量，影响成本上升。其中，中成药价格上涨7.8%、消化系统用药价格上涨7.2%、心血管系统用药价格上涨11.0%、治疗精神障碍药价格上涨9.8%、消毒防腐及创伤外科用药价格上涨6.6%。

3.住房装潢材料、家具价格分别上涨5.8%、1.7%。由于环保限产、错峰生产、临时性停产等因素共同影响，装潢、家具原料供给受限；同时，因房地产市场升温，各类建材、家具的市场需求量较大，导致价格上涨。其中水泥、板材、涂料、厨卫设备、柜、床、椅等价格分别上涨26.3%、9.6%、7.4%、9.3%、2.2%、3.0%、2.6%。

4.成品油、液化石油气价格快速上涨。2018年，在国际原油市场价格持续高位震荡的影响下，国内成品油价格也随之频繁变动，总体呈上升态势，汽油、柴油价格分别上涨12.8%和14.1%，同时带动液化石油气价格上涨12.2%。

三、2019年CPI走势预测

2018年12月结束的中央经济工作会议提出了坚持稳中求进工作总基调，统筹推进稳增长、促改革、调结构、惠民生、防风险，继续实施积极的财政政策和稳健的货币政策，稳定总需求。在此背景下，预计2019年百色市居民消费价格仍保持温和上涨态势。

从宏观层面看，一是国际国内大环境趋于平稳，国际原油和大宗商品价格下行，输入性通胀压力较小。这将传导到工业生产领域，使价格涨幅收窄，最终也会影响到消费端价格走势。二是2019年国内仍将保持稳健的货币政策，有利于价格保持总体稳定。三是在国内外需求稳中趋缓、原油价格明显回落，非食品价格整体缺乏上涨动力。四是个人所得税改革有利于增强居民消费能力，从需求端促进消费扩张，进而对CPI起到一定的支撑作用。

从微观来看，一是食品方面猪肉价格可能企稳回升，但影响程度有限。受非洲猪瘟和猪周期的影响，预计2019年生猪供应数量将开始减少，猪肉价格可能有所抬升，但抬升幅度具有较大不确定性，难以成为显著抬升CPI的重要因素。二是房租价格仍有上升压力，或推动CPI上行。从历史经验看，房价上涨在当期或随后一段时期带动房租上涨。预计2019年，房价上涨滞后效应的影响或将进一步显现，加大房租上涨压力，进而推动CPI上行。

2018年贺州市居民消费价格保持缓慢上行

张　霞

据国家统计局贺州调查队调查，2018年，贺州市居民消费价格指数（CPI）上涨2.5%，涨幅在广西14个地级市中位列第7位，高于广西平均涨幅0.2个百分点，总体保持缓慢上行的态势。

一、2018年CPI总体运行特点

（一）走势呈“M”型

2018年各月CPI环比、同比走势如图1所示：

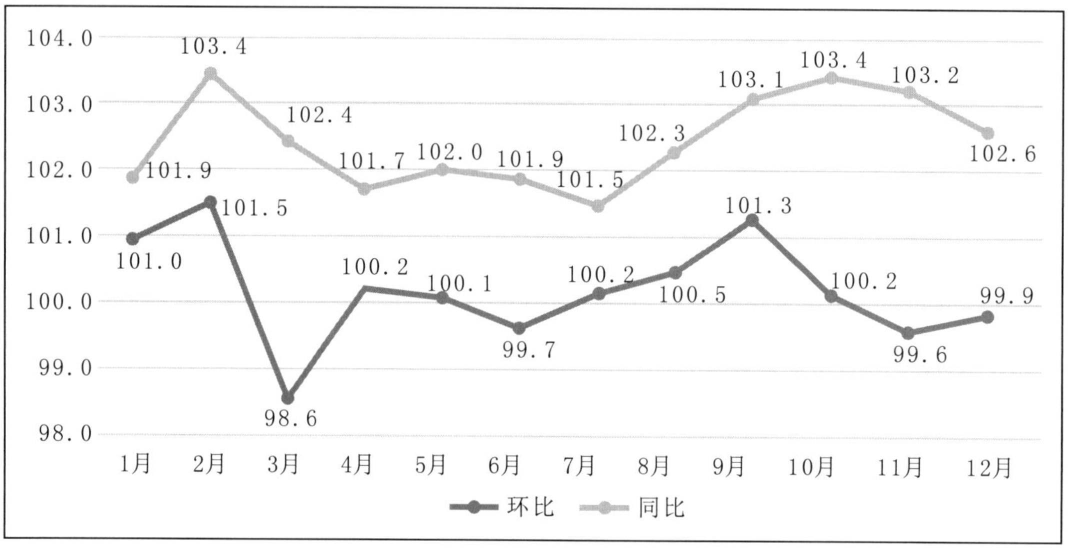

图1　2018年贺州市CPI指数走势

由图可见，2018年各月CPI同比、环比走势大体呈“M”字型，全年同比指数在1.5至3.4区间内波动，环比指数的波动区间为-1.4至1.5。一季度，受春节错月因素影响，同、环比指数双双走高；二季度涨幅逐步回落，三季度因水泥、成品油等价格上涨的拉动，同、环比涨幅再度攀升；四季度猪肉、成品油等价格小幅回落，指数上涨势头得到遏制。

（二）八大类“五升三降”，居住和医疗价格涨幅较高

2018年，八大类商品价格呈“五升三降”运行态势（见图2），其中，食品烟酒类价格上涨1.7%，居住类价格上涨6.2%，生活用品及服务类价格上涨0.2%，交通和通信类价格上涨2.7%，医疗保健类

价格上涨5.4%，衣着类价格下降0.1%，教育文化和娱乐类价格下降0.1%，其他用品和服务类价格下降1.4%。居住类价格是2018年CPI上涨的“领头羊”，受2018年环保整治的影响，水泥价格大幅上升，居住类价格涨幅较大；同时，随着2017年医疗服务价格改革的翘尾影响逐渐减弱，医疗保健类价格涨幅虽逐渐回落，但仍呈高位运行态势，居第二位。

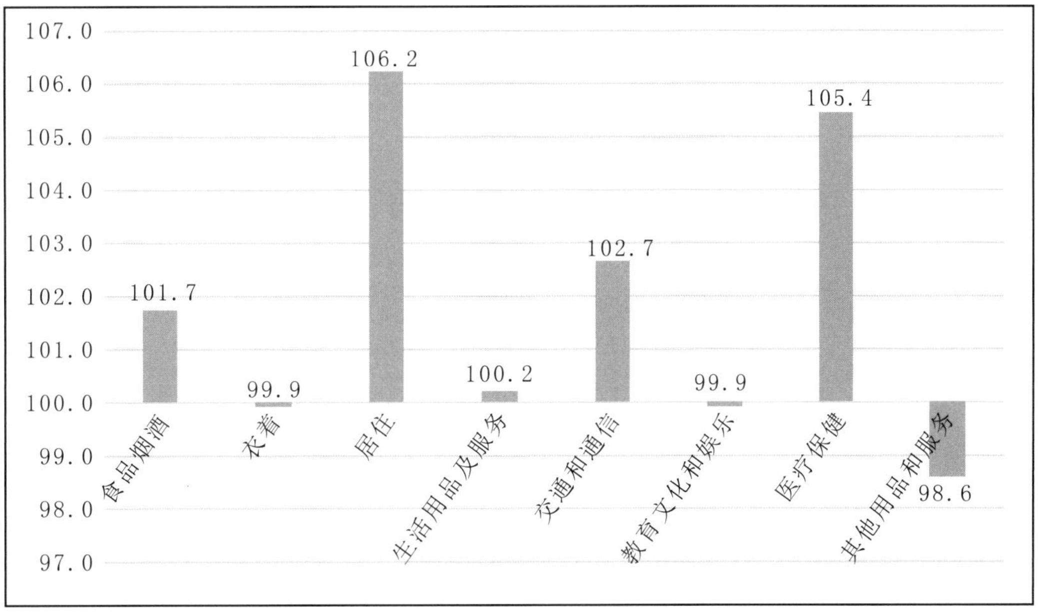

图2 2018年贺州市CPI八大类商品指数对比

二、主要商品及服务价格变动情况分析

（一）食品类价格总体上涨

2018年贺州市食品烟酒类价格上涨1.7%，拉动总指数上涨0.54个百分点，是CPI上涨的主要推手，其中薯类、菜类、禽肉类、水产品、蛋类、干鲜瓜果等价格上涨幅度较大；受生猪价格低位运行的影响，畜肉类价格走低，也抑制了食品类指数的过快上升。

1.食用油价格下降。2018年食用油价格下降2.7%，其中食用植物油下降2.3%，食用动物油下降10.5%，主要原因是生猪价格长期持续低位运行且市场需求不高，造成猪油等相关商品价格下降较明显。

2.菜类价格上涨。2018年贺州市菜类价格上涨3.7%，其中鲜菜类价格上涨4.2%，原因主要：一方面，受2018年春节错月、台风等因素影响，造成蔬菜价格小幅上涨，另一方面，不断上涨的种植和运输成本，也推高了蔬菜零售价格。

3.畜肉类价格总体下跌。畜肉类价格全年下降6.1%，其中，猪肉价格持续走低，牛羊肉价格上涨。一方面，生猪市场供应充足，养殖规模化发展、政府扶持等因素进一步拉低了养猪成本；另一方面，

2018年下半年，部分省市出现“非洲猪瘟”疫情，广西生猪外调受限，出栏生猪基本只能本地销售，市场供应量增加，以上因素综合影响，2018年贺州猪肉价格下降10.7%，猪肉价格的低位运行，抑制了食品类价格指数的上涨，影响CPI总指数下行0.29个百分点。

4.禽肉类价格回升。由于2017年初贺州出现禽流感疫情，造成鸡鸭类价格大跌，而2018年禽类养殖情况良好，没有大规模的突发性病害，价格也回升至较稳定的水平，禽肉类价格全年上涨6.1%，其中鸡、鸭类价格分别上涨6.2%和4.3%。

5.水产品价格上涨8.6%。其中，淡水鱼、虾蟹类、其他水产品及制品类价格分别上涨11.8%、0.8%和0.4%。淡水鱼类价格上涨幅度最大，主要原因：一方面，饲料、鱼塘租金、人工等费用不断上升，抬高了养殖成本；另一方面，政府对水产养殖污染治理力度不断加强，很多水域被划为禁养区或限养区，水产品供应量有所减少，价格上升。

6.蛋类价格涨幅较大。2018年，蛋类价格上涨11.8%，其中鸡蛋价格上涨11.8%。由于2017年蛋类价格处于低位，蛋鸡存栏量下降，造成2018年市场供应量减少，价格不断上升，在三季度又受中秋节等因素推动，价格涨幅逐步扩大。

7.干鲜瓜果类价格上涨较快。干鲜瓜果类价格累计上涨8.1%，主要原因：一是水果种植过程中，各类农资、人工、地租等成本不断增加；二是成品油价格上升推动运输成本上涨；三是气候影响，2018年台风、低温、降雨等天气相对较多，不利于干鲜瓜果的生产、储存和运输。2018年，鲜瓜果、瓜果制品类价格分别上涨8.9%和8.6%。

（二）居住类价格涨幅最高

2018年贺州市居住类价格上涨6.2%，居于八大类中涨幅之首，房租、住房装潢材料、水电燃料价格均有不同程度上升，其中私房房租、水泥和液化石油气价格是拉动指数上升的主要因素。

1.租赁房房租上涨快。2018年，贺州市城市化建设进程继续加快、城市名片效应显著、交通更加便捷，外来旅游、务工的人数增多，推动着零售、旅游等产业的加快发展，住房市场的租金水平也稳步上升，2018年私房房租价格上涨21.3%，公房房租价格受上年翘尾因素影响，累计上涨0.6%。

2.水泥价格大幅上涨。一是2018年，贺州市政府加大环境整治力度，大批水泥厂及上游企业停产整改，水泥生产原料供应短缺，购进价格大幅上升；二是水泥生产商按照环保要求优化生产过程，相关成本增加也导致了产品价格上升；三是房地产市场利好，对水泥的需求不断增加，尤其是进入下半年的建筑旺季，水泥价格涨势更强，数据显示，2018年贺州市水泥价格上涨17.4%。

3.液化石油气价格上升。2018年燃气类价格上涨4.9%，其中液化石油气价格上涨7.1%，主要原因：一是成品油价格上涨推高液化石油气价格；二是经济发展速度加快，制造业企业生产用气的需求稳步上升，价格水涨船高。

（三）交通和通信类价格总体上升

2018年，贺州市交通和通信类价格上涨2.7%，分类看，交通工具用燃料、交通工具使用和维修、交通费价格上升，交通工具价格下降。

1.交通工具价格整体下降。2018年，贺州市交通工具类价格下降1.5%，其中：小型汽车、电动自行车、其他交通工具价格分别下降2.1%、0.3%和1.7%，主要原因：一是市场供大于求、竞争激烈，二是新能源汽车大量上市，政府补贴力度大。自行车价格累计上涨2.8%，主要原因：一是原材料成本上升，二是自行车出行与市民追求的绿色健康生活理念相符，市场需求量不断增加，价格随之上涨。

2.汽、柴油价格上升。2018年，受国际石油价格震荡上行等因素影响，国家发改委共25次调整油价，国内成品油价格整体呈向上趋势。据调查，2018年，贺州市交通工具用燃料价格上升12.5%，其中汽油价格上涨12.8%，柴油价格上涨14.1%。

3.交通工具使用和维修价格上涨6.3%。2018年5月起，贺州市城市道路差别化停车收费政策正式实施，公共停车告别“免费时代”，商用停车场也上调了停车费收费标准，调查数据显示，2018年，贺州市停车费价格上涨3.3%；受材料、人工、房租等运营费用上涨的影响，汽车洗车、打蜡等养护费用也有较快上升，车辆修理与保养价格累计上涨14.7%。

4.交通费价格小幅上升。2018年，贺州市交通费价格累计上涨0.1%。随着高速铁路网络覆盖面越来越广，火车出行是市民首选的出行交通工具，民航继续受到冲击，飞机票价格全年下降9.9%；同时，高铁票价经历了两次调价，贺州去往南宁、桂林、广州等地的动车票价都有不同程度上调，火车票价格累计上涨5.2%。

（四）教育文化和娱乐类价格小幅下降

2018年，教育文化和娱乐类价格下降0.1%，受学前教育价格上升的影响，教育类价格上涨，而电子产品、旅行社收费等文化娱乐类价格下降。

1.教育类价格上涨0.7%。随着电商的迅速发展，越来越多的人选择网上购书，图书实体店竞争激烈，在春秋开学季，各大书店都推出了力度较大的优惠活动，工具书、参考资料等价格下降；同时，随着运营费用和人工成本上涨，幼儿园等教育机构办学成本不断上升，各私立幼儿园提高了保育费标准，学前教育价格上涨3.2%，课外教育价格上涨0.3%。

2.文化娱乐类价格下降1.4%。随着电子商务快速发展，网络零售业的服务和配送体系不断完善，消费者更乐于在网上购买电视机、电脑、音响等电子产品，线上线下竞争激烈，实体店促销活动不断，价格下降，2018年贺州市文娱耐用消费品类价格下降1%；同时，随着高铁、高速公路等交通路网的不断优化，市民旅游出行方式日益多样化、个性化，传统的跟团旅游受到冲击，2018年，旅行社收费价格累计下降3.7%。

（五）医疗保健类价格涨幅较大

2018年，贺州市医疗保健类价格上涨5.4%，在八大类中涨幅排名第二，一方面是中、西药价格继续攀升，另一方面医疗服务类价格也有较大幅度上涨。

1.中、西药价格继续上涨。一方面，原材料等制药成本不断上涨；另一方面，随着药品采购“两票制”政策的全面铺开，药企行业洗牌加剧，运营成本增加，并传导至终端产品，导致药品价格上升，2018年中药类价格上涨4.4%，西药类价格上涨5.3%；价格涨幅较大的是消毒防腐及创伤外科用药、维生素和矿物质类药、心血管系统用药和中成药，分别上涨39.5%、23.5%、5.6%和5.2%。

2.医疗服务价格涨幅较高。2018年贺州市医疗服务价格上涨5.6%，一方面，2017年3月和9月政策性调整的翘尾影响，治疗费、护理费等相关服务价格均有较大涨幅；另一方面，部分三甲医院在2018年底又上调了服务价格，如某医院的大手术标本病理诊断价格从71元/次提高到202元/次。以上因素综合作用下，2018年综合医疗类、治疗类和中医治疗服务类价格分别上涨19.7%、2.5%和17.3%。

（六）其他用品及服务类价格整体走低

2018年，贺州市其他用品及服务类价格下降1.4%，在八大类中降幅较大，主要是受国际贵金属市场和本地居民日常需求变动的影响，黄金、铂金饰品价格下跌，旅馆住宿价格也有所下降，养老服务价格则继续上涨。

1.贵金属首饰价格下跌。主要原因：一是2018年美元持续走强，影响黄金、铂金等贵金属价格走低，二是贺州近两年新开了很多金店，市场竞争激烈，商家优惠活动多，金饰品、铂金饰品价格累计下降8.4%和15.6%。

2.旅馆住宿价格下降。2018年，贺州市积极打造“生态贺州·长寿胜地”品牌，旅游服务业发展迅速，旅游接待人数大幅增长，各宾馆酒店也相应推出了各种优惠活动；同时，大量宾馆饭店新开业，市场竞争白热化，酒店住宿价格上涨受限，在以上因素综合影响下，2018年，旅馆住宿类价格下降0.9%，其中宾馆住宿下降1.2%，其他住宿下降0.6%。

3.养老服务价格上涨加快。随着人口老龄化程度逐渐加深，以及群众养老观念的日渐转变，养老机构越来越为人所接受，在不断提升服务质量谋求发展的同时，养老机构的运营成本也逐年上升，服务价格水涨船高，2018年，贺州市养老服务类价格上涨8.5%。

三、2019年CPI走势预判

2019年，CPI面临的形势仍旧复杂多变，总体来看，翘尾因素影响逐渐减弱，其余主要影响因素有：

（一）翘尾因素影响。据测算，翘尾因素将助推2019年CPI上涨0.86个百分点，翘尾影响处于较低水平。

（二）工业品价格后期继续看涨。2018年，全国生产者出厂价格（PPI）同比连续12个月上涨，随着供给侧结构性改革的深入推进，预计工业品价格依旧处于上升空间，各类日用品、耐用消费品价格将继续上升，从而推动CPI走高。

（三）服务价格继续上涨。一方面，原料、房租、人工等价格持续上涨，不断推高服务类价格；另一方面，公房房租、医疗服务价格仍还有政策性调价空间，相关价格还有继续上行的可能。

（四）生猪价格上涨受限。一方面，生猪存栏量上升，截至2018年12月底，贺州市生猪存栏149.4万头，比上年同期上升0.74%；另一方面，非洲猪瘟疫情对市场的影响有限，猪肉价格波动不大，上涨缺乏有效支撑。

综上所述，预计2019年CPI总指数仍将呈现小幅上行、窄幅波动态势。

2018年河池市居民消费价格同比上涨2.5%

陈　琳

根据国家统计局河池调查队调查，2018年河池市居民消费价格（CPI）上涨2.5%，涨幅较上年扩大1.2个百分点，比全国平均水平高0.4个百分点，比广西平均水平高0.2个百分点，在广西14个市中排名第三位。总体上看，全年CPI涨幅呈平稳上涨趋势。

一、2018年CPI运行总体概况

（一）各月同比涨幅呈现“M”型走势

从月度同比看，涨幅呈“M”型走势，1—2月和6—10月分别历经二次CPI同比涨幅“冲高”过程；各月涨幅中，除9、10、11月份涨幅超过3.5%外，其余月份均保持平稳上涨态势。

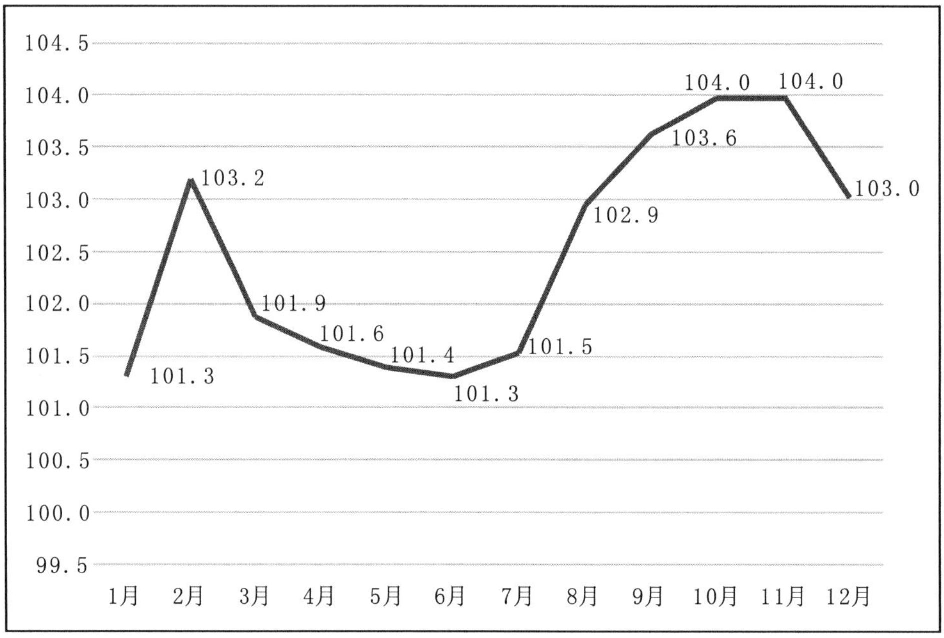

图1　2018年河池市居民消费价格各月同比走势

（二）从构成来看，八大类消费品均呈全线涨态势

从居民消费价格构成来看，2018年，河池市八大类商品和服务项目价格呈全线上涨态势，其中，居住类价格同比上涨4.4%，涨幅居八大类之首，拉动CPI上涨0.90个百分点；食品烟酒类价格同比上涨1.5%，拉动居民消费价格总水平上涨0.46

个百分点；交通和通信类价格同比上涨2.6%，拉动居民消费价格总水平0.31个百分点。以上三类对总指数的影响率约为67.3%，是推动河池CPI上涨的三大主要因素。

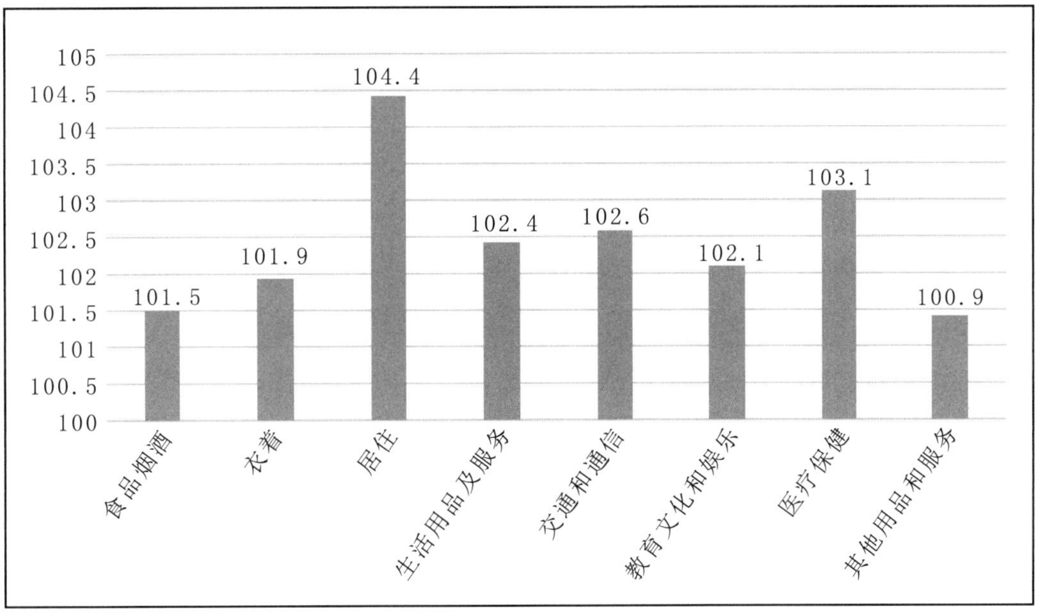

图2 2018年河池市CPI八大类指数对比

二、全年CPI变动特点及原因

（一）食品烟酒类价格由降转升

2018年河池市食品烟酒类价格同比上涨1.5%，与上年同期下降0.5%相比，涨幅扩大了2.0个百分点，拉动居民消费价格总指数上涨0.46个百分点。所调查的14个食品小类价格中有10类呈上涨趋势，上涨面超七成。其中涨幅较大的有薯类、其他食品和禽肉类，同比分别上涨10.3%、9.0%、7.4%。食品烟酒类的主要变动特征表现如下：

1.禽肉类价格上涨推高食品烟酒类价格。2018年，禽肉类价格同比上涨7.4%，拉动居民消费价格总水平上涨0.16个百分点，其中鸡类价格同比上涨8.0%、其他禽肉及制品价格同比上涨7.2%、鸭类价格同比上涨5.4%。主要是受2017年禽流感影响，禽类价格大幅下降，养殖户缩小养殖规模，导致2017年底至2018年上半年禽类产品供应紧张，价格上涨。

2.鲜菜价格上涨较快。2018年，鲜菜类价格同比上涨4.8%，拉动居民消费价格总指数上涨0.12个百分点。其中，1月份受春节“错月”影响，鲜菜价格同比下降1.5%；2月在低温天气和春节消费的影响下，鲜菜价格同比上涨24.9%，为全年最高；春节过后3月至6月鲜菜价格涨幅较为平稳；7、8月份受天气较好鲜菜大量上市影响，同比分别下降10.1%和1.9%；9、10、11月份受台风及多雨天气影响，鲜菜产量减少价格上涨，同比分别上涨11.0%、20.6%、3.5%；12月份受气温回暖，蔬菜长势较好，价格同比下降1.6%。

3.其他食品类和在外餐饮价格上行。2018年，受原材料价格上涨、节日性消费需求增多及人工成本增加等因素影响，其他食品和在外餐饮价格分别上涨8.0%和1.7%，共同影响CPI上涨0.18个百分点。同样受此影响，糖果糕点类、调味品价格均有所上涨，分别上涨3.2%、1.2%。

（二）工业消费品价格稳中有升

2018年，河池市工业消费品价格同比上涨1.6%，涨幅比上年同期回落0.1个百分点，拉动居民消费价格总水平上涨0.56个百分点。

1.多因素助推部分工业品价格上涨。首先住房装潢材料价格同比上涨3.7%，涨幅比上年扩大0.3个百分点。2018年，受原材料紧缺、最严环保整治等影响，各类住房装潢材料价格上涨明显，所调查的9个小类商品价格均呈上涨趋势。其中水泥价格同比上涨10.0%；涂料价格同比上涨6.1%；门窗价格同比上涨5.4%；管材价格同比上涨4.8%；板材价格同比上涨4.2%；木地板价格同比上涨4.0%。其次受部分药品原材料价格上涨和行业标准提高影响，价格上涨明显，如抗肿瘤药价格同比上涨18.1%；解热镇痛药价格同比上涨11.0%；调节水、电解质及酸碱平衡药价格同比上涨7.4%。此外同样受原材料价格上涨影响，家用器具价格同比上涨7.0%，其中抽油烟机价格同比上涨9.1%；热水器价格同比上涨8.6%；微波炉价格同比上涨6.7%。

2.受国际传导因素影响大宗商品价格涨跌互现。2018年受石油输出国组织（OPEC）成员国增产规模低于预期、美国原油库存锐减、伊朗以及利比亚原油输出受阻等因素影响，国际原油价格高位震荡运行，带动国内成品油调价多达25次。2018年河池市柴油、汽油价格同比分别上涨14.1%、12.8%。另一方面受国际黄金价格下跌影响，河池市2018年金饰品价格同比下降11.0%。

（三）服务项目价格持续上扬

2018年河池市服务项目价格同比上涨4.3%，涨幅比上年扩大1.6个百分点，呈较快上涨态势，拉动居民消费总水平上涨1.45个百分点。

1.劳动力成本提高推动服务价格上涨。2010年后，中国人口结构发生显著变化，老龄人口增加、劳动力增长放缓等因素的影响开始显现，中低端劳动力供不应求的情况突出，加大了人力成本上升的压力，同时最低工资标准也在持续上涨，导致用工成本的提高。2018年，车辆修理与保养费同比上涨34.7%、装潢维修费价格同比上涨33.0%。

2.消费观念转变拉动服务价格上涨。随着人们生活水平的提高，消费观念逐渐转变，对休闲娱乐活动的需求也越来越旺盛，从而推动价格走高。2018年旅行社收费价格同比上涨15.1%；其他文娱服务价格同比上涨14.2%；美容价格同比上涨7.8%；衣着洗涤保养价格同比上涨2.1%。

三、2019年CPI走势预测

2018年河池市CPI总体走势平稳，各月环比涨跌互现，同比震荡明显。展望2019年，影响CPI走势的因素依然复杂，抑制和推动物价上涨的因素同时存在，但是当前经济总体平稳、稳中有进的发展态势不会改变。预计2019年CPI总体将继续保持平稳运行的态势，全年居民消费价格涨幅超过3%的概率较小。

（一）抑制CPI上涨的因素

1.国内经济增长总体平稳，货币政策稳健中性。2018年国民经济延续了总体平稳、稳中向好的发展态势。同时中国保持了稳健中性的货币政策，经济逐渐由高速增长转向高质量发展。在经济平稳增长的背景下，CPI不具备大幅走高的宏观经济环境。

2.国际大宗商品价格进一步大幅上升的可能性不大。2018年部分行业虽源头原材料价格快速上涨，但受产能过剩和市场需求等因素影响，价格继续上涨进而拉高CPI的可能性较小。

3.国内市场农产品供应充足为物价稳定提供基础。近年来，中国农产品领域主要食品供应保障较好，导致节日因素较快消退，节日占食品价格权重较大的小类，如猪肉、鲜菜、水产品价格都出现较大幅度的回落，均未表现出强劲的后推力，难以推动物价水平的整体走高。

（二）推动CPI上涨的因素

1.猪肉价格有望回升。2018年下半年，非洲猪瘟疫情较为严重，全国范围内的生猪调运受到限制，养殖户生猪补栏积极性将下降。预计2019年疫情消退后，猪肉市场供给将受到影响，价格可能出现上涨，从而拉高居民消费价格水平上涨。

2.中美贸易摩擦将对物价带来冲击。2018年美国政府先后对中国输美商品加征关税。从长期来看，中美贸易摩擦风险仍未解除，中美两国互征关税也将直接或间接地推升物价上涨，若主要对进口原材料征收关税，价格上涨将向下游传递；若直接对进口消费品加征关税，居民购买价格提升，引发通胀上行压力。

3.劳动力成本上涨推动部分价格上行。2017年中国劳动力人口为90199万人，自2012年中国劳动年龄人口首次出现下降以来，已连续六年减少，并有继续减少的趋势，这意味着中国传统意义上的人口红利正在逐渐消失。劳动力成本的长期刚性上涨已成趋势。涉及到的消费品和服务价格始终保持一定幅度上涨，对物价总水平产生一定的推升作用。

四、对稳定物价的几点建议

（一）大力发展农业生产，确保市场供应稳定

加强对肉、蛋、菜等主要农副产品的生产扶持和补贴，保障市场供应，继续加强城市蔬菜供应的种植基地建设，提高城市蔬菜自给保障率；进一步做好农副产品市场流通工作，加快建立完善农产品流通网络，降低流通费用，提供流通效率。同时保证一定数量的粮食、食用油、蔬菜、猪牛羊肉等商品物资储备，做好调控，平

抑和稳定市场价格。

（二）强化市场价格监管，提高价格监测预警能力

各有关部门要充分发挥职能作用，定期、密集监测市场价格动态，加强对市场的监控和检查力度，特别是对重要农副产品的生产、需求、价格情况进行重点监测分析。同时要强化价格执法，加大物价执法力度，严厉查处价格欺诈、价格垄断、哄抬物价、牟取暴利等价格违法行为，对重要生活必需品和生产资料实行临时价格干预措施或启动价格应急预案，防止不法商家囤积居奇，哄抬物价，以有效平抑物价、稳定市场、安定民心。

2018年来宾市居民消费价格温和上涨

唐川雁

2018年，来宾市居民消费价格（CPI）同比上涨1.9%，涨幅较上年同期扩大0.5个百分点。其中，食品价格上涨0.7%，非食品价格上涨2.2%，工业品价格上涨2.3%，消费品价格上涨1.8%，服务价格上涨2.2%。

一、CPI总体运行情况

（一）八大类指数全面上涨

2018年，所调查的八大类商品及服务价格变动全部呈上涨态势。食品烟酒、衣着、居住、生活用品及服务、交通和通信、教育文化和娱乐、医疗保健、其他用品和服务类价格分别上涨1.2%、2.1%、1.6%、2.6%、2.2%、2.3%、3.7%、2.0%（如图一所示）。

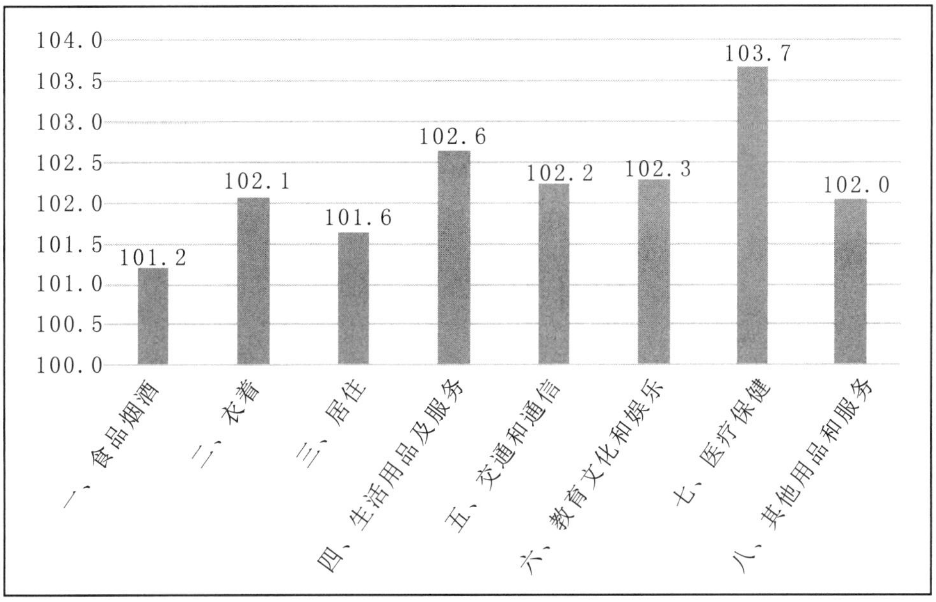

图1　2018年来宾市CPI八大类价格指数

（二）月度指数前期波动剧烈，后期趋于平缓

从环比数据看，涨跌互现呈扁平“M”型波动态势。1月份涨幅微弱，2月份受春节因素影响，市场需求旺盛拉动居民消费价格总水平环比上涨1.5%，3月

份节后需求回落，CPI环比下降1.2%，4月份由于“三月三”小长假和五一全国劳动节小长假的出现，节日效应导致环比上涨0.2%，5、6月份供需稳定，环比小幅下降，而7、8、9、10月由于暑期效应及双节节日影响，需求上升，指数小幅上涨，11月南风天气，鲜菜价格大幅下跌，而12月份气温急剧下降，寒冷天气持续较长时间，供求不平衡导致环比上涨。

从同比数据看，指数变动呈波浪型态势。2月份受春节错月因素影响，同比破“3”且为近26个月以来的峰值，自3月份开始，受猪肉价格下降影响较大，同比涨幅逐月缩小，4—7月同比走势趋于平缓，8—12月猪肉价格有所回升后，同比涨幅逐步扩大。

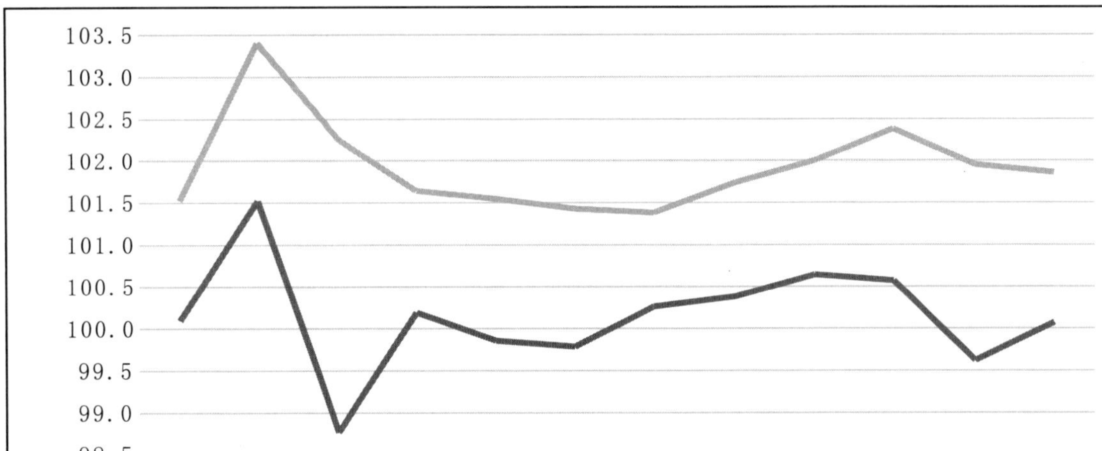

	1月	2月	3月	4月	5月	6月	7月	8月	9月	10月	11月	12月
环比	100.1	101.5	98.8	100.2	99.9	99.8	100.3	100.4	100.7	100.6	99.6	100.1
同比	101.5	103.4	102.3	101.7	101.6	101.4	101.4	101.7	102.0	102.4	102.0	101.9

环比　同比

图2　2018年各月环比、同比指数走势

（三）食品烟酒类价格仍是影响程度最高的因素

2018年，在八大类商品和服务中，食品烟酒、衣着、居住、生活用品及服务、交通和通信、教育文化和娱乐、医疗保健、其他用品和服务类对居民消费价格指数的贡献率分别18.9%、9.4%、17.3%、9.1%、13.3%、14.1%、14.8%、3.1%，食品烟酒类对总指数的影响程度最高。

二、主要商品及服务价格变动特点及原因

（一）食品类价格涨幅较小

2018年，来宾市食品类价格同比上涨0.7%，影响居民消费价格总水平上涨约0.1个百分点。食品类的14个小类价格同比呈“11升3降”态势，其中粮食、薯类、菜、禽肉类、水产品、蛋类、奶类、干鲜瓜果类、糖果糕点类、调味品和其他

食品类价格同比分别上涨1.4%、0.3%、4.2%、4.0%、3.1%、8.8%、0.1%、3.4%、4.1%、2.8%和2.0%，豆类、食用油、畜肉类价格同比分别下降0.6%、1.9%和7.4%。

1.需求回升致禽肉类、蛋类价格大幅上涨。2018年禽肉类和蛋类价格分别上涨4.0%和8.8%，合计影响居民消费价格总水平上涨约0.2个百分点。2017年春节过后，受到H7N9流感疫情的巨大影响，居民对禽肉类、蛋类的消费有顾忌心理，市场需求十分微弱，鸡、鸭、鸡蛋价格跌落谷底，而2018年没有出现任何禽类疫情情况，禽肉类和蛋类的供需完全正常，鸡、鸭、鸡蛋价格同比分别上涨4.2%、5.5%、8.7%。

2.天气因素影响菜类价格上涨。2018年鲜菜价格上涨4.5%，影响居民消费价格总水平上涨约0.1个百分点。2018年前期低温霜冻天气持续时间较长，蔬菜生长慢且成活率低，加上北方雨雪天气影响运输，而2017年同期则以晴暖天气为主，暖冬天气有利于鲜菜的生长和运输，市场供应充足导致2017年同期鲜菜价格呈下降态势；中期高温雨水天气，加上9月多地遭遇台风的侵袭，影响鲜菜的生长、储存和运输；后期11月份南风天气，鲜菜不易保存价格一度下降，但进入12月份后气温急剧下降，气温较低且持续时间较长，价格大涨。在多重因素的影响下，2018年鲜菜价格大幅上涨。

3.水产品价格居于高位。2018年水产品价格上涨3.1%，影响居民消费价格总水平上涨约0.06个百分点。随着物质生活水平的不断提高和市场经济时代商品的极大丰富，水产品作为高蛋白、低脂肪的健康食材越来越受到市民的喜爱，尤其逢年过节更是成为家庭聚餐的必备菜品，市场需求不断扩大，从5月份起，进入休渔期，市场供应相对减少，价格一路走高，8月份之后休渔期结束，沿海地区开海，水产品供应增加，涨幅收窄。

4.畜肉类价格下降，但降幅收窄。2018年畜肉类价格下降7.4%，其中猪肉价格下降12.6%，影响居民消费价格总水平下降约0.3个百分点。猪肉价格下降主要原因有两方面：一方面每年春节过后，节日效应消退，再加上气温逐渐回升，需求不断减少，进入猪肉的销售淡季；另一方面，从二季度开始生猪产能过剩，存栏量大，供应量远远超出市场消费能力，生猪供过于求，市场上的猪肉也呈现供大于求的局面，而到年末供求逐渐趋于平衡，畜肉类价格虽仍下降，但降幅收窄；另一方面随着人民生活水平的提高，饮食结构发生改变，牛羊肉、禽肉、水产品对猪肉的消费替代逐渐扩大，猪肉的需求减少，导致猪肉价格下降。

（二）服务价格持续上涨

2018年服务价格上涨2.2%，影响居民消费价格总水平上涨约0.8个百分点。

1.医疗服务价格的翘尾因素对CPI的拉动作用还未消退。医疗服务价格上涨3.1%，影响居民消费价格总水平上涨约0.2个百分点，贡献率为7.6%。2017年4月份，广西全面启动以公立医院综合改革为核心的医疗体制改革，城区公立医院实行药品零差率销售，同步实施医疗服务价格政策调整和医保支付改革工作，来宾市公立医院调整了部分医疗服务价格，受此影响，综合医疗类、治疗类、中医医疗服务类价格分别上涨7.1%、3.8%、7.7%，公立医院医疗服务翘尾因素对CPI总指数的拉动作用还未消退。

2.劳动力成本上涨致大部分服务项目价格上涨。2018年1月17日，广西壮族自治区人民政府下发《广西壮族自治区人民政府关于调整广西最低工资标准的通知》（桂政发〔2018〕6号），对广西工资标准进行适当调整，调整后的最低工资标准自2月1日起执行。来宾市作为第二类城市，最低工资标准从1210元/月上涨至1450元/月，随着最低工资标准的提高，劳动力成本不断上涨，服务项目价格随之上涨，鞋类加工服务、装潢维修费、家政服务、家庭维修服务、旅行社收费、其他旅游和中介服务价格分别上涨3.7%、2.6%、7.4%、4.9%、10.7%、5.7%和27.6%。

（三）PPI指数上涨影响工业品价格普遍上涨

2018年，全国工业生产者出厂价格（简称PPI）同比上涨3.5%，对CPI中工业品价格上涨有一定的影响作用。2018年CPI中工业品价格上涨2.3%，影响CPI总指数上涨约0.8个百分点。

1.严格环保政策的执行助推部分工业品价格上涨。由于环保政策的不断推行和环保执法力度的不断加强，工业品生产厂家要投入大量的时间和资金进行技术改造和升级，成本不断增加且市场供应有所减少，受此影响2018年住房装潢材料类、家具类、大型家用器具类、小家电类、洗涤卫生用品类、电动自行车和自行车价格分别上涨1.8%、1.1%、1.5%、2.8%、6.1%、2.6%和8.6%。

2.衣着类价格平稳上涨。2018年来宾市衣着类价格上涨2.1%，影响CPI总水平上涨约0.2个百分点。受店面租金、劳动力成本、运输成本上涨等影响，加上棉花、羊绒等原材料价格回升、服装的更新换代提速，这些因素对服装类价格上涨都起到了明显的推动作用，导致衣着类中服装价格同比上涨2.7%。

三、影响物价波动的因素分析

（一）影响物价上涨的可能性因素

1.居住类价格有上涨空间。2018年以来，来宾市房地产市场逐步回温，大型房地产企业碧桂园作为来宾市重点招商引资项目进驻来宾，并于6月份项目盛大开盘，一度掀起市民的购房热潮，房价持续上涨。与同级地级市的房价、碧桂园项目价格相比，来宾市房价上涨预期仍然存在，因此居住类中租赁房房租随着房价上涨而同步上涨的可能性是存在的。

2.劳动力成本上涨会助推服务价格上涨。2018年1月17日广西壮族自治区人民政府下发关于调整广西最低工资标准的通知，据此来宾市上调最低工资标准，将最低工资调整到1450元/月，上涨20.0%，劳动力成本呈现刚醒上涨态势，且向服务项目价格传导的趋势愈加显现。受此影响，衣着加工服务费、住房装潢维修、医疗服务等价格都存在上涨的可能性。

3.农产品价格上涨可能性大。一方面，由于近年来来宾水果产业迅速发展，尤其是砂糖橘、沃柑等水果的种植规模不断扩大，粮食供应势必减少，粮食价格上涨的可能性较大；另一方面，随着中美贸易战的打响，经济面临的通胀压力主要源自美国的农产品进口，特别是大豆，中国对美国大豆进口的依赖程度高达86%左右，加征关税的直接通胀效应十分明显，农产品价格上涨可能性大。

（二）影响物价下降的可能性因素

部分工业产品出厂价格可能会回落。中美贸易战中，美国对从中国进口的纺织品、鞋帽和家具玩具类产品进口依赖程度高，但由于该类产品多为劳动密集型、技术含量低，容易被东南亚、拉美等国家的同类产品所替代，加征关税会导致美国对中国该类商品需求明显减少，长期来看会给中国带来较为明显的通缩效应，部分工业品价格可能会回落。

总之，当前拉动市场价格上涨和下行的因素并存，总体上消费价格仍以上涨为主。

四、2019年CPI走势预测

目前生猪价格受非洲猪瘟疫情影响还在继续，抑制生猪价格上涨的因素还未确定，且主要饲料价格也在上涨，生猪价格2019年难以确定是否反弹，居住类价格虽然会受来宾市房价逐步上涨影响，但需求十分稳定，涨幅非常有限，加上公立医院医疗服务翘尾因素会逐渐消失，医疗服务价格会趋于平稳，预计2019年居民消费价格指数仍会稳中有涨。

2018年崇左市居民消费价格温和上涨

蒋婷婷

据国家统计局崇左调查队调查，2018年崇左市居民消费价格总水平（CPI）上涨1.7%，涨幅扩大0.1个百分点，比全国平均水平低0.4个百分点，比广西平均水平低0.6个百分点。在广西区内14个地级市中，按涨幅从高至低的顺序排列，崇左市位列广西第13位。

一、CPI总体运行情况

2018年在广西经济运行总体稳定、稳中有进的宏观背景下，崇左市居民消费价格（CPI）运行平稳。

2018年崇左市居民消费价格总水平（CPI）同比上涨1.7%，其中食品价格下降0.8%，服务价格上涨3.6%，工业品价格上涨0.3%。

（一）2018年各月环比、同比指数“涨跌互现”

从2018年1—12月崇左市居民消费价格指数的环比、同比指数来看，全年呈波浪式运行态势，涨跌互现（如图1）。

1. 各月环比指数分别为0.2%、1.0%、-0.8%、-0.6%、-0.4%、0.3%、0.8%、0.9%和1.5%、0.4%、-0.1%和-0.1%，全年涨跌范围在-0.8%到1.5%内波动，其中最低跌幅为3月的-0.8%，最高涨幅为9月的1.5%。

2. 各月同比指数分别为1.3%、2.2%、1.7%、0.4%、-0.1%、0.4%、0.9%、1.7%、2.6%、3.3%、3.2%和3.1%，全年涨跌范围在-0.1%到3.3%内波动，其中最低跌幅为5月的-0.1%，最高涨幅为10月的3.3%。

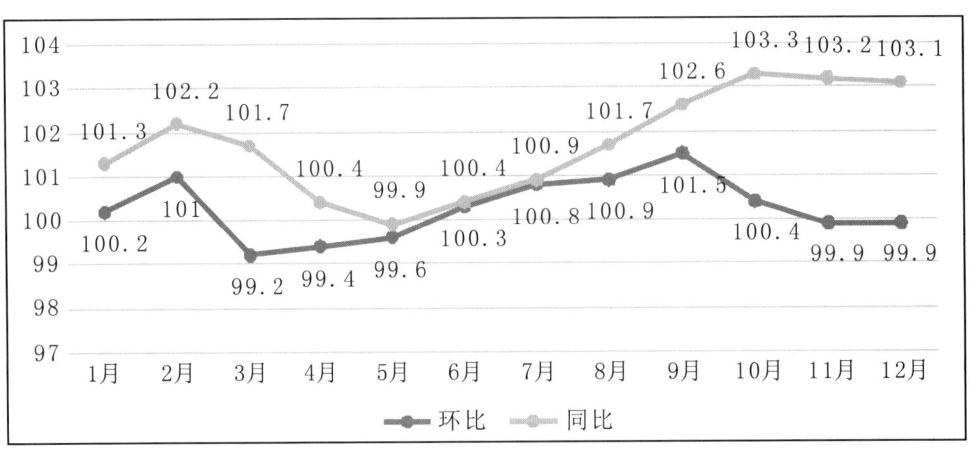

图1　崇左市1—12月居民消费价格指数变动曲线

（二）八大类商品价格呈现“七升一降”

从构成居民消费价格的八大类商品及服务价格来看，崇左市与全国、广西的变动趋势基本一致。（如表1、图2示）

表1 全国、广西与崇左市八大类商品价格平均水平对比情况

地区	居民消费价格总指数	一、食品烟酒	二、衣着	三、居住	四、生活用品及服务	五、交通和通信	六、教育文化和娱乐	七、医疗保健	八、其他用品和服务
全国	102.1	101.9	101.2	102.4	101.6	101.7	102.2	104.3	101.2
广西	102.3	101.3	103.0	104.6	102.1	99.7	103.1	102.2	101.6
崇左市	101.7	101.4	98.0	101.0	101.3	101.4	105.4	103.9	102.2

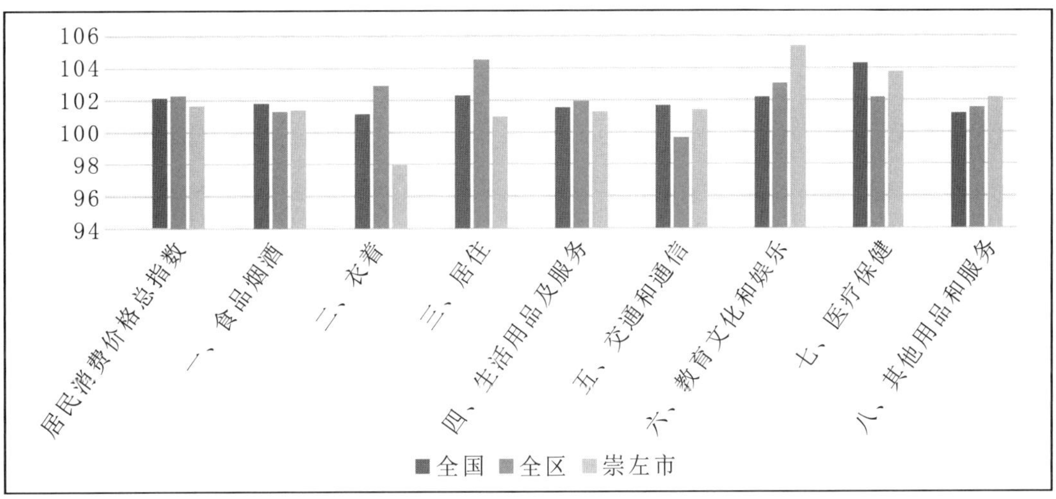

图2 崇左市与全国、广西八大类平均水平情况比较

二、主要商品及服务价格变动特点和原因

（一）食品类价格下降0.8%，影响居民消费价格总水平下降约0.17个百分点

构成食品价格的14个分类价格呈现“八升六降”态势，其中，猪肉价格下降12.4%，为抑制食品类价格上行的重要因素。

1.畜肉类和食用油类价格降幅较大，分别比上年同期下降9.1%和3.7%。

（1）畜肉类价格下降9.1%，影响居民消费总水平下降约0.43个百分点，其中猪肉价格下降12.4%，影响居民消费总水平下降约0.35个百分点。畜肉价格大幅下降原因主要受2016年—2017年生猪价格周期波动的影响（其中2016年生猪价格暴涨，2017年生猪价格逐步下降），随着生猪存栏和产能逐渐恢复，自2017年下半年

价格下跌明显，直至2018年上半年生猪价格才逐渐趋稳。

（2）食用油类价格下降3.7%，影响居民消费总水平下降约0.03个百分点，其中食用动物油价格下降25.3%。食用动物油价格大幅下降的原因是受生猪价格下降的影响，推动猪板油价格明显下降。

2.涨幅较大的有菜类、禽肉类、蛋类和奶类，分别比上年同期上涨3.3%、3.5%、13%和3.6%，综合影响居民消费总水平上涨0.27个百分点。

（1）菜类价格上涨3.3%，影响居民消费价格总水平上涨0.09个百分点。

一是2018年7月至12月以来，崇左本地受连续降雨影响，降雨周期长，雨水较多，导致本地种植的蔬菜浸泡减产，市场供应量减少，推动价格上涨，而上年同期天气晴好，利于蔬菜种植收售，价格稳定。二是部分外地输入的部分蔬菜受到连续降雨影响，汽柴油涨价、人工成本上涨的等影响，导致运输成本增加，推动蔬菜价格上涨明显。

（2）禽肉类价格上涨3.5%，影响居民消费价格总水平上涨0.08个百分点。

主要是由于2017年上半年广西部分地区出现禽流感，崇左本地虽未发生禽流感疫情，但受其他地区禽流感疫情的影响，本地鸡、鸭外运较少，导致市场上供大于求，推动2017年鸡、鸭等活禽价格下降；另外，在禽流感疫情的影响下，一般民众对活禽也有顾忌心理，对禽肉类的需求购买量也减少，出现鸡、鸭等活禽的价格下降明显。2018年以来，崇左市本地区鸡鸭市场禽流感无疫情影响，且市场供应稳定，禽肉类价格较上年相比出现价格反弹，鸡、鸭等活禽的价格上涨幅度较大，其中鸡肉类价格较上年同期上涨2.1%，鸭肉类价格较上年同期上涨7.3%。

（3）蛋类价格上涨13%，影响居民消费价格总水平上涨0.07个百分点。

蛋类受禽肉类价格出现恢复性上涨的影响作用，蛋类价格呈现较大涨幅，据对崇左市2个农贸市场走访的调查数据显示，如6月份采集的鸡蛋价格为19元/公斤，比上年同期的14元/公斤增加了5元/公斤，同比涨幅为35.7%；鸭蛋价格为14元/公斤，比上年同期的11元/公斤增加了3元/公斤，同比涨幅为27.3%。

（二）居住类价格上涨1.0%，影响居民消费价格总水平上涨约0.21个百分点

2018年，崇左市居住类价格上涨1.0%，影响居民消费价格总水平上涨约0.21个百分点。其中，住房装潢材料价格上涨5.1%、私房房租价格上涨2.3%、自有住房价格上涨1.3%。

（1）住房装潢材料价格上涨5.1%，影响居民消费价格总水平上涨约0.09个百分点。主要因素：一是2018年以来，石油、化工等大宗商品价格上涨幅度较大，加之供给侧改革和去产能的影响，煤炭、钢铁、水泥等产品价格有所回升。二是各类装潢材料价格受到原材料成本、员工劳务工资及店面租金等多种因素上涨的影响，推动销售终端价格上涨。如2018年水泥、厨卫设备、板材、木地板、涂料等装潢材料价格分别上涨27.4%、9.5%、

5.1%、3.5%、3.1%。

（2）私房房租价格上涨2.3%，影响居民消费价格总水平上涨约0.03个百分点。主要因素是崇左不断推进城市建设，城镇化进程加快，通过多次引进人才、建设大中小型公建民营院校等方式，推动外来务工人员增多，影响私房房租价格上涨。

（三）交通和通信类价格上涨1.4%，影响居民消费价格总水平上涨约0.16个百分点

交通工具用燃料类价格上涨12.3%，其中，汽油价格上涨12.8%、柴油价格上涨14.1%。主要原因：据调查数据显示，受国际原油价格波动、国内推进成品油质量升级等因素影响，2018年全年，国家发改委共25次调整成品油价格，其中上调14，下调11次，特别是在2018年3—5月，汽柴油价格出现“六连涨”。

（四）医疗保健类价格上涨3.9%，影响居民消费价格总水平上涨约0.32个百分点

2018年，崇左市医疗保健类价格上涨3.9%，影响居民消费价格总水平上涨约0.32个百分点。一是国家放开大部分药品定价权，药品生产商上调药品出厂价格，导致医院使用的和药店出售的部分药品价格大幅上涨。如“神经系统用药”“消毒防腐及创伤外科用药”“维生素、矿物质类药”等价格分别上涨30.7%、16.8%和13%；二是崇左市人民医院和崇左市中医壮医医院等两家公立医院2017年至2018年以来，先后升档，陆续启用新的收费标准，医疗服务价格上涨；三是受《崇左市城市公立医院实行药品零差率销售、医疗服务价格和医保支付政策调整改革工作实施方案》等医改文件影响，崇左市公立医院的医疗服务价格上涨明显。

三、影响2018年CPI运行的主要因素分析

（一）拉动物价上涨的因素

1.2018年以来，国际大宗商品价格有所回暖，石油、有色金属、电线、化工等大宗商品价格上涨幅度较大，加之供给侧改革和去产能的影响，煤炭、钢铁、水泥等产品价格有所回升，逐步传导到家用电器、住房装潢材料等部分工业品，推升工业品价格上涨。

2.服务行业价格涨幅依旧扩大。居民对服务性消费需求和观念日益提升，对服务品质也提出更高的要求，在服务行业自身提高服务质量的同时，人工成本的也刚性增长。在多重因素推动下，导致服务价格不断上升，特别是家政、旅游、住宿、美容美发等服务行业价格涨幅较明显。

3.劳动力和土地等要素成本拉动价格上涨。近年来，崇左不断推进城市建设，城南新区一大批工程项目开工建设（如房地产项目、各大校区建设、崇左动车站、体育馆等），城镇化进程加快，使劳动力费用、土地价格等刚性上涨，外来务工人员增多影响居住类、部分日用工业消费品和服务价格上涨。

4.医疗改革推动价格上涨。随着药品零差率销售、医疗服务价格和医保支付政策调整改革政策的实施，药品定价和销售

进一步市场化，经营成本增加，部分药品价格还将有所提高，医疗价格改革加快推进，一段时间内将给物价上涨带来压力。

（二）平抑价格上涨的因素

1.居民消费价格指数受食品类权重影响较大，其价格的变动一直是CPI涨跌的重要推手。食品价格下降是推动CPI下降的主要动力，2018年食品价格下降0.8%，下拉居民消费价格总水平下降约0.17个百分点，成为抑制CPI上涨的主要因素。

2.生猪产能恢复，存栏充足。2018年猪肉价格受生猪生产周期影响，特别是2016年呈现近五年来最大涨幅后，2017年呈现进入下行周期的态势，在2018年价格趋于稳定。故2018年以来生猪存栏稳定，市场供应量基本达到饱和状态，生猪价格在一定时间内保持平稳状态。

四、稳定物价的几点建议

（一）对农副产品市场流通环节强抓不懈

建议政府及相关部门要扎实做好粮油、蔬菜、肉禽蛋及日用消费品的产销衔接工作，加快建设农产品批发市场和社区菜店建设，完善粮油、蔬菜、肉禽等应急保障预案，切实保障农副产品和日用消费品供应；继续坚持对猪禽规模化养殖的扶持力度，对存栏达到一定规模的猪禽生产骨干企业予以重点支持，及时拨付生猪标准化规模养殖扶持资金，对蛋鸡养殖大户予以适当补贴，稳定猪禽养殖大户生产积极性。

（二）稳步推进新型服务类价格市场改革

稳步推进崇左市公共服务、资源品价格改革，规范资源型和公共服务型产品价格收费标准，逐步放开定价项目。相关部门应积极探索，在物价水平保持总体稳定的前提下，推出一系列价格改革措施，理顺价格关系，促进市场价格机制形成。与此同时，要把握价格调整改革的节奏和力度，并注意解决好调价对低收入群体的影响。

2018年广西工业生产者价格涨幅回落

骆 洁

2018年，面对错综复杂的国内外形势和持续加大的经济下行压力，在自治区党委、政府的坚强领导下，广西经济平稳运行，工业经济平稳增长，工业生产者价格继续上涨，但涨幅回落。据国家统计局广西调查总队调查数据显示，2018年，广西工业生产者出厂价格（PPI）同比上涨3.2%，涨幅较上年同期回落4.4个百分点，购进价格同比上涨3.4%，涨幅较上年同期回落3.1个百分点。

一、2018年总体运行情况

（一）同比涨幅上半年呈“V”型走势，下半年持续收窄

从月度同比看，2018年前11个月广西工业生产者出厂价格同比持续上涨，1—6月同比分别上涨3.9%、3.3%、2.9%、3.7%、4.8%和4.9%，涨幅呈现高位回落后又快速反弹的“V”型走势，7—11月同比分别上涨4.7%、3.9%、3.0%、2.5%和2.1%，涨幅不断收窄，12月同比下降0.5%，28个月来首次由升转降。广西工业生产者购进价格（IPI）1—12月同比分别上涨4.7%、3.5%、3.1%、2.8%、3.3%、4.1%、4.3%、3.6%、3.3%、3.3%、2.7%、1.6%，涨幅走势与出厂价格走势基本一致。

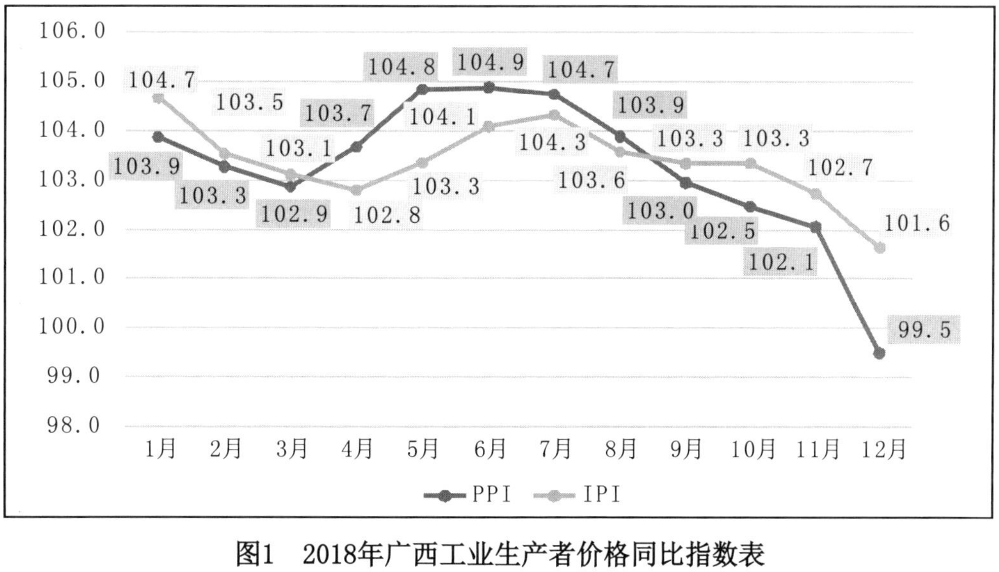

图1 2018年广西工业生产者价格同比指数表

（二）环比PPI中间升两头降，IPI平稳运行

从月度环比看，2018年广西工业生产者出厂价格环比呈现中间升两头降的运行态势，1—4月出厂价格持续下降，环比分别下降0.2%、0.1%、0.1%和0.4%，5月开始由降转升，5—6月环比分别上涨0.6%和0.1%，7月环比持平，8—10月环比分别上涨0.5%、0.7%和0.3%，11月开始由升转降，环比分别下降0.3%和1.5%，降幅不断扩大。2018年IPI环比指数呈“7升2降3平”的平稳运行态势，1月环比上涨0.3%，2月和3月环比持平，4月环比下降0.1%，5月份开始由降转升，持续上涨，5—10月环比分别上涨0.1%、0.4%、0.1%、0.1%、0.5%和0.8%，11月环比持平，12月由升转降，环比下降0.4%。

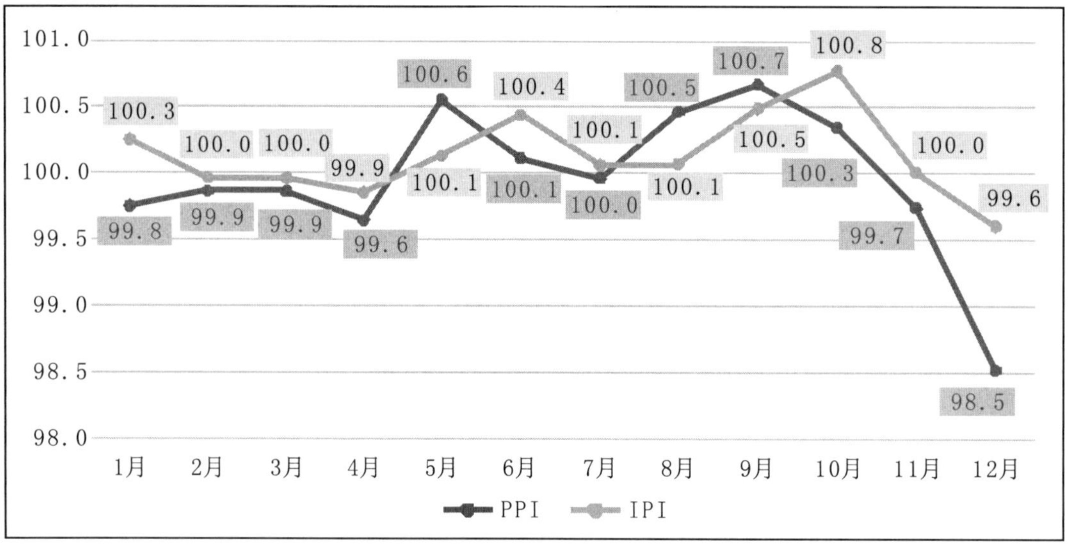

图2 2018年广西工业生产者价格环比指数表

二、主要运行特点

（一）生产资料与生活资料价格走势相反

2018年，生产资料出厂价格比上年上涨4.9%，其中采掘工业价格上涨3.8%，原材料工业价格上涨5.1%，加工工业价格上涨4.9%。生活资料出厂价格比上年下降2.3%，其中食品价格下降4.5%，衣着、一般日用品和耐用消费品价格分别上涨0.4%、2.0%和0.6%。本轮PPI上涨主要集中在产业链中上游的资源型企业，而生活资料下降主要是受制糖业和植物油加工业产品价格持续下降影响，因此出现生产资料与生活资料出厂价格走势相反的情况。

（二）五大传统行业带动出厂价格上涨

从大类行业看，与上年相比，2018年调查的37个工业大类行业产品价格呈“29升7降1平”的运行态势，上涨面达到78.4%。其中涨幅最大的是石油和天然气开采业，上涨25.1%，降幅最大的是农副食品加工业，下降5.8%。黑色金属冶炼和压延加工业、石油、煤炭及其他燃料加工业、非金属矿物制品业、有色金属冶炼和压延加工业和化学原料和化学制品制造业这五个传统大类行业同比分别上涨9.5%、17.8%、9.3%、3.2%和5.0%，分别影响总指数上涨1.18、0.76、0.62、0.20和0.25个百分点，是拉动总指数上涨的主要因素，共拉动总指数上涨3.0个百分点，影响程度为77.3%。

（三）广西价格走势与全国基本一致

2018年，全国工业生产者出厂价格同比指数为103.5，广西为103.2，在31个省、区、直辖市排位中，居第18位，全国工业生产者购进价格同比指数为104.1，广西为103.4，居第24位。

（四）九大类原材料购进价格“七升两降”

2018年广西工业生产者购进价格比上年上涨3.4%，九大类原材料购进价格呈“七升两降”的走势。其中建筑材料及非金属类价格上涨9.3%、燃料、动力类价格上涨6.9%、木材及纸浆类价格上涨4.4%、化工原料类价格上涨3.8%、黑色金属材料类价格上涨2.0%、其他工业原材料及半成品类价格上涨2.1%、纺织原料类价格上涨1.1%，有色金属材料及电线类价格下降0.3%、农副产品类价格下降0.3%。

三、工业生产者价格变动因素分析

（一）国内经济增长的影响

PPI作为经济活动的“晴雨表”之一，其变动是随着经济增长的变化而发生变化的。2018年，面对严峻的国际形势和国内艰巨的改革发展任务，国民经济运行保持总体平稳、稳中有进的良好态势，2018年国内生产总值900309亿元，按可比价格计算，比上年增长6.6%，实现了6.5%左右的预期发展目标。分季度看，一季度同比增长6.8%，二季度增长6.7%，三季度增长6.5%，四季度增长6.4%，经济增长速度逐季回落，经济面临较大下行压力。同时固定资产投资增速回落，2018年全国固定资产投资（不含农户）635636亿元，比上年增长5.9%，增速比上年同期回落1.3个百分点。受此影响，2018年广西工业生产者价格同比继续保持上涨态势，但涨幅下半年开始不断收窄。

（二）供给侧结构性改革和环保政策的影响

2015年，党中央决定实施供给侧结构性改革，经过几年的努力，取得了重要阶段性成效，近3年来，钢铁行业化解1.5亿吨过剩产能，清除1.4亿吨“地条钢”，钢铁、水泥等过剩产能去产能目标基本完成，工业产能利用率稳中有升，2018年黑色金属冶炼和压延加工业产能利用率为78%，比上年上升2.2个百分点，去产能使得重点行业供求关系发生了明显变化，产品价格也相应回升。随着供给侧结构性改革的深入推进，钢材库存减少，市场价格上涨，2018年广西钢压延加工产品出厂价格同比上涨9.1%。

随着环保整治的深入推进，一批环保不达标的企业受到强制限产、停产整顿，既直接推高了上游产品的价格，又影响了下游企业的正常生产，导致成本上升、产量下降，进而推高了下游产品价格。2018年水泥行业在环保整治错峰限产、集中停产、优化产能结构和加强产能置换等政策推动下，价格一路上扬，2018年广西水泥制造产品出厂价格同比上涨21.7%。受此影响，下游的商品混凝土等水泥制品制造业产品出厂价格同比上涨，2018年同比上涨8.6%。同时受环保整治政策影响，水泥上游的一大批不达标的采石场被关停，造成市场供应减少，价格快速上涨，2018年广西非金属矿采选业产品出厂价格同比上涨10.5%。

（三）国际大宗商品价格传导的影响

今年以来，受世界经济复苏、贸易摩擦升级及地缘政治等因素影响，全球主要大宗商品市场整体升温，原油价格整体上扬。自2016年跌到30美元/桶之下后，国际石油市场原油价格一直在上涨。2018年大部分时间，由于产量可能受限和全球石油库存的下降，原油价格不断上涨，2018年10月3日，布伦特原油价格涨到4年来的最高点86美元/桶。随后受美国、俄罗斯和沙特阿拉伯的石油产量达到历史性高位和对全球经济增长放缓的担忧等多重因素影响，国际原油价格开始暴跌。受国际原油价格波动影响，国内成品油价格相应调整，国际油价虽然10月下旬开始暴跌，但是2018年全年油价整体仍上涨，2018年广西石油、煤炭及其他燃料加工业产品出厂价格同比上涨17.8%，石油和天然气开采业产品出厂价格同比上涨25.1%。

（四）市场供求关系影响

价格是由供给与需求之间的互相影响、平衡产生的，影响价格变动的最主要因素是商品的供求关系。在市场上，当某种商品供不应求时，其价格就会上涨；而当商品供过于求时，其价格就会下降。制糖业作为广西的支柱产业之一，其产品价格变动主要受食糖供需关系变化影响。2018年受全球食糖产量增加和供应过剩影响，国际糖价一直在低位徘徊，国内食糖也连续两年增产。统计数据显示，2018年全国成品糖产量为1554万吨，同比增长10.9%。随着国内人口增速显著放缓，加上饮食健康意识增强，食糖消费增长空间有限，食糖市场需求疲软，出现供过于求的局面，糖价持续下跌，2018年广西制糖业产品出厂价格同比下降18.2%。

四、2019年PPI走势分析

从国际方面看，2019年全球经济复苏放缓，叠加全球经贸摩擦、地缘政治风险发酵，国际经济环境复杂多变；2019年石油输出国组织（OPEC）成员国可能启动新一轮减产，但美俄大概率增产及全球经济下滑将拖累需求，叠加特朗普的不确定性和地缘政治冲突，预计油价后势将大幅波动。

从国内方面看，随着我国经济下行压力加大，基建逆周期调控的必要性凸显，2018年下半年基建利好政策相继出台，基建投资成为稳需求的重要工具有望提速，对PPI将构成支撑。经过近两年的环保督察和治理，国内空气质量有明显改善，环保限产边际趋松可能性较大，环保限产力度有望弱于往年，对PPI的支撑将减弱。

从翘尾因素看，据测算，2019年除了3月份翘尾持平和4月份翘尾为上涨以外，其余各月的翘尾均为下降。

综合以上因素，在国内外经济形势、调控政策不发生较大变化的情况下，预计2019年广西工业生产者价格将承压下行。

2018年广西农产品生产者价格下跌2.7%

钟日辉

据国家统计局广西调查总队农产品生产者价格调查，2018年广西农产品生产者价格同比下跌2.7%，其中一至三季度分别为下跌1.1%、6.0%和3.9%，四季度上涨0.3%。从全年情况看，畜牧业产品、种植业产品生产者价格分别比上年同期下跌8.3%和0.8%，林业、渔业生产者价格比上年同期分别上涨2.9%和3.4%，由于畜牧业价格同比下跌幅度较大，拖累了全年价格指数下跌。从近三年看，广西农产品生产者价格指数呈逐年下降趋势。

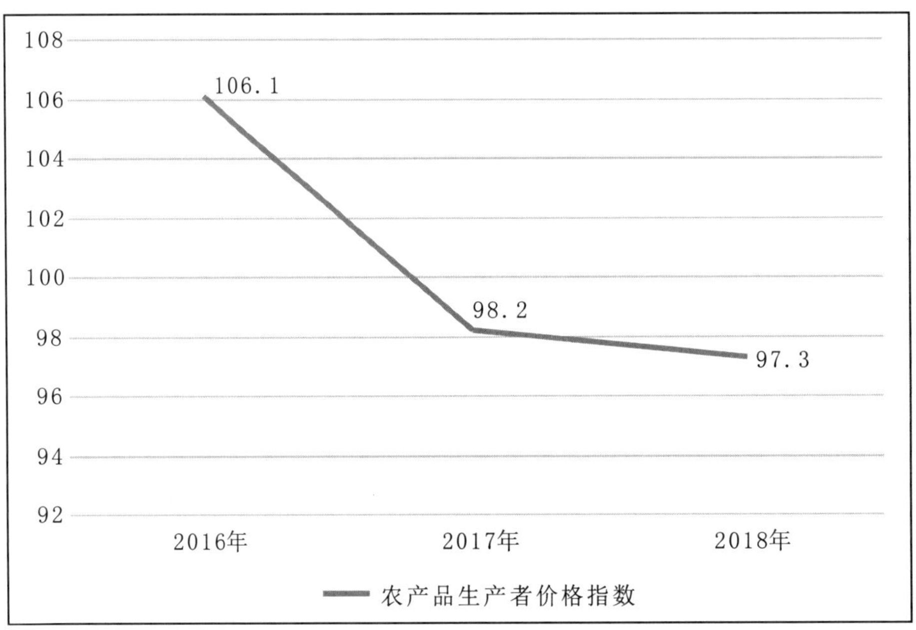

图1　2016—2018年广西农产品生产者价格指数情况（上年同期=100）

一、种植业产品价格下跌0.8%

2018年广西种植业产品价格比上年同期下跌0.8%。其中：谷物、豆类、蔬菜及食用菌、茶及饮料原料、中草药材价格同比分别上涨2.5%、1.9%、1.2%、3.1%和14.4%；生麻价格与上年持平；薯类、油料、糖料、水果价格比上年同期分别下跌7.3%、1.8%、0.6%和9.4%。由于水果、薯类、糖料等价格下跌导致全年种植业产品价格的下跌，其中又以水果价格下跌最大。

（一）谷物价格上涨2.5%。主要是因为中晚稻减产，农民惜售粮食心态增加导致。据广西粮食产量调查显示，2018年广西早稻产量470.5万吨，比上年增长0.1%；中稻产量94.4万吨，下降2.5%；晚稻产量451.4万吨，比上年下降0.3%。另外，受到玉米种植面积减少以及市场上豆粕等饲料价格上涨的影响，玉米价格也出现上涨。

（二）糖料价格小幅下跌0.6%。2018年广西甘蔗生产者价格同比下跌0.6%，其中四季度价格下降1.9%。据甘蔗主产地来宾市、崇左市和南宁市反映，由于2018年白砂糖出厂价格下降带动糖料蔗收购价格下降。2018年4季度开始执行的2018/2019年榨季糖料蔗收购价格方案，即普通糖料蔗收购首付价为每吨490元，比2017/2018年榨季首付价每吨500元，下降10元，降幅2.0%，优质糖料蔗收购首付价为每吨520元，比上榨季首付价每吨530元，下降10元，降幅1.89%。

（三）蔬菜价格上涨1.2%。主要原因一是受到季节性天气影响，市场供应会出现波动而导致价格不稳定。2018年下半年，广西的阴雨天、寒冷天较多，叶菜类、白菜类、芥菜类等蔬菜生长受到影响，市场供应量下降，价格上涨。二是受到蔬菜商贩外运需求的影响。例如四季度比较适宜瓜豆类蔬菜植物生长，豇豆、苦瓜等蔬菜因不易腐烂，适宜长途存储运输，外地收购商直接上门收购，收购量增大致使本地市场豇豆、苦瓜供应量减少，价格上涨。

（四）水果价格大幅下跌9.4%。特别是二季度、三季度广西水果价格同比分别下跌14.2%和16.8%。分品种看：

橙：二季度橙价格同比下跌29.9%。据靖西市反映，橙价格下跌主要原因一是由于精准扶贫产业的扶持，种植面积不断增加，造成市场供过于求，夏橙出现滞销现象。二是受气候的影响，主要在果实成熟期阴雨连绵，影响夏橙的甜度，大部分夏橙酸度偏高影响口感，消费者消费热度不高。

荔枝、龙眼：二季度、三季度荔枝价格同比分别下降28.2%、67.6%；三季度龙眼价格下降54.5%。主要原因：一是荔枝龙眼遇上生产大年，销售难。据灵山县某荔枝种植专业合作社表示，该合作社2018年荔枝产量约4万公斤，而上年产量只有约1万公斤，产量增加了约3倍；灵山县某农场表示，该场荔枝产量较上年增加了80%左右。平南县调查户卢某反映，其2018年龙眼产量达到28500公斤，是上年2.8倍，市场供应远远大于需求。二是广东、海南等外地荔枝、龙眼主产区产量也丰收，上市时间与本地荔枝上市时间重叠，进一步降低了荔枝、龙眼出售价格。三是本地的深加工能力有限，外销渠道又不畅，价格进一步下跌。

芒果：三季度，芒果价格同比下跌28.8%。主要原因：一是前几年田东县、田阳县等地大力发展种植的芒果陆续挂果，修剪枝条、嫁接改良、摘花留果、套果和施肥除害等管护技术日趋成熟完善，气候较上年适合芒果生长，芒果生长收获期间没遇冰雹天气，因此，2018年芒果比上年增产三成以上；二是受周边海南、广东等地芒果收成较好，价格较低的冲击，本地芒果价格上不去，客商收购量也下降。

此外，调研发现柑橘主要产地的桂林、全州等地，受近年南丰蜜桔大面积扩种导致产量大幅增加和四季度冰冻天气导致柑橘品质受损的影响，四季度蜜桔价格普遍下跌，且跌幅较大，上年收购价约为2.2~2.8元/公斤，2018年仅为0.8~1.2元/公斤，且收购商贩减少、卖柑橘难，不少种植户由于价格过低、人工成本高甚至放弃了柑橘的采摘和出售。

（五）中草药材价格上涨14.4%。主要是鸡骨草、牛大力、穿心莲的价格上涨。据了解，近年来市场上中草药材的价格一直居高不下，原因有：一是人们对中药保健需求的逐步提高，各种中草药材市场需求量较大；二是中草药材普遍有着种植时间较长、护理成本较高的特点，据种植户反映，2018年聘请一名工人工资为70元/天，比上年上涨不少，同时由于2018年遭遇寒潮，需要请工人护理的时间大大加长，总用工量也有增加；三是城市化进程的加快导致中草药材种植面积逐渐减少。

二、林业产品生产者价格上涨2.9%

2018年，广西林业产品生产者价格比上年同期上涨2.9%，其中：林产品、竹材采伐产品、育种和育苗价格同比分别上涨10.2%、5.3%和6.4%，木材采伐产品价格同比下跌0.7%。分种类看，属于育种和育苗种类的软枝油茶苗价格和属于林产品的松脂、油桐籽价格上涨较快。据田林县反映，2018年第四季度软枝油茶苗价格增长的原因主要是：政府大力推广油茶种植，每亩种植补贴500元，而且茶油价格也较高，2017年茶油每公斤100元，2018年每公斤80元左右，这样大大刺激了农户的种植热情，以致软枝油茶苗销量很好，所以苗圃场抓住这个机会提升价格，使得田林县软枝油茶苗的价格大幅度提高。油桐籽价格上涨，主要是很多农户改种了桉树、杉树以及其他果树，油桐籽产量大大减少，物稀价高，桐油厂只能抬高价格收购原料，以保证桐油产量供应。此外，据梧州市、田东县反映，由于松香市场行情上涨拉动，下游产品松节油价格大幅上涨，以及2018年夏季雨水天气过多影响松脂产量减少，且松树被大量砍伐，树源减少，现有树源青黄不接等因素导致了松脂价格上涨。

三、畜牧业产品价格下跌8.3%

2018年广西畜牧业产品价格比上年同期下跌8.3%，其中生猪、畜禽产品价格分别下跌15.1%和0.3%，牛、羊、活家禽价格分别上涨2.1%、3.1%和12.9%。分种类看：

生猪价格依然下跌，但是跌幅逐季缩小。一到四季度生猪价格同比分别下跌16.6%、31.3%、8.1%和3.9%。主要原因首先是广西生猪存栏量保持高位。据广西主要畜禽调查，2018年一季度广西猪肉产量69.4万吨，增长3.6%，生猪存栏2214.4万头，同比增长3.3%，生猪出栏903.9万头，增长3.5%。其次是市场需求不旺。居民对猪肉的消费需求保持稳定甚至略有下降，转而消费牛肉、羊肉、鱼肉等更加高蛋白食品。再次是2018年四季度由于受云南、湖南、广东等周边非洲猪瘟影响，广西活猪外运受限，造成活猪存量上升，又导致价格下跌。

牛、羊价格稳步上涨，主要是因为牛、羊的养殖成本不断上涨，而养殖周期较长、养殖量较为稳定，决定了价格保持稳中有升的走势。另外，随着生活水平的不断提高，居民对牛、羊等高品质肉产品的消费需求不断增加，也是促使牛、羊价格不断上涨的原因。

鸡和鸡蛋价格的上涨主要原因：一是因“禽流感”影响上年价格大跌，因而2018年同比涨幅较大。二是2018年以来禽类无大疫情，产销两旺。三是鸡苗价格上涨，养殖成本增加，也导致肉鸡、鸡蛋价格上涨。四是清明、端午、中秋等传统节日居民对禽类及蛋类消费需求增加，拉动价格上涨。

蚕茧价格在第三、第四季度下跌明显，其中三季度下跌13.1%，四季度下跌26.2%，全年蚕茧价格同比下跌10.1%。据环江县、宜州市等地反映，受三季度高温多雨影响，秋蚕出现僵病死虫、脓病等增多，蚕茧品质下降，导致价格下跌。此外，2018年下半年国内茧丝销售价格持续走跌、行情低迷，导致鲜茧价格波动下滑。由于本地没有丝绸服装生产企业落户，本地茧站生产的干茧在满足本地区的缫丝企业购买需要的基础上，每年60%以上都要销售到区内其他缫丝企业和区外销售企业。受制于外部环境影响，资金回笼较慢，茧丝企业和茧站普遍承受着较大的收烘蚕茧所需流动资金压力，导致鲜茧收购时常发生压级压价、打“白条”的现象。

四、渔业生产者价格上涨3.4%

2018年广西渔业生产者价格同比上涨3.4%。其中：海水养殖产品、海水捕捞产品价格同比分别上涨9.1%和2.5%。淡水养殖产品价格同比持平。分品种来看：

海水养殖蛤价格上涨36.5%。据防城港市、钦州市反映，海水养殖蛤价格大幅上涨的原因：一是养殖难度大，出货量减少带动价格上涨。受海水污染和西南风吹起淤泥较多等影响，养殖海水质量下降，增大了养殖难度，导致产量大幅减少，价格上涨。二是文蛤苗价格提高拉动文蛤价格上涨。文蛤苗成本约占总成本70%，文蛤苗主要来自江浙一带，虽然苗规格不同，但整体价格都在上涨，增加了养殖成本。钦州市某养殖户反映，1000粒/公斤的文蛤苗2017年约14000元/吨，2018年约为16000元/吨，同样规格的文蛤苗2018年比上年上涨了2000元/吨，价格同比上涨14.29%。文蛤苗价钱上涨，是拉动文蛤价格上涨的主要原因。三是蛤发病率高，成活率低。如防城港市港口区某渔业产销专业合作社反映，2018年养殖蛤发病严重，所养蛤类全部死亡，四季度没有规格品出售。

养殖淡水鲤鱼价格上涨9.4%，主要原因是受上年草鱼价格上涨影响，养殖户加大草鱼养殖力度，相对地减少鲤鱼苗养殖数量，导致2018年草鱼产量大，鲤鱼产量较少，因而鲤鱼价格上涨。

此外，渔业产品还受到居民消费需求增加和供应量有限的矛盾影响，价格也上涨。据北海市反映，入秋以来，在节假日期间海鲜消费需求旺盛，优质的生猛海鲜还未上市就已被水产商及酒店高价预定，市场供应趋紧，海产品价格普遍上涨。

五、2018年广西农产品生产的几个特点和值得注意的问题

（一）生猪价格持续走低，不稳定因素增多。2017年以来广西生猪价格进入下行周期，猪价屡创新低，养殖场、养殖户损失较大。2018年，在环保治理取得成效等因素影响下，生猪价格开始逐季缓慢回升，但是下半年受到“非洲猪瘟”的影响，生猪价格回涨受阻。由于猪价涨跌对整个广西农产品价格指数影响较大，因此，稳定生猪生产，保持生猪价格稳定具有重要意义。

（二）水果价格跌下“神坛”。2018年广西荔枝、龙眼价格碰上“大年”，产量较2017年上升，但是价格却大幅下跌，农民得量不得价。另外，砂糖橘、橙子等柑橘类水果价格也下跌。据媒体报道，目前广西柑橘种植面积预计达700万亩，产量700万吨，已经位居全国之首。在2018年价格下跌而种植面积不断增长的情况下，如何延长水果产业链、稳定种植面积以及扩大销售渠道是各级政府和广大果农面临的迫切问题。

（三）特色农林产品大有作为。广西丘陵山区面积众多，近年来不少市县大力发展适宜的特色农林产品，收益不错。如贵港的鸡骨草、穿心莲种植，田林县的油茶种植、梧州的松林松脂产业等，在价格上涨的情况下，农户、企业收入可观。因此，可以对上述特色农林产品的种植加以引导，提高农民收入。

2018年广西农业生产资料价格涨幅持续扩大

区泳钊

2018年，受化学肥料持续高位运行、农业用工价格不断上涨等因素影响，广西农业生产资料价格连续四年上涨，除仔畜幼禽及产品畜价格大幅下降外，其余农资产品价格呈不同程度上扬。据国家统计局广西调查总队调查，2018年广西农业生产资料价格同比上涨1.8%，涨幅比2017年扩大0.4个百分点。

一、农业生产资料价格运行特点

（一）各月价格环比涨跌互现

2018年1—12月，广西各月农业生产资料价格环比涨幅分别为1.2%、0.8%、-0.1%、-0.3%、-0.3%、0%、0.1%、0.8%、0.6%、0.7%、-0.2%、-0.4%，全年各月涨跌不均，先是1—5月份高开低走，到6月份开始连续四个月上涨，11、12月份后连续下降。

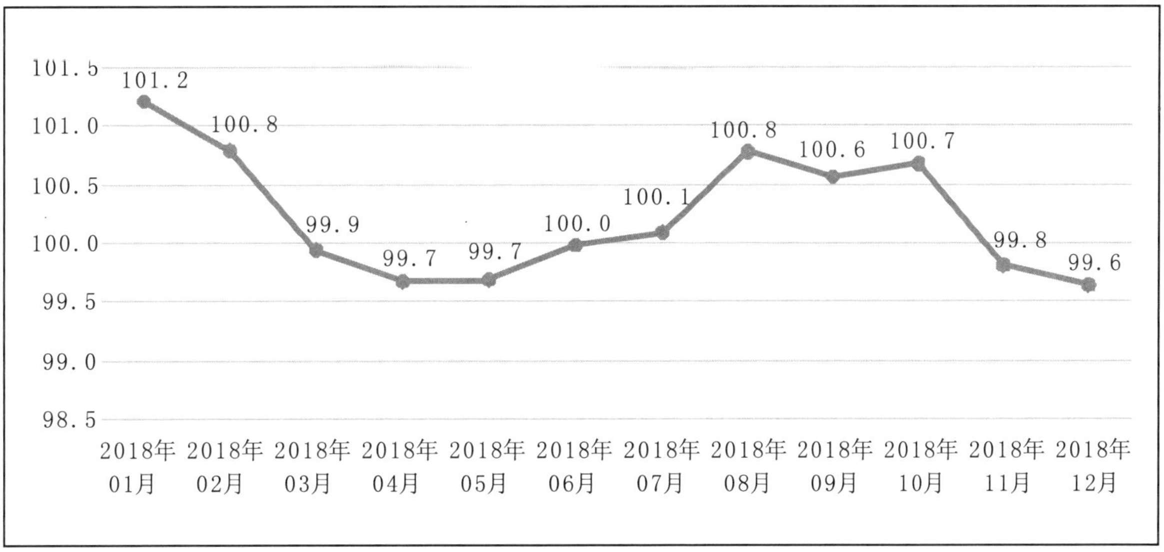

图1 2018年各月广西农业生产资料价格环比指数走势

（二）各月价格同比高位徘徊

2018年1—12月，广西各月农业生产资料价格同比涨幅同比呈上升态势，从2月份开始呈逐步上升趋势，10月涨幅达到全年最大值3.8%，全年有5个月份同比涨幅超2%。

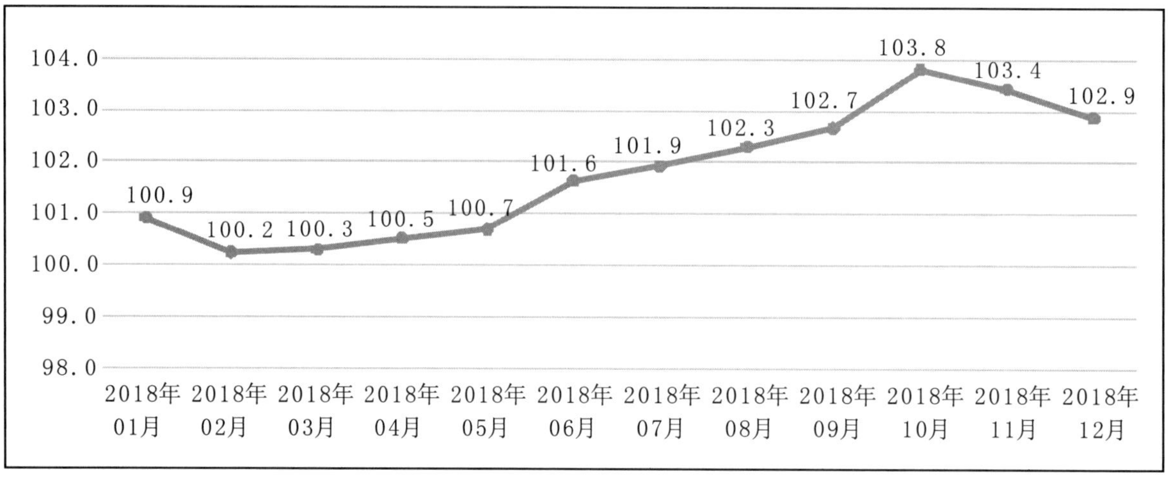

图2　2018年各月广西农业生产资料价格同比指数走势

（三）十大类农业生产资料价格呈"九升一降"

2018年广西十大类农业生产资料价格呈"九升一降"趋势。其中：农机用油价格上涨13.0%，化学肥料价格上涨6.7%，农业生产服务价格上涨6.5%，农用手工工具价格上涨4.0%，机械化农具价格上涨3.7%，农药及农药器械价格上涨3.2%，半机械化农具价格上涨1.1%，其他农用生产资料上涨1.0%，饲料价格上涨0.8%；仔畜幼禽及畜产品价格下降22.2%。

表1　2017年与2018年各类农业生产资料价格指数表

调查类别	2017年	2018年	变动幅度（±%）
农业生产资料价格指数	101.4	101.8	0.4
一、农用手工工具	102.3	104.0	1.7
二、饲料	101.3	100.8	-0.5
三、仔畜幼禽及产品畜	90.4	77.8	-12.6
四、半机械化农具	101.5	101.1	-0.4
五、机械化农具	102.6	103.7	1.1
六、化学肥料	103.0	106.7	3.7
七、农药及农药器械	100.7	103.2	2.5
八、农机用油	111.5	113.0	1.5
九、其他农用生产资料	100.6	101.0	0.4
十、农业生产服务	104.8	106.5	1.7

1. 种植业类农资价格高居不下。2017年部分重要农资价格大幅上涨，受政策调整、原材料价格上涨等多重因素导致2018年广西区农机用油、化学肥料和农药及农药器械价格持续高位徘徊。

（1）农机用油大幅上涨。2018年农机用油价格上涨13.0%，涨幅为十大类最大，影响农业生产资料价格总水平上涨0.56个百分点。其中农用柴油价格上涨13.5%，润滑油上涨9.2%。

（2）化学肥料价格一路上扬。2018年广西化肥价格上涨6.7%，影响总指数上涨1.49个百分点，是拉动农业生产资料价格总水平上涨的主要因素。其中：氮肥价格上涨14.3%，磷肥价格上涨4.5%，钾肥上涨6.1%，复合肥上涨2.8%。从各月同比走势来看，化肥价格从2月开始不断呈上涨趋势，10月达到全年最大值9.1%。

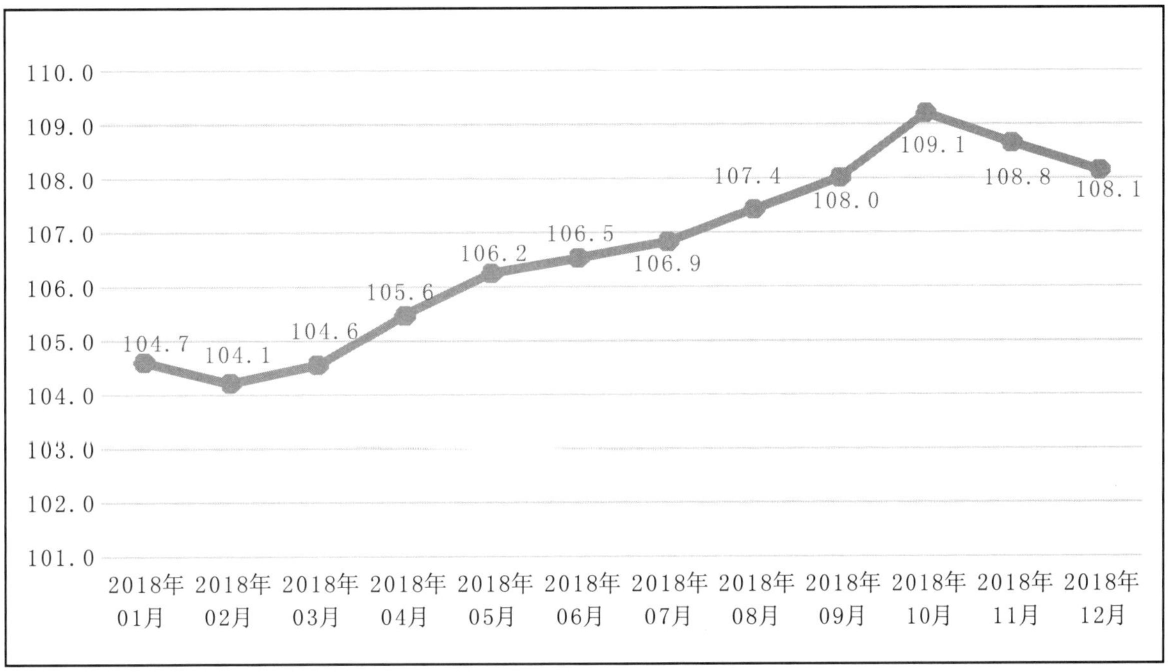

图3　2018年各月化肥价格同比走势

（3）农药及农药器械价格上涨。2018年农药及农药器械价格上涨3.2%，拉动农资价格总水平上涨0.27个百分点，其中化学农药价格上涨3.4%。

2. 农业生产服务价格高位运行。2018年广西农业生产服务价格上涨6.5%，拉动农资价格总水平上涨0.84个百分点，涨幅比上年同期扩大1.7个百分点。其中涨幅较大的农业用工价格上涨10.1%、排灌费上涨3.3%，合计影响农资价格总水平上涨0.79个百分点。从各月同比走势来看，农业生产服务价格一直呈上涨趋势，除3月份价格为4.6%，其余月份涨幅均在6%以上。

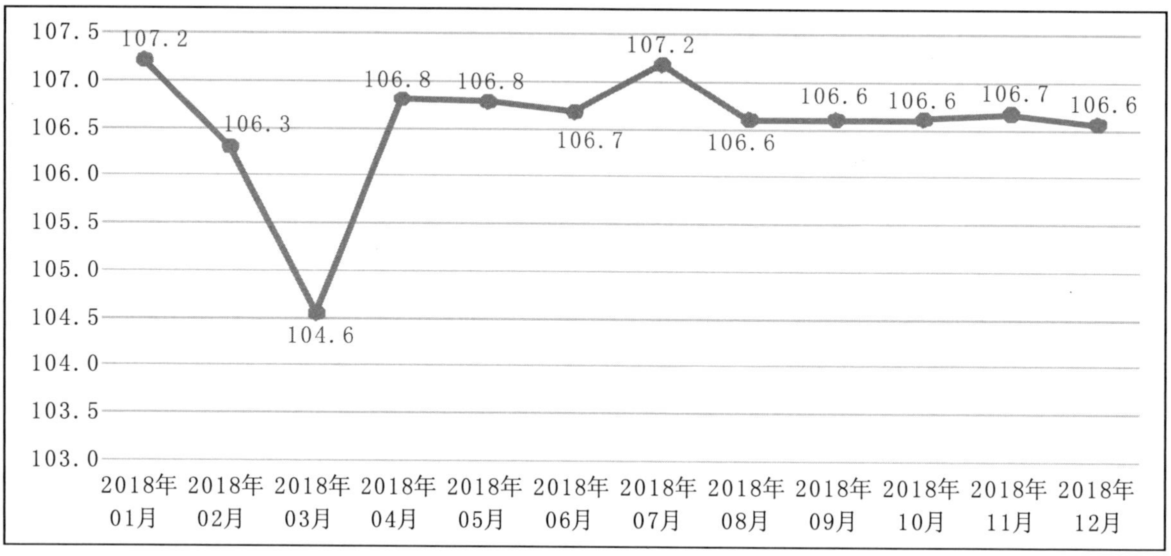

图4　2018年各月农业生产服务价格同比走势

3.农资畜禽价格持续低迷。2018年仔畜幼禽及产品畜下降22.2%，相比去年同期大幅度下降12.6个百分点，拉动农业生产资料价格总水平下降1.91个百分点。其中仔畜价格下降29.2%，拉动农业生产资料价格总水平下降1.83个百分点，产品畜下降20.6，拉动农业生产资料价格总水平下降0.19个百分点。从各月同比来看，仔畜幼禽及产品畜价格从1月开始一直处于下行状态，到5月份下降达全年最大值34.8%。

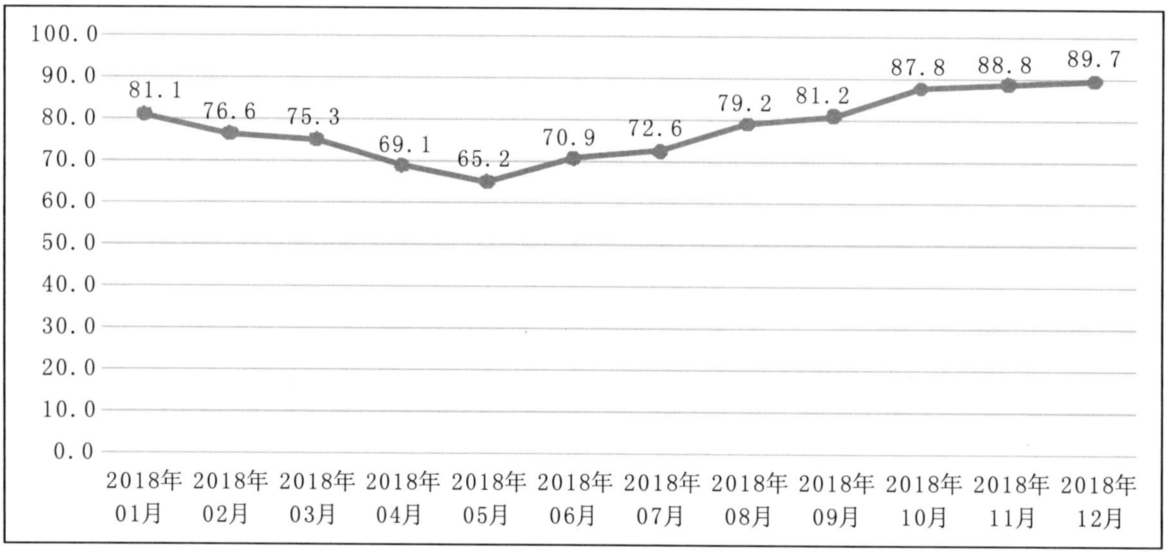

图5　2018年各月仔畜幼禽及产品蓄价格同比指数

4.饲料价格涨幅偏低。受仔畜幼禽及产品畜价格下跌影响，2018年饲料价格与上年比涨幅缩小，2018年广西饲料价格上涨0.8%，影响农业生产资料价格总水平上涨0.19个百分点。其中混合饲料上涨0.9%，其他饲料上涨0.3%。

二、影响农资价格变动的因素

（一）政策调整影响农用柴油上涨

由于国际原油价格波动，国家政策性调整成品油价格，随着汽油、柴油等价格上涨，影响农用柴油价格上涨13.5%。2018年，国内油价总共调整了26次，其中13次上调，12次下调，搁浅（即未调整）1次，上调幅度大于下调幅度，如2018年上半年汽油上涨了535元/吨，柴油上涨520元/吨。

（二）环保压力增大，生产成本上涨拉动部分农资价格上涨

一是环保督查导致部分化肥农药生产企业开工受限。2018年6月7日至7月7日，中央环境保护督察组开始广西“回头看”督察工作，部分不合格的化肥农药企业进行停产或限产整顿。贵港市某化肥企业从5月份开始停产检修，投入了超过50万元更换锅炉（主要是变更为生物质锅炉），同时改用生物质作燃料，另外由于停产2个多月，减少生产氮胺3万余吨，市场供给减少。二是成本上涨。原材料价格上涨，供暖季节煤、天然气等燃料和原料供应紧张，加上正式实施环保税（《环境保护税法》规定，大气污染物征收税额为每污染当量1.2~12元，水污染物税额为每污染当量1.4~14元），企业生产成本明显提高。另外油价上调，运费成本也不断上升。据扶绥县某肥料店老板反映，2017年下半年开始，从南宁运化肥至扶绥的运费上涨了10元/吨，广西某商贸有限公司扶绥经营部反映，2018年从南宁托运农药到扶绥，每件从2017年的2元涨到3元，涨幅为50%。

（三）基本工资上调拉动农业用工上涨

劳动基本工资逐年提高，拉动农业用工以及农业生产服务价格上涨。2018年广西提高最低工资标准，三类工资涨幅均达20%左右，同时失业保险金最低档由原来的最低工资标准一类的70%提高到80%。随着社会工资水平不断提高，农村富余劳动力特别是青壮年劳动力外出务工有增无减，特别是在农忙时节，农业用工不足的问题愈发明显，推动人工价格上涨。如每年1月是砍甘蔗的高峰期，蔗农需要大量砍甘蔗的工人，田阳县反映，2018年雇佣砍甘蔗工的费用与往年比有所上涨，2018年1月人工砍蔗费为150元/人，比上年同期上涨30元，涨幅25.0%。

（四）生猪生产位于高位，导致仔畜幼禽价格大幅下降

仔猪、能繁母猪价格下降是仔畜幼禽及产品畜价格下降的主要因素。在经历2015年“猪周期”之后，自2016年以来，生猪市场行情良好，养殖效益增加，各地规模养殖比重进一步提高，许多养殖企业（户）扩大补栏规模，生猪存栏、出栏量逐年增加。2016年底广西区生猪存栏量为2216.1万头，出栏量为3280.1万头，到2018年广西生猪存栏为2298.3万头，全年累计出栏生猪3465.8万头，涨幅分别为3.7%和5.7%。生猪供应阶段性供过

于求，上市量多而市场终端消费疲软，猪价一路下跌，导致仔猪、能繁母猪价格受到极大影响。虽然下半年为生猪消费的传统旺季，供需关系变化导致价格上涨，与上半年头均生猪出栏价格11.13元/公斤相比（据养殖户经验，成本价约13.0元/公斤），生猪出栏价格止跌回升，生猪出栏价格上涨2.56元，涨幅23.05%，产值增加327.08元，增幅24.09%，但10月份起广西区周边省份出现非洲猪瘟等疫情，生猪广西区内销售有限，猪价下跌，导致仔畜、能繁母猪销量下降从而价格下降。

三、保持农业生产资料价格平稳运行的政策建议

农业是中国国民经济的支柱，也为中国经济的发展与建设提供了基础的保障，农资价格变动频繁影响农业市场稳定。因此，各级政府应持续密切关注农资价格动态，不断完善农资市场监督体系，加强养殖产业资源调配，科学引导养殖业发展，减少农资价格波动。

（一）密切关注农资价格动态，保持农资价格平稳运行

各级政府有关部门要一如既往地重视农资价格问题，密切关注农资价格动态，及时了解和掌握农资市场价格行情，创新工作方法，关注农资的价格走势，不断探索监督措施对策、行政措施、经济措施，确保各项惠农政策落实，保持农资价格平稳运行。

（二）完善农资市场监督体系

不断完善农资市场价格调控机制，加强监测预警。加强对农业生产资料价格、农产品流通信息的监测和发布，规范农业生产资料价格执法行为，对增长过快的产业，可以采用经济、行政等手段进行有效遏制，扶持发展缓慢但对市场有重要影响的产业，维持市场平稳，防止价格大幅波动。

（三）加快农资生产企业转型

各级政府应加大对农资生产企业资金扶持力度，科学引导农资生产企业转型升级，加强科技创新，鼓励农资企业通过结构调整、兼并重组等方式实现产业升级，坚持创新驱动发展战略，着力创新经营服务，提高能源利用率，减少环境污染。

（四）大力推广生猪先进环保的养殖技术，科学引导生猪养殖发展

要大力推广生猪高架床养殖等先进环保的养殖技术，对技术先进、环保水平高的养殖企业进行重点扶持，发挥价格补贴政策的作用，组织相关部门对养殖户进行技术指导和培训，提高养殖效益，保证生猪供应，并及时了解市场行情和养殖情况，有效引导，避免养殖户盲目补出栏，降低猪周期的不利影响。同时，强化疫病防治力度，做好疫情预防与监测工作，建立完善新型服务体系和预警机制，帮助养殖户提高应对突发疫情的能力，避免价格大起大落对养殖户及居民生活造成不利影响。

2018年广西固定资产投资价格平稳上涨

骆 洁

2018年，面对错综复杂的经济形势，在自治区党委政府正确领导下，广西坚持稳中求进工作总基调，积极推进项目建设，固定资产投资保持较快增长，固定资产投资价格呈上涨态势。调查数据显示，2018年广西固定资产投资价格同比上涨4.5%，涨幅较上年扩大0.1个百分点。

一、2018年广西固定资产投资价格总体运行情况

（一）固定资产投资价格总指数平稳上涨

自2016年起，受供给侧结构性改革和环保治理等政策影响，低端过剩产能得到化解，供给质量得到改善，钢材、水泥等主要建筑材料材料价格回升，从2016年第4季度开始，固定资产投资价格由负转正，进入上行通道，2017年第四季度达到峰值，同比上涨6.5%。进入2018年后固定资产投资价格涨幅回落，2018年广西固定资产投资价格同比上涨4.5%。分季度看，一季度同比上涨5.1%，二季度同比上涨3.9%，三季度同比上涨4.1%，四季度同比上涨4.8%。2016年以来广西固定资产投资价格指数变动趋势见图1。

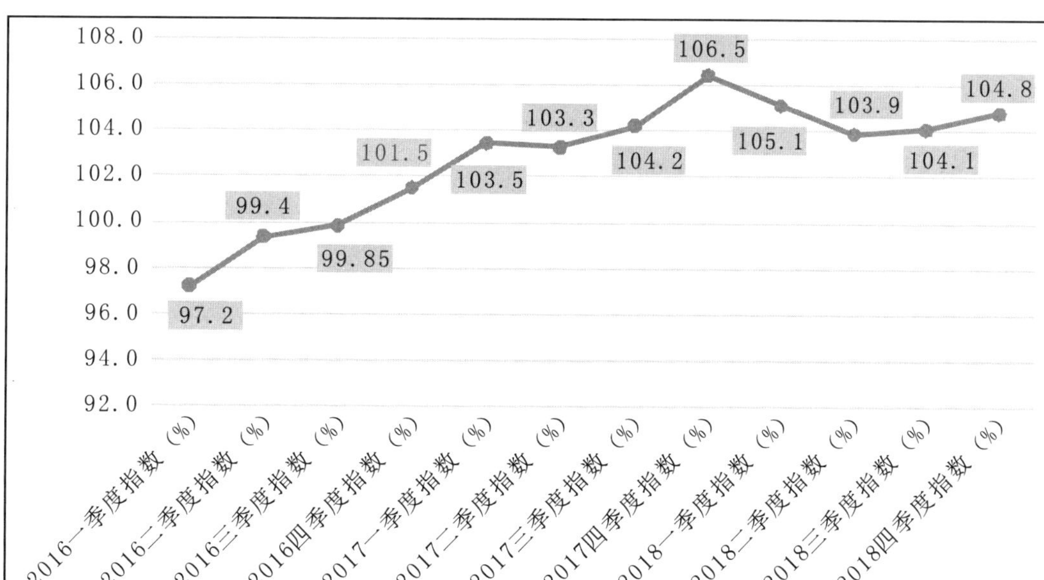

图1　2016—2018年广西固定资产投资价格指数表

（二）分类价格指数全面上涨

2018年，构成固定资产投资价格的建筑安装、装饰工程价格，设备、工器具购置价格和其他费用价格三大类指数全面上涨。其中，建筑安装、装饰工程价格同比上涨6.3%，分季度看，一季度上涨7.3%，二季度上涨5.4%，三季度上涨5.8%，四季度上涨6.6%；设备、工器具购置价格同比上涨0.6%，分季度看，一季度上涨0.7%，二季度上涨0.6%，三季度上涨0.6%，四季度上涨0.5%；其他费用价格同比上涨0.3%，分季度看，一季度下降0.5%，二季度上涨0.7%，三季度下降0.1%，四季度上涨1.1%。

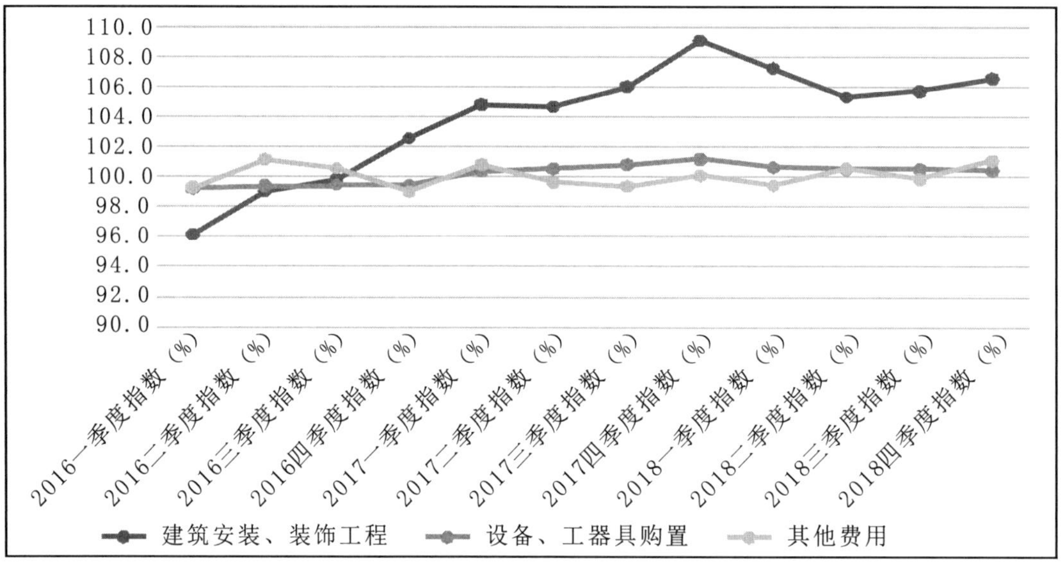

图2　2016年以来广西固定资产投资主要分类价格走势

（三）广西固定资产投资价格涨幅低于全国平均水平

2018年，全国固定资产投资价格同比上涨5.4%，广西固定资产投资价格涨幅比全国低0.9个百分点，在全国30个省（区、市）中，按照涨幅由高到低排列，广西居于第23位。

二、2018年广西建筑安装、装饰工程价格变动情况

建筑安装、装饰工程价格是影响固定资产投资价格变动的主要因素，对固定资产投资价格总指数的影响率超过九成，因此建筑安装、装饰工程价格的变动情况决定了固定资产投资价格总指数的走势。2018年广西建筑安装、装饰工程价格同比上涨6.3%，构成建筑安装、装饰工程价格的人工费、材料费和机械使用费三项价格全部上涨，其中材料费价格是主要影响因素。

（一）建筑材料价格高位运行。2018年，广西建筑材料价格延续2017年的快速上涨态势，同比上涨7.2%，涨幅较上年收窄0.1个百分点，保持高位运行。分季度看，1—4季度广西建筑材料价格同比分别上涨8.4%、6.0%、6.5%和7.9%。从材料分类看，七大类材料价格全面上涨。

1. 钢材价格快速上涨，但涨幅回落。随着供给侧结构性改革的深入推进和环保政策的落实，钢材市场价格在2016年第四季度触底回升后，快速上涨，2017年底达到高位后震荡调整。2018年钢材价格同比上涨9.4%，涨幅较上年回落6.1个百分点。分季度看，一季度同比上涨19.1%，二季度同比上涨7.2%，三季度同比上涨6.4%，四季度同比上涨4.7%，涨幅逐季收窄。钢材作为建筑施工主要使用原材料，占建筑施工单位材料采购成本比重较大，价格走势情况对固定资产投资价格影响较为明显。

2. 水泥价格大幅上涨，涨幅扩大。受环保治理影响，水泥实行错峰生产，同时环保不达标的水泥厂关停，水泥市场供减少，加上国家加大基建投资，水泥需求旺盛，市场供不应求，销售价格持续上涨。2018年水泥价格同比上涨11.2%，涨幅较上年扩大4.9个百分点。分季度看，1—4季度水泥价格同比分别上涨6.2%、11.1%、11.2%和16.2%，涨幅逐季扩大。

3. 地方建筑材料价格上涨明显。2018年地方建筑材料价格同比上涨4.1%，涨幅较上年扩大1.1个百分点。分季度看，1—4季度地方建筑材料价格同比分别上涨2.1%、2.9%、3.7%和7.7%，涨幅逐季扩大。主要是因为2018年6月，中央第五环境保护督察组进驻广西，开展为期1个月的环境保护督察“回头看”。受此影响，大量小型和不合规的砂石企业被关停，导致沙石市场供应紧张，价格快速上涨。受水泥和砂石价格上涨影响，混凝土价格随之上涨。

4. 化工材料价格继续上涨。受国际原油价格持续上涨影响，化工材料价格随之上涨。2018年化工材料价格同比上涨8.4%，涨幅较上年扩大4.2个百分点。分季度看，1—4季度化工材料价格同比分别上涨3.9%、5.5%、11.8%和12.4%，涨幅逐季扩大。

5. 木材、电料和其他材料价格继续保持上涨态势，同比分别上涨4.6%、6.0%和1.1%。

（二）人工费价格保持平稳上涨。受生活水平提高、市场工资上调和建筑行业用工短缺等多重因素影响，多年来人工费价格持续上涨。2018年，广西建筑施工企业人工费用价格同比上涨4.1%，涨幅较上年收窄0.2个百分点。从分季走势看，一季度上涨4.6%，二季度上涨4.2%，三季度上涨4.4%，四季度上涨3.0%。从人工费的分类构成看，工程管理人员人工费同比上涨3.9%，工程技术人员人工费同比上涨4.6%，普通工人人工费同比上涨4.0%。

（三）机械费价格继续小幅上涨。受油价上涨推动，2018年机械费价格同比上涨2.5%，涨幅较上年扩大0.3个百分点。分季度看，1—4季度机械费价格同比分别上涨2.9%、2.5%、2.7%和1.7%。

三、影响固定资产投资价格的主要因素

（一）固定资产投资持续增长带动投资价格上涨

2012年以来，广西固定资产投资一直

保持着两位数的增长。2018年广西多举措保障投资和项目进展，全年广西固定资产投资（不含农户）比上年增长10.8%，比全国（5.9%）高4.9个百分点。其中，房地产开发投资比上年增长11.9%，商品房销售面积比上年增长20.1%，商品房销售额比上年增长26.8%。固定资产投资的增长和房地产市场的回暖带动各项建筑用材料、人工、机械的需求增长，从而拉动固定资产投资价格上涨。

（二）环保政策效果突显，主要建筑材料价格持续上涨

2015年，党中央决定实施供给侧结构性改革，经过几年的努力，取得了重要阶段性成效，钢铁、水泥等过剩产能去产能目标基本完成。去产能使得钢材、水泥等行业供求关系发生了明显变化，产品价格也相应回升。

从2015年底至2017年底，我国对31个省（区、市）完成了第一轮中央环保督察全覆盖，累计立案处罚2.9万家。2018年，中央组织开展了两批中央生态环境保护督察行动，立案处罚超过1.1万家。随着环保整治的深入推进，一批“散乱污”企业和环保不达标企业被关停。因环保治理乱开采，一些地方建筑材料如砂、石、商品混凝土等材料供应量有所减少，价格上涨。

（三）国内成品油价格上涨推动固定资产投资成本上升

2018年从年初到年底，国际油价上演了一场过山车行情。从年初开始一路上涨，至10初出现2018年最高值，布伦特原油价格达到87.3美元/桶，较年初上涨29.6%；此后价格快速下跌，一度跌至50.4美元/桶，为2017年8月以来的最低水平。受此影响，国内成品油价格也经历了大涨大跌行情，但整体来看，与上年同期相比，涨幅仍高达17.7%。成品油价格上涨助推建筑安装、装饰工程化工材料和机械使用费价格出现明显上涨。

四、2019年固定资产投资价格走势预测

（一）基建投资补短板加大投资品需求，对固定资产投资价格形成上拉力

尽管外部环境复杂严峻、国民经济面临下行压力，但2018年我国经济运行仍实现了总体平稳、稳中有进的发展态势，为2019年经济增长打下坚实基础。2018年底召开的中央经济工作强调，我国经济发展拥有足够韧性和巨大潜力，经济长期向好的态势不会改变，2019年国家将继续实施积极的财政政策和稳健的货币政策，发挥投资的关键作用，促进形成强大国内市场，加大城际交通、物流、市政基础设施等投资力度，补齐农村基础设施和公共服务设施建设短板。基建投资增加将会带动投资产品市场走强，对固定资产投资价格形成上拉力。

（二）市场供求不断改善，建材价格小幅波动

经过三年的努力，钢材、水泥等过剩产能得到了化解，但受效益好转影响，一些地方企业变相扩产能、盲目增产量的冲动依然存在，部分品种结构不合理的问

题仍然没有解决。在宏观经济承受下行压力的情况下，对市场供需平衡形成不利影响。2019年，供给侧结构性改革将继续深化，防范已化解产能复产工作将进一步开展，环保严监管仍会持续，有利于改善市场供需形势。总体来看，钢材、水泥市场有望供需平衡，价格仍将呈小幅波动走势。

2019年，面对更为复杂的国际经济环境，国内经济继续平稳运行存在积极因素，但同时仍具有不确定性。在中美贸易摩擦没有进一步恶化的情况下，随着供给侧结构型改革和环保督察工作的深入推进，大宗商品市场将保持平稳发展，供需两端温和增长，预计2019年固定资产投资价格将平稳运行，略有上涨。

2018年桂林市住宅市场价格震荡上行

粟凌燕

据国家统计局桂林调查队调查，2018年桂林市住宅市场价格震荡上行，全年新建商品住宅价格比上年上涨7.5%，涨幅比上年扩大0.3个百分点；二手住宅价格比上年上涨4.1%，涨幅比上年扩大3.6个百分点。

一、住宅市场运行特点

（一）新建商品住宅价格较快上涨，成交量下跌近四成

2018年，桂林新建商品住宅价格比上年上涨7.5%。其中，90平方米以下商品住宅价格上涨8.2%，90~144平方米商品住宅价格上涨6.9%，144平方米以上商品住宅价格上涨8.3%。新建商品住宅成交面积91.83万平方米，比上年下降36.8%；成交套数8281套，比上年下降39.0%。成交量连续两年呈下降趋势，且降幅逐步扩大。

从月度同比看，2018年桂林新建商品住宅价格呈现V型线走势，全年峰值出现在2月，之后持续下行于8月触底反弹（如图1）。1—12月价格分别同比上涨7.2%、8.7%、8.5%、7.8%、7.5%、7.2%、6.4%、6.0%、6.8%、7.0%、8.1%和8.2%。

从月度环比看，除1月份外，其他各月保持上行态势，11月环比涨幅尤其突出。1—12月价格分别环比上涨-0.2%、0.1%、0.6%、0.7%、0.6%、0.7%、0.5%、0.6%、1.0%、0.7%、2.3%和0.4%。

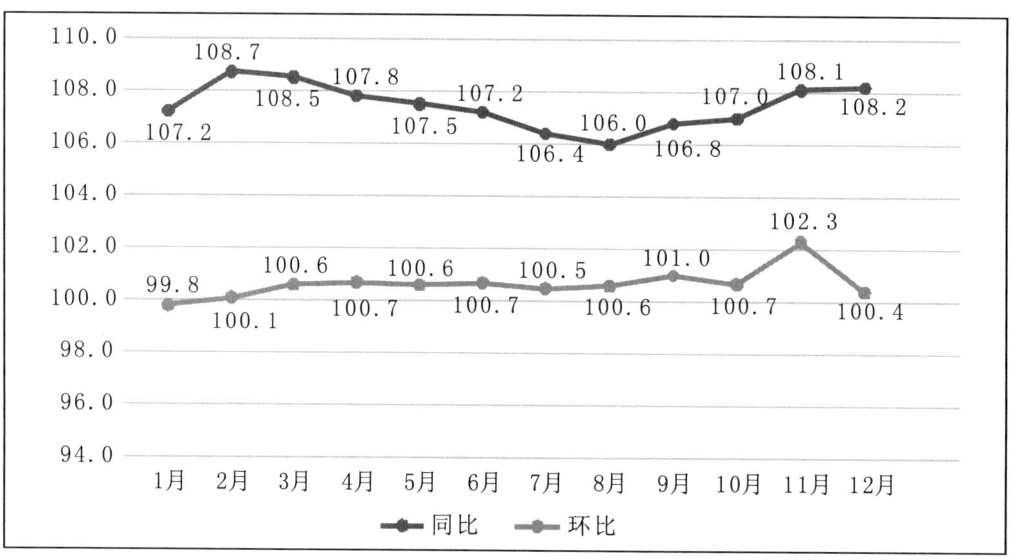

图1　2018年桂林市新建商品住宅价格走势

（二）二手住宅价格上涨，成交量翻番

2018年，桂林市二手住宅价格比上年上涨4.1%。其中，90平方米以下二手住宅价格上涨4.8%，90~144平方米二手住宅价格上涨3.4%，144平方米以上二手住宅价格上涨4.0%。二手住宅成交面积82.59万平方米，比上年增长20.2%；成交套数9198套，比上年增长22.4%。

从月度同比看，2018年全年，桂林市二手住宅价格稳定上行，后期涨幅扩大。1—12月二手住宅价格分别同比上涨3.1%、3.3%、3.6%、3.4%、3.3%、3.4%、3.4%、3.3%、4.6%、5.2%、6.0%和6.5%。

从月度环比看，除2月份外，其他各月涨幅连月上行。1—12月价格环比分别上涨0.1%、-0.1%、0.3%、0.1%、0.2%、0.8%、0.5%、0.7%、1.4%、0.7%、1.3%和0.4%。

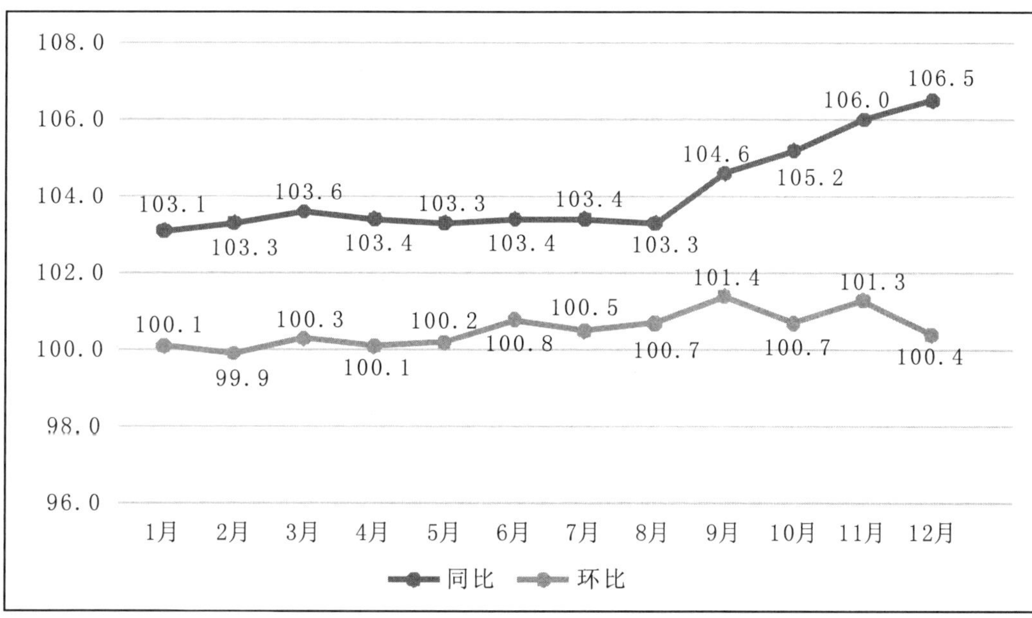

图2 2018年桂林市二手住宅价格走势

二、价格变动成因及现象分析

承接2017年桂林市住宅市场持续回暖向好，价格快速上涨的势头，桂林新建商品住宅市场价格2018年一季度仍然保持了高开高走的态势，二、三季度价格高位持平，受“金九银十”销售旺季带动，年底价格再次走高。而二手住宅市场价格全年保持了稳步上涨态势，上涨预期强烈。

（一）供应紧缺造成新建商品住宅价格易涨难跌

2016年，市委、市政府提出城市建设“老城区做减法，新城区做加法”的部署，适当控制老城区商品房开发进度。受此影响，近2年来桂林市秀峰、叠彩、象山、七星、雁山五城区范围内普通商品房建设用地逐年减少，加上去库存政策和2017年楼市上涨周期带来的刺激效应，“五城区”范围内新增房源大幅下降。据桂林市住建委统计数据显示，2018年1—11月，商品房上市面积79.71万平方米，同比下降30%；其中，商品住房上市面积58.81万平方米，同比下降36.3%。新建商品住宅成交面积91.83万平方米，同比下降36.8%；成交套数8281套，同比下降39.0%。成交量连续两年呈下降趋势，且相较于2017年同比一位数以内的降幅，2018年同比降幅大幅扩大。2018年“五城区”只有5个全新楼盘面世，有房可售的楼盘不超过40个，其中房源充足的楼盘不超过10个，整体市场房源尤其是刚性需求房源一直处于紧缺状态。因此，即使受全国楼市价格下行趋势影响，岁末年终，桂林房产市场不活跃、观望气氛渐起，但是住宅价格仍然保持了稳定的温和的上涨态势。供不应求的局面造成住宅价格易涨难跌。

（二）节庆和旺季是价格上行主要时期

数据显示，2018年一季度的春节假期和金九银十销售旺季时期，是桂林商品住宅价格上涨的两个主要时期。

2018年1月份，各楼盘推新上市房源，价格小幅微涨，普遍提价100~200元/平方米左右，留出价格折扣下降空间以待春节。2月是农历春节，各开发商针对春节返乡置业客普遍给出2~3个百分点的折扣力度。按提价和打折比例来折算，价格基本保持涨势。整个春节期间，返乡置业市场总体成交不错，普遍约占各楼盘春节期间成交总量的30%左右，返乡置业者成为购房主力军之一。

2018年的9月和10月的仍然保持了“金九银十”销售旺季的传统，楼盘积极推新上市，市场呈现供销两旺的态势。虽整体市场热度较2017年有所下降，但由于房源紧俏，尤其是刚性需求货源十分紧缺，各楼盘蓄客量大，因此，一有新货上市，市场的追逐力度还是不减，进一步推高价格。

（三）全年房贷利率持续收紧给市场价格降温

2018年3月初，桂林各大银行原有的首套房利率8、9折优惠逐渐消失，取而代之的是利率不打折甚至上浮10%~30%，二套房贷款利率提高为基准利率的1.1~1.2倍；2018年6月1日，以五大行为首的桂林市各银行再次将首套房首付比例从15%上调至20%，二套房首付比例上调至30%；2018年12月，桂林市各大银行信贷全面收紧，房贷利率再次上浮20%。截至年末，首套房贷款利率达5.88%，二套房贷款利率达6.14%，三套房不放贷，且利率计算认房又认贷。

全年桂林市场资金偏紧，房贷利率持续走高，房贷规模也日趋收紧，个人住房按揭贷款的放款时间明显延长。走高的房价叠加走高的房贷令购房者购房成本高居不下，加重了购房者的观望心理，平抑了市场热度，抑制了价格涨幅，利率杠杆作用明显。

（四）新房带高二手市场价格上涨预期

桂林二手住宅市场的反应总是落后于

新房市场半拍。2017年桂林市新房市场价格高歌猛进而二手房市场价格只是温和上涨。而2018年，与新房市场价格的温和上涨相比，2018年二手住宅市场价格则稳步上行。

经过2017年新房价格的一轮快速上涨，原来新旧房价格倒挂的空间消除，新房价格逐渐超越并引领二手住宅市场价格。以七星区万达片区为例，2013年面世的两个楼盘——兰乔圣菲和彰泰春天，当时期房的销售均价近8000元/平方米；2017年末，其周边两个纯新盘——万达城和棠棣之华期房成交均价不足8000元/平方米；2018年末，万达城和棠棣之华期房成交均价已经在9000元/平方米上下徘徊；而兰乔圣菲和彰泰春天二手住宅现房的叫价已经破10000元/平方米。

新房价格的上涨带动了二手房卖家预期的高涨。全年二手住宅市场缺乏有力、有效的利好因素，但是市中心学区房仍然是二手房价格领涨的主力军。如2017年从8000元/平方米跳跃到10000元/平方米的市中心学区房价格，至2018年底已经涨至12000~13000元/平方米，且一房难求，鲜有推货。

（五）渠道营销和限购倒挤是2018年房地产市场的一个特点

2015年下半年，渠道营销开始进入桂林市房地产市场，随着3年多的发展，渠道营销逐渐成为桂林市区房地产营销主流之一。据调研，2018年渠道营销成交量约占各楼盘总成交量的20%~30%。目前，桂林市大型的二手中介经纪机构都同时代理新房销售和二手房买卖。2018年，新房代理销售的业务额仍然为各中介公司总收入的主体。

渠道营销的兴起在一定程度上促进了桂林市房地产去库存工作，为开发企业在“互联网+”和新媒体崛起的时代提供了一种全新的营销手法，而且在促进房地产外销市场建设方面起到了相当大的作用。比如2018年以来，一、二线城市房市调控措施不断“加码”，多地限购，特别是4月，海南岛实施“全域限购”，受此影响，大批购房者通过渠道营销途径引导，向不限购的桂林市转移，一时间外地购房者购房比例明显增高。据桂林市房地产行业协会内部资料数据显示，当前市区楼盘外地客户购房比例约为10%~20%，以省内其他城市、珠三角和北上广深为主，较前两年5%~10%的外地购房者比例明显提高。

三、值得关注的情况

（一）切实做好房地产市场经营行为的管控

近年来渠道营销的兴起，加快了我市房地产外销市场的拓展进程，但渠道营销的快速发展也存在一些问题：如价外加价，变相哄抬房价；抢客源帮开发商违规收取未取得预售证项目的房源定金；在项目周边强行拦客、截客，造成不良社会影响；成为传销变形、隐匿的避风港等。习近平总书记提出“房子是用来住的不是用来炒的”。不正常的市场经营模式如不加以重视，必然会影响房地产市场健康发展和社会稳定。因此，有关部门需密切配合协调管控，合理引导各种营销渠道共荣共存。

（二）密切关注市场行情动向

当期市场经济整体面临较大下行压力，市场资金不宽裕，房地产企业资金趋紧，债务链不断延伸。期房从房屋预售到交房通常需要1到1年半的时间，期间如果房价行情出现明显下行，业主觉得利益受损，容易引发不正常集体维权的不良社会事件发生，对市场带来的冲击难以估量。因此，建议密切监控房地产市场价格，防止房地产市场价格出现较大波动，适时出台或者取消管控政策，维护地方经济稳定增长和价格平稳相协调。

四、2019年房价预测

预估2019年桂林房价仍以平稳上涨为主。桂林的发展前景和生态宜居环境进一步吸引着城市化及外地购房者的慕名而来，市场住房需求较旺，但受住宅土地供给及产品开发周期的影响，商品住房短期内无法形成有效供给，推盘入市的节奏与销售走量的节奏脱节。据行业监测数据显示，“五城区”商品住房库存消化周期分别为3.4个月，供不应求局面短期难以缓解，房价易涨难跌。同时全国房地产市场大势下滑，经济下行压力加大，房价走势愈加扑朔迷离。

2018年北海市新建商品住宅价格分析报告

钟 神

2018年，在房住不炒、因城施策等房地产调控政策作用下，北海市房价保持稳步上涨的趋势；房地产市场运行出现降温迹象，逐渐趋于稳定。据国家统计局北海调查队调查，2018年北海市新建商品住宅价格同比上涨10.1%，涨幅比上年缩小0.6个百分点；二手住宅价格上涨6.1%，涨幅比上年缩小0.3个百分点。

一、北海市新建商品住宅交易市场变动情况

（一）住宅价格运行情况

1.新建商品住宅价格持续上涨，同比涨幅较上年收窄。2018年北海市新建商品住宅价格同比上涨10.1%，涨幅比2017年缩小0.6个百分点。分月来看，1—4月延续2017年以来的高涨幅态势，连续4个月同比涨幅均保持在10%以上（分别为10.5%、12.2%、12.3%、11.1%）；5—6月随着翘尾因素的逐渐减弱，涨幅逐渐回落；7月涨幅处于谷值6.8%，随后同比涨幅持续扩大，12月份涨幅达到11.8%，单月指数曲线基本上呈波浪形走势。从反映房地产市场短期变动趋势的环比指数来看，2018年各月新建商品住宅价格环比涨幅平缓，除1月环比下降0.3%以外，其余各月均保持环比上涨态势，8月份涨幅出现全年峰值3.1%，当月涨幅在全国70个大中城市排第三位（如图1）。

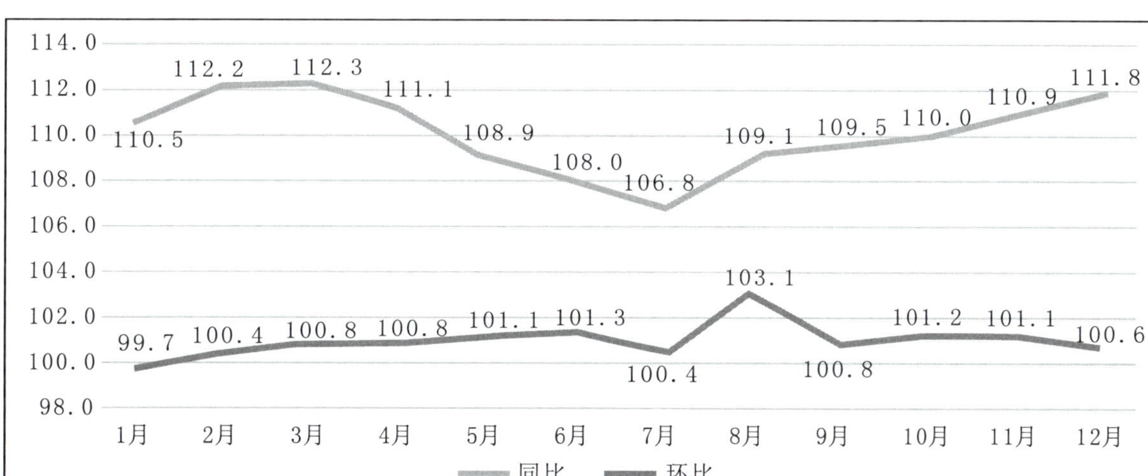

图1 2018年北海市新建商品住宅价格指数变化曲线

2. 二手住宅价格环比冲高回落，同比涨幅趋向收窄。从环比走势看，2018年上半年二手住宅价格平稳上涨，平均涨幅为0.3%，分别为-0.1%、-0.2%、0.2%、0.4%、0.5%、0.9%，主要是因为年初传统淡季，第三季度涨幅有所扩大，在8月出现年度峰值，四季度涨幅逐步趋缓。下半年月环比涨幅分别为0.5%、2.2%、1.9%、0.4%、0.7%、0.3%。

从同比走势看，二手住宅和新建商品住宅价格走势基本一致，但涨幅均低于新建商品住宅。2018年上半年涨幅逐步收窄，下半年涨幅逐步扩大，二手住宅各月同比涨幅分别为8.0%、7.6%、7.3%、6.2%、4.3%、3.5%、3.2%、4.8%、6.6%、6.7%、7.4%、7.9%（如图2）。

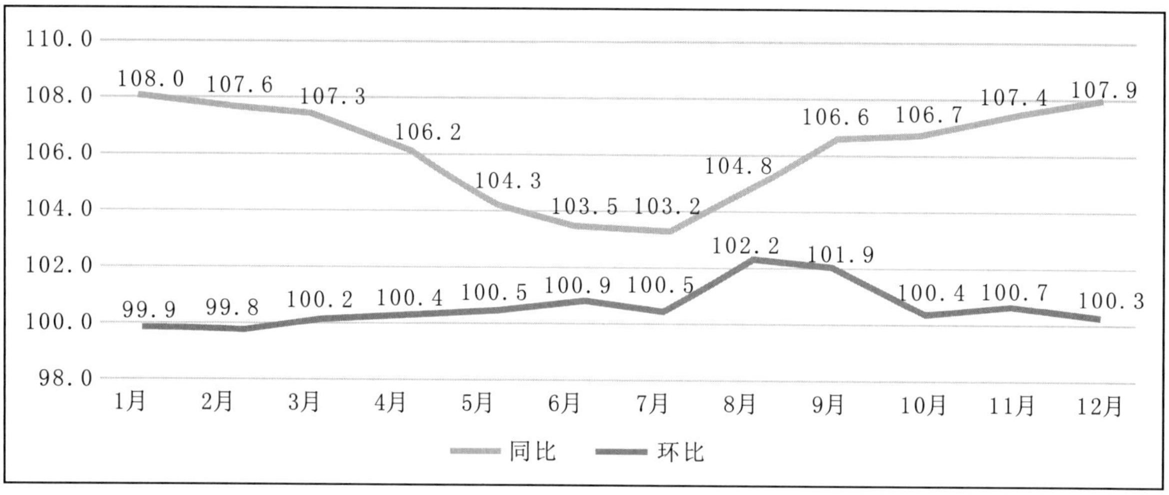

图2　2018年北海市二手住宅价格指数变化曲线

3. 不同房屋类型涨势不一。从新建商品住宅来看，面积越大的房屋类型价格同比涨幅越小，90平方米及以下、90~144平方米的新建住宅价格同比涨幅分别为10.1%和10.2%；144平方米以上的新建住宅价格同比涨幅相对较低，仅为9.0%。而二手住宅面积越大的房屋类型则同比涨幅越高，144平方米以上的二手住宅价格同比上涨6.4%；90平方米下、90~144平方米的二手住宅价格涨幅分别为6.1%和6.2%。

（二）住宅交易量变化情况

1. 新建商品住宅成交量和销售面积小幅下降。从市场总体情况来看，在2017年出台“限售”“限购”“限价”“限地价”等四项调控政策后，2018年全年商品住宅成交量和销售面积同比均小幅下降。调查数据显示，2018年北海市新建商品住宅成交量35721套、成交面积310.61万平方米，较上年分别减少2025套和22.43万平方米，同比分别下降5.36%和6.73%，且新建商品住宅成交量主要集中在上半年，数据显示，上半年成交量占全年成交总量的68%（如图3）。

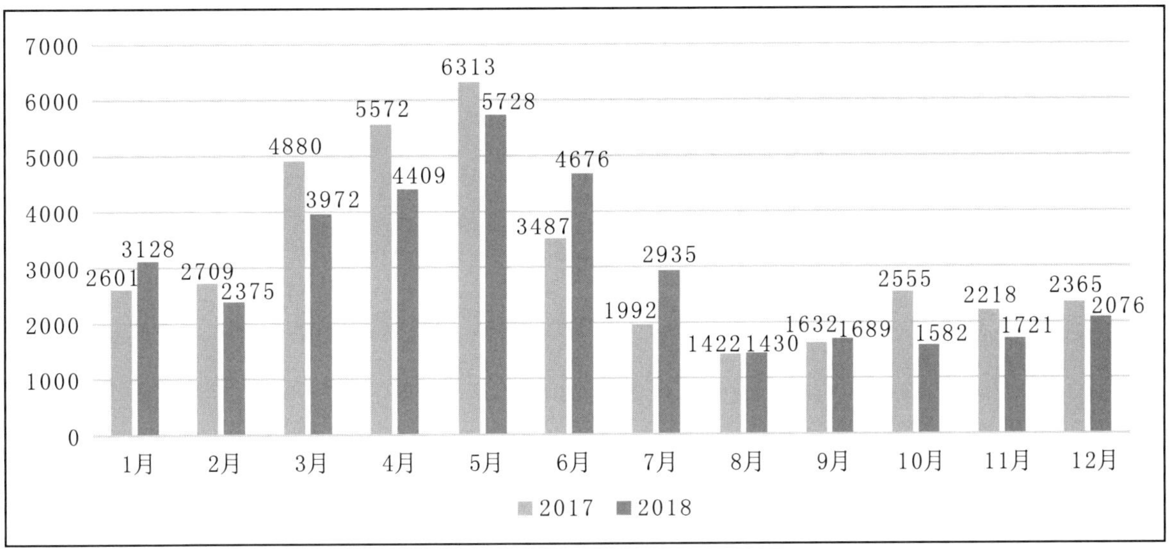

图3 2017、2018年各月北海市新建商品住宅交易量对比

2.二手住宅交易市场较为活跃。从2018年房地产市场交易数据来看，二手住宅成交量和销售面积均同比大幅上涨。2018年北海市二手住宅成交量17317套、成交面积170.46万平方米，较上年分别增加6104套和118.58万平方米，同比分别上涨54.44%和43.75%。成交套数和面积分别占总交易量的32.65%和35.43%，分别比上年同期提升9.7个百分点和9.2个百分点（如图4）。

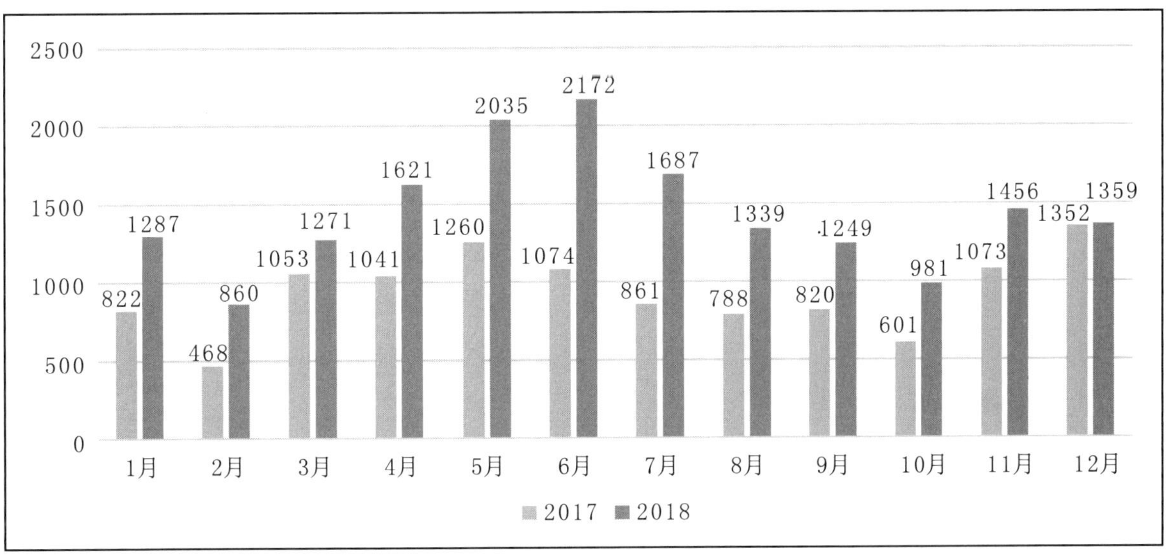

图4 2017、2018年北海市二手住宅交易量对比

（三）库存规模大幅度缩小

根据北海市房地产交易中心数据显示，2018年12月末北海市入网新建商品住宅可售套数20947套，可售面积198.44万平方米，与上年同期相比分别减少3469套、35.81万平方米，同比分别下降

14.20%和15.28%，库存规模大幅度缩小。稳健康发展。

二、影响北海市房价变动的主要因素

（一）城市发展迅速对房价形成有力支撑

北海作为北部湾城市群重要核心城市，是全国14个沿海开放城市之一，广西沿海开放型经济高地，南与海南省隔海相望，深化区域国际合作，城市形象不断提升。从2005年开始，北海连续入选“全国十大宜居城市”。在这样的大背景下，北海的优越环境越来越受到青睐，人口增速快，消费需求旺盛。2018年以来，北海市大力推进全域旅游城市建设，大力发展“向海经济”，潜力增大，对房价的上升起到支撑作用。

（二）贷款收紧增大购房还贷压力

由于银行贷款收紧，北海市2018年上半年房贷利率上浮5%，下半年剧增至20%，贷款还款难度加大。而且以消费贷款来购房的途径也在减少，首付金额较大、贷款难度大、利率高等大大增加了购房者压力，抑制了部分购买需求，所以成交量有所减少。

（三）调控政策有效抑制房价快速上涨

北海市楼市调控政策力度大，自2017年5月以来陆续出台“限售”“限购”“限价”“限地价”四项调控政策，不断加码调控措施，加大监管力度，打击投机行为，防控房地产市场出现过热现象以及大幅度的波动，促进了房地产市场平稳健康发展。

三、需要关注的问题

1.成品房精装标准不规范。新建商品住宅以精装成品房方式出售，有利于推动建筑业和房地产业绿色发展、转型升级，但具体实施过程中仍存在诸多问题。部分开发商推出的精装房源，装修标准动辄数千元/平方米，消费者选择余地较小。就北海而言，目前未曾出现因装修质量问题而产生的维权事件，但是需要引起注意，防患于未然，防止对房地产市场健康产生不良影响。

2.二手住宅交易存在监管难点。二手住宅交易是一种市场买卖行为，出于规避税费或多贷银行贷款的目的考虑，在交易时普遍存在签订“阴阳合同”的情况，部分二手网签价格明显低于市场实际价格，交易价格信息不透明。

3.部分企业面临淘汰风险。随着在新一轮房价的上涨，更多知名房企进驻北海，房地产企业经营出现分化。一方面，优质企业推动了本地房地产市场发展，提升了楼盘品质；但另一方面，随着市场洗牌，部分企业逐渐占据明显优势，部分房企将会面临淘汰风险。究其原因，主要是房地产企业资金回笼慢，资金压力较大。企业开发前期资金运转主要是靠自筹、银行贷款两种方式。2018年以来银行政策收紧，放贷额度调整，房地产企业资金回笼有所减缓。此外，企业需支付土地价款和预售保证金，流动资金盘活困难，企业资金压力较大，特别是资本较小的企业压力更大。

四、2019年走势预测

2018年以来，在全国楼市调控的环境下，北海市房地产市场成交量小幅下降，房地产市场逐步趋于稳定。预计平稳运行是2019年北海市房地产市场的主基调。

五、确保房地产市场健康快速发展的建议

（一）房住不炒，确保健康发展

十九大报告中再次指出“房子是用来住的，不是用来炒的”，将房价调控提升到提高保障和改善民生水平，加强和创新社会保障体系建设的高度。应进一步完善房价调控长效机制，保持政策的连续性和稳定性，坚持房价调控目标不动摇、力度不放松。加强对外来购房者的信息核对，遏制投机炒房，稳控房价。在保持现有调控政策的情况下，积极做好政策储备，确保房地产市场平稳健康发展。

（二）加强防控，防止“烂尾楼”

在银根收紧的时期，建议有关部门要加强对房地产企业资金监管，限制房地产企业将预售房款挪作他用，防止“烂尾楼”的出现，要不断增强房地产企业抵御风险的能力，确保房地产市场稳定发展。

（三）加强调控，着重满足刚需

应该加强房地产市场供需双向调节，改善住房供给结构，对房地产市场购房人群进行细化分类，对于合理的自住需求，要有相应的政策支持，包括增加普通商品住宅供应。尽可能地满足刚需，限制投机炒房。

（四）优化结构，加快人口聚集

利用北海地理环境优势，开发优质项目，推进休闲养老、度假旅游、文化体育等多元化产业发展，以产业发展带动人口聚集，加快完善交通、教育、医疗、商业等配套项目建设，营造良好的工作和生活环境，将外来人口转化为本地刚需，为北海房地产市场注入新的活力。

第五部分

企业调查篇

广西金融服务实体经济仍存诸多问题

郝 渭

实体经济是经济发展的坚实基础，是一国经济的立身之本。习近平总书记明确指出："金融要把为实体经济服务作为出发点和落脚点"。据国家统计局广西调查总队对广西14个地级市54家企业和6家银行开展了专题调研结果显示，企业对银行等融资机构的融资愿望强烈，但金融机构的服务供给存在诸多问题亟须改进。

一、企业对金融机构的融资需求迫切

（一）超七成企业融资需求强烈

调查发现，有71.1%的企业存在较强的融资需求。而且多数企业认为流动资金缺口大，有57%的企业认为资金紧张，其中28.6%的企业认为非常紧张，资金缺口达20%以上；35.7%的企业认为流动资金正常，认为流动资金宽裕的仅占7.2%。如，广西境内规模最大，全国第三的不锈钢生产企业——北海某镍业有限公司反映，2018年企业的技改项目，资金缺口20亿，公司徐总介绍，目前的主要困难是信用担保问题，公司内部实行按股比担保，但因法人（个人）担保额度不够，资金缺口尚未解决。

（二）企业融资的主要目的是经营周转

企业表示，由于原材料价格的上涨，用工成本的增加，以及应收账款拖欠等原因，用于维持企业正常生产经营的流动资金需求也随之增大。据调研，在获得融资的企业中，81.6%将融资资金用于企业生产经营周转，15.8%企业将融资资金用于固定资产投资，仅有2.6%企业将融资资金用作金融投资或其他途径。

（三）企业主要融资渠道仍以银行融资为主

调研发现，有68.4%的企业选择银行融资，其中选择国有商业银行的占36.8%，选择地方银行的占31.6%；选择政策性银行的比重为18.4%，选择融资租赁和民间借贷的比重分别为10.5%和13.2%。选择国有银行、地方银行和政策性银行的合计比重为86.8%，表明作为金融机构的银行仍然是企业融资的主渠道，是金融服务实体经济的主体。

（四）企业的信用评级不高

调查发现，21.4%的企业信用评级无法达到银行标准。近年来，个别企业倒闭跑路现象的发生，在一定程度上影响了民营企业的整体信誉。部分企业因达不到等级不得不放弃贷款。如北海市某建设工程有限公司反映，该公司企业所得税为核定征收，根据国家税务局核定，纳税信用评定为固定等级，与银行融资所要求的等级有差距，导致贷款未能实现。

二、金融机构的服务供给存在诸多问题

据调研，有28.6%的企业反映有贷款需求并少部分贷到，14.3%的企业反映有贷款需求并大部分贷到，57%的企业有贷款需求但未能贷到款，企业反映融资非常困难，超半数企业融资不成功。企业反映金融机构融资服务存在诸多问题，影响企业融资。

（一）银行只认可自有土地和厂房为有效抵押资产

调查发现，在融资过程中，被问及面临的主要困难时，74%的企业认为“缺乏抵押资产”。企业表示，现在开办企业都是设在政府开办的工业园区，或租赁工业用地上，不会像过去国有老企业一样拥有自己的土地，而银行只认可自有土地和厂房为有效抵押资产，企业的设备等其他固定资产、不能应用于贷款抵押，增加了企业贷款难度。如北海某沥青仓储有限公司6千万元的仓储设施，某交通运输有限公司十几辆大巴车都不能作为抵押资产。贺州市某快递有限责任公司反映，公司大部分仓库都是租赁的，没有固定资产可以抵押，不符合银行贷款的条件，一直未能贷款成功。据了解，目前，商标、专利等无形资产在抵押物评估过程中，受到一定制约，广西金融机构对此类产品抵押的业务开展不多。

（二）金融机构设置的融资门槛高

在调研的有融资需求却未获得融资的企业时发现，近6成企业认为条件苛刻难以申请。信用贷款和企业的经营状况高度相关，企业表示，贷款前要提供信用等级，企业经营状况必须良好，并且保持连续三年的利润增长，企业的资产负债率要在60%以下，提供最近两年的年报，最近一个月的报表和最近6个月的发票情况，甚至最近3个月的水、电费单据等等。若企业资质或其他指标达不到银行要求，则不能获得银行放贷。如柳州某电梯有限公司反映，该公司在经营过程中经常需要为客户垫资，造成企业资金压力较大，想申请贷款，但是自身银行账户流水达不到申请贷款门槛，其他融资方式成本又太高，贷款利息和各类融资费用超出该企业承受能力，只能放弃银行贷款。

（三）金融机构贷款手续多，审批时间长，融资成本高

企业认为金融机构贷款审批环节多放款时间长。调研反映，18.2%的企业认为银行贷款手续繁琐，23.7%的企业认为银行办事手续繁杂，放款速度慢。为了应付银行审批，所花的成本也较高。

银行的审批环节包括抵押物评估、资料审核、多次现场勘察、基层银行上报上级银行、上级银行定期集中会议研究审批等等。如广西某文化传媒有限公司反映，在贷款手续方面，银行需要的手续较为繁琐。一是要求的材料多且齐全；二是需要

向银行解释指标；三是每个科目都要求写说明，且说明要求比较详细；四是企业报表都是按统一格式制作，各银行要求企业按照银行自己的格式重新制作报表，增加工作量等。

在审批时间方面，企业反映，银行贷款审批时间也较长。北海某镍厂在国内属不锈钢龙头企业，作为大型企业，申请贷款审核时间要短些，但也需要3个月。广西某文化传媒有限公司反映办妥贷款耗时4个多月。广西某科技有限公司反映，企业进行固定资产贷款，贷款金额较大，超过了支行的审批额度，审批材料需要拿到广西分行进行审核，审批过程中不断往返,耗时4个月左右才办妥。北海某建筑公司表示，年初申请融资1000万，用时半年之久才获得审批。银行审批手续繁琐，材料准备繁杂，再加上审核周期长，对资金需求急迫的企业来说，不敢考虑向银行融资。

企业普遍认为融资的实际成本正在不断增加，除了必需的利息外，还有其他附加融资成本，包括审计费、评定费、评估费、财产保险、公证等花费，从而致使综合融资利率较高。如果需要担保公司进行担保，则需要支付担保费、咨询费、评估费和保险费等，对企业还会收取担保基金。其中担保费费率为2.9%，咨询费、评估费和保险费费率为0.71%，企业担保基金费率为7.5%。企业反映，有的企业其融资成本占营业收入的比重最高的达30%，对企业的经营发展产生了较大影响。

（四）金融机构优惠政策宣传相对消极，政策惠及面较窄

调研发现，尽管国家和地方相关部门出台了金融服务实体经济的措施，特别是小微企业融资的政策。但这政策大部分都是在各网点电子显示屏滚动播放宣传，或是墙体悬挂宣传标语，还有少部分是通过推介会、沙龙等形式向邀约客户现场宣传，政策宣传效果有限。当问及企业对政府和金融机构出台的各项融资优惠政策了解程度时，7.1%的企业表示比较了解，57.1%的企业表示了解一点，35.7%的企业表示没有听说过，甚至完全不了解。

实际融资过程中，能够享受融资扶持政策的企业约占1/3。调研结果显示，在获得融资的企业中，7.9%的企业得到贴息贷款，15.8%的企业得到贷款担保，5.3%的企业享受在购入固定资产时可抵扣增值税，5.3%的企业在贷款时享受利率降低的优惠，10.5%企业贷款时门槛有所降低，但在融资过程中企业没有享受到优惠政策的占65.8%。

三、改善企业融资难的建议

（一）对政府部门的建议

一是扩大金融业改革开放，降低国外金融企业进入我国资本市场门槛，引进活水撬动金融服务实体经济活力。通过竞争，借鉴学习国外银行对实体经济放贷评价体系，改变目前国内银行放贷，偏重是否拥有房地产抵押物的情况。

二是推进企业信用体系建设，改善融资环境。企业信息不透明，是其信贷难的一个重要原因。建行表示，在现有的征信机构中，只有金融机构之间联结为网络，建立了企业和个人征信系统。其他征信机构也各自自成一体，相互独立，难以真正做到诚信信息资源共享。因此，尽快由政府组织牵头，整合人行、工商、税务、土地、环保、审计、统计和金融机构等单位的资源，拓宽信息采集面，将企业注册登记、纳税申报、项目建设、土地厂房、环评、经营效益、融资、统计违法等信息纳入采集范围，加快推进企业综合信用体系建设，特别是建立完善中小企业征信系统，实现信息披露的真实化、规范化、透明化和制度化，建立诚信信息共享机制。

（二）对金融机构的建议

一是建议推出无资产抵押放贷模式。银行作为主要的金融机构，近年来在国家政策支持下，对帮助企业解决资金困难成功推出多种无资产抵押放贷模式。这些无抵押放贷模式，在中小型企业都有强烈的需求，建议总结经验逐步推广。

二是关注企业发展，放宽贷款渠道。银行除了现场查看固定资产抵押物以外，还应重点关注企业资金流、订单、企业产品和企业发展前景等相关的信息。多为中小企业搭建增信平台，制定专门针对企业的差异化考评体系和容错机制，设立担保基金等。

三是主动服务，增强信贷效果。金融机构要进一步加强主动服务意识，结合行业发展现状，定期对产业、企业发展情况开展综合调研，变坐等企业上门求贷为主动服务，利于减小信贷风险，增强信贷的投放效果，切实发挥在解决企业融资难方面的关键作用。

四是运用大数据甄别企业信誉，提高工作效率。银行在建立大数据评估放贷模型中，要吸收基层信贷员和不同行业企业人员参与。改变目前银行数据甄别模型设计过于保守，推送给下级银行可放贷企业，基本上是不缺资金的窘况。探索出通过云计算，能迅速在需要融资企业中，甄别出符合实际的信用良好，偿还债务能力强优质企业，同时可以大幅缩短企业反映强烈的贷款审核时间。

五是降低费用，减少手续、增加产品种类。银行要降低门槛、减少费用、降低企业审计费、评定费、评估费、财产保险、公证等各种融资成本；银行还要丰富贷款种类、精简融资手续，从而满足企业灵活的贷款需求，提高服务水平。

（三）对企业的建议

企业要加强管理规范，建立完善财务报表，真实反映生产和资金往来数据，加强信誉积累，提高经营透明度。

一是完善经营管理制度和法人治理结构，建立现代企业管理制度，使企业的内部管理科学化、信息化、透明化。特别要规范财务制度，提高企业财务管理水平，加强财务信息的真实性和财务管理的透明度。

二是加强诚信建设，积累信用。企业要培育信用观念，增强企业重合同、守信誉的自我约束意识，不断积累良好信誉，为自身赢得融资优势。

广西铝工业发展形势分析

彭金娥

广西有丰富的铝土资源和水电资源，发展铝工业条件得天独厚，铝工业作为广西重点扶持产业，对推动广西经济社会发展发挥着不可忽视的作用。当前广西铝发展有所恢复，但全国和区内铝业发展情况不容乐观。

一、广西铝业发展的现状

在国家和自治区党委、政府的大力支持下，广西铝产业取得了一定的发展成果，当前，广西铝产业已形成年产2000万吨铝土矿、1000万吨氧化铝、200万吨电解铝、400万吨铝加工的生产能力，还有与氧化铝生产相配套的烧碱、碳素，以及综合处理赤泥900万吨，生态型铝产业链初具规模。2017年全区铝产业产值1100亿元左右，同比增长20%，氧化铝产量1045.8万吨，同比增长15.4%，电解铝120.55万吨，同比增长53.8%，铝材387.93万吨，同比增长15.4%。从铝产品价格走势的情况分析，十年来广西铝业发展经历了四个阶段。

（一）2008—2009年，全球金融危机下的快速下跌阶段

2008年全球金融危机爆发，中国经济受到严重影响，大宗商品价格大幅下降，铝价快速下跌。调查数据显示，2008年和2009年广西铝冶炼产品出厂价格同比分别下降7.8%和21.9%。

（二）2010—2011年，扩大内需政策拉动下的快速回升阶段

为应对经济下滑，国家出台了一系列应对全球金融危机的政策措施，推出“4万亿”财政投资计划拉动内需，固定资产投资加快，房地产市场火爆，使铝工业在较短的时间内开始复苏，铝价由降转升，快速上涨。调查数据显示，2010年和2011年广西铝冶炼产品出厂价格同比分别上涨17.6%和7.6%。

（三）2012—2016年，经济减速换挡时期的持续下降阶段

2012年开始，受欧债危机影响，全球经济低迷，中国经济增长乏力，中国经济进入减速换挡新常态，经济下行压力增大，铝的消费增长逐渐减缓，但仍有大量产能投放，造成了产能过剩。在市场需求不足和行业产能过剩等问题的共同影响下，铝行业进入“寒冬期”，铝价开始了持续长达5年的跌势。调查数据显示，2012—2016年广西铝冶炼产品出厂价格同比分别下降3.2%、5.5%、5.1%、5.2%和8.3%。

（四）2017年至今，经济新常态下的触底回升阶段

2017年以来，全球经济复苏对铝需

求强劲，境外铝供给持续短缺，伦铝持续高位震荡。中国供给侧结构性改革持续深化，环保治理力度加强，去产能工作取得实质成效，电解铝供需矛盾得到改善，叠加国外供需短缺，铝价转折步入快速上升通道。调查数据显示，2017年广西铝冶炼产品出厂价格同比大幅上涨43.3%，2018年1~10月同比上涨7.9%。

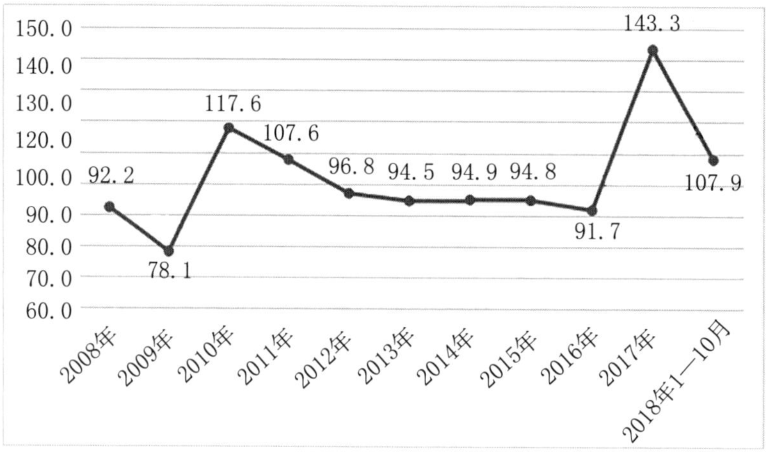

图1　2018年以来广西铝冶炼产品出厂价格同比指数走势

二、从全国看，铝行业发展放缓

（一）供给紧缩，产量增速放缓

随着供给侧结构性改革的不断深入，产能无序扩张得到控制，违规产能陆续关停，超过1100万吨的违规产能被停产停建，其中包括537万吨建成产能和619万吨在建产能。截止至2018年9月末，国内电解铝运行年产能规模3737.5万吨，闲置年产能465.8万吨，整体开工率88.9%。铝价低位也使得今年的新增电解铝投产放缓，据统计，2018年全年计划电解铝投产有420吨，但截至10月合计投产总量只有127.5万吨，新投产速度远不及预期。统计数据显示，2018年1—10月中国电解铝总产量2771.4万吨，同比增长4.4%，氧化铝总产量5658.1万吨，同比增长3.9%。

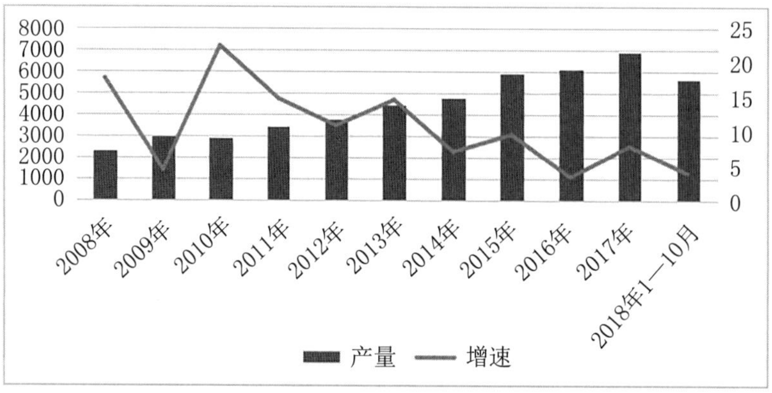

图2　中国氧化铝产量和增速走势

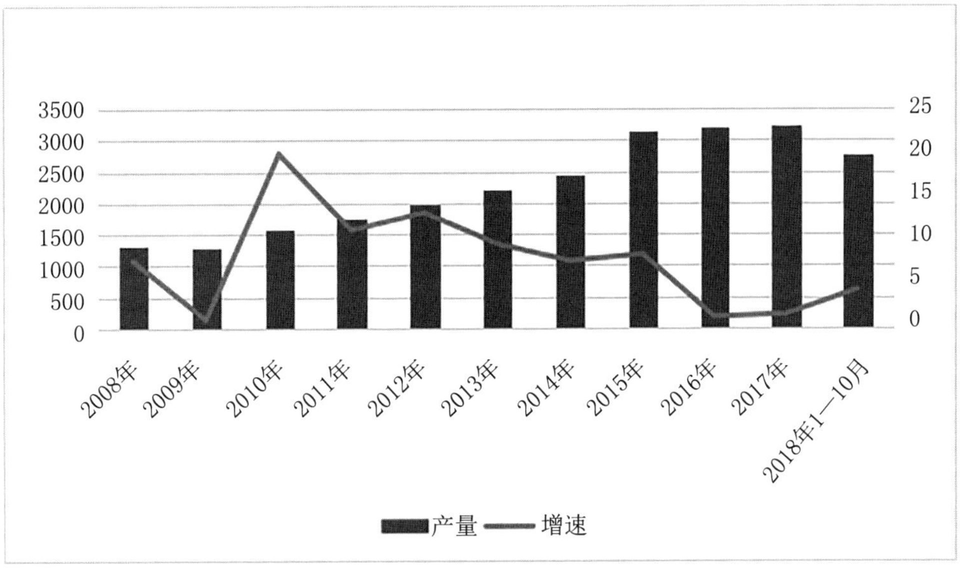

图3 中国电解铝产量和增速走势

（二）经济下行压力增大，铝消费增速放缓

铝是国民经济发展的基础性材料，铝的消费与宏观经济形势联系紧密。受益于中国经济韧性强劲和海外经济复苏，铝消费持续增长，但近年来受经济结构调整的影响，中国铝消费处于换挡期，传统铝消费由高速向中低速转变，新兴消费还没有形成有效规模，加上中国宏观经济增速下降以及目前全球贸易战影响，三重叠加，造成铝消费增速放缓。下游主要消费市场增速明显放缓。2018年1—9月，汽车产量和销量分别下降了11.7%和11.6%，房地产投资降到10%以下，铝加工销售利润率逐年下降，2016年为5.84%，2017年降为4.48%，2018年8月的统计显示，铝加工销售利润率仅有3.07%，2018年1—10月中国铝材产量为3686.9，同比下降-1.9%。

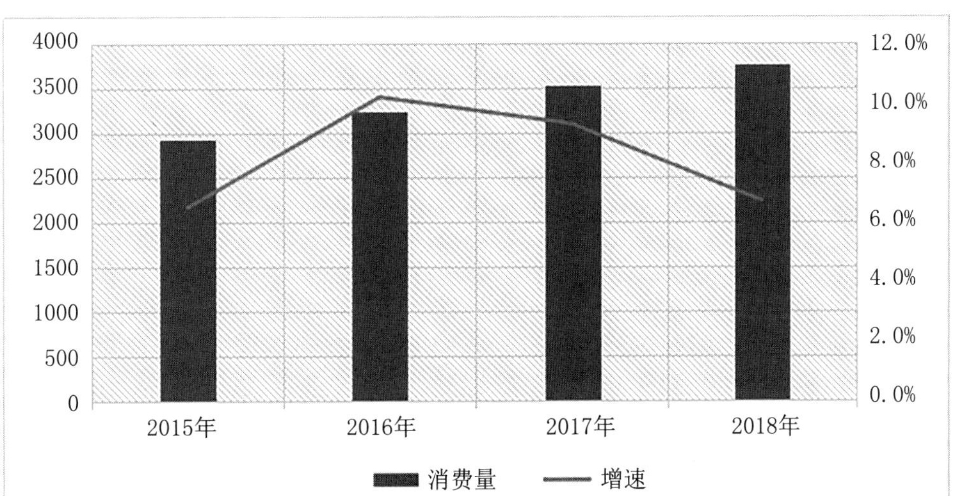

图4 中国电解铝消费量和增速走势图

三、从广西看，铝工业发展不平衡问题突出、用电成本高

（一）产能结构不合理，电解铝产能不足，存在“中段塌陷”状况

广西铝产业产品结构存在两头大，中间小的“中段塌陷”状况，即氧化铝产量大，铝材加工产量大，但电解铝产量低。氧化铝产量就地转化成电解铝比例低，电解铝产能不足，无法满足下游铝加工的需求，只能从区外调入。以预计2018年达产280万吨电解铝计算，仅消耗氧化铝560万吨，全区氧化铝就地转换率为56%；而下游铝加工产能已接近400万吨，电解铝不能满足下游铝加工的需要，广西电解铝产能仍有200万吨左右的缺口。

（二）产品比较低端，铝精深加工发展不足

广西铝工业企业主要以生产氧化铝和电解铝为主，铝加工主要以附加值较低的建筑型材为主，占比约为70%；像高存铝、航空航天、轨道交通、电子铝箔等高附加值的深加工铝材所占比例只有约10%，铝加工企业创新能力低，整体技术和装备水平与国内外先进水平相比差距仍较大，精深加工发展不足。

（三）用电成本过高，造成企业生产成本高

铝产业是高耗电产业，电力成本占生产成本将近一半，用电成本过高是制约我区铝产业发展的主要因素。目前广西电价为0.52元/千瓦时，价格远高于全国电解铝行业平均的水平，高于相邻的贵州省约0.04元/千瓦时，云南省约0.11元/千瓦时。以此计算，按每吨电解铝生产耗电14000千瓦时计算，仅电价一项，广西的电解铝生产成本就比贵州和云南高出560元/吨和1540元/吨，高电价使电解铝企业不堪重负。

四、在新形势下，推动广西铝产业发展的建议

铝产业作为广西重点扶持的“千亿元”产业之一，在国家供给侧结构性改革大背景下，应抓住机遇，摸清家底、深入分析，理清思路、找准方向，加大对铝产业的扶持力度，把资源优势转化为竞争优势，更好促进广西经济向优质高效发展。

（一）深化电力体制改革，推动区域电网建设，降低用电成本

为了优化营商环境，广西大力推进电力体制改革，降低实体经济成本，取得了显著成效。尤其是针对铝产业发展，创新“铝——电——网”一体化的铝产业发展模式，大力推进百色、来宾区域电网建设，较大幅度地降低电解铝企业的生产成本。但目前区域电网建设工作存在诸多问题，且覆盖面较小，大部分电解铝企业未能参与其中，用电成本居高不下。政府要继续深入推进电力体制改革，加大区域电网建设力度，扩大企业覆盖面，有效降低电解铝企业生产成本，提高广西铝产业竞争力。

（二）创新发展战略，集中力量发展铝深加工，做强广西铝产业

创新发展思路，将耗能大的电解铝等生产环节放在能源价格便宜地区生产，使铝资源和能源联姻，共同发展。广西有丰富的氧化铝资源，中国西部大部分地区有丰富、

低价的能源，因此，可以采用氧化铝在广西生产，与能源价格较低的西部其他省份电解铝生产企业合作，通过向其配供氧化铝承接其铝水生产铝合金棒，生产的粗加工铝产品运回广西进行深加工，优势互补、各展所长的分工模式。此举既能获得原铝资源，同时又掌控铝材销售市场，将极大提高整个广西铝工业的竞争力。

（三）优化投资环境，加大对铝精深加工企业的扶持力度

优化投资环境，为吸引人才、资金、技术的注入创造良好环境，形成虹吸效应，以他山之石可以攻玉的思路助力广西铝产业发展，延长产业链，向深加工、精细化、高品质方向发展。一是引进先进装备和工艺技术、管理经验经验等，提升广西铝产业装备和工艺水平，提升自主研发能力；二是创造政策条件支持企业引进所需要的人才，建立强有力的人才队伍；三是鼓励企业和研究机构之间构建技术产品研发联盟，提高企业的技术研发能力和水平。

广西制造业企业技术创新步伐加快

陆玉秀

为了解广西制造业企业科技创新情况，国家统计局广西调查总队2018年8—10月组织走访南宁等14个地级市科技局、工信委等相关部门，对42家制造业企业进行调研。调研结果显示，广西制造业企业注重技术创新提升竞争能力，创新成果助推企业生产效能和经济效益提升明显。但存在创新人才紧缺、研发投入强度低、配套政策不健全等问题亟待解决。

一、制造业企业创新成效显著

（一）多措施推动企业技术创新

1.增加投入加快研发步伐。制造业企业把技术创新作为企业可持续发展的重要举措来抓，不断加大研发投入，提高研发效果。调研的柳州市3家企业2017年新开发的项目总数397个，3家新产品研发经费占销售收入均超过3.0%，其中某汽车股份有限公司新产品服务研发投入经费高达19.6亿元；某汽车有限公司投入研发经费9.0亿元。防城港市某冶金有限公司2016年6月到2017年12月投入1.03亿元用于资源综合利用生产建筑钢材新项目开发，研发经费约占销售收入3.2%。百色市某铝合金精密铸件有限公司近三年提交申请专利53件，其中发明专利43项，实用新型专利10项；已授权获批17项，其中发明专利9项，实用新型专利8项。

2.产学研联合提升研发能力。企业主动与高校寻求合作，借助外脑，加快科技成果转化。南宁市某环保科技股份有限公司以广西大学专家团队为主体，以院士专家企业工作站、博士后科研工作站、特聘专家岗位、人才小高地及南宁市国际科技合作基地为平台，引进中科院生态环境研究中心等科技机构的院士及专家团队，构建高层次人才为主体的研发团队。贵港市某新能源车辆科技有限公司通过与广西大学、广西科技大学、聊城大学等高校合作，研发电动汽车整车电控等关键技术。玉林市某制药集团有限责任公司先后与中国药科大学、天津药物研究院、广西中医药大学、广西民族医药研究所、广西药用植物园等单位合作，先后承担了科技部科技攻关项目3项，自治区科技攻关项目10项，自选项目8项。

3.提高内部激励，刺激研发转化。建立技术骨干股权、新技术新产品转化提成、知识产权奖励、职业资格奖励等激励制度，稳定和培养企业人才队伍。南宁市某环保科技股份有限公司，鼓励包括生产一线工人在内的全体员工积极参加技术创新工作。北海市某数字科技有限公司通过提高研发人员的工资招揽科技人员，刚入职的研发人员工资比普通员工高出2000元/月。贵港市某新能源车辆科技有限公司对技术人才发明专利转化为生产成果的，按照第一年分享产品利润30%，第二年分享20%，以后每年分享5%的办法分享转化成果。

4.技术合作促进共赢发展。制造业企业注重与国内外知名技术企业间合作，共同创新共赢。柳州市某汽车有限公司联合玉柴集团共同研发国六标准商用车；与方盛车桥就电动车桥开展合作；联合腾讯和大陆电子共同合作开发智能网联技术等，提升产业链上下游协同性。玉林市某动力股份有限公司与国内外多家先进电子技术生产商，如德国MTU公司在电控技术方面建立良好合作关系，与国内各大内燃机质量监督检验中心建立长期试验检验合作关系，为公司的新产品试验提供可靠的技术支持平台。

（二）技术创新成果转化助推企业提质增效

制造业企业通过加大创新投入力度，力促创新成果转化，使企业生产率得到大幅提高，有效降低了生产成本，创新成效凸显。南宁市某发电设备有限责任公司通过技术创新，新工艺减少工模具的投入，生产成本降低2成，加工效率提高了6倍，减低了生产对环境的污染，降低了工人的劳动强度。广西某糖机制造有限责任公司研发的连续离心分蜜机和测位装置新产品，实现产值6765多万元，占总产值80%；新产品销售收入4735多万元，占总销售收入80.8%。百色市某涂料有限公司自主研发的新型环保涂料，用途广泛，2017年销售收入达2079万元，占总销售收入的98%，在当地占有市场份额约60%，前景十分广阔。产品实现污染零排放，2017年起已免征该企业的排污费用。贺州市某电子科技有限公司开发实用新型科研成果10个，科研成果转化率约100%。新产品销售收入5129万元，占总销售收入83.5%。河池市某化工有限责任公司获得全国第四届职工技术创新三等奖的VAE尾气回收技改项目，吨成本下降了1000多元，有效减少了大气污染。

二、广西制造业技术创新存在的困难

（一）研发投入低于全国平均水平

2017年广西研究与试验发展（R&D）经费支出为142.2亿元，R&D经费投入强度（与地区生产总值之比）仅为0.77%，虽比上年上升0.12个百分点，但在全国各省中仅排第26位，远低于全国2.13%的平均水平。

（二）人才队伍难稳定导致科研能力不足

企业原生创新能力不强，创新平台建设落后产业发展的需要，户籍制度限制、收入水平低、生活环境不尽人意等问题，致使科技人才引进难、流失多，制约了科技创新能力提升，无法为产业发展提供相应的引领和支撑。南宁市某环保科技股份有限公司引进的某北海籍清华大学硕士研究生，因经济收入水平偏低，在完成相应科研项目任务后，与公司毁约，选择到深圳发展。桂林市某医疗器械公司科研人员获知西安包落户政策后，将学位证、身份证等发往西安即获得了当地户口，当月就提出了辞职请求。百色市某碳素有限公司与云南冶金学校开展合作，2017年到企业实习的30人中，留下工作仅有3人。柳州市某汽车公司反映，除广西薪酬低的原因外，高端人才落户还会考虑孩子能得到高品质教育，而这方面恰好是广西的弱项。

（三）企业创新资金捉襟见肘

制造业企业提升自身研发能力，需要投入大量资金来维系。在目前企业创新资金以自有资金为主，来源途径单一，政府专项资金补贴申请繁琐且金额较低的情况下，制造业企业创新资金投入捉襟见肘。梧州市某电池公司从传统电池制造业转型为新能源汽车动力电池生产，获得自治区技改项目贴息补助650万元，自治区“企业技术中心”称号财务补贴50万元，共计700万元，相对于研发投入5.2亿元，可谓杯水车薪。玉林市某制药集团有限责任公司正骨水二次开发前期投入资金1000万左右，来源于自筹885万及政府补助150万，后续临床试验经费预计缺口1000万。该市某动力股份有限公司国六技术的研发经费需要约2亿元，研发资金目前还缺口1亿左右。

（四）整体营商环境和配套政策不健全

良好的发展环境是高新产业健康成长不可或缺的外在条件。虽然各地方政府出台了一系列推动新兴产业发展的相关政策，但具体执行上仍存在许多问题。梧州市调研的3家企业在相关部门咨询相关政策措施时，获得的都是指导性意见，无具体实施细则，难以把握和实施，尤其缺乏引进高端技术人才、外省科研人员留梧的优惠政策，例如：本地外省高新技术人员均无享受购房优惠政策，子女就读无优先择校条件。玉林市某动力股份有限公司所进行的配套国六标准的测试台架项目，政府有关部门迟迟未能批复，导致整个项目进度延迟3个月，严重影响国六技术正常研发进度。

（五）创新产品易被仿造

作为国内领先、国际上有竞争力的汽车企业，上汽通用五菱汽车股份有限公司2017年新研发上市的宝骏E100销量成为电动汽车全国单品单城销量冠军，企业大投入研发的产品因仿冒成本低，存在被同行抄袭的困扰，需要投入大量精力进行打假。玉林市好邦医疗设备有限责任公司2016年研发的一款医用导航床上市不到一年，就被山东省某医疗设备制造企业仿制，造成直接经济损失500万元以上。

三、企业期盼

（一）有针对性指导企业创新工作

建议政府有关部门加大创新政策宣传力度，不定期举办科学研究与技术开发计划项目的立项、知识产权申请等方面培训，提高企业知识产权的创造、保护和运用意识，调动企业创新积极性和创新工作质量。南宁市某发电设备有限责任公司建议相关政府部门深入企业，掌握具体情况，有针对性地服务、指导企业创新工作。

（二）加大企业科技创新类专项资金财政扶持力度

一是加大科技税收优惠政策落实力度。二是进一步拓展创新类专项资金使用范围，与网上技术交易洽谈平台、大型仪器设备共享、众创空间、创新创业大赛等工作相结合，降低企业研发投入，调动企业研发的积极性。三是设立院校与企业合作研发基金，鼓励企业与区内院校开展科技研发项目，为广西创新发展夯实科技基础能力。

（三）出台科技人才激励政策，拓宽高端人才引进渠道

建议政府有关部门拓宽高端人才引进渠道，落实完善人才引进的相关配套政策措施。如加大引才支持力度，将外来创新创业的高层次人才和团队纳入专项计划，按规定一次性给予个人安家补助，评为中、高端人才的，除工资外，每月再分别给予特殊政策支持；完善人才配套服务，建立党政领导干部直接联系服务优秀人才制度，优先安排就诊医疗、子女入重点学校和住房保障等，引进的高层次创新创业人才及其配偶、未成年子女可不受住所、居住年限、年龄等条件限制，选择在居住地或工作地落户；改进科研项目资金管理，根据科研活动规律和特点实行项目资金预拨制度，保证科研人员及时快捷使用项目资金。

（四）成立区域性的研发机构，打造产业集群效应

各市虽然有不少技术研究中心，却存在着“画地为牢”的现象，不利于整合同行业资源推进创新技术发展。建议政府部门合作成立区域性研发机构，有效整合资源，提高产品研发力度和产出量，为企业提供技术支持或提高科研成果转化率。柳州市某汽车有限公司希望政府部门能加大招商引资引技力度，打造广西汽车产业集群效应，搭建广西汽车产业技术联盟，推进科技成果转化，加快汽车关键共性技术研究，先行技术研究。

改善营商环境 促进小微企业稳定发展

——南宁市小微企业跟踪调查报告

覃宏珍

据国家统计局南宁调查队对2014年7月至9月间在南宁市注册设立的468家小微企业和个体经营户跟踪监测调查，发现，2018年南宁市正常经营的小微企业和个体户经营状况总体较好，部分小微企业经营状况良好，资产规模明显扩大，营业收入高速增长，涌现出一批成长性较好的企业。但也有部分小微企业的经营发展状况不理想，市场竞争压力大、融资难、招工难等问题依然存在，影响小微企业持续稳定发展。

一、基本情况

调查数据显示，截至2018年末，正常经营且上报数据的调查样本从2014年四季度225家（企业160家，个体经营户65家）减少至118家（企业82家，个体经营户36家），存活率从48.1%跌至25.2%，与首次调查相比下降22.9个百分点。

在全部16个行业中，2014年初始样本在各行业均分布有一定的样本。到2018年末，有13个行业分布有样本，其中农、林、牧、渔业7家、制造业9家、建筑业3家、批发和零售业56家、交通运输、仓储和邮政业3家、住宿和餐饮业5家、信息传输、软件和信息技术服务业3家、房地产业4家、租赁和商务服务业12家、科学研究和技术服务业7家、水利、环境和公共设施管理业2家、居民服务、修理和其他服务业6家、卫生和社会工作1家。

二、存活小微企业和个体户运行状况

（一）营业收入增幅较大

2018年，南宁市认真贯彻落实中央一系列扶持小微企业发展的政策措施，小微企业和个体户获得长足发展，在存活样本中，人均营业收入达到30.30万元，较上年增长21.2%。年营业收入达到100万元及以上的有29家，占样本总体的24.6%；年营业收入在20万元至100万元之间的有37家，占样本总体的31.4%；年营业收入在20万元及以下的有52家，占样本总体的44.0%。

（二）户均资产规模扩大

小微企业注册启动资金少，生产经营规模小，企业要有好的发展，必须积累有足够的资产，才能实现规模经营，获得更好经济效益。据跟踪调查显示，部分小微企业积极利用自身的优势逐步积累资金，扩大经营；有些则通过信贷资金的支持，快速扩大经营规模，快速积累资本。2018年末，存活小微企业和个体户从业人员人均资产达到21.35万元，较上年增长27.62%。在存活样本中，企业资产达到100万元及以上的有28家，占样本总体的23.7%；资产在20万元至100万元之间的有32家，占样本总体的27.1%；资产在20万元及以下的有58家，占样本总体的49.2%。资产规模的扩大，有利于企业提高抵御风险能力，更有利于企业快速滚动发展。

三、存在问题

（一）企业数量逐年减少，存活率较低

受市场因素及企业经营水平等因素影响，南宁市新设立小微企业存活率不断下降。调查数据显示，2014年末正常经营的样本企业有225家，受各种因素影响，部分小微企业或破产、或停业、或关闭，自2014年跟踪调查以来，每年都有数量不等的小微企业和个体经营户因各种原因退出市场，到2018年末已减少至118家。

（二）营业收入不稳定，经营分化明显

小微企业资金少，经营规模有限，缺乏持续稳定的竞争能力，加上所在行业门槛低，市场竞争激烈，营业收入波动较大，不同企业经营业绩好坏相差较大。2018年，在样本总体中，营业收入较上年增长一倍以上的有21家，占17.8%；增幅在30%~100%之间的有18家，占15.3%；增幅在10%~30%之间的有13家，占11.0%。与此同时，也有一些小微企业因各种原因，营业收入快速下跌，有些企业甚至因经营不善而退出市场。其中，营业收入与上年相比下降一半以上的有3家，占3.5%；降幅在30%~100%之间的有19家，占16.1%；降幅在10%~30%之间的有14家，占11.9%。

（三）竞争加剧，持续发展后劲乏力

在样本总体中，一些企业营业收入波动大，业绩不稳定。在对小微企业当前经营现状进行评价时，有23.7%的样本单位认为经营情况“很好”或“比较好”；有55.9%的样本单位认为经营情况一般；有20.3%的样本单位认为经营情况“比较差”或“很差”。由于小微企业自身的规模小、生产或服务覆盖能力有限，导致其在市场中竞争力差。同时，小微企业经营的产业行业门槛低，经营单位业态同质化高，市场容量有限，竞争激烈。一些企业或因缺乏资金，未能做大做强，竞争力较差，业务量收缩，与成立之初相比，业绩严重下滑，与上年同期或上季度也有不同程度的下降，发展前景不容乐观。再加上电商等对传统商业的冲击，致使经营竞争压力进一步加大。

（四）岗位吸引力低，招工难依然存在

调查数据显示，2018年第四季度，样本总体的小微企业有75.4%无招工需求，年末样本总体从业人员数为852人，户均

7人，样本总体从业人员同比减少20.5个百分点。2018年样本总体从业人员月人均薪酬为2581元。由于小微企业规模小，经营不稳定，薪酬待遇较低，有些甚至无基本的社会保障，相对来说，就业吸引力较小，招工难度较大。2018年四季度，在有招工需求的企业中，27.6%的企业没能招到员工，48.3%的企业仅招到少部分所需员工、10.3%的企业招到大部分所需员工，仅有13.8%的企业招到所需员工。

（五）融资渠道不畅，成功率低

调查结果显示，由于小微企业业务量较少，有的甚至基本没有业务，大多数企业还不具备扩大经营的条件，因此融资需求意愿少。另外，由于多年来，银行为规避风险，贷款主要偏好向大中企业倾斜，小微企业获得银行信贷支持的机会仍较少，故部分小微企业即使有融资需求也放弃融资。据调查，没有融资需求的小微企业占样本总体达到73.7%。而另一方面，也有少部分经营单位希望通过融资贷款，把企业做大做强，提档升级，但无奈小微企业和个体经营户由于资产少，规模小，资质差，导致融资受阻，融资成功率低，资金不足，无法实现做大做强。调研中发现，尽管有人民银行、银保监会、证监会、发展改革委、财政部联合印发的《关于进一步深化小微企业金融服务的意见》（银发〔2018〕162号）等政策和具体措施，而且商业银行等金融企业在解决小微企业融资问题方面也做了许多努力，但因考虑小微企业经营风险较大，小微企业获得信贷的机会还是较低。调查数据显示，2018年四季度，在有融资需求的企业中，未获得融资的占77.4%；有融资需求并获得全部所需融资的样本单位数量为0；有融资需求，并获得小部分所需融资的占19.4%；有融资需求，并获得大部分所需融资的仅占3.2%。

四、促进小微企业和个体经营户发展的几点建议

（一）切实落实促进中小企业发展的政策措施

政府部门及金融单位应积极落实国家关于促进中小企业发展的政策措施，持续简政放权，尽量减少审批和资质资格认证，降低市场的准入门槛，加大融资支持，鼓励银行针对小微企业“快、急、频”的资金需求特点，简化程序、缩短放款时间。建立符合小微企业特点的信贷制度，出台更适合小微企业信贷的措施和方案，适当放宽风险容忍度。适当降低小微企业的贷款利率，减少小微企业贷款融资的成本压力。让更多的小微企业参与到市场竞争中，激发市场的活力，促进小微企业健康稳定发展。

（二）鼓励企业通过创新发展，抵消劳动力价格上涨压力

我国劳动力已由供大于求逐步向供求基本平衡转变，由于物价、房产价格不断上涨，劳动力生活成本逐年上升，劳动力价格相应提高是趋势。小微企业规模小，劳动效率低，经营不稳定，报酬低，招工难度大，劳动力价格的提高又增加企业成本压力。为此，应鼓励企业积极探索融入

新业态和新商业模式，开发新技术、新产品，开拓新市场，赢得市场竞争的先机。使得企业经营逐渐转向高技术、高附加值产品及服务，提高经济效益。

（三）加强立法执法，为小微企业提供公平竞争市场环境

加强立法执法力度，政府要保护企业的合法权益，尤其要注重保护知识产权，确保市场竞争的正当和有序。同时加强对行业的监管力度，营造公平竞争的良好市场环境。在市场准入、企业用地、税费、就业等方面出台相关优惠政策及扶持措施，通过降低门槛，放宽准入、降低税费等多种方式吸引更多的民间资金投资，提高市场活力，促进小微企业不断发展壮大。

柳州市汽车产业发展的低迷态势及建议对策

周抒捷

广西柳州市是国家汽车零部件生产基地、国家汽车及零部件出口基地，汽车产业总产值占全市工业的比重接近50%，汽车产业已成为柳州第一大支柱产业。近年来，柳州市汽车产量连续居国内城市汽车产量前五位，柳产MPV、交叉型乘用车国内市场占有率均超过50%。今年以来，柳州汽车市场处于低位运行态势，汽车行业工业产值、汽车整车产销量增长收缩，利润出现下降；成本上涨、产品竞争力不强、政策受惠度降低、缺乏高端创新人才等因素影响柳州汽车行业持续发展。

一、柳州汽车产业的基本概况

当前，全市拥有整车企业3家、专用车企业4家，规模以上零部件生产企业263家，资产总额1466亿元，从业人员11.4万人。上汽集团、一汽集团、东风汽车、重汽集团四大汽车集团均在柳州建有生产基地，柳州本地已形成年生产能力近230万辆，其中上汽通用五菱汽车股份有限公司（以下简称上汽通用五菱）180万辆（不含青岛50万辆、重庆40万辆），东风柳州汽车有限公司（以下简称东风柳汽）45万辆。主要产品有多功能乘用车（MPV），运动型多用途车（SUV），轿车，交叉型乘用车，微、轻、中、重型系列载货车等，培育出了“五菱”“宝骏”“乘龙”“风行”等具有自主知识产权的全国知名品牌。近几年来，柳州市汽车产量连续居国内城市汽车产量前五位，柳产MPV、交叉型乘用车国内市场占有率均超过50%。

在整车企业的拉动下，柳州已形成较为完整的汽车零部件配套产业链。在车身冲压件、内外饰件、发动机、变速器、车桥、车架、制动系统、轮胎、玻璃等均已形成较强的制造能力。上汽通用五菱本地配套率超过50%，东风柳汽本地配套率超过40%。涌现出柳州五菱、广西方盛、柳新冲压件等一批随整车企业快速发展起来的本地零部件企业的同时，联合电子、耐世特、上海延锋、福耀玻璃、玲珑轮胎等一批国内外知名零部件企业相继在柳州设立生产基地。

2017年，全市汽车产销量分别完成253.5万辆和252.2万辆，同比增长为1.0%和1.3%。汽车行业规模以上企业实现工业产值2544亿元，同比增长4.4%。

柳州市汽车产业近三年主要指标情况表

年份	汽车产量（万辆）	增速（%）	产值（亿元）	增速（%）
2015年	229.1	9.6	2209	12.6
2016年	244.9	6.9	2437	10.3
2017年	253.5	1.0	2544	4.4

二、2018上半年柳州汽车行业发展态势低迷

（一）汽车行业产值和整车产销量小幅增长，利润下降

1—5月，柳州汽车行业完成规模以上工业产值985.9亿元，同比增长2.8%。汽车整车产量、销量分别为101.8万辆和99万辆，同比分别增长0.9%和0.4%，产销增速双双转正。但乘用车产量、销量分别下降3.4%和3.7%，四大类品种中有三大类（轿车、MPV、交叉型乘用车）产量出现下降，其中轿车、MPV、交叉型乘用车产量同比分别下降5.2%、21.6%和23.0%，只有SUV产量高速增长40.1%；销量方面呈两升两降态势，其中MPV和交叉型乘用车销量同比分别下降18.2%和27.4%，轿车和SUV销量同比分别上涨18.5%和35.9%。商用车产量、销量分别增长24.1%和17.4%。1—5月主要整车制造企业中，上汽通用五菱产值同比增长，东风柳汽、广西汽车集团有限公司（以下简称广西汽车集团）产值同比下降。

1—5月柳州汽车行业企业规模以上利润增速同比下降1.1%。其中，上汽通用五菱利润与上年同期基本持平，东风柳汽利润同比增长，广西汽车集团利润同比下降。在整体行业低迷的背景下，柳州汽配行业也面临发展不振境遇。

（二）影响上半年柳州汽车行业运行的主要因素

一是受新能源车补贴政策调整影响较大。按照今年2月财政部发布的《关于调整完善新能源汽车推广应用财政补贴政策的通知》的标准，续航里程长的新能源车型将享受到更高的补贴，而150公里以下的新能源汽车将取消补贴。由于此次新政执行前有4个月的过渡期，且大部分消费者都倾向于购买续航里程高的车辆，因此消费者在这期间多采取持币观望的态度，一定程度上影响了上半年新能源汽车的销售。

二是消费升级导致柳州优势车型市场萎缩。柳州传统的优势车型是价位10万以下的MVP和交叉型乘用车，市场占有率峰值达到62%。近两年由于市场消费升级，消费者倾向于购买更高价位的车，导致柳州优势车型销量和市场占有率持续下滑，目前市场占有率下滑至50%左右。2018年5月柳州汽车业新订单指数为37.5%，比上月下降3.9个百分点，比上年同期低5.3个百分点，下滑到较低水平。由于需求不振，5月份汽车业生产指数为38.9%，比上

月下降7.2个百分点，为2015年测算指数以来最低水平。

三是成本上涨挤压企业利润空间。主要是钢材价格和汽车陆路运输成本大幅上涨。2017年广西钢压延加工价格同比上涨30.8%，进入2018年之后虽稍有下降，但钢价总体仍处于高位运行。2016年交通运输部等部门发布《关于进一步做好货车非法改装和超限超载治理工作的意见》以及《车辆运输车治理工作方案》，这标志着国家对货车非法改装和超限超载的治理进入新阶段。2017年全年上汽通用五菱运输成本涨幅超过30%，增加物流成本约10亿元。

四是产品缺乏竞争力。区内配套企业产品竞争力不足，部分车企发动机、变速箱等核心零部件目前均为外购模式，导致整车成本偏高。且受制于核心零部件厂家研发进度不可控，整车技术应用受到直接影响。同时产品同质化严重，缺乏差异化卖点，先进技术研究滞后于国内主流汽车企业。

五是上年购置税优惠政策提前透支了部分需求。2017年末到期的1.6升及以下排量乘用车购置税优惠政策，使2018年上半年，尤其是前两个月的部分需求提前到2017年底释放，2018年一季度1.6L及以下整体需求下滑达27%。

三、年内柳州汽车行业发展形势不容乐观

（一）新的汽车关税政策将对国内汽车市场造成一定冲击

自2018年7月1日起，汽车整车关税将从之前的25%降至15%，主要汽车零部件关税由之前的10%降至6%，降税幅度均为40%，进口车价格下降必将冲击国产车市场。

（二）新能源补贴新政明显将资源倾向于高续航里程车型

根据四部委发布的自2018年6月12日起执行的《关于调整完善新能源汽车推广应用财政补贴政策的通知》，纯电动车续航150~300公里车型补贴分别下调约20%—50%不等，低于150公里续航的车型将不再享有补贴；续航里程300~400公里及400公里以上车型，分别上调2%—14%不等。柳州目前推出的新能源车型续航里程较短，新政实施后价格优势丧失，对销量产生一定影响。如东风柳汽续航260公里的新能源车2017年可以得到国家补贴4.4万元，2018年2月—6月政策过渡期只能得到3.08万元国家补贴，6月12日后能得到3.4万元的国家补贴，地方补贴是国补的50%，相当于2018年下半年比2017年一下少了1.5万元的补贴，车子就要定价高1.5万元，对目前的车型销量会有影响。

（三）国内汽车市场整体行情较淡

一是国内SUV市场强势需求不再，中国汽车协会预测2018年SUV产销增速将放缓，而柳州的SUV产销增速从2016年4月开始就一直低于全国平均水平，全年增速也将下滑。二是随着消费升级和进口车关税新政的影响，MVP与交叉型乘用车也难以扭转下行颓势。

（四）贸易战或导致汽车原材料价格下行

中美贸易战对柳州钢材出口没有明显

影响，但是对于国内钢材价格会有影响。特别是近期国内钢材库存居高不下，贸易战又使钢材出口受阻，会催生更多看空情绪，加剧钢价下跌风险。原材料价格下行一定程度上将会利好汽车行业。

综上所述，2018年下半年柳州市汽车行业发展或仍将低位运行。

四、汽车生产企业对政府有关部门的意见建议

调研中，汽车企业对政府提出了以下意见建议：

一是加快出台区内各地方城市新能源车补贴政策。尤其希望能引导广西区内政府机关等单位的公务用车使用新能源汽车。目前广西区内除柳州以外，其他地方对柳产新能源车仅有国家补贴而无地方补贴，导致柳州以外的地区购买相同车型价位要高出不少。如宝骏E100的2017款智行版原价9.39万元，在柳州销售享受国家补贴3.6万元和地方补贴1.44万元，在广西其他地方不享受地方补贴，则外地消费者购买价格就要比柳州消费者高1.44万元。虽然广西壮族自治区政府已于6月17日印发《关于加快推进新能源汽车推广应用的实施意见》，意见中明确表示各市可以根据当地新能源汽车发展需要，按照国家购车补贴标准的一定比例对消费者给予购车补贴，具体补贴标准和补贴办法由各市政府确定。广西对各市新能源汽车推广应用实行“以奖代补”政策，按照各市推广应用中实际发放补贴资金的40%对各市进行奖励，但各地具体政策落地仍需时日。

二是搭建广西汽车产业技术联盟，推进科技成果转化。柳州汽车产业经过多年发展，形成了较为完整的产业格局，建立了较完整的产业技术创新体系，已经具有发展汽车产业的良好基础。但在产业发展也存在短板，如柳州本地企业创新能力不够，创新动力不足，导致技术储备不够，成果不多，仅有的成果也不能快速有效转化为现实生产力。搭建广西汽车产业技术联盟，进一步形成以柳州为核心，玉林、南宁、桂林围绕在其周边的具有一定规模的汽车产业集群，加快产业结构优化升级，进一步加强汽车研发体系、生产体系和供应销售体系的建设，是柳州汽车企业的诉求之一。

三是搭建地区性的汽车行业人才、技术交流与服务平台，促进区内外人才交流、技术交流、咨询服务的深度发展。高端人才引进渠道少、费用高一直是困扰柳州车企的主要问题。柳州地理位置优势不强，且为传统的工业城市，政府的配套政策吸引力较低，导致高端人才的引进较困难。企业盼望政府多为企业牵线搭桥，招商引智引才，如带企业到各985高校、中科院等科研院所建立产学研联盟，为企业物色推荐世界、国内一流的汽车行业科技领军人才，给予创新人才团队建设重大支持等。

防城港市房地产中介机构发展现状及存在问题

黄洋子　周丽萍

自2018年4月海南全域限购以来，享有“西南门户、边陲明珠”美誉的防城港迎来了新机遇，楼市逐步向好，各地购房者纷至沓来，推售房源供不应求，“涨声”不断。许多新开业的房地产中介公司也犹如雨后春笋般不断涌现，遍地开花，在部分较热闹的商业地带，甚至每相隔一两家铺面就有一家是房地产中介公司的门店。为深入了解近期以来防城港市房地产中介行业快速发展的相关情况及存在问题，国家统计局防城港调查队走访防城港市住房保障和房产管理局、住房和城乡建设委员会等相关部门，对来自广西区内外的43名房地产中介客户进行问卷调研，同时对6家房地产中介机构进行跟踪调研。结果显示，防城港市房地产中介机构素质参差不齐，服务质量有待提高等问题。

一、房地产中介机构发展现状

（一）筹备时间不长，前期投入不多

防城港市房地产中介公司多以中小机构为主，大多以加盟或连锁形式经营，甚至夫妻店也不在少数。成立房地产中介所需要的资质条件及规定要求都不高，往往是租个店面，买点办公用具，再招一些销售人员就可以开展业务了。调研中，有5家中介公司表示从前期筹备到注册成功、正式营业，仅需2~3个月时间；有4家公司前期投入仅为3~5万元。

（二）支出较固定，薪酬占比80%以上

中介公司每月的成本支出主要分为房租、水电、物业及人工薪酬两大部分，其中薪酬占比高达80%以上。调研显示，中介公司60~70平方的门店租金约3000~4000元/月，水电、物业费约500~1000元/月，人工底薪约2000~3000元/月，最后再根据销售情况加相应提成。经测算，一家员工约为6~8人的中小型的房地产中介门店，除去提成，每月固定支出约在2万~3万元左右。

（三）房屋出售占业务收入比重较大

调研中，大部分企业表示业务收入主要来源是房产买卖，其中一手房买卖业务比重大于二手房买卖，占房产买卖收入中60%以上，房屋出租业务收入占比较低。一名房地产开发有限公司负责人表示，该公司业务中房产买卖占60%，其余为房屋出租业务；在房产买卖业务中，一手房买卖占80%，远远超过二手房业务量。

（四）6月份成为业绩分水岭

自4月海南限购以来，大批购房者涌

向防城港。调研中，一些房地产中介业务人员示，购房者外省人居多，大部分来自内蒙古、河南、浙江、上海等省市，少部分购房者来自东北和广西其他城市。业内人士表示，防城港作为全国12个沿海主要枢纽港之一，是中国面向东盟贸易的窗口，也是“海上丝绸之路”大西南出海口，地域优势、良好的生态环境和相对沿海城市较低的房价，都是外地投资客蜂拥而至的主因，尤其是海南等城市限购，更是诱发了购房热潮。防城港市房产局统计数据显示，2018年4—5月全市商品房均价持续走高，4月份均价为5378.52元/平方米，环比上涨9.77%，同比上涨27.98%；5月份均价为5571.60元/平方米，环比上涨3.59%，同比上涨21.93%。4月全市商品房销售套数为4040套，环比上升17.13%，是上年同期的2.27倍；5月全市商品房销售套数为6983套，环比上升72.85%，是上年同期的2.47倍。

表　2017年、2018年3—5月防城港市全市商品房销售套数及均价详情表

月份	区域	2017年商品房销售套数（套）	2018年商品房销售套数（套）	2017年商品房销售均价（元/平方米）	2018年商品房销售均价（元/平方米）
3月	全市	1805	3449	4165.48	4900.01
4月	全市	1781	4040	4202.73	5378.52
5月	全市	2824	6983	4569.62	5571.60

由于全市房价、销量双增长，房地产中介公司的业绩得到快速提升，实现业务量、营业收入快速增长。所调研的房地产中介公司4—5月业务量均大幅上升，与上年同期相比最高涨幅达200%。广西某投资有限责任公司业务经理表示，该公司4—5月出售房屋业务量高达100余套，比上年增加了约1.75倍。中介公司业务量不断上涨，营业收入也是节节高升。广西某房地产投资有限公司主要从事房屋买卖中介服务，4—5月营业收入60万~70万左右，与上年相比翻了两番。

调研显示，随着受海南限购影响的购房热潮逐渐退去，房价虽整体平稳上升，但成交量却在不断下降，6—10月房地产中介公司业务量明显下滑。受访的企业均表示6—10月公司业绩呈不断下滑趋势，其中6—8月业务量与4—5月相比，每月减少50%以上；9—10月业务量与6—8月相比，每月减少20%以上。广西某投资有限责任公司负责人表示，该公司从6月开始业务量不断减少，10月仅成交3、4套房屋，与4、5月每月成交50套左右房屋相比，业务量不到4、5月的10%。由于业务量少，固定支出较大、入不敷出，原有的两家门店现已关闭一家，仅剩一家勉强经营，但仍在不断亏损。

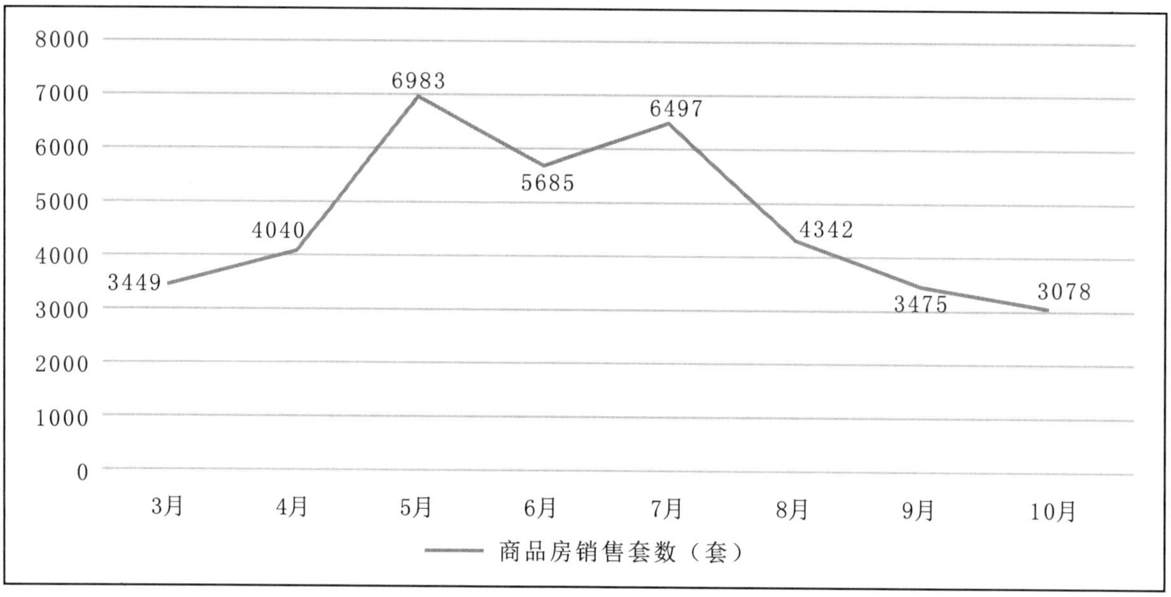

图 2018年3—10月防城港市商品房销售数量走势

二、房地产中介机构素质参差不齐，服务质量不高

（一）准入门槛低，部门监管难度大

为了激发市场活力、优化广西营商环境，自治区工商局等十七部门联合于2018年6月29日出台《调整广西“多证合一”改革事项实施方案》。据调研，房地产中介公司“多证合一”前，除了在工商局登记注册外，还要到住房城乡建设部门进行备案，才是合法经营单位，但据相关部门反映，实际完成最后一步备案的企业很少。“多证合一”后，房地产中介公司在工商局登记后，只需在国家企业信用信息公示系统平台备案即为合法经营企业，进一步简化了手续，降低了准入门槛。

由于准入门槛低，加上一直以来房地产行情欣欣向荣一片向好，房地产中介行业长期处于比拼门店市场占有率、员工规模的粗放型增长模式。在调研的6家中介企业中，有5家属于加盟或是有其他自营分店；有4家是于2017年以后开业，其中还有1家是于2018年5月新注册开业，并拥有1家以上门店；有2家企业员工人数超过30人。在市场需求不断增加的背景下，房地产中介企业遍地开花，规模小，分布广，普遍存在从业人员鱼龙混杂，内部经营管理混乱等现象，增大了相关部门对中介机构的监管难度。

（二）夸大宣传，误导消费者

据了解，开发商为了加大商品房的宣传效果，对所开发楼盘一般是夸大宣传。但实际上，多数楼盘周边基础设施建设比较落后，交通还很不便利，甚至有些开发商未取得合法预售证，商品房才开始建地基就已经预售。房地产中介公司也跟随开发商的脚步进行宣传和销售，对商品房周边基础设施建设，包括交通、医疗、教育、卫生等关系住户的便民服务设施、居住环境夸大宣传，提高购房者的购买欲。进一步误导了消费者，损害消费者利益。在调研的43名房地产中介客户中，67.44%的客户表示不清楚房源信息真实合法性，只有13.95%的客户明确知道信息不实。

（三）收费标准不统一，服务质量有待提高

当前防城港房地产中介服务收费没有统一的收费许可标准。据调研，有62.79%的房地产中介客户反映企业收费不合理，65.12%的客户反映其收费标准不一致。有客户反映，中介机构出售的价格已经是包含开发商按照销售面积给予一定比例的中介服务费，但是在销售商品房时，中介公司仍额外要求消费者付中介服务费。某房产投资有限公司反映，中介行业素质参差不齐，乱涨价，乱收中介费，导致实际成交价远低于银行评估价格，扰乱市场经营环境，让开发商难以跟客户做出合理解释；另一房产投资有限责任公司负责人表示，房地产中介公司存在诸多问题，主要原因是从业人员素质低，年龄层次跨度大，不仅专业度难以保证，而且诚信水平都受到质疑，这也成为传统房产中介服务低质量的根源。调研中，仅有6.98%的客户认为房地产中介服务质量很好，其余客户均认为质量一般、不好、很差。

三、对房地产中介机构发展的意见和建议

（一）加强监督，规范管理

有关部门要加强行业信用管理，国家企业信用信息公示系统平台登记备案的企业要与工商部门的登记一致，工商注册一定时期后未及时在公示平台上进行备案登记的，要采取相应处罚，对失信企业进行公示，提高企业公信力；加强企业主要负责人的法制培训，改善市场环境；加大监督检查力度，对存在问题的企业严肃处理，对无预售权而提前预售企业的加大惩处力度，加强整改；建立健全行业协会组织，充分发挥行业带头作用。

（二）加强信息发布管理，维护消费者权益

加强对中介机构通过各类途径发布的房源信息的监管，对信息的真实性、准确性进行核实；加强二手房市场房源产权信息核验；加强开发商与房地产中介机构合作的监管，严格履行网络信息发布制度，定期发布取得预售证楼盘信息及销售均价，提高信息透明度，共同维护商品房交易市场营商环境。

（三）加强企业用人监管，提高从业人员素质

防城港市房地产中介机构竞争大，一些中介机构存在人员挂靠现象，未与企业签订劳动合同，没有基本工资，靠挂靠企业推销房产。相关部门要加强对企业用工信息真实性进行审核，房地产中介协会要督促企业约束企业从业人员，严格遵守职业道德，加强业务技能培训，提高从业人员素质，维护中介机构声誉。

来宾市工业园区生活配套设施调研报告

覃小梅

近几年来，来宾市加快了对工业园区的建设，工业园区市政配套设施基本配备，供水、供电、园区道路、网络等基础设施逐步完善，凸显了园区对经济产能的聚集能力。但据国家统计局来宾调查队在调研中发现，在工业园区的发展过程中，依然存在生活配套设施建设不够完善、功能滞后的问题，尤其随着园区企业的进驻和产业人口的大量聚集，生活配套设施问题日益显现，一定程度上制约了工业园区的健康发展。

一、来宾市工业园区生活配套设施现状

来宾市共有8个获自治区认定的产业园区，规划面积合计为194.7平方公里，包括1家自治区级高新技术开发区（广西来宾高新技术产业开发区，下辖来宾高新区、凤凰工业园），6家自治区A类园区，分别为来宾市河南工业园区（下辖河南工业园、迁江华侨工业园）、来宾市兴宾区工业集中区、象州县工业集中区、武宣县工业园区、忻城县工业集中区、合山市产业转型工业园，1家自治区B类产业园区（金秀县桐木工业集中区）。2017年，来宾市工业园区共完成工业总产值540亿元，完成园区基础设施建设投资5亿元。

本次调研重点走访河南工业园、迁江华侨工业园、凤凰工业园三大园区，该三个工业园区规划总面积66.3平方公里，共有135家企业入驻，其中投产企业98家，规模以上企业42家，企业员工数为1.4万人，初步形成电力、制糖及综合利用、冶炼、铝精加工等多个产业体系。

（一）园区企业对公共设施的满意程度处于高度满意区间

调研数据显示：2017年，34家位于河南工业园、迁江华侨工业园、凤凰工业园的企业对当地的公共设施满意度为78.38（75~90为高度满意区间），比上年的79.17略降0.79。其中：对当地的食、衣、住、行便利程度满意度为79.56，比上年下降3.5；对当地的医疗、卫生、保健设施完备程度满意度为81.29，比上年提高0.73；对当地的学校、教育设施完备程度满意度为81.62，比上年下降0.88；对当地的银行服务、商旅等服务环境便捷程度满意度为81.67，比上年提高1.95。

（二）当前食宿两大需求基本能解决

据调研，由于大中型企业职工人数较多，管理较为完善，且资金充足，基本上都有自建饭堂和职工宿舍，为职工解决了

食、宿这两个最基本的问题，对招人、留人起到了一个关键的作用。如河南工业园区内的某企业表示，以前是利用厂房作为宿舍，现在有了工业园区新建的宿舍，员工住宿条件得以改善，公司职工大多住在宿舍里，收费标准为60元/间·月，价格相对实惠。位处凤凰工业园区的某企业表示，园区可以给职工提供宿舍，价格为每月1元/平方米，基本上能解决住宿问题。

（三）部分园区生活配套设施相对成熟完善

从调研的情况看，位于乡镇周边的园区在生活配套设施较为完善。如，凤凰工业园区位于来宾市兴宾区凤凰镇北面，因为与镇中心距离近，附近有菜市、学校、银行、超市、通讯、快递、交通等网点，出行较为便利，而且由于地方较小，有些企业的职工靠步行就可以解决出行问题。离镇中心较远的大企业，有些配有厂车，职工上下班也不成问题。商贸方面，日常超市可满足职工需要，新的商场也在建设当中，职工到来宾、柳州进行采购也比较方便。总体而言生活还是比较方便的，职工较为满意。

二、来宾市工业园区生活配套设施存在的问题

调研发现，园区集中厂房内部或者周边的生活配套设施依然存在发展不平衡的问题，尤其是较为偏僻的园区生活配套设施严重不足，不利于企业招人留人，对园区的招商引资也造成了不利的影响。主要体现在以下几点：

（一）部分园区尚未能提供住宿

由于资金、用地条件限制，部分园区尚未能够提供职工宿舍，给未来园区内企业招聘人才带来了一定的制约。如迁江工业园区尚未有集中标准厂房，也未建立起统一的职工宿舍。从长远来看，建设短缺问题还较为严重，招商引资来的企业初期只能通过租住周边条件较差的民房来保障职工住宿问题，即使是招聘了本地甚至周边乡镇的员工，只能依靠在集镇、乡村与工业园之间往返奔波的方式解决，不但增加了企业和员工的负担，也很不利于职工稳定性。

（二）银行、通讯网点服务不足

工业园区往往离市区和乡镇中心地段较远，即使已经建设多年，但银行和通讯网点覆盖面小依然是普遍存在的困难。河南工业园区集中厂房附近无银行网点，最近的农业银行服务网点距离厂区远在3公里之外。迁江工业园区内只有一个农行网点，企业反映偶有无钱可取的现象。园区附近的通讯网点较少，企业职工必须去市区或在网上办理业务。

（三）文体娱乐设施欠缺

缺少文体活动场所，文体配套娱乐设施普遍滞后。如迁江工业园区只有一个小广场，晚上灯光暗，职工在工业园区娱乐活动少，年轻人不太愿意到园区上班。

（四）周边商贸不发达

园区周边的商贸不够发达，超市、商城、菜市场较少，商品品种不够丰富。如河南工业园区集中厂房附近无超市和商场，仅在路边有一个小卖部，也没有菜市

场，很不方便。迁江工业园区处于农场，附近有一个搭棚的菜市场，青菜、鸡、猪肉都有供应，但是摊点较少选择面窄。周边虽然有两个超市，基本能满足日常购物需要，但只有少量的电器店和服装店，规模小且价格贵。

（五）园区服务有待改善

园区内集中厂房内进驻办公的企业较多，进出人口也多，治安方面仍需加强，有的园区反映聘请的保安如同虚设。2015年某园区曾发生打人事件，公司和员工的财物也时有被盗，给园区企业员工生活带来一定的安全隐患。

（六）部分园区交通出行成问题

虽然园区内部道路建设已经较为成熟，但外在交通条件依然薄弱。河南工业园区集中厂房门口的一段路长期路况差，灰尘大，路面挖开后却未修也不覆盖水泥；公交车班次较少，只有一路公交车经过厂区，且出现过路况差的时候停开的情况。迁江工业园区在交通方面的问题比较突出，没有公交车，仅有石林—来宾的客车，平均每小时一趟，但末班车是晚上6点左右，不方便职工搭乘。

（七）学校、医院等建设不足

园区周边学校、医院等公共机构较少，有的虽然已经在规划但进度较慢。河南工业园区附近无学校，园区内将厂房改建成小学，招收园区企业员工子女和附近的村民子女作生源。迁江工业园区附近农场有幼儿园和小学，但师资力量和质量仍需加强，才有助于稳人安企。此外，园区内医疗条件也稍差，现有的医疗机构距离较远，企业员工看病有所不便。

三、对策建议

（一）加快完善和落实生活配套设施规划

加强对园区规划的科学研究论证，按照园区发展定位，合理调整提升园区整体规划，完善生活功能区块划分，确保生活配套设施建设布局与土地利用总体规划相衔接，确保规划的整体性、科学性和生活设施项目安排的合理性，满足招商引资和产业发展的实际需要，为园区业主和企业职工解决衣食住行、文化娱乐、购物出行、医疗教育等实际问题，解决企业发展的后顾之忧，全面提升园区的服务水平。

（二）加大投入建设园区内部公共生活设施

加大财政资金对园区生活配套设施建设的倾斜力度，加快工业园区生活配套设施建设步伐。完善园区及周边生活配套设施，加快社区服务中心、图书阅览室、文化体育设施、休闲广场、文体活动场所、球场等民生设施项目建设。树立良好的园区形象，做好园区道路、绿化、亮化、美化等工程，增强园区的人才吸纳能力。

（三）吸引部门、社会等力量参与建设

支持鼓励社会力量投入，吸引社会资金介入，积极参与园区生活配套设施建设，如开设超市、商场、菜市场、水果店等便民设施，推动完善园区的三产服务功能。另外，鼓励相关部门和单位在工业园区设立譬如银行网点、通信网络、邮政快递、公交站点等便民服务，完善公共服务网络，确保满足园区员工各项生活需求。

（四）鼓励企业内部建立生活配套设施

出台或完善土地使用、减免税费等相关优惠政策，鼓励园区内有条件的企业，尤其是规模较大、员工人数多的企业，内部自行建设员工宿舍、食堂等基本生活配套设施。

（五）统筹妥善解决征地拆迁问题

统筹解决拆迁实地村民的安置、就业等保障问题，推动园区及周边土地征地拆迁，确保整体规划顺利实施和生活配套设施建设项目按时开工。

（六）整合周边资源，改善生活条件

充分利用工业园区周边已建成的学校、医院等资源，为园区内企业员工提供就医和子女教育需求。周边尚无学校、医院的工业园区，根据园区人口规模情况等实际需求，建立相关医疗和教育机构，满足企业职工需求。

第六部分

约稿调研篇

广西多措并举促进耕地保护 占补平衡矛盾仍突出

郑月波

为了解广西贯彻落实《关于加强耕地保护和改进占补平衡的意见》（中发〔2017〕4号》的情况，2017年12月下旬，国家统计局广西调查总队对南宁市、柳州市、北海市、防城港市、钦州市、百色市、来宾市、崇左市、合浦县、都安县、岑溪市、桂平市、灵山县、南丹县、平南县、宜州区等16个市县（区）有关部门进行了调研。结果显示，2017年广西各市县高度重视加强耕地保护和改进占补平衡工作，永久基本农田划定全面完成，占补平衡工作统筹有序推进。

一、耕地保护和改进占补平衡工作稳步推进

（一）全面完成永久基本农田划定

广西各市县认真落实《加强耕地保护和改进占补平衡工作实施方案的通知》（桂政办发〔2017〕68号）各项要求，积极推进永久基本农田保护目标任务全部落地到户、上图入库。目前，广西已全面实现5490万亩永久基本农田“落地块、明责任、设标志、建表册、入图库”的划定工作，部分地区超额完成任务。南宁市基本农田总面积增加了15795.49公顷，比上级下达基本农田保护任务增加613.04公顷。钦州市灵山县划定后基本农田面积75832.51公顷，比计划增加232.77公顷。

（二）统筹推进占补平衡

各市、县政府通过土地整理、复垦、开发等方式推进高标准农田建设，增加耕地数量、提升耕地质量，以县域自行平衡为主、市域或自治区调剂为辅、申请国家适度统筹为补充，多措并举落实补充耕地任务。南宁市，2017补充耕地任务量为1300公顷，截至6月底，完成了14个土地开垦项目，新增耕地1996.8公顷。防城港市，截至2017年12月29日，批复确认补充耕地项目4个，新增面积342.7公顷。北海市新增耕地面积324.8公顷。

二、主要做法

（一）发放耕地地力保护补贴

北海市合浦县明确了耕地地力保护补贴补贴对象、补贴依据、补贴标准、补贴资金分配和补贴资金发放等。截至11月30日止，补贴资金已经通过农户“一折通”完成发放补贴户数约14万户，发放面积51.6万亩，发放资金7210.6万元。

（二）实行建设项目与土地开发项目动态管理

南宁市各级国土资源管理部门对经批

准的非农建设用地项目均建立了补充耕地占补台账，并通过农村土地整治监测监管系统和耕地占补平衡动态监管系统对占用耕地的非农业建设项目与补充耕地的土地开发整理项目进行对应挂钩管理，实现了台账及信息化手段的双重运用，使动态管理更有效率。截至2017年6月，南宁市共调拨28个批次用地298.4公顷耕地占补指标，按照先补后占的原则全部落实了耕地占补平衡。

（三）预收耕地开垦费

河池市主要通过缴纳耕地开垦费的方式，确保建设用地项目严格落实先补后占，占一补一，占优补优的政策要求。2017年，都安县建设占用耕地项目7个，占用耕地面积7.86公顷，主要建设方按照优等水田每亩60万元，高等水田每亩45万元，中等水田每亩30万元；高等旱地每亩30万元，中等旱地每亩25万元的标准缴纳开垦费，国土资源局在公共资源交易平台上对补充耕地的指标进行竞价，对建设方的预交资金多退少补。

（四）“以奖代补”激励高标准农田土地整治

南宁市武鸣区实行“以奖代补”方式，充分鼓励和发动群众自发实施“小块并大块”耕地整治，整治耕地连片达50亩以上的，农业经营主体整治耕地连片达200亩以上的，按具体实施面积给予每亩最高1500元的奖补。截至2017年9月，该区完成“小块并大块”以奖代补耕地整治项目32个，实施面积6.7万亩，核拨奖补资金1433.4万元。武鸣区某果业有限公司，实施土地平整13个地块107.55公顷，修建田间道路5.5公里，新建渠道9条、蓄水池2座、灌溉机井5座，获得“小块并大块”土地整治专项奖补资金为67.5万元。

（五）盘活城镇存量建设用地，缓解耕地压力

柳州市国土资源部门本着“存量挖潜、二次开发”的原则，合理编制土地利用年度计划、土地收储计划及土地供应计划。2016年，通过开展危旧房改造、企业搬迁改造和旧城区改造工作，完成盘活存量土地2262公顷，占年度计划的182%；通过市区工矿企业“退城进园”和旧厂区土地二次开发、企业职工危旧房集中改造等形式，节约土地210.9公顷。截至2017年12月20日，完成盘活存量土地2123公顷，完成年度计划的191%。通过盘活存量措施，有效地缓解了耕地保护和建设用地需求之间的矛盾，充分发挥了土地资产效益。

（六）提高建设用地准入条件

钦州市出台《钦州市节约集约用地管理办法（试行）》，对固定资产投资总额5000万元以下的工业项目，原则上不得单独供地，应引导使用标准厂房；禁止向高污染高耗能项目供应土地。

（七）利用交易平台流转补充耕地指标

崇左市充分利用自治区补充耕地指标交易平台，全力支持补充耕地指标在全自治区范围内流转交易。截至12月8日，崇左市在自治区补充耕地指标交易平台成功出让6批补充耕地指标，交易面积达1.6万亩，交易金额约5.8亿元。通过资金专款专用，进一步把有限的资金投入到土地开垦、耕地保护及高标准基本农田建设中，进一步推动耕地后备资源的保护与开发。

（八）五级联动加强执法力度

防城港市出台管理办法，明确职能部门的责任分工，形成了“屯发现、村报告、乡制止、县查处、市监管”的五级联动执法体系。由乡镇建立村、屯两级土地矿产违法预防监管网络，实行执法网格化管理，确保辖区内“地动人知”，破解了“发现难、制止难、查处难”的执法三难问题。截至2017年1—8月防城港市开展拆违行动363次，拆除违法建筑面积约18万平方米。

三、存在问题

（一）耕地后备资源匮乏，耕地指标占补矛盾突出

南宁市、北海市、防城港市、百色市、来宾市、岑溪市、桂平市、平南县等市县反映，各项建设占用耕地的数量呈上升态势，但耕地后备资源相对匮乏，适宜开垦的未利用地数量少，新增耕地开发难度大，耕地占补平衡压力巨大。特别是2016年12月，广西取消了城市建设（批次）用地的耕地占补平衡承诺制，对涉及占用耕地的建设（批次）用地实行先补后占和直接补充优质耕地或水田的措施，实现耕地占补平衡后方可报批，补充耕地指标更为紧缺。南宁市、来宾市、平南县、灵山县等地反映补充耕地指标紧缺。来宾市新增建设用地报批涉及需要耕地占补平衡指标的项目共计78个，急需耕地占补指标132.8公顷，灵山县2017年建设用地指标缺口达2000亩左右。

（二）“占优补优、占水田补水田”难

南宁市、柳州市、北海市、防城港市、百色市、都安县、南丹县宜州区反映新增耕地的质量难以与占用耕地相比，“占优补优、占水田补水田”难度大。柳州市2017年自治区耕地提质改造任务914公顷（其中旱改水568公顷），截至2017年12月，仅确认改造水田221公顷报备成功。南宁市2016年获批建设项目总用地面积2298公顷，占用耕地995公顷（其中占用水田295公顷），占耕地总量中水田比例高达30%，而现存的补充耕地指标中，水田和水浇地指标仅占总指标量的2%。对劣质土地进行土壤培肥措施改造“补优”，新增耕地在短期内质量提升不明显。

（三）耕地丢荒闲置基本农田保护形势严峻

由于农村年轻劳动力外出打工较为普遍，留守的多为老人及小孩，劳动力缺乏，一些地方仍存在耕地撂荒、弃耕或种植林木等现象。如桂平市某村因水利失修和劳力短缺等原因导致闲置撂荒土地约占40%；某米业有限公司负责人反映，往年在当地可以收购到2000～3000吨稻谷，2017年早稻只收购到300吨，不仅种粮人数急剧减少，耕地撂荒也增多。

四、建议

一是全面推进各类建设集约节约用

地，积极引导建设项目选址，优先考虑利用荒地、劣地、山地和空地，尽可能不占或者少占耕地，从源头严格控制建设占用耕地，严防侵占优质耕地。

二是全面铺开耕作层土壤剥离再利用，将建设占用耕地耕作层的优质土壤剥离，用于土地整治和高标准基本农田建设，提高补充耕地质量，进一步提升耕地综合生产能力，实现占补平衡“质量相当”的要求。

三是拓宽耕地占补平衡渠道。鼓励实施土地整治、高标准农田建设、城乡建设用地增减挂钩、废弃矿地复垦新增耕地用于落实补充耕地任务。

广西服务贸易发展加快 政策支持力度有待加强

蓝 岚

为了解广西加快发展服务贸易取得的进展及成效、政策落实中存在的主要问题等，国家统计局广西调查总队组织走访了南宁、柳州、梧州、北海、防城港、贵港、贺州、百色、河池等地，调研结果表明，近年来广西服务贸易快速发展，规模显著扩大，但在政策落实中也存在着服务贸易底子薄弱，工作体系尚未形成、政策支持力度不够，服务贸易登记备案和统计制度不完善等困难和问题。

一、加强配套政策指引

近年来，广西服务贸易快速发展，规模显著扩大，2015年广西服务贸易总额突破60亿美元，完成了“十二五”的发展目标，较“十一五”末增长了5倍，但广西服务贸易国际竞争力相对不足、综合发展环境不优、缺乏龙头企业带动的局面没有得到根本改变，总体上仍是对外贸易的“短板”。为此，在贯彻落实《国务院关于加快发展服务贸易的若干意见》等文件精神基础上，广西壮族自治区人民政府吸收了近年来各省区发展服务贸易的经验做法，印发了《加快发展服务贸易实施方案的通知》（桂政发〔2016〕67号），一是明确发展目标：提出了到2020年广西服务贸易总额达到120亿美元，较2015年实现翻番，服务贸易占对外贸易的比重进一步提高的目标；二是确定五大主要任务：结合广西服务贸易的发展现状和趋势，把扩大规模，优化结构，培育市场主体，拓展开放领域，推动对外投资等五大方面列为主要任务；三是根据广西服务贸易发展的状况，确定旅游服务、物流运输、建筑与工程服务、服务外包、对外文化贸易等十大服务为重点发展领域；四是制定保障措施：建立适应服务贸易创新发展的工作机制首要任务，加强财税支持力度和金融服务，在统计、便利化水平、服务平台、人才培养等方面营造良好发展环境。

广西各地根据自身服务贸易发展水平和现状，分别制定各个领域发展措施和指导意见，促进和保障广西服务贸易的快速发展。如：来宾市：出台了《来宾市人民政府关于降低实体经济企业成本若干措施的意见》《关于贯彻落实〈促进来宾市航运业发展的意见〉的方案》及《来宾市集装箱定期班轮航线补助资金意见》等行业政策，通过对新注册企业以及根据企业运力规模和开展集装箱班轮运输等方面的企业进行资金补助，进而拉动来宾市航运企业发展的新热潮。贵港市：贵港市物价局、财政局、商务局联合印发《关于实施规范清理口岸收费工作的通知》等文件，从清理口岸收费、降低集装箱进出口合规成本、减轻企业负担等方面扩大服务贸易规模、优化服务贸易结构、创新服务贸易发展模式。防城港市：2015年7月以来，防城港市委市政府高度重视开展跨境劳务试点工作，印发《境外边民入境务工试点方案》《东兴试验区境外边民入境务工试点有关证件办理暂行规定》《加快跨境劳务合作发展实施方案》等相关政策，切实推进跨境劳务试点工作，简化审批程序，稳步推进中越跨境劳务合作。北海市：为了更好实施广西CEPA（即《关于建立更紧密经贸关系的安排》的英文简称。包括中央政府与香港特区政府签署的《内地与香港关于建立更紧密经贸关系的安排》、中央政府与澳门特区政府签署的《内地与澳门关于建立更紧密经贸关系的安排》）先行先试工作，北海市制定《北海市CEPA项目绿色通道工作实施方案》，建立北海市CEPA项目绿色通道，实行港澳投资项目材料专口受理，促进港澳投资落户北海，营造有利于深化桂港澳合作，促进北海市经济社会平稳发展。

二、广西服务贸易发展走上快车道

（一）技术进出口发展向好

南宁市：据统计，2016年7月—12月，南宁市技术进口额为31.33万美元；2017年技术进口额343.83万美元，技术出口额10.57万美元，软件出口额3.8万美元。据调研了解，南宁市企业技术进口主要是技术支持服务，如南南铝业股份有限公司购置了德国机械设备，需向德方进口相关技术维护支持。柳州市：2015年至2017年间，柳州市共有四家企业拓展了技术进出口业务，总金额达20442.12万元。其中，东风柳州汽车有限公司从德国、比利时和瑞典技术进口项目总金额达5824.66万元；耐世特汽车系统（柳州）有限公司从美国的母公司技术进口费用累计达11182.69万元；上汽通用五菱汽车股份有限公司则累计取得出口技术许可服务费3403.37万元，出口国家为埃及、印度和印尼。

（二）跨境电商发展迅速

南宁市：据调研了解，2015年6月25日，南宁市跨境电子商务试点正式启动。经过两年多的发展，南宁市跨境电子商务产业快速发展，截止至2017年末，南宁市共有跨境电子商务相关企业200余家，大型跨境电子商务线下体验店5家，中小型跨境电商线下体验店近百家。据南宁市商务局提供数据显示，截至2017年11月12日实现跨境电商业务61万多单，其中出口51.4万单，进口9.8万单，“双十一”当天跨境电商出口5.3万单，进口2800单。南宁市跨境贸易中心在青秀区三祺广场揭牌，五象新区电商小镇开园。防城港市：百岸网、八找网、两国e城三大跨境电商平台逐渐成熟，预计2017年全年跨境贸易电子商务零售销售额57.36亿元，同比增长87.45%。全市电商企业（网店、微商）5715家，全市新增电子商务企业（网店）464家。仅东兴市电商企业新增180家，累计达2500家，实现交易额达28亿元，增长20%；连续四年获“全国电子商务百佳县”称号。河池市：2017年，都安县通过成功举办2017广西“壮族三月三”电商节都安分会场线上线下大促销活动、河池市电子商务发展座谈会，进一步培育了贸易销售新方式和消费新热点。利用农民进城创业园闲置的83间铺面（约8000㎡）创建集电商、物流、电商企业孵化中心、特色产品展示厅等为一体的多元化电子商务创业园，为入驻企业提供铺面、网络等优惠政策。顺丰等25家国内主流快递物流企业均在县内19个乡镇设立服务站点，县到乡24小时内到达。电商企业在全县设立了具有商品下行和农产品上行功能的乡级服务站1个、村级服务点21个，全县网商、微商在300家以上。2017年，都安县成功入选全国电子商务农村综合示范县。

（三）旅游业蓬勃发展

防城港市：“旅游+”模式带动行业发展，跨境游成常态。防城港依托沿边、沿海的区位优势，着力打造国际精品旅游、跨境自驾游等项目。东兴市积极探索与越南芒街市共同打造“陆上桂林”经东兴（芒街）至“海上桂林”下龙湾的“两国四地”黄金精品跨境游路线，2016年11月中越跨境自驾游项目常态化开通，已成为吸引中越两国、防城港市周边县市乃至广西周边省份游客的亮点路线，有效促进了防城港市旅游业的发展。据统计，2015年至2017年，持边境通行证参加边境游人数分别为14.89万人次、17.51万人次、20.61万人次，分别同比增长193.38%、16.85%、17.73%。河池市：宜州区2016年获得了特色旅游名县称号，2017年宜州区共接待国内外游客417.21万人次，同比增长22.25%；实现旅游消费62.89亿元，同比增长30.15%；完成旅游固定资产投资1.97亿元。歌海宜州国际旅游体验中心已建成宜州丝绸产品购物、体验、休闲中心。

三、政策落实中存在的主要困难和问题

（一）工作体系尚未形成，政策支持力度不够

部分地区反映，各市级政府对加快发展服务贸易工作尚未系统开展，进展较为缓慢，工作基础较为薄弱。如，南宁市：据南宁市商务局反映，目前南宁市各部门间尚未建立统一的领导协调机构，缺乏统一领导，多部门间协调困难；二是有关管理部门与相关行业企业之间未建立必要的工作机制，未能及时建立紧密有效的沟通渠道，管理部门对整个市场发展的监测和把握不够全面。柳州市：缺乏对企业开展服务贸易业务的指导和扶持力度。在商务部门深入调研过程中，企业多反映政府支持力度不够的问题，如东风柳州汽车有限公司反映，技术进口项目有利于企业长远发展，希望政府在补贴比例、补贴范围方面给予更高的政策支持；上汽通用五菱汽车股份有限公司则表示，希望尽快找到解决政府拖欠应退税款问题的长效机制。防城港市：政府层面的联动机制启动迟缓，关于发展市本级整体的服务贸易相关政策尚未健全，管理机构设置尚未完备，对本

市服务贸易的监测、统计尚存难度。

（二）服务业发展滞后制约了服务贸易的快速发展

广西属于西部经济欠发达地区，从事服务贸易业务市场经营主体较少，竞争力不强，且服务贸易主要分散在旅游、加工贸易等劳动密集型或资金密集型的低附加值项目，金融、保险、计算机信息服务等高附加值的服务项目较少。例如，南宁市：2017年办理技术进出口只有4家企业，且以进口为主。同时服务贸易高素质人才缺乏。南宁本地高校的毕业生外语和基础商务能力不高，从事服务贸易的高素质人才紧缺，对服务贸易的发展支撑不强。柳州市：虽然“十二五”以来，柳州市三产比重由26%增长到2017年的38.4%，第三产业保持了持续快速发展的势头，但与我国东部经济发达城市相比，服务业发展差距仍十分明显。

（三）服务贸易登记备案和统计制度不完善

据调研了解，商务部门对服务贸易的登记备案和统计制度尚不完善，掌握的数据有限，无法准确、有效地开展相关指导工作。如，柳州市：目前，商务部业务系统统一平台已开发服务贸易统计监测板块，并完成第一阶段内容开发、测试，但由于服务贸易统计的困难性和特殊性，尚未正式上线运营，无法获得准确的服贸数据统计来指导企业相关业务开展；此外，广西壮族自治区唯一纳入登记备案的技术进出口项目也存在缺陷，例如资料填报、备案过程中，存在反复修改的现象，对于部分“非必填”项目，有时候要求填写，有时候又不要求填写，对资料填报工作造成困扰并增加企业业务人员工作量，不利于服务贸易工作的顺利开展。南宁市商务局反映：广西区确定的十项重点领域中，商务局目前掌握到相关情况及数据的只有5个领域，建筑与工程服务等其他重点领域，缺乏必要工作协调机制，难以掌握；管理部门对服务贸易缺乏必要的沟通渠道，数据大多来源于部分企业的主动申报，统计不完全；相关企业对服务贸易概念认识不足，常常将服务贸易项目与货物贸易整体打包，造成相关服务贸易细项无法统计，统计数据无法实际体现服务贸易实际发展情况。

四、几点建议

（一）尽快建立相应的工作机构和协调机制，实行政府统一领导、商务厅、发展改革委、工业和信息化委、教育厅、科技厅等部门组成的联席会议制度，形成工作合力。

（二）尽快完善国家在服务贸易的统计体系。建立服务贸易统计协调机制，加强服务贸易统计工作，提高服务贸易的信息化水平。让地方及时掌握服务贸易交易情况，为科学决策提供依据，加强贸易服务企业的管理。

（三）加快服务贸易型人才的培养。大力培养服务贸易人才，加快形成政府部门、科研院所、高校、企业联合培养人才的机制。加快完善金融、政策等配套支持政策；加大服务贸易宣传力度，增强企业服务贸易的意识，产品生产结合服务贸易，力促服务贸易更上一台阶。

广西农田水利建设和维护仍存在诸多突出问题

郑月波

为了解当前广西农田水利设施建设和维护存在的问题，国家统计局广西调查总队对南宁、柳州、桂林、梧州、北海、钦州、贵港、玉林、百色、贺州、河池、来宾、崇左等市有关部门和196户村民进行了走访调研。调研发现广西农田水利设施的建设和维护取得了一定的成效，但仍存在诸多突出问题。

一、农田水利设施建设情况有所改善

调研显示，村民认为农田水利设施比上年明显改善的占13.3%，认为有所改善的占29.6%，认为差不多的占45.4%，认为更差的占11.7%。总体而言，肯定评价高于否定评价。

（一）病险水库除险加固取得实效

各市积极推进病险水库除险家固工作成效明显。贵港市将261座病险水库纳入《全国病险水库除险加固专项规划》，概算总投资14.689亿元，已下达投资256座，累计下达投资计划12.564亿元。截至2018年2月，累计完成投资11.3亿元，完成了256座水库除险加固，新增有效库容4.84亿立方米，大大提高了全市水库自身安全。桂林市2012年以来新建或加固海河提防391公里，完成病险水库除险加固392座，加固山塘、堰坝及小型泵站1674座，修复水毁工程692处。北海市2017年累计完成投资5540万元，除险加固洪潮江水闸、除险加固工程和总江水闸工程。玉林市扎实推进冬春水利建设，截至2018年3月初，完成病险水库除险加固2座，治理水土流失面积23.17平方公里。

（二）加大节水改造力度

北海市2017年落实市本级资金3500万元进行农田水利建设，建设完成高效节水灌溉工程2.5万亩。农田灌溉水有效利用系数从2014年0.446提高到2017年的0.489。河池市对中小型灌区进行节水改造，完成渠系配套改造建设3384.26公里，农业灌溉用水有效利用系数从2011年的0.31到2017年的0.48，新增恢复灌溉45.62万亩、改善灌溉面积24.06万亩。梧州市：2013年—2017年，岑溪市投入资金5000多万元，建设高效节水灌溉工程14个，高效节水灌溉面积1.92万亩。崇左市2016年全市耕地面积779万亩，有效灌溉面积为155.52万亩，灌溉率19.96％；节水灌溉面积80.02万亩，节水灌溉率10.27％，其中高效节水灌溉面积33.2万亩，高效节水灌溉率4.26％；全市灌溉水利用系数为

0.488。玉林市扎实推进冬春水利建设，截至2018年3月初，中央财政小型农田水利建设投入9929万元，灌区节水改造及渠道防渗完成投资700万元，水毁修复工程完成投资563.32万元。

（三）探索推进“五小”水利建设

广西积极探索推进农田水利小水窖、小水池、小塘坝、小泵站、小水渠等“五小水利”工程，应对大石山区集中耕作区少，耕作面积分散的问题。河池市近年来共建成集中供水工程8120处、家庭水柜共1.57万座、塘坝1512座、泵站4243座、渠道1023公里。桂林市2012年以来，累计争取中央小型农水重点县12项、项目县17项，争取资金11.63亿元，衬砌渠道3020公里，维修加固山塘、堰坝等小型水源工程1020座，新增恢复灌溉面积30.90万亩，改善灌溉面积69.24万亩。

二、农田水利设施建设维护仍存在诸多突出问题

当前，广西的农田水利设施还很难满足农业生产的需要。在调研的44个行政村中，有37个村认为当前的农田水利设施不能满足农业生产的需要，占84.1%。

（一）水利设施维护问题突出

1.水利实际灌溉能力严重下降。调研发现，广西水利设施普遍存在老化严重的问题。多数水利灌溉工程始建于20世纪六七十年代，经过半个世纪的运行，渠系老化严重，水库病险情况严重，水利实际灌溉能力严重下降。贺州市887座塘坝中，存在病险情况的就占821座，占比达92%。八步区贺街镇双瑞村，该村主要干渠已经有45年，水渠老化问题严重，目前只能达到灌溉设计的三分之一。南宁市武鸣县西江灌区，原设计灌溉面积为9.7万亩，其中水田4万亩，目前实灌水田1230亩，仅占3.1%；西乡塘金陵电灌站设计灌溉面积5.3万亩，目前实灌水田2.0万亩，占37.7%。钦州市灵山县灵东水库，目前灌溉面积只达到设计灌溉面积的60%左右；思明水库属中型水库，1970年建成后，至今未有整体组织过对主、支干渠进行维护、维修，导致该库区现实际灌溉面积只有约7000亩左右，只占设计灌溉面积的34.3%左右。

2.农田水利维修资金严重缺乏。自从取消农业税后，水费的收取非常困难，灌区管护人员工资和工程维护资金没有保障，越到末级渠系，特别是支、斗渠系维护资金短缺的问题越突出。南宁市2017年3698个灌区共落实工程管护经费1823万元，仅占同期农田水利建设资金20507万元的8.9%，换算成亩均管护经费仅5元/年。武鸣区桥响中型灌区，现每年有10万元县本级财政的管护资金，若要进行三面光加固，仅能做30米左右，而其主干渠长达44.7公里，管护困难重重。钦州市：该市来自中央财政农田水利维修养护经费逐年减少，2016—2018年分别为404万元、115万元和77万元，由于地方财政困难，市县两级的资金投入较少，配套资金并未完全落实，导致现有水利工程维修加固跟不上。玉林市：2017年下辖各县上报需要进行养护维修的水利设施项目资金约400~

500万/县，而实际落实的只有100万/县。

3. 农田水利管理人员不足。调研发现，农田水利设施年维护量大，但人员紧缺，无法满足工作需要。南宁市上林县每年计划维修农田水利设施项目约100个，需要30名工作人员，但是实际到位的维修人员只有10人左右，实际完成的维修项目的只有30~40个；武鸣区桥响中型灌区邕益水库配备管理人员3人，负责20多公里主干渠和支渠水库范围的渠道巡视、维护、放水等工作，工作量很大，巡视维护难以到位。

（二）水利设施建设存在资金缺、质量不高、积极性下降问题

1. 农田水利建设资金存在缺口。贵港市2017年中央财政小型农田水利项目县总投资8718.4万元，仅有中央和自治区资金到位6150万元，市县级财政配套资金和群众自筹资金共2568.4万元均没有到位。北海市“十三五”期间，北海市农田水利基础设施建设资金缺口9.2亿元。梧州市岑溪市丹竹水库工程，项目总投资为1.99亿元，属于自治区重大层面建设项目。工程于2016年6月开工，计划2018年底完工。由于该项目除由广西水利厅补助3984万元外，其余经费由岑溪市政府贷款投入，目前缺口5000万元。

2. 部分水利设施建设工程质量不高、进度慢。钦州市灵山县石塘镇俄境村委相关人员反映，该村农田水利设施三面光硬底化改造于2016年建成投入使用，由于工程质量不高，现已损坏不少。石塘镇大化村委相关人员反映，该村农田水利设施三面光硬底化改造于2017年实施，目前离建成投入使用还有很大距离，工期拖得太长，影响了春播生产。南宁市马山县江卢村反映，村里农田水利设施进行“三面光”改造的水利设施，没使用几年，好多都坍塌了，难清理又影响排灌，村民意见很大。

3. 部分农村兴办水利积极性下降。种粮成本过高，农民种粮增收缓慢，种田的积极性下降，兴办农田水利工程的积极性也明显下降。北海市港北区根竹镇三民村反映，2016年原计划修建1.2公里水利，但由于村民积极性不高，村民不肯无偿提供土地，到目前还没能实施。

（三）小型水库的管理维护安全问题十分突出

据调研，广西水利灌溉体系中，小水库的数量占90%以上（南宁市96.1%、桂林92.9%、钦州97.5%、贵港92.6%），小型水库主要由县区、乡镇管理，部分小型水库由所在地村委会管理，经费由各级统筹。与大中型水库管理相比，小型水库因资金不足、管护较差、安全风险隐患等问题十分突出。玉林市沼心村反映，由于常年积累淤泥没有及时清理，导致本村水库库容下降，在2016、2017年汛期中，出现过库水溢出的险情，导致部分村民的农作物被淹。来宾市三五乡榜山村反映，因费用太低，无法应聘到汛期看护人员，本村的水库汛期处于无人看护状态。桂林市有关部门反映，多数小水库的防洪抢险预案未及时修订报批，必要的水库防汛抢险物资没有按要求进行储备，抢险队伍未落实。贵港市桂平市林村村民反映，该村横广塘水库承包给他人养鸭养鱼，水库承包人担心损失不放水，根本就失去了灌溉农田的作用。南宁市上林县反映，该县境内的51座水库，几乎都承包给村民养鱼养鸭，水质均受到不同程度的污染。明亮镇塘朋水库和白圩镇黄塘水库，承包人用糖厂压榨甘蔗的废料、发酵玉米、饲料等养鱼，水库水出现严重污染。

三、改进当前农田水利设施的建议

（一）转变重建设轻维护的观念。农田水利设施的维护的问题相对于建设问题要更突出，要顶层设计农田水利设施维护的措施办法，保障水利的畅通。

（二）推进产权改革。明确小型水利工程的所有权，放开建设权，搞活经营权。对一些效益明显受益范围明确的新建工程，要大胆支持和鼓励个体、联户法人单位及社会资金去投资兴建。做到自办自有、自建自管自受益，真正达到合理开发、优化配置和永续利用水资源的目的。按照“谁投资、谁受益、谁所有”的原则，以水权水价改革和水费计收机制，为工程良性运行和节约用水创造条件。

（三）加强工程监管。完善管理机制、维护机制，提高管理水平。要做到工程建设规划合理，施工有质、管理有度必须要有一套完善的工程建设管理制度和质量监督体系，保证工程建设透明，质量过硬。严把准入关，保证工程建设质量，提高资金使用效益，有效杜绝工程建设中的腐败行为。

广西“厕所革命”群众满意度较高 发展仍存在差距

蓝 岚

近期，国家统计局广西调查总队深入南宁、柳州、北海、百色等地区，对当地旅游发展委员会、住建、市政管理等部门进行走访调研，并随机抽选市政、公园、旅游景区三类区域的706名市民、游客进行问卷调查，了解广西“厕所革命”实施效果及群众满意度等情况。调查结果显示，2015年广西推进“厕所革命”以来，公共厕所数量逐年增加，公共厕所环境得到明显改善与提升，社会公众满意度较高，但也存在着公共厕所项目建设补助资金少、运营经费不足、群众知晓率较低，公共厕所数量仍有缺口等问题。

一、“厕所革命”工作成效显著，群众满意度较高

（一）旅游、市政公厕建设成效显著

广西经过三年的“厕所革命”，厕所的面貌大为改观，厕所数量和质量有了明显提升。据自治区旅游发展委员会、自治区住房和城乡建设厅数据显示，截至2017年底，广西实际累计完成新改建旅游厕所约2500座（其中新建1601座，改建845座），超额完成目标任务23%；累计新建改建市政公共厕所2323座，超额完成自治区下达的2180座的目标任务，极大地改善了市民出行环境，提升了城市文明形象。

三年来，南宁、桂林、玉林、贵港、河池、崇左等6个城市先后被评为“全国厕所革命先进市”，桂林芦笛岩景区被评为“厕所革命十大典型景区”。2017年11月19日在北京举行的世界厕所日暨中国厕所革命宣传日活动上，广西壮族自治区旅游发展委员会等10家单位获国家旅游局“厕所革命突出成果奖”。旅游厕所实现了质的飞跃。北海市目前建成的一批旅游厕所中，银滩景区西厕、金海湾红树林生态休闲旅游区疍家风情园厕所、涠洲岛的鳄鱼山等景区的旅游厕所都具有面积较大、内部设有第三方卫生间（家庭卫生间）和单独的残疾人卫生间等特点，并增加了母婴室、婴儿座椅等设施，全面改善提升旅游环境。

（二）超七成受访者对“厕所革命”成效表示满意

在随机抽查的706个游客/市民中，当问及对该类型区域公共厕所的分布及数量、所具备功能和配套设施、卫生状况是否满意时，分别有74.8%、77.1%、72.1%的受访者表示满意或基本满意，群众满意率较高。在贺州市黄姚古镇景区，一位来自广东的游客黄先生表示，黄姚景区的厕

所很干净，游客如厕心情舒畅，改变了过去对旅游厕所“脏乱差”的印象。在北海市涠洲岛，由于公共厕所外观颜值高、内部设施温馨、卫生状况良好，获得众多受访者的点赞。

二、多措并举推进“厕所革命”建设

（一）明确目标，制度保障

2015年2月，国家旅游局在桂林召开第一次“厕所革命”工作现场会后，广西壮族自治区党委、政府高度重视，自治区党委书记彭清华和自治区政府主席陈武分别就“厕所革命”作了重要批示。2015年5月，自治区人民政府办公厅印发《公共厕所建设管理工作方案》（桂政办发〔2015〕35号），计划从2015年至2017年（即“厕所革命”三年行动计划期间），新建改建公共厕所4500座（其中旅游厕所2000座，市政公共厕所2180座），着力解决公共厕所数量不足、卫生较差、布局不合理、管理缺位等问题，实现各市、县重点公厕“数量充足、干净无味、实用免费、管理有效”的目标，进一步改善广西人居环境，提高政府公共服务水平。

（二）分解任务，明确职责

根据《广西公共厕所建设管理工作方案》要求，自治区旅游发展委、自治区住房和城乡建设厅分别制定并印发了《广西旅游厕所建设管理三年计划》《市政公共厕所建设管理实施方案》，将建设任务分解至广西14个设区市，对旅游厕所、市政公共厕所的建设计划、标准、时限等提出明确要求。根据方案，由自治区住房城乡建设厅负责城市市政、公园类公共厕所建设，商务厅、交通运输厅分别负责商业、交通类公共厕所建设，自治区旅游发展委负责旅游景区、旅游交通线路、乡村旅游区（点）、旅游集散中心等旅游场所的厕所建设，形成“两线推进，以线带面”的建设思路。

（三）因地制宜，突出特色

广西在公共厕所建设中特别注重厕所设计，在满足功能需要的情况下，综合当地民族风情特色、周围环境等因素，从造型、立面、色调、装饰等各个角度精心打造，使许多旅游厕所别具一格，与景区环境相协调，极富美感的设计使厕所本身成为一个“景点”。南宁市结合民族大道修复整治工程，在沿线新建的市政公共厕所，均由专业单位设计、建设，公共厕所外立面富含壮乡元素，并与现代美学相结合；桂林市芦笛岩景区，在岩洞出洞口的厕所设计上注重外观、人文营造，利用地形地貌依山而建，外立面增加外墙彩绘与环境自然融合，将男厕改造为落地玻璃幕墙，游客可边如厕边观景，女厕设置了户外观景平台，游客在等候如厕的同时可休闲观景，该景区厕所在2016年荣获全国“厕所革命十大典型景区”称号。

（四）“以商养厕”，推动厕所管理市场化

广西坚定走“以商养厕”市场化管理路子，通过旅游厕所商铺运营、厕所外立

面广告招租、市政水电费减免、市政广场流动店铺租金反哺等有效措施，做好旅游厕所后期维护费用开源节流。桂林市将中心广场厕所和相应的商业门面“捆绑”，公开向社会招标，中标者负责旅游厕所和门面的建设以及旅游厕所的长效管理，享有门面50年的经营权。同时，利用厕所墙面架设广告牌向社会招租，补贴厕所的维护和管理费用，平衡厕所日常管理开支。柳州市：三江县风雨桥旅游厕所、谷雨农庄旅游厕所、柳州市环江滨水大道厕所在建设时预留门面用房，后期将门面出租收入用于旅游厕所的后期管理维护，解决了旅游厕所管理维护费用不足的难题。

三、推进“厕所革命”存在的困难和问题

（一）群众知晓率不足半数，宣传工作有待加强

实地走访调研发现，仅有49.2%的受访者听说过“厕所革命”，一些边远县（区、市）知晓率更低。如，河池市都安县知晓率只有30%，当调查员解释广西在2015年出台了相关的工作方案及“厕所革命”的内容时，受访者也表示不知道这些内容。厕所问题不仅关系到旅游环境的改善，也关系到广大人民群众工作生活环境的改善，关系到国民素质提升、社会文明进步。因此，“厕所革命”只靠政府推进，没有全民的主动参与，没有社会组织的大力配合，“厕所革命”终究是政府的独角戏。

（二）公共厕所数量偏少，仍不能满足群众需要

目前，广西公共厕所在数量和质量上都有了明显的提升，但仍无法满足游客和市民的需求，厕所建设进度缓慢，厕所数量不足、厕所难找等问题仍然存在。百色市部分群众认为目前厕所数量太少，特别是如车站、商场等人流量大的地方，厕所数量明显不足。崇左市受访者反映，崇左园博园占地面积约1500亩，只有5座公共厕所；龙谷湾恐龙公园占地3000亩，只有10座公共厕所；大新县桃城镇浓沙农家乐景区占地面积有400多亩，只有2座公共厕所，许多游客如厕要走差不多2公里、20多分钟。北海市受访者反映，金海湾红树林旅游景区面积约2000多亩，只有3个公共厕所，游客如厕十分不方便。

（三）重“旅游”轻“市政”的情况较为普遍

调查走访发现，大部分地区的市政公厕建设重视不够，市政厕所建设数量满足不了市民需求。贵港市目前建成市区面积约72平方公里，按照国家住建部相关规定公共厕所设施密度为3~5座/平方公里的标准，全市公厕数量应达到216~360座，但目前全市仅有公厕97座，仅占45%左右，远未达到规划要求。崇左市受访者反映，新城区雅图影视广场晚上人流量大，而该区域附近还没有公共厕所。

（四）项目建设补助资金少，维护资金匮乏

部分旅游厕所在升级改造时虽有上

级旅游管理部门下拨专项资金，但后续的维护管理费用一般由景区管理部门承担，而平日厕所的维护费用较大，难以为继。调研的60个景区/农家乐中，有超过六成的景区反映了相关问题。贵港市：未来三年内全市每年约需新建或提升旅游厕所20座，每年旅游厕所建设资金需600万元，而每年争取到的上级资金和市旅游专项资金约100万元，尚有500万的资金缺口。崇左市：2015—2017年大新县共有20座旅游厕所建设项目，共投入资金703.96万元，获得项目建设资金补助135万元，仅为投资总额的19%。柳州市鱼峰公园管理处主任反映，该公园现有公厕14座，实行专人定点看管保洁。按柳州市目前最低工资标准1400元/月来计算，仅厕所保洁人工工资这一部分，每年就需要近28万元，加上公厕的水电费、维修材料费等，现行财政拨付的公厕维护管理经费“捉襟见肘”。

（五）管理难问题突出，公厕卫生状况堪忧

由于经费不足、管理缺位、游客文明意识淡薄等因素，不少公共厕所存在“建设容易管理难”的问题，公共设施遭到破坏、公厕卫生状况堪忧。崇左市反映，根据住建部《城镇市容环境卫生劳动定额》每个厕所配备2个保洁员的要求，崇左市2015—2017年新增的30个厕所应配备60个保洁员，但人员经费一直没有到位，目前部分公厕处于无人管理状态。贵港市：由于维修维护不及时，公厕设施被盗损坏严重，仅2017年全市公厕发生的太阳能电池、厕所隔板、水龙头和垃圾篓等设施被盗事件就达35起。

四、对策建议

（一）加强宣传，提升意识，营造文明如厕良好氛围

厕所革命是城乡文明建设的重要方面，需要全社会参与，要加大对“厕所革命”的宣传力度。一是强宣传重引导。继续通过报刊、杂志、广播、电视等传统媒体以及官方网站、手机客户端等新媒体多渠道、多形式宣传公共厕所建设成果和文明如厕行为，引导游客和居民养成良好的卫生习惯，自觉抵制不良如厕行为，形成积极、健康、向上的旅游厕所文化。二是听民声纳民意。建立微博、微信公众号，搭建全社会共同关心重视并积极参与解决公共厕所建设与管理问题的平台，使群众为“厕所革命”献言献策，转变一直以来人们对厕所鄙于不屑的看法，做到自我约束，并辐射他人。提高公共素养，积极引导群众和游客形成“文明如厕”新风尚，增强社会责任感。

（二）加大财政投入，设置专项资金

积极推动各级政府加大财政资金预算投入，整合部门资金，鼓励社会资金，加大旅游厕所建设投入力度。统筹安排，加强对厕所革命工作的资金投入，用于厕所的建设和改造工作。广开投资渠道，吸引和鼓励社会资本投资旅游厕所的新建、改造、管理及运营，整合多方资金参与。在人群密集、流动性较大的市内公共区域增设公厕、提高公厕质量，切实为“厕所革命”提供资金保障。

（三）突出满足公共厕所人性化、数字化、智能化的功能需求

调查结果显示，分别有34.8%、20.0%、19.4%和18.6%的受访者希望在公共厕所中增加残疾人专用坐便设施、母婴室、第三卫生间等人性化设施，增加免费WIFI，增加厕所数字地图和增加自助手机充电功能。可见，人性化、数字化和智能化是未来公共厕所发展的方向和目标。因此，旅游厕所设计和建设，不要片面追求奢华，应更多体现人性化的关怀。在一些重点旅游景区内的旅游厕所适当增加女厕厕位的数量，配备适应女性需求的设施，对特殊人群给予更多的关爱。加快广西运行大数据平台项目实施工作，做好公安、交通、旅游、测绘、统计、气象、电信运营商等部门的数据对接，编制《广西壮族自治区智慧旅游企业建设指引》，开展智慧旅游企业试点工作，进一步引导和规范广西旅游行业智慧旅游建设和应用。

（四）创新方法，探索构建相适应的管理体系

厕所管理是厕所革命成功的关键，“建而不管、建而不养”将会使公共厕所功能大打折扣。建议广西在公共厕所建设中，积极探索、借鉴、创新公共厕所管理模式。一是推进旅游厕所运营模式转变。鼓励“以商建厕、以商养厕、以商管厕”的新型管理运营模式。在政府统一定价和管理下，允许民营资本建设私营厕所。二是推行新技术材料应用，降低管理成本。积极引入“环保、实用、人性”的设计理念，把现代科技融入厕所建设，通过生物除臭系统建设，利用泡沫代替冲厕用水，配备感应式显示屏，降低使用维护管理成本。三是公开招标。将公厕的清洁、管护权承包给保洁公司，建立“厕所革命”管理专项责任制和文明教育引导责任制，落实业务工作与文明督导双促进。

（五）完善监督检查和工作考核机制

逐步完善厕所革命体制机制创新、工作机制创新，加强工作考核和舆论监督，积极推动厕所革命落到实处。充分发挥自治区厕所革命推进工作领导小组统筹协调作用，定期督查公共厕所规划编制、建设、创新管理、资金筹措、建设成效、新技术应用等情况，充分发挥绩效考核在厕所建设管理的促进作用，切实有效提升人居环境。

广西居民与企业呼吁取消城市路桥费和降低高速过路费

蒋宏杰

李克强总理在十三届全国人大一次会议上所做的政府工作报告提出“深化收费公路制度改革，降低过路过桥费用”的要求。近日，国家统计局广西调查总队对广西各地过路过桥费收费情况开展了快速调研。结果显示，自2018年1月1日起，广西已全部取消二级公路收费；目前收取城市道路路桥费的只有南宁、梧州、防城港三个地级市，其余11个地级市已无此收费项目。各地受访者呼吁降低高速公路过路费收费标准，南宁、梧州、防城港三地受访者呼吁取消城市道路路桥费。

一、南宁、梧州、防城港三市居民盼望取消城市道路路桥费

（一）三市城市道路路桥费收取标准各异

目前，广西实行城市道路路桥费收费的仅有南宁、梧州、防城港三个地级市。南宁市：南宁城市路桥投资管理有限责任公司作为南宁路桥收费主体，负责南宁市属路桥收费，收费项目为“六桥三路”（即：中兴大桥、白沙大桥、清川大桥、永和大桥、邕宁邕江大桥、快速环道（含民族大道竹溪立交桥）、大学路、南蒲二级公路）。根据车辆类型，共分为六类车进行收费，收费方式有年票和次票。其中，年票收费标准为100元/辆~2200元/辆共12个档次；次票收费标准为1元/辆~35元/辆共6个档次。要求本籍车辆要按年缴纳城市道路路桥费，同时在市区外围设立收费站按次收费。如南宁市五塘等收费站，若未按年缴纳路桥费的本籍车辆通过时，每次收取10元的次票；外籍车辆进入时，收取10元的“进城费”，有效期为48小时，超过需再次收取10元的路桥费。据南宁城市路桥投资管理有限责任公司统计，该公司2015—2017年各年的路桥收费收入分别为36614万元、32340万元和23577万元。南宁城市路桥投资管理有限责任公司管理部反映，目前无取消或降低路桥费的计划。梧州市：2018年1月1日起暂停梧州市城北收费站的收费，仍保留龙圩、城南、城西收费站的城市道路路桥费收费。收费标准为：一类车1元/车次，二类车10元/车次，三类车15元/车次，四类车25元/车次，五类车30元/车次，六类车35元/车次。防城港市：防城区设有冲仑、洗猪河两个收费站收取路桥费，每次10元。

（二）居民认为应当取消城市道路路桥费

南宁市：调查的15位居民中，有14

人认为应当取消路桥费。取消的理由：一是认为路桥费属于重复收费。如车主施先生认为，费改税后车主的加油费中已经包含基本道路的养路费，所以，每年收取的400元城市路桥费属于重复收费，应该予以取消。二是影响南宁首府的投资环境。一些外地受访者反映，目前全国和广西大部分城市都已经取消了路桥费，而进入广西首府南宁却还要交“买路钱”才能进城，表示很不理解。三是人为造成道路拥堵。由于路桥收费站一般设置在进城的二级路交通要道上，车流量都比较大，停车缴费往往造成比较严重的交通拥堵。

梧州市调查的15位居民，有14人认为不应该收路桥费。理由是：设置路桥收费站隔断了城市交通。西江经济带、陶瓷园、飞机场、临港经济区都是梧州城市经济圈的重要组成部分，而在市内设置路桥收费站，给市民出行、交通都带来很大的不便，也给外地客商留下不好的印象。

防城港市调查的15位居民表示，知道有收费站要收路桥费，但是懂得如何走别的路避开，因此从来没有交过。受访者表示，应该取消城市路桥费，因为：一方面路桥费已在燃油费中体现，再另外收取已属重复收费；另一方面，本地车辆基本都避开不交，路桥费可以说是名存实亡。

二、河池市居民认为当地高速公路收费高

南丹县调查的15位居民中，13人认为本地高速收费标准高，2人认为一般。15人中，有12人认为要降低标准。都安县车主反映都安—河池高速段收费过高。车主陆女士反映，从都安南到河池西高速路段仅96公里，2014年通车运行后收费为80元，平均每公里收费0.83元；目前下调收费为70元，平均每公里收费0.73元，虽然收费下降了12.5%，与都安—南宁路程130公里收费50元、0.38元/公里相比，群众认为都安—河池高速路段收费还是过高，希望能适当降低收费标准。

三、物流企业反映路桥费负担较重

调研的24家物流企业均认为过路过桥费负担较重，希望能够适当减免一部分路桥费或者抵扣一部分税额，减轻企业负担。据了解，一些较大型物流企业的路过桥费占其总运输成本的比重为20%左右。玉林市某运输集团有限公司反映，近三年来过路过桥费占整个运输成本的比例偏高，2015年、2016年、2017三年缴纳的路桥费分别是7807万元、7981万元、5836万元，占当年运输成本的比重分别达到21%、22%和16%。该企业2017年路桥费金额及其比重降低是该市开通动车的影响，致使该企业发车车次比上年减少约33%，但路桥费却只比上年减少约27%。崇左市某物流有限公司2015年—2017年各年的路桥费分别为147万元、138万元和120万元，占当年运输成本的比重分别为28.6%、27.6%和28.8%。公司经理反映，在该企业运输成本占比中，路桥费位居第二位，路桥费缴纳压力很大。一些小型物流企业的路桥费占运输成本比重更高。百

色市某物流有限公司财务主管反映，该公司目前有15辆40吨级挂车，以市内县份和广东方向的物流业务为主。近三年来，过路费占运输成本比重都超过40%，其中，2017年达到48.6%。

四、居民及企业的意见建议

（一）降低居民过桥过路费，灵活安排高速公路免费通行时间

随着城乡居民汽车拥有量增加，上高速通行的频次增多，过路过桥费收费总额也快速增加，但收费标准偏高对人民群众生活影响大，因此应该大幅降低收费标准。同时，当前收费站收费效率低与车辆流量大矛盾明显加剧，特别是元旦、春节、五一、国庆等节假日，高速路收费站变成了“堵车站”，广大群众抱怨多。建议利用车辆管理大数据系统，将一年小汽车应该享受高速公路总天数由固定时间段改为车主可以自主安排享受高速公路免费通行时间，有效解决节假日出行难问题。调研中居民还反映，希望广西壮族自治区参照国家政策对广西的地方节日执行过路费免费政策，如对广西特有的“三月三”节假日执行高速公路免费通行政策，便于市民出行。

（二）降低企业高速收费标准，票据以增值税专用发票形式开具

物流企业纷纷要求降低收费标准。据某物流股份有限公司广西分公司反映，建议政府将目前路桥费按路段给予一定比例降幅（期望降低5%~10%），单一车辆按年总行驶里程数按阶梯标准给予优惠。贵港某公司反映，长途运输中高速过路费占单程运输费用过高，建议降低收费标准，或根据货品类型调整收费，如给予货品价值低廉但体积大的货物运输一定的政策扶持。河池市某货物运输有限公司负责人表示，部分省份（贵州、四川等）收费标准较高，每公里费用超过3元，企业负担过重，认为高速公路货运收费控制在2元/公里左右比较合适。而进城费属于各地政府设置的附加费，收费不合理，应该取消。此外，高速公路缴纳的费用作为企业成本之一，目前却未能开具增值税专用发票，有的企业反映，希望相关部门能够开具增值税专用发票，抵扣进项税额，一定程度减轻企业成本负担。

广西民间资本进入学前教育亟待规范和扶持

文 著

李克强总理在十三届全国人大一次会议作的政府工作报告提出了“要多渠道增加学前教育资源供给”的要求。日前，国家统计局广西调查总队通过对12个地级市教育主管部门走访调研、32家民办幼儿园典型调查、422名民办幼儿园幼儿家长问卷调查，了解广西民间资本进入学前教育状况。结果显示：当前，民办幼儿园占幼儿园总量的七成以上，成为学前教育的主力军；但民间资本进入学前教育存在着政府支持力度不足、办园总体质量低、家长满意度不高等问题，民间资本进入学前教育亟待政府规范和扶持。

一、民办幼教成为学前教育的主力军

近年来，各级政府和有关部门将学前民办教育纳入教育发展整体规划，按照“积极鼓励、大力支持、正确引导、依法管理”的工作思路，制定扶持学前民办教育发展的具体措施。从2011年起，广西连续实施的第一、第二、第三期学前教育行动计划，都把发展民办学前教育列为主要任务措施之一，促进了民办幼儿园数量快速增长。调研了解到，各地民办幼儿园占幼儿园总量的比重达七成以上，民办幼教成为学前教育名副其实的主力军。如，防城港市：2017年全市获得办学许可证的幼儿园和看护点共有415家，其中民办幼儿园226所，民办看护点107所，占比高达80.2%；全市在园幼儿51349人，其中民办幼儿园在园幼儿40099人，占在园幼儿总数的78.1%；全市共有幼儿园专任教师2904人，其中民办幼儿园教职工1741人，占比达60.0%。贺州市：截至2017年12月底，贺州市共有幼儿园482所，其中民办幼儿园407所，占全市幼儿园总数的84.44%；学前入园幼儿总计91965人，其中民办幼儿园57476人，占学前入园幼儿的62.5%。柳州市：2017年底，共有各类幼儿园802所，其中，民办幼儿园731所，占比91.15%。来宾市：2017年底，城区现有民办幼儿园及幼儿看护点156所，占市区幼儿园总数的97.5%。

二、民间资本进入学前教育存在的问题

（一）政府支持力度不足

1.用地、经费支持不足。目前，民办幼儿园建设用地问题很难落实，尤其是在农村或城中村，大部分都是利用民房进行改造或租赁；同时，由于自治区下达

的生均补助标准较低，加之市和县级财力有限，对普惠性民办幼儿园的扶持资金不足。如，南宁市邕宁区教育局反映，邕宁区新江镇汉林村附属幼儿园与汉林村小学校园混合在一个院子，为确保学前幼儿的校园人身安全，邕宁区教育局一直想方设法为汉林村附属幼儿园争取独立园区用地指标，但幼托建设用地属于服务设施用地范围内，要经过国土、规划、建设等多部门立项审批，并要缴纳数额不小的审批费用，汉林村附属幼儿园想要建成单门独院的可能性小之又小。柳州市小红帽教育投资咨询有限公司反映，该企业旗下的部分幼儿园已获得“普惠”幼儿园补贴，并正在申请“西部大开发企业所得税优惠税率”，但企业在教育用地、融资方面均未获得任何政策支持。企业表示目前期盼的最大政策支持就是希望政府能加大教育用地的推出力度，场地租金是民办幼儿园最大的开支来源，如能竞拍到政府的教育用地则能节约三分之一成本，但教育用地每年推出数量少，竞争十分激烈，能争取到的企业很少。贺州市某幼儿园园长反映，该园开办前期投入100万元左右，由于银行贷款要通过个人房产证抵押，而民办幼儿园属于民办非企业单位，加之园所场地又是租赁房屋，所以无法获得银行贷款，自行筹资压力很大。玉林市博白县反映，该县财政性学前教育经费占财政性教育经费的比例只有2.56%，2014—2016年，县财政还给民办幼儿园少额拨款，但2017年就不见有拨款了。百色市反映，目前该市本级没有针对民办普惠性幼儿园的专项补助资金，只有获评自治区级的多元普惠性幼儿园，才能享受自治区一次性补助3万元的资金补助。

2. 教育监管不到位。各地普遍反映，由于政府监管不到位，民办幼儿园中无证园数量相当大。如，南宁市反映，万秀村是全市最大的城中村，居住着大量外来务工人员，他们的小孩基本就读村中的民办幼儿园，而这里的几十家幼儿园有证的不到十家。贺州市反映，该市民办幼儿园无证经营现象非常严重，仅八步区无证经营幼儿园就达194家，就读幼儿1万多名。这些无证幼儿园大部分基础设施较差，存在户外活动场所不足、无“三防”设备、消防通道不合格、校车安全隐患等问题。柳州市反映，该市大多数无证民办园存在安全防火、食品安全、传染病防控等诸多管理漏洞，但县（区）教育行政部门由于执法权限、执法队伍缺乏等因素的限制，无法对无证办园行为形成有效的监管。防城港市反映，近年来，各类早教机构成为民营资本在学前教育的切入点。这些早教机构除了提供0—3岁亲子早教课程的同时，还开拓出胎教课程、学龄前托管服务、学龄后特长培训等违规服务项目。但由于早教机构监督管理涉及教育、工商等众多部门，相关部门均没有明确的管理办法，导致早教机构在运营中无法可依、无章可循。

3. 教育培训缺失。各地普遍反映，私立幼儿园教师学历多为职高和中专，具有学前专业教育学习经验的人较少，持有教师资格证的教师比例很低，有职称的教师更是稀少。由于民办幼儿园经费紧张，大部分举办人不愿提供教师再学习进修、外出培训等费用。除偶尔有教育局组织民办园长的培训学习外，一般的民办幼师几乎没有培训学习的机会。

（二）民办幼儿园总体质量低

1. 园舍面积不达标。据调研，大部分民办幼儿园园舍面积不达到《广西壮族自治区乡镇幼儿园办园基本标准》规定生均用地15平方米的要求，而小型（60人以下）民办幼儿园达标的就更少。如，柳州市鹿寨县反映，该县的民办幼儿园的生均用地面积几乎没有达到《广西壮族自治区幼儿园基本标准》要求的，即使该县上乘水平的迪米亚幼儿园，建筑面积1748平方米，全园共有305名幼儿，人均5.73平方米，离广西生均用地面积（15平方米）还差9.27平方米。河池市宜州区江头幼儿园，室内使用面积1200平方米，室外活动场所使用面积400平方米，目前有8个班共230名学生，人均6.9平方米，达不到自治区办园标准。百色市靖西市蓝蓝幼儿园是一家城区民办幼儿园，面积740平方米，在园学生162人，生均占地面积仅为4.5平方米。

2. 设施设备落后。调研了解到，大部分民办幼儿园设施设备配备不全，甚至存在着一定的安全隐患。如，来宾市忻城县“爱育华公司”职员反映，该公司租赁的11所中心幼儿园，基础设施和教学设备大部分陈旧不全，甚至个别幼儿园连卫生间都没有。河池市南丹县反映，该县大部分民办园租用民房，园舍存在安全隐患，消防通道不达要求，园舍使用超过3层楼房，没有符合幼儿的厕所，厕所简陋不卫生，没有流动水洗手设施。钦州市反映，农村民办幼儿园开办经费大多不超过5万元，是典型的“家庭作坊”式幼儿园，场地狭小、光线不足、通风不畅，安全设施不完善，教学设施简陋，根本不能满足保教活动要求。玉林市博白县反映，部分幼儿园接送幼儿的车辆非正规校车，而是价格低廉的面包车，幼儿安全隐患极大。

3. 师资力量薄弱。由于民办幼儿园教职工工资待遇低，“五险一金”难以落实到位，致使教师队伍流动性大，优质教师流失多，远未达到“两教一保”的配备要求。如，玉林市博白县反映，该县民办幼儿园教师共有3576人，持资格证的只有940人，占比仅为26.3%。河池市环江县反映，目前该县11所乡镇中心幼儿园的幼儿教师大部分为非幼教专业毕业，持有幼教资格证占比不到10%。该县民办幼儿园教师收入多数在2000元/月上下，仅比1680元/月的当地最低工资标准高一点，多数正规院校毕业的幼师生仍以进公办幼儿园为第一选择，民办园只是作为一个跳板。梧州市反映，为了降低办园成本，民办幼儿园聘用教师数普遍达不到办园标准，许多农村民办幼儿园每班只有1个教师，教学和保育一人包办。

4. 保教水平低下。由于师资、规模等原因，绝大多数民办园的保育与教育水平低下，没有科学的保教流程，没有正常的作息安排，没有基本生活、学习习惯的培养，多数只着眼于简单的知识教育，幼教“小学化”现象严重，不利于幼儿健康成长。如，钦州市灵山县反映，部分民办幼儿园贯彻落实《3~6岁儿童学习与发展指南》不到位，不严格按照“健康、语言、社会、科学、艺术”五大领域的要求开展保教活动，长时间违规教学算术、美术、书法、英语等不符合幼儿身心发展特点的内容。来宾市反映，入园幼儿在公办幼儿园紧缺难进的情况下，进入收费相对不高，教学质量、办学规模与公办大致相当的普惠性民办幼儿园就读成为众多家长的首选。但该市仅有1所民办普惠幼儿园能达到市区公立幼儿园的保教水平。

（三）家长对民办幼儿园的满意度不高

调研中，许多家长反映，一些民办幼儿园的办园思想不端正，忽视教育的公益性，单纯追求经济回报，缺乏明确的办学目标和长远打算，不按教育规律办事，不重视改善办学条件，保教水平不高。据对422名民办幼儿园幼儿家长的问卷调查，只有5成左右的家长对民办幼儿园在硬件、软件、收费等方面表示满意，总体满意度不高。如，对民办幼儿园的校园环境、教学设施、饭堂饮食等硬件因素表示满意的分别为45%、54%、55%，对民办幼儿园的师资力量、教学质量、管理水平等软件因素表示满意的分别为51.1%、51.5%、54.3%，对民办幼儿园的收费情况表示满意的仅为38.4%。来宾市某家长抱怨，作为外来务工人员，他的小孩无法进入公办幼儿园，只能选择民办学幼儿园。而每个月支付给就读民办幼儿园的费用约900元，比当地公办幼儿园高出差不多1倍，但各方面条件与公办幼儿园相差很远。河池市某家长反映，民办幼儿园老师流动太频繁，他小孩所在的班级一年换了3个老师，许多民办幼师缺乏职业认同感、归属感和责任感，致使保教工作缺乏连续性、稳定性，对幼儿保教非常不利。

三、民办幼儿园对政府的期盼

（一）加大对民办学前教育政策倾斜

学前教育既是一项公益投资，也是一项长期投资，没有政府的大力支持，必定偏离公益服务的方向。希望相关部门加大对民办学前教育政策倾斜。一是合理解决优质园办园用地难、资金紧缺的问题，制定优质园办学用地的优惠政策扶持，优先解决在办学规模、办学条件、办学质量、社会声誉等优秀的民办幼儿园办园用地困难问题。二是对有效租赁使用国家政府单位闲置场地办园的园所，地方政府应当给予优惠扶持政策，提供以科教用地的形式划拨、置换给优质园为学前教育用地或延长有效租赁期。三是加大对民办园社会保障及养老金补贴力度，完善民办园教职工社会保障机制，使民办教师与公办教师享受同等待遇，降低民办园的办园资金压力，稳定教师队伍。

（二）建立健全学前教育监督和监管机制

由于无证民办幼儿园数量大、容纳

儿童多，采取简单关停的方式有悖于国家大力扶持民办园的政策，同时也会对社会稳定造成不良影响。建议采取分类分步对无证幼儿园进行治理，对有一定规模并达到相应条件的无证幼儿园进行设立办学评估，并办理相关证照；对具备基本教学条件的无证幼儿园进行规范，指导其加大投入，扩大资源，创造条件，限期达到标准；对不具备条件且不能消除安全隐患的无证幼儿园要联合相关部门予以取缔。

广西高品质养老服务发展情况调研

蓝　岚

为了解广西高品质养老服务发展情况，近日，国家统计局广西调查总队对广西南宁、柳州、桂林、北海等13个地区的54家养老机构进行了走访调研，并对494位60岁以上、人均年收入3万元以上的老人做了问卷访问。调研结果显示，广西具有发展高品质养老服务的有利条件，近年来做了一些探索和尝试，但也存在着高品质养老机构数量偏少，本地高品质养老需求不足，政府扶持力度不够等问题。

一、广西具有发展高端养老产业的优势条件

广西具有丰富的自然环境资源，生态环境优势明显，如长寿之乡巴马、山水甲天下的桂林、海边城市北海、钦州、防城港，以及曾获得联合国人居奖的区域性国际城市南宁等，都具有大力发展特色养老产业的自然禀赋，适合发展多类型养老产业。这些区域级中心城市除了拥有优越的自然环境和旅游资源外，还具备了完善的基础设施和发达的交通条件，截止到2017年底，广西累计开通高铁7条，高铁里程1751公里。广西高铁基本形成“北通、南达、东进、西联”的现代化路网新格局，为面向全国乃至世界建设养生养老基地奠定了良好的基础。

（一）国际知名的养生养老胜地——巴马

巴马县是中国唯一获得“世界长寿之乡”和“中国长寿之乡”两个称号的长寿县，因多山多溶洞，空气中负氧离子达到5万个/立方厘米，自然环境和奇异的人文景观孕育了极具神秘色彩的长寿现象，这里每十万人中就有百岁寿星30.98人，居世界五大长寿之乡之首。近年来，巴马县的交通、通信设施得到了很大的改善，“候鸟人”群体呈日益增多趋势，来自全国东三省、河南、广东和四川等地的老人在巴马长期租房，每年来这里住上3~6个月。现在，“候鸟人”养生度假现象已成为巴马的旅游景观，每年到这里休闲养生度假的“候鸟人”多达7.5万人次。

（二）世界级旅游养老胜地——桂林

作为享誉国内外的山水甲天下之地，桂林市气候温和，雨量充沛，四季分明，气候条件十分优越；城市绿地覆盖率，空气、水、声环境质量水平优良，年逾300天空气质量达国家环保部门制定的一级标准。在航空方面，已开通国内、国际航线上百条；在铁路方面，有通往全国主要旅游城市的列车；高速公路和高等级公路四

通八达，交通方便快捷。优越的生态环境、宜人的气候特征、完善的基础设施和便捷的交通条件，为其打造世界级养生养老基地奠定了良好的基础。

（三）滨海生态养老区——北海、钦州、防城港

北海市、钦州市、防城港市地处广西泛北部湾沿海地区，空气中负氧离子含量比内陆城市高出50~100倍，属南亚热带季风性气候地区，阳光明媚，雨量充沛，气候宜人。其中，北海市被联合国教科文组织评为“最适宜人类居住的城市之一”“中国最大城市氧吧”；防城港市森林覆盖率达59%，拥有世界唯一的国家级金花茶自然保护区和中国最大的海湾红树林，被联合国环境署批准列入中国第一、全球三大GEF红树林国际示范区，是国际间候鸟迁徙的重要通道；钦州市依山临海，是中国南方沿海金三角上的一块宝地，这里河流、水库众多，土壤肥沃，植物繁茂，自然资源丰富，古迹众多，文化灿烂，自古以来就是桂南地区著名的旅游胜地。

（四）区域级中心城市——南宁、柳州、崇左

该类城市主要包括南宁市、柳州市、崇左市等生态环境良好的区域级中心城市。南宁市作为广西的首府，展示给世人的是“半城绿树半城楼”的“中国绿城”美景、东盟“两会”永久落户地，以及经济快速发展的势头。闻名遐迩的柳州市是一座快速发展的生态工业城市，有着得天独厚的“百里柳江”自然资源和浓郁独特的少数民族人文风情，在全国享有“山水城市中工业最强，工业城市中山水最美”的盛誉。崇左市作为南宁的后花园，属于典型的喀斯特地貌区，山奇、洞美、水清和石秀，南国边关风情游是广西重点促销的五大精品旅游线路之一。目前，由万达集团投资的广西最大的养老机构项目就建设在崇左市的扶绥县。

二、广西发展高品质养老服务模式的探索和尝试

近年来，广西在发展高品质养老服务方面做了一些探索和尝试，主要有以下几种模式。

（一）“旅居养老”模式

随着生活水平的不断提高，一部分身体健康、中高收入水平的老年人开始尝试跨地域的养老生活，而高品质养老机构则为这种新型休闲养老方式提供了理想的场所和服务保障。例如，南宁市太和自在城和南宁美好家园养老院有限公司均为连锁经营的模式，在全国有多家能提供同等品质服务的养老机构，可依托自身资源，为入住的老人提供轮换居住的服务。据太和自在城介绍，太和自在城股份有限公司在全国主要城市共有14座养老机构，各机构均采取购买年卡的方式提供高品质养老服务。购卡者可按照各地不同的服务费用，通过折算差价的方式选择全国任意一座太和自在城轮换居住，实现“旅居养老”的需求。桂林市夕阳红养老中心是广西第一批五星级养老服务机构。该中心依托桂林国际旅游胜地建设的资源优势，积极拓展

医、养、游相结合发展，成功发展候鸟型和旅居型养老，成为全国养老行业的优秀代表。

（二）“候鸟式”旅游养老模式

广西积极开发适合老年人的多样化旅游产品和服务，创新发展“候鸟式”旅游养老模式，发展养老产业集聚区、养老产业园区、养老城镇。如，河池市在金城江、宜州、南丹、东兰、巴马、凤山、都安等地建设健康养老养生产业集聚区，重点提升巴马国际长寿养生养老服务集聚区，规划建设宜州新区健康产业园，暂命名为河池市长寿颐养园，占地200亩，投资2亿，设计床位1000张。在全市开展养生养老小镇创建工作，每年创建1个以上健康养生养老小镇，力促巴马县甲篆镇、巴马镇、凤山县三门海镇、东兰县武篆镇、金城江区六甲镇、宜州区刘三姐镇6个镇争创广西健康养生养老小镇。积极培育南丹歌亚思谷生态养老院、都安三岛湾国际养生养老度假区、都安建兴安富养老中心等集养老养生、医疗保障、休闲旅游等功能于一体的龙头企业。大力发展具有河池特色的健康养老业态，培育养老养生消费市场。

（三）“医养结合”养老模式

“医养结合”是一种新型养老模式，其优势在于整合了养老和医疗的两方面资源，为老年人提供连续性、协调性和整体性的医养护一体化服务，在调研中发现，医养结合已成为高品质的养老机构的基本要求。如，来宾市在调研的3家养老院中，合山市幸福公寓养老院是一家四星级公建民营养老院，养老院内设置医疗室，对于一些常见、简单的疾病，老人可以随时在院内进行治疗。同时，该养老院所属的广西华夏幸福养老服务有限公司还拥有自己的药厂、药店和一级甲等医院，医院的各科室人员、医疗器材齐全，是合山市除人民医院以外最好的医院，为养老院推行医养结合创造有利条件。目前，幸福公寓已成为来宾市医养结合模式的示范点。河池市都安建兴安富养老中心是一家集医疗、康复、护理、养老、保健为一体的综合性民办医疗养老机构，有无障碍绿色通道与都安县建兴安康医院相连，拥有1.5T超导光纤核磁共振及16排CT、DR、四维彩超等先进医疗设备，能为老人提供全天候方便快捷的医疗、康复、护理服务。养老中心还拥有医护人员153人，专业护理人员27人，护工45人，员工总人数达225人，为医养结合工作奠定坚实基础。柳州市柳钢仙源颐养中心是一家拥有高端完善硬件设施以及优良医疗条件的养老机构。养老公寓大楼共22层，总建筑面积176.4万平方米，大楼内设有三大不同户型（高档单人间和双人间，豪华套间，家庭套房），拥有床位1100张。所有的房间都配备了中央空调、液晶电视、无线WIFI、床头呼叫铃、感光夜灯、塑胶防滑地垫、安全扶手、洗澡椅等各类设施。为丰富老年朋友的养老生活，还配套了电影放映厅、阅览室、茶艺室、书画棋牌室、培训教室、室内健身室、理疗室、老年人能力评估室、心理咨询室等功能区和硬件设施。同时，该中心位于柳钢医院住院部内，真正实现“零距离”就医，为在住老人提供便捷的就医通道。

（四）居家养老模式

桂林市引导和帮助秀峰区鲁家村、龙胜龙脊镇、阳朔兴坪镇建立“居家养老”模式的养生养老小镇，2017年11月，获得自治区民政厅、发改委评选的自治区首批“居家养老”养生养老小镇。崇左市在江州区友谊社区建立居家养老试点，设置了娱乐室、休息室、老年大学、室内活动大厅、阅览室等服务场所，通过政府购买服务，为老年人提供医疗保健、生活照料、精神慰藉、免费送餐、送药及电器维修等无偿、低偿或有偿服务。在此基础上，凭祥市和龙州县通过社会组织成立孝行天下虚拟养老院，为老年人提供生活照料、精神慰藉、休闲娱乐等居家养老服务，其中龙州县孝行天下虚拟养老院项目获得了第三届“中国社会创新奖”等多个奖项。

三、广西发展高品质养老服务存在的困难和问题

（一）高品质养老机构数量偏少

据广西自治区民政厅2016年对广西养老机构进行了星级评定，广西只有五星级养老机构1家，四星养老机构7家。广西高品质养老服务供给数量较少，大部分养老机构提供的服务属于较为基础的保障性服务，与高品质养老服务仍有一定的差距，也有较大发展空间。玉林市一些老人反映，虽然有入住养老院的想法，但目前玉林地区的养老院设施都不够完善，且入住的大多数都是生活不能自理，甚至已经大小便失禁的老人，而养老院又没有根据老人的具体情况进行分区，居住环境不理想，所以不愿入住。

（二）本地高品质养老需求不足

根据广西星级养老机构服务标准，较高品质的养老机构往往收费标准也较高，每月护理费、床位费、伙食费等各项费用合计大约在4500元~6000元左右。据对广西494名家庭人均年收入3万以上的适龄老人调研结果显示，90.2%的受访老人能承受每月3000元及以下的养老服务费，9.4%能承受每月3000~4500元，仅有0.4%能承受每月4500元及以上，与高品质服务要求对应的收费标准有较大的差距。同时，仅有17.2%的老人表示对高品质养老服务“有需求，打算入住养老院”，36.0%表示“有需求，但不打算入住”，46.8%表示对“没有需求”。

（三）政府扶持力度不够

由于养老服务行业前期投入大、回报周期长，平均利润率不高，而且政府相关鼓励、扶持、优惠政策滞后，民间资本不能有效引导到养老产业发展上来，也是高品质养老服务发展缓慢的一大因素。据调研了解，中高品质养老机构主要以民办盈利性养老机构为主，这类机构获得的补助十分有限。如，崇左市扶绥县“中国乐养城”是一个以养老服务产业为核心、面向全国进行养老服务产业化落地实施的先导性项目，该项目2011年启动，总投资约30亿元，总用地8500亩，建设用地1200亩。其中，一期建设用地200亩，总建筑面积17.88万平方米，一期度假探视酒店、乐

养综合楼、商业街及部分职工宿舍、乐养中心、27栋老年养生公寓及配套设施已完成主体建设，目前正进行装修，其余养生公寓已开挖基础。但由于银行准入门槛过高等问题，亟需政府在资金、融资方面的扶持。

四、对策建议

党的十九大报告提出，积极应对人口老龄化，构建养老、孝老、敬老政策体系和社会环境，推进医养结合，加快老龄事业和产业发展。李克强总理在2018年政府工作报告中也提出要把做好养老服务落脚于发展居家、社区和互助式养老、推进医养结合等方面，结合实地调研情况，我们对发展高品质养老服务提出如下建议：

（一）制定高端养老产业发展规划

针对广西发展高品质养老服务的特殊优势，根据各区域自然特色和生态资源，加快制定广西养老产业发展专项规划，明确发展目标、发展定位和各区域功能划分，统筹考虑产业用地和建设比例，划定产业准入门槛，用全局规划和政策引导高品质养老产业的培育和发展，加快建成基于本地资源、面向全国甚至全球的多功能养老集群，使高品质养老产业走上良性发展道路。

（二）大力发展高品质社区养老

基于中国传统文化的特点，绝大多数老人比较倾向于在家养老，建议在城市打造宜居的社区环境，在农村地区建设农村幸福院、村级示范性老年协会等农村互助性养老服务方式，建设无障碍设施和文体娱乐等公共活动场所，鼓励公立和民办的医疗机构参与养老服务，丰富家庭医生的服务功能，打造20分钟居家养老服务圈，构建高品质的社区居家养老服务体系，并以此进行培育开发区内高端养老需求。

（三）加大政策扶持力度

加大政策扶植力度，多渠道增加养老服务资金保障，积极鼓励和引导民营资本、社会力量兴办养老服务业，推进公建民营养老机构发展，对发展养老产业的民营企业提供划拨供地、地价优惠、免征土地管理费和房款贷款条件等优惠政策。完善民间资本进入高品质养老行业的准入门槛，简化优化养老机构相关审批手续，解决高品质养老服务建设融资难问题。健全相关法律法规，研究出台切实可行的、符合地域特征的准入标准和行业标准，加强规范管理和监督，促进养老产业的信息化建设。

广西产业扶贫成效显著

韦冬艺

广西地处滇桂黔石漠化片区，经济发展较为落后，脱贫攻坚任务艰巨。发展扶贫产业，实现贫困户长久脱贫，是脱贫攻坚的动力源泉，更是必由之路。近年来，广西根据中央部署狠抓脱贫攻坚工作，扎实推进精准扶贫精准脱贫，在发展扶贫产业中积累了一些好做法、好经验。为探索产业新模式，做好产业扶贫新文章，国家统计局广西调查总队组织对百色、河池、来宾、崇左等贫困地区进行调研访问，对当地扶贫产业发展成功经验和存在问题进行总结归纳、建言献策。现将调查情况报告如下:

一、广西产业发展主要做法及成效

近年来，广西扶贫产业蓬勃发展，带动贫困户脱贫摘帽越加明显。2017年，广西新增农民专业合作社9461家，区安排投入产业扶贫项目的财政专项扶贫资金达到23.27亿元，产业发展覆盖带动40多万贫困人口脱贫。都安县在全国座谈会上向习近平总书记作汇报，全国扶贫攻坚现场推进会在河池市召开，广西产业扶贫经验入选《2017中国扶贫蓝皮书》等。广西产业扶贫的经验成果得到了中央领导的充分肯定。

（一）发挥过政府脱贫攻坚主导作用，统筹协调推进产业发展

由于贫困村经济基础和技术水平的相对落后，贫困群众的文化素质普通不高，地方政府要在前期规划、基础设施和利益分配等方面扮演好主导角色。在桂林市阳朔县，当地政府因地施策出台旅游扶贫方案，将阳朔镇高洲村、杨堤乡杨堤村、浪石村列入旅游产业扶贫村。其中，明确高洲村以“保护发展金桔主导产业、创新发展特色效益农业，鼓励发展以漓江徒步游、乡村生态游和农家生活体验游为重点的休闲旅游产业，走农旅结合复合发展的脱贫摘帽之路。”集中人力、物力、信息、技术等资源，解决好发展旅游产业配套的水、电、路等基础工程问题。阳朔县从事休闲农业与乡村旅游工作人员达10多万人，其中农民从业人员6.5万人，旅游业成为阳朔群众的主要收入来源。在旅游产业发展中向贫困户倾斜，当地引入阳朔漓江景区公司优先聘用贫困群众参与排筏营运、旅游商品交易等旅游服务，受聘用为筏工的贫困户仅此一项年人均收入可达2万余元。

（二）选择好当地产业发展方向，因地制宜推进产业做大做强

根据广西产业扶贫总体要求，贫困县制定县级特色产业目录，针对性选择扶持5+2个适合县域发展、群众普遍认可、有市场开拓潜力的，能覆盖60%以上贫困户的特色优势产业项目。如，百色市主打芒果、柑橘等特色水果产业，2017年全市芒果126.43万亩，杧果产业区覆盖贫困户13512户；柑橘61.73万亩，柑橘产业区覆盖贫困户10147户。河池市核桃、油茶产业快速发展。该市新种核桃14万亩，总面积达255万亩，建成“万千百”高产栽培核桃示范基地1185个30万亩；新种油茶12万亩，总面积突破100万亩，建设千亩油茶高产示范基地14个。该市建成各级扶贫产业示范基地159个，带动1.93万贫困户、7.71万贫困人口发展扶贫产业。另外，桂林地区旅游产业、崇左地区甘蔗产业、来宾地区桑蚕业、沙糖桔产业等也都取得较好的成效，通过产业的发展壮大带动贫困户增收脱贫。

（三）建立好贫困户帮扶连带模式，多措并举保障群众脱贫摘帽

调研中了解到，广西各地区结合本地实际，选择适宜模式发展扶贫产业。一是南宁市隆安县利用“公司+农民”模式提供贫困户工作岗位。该县丁当镇定坤村利用上级政府扶持村集体经济基金与公司签订入股协议，每年利用分红开展各项服务村民的公益活动和建设、维修村集体活动场所等。该公司还聘请了该村64户贫困户进公司工作，同时提供了500个季节工的工作岗位。二是贵港市平南县以奖代补强产业。平南县出台《平南县2018年精准脱贫产业奖补实施方案》，明确了2018年平南县产业发展的模式。奖补模式以家庭成员人数分类，根据新种植面积奖励金额不等的补贴。三是崇左市利用边境优势和国家边境贸易政策优惠，创新“合作社（互助组）+边民+企业+金融”模式。2017年共成立了7个边贸合作社，登记录入海关无纸化指纹识别系统的边民有37392多人，组建边民互助组332个，发展边境贸易、运输、加工、餐饮等边贸产业。其中，龙州县创新推出边贸扶贫“九个一批”模式，将贫困边民一一对应到“九个一批”中，因人因地施策，靶向帮扶，人均年增收约1800元。

（四）树立好区域品牌辐射效应，主动作为提升特色产品知名度

树立好品牌、宣传好品牌是产业发展的关键。近年来，百色市在打造“百色芒果”精品产业、提高品牌效应下足功夫，以此辐射带动贫困户脱贫增收。一是多措并举开展特色农产品大城市推介活动。在深圳、百色开展持续一个多月的线上推介活动，并在香港、深圳等六大城市主办百色芒果专场线下推介活动，大力宣传百色芒果，使百色芒果品牌在国内更好更快发展。二是健全公共品牌标识使用申请及管理制度。“百色芒果”已先后获得国家质监总局、农业部、工商总局“地理标志”认证（登记、注册），本着谁持有、谁授权、谁管理的原则，制定出台《百色芒果地理标志证明商标使用管理办法（试行）》，进一步规范地标授权和使用管理工作。

（五）搭建好电商网络营销服务平台，千方百计拓宽流通渠道

据调研了解，广西有条件、有潜质的地区通过依托阿里巴巴、京东商城等一批强势电商平台，为特色农产品搭建“优质、高效、便捷”网络营销平台。一是百色市不断强化产销对接服务。全市共建设1个市级运营服务中心，10个县级服务中心，742个乡镇和村级电商服务网点，覆盖244个贫困村。利用互联网销售的百色芒果快递单数增长289.5%，销量同比增长300%，销售额同比增长147.1%，带动1000多户贫困户增收。二是河池市宜州区人民政府加强与阿里巴巴集团、村邮乐购等电商合作。建成贫困村电子商务服务站167个，网上销售农产品累计达4200万元，其中贫困村网络销售农产品累计达200万元，帮扶贫困人口4200人次，人均增收476元。三是来宾市象州县总工会推动建立了象州县电商扶贫工会联合会，吸纳农民工工会会员人数达1200人。电商扶贫工会充分利用“欢村购”电商平台网站，建立起“工会+公司+基地+农户”的全方位服务农民工的架构模式，推行“互联网+物联网+农业”的运作框架。其中一位寺村镇电商扶贫工会的会员反映，欢村购电商平台销售砂糖橘比传统销售方式多卖了1万元。

二、产业发展面临的主要问题

（一）产业发展可能会带来新问题，市场规则对贫困户具有排斥反应

产业扶贫并不等同于经济开发，产业扶贫的初衷是脱贫。但引入外部企业后，外部投资者会因为追求经济市场利益最大化，过分注重产业的经济效益，可能对当地资源环境进行掠夺性、毁灭性开发。在一些旅游扶贫产业发展如火如荼的地区，环境破坏问题已经暴露出来。另外，外来投资者本身拥有的资本优势和市场竞争优势，而有意参与产业发展的当地人群处于竞争的相对劣势，可能会导致产业发展起来了，贫困户却没有享受到扶贫的红利。

（二）入股到本村合作社发展特色产业仍有一定风险

目前不少贫困村均成立了农民专业合作社，由于都是成立不久，经营组织生产销售能力并不强，抵御自然风险和市场风险的能力较弱，村集体经济组织入股合作社发展特色产业存在的风险较大，一旦合作社的生产基地遇到自然灾害或是技术问题，加上市场价格的波动变化，有可能就无法有利润分红给村委会，造成重大损失甚至导致入股资金亏损。

（三）产业选择不够科学规范，个别产业未获群众认可

产业项目建立还不够精准，各地在产业项目的申报上对有些实行“一村一品”项目可行性和必要性没有进行充分论证，致使一些项目支撑不起发展的需要，项目实施规模达不到预期要求，致使产业发展的覆盖率难以达标的现象。在个别贫困地区调研发现，当地传统产业发展态势良好，也深受群众喜欢，但是地方政府并未征求群众意见，推倒重建强制推行外来产业，结果产业发展达不到预期，群众利益受损，值得引起注意。

（四）贫困地区先天劣势和短期盲目性制约产业发展

贫困地区自身造血功能低，当地的青壮年劳动力大都外出务工，在家劳动力缺乏，无法有效参与到产业发展中，加上很多贫困户只着眼于眼前，热衷于“短平快”的收入来源，对于芒果、柑橘这种需要3~5年才初见成效的产业热情不大，同时贫困人口文化素质较低，接受新思想新观念的意识差，掌握新的种植技术能力低。有部分贫困户满足于领取低保、政府救灾救济等，存在较严重的“等、靠、要”思想。

（五）产业链短和产品附加值不高，销路难仍是困扰产业发展的瓶颈

一是没有大型的水果批发市场，产品以地头购销或农户自行拉去附近县区的水果批发市场销售为主，缺乏大型农产品交易平台，严重影响外地客商前来收购和果品应有的价格优势。二是没有贮藏和加工企业和合作组织，水果产品主要以鲜销或网销等为主，如果果品集中上市，容易导致果品滞销，甚至出现亏本。例如2017年隆安县一些地方贫困村、贫困户生产的香蕉，销售价格只有0.5元/斤左右，而且销售很困难。特别是从2016年下半年起，陆续出现了香蕉树大片枯萎情况，导致很多香蕉树结不了果，结了果的香蕉品相也很差，根本无法出售，不少农户亏本严重。

三、几点建议

（一）构建产业扶贫利益共生机制，促进产业可持续发展

产业扶贫，是实现持续扶贫的有效方式。在引进龙头企业，农民合作社等新型农业经营主体发展产业扶贫时，应建立由地方政府主导的利益共生机制，加强监督管理、强化合同约束，推动合同签订，强化纠纷协调，建立新型农业经营主体和贫困户的诚信档案，加强风险防控，提高风险防范能力，从“双赢”角度构建贫困户与新型农业经营主体之间的合作关系，协调好龙头企业与贫困农户之间的利益分配，保障贫困户的权利，确保贫困户有相对稳定收入，促进产业扶贫可持续发展。

（二）找准产业发展定位，调动贫困群众生产积极性

在确定贫困村扶贫产业时，要结合当地产业总体规划布局，充分考虑区位条件、生态自然条件以及市场需求，因地制宜，因势利导发展符合贫困群众意愿发展、适合本地的特色产业项目。确定扶贫产业项目需突出区域化，按照差异化竞争思路，形成本地特色的主导为业，避免同质化。突出精品化，围绕市场，围绕效益，引导贫困户调整产业结构，避免产品大众化；突出规模化，按照市场化方式做大产业规模，避免规模效应不足。

（三）培育与引进销售加工企业，提高产品附加值

加大招商引资力度，设立优惠政策，

引进龙头企业建设大宗农产品批发市场，为销售农产品提供平台，吸引产品销售商到市场设点采购，促进农产品流通。延长产品产业链，通过引进与培育精深加工企业，提升新鲜农产品市场消化的能力，减轻鲜销市场压力，延伸产品产业链，提高产品深加工附加值和经济效益，促进贫困群众增产增收。

（四）加强教育引导，增强贫困户脱贫的自身能力

抓好宣传教育和思想引导工作，引导贫困户树立“崇尚致富、脱贫光荣”的理念，克服“等、靠、要”的思想，充分激发自我发展的主观能动性，实现由“要我脱贫”向“我要脱贫”转变。切实加强实用技术培训，增强产业发展技能。把技能培训放在脱贫攻坚发展产业的优先地位，有效整合分散在扶贫、农业、林业、水利、科技和人社等部门的技能培训项目，提升贫困人口整体素质，增强贫困户脱贫致富的信心和能力。

广西贫困村集体经济发展取得新进展　存在困难不容忽视

谢　胜

2017年6月，自治区党委办公厅、自治区人民政府办公厅印发了《关于加快贫困村村级集体经济发展的意见》的通知，明确指出加快发展贫困村村级集体经济是脱贫攻坚的一项重要任务，是贫困村脱贫摘帽考核验收的一项重要内容，从资金、政策等方面大力支持贫困村村级集体经济发展。经过近一年的发展，贫困村村集体经济发展取得新进展，但存在的困难和问题不容忽视。

一、主要成效

1.村集体经济得到较快发展。如崇左市，2017年底全市“空壳村”由2016年573个减少为399个，“空壳村”的比重由2016年的68.5%下降到47.7%。天等县福新镇黎亮村引进公司合作开发，在村级集体土地上建设蔬菜产业发展所需的冷冻库、分拣车间等基础设施，每年将获取的5万元租金作为村级集体经济收入。来宾市武宣县桐岭镇兴农哈密瓜种植专业合作社，投资35万元建成20亩示范种植基地，2016年村集体经济收入即由空壳村增加到2万元。2017年整合村委周边1200亩土地，创建以哈密瓜种植为主的现代特色农业核心示范区。目前示范区内有果蔬种植合作社7家、特色养殖2家、农业发展公司1家。2017年集体经济分红收入14万元。桂林市资源县资源镇浦田村村集体投资建立蔬菜清洗、分拣、包装和冷藏生产线，与销售公司签订保底收购合同，2017年集体收入6万元。

2.盘活了村集体资产。如柳州市融安县通过盘活闲置资产和潜质资源，帮助12个贫困村实现集体经济收入零的突破，桥板乡古丹村利用闲置集体土地建设选果厂，泗顶镇寿局村利用闲置村小学建设罗汉果加工厂，每年实现收益5万元以上。贵港市桂平市组织各乡镇对辖区内所有村（社区）全面开展村级集体资产清产核实，盘活现有的集体资源，通过开展公开招租、承包租赁经营等形式使现有资产发挥效益，石龙镇石龙村和西山镇西山村仅通过房屋铺面租赁，每年集体收入分别达30万和23万。

3.加大财政资金的投入，加强优惠政策的扶持。如百色市凌云县2016—2017年，先后统筹了7200万元投入到全县110个村（社区）作为村级集体发展基金；2018年在为每个村（社区）整合村级集体经济发展基金20万元的基础上，再次为每个贫困村整合注入发展基金80万元、每个非贫困村（社区）整合注入发展基金40万元。

4.整合土地流转促增收。通过整合土地，发挥各地特色产业优势，激活了村级集体经济活力，增加村集体收入。如贵港市桂平蒙圩镇棉宠村通过整合流转土地入股玉柴桂平农光互补光伏发电项目，并采取“企业+合作社+农户”模式发展种养，村集体收入达到7万多元；南木镇金龙村重新整合集体土地和村民分散耕作土地，连片进行规模化合作经营，发展种养和乡村休闲生态旅游一体的产业项目，每年集体收入达3.5万元以上。

5.引进龙头企业，破解集体经济发展难题。如河池市大化县注重引进龙头企业，以财政注入资金入股的形式，将74个贫困村集体经济与龙头企业抱团发展，破解集体经济发展瓶颈。引进广西大化桂通农林发展有限公司和澳益山泉农业有限公司联合发展澳洲淡水养殖项目，带动了贫困户和村集体经济发展。

6.优化金融服务支持集体经济发展。如河池市南丹县积极引导金融机构对农村集体经济组织经营或参股的项目提供优质金融服务，在简化审批手续、贷款利率方面加大支持力度，同时发展农村资金互助会、扶贫资金互助会等新型农村金融组织，鼓励组建政府出资为主、重点开展涉农担保业务的县域融资性担保机构或担保基金，为村级集体经济组织和兴办的经济实体提供贷款担保。

7.加强监督，规范管理。如河池市都安县成立村民合作社，健全村级集体经济管理机构，执行与监管同步。在成立村民合作社的同时，建立健全管理委员会和监督委员会，在社员代表中推选人员分别担任管理委员会的社长、副社长、委员和监督委员会的监事长、副监事长和监事等职。通过组建村民合作社社管会和社监会同步监督管理，规范村级集体经济管理制度，提升村民合作社经营管理水平。

二、存在的主要困难和问题

1.村集体经济依然十分薄弱。如百色市，截至2018年4月底，全市有村级集体经济收入的村有596个，仅占行政村总数的32.1%。北海市合浦县现有273个村（社区），2017年村集体经济收入为“空壳村”的有116个村（社区），占全县村（社区）的42.49%，村集体收入在2万元以下的“薄弱村（社区）”有65个，占全县村（社区）的23.81%，空壳村和薄弱村共有181个，占全县村（社区）的66.3%。崇左市287个贫困村中，有村集体经济收入的135个，仅占47%。

2.县级项目配套资金难。如柳州市融安县因后期市级追加了34个非贫困村集体经济扶持资金，融安县财政比较困难，加之没有提前预算，造成这块项目资金无法按时配套；三江县98个贫困村均已获得发展壮大村级集体经济扶持资金，按上级分配指标，已有28个非贫困村获得相应扶持资金，但仍有41个非贫困村未获资金扶持，通过县级财力难以统筹解决，要达到“2018年末所有非贫困村集体经济年收入达2万元以上”的目标难度较大。

3.部分村“两委”班子缺乏活力。一些村干部存在“守摊”现象，对发展壮大村级集体经济缺乏责任意识和信心。村干部有三种模糊认识。一是“无用论”，认为村“两委”工作人员的基本工资和工作经费均有上级财政补助，加上管得严，有钱不能随便用，觉得没有必要发展村级集体经济；二是“畏难论”，认为集体的土地和山林承包后，没有预留发展村级集体经济的资源，很难发展起来；三是“失败论”，认为过去大多数村办企业都垮了，有的还留下了债务，现在搞会重蹈覆辙。另外，部分村干部能力不强，对于发展壮大集体经济，存在不想干、不敢干、不会干等问题。

4.发展资金空置或效能发挥不充分。不少地方村集体经济发展资金仅以借贷（或入股）方式投放，收取利息（股息）或分红。一些地方存在发展资金空置现象。

5.缺乏规范性指导意见，基层干部心存疑虑。一些乡镇、村干部认为发展村级集体经济没有规范性的财政管理条例、资金使用办法、收益分成管理办法、村民合作社管理制度等规范性文件，造成乡镇、村资金出账难，资金安全责任重，村干部存在怕担责的畏缩心理。如崇左市反映，村民合作社无法开税票，影响正常经营活动。税务部门要求村民合作社要有“三证合一”营业执照和税务登记才能办理开税票。按照《广西壮族自治区村民合作社管理暂行办法》，目前村民合作社在县级农业部门注册登记，还没有组织机构代码，没法办理税务登记，难以开税票，影响了村民合作社正常经营活动。

6.光伏发电补贴不到位，影响村级集体经济收入。光伏发电是广西发展村集体经济的重要项目，目前一些地方反映财政资金还没补贴落实到位，影响村级集体经济收益。

三、建议

1.建立健全农村人才引进和培育机制。一是从村内选拔那些懂经营、会管理、致富能力强的人担任集体经济组织的管理者。二是要加强对村“两委”干部、农村专业合作社负责人及广大村民进行多层次的专业培训，提高综合素养。三是落实大学生村官及大学生志愿者驻村制度，向村集体输送新鲜血液，用新思路让村集体经济不断发展壮大。

2.加强业务指导。组织涉农部门专家及农村产业发展的企业家和技术员，组成“村级集体经济发展诊疗团队”，深入大石山区和深度贫困村开展调研，指导村集体经济发展，解决基层在发展村集体经济工作中存在的突出问题，加快村集体经济发展步伐，强化分类指导发展。

3.完善政策法定文件，规范村级集体经济管理。根据有关村级集体经济管理要求，进一步完善发展村级集体经济管理办法、资金使用制度和收益分配有关规定，明确发展村级集体经济工作要求、资金管理、收益分配、责任追究及免责条例等，让基层在村级集体经济发展过程中能够依法依规，又符合市场经济要求，提高基层干部积极性，又能够为有能力、敢做事的干部提供保护依据。

4.做好村级集体经济投资经营风险防范工作。加大对村级集体经济项目运行情况以及资产的监管力度，严格防范村级集体经济投资经营风险，充分发挥法律顾问作用，加强协议合同的审核把关，明确和界定好各种法律关系，确保村集体经济的健康发展。

5.加强统筹协调，设法解决开税票等问题。建议自治区农业、财政、工商、税务等有关部门，依照有关法律法规和文件，妥善解决村民合作社运行中开税票难的问题，同时协调供电部门落实好国家对光伏发电项目的补贴政策。

广西创业政策扶持带动农民工创业热情

郑月波

为了解广西农民工创业热情及政策扶持情况，国家统计局广西调查总队对广西14个市的有关部门，73户返乡创业农户、56名乡镇干部、86名村干开展的专题调研。结果显示，广西各级政府多方支持农民工返乡创业，助力振兴乡村，农民工返乡创业热情高。

一、近七成农民工获得多方面创业政策扶持

调研的73户返乡创业农户中，有51户获得了当地各级政府的支持占69.9%。其中，获得资金方面支持的占37.0%，获得其他方面支持的占21.9%，获得土地方面支持的占11.0%，获得技术支持的占11.0%，获得人才方面支持的占2.7%。返乡创业农民工获得地方政府扶持主要体现在：

（一）创业担保贷款扶持

地方政府为了引导农民工返乡创业带动农民就业，各市县普遍出台农民工创业担保贷款扶持政策，由人社部门牵头，加强与财政、工青妇组织、金融等部门的沟通协调，合力推进创业担保贷款工作，对符合条件的申请人，积极发放创业担保贷款，帮助农民工解决创业资金不足的问题。如梧州市岑溪市，2016—2017年审核发放创业贷款189万元，财政贴息30.5万元，支持60多名返乡农民工自主创业；2018年计划发放创业贷款100万元以上。河池市，2017年农民工创业担保贷款发放对象1604人、金额14763.2万元，带动就业人数3913人；2018年1—5月份农民工创业担保贷款发放对象174人、金额1611.9万元，带动就业人数457人。防城港市防城区滩营乡平旺村农民黄某反映，2015年9月开始养鱼创业，聘请临时工4人，由于资金不足四个月只赚了1万多元。2016年3月获得邮政储蓄银行10万元3年无息贷款后，生意做得红红火火，2016年销售罗非鱼10万斤，盈利20万，2017年尽管货源供应不足，罗非鱼销售量为约10万斤，但仍盈利21万，聘请农民工增加到8人。

（二）开办创业园区引导农民工进园创业

广西各地政府积极发挥组织引领作用，通过建设农民工创业园、创业孵化基地等方式，扶持和培育农民工创业企业，为农民工创业提供场地、水电补贴、创业培训、商标注册、贷款融资等服务，取得显著成效。如南宁市马山县农民工创业园项目规划建成1个产业孵化园及3个创业基

地，建成标准厂房面积40000平方米、商务中心楼4700平方米及配套设施。目前，入园企业26家，其中农民工创业企业15家，提供就业岗位1300多个，安排600多名农民工实现就业，2017年实现工业产值6000万元。崇左市充分发挥贫困县农民工创业园扶持贫困对象就业的作用，解决贫困人口就业难问题。2017年12月止，天等县示范性贫困县农民工创业园入园企业19家，投产8家，就业人数481人，吸纳贫困人口就业350人。大新县农民工创业园登记入驻的中小微企业有15家，吸纳就业人数245人。贵港市桂平、平南、覃塘三个县（市区）建立的农民工创业园，入驻企业已达50家。

（三）实行创业补助政策

为鼓励农民工返乡创业，各地市积极为农民工提供创业补贴。如北海市每月给予符合条件的创业者不超过1300元/户/月的场地、水、电费用补贴，补贴期限最长不超过两年。来宾市县（市、区）可从实际出发，对经认定符合主导产业发展且开发出新就业岗位，并与新增就业人员签订1年以上劳动合同的企业，按其为新增就业人员实际缴纳的社会保险费给予1年的社会保险补贴。崇左市果蔬种植专业合作社，是由7个农户成立合作社，以自有耕地300多亩建立水果种植基地，2017年获得了5万元政府创业资金补助。

（四）开展农民工创业培训

调研发现，广西各市县通过对农民工开展创业培训，让返乡创业的青年了解和掌握创业必备知识和技能，充分激发青年人才的创业热情，增强创业能力。如来宾市2017年，举办了青年人才返乡创业辅导培训会，就有关创业政策进行了宣讲与解读，进行创业辅导报告和科技服务助力创新发展讲座、科技金融及中小项目融资讲座等，使100多名返乡创业人员接受了一次全面的创业指导培训。南宁市上林县举办返乡农民工创业培训会，截至2018年6月5日，全县11个乡镇共举办37场次创业致富培训会，为农民工创业提供技术服务。政府相关部门在象山工业园区内为创业农民工免费提供“工位”，作为农民工创业计划、培训、试验、交流的场地。

二、农民工返乡创业热情高

（一）多因素促农民工返乡创业

根据农民工监测调查2018年一季度广西农村外出（离开本乡镇以外）农民工总量891.7万人，比上年同期减少25.6万人，下降2.8%。调研发现，各市县农民工返乡创业热潮正在高涨。如2018年1—4月，钦州市在劳动年限内的农村劳动力193.09万人，农村转移就业劳动力139.15万人，自主创业5.09万人。截至2018年3月28日，来宾市来华管理区托管的凤凰、桥巩镇31个行政村（社区）中，共有返乡创业就业的外出务工经商人员350人，创办涵盖一、二、三产业的各类经济实体项目140多个。在调研的73户创业农户中，对于回乡创业的原因，有35.6%选择“照顾家里”，32.9%选择“有技术有经验”，23.3%选择“看准了市场”，15.1%选择“有资金”，5.5%选择“有土地”。

随着广西县域经济发展加快，越来越多的农民工走上了返乡创业的道路。

（二）近五成农民工返乡创业获得成功

据调研，56名乡镇干部认为农民工返乡创业的成功率约为47.9%；86名村干认为农民工返乡创业的成功率约为49.3%。返乡农民工积累的了技术、经验、资金，加上政府的扶持和熟悉家乡情况，创业的成功率还是比较高的（详见表1）。

表1　乡镇干部和村委干部认为返乡创业农民工创业成功率表

乡镇干部				村干部			
创业成功率	选择人数（人）	百分比（%）	综合成功率（%）	创业成功率	选择人数（人）	百分比（%）	综合成功率（%）
80%以上	7	12.5	47.9	80%以上	13	15.1	49.3
60%~80%	13	23.2		60%~80%	19	22.1	
40%~60%	12	21.4		40%~60%	16	18.6	
20%~40%	15	26.8		20%~40%	28	32.6	
20%以下	9	16.1		20%以下	10	11.6	
合计	56	100.0		合计	86	100.0	

（三）农民工返乡创业推动乡村振兴

据调研，返乡农民工在创业的同时积极参与乡村建设、带动种植户生产、带动农民工就业、发展电商销售，为美丽乡村建设贡献了力量。如河池市都安县下坳镇隆坝村毛葡萄种植示范区建设生态旅游观光长廊，协助旅游局建设示范区内公共厕所。项目覆盖农户70户300余人。南宁市广西横县莉妃花圃农业创业科技有限公司，2017年11月，公司与周边村贫困户签订合作发展产业扶持协议，扶持、培训合作社成员以及周边农民用新技术种植茉莉花盆栽。2018年向农户收购茉莉花苗约290万株，直接带动周边茉莉花种植户增加销售收入。桂林市全州县桂林伟新箱包有限公司，解决了当地近800人的就业问题。钦州市某果苗电商，带动村民300户网上销售农产品。

三、农民工返乡创业中存在的问题

（一）资金紧张

调研的73户返乡创业农民工，有39户反映资金紧张是创业中面临的主要问题，占53.4%。

一是创业启动资金缺乏。如崇左市江州区江州镇那贞村梁宝屯返乡农民工何某，被推荐为致富带头人，2017年底开始着手筹备建立那贞农资科技销售公司，拟计划从事农资产品销售、农业新技术推广等，以解决该村及邻村2241户农户跑远路到镇上购买农资的难题，然而，注册成立该公司并成功运作至少要有20万元的资金，其本人暂时难以解决，急需政府在资金上给以支持。二是缺乏后续发展资金。来宾市合山市化橘红种植基地梁某反映，目前已经种植30万元树苗，支出10年土地租金30万元，自行平整土地花费10万元。即前期已经花费了100万元，资金较为紧张，计划向银行贷款但由于无固定资产进行抵押，无法获得贷款。三缺乏资金扩大规模。如崇左市江州区黎某表示，从2016年返乡开展玻璃制品加工，提交营业执照取得经营性个体工商户小额贷款5万元。目前，生产车间投入资金共计30多万元，目前有价值9万元生产设备，聘用工人3人，每年盈利约6万元左右，目前要扩大生产规模，但是融资贷款比较困难。

（二）缺乏技术

调研的73户返乡创业农民工，有12户反映缺乏技术是创业中面临的主要问题，占16.4%。如柳州市独羊村某小龙虾养殖基地覃某反映，该基地在当地是首个小龙虾养殖基地，并且采用稻虾立体养殖模式，为保证养殖品质，长期聘请湖南农业大学的专家进行技术指导，每年花费15万元，成本太高，而政府有关部门大部分培训仅限于种果等传统农业种养方面的培训，对于一些新兴的种养产品无法满足创业农民工需求。河池市下坳镇隆坝村毛葡萄种植示范区蓝某反映，其依托山区的资源优势发展两性花毛葡萄产业，采取农户参与的模式经营，2017年年底种植规模达1000亩，由于缺少技术人员，产量大打折扣，2017年上半年损失近20万元。

（三）招工难用工贵

调研的73户返乡创业农民工，有10户反映招工难用工贵是创业中面临的主要问题，占13.7%。如百色市靖西县广西玥玛防盗科技有限公司是最早入驻靖西市返乡农民工创业园的一家专业化五金制造企业。据投资人李某介绍，公司总共投资1.5亿元，占地面积160亩，有500多台液压自动机、数控机智能锁芯安装机等加工设备，生产所需求员工600人左右，目前就业员工仅有285人，员工需求缺口大。

此外，9.6%的返乡创业农民工认为面临的主要问题是经营困难，6.8%的认为是基础设施差，6.8%的认为是土地整合困难，4.1%的认为是市场信息滞后，2.7%的认为是政府政策难以落实，2.7%的认为是办证困难。

广西社会救助和保障标准与物价上涨挂钩联动机制仍需进一步完善

黄岚兰

党的十九大报告提出“统筹城乡社会求助体系，完善最低生活保障制度”。近期，国家统计局广西调查总队在部分市县组织调研，了解广西2011年建立广西社会救助和保障标准与物价上涨挂钩的联动机制（以下简称“联动机制”）以来，价格临时补贴对低收入困难群众生活的临时救助作用。调研结果显示，联动机制实施取得实效，但仍存在补贴范围偏窄、标准偏低、补贴发放不及时、宣传不到位等问题，影响政策落实的效果，联动机制仍需加强完善。

一、联动机制不断完善，低收群体得实惠

自2011年联动机制建立以来，特别是2016年新的联动机制，将考量周期从“连续3个月”缩短为“单月”，价格临时补贴发放由“按季发放”改为“按月发放”，而且要求在相关指数公布后的20个工作日之内发放到位。此举进一步提高了对物价上涨的敏感度，提高了价格临时补贴标准，缩短了价格临时补贴发放时限，充分发挥好价格临时补贴对低收入困难群众生活的临时救助作用。据统计，至2018年4月，广西各级政府已向低收入困难群众发放价格临时补贴3.235亿元，有效舒缓了解物价上涨给困难群众生活带来的影响，切实发挥社会保障政策的兜底作用，保障低收入群体的基本生活，体现了政府对低收入困难群体的关怀，维护了社会和谐稳定。

2016年12月新联动机制启动至2018年4月，广西各设区市共触发启动联动机制22次，及时向困难群众发放价格临时补贴。2017年广西各地向低收入困难群众发放价格临时补贴650多万元，其中：防城港市发放金额总计113.02万元，惠及低收入困难群众近10万人次；北海市连续5个月启动联动机制，共为约30万人次发放临时补贴419.08万元；梧州市向低收入困难群众发放价格临时补贴38.79万元等。2018年南宁市2—4月连续三个月发放价格临时补贴共计730余万元，惠及近19万低收入群众，2018年2月，贵港市发放补贴款242.9万元，补贴人数约22.2万人。

二、存在问题

（一）补贴发放范围偏窄

2016年修订的新联动机制，将保障对象确定为：享受国家定期抚恤补助的优抚对象、城市低保对象、农村低保对象、领取失业保险金人员和特困人员，并规定各设区市可以根据当地实际情况，扩大联动机制保障对象范围。目前，百色市、贺州市和河池市将孤儿列入保障对象，向当地3000多名孤儿发放价格临时补贴。但与外省比较，广西补贴发放范围仍偏窄。残疾人基本生活保障人员、重点优抚对象、农村“三老”人员、孤儿及享受基本生活保障的困境儿童、城乡最低生活保障边缘对象仍未纳入保障范围。

（二）价格临时补贴标准相对偏低

广西作为欠发达后发展地区，城乡困难群众保障标准较低，以此标准开展价格联动的补贴水平明显低于全国平均水平。相关数据显示，2017年末，广西城乡最低生活保障标准分别为每人每月498元和278元，比全国平均水平每人每月534元和351元，分别低36元和73元；城乡特困人员基本生活费分别为每人每月673元和353元，比全国平均水平每人每月691元和526元，分别低18元和173元。由于保障标准偏低，以月度城乡低保标准和价格涨幅计算得出的广西价格临时补贴标准较全国水平也相对偏低，在同等居民消费价格（CPI）指数下，广西价格临时补贴较全国平均水平低30%左右。

在走访调研中，低收入困难群体也普遍反映标准偏低，对缓解低收入和困难群体生活的作用有限。据了解，低收入困难群体中，月人均支出在800~1000元，按新机制启动条件的同比涨幅3.5%计算，每月需多支出28~35元；月人均食品支出在400~500元，按新机制启动条件的食品价格涨幅6%计算，每月需多支出24~30元。而根据当月物价指数和保障标准计算，广西城镇居民得到的价格临时补贴基本在20元以内，农村居民则为10元左右。如南宁市2018年2—4月，城市困难群众每人每月得到的价格补贴分别为23元、21元、22元，农村困难群众每人每月得到的价格补贴为11元、10元、11元；2018年2月柳州市城镇为19元/人·月，农村为10元/人·月；平南县2018年3月城镇为17.28元/人·月，农村为10元/人·月；百色市2018年2月城镇为19.68元/人·月；农村为10.52元/人·月。

据了解，广西的补贴标准与部分省相比也偏低。内蒙古联动机制规定，每人每月补贴不足30元的，按30元发放，超过30元的据实发放；农村牧区每人每月补贴不足15元的，按15元发放，超过15元的据实发放；陕西省补贴标准统一为城乡每人每月30元。

（三）补贴发放不及时

2016年修订的联动机制，由“按季发放”改为“按月测算、按月发放”，并在相关指数公布后的20个工作日之内发放到位，时效性大幅提高。但在实际工作中，物价补贴联动机制的启动需要财政、民政、人社、统计和价格等部门的积极协调和密切配合。受会商制度落实不到位，工作人员对信息敏锐性不够，财政资金申领和使用处理时限限制等因素影响，价格补贴发放时间严重滞后与政策规定。柳州市民政局低保中心表示，联动机制补贴在CPI数据公布后启动，要经过专门请款、按对象和职能部门拨付、按不同对象不同方式发放等环节，领到补贴一般在一个月之后。2018年2月，贺州市食品指数同比上涨7.1%，达到了“联动机制”启动条件，3月9日数据发布，3月20日启动“联动机制”工作，4月11日才完成全部补贴发放。钦州市浦北县2018年4月13日前才发放2月价格临时补贴；灵山县2018年2月份临时价格补贴发放到农户账上时间是4月15日，3月份补贴5月18日到账。

（四）价格临时补贴政策宣传亟待加强

由于价格临时补贴不是每月固定发放的补贴，且金额较小，在宣传不到位的情况下，导致低收入和困难群体的获得感不强。据调研，约20%的受益群体反映曾经从报纸上了解到有物价上涨联动补贴这一政策，但对政策的启动条件、发放方式及标准不甚了解，绝大部分受益者表示对联动机制的相关情况没有任何了解。由于不明白当月或次月入账补助的缘由，部分困难群众对停止发放补助产生不解情绪，影响联动机制的实施效果。

另外款项发放摘要填写不够规范也是导致受益群众认知率低的原因之一。如灵山县2月和3月发优抚对象写“优抚”，2月份发农村低保户特困户写的是“经费”，3月份写的是“农低”，没有按文件所要求注明款项是“价格临时补贴”，农户看了不明白收到的是什么款项。

（五）优抚对象的资金来源待明确

社会救助和保障标准与物价上涨挂钩联动机制保障对象中，城市低保对象、农村低保对象、特困人员、领取失业保险金人员的价格补贴都有专项资金，只有优抚对象没有明确资金来源，虽然目前联动机制中对优抚对象的临时价格补贴也能保障，但相关部门仍希望能明确优抚对象的资金来源。特别是2016年2月1日起价格调节基金全面停止征收后，尤其是河池市，贺州市昭平县、富川县等贫困人口多的地区，普遍反映发放价格临时补贴，地方财政资金压力较大。

三、政策建议

（一）加大对西部地区价格补贴财政支持力度

广西通过实施联动机制，减轻了物价上涨对低收入困难群众生活的压力，保障了困难群众基本生活。但由于财力薄弱，价格临时补贴标准仍偏低。建议中央财政加大对西部地区补贴力度，增加对西部地区专项转移支付，使政策能惠及更多生活困难群众，改善低收入群体生活状况。

（二）扩大补贴范围，提高补贴标准

随着经济社会发展和人民群众生活水平提高，适时提高补贴标准及扩大补贴范围，确保价格临时补贴能缓解物价上涨给困难群众带来的生活压力，切实保障低收入群体的基本生活。补贴发放范围，可考虑在现有基础上，增加残疾人基本生活保障人员、重点优抚对象、农村“三老”人员、孤儿及享受基本生活保障的困境儿童、城乡最低生活保障边缘对象等。同时，根据财力，进一步降低联动机制启动门槛，调高价格补贴标准，使保障水平与物价上涨引起的增支水平基本一致。

（三）加大联动机制政策宣传工作力度

联动机制的实施运行关系着低收入困难群众的切身利益，各地要多途径宣传联动机制政策措施、启动实施情况，让社会各界了解联动机制启动条件，价格临时补贴发放标准和时限。及时通报价格联动机制启动条件、发放对象发放金额及发放内容等，让保障对象增强获得感，支持价格联动机制的实施。

（四）建立长效工作机制和联动机制后评估工作机制

探索建立长效工作机制，做到互通情况、交流信息，明确职责，相互配合。对联动机制实施方案、执行情况、实施效果进行客观调查和综合评价，提出完善意见和改进措施，进一步完善这一民生兜底政策。探索建立与各项社会保障措施相配套的动态调整机制，充分发挥社会保障政策的托底效应。

广西营商环境总体评价不高　政策宣传落实有待加强

文　著

近年来，广西各地各部门按照党中央、国务院部署，全面落实支持非公经济发展的政策措施，大力改善营商环境并取得了较好成效。为了解非公企业对广西优化营商环境工作的评价以及存在的问题，最近国家统计局广西调查总队在广西14个市抽取342家非公企业进行了问卷调查和深入调研。调研情况表明，企业对广西营商环境总体评价不高，政策宣传不到位、政策落实不到位问题突出，尤其是各种“玻璃门”“弹簧门”“旋转门”等隐性壁垒，阻碍了民营经济政策的进一步落实。企业盼望清除各种隐性壁垒，将扶商政策落到实处；建立“亲”“清”政商关系，进一步改进服务作风。

一、企业对广西营商环境总体评价不高

调研的342家非公企业中，对“近两年广西营商环境的总体评价”表示肯定性评价（好和较好）的占60.6%，表示一般的占33.0%，持否定性评价（差和较差）的占6.4%。在“今年以来广西营商环境是否有所好转”的回答中，认为有所好转的占65.5%，认为不变的占21.9%，认为变差的占1.5%，说不清的占11.1%。从数据看，企业对营商环境的总体评价不高。

据分析，营商环境总体评价不高的原因是多方面的，既有各项优惠政策、法治环境的吸引力问题，也有企业生产经营的发展盈利问题。从今年上半年的经济运行情况和一些先行指标来看，上半年广西地区生产总值（GDP）增长6.2%，比全国低0.6个百分点；上半年广西制造业采购经理指数（PMI）均值为49.7%，比上年同期下降0.5个百分点，整体运行于荣枯线下方。整个经济大环境运行情况不是很好，自然反映到营商环境评价上来。一些企业反映，广西、贵州同属后发展地区，但近年来贵州的大数据搞得风生水起，经济发展速度居于全国前列，对企业来说肯定是一个很好的发展机会，而广西缺少的正是这样一种环境和机会。

二、当前营商环境存在的主要问题

调研数据显示，在“当前政府在营造非公经济营商环境存在的主要问题（备选问题8个，选3个）”中，认同率比较集中、且超过50%以上的有两个，分别是政策宣传不到位（62.3%）、政策落实不到位（50.3%）；其他从高到低依次

是：政策制定不到位（36.0%）、政府服务不到位（32.5%）、行业管理不规范（31.0%）、审批办事效率低（29.8%）、思想意识陈旧（25.1%）、招商政策不连续（15.2%）。

据此，通过对“政策宣传不到位、政策落实不到位”两大突出问题的追踪调研，发现：

（一）政策宣传不到位，企业对扶商优惠政策了解不多

调研的342家非公企业中，有62.3%企业认为“政策宣传不到位，重商扶商舆论氛围不浓，很多非公企业不了解政府相关优惠政策”，认可率排在“当前政府在营造非公经济营商环境存在的主要问题”的第一位。另外，从非公企业对一些相关重大政策和重要事件的知晓率来看，也印证了政策宣传不到位这样一个事实。如：对“广西最近召开‘广西深化改革优化营商环境大会’”这件大事，表示知道的只有50.6%，不知道的达49.1%；对“当地是否建立了民营企业家参与涉企政策制定机制”这一问题，有87%的企业表示不了解。南宁市民营企业家认为，当前政商关系出现了“清”而不“亲”的新情况，许多领导干部不敢主动与民营企业家联谊交友，缺少真心实意为民营企业发展提供服务的工作氛围。来宾市反映，民营企业规模较小，缺乏研究政策的专业人员和获取政策的力量；政府部门缺乏主动向民营企业宣讲、传达政策的作为，难以见到政府部门主动上门宣讲政策、送达政策宣传册，民营企业对优惠政策知之甚少。百色市民营企业反映，政府相关职能部门只召开涉及安全、环保等方面的会议，基本上不开政策宣讲会，专门听取了解民营企业意见建议的会议更是少之又少。

（二）政策落实不到位，最后一公里问题没解决

调研的342家非公企业中，有50.3%企业认为“政策落实不到位，政府政策很好看，但‘玻璃门’、‘弹簧门’、‘旋转门’现象仍然存在，最后一公里问题没解决”，认可率排在“当前政府在营造非公经济营商环境存在的主要问题”的第二位。在“营商政策落实满意度”的四个考察指标中，除对“最多跑一次”改革成效满意度较高（78.2%）外，其他如支持企业投资发展、降低企业经营成本、支持创业创新发展等三项政策措施落实的满意度都在60%左右。这表明，企业对营商政策落实总体满意度不高，对进一步优化营商政策有较大的期待。

1.企业“最多跑一次”改革成效满意度较高，但仍存在“玻璃门”现象。近年来，广西各地积极开展“放管服效”商事制度改革，降低了创业的制度成本，在改善营商环境方面取得了积极成效，企业得到了实实在在的、看得到的好处，得到了大多数非公企业的认可。调研数据显示，企业“最多跑一次”改革成效表示满意的占78.2%，表示一般的占16.0%，表示不满意的占5%；表示说不清占0.8%。如，玉林市玉东新区行政审批局，2018年上半年，办理各项行政审批事项达27568份，办结时限大大缩减，办事效率提高了2倍。贵港市平南县国税局实行纳税人涉税信息一次采集、按户存储、共享共用办法，加快推行办税无纸化、免填单，让纳税人少跑腿、少费时、少花费。

调研企业反映，一些行政审批部门的门不难进了、脸色也不难看了，但办不成事。如南宁市反映，西乡塘国税局办理业务窗口少、耗时长，绿色通道办事窗口经常无人值班。江南区国税局放号量少，下午四点就被告知当天的排号已放完。某运输集团有限公司反映，该公司前往运管部门申报班线多年未获审批，工作人员只告知不合格但没有说明“班线标准”及该企业不合格的原因，企业无法按政策要求改进再申报。

2. 支持企业投资发展、降低企业经营成本、支持创业创新发展等政策落实效果有待提高。企业反映，近年来政务环境虽有较大改善，但各级政府及部门为企业排忧解难的主动性不足，没有认真关切企业的困难，没有为企业发展营造良好的发展环境。

在市场准入方面，尽管政府和国有企业的许多项目逐步向民营企业放开，但国有企业既是裁判员又是运动员，民营企业要想真正进入，遭遇很多隐形的“玻璃门”。玉林市博白县某公司反映，去年6月份，该公司向博白水利电业公司申报一个水电项目设计方案，按规定须45天内完成审批，但拖了9个月都没有批下来。期间，博白水利电业公司没有按规定实行一次性告知，而是陆陆续续多次提出修改意见。今年3月底，该公司将修改后的设计方案再次报水利电业公司，到现在又过了4个多月，设计方案还是没有获得审批。广西某房地产开发公司反映，在项目审批中有一个潜规则，就是设计方案、水电设备若在博白水利电业公司推荐的设计公司和供应商哪里购买的，审批很快就能通过，但价格要高出市场价1~2倍。因为价格相差太大，该公司没有按潜规则去购买，所以，方案被久拖不批。

在融资贷款方面，民营企业无论是资产规模以及抵押、担保能力都相对比较弱，但金融机构对民营企业尤其是中小企业的贷款普遍存在门槛高、手续繁、品种单一、额度有限的问题，很多民间投资即使跨过“玻璃门”进入市场，也会被金融机构融资歧视这类“弹簧门”反弹出局。防城港市某木业有限公司反映，部分银行只对企业贷款总额的部分贷款实行“惠企贷”政策规定的优惠利率，其余部分则变相提高贷款利率；且贷款期限仅1年，与企业生产经营周期不匹配，到期后企业必须还本付息后才可续贷，若企业经营暂时遇到困难，则需通过筹措过桥资金归还，无形中增加了企业融资成本；“惠企贷”操作流程繁琐，单笔贷款损失风险补偿率只有10%，对银行的鼓励作用不明显，致使受惠企业少之又少。梧州市：某六堡茶企业反映，《国务院办公厅关于完善集体林权制度的意见》（国办发〔2016〕83号）、《广西壮族自治区林权抵押贷款管理办法》，规定企业获得了林权证，可以用林权抵押贷款。金融机构担心不良债务发生时，林权难以拍卖，而不愿接受林权抵押贷款。贵港市平南县某贸易有限公司负责人反映，银行规定流动资金贷款到期必须先收回，才能再进行新的贷款，但实际生产销售过程中，这些贷款资金已经用在购买原料和半成品上，贷款到期时很难把产品全部卖光，有时无法在规定时间把全部资金收回并还给银行，在一定程度造成企业资金链紧张。

在降低企业经营成本方面，玉林市某重工股份有限公司反映，近几年来，公司多次反映电动汽车上牌销售问题，各级部门和领导多批次调研，问题还是未解决，给企业生产、运营造成极大的压力。博白县某工艺品有限公司反映，芒竹编工艺品税率为8%，而浦北、平南的税率为5.5%，高于两地2.5个百分点，企业多次反映，有关部门却无动于衷，最后被迫停产转移到玉林以外的地方发展。

三、民营企业的两大期盼

一盼清除各种隐性壁垒，将扶商政策落到实处。融资难、融资贵仍是民营企业的一个痛点。广大民营企业期盼通过政银企合作、创新金融产品等途径，加大对民营企业的信贷投放，保证民营企业信贷投放比例与民营经济所占比重相适应，对民营企业的信贷增速与GDP增速相适应。一些民企支招，可以学习四川省“两证一社”林权抵押贷款改革试点的做法，探索出由财政出资、商业机构、行业协会以及村级互助组织为农户提供担保，农户以林权、土地承包经营权等对担保方进行反担保的机制。百色民营快递企业呼吁，地方政府尽快出台民营快递相关政策，对民营快递企业用地给予帮扶，缩减民营快递与国有快递间的成本差距，促进百色快递业持续发展。

二盼建立“亲”“清”政商关系，进一步改进服务作风。许多民企建议建立各级“四大家”领导联系重点民营企业和重大民间投资项目制度，每年召开一次民营企业家座谈会、每半年召开一次民营经济形势分析会、每季度召开一次帮助民营企业排忧解难的现场办公会，促进政商正常交往和良性互动。在改进服务作风方面，贵港市建议有关部门建立民营企业优惠政策清单，通过媒体报道、发送宣传册等形式向民营企业宣传新政策、优惠政策；南宁市建议税局增加办事窗口和放号量，绿色窗口坚持每天安排工作人员坐班，并对办理时效进行记录评分；来宾市希望政府创建本地院校与园区、企业对接的平台，切实解决企业招工难问题。

广西农村贫困地区留守儿童专题调研报告

谢　胜

为全面了解近两年贫困地区农村留守儿童关爱保护体系的建立情况及取得的进展，充分反映留守儿童权益保障情况，掌握留守儿童成长过程中遇到的困难和问题，近期国家统计局广西调查队与自治区扶贫办抽选了马山、上林、都安、环江、田阳、田东、田林、靖西、忻城、大新共10个国家贫困县，每个县调查6个乡镇，对乡村干部和乡镇中学、村级小学（或教学点）的学校领导和老师进行座谈，并与部分留守儿童面对面进行访谈。调研显示，2016年来广西采取多项措施关爱贫困地区留守儿童，留守儿童生活学习现状有所改善，但仍存在工作人员不足等诸多问题。

一、广西多项措施关爱贫困地区留守儿童

（一）加强领导，提供组织保障

广西各地高度重视农村留守儿童关爱工作。2016年10月经自治区人民政府常务会审议通过并下发了《广西壮族自治区人民政府关于加强农村留守儿童关爱保护工作的实施意见》（桂政发〔2016〕49号），建立完善农村留守儿童关爱保护工作机制，广西各地建立了农村留守儿童关爱保护工作联席会议制度，构建由政府领导、民政部门牵头，教育、公安、妇联、共青团等部门共同参与的农村留守儿童关爱保护工作联动机制。2016年广西进行了集中全面、深入细致的“拉网式”排查，同时，建立和完善了“广西壮族自治区‘三留守’管理系统”，并对留守儿童在内的“三留守”人员进行信息录入工作。2017年10月，民政部开发并使用全国农村留守儿童和困境儿童信息管理系统，广西再一次开展全面集中的排查工作，截至2017年12月4日，共排查出农村留守儿童29.6万人，并全部录入全国系统。

为进一步推动广西未成年人关爱保护服务体系建设，自治区民政厅、教育厅、公安厅等6部门联合出台《关于加强未成年人关爱保护服务体系建设的指导意见》（桂民发〔2017〕13号），各级地方政府进一步整合资源，县（区）以上建立未成年人保护中心，乡镇（街道）建立未成年人保护站，村（居）设立儿童之家，并落实村级儿童福利督导员，广西市、县、乡、村四位一体的未成年人关爱保护服务体系基本建立。田东县建立了留守儿童关爱工作联席会议制度。联席会议召集人由县人民政府分管领导担任，宣传部、

财政局、公安局等16个县直部门分管领导为联席会议成员，明确分工，强化部门协作配合。都安县出台《农村留守儿童“合力监护 相伴成长”关爱保护专项行动实施方案》，由县民政局、综治办、人民检察院、人民法院、教育局、公安局、财政局、卫健委等8个部门联合监护，成立关爱保护专项行动领导小组，明确职责。全县19个乡镇全部挂牌未成年人保护站，38个行政村建立儿童之家，248个行政村落实留守儿童福利督导员。

（二）增加投入，提供资金保障

2017年广西在财政极其紧张的情况下，安排补助经费1000万元支持地方开展农村留守儿童关爱保护工作。依托2017年“美丽广西·宜居乡村”服务惠民专项活动，积极筹措资金，对14000多个行政村设立儿童福利督导员给予每人每月100元的工作补助。同时，大力推动政府购买服务，近两年来通过福彩公益金安排1300多万元开展社会工作项目，重点用于社工开展农村留守儿童和困境儿童关爱服务。田东县2016年落实全县孤儿基本生活保障补助资金共计64万元；拨付全县义务教育阶段留守儿童意外保险费用32万元。2017年安排69万元用于全县孤儿基本生活保障补助工作，11万元用于留守儿童摸底排查相关工作的开展，4万元用于“留守老人、留守妇女、留守儿童”关怀关爱活动项目的开展。

（三）加强部门联合，形成工作合力

2017年，广西壮族自治区民政厅、综治办等8部门联合在广西开展了以“合力监护、相伴成长”为主题的农村留守儿童关爱保护专项行动，紧扣落实家庭监护责任、强制报告责任、临时监护责任、控辍保学责任、户口登记责任、依法打击遗弃行为等重点任务，加强协作配合和信息共享，强化督查检查指导，全力保障农村留守儿童合法权益，广西共帮助24239名无人监护或监护情况差农村留守儿童有效落实了监护责任，为16881名无户籍农村留守儿童登记落户，帮助1499名农村留守儿童返校复学，广西农村留守儿童关爱工作取得良好效果。

截至2018年7月17日，广西农村留守儿童31.95万人，其中建档立卡贫困户留守儿童2.68万人，占全部留守儿童的8.4%。

（四）加强学校建设，注重留守儿童人文关怀和心理疏导

一是重视加强孩子父母与孩子的联系。通过推进“亲情屋”建设，方便留守儿童与外出父母的联系和沟通。都安县投入资金160余万在103所学校基本建成留守儿童“亲情屋”，并购置“亲情屋”电脑400余台。“亲情屋”由专人负责管理，建立留守儿童家庭电话、微信号和QQ号的电子文档及书面档案，如有变动及时更新；以班级为单位建立微信群和QQ群，“亲情屋”内每一台计算机至少有一个可供学生视音频聊天的班级公用微信号和QQ号；按时开放开通“亲情视音频热线”，让留守儿童与家长进行视音频聊天。学校通过资金160余万在103所学校基本建成留守儿童“亲情屋”深受孩子们与家长的欢迎。

二是开展心理健康教育及心理辅导。

各地都较重视留守儿童心理健康教育，配合中小学和村委开展心理健康教育及心理辅导。结合健康素养促进行动，根据留守儿童的特点和需求，有针对性地开展卫生习惯与健康行为、青春期性与生殖健康、心理健康等健康教育活动。马山县古零中学成立“女生办”，专门开展女童教育和心理辅导。

二、农村贫困地区留守儿童现状有所改善

（一）留守儿童数量呈逐年减少态势

1.留守儿童数量庞大。据对60所中小学调研统计，2018年春季学期共有16岁以下在校学生26782人，其中留守儿童5500人，占学生人数的20.5%。一些地方留守儿童比例更高。靖西市（县级市）地处中越边境，是广西深度贫困县（市），也是少数民族聚居区，据教育部门统计，2018年全市农村义务教育阶段的中小学在校生共有41542人,其中留守儿童23041人，占在校生人数的55.5%。

2.留守儿童数量呈逐年减少的态势。近几年来，由于家长不断注重孩子的成长和教育，一些外出务工家长返回家乡照顾孩子，留守儿童数量减少。据对60所中小学调研统计，2017年共有留守儿童5849人，2018年减少为5500人，下降6%。留守儿童占在校学生比例由2017年的21.5%下降为20.5%。据对环江县福龙小学、晒谷岭小学、同进小学、新坡小学、大才小学等五所小学调查，2016年学生数共计500人，其中留守儿童数为122人；2017年学生数共计492人，其中留守儿童数为89人；2018年学生数共计480人，其中留守儿童数为76人。留守儿童所占比重由24.4%逐年下降为18.1%和15.8%。

（二）留守儿童与父母的沟通比较密切

经与207名留守儿童监护人访谈反映，有114个留守儿童的家长能做到每周与孩子联系，占55.1%；有58个留守儿童的家长能每月与孩子联系，占28%；14个留守儿童的家长能做到每个季度与孩子联系，占6.8%；3个留守儿童的家长能做到每半年与孩子联系，占1.4%；18个留守儿童的家长不定期与孩子联系，占8.7%。

据孩子监护人反映，40.1%的家庭父母半年与孩子见面，38.6%的家庭一年与孩子见面，12.1%的家庭每季度能与孩子见面，8.2%的家庭每个月都能与孩子见面，但有1%的家庭两年以上没见过孩子。

有68.1%的%监护人认为孩子的父母能基本了解孩子的心理需求和想法，但有31.9%监护人认为孩子的父母不了解孩子的心理需求和想法。

（三）留守儿童父母责任意识较强但负责难

据调研，有85%的父母知道家长对孩子的抚养和教育义务，9.7%的父母认为孩子有老人照看就行了，有2.9%的父母认为只要负责打工赚钱就行了，有2.4%的父母认为只需负担孩子的生活费，其他就不用管。

对于“父母知道对孩子的责任和义务，为何父母不携带孩子共同外出学习和生活”的问题，42%的监护人认为孩子父

母工作忙，没时间照顾孩子；40.6%的监护人认为经济条件有限，在外上学学校收费贵，负担不起。据了解，在外省一些地方，外地孩子上学，特别是私立学校，要交纳一笔不小的额外收费，在一定程度上影响了孩子的随迁和就读。

（四）留守儿童的监护人能力不足问题仍突出

留守儿童的日常生活主要依靠爷爷奶奶或外公外婆等亲属照顾。在照顾留守儿童认为困难的监护人中，73.6%的监护人认为自己年龄，教育监护不力，影响孩子的学习和生活；33%的监护人认为隔代照顾，与孩子难沟通；13.7%的监护人认为疏于照顾孩子，担心孩子人身安全容易受到伤害；13.2%的监护人认为孩子不听话，难以管理。据忻城县统计，全县13811名留守儿童中，有11414人为隔代抚养，占总数82.6%；亲属寄养601人，占4.4%。农村留守儿童由爷爷奶奶看管，监护人年龄大，文化程度低，经济拮据，照顾留守儿童有困难。

从学习成绩看，留守儿童学习成绩与其他儿童学习成绩存在一定的差距。据老师反映，留守儿童学习成绩好、中、差的成绩分别占38.3%、38%和23.7%，其他儿童学习成绩分别为38.7%、40.6%和20.7%。学习成绩较差的留守儿童所占的比重比其他儿童高出3个百分点。

从辍学原因看，36.7%的老师认为是孩子学习成绩不好，致使学生产生厌学；26.7%的老师认为学生受“读书无用论”的影响，认为读书花钱不如早日出去打工赚钱；18.3%的老师认为是家庭原因而影响孩子辍学，如父母离异，家人病重等影响孩子的学习。

（五）留守儿童物质生活有保障，精神陪护和学习辅导有欠缺

1.物质生活保障方面。据对217名留守儿童调查，留守儿童对生活评价较为满意。有215名孩子表示日常生活能吃饱穿暖，占99.1%；208名孩子能按时吃饭，占95.9%；192名孩子表示每天能吃到肉或蛋，占88.5%；24名孩子隔1—2天能吃到肉或蛋，占11.1%；115名孩子能经常吃到新鲜水果，占53%；98名孩子偶尔能吃上新鲜水果，占45.2%。有210名孩子表示自己生病时能及时就诊和医治，占96.8%。

2.精神陪护方面。有154名孩子表示遇到问题或困难时会向老师、监护人或同学朋友诉说或请求帮助，占71%；但有63名孩子遇到困难和问题时不懂求助，占29%。当孩子心情不好或感到孤单需要与家人诉说时，55.8%的孩子首先选择爷爷奶奶或外公外婆（监护人）；第二是妈妈，占41.6%；只有2.6%的孩子选择向爸爸或其他亲人诉说。这是父亲对孩子成长教育的缺失，值得注意。有的孩子的访谈时讲到，平时与爸爸打电话，讲不到三句话爸爸就要骂人，不关心自己，因此有事不愿意和爸爸诉说。

3.学习辅导方面。有47名孩子表示家里有人对自己的学习进行全面辅导，占21.7%；有71名孩子表示家里人能给予一部分辅导，占32.7%；有99名孩子表示家里没人进行学习辅导，占45.6%。

三、当前留守儿童关爱工作存在的突出问题

（一）基层工作人员不足问题突出

留守儿童关爱工作是近几年新出现的新工作，从县、乡（镇）、村到学校均没有专门配备新的专业工作人员，都是在原有人员基础上增加新的工作内容。他们既要承担原有工作任务，又要承接新的工作，人员力量不足的问题较为突出。县一级的未成年人保护中心没有编制，也没有专项工作经费，由救助管理站人员兼职。248个行政村的留守儿童福利督导员都是由村委会人员兼职，有工作职责，无任何报酬，部分村委会人员甚至没有听过有儿童福利督导员，对留守儿童的界定也模糊不清。一些村委完成上级布置收集留守儿童信息填报后，不存档，也无法提供留守儿童信息台账，谈不上做关爱留守儿童具体工作。据对52名乡镇和村干部的调研，有42个乡村干部知道建立了农村留守儿童信息管理系统，占80.8%；有2名干部没听说，其他8名干部不清楚。

（二）经费投入不足，关爱工作难以有效保障

目前广西各地已挂牌成立县（区）未成年人保护中心、乡镇成立未成年人保护站、村级创建或挂牌成立“儿童之家”，但大多数只挂牌成立，人员大多兼职，制度管理也相对滞后，落实村级儿童福利督导员经费方面虽有一些保障，但补助资金非常有限，每人每月只有100元。都安县是广西典型石漠化片区县，又是深度贫困县，全县留守儿童数量超过万人，相关工作量大，而工作经费十分紧张。走访的菁盛乡三并村和下坳镇肯友村均属于贫困村，留守儿童超过16岁以下儿童数量的一半。下坳镇肯友村14周岁以下的留守儿童就有160人，占全村人口的15%以上，除了第一次摸底工作经费200元之外，没有其他专项工作经费。县妇联也反映，通过多渠道争取资金建设投入的儿童之家，由于后续的维护、管理等需要投入一定的资金，但由于没有解决经费问题，导致儿童之家工作很难正常开展。

（三）农村留守儿童缺失家庭教育，生活和行为习惯差

调查中发现，农村留守儿童由于缺乏父母的有效监管和正确引导，容易形成不好的生活习惯和行为习惯。一些留守儿童在家里不讲究个人卫生，早上不洗脸漱口，晚上不洗脚洗澡就睡觉；在学校，他们的学习没有计划，没有兴趣，拖欠或不交家庭作业；更严重的是有的同学不遵守校纪校规，自由散漫，迟到、早退、旷课现象时有发生。环江县晒谷岭小学的蒙某某是一名11岁的五年级学生，蒙某某出生未满一周岁，其母亲就离家出走外嫁，父亲常年在外务工，蒙某某现居住在叔叔家，与其奶奶和叔叔同吃，晚上回自己家睡觉。由于监护不到位，蒙某某长期自由散漫，无心读书，纪律差，不爱学习，欺负其他同学，经常爬围墙外出，结识一些社会不良青年，整天以游泳、抓鱼、偷盗群众瓜果鸡鸭为乐，周边群众到学校反映情况，也跟其父亲反映情况，但是都未有好转，学校老师也无数次做工作，也无济

于事。马山县林圩镇联合村留守儿童陆同学，今年12周岁，现在是联合村小学五年级学生。从两岁开始，父母就离异，母亲改嫁远走他乡，从小就是和年迈的奶奶生活一起，父亲长年外出务工，很少过问小孩学习生活。由于要照顾多病的奶奶，陆同学上学经常迟到，学习成绩也不好。在调研中问及孩子对父母的希望和期盼时，孩子就哭着说希望父母能回来照顾家里。由于父母外出务工，留守儿童监管不到位，容易对孩子的人身安全甚至生命带来重大伤害。

（四）学校教学任务繁重，教学设施和教育条件不足

学校是孩子学习和生活的一个重要场所，由于留守儿童父母不在身边，学校的学习和教育就成为他们能否健康成长的关键。目前农村许多学校（或教学点）由于基础设施不足，很难为“留守儿童”提供个性化、针对性强的教育，在生活、学习上难以给予更多的关心和爱护。农村学校普遍缺少专业的心理辅导老师，难以对留守儿童开展心理疏导。同时，农村学校除了正常教学任务外，还要承担脱贫攻坚、控辍保学、留守儿童关爱等工作，工作压力很大。

（五）“读书无用论”影响孩子的辍学和学习和成长

由于受家庭和“读书无用论”等影响，农村还存在义务教育阶段学龄儿童辍学现象。但辍学现象主要集中在初中阶段，小学阶段没有发现辍学现象。环江县姓袁同学的家长是读书无用论的代表，在与袁同学交流中，他表示对读书还是有一定的兴趣，但对读高中、大学不抱有希望，因为父母外出打工，春节回来的时候谈论的是现在读书没有多大作用，花很多钱上了大学，毕业后依然没有分配工作，还不如读完初中之后就到广东进厂，一个月加班加点都有四五千收入，虽然工作累一点，但收入比公务员还高，何必还花那么多钱上高中读大学，现在袁同学对自己的未来十分犹豫和迷茫。

（六）部门协同不够，工作效率有待提高

农村留守儿童关爱工作涉及教育、民政、公安、司法、共青团、妇联等部门，但各部门工作推进不均衡，各职能部门政策衔接、信息共享、资源整合度有待提高，各成员单位关爱保护工作的合力还没有有效形成。同时，基层普遍反映，儿童保护政策政出多门，缺少统一规划和统筹安排。如近几年来地方先后出台了农村留守儿童和空巢老人关爱服务活动实施方案、农村留守儿童和留守妇女摸底排查工作实施方案、脱贫攻坚农村“三留守”人员和残疾人关爱工作实施方案、农村留守儿童关爱保护意见、困境儿童关爱保护意见、未成年人关爱保护服务体系建设指导意见、“合力监护　相伴成长”关爱保护专项行动实施方案等，这些《方案》《意见》有的是政府出台的，有的是部门联合印发的，从内容上看既有重复又有区别，基层为贯彻落实上级要求，只得不断地重复做工、重复设置机构、重复总结报告等，影响工作效率和整体效果。

四、加强关爱留守儿童工作的几点意见与建议

（一）发挥父母家庭教育的作用

父母是孩子成长的第一监护人，必须承担抚养、教育子女的责任和义务，家庭教育在孩子的成长中起着至关重要的作用。基层组织和社会各界要教育和引导家长担起教子之责，外出务工期间要主动与老师、监护人联系，了解孩子的学习教育情况，多与孩子沟通交流，关心孩子的生活、学习和身心健康。有条件的家庭可以让孩子随迁就读，或父母中留有一人在家照顾老人和孩子，让孩子感受到家庭的温暖，愉快的学习和健康成长。环江县小学三年级的韦某，2017年还是一名留守儿童，经过班主任对其家长的多次宣传劝导，2018年春季学期开始，该学生的家长从外地返回本地务工，陪护孩子，家长每天接送孩子上学，经过一个学期的学习，孩子的学习发生了明显变化，学习成绩有了明显进步，从上学期全班倒数提高到这个学期的中游水平。韦同学的家长说返乡务工的工资虽然比广东少一些，但现在不再每天担心孩子的生活问题，也不再担心他不听话不写作业了。

（二）充分发挥学校教育主阵地的作用

要加强农村中小学师资队伍建设。农村贫困地区基础条件差，“儿童家园”等阵地建设不够完善，管理人员待遇低，中小学校专业心理辅导教师缺乏，要加强老师的心理辅导知识培训，在学校有针对性的开设心理教育课程，开展生动活泼、形式多样的学习实践活动，丰富学校生活，增添学习的兴趣；落实教师联系帮扶在校留守儿童制度，帮扶老师辅导留守儿童学习，不定期上门家访，定期与孩子父母沟通留守儿童的生活、学习以及心理状况，让留守儿童在学校能安心学习，健康成长。

（三）加大农村留守儿童关爱工作经费投入

农村留守儿童关爱工作是一项长期性工作，事关农村脱贫攻坚和全面小康建设，事关农村孩子的健康成长和社会稳定，要把对农村留守儿童关爱保护的专项经费列入地方财政预算，提高工作补贴标准，切实解决基层人员不足和经费缺乏问题。大力鼓励和倡导社会组织、志愿服务组织参与农村留守儿童关爱保护工作；通过设立公益岗或聘请专业社工，努力为留守儿童提供服务。

（四）进一步健全信息动态管理机制

通过完善农村留守儿童数据信息库，与低保、建档立卡贫困户、残疾人等系统的数据实现共享与动态管理，进一步加强和推动农村留守儿童精准关爱、精准帮扶、精准保护力度，提高管理和关爱工作水平。

（五）进一步加强社会各界宣传引导

充分发挥传统媒体和新媒体优势，积极宣传引导全社会共同关心支持农村留守儿童关爱保护工作；鼓励企业、公司和社会组织与农村中小学特别是边远地区农村小学开展结对帮扶活动，关心留守儿童的健康成长；鼓励城市儿童和农村留守儿童“手拉手”结对，互帮互学，共同成长。

广西公立医院部分药品大幅涨价长期短缺

黄岚兰

近期，国家统计局广西调查总队针对公立医院药品价格采购情况对14个市26家公立医院进行走访调研。调研发现，当前广西各公立医院一些救命药、注射液、廉价药价格涨幅惊人，部分常用药品长期短缺等现象需引起有关部门重视。

一、公立医院部分药品价格大幅上涨

随着广西公立医院医药改革全面启动，医院药品除中药饮片外，其他药品均执行“零加成”。新一期药品集中采购后，14个市26家公立医院均出现部分药品采购价格上涨，相比医院的1000多个药品中，价格上涨药品占药品总数的比例约为5%左右。虽涨价药品品种的占比不大，但价格涨幅大，部分药品上涨数倍，甚至部分药价上涨超过十倍。

（一）急救药价格上涨情况

虽然药品上涨面相对整体药品采购而言占比不算大，但有些用于抢救、急救的常用药物数倍上涨，具体情况如下：

1.心搏骤停抢救药：钦州市第一人民医院采购的遂成药业氢溴酸东莨菪碱注射液（规格：1毫升（ml）：0.3兆克（mg）），由2018年4月每盒6.5元上涨至2018年8月118元，涨幅达17倍多；右江民族医学院附属医院2018年4月采购的盐酸异丙肾上腺素注射液，价格从3.3元/支上涨至39.8元/支，涨幅1106%；百色市人民医院采购的成都倍特药业生产的去乙酰毛花苷注射液（0.4mg 2m×15支/盒），价格从2017年6月55元/盒上涨至415元/盒，上涨6倍多；柳州市人民医院采购的用于心血管疾病治疗和抢救药河南润红制药股份有限公司生产的硝酸甘油注射液（规格：1ml：5mg），2018年7月价格由3.60元/支涨到17.90元/支，上涨约4倍。

2.农药中毒抢救药：百色市人民医院采购的上海旭东海普药业有限公司生产的氯解磷定注射液（0.5g 2ml×5支/盒，主要用于解多种有机磷酸酯类杀虫制的中毒等），价格从2016年10月的385元/盒，上涨到目前的990元/盒；崇左市人民医院2018年5月采购价格从550元/盒上涨至990元/盒，涨幅为达80%。百色市人民医院采购的河南润弘药业生产的阿托品注射液（0.5mg 1ml×10支/盒，用于农药中毒抢救），价格从2016年的7.8元/盒上涨至目前68元/盒，上涨近8倍。

3.止血常用药—维生素K1：百色市多

个公立医院数据资料显示，维生素K1价格自2017年以来多次涨价。如百色市妇幼保健院，2017年1月单支价格为0.7元（国药集团容生），2018年3月为7.61元（上海现代哈森商丘），上涨近10倍。

4.抗蛇毒血清注射液：据调研，上海赛伦生物技术有限公司生产的抗眼镜蛇毒血清注射液和抗腹蛇毒血清注射液，全国仅有一家药厂生产。崇左市人民医院抗眼镜蛇毒血清注射液2018年5月采购价格从1450元/IU上涨到2500元/IU，涨幅达72.4%；抗腹蛇毒血清注射液（6000U），防城港市中医院2018年1月采购价格为760元，2018年6月涨为1128元，涨幅48.42%；贺州市人民医院2017年11月采购价格为760元上涨，2018年4月涨为1128元，涨幅48.42%。

（二）部分临床用注射液价格上涨情况

多数公立医院均表示，部分临床用注射液价格翻倍上涨。如广西医科大学第二附属医院药剂科数据显示，上海禾丰制药有限公司生产的盐酸维拉帕米注射液（2ml：5mg×5支），2017年5月采购价格从6.5元涨到49元，上涨6.5倍；福建省闽东力捷迅药业有限公司注射用苯巴比妥钠（100mg），采购价格2018年1月从7.2元涨到40元，2018年6月再次上涨到68元，上涨8.4倍。柳州市中医医院采购的上海禾丰制药有限公司生产的盐酸维拉帕米注射液（规格：2ml：5mg），采购价格2017年1月为0.8元/支，2018年6月为9.8元/支，上涨11倍。鹿寨县中医医院购进的东北制药集团沈阳第一制药有限公司生产的盐酸罂粟碱注射液（规格：1ml：30mg），价格从2018年2月每盒20元涨到2018年8月每盒510元，价格上涨约25倍。钦州市第二人民医院购进的注射用苯巴比妥（福建闽东），从2018年4月7.2元/瓶涨至2018年8月69.6元/瓶，上涨约9倍；来宾人民医院采购的基础降压用药上海禾丰制药有限公司生产的维拉帕米注射液（规格：5mg：2ml），2018年1月采购价格从1.05元/支涨至9.8元/支，上涨约8倍。

甚至连葡萄糖酸钙注射液（10ml：1g）这种临床应用量大的基本药物，呈现数倍上涨。如钦州市第二人民医院采购华润双鹤利民药业生产的葡萄糖酸钙注射液（10ml：1g×5支）由2018年4月每盒5.6元，上涨至2018年8月每盒99元，上涨约17倍；北海市人民医院采购的四川美大康华康药业有限公司生产的葡萄糖酸钙注射液（10ml：1.0g×5支），采购价格2016年5月为9元/盒，2018年5月涨至96.85元/盒，2018年6月再度上涨至99元/盒，上涨10倍；鹿寨县中医医院2018年2月采购的葡萄糖酸钙注射液（河北天成）使用新型包装，采购价格由每盒1.4元涨到每盒24元，上涨16倍。

（三）部分家庭常用廉价药上涨情况

在涨价的药品中，部分家庭常用的低价药大幅上涨。如天津力生制药股份有限公司生产的维生素B4片（规格：10mg/100片），价格由3.38元/瓶上涨至10.8元/瓶，涨幅达219.5%；常州制药厂有限公司生产叶酸片（规格：5mg/100片），价格由5.6元/瓶涨至16.5元/瓶，涨幅达194.6%；湖南尔康湘药制药有限公司生产的炉甘石洗剂（规格：100ml），价格由9.07元/瓶涨至18.5元/瓶，涨幅达104.0%；治疗调节自主神经功能失调及内分泌平衡障碍的谷维素片（10mg×100片/瓶），原价13.5元/瓶，现价28.00元/瓶，上涨107.4%；广东三才石岐制药有限公司生产的甲硝唑片（规格0.2g×100s），由7.2元/瓶涨到15.5元/瓶，涨幅115.28%。

二、公立医院部分药品出现短缺

调研发现，一些常见药物在医院出现短缺。2018年5月31日自治区卫生计生委公布广西壮族自治区短缺药品清单（第一期）的通知，将38种药品列入《广西壮族自治区短缺药品清单（第一期）》。其中，一类短缺药品10种，二类短缺药品28种。炔诺酮片（妇用）、碘解磷注射液（农药解毒用）、布比卡因注射液（手术常用）、维D2钙，复合维生素B口服溶液，降纤酶、复合维生素B，炉甘石洗剂、四环素眼膏、维生素C注射液、呋塞米注射液等众多常用药品在公立医院不同程度缺货，给医院正常开展工作带来困难。如今年以来来宾市人民医院31种药品长期缺货；合浦县人民医院32种药品缺货。扶绥县人民医院药品缺货10余种，其中5种低价药缺货。如治疗调节植物神经功能失调及内分泌平衡障碍的谷维素片、止血药物维生素K1注射液等，该院每月使用谷维素片量为200瓶，缺口达到150瓶，维生素K1注射液每月用120盒，目前缺口120盒，供应商无法配送，医院无药可用。

部分专项药在一些公立医院出现“一药难求”。如百色市人民医院反映依沙吖啶注射液（广西河丰药业生产），主要用于引产，50mg×2ml×10支/盒的价格从2012年的3.6元，上涨至2017年12月的611.5元，目前价格已经涨至1180元，上涨近327倍。院方称此款药全国只有两家厂家在生产，为引产必须用药，目前医院已没有库存，供应不上，厂家也没有按照医院报的用药计划量来供应，只能向别的医院借，且由于缺货情况普遍，医院面临着“涨价后也买不上，借了也还不上”的窘境，极大影响了引产病例的正常收诊；河池市第三人民医院工作人员反映，武汉五景药业有限公司生产的托吡卡胺滴眼液（规格：15mg×6ml），2016年12月其价格由4.5元/瓶涨至6元/瓶，涨幅为33.3%，作为治疗青光眼的重要药品却屡次出现缺货现象，导致一部分青光眼手术无法进行，影响了医院的正常工作；来宾人民医院用于缓解内脏绞痛的抢救药——硫酸阿托品注射液因常年采购不到大规格的药剂（以往手术适用的药品规格5ml/支已经连续2年缺货），目前手术只能使用0.5ml/支的规格，一台手术要用好几支甚至十几支药，给手术医务人员带来非常大的不便。

三、原因分析

（一）部分临床急需药生产企业垄断

虽然国家政策规定要完善药品价格形成由市场交易决定，允许医院与制药企业议价，但现在涨价的大部分都是临床急需药，且没有替代品，而市场上已形成了一定的垄断现象，某种药只有少数几家生产或供货商供应，背离了国家完善药品价格形成机制，根据市场竞争定价的初衷。

（二）药品原材料生产企业垄断

据国家发改委价格监督检查和反垄断局工作人员透露，我国成品药1500多种原料药，10%的原料药由个位数生产企业生产，其中50种原料药只有一家企业取得审批资格可以生产，44种原料药只有两家企业可以生产，40种原料药只有三家企业可以生产。原料药生产掌握在特别少数的生产企业手中，一些企业开始形成联盟进行垄断，垄断了生产某些药品的大部分原材料，人为抬高原料药价格，控制其在市场的销售，导致制药厂因为害怕被停止供货，只能忍受购进高价原材料，最终导致药品的价格上涨。如民生常用药马来酸氯苯那敏原材料、盐酸小檗碱原料大幅上涨，而目前在生产的厂商不超过两家；近期扑尔敏原料药价的疯涨（从每公斤几百元涨到每公斤超过两万元）就造成已经出现有相关药厂相关药品停产。

（三）成本上升

无论是中药还是化学原料药，无论是受制于整个农业生产成本的上升还是环保稽查以及原料药的垄断，整个从底端开始的价格都在上涨，包括人力成本和综合成本上升，也必然会带来药价的上涨。

（四）“一致性评价”间接推动药品价格上涨

调研了解到，国家对药品生产标准制定有一个“一致性评价”。如某一种药品的生产成份、疗效、药后不良反应等方面要通过检验和试验，达到一个统一的标准，再通过“一致性评价”，该药品方可生产上市。结果就是部分药厂会以药品成本上涨、药效品质提高等因素提高药品价格。如马来酸依那普利片在通过国家“一致性评价”后，药价从17.7元/盒上涨至28元/盒，涨幅为58.2%，较之涨价前要多花费10元。

（五）定点生产药品违规涨价

按国家规定属于定点生产的药品是不能涨价的，但是厂商供应药品价格依旧上涨，且幅度较大。据北海市人民医院药房工作人员反映上海禾丰制药有限公司生产的盐酸洛贝林注射液，原价27.3元/盒，2017年8月28日涨价至55元/盒，2018年1月31日再次涨价至92.2元/盒。河池市第三人民医院也反映上海禾丰制药有限公司生产的盐酸维拉帕米（异搏定）注射液（规格：5mg×5×2ml），价格由3.4元/盒涨至49元/盒，上涨13倍。百色市人民医院、右江民族医学院附属医院、百色市妇幼保健院三家医院均表示成都倍特药业有限公司生产的去乙酰毛花苷注射液（临床需求量较大的心脏衰竭的首选急救药，又称床西地兰注射液需）出现涨价，且涨幅不小，如百色市妇幼保健院表示该药2017年中标价格为11元/支，实际采购价格为83元/支，上涨6.5倍。

四、建议

一是遏制药品原料垄断，降低原料药市场准入门槛，拓宽药用原料供应渠道，打破原料药垄断平衡。

二是对一些低价药、常用药实行国家保护、定点生产。

三是政府应适当干预部分抢救用药类的药品价格。建议对一些主要药品实行最高限价措施。如抗眼镜蛇毒血清注射液、氯解磷定注射液等药品是属于抢救用药，出现症状必须用到，加之全国药厂仅有一至两家生产，存在厂家垄断药品的情况，政府应对这类药品进行适当干预，限定最高定价。

四是加大对市场垄断和投机行为的处罚力度。政府应该加强价格监管，重点调查是否存在垄断现象，对不合理涨价的厂商进行严厉惩处，保障用药安全和及时供应。

五是对于专项药、小用量药品种，如出现定点生产企业无法保障该药品供应，造成供应短缺，由医院到主管部门备案，由政府出面协调采购事宜，保障药的正常供应。

中美贸易摩擦对广西出口企业的影响

王　飞

国家统计局广西调查总队在8月中下旬，对广西220家有进出口贸易的企业开展了“中美贸易摩擦对广西制造业进出口影响”的专题调研。调查显示中美贸易摩擦对广西进出口企业的影响面约为两成；有色金属、农产品、机械制造、电子产品等制造业进出口企业受影响较为严重；部分企业不得不采取减产和裁员等措施规避损失；受访企业认为，若中美贸易摩擦扩大，对未来发展预期更为严峻。

一、中美贸易摩擦波及面和行业影响情况

调研的220家有进出口贸易企业中，表示中美贸易摩擦对本企业有影响的有46家，占20.9%；其中，表示有严重影响的有24家，占11.0%。从行业看，受影响严重的24家主要集中在黑色金属冶炼和有色金属制造业、计算机、通信和其他电子设备制造业、专业设备制造业、农副食品加工业和食品制造业、化学原料和化学制品制造业、通用设备、电器机械和机械制造业等8个行业。

（一）电子和有色金属行业出口订单下滑

如，广西玉林市某电子有限公司7月份出口订单环比减少40%；出口额120万元，环比减少33%；预计全年销售额减少1500万元，同比减少50%。目前该公司已全面减产，不接新订单并在谋划转产。广西南宁某电子科技有限公司反映，公司主要产品是通讯传输设备，99%产品出口美国。与中美发生贸易摩擦前相比，新订单单价下跌10%，随着出口关税增加25%，预计全年销售额减少15%。桂林某公司反映，该公司主营业务为铜压延加工，产品主销美国，并在加征关税之列。加征关税前，公司出口外销毛利率在12%~13%间，加征关税为10%后，产品已基本无赢利。为此，公司不得不提高产品单价，致使美方客户已考虑从印度和墨西哥进口，陆续减少在中国的进口份额。7月订单比上月减14%，预计全年销售额减2500万元，比上年减10%。

（二）农产品进口企业经营成本压力加大

自美国对华多种产品加增关税后，中国对原产于美国的7类128项进口商品中止关税减让义务，在现行适用关税税率基础上加征关税，对水果及制品等120项进口商品加征关税税率为15%，对猪肉及制品等8项进口商品加征关税税率为25%。加上人民币贬

值，期货盘面波动，企业以美元结算时，造成原材料成本上涨。如广西贵港市某饲料有限公司是一家只有进口业务的公司，原料（玉米、豆粕）主要从美国进口。中美贸易摩擦后，进口玉米价从6月份的1700元/吨，上涨至8月份的2125元/吨，涨幅达25%；豆粕进口价从6月份的2800元/吨，上涨至8月份的3300元/吨，涨幅达17.9%，加之2018年人民币贬值10%，进口成本增加，给企业生产经营带来较大的压力。

（三）国内市场竞争加剧

如平桂某股份有限公司反映，该企业出口产品为钛白粉，由于企业停止了对美出口业务，预计全年造成美国出口销售额减少81万元。公司管理人员表示，由于出口受阻，产品转销国内市场，近期同行业有近5千吨钛白粉出口转内销，原已饱和的国内市场因而供大于求，导致钛白粉市场价格下降。7月份钛白粉价格为13500元/吨，下降2.0%。南丹某有色金属有限公司反映，该公司产品铅锭是蓄电池的重要原材料，广泛应用于新能源汽车等高新技术产业。受中美贸易战影响国内市场需求出现萎缩，8月铅锭价格跌破18000元/吨，比6月的20125元/吨下降10.6%，预计下跌趋势仍将持续。

二、中美贸易摩擦的衍生影响

一是人民币贬值，产生汇兑损益。在受影响的46家样本企业中，有32.6%（15家）企业表示有汇兑损失。受贸易摩擦等因素影响，美元对人民币汇率一路走高，8月初的外汇汇率比1月初上涨超过8.5%，导致以美元计价的进口原料成本持续上涨。广西贵港某集团有限公司月进口原料20万吨，由于人民币汇率变动，导致成本增加480万元。广西某麻业有限公司反映，由于人民币汇率变动，公司进口剑麻成本提高，如8月20日，人民汇率6.87元：1.00美元，进口原材料价格从1100元/吨上涨到1300元/吨，每吨增加200元，涨幅达18.2%。防城港某粮油工业有限公司2018年1—7月汇兑损失2069.77万元。而以美元结算的出口企业则在2018年人民币贬值中获益。比如广西南宁某电子科技有限公司，电子配件以出国美国为主，但不在加税清单之列，人民币贬值使产品更具竞争力。梧州岑溪某电子有限公司虽然出口美国产品订单流失，但因出口美国仅占外销15%，大部分电子配件销往日韩，人民币贬值后，企业产品竞争力更强，销往日韩增长量已超过销往美国流失订单。

二是美方加大技术封锁，赴美学习交流签证受阻。如广西南宁某电子科技有限公司反映，每年都派出员工到美国企业培训，学习生产技术，所办理过赴美劳务签证均能顺利通过。受中美贸易摩擦影响，2018年6月该公司员工赴美劳务签证遭到拒签。柳州某挖掘机有限公司表示，因摩擦影响，导致公司办理签证的手续和费用增加。此外，有企业反映赴美参加科技展览会人员遭到拒签。

三、企业应对措施

（一）被迫减产减员，规避损失

调查显示，受中美贸易摩擦影响的企

业中，有24%选择了减产和裁员来暂时规避损失。如梧州市某纺织制品有限责任公司预计减产80%，减少管理人员10人和普通员工40人。桂林某工具有限公司拟减产24%，裁减26人。

（二）通过转产，降低风险

在政策变动情况下，企业及时调整生产经营计划，降低风险。如防城港某粮油工业有限公司原进口美国大豆生产大豆油，后调整转产菜籽油，原料产地是加拿大进口，不受关税影响，从而降低企业经营风险。广西玉林市某电子有限公司受到摩擦影响，企业接不到新订单，通过转产生产音响来避免企业遭遇更大的损失。

（三）开拓市场，保持竞争力

在美国市场不景气的情况下，企业只能选择扩大内销和拓展海外市场来更好地开展企业的下一步活动。广西某企业集团股份有限公司，一方面尽力挽留美国客户，同时加大欧洲、中东、日本的主要市场开拓力度；趁市场进入洗牌阶段，该公司改变营销策略，逐步减少实力差、价格低的中间商环节，提高直销商市场，减少营销成本，预计可节约营销成本20%。广西某制药集团有限责任公司未雨绸缪，提前加强与美国进口商沟通联系，关注国外消费者的消费需求，细分市场供应，持续保持该公司产品在美国市场的竞争力，同时对美国以外的国际市场（比如非洲、南美等），进一步加大市场开拓及促销力度，争取多成交多出口，取得不错成效，7月份出口额比去年同期增加1倍。

（四）增加保值额，减少影响

为应对人民币持续贬值，减轻进口原料成本快速增长的压力，有的企业会采用银行汇率保值方式降低人民币贬值影响。比如广西某有色金属有限公司在进口原料时，一般三个月后才向供货商付款，因货币贬值，三个月后付款会导致需支付更多人民币，因此企业在收到原料后立即向银行申请汇率保值，缴纳保证金，以当时的汇率购买外汇，避免人民币继续贬值带来的成本增加。2018年1—6月该公司共向银行申请保值总额5832万美元，降低人民币持续贬值带来的风险。

四、企业对未来趋势的预期

在中美贸易摩擦持续情况下，有进出口业务的企业对未来三个月出口形势预期：18%的企业认为“非常严峻”，41%的企业认为“比较严峻”，20%的企业认为“变化不大化，18%的企业认为“难以判断”，仅有3%的企业认为“会有好转”。如广西柳州市某机械股份有限公司反映，该企业产品在北美CE市场容量占到工程机械总体市场25%。因贸易摩擦，如发生设备停止发运的极端情况，预计公司业务销售收入受影响的部分近1亿元。如果没有有效的应对方案，公司多年来在北美市场苦心经营建立的品牌和渠道就会受到重创，利润空间紧缩极有可能无法支撑运营，产生重大投资损失。

对未来三个月进口形势的预期：10%的企业认为“非常严峻”，29%的企业认为“比较严峻”，27%的企业认为“变化不大化，34%的企业认为“难以判断”，认为“会有好转”的企业为0。

调查数据显示，无论是进口形势还是出口形势，大多是企业对未来三个月的预期都认为比较严峻，甚至没有企业认为进口趋势会发生好转。

五、企业的期盼和建议

调研中，企业从自身的角度提出如下期盼和建议：

一是扩大出口退税范围。企业反映，目前我国出口退税率为16%，但只是针对原材料部分，如果计入人工成本，实际退税率只有7%左右，对向外型企业帮助大打折扣。

二是在贸易摩擦背景下，环境污染整治要给企业留有足够时间。有企业反映，在贸易摩擦背景下，企业经营本就困难。还需加大环保投入，新添置环保设施需要设计、评估、购买和安装时间周期。环保部门要预先告知整改标准和要求，不要动辄采取罚款、停产的简单粗暴措施。

三是根据实际制定政策，为企业减负。制定的最低工资线，要根据经济发展水平和物价上涨状况调整，不能机械的每年都上调，这部分对企业计算加班费支出增幅很大。有企业反映广西社保基金是按全区全员平均工资提取，而广东是按各地市最低工资提取，造成广西提取数额比广东还高，不仅降低了我区开办企业的劳动力成本优势，也降低企业和员工个人缴保积极性。

四是政府部门放管服改革成效明显，但仍有提升空间。台商说目前大陆实行上门办征只跑一次，给企业带来极大便利。但与在“台湾”到地方政府办证只需跑一个窗口比较，还有较大提升空间。所以希望精简相关证件的办理流程，增加审批办理网点，提高办事效率，减少订单贻误情况，节约企业生产以外的成本。

五是利用劳务输入的方式解决用工需求及用工成本问题。梧州某外资电子企业反映，现有员工450人，计划再扩大一倍产能，但无法招到稳定员工而作罢。建议广西应利用毗邻越南区域优势，合法输入越南劳工，解决企业用工难问题，这样可以吸引更多东部省份企业到广西设厂。毕竟越南基础设施和营商环境不如中国，产业转移过去风险很大。“台湾”对东盟国家劳工两年工作签证，输入外籍劳工，以避免台湾产业空洞化做法，可以借鉴。

广西电力体制改革初显成效　但存在惠及企业过少等问题

骆　洁

为深入了解广西电力体制改革贯彻落实和降低实体经济成本情况，8月底至9月初，国家统计局广西调查总队组织对22个市县的供电部门、10个工业园区、14个服务业集聚区和111家用电企业进行实地走访调研。结果显示，广西电力体制改革取得初步成效，切实减轻了企业负担，但仍存在电价水平偏高，惠及企业过少的问题，企业期盼进一步加大改革力度，提高信息化管理水平。

一、广西电力体制改革取得初步成效

2018年3月26日广西壮族自治区政府印发《进一步深化广西电力体制改革的若干措施》的通知，提出从4月1日起，将自治区级以上工业园区10千伏企业、自治区首批38个现代服务业集聚区以及经自治区认定的其他产业园区的电力用户纳入电力市场交易，降低准入门槛，扩大企业享受范围范围，以进一步深化广西电力体制改革，降低实体经济成本，优化营商环境。政策实施取得明显效果。

（一）电力市场化交易企业数量和交易电量双增长

电力市场化交易的企业快速增长，覆盖行业范围广。据自治区工业和信息化委员会提供的资料显示，2017年广西参与电力市场化交易的用户为565家，涉及有色、钢铁、铁合金、化工、建材、汽车、造纸等多个重点行业。2018年1—8月，参与交易的用户为2253家，涵盖广西所有工业行业。

直接交易电量增速高于全社会用电量增速9个百分点。2018年1—7月广西全社会用电量941.77亿千瓦时，同比增长20.37%。其中，直接交易电量458.38亿千瓦时，同比增长29%。

（二）企业用电成本下降明显

据自治区工业和信息化委员会提供的资料显示，2017年广西完成电力市场化交易电量379亿千瓦时，电费平均降幅为0.057元/千瓦时，全年降低企业用电成本21.8亿元。2018年1—7月电力市场化交易电量为458.38亿千瓦时，超过2017年全年交易量；电费平均降幅为0.08元/千瓦时，预计可降低企业用电成本38亿元，比2017年增加16.2亿元。

调研的69家参与电力市场化交易的用电企业均表示，电力体制改革确实给企业带来了实惠，有效降低了企业用电成本，提高了企业市场竞争力。如来宾市某电解铝生产企业参与电力市场化交易，每年可为企业节约用电成本7.8亿元，用电成本占生产成本的比重从改革前的50.65%下降到改革后的39.52%。百色市靖西市某锰业公司反映，改革后电价减少了0.04元/千瓦时，2018年上半年可降低成本约419万元，用电成本占生产成本的比重从改革前的45%下降到改革后的38%。

二、电力体制改革中存在的问题

（一）电力体制改革的力度有待加大

1.电价仍然偏高。电力体制改革后，对比周边省份，广西的电价水平还是偏高。从下表中可以看出，广西电度电价相当于云南的159.9%、广东湛江的118.1%、贵州的115.2%、湖南的98.8%。

表1　2018年广西及周边省份最新目录电价（220kV及以上）

省份	电度电价（元/千瓦时）	需量电价（元/千瓦时·月）	输配电价（元/千瓦时）
广西	0.5561	34	0.0793
湖南	0.5627	30	0.11534
广东湛江	0.4707	32	-0.0006
云南	0.34775	37	0.0520
贵州	0.4826	35	0.0567

2.基本电费对冲改革成效。如北海市某企业反映电力体制改革之前是不收基本电费的，但是改革之后要收7.5万元的基本电费，导致电力体制改革的优惠被3台变压器的基本电费所抵消，总体每年仅能优惠1万元左右，影响电力体制改革成效。南宁市上林县某企业反映，改革前企业每月要缴纳基本电费为5万元/月左右，虽然2018年计算方式改为按需计算，相对改革前每年减少2万元，但是费用标准依然很高，基本电费成为了企业最大的负担。桂林市某服务业集聚区反映，要更换大功率变压器后才能享受电价优惠政策，但新加变压器押金要10万元左右一台，给园区增加了一定负担，园区是培育企业的基地，多为初创企业或服务型企业，用电量不大，因此园区担心更换大功率变压器后用电量达不到反而使得电费更高，所以放弃参加电力市场交易。

3.电力市场化交易门槛较高，受益面低。广西出台的政策规定，35千伏及以上电压等级的所有用户，自治区级及以上的工业园区内10千伏大工业电力用户，自治区首批38个现代服务业集聚区内的生产性服务业电力用户，服务器数量超过1000台（含）的大数据中心用户可以参与电力市场化交易。调研的园区企业反映，由于门槛较高，能参与电力市场化交易的企业较少。贵港市某工业园区有164家企业，符合条件参加电力市场化交易的只有19家，只占11.6%。崇左市某服务业集聚区内共有企业485家，10千伏以上（含）用电户只有35家企业上交了申报材料，第一批通过资格审核的只有6家，覆盖面低，受益企业少。

（二）市场化交易管理亟待加强

1. 电力市场化交易申请程序复杂，信息管理系统不完善。电力市场化交易申请平台复杂且繁琐，市场交易结算工作信息化程度无法满足实际工作需求。梧州市走访的4家企业均表示，电力市场化交易每月需申请、确认3次以上，申请平台有时候提交后无提示，不确定是否操作成功，增加企业工作难度。北海市某企业反映，参与电力市场化交易办理程序复杂、所需材料多，在提交了纸质版和电子版材料后，还需要进行多次信息确认，企业在提交材料和完成一个步骤后，不清楚下一步如何操作。柳州市供电部门反映，目前最大的困难和问题是市场化交易结算工作信息化程度低，交易客户的电费结算工作倒退回到十几年前的手工核算水平，难以支撑快速发展的市场化交易业务，极大地影响了电力体制改革的纵深推进。

2. 政策宣传不及时，解读不到位。一是企业对政策知晓度不高。本次调研未参加电力市场化交易的42家企业中，有17家表示对电力市场化交易改革措施不大了解，占40.5%。南宁市某服务业集聚区反映，园区有意愿参与电力市场化交易，因未收到相关通知，不知道通过何种渠道参与。二是企业知晓政策滞后。南宁市马山县走访的2家企业均表示电力体制改革对企业减低成本有利，但企业收到相关通知较为滞后，留给企业反应的时间较短。崇左市某企业反映，由于该公司没有及时知晓相关政策，导致8月份才提交申报材料，目前还没能享受电价优惠政策。三是企业对政策理解不透。市场交易规则难懂，没有一定文化水平和专业知识的人难以读懂政策。河池市南丹县某工业园区反映，企业对电力市场化交易政策理解不透，现在仍处在宣传和解读政策阶段，园区企业尚未参加电力市场化交易。梧州市某企业反映用电专业知识难理解，对电力市场化交易年度考核通不过而出现的违约金计算系数不清楚，担心存在交纳违约金风险，因此放弃参加市场化交易；某制药企业表示想参与交易化用电，但对改革政策不清楚，电力专业知识难理解。

3. 个别园区用电成本降低政策未真正惠及企业。据调研，个别服务业集聚区参加电力市场化交易后园区的电价降低了，但园区物业对园区内企业收费仍按原标准收取，未按参加电力市场化交易之后的优惠价格对企业电价进行调整，购电降低的成本未惠及到园区企业。南宁市走访的2家服务业聚集区目前仍按原收费标准向园区企业收取电费，电费优惠政策尚未落实到企业。

4. 对电价不敏感的行业降成本，政策针对性不强。调研发现，对电价不敏感的行业而言，如服务业，电力体制改革降电价措施对企业降成本效果不显著。如南宁市某服务业集聚区反映，园区参加电力市场化交易之后，电价从0.8025元/千瓦下降到了0.6569元/千瓦时，每月园区整体用电成本可降低1.6~3.0万元左右，但园区企业多为新兴科技类产业，用电量不多，企业每月大概节约用电成本几百元到一千元左右不等。

三、企业对电力体制改革的期盼

（一）加大电价优惠力度，进一步降低企业生产成本

调查的69家参加电力市场化交易的企业中，认为改革后电价仍比其他省份同行业高的有24家，占34.8%；表示电力体制改革优惠力度还不够大的有47家，希望能加大改革力度，进一步降低电价水平，有效提高企业市场竞争力。

（二）降低准入门槛，进一步扩大电力市场化交易范围

调查走访的42家未参与电力市场化交易的企业中，有38家因不符合准入条件而未参加，其中有12家表示期盼参加电力市场化交易，希望政府能放宽准入条件，使中小生产企业也能享受电价优惠，促进中小生产企业发展壮大。

（三）降低基本电费和其他相关费用，减轻企业负担

一是下调基本电费。企业认为目前广西基本电价收费标准，按需量为34元/千瓦时，按容量为27.5元/千瓦时，收费标准仍然偏高，希望能调低基本电费。二是调低输配电价。企业认为广西目前执行的输配电价为0.0793元/千瓦时，比广东湛江、贵州、云南高，希望输配电价可以再让利。三是减免或降低政府性调节基金。企业认为目前的电价中搭车收费的各种政府性调节基金项目较多，希望可以减免或降低收费标准，减轻企业负担。

（四）完善电力市场化交易管理机制，为企业提供便利

1.完善广西电力市场交易系统。保证参与电力市场化交易之后供电局返还的电费明细能通过该系统查询，方便用电企业核实用电具体款项。

2.建立对售电公司的专业评价体系。建议根据售电公司的规模、服务能力、客户满意度调查结果，建立起一套售电公司评级制度，并向社会公示，方便客户进行选择。

3.减轻偏差考核成本。在制定市场交易规则时，多考虑企业的实际生产情况，减轻企业参与市场交易的偏差考核之虑，提高企业参与电力市场化交易的积极性。

4.取消电费预付费制度。目前供电公司收取电费采用预付费方式，每月预存下月电费，影响企业资金周转，增加了企业财务成本，建议取消电费预付费制度。

广西新一轮脱贫攻坚成效显著
贫困地区农村居民生活明显改善

林家豪

2011年来，广西在新一轮脱贫攻坚工作中，认真践行习近平新时代中国特色社会主义思想和扶贫开发战略思想，以增加贫困群众收入、改善贫困地区生产生活条件为重点，着力加强贫困地区基础设施和公共服务体系建设，完善脱贫攻坚政策支撑体系，脱贫攻坚工作取得了巨大成就，贫困地区农村居民收入快速增长，生活质量显著提高。

一、农村贫困人口大幅减少，贫困发生率大幅下降

在2011年，国家制定《中国农村扶贫开发纲要（2011—2020）》，目标是消除绝对贫困，将14个连片特困地区定为扶贫开发主战场。党的十八大以后，提出精准扶贫战略，建立精准扶贫工作机制。广西有29个县（市）属于滇黔桂石漠片区，加上28个国家扶贫开发工作重点县（市），广西共有33个国家贫困县（大部分石漠化片区县与国家扶贫开发工作重点县重合）。各地结合精准识别、建档立卡工作成果，按照“两不愁、三保障”的工作目标，对标贫困县、贫困村、贫困户按脱贫摘帽标准，实施精准扶贫、精准脱贫，广西贫困地区贫困状况得到了极大改变，农村贫困人口从温饱不足到基本达到小康，贫困人口大幅减少，贫困发生率大幅下降，贫困状况得到根本缓解。按照国家统计局公布的贫困标准，即按2010年价格水平人均2300元，2010年广西贫困人口为1012万人，2017年广西贫困人口下降到246万人，比2010年减少766万人，年均减贫人口规模达到109.4万人；贫困发生率由2010年24.3%下降至2017年5.7%，降幅达18.6个百分点，年均下降2.7个百分点。

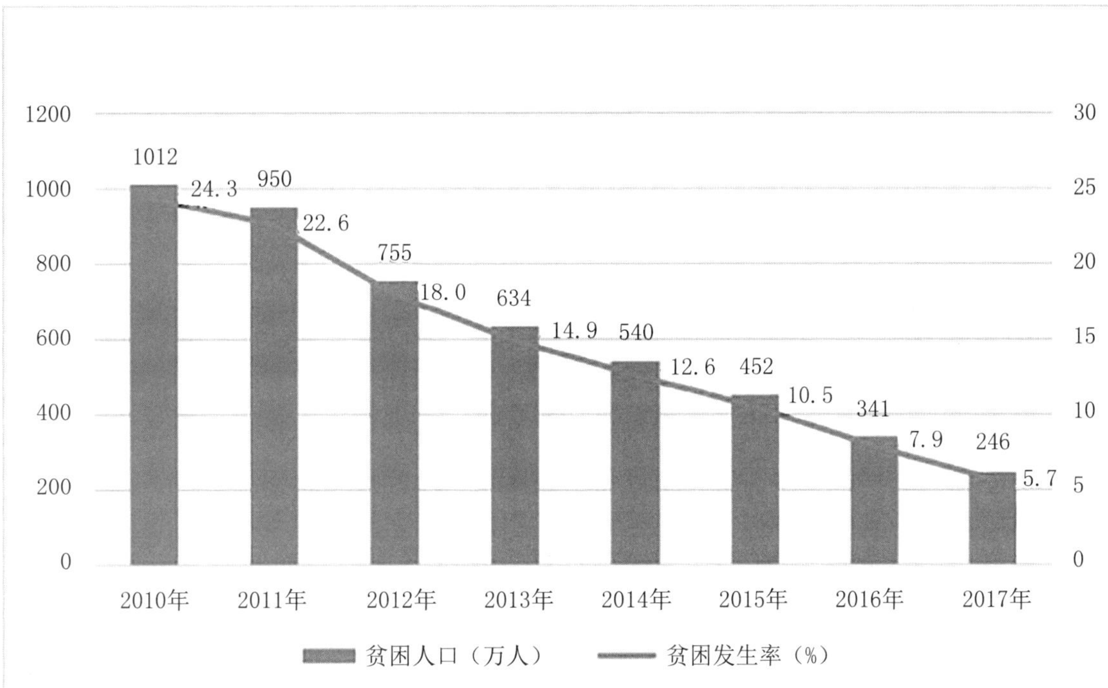

图1 2010—2017年广西贫困人口和贫困发生率

二、农民收入快速增长，收入结构多元化

党的十八大以来，自治区党委政府把扶贫开发当作贫困地区最大的民生工程，加大了对脱贫攻坚的投入，突出发展产业扶贫，着力增加农民收入，取得明显成效。

（一）农民可支配收入接近10000元

2017年，广西贫困地区（33个国家贫困县，下同）农村居民人均可支配收入达到9719元，比2013年增加3467元，增长55.5%，年平均增长11.7%。

（二）增长速度明显快于广西平均水平

从收入增速来看，贫困地区农民收入仍保持较快增长。2017年贫困地区农村居民人均可支配收入比上年增长10.4%，比广西平均增速高1.1个百分点。从2013年至2017年期间，广西贫困地区农村居民人均可支配收入年均增速为11.7%，比广西农村平均增速（10.4）快1.3个百分点。

（三）与广西农民收入水平差距逐步缩小

与广西农村居民收入平均水平相比，2013年广西贫困地区农村居民人均可支配收入相当于广西平均水平的80.2%，2017年提高至85.8%，提高了5.6个百分点。广西贫困地区农村居民收入与广西平均农村居民收入的比例系数（以贫困地区为1），由2013年的1∶1.25缩小至2017年的1∶1.17。

表1　广西贫困地区农村居民收入与广西农村平均对比

年份	贫困地区			全自治区	
	人均可支配收入（元）	相当于广西（%）	比上年增长（%）	人均可支配收入（元）	比上年增长（%）
2013	6252	80.2	13.6	7793	13.0
2014	7044	81.1	12.7	8683	11.4
2015	7926	83.7	12.5	9467	9.0
2016	8800	85.0	11.0	10359	9.4
2017	9719	85.8	10.4	11325	9.3

（四）收入结构多元化，收入质量更优

近几年来，广西各地加大就业扶贫、产业扶贫的扶持力度，完善扶持政策，提高补贴标准，农民得到的工资性收入、财产性收入、转移性收入比重提高，收入结构向多元化方向发展。

从收入增长情况看：2017年广西贫困地区农村居民人均工资性收入2658元，比2013年增加1085元，增长69.0%；经营性收入4251元，增加1025元，增长31.8%；财产性净收入132元，增加88元，增长2倍；转移性净收入2678元，增加1269元，增长90.1%。

表2　广西贫困地区农村居民收入增长情况

	2017年（元）	2013年（元）	2017年比2013年增加（元）	2017年比2013年增长（%）
农民人均可支配收入	9719	6252	3467	55.5
1.工资性收入	2658	1573	1085	69.0
2.家庭经营收入	4251	3226	1025	31.8
3.财产性收入	132	44	88	200.0
4.转移性收入	2678	1409	1269	90.1

从收入增长比重看：2017年贫困地区农村居民家庭经营净收入占可支配收入的43.7%，家庭经营收入仍是农村居民主要收入来源；工资性收入和转移性净收入分别占27.3%和27.6%，财产性净收入占1.4%。与2013年收入结构相比，呈“三升一降”态势，即工资性收入、财产性净收入和转移性净收入占可支配收入比重逐年提高，家庭经营净收入比重呈逐年下降。工资性收入占比由2013年的25.2%提高到27.3%，提高2.1个百分点；财产性净收入和转移性净收入比重分别提高0.7个和5.1个百分点，家庭经营净收入比重下降7.9个百分点。

表3 广西贫困地区农村居民收入构成变化情况

单位：%

收入来源	2013年	2014年	2015年	2016年	2017年
农民人均可支配收入构成	100	100	100	100	100
1. 工资性收入	25.2	25.7	27.3	27.6	27.3
2. 家庭经营收入	51.6	48.6	47.6	43.8	43.7
3. 财产性收入	0.7	0.9	0.8	1.4	1.4
4. 转移性收入	22.5	24.8	24.2	27.1	27.6

三、消费支出稳步增长，消费水平明显提高

十八大以来，广西贫困地区群众生活发生了巨大变化，从过去以吃为主的单一消费结构演变成吃、穿、住、用、教育文化、医疗保健等全面消费需求，农村居民解决了温饱，逐步过上小康生活。

（一）生活消费支出稳步增长

2017年广西贫困地区农村居民人均生活消费支出8279元，比2013年增加2515元，增长43.6%，年均增长9.5%。

表4 广西贫困地区农村居民生活消费支出情况

单位：元

项目	2013年	2014年	2015年	2016年	2017年
人均生活消费支出	5764	6517	6991	7755	8279
1. 食品	2108	2360	2596	2828	2932
2. 衣着	209	228	251	264	299
3. 居住	1324	1337	1525	1642	1716
4. 生活用品及服务	384	438	428	426	456
5. 交通通信	577	687	670	892	1003
6. 教育文化娱乐	546	636	851	942	1001
7. 医疗保健	514	722	569	669	765
8. 其他用品及服务	102	109	101	92	107

（二）消费结构明显改善

2017年广西贫困地区农村居民人均食品消费支出为2932元，比2013年增长39.1%；衣着消费支出为299元，增

长42.6%；居住消费支出1716元，增长29.6%；生活用品及服务支出456元，增长18.9%；交通通信支出1003元，增长73.7%；教育文化娱乐支出1001元，增长73.8%；医疗保健支出766元，增长49.0%；其他用品和服务支出107元，增长5.8%。

从食物消费量看，2017年广西贫困地区农村居民人均粮食消费量158.2千克，比2013年增长22.8%；蔬菜及菜制品76.9千克，增长21.0%；猪肉28.5千克，增长31.6%；家禽19.7千克，增长66.6%；蛋类及蛋制品5.1千克，增长3.4倍。

从消费结构看，食品支出生活消费支出比重（恩格尔系数）呈下降态势，交通通信、教育文化娱乐和医疗保健消费比重上升，表明贫困地区农村居民生活质量不断提高。

表5　广西贫困地区农村居民消费结构变化情况

单位：%

项目	2013年	2014年	2015年	2016年	2017年
人均生活消费支出	100.0	100.0	100.0	100.0	100.0
1. 食品	36.6	36.2	37.1	36.5	35.4
2. 衣着	3.6	3.5	3.6	3.4	3.6
3. 居住	23.0	20.5	21.8	21.2	20.7
4. 生活用品及服务	6.7	6.7	6.1	5.5	5.5
5. 交通通信	10.0	10.5	9.6	11.5	12.1
6. 教育文化	9.5	9.8	12.2	12.1	12.1
7. 医疗保健	8.9	11.1	8.1	8.6	9.2
8. 其他用品及服务	1.8	1.7	1.4	1.2	1.3

四、生活设施得到明显改善

（一）住房条件得到较大改善

2017年广西贫困地区农村居民住房建筑面积户均为157.4平方米，人均面积达到40.6平方米。住房质量明显提高，主要以钢筋混凝土结构和砖混结构为主，比重达到84.6%，比2013年提高8.3个百分点。砖瓦砖木和土坯房比重下降。

（二）供水设施和质量基本得到保障

2017年广西贫困地区农村居民获取饮用水不存在困难的农户比重为89.8%，比2013年提高8.2个百分点；单次取水往返时间超过半小时农户比重为1.0%，比2013年下降1.5个百分点；间断或定时供水的农户比重为4.8%，下降3.4个百分点；当年连续缺水时间超过16天的农户比重为

4.4%，下降3.3个百分点。

从供水设施看，2017年管道供水入户的农户比重为85.9%，比2013年提高12.8个百分点；管道供水至公共取水点的农户比重为2.8%，下降1.4个百分点；没有管道设施供水的农户比重为11.4%，下降11.4个百分点。

从饮用水来源看，38.2%的农户使用经过净化处理的自来水，比2013年提高7.3个百分点；42.9%的农户使用受保护的井水和泉水，提高1.4个百分点；10.9%的农户使用不受保护的井水和泉水，下降2.3个百分点；0.5%的农户使用江河湖泊水，下降0.5个百分点；2.8%的农户依靠收集雨水，下降1.6个百分点。

（三）卫生条件得到改善

2017年广西贫困地区独用厕所的农户比重为98.1%，比2013年提高5.0个百分点。其中，使用水冲式卫生厕所农户比重为66.6%，使用水冲式非卫生厕所农户比重为8.1%，比2013年分别提高15.3个和3.3个百分点；使用卫生旱厕和普通旱厕的农户比重分别为8.3%和15.7%，比2013年分别下降3.8个和15.5个百分点；无厕所农户比重为1.3%，下降0.4个百分点。

（四）耐用消费品拥有量增加

2017年广西贫困地区农村居民每百户拥有汽车13.7辆，比2013年增加8.2辆，增长1.5倍；百户拥有助力车30.9台，增加16台，增长1倍多；百户拥有洗衣机77.4台，增加27.1台，增长53.9%；百户拥有电冰箱96.8台，增加21.8台，增长29.1%；百户拥有彩色电视机109.9台，增加4.9台，增长4.7%；百户拥有空调20.2台，增加11台，增长1.2倍；百户拥有热水器66.2台，增加32.1台，增长94.1%；百户拥有移动电话270.5部，增加51.5部，增长23.5%；百户拥有计算机20.2台，增加9.7台，增长92.4%。

五、基础设施和公共服务设施明显改善

党的十八大以来，进一步加大基础设施建设投入，贫困地区农村交通、通讯、文化教育、医疗卫生等基础设施建设取得了巨大成就，农村面貌焕然一新。

（一）交通条件明显改善

2017年，广西贫困地区99.2%行政村通沥青路或水泥路，99.6%自然村通公路，所在自然村进村主干道路硬化的比重为98.2%；所在自然村能便利乘坐公共汽车的比重为49.1%。

（二）通电通信设施继续改善

2017年广西贫困地区通电的自然村比重达到99.9%，比2013年提高0.2个百分点；通有线电视信号的自然村比重为88.7%，比2013年提高46.5个百分点；通宽带的自然村比重为83.2%，比2013年提高53.5个百分点。

（三）文化教育卫生设施进一步改善

2017年广西贫困地区农村有文化活动室的行政村比重为87.0%，比2013年提高24.5个百分点；所在自然村有卫生站的比重达到81.5%；所在自然村垃圾能集中处理的农户比重85.4%；所在自然村上幼儿园便利的农户比重为86.5%，所在自然村

上小学便利的农户比重为92.5%。

随着各地深入贯彻落实《中共中央 国务院关于打赢脱贫攻坚战三年行动的指导意见》，不断增强打赢打好脱贫攻坚战的责任感、使命感和紧迫感，以更大的决心，更精准的举措，扎实推进脱贫攻坚工作。我们坚信，到2020年广西贫困县、贫困村和贫困群众如期实现脱贫摘帽，广西人民与全国人民一道同步进入小康社会，农村居民生活水平将会迈上一个新的台阶。

广西就业扶贫车间成效显著 存在问题需引起关注

刘 成

为了解广西各地就业扶贫车间取得的成效及存在问题，国家统计局广西调查总队近期在广西12个地市开展就业扶贫车间专项调研。调研结果显示，就业扶贫车间在吸纳建档立卡贫困家庭劳动力就业，助力贫困户脱贫等方面取得了积极的成效，但也存在组织实施工作力度不够、企业参与积极性不高、贫困户参与意愿不强等值得关注的问题。

一、对贫困户就近就业、增加收入成效显著

2017年12月，自治区人力资源和社会保障厅、自治区财政厅、自治区扶贫办联合印发了《关于做好就业扶贫车间建设吸纳贫困劳动力就业的通知》（桂人社发〔2017〕82号），截至2018年8月底，广西已有458家就业扶贫车间通过认定，带动就业人数3万余人。就业扶贫车间对保障贫困户就近就业、增加贫困户收入等起到了积极的作用。如南宁市大朗农牧发展专业合作社是邕宁区认定的首批就业扶贫车间，安排就业人数172人，其中建档立卡贫困户34人，每月工资约500~1500元。此外，合作社每年会以350元/吨价格优先向当地村民收购需约3000吨玉米秆等其他草料，每年能为当地村民直接增加70~80万元的收入。隆安县睦丰公司南圩镇爱华村就业扶贫车间加工点，该加工点参与手工编制的村民129人，其中建档立卡贫困户42人，年龄多在40~70岁，普遍存在年龄大、技能低、无法外出转移就业等问题，通过就业扶贫车间实现了家门口就业，部分贫困户已经完成了脱贫的目标。玉林市陆川县沙湖镇永旺村将利用自治区扶贫专项资金建设的生态养猪场，出租给陆川县春雨农牧有限公司经营，并被认定为就业扶贫车间。该厂每年可出栏生猪1.2万头，村集体得到12万元租金，吸纳的建档立卡贫困户务工人员每月工资约1900元。

二、存在的主要问题

从调研掌握的情况来看，各地建设就业扶贫车间的进度很不平衡。截至8月底，崇左市已建设并被认定的就业扶贫车间已超过200家，百色市已建设并被认定的就业扶贫车间接近100家，而部分地市尚处于起步阶段，仅10余家或更少。主要问题表现为：

（一）组织实施工作力度不够

一是重视程度不够。部分地区乡镇一

级没有专人负责此项工作的宣传和推进，没有突出就业扶贫车间在带动贫困村集体经济发展和引导贫困户就业方面的重要作用，导致部分符合条件的企业及有意向通过就业脱贫的建档立卡贫困户对政策知晓率很低，就业扶贫车间的建设及认定工作推进缓慢。

二是认定工作不完善。主要表现在：1.信息通道不畅、贫困人口核实不够精准影响就业扶贫车间认定。各地人力资源和社会保障局等主管部门在对就业扶贫车间进行认定时，需对企业吸纳的建档立卡贫困家庭劳动力进行核实，但在核实过程中发现，扶贫部门的建档立卡系统只能查询到本县区的建档立卡贫困户名录，不能查询到其他县区的建档立卡贫困户，而无法对非本地区贫困户身份进行确认，影响就业扶贫车间的认定及一次性就业奖补的发放工作。2.贫困户就业不稳定影响就业扶贫车间认定。南宁市邕宁区人力资源和社会保障局反映，就业扶贫车间建档立卡贫困户流动性较大，在核实就业扶贫车间建档立卡贫困户身份时，部分人员因工作变化等原因，已离开原岗位，影响就业扶贫车间认定工作。3.部分行业因其特殊性而达不到认定标准。据崇左市江州区人力资源和社会保障局介绍，该地部分季节性用工较多的糖厂，每逢榨季会在蔗区进行大规模的砍收工作，虽然每年都会聘请建档立卡贫困户参与工作，但受榨季时间较短的季节性限制，聘请的工人工作时间不足6个月，而达不到认定条件。

三是部分地区补贴发放不及时。从调研了解的情况来看，部分地区就业扶贫车间被认定后，尚未得到一次性就业奖补。以百色市为例，截至8月底，百色市通过认定就业扶贫车间93个，解决建档立卡贫困劳动力1647人，应发放一次性带动就业奖补164.7万元，但全市仅有田阳县发放了10.4万元，仅占全部应发补贴金额的6.3%。

（二）企业参与积极性不高

依据《关于做好就业扶贫车间建设吸纳贫困劳动力就业的通知》，就业扶贫车间与建档立卡贫困家庭劳动力签订劳务协议或承揽合同，在1年内累计工作不少于6个月、给付建档立卡贫困家庭劳动力不低于6000元劳动报酬的，按1000元/人的标准给予企业（个体工商户）一次性带动就业奖补，但企业普遍积极性不高。主要原因为：

一是建设就业扶贫车间及后续经营成本较高。广西大部分地区没有针对就业扶贫车间建设提供一次性奖补以外的其他优惠政策，企业认为1000元/人的一次性就业奖补标准较低，且部分就业扶贫车间所在地存在用地困难、基础设施差、前期投入大回报低等问题，积极参与的企业不多。武宣县三里镇的广西武宣县广鑫丝绸有限公司就业扶贫车间负责人黄某介绍，公司面临土地划拨困难的问题，目前厂房租用原古旺中学旧校址，存在较大的不确定性，不利于公司的长期发展。位于贺州市平桂区沙田镇的大冲土瑶竹艺编制厂，车间所在地狮东村基础设施较差，村屯道路还没有实现完全硬化，交通不便，产品的运输受到较大影响。都安县广西都安康音有限公司车家庄移民安置点负责人黎某反映，公司兴建厂房、宿舍、食堂等共计投入200多万元，可容纳150人就业，但目前吸纳的工人只有40多名，招工难使企业的生产经营受到影响，投资回报率低。

二是农民相对较低的就业技能影响企业的经营效益。贫困地区年轻劳动力大多外出打工，留在村里的劳动力多为年老、有疾病及无就业意愿者，接受能力差，工作熟练度不高，产品合格率低，影响企业生产经营，企业积极性不高。

三是向深度贫困村推进难度大。调研了解到部分地区就业扶贫车间向深度贫困村的推进仍处于空白阶段。企业普遍反映，深度贫困村多处于山区，交通不便，基础设施差，建设就业扶贫车间的建设成本、物流成本及人力成本高，且深度贫困地区建档立卡贫困劳动力“等、靠、要”思想较为严重，就业积极性不高，就业扶贫车间建设较为缓慢。

（三）贫困户参与意愿不强

从调研掌握的情况来看，大部分就业扶贫车间吸纳的建档立卡贫困户劳动力占总就业人数的比重均在20%以下，主要是因为就业扶贫车间工资较低，农村劳动力更倾向于外出打工。钦州市浦北县富通电子科技有限公司凤山分厂的负责人表示，因为工资偏低，对农村劳动力的吸引力不强，车间可以吸纳110名工人，但现在仅招到69人，就业扶贫车间在认定时有建档立卡贫困户5人，但现在仅剩1人。河池市都安县下坳镇某就业扶贫车间工作的贫困户蒙某反映，原本一直外出广东打工，月工资3500元左右，在就业扶贫车间的工资只有1700元，虽然能照顾家里，但收入上落差太大了。

三、意见建议

（一）加大宣传力度，营造良好氛围

通过报纸、广播、电视、网络等主流媒体广泛宣传就业扶贫车间政策，鼓励有条件的企业及有技术有资金的返乡农民工投身于就业扶贫车间的建设工作。同时在交通要道、城镇街道、扶贫乡村和安置点显眼位置，竖立长期性宣传标语、宣传展板，宣传就业扶贫车间扶贫利民工作，提高贫困户就业意识，激发贫困群众脱贫内生动力，营造就业扶贫的良好氛围。

（二）强化政府责任，加强政策支持

坚持“政府主导，统筹推进”原则，落实地方政府主体责任，加强对就业扶贫车间建设的规划与引导，在推进就业扶贫上积极发挥作用。完善就业扶贫车间的认定工作，加快兑现政策承诺，进一步优化对已建成就业扶贫车间的认定工作，对符合要求通过认定的就业扶贫车间，及时发放一次性就业奖补。加强资金及政策扶持，在就业扶贫车间的建设过程中，给予建设单位一定的建设资金支持，在土地、税收、用电等方面给予优惠政策，扶持一批就业扶贫车间做强做大，以解决更多农村劳动力特别是建档立卡贫困家庭劳动力就地就近就业问题。

（三）发挥联动效应，加强劳动技能培训扶持

充分发挥人力资源和社会保障局等主管部门与就业扶贫车间建设方之间的联动效应，发挥主管部门在劳动技能培训方面的主导作用，围绕“就业扶贫车间”技能需求，推行“短平快”职业技能培训，使农村劳动力尽快熟悉相关工作，满足就业扶贫车间工作的需要。

（四）加强深度贫困地区的基础设施建设

做好深度贫困地区的道路、农田、水利、电力等改造升级工作，以完善深度贫困地区交通基础网络为重点，推进道路等交通项目建设，加快实施深度贫困地区农田水利改造工作，加快推进深度贫困地区农村电网改造升级和配电网建设，做好征地拆迁及异地安置工作，规划建设用地，为企业入驻建设就业扶贫车间提供保障。

广西边民政策获得感增强　存在问题亟待解决

郑月波

广西百色、崇左、防城港3个边境地级市中的东兴市、防城区、宁明县、凭祥市、龙州区、大新县、靖西市、那坡县等8个县（市、区），31个乡镇，225个行政村与越南的河江、高平、谅山、广宁4个省18个县接壤，陆上疆界线长1020公里，边境县（市、区）总人口260万人，其中边民约77万人，占29.6%。为了解广西边境地区人民生活情况，国家统计局广西调查总队对凭祥、宁明、龙州、东兴、大新、靖西、那坡等7个边境县（市、区）0～20公里范围内的21个村110户边境居民进行了走访调研。村民普遍反映广西边境政策的落实有效改善了生活状况，但仍期盼政府及有关部门切实解决好边民生活的实际困难。

一、政策助力，边民获得感增强

2012年12月，广西出台《兴边富民行动大会战实施方案》，进一步完善边境地区的基础设施条件，改善边境地区群众生活条件，持续巩固边境地区产业发展基础，维护边境地区稳定，加强守土固边建设，使广西边境地区生产生活条件得到了较大的改善。参与调研的边民普遍肯定广西在“稳边、固边、富边”采取的措施，有效改善边民的生产生活条件，并对未来美好生活充满信心。

（一）提高补助标准，生活更有保障

2018年6月份自治区民政厅和财政厅联合发文提高边民生活补助标准，要求从2018年1月1日起，广西陆地边境0～3公里范围内的边民生活补助标准由现行每人每月130元，提高到167元，增长28.5%。崇左市宁明、龙州、凭祥、大新等4个边境县（市、区）2.93万户11.67万名享受边境0～3公里边民生活补助的居民，8月份已全部补发完成，累计发放补助金13712.4万元。防城港市东兴市调研的16户边民一致认为，0～3公里边民补助给他们带来实实在在实惠。边民张某反映，家里6口人每月边民生活补助1000元，解决米、油、水电费用等基本生活保障没有问题。百色市那坡县共有7979户边民30111人获得补助。边民黄某反映，家里5口人一年有10020元边民生活补助，占年人均可支配收入的24%左右，可以较好地改善生活状况。

（二）边民互市政策促进经营增收

广西各边境县充分利用国家给予边民“每人每天交易8000元货物全免关税和环

节税”的优惠政策，提高边民经营收入。东兴市创新“边境贸易+互助组”模式，组建了以1个党支部领航，N个边民互助组、每组成员20人以上，每组吸纳1户贫困户的边境贸易“1+N20+1”扶贫模式，边民互助组由2015年的19个1416人增加到目前的72个2730人，其中带动贫困人员650人脱贫致富，实现了依靠边境贸易稳边安边兴边富民的目的。那坡县平孟口岸周边边民利用该免税政策组成互助组参与边民互市贸易。截至2018年8月底，全县边民参与指纹录入备案共4960人，边民平均每天参与互市贸易指纹签到约1400人。凭祥市成立边民互助合作社，通过村委成员、经济能人组织带动边民参与互市贸易，增加边民了收入。

（三）全额补贴新农合，减轻边民负担

广西对0~20公里参加新农合的农村居民，实行个人缴费部分由政府给予全额补贴的政策，每人每年缴纳180元，由自治区和当地两级财政给予补贴，切实减轻边民经济负担。东兴市，2017年补贴对象109323人，金额1967.814万元。边民吴某4口人，每年可以免除新农合费用720元。丈夫于前年中风脑出血，由于有医保报销医疗费，家庭生活影响不大。

二、边民生活仍面临诸多困难

边境居民，特别是边境0~3公里范围内的深度贫困村屯群众肩负着守边固边的重任，在精准扶贫中不实施易地搬迁政策，边民生活仍面临诸多困难亟待解决。

（一）边境村屯基础设施薄弱

1.安全饮用水没有保障。那坡县百省乡那布水弄一、水弄二、水头屯、安置场等苗族片区供水不足，农户主要依靠家庭水柜积蓄雨水提供生产生活用水，饮水安全得不到保障。平孟镇农信村农红屯自来水胶管因年久失修，多处破裂，无法正常供水，有时候群众只能通过人力挑水解决饮水问题。大新县堪圩社区百吕屯边民黄某反映，百吕屯43户160多人，家家户户自己打浅井抽地表水饮用，很不安全。凭祥市上石镇油隘村、叫册屯等村屯均没有通自来水，村民只能自己出资上山自引山泉水来解决。

2.电网改造尚未全覆盖。调研发现，由于第二轮农村电网改造升级工程在边境地区没有实现全覆盖，导致部分一线边民生产生活用电遭受严重影响。龙州县武德乡农干村、宁明县寨安乡那雷村部分边民反映，只要遇到下雨天，供电部门就关闸停电，少则1~2天，多则3~4天，给边民生产生活带来诸多不便。那坡县百南乡那岜村规在屯农某反映，该屯目前还没有实施农网改造，电线老化，经常造成线路故障停电。

3.普遍缺乏村级公共服务设施。凭祥市0~3公里范围内的上石镇油隘村、宁明县0~3公里范围的桐棉镇那旭村、龙州县0~20公里范围内的彬桥村皆因村里无集体用地，无法规划建设村级公共服务设施。凭祥市友谊镇卡凤村村支书韦某反映，由于该村土地已全部被征用，没有土地修建篮球场、舞台等公共服务中心，村民只能到货场或者停车场跳广场舞。

4. 个别地区道路和网络不通畅。那坡县平孟镇农信村那荣屯反映，主干道到那荣屯现在还是沙土路，晴天浓烟滚滚，雨天泥水泥泞，出行较为艰难。百南乡人大反映，那坡县通信信号覆盖抵边自然村屯仅占35%左右，百南乡还有23个自然屯未通宽带网络，网络信号覆盖弱的抵边村屯经常受到越南信号的渗透、干扰。

（二）学前教育问题突出

1. 教学点少。那坡县百省乡丁副乡长反映，边境农村教学点分散，教育资源整合撤并后，边境地区村屯特别是0～3公里学龄儿童上学困难未得到根本解决。

2. 收费贵。靖西市壬庄乡个宝村边民凌某反映，其小孩在乡镇一家民办幼儿园就读，每个学期学费要2000元，部分家庭送幼儿接受教育较为困难。凭祥市、龙州县、宁明县调研中发现，一名边境学龄前儿童每学期交纳的学杂费（含食宿）高达2300元，这对边境地区部分贫困家庭来说是一笔沉重的经济负担。

3. 存在安全隐患。在凭祥市、龙州县、宁明县调研发现，为了争夺生源，各村私立幼儿园大多实行早接、午托、晚送的半封闭管理模式，园方聘用社会上无资质的“黑面包车”每天到分散在边境偏僻的各村屯接送学龄前儿童上学，一辆限载7人的面包车时常塞上10人以上的学龄前儿童，周而复始地行驶在崎岖狭窄的乡村道路上，给学龄前儿童的生命安全埋下较大的事故隐患。

（三）边民通婚落户困难

1. 越南媳妇无法落户，难以享受相关政策待遇，存在一定社会隐患。凭祥市凭祥镇南山村全村875户3750人，有越南籍媳妇100多人，由于办理护照手续繁琐，至今仍未取得中国国籍，无法享受基础养老、医疗、边民补贴等相关政策。如边民黄某，家中2人，仅有丈夫一人享受有关0～3公里边民生活补助、低保、新农合等边境政策，妻子是越南籍，今年67岁，出嫁到中国已经30多年，无任何生活保障和来源，平时头痛脑热只能到药店自行买点便宜药来吃，怕花钱不敢去医院看病。此外，村民反映有的越南媳妇为了生计，被迫走上骗婚、贩毒的违法道路，给社会稳定带来了不安全的因素。

2. 无证通婚导致子女落户难、上学难。那坡县百省乡那孟村现有越南藉媳妇26人，无法办理婚姻登记，没有中国户籍，不能享受新农合等各项补助政策。越南媳妇大都在家分娩婴儿，没有出生医学证明，造成出生儿童办理户籍比较困难。由于无户籍，出生儿童无法享受到医疗、低保、边民补助等扶贫惠民惠农政策，导致无法正常就医、上学，给边民生活带来极大困难。

（四）存在一些政策不合理、落实不到位的问题

1. 精准扶贫危房改造政策与兴边富民工程政策不能重复享受。调研发现，那坡县0～3公里的个别建档立卡贫困户已享受了兴边富民工程的危房改造户均40平方米的政策，由于当时建设标准低，房子低矮，面积狭窄，至今，当年所建住房多数已出现屋顶漏雨，墙壁开裂等危房现象，

或因人口增加造成住人均居住面积不足13平方米，这些房子急需重新改造建设。而根据上级不能重复享受政策规定的要求，上述农户无法再次享受精准扶贫农村危房改造政策，实施房屋改造的难度大。

2.新生儿办理边民生活补助开户难，边补政策“被延误”。按国家边民生活补助政策规定，边境0~3公里的新生儿出生满6个月，就可以到民政部门申请办理领取边民生活补助开户手续，但部分边民反映新生儿办理边民生活补助开户难。宁明县寨安乡那雷村边民农某反映，其孙子到2018年9月底就满1周岁了，7月份他曾3次到乡政府民政部门帮孙子办理领取边民生活补助开户事宜，但乡民政部门工作人员回复今年暂时停办，他很不理解。该乡一些村屯边民今年也遭遇过没法为符合条件的新生儿办理边民生活补助开户的现象，村民反映强烈。

三、意见建议

（一）加强基础设施建设，满足边民生产生活需求

一是加大边境地区水、电、路建设资金投入力度，保障边民出行、用电和饮水安全。二是完善边境村级公共文化体育设施配套，协调解决建立相关设施的用地等问题，加快建设基础的公共设施。同时，创建有地方特色的文化书屋，加快解决网络信号稳定问题，满足边民精神文化需求。

（二）加大边境地区教育投入，改善边民受教育条件

增加边境地区基础教育投入，在有条件的边境地区行政村设立学前教学点，提高边境教师生活待遇，增加师资力量的配备和投入，查处和取缔非法营运私立校车，规范学校特别是私立幼儿园的安全教育管理。

（三）加快解决越南籍新娘及子女问题

有关部门要加强调研力度和沟通联系，采取切实可行措施，解决越南籍媳妇入户及出生子女生活待遇问题，使其基本生活得到有效保障。

（四）提高边民补助标准和扩大边民享受范围，确保边疆巩固安宁

那坡县平孟镇李副镇长建议，将0~3公里农村边民生活补助标准提高到每人每月300元，并且将享受范围扩大到边境0~20公里，改善边境农村居民生产生活条件，加快边境地区发展，让边民沿“边”有靠，靠“边”致富，着力实现兴边富民、稳边固边的目标，确保边疆巩固安宁、社会和谐稳定，最终实现国家的长治久安。

广西中越跨境劳务合作急需解决的几个问题

刘 成

近年来，广西积极推进中越跨境劳务合作，引进越南籍劳工缓解广西劳动力紧缺的状况。为了解广西入境劳工的管理现状，国家统计局广西调查总队在防城港、百色、崇左等3个边境地级市开展入境劳工专项调研。调查结果显示：跨境劳务合作有效缓解边境地区用工紧缺矛盾，但也存在入境劳工信息共享滞后、入境手续繁琐、停留时间短、监督管理不规范、非法入境及跨境劳务合作推广工作进展缓慢等值得关注的问题。

一、跨境劳务合作有效缓解边境地区用工紧缺矛盾

2017年2月，广西自治区政府印发《关于同意广西中越跨境劳务合作试点工作方案的批复》，决定在凭祥、东兴两市开展中越跨境劳务合作试点工作。经过试点、推广，中越跨境劳务合作取得较好成效。据不完全统计，2018年1—9月，通过合法手续进入广西边境地区务工的越南籍劳工累计达19.9万人次。调研的11家用工企业反映，跨境劳务合作切实缓解了边境地区企业用工难、用工贵的难题。

有效缓解了劳动力紧张状况。近年来，受边境市县外出务工人员增加、经济基础薄弱、收入水平相对较低的影响，广西边境地区的劳动密集型行业劳动力缺口不断加大，制约了边境地区经济社会的快速发展，越南籍劳工入境务工对缓解广西边境地区劳动力紧缺的状况起到了积极的作用。崇左市某农机专业合作社2017/2018榨季收获甘蔗面积3851亩，产量13682吨，基本上由越南籍劳工负责收割，最高峰时用工700多名。广西某工贸有限公司黄经理反映，企业用工一直存在缺口，但较低的工资水平对本地工人没有吸引力，企业聘请的79名工人中，65人为越南劳工，占82.3%。

有效降低了企业用工成本。入境劳工在国内务工没有享受“五险一金”等社会保障政策，企业聘用一名入境劳工仅需缴纳人身意外伤害和工商商业保险23元/月，而聘请国内劳工按最低档次缴纳“五险一金”金额约需800元/月，聘请一名入境劳工至少能为企业减少用工成本约777元/月。防城港市东兴市某食品开发有限公司反映，该公司聘请了400名越南籍劳工，薪酬水平与本地劳工基本一致，但由于越南劳工无需缴纳社保，每年可为企业节约成本约380万元。

二、跨境劳务合作管理存在较多问题

（一）跨境劳务信息办证审批系统未能实现信息动态共享

“越南入境务工人员管理信息系统”是自治区主管部门指定的跨境劳务信息办证审批系统，但目前还无法与公安等相关部门共享信息，未能充分发挥入境劳工管理作用。防城港市东兴国家重点开发开放试验区范围内的外事、边防、公安、人社、检验检疫等部门尚未建立统一的境外边民出入境、停留、就业信息互通机制，相关信息无法实现跨部门动态共享，影响相关工作效率及对境外边民的有效管理。

（二）越南劳工入境手续繁琐、停留时间短

一是入境用工手续审批耗时长。广西某人力资源公司凭祥分公司反映，越南籍劳工办理入境手续需要越南出入境通行证、身份证、体检证等材料，主要从浦寨口岸出入境，入境通道少，入境人员多，排队耗时长，该公司每月办理500人次左右的入境劳工手续至少需要5~6天时间，无法在海关规定的“入境人员最多只能停留三天”的期限内办理完毕，只能由劳务公司出面向海关领导申请签批延长办理手续时间。

二是入境通道少，劳工出行难。与龙州县接壤的越南高平省复合县有近3000名越南劳工有意愿到崇左市务工，但目前崇左市允许越南劳务人员通关的仅有凭祥市浦寨口岸，劳务人员要入境务工必须舍弃“家门口”的龙州县水口口岸，绕道120公里外的谅山省后再从浦寨口岸通关，跨境务工务工成本增加影响了境外劳工入境务工积极性。

三是跨境劳工停留时限政策仍未落实到位。根据广西壮族自治区人民政府批复同意的《广西中越跨境劳务合作试点工作方案》，公安机关根据境外边民提供的出入境通行证，签发《广西边境地区外国人居留证》，停留时限可由1个月延长至6个月。目前，跨境劳工停留时限仍然维持在1个月，给用工企业在生产用工安排、生产成本控制用工人员管理等带来了诸多不便。调研的9家劳务派遣公司和11家用工企业均表示证件有效期过短，直接增加了用工企业成本和入境劳工负担。广西某食品有限公司反映，目前，劳务公司派遣越南籍劳工一批10~20人，在中国务工的停留期限为30天，期满后要重新返回办理相关证件，办证时间基本重合，大批工人每月续证往返需要几天时间，影响企业正常的生产经营。东兴市广西某科技有限公司聘请的越南籍民工赵某和李某反映，入境停留期限太短，在华长期务工需逐月办证，每月需要花费一定的时间和金钱折返口岸办理相关手续，手续繁琐且费用较高，建议办理签证等入境手续能够更加简便，同时延长停留期限。

（三）跨境劳务合作推广工作进展缓慢，存在非法入境、非法务工现象

目前，广西跨境劳务合作试点范围还仅限于防城港市东兴市国家开放开发重点试验区及崇左市的部分县（市、区），《广西中越跨境劳务合作试点工作方案》提出的

“2017年底或2018年初在百色等其他沿边重点地区复制推广”的目标推进缓慢，百色市的靖西市启动跨境劳务合作试点工作尚处于起步阶段，试点方案的配套政策及措施还停留在前期的准备阶段，部分沿边地区企业迫切需求分享越南劳动力红利的期盼尚未实现，从而出现非法入境、非法务工现象。据靖西市龙邦镇上敏村（边境0~3公里村）主任反映，农忙季节，每天早上就会有大量越方劳工从边境附近村庄走小道入境，参与边境乡镇农活零工，晚上出境。广西边境线长1020公里，陆地和水上便道特别多，仅东兴市内近39公里的河段，就有便道50多条，在边防执法人员有限的情况下，尽快推进跨境劳务合作工作进度，切实解决跨境劳务合作迫切需求，才能从根本上解决境外居民“非法入境、非法务工、非法滞留”现象。

（四）跨境劳工管理存在安全隐患

按照《广西沿边重点地区越南入境务工人员管理暂行办法》“谁用人、谁管理、谁负责”的规定，用工单位和中介机构对越南入境务工人员承担管理主体责任。从调研情况看，越南籍务工人员派遣到用工企业后，劳务派遣公司缺乏对用工过程中的监督管理。同时，用工企业虽与越南籍劳工签订劳动合同，但对劳工的约束力较差，个别越南籍劳工辞工随意，造成对小部分外籍劳工入境后的跟踪不到位，一些外籍劳工签证过期后去向不明，存在较大的管理难题和治安隐患。

（五）越南劳工医疗保障欠缺、业余生活单调

据越南劳工反映，他们愿意在中国就业工作，但期盼解决两个方面的问题：一是医疗保障。广西某人力资源公司凭祥分公司派遣的越南籍劳工黄某反映，受政策限制，入境劳工无法参与当地政府主导的医疗保障计划，而商业保险公司没有类似于城镇职工基本医疗保险的产品，希望完善医疗保障措施，解除入境劳工的后顾之忧。二是业余生活单调。广西某工贸有限公司聘请的越南籍劳工何某反映，现有工资待遇和工作强度都可以接受，但下班后的生活比较单调，希望企业多组织一些文娱活动，促进中越职工间的交流，丰富业余文化生活。

三、意见建议

（一）强化政策落实，完善用工审批制度及程序

总结经验，加快跨境劳务合作推广工作。加强部门协调，增设通关口岸，提高通关效率，完善入境劳工审批手续，加快越南籍跨境务工人员停留时限延长至180天的政策落实。

（二）加强信息共享，加快信息系统落地运行

完善入境务工人员信息管理系统，切实执行入境务工人员信息系统化管理。促进统一的境外边民出入境、居留、就业等信息的服务平台落地运行，建立信息数据库，实现资源共享，提高工作效率和管理能力。

（三）加强对劳务中介机构、用工企业和跨境务工人员的管理，规范用工程序

指导劳务中介机构依法依规做好劳务派遣工作，规范劳务市场，打击无序竞争等扰乱市场秩序的行为。积极做好用工单位和跨境务工人员管理服务工作，教育引导跨境务工人员遵守我国法律法规，督促用工单位改善跨境务工人员工作、生活环境，组织入境劳工与本国工人的经常性文体交流活动，完善医疗保障工作，及时处理和化解劳务纠纷，保障务工人员正当权益。

（四）加强对非法务工、非法用工的打击力度

建立联合打击非法用工机制和黑名单制度，加强公安、海关、边防、人社等部门的协调和配合，加大非法入境劳工的查处和打击力度，针对跨境用工、跨境务工情况开展定期及不定期的联合检查，明确劳务派遣公司对入境劳工管理的相应职责，做好跟踪管理，及时报备外籍劳工去向，共同提升入境劳工管理水平，杜绝社会治安等隐患。

广西2019届大中专毕业生就业率预期稳定就业压力有所增加

刘 成

为了解2019年广西大中专毕业生就业形势，做好毕业生就业形势分析和研判，国家统计局广西调查总队在广西选取了12个地级市、12个县（市、区）开展2019届大中专毕业生就业形势分析专项调研，通过对各地教育主管部门、学校就业指导部门及40所大中专院校800名2019届毕业生进行走访和问卷调研，结果显示：广西各地教育主管部门及大中专院校高度重视毕业生就业工作，2019年大中专院校毕业生预期就业形势总体平稳，但当前学校和毕业生的就业观念和措施的失当，一定程度上影响着就业水平。

一、就业率预期稳定　就业压力有所增加

（一）毕业生就业率预期保持稳定

通过对广西24个市县、40所大中专院校的调研了解到，各地各院校认真贯彻落实自治区人民政府《关于做好当前和今后一段时期就业创业工作的通知》（桂政发〔2017〕48号），积极开展就业政策宣传和创业指导，完善服务模式，加强校企合作，提供就业帮扶，拓宽就业渠道，鼓励、引导和支持大中专毕业生自主创业，从调研结果来看，八成以上院校预期就业率均在90%以上，部分专业的毕业生就业率可达到100%，预计2019年就业率与2018年相差不大，就业形势保持总体稳定。

（二）就业压力有所增加

一是毕业生人数继续增加。2018年广西普通高校毕业生人数为22.2万人，预计2019年将达到25万人左右，毕业生人数加码，预示着就业竞争将激烈，也给大中专院校毕业生的就业带来较大压力。问卷调研数据显示，61.9%的受访毕业生认为毕业生供给总量大是当前就业压力大的主要影响因素。

二是毕业生知识能力与社会需求存在错位。调研发现，部分大中专院校在专业设置与人才培养质量方面未充分适应社会和市场需求，导致供需结构矛盾，造成总体就业情况不均衡，有22.7%的受访毕业生认为当前部分专业设置不符合社会需求。如广西财经学院反映，该校各专业的就业情况差异较大，工程管理、会计学、金融学等专业毕业生就业质量相对较高；而劳动与社会保障、人文地理与城乡规

划、旅游管理等专业就业情况则不容乐观，虽然最终能够实现就业，但就业岗位与专业并不对口，就业质量不高。广西玉林高级技工学校反映，陶瓷、新材料、再生资源利用等行业均是玉林市优势产业，但玉林市大中专院校均未设置与上述产业相关的专业，导致优势产业在玉林市劳动力市场上无法招聘到足够的专业人才和高级技工，存在较大的用工缺口，大中专院校服务地方经济发展的能力未得到充分体现。

三是毕业生“慢就业”情况较为突出。调研了解到，毕业生就业观念开始发生转变，从过去的以实现就业为目标，转为以实现高质量就业为目标。越来越多的毕业生选择或者接受“慢就业”，而有余力的家长尊重孩子的选择，为孩子提供待业、择业或者创业考察的便利，这种观念上的转变催生出各种慢就业现象，如考研、考公务员的比例逐年上升。问卷调研数据显示，近6成受访毕业“就业考虑的首要因素是个人提升发展的机会；25.3%的受访毕业生选择生先择业后就业”、25.3%的受访毕业生选择毕业后“继续深造”。

二、毕业生就业工作中存在的突出问题

（一）学校方面

一是职业生涯规划指导体系尚不完善，就业指导教师队伍专业化水平有待提升。调研了解到，各大中专院校学生职业生涯规划指导体系尚不完善，仍存在指导内容简单、指导形式单一、指导时间段相对滞后等问题，与新形势下进一步提升学生的职业规划和意识的工作要求存在差距。且目前各院校就业指导人员多由学生管理工作系统的教师构成，相对缺乏就业指导方面的专业知识和技能，无法满足学生多样化的就业需求。问卷调研数据显示，47.0%的受访毕业生没有做过良好的职业规划，81.5%受访毕业生认为学校的就业指导一般或者没有太大作用。

二是创业政策宣传不到位，影响政策施行实效。为拓宽就业渠道，增加就业门路，近年来政府先后出台了多项激励大学毕业生创业的优惠政策。但从调研掌握的情况来看，部分院校创业、就业指导等课程的实践教学薄弱，毕业生在校得到的创业指导较少，对于国家和地方出台鼓励大学生创业的政策知晓率很低。问卷调研数据显示，8成以上的受访毕业生对政府出台的大学生自主创业优惠政策不了解。桂林理工大学南宁分校通信技术专业学生龚某反映，学校就业创业政策宣传不到位，导致很多毕业生不了解就业创业政策的具体内容，影响了政策施行的实效。

三是人才培养模式有待优化。调研了解到，部分院校过于重视理论教学，而忽视对学生实际工作能力的培养，导致部分毕业生的职业素养和实践能力无法很好适应用人单位需求。问卷调研数据显示，36.6%的受访毕业生认为自身实际工作能力比较欠缺，63.0%的受访毕业生认为毕业生能力与用人单位需求不符导致就业压力增大。如广西理工职业技术学院学生易

某反映，其所学的汽车检测与维修专业，但实际操作水平仍停留于理论阶段，学校开设的专业实操课全班47人上课，仅有1名老师授课，每人练习时间仅有10分钟左右，课程结束通过考试后就再未接触，实际工作能力与岗位需求存在较大差距。

四是校企合作力度有待加强。部分院校校企合作力度不够，企业对培养学生的影响力不强，以“用人导向”为目标的应用型人才培养能力有限。以百色职业学院为例，该校有15个专科专业引进了订单培养、校企共育等的模式，但受参与培养的合作企业师资、设备等资源不足，以及企业参与深度不够等原因影响，毕业生在实习结束之后大部分选择了离岗或者违约，合作共建成效较差。

（二）毕业生方面

一是就业心态茫然，缺乏具体规划。从调研掌握的情况来看，大部分毕业生都有就业的自我想法，并都有理论上的职业规划，但实际上就业心态却很迷茫。问卷调研数据显示，41.4%的受访毕业生表示现在的就业心态非常焦虑、很茫然，另有14.3%的受访毕业生存在“没多考虑，反正最后总会有工作”的无所谓心态。表明部分毕业生缺乏职业规划，求职目标不明确，就业意愿不强烈，存在观望、无所谓的态度，导致毕业生在求职过程中定位不准确，就业成功率低。

二是就业观有待于进一步引导。问卷调研数据显示，74.4%的受访毕业生认为毕业生就业期待与用人单位需求不符。部分毕业生因只盯着大城市、大机关、大企业，高工资，局限了职业选择的范围和能力发挥的空间，54.1%的受访毕业生计划毕业后在首府南宁市或区外一二线城市及省会城市工作，56.8%的人选择机关事业单位、国有企业作为目标就业单位，22.4%的受访毕业生表示期望在大城市就业，绝不回乡就业。毕业生对就业地域、工资待遇等因素期望过高导致择业难度加大，择业时间延长。如广西中医药大学反映，该校医学类学生倾向在市级单位、三甲医院、知名企业就业，就业期望值高，而目前大城市三甲以上医院对应届毕业生的需求趋于饱和，就业竞争压力较大。

三是薪酬期望偏高。受访毕业生中，对于能接受的月薪，选择“1000～3000元”的占8.8%；选择“3000～4000元”的占39.0%；选择“4000～6000元”的占38.7%，选择“6000元以上”的占13.5%，部分院校就业指导负责人表示，一些毕业生存在攀比心理，对月薪要求明显高于当地收入水平，通常刚毕业的学生或实习生并没有工资或只有很少的工资，部分毕业生常常因为对待遇要求过高，放弃一些有潜力的工作单位。

四是自主创业意愿不高。在国家大众创业、万众创新的大背景下，国家和地方政府给大学生创业提供了诸多便利和优惠政策，各院校也积极培育并大力支持大学生创业，但目前广西大中专毕业生自主创业意愿并不高。问卷调研数据显示，49.7%的受访毕业生认为毕业生追求稳定工作，缺乏开拓精神。虽然有部分受访毕业生选择将“自主创业”作为一种求职途径，但从8成以上受访毕业生对国家出台的大学生自主创业优惠政策“不了解”这一情况来看，真正认真研究创业并准备付诸实践的少之又少。

三、意见建议

（一）加强各大中专院校就业指导保障，引导学生做好职业规划

加强院校就业指导队伍人员培训，改善就业创业指导服务体系，进一步强化毕业生迫切需要的求职面试技巧培训、就业形势分析、就业心理咨询、就业信息发布、用人推荐等工作，搭建好就业服务平台，完善就业创业指导课程改革，形成全程化、多样化就业创业指导服务，不断提高就业创业指导的专业化和职业化水平。积极引导毕业生转变传统的择业、就业观，加强专业化个性化职业指导，帮助毕业生做好自身的职业规划，制定合理的择业目标，克服急躁、盲动心理，脚踏实地的求职、扎扎实实的工作。

（二）不断完善院校专业动态调整机制

与时俱进，以社会需求为导向，加强对近几年大中专毕业生就业数据分析，准确研判市场对未来人才需求形势，科学有效预测市场动向，主动立足未来开发人才资源，面向市场需求调整专业设置，建立与市场需求相适应的专业结构和人才培养模式，改变短期内的盲目扩招，避免出现毕业生结构性过剩的情况。

（三）拓宽就业渠道，积极提供创业服务

加大创业宣传力度，完善各项创业激励政策，积极为大中专毕业生提供创业服务，大力开展创业教育和职业技能培训，加强创业培训基地建设。解决好应届毕业生创业门槛过高、审批程序较多、融资渠道有限、信息交流不畅等问题，逐步建立完善应届毕业生自主创业优惠政策的长效机制。

（四）改善人才培养模式，深入推进校企合作

改变重理论而轻实践的传统教学方式，强化创新能力和社会实践能力的培养，不断优化人才培养模式，提高学生实际工作能力。分析企业用工需求与应届毕业生知识结构之间的差距，将企业对人才需求与院校对人才的培养精准对接，使学校的师资引进、专业开设和教学改革能更好地瞄准地方优势产业的特点和企业的需求，健全定向培养计划，促进校企深度合作，实现企业得人才、学生得技能、院校得发展的多赢目标。

广西公立医院医疗服务价格改革存在“三不太满意”

蒋志华

2017年开始，广西公立医院医疗服务价格改革有序展开，按照“总量控制、结构调整、有升有降、逐步到位”的调价原则，先后取消药品加成，破除“以药养医”机制。为了解广西公立医院医疗服务价格改革情况，2018年10月，国家统计局广西调查总队针对广西25个市县40家公立医院，113名医生和154名患者进行走访调研。结果显示，广西公立医院医疗服务价格改革总体进展顺利，但是在改革中存在的一些不足，使得医疗服务价格改革的效果打折扣。

一、公立医院未得足额补贴，不太满意

当前广西各市县公立医院先后进行医疗服务价格改革，取消了药品加成，将所有药品（中药饮片除外），实行零差率销售，破除“以药养医”机制。但调研发现，广西对公立医院实行药品零差率销售而减少的合理收入，通过调整医疗服务价格和医院加强成本控制补偿85%，财政专项补偿15%，专项用于弥补各医院因实行药品零差率销售形成的资金缺口。广西公立医院普遍反映当前医疗服务价格补偿和财政专项补偿不足，如南宁市广西中医药大学第一附属医院2018年1—6月取消药品加成收入4091.87万元，总补偿率为93.74%。防城港市中医医院：2018年上半年，应得补偿总额461.7万元，医院损失62.8万元未能补偿，补偿率为86.6%。百色市人民医院2018年1—7月，该院药品收入1.6亿元，按改革前药品15%利润计算，药品利润为2410万元，通过医疗服务价格调整后该院得到的补偿只达到80.7%，医院需在一年一次的财政补偿到位前垫付大量资金，造成医院流动资金不足。此外，桂林市、北海市、钦州市、河池市、来宾市、崇左市、马山县、南丹县、扶绥县、都安县等市县的一些公立医院都有此类反映。

二、收入分配并未改革，医生不太满意

本次医疗服务价格改革，调整提升体现医生技术劳务价值的医疗服务价格，提高了诊查类、护理类、诊疗类、手术类、中医类的服务价格，但医生对医疗服务价格改革的满意度并不高，改革并没有明显提高医生的收入和劳动积极性。据调研，113个医生中对国家医疗服务价格改革，“满意”的占有27.4%，“一般”的占

46.0%、“不满意”的占26.6%。54%医生的认为医疗服务价格改革后不能提高医生积极性。主要原因是此次改革是医疗服务价格和药品改革，不涉及到医生的收入分配改革，61.9%的医生收入分配方式没有改变，63.7%的医生收入没有提高，53.1%的医生认为医疗服务价格改革不能体现自己的劳务价值。调研中有医生反应，医疗服务改革涉及主要在药品和服务价格上，没有涉及到医院的收入分配，医改后他们的基本工资基本没有变，薪资提高还是要靠科室和医院的经济效益。

三、价改后患者就医获得感不明显，不太满意

（一）患者对医疗费用的降低感受不明显

据对154个病患者的“您认为国家医疗改革后看病费用如何变化？”问卷调查中，回答“便宜了”的只有16.2%、回答“差不多”占60.4%、回答“更贵了”占23.4%；“差不多”和“更贵了”之和是83.8%，超过八成。患者对医疗费用的降低感受不明显。如南宁市广西中医药大学第一附属医院就医的黄女士和李女士分别在改革前后就医，都是在脾胃病科一区看病，治疗脾胃病，入院治疗4天，注射西药注射用泮托拉唑钠9次，分别花医疗费3277.53元和3266.98元，相差只有10.55元。北海市杨女士在医疗改革前后均进行产检，由于医改后不同级别的医师挂号费相差较多，因此有时会出现无法挂到医师或主治医师的号，只能挂到副主任医师及以上的号，被动接受较高的诊查费。

（二）仍存在“过度检查”现象加重患者负担

本次医疗服务价格改革，公立医院普遍降低了磁共振平扫等大型医用设备检查治疗价格，但存在对患者过度检查的现象，导致患者对检查费用下降的感受不明显。据对154个病患者调研，认为医疗价格改革后医生看病“过度检查”现象“有改善”的占33.8%，“没有改善”的占51.3%，“更差了”的占14.9%。一是做无必要的检查。如北海市合浦县林某反映2018年7月，其因为感冒发烧引起头痛和四肢无力，医生只是简单询问几句，便开出照CT和B超的检查项目，然而其换家医院医生开点药休息半天就康复了。南宁市马山县患者家属唐秀高反映，医疗改革前后看病费用都差不多，因为改革后各种检查特别多，“过度检查”的现象更加严重了，一个小手术要做十几项检查，整体下来费用和之前没有什么变化。崇左市病患者石某反映，其去年9月患亚甲炎，在某医院治疗，医院要求在外科、口鼻科、内分泌科三个科室进行诊疗，先后进行了B超、CT、验血等6项检查，单检查费用就花了2600多元。二是转院重复检查。百色市田阳县陆某反映，2016年以来，其从田阳县人民医院转到右江人民医院，之后再转到右江人民医院就医，先后在三个医院均做了一次全身检查，每次检查都要花几千块钱，且每次检查结果都一样。这对于摆地摊做小本生意糊口的家庭来说负担太重，全家人一个月的总收入都不够交付一

次检查费。崇左市周某反映其父上半年患胆囊结石在崇左市人民医院住院后转院去南宁市广西医科大附属医院，之前在市人民医院做过的检查项目在转院医院又重新做一轮。

四、对推进医疗服务价格改革的建议

（一）加大财政投入，扭转公立医院政策性亏损局面

加大财政投入，健全公立医院规范高效运行机制，坚持公立医院公益属性。破除逐利机制，取消药品加成，切断医院和医生与药品、耗材间的利益链。通过调整医疗服务价格、加大政府投入、改革医保支付方式、降低医院运行成本等，建立科学合理的补偿机制，并将药品贮藏、保管、损耗等费用列入医院运行成本予以补偿，扭转公立医院政策性亏损局面。

（二）完善医生待遇制度，提高医生积极性

根据卫生管理部门及医院反馈，医疗服务价格改革中药品“零加成”政府补贴不到位，医院服务项目收入需弥补药品成本，提高服务价格带来的收入增加能用于提高医生报酬的部分不多，建议政府根据物价上涨调整财政补助额度，减少以医院收入弥补“零加成”药品成本，增加医院可分配收入，提高医生劳务报酬，提高医生的积极性及医疗服务水平。缩小医院部门与部门之间，业务人员与非业务人员之间的薪资差距，建立合理的、良好的医疗服务环境，不断提高医生的积极性和创新性。

（三）强化管理监督，减少医生“过度检查”现象

一是加大医疗卫生经费投入，保证非营利性医院必要的经费，适当提高医疗服务价格和医生薪水，减轻一些创收的压力，降低医生开检查单的欲望。

二是大力开展行风建设与整顿。加强医德医风教育，牢固树立“以病人为中心”的服务观念和全心全意为人民服务的政治观念，坚持合理用药和合理检查。卫生行政部门和医院内部要经常进行行风评议，加强行风考核，与经济责任及聘任挂钩，实行意见箱制度，做到有报必查，一经查实严肃处理，时刻向医生敲警钟。

广西“放、管、服”改革两大问题需重视

陈俐妃

为了解广西“放、管、服”政策措施落地情况，2018年10月下旬至11月上旬，国家统计局广西调查总队在广西范围内抽取8个设区市、11个县（区）含工商局、食药监管理局、公安局等57个相关部门、492位群众（其中82位为企业有关负责人）进行了专题调研。调研显示，多地政务服务水平得到提升，营商环境优化初见成效，但仍存在服务效能有待优化、综合管理存漏洞等两大突出问题。

一、“放管服”改革初见成效

从样本数据情况看，广西2015年简政放权共计183项，放管结合共计121项，优化服务共计1243项；2018年仅前三季度，简政放权已达345项，放管结合已达301项，优化服务已达1795项。调查的492位群众中，认为本地区市场活力和社会创造力激发效果“很好”占37.6%，“好”占31.7%，“一般”占27.4%，“差”占2.8%，“很差”占0.4%；认为本地区营商环境已进一步优化的，占72.2%，未得到优化的占10.2%，不了解情况的占17.7%，改革红利在不断释放。

二、各地反映“放管服”改革存在两大问题

（一）服务效有能待优化

一是信息共享不充分，重复提供成本高。多地调研显示，政务系统存在相似平台多，功能重复，信息不共享，人力、财力浪费的情况。北海市反映住房建设、税务、民政、工商等部门有独立信息处理系统，数据端口不开放，信息资源不共享。诸如：全国文化市场技术监管与服务平台、全国建设项目使用林地审核审批系统、全国道路货运车辆公共监管与服务平台等平台互不兼容，系统彼此割裂。崇左市天等县一家不愿意透露姓名的民营企业反映，因办理业务需要将材料提供到几个不同的窗口，所以该企业每次到政务服务中心的部门窗口办理企业的一些相关审批手续都是必须带上几本书一样厚的原始材料与复印件，除了在办证大厅现场复印大量材料耗费与延长了办理时间外，材料复印也花了不少费用。该企业负责人还介绍说，后来该企业为了缩短办理时间，自带复印机到现场复印材料，因为复印机长时间运行负荷超载，现场烧坏了。钦州市、防城港、贵港市、岑溪市、马山县、合浦县、宜州区也反映了政务信息共享不充分的问题。

二是基层承接能力不足，影响整体办

事效果。调查的492位群众中，认为本地区企业、群众办事便利程度“一般”的，占24%；感受“差”与“较差”的，均占2%。北海市反映，部分审批权力已下放至基层，但存在管理部门人员不足，业务能力不强，心理负担重怕担责的问题。加上，内部管理制度未健全，导致基层在行使审批权时畏首畏尾、瞻前顾后，影响整体办事效率。据某企业的覃副总反映，其企业的项目资金申报过去是直接由市发改委、工信委或北部湾办下文及在下文部门申报办理的，自从市工业园区管委会承接审批权后，均由管委会转发文件和申报审批处理。但申报审批过程中，存在文件转发时间过长，管委会工作人员业务能力不强的问题，只能通过咨询原下文单位后再办理。或在文件转发过程中，添加条件，缩小了原文件的项目资金申报企业范围，企业多次咨询市级主管部门，均答复为以工业园区管委会的解释为准，办理工作难以推进。马山县反映，当地工商、公安、税务业务系统按2小时/次的频率进行部门间推送共享，但受系统本身制约，推送过程中出现数据丢包、缺漏现象，严重影响企业办证办照。来宾市走访税务部门发现，部分税收风险监控事项由事前监督改为事后监督，但部分税务干部未适应审批制度改革要求，出现了后续管理跟不上等问题，纳税人未申报纳税、虚开发票现象大幅提高，给税收管理带来极大风险。都安县亦有企业反映资料需要重复报送问题。

三是政策宣传不够，管理难度加大。调查的82家企业及410位群众中，认为本地区政府政务信息公开顺畅的占72.2%，不够畅通占9.8%；不了解相关情况占18.1%。合浦县有企业反映，到税局办理开具发票资格事宜时，并不知道需先到工商局办理“五证合一”，最后跑了四趟才办理完结。桂林市、防城港、钦州市也反映有“因信息不畅，企业需一事跑几趟”的情况存在。

（二）综合管理存漏洞

一是权力下放不同步，职能运行存障碍。崇左市反映，部分区直部门仅下放受理、初审与监管责任权，最终的审批权仍在自治区级；部分法律赋予政府的行政权，已规定由县级以上人民政府主管部门负责审批，但自治区层面又另行规定审批权限，权力下放不协调，造成权力运行不畅。比如“企业、事业单位、社会团体等投资建设的固定资产投资项目核准”审批项目，在2016年《广西壮族自治区人民政府关于印发行政许可事项目录的通知（桂政发〔2016〕76号）》已明确审批层级和部门为“自治区、设区市、县级发展改革部门”，但自治区政府又另行印发了《广西壮族自治区人民政府关于印发政府核准的投资项目目录（2017年本）的通知》（桂政发〔2017〕17号），重新规定审批权限，仅保留部分项目审批权限在市级，县级甚至没有赋予相关审批权限。来宾市反映，市级一个部门对应县级三个部门，职能与业务上下不对应，企业在同一个部门办事，审批事项却有不同，容易让企业误解，损害良好的营商环境。走访中发现来宾市部分县级已完成工商、质监、食药等部门的体制改革，但市级部门还未执行改革，加上市县系统平台未实现信息共享融合，各部门材料要求不统一，不规范，让市场主体感到无所适从。

二是业务指导不到位，基层推动工作难。来宾市反映，目前自治区业务部门仍有很多未开展业务培训，同一系统行政审批和公共服务事项在市、县、乡、村四级未达到“八统一”，下级部门“一事通办”各项工作推动难。如，《中华人民共和国公司登记管理条例》中对于申请设立有限责任公司、申请设立股份有限公司、公司申请变更登记等审批事项中所应提交的材料里最后一条都规定“国家工商行政管理总局规定要求提交的其他文件”。自治区层面要求在事务办理描述中不能模糊概念、不明指向，不能让市场主体不明所以，却未作出统一的要求或指导意见，让基层办理人员对“其他文件”的定义拿捏不准，很难开展工作。

三是相关法律未同步，执法风险被提高。简政放权后，部分相关法律法规未能及时调整或重新修订，造成监管、执法盲区，执法风险被提高。来宾市反映，虽然改革已取得初步成效，但因部分法律法规未及时修订完善，监管部门无法可依或有法难依，不敢不作为，更不敢乱作为，监管不到位，市场竞争秩序存隐患。如按《广西壮族自治区企业住所和经营场所登记管理办法》（下简称《办法》）规定，对于尚未取得权属证明的，且无法提交房屋购买合同、土地使用权受让合同、房屋竣工验收、规划建设许可等证明文件的企业，需提交土地房屋管理部门或者乡镇人民政府、街道办事处、居（村）民委员会出具的合法使用证明。但在“放管服”系列政策背景下，以上应该出具证明的基层管理部门认定此类证明属于“奇葩证明”而不予提供，使得工商审批部门在无证明的情况下因害怕担责，更不敢随意审批。因《办法》法规条文未能及时调整或重新修订，造成此类企业无法办证，不仅不利于营商环境的优化，还让监管出现漏洞。扶绥县走访工商局反映，根据《企业信息公示暂行条例》，企业公示信息抽查工作适用的主要依据是《企业信息公示暂行条例》《企业公示信息抽查暂行办法》，但两者均未对“双随机”制度有所表述。该制度，仅在《国务院办公厅关于推广随机抽查规范事中事后监管的通知》中有所提及，没有具体规范。顶层设计的欠缺导致“双随机”制度的推行缺少法律支持，基层执法受阻。柳州市、岑溪市、合浦县、南丹县亦反映存在法律制定和修改跟不上改革步伐的问题。

四是部分事项取消审批后出现盲区和误会。行政事项审批不能盲目取消或改革，需要谨慎论证。如靖西市反映在市区养殖家禽，改革后不再需要审批，但部分养殖企业运营不规范，污染环境，环保局表示畜禽养殖不成规模无法处理，畜牧局和市政管理局表示无权限管理；此外，该市《砍伐修剪迁移城区树木审批表》，改革后简化为《砍伐城区树木审批表》，群众理解为砍伐城区树木才要审批，修剪和迁移则不需要，所以对树木随意修剪，但实际上砍伐修剪都需要审批后才能进行，城管在执行时很难解释。

中美贸易摩擦对广西外贸生产企业影响较大

刘 成

2018年下半年以来，中美贸易摩擦愈演愈烈，负面影响逐渐显现。为了解中美贸易摩擦对广西就业工作的影响，2018年12月，国家统计局广西调查总队在广西14个地级市选取82家对美贸易企业（其中47家出口美国企业，9家从美国进口企业，5家与美国有进出口业务企业，21家与对美进出口企业有业务往来的企业）开展生产就业情况调研。结果显示，中美贸易摩擦对广西外贸企业冲击较大，企业订单减少，成本增加，用工减员幅度大。

一、近四成企业进出口订单减少

82家调研企业中，41家企业被中美双方列入征税清单，占50%，其中：30家企业产品被列入美国对华征税商品清单，占36.6%；11家企业进口产品被列入中国对美征税商品清单，约13.4%。

从中美贸易摩擦对企业2018年下半年订单影响看，49家企业反映订单基本没有影响，占调查样本的59.8%；33家企业订单减少，占调查样本的40.2%。在33家订单减少企业中，17家企业订单下降10%左右，占51.52%；8家企业订单下降20%—30%，占24.24%；8家企业订单下降超过30%，占24.24%。如：北海市广西某信息产业股份有限公司是美的、格力、中兴等大型企业压敏电阻等电子元件配套生产企业，统计员朱某反映，因美的、中兴等大企业产品出口美国订单减少，公司订单也随之下降，2018年8月和9月，公司就因订单减少而停产50%产能。北海市某电子科技有限公司经理翁某反映，2018年对美出口额约1000万美元，占公司业务的95%。产品被列入美国对华加征关税商品，经与美国客户协商由公司承担15%左右、美国客户承担10%左右的征税额，产品依然出口到美国，但由于价格失去优势，部分美国客户放弃了进口公司产品，2018年下半年订单同比下降约30%。南宁市广西某科技有限公司2018年进口额约3000万美元，对美贸易业务占全部贸易业务50%。因公司生产相纸原材料被列入中国对美加征关税商品清单，2018年下半年企业订单比上年同期下降20%以上。

二、企业进口成本增加

企业产品的进口原材料列入我国加征关税清单后，企业经营成本大幅提高。如：玉林市某电子有限公司与美方交易的进口和出口产品均被中美两国列入加征关税清单。公司2018年对美出口368万美元，占全年营业额的11.6%。2018年9月下旬，中国对美输华的硅片及大量基础聚合物征收报复性关税，导致国内市场集成电路价格上涨50%～100%，线路板等电子材料价格上涨30%～50%。受此影响，公司的整体材料价格上升20%左右。北海市某电子科技有限公司主要从美方进口二手办公设备加工后销售。因企业进口商品被列入中国对美加征关税商品清单，订单利润下降，平均每月进口原材料由2018年上半年40～50个集装箱减至2008年下半年约20个集装箱。南宁市广西某科技有限公司因公司生产所需的相纸原材料被列入中国对美加征关税商品清单，造成企业原材料成本上涨5%。崇左市广西某果品产业集团有限公司虽然与美国没有直接的进出口业务，但公司水果制品及坚果加工原材料开心果产于美国，通过边民互市从越南进货，中美贸易摩擦后，被列入中国对美征税商品清单，必须通过报关手续才能入关，关税税率为40%，因成本过高，企业放弃生产，2018年四季度企业已处于停产状态。

三、企业用工减员幅度大

2018年下半年以来，调研企业由于订单下降，企业用工呈下降态势。调查的82家企业中，23家企业反映用工减少，占28.0%。其中，16家企业反映有减产和停工情况，占用工减少企业的69.6%；7家企业反映有裁员，占用工减少企业的30.4%。如：北海市某电子科技有限公司进口商品被列入中国对美加征关税商品清单，员工由230人裁减到134人，减员率达41.7%。北海市某电子科技有限公司经理翁某反映，由于2018年下半年订单同比下降约30%，150余名工人有30%的员工停工放假。桂林市荔浦县某罐头食品有限公司，2018年对美出口额约360万美元，占公司全部业务的45%。统计员李某介绍，受消费习惯影响，公司生产清水马蹄罐头只出口美国，美国对华加征关税对出口销售影响较大，公司实行减量生产并裁员55人，约占全部员工的30%。玉林市某食品集团有限公司，2018年对美国出口额104万美元，占公司全部业务的33.9%，美国对华加征关税后，9—12月对美出口额仅10万元美元左右，同比减少75.6%，由于计件收入下降，员工离职率达10.9%。

四、两成企业职工薪酬下降

调查的82家企业中，16家企业反映薪酬下降，占19.5%。其中，12家企业反映员工薪酬与比上年同期下降10%左右，占薪酬下降企业的75.0%；4家企业反映员工薪酬比上年同期下降超过20%，占薪酬下降企业的25%。

五、两成企业预期用工需求不乐观

82家调研企业中，17家企业对2019年企业预期用工需求不乐观，占20.7%，反映出贸易摩擦对于就业形势的负面效应正延续，部分行业和企业预期存在裁员风险。如：梧州市某日化工有限公司反映，2018年人民币汇率总体上呈现贬值态势，幅度达到10%，抵消了部分美国加征关税的影响，企业得以采取一定的降价方式维持国外价格的稳定，但汇率市场多变，企业现有的利润率无法支持长期降价措施，减产、裁员的概率将大大增加。梧州市某造船有限公司反映，中美贸易摩擦提高了企业的运营成本及生产成本，但是由于企业订单量相对平稳，生产稳定，但如果成本上升过多，企业不得不放弃订单，采取减产，裁员等方式去降低成本，维持企业的生存。玉林市某制衣有限公司反映，很多企业为应对贸易摩擦而开拓新的出口渠道或增加内销比例，加剧了国际和国内的市场竞争。该公司是利润微薄的订单式小企业，日渐加剧的市场竞争将加大企业的经营压力，预计企业2019年将减少用工需求。

防城港市边境旅游试验区建设的难点和建议

黄丽婷

2018年3月30日，国家文化和旅游部《文化和旅游部等10部门关于印发内蒙古满洲里、广西防城港边境旅游试验区建设实施方案的通知》（文旅旅发〔2018〕1号），防城港市获批设立边境旅游试验区，这对于加快防城港市开发开放，具有重大战略意义。国家统计局防城港调查队通过走访防城港市旅发委、投促局等相关部门，并对来自全国各地的143名游客、防城港市8家旅行社开展调研，结果显示，设立边境旅游试验区给防城港市的经济社会发展带来了巨大的机遇，但同时也面临着各种各样的挑战。

一、防城港市边境旅游现状

（一）跨境游客快速增长

2013年恢复边境旅游异地办证业务以后，防城港边境旅游得到了迅速发展，从东兴口岸出境的护照团旅游人数从2014年16.27万人次增长至2017年的92万人次，增长4.7倍；持边境通行证参加边境游人数从2014年5.07万人次增长至2017年的20.61万人次，增长3.1倍。2018年1—9月，防城港市接待边境游21.94万人次，同比增长高达50.0%。目前，防城港市边境旅游人数已经占广西边境旅游人数的97%以上。在随机调研的143份有效游客问卷中，有59.4%的游客表示通过广告、朋友告知等渠道知道防城港市获批成为边境旅游试验区，知晓率超过半数，边境旅游试验区的名头初步打响。

（二）跨境旅游条件日臻完善

1.自驾游线路不断增加。2016年11月9日，中国东兴——越南芒街跨境自驾游常态化正式开通；2017年4月1日调整扩大经营跨境自驾游的企业拓宽至全区100家旅行社，并实现单台车就可以办理跨境自驾游业务，大大便利游客跨境自驾出行；2018年6月1日，经中国广西、越南广宁两省区协商，新增了中国桂林——越南下龙黄金旅游线跨境自驾游线路。

2.口岸通关效率提升。目前东兴口岸部门的配置和通关流程已经进行优化，采取事先预警、事先信息报告、优化调度、引导进行市内游等措施，将出入境游客查验时间从40秒/人提速至8秒/人，有效地解决了口岸通关拥堵问题。防城港市公安局依托“网上公安局”管理平台，研发了边境游网上预约办证系统，2017年，公安部门办理边境通行证201921人次，其中网上预约168770人次，占办证总数的83.58%。

3.通关达边基础设施不断完善。防城港至东兴高铁、全长80公里的防城至峒中二级公路正在建设中，建成后将大大改善防城港沿边地区的交通状况。东兴中越北仑河二桥正在加紧完善相关配套设施建设，二桥口岸投入使用后，将分流现有东兴口岸（中越北仑河一桥）货物出入境业务，而东兴口岸仅作为人员出入境通道，从而将实现口岸通关的人货分流，改善口岸交通条件，缓解东兴口岸拥堵情况。

二、建设边境旅游试验区的基础弱、软实力不强

在广西旅游发展委员会10月份发布的第三季度游客满意度调查结果中，防城港市游客综合满意度为78.71，在14个地级市中排名末位；东兴市在20个广西特色旅游名县游客问卷满意度调查中，也排在最后一名，即使是综合满意度排名也是排在下游。在走访调研中，确实发现当前防城港市旅游业的软件和硬件无法满足游客需求，给游客印象不佳。要建设边境旅游试验区，将试验区发展成示范区，防城港市还需要应对很多挑战。

（一）边境旅游试验区的基础弱。主要是旅游基础建设不完善，交通问题较为突出

1.旅游基础设施不完善。部分景区景点存在进入不方便、接待设施不完善等情况；即使是较为出名的景点也缺乏路边坐凳等供游客免费休息的地方；公共厕所数量过少，在旅游高峰期，常常出现排队现象，而且部分厕所设备、卫生等条件较差，影响游客感官。交通设施方面目前没有专用的旅游客运码头，也缺少飞机场和大型客运站。

2.城市道路管理比较混乱。防城港市除港口区外，道路大多比较狭窄，条件有限，容易堵车。但是管理部门未能最大化利用现有道路条件，管理十分松散。电车等乱停乱放，逆行、闯红灯等现象时有发生，导致外来车辆寸步难行，每到旅游旺季，街道堵塞严重。在受访的60名开展自驾游的游客中，约半数游客反映此次旅游最不满意之处在于严重的堵车，也很难找到停车的地方。

（二）软实力提升空间大。主要是缺乏顶层设计，跨境审批受限、监管不到位，缺乏旅游特色

1.旅游规划混乱，精品景点稀少，景点较为雷同。当前防城港旅游景点小而不精，漂流、农家乐等雷同景点多，缺乏顶层规划，真正让游客记住的没有几个。在143名游客中，大部分选择去白浪滩、金滩、芒街跨境游，至于火山岛、屏峰雨林等景点即使是旺季也乏人问津。大多数景点开发较为粗糙，没有可以宣传的着力点。即使是白浪滩，除了海景可赏，其余海上、沙滩游玩项目也很少。与国内外出名的沙滩相比，仍谈不上精品。

2.跨境审批受限，一是临时通行证使用范围受限，中方的临时通行证只能在芒街范围内使用，要去下龙只能使用护照。二是临时通行证只能在一个口岸进出，从东兴口岸出境，也只能从东兴口岸入境，无法从凭祥口岸入境，导致没有护照的游

客只能走回头路。同时，跨境临时通行证办理效率有待提高。东兴市办证大厅办证时间是一天7小时，中午休息2小时，即使是旺季，办证窗口也不多，导致办证效率较低。凯越国旅就表示每次帮游客办证都要耗时1~2小时，游客很不耐烦。也有部分受访自由行游客提到由于办证等待时间长，以至于真正到芒街游玩时间不多。

3.监管不到位，乱象频出影响城市印象。一是有的地方摩的搭客过多，出租车收费较乱。东兴市公共交通不发达，所以很多自由行的游客只能选择乘坐摩的和出租车，或者打滴滴。在东兴调研过程中，很多游客和市民纷纷反映，大街小巷都有摩的出没，大多不太遵守交通规则，还经常乱鸣笛，让人很烦恼。但如果不选择摩的，就只能选择出租车或滴滴，可是这两样很难打到，收费又高，一般是20元起步。哪怕是在软件上滴滴显示的预计价格不高，但是滴滴司机会额外要求增加10元左右的小费，不然就拒载。二是野马导游扰乱市场。受访的旅行社员工有半数反映当前防城港存在很多无资质的黑导游，在车站、景区等地点以低价招揽游客，一方面导致分流了旅行社客源，另一方面吃亏的往往是一无所知的游客。很多游客先是被野导的低价吸引，最终却发现实际花了很多冤枉钱。有游客反映被导游提出的低价吸引开展芒街一日游后，被强制要求消费，否则就将游客留在原地。三是宰客现象时有发生，价格监管不严。不少游客提到在农家乐或餐馆点餐时被宰。一名外省游客反映，农家乐老板明显区别对待，给本地人和游客的是价格不同的两份菜单，明目张胆地宰客，毫不掩饰。国庆期间，在白浪滩景区，仅仅是租赁一张普通的桌子价格就达到100~300元不等，比淡季时30~50元的价格成倍的增长。

4.边境旅游缺乏特色和魅力。主要在于出境旅游线路单一，海上跨境游出现空缺。由于2017年8月到10月运行的“中华泰山”号邮轮因为运营公司经营问题已经停止运行，所以目前防城港市在海上跨境旅游存在空缺，据市旅发委反映，目前虽然已经在积极推进海上跨境游工作，但是具体什么时候能恢复开通海上跨境游线路仍是未知。

5.特色文化旅游不突出，缺少内涵。防城港市绝大部分景点文化深度不够，还处于较为原始的状态，很少有从文化角度去延伸而赋予景点更多的内涵。可以深度开发的京族文化当前大多时候只是作为吸引游客的噱头，没有项目景点支撑。如在宣传京族哈节，仅是吸引游客观看开海仪式。问起游客对此次旅游印象最深之处，没有人对防城港特色文化有较深的印象。

6.特色饮食不突出，没有形成规模。很多著名的旅游城市一般会建设有名的小吃街，让游客流连忘返。防城港市恰恰缺乏规模化的特色饮食一条街或美食城。海鲜、越南特色美食等饮食非常分散，游客往往只能靠听说或手机APP介绍才能找到可以吃到这些食品的地方，费时费力。

三、对防城港市建设边境旅游试验区的几点建议

（一）建立一个功能齐全的边境旅游小镇

防城港应加快在边境地带建设一个以旅游业为引领，融商贸、物流、异国风情、旅游演艺、休闲度假、高端康养、食住行游购娱功能完善的宜商、宜游、宜闲、宜购的边境旅游小镇，配套完善国际物流商贸的服务设施、营造一站式跨境金融服务平台，把边境旅游小镇建设成为一流的国际旅游胜地。

（二）持续打破壁垒，促使跨境游更便利

积极向上级反映当前跨境游存在政策障碍较多以及通关保障压力大等问题。进一步打破通关壁垒，构建更加开放、更加轻松的跨境旅游环境。同时在旺季加大人力物力，加强人员培训，加快在更多环节实现电子化和自动化，切实提高从办证到通关一系列环节的审批效率。

（三）加快完成科学的全域旅游顶层规划，突出边海特色

加快完成旅游资源普查工作，明确以发挥边海民族特色、饮食特色等特色旅游为中心，积极开展全域旅游规划工作，进一步做好边境旅游试验区总体规划。顶层规划未完成期间，要加强旅游项目审批，严禁各大景区管委会、各旅游企业胡乱改造旧景点、粗制滥造新景点。

（四）加强旅游、交通管理和监督，创造和谐旅游环境

一是加强景区景点的监管，层层落实责任，加大景区管理部门和旅游企业压力，定期和不定期组织监管督查组巡视和检查。尤其是在旅游旺季时加大监控力度，严厉处罚一批扰乱旅游市场的行为，作为典型，起到警示作用。二是倡导文明交通，加强对非机动车辆管理，从严处理违反交通规则车辆。合理规划各种车辆停车位，整改乱停乱放现象，畅通旅游道路。只有多个部门联合，共同管治，各司其责，才能构建让游客满意的和谐旅游环境。

崇左市创新边贸扶贫模式　兴边固边富民效果显著

栗丽林　谢　佛

广西崇左市与越南接壤，是广西陆地边境线最长、国土面积最大的地级市，也是国家扶贫开发工作重点地区和国家滇桂黔石漠化片区。由于特殊的地理位置和历史原因，崇左市边境地区经济发展滞后，经济结构单一，属老、少、边、山、穷集于一身，自然条件差，长期处于战备状态，造成边境地区的交通、农村教育、文体卫生等基础设施十分落后。近年来，在精准扶贫工作中，崇左市结合边疆地区的实际，探索创新边贸扶贫新模式，将易地扶贫搬迁与产业、边贸、扶贫有效结合，兴边富民效果显著。

一、积极创新边贸扶贫模式，实现兴边固边目标

“易地搬迁+边贸扶贫+驻边守疆”模式。崇左市辖7个县（市、区），其中大新县、宁明县、龙州县、凭祥市4个县（市）与越南接壤，距陆地边境线0~20公里共有农村人口12.18万户51.05万人，其中：2015年精准识别出建档立卡贫困人口2.8万户10.9万人，占0~20公里农村总人口的21.35%。到2017年底，边境0~20公里范围内，还有贫困人口1.15万户4.13万人，其中边境0—3公里范围内，还有贫困人口2798户10044人。在对边民的扶贫易地搬迁中，崇左市创新“易地搬迁+边贸扶贫+驻边守疆”模式，动员鼓励内地贫困户搬到边境0~3公里定居，发放边民互市证，引导参与互市贸易，既实现了扶贫搬迁户搬得出、留得住、能致富，又达到了“驻边、守边、富边、稳边”效果。截至2017年底，崇左市已建设5个0~3公里边境扶贫易地搬迁安置点，规划安置2244户，已搬迁入住1320户。如：龙州县重点建设水口、布局、科甲3个边贸安置点，引导全县危旧住房、增收困难、有劳动力的建档立卡贫困户搬到边贸安置点，让他们除了享受0~3公里范围内边民每月130元的补助外，还可通过参与边贸增加收入，拓宽增收渠道。配套出台金融、土地、用电等优惠政策，以及后续管理、社会保障、公共服务等制度机制，降低搬迁初期贫困户生活成本，确保搬迁不丢农业户口、不丢原有农地、不丢农民福利，让群众自愿安心搬到边贸安置点、住上新楼房。

“易地搬迁+边贸扶贫产业园”模式。依托边境经济合作区设立边贸扶贫产业园，在产业园、互市贸易区（点）内规划建设易地扶贫搬迁村。引进加工企业落

地产业园，为贫困移民提供就业机会。如，宁明县爱店镇易地扶贫搬迁安置点紧邻爱店二类口岸，爱店边贸园区内有腾宇坚果加工厂等8家企业入驻。龙州县为解决水口镇共宜新区搬迁群众就近就业问题，该县在安置点附近规划建设占地5000亩的水口边贸加工扶贫产业园，引进得润电子、赞美公司、龙億等10多家企业入驻，目前安排易地搬迁户就业人数超过200人。

“易地搬迁+边民互市贸易合作社”模式。针对边民缺乏商品信息和交易资金，参与边民少等难题，崇左市创新“边民互市贸易合作社”的互市发展模式，组织边民参股成立“边民互市贸易合作社”，以集体组织的形式开展互市贸易，使边民直接参与互市商品洽谈、采购、交易、运输、销售等活动，形成互市贸易的组织化运营。目前，全市共成立11个边民合作社，社员7395人，其中贫困社员1753人，占23.7%；组建边民互助组493个，组员11126人，其中贫困组员4369人，占39.3%。如龙州县兴民合作社（边民互助组），当前有成员1271人，其中贫困人口430人，占33.8%。边民通过资金入股（8000元为一股）方式，实行自主经营、自负盈亏、利益共享、风险共担，10%作为互助组发展基金、10%作为公共设施建设费用、80%作为按月结算给组员。合作社主要通过互市贸易采购越南货物再销售给国内客商，主要货物为冷冻海产品和坚果类产品。调研了解到，2017年兴民合作社的入股社员每月红利为375元/股，运输工人、装卸工人的劳务收入为每月2000元/人～3000元/人。

二、兴边固边富民效果明显

一是脱贫进程加快。据了解，2017年崇左市边民通过参与互市贸易直接或间接获益约7.92亿元，其中贫困边民收益约1.93亿元，人均收益1万多元。2015年崇左市精准识别出0～3公里贫困人口7400户27800人，到2017年底，边境0～3公里贫困户人口为2798户10044人，减少贫困人口4602户17756人，分别下降62.2%、63.9%。边贸扶贫真正起到了借边发展、靠边吃边、稳疆固边、兴边富民的积极作用。据对龙州县水口镇共宜新村安置点的调研，该安置点处于中越边界0～3公里区域范围内，截至4月底，已有超过300户贫困户搬迁入住。从龙州县八角乡箕斗村板其屯（非边境0～3公里范围）搬迁入住的赵仁户，家庭人口4人，其中3人搬迁前在省外务工，现全部就近在共宜新村就业，有了比较稳定的生活来源。目前，这些边民扶贫安置点入住率高，生活来源稳定，群众普遍比较满意。

二是边境更加稳固。近年来，建设边境易地扶贫搬迁安置点的同时，不断配套完善医疗卫生、教育、市场、物业管理等公共服务设施建设。如宁明县爱店镇为确保易地扶贫搬迁安置户有学上，将爱店镇小学搬迁至原停办初中部旧校址，扩大学位容积，同时还规划在该安置点内建立一家幼儿园和一家卫生室，满足迁入户家庭就近就学就医的需求。龙州县为解决水口镇共宜安置点搬迁户出行问题，投资5731万元新建水口镇共宜大桥，同时在该安置点附近新建一家卫生院也已经基本建成，很快将可以投入使用。据了解，截至2018年4月底，崇左市边境0~3公里有边民28912户115201人，其中，0~3公里之外新迁入贫困户805户2769人，无0~3公里之内贫困户迁出的情况，驻边守边的人数明显增多。“易地搬迁+边贸扶贫”模式，真正实现了“一个村庄就是一个哨所，一个边民就是一个哨兵”的战略目的。

三是搬迁户幸福感明显提升。扶贫易地搬迁群众通过搬迁前后住房、就学、就业等方面的对比，生活更有了保障，幸福感有了明显提升。如宁明县桐棉镇那卜村陆高义贫困户，从原来居住在那卜村的50平方米泥瓦房搬迁到爱店镇安置点90平方米的新房子，夫妻俩在新安置点务工，两个小孩在爱店镇中心小学外宿就学，陆高义表示对现在的生活很满意，非常感谢共产党和政府的扶贫政策。宁明县爱店镇扶贫搬迁户李玉章越南籍老婆何青蓝表示，边境安置点像城市的住宅小区一样漂亮，而且就业生活也有保障，我们全家感到很满意，我的越南亲戚都很羡慕中国的扶贫政策。

三、边境扶贫面临的困难

（一）移民安置产业支撑薄弱

依托边贸、乡镇、产业园区等集中安置为主的扶贫移民工程，大部分移民需要在安置点创业就业，但由于部分安置点产业园区起步慢，企业开工少，用工招工少，安置移民就业压力较大。另外，相当部分搬迁移民劳动技能和素质较低，难以适应安置点对创业就业技能的要求。如爱店镇易地扶贫搬迁安置点依托爱店边贸产业园区，在已经入园的3家企业中，只有1家开工。

（二）边境互市贸易容易受国家边贸政策和税收政策影响

据调研了解，从4月起受限制第三方国家进口边贸政策影响，4月宁明县爱店口岸边境贸易和边民互市贸易量下降三分之一。自2017年9月起，龙州县调整互市贸易税收政策，造成贸易成本增加，龙州县3个边民互市贸易量下降将近50%。如宁明县爱店边贸产业园区的腾宇坚果加工企业，受国家边贸政策和季节性影响，坚果原料来源不足，2018年春节以来一直处于停业状态。

（三）配套建设推进慢

在加快主体工程建设的同时，虽已同步规划建设学校、医疗、市场等配套设施，但是部分安置点在小区基础设施建设、物业管理、商业服务等方面未能满足入住搬迁户生活需要。搬迁后户籍管理政策宣传不够，户籍迁移启动慢影响入学。如宁明县爱店易地扶贫搬迁安置点已有搬迁户入住，但是安置点还在开展小区绿化等设施建设，并无统一物业管理。

四、相关建议

一是坚持统筹就业安置，解决后续发展难题。加快边境工业产业园区发展，推进产业园区加工服务企业建设，使更多企业开工招工用工。积极发挥基层党组织和村干部作用，组织县、乡、村工作组走村入户，全覆盖走访安置户，做好企业用工信息宣传和就业意向调查，搭建企业和安置户招工就业信息平台，让安置户本地就近就业，有就业住得稳。

二是将政策红利留在边境，推动互市贸易落地加工。大力推动组建边境加工企业，将互市免税进口商品实行就地加工、贸工结合，从单一的“穿岸而过”的通道式“过路经济”变为落地加工，保值增值、多元发展的口岸产业实体经济；稳定边境互市贸易政策，降低边境互市贸易税率和部门费用，给予税收和费用优惠政策，确保边境加工企业加工原材料供应，为边境易地安置边民提供稳定就业机会和边民互市贸易，激发边境地区自我发展的内生动力。

三是坚持配套建设同步，解决宜居宜业难题。在加快主体工程建设的同时，加快新型城镇化建设、同步规划建设配套设施，建设集学校、医疗、商业等为一体的安置性综合体，加快落实物业管理公司，加快安置小区内绿化等基础设施建设，尽快发展小区商业，方便安置小区住户生活，着力打造配套齐全、环境整洁、宜居宜业的安置新区。

四是加强贫困户就业技能培训。制定就业培训计划，出台相关向贫困户倾斜的就业培训政策，并加大政策的宣传力度，扩大政策知晓率和覆盖面，引导贫困户积极主动参与技能培训，从思想上动员贫困户通过参加技能培训，掌握就业技能，主动作为，实现脱贫致富，同时要注重实际操作和现场演练，提高困难群众劳动技能操作水平。

第七部分

『改革开放四十年』专题篇

改革开放40年广西就业取得显著成效

陈天录

改革开放40年，广西始终把就业放在十分重要的位置，尤其是十八大以来，积极实施大众创业，万众创新战略，千方百计地扩大就业。十九大后，更是将“就业是最大的民生”落到了实处，写进了报告，将脱贫攻坚发展产业和就业有机结合起来，就业工作质量稳步提高。

一、就业规模翻了一番

改革开放40年，广西经济得到了快速发展，就业结构不断优化，就业领域不断拓宽，就业制度不断完善。1978—2017年广西从业人员从1978年的1456万人增加到2017年的2842万人，增长1386万人，从业人员总量增加了约1倍，年均增长1.7%。其中，城镇从业人员增加1002万人，平均每年增加25.7万人，年均增长4.3%；城镇个体和私营企业从业人员增加518.47万人，年均增加人员13.3万人，年均增长19.5%。

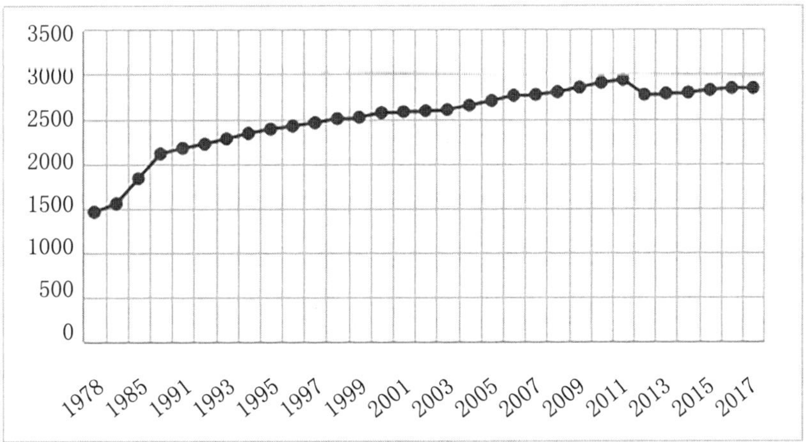

图1 1978—2017年广西从业人员数量图（单位：万人）

纵观改革开放40年广西就业政策的实施历程，大致分为五个阶段：

（一）执行“三结合”的就业方针阶段（1978—1984年）

党的十一届三中全会以来，广西认真贯彻了中央提出的“在国家统筹和规划指导下，实行劳动部门介绍就业、自愿组织起来就业和自谋职业相结合”三结合的就业方针，1984年比1978年新增就业人数达到320万，年均增加53.3万人，平均年增长率为3.4%。

一是结合产业结构的调整。大力发展与人民生活相关紧密的商业、饮食业、服务业和消费品生产性行业，扩大了城镇劳动就业途径。1984年底，广西商业、饮食、服务行业的网点达到12.5万多个，（含城镇个人经营网点），为1979年网点的3.61倍，从业人员达到了31.4万人，为1979年在业人员的1.65倍。

二是新成立各级服务公司。到1984年底，各级领导服务公司已发展到555个，拥有从业人员7.94万多人，成为广西集体经济、推动城镇劳动就业、输送和调节社会劳动力的一个重要职能部门。

三是根据社会需要，开展多工种的就业培训、提高了待业人员的就业素质。1984年在各级政府的领导下，依靠社会各方面的力量，采取工矿企业办、社会个人办等多层次、多形式的办法，举办由食品加工、无线电维修等的培训方式，培训人员1.74万人。这些人员经过培训后，都掌握了一定的职业技能，他们在国家计划指导下，有1.35万人走上了工作岗位，他们在劳动工作岗位上发挥积极作用，受到使用单位的好评。

以上措施的实施，1984年共安置10.1万多人就业，占当年待业人员的54.3%，年末待业人员减少到7.8万人，使广西自1979年以来接转下一年度待业人数第一次下降到8万人以下。

在十一届三中全会精神指导下，趁着改革开放的东风，到1984年底个体和私营企业从业人数已发展到15.5万人，比1978年的0.5万人增加了15万人，个体和私营企业的发展和壮大，大大缓解了广西劳动力市场就业困境。

（二）市场经济逐步活跃，就业形势好。（1985年—1995年）

1984年9月份广西政府召开的人才交流洽谈会议结束后，各地市纷纷建立起了人才交流服务中心，同时加强对机关、工矿企事业单位、学校等各类人才的培训和指导，以及各市县建立起来的商业、饮食、服务行业，为大批人员解决了就业去向，大大缓解了就业压力。1985年至1995年，新增从业人员累计达到552万人，比第一阶段增加232万人，年均增长2.7%，其中城镇个体和私营企业从业人数已发展到62.4万人，比第一阶段累计增加46.9万人，年均增长11.5%。这期间各年的失业率均在4%以下，是40年来失业率较低时期。

（三）国企、服务公司改制下岗（1996年—2003年）

20世纪90年代，计划经济逐步转为市场经济，原有的国有企业兼并重组，特别是80年代发展起来的国有商业公司和服务公司，越来越不适应市场经济的冲击，而个体和私营企业经营越来越灵活，导致大批有国家统一管理的国有企业和服务公司大量职工转岗或者下岗失业，就业压力加大，1996年、1997年广西失业率分别达到5%和6.3%。自治区人民政府采取紧急措施，在各地建立企业再就业服务中心，围绕实施再就业工程，不断完善市场就业机制，帮助下岗职工多形式、多途径实现再就业。

（四）个体和私营企业得到长足发展，就业门路不断扩大（2004—2011年）

进入新世纪后，广西政府支持招商引资、支持企业改制重组、支持非公有制和县域经济的发展，并为个体经济和私营企业提供各种便利，广西经济得到进一步发展，特别是个体和私营企业的快速发展，劳动力市场用工需求大量增加。2004—2011年广西累计新增就业人员287万人，累计新增个体和私营企业就业人员153万人，年均增长12%。大批在关停转岗中失业的人员几乎得到妥善安置。为广西经济发展谱写了新篇章。

（五）精准脱贫、发展产业，实施更加积极的就业政策（2012—2017年）

党的十八大以来，广西经济步入新常态。在国家推出“大众创业、万众创新“的新时期就业方针背景下，各市县建立的工业园区、农民工创业孵化基地，税费减免等政策措施，广西上下坚持实施积极的就业创业政策。2015年开始的精准扶贫、精准脱贫，大力发展产业，通过互联网发展电商服务，与就业创业相结合，不断推动就业结构性改革，促进就业转型。随着国家扶贫政策的不断落实，以前在广东打工的有志青年纷纷回家寻找创业机会。同时针对高校毕业生、就业困难人员、农村劳动力转移就业等重点和难点群体进行就业帮扶。2012—2017年，广西个体和私营企业累计新增就业人数242万人，年均增长13.4%。

二、登记失业率保持在较低水平

改革开放40年来，由于政府采取各种措施安置就业人员就业，广西城镇失业率一直保持在较低的水平。除1980年的4.7%、1996年为5%、1997年为6.3%外，其他年份保持在2.2%~4.2%之间，2015年至2017年更是低于3%及以下。

三、就业结构逐步趋向优化

改革开放40年来，随着工业化和城镇化进程加快，大量农村劳动力转移到城镇就业，促使劳动力不断从第一产业剥离出来，向第二、三产业转移，就业结构不断优化。改革开放初期，广西从业人员产业比为80.5∶10.5∶9.0；2000年为61.2∶10.8∶28；2010年为54.1∶18.7∶27.2；2017年为49.8∶17.5∶32.7。

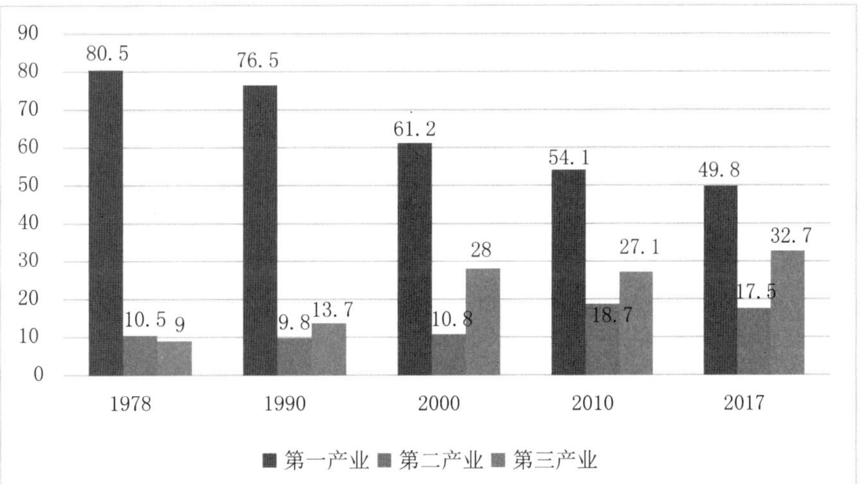

图2 改革开放以来主要年份广西就业结构图（单位：%）

改革开放40年广西农村居民收入水平大幅提高 生活消费水平全面提升

陆　海

改革开放40年来，广西壮族自治区各级党委、政府认真贯彻落实党的各项助农增收的农村政策，进一步加强农业和农村工作，通过出台各项政策加大农业综合开发力度，不断改善农业基本生产条件，调整和优化农业生产结构，大力发展县域经济，实施精准扶贫政策，农村居民收入持续快速增长，消费质量明显改善，生活质量得到显著提高，为实现“两个百年”目标奠定坚实基础。

一、收入结构不断优化，收入水平大幅提高

改革开放40年时间里，农村居民收入呈持续快速增长态势，收入水平大幅提高。2017年，广西农民人均可支配收入已达到11325元，为1983年的43.2倍，年均增长11.7%，扣除物价上涨因素增长5.02倍，年均实际增长4.9%。

（一）农村居民收入逐步转向平稳快速增长

从40年来收入增长的情况看，农村居民收入增长经历了改革开放初期增速不断波动，到新世纪初期的增速走低，到长期平稳快速增长的转变。

1.农村居民收入增速波动时期。改革开放初期—1991年，随着农村家庭联产承包责任制在全国的推行，农村居民生产积极性得到很大提高，温饱问题得到稳步解决。广西农村居民收入出现绝对值大幅增加，增幅波动较大的特点，收入增幅最高为1990年的32.4%，最低为1984年的2.1%。农村居民人均可支配收入从1978年的120元增加到1991年的658元，年均增长14.0%。

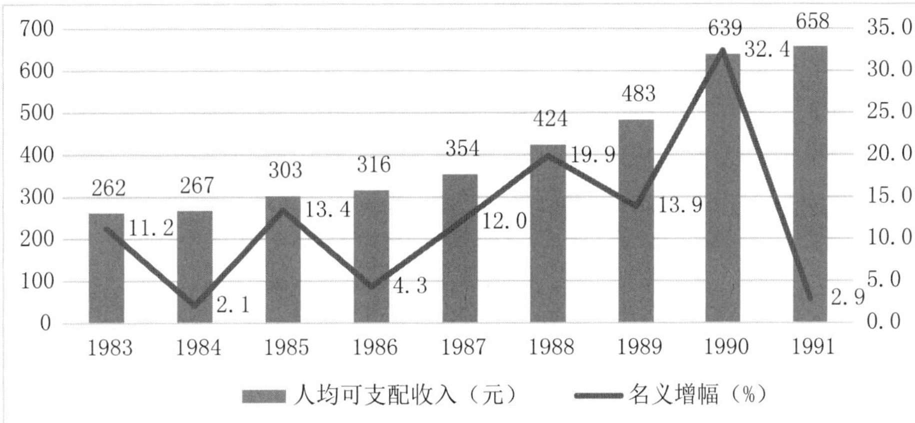

图1 农村居民改革开放初期—1991年收入和增幅

2.农村居民收入高开低走时期。1992—2003年，以邓小平南巡讲话为标志，改革开放迈向整体配套、重点突破和全面攻坚的新阶段。市场经济体制不断完善，商品流通不断加快，促进了农产品价格的提升，为农村居民增收提供有力保障。此阶段广西农村居民收入增幅呈高开低走的特点，1992—1997年收入均达到2位数增幅，1998年—2003年收入增幅回落到个位数。农村居民人均可支配收入从1992年的732元增加到2003年的2225元，年均增长10.6%。

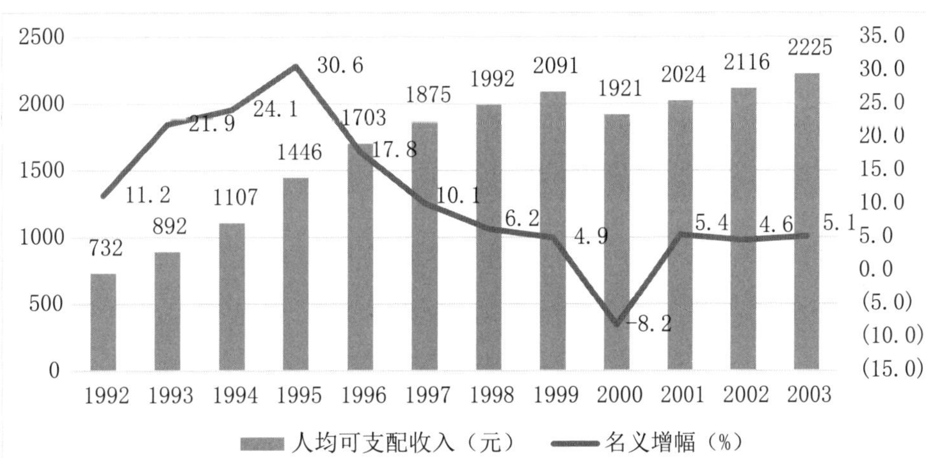

图2 农村居民1992—2003年收入和增幅

3.农村居民收入持续快速发展时期。2004—2017年，减免农业税、实行粮食直接补贴等一系列惠农政策促农增收效果逐步显现，土地流转政策促进农村劳动力外出务工，“乡村振兴”战略促进农村一二三产融合发展，农村居民收入突破万元，向实现全面小康目标奋力迈进。从2004年开始到2017年，广西农村居民收入持续快速发展，收入增幅均在9%以上。农村居民人均可支配收入从2004年的2476元增加到2017年的11325元，年均增长12.4%。

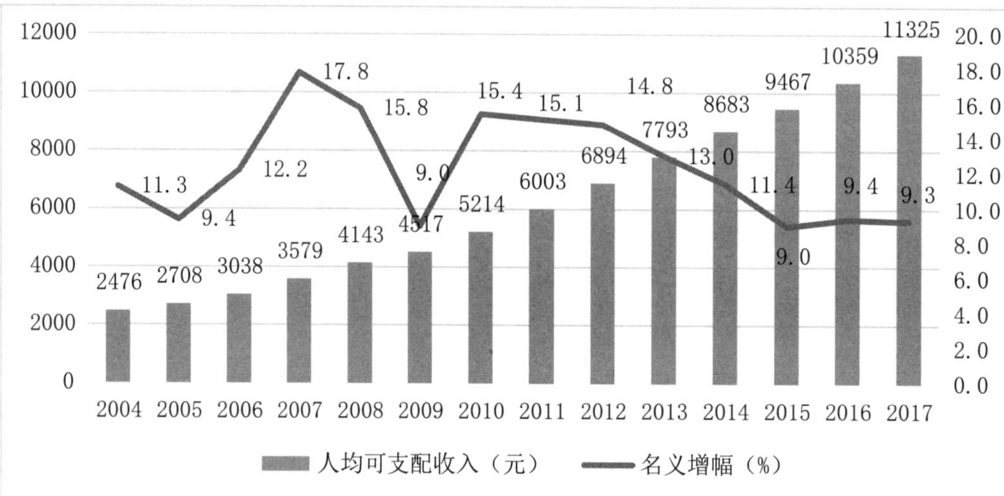

图三　农村居民2004—2017年收入和增幅

（二）农村居民收入结构向多元化发展

改革开放初期，农村居民收入主要依靠家庭收入，而家庭收入主要来自第一产业。随着改革开放的深入，一方面县域经济蓬勃发展，农村产业结构得到调整，农村的经营模式发生变化，来自家庭经营的二、三产业发展快速，为农民增收注入了新的活力；同时随着外出务工人员的增加，农村居民收入从单一依靠家庭经营收入转变为家庭经营收入与工资性收入共同拉动农民增收的格局，农村居民收入结构趋于多元化。1985年，在广西农民人均收入中，家庭经营收入占有86.5%，工资收入占9.1%，财产收入和转移收入占4.4%。到2017年，经营净收入占农民人均可支配收入的比重下降为41.4%，比1985年降低了45.1个百分点；工资性收入占农民人均可支配收入的比重为28.6%，比1985年增加19.5个百分点，财产和转移净收入占30%。

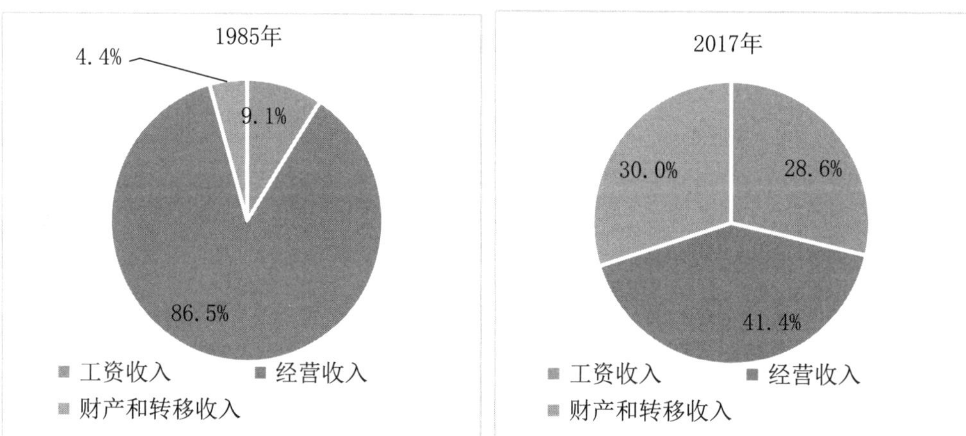

图四　农村居民1985年与2017年各项收入占比变化

（三）农村居民工资和经营收入强劲增长

随着社会经济的发展，更多的农村富余劳动力向外埠或二、三产业转移，带动了农村居民非农务工收入的增加，使工资性收入逐年增长，成为拉动农村居民收入增长的新增长点。2017年农村居民人均工资性收入3242元，比1985年的28元增加3214元，增长115.8倍，年均增长16.0%；经营净收入仍是农村居民收入持续增长的主要来源，有力地支撑着农村居民收入的增加。2017年农村居民人均经营净收入5103元，比1985年的262元增加4841元，增长19.5倍，年均增长9.7%。

（四）大宗农产品出售量显著增加

随着农业生产的不断发展，特别是广西优势农业产业的大发展，农民出售农产品的数量迅猛增加，农民的一产收入也随之大幅度提高。2017年农村居民人均出售甘蔗2169公斤，比1983年的121公斤增长17.9倍，年均增长8.9%；人均出售蔬菜174公斤，比1983年34公斤增长5.1倍，年均增长4.9%；人均出售水果162公斤，比1983年的7公斤增长23.1倍，年均增长7.2%；人均出售猪肉44公斤，比1983年的19公斤，增长2.3倍，年均增长2.5%。大宗农产品出售量增加是农民增收的坚实基础，有力拉动农村居民收入稳步增长。（注：农民家庭农产品出售量调查数据最早年份为1983年）。农民人均出售农产品现金收入由1983年的143元增至2017年的6090元，年均增长11.7%。

（五）惠农政策为农民增收保驾护航

党的十八大提出“城乡发展一体化是解决‘三农’问题的根本途径”，坚持工业反哺农业、城市支持农村和多予少取放活方针，加大强农惠农富农政策力度，让广大农民平等参与现代化进程、共同分享现代化成果，国家和自治区政府出台了不少扶持农业的政策措施，有效地促进了农村居民收入的增长。随着各项支农、惠农政策落实和力度加大，农民负担大幅减轻，农民不但免交农业税和九年义务教育学费，同时还享受农资补贴、退耕还林补贴等多项补贴，这些惠农政策不但减轻了农民负担，拉动了农村居民收入增加，而且大大地鼓励了农民的生产积极性。2017年广西农村居民人均转移净收入2795元，占可支配收入的24.7%，其中人均现金政策性惠农补贴和人均政策性生活补贴共250元，占转移净收入的8.9%，比2008年的57元，增长4.4倍，年均增长17.9%。

（六）城乡收入比逐步缩小

城乡居民收入差距缩小明显。改革开放以来，中国收入分配制度改革逐步推进，极大促进了城乡居民收入水平的提高。特别是党的十八大以来，自治区党委和政府发挥再分配调节功能，加大对保障和改善民生的投入，实施精准扶贫政策，补足农村居民收入“短板”，取得较好效果。从2008年起，农村居民收入增速快于城镇居民，城乡居民收入差距持续缩小。2017年，城乡居民人均可支配收入之比为2.69，比2008年下降0.64。

二、生活消费水平全面提升，生活质量显著提高

在收入快速增加的基础上，农村居民生活逐步摆脱贫困，消费水平全面提升，消费领域不断扩大，消费结构更趋合理。2017年广西农村居民人均生活消费支出9437元，扣除物价因素，是1983年的7.18倍，34年来年均实际增长6.0%。

（一）消费结构和形式升级

生活消费结构排序由1980年满足基本生存需要的吃、穿、住、用，变化为2017年的吃、住、交通通信、教育文化娱乐，农村居民更注重生活品质。恩格尔系数持续下降，农村居民家庭恩格尔系数由1980年的63.5%下降到2017年的32.2%，下降31.3个百分点。

以往农村地区购买物品基本上是去实体商铺或者圩日集市购买，随着生活水平的提高和农村电商的发展，网购成为越来越多农村居民购买商品的一种方式，且呈爆发式增长。2017年农村居民人均通过互联网购买的商品和服务为13.4元，比2013年的1.7元增长了7.9倍，年均增长67.6%。

（二）膳食结构改善

农村居民生活水平进一步提高，膳食结构改善，饮食由吃饱向吃好方面发展。2017年农村居民人均食品消费支出3043元，比1980年96元增长31.7倍，年均增长速度9.8%。一是膳食结构优化。主食支出比重由1980年53.6%下降到2017年17.2%，下降了36.4个百分点；副食支出比重上升，由1980年42.5%上升到2017年69.6%，上升了27.1个百分点。二是优质高蛋白食物成倍增长。改革开放前农民首要解决的问题是吃饱，因此粮食消费较大，而现在主要是吃好、吃营养，饮食搭配更加合理。2017年人均消费粮食163.3公斤，比1980年的256.2公斤，下降36.3%；人均消费的水产品比1980年增长了13.3倍，家禽类增长10.5倍，肉类食物增长了4.5倍，油脂类食物增长了3.8倍。三是在外饮食增加。人均在外饮食消费支出消费由1980年4元上升到2017年的117元，增加了29.3倍，年均增长9.6%。

（三）居住面积扩大、质量提高、环境明显改善

改革开放后农村最直观、最明显的变化就是居住面积扩大、质量提高、环境明显改善。2017年，农村居民人均居住支出2120元，比1980年增长192.7倍，年均递增15.3%。平均每人住房面积由1980年的10.6平方米增加到2017年的47.2平方米，比1980年增长4.5倍。住房质量不断提高，2017年人均住房面积中，砖木结构和钢筋混凝土结构住房占93.9%，比1983年提高77.9个百分点。

（四）耐用消费品日新月异

改革开放前，广西农村居民家庭的贵重生活用品只体现在自行车、缝纫机、手表等“老三样”上，且只有少数家庭拥有。1980年农村居民家庭每百人仅拥有8.45辆自行车、3.01架缝纫机、3.86只手表。进入80年代初期，极少数农民家庭开始出现黑白电视机、收录机、电风扇。通过勤劳致富，农村居民家庭享受到了

改革开放的巨大成果，购买彩电、冰箱、空调甚至是汽车的家庭越来越多。2017年，广西农村平均每百户家庭已经拥有洗衣机、电冰箱、摩托车和彩色电视机分别为68.12台、88.82台、100.5辆和113.28台、移动电话284.27部、汽车12.23辆。农村居民耐用品普及率的迅速提高，给家庭带来了浓厚的现代化生活气息。农村居民消费需求呈现日益多样化和层次化，进入21世纪，电磁炉、微波炉、摄像机、数码照相机、电脑甚至是汽车等新的高档耐用品已经在农村居民家庭中出现，拥有量呈逐年稳步上升。

（五）教育文化娱乐投入持续增长

改革开放后，农村居民在享受物质生活的同时，精神生活也日趋充实、健康和丰富多彩。随着收入水平的不断提高，农民对文化娱乐生活越来越渴望，对家庭成员的教育也越来越重视。2017年，农村居民人均教育文化娱乐支出1128元，比1980年增长141倍，年均递增14.3%，占生活消费的比重由5.1%提高到12.0%。农村居民常住劳动力受教育程度也有了很大提升，不识字或识字很少的比例从1985年的18.8%降到2017年的2.8%，下降了16个百分点；初中和高中的比例从1985年的35.8%提高到59.9%，提高了24.1个百分点；大专及大专以上比例从1985年的0.02%提高到2.0%，提高了1.98个百分点。

（六）交通通信升级换代

改革开放初期，农村居民的交通通信方式比较单一，对外联系主要靠邮政，交通主要以骑车、步行等。随着党和政府加大农村基础设施的建设力度，农村的交通通信事业发展迅猛，为农村居民获取信息及出行提供便捷。2017年，人均交通通信支出1288元，比1980年相比，年均递增24.4%。大部分农民通过手机进行联系，通过互联网获取外界信息，通过汽车、火车、飞机甚至是购买私家车出行。

（七）自我保健意识增强

改革开放后，特别是2003年开始实行并于2010年实现全覆盖的新型农村合作医疗制度出台，使农村居民自我保健意识逐步增强，随着报销比例的提示和报销种类的增加，农村居民医疗保健得到极大改善。2017年人均医疗保健支出达到931元，比1980年增长276倍，年均递增16.4%。

改革开放40年来，广西农村居民生活发生了巨大变化，但与全国农民平均水平相比还存在一定差距，2017年广西农村居民人均可支配收入11325元相当于全国平均水平的84.3%，在全国31个省、市、自治区中收入水平排在第22位。着力提高广西农村居民收入水平，全力推进广西农村实现全面小康目标仍任重道远。

改革开放40年广西粮食综合生产能力增强

杨明东

广西地处亚热带季风气候区，全境光、热、水资源丰富，四季宜耕，适合种植亚热带、部分热带作物和发展冬季农业。党的十一届三中全会以后，广西粮食生产获得了较快的发展，粮食综合生产能力增强，质量和效益不断提高，不仅实现了口粮供给从长期短缺到总量基本平衡的历史性转变，而且实现了粮食生产与多种经营共同发展，粮食增产和农民增收的同步增长。

一、粮食总产量基本平衡

广西粮食以生产稻谷、玉米为主，其产量约占粮食总产量的90%。改革开放40年，随着政府优惠扶持政策的落实、优质稻等先进技术的推广、农资供应充足，粮食单产总体保持波动上涨势头。2017年，广西粮食亩产达到328.8公斤，比1978年的144.2公斤，增加184.6公斤，增长128.0%，40年年均增长3.2%，虽然粮食播种面积比1978年下降了30.54%，但总产量仍然增长58.3%。

从广西粮食生产发展的阶段来看，粮食总产量呈现出增长、滑坡、再增长、徘徊、再增长的多阶段波浪式增长态势，1990年后粮食总产量基本平稳。2017年广西粮食产量1467.7万吨，比1978年的927万吨，增加540.7万吨，增长58.3%，40年年均增长1.46%。

第一阶段：落实联产承包责任制，粮食产量快速增长。1978—1983年，粮食总产量由1978年的927万吨，增加到1983年的1363万吨，增加436万吨，跨越了1000万吨、1100万吨、1200万吨、1300万吨四个台阶。

第二阶段：谷贱伤农“卖粮难”，粮食产量出现滑坡。1984—1988年粮食产量出现大滑坡，粮食总产由1983年的1363万吨，下降至1988年的1045万吨，减少318万吨，失守1300万吨、1200万吨、1100万吨三个台阶。

第三阶段：调整政策，夺取丰收，粮食产量再增长。1989—1993年粮食产量出现再快速增长，1993广西粮食总产量达到1456.5万吨，比1988年增加411.5万吨，短短5年时间，粮食总产量再次跨越了1100万吨、1200万吨、1300万吨，并跨越1400万吨的新台阶。

第四阶段：实施“三大革命”“五大工程”和“十大技术”，粮食产量持续稳步增长。1995—2001年粮食产量出现了持续稳步增长，由1994年的1272.5万吨增长到2001年1511.4万吨，期间粮食总产量获得了连续5年增长，连续7年跨越1500万吨台阶的好成绩，其中1999年达到1575万吨，成为广西粮食发展史上的顶峰，比1994年增加302.5万吨。

第五阶段：多种因素叠加，粮食产量小幅波动徘徊。2002—2012年广西粮食产量进入长达11年的小幅波动徘徊阶段，期间最高年产量1487.3万吨，最低年产量1394.7万吨，年均产量为1440.6万吨。

第六阶段：科技兴粮，良种优先，超级稻快速普及，粮食产量再度增长。2013—2017年是广西粮食产量出现再次增长，期间粮食总产量再次出现连续4年增长和连续4年跨越1500万吨台阶，2014年粮食总产量达到1534.4万吨，是本次增长的峰顶。

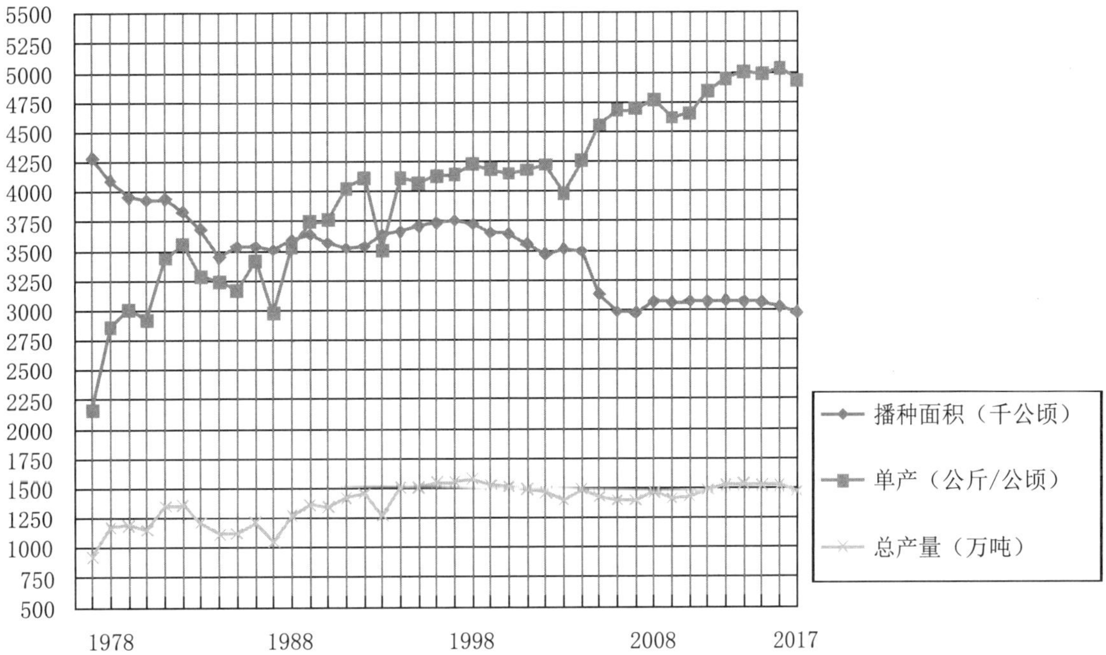

图1 1978年—2017年粮食播种、单产、总产量变化情况

二、党的领导和政策惠农是粮食产量稳定和增长的基石

（一）实施联产承包政策是粮食产量增长的推动剂

在党的十一届三中全会精神指引下，广西从1979年开始建立和普遍推行农村家庭联产承包责任制，解放了农业生产力，调动了广大农民的生产积极性，促进粮食生产的大发展，粮食单产、总产量连跨新台阶。1983年广西已普遍实行联产承包责任制，联产承包责任制的农户达611.45万户，占农户总户数的98.6%，承包耕地约2569千公顷，约占耕地总面积的97.9%，当年粮食亩产再创新高，达到237.0公斤，比1978年的144.2公斤，增加92.8公斤，增长64.4%，是新中国成立后34年间广西粮食单产最高的一年。1983年广西粮食总产量1363万吨，比1978年的927万

吨，增加436万吨，增长47.0%，粮食总产量跨越1000万吨、1100万吨、1200万吨、1300万吨四个台阶。

（二）中央颁布一号文件，为发展粮食生产指明方向

实施联产承包责任制初期，还处于“人民公社、生产大队、生产队”体制下，联产承包责任制是姓“资”还是姓“社”？困惑人们的思想，影响着实际行动，同时也引起社会各界的广泛关注。1982年1月，中共中央颁布了《全国农村工作会议纪要》，即第一个中央“一号文件”；1983年1月，第二个中央“一号文件”《当前农村经济政策的若干问题》正式颁布。中央“一号文件”从理论上阐明了家庭联产承包责任制，是在党的领导下亿万中国农民的伟大创造，是马克思主义农业合作化理论在中国实践中的新发展，符合中国基本国情，姓“社”不姓“资”；1984年1月，中共中央颁布了《关于一九八四年农村工作的通知》，提出继续稳定和完善联产承包责任制，规定土地承包期15年不变；1985年1月，中共中央、国务院发出《关于进一步活跃农村经济的十项政策》，正式取消了30年来的农副产品统购派购制度，粮食、棉花等少数重要农产品采取国家计划合同收购的新政策；1986年1月，中共中央、国务院发出《关于一九八六年农村工作的部署》，肯定农村改革的政策是正确的，必须继续贯彻执行。另外，根据1988年全国农村工作会议精神，自治区政府作出了《加强农业、夺取粮食丰收的决定》，把粮食生产放在农村工作的首位，加强领导，增加投入，改善生产条件，积极推广适用的先进技术，制定了一些鼓励粮食生产的措施。

2004年至2017年，中共中央连年发布以农业、农村、农民为主题的“一号文件”，对农村改革和农业发展进行全面部署，对粮食生产做出指导，构建国家粮食安全保障体系，“中国人的饭碗必须牢牢地端在中国人自己的手中”。

（三）实施粮食保价收购政策是粮农种粮的定心丸

1998年6月，国务院颁布了《粮食收购条例》，规定国家实行粮食定购和保护价制度；2004年，国家出台粮食最低收购价政策，当粮价高时，农民卖粮可以随行就市，当粮价低时，国家按规定的收购价收购农民手中的粮食。这是一项利民利国的双赢政策，既保护农民的利益，解决了丰年农民“卖粮难”之忧和“谷贱伤农”的隐痛，提高了农民种粮的积极性，又促进粮食生产可持续发展，为国家粮食安全夯实根基。2004年至2013年，国家连续提高粮食最低收购价，其中早籼稻最低收购价从2004年的1.4元/公斤提高到2013年的2.7元/公斤，提高了92.9%，中晚籼稻最低收购价从2004年的1.44元/公斤提高到2013年的2.76元/公斤，提高了91.7%。

（四）实施种粮补贴和取消农业税是农民多种粮食的源泉动力

2004年，对于中国农民来说，是特别有意义值得纪念的年份。国家不仅对种粮农民实施了粮食直接补贴和农机购置补贴政策，并且免交公粮，这是史无前例的大好事，中国农民直接从这项政策中尝到甜头，得到实惠。2006年，国家在实施粮食直接补贴政策的基础上又增加了对种粮农民实施农业生产资料综合直接补贴政策，以弥补化肥、柴油、种子等农资价格变动对农民种粮支出的影响。2005年12月29日，第十届全国人大常委会第19次会议表决决定，从2006年1月1日起废止《农业税条例》，同日，国家主席胡锦涛签署第46号主席令，宣布全面取消农业税。取消农业税后，种粮农民获得了对其生产的粮食等农产品的全部所有权、使用权和支配权，成为名副其实的粮食生产者和所有者，同时，又获得国家的种粮补贴，提高了农民心中的获得感，调动了农民的种粮积极性。

三、种粮技术不断进步

改革开放后，广西依靠科技进步，改进粮食生产农艺，推动粮食单产的再创新高。

1989—2005年间，广西不断推进种粮技术的进步。一是实施粮食增产“三大革命”等措施。即以推广“双杂”良种为重点的“种子革命”，以大力种植绿肥为主要内容的“绿色革命”，以推广使用地膜覆盖技术为主要内容的“白色革命”，以及实施粮食基地和“吨粮田”建设、改造中低产田等措施，以促进了粮食单产的不断增长。二是实施以粮食稳产高产，确保平衡增产为主要内容的粮食增产“五大工程”和粮食生产“十大技术”。即旱育稀植栽培工程、晚稻赶早稻工程、旱粮增产工程、种子产业化工程、抗灾农业工程和“双杂”良种技术、水稻旱育栽培技术、水稻抛秧栽培技术、育秧产业化技术、地膜玉米栽培技术、稻区旱作改制技术、再生稻栽培技术、优质稻开发技术、两系杂交稻示范技术和“壮秧剂”使用技术以及“三免”技术，以促进粮食单产的平稳与增长。三是改进和优化农艺及玉米良种化。在杂交水稻推广技术上，不断扩大高产中迟熟组合如桂99恢复系列组合、特优系列组合等；大力推广高产迟中熟杂交稻品种组合；推广水稻旱育稀植新技术为早晚稻生产抢上季节，提高单产提供了重要保障；同时引进和推广玉米良种，使用地膜覆盖技术，为提高旱粮食作物单产开创新路。农业科技的发展促使粮食亩产增长，连创新高，2005年粮食亩产达到283.6公斤，比1989年的235.5公斤增长20.4%，比1978年的144.2公斤增长96.7%。

2006—2017年间，广西全面深入实施科技兴粮战略，通过培育良种、高产示范、建立农业科技推广体系等措施，推动粮食单产创新高上台阶。一是加大自主优良品种培育力度。据农业部门资料，2011—2015年间，广西通过实施“粮食安全关键技术研发与示范工程”，育成水稻、玉米优良新品种共35个，其中达到超级稻品种4个。杂交水稻优质化育种取得新突破，育成丰田优553水稻新品种，不仅在产量达到超级稻标准，而且评为“广西十大优质稻品种”。玉米新品种培育取得重大成就，育成桂单0810新品种，并快速推广，使之成为广西主栽品种。二是加大开展粮食高产创建示范力度。2011—2015年，广西大力推进粮油高产创建示范活动，5年间共实施高产创建示范片1075片，示范面积共约766.7千公顷，广西粮油高产创建示范项目在农业县市实现了全覆盖。三是大力建设农技推广体系。“十二五”期间，广西共开展了1092个乡镇推广机构条件建设，占广西乡镇推广机构的95.4%，占需要开展条件建设乡镇推广机构数的97.9%，基本实现全覆盖。每年遴选农技员约14490名、培育科技示范户约95000户，聘请项目专家约1400名，建立各种农业试验示范基地1660个，为提高粮食生产的科技含量，提高粮食单产提供技术支撑。四是大力推广现代种植栽培技术。广西依托粮食高产创建、粮食稳定增产增效行动“133”工程等项目，大力推广以水气平衡栽培、测土配方施肥、病虫害综合防治、水稻集中育秧与机插秧、玉米“一增三改”、耕地保护与质量提升等现代先进种植栽培技术。

四、农资质量显著提升

种子、化肥、农药是粮食产量稳定增长的三大法宝。改革开放40年，大规模推广杂交稻、杂交玉米、超级稻，化肥、农药的有效供给，作物生长所须的养分和作物保护有了保障，对粮食单产提高具有不可替代的作用。

（一）培育和推广优质稻种子

1973年广西杂交水稻实现三系配套，培育出以南优1号为代表的第一代杂交水稻新品种，1974年开始试种推广，至1978年，广西杂交稻播种面积（农业部门资料，下同）433.3千公顷，占稻谷播种面积的比重为15.0%，1990年杂交稻播种面积的比重为59.0%，2005年杂交稻播种面积的比重为79.1%。

2011年—2017年间，通过试种对比、看禾选种、择优推广、加大杂交稻和超级稻推广力度，推动粮食单产的再创新高。2011至2017年，广西粮食亩产连续7年稳定在310公斤以上，出现了连续4年亩产稳步增长和连续3年创新高。2011年广西粮食亩产开启新一轮增长，当年粮食亩产达310.2公斤，2014年亩产达333.5公斤，2015年亩产略有下降，2016年亩产再创新高，达335.4公斤，为新中国成立至今广西全年粮食平均亩产的最高水平。

表1　2011年至2017年超级稻播种面积、比重及单产情况

年度	2011年	2012年	2013年	2014年	2015年	2016年	2017年
超级稻播种面积（千公顷）	820	944	1016	4043	1030	1017	990
占稻谷播种比重%	39.5	45.9	49.6	51.5	51.9	51.9	51.5
粮食单产（公斤）	310.2	322.6	329.8	333.5	332.3	335.4	328.8

（二）化肥供应充足

改革开放前的30年，化肥供应严重不足，质量不高，难已保障作物生长必需的氮、磷、钾三要素，粮食亩产长期徘徊在150公斤以下，30年年均亩产仅120.2公斤，改革开放40年来，化肥供应数量和质量都有较大的提升，能够满足农业生产的需要，随着化肥供应由贫缺到富余转变，粮食单产也随之逐步增长。1965年广西化肥使用量（实物量）仅为41.3万吨，平均每亩耕地11.1公斤，粮食亩产121.6公斤；1978年广西化肥使用量为159.4万吨，平均耕地每亩29.3公斤，粮食亩产144.2公斤；1980年广西化肥使用量为183万吨，平均每亩耕地46.3公斤，粮食亩产200.6公斤；2010年广西主要谷物每季平均每亩化肥使用量为56.9公斤，粮食亩产307.6公斤；2017年广西要谷物平均每亩化肥使用量为51.7公斤，粮食亩产328.8公斤。

（三）农药品种丰富

改革开放前，农业生产中用于粮食作物植保的农药不多，品种比较单一，主要是六六粉、混合粉、乐果、敌敌畏、敌百虫、井岗霉素、治螟灵、叶蝉散、老鼠药等。改革开放后，应用于粮食作物植保的农药比较丰富，产品较多并成系列化，有杀虫剂系列、杀螨剂系列、杀菌剂系列、杀线虫剂系列、杀鼠剂系列、除草剂系列等。农药的使用，对粮食作物的保护和粮食亩产的稳定及增长起积极保护作用。

五、粮食生产与经济作物协调发展

改革开放40年，广西坚持“决不放松粮食生产，积极发展多种经营”的农业发展方针，在粮食总产量稳定和增长的基础上，逐步调整种植结构，粮食播种面积总体上呈下降态势，非粮作物播种面积总体上呈上升态势，粮食生产与经济作物协调发展，农民种植收入大幅增加。

2017年，广西粮食播种面积为2976.2千公顷，比1978年的4284.7千公顷减少1308.5千公顷，减少30.5%，种植比重由1978年的80%下降至2017年的48.4%，下降31.6个百分点。

2017年粮食总产量比1978年增长58.3%，种植业总产值比1980年增长61.8倍，其中粮食作物产值比1980年增长16.3倍，非粮作物产值增长174.5倍。在种植业产值结构中，非粮作物产值比重则由1980年的29.7%上升到82.9%，农民人均可支配收入增长64.3倍，其中来源于种植业收入的人均可支配收入增长约19倍。

改革开放40年广西工业生产者价格走势分析

骆　洁

作为经济活动的“晴雨表”之一，工业生产者价格指数（PPI）很好地反映了国民经济活动处于生产环节和上游领域的产品价格变动情况，对监测宏观经济运行情况具有重要意义。广西工业生产者价格指数自1990年开始编制以来，其反映的价格变动水平在国际、国内经济形势、市场供需矛盾和政府调控政策等多方面因素共同作用下，经历了跌宕起伏的过程，呈现总体上升的态势。

一、90年代以来广西工业生产者价格变动总体情况

1990—2017年广西PPI和工业生产者购进价格指数（IPI）累计分别上涨215.9%和299.4%，年均涨幅分别为4.4%和5.3%，价格的走势呈“三升两降”的阶段性波动态势，可大致分为如下几个阶段:

（一）全面改革后的快速上升阶段（1990—1995年）

1992年邓小平南行讲话掀起了新一轮改革开放热潮，开启了中国特色社会主义市场经济新阶段。这一时期，中国经济快速发展，社会主义市场经济体制逐步建立，一个由市场调节为主的价格机制基本形成。但市场价格的调控机制尚未完全建立起来，加上多年积累的供需矛盾，各种需求开始增加，物价水平快速上涨。1995年与1990年比，广西PPI年均上涨18.5%，累计上涨96.9%，IPI年均上涨23.6%，累计上涨133.6%，其中，1993年广西PPI涨幅达到21.1%，IPI涨幅达到41.7%，均为改革开放以来最高涨幅。

（二）亚洲金融危机时期的波动下降阶段（1996—2002年）

为了抑制经济过热，中央采取一系列紧缩措施，经济成功实现“软着陆”，PPI涨幅明显回落，1996年广西PPI同比上涨2.6%，IPI同比上涨3.4%。1997年亚洲金融危机爆发，在外需不足和内部周期调整的双重压力下，中国经济增速下滑，企业亏损、产能过剩、通缩等问题凸显，受此影响，1997—1999年广西PPI同比分别下降2.4%、4.6%和4.4%，IPI同比分别下降0.7%、4.8%和6.4%。随着亚洲金融危机影响的消退

和政府宏观调整政策效果的显现，2000年中国经济全面复苏，工业生产者价格由降转升，2000—2001年广西PPI同比分别上涨5.5%和6.3%，IPI同比分别上涨0.9%和3.7%。2001年全球经济增长因美国经济衰退而明显减缓，中国加入世界贸易组织后，部分工业品受国际市场冲击价格下降，2002年广西PPI由升转降，同比下降4.4%，IPI同比下降4.4%。

（三）经济强力扩张时期的总体上涨阶段（2003—2011年）

2003—2011年，在"入世"背景下，中国参与国际经济贸易活动的程度大幅度提升，经济总量从世界第六位跃升到第二位。同时通过坚持扩大内需、深化改革开放、加快经济结构调整等一系列重大政策措施，消费和投资需求稳步回升，中国经济步入新一轮增长周期。2003—2008年中国经济保持高速增长，与此相对应，工业生产者价格连续6年保持上涨态势，2003—2008年广西PPI同比分别上涨2.8%、9.7%、4.9%、9.6%、4.5%和9.0%，IPI同比分别上涨1.2%、16.3%、8.2%、11.4%、6.1%和10.6%。2008年全球性金融危机爆发，中国经济受到严重影响，大宗商品价格大幅下降，2009年广西工业生产者价格跌到历史最低点，PPI同比下降6.5%，IPI同比下降4.9%。为应对经济下滑，中国推出"4万亿"财政投资计划拉动内需，实行适度宽松的货币政策，以保持GDP的高速增长，资金的投入迅速提振了经济增长。受此影响，2010—2011年广西PPI同比分别上涨12%和8.5%，IPI同比分别上涨11.2%和10.0%。

（四）经济减速换挡时期的下降阶段（2012—2016）

2012年开始，受欧债危机影响，全球经济低迷，中国经济增长乏力，经济发展处在经济增长速度换挡期、结构调整阵痛期、前期刺激政策消化期"三期叠加"阶段，中国经济进入减速换挡新常态，经济下行压力增大。在市场需求不足和部分行业产能过剩等问题的共同影响下，工业生产者价格持续低位运行。2012年广西PPI、IPI同步进入下行通道，2012年至2016年连续5年下降，持续时间为指数编制以来最长。2016年与2011年相比，广西PPI累计下降9.2%，年均下降2.4%，IPI累计下降9.4%，年均下降2.5%。

（五）经济新常态下的触底回升阶段（2017年至今）

2017年，世界经济逐步向好，中国供给侧结构性改革持续深化，环保治理力度加强，去产能工作取得实质成效，工业供给向中高端转型，工业品价格整体提高，与此同时，在国际大宗商品价格上涨的带动下，2017年广西工业生产者价格结束连续五年的下跌态势，全年PPI同比上涨7.6%，IPI同比上涨6.5%。

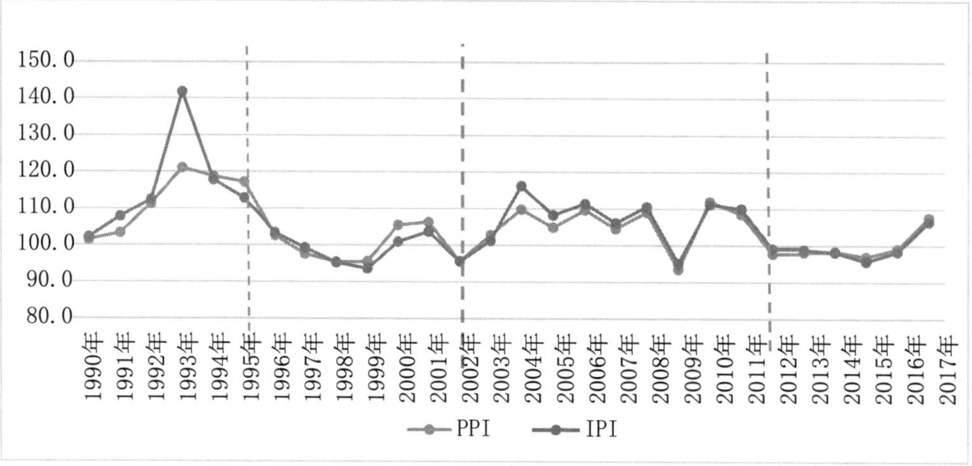

图1 1990—2017年广西工业生产者价格指数（上年=100）

二、广西工业生产者价格变动特点

（一）广西PPI与全国价格变动趋势基本一致

1990年以来，广西PPI走势与全国基本一致，均经历“快速上涨”—“波动下降—“持续上涨”—“低位运行”“一触底回升”五个阶段的发展历程。1990—2017年，广西PPI年均上涨4.4%，全国PPI年均上涨3.4%，广西PPI年均涨幅高于全国1.0个百分点。

由图2可以看出，除了2001年因产业结构不同，因广西的支柱产业制糖业产品价格大幅上涨，造成广西PPI与全国走势相反外，其余年份涨跌走势完全一致，但波动幅度有差异。在2012年以前的23年时间里，除了1990、1991、1993、1994、1996年这5年广西PPI波动幅度小于全国外，其余大部分年份均大于全国水平，但从2013年开始，广西PPI连续4年波动幅度小于全国水平，2017年波动幅度又再次大于全国水平。

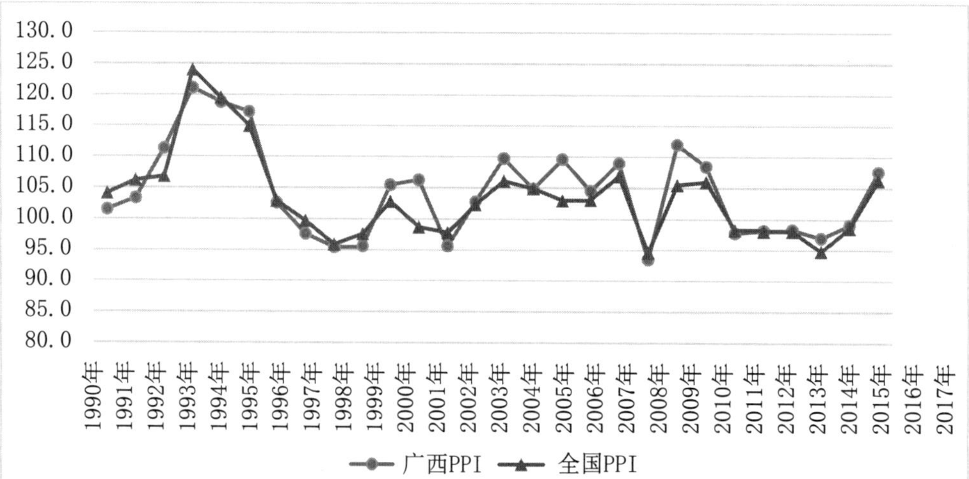

图2 1990年以来全国和广西工业生产者出厂价格指数

（二）PPI和IPI走势大体一致，剪刀差逐步收窄

由图1可以看出，1990年以来广西PPI和IPI变动趋势基本一致，购销价格存在剪刀差。除了1993年和2004年这两年广西IPI明显高于PPI，分别高出20.6和6.5个百分点外，其余年份的差值均在5.0个百分点以内，尤其是2006年以后购销价格间的剪刀差明显收窄，差值均在2.0个百分点以内。

（三）生产资料价格主导PPI走势

由图3可以看出，生产资料价格指数曲线与PPI曲线走势是基本一致的，除1993年生产资料价格涨幅比PPI涨幅高9.0个百分点外，其余年份的差值均在5个百分点以内，28年中有10年时间生产资料价格指数与PPI间的差值在1个百分点以内，两者差异不大，说明生产资料价格主导广西工业生产者出厂价格走势。

受广西支柱产业制糖业产品价格波动影响，生活资料价格在2003年、2007年、2009年、2015年和2016年出现涨跌走势与PPI走势相反的情况，且两者差异较大。28年中有10年时间生活资料价格指数与PPI指数的差值在5个百分点以上，其中1993年、2006年和2007年这3年的差值均达10个百分点以上。

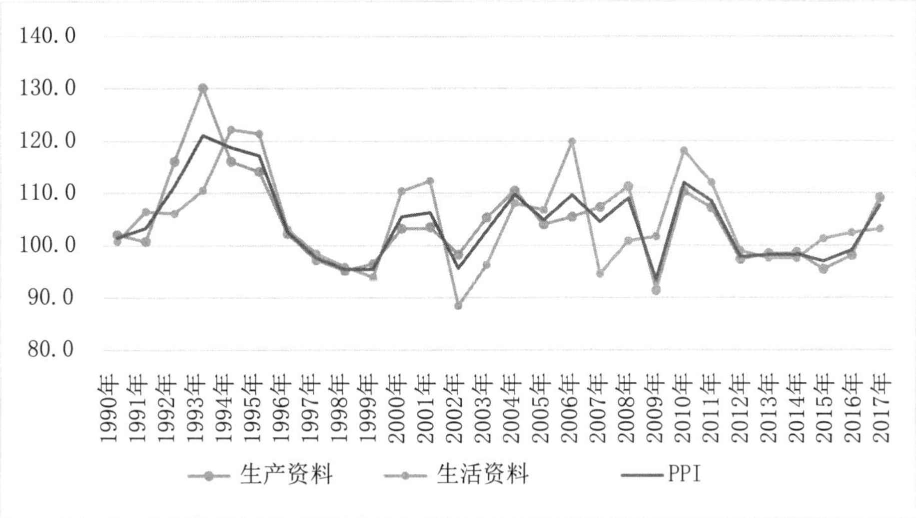

图3 1990年以来广西生产资料和生活资料产品出厂价格指数表

（四）重点行业产品出厂价格波动大

制糖业、黑色金属冶炼及压延加工业、有色金属冶炼及压延加工业作为广西的三大支柱产业，在广西工业总产值中占比较大，其产品价格波动也较剧烈，是影响广西PPI总水平变动的主要因素。

1.食糖价格大涨大跌。制糖业作为广西的支柱产业之一，受食糖供需关系变化影响，食糖价格呈周期性变化。2001—2017年广西制糖业产品出厂价格经历了三个由降到升的“V”型周期波动历程：分别是2001—2005年，2006—2010年，2011—2017年3个价格波动周期，2017年与2001年比，广西制糖业产品出厂价格累计上涨210.5%。

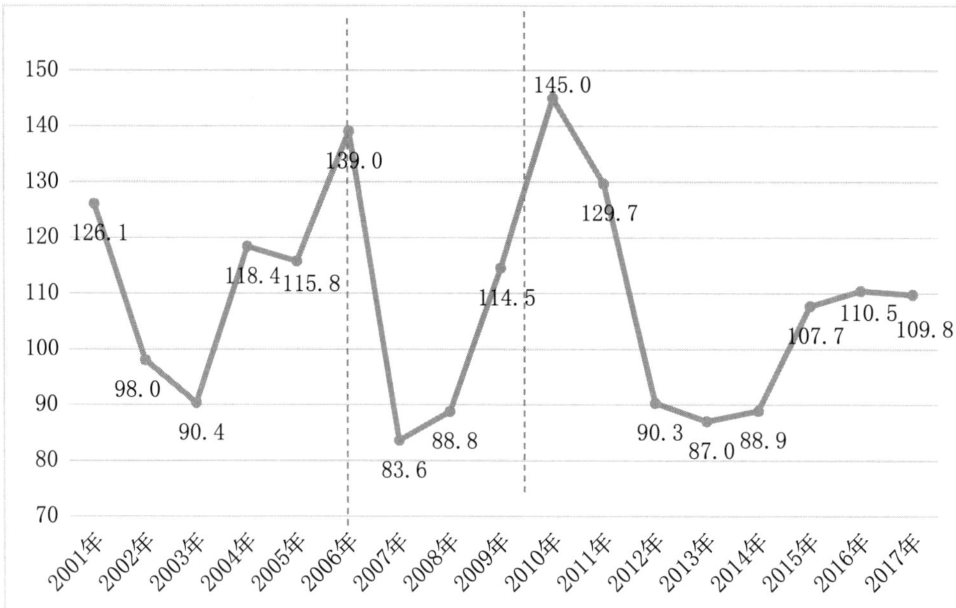

图4　2001—2017年广西制糖业产品出厂价格指数表

2.黑色金属冶炼及压延加工业产品价格跌宕起伏。2002—2017年广西黑色金属冶炼及压延加工业产品价格跟随经济发展周期，经历了“四升三降”的波动历程。2002—2017年黑色金属冶炼及压延加工业产品价格累计涨幅为83.1%。

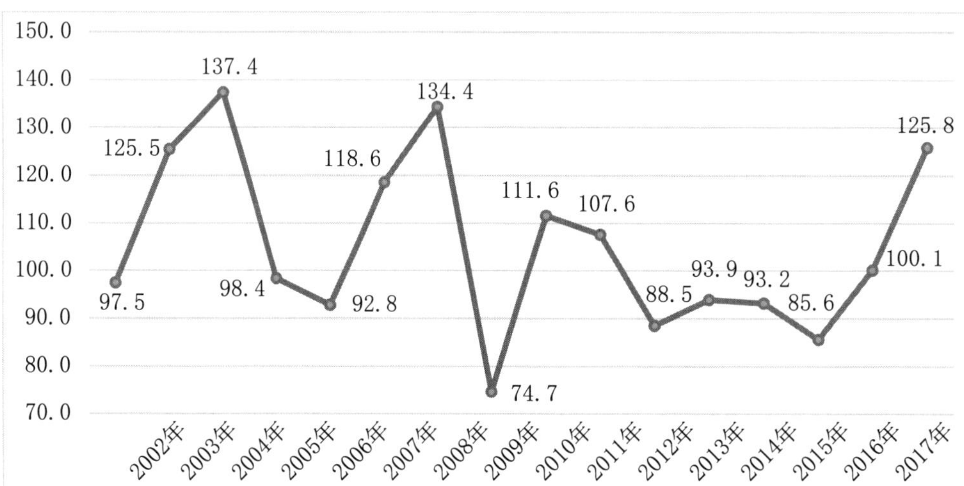

图5　2002—2017年广西黑色金属冶炼及压延加工业产品出厂价格指数表

3.有色金属冶炼及压延加工业产品价格。2002—2017年这16年间，广西有色金属冶炼及压延加工业产品价格经历了“5连涨—2连跌—2连涨—5连跌”的波动历程。2017年与2002年比，广西有色金属冶炼及压延加工业产品价格累计上涨了101.7%。

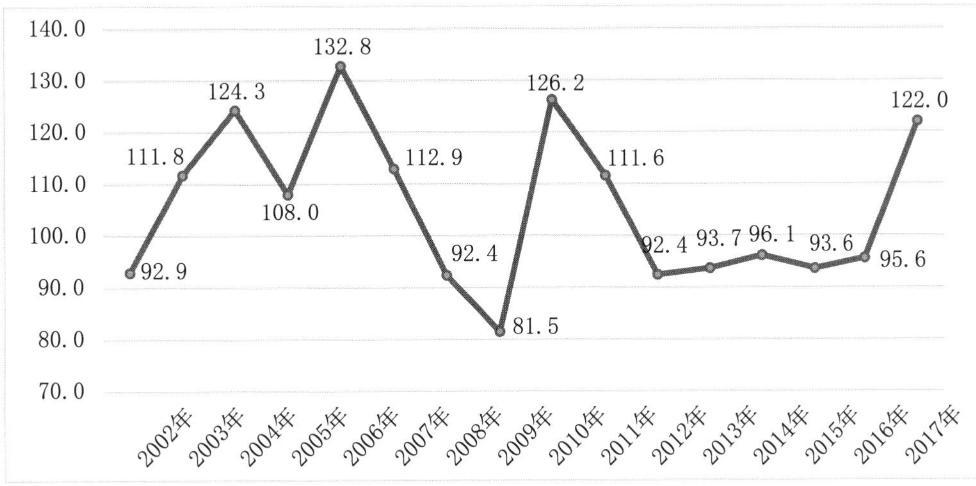

图6 2002—2017年广西有色金属冶炼及压延加工业产品价格指数表

三、广西工业生产者价格变动影响因素分析

20世纪90年代以来，影响广西工业生产者价格变动的因素是多方面的，既有国内因素，又有国际因素，既有市场因素，也有政策因素。

（一）国内经济增长的影响

PPI的变动是随着经济增长周期的变化而发生变化的。改革开放初期，国内经济的快速发展和消费需求的加快拉动了工业品出厂价格的快速上涨。进入21世纪后，从2002年开始，中国经济步入新一轮增长周期，广西经济保持平稳较快增长，PPI也实现了连续六年高位正向增长。2008年下半年全球金融危机爆发，广西经济增速下降，PPI由升转降。为应对经济下滑，中国推出“4万亿”财政投资计划拉动内需，经济增速企稳回升，2010年PPI触底反弹，快速上涨。从2012年开始，中国经济在连续三十多年保持高速增长后进入了深度调整时期，经济增速回落，PPI也同步进入下行通道，2012年至2016年连续5年下降。

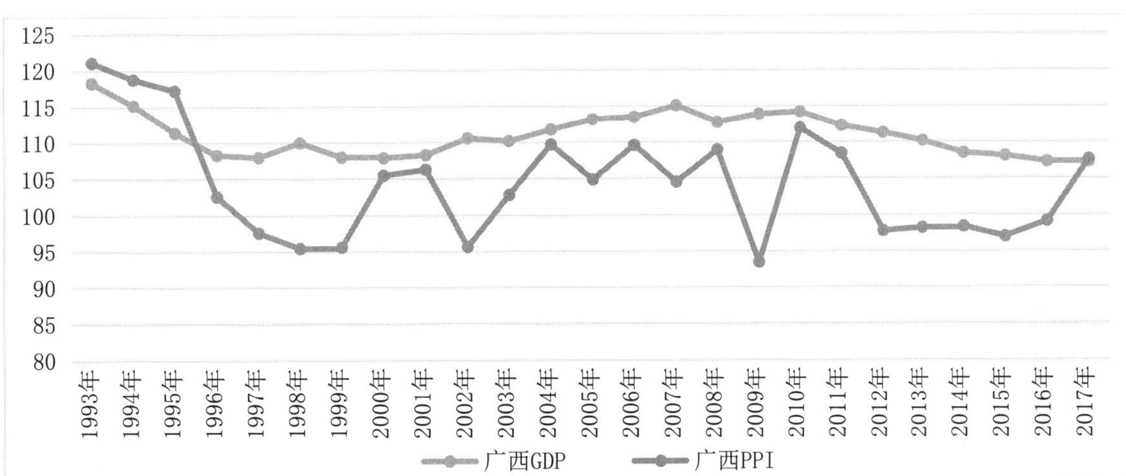

图7 1993—2017年广西GDP指数与PPI指数表

（二）国际大宗商品价格传导的影响

随着经济快速发展，中国对国际大宗商品的进出口贸易量逐年上升，国内、国际两个市场的联系日趋紧密，国际市场大宗商品价格波动对中国物价水平和经济发展的影响越来越明显。国际贸易是国内外价格传导的重要渠道，主要是通过中国进口商品传导至国内市场。随着对一些重要商品需求的大幅增长和进口量的大幅提升，如原油、铁矿石、铜、大豆、棉花等，中国对国际市场的依存度越来越高。目前，中国石油的进口依存度已经接近70%，铁矿石的进口依存度达80%以上，大豆的进口依存度已高达87%。国内大宗商品价格与国际价格同步性和联动性增强，大宗商品价格的变化对相关行业影响显著。例如2009年受全球金融危机影响，国际市场大宗商品价格大幅回落，广西PPI、IPI也快速下跌。

（三）市场供求关系变化的影响

价格是由供给与需求之间的互相影响、平衡产生的，影响价格变动的最主要因素是商品的供求关系。在市场上，当某种商品供不应求时，其价格就会上涨，此时处于卖方市场；而当商品供过于求时，其价格就会下降，此时属于买方市场。PPI本质上反映的是价格在市场需求与供给共同作用下的结果。

90年代初，在改革开放的有力推动下，中国经济高速增长，市场需求快速释放，但市场有效供给和工业生产能力仍然相对不足，市场处于供不应求的状态，工业生产者价格快速上升。进入21世纪以后，中国经济发展逐渐从产能不足过渡到供给过剩，市场实现了由卖方市场向买方市场转变，价格变化主要由需求因素主导。2012年以后，世界经济增长总体乏力，中国经济也步入转型升级期。在国内工业整体生产能力迅速提高的同时，部分行业由于产能增长速度快于需求增长速度，供大于求的矛盾十分突出，从2012年2月开始，广西PPI同比开始了长达55个月的负增长。

（四）政府宏观调控政策的影响

PPI作为经济活动的“晴雨表”，是政府宏观调控的重要依据，同时宏观调控政策也对PPI的变动产生直接或间接的影响。

90年代初，为了抑制经济过热，中央采取一系列紧缩措施，PPI涨幅明显回落。2009年，为应对国际金融危机造成的经济下滑，中国推出“4万亿”财政投资计划拉动内需，实行适度宽松的货币政策，受此影响，2010年PPI谷底反弹，快速上涨。2015年底，为解决产能过剩问题，中央提出开展以去产能、去库存、去杠杆、降成本、补短板为重点的供给侧结构性改革，并把去产能放在五大任务之首。2016年开始，以“三去一降一补”为主线的供给侧结构性改革深入推进，全国工业产能利用情况逐步改善，加之“史上最严”环保法的坚定执行，黑色金属、有色金属和非金属等行业去产能成效显著，供求关系逐步改善，从2016年9月开始，PPI同比止跌回升，快速上涨。

改革开放40年广西畜牧业获得跨越式快速发展

莫 林

2018年，是中国改革开放的第四十个年头，也是广西壮族自治区成立60周年，在这个时间节点上，回望改革开放40年来广西畜牧业走过的曲折历程，总结40年来广西畜牧产业取得的辉煌成就，展望未来广西畜牧业的发展新景，这对于新时代贯彻落实习近平新时代中国特色社会主义思想，运用科学发展观，指导广西畜牧产业发展朝着创新、协调、绿色、开放、共享的目标迈进，无疑具有非常特殊和重要的意义。为此，本文结合各时期统计调查结果，对改革开放40年来广西畜牧业生产发展历程进行简单回顾梳理，并对新的历史时期广西畜牧业发展目标提出展望。

一、改革开放40年，广西畜牧业获得巨大发展

回首40年，可以看到广西畜牧业生产发展走过了不平凡的历程，从改革前的生产严重短缺、供给严重不足，到改革开放后四十年间生产迅速恢复、产量逐步增加以至供大于求、市场失衡，最后进入总量相对稳定、结构逐步优化这样一个历史过程。与改革开放初期相比，广西畜牧业产品的增长可谓翻天覆地的变化。初步统计，与1978年相比，2017年生猪存栏量比1978年增加了1047.4万头，增长84%，出栏量增加2704.5万头，增长4.16倍，猪肉总产量增加218.4万吨，增长5.97倍，人均猪肉占有量52.2公斤，增长4.86倍。牛出栏增加142.6万头，增长19.27倍，牛肉产量增加29倍（过去牛主要是役用，肉牛很少）。羊出栏量增加191.9万吨，增长10.8倍。详情可见下图：

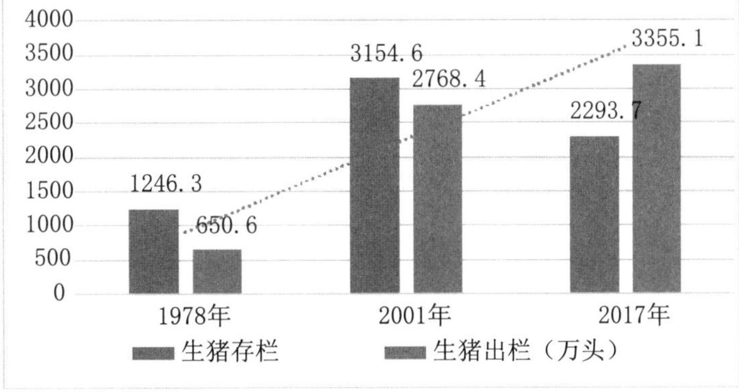

图1 改革开放40年生猪生产变化

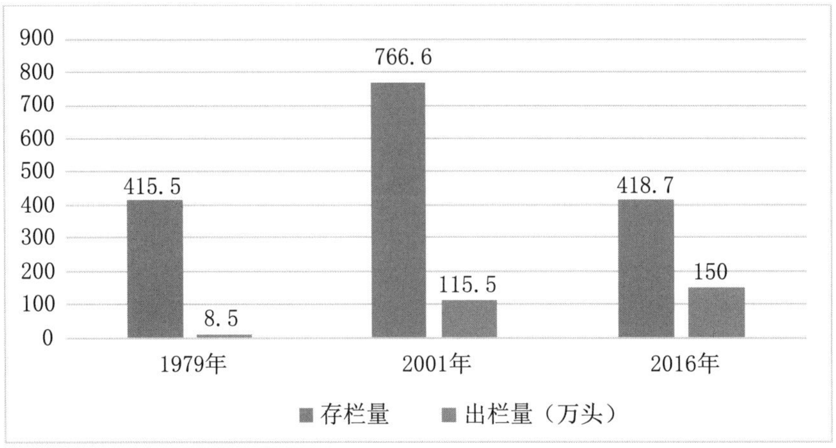

图2　改革开放40年牛的产品产量变化

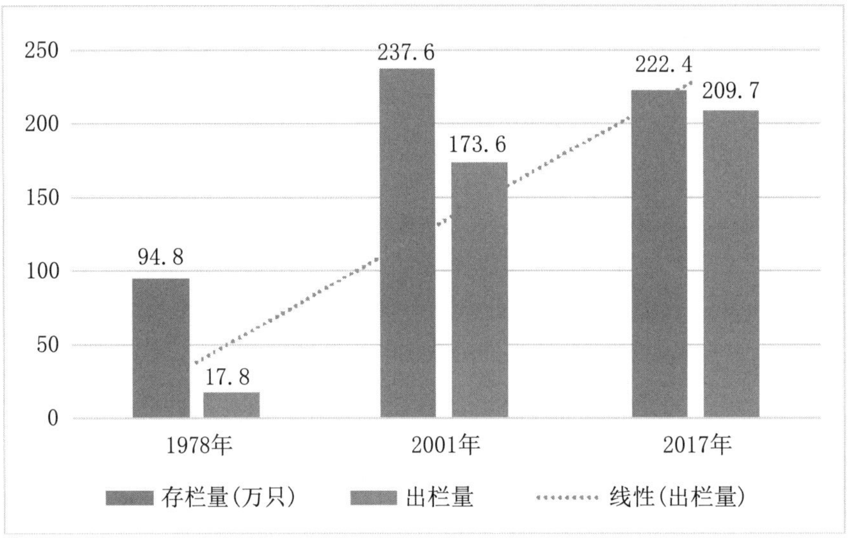

图3　改革开放40年羊产品产量变化

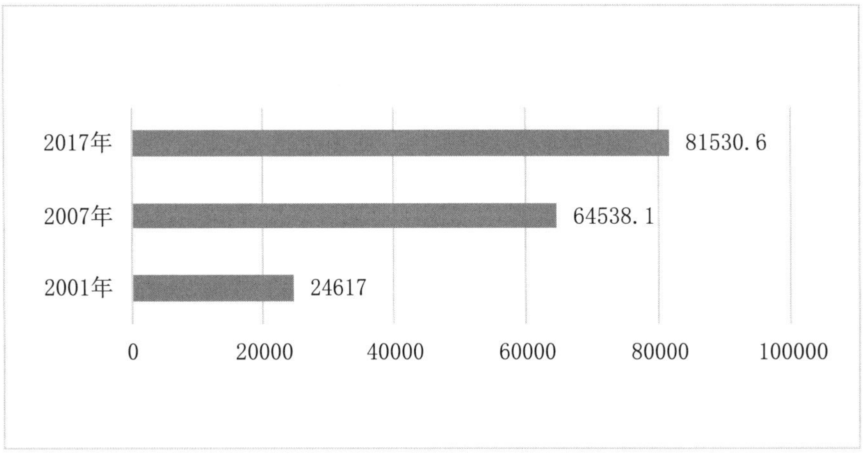

图4　2000年以来家禽出栏量变化情况（万只）

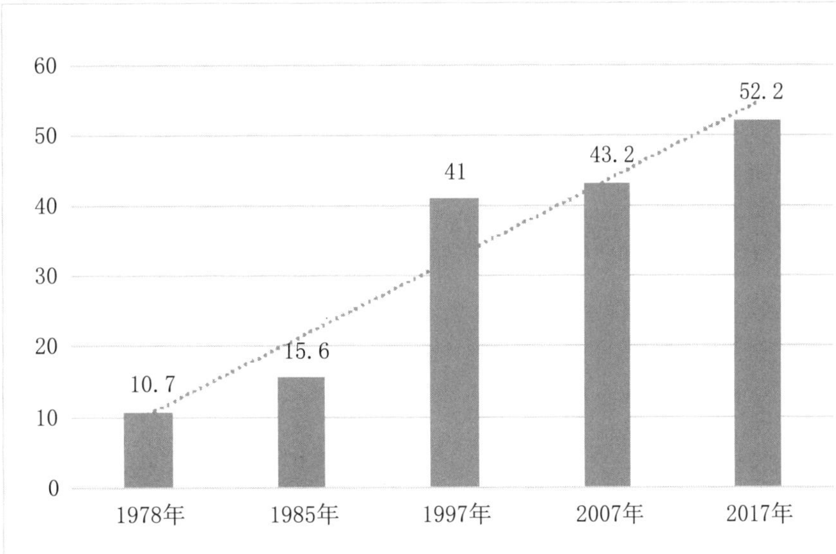

图5 改革开放40年广西人均猪肉占有量变化(公斤/人)

二、改革开放前后广西畜牧业发展情况及各阶段主要特征

（一）改革开放以前广西畜牧业发展现状

自新中国成立以来至改革开放（1978年），中国实行的是计划经济管理体制，因此广西的畜牧业生产与全国一样，都是实行国家计划管理。畜牧业生产（主要是生猪生产）被作为“副业”对待，发展受到限制，农户零星养殖。生猪的供应和销售按国家制定的价格政策统一收购，计划调拨，价格由政府指定，没有市场调节。供求关系对生产的发展没有引导推动作用。同时，畜禽生产经营模式以生产队集体经营为主，农户零星散养自食为为辅，生产管理大多简单粗放，养殖技术含量低，防疫技术落后，生猪成活率不高，因此畜禽产品产量极低，肉食供应严重匮乏，据有关资料显示，1978年广西生猪存栏为1246万头，出栏650.6万头。存出栏比仅为1∶0.52。生猪平均重量低，猪肉产量不高，当年人均猪肉占有量仅为10.7公斤，群众享有的肉食消费很少。牛养殖品种主要是生产用役用牛，满足耕田耕地需要，出栏很少，统计资料显示，1978年牛的存栏413.9万头，出栏7.4万头，牛肉产量极少。羊存栏94.8万头，出栏17.8万头，存出栏比很低，羊肉产量不高。家禽是农户少量零星饲养，总量不大。总之，改革开放前是畜牧业生产发展受限制、肉食供应严重匮乏时期。

（二）改革开放以来广西畜牧业发展情况及各阶段主要特征

1978年，党的十一届三中全会召开，决定党的工作重心转移到以经济建设为中心上来，国家实行改革开放。从此，中国各行各业都呈现了“龙腾虎跃”的发展态势、生产也发生了“天翻地覆”的变化，取得了举世瞩目的伟大成就。广西的畜牧业也不例外，进入了全面振兴时期，获得了快速发展，并呈现新的发展特征。具体来说，可大致分为几个阶段：

第一阶段（1978至1985年）：即十一届三中全会后，联产承包责任制在广西各地逐步推行，畜牧业所有制和生产体制呈现了新的格局，畜牧业生产逐步从集体生产走向家庭自主经营，农户生产活力得到释放，农民劳动成果得到国家认可，生产积极性空前高涨，畜牧业生产迎来第一个发展阶段。资料显示，到1985年底，广西生猪存栏达到1435万头，出栏693.43万头。与1978年现相比，存、出栏分别比增189万头和42.8万头，增长15.2%和6.7%。人均猪肉占有量15.6公斤，比1978年人均猪肉占有量10.7公斤增加约5公斤。但由于这一阶段国家调控依然没有放开，生猪生产模式以小散户经营为主，养殖技术落后状况没有大的改变，加上生产管理和疫病防控跟不上，因此这一阶段生猪存活率不高，出栏率明显偏低，当年广西生猪出栏率不到50%，而同期全国平均出栏率达到68.9%。

第二阶段（1986—1997年）：这一阶段，是生猪产业从计划经济体制向市场经济体制迈进的极具里程碑意义的十一年。1985年，国家放开生猪经营，取消收购上调计划，实行自由购销，市场定价，生猪生产出现强劲的发展势头，生猪生产进入供需平衡的快速发展阶段，专业养猪和商品猪生产基地逐渐建立起来。生猪产量逐年上升。据统计，到1997年底，生猪存栏达到2244万头，出栏达到2378.4万头，出栏量比1985年增长2.45倍，出栏率大幅提高，达105%，猪肉总产量达到190万吨。人均猪肉占有量增至41公斤，比1985年人均增加26公斤。这一时期，也是广西畜牧业生产高速发展时期，畜牧产值呈现连续十一年、每年增长两位数的增速结果。1997年农林牧业总产值中，畜牧业产值达到280.67亿元，占31.8%。广西也由从前的畜牧业欠发达省份，跃入全国前十名的行列。

第三阶段（1998—2007年）：这一阶段，生猪生产进入以市场为导向，以提高质量、优化结构和增加效益为主的结构调整时期。在市场经济规律的作用和调节影响下，生猪生产总量有所减少，但结构不断优化，养殖效益得到提升。据统计，2007年生猪存栏2169.5万头，出栏2767.3万头。

第四阶段（2007—2012年）：这一阶段，随着经济增长方式转变，资本进入农业的速度加快，养猪业出现前所未有的发展局面。一方面，企业养猪发展迅猛。表现为，2007年底2008年初，因猪价高企，国家对生猪养殖采取鼓励性补贴政策，拉开了新一轮生猪养殖高峰周期，企业养猪规模扩张明显，甚至一些上市公司利用公募资金投资发展生猪养殖，助推广西生猪饲养量再创新高。据统计，2012年，广西生猪存栏2466.6万头，出栏3342.09万头，与2007年相比，分别增长了13.7%和20.8%。另一方面，这一阶段，随着养殖集团化、规模化、标准化的养殖特点愈发显现，养殖户结构出现重大调整，小散户在减少，规模户贡献凸现。据自治区畜牧部门提供的资料，2007年广西生猪养殖户433.71万户，2012年减少到288.62万户，减少145.09万户，减33.5%。其中年出栏50头以下的养殖户减少34.5%，占比由64%降至39%，与此同时，年出栏500头以上的养殖户增加了61.3%，占比由21.36%增至35.2%。而万头大型养猪场增至增加31家，达到131家。万头猪场出栏量占比由4.6%上升到8.4%。

第五阶段（十八大段场后至今）：这一阶段广西畜牧业进入稳增长、调结构、促健康的稳定发展新时期。党的十八大以后，广西壮族自治区党委、政府深入贯彻落实习近平总书记系列讲话精神，实施科学的发展观，着力推进农业供给侧结构性改革，科学规划畜牧产业，按照调结构、稳增长、促改革、保环境等新发展理念，出台了一系列有利于农业和畜牧业健康稳定发展的措施，推动广西畜牧产业发展步入健康稳定发展的轨道。在这一阶段，生猪生产平稳发展，牛羊生产进一步受到重视，畜牧产品生产结构进一步优化：据统计，截至2017年底，广西生猪存栏量2293.69万头，出栏量3355.06万头，与2012年相比，存、出栏分别减少7.01%和增长0.38%，猪肉产量增长0.98%。而同期牛肉增长8.29%，羊肉增长2.15%，

三、“十八大”以来广西畜牧业产业发展成效突出

（一）主要畜禽产品产量位居全国前列，猪禽产品贡献较大

根据国家统计局广西调查总队畜禽监测调查结果显示，“十八大”以来，广西主要畜产品产量始终保持全国前列。据统计，2017年，广西猪牛羊禽肉类总产量407.2万吨，居全国第10位，人均占有量83.4公斤（按常住人口4885万人计算），高于全国平均水平60.6公斤。其中，生猪出栏3355.1万头，猪肉产量254.9万吨，居全国第9位，人均猪肉产量52.1公斤，高于全国人均水平38.4公斤水平；家禽出栏8.2亿只，禽肉产量134万吨，居全国第4位，人均禽肉产量27.4公斤，高于全国平均13.6公斤水平。生猪和家禽生产不仅完全满足了区内市场需求，还大量供应周边省市，成为重要的畜产品生产基地，对全国贡献较大。

（二）规模化、标准化养殖稳步推进

“十八大”以来，广西按照“畜禽良种化、养殖设施化、生产规范化、防疫制度化、粪污无害化”的要求，通过开展标准化规模养殖场示范创建活动，突出抓好家庭牧场、专业合作社、产业化龙头企业等新型经营主体的培育工作，在项目资金、金融支持等方面给予倾斜，新建了一大批畜禽规模化标准化养殖场，低水平的散养户进一步减少，促进了产业转型升级、提质增效。据了解，目前广西已经建成标准化示范场347家，其中，国家级标准化示范场110家，自治区级标准化示范场237家。产业化方面，拥有龙头企业219家，其中，国家级重点龙头企业7家，自治区级重点龙头企业49家，行业重点龙头企业163家，产业规模化效应明显增强。

（三）生猪大县产业支撑作用更加突显

“十八大”以来，广西畜牧业发展充分发挥地区畜牧生产分布特点，优化产业布局，通过聚集优势资源重点加强对生猪大县的产业支持和扶持力度，生猪养殖大县引领示范性作用显著增强，对广西畜牧生产发展贡献巨大。截至2017年末，广西16个生猪监测调出大县，这类大县年末生猪存栏合计1013.68万头，占广西存栏量的44.2%；出栏合计1401.79万头，占广西生猪出栏量的41.8%，生猪大县饲养量已占广西生猪生产半壁江山，对生猪产业的贡献突出，对产业发展的支撑作用明显，对带动全自治区畜牧业生产发展，稳定市场供应起到了骨干支撑作用。

（四）生产技术水平飞速发展，现代生态养殖逐步推广

“十八大”以来，在政府的助力下，广西大力发展生态养殖，通过微生物技术的应用（即在饲料中添加微生物、益生菌，粪便中添加微生物），解决猪场污染问题。2017年，广西率先在全国出台并实施现代生态养殖“十三五”规划，计划进一步提高广西废弃物资源化利用率和农作物秸秆饲料化利用率。同时，广西还大力推进畜禽现代生态养殖场星级建设评选活动，对具备一定规模的养殖场按照现代生态养殖标准进行考核评比，颁发星级牌匾，推进养殖企业走生态环保的发展路子。此外，基于“源头减排”的思路，广西一些县正在进行高架网床养殖的改造（如陆川县、北流市等），通过该技术减少养殖用水、减少排污量，环保效果明显。据了解，到2020年，广西生态养殖场粪污处理率达100%，其中资源化利用率达98%以上，集约化水产养殖废水排放处理率达90%以上，饲用秸秆处理利用率达50%以上。

（五）畜牧品牌建设进一步提升

40年发展进程中，广西在种源优化方面同样进行了卓有成效的探索。目前，除去利用国外引入品种进行自繁自养外，广西着力打造地方特色猪肉优势，占领猪肉高端市场。中国八大名猪之一——陆川猪及东山猪、隆林猪和巴马香猪、环江香猪都是广西主要的地方猪品种，肉质好、收益高，定位高收入群体，有较强的市场竞争力。此外，目前广西已经成为中国优质鸡苗繁育供应基地，广西的凤翔乌鸡、龙宝1号猪等5个新品种（配套系）通过国家审定，部分优良种畜禽推广到全国大部分省（市、自治区），广西皇氏集团股份有限公司依托广西优质水奶牛资源打造的水牛奶产品品牌，也已经成为全国知名特色牛奶产品畅销全国。

（六）环境保护与畜牧产业协调发展的新理念、新模式同步推进

随着社会经济的发展和人们环保意识的不断增强，对畜禽养殖废弃物的处理排放提出了更高要求。为适应这些要求，广西的畜禽产业在发展理念上摒弃了过去重生产轻环保、重数量轻质量的落后观念，转为健康、绿色、协调、科学和可持续发展。在发展方式上，由粗放高耗型向节约高效型转变。

四、新的历史时期广西畜牧业发展面临的机遇和挑战

党的十九大召开，吹响了实现中华民族伟大复兴的号角，开启了新的伟大征程。在新的历史时期，如何解决“人民对美好生活的需要与不平衡不充分的发展”是我们面临的主要矛盾，广西畜牧业未来如何发展也必须围绕这一目标方向努力。新的目标必然对畜牧业发展提出新的要求，给新时期广西畜牧业发展提出新的挑战。具体来说，表现为几个方面：

（一）生猪价格周期性波动风险影响畜牧产业健康和稳定发展

回顾广西生猪产业发展的历史，可以看到，自2000年以来广西生猪生产经历过多次大的“猪周期”，每次“猪周期”来临，生猪价格都会出现剧烈波动，导致部分养殖户严重亏损甚至离场，同时，剧烈波动还对生猪产业乃至整个经济社会发展都产生了巨大影响。有关资料显示，2010年6月，受猪价持续下跌影响，全国生猪养殖平均亏损面达到58.23%，亏损严重的地区达到90%以上。2018年1月至4月，广西生猪价格逐月走低，累计降幅达31%，部分养殖户每头生猪亏损350元。另一方面，生猪价格的快速上涨又会导致物价上涨过快，使得居民消费水平明显下降，对农村居民及城市贫困人口日常生活带来显著影响。“肉贵伤民，肉贱伤农”几乎成为生猪产业发展无法摆脱的怪圈。如何走出这个怪圈，寻找到一条既能让生猪产业健康稳定发展、又能使居民生活质量逐步提高的新路子，是新时期生猪产业发展面临的首要挑战。

（二）消费结构转型升级，倒逼畜牧产业供给侧结构改革的步伐要进一步加快

由于收入水平的提高和消费升级，居民在畜禽产品消费上，对绿色、生态、安全的畜牧产品更加青睐。例如，2018年三月份以来，受全国性生猪供过于求影响，广西生猪价格持续下跌，普通猪肉价格跌个不停，而与之相反，市场上品牌猪肉、优质土猪肉价却保持坚挺。价格资料显示，2018年4月普通猪肉腿肉均价为21.0元/公斤，瘦肉为26.24元/公斤，均创2015年6月以来新低，而土猪肉价格影响不大。如陆川土猪瘦肉、后腿肉、梅头肉（半肥瘦）、肋排价格分别为61.6元/公斤、43.6元/公斤、57.6元/公斤、79.6元/公斤，是普通猪肉价格的2～3倍。事实表明，畜牧业的供给，应从原来的最基本功能“保供给”向“优供给”转化，这是新形势的主要特点。此外，随着经济的快速发展和居民生活水平提高，居民日常饮食肉类更加科学和多样化，居民猪肉需求总体稳中趋降，牛、羊肉消费比重逐步上升。据住户调查资料显示，2017年广西城镇居民人均猪肉消费量29.25公斤，比2014年30.38公斤下降3.7%；广西农村居民人均猪肉消费量26.26公斤，比2014年的25.74公斤上涨2.0%。总之，消费需求转型升级，对畜牧产业供给侧结构改革提出更高要求。

（三）资源环境趋紧，对生猪产业发展的制约日益突出

随着养猪场数量的增加和养殖规模

的扩大，集约化养殖带来的环境污染问题日益严重，这几年，国家有关畜禽养殖业环保政策措施密集出台，这是畜牧业面临的新挑战。一方面各种严厉的环保措施使养殖污染得到控制，环境状况得到好转，但另一方面，也提高进入养殖业的门槛，制约了畜牧业的发展。一部分有养殖意愿但条件不能达标的农户或企业要加入养殖业，将更加困难，对生猪业发展产生了一定的影响。

（四）重大疫病疫情成为制约广西畜牧业发展的最大障碍

近年来，广西畜牧生产每隔一段时间就会出现一些重大疾病疫情发生，如家禽生产，2013年和2017年上半年的都发生H7N9禽流感疫情，该疫情来势凶猛，波及面广，政府和社会高度关注，造成居民消费恐慌，家禽滞销，给养殖户带来巨大的经济损失。生猪生产也面临各类疫病的威胁。由于规模化发展加快，养殖密度大，一旦疫病暴发，传播速度快，传播面广，因此动物疫病风险依然很大，给养殖户带来巨大的经济损失，一些养殖户产生恐慌而弃养，即使畜产品价格高，也不能激发养殖户的积极性。

五、以习近平新时代中国特色社会主义思想为引领，推动广西畜牧业走向新的高质量发展

党的十九大，开启了中国改革开放的新航程，广西畜牧业发展，也应在以习近平新时代中国特色社会主义思想指引下，按照“五大发展理念”要求，针对存在的问题和面临的挑战，采取切实有效的措施，推动畜牧业进入高质量健康发展。

（一）顺应畜牧业产品需求的新特点，加大供给侧结构改革，推进畜牧产品朝着绿色、生态、精品、安全方向发展

首先，要转变思想观念，由畜牧业最基本功能“保供给”，调整为“优供给”，大力推进绿色、生态、精品、安全的畜牧产品生产。其次，依靠品牌强牧，培育畜牧产业领域新动能、新业态。

一是要支持差异化、特色化畜牧业发展，扩大优质增量供给，增加品牌畜牧产品市场份额，以高品质、高附加值的产品赢得更大产业空间和市场容量；二是继续推进广西畜牧业现代生态养殖星级评比建设活动，使之不断产生生产示范效应和市场品牌效果。三是尝试开发畜牧产业与文化旅游观光的融合；四是推进饲料工业与养殖业的融合发展，使之向全产业发展。

（二）加强形势分析和监测预警服务，减少市场波动

首先，强化形势分析和监测预警，把生产供求的形势分析透、把握好，为宏观调控和生态发展服好务。其次，加强畜牧业信息化建设，建立一套既满足供给端、又满足需求端的有效、权威、规范的集信息、预警等于一体的大体系、大平台，所有养殖企业的生产信息、外部价格信息及所有的监管都和这个信息化平台挂上钩，剔除统计水分，数据直联直报。许多任务可以在平台上推进实现。

（三）切实加强疫病防控，减少生产波动

一是要加强动物疫病诊断和防控能力建设。要加强各级动物卫生执法监督和疫病预防控制机构建设，完善疫情测报、流行病学研究和应急处置能力。二是要规范生猪防疫检疫行为。逐步推行所有疫病全部免费强制免疫，真正做到免费强制免疫全覆盖。三是要通过改善生猪饲养环境，提高动物福利水平，从根源上减少生猪患病的发生率和传播率。

（四）强化畜牧质量安全监督

将食品安全放到对党和人民负责的高度，确保畜禽食品检测职能部门不失位。以强化养殖生产环节监管为重点，突出抓好生猪产品安全，抓实无公害生猪产品的产地认定、产品认证和养殖档案建立工作，进一步完善可追溯体系。公开、透明、及时、准确公布食品安全信息，绝不允许出现由于食品检测、信息公布导致损害政府公信力的事件发生。落实“实施食品安全战略”，让人民吃得放心，为生态安全生猪养殖企业创造公平竞争环境。

（五）创新产业化模式，提高散户的组织化程度

“十九大”报告指出，发展多种形式适度规模经营，培育新型农业主体，健全农业社会化服务体系，实现小农户和现代农业发展有机衔接。为此，抓规模化的同时，小农户不能忘。一是要提高生猪业生产规模化、标准化程度。要以发展各种类型的生猪标准化规模养殖为主要途径，推行标准化养殖和生态养殖模式，提高规模效率。二是在鼓励发展“公司＋农户”的传统产业化模式的基础上，支持养猪户发展自己的专业合作组织，改变散户的弱势地位。三是要完善社会化服务体系，解决散户在养殖中难题。建议有关部门在制定和落实补贴与环保政策过程中，引导并扶持以“品牌生态猪”为目标、致力提供高品质猪肉的小型养殖场，以满足市场多元化的消费需求。

改革开放40年南宁市城镇居民生活水平全面提升

施杨勇

南宁市地处祖国南疆边陲，经济基础相对薄弱，新中国成立后长期的计划经济体制下，南宁市和全国全自治区一样，收入分配没有很好体现按劳分配原则，经济发展缓慢，居民收入增长不多。改革开放以后，特别是国家实施西部大开发政策以后，经过近四十年的艰苦奋斗，全市经济发展逐步加快，取得了巨大成就，城镇居民收入大幅增长，居民生活已解决温饱，正向全面建成小康社会稳步前进。

一、南宁市城镇居民人均可支配收入大幅增长

据城镇住户调查资料显示，南宁市城镇居民人均可支配收入从1980年的386元增加到2017年33217元，增长86倍，年均增长12.8%。

2005年，南宁市城镇居民人均可支配收入首次突破万元大关，达到10037元，比广西突破万元提前了2年；7年之后的2012年，南宁市城镇居民人均可支配收入突破2万大关，达到22115元，比2005年年均增长11.9%；又仅过了4年到2016年，南宁市城镇居民人均可支配收入突破3万元大关，达到了30728元，位居广西第一，年均增长8.6%，是当年广西突破3万元大关的四个城市之一；2017年达到33217元，仍居广西位第一位，在27个省会城市中位居第19位，在西部11个城市中位居第6位（如图1）。

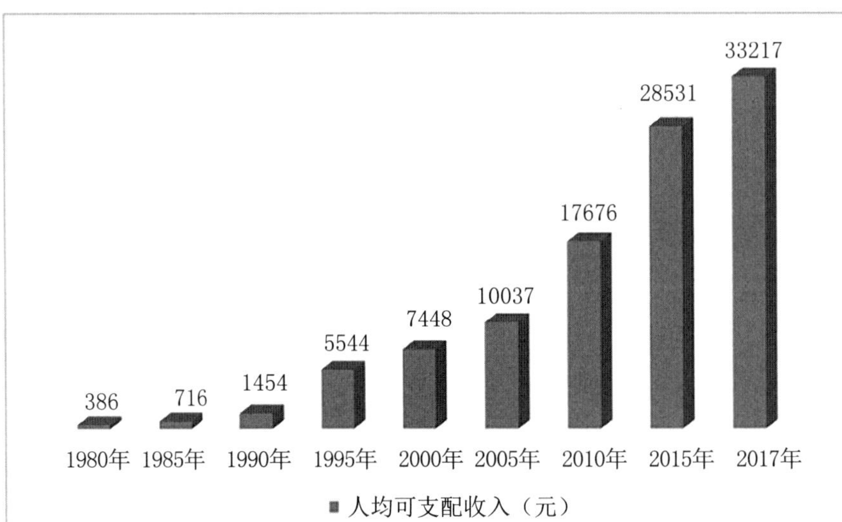

图1　南宁市1980—2017年城镇居民人均可支配收入图（注：其中2010年前为城市居民）

二、南宁市城镇居民收入增长的主要因素

（一）工资性收入增长平稳，贡献率大

工资性收入是南宁市城镇居民的主要组成部分，增长贡献率也是最大的。随着改革开放以来，南宁市经济的快速发展时期，改革开放初期的1985年南宁市城镇居民人均工资性收入为615元，占可支配收入的比重为85.9%，到了2017年居民工资性收入增加到18733元，年均增长11.3%，占比下降至56.4%。工资性收入快速增长的而占比反而下降，说明城镇居民收入快速增长的同时，收入的渠道也逐渐多元化，但仍然是城镇居民收入的主要来源，对城镇居民收入增长的贡献也最大。

（二）经营性收入是居民收入的重要组成部分，增速最快

改革开放初期，受经济结构和经济体制的制约，南宁市城镇居民就业和收入的渠道比较单一，一定程度上抑制了居民收入的增长。随着改革开放不断深入，实行国有经济为主，多种经济并存的政策，促进居民就业多样化，私营、个体经济蓬勃发展。进入2000年，国家又提出西部大开发战略，依托广西沿边、沿海、沿江的区位优势，积极发展多种经营，促进了居民经营性收入增加。1985年南宁市城镇居民人均个体经营收入不到1元钱，到了2017年南宁市城镇居民人均经营性收入达到了5344元，年均增长31.7%，增速最快，在城镇居民可支配收入中的占比仅次于工资性收入，达到了16.1%，已成为居民收入的重要组成部分。

（三）财产性收入实现较快增长

随着改革开放的进程，社会整体经济的发展，促进了金融市场的发展，另一方面居民储蓄的不断增加，也促进了居民通过存银行获取利息、参与投资、出租住房、购买证券、股票等多种凡是获得财产性收入，成为城镇居民收入增长最快的部分。1985年之前除了部分利息收入外，由于没有投资和金融市场，南宁市城镇居民基本没有什么财产性收入。1988年时，南宁市城镇居民人均财产性收入仅有12.6元，到了2017年已经增加到了4188元，年均增长22.2%，已经占到可支配收入的12.6%。居民财产性收入从改革开放初期到现在，经历了从基本没有到有，从有到多的快速增长过程，在构成居民收入的分类中增长最快。

（四）转移性收入平稳增长

改革开放以来，社会保障制度不断改革和完善，建立了最低生活保障线和社会救济机制，加大了城镇弱势群体的保障力度。同时，随着退休养老制度的改革发展，离退休金不断增加，尤其是近十余年来，离退休金保持逐年提高，这些都带动了南宁市城镇居民转移性收入快速增长。1988年南宁市城镇居民人均转移性收入为109元，到2017年增加到了4952元，年均增长14.1%，占可支配收入的14.9%。

三、消费支出逐步增高，消费层次不断升级

改革开放以来，随着居民收入不断增长，消费支出也是节节高，消费层次和水

平也不断提高。住户调查资料显示，1980年南宁市城镇居民人均消费性支出为443元，2017年增长到了17279元，增长了39倍，年均增长10.4%。

（一）食品消费结构优化，恩格尔系数下降

食品消费在改革开放初期，受农业生产及购销体制限制，城镇居民食品消费支出主要还是满足温饱为主。随着农业生产不断发展，市场供应越来越丰富，南宁市城镇居民食品支出从温饱型转为多样化、精细化，更注重“营养、健康”，消费理念也不断提升。南宁市城镇居民人均食品消费支出从1980年的253元增加到2017年的6102元，年均增长9%。食品支出占消费性支出的比重（恩格尔系数），从1980年的57.1%下降到2017年35.3%。

从食品支出的构成来看，主食粮食的消费在食品消费中的比重大幅下降。南宁市城镇居民人均粮食支出从1985年的52元增加到2017年的653元，年均增长8.2%；粮食支出占食品支出的比重从1985年的13.2%下降到2017年的10.7%。人均副食类消费（油、肉、蛋、奶、糖等）支出从1985年的279元增加到2017年的4184元，年均增长8.8%。

在改革开放初期，居民用于食品服务性支出几乎为零，随着改革开放推进，市场愈发繁荣，餐饮业也进入快速发展时期，居民食品消费的观念也逐步改变，各种节日、喜庆、接待朋友来访等使得在外饮食宴请等食品服务性支出随之增加，带动居民食品服务性支出的大幅增加，2017年南宁市城镇居民人均食品服务性支出达到了840元，占食品消费支出的13.8%。

（二）衣着消费追求舒适个性，品牌意识增强

穿衣戴帽是个人精神面貌最显著外在体现。改革开放初期，人们的衣着无论从材料、款式、色彩丰富等方面都很欠缺，大部分以保暖、耐穿为主要消费取向。随着生活水平的不断提高和消费观念的改变，通过改革开放带来了技术、市场等扩展，在衣着消费上已经向“质优、款新、舒适、个性”方面转变，追求品牌好、设计美、个性化已经越来越成为新时期人们衣着的消费方向。2017年南宁市城镇居民人均衣着消费支出达到了829元，比1980年的58元增加了771元，年均增长7.5%。

（三）家用设备更新快速，拥有量不断增加

改革开放初期，城镇居民主要大件的家用生活设备主要以自行车、电视机、洗衣机为主，一个家庭是否拥有这几样设备成为衡量家庭生活水平的重要指标。随着改革开发的推进，社会生产力不断解放，各种新技术、新设备层出不穷，就是一些传统的家庭设备也加快的更新换代，现在家庭富裕的表现已经转为了移动电话、家用电脑、汽车等，电视也是从过去的“大块头”变成了“超薄”液晶，冰箱从双开门变成了多开门，从只能冷冻冷藏变成了智能温控，空调、热水器也基本实现了家家拥有。南宁市城镇居民人均家庭设备或服务支出从1980年的39元增加到了2017年的1040元，年均增长9.3%。从主要家庭设备的拥有量来看，1992年南宁市城镇居民每百户拥有彩电77台、冰箱73.5台、洗衣机81台、摩托车2.5辆、空调1.5台，2017年分别达到了113.5台、99.3台、94.3台、33.9辆、120台，分别增长了47%、35%、16%、12.56倍和79倍。过去一些几乎没有的汽车、移动电话、家用电脑拥有量也逐步普及，2017年南宁市城镇居民每百户拥有汽车32.1辆、移动电话256.8台、家用电脑73.7台。

（四）住房面积不断增加，居住条件大幅改善

改革开放以来，城镇居民居住环境得到大幅度改善，特别是经过了住房制度改革，极大地促进了房地产业的发展，城镇居民住房面积不断增加，居住条件得到改善。南宁市城镇居民人均居住消费支出从1980年的9元增加到2017年的3721元，年均增长17.7%。从居住面积看，1992年南宁市城镇居民家庭居住面积在14平方米以上的仅占25%，到了2017年家庭居住面积30平方米以上的已经占到了96.7%，人均居住面积从2000年的22平方米增加到2017年38平方米，增加了16平方米。从房屋产权看，自有房比例从1992年的2.5%提高到2017年的86.8%；从建筑样式看，单栋住宅的比例从原来几乎没有增加到了占20%以上。从炊用燃料使用情况看，1992年使用液化石油气的家庭占比为62%，仍有37.5%的家庭使用煤炭；2017年使用液化石油气的家庭占到62.9%，同时使用管道燃气的家庭占到了18.7%，其他主要使用电作为炊用燃料，已没有使用煤炭的家庭。居住条件改善既方便了居民日常生活，也提高居民生活质量。

（五）交通通信消费增长迅速

改革开放以来，南宁市交通与通讯事业快速发展，城市公交线路不断拓展，地铁、高铁、飞机是居民出行更为便利，手机普及率极大提高，互联网、快递等物流通讯行业快速发展，使城镇居民生活和工作更感方便，这些都带动了城镇居民交通通信消费支出的增加。南宁市城镇居民人均交通通信支出从1985年5.7元增加到2017年的2058元，年均增长20.2%。

（六）保健意识不断增强

随着生活水平的提高，城镇居民更加注重强身健体和滋补养生，花钱买健康的观念也越来越得到大众的认可，购买保健品、滋补品等医疗保健支出大幅增加。2017年南宁市城镇居民人均医疗保健支出为1197元，比1985年的7.2元增加1189.8元，年均增长17.3%。

（七）精神生活日益丰富，教育更受重视

改革开放带来不仅仅是物质生活的极大改善，同时精神文化的发展也呈现丰富多彩，协调发展的局面。经过近四十年的发展，广播电视、书报杂志、体育健身已成为城镇居民生活不可或缺的部分，人民生活正向着物质和精神生活共同促进、共同发展迈进。同时，改革开放以来，人们对教育越来越重视，无论是后一代的知识性教育还是个人的职业提升教育，劳动技能教育都加大了支出，使得居民整体的文化素质得到了普遍提升。2017年南宁市城镇居民人均教育文化娱乐服务支出为1980元，比1985年的74元增加了1906元，年均增长10.8%。

相关说明：

1. 文中“城镇居民人均可支配收入”“城镇居民人均消费支出”2010年前统计范围为城市。

2. 文中“经营性收入”1985年为个体经营收入。

3. 人均居住面积2000年后统计口径为人均住房建筑面积。

改革开放40年南宁市居民消费价格见证经济腾飞

李泉麟

“改革开放四十载，绿城百花尽争妍，经济腾飞起巨变，城乡旧貌换新颜。”40年来，南宁市经济发展迅速，城市面貌发生了翻天覆地的变化，从昔日的西南边陲小城变成了面向东盟开放合作的区域性国际都市，“一带一路”有机衔接的重要门户城市。作为市场变化和经济发展的晴雨表，南宁市居民消费价格（CPI）走势见证了南宁市经济腾飞过程。

一、南宁市CPI波动轨迹回顾

1984年以来（南宁市从1984年开始编制物价指数），南宁市CPI几经起落后逐步过渡到温和上涨，以1983年为基期，2017年南宁市CPI总水平上涨约512.6%，年均涨幅约5.5%。

从各年变化来看，1984年至2017年间，南宁CPI的最高涨幅为1993年，上涨25.1%；最大降幅为1999年，下降了4.1%。其中，呈上涨态势的有28年，年度涨幅超过10%的有7年，超过20%的有3年；下降的有5年；价格持平的有1年。

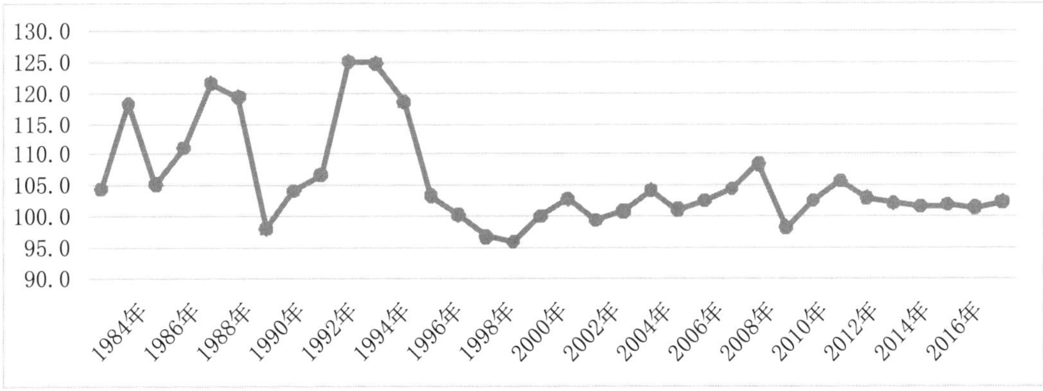

图1 1984年—2017年南宁市CPI走势（上年=100）

二、南宁CPI与地区生产总值（GDP）呈正相关

回顾1984年以来南宁市的经济发展和价格改革和调控历程，CPI的波动都与经济发展密切相关，具有鲜明的时代特征。

从图2可以看出CPI和GDP增速呈正相

关，GDP增速提升时，CPI呈上行趋势，GDP增速放缓时，CPI呈下行趋势，且GDP增速的4个高峰值与CPI的4个高峰值时间节点基本吻合。分时期来看，价格改革前期CPI波动较大，中期CPI波动幅度缩小，后期CPI逐渐趋于平稳，大致可以分为5个周期。改革的初期和攻坚期，经济体制和价格形成机制还未完善，CPI经历3次大起大落，其中2次的最高峰值都超过20%；改革深化期和经济高速发展期，CPI波动幅度有所缩小，最高涨幅不超过10%，但波动还比较频繁；改革新时期，市场在资源配置中的决定性作用逐步稳定，CPI波动幅度进一步缩小，CPI呈平稳温和上涨态势。

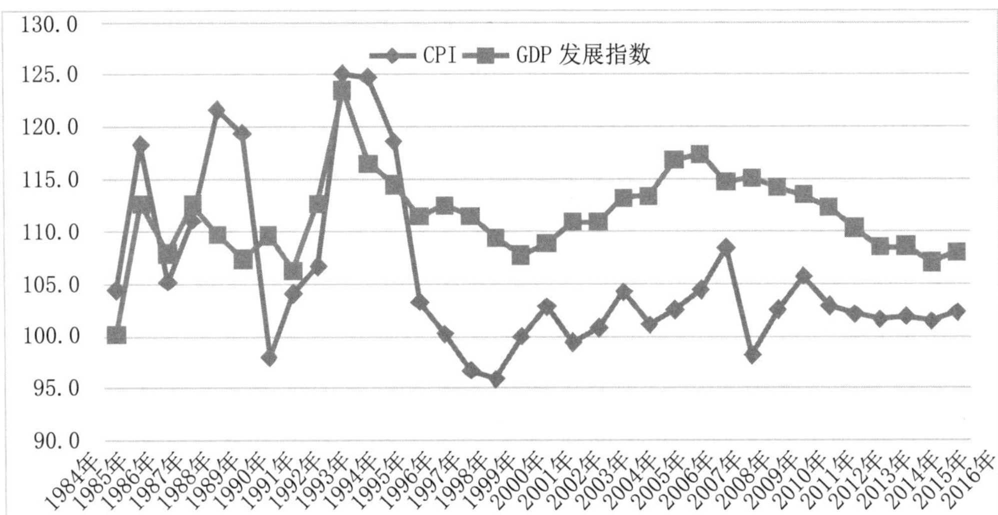

图2　1984年—2017年南宁市CPI与GDP发展指数（上年=100）

三、南宁市CPI的周期变化及特点

（一）CPI大致呈现5个周期

根据上述分析，1984年至2017年南宁市CPI大致可以划分为5个周期（见表1）。

表1　1984年—2017年南宁CPI波动周期情况（单位：%）

序号	波动周期	CPI		GDP	
		平均涨幅	波动幅度	平均增速	波动幅度
1	1984年—1990年	10.8	23.6	8.5	12.5
2	1991年—1996年	13.4	21.8	14.0	17.2
3	1997年—2002年	-0.9	6.9	10.1	4.8
4	2003年—2011年	3.1	10.2	14.3	6.5
5	2012年—2017年	2.0	1.5	9.1	5.3

注：本文中的“波动幅度”是指涨幅峰值跟跌幅谷值的差。

（二）各周期的主要特点

1.第1周期（1984年至1990年），改革初期。1978年以前，中国实行计划经济，全社会消费品零售总额中政府直接定价的比重为97%，改革开放后，政府对社会消费品逐步放开管控价格，1984年价格“双轨制”改革全面推行。由于价格改革还处于探索阶段，市场配置作用还未得到发挥，供求关系不平衡，经济发展的不协调问题突出，导致改革开放初期各类商品和服务价格波动较大。1984—1990年各年CPI分别上涨4.4%、18.3%、5.2%、11.1%、21.6%、19.4%、-2.0%，累计上涨约105.4%，年均上涨10.8%，波动幅度为23.6个百分点，比GDP波动幅度高11.1个百分点。价格经过了2次较大幅度的上涨，其中食品价格、书报杂志类、医药及医疗用品类、服务项目价格受供应短缺和压抑需求释放影响上涨幅度较大，对CPI上涨影响较大。

2.第2周期（1991年至1996年），改革攻坚期。20世纪90年代初期，南宁进行了一系列经济改革，一是投融资体制改革，南宁依靠“以项目资金带开发，开发一片建设一片”的滚动式发展思路进行房地产开发和城市建设；二是政策体制改革，出台了四大财政体制改革措施：成立收费管理局、政府采购管理处、工程预决算审核所和会计公司；三是尝试非上市公司股票托管，1993年成立了全国第一家股权证托管中心；四是住房制度改革，1992年起开展以买房为重点的住房制度改革；五是进行企业改革，鼓励优势企业兼并劣势企业，在企业间开展资产重组。这一期间，由于市场开放深度和广度都十分大，短期内产生需求和供给的不平衡，推动CPI涨幅较大，1991—1996年各年CPI分别上涨4.1%、6.7%、25.1%、24.8%、18.6%、3.3%，年均涨幅13.4%，波动幅度高达21.8，比GDP的波动幅度高4.6个百分点，比第1周期的年均涨幅高2.6个百分点。

3.第3周期（1997年至2002年），改革深化期。这一时期，全国掀起了新一轮的改革开放热潮，南宁经济发展和价格改革也进入了新时期。从1995年起，南宁即按照“政企分开”的原则，在工业系统内部组建了南宁市国有资产工业投资公司，1997年又进一步撤销了一批行业主管部门和国资工业投资公司，成立了“振宁”“壮宁”“沛宁”三家资产经营有限责任公司，在广西率先建立起“国有资产管理委员会——国有资产经营公司——企业”三层国资经营管理体制，被国务院国资委等部门认为“对中国行政事业性国资管理体制改革具有示范和借鉴意义”。1997年，南宁市转让南宁“四桥一路”的收费经营权，又逐步通过拍卖土地使用权、公用事业和基础设施广告经营权等方式，通过资本运作进一步完善投融资体制改革。这一时期CPI各年分别上涨0.2%、-3.3%、-4.1%、0%、2.8%、-0.6%，年均下降0.9%，波动幅度6.9个百分点，各类商品及服务价格明显回落。GDP年均增速10.1%，波动幅度4.8个百分点，经济发展保持中高速增长，价格改革取得明显成效。

4.第4周期（2003年至2011年），经济高速发展期。这一时期，南宁工业化和城市化进程进入快车道，GDP年均增长14.3%，是改革开放以来经济发展最快的时期。21世纪以来，南宁市委、市政府提出把南宁建成区域性国际城市和广西首善之区，这一重大决策推动了南宁城市建设向国际化大都市的目标前进。南宁在城市建设和经济发展中取得了一系列成绩：不断更新的地标大厦高度、快速环道和环城高速的公里数不断增加，城市路网建设日新月异，城区面积翻倍扩大等等。2006年初，南宁市委、市政府又提出南宁市城市建设重点“以邕江为轴线、西建东扩、完善江北、提升江南、重点向南”的发展战略，开发建设五象新区，再造一个新南宁。受经济加速发展的影响，这一时期CPI呈波动上行的态势，年均上涨3.1%，比第3周期涨幅扩大了4个百分点，波动幅度为10.2个百分点，各类商品及服务价格温和上涨。

5.第5周期（2012—2017年），改革新时期。随着改革的全面深入，市场经济在社会资源的配置中的决定性作用得到充分发挥。这一时期，南宁经济发展增速明显放缓，GDP年均增长9.1%，比第4周期缩小了5.2个百分点；CPI小幅温和上涨，年均上涨2.0%，波动幅度也明显缩小，比第4周期缩小了8.7个百分点。这一时期，国家继续推进全面深化改革、全面扩大对外开放，南宁紧跟中央步伐，继续推进深化改革升级、扩大开放，供给侧结构性改革成效明显，实现了经济快速平稳较快发展和物价基本稳定的发展目标。

改革开放40年柳州市城乡居民收入水平实现跨越式增长

唐新创

柳州，又称龙城，位于广西中北部，是西南地区的工业重镇，工业经济总量约占广西的五分之一，形成以汽车、机械、钢铁为支柱，化工、制糖、造纸、制药等产业并存的工业体系。改革开放40年来，柳州市国民经济和社会各项事业都取得快速、健康发展，城乡居民收入水平实现跨越式增长。

一、柳州市城乡居民人均可支配收入增长总体情况

自改革开放以来，从国民经济发展计划“五五计划”到“十三五计划”，跨越九个“五年”，柳州市经济社会发展取得长足发展，城乡居民人均可支配收入经历复苏上升、加快增长、高速增长、增速回落、增速回升、平稳增长、较快增长等阶段，获得跨越式增长。2017年，全市城镇居民人均可支配收入32661元，比1980年353元增长91.5倍，农村居民人均可支配收入达12151元，比1980年114元增长105.6倍（见图1）。

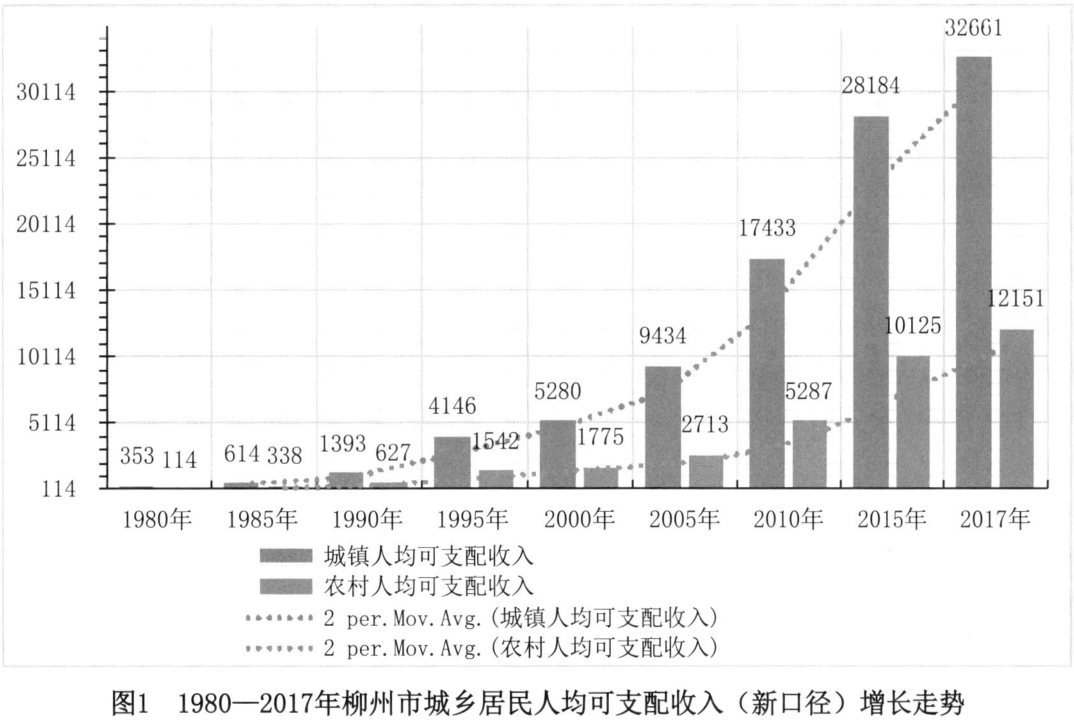

图1 1980—2017年柳州市城乡居民人均可支配收入（新口径）增长走势

二、城镇居民人均可支配收入水平大幅提高

表1 1980—2017年柳州市城镇居民人均可支配收入增长表

国民经济五年计划名称	年份	计划期末城镇居民人均可支配收入（元）	以1980年为基期的总增长率%	五年计划总增长率%	五年计划年均增长率%
五五	1980	353	—	—	—
六五	1985	614	73.9	73.9	11.7
七五	1990	1393	294.6	126.9	17.8
八五	1995	4146	1,074.5	197.6	24.4
九五	2000	5280	1,395.8	27.4	5.0
十五	2005	9434	2,572.5	78.7	12.3
十一五	2010	17433	4,838.5	84.8	13.1
十二五	2015	28184	7,884.1	61.7	10.1
十三五	2017	32661	9,152.4	15.9	7.7

注：2016年以后城镇人均可支配收入以新口径统计，1980年—2015年均由老口径数据推算得出。

（一）城镇居民人均可支配收入增长变化情况

1.六五期间（1981—1985年）城镇居民收入复苏上升阶段。十一届三中全会以后，随着经济体制改革的逐步深化，国家出台了一系列收入分配政策和措施，提高职工工资，奖金及工资外收入同步增长，促进城镇居民收入水平进入复苏上升时期，1985年，城镇居民人均可支配收入为614元，比1980年增长73.9%，年均递增11.7%。

2.七五期间（1986—1990年）城镇居民收入进入较快增长阶段。1990年城镇居民人均可支配收入达到1393元，比1985年增长127.0%，年均递增17.8%；比基期1980年增长294.6%。

3.八五期间（1991—1995年）城镇居民收入高速增长阶段。1995年柳州市城镇居民人均可支配收入4146元，比1990年增长197.6%，年均递增24.4%；比基期1980年增长1074.5%。

4.九五期间（1996年—2000年）柳州市城镇居民收入增速回落阶段。2000年人均可支配收入达到5280元，比1995年增长27.4%，年均递增5.0%；比基期1980年增长1395.8%。

5.十五期间（2001—2005年）柳州市城镇居民收入增速回升阶段。2005年柳州市城镇居民人均可支配收入达到9434元，比2000年增长78.7%，年均递增12.3%；比基期1980年增长2572.5%。

6.十一五期间（2006—2010年）柳州市城镇居民收入平稳增长阶段。2010年柳州市城镇居民人均可支配收入达到17433元，比2005年增长84.8%，年均递增13.1%；比基期1980年增长4838.5%。

7.十二五期间（2011—2015年）柳州市城镇居民收入较快增长阶段。2011年柳州市城镇居民人均可支配收入达到28184元，比2011年增长61.7%，年均递增10.1%；比基期1980年增长7884.1%。

8.十三五期间（2016—2017年），柳州市城镇居民收入较快增长阶段。截至2017年，柳州市城镇居民人均可支配收入达到32661元，比2015年增长15.9%，年均递增7.7%。比基期1980年增长9152.4%。

（二）城镇居民人均可支配收入增长的主要因素

1.经济社会又好又快发展，促进城镇居民收入增长。柳州市坚持“实业兴市，开放强柳”战略，按照“工业立柳、强市富民”总体发展思路，坚持工业立市，工业兴市，积极融入国家“一带一路”倡议，参与珠江——西江经济带开放开发，全市经济和社会发展取得重大成就，经济社会发展速度明显加快，经济实力明显增强。

2.不断深化改革，增强发展动力与活力，助力居民收入增长。柳州市积极推动深化国资国企改革、行政审批制度改革、金融、财税等领域改革统筹推进，全面推行注册资本认缴登记制度和“三证合一”等工商登记制度改革，要素市场、投资体制、财政金融等领域的改革积极推进，市场经济体系不断完善，经济社会发展释放新活力，有力地促进城镇居民收入增长。

3.实行机关事业单位工资改革和增资机制，从业人员收入水平大幅提高。40年来，国家进行几次重大工资改革，1985年，建立以基础工资、职务工资为主的结构工资制和晋级增资制度；1993年，国家推行公务员制度，决定公务员实行职级工资制，即按照公务员职务、级别和年限确定标准的工资制度，提出公务员工资改革的五项原则，即按劳分配原则、正常增资原则、比较平衡原则、物价补偿原则和因地津贴原则；2006年起施行的《中华人民共和国公务员法》，从制度上规范了国家公务员的工资分配行为，公务员工资包括基本工资、津贴、补贴和奖金，实行职工生活补贴和工作津贴。历年来，国家加大公务员的增资力度，先后多次出台提高机关、事业单位职工工资标准的政策，实行艰苦边远地区津贴，2001年，出台按照公务员年度考核结果增发第13个月奖励工资政策，有力带动总体收入水平的提高。近年来，柳州市实施年度绩效奖，助力机关事业单位人员收入大幅增长。

4.创业、就业体系不断完善，促进城镇劳动力就业，在岗职工平均工资大幅增长。主要表现在：一是大力推进全民创业，健全完善政策扶持、就业培训和创业服务机制，开发更多的就业岗位，强化就业和劳动技能培训，营造有利于促进创业的发展环境，激励和扶持科技人员、大中专毕业生、返乡农民工等各类创业群体自主创新创业。二是实施就业援助工程，以创业促进就业，以高校毕业生、下岗失业人员和就业困难人员为重点群体，开展就业援助工作，全市“十二五”期间累计新增城镇就业29.2万人。三是全市统筹城乡就业取得新进展，市、县、乡、村四级公共就业服务联网初步形成，乡镇（街道）、社区公共就业服务机构组建率分别达100%和93%以上。四是在岗职工平均工资快速增长，由1980年的712元提高到2016年的60228元，增长83.6倍。

5.社会保障体系不断健全，社会保障水平不断提高。改革开放来，柳州市按照国家、自治区的政策要求，不断深化社会保障制度改革，逐步完善城镇社会保障制度，建设与经济发展水平相适应、覆盖城乡的社会保障体系。一是多次提高城市低保标准，扩大城市低保覆盖面。二是构建多层次养老保险体系，连续十几年上调基本养老保险待遇和企业退休人员基本养老金。三是推进完善医疗保险制度改革，出台促进养老、医疗、失业保障等一系列政策措施和办法。四是多次提高最低工资标准，柳州市最低月工资标准由2012年1000元提高到2018年1680元。五是进一步健全城镇居民最低生活保障制度，落实属地化动态管理，做到应保尽保，并逐步提高保障标准。

三、柳州市农村居民人均可支配收入增长变化

（一）农村居民人均可支配收入快速增长

表2　1980—2017年柳州市农村居民人均可支配收入增长表

国民经济五年计划名称	年份	农村居民人均可支配收入（元）	以1980年为基期的总增长率%	五年计划总增长率%	五年计划年均增长率%
五五	1980	114	—	—	—
六五	1985	338	196.4	196.5	24.3
七五	1990	627	450.0	85.5	13.2
八五	1995	1542	1252.6	145.5	19.7
九五	2000	1775	1457.0	15.1	2.9
十五	2005	2713	2279.8	52.8	8.8
十一五	2010	5287	4537.7	94.9	14.3
十二五	2015	10125	8781.5	91.5	13.9
十三五	2017	12151	10558.8	20.0	9.5

注：2016年以后农村人均可支配收入以新口径统计，1980年—2015年均由老口径数据推算得出。

1. 六五期间（1981—1985年）农村居民收入复苏上升阶段。1985年，农村居民人均可支配收入为338元，比基期1980年增长196.4%，年均递增24.3%。

2. 七五期间（1986—1990年）农村居民收入进入较快增长阶段。随着经济不断发展，五年间，农村居民人均可支配收入由338元增加到627元，增长85.5%，年均递增13.2%。比基期1980年增长450.0%。

3. 八五期间（1991—1995年）农村居民收入高速增长阶段。1995年柳州市农村居民人均可支配收入1542元，比1990年增长145.9%，年均递增19.7%。比基期1980年增长1252.6%。

4. 九五期间（1996—2000年）柳州市农村居民收入增速回落阶段。2000年人均可支配收入达到1775元，比1995年增长15.1%，年均递增2.9%。比基期1980年增长1457.0%。

5. 十五期间（2001—2005年）柳州市农村居民收入增速回升阶段。2005年柳州市农村居民人均可支配收入达到2713元，比2000年增长52.8%，年均递增8.8%。比基期1980年增长2279.8%。

6. 十一五期间（2006—2010年）柳州市农村居民收入快速增长阶段。2010年柳州市农村居民人均可支配收入达到5287元，比2005年增长94.9%，年均递增14.3%。比基期1980年增长4537.7%。

7. 十二五期间（2011—2015年）柳州市农村居民收入稳步快速增长阶段。2015年柳州市农村居民人均可支配收入达到10125元，比2010年增长91.5%，年均递增13.9%。比基期1980年增长8781.5%。

8. 十三五期间（2016—2017年），柳州市农村居民收入稳步增长阶段。截至2017年，柳州市城农村居民人均可支配收入达到12151元，比2015年增长20.0%，年均递增9.5%。比基期1980年增长10558.8%。

（二）农村居民人均可支配收入快速增长的主要因素

1. 实行家庭联产承包责任制，激励农村居民增收。十一届三中全会后，实行家庭联产承包责任制和统分结合的双层经营体制，农村中除集体经济外，还允许私营经济、合伙经营、股份制经济以及不同所有制经济成分的共同发展，这种格局充分调动农民生产经营积极性、促进农村经济的繁荣、带动农民收入的多元化具有重要意义。

2. 农村税费改革，取消农业税并对农业生产实行补贴政策，减轻农村居民负担，增加农村居民收入转移性收入。农村税费改革是党中央、国务院为加强农业基础地位、保护农业利益、维护农村稳定做出的重大决策。农村税费改革从根本上减轻农民负担。近年来，国家又相继出台一系列粮食直补等惠农补贴政策，使农民直接得到实惠，极大地提高农民的生产积极性。农村集体产权制度改革进一步推进，开展农村土地承包经营权确权工作，农户家庭承包土地经营权流转可以获得财产性收入，2017年1—11月，全市农村土地承包经营权流转面积57.8万亩，同比增长6.6%，土地流转承包金总额40460万元，同比增长6.6%。

3. 实施城乡统筹发展新格局战略，加快城乡一体化进程，农村经济发展环境不断改善。近年来，柳州市委、政府统筹城乡经济共同发展，加大农村基础设施和公共服务体系投入，促进城乡产业融合、资源共享，带动县域经济和社会全面发展，改善了农村经济发展环境，加快农村劳动力转移作为解决“三农”问题的治本之策，把劳务输出作为一个重要产业来抓，精心打造劳务经济品牌，加快农村富余劳动力向二、三产业的转移步伐，扩大农村居民就业空间，拓宽农民增收渠道。全市“十二五”期间累计新增农村劳动力转移就业29.3万人。

4. 精准扶贫攻坚持续推进，助力农村贫困户收入不断增加。2016至2017年全市累计减少贫困人口12.3万人，实现114个贫困村摘帽，扶贫攻坚取得阶段性成果。各项精准扶贫措施得到有效实施，促进贫困户增收能力大幅提高：一是启动年全市累计减少贫困人口12.3万人，实现114个贫困村摘帽，扶贫攻坚取得阶段性成果。各项精准扶贫措施得到有效实施，促进贫困户增收能力展环境，加快农村劳动力转移作为解决“三农”问题的治本之策，把劳务输出作为一个重要产业来抓，精心打造劳务经济品牌，加快农村富余劳动力向二、三产业的转移步伐，扩大共和国公务员法，从桂扶贫协作，发挥湛江市廉江市、遂溪县、吴川市对口帮扶柳州市融水县、融安县、三江县积极作用，重点推进产业协作、劳务协作。

5. 农村社会保障体系和社会救助体系不断完善。近年来，柳州市积极探索适应农村发展水平的农村社会养老保险制度和被征地农民基本生活保障制度，逐步建立农村社会保障体系，建立完善农村最低生活保障制度。

参考文献：

[1] 2017年柳州统计年鉴

[2] 2017年广西调查年鉴

[3] 2011—2015年广西住户调查资料汇编

[4] 柳州市国民经济和社会发展历年规划纲要

改革开放40年柳州市物价从大起大落到趋于平缓

贺敬雯

改革开放40年来，中国改革开放事业从经济体制改革到全面深化改革，经济高速发展，人民生活水平得到了空前提高。物价是经济发展的晴雨表，为及时掌握市场价格的变化情况，国家统计局对价格统计制度进行了多次改革。1984年，柳州城市社会经济调查队成立，自此拉开了柳州居民消费价格调查的序幕。

调查显示，1984—2017年柳州居民消费价格总水平（CIP）累计上涨5.5倍（以1984年为基期），年均上涨5.1%，走势与全国、广西基本一致。34年来，随着价格改革不断深化，居民消费价格指数的波动由“大起大落”逐步转趋“平缓”，特别是2013年以来，柳州居民消费价格水平保持温和上涨态势。

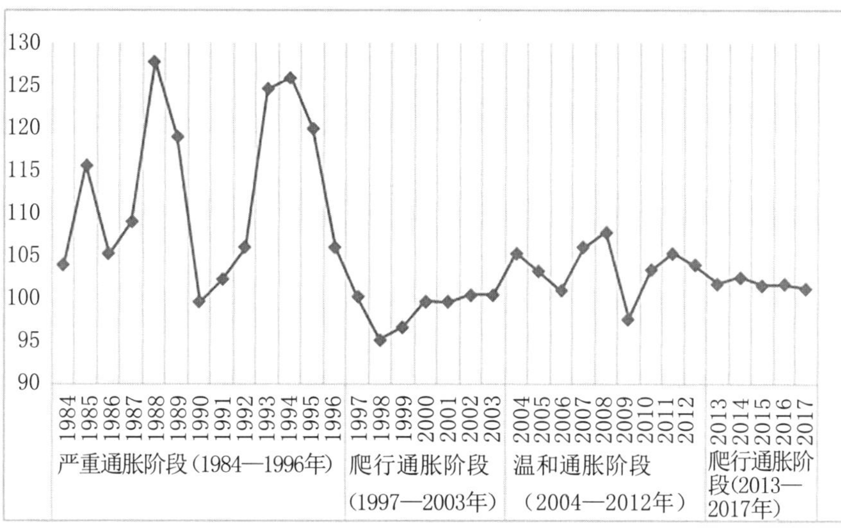

图1 1984—2017年柳州CPI走势图

一、柳州市CPI各阶段走势特征

1984年至2017年，柳州居民消费价格经历多个重要上涨节点，部分年份价格涨势明显且增速较快，具体分为四个阶段。

（一）严重通胀阶段（1984—1996年）

这一阶段以调整价格为主，国家放开了一些商品价格的管理权限，大多数耐用消费品、生产资料的价格管制逐步放开，加上连续几年货币超经济发行，导致出现

"抢购风"，这一阶段价格有所失控，通货膨胀较为严重。1984—1996年间，柳州市居民消费价格水平呈现持续较长时间的高增长姿态，年均上涨10.2%。从上涨幅度体现通货膨胀的程度的角度看，在这13年间共有9个年度物价水平同比增速超过6%的"严重通货膨胀"临界点。其中，6个年度通货膨胀率超过10%，达到"飞奔"阶段；3个年度通货膨胀率介于6%~10%之间，达到"严重"阶段。1984年、1986年、1991年涨幅相对平缓，分别上涨4.1%、5.3%、2.3%，仅有1990年下降0.3%。

（二）爬行通胀阶段（1997—2003年）

1997年以来，受亚洲金融危机和国内经济结构调整影响，中国经济在实施"软着陆"以后，粮食价格持续下滑，经济增长速度相对较低，出现了通货紧缩迹象。这一阶段价格改革重心也从直接制定、调整具体商品和服务价格，转移到研究制定相关价格政策、法律法规以及维护公平竞争的市场秩序上来。1997—2003年柳州物价涨幅始终保持在1%以下，1998—2001年出现小幅下降。

（三）温和通胀阶段（2004—2012年）

2004年以来，经济进入新一轮增长周期。2004—2012年间，物价涨幅再次回升，个别年份涨幅超过5%，但较第一阶段相对平缓，涨幅均在8%以内，2008年物价达到九年中最高涨幅。而紧随着金融危机爆发，2009年物价出现短暂性负增长，下降2.2%。受工业化、城镇化建设步伐加快，居民收入增长，价格体制改革继续深化影响，2010年后物价出现反弹，柳州2010年、2011、2012年居民消费价格分别上涨3.5%、5.4%、4.0%。

（四）爬行通胀阶段（2013—2017年）

随着中央推行稳健的货币政策和以猪肉为首的食品价格回落，物价涨幅再次回落。自2013年起，柳州居民消费价格总水平进入低通胀阶段，各年度涨幅在2%上下小幅波动。

二、柳州与全国、广西的CPI走势横向对比

（一）与全国相比，走势基本一致，累计涨幅高于全国

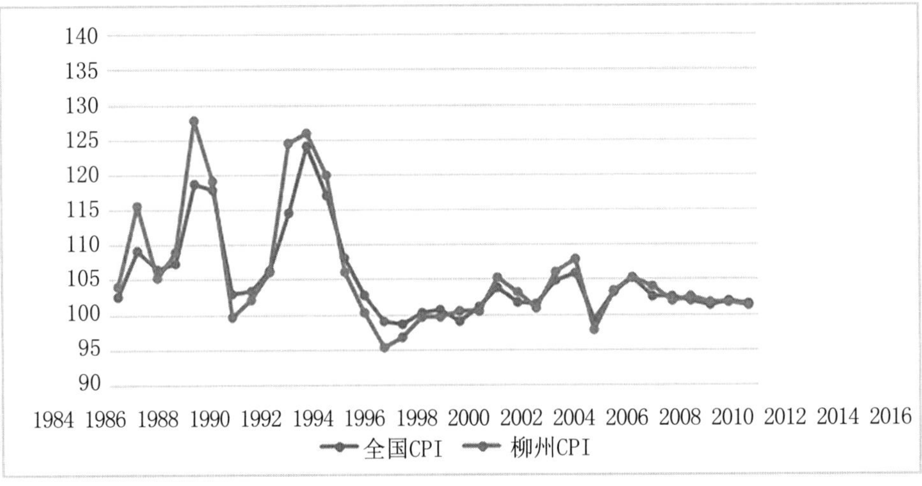

图2　1984年—2017年柳州市、全国CPI同比指数

1984年—2017年，全国居民消费价格总水平累计上涨4.46倍，柳州CPI累计涨幅高于全国总水平。从图中可以看出，柳州总体运行趋势与全国基本相同，与全国物价走势相比，柳州物价运行具有涨得高、回落得深，起得迅速、回落得也快的特点。

（二）与广西相比，走势高度一致，累计涨幅高于广西

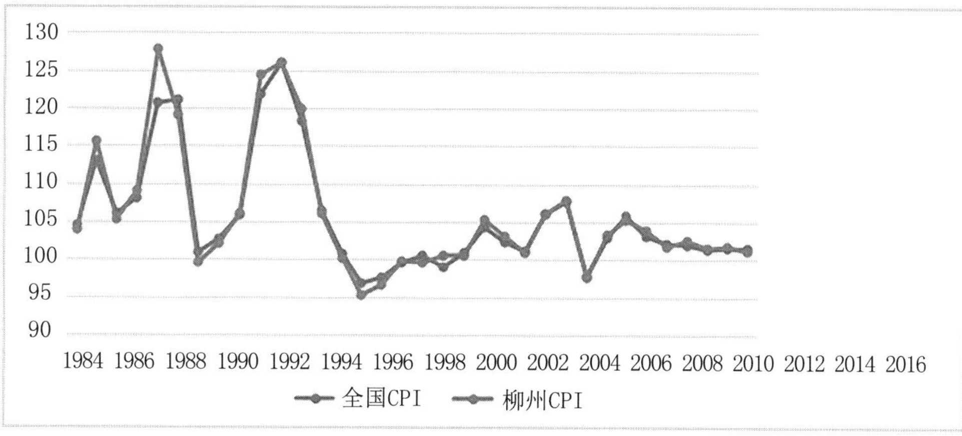

图3 1984年—2017年柳州市、广西CPI同比指数

34年间，广西居民消费价格累计上涨5.07倍，柳州CPI累计涨幅高于广西总水平。从图中可以看出，柳州总体运行趋势与广西高度一致，与广西水平相比，柳州居民消费价格上涨速度相对较快。

三、柳州市经济增长情况与CPI波动情况对比

价格作为经济运行的滞后反映指标，其运行轨迹反映经济情况。从34年来柳州CPI与地区生产总值（GDP）运行走势来看，两者存在正相关关系，经济快速增长，价格涨幅紧随而上，经济低速运行，价格涨幅随之回落，但CPI走势一般滞后于GDP走势一年左右，柳州经济增长和物价水平总体处于协调发展态势。

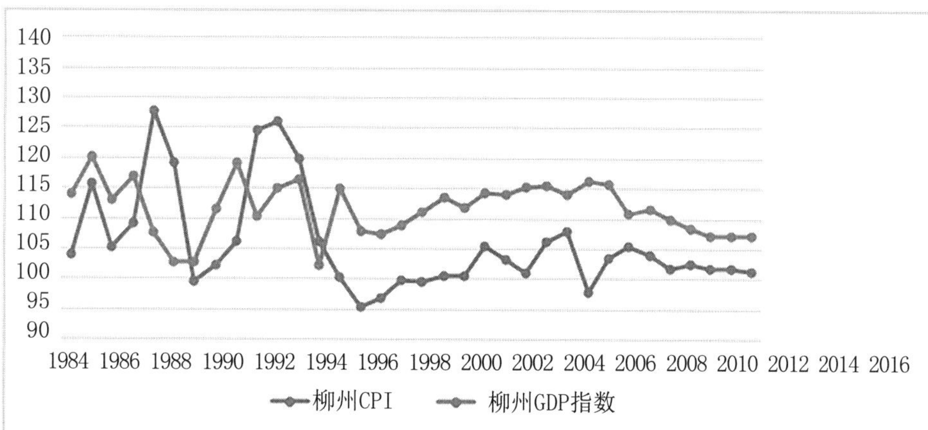

图4 1984—2017年柳州CPI涨跌与GDP增速对比（%）

四、柳州价格变动原因分类简析

从指数大类来看，食品价格涨幅最大，是影响柳州CPI走势的主要因素，其次是工业品和服务类价格。

（一）食品价格波动是影响柳州CPI走势的主要因素

“民以食为天”，食品支出一向是居民消费的重要组成部分，柳州在这方面表现也非常明显。资料显示，2017年柳州市城市居民人均食品支出8414元，比1990年增长8.4倍；食品消费占家庭消费总支出的比重从1990年的61.0%到2017年下降了接近20个百分点达40.2%。随着居民消费水平提升和消费结构调整，食品消费占比逐年下降，但在八大类消费支出中仍然比重较大。2017年柳州食品消费占家庭消费总支出的比重为40.2%。观察近20年数据，仅有1997年这一年度柳州食品价格与CPI的涨跌趋势不同，特别是2002年以来，食品价格涨幅多数都快于CPI涨幅。

改革开放后，国家大幅度提高农副产品收购和销售价格并逐步放开绝大多数农产品价格，导致粮食、肉禽、水产品、鲜菜等价格大幅提升；1992年社会主义市场经济体制基本确立，政策全面放开农产品价格，再一次推高消费领域食品价格，1994—1996年食品价格分别上涨29.2%、26.3%、6.7%；1997年爆发亚洲金融风暴后物价过热现象才有所缓和，食品价格连续五年下降；2007年、2008年农产品价格再一次大幅推高，食品价格分别上涨15.4%、20.0%，在亚洲金融危机爆发之后，2009年食品价格短暂回落，之后受城镇化进程加快等因素影响，恢复上涨态势，2010—2017年中有四年食品价格上涨均超过5%。

（二）工业品价格大幅上涨拉升CPI

1.生产端推动。工业品出厂价格拉动CPI上涨，生产资料价格的大幅上涨推动下游生活资料价格上涨，尤其个别年头上涨剧烈。1990—1996年间，广西工业生产者出厂价格连续七个年头上涨，累计增长101.9%。2017年，广西工业生产者出厂价格指数为107.6，购进价格指数为106.5，随着供给侧改革不断深入，工业生产者价格在一定时期内仍将保持上涨态势，对工业消费品价格上涨起到助推作用。

2.改革推动。改革开放后，国家在放开绝大多数农产品价格的基础上，逐步放开耐用消费品、生产资料的价格管制，同时逐步把价格改革引入城市公共交通、房租、自来水、民用燃料、教育、医疗等领域，带动了工业消费品价格上涨。

3.需求推动。从历年广西每百户城市居民家庭拥有生活耐用品量对比数据显示，居民对耐用消费品的需求不断扩大和升级，也推动价格上涨。“进一步扩大有效需求”已经列入柳州市经济社会发展主要任务之中，具体是狠抓重大项目建设，着力扩大有效投资和促进消费提档升级这三项工作。扩大有效需求，在一定程度上扭转社会总供给大于总需求的市场现状，带来一定的价格上涨。2017年广西社会消费品零售总额7813亿元，比1984年的80亿元，增长了97倍。消费总额大幅上涨，也带动消费层次不断升级，1998年以前，汽车作为高档消费商品很少在广西家庭中出现，1998年广西城镇居民家庭平均每百户家用汽车拥有量（辆）仅为0.08辆，而2016年该数据为36.06辆，不到20年居民家庭对汽车的需求增长了450倍，消费需求升级助推了工业品消费价格上涨，同时拉动CPI上涨。

（三）服务类价格整体上涨拉动CPI上涨作用日益明显

现代服务业是经济社会发展到一定阶段的产物。1997年"现代服务业"这一概念在党的十五大报告中首次被正式提出。2002年，党的十六大报告中明确提出，"加快发展现代服务业，提高第三产业在国民经济中的比重"。服务业快速发展，很大程度受居民收入增加影响。资料显示，2017年柳州城市居民人均可支配收入已达32661元，比1980年的353元，增长91.5倍。随着居民收入持续快速增长，居民传统的温饱型消费模式逐步升级为生活质量型消费模式，家庭服务、居住、交通通信等服务消费比重逐渐上升，消费需求增加推高服务价格。另一方面，工资水平增长带来劳动用工成本上升，服务价格也水涨船高随之上涨，1995年柳州市最低工资标准为200元/月，2017年这一标准已经上涨到1400元/月，上涨了6倍。随着城市架构变化和人工生产成本上升，医疗改革进一步深入等影响，服务类价格将继续上涨。柳州市城乡一体化进程加快，国家新型城镇化综合试点顺利通过中期评估，"三新"区（柳东新区、柳江区、北部生态区）城市框架已经确立，城市发展新版图还在持续拓展。2017年柳州市服务项目价格上涨2.3%，拉动指数上涨0.83个百分点，服务项目价格对居民消费价格总水平的影响程度日益明显。城市化进程的加快促进房租等价格上升，预计服务价格未来还具有较大的上涨空间，拉动CPI指数上涨的作用会更加明显。

五、物价调控政策建议

近年来，柳州市CPI运行相对平稳，没有出现大起大落现象，这和物价调控机制的逐渐成熟是分不开的。随着市场经济进一步深化和全球经济一体化，价格形势将变得更加复杂多变，如何处理好改革、发展和稳定的关系，保持价格总水平的稳定将成为今后经济工作中的重要任务。

（一）保持经济增长和物价水平间的最佳匹配度

价格水平低增长甚至负增长，意味着经济缺乏活力；价格水平快速上涨，意味着经济中的泡沫增多；价格的适度增长，对经济具有积极的作用。在新常态下应当提高宏观调控的能力和水平，平衡好经济的高增长和价格水平低通胀之间关系，保持经济的中高速增长和物价水平的温和上涨。

（二）增加居民收入，完善社保标准与物价联动机制

坚持居民收入增长和经济增长同步、劳动报酬提高和劳动生产率提高同步，持续增加城乡居民收入。健全社会救助和保障标准与物价上涨挂钩的联动机制，适时启动应急预案，给低收入群体发放临时补贴，化解物价上涨对低收入人群基本生活的影响。

（三）加强价格监管，完善监测预警机制

加强对行政事业性和经营服务性收费的监管工作，坚决遏制各种乱收费行为，有效维护市场价格秩序。进一步完善价格异常波动预警报告机制，健全价格监督网络，做好市场重要商品的监测工作，加大市场检查力度，对发现的可能引发价格异常波动的倾向性、苗头性、趋势性问题，如散布不实信息、哄抬价格等违法行为及时关注处理。

（四）深入推进价格改革，完善市场化定价机制

发挥市场对价格形成的决定性作用，减少政府对价格形成的干预，全面放开竞争性领域商品和服务价格，放开电力、石油、天然气、交通运输、电信等领域竞争性环节价格。加强成本调查和审核，通过公众参与听证、网上公开征求意见等多种形式，提高定价权透明化公开化程度。同时在价格改革中要注意审时度势，密切关注物价波动情况，使价格改革目标与宏观调控目标相协调。

（五）高度重视农产品供给的稳定

农产品价格问题直接影响物价稳定，增加农产品有效供给是稳定农产品价格的首要前提。要吸取以往农副产品价格大幅波动的经验教训，继续改善农业生产条件，增强防御自然灾害能力；加强农副产品生产规划和信息监测发布，防止盲目种养，保持农产品供需平衡，保证粮食、蔬菜、肉禽等农产品生产健康稳步发展；完善应急机制，在台风等异常天气以及春节、国庆等重大节日时，提前加大对外省农产品的调运力度，保证农产品供给的稳定；加强旺储淡供，防止价格的大起大落。

参考文献:

[1] 2017年柳州统计年鉴

[2] 2017年广西调查年鉴

[3] 1951—2013年广西价格调查资料汇编

改革开放40年 汽车拉着城市跑

——柳州汽车产业实现跨越式发展

陈 婷

从1969年广西第一台自主制造的汽车下线，到2017年全年汽车产量达253.5万辆，从曾经的以微车为主到商用车、乘用车并驾齐驱，再到如今进军新能源汽车领域，柳州汽车产业经历了从无到有、自小到大、由弱到强的发展历程，高速转动的车轮和汽车“神话”，见证了一座城市的茁壮成长和升级跨越。现在柳州已经成为中国第五大汽车生产基地，汽车总产量位列全国第三位，每年中国市场销售的汽车，十辆中就有一辆产自柳州。汽车产业也成为柳州第一支柱产业，在工业经济的比重接近50%，在这西南工业重镇，汽车已成为耀眼的流动符号。

一、柳州汽车产业发展历程

第一阶段：1969—1978年，农机产品转型载货汽车，诞生广西第一辆现代意义上的汽车。

1969年4月，柳州机械厂与柳州农业机械厂联合试制成功产出广西第一辆“柳江”牌LGS-130型2.5吨载货汽车，成为广西第一辆现代意义上的汽车，从此拉开了柳州乃至广西汽车工业历史的序幕。“柳江”牌汽车是当时纳入地方政府计划生产的重点产品，能逐年批量生产，1969—1978年共生产汽车5373辆。

第二阶段：1979—1995年，产业结构调整带动企业转型，柳州汽车产业开始崭露头角。

1979年起柳州开始试制生产大中型自卸车和汽车起重机等特种汽车，1982年开始生产微型汽车。80年代的后半期（即“七五”期间），随着产业结构和产品结构的不断调整，柳州的汽车工业进入了上品种、上水平、上批量的发展壮大阶段，出现了柳州汽车厂、柳州微型汽车厂、柳州特种汽车厂、柳州农用运输车总厂4家汽车生产厂和一批发动机及汽车零部件配套厂。到“八五”期间，柳州汽车工业加快了产权和产业结构调整步伐，柳州特种汽车厂于1993年以全部产权并入中国第一汽车集团公司；柳微厂和柳机厂于1994年8月23日组建以生产微车为主的五菱汽车公司，实现强强联合；柳州汽车厂于1995年下半年以资产入股形式加入东风汽车集团公司。1979—1995年，柳州累计生产各型汽车34万辆，年产量逐年增大，特别是

“八五”期间，共生产汽车25.8万辆，为“七五”期间的4倍，年均增速达36.6%，比全国高13.3个百分点。此时期柳产汽车年总产量占全国汽车总产量的5%左右。1995年的柳州汽车产量达到72889辆。

第三阶段：1996—2001年，深化开放合作和产权改革，柳州汽车产业不断壮大。

随着改革开放不断深入，建立现代企业制度和优化资本结构试点工作由重点突破转向整体推进，柳州汽车企业不断焕发新活力。通过对外引进和自主研发相结合，加速了产品结构调整升级。1996年2月，以柳州微型汽车厂和柳州机械厂资产一体化为纽带的柳州五菱汽车有限责任公司正式宣告成立；7月，柳州五菱汽车有限责任公司与日本大发公司联合开发技术援助合同签字仪式在南宁举行，这次中日技术合作为柳州微型汽车厂实现新增年产10万辆的生产能力奠定坚实的基础，标志广西汽车工业进入崭新发展时期。2001年7月，柳州五菱有限公司通过资产划拨的方式，改组为“上汽集团五菱汽车股份有限公司”，成为国内最大的微车生产企业之一，形成年产15万辆汽车的能力。

第四阶段：2002—2010年，紧跟市场导向，加快产品结构调整，向商务用车和家庭用车转型升级。

2002年，柳州汽车产业抓住国家实施积极财政政策、扩大内需拉动相关产品需求的机遇，紧跟市场需求导向，加大新产品开发力度，持续健康发展。由柳州五菱公司、上汽集团、美国通用汽车三方出资，成立上汽通用五菱汽车股份有限公司，其依靠自身力量开发、拥有自主产权的微型商用车“五菱之光”，自上市以来一直供不应求，仅2009年，“五菱之光”的销量高达59.7万台，创造出了全球单月最高销售纪录，平均每五秒卖出去一台车。2010年，东风柳汽B12轿车研发取得突破，“风行景逸”轿车上市；上汽通用五菱“宝骏630”下线，填补了广西生产中级轿车的历史空白。

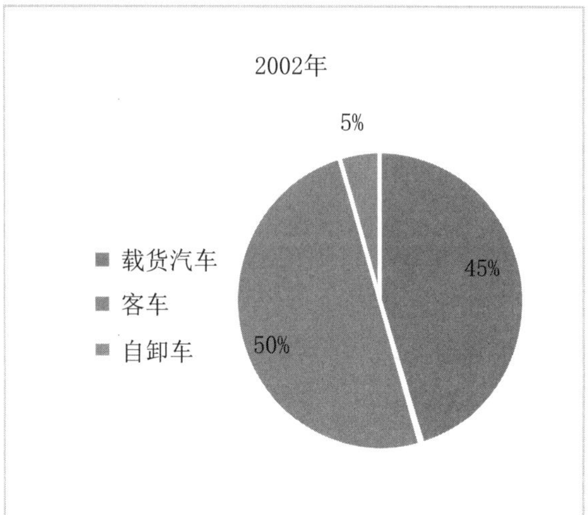

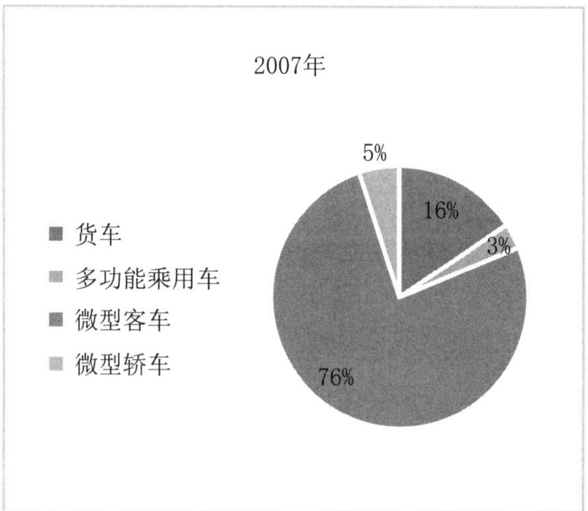

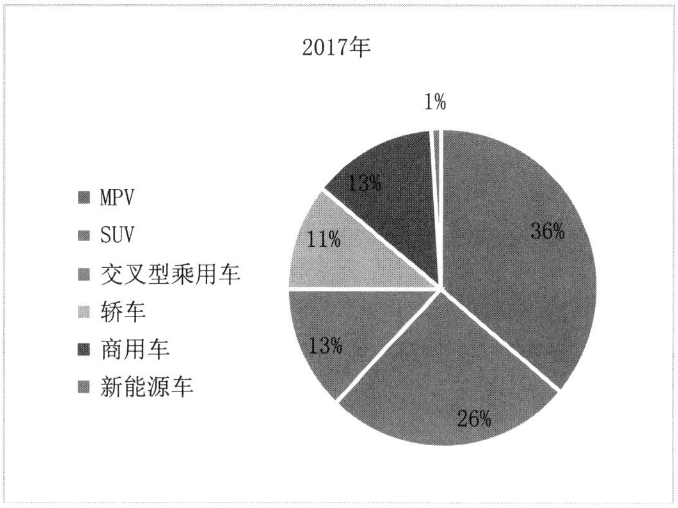

图1 部分年份柳州汽车车型产量比重

第五阶段：2011—2017年，产业布局调整和产品转型升级双驱动，汽车产业再创辉煌。

2011年，柳州市在国际政治经济形势动荡、国内经济下行压力加大、节能减排形势严峻、市场变化多端的局面下，推进“三年四千亿、工业再翻番”战略，启动建设广西柳州汽车城，产城融合发展，产业布局调整奠定柳州汽车产业发展新格局。到2015年实施“实业兴市，开放强柳”战略，汽车城上汽通用五菱宝骏基地和东风柳汽乘用车新基地相继建成投产，百万整车先进制造基地布局完成。汽车产业通过产品再升级实现量价齐升。如上汽通用五菱汽车2015年产量、销售收入分别迈上200万辆、900亿元台阶，以MPV、SUV为代表的乘用车比重达58%，基本完成由传统微车制造企业向家庭乘用车企业转型。

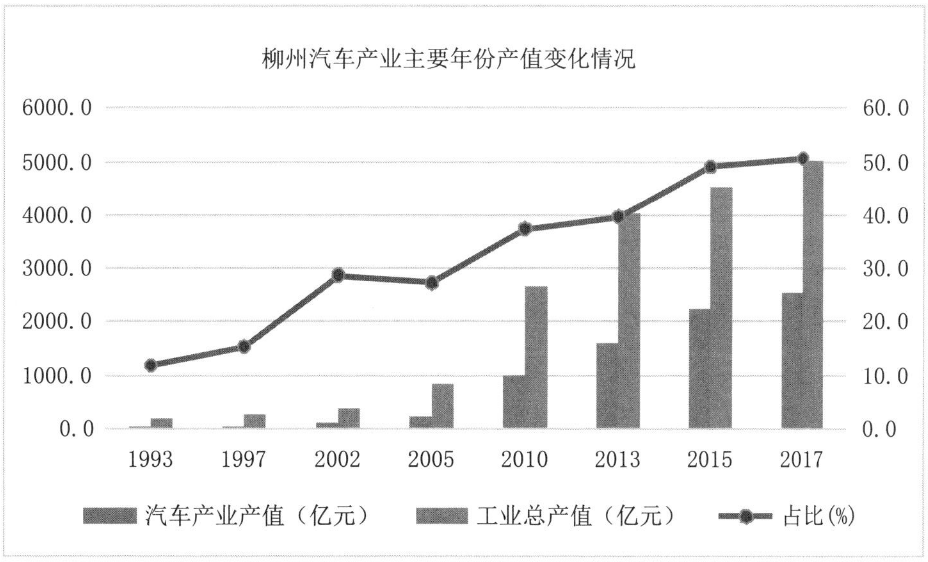

图2 柳州汽车产业产值变化情况

二、柳州汽车产业发展现状

（一）汽车产业是柳州工业经济第一支柱产业

作为国内重要的汽车生产基地之一，柳州市拥有上汽通用五菱汽车股份有限公司、东风柳州汽车有限公司、一汽解放柳州特种汽车有限公司三家整车生产企业，以及4家专用车生产企业。2017年，全市有规模以上汽车行业生产企业269家，资产总额1475亿元，直接从业人员近12万人。2017年汽车产量达253.5万辆，占国内汽车产量的8.7%。柳州汽车产业多年来位居国内城市汽车产量排名前列，培育出“五菱”“宝骏”“乘龙”“风行”等具有自主知识产权的全国知名品牌，柳产MPV、交叉型乘用车国内市场占有率均超过50%，两类车型均居国内细分市场第1位。全行业实现工业总产值2544亿元，占全市工业比重的50%，成为柳州市工业经济第一支柱产业。

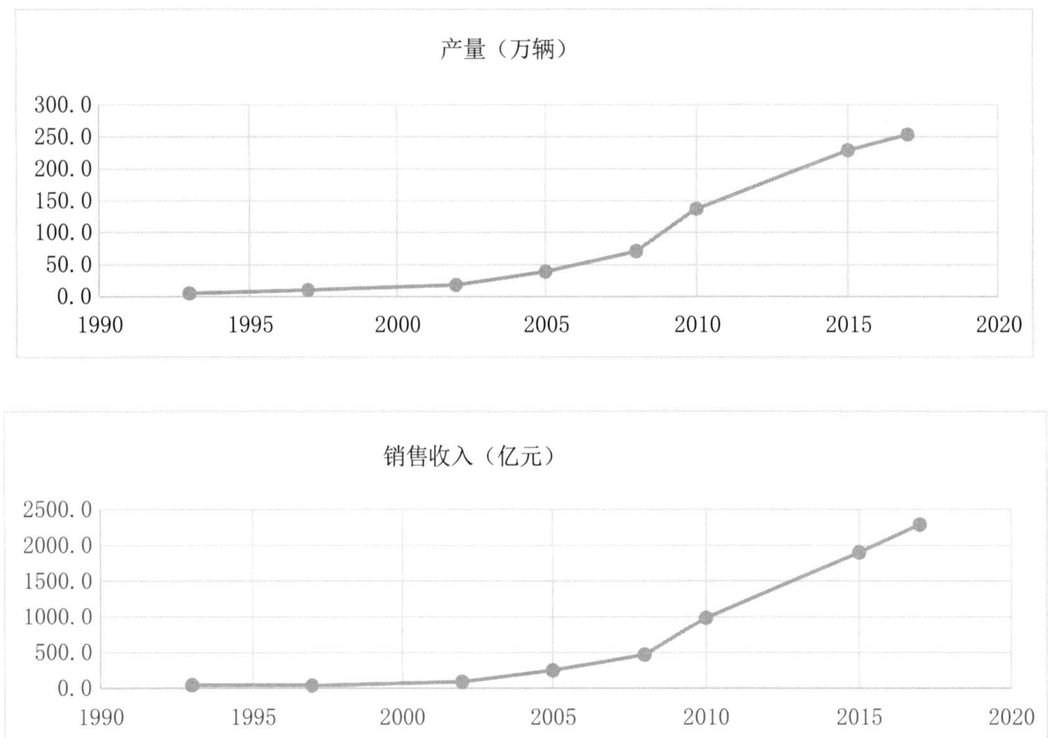

图3　柳州汽车产销量情况走势

（二）零部件与整车协同发展形成产业集群

在整车企业的拉动下，柳州汽车零部件制造业发展迅速，已形成较为完整的汽车零部件配套产业链。在车身冲压件、内外饰件、发动机、变速器、车桥、车架、制动系统、轮胎、玻璃等领域均已形成较强的制造能力。涌现出柳州五菱、广西方盛、柳新冲压件等一批随整车企业快速发展起来的本地零部件企业的同时，联合电子、耐世特、上海延锋、福耀玻璃、玲珑轮胎等一批国内外知名零部件企业相继在柳州设立生产基地，形成了“龙头引领带动，产业集聚发展”的效应。2015年5月，广西玲珑轮胎有限公司一期1000万条高性能半钢子午线轮胎项目建成投产，填补了柳州市汽车轮胎生产空白；2016年，汽车零部件产业转型升级取得新进展，上汽通用五菱汽车股份有限公司涡轮增压发动机项目建成投产，搭载1.5T发动机的新车型上市；东风柳州汽车有限公司10万台发动机项目建成投产，填补了柳州市2.0L发动机产品空白，企业拥有发动机核心零部件自主配套能力。上汽通用五菱本地配套率超过50%，东风柳汽本地配套率超过40%。

80年代初，全市仅有柳州机械厂、市汽车发动机厂、市钢圈厂、市滤清器厂、市磁电机厂等5家零部件配套厂，到2017年，柳州有汽车零部件企业1000多家，其中规模以上汽车零部件企业达262家，实现主营收入966亿元，利税总额44亿元，完成工业总产值1158亿元。

（三）新能源汽车发展方兴未艾

按照国家产业政策导向，柳州汽车企业结合自身实际，自2008年开始着手新能源汽车的产品研发和技术储备。目前全市获得国家新能源汽车生产资质的企业有4家，其中整车生产资质企业2家，专用车生产资质企业2家。柳州市先后出台《柳州市推进新能源汽车产业发展的若干意见》和《柳州市新能源汽车推广应用及基础设施建设的若干意见》等一系列政策文件，成立政企联动工作组，通过政企联动、市场驱动、配套推动等措施，努力探索在国家补贴政策退坡背景下适合三、四线城市新能源汽车推广应用的“新模式”，取得了较好成效。2017年初，由上汽通用五菱和柳州市政府共同倡导发起，通过实施“政企三级联动工程”，探索新能源汽车推广应用“柳州模式”。其中，政府提供配套政策及公共资源扶持，企业提供产品及技术输出支持，协同推进，共创新模式。

2017年，全市新能源车销售1.3万辆，占市内机动车上牌数量的11.9%（全年上牌数10.9万辆），其中上汽通用五菱宝骏E100上市仅5个月，单车型销售11446辆，且基本是私人用户消费。在配套设施建设方面，建设标准充电桩600多个，智能充电插座5000个，设置专用停车位3600个。

新能源产业发展与推广应用互动效应凸显。全市新能源汽车建成年生产能力12万辆，获得新能源汽车整车产品公告10个，专用车产品公告13个。产品产业化带动了现有零部件企业加快向新能源汽车转型，同时也吸引上海卡耐新能源、联合电子、上海电驱动、杰诺瑞、万安科技等企业落户柳州。

柳州新能源汽车产业发展和推广应用互动发展模式，得到行业内专家肯定。在中国汽车工业协会关于“柳州模式”的报告上，马凯副总理作了重要批示。

三、经验和启示

（一）把握国家经济发展脉搏，适时促进产业转型升级

从最初的柳州农业机械厂1969年抓住国民经济建设对载货车的旺盛需求，柳州机械厂1983年抓住乡镇企业和个体经济对小型客货车的需求；到后来的企业产权制度改革激发企业活力，深化改革开放引进外来资本技术，融入现代汽车产业体系；再到把握汽车消费由生产领域向生活领域变化，及时由侧重商用车领域向乘用车领域转型，并根据消费需求进行产品升级，实现了汽车产业转型升级和快速发展，柳州汽车产业在各个时期都准确把握住了国民经济发展的时代脉搏，适时转型升级实现大发展。

（二）柳州厚重的工业文化，为企业提供良好的发展氛围

作为国家早期布局的西部工业城市之一，多年发展起来的工业体系为汽车产业的发展壮大提供了良好产业基础；优秀的企业家队伍、技术人才、产业工人队伍，发达的职业教育体系，为产业发展提供了人才和智力支撑；长期坚持工业为主导，实业兴市战略思想的决策层，开明开放的发展理念，适时出台的扶持政策，为柳州市汽车产业的转型升级营造了良好的发展氛围。

（三）推进零部件与整车协同发展，打造产业集群

在整车企业转型进入汽车领域的初期，柳州市整车和零部件企业即已形成合作开发的模式。虽然后来随着整车企业快速发展，整车在产品开发过程中主导地位逐步增强，但零部件和整车协同发展的模式一直得以坚持。政府积极出台政策，鼓励整车企业与零部件企业建立战略合作关系，并重点加大对零部件企业的扶持。先后制定出台《柳州市汽车零部件产业提升战略》《柳州市“以商招商”奖励办法》《柳州市汽车机械零部件再升级改造若干意见》等政策措施，每年安排财政专项资金，给予零部件企业大力扶持，打造完整产业链，推进汽车产业集群发展。

（四）提高汽车产业自主创新能力，增强核心竞争力

“十二五”期间，柳州市先后出台了《“创新驱动 转型升级 工业再上新台阶”三年计划》《柳州市科学技术奖励办法》《柳州市人民政府关于柳州国家高新技术产业开发区建设创新型特色园区的若干意见》《柳州市促进经济发展的政策措施》等一系列促进大众创业万众创新的文件措施，加快建设以企业为主体的技术创新体系，支持企业大力开发具有自主知识产权的关键技术，增强企业的研发能力，不断提高汽车企业的科技水平。随着顶层设计的强化，改革步伐铿锵有力，使汽车产业自主创新进一步投向了市场经济的怀抱。

四、当前面临的困难和问题

（一）经济下行压力导致汽车产业整体增速放缓

当前我国经济运行稳中有变，经济下行压力有所加大，汽车产业整体增速放缓。据中汽协数据，2018年9月全国汽车销量239.41万辆，同比下降11.6%；1—9月汽车累计销量2049.06万辆，同比增长1.5%，汽车产销量增速逐渐下降。2018年9月，柳州市汽车行业PMI为44.8%，仅比上月上升0.8个百分点，连续6个月运行于收缩区间。另据调查，部分汽配企业反映，受今年国内乘用车大环境萧条影响，柳产乘用车市场比较惨淡，销量未能像往年“金九银十”一样回升，导致汽配企业产销亦受影响而下滑。

（二）国家优惠政策调整对柳州主流汽车产品影响较大

汽车购置税优惠政策实施后，我国汽车市场一度非常火爆，购置税减半政策极大地刺激了消费者群体，小排量车型成为国内汽车市场销量主力。但在财政部公布的《关于减征1.6升及以下排量乘用车车辆购置税的通知》里明确规定：2018年1月1日起，恢复按10%的法定税率征收车辆购置税。2018年2月财政部发布《关于调整完善新能源汽车推广应用财政补贴政策的通知》，续航里程长的新能源车型将享受到更高的补贴，而150公里以下的新能源汽车将取消补贴。这些国家优惠政策的调整，对柳州目前的主流汽车产品销售形势影响较大。

（三）消费升级导致柳州优势车型市场萎缩

柳州传统的优势车型是价位10万以下的MVP和交叉型乘用车，市场占有率峰值达到62%，由于市场消费升级，消费者倾向于购买更高价位的车，导致柳州优势车型销量和市场占有率持续下滑，目前市场占有率下滑至50%左右。在2018年1—5月主要整车制造企业中，仅上汽通用五菱产值同比增长，东风柳汽、广西汽车集团有限公司产值同比下降。1—5月柳州乘用车产量、销量分别下降3.4%和3.7%，四大类品种中有三大类（轿车、MPV、交叉型乘用车）产量出现下降，其中轿车、MPV、交叉型乘用车产量同比分别下降5.2%、21.6%和23.0%。

（四）成本上涨挤压企业利润空间

主要是人工成本、钢材价格和汽车陆路运输成本大幅上涨。据采购经理调查显示，2018年9月，柳州汽车业企业承受的成本压力进一步增强，其中，57.8%的调查企业反映劳动力成本上涨，比上月上升4.5个百分点。2017年广西钢压延加工价格同比上涨30.8%，进入2018年之后虽稍有下降，但钢价总体上仍处于高位运行。2016年交通运输部等部门发布《关于进一步做好货车非法改装和超限超载治理工作的意见》以及《车辆运输车治理工作方案》，标志着国家对货车非法改装和超限超载的治理进入新阶段，汽车销售的物流成本增加。2017年上汽通用五菱运输成本增幅超过30%，物流成本增加约10亿元。

（五）汽车行业高端人才缺乏

高端人才引进渠道少、费用高一直是困扰柳州车企的主要问题。柳州地理位置相较东部发达地区没有优势，政府的配套政策吸引力不够高，导致高端人才的引进较困难，即使引进来也很难留住人才。据了解，原上汽通用五菱设计研发部门一名工作人员在2018年初被猎头公司挖掘到广州一家企业工作，年薪达到税后30万元以上，还有一笔可观的住房补贴（安家费），而在柳州工作时月薪为1万元左右。

五、意见和建议

（一）加快推动汽车产业转型升级

大力支持和引导企业向轻量化、高端化、智能网联方向发展。以广西柳州汽车城为主要承载地，强化上汽通用五菱、东风柳汽的龙头带动作用，实施产品价格“跨10”工程（价格超过10万元的汽车），加快发展中高端产品，重点开发和发展新微轿、中型轿车、MPV、SUV等乘用车，加快形成中高档车型比重逐渐加大、国内一流的汽车制造基地。

（二）加大新能源汽车的发展力度

在继续保持传统汽车优势的同时，更加重视新能源汽车产业的发展，充分利用现有整车和零部件配套产业链的资源优势，努力培育本地企业，促进优势企业快速发展：一是优化发展环境，大力招商引资，吸引国内外有实力的整车和关键零部件企业投资建厂，从包括电池、电机、电控、整车、销售、充电、售后服务等全产业链环节，统筹推进新能源汽车产业发展。二是加大在新能源汽车创新方面的投入，加强研发、检测、试验平台的建设，扩大新设计理念、新技术、新材料在新能源汽车产品的应用，创新新能源汽车商业模式。三是积极推动广西各市落实新能源汽车补贴政策。

（三）继续完善本地汽车零部件产业链

继续完善汽车产业链，以广西汽车集团有限公司、柳州五菱柳机动力有限公司、广西方盛实业股份有限公司、广西卡耐新能源有限公司、柳州上汽汽车变速器有限公司为龙头，加快发展新型发动机、自动变速器、制动系统、悬挂系统、汽车电子等关键零部件，提升产品智能化水平，全面提高汽车产业本地配套率。

（四）搭建广西汽车产业技术联盟和人才服务平台

一是搭建广西汽车产业技术联盟，进一步形成以柳州为核心，玉林、南宁、桂林围绕在其周边的具有一定规模的汽车产业集群，加快产业结构优化升级，进一步加强汽车研发体系、生产体系和供应销售体系的建设。二是搭建人才服务平台，多为企业牵线搭桥，如到各985高校、中科院等科研院所建立产学研联盟，为企业物色推荐世界、国内一流的汽车行业科技领军人才，给予创新人才团队建设重大支持等。

改革开放40年桂林市居民消费价格走势趋稳

曾　劼

自改革开放以来，随着计划经济向市场经济转变，经济增长拉动收入，市场产品供给和需求的升级换代，桂林市居民消费价格（CPI）出现多阶段变化，总体走势平稳，1978—2017年桂林市居民消费价格年均上涨5.57%，整体走势逐渐平稳。

一、1978年以来桂林市CPI变动情况分析

（一）桂林市CPI总趋势

1978年—2017年，桂林市CPI累计上涨727.6%，年均上涨5.57%。以1978年为基期，根据公式：第N年的定基指数=前N年环比指数的乘积，计算获得各年的定基指数，绘制桂林市CPI波动走势图（如图1所示）。1978年以来桂林市居民消费价格定基指数经历三期波动，1978—1997年持续上涨，1998—2000年连续回落，2001年之后又持续上涨，在2017年达到最高点827.59，价格总趋势是在波动中不断上涨。

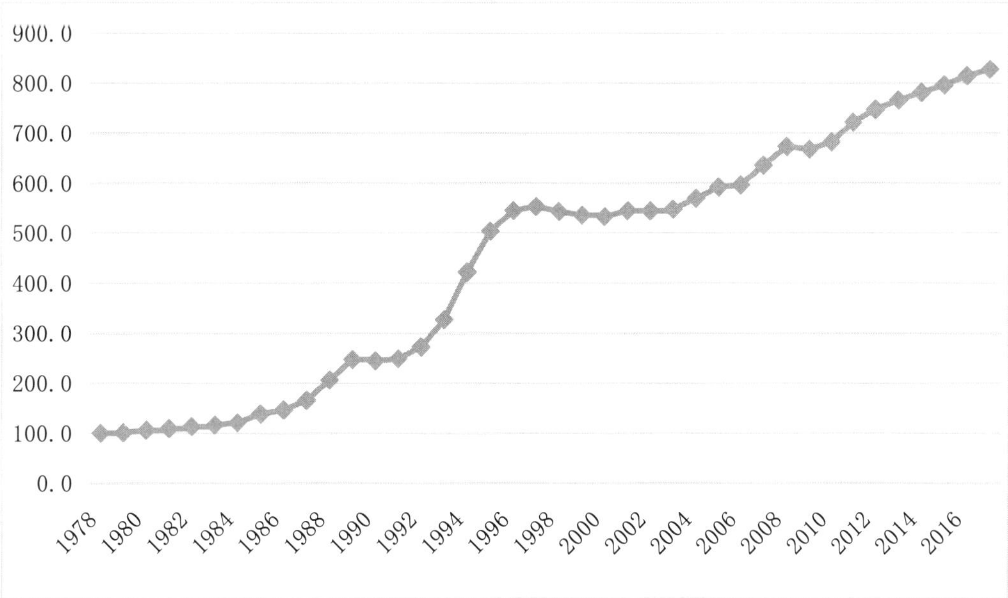

图1　1978—2017年桂林市CPI走势

（二）桂林市CPI波动特征分析

1978—2017年，桂林市居民消费价格指数大体上经历了四个阶段，波动走势与全国大体一致，波峰值和波谷值出现时间基本上同步，如1988年、1994年、2011年同时出现波峰值，1986年、1990年、2009年同时出现波谷值（如图2所示）。

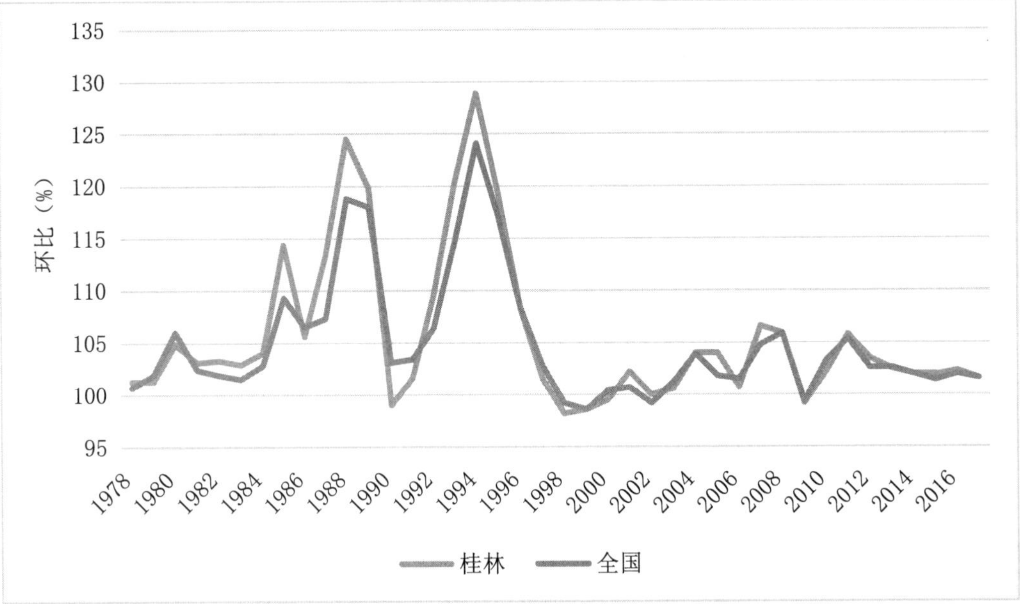

图2 1978—2017年桂林与全国CPI走势

第一阶段，从1978年到1990年，计划经济向市场经济转变引起物价震荡。改革开放后，桂林市计划经济向市场经济转变，经济得到了较快发展，但也产生供给和需求的不平衡，形成了需大于求的局面，当地政府也尝试“以调为主、调放结合”的价格政策积极应对。1988年下半年，出现“抢购风”和“涨价潮”，1988年CPI上涨24.5%，涨幅比上年扩大11.3个百分点，当年桂林CPI出现了改革开放以来的第二高峰。面对CPI涨幅急剧扩大的状况，1988年9月到1989年初，中央实行压缩投资和控制信贷规模政策，冻结紧俏商品的价格，“价格闯关”紧急叫停，从而使得1989年、1990年CPI涨幅持续下降，1990年CPI指数回落为99.0，物价涨幅初步得到有效控制。这一轮周期，各项物价改革逐步展开并开始推进，市场机制在经济运行中发挥的作用开始显现。

这一阶段桂林市CPI波峰值、波谷值分别高于全国5.7、4.1个百分点，峰谷落差值高于全国9.8个百分点。主要是桂林市从1973年以后正式对外开放，成为国内最早开放的旅游城市之一，旅游业的发展与桂林市社会文化产生了一系列互动，带动了桂林市经济的发展，扩大了开放程度，这种开放影响了桂林物价波动幅度高于全国水平。

第二阶段，从1991年到1998年，桂林市CPI进入第二轮阶段性波动。本轮波动中，桂林市物价受国内一系列价格改革政策的实施，出现了高位震荡，主要是1991年价格改革逐步深入，物价管放结合，价格出现反弹，1992年—1995年，桂林市价格改革驶入了快车道，物价调放以放为主，基本放开粮食、钢材、成品油、水泥等商品价格，导致CPI大幅上涨。1992年、1993年CPI分别上涨9.5%、20.3%，1994年涨幅达28.9%。1998年《中华人民共和国价格法》颁布并实施以后，国家对粮食、药品和医疗服务等价格政策管理更加完善。加之当年爆发的亚洲金融危机影响，经济增速整体放缓，对CPI上涨的拉动作用减弱。1998年CPI下降1.8%，为改革开放后最低点。本阶段指数峰谷落差为30.7个百分点。

第三阶段，从1999年到2009年，桂林市CPI主要运行特点是在震荡中上行，小幅波动。随着国家扩大内需，1999年启动消费政策、西部大开发成效逐渐显现，CPI逐步回暖至98.6，之后继续回升。在加入世界贸易组织（WTO）的新形势下，2002年桂林市继续深化改革，努力改善投资环境，加快经济结构调整步伐，经济快速健康发展。2003年开始，桂林市经济步入新一轮经济增长周期的上升阶段，经济运行出现了“高增长，低物价”的运行态势。2007年，在食品价格结构性上涨的带动下，CPI上涨6.6%。2008年，桂林市委、市政府认真落实国务院控制物价过快上涨的政策，积极发展生产、保障市场供应，特别是做好重点商品及服务价格的监管工作，桂林市CPI涨幅回落，全年上涨5.9%。

这一阶段价格较为稳定主要源于：一是确定合理粮食收购价格，坚持按保护价敞开收购农民余粮。二是实施了政府价格决策听证制度，提高了政府管理价格的透明度和科学性，价格改革更加成熟，目标更加明确，手段也更加完善，较好地把握了价格改革的节奏、方向和力度。三是桂林市市场体系日臻完备，商贸流通繁荣。城乡消费品市场日趋旺盛，2009年桂林市实现社会消费品零售总额330.92亿元，较1999年增长218%，商品市场供应增加，大市场、大流通格局逐步形成，物价水平逐渐稳定。

第四阶段，从2010年到2017年，桂林市进入第四轮物价波动周期，波动趋缓。受上年物价上涨影响，2011年CPI继续高位运行，涨幅为5.8%；2012—2013年，随着宏观经济政策进一步调整，市场供求矛盾得到缓解，桂林市居民消费价格涨势放缓，CPI分别上涨3.5%和2.5%，通胀压力明显减弱；2014—2015年，由于经济发展下行压力增大，国内有效需求不足，CPI涨幅继续回落，2014年、2015年CPI分别上涨2.0%和1.9%；随着公立医院医疗服务价格改革政策的实施，桂林市医疗保健价格大幅上涨，推动2017年CPI上涨1.6%。

总体而言，改革开放以来，桂林市CPI后两轮波动幅度明显小于前两轮，波动幅度渐趋平缓，物价趋于稳定。由此反映出国家宏观调控物价机制逐渐成熟。

二、物价改革取得显著成效

（一）由市场主导的价格形成机制基本形成

在1978年以前，大多商品和服务是由政府定价，改革开放之后逐步放开。1992年党的十四届三中全会通过了《关于建立社会主义市场经济体制若干问题的决定》，明确指出："推进价格改革，建立主要由市场形成价格的机制"，社会主义市场价格体制进入新阶段。经过40年的发展过程，桂林市商品和服务价格大多已经由市场决定。

（二）价格改革促进了经济发展

改革开放初期，实行价格改革是为了振兴经济，先从大幅度提高农副产品价格入手，缩小了工农产品价格"剪刀差"，增加了农民收入；之后为了加快推进现代化建设，转变经济增长方式，价格改革着力于价格形成机制转换，发挥价格在资源配置中的基础性作用；进入新世纪后，价格改革更加关注民生领域价格改革。

（三）价格改革优化产业结构，改善居民生活

改革开放40年来，桂林市以旅游业为龙头的第三产业蓬勃发展，产业结构调整力度大，一、二、三产业构成比重从1978年的43.4∶35.3∶21.3转变为2017年的18.7∶38.7∶42.6，价格改革一定程度上推动了产业结构调整和优化升级。桂林市社会消费品总额由1978年的4.17亿元增加到2017年的928.12亿元，40年增加了221.6倍，居民生活水平不断提高。

改革开放40年梧州市居民生活水平稳步提升

杨 旻

改革开放40年来，梧州市城乡居民收入持续快速增长，收入来源呈现多元化，分配差距持续缩小，生活水平持续提高，为全面实现小康奠定了坚实的基础。

一、居民收入水平稳步提高

2017年梧州市城镇居民人均可支配收入29359元，比1978年增长66.3倍，年均增长11.4%。（从2016年开始，梧州市城乡居民收入数据为新口径下城乡常住居民收入数据，与老口径数据不可比。为实现数据的可比性，根据自治区的统一安排，以新口径数据为基础进行了40年的数据回溯。下文中所列的历年收入数据均为新口径下回溯的可比数据。）2007年梧州市城镇居民人均可支配收入11208元，跨入万元大关；2012年城镇居民人均可支配收入20284元，跨入2万元大关；目前正稳步向人均收入3万元大关迈进。

2017年梧州市农村居民人均可支配收入11085元，比1978年增长125倍，年均增长13.2%，并于2016年首次跨入万元大关。

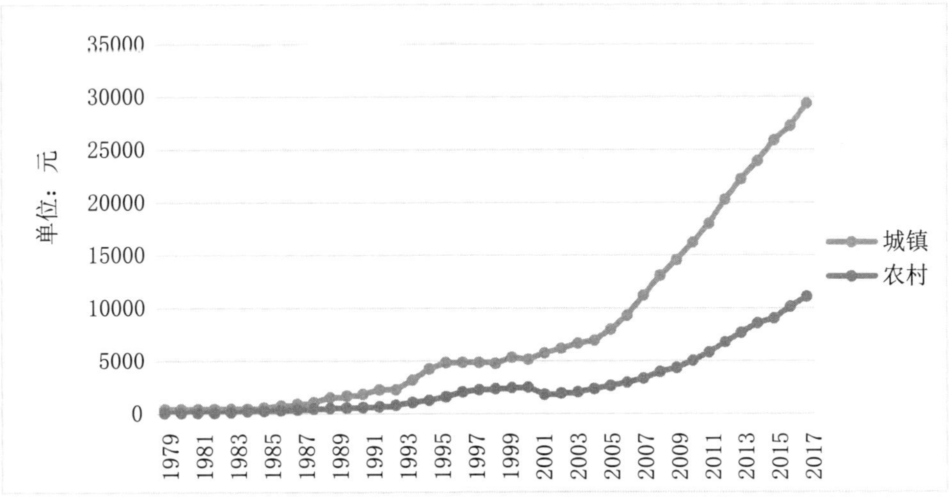

梧州市城乡居民人均可支配收入

（一）1978—1991年：收入明显提高，解决温饱问题

随着农村家庭联产承包责任制推行，以及城市地区以职工工资为重点的一系列收入分配制度改革措施出台，梧州市城乡居民收入水平较改革开放初期有明显提高。其中，

城镇居民人均可支配收入从1978年的436元增加到1991年的2283元，年均增长13.6%；农村居民人均可支配收入从1978年的88元增加到1991年的682元，年均增长17.1%。

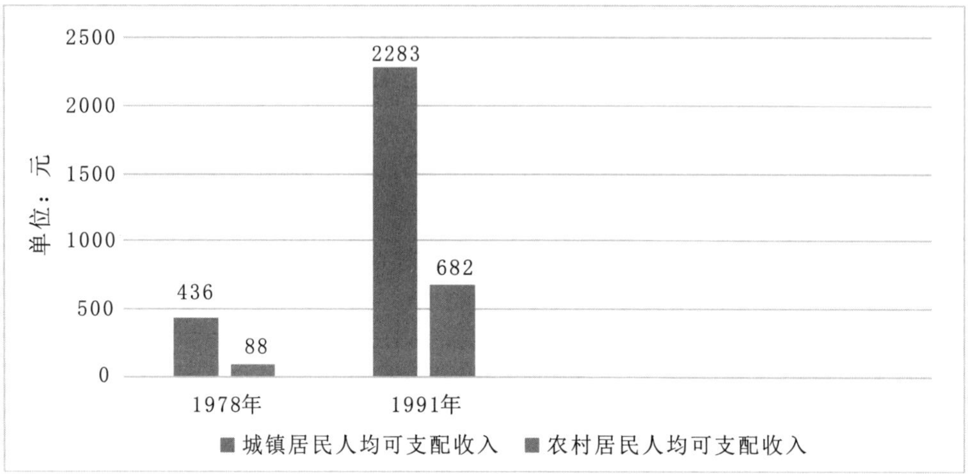

1978年—1991年梧州市城乡居民人均可支配收入情况

（二）1992—2000年：收入大幅提升，实现总体小康

1992年，以邓小平南方谈话为标志，改革开放和现代化建设事业进入了一个新的阶段。党的十四大召开，社会主义市场经济体制确立，非公有制经济也进入了发展快车道，城镇就业岗位明显增加，城镇居民收入较快增长。梧州市城镇居民人均可支配收入从1992年的2284元增长到2000年的5150元，年均增长10.7%。

与此同时，市场经济体制不断完善，为商品流通特别是农副产品交换提供了便利条件，农产品价格的提高也为农民增收带来了实惠。梧州市农村居民人均可支配收入从1992年的827元增长到2000年的2515元，年均增长14.9%。

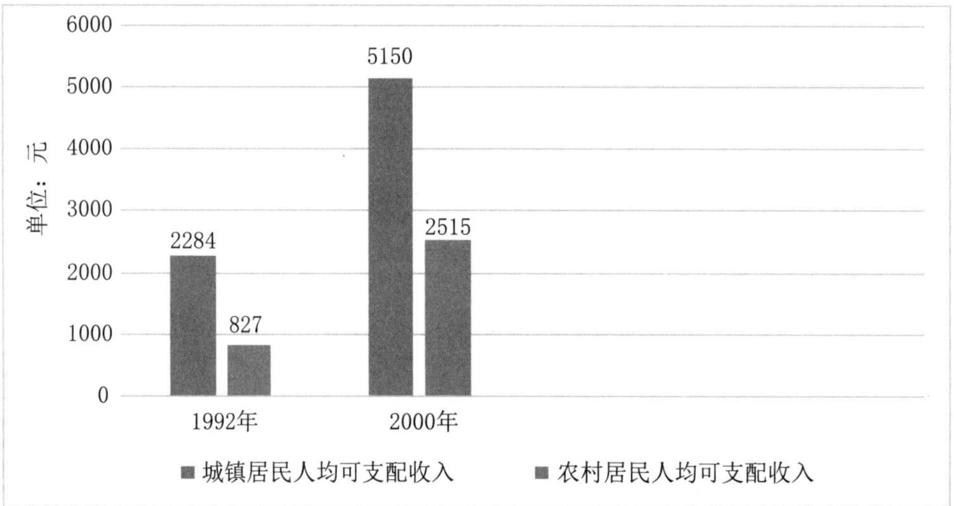

1992年—2000年梧州市城乡居民人均可支配收入情况

（三）2001—2017年：收入持续增长，迈向全面小康

进入21世纪，收入分配制度改革进一步推进，各项增收措施落实，机关事业单位工资制度改革不断深化，企业发展职工工资增长，城镇居民收入继续快速增长。梧州市城镇居民人均可支配收入从2001年的5759元增长到2017年的29359元，年均增长10.7%。

减免农业税、实行粮食直接补贴等一系列惠农举措先后出台，大大提高了农民的生产积极性，同时农民务工收入大幅增长，收入来源趋向多元化。梧州市农村居民人均可支配收入从2001年的1837元增长到2017年的11085元，年均增长11.9%。

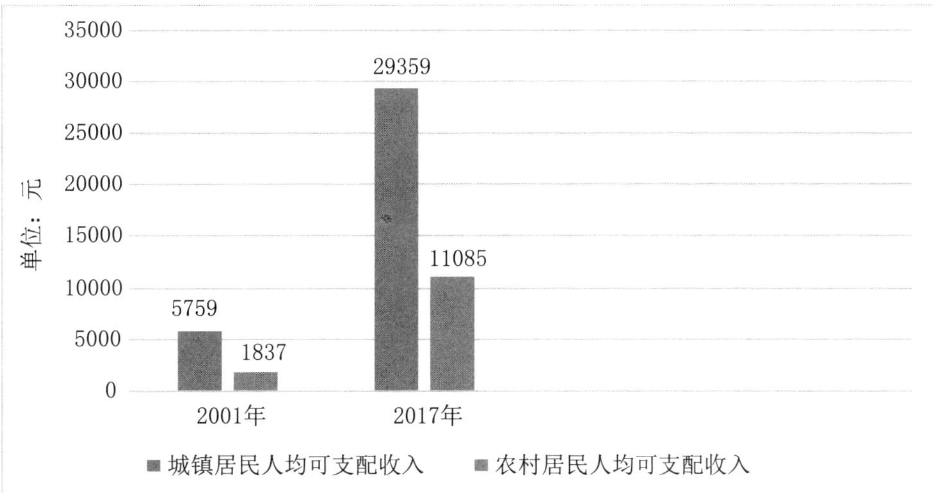

2001年—2017年梧州市城乡居民人均可支配收入情况

党的十八大以来，在以习近平同志为核心的党中央坚强领导下，收入分配制度改革进一步深化，“大众创业、万众创新”、“精准扶贫、精准脱贫”等各类增收和扶贫政策及措施持续发力，全面建成小康社会的目标正稳步实现。

二、居民收入分配格局明显改善

40年来，梧州市居民收入分配格局逐步完善，特别是党的十八大以来，党和国家高度重视收入分配问题，发展成果更多更公平地惠及全体人民。梧州市城乡居民的收入来源走向多元，城乡居民之间的收入差距持续缩小。

（一）居民收入来源呈现多元化

城镇居民工资收入比重下降，经营、财产收入比重提高。改革开放初期，工资性收入是城镇居民收入来源的绝对主体，但随着市场主体增多、实物分配货币化以及政府转移支付增加，城镇居民收入中工资收入的比重下降。1983年，梧州市城镇居民人均职工工资及得自单位的其他收入合计为428.9元，占城镇居民实际收入的比重为90.8%。2017年，梧州市城镇居民人均工资性收入16691元，占比为56.9%，比1983年下降33.9个百分点，但仍是城镇居民收入的主要来源。城镇个体经济的较快发展使得城镇居民经营收入占比上升。2017年，梧州市城镇居民人均经营净收入4632元，占比为15.8%，比1983年提高13.8个百分点。1990年，利息收入占城镇居民财产性收入的80.5%。进入21世纪后，居民投资渠道不断拓宽，财产性收入来源增多，收入水平大幅度提高。2017年，梧州市城镇居民人均财产净收入1794元，在可支配收入中的占比为6.1%，比1990年提高5.3个百分点。

农村居民收入来源由单一的集体经营收入转为家庭经营、工资、转移收入并存。改革开放初期，农村居民的收入主要来源于集体统一经营。家庭联产承包责任制实行后，家庭经营收入成为农村居民收入的重要来源；随着现代农业的快速发展和城镇化进程不断推进，大量农业剩余劳动力进入城市或乡镇企业工作，农民工人数不断增加，工资性收入超过经营收入逐渐成为农村居民收入的最主要来源；随着各级政府转移支付力度的不断加大以及外出务工人员工资的提升，寄回带回收入增多，转移收入也逐渐成为农村居民收入的重要来源之一。2017年，梧州市农村居民人均工资、经营、财产、转移等四大项收入分别为4758元、3864元、158元和2305元，比重结构从2007年的43.4∶53.4∶1.2∶2.0转变为42.9∶34.9∶1.4∶20.8，经营收入比重下降和转移性收入比重上升的趋势十分明显。

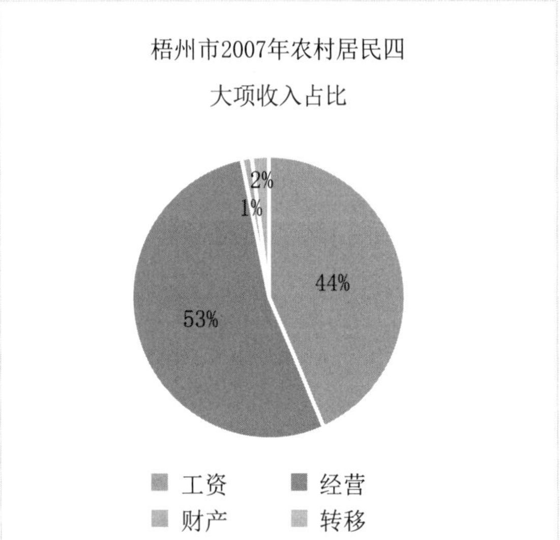

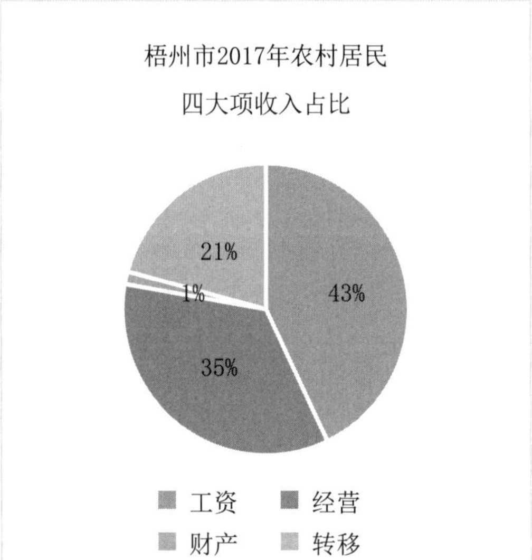

（二）城乡居民收入差距持续缩小

城乡居民收入差距缩小明显。改革开放以来，中国收入分配制度改革逐步推进，极大促进了城乡居民收入水平的提高。特别是党的十八大以来，党和政府充分发挥再分配调节功能，加大对保障和改善民生的投入，农村居民收入增速快于城镇居民，城乡居民收入差距持续缩小。2017年，梧州市城乡居民人均可支配收入倍差为2.65∶1，比1978年、2007年、2012年均缩小。

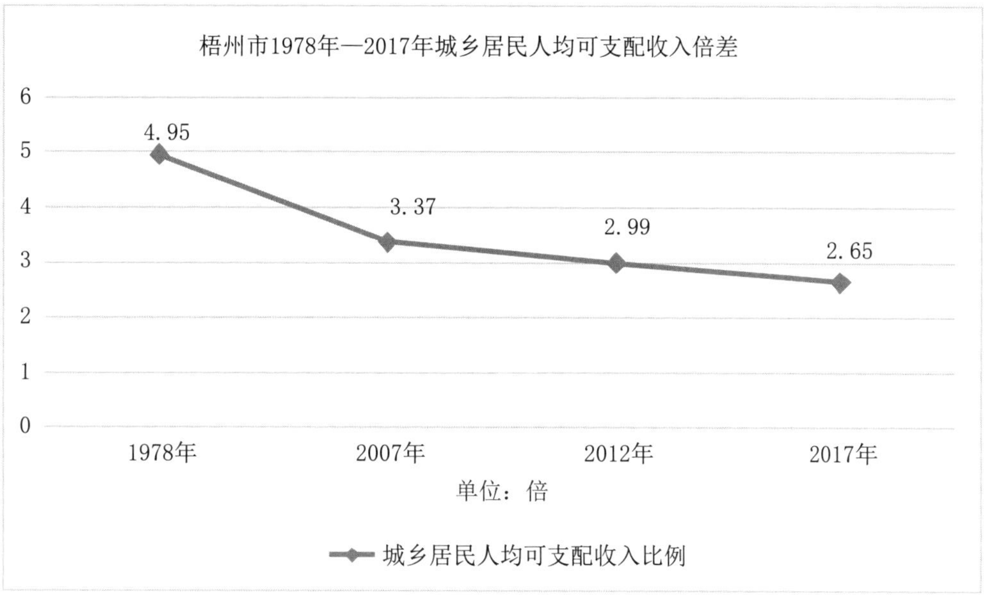

三、居民消费水平不断提高

随着收入的不断增加，梧州市居民消费水平显著提高，消费结构升级，生活不断改善。2017年，梧州市城镇居民生活消费支出达到19017元，是1980年的43.7倍，年均增长10.7%；农村居民生活消费支出7740元，是1980年的110.6倍，年均增长13.6%。消费结构由长期以来以吃、穿及生活资料为主的单一格局向以住房、汽车、旅游、文化娱乐、医疗保健、交通通信等享受型和发展型消费转变。

（一）食品消费支出增加

改革开放以来，随着居民收入水平的提高和食品种类的丰富，城乡居民饮食更加注重营养，食品消费支出快速增长。特别是十八大以来，随着国家更加重视食品安全问题，居民食品消费品质进一步提升。2017年梧州市城镇居民食品烟酒类人均消费支出7755元，是1983年的27.9倍，比2013年增长20%。2017年梧州市农村居民食品烟酒类人均消费支出2825元，比2013年增长20.8%。

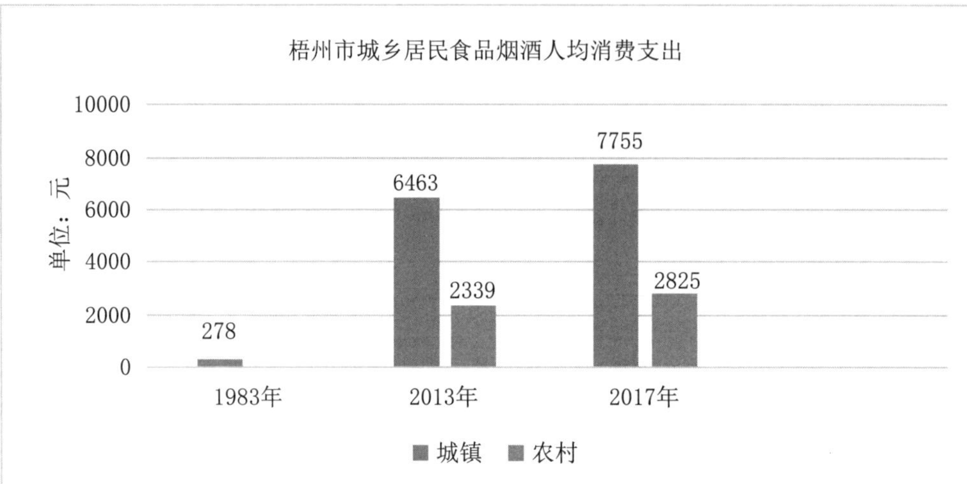

在食品消费支出不断增长的同时，城乡居民家庭恩格尔系数明显下降。梧州市城镇居民恩格尔系数从2000年的49.5%下降至2017年的40.8%，农村居民恩格尔系数从2000年的52.5%下降至2017年的38%，城乡居民生活水平不断提高。

（二）居住条件不断改善

随着经济日益发展和居民收入的增加，居民对居住条件的要求也日益提高，城乡棚户区改造，旧房翻修扩建、建造新房和装修等居住支出逐年增加。2017年，梧州市城镇居民人均居住类消费2227元，1984年城市居民房屋及建筑材料支出仅为0.92元。2017年梧州市城镇居民人均住房面积43.1平方米，农村居民人均住房面积38.6平方米，城乡居民的居住条件明显改善。

（三）耐用消费品数量不断增长

随着生活水平不断提高，居民生活用品及服务类支出不断增长，家庭耐用消费品拥有量迅速增加。2017年，梧州市城镇居民每百户拥有汽车28.9辆、空调122.6台、电脑76.3台、移动电话293.7台，分别是2008年的11.3倍、1.3倍、1.5倍和1.4倍，汽车的拥有量是近年来增长最快的消费品；同时，农民家庭的汽车、空调、电脑、移动电话等数量也逐年提高，2017年，农村居民每百户拥有汽车7.7辆、空调22台、电脑12台、移动电话270.8台。

（四）交通通信支出显著增长

改革开放以来，随着城乡公路、铁路、电信等基础设施的改善，交通通信日益便利，家用汽车等交通工具的拥有量大幅增加，移动电话和互联网服务普及，人均交通通信服务费支出显著增长。1983年，梧州市城市居民交通费和邮电费人均支出仅为4.35元，2017年梧州市城镇居民交通通信类支出2506元，1983年—2017年年均增长20.6%。2017年农村居民交通通信类支出783元。

（五）教育文化娱乐和医疗保健支出明显增长

改革开放以来，国家大力发展教育事业，随着居民物质生活水平提高和休闲时间增多，人们对美好生活的向往和追求拉动了教育文化娱乐消费不断加大。2017年，梧州市城镇居民人均教育文化娱乐支出2361元，1983—2017年年均增长13.8%；在生活消费支出中占比为12.4%，比1983年提高6.2个百分点。十八大以来，国家对发展贫困地区农村教育的力度进一步加大，2017年梧州市农村居民人均教育文化娱乐支出560元，是2013年的2.09倍。随着医疗事业不断发展，医保制度覆盖面扩大和居民健康保健意识提高，城乡居民医疗保健消费支出大幅增加。2017年梧州市城镇居民人均医疗保健支出1444元，是1983年的281.5倍。2017年梧州市农村居民人均医疗保健支出690元。

改革开放40年梧州市居民消费价格渐趋平稳

肖凤玲

1978年党的十一届三中全会开启了中国改革开放的大幕，与市场化改革相适应，价格的调控方式由计划经济体制下的统一定价机制逐步转变为由市场供求关系确定的市场经济定价机制。伴随着物价改革稳步推进，梧州市居民消费价格（即CPI，1993年及以前称为职工生活费用价格）由前期的大起大落逐步转变为低通胀、平稳运行的新常态。特别是进入21世纪以后，市场繁荣，物价相对稳定，梧州居民群众充分享受到改革开放成果。

一、改革开放以来梧州市总体价格形势回顾

（一）前期大起大落、波动频繁，后期相对平稳、涨势趋缓

梧州市价格调查历史数据显示，1978—2017年梧州市CPI累计上涨736.6%，年均上涨5.6%，呈现前期波动频繁、后期相对平稳的态势。期间经历了三次严重的价格上涨，分别是1985年（16.5%，涨幅，下同）、1987年至1989年（12.1%、23.4%、16.2%）、1992年至1995年（10.2%、22.2%、25.8%、16.1%）；共出现4次下降，分别是1990年（-1.3%）、1998年（-0.1%）、2002年（-2.2%）和2009年（-2.4%）。

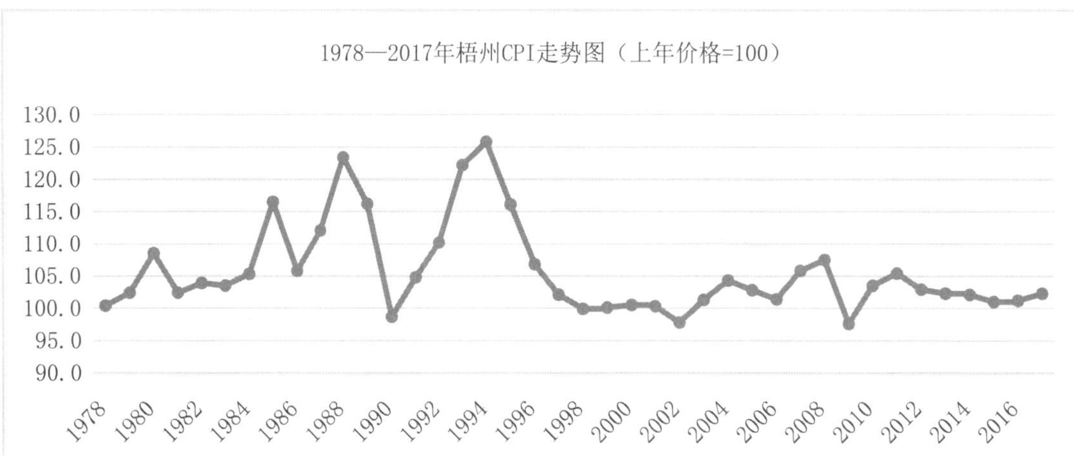

（二）CPI涨幅与全国全自治区，走势基本一致

1978—2017年全国CPI累计上涨538.0%，年均上涨4.9%，广西CPI累计上涨662.9%，年均上涨5.2%，梧州市CPI总体走势与全国、广西基本一致。

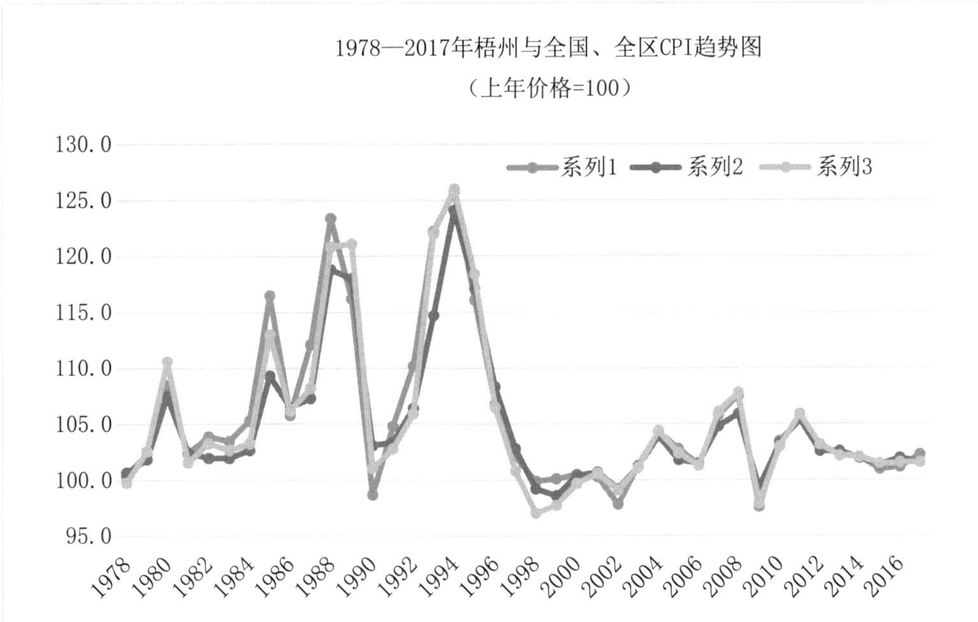

二、各时期梧州市CPI运行特点

改革开放40年来，梧州CPI几度大起大落后渐趋平稳，伴随价格改革逐渐推进，居民消费价格变动大体分六个时期。

1.价格改革初期（1979年—1983年），CPI开始上涨。这一时期国家以计划定价为手段建立合理价格体系，以调为主，以放为辅。与1978年相比，1983年梧州市职工生活费用价格累计上涨了22.3%，五年间年均上涨4.1%，价格运行态势与1978年以前非常稳定的状态相比有了明显不同。其中1980年涨幅最高，比上年上涨8.5%。

表1　1978年—1983年梧州市职工生活费用价格大类指数（上年价格=100）

年份	职工生活费用价格指数	食品	衣着	日用品类	药及医疗用品类	文化娱乐用品	燃料类
1978	100.4	100.1	100.1	100.0	109.4	100.6	100.0
1979	102.4	103.2	102.0	100.8	100.0	104.8	100.0
1980	108.5	113.9	99.6	101.2	100.2	100.0	100.0
1981	102.4	103.7	100.4	100.4	100.2	100.1	100.0
1982	103.9	106.0	99.8	100.5	101.0	100.1	102.7
1983	103.5	104.4	101.1	99.5	104.6	97.8	106.0

1979年，全国统一提高粮食收购价格，促进农民增收、农业增产，同时提高猪肉、禽类、水产品、蔬菜等8种主要副食品的收购价格与零售价格，1980年梧州市

食品类价格比上年上涨13.9%，导致当年梧州市职工生活费用价格比上年上涨8.5%。从大环境看，改革开放初期出现明显投资过热、消费支出增加，财政支出加大导致严重的财政赤字；同时国家调整不合理的价格体系，在一定程度上推高了物价。

2.改革推进期（1984年—1989年），是改革开放以来CPI上涨最严重的时期。此时期价格改革以放开价格管理权限为主。六年间梧州市职工生活费用价格连连攀升，1989年比1983年上涨了108.6%，年均上涨13.0%。

表2 1984年—1989年梧州市职工生活费用价格大类指数（上年价格=100）

年份	职工生活费用价格指数	食品	衣着	日用品类	药及医疗用品类	文化娱乐用品	燃料类
1984	105.3	107.1	101.2	100.2	105.6	98.6	100.0
1985	116.5	123.8	101.2	104.4	117.3	101.3	100.0
1986	105.8	106.5	101.7	108.6	96.6	101.4	98.8
1987	112.1	115.1	108.7	107.5	104.2	101.2	104.5
1988	123.4	126.9	112.1	112.5	146.0	126.8	107.6
1989	116.2	116.2	115.2	113.2	116.7	103.4	104.2

1984年价格“双轨制”改革全面推行，1985年实行货币化工资改革，放开了绝大多数农副产品购销价格，有效活跃了市场，也使隐蔽的供给短缺和受抑制的需求进一步公开化，加之经济过热和发展不协调，导致物价全面上涨，1985年梧州职工生活费用价格涨幅首次达到两位数。其中1985年、1987年、1988年和1989年梧州食品价格分别比上年上涨23.8%、15.1%、26.9%和16.2%。1988年开始“价格闯关”，计划内和计划外生产资料价格并轨，国家继续扩大副食品和工业品价格放开范围，当年8月波及全国的抢购风潮也影响到梧州市。1988年、1989年梧州衣着类价格分别比上年上涨12.1%和15.2%，日用品类价格分别上涨12.5%和13.2%。1988年国家进一步推动医疗改革，调整医疗卫生服务收费标准，梧州市药及医疗用品类价格比上年上涨46.0%。

3.全面改革期（1990年—1996年），CPI上涨持续时间最长、波幅最大。此期间我国最终确立社会主义市场经济体制，价格改革全面展开，物价涨势偏高。1996年梧州市居民消费价格比1989年上涨了117.3%，年均上涨11.7%。其中1994年CPI涨幅达到25.8%，是梧州市新中国成立以来CPI涨幅最高的一年。

表3 1990年—1996年梧州市居民消费价格大类指数（上年价格=100）

年份	居民消费价格指数	食品	衣着	日用品类	药及医疗用品类	文化娱乐用品	燃料类	居住
1990	98.7	94.4	102.8	99.3	100.7	96.6	191.6	—
1991	104.8	104.4	104.6	103.2	116.1	99.0	149.1	—
1992	110.2	113.7	103.2	102.5	126.7	87.0	139.2	—
1993	122.2	124.8	106.4	116.6	126.7	103.5	123.4	—
1994	125.8	134.4	111.8	113.6	107.0	108.9	—	113.2
1995	116.1	121.1	110.2	108.0	121.4	108.6	—	112.3
1996	106.8	106.6	107.5	102.8	102.8	113.3	—	105.8

注：此表中1990年—1993年“居民消费价格指数”实际为“职工生活费用价格指数”。

1990年，梧州市贯彻执行“治理经济环境，整顿经济秩序，全面深化改革”的各项措施，放慢价格改革的步伐，以抑制通货膨胀、稳定市场物价为主，1990年梧州职工生活费用价格比上年下降1.3%。1992年邓小平南行讲话后，中国经济发展进入快车道，梧州也加快改革开放和经济发展步伐。1992年放开生猪、猪肉价格，1993年由于投资需求和消费需求的急剧扩张，市场呈现物价过快上涨的势头。1993年梧州开始实施住房改革，房地产热迅速升温，投资规模迅猛扩张，导致1994年CPI涨幅达到25.8%。

4.价格改革巩固期（1997年—2006年），CPI低位小幅波动。这一时期，价格改革进入巩固阶段，社会主义市场价格体制日趋完善，梧州市CPI低位运行，与1996年相比，2006年梧州市CPI累计上涨10.9%，年均上涨1.0%。

表4 1997年—2006年梧州市居民消费价格大类指数（上年价格=100）

年份	居民消费价格指数	食品	衣着	家庭设备用品及维修服务	医疗保健和个人用品	交通和通讯	娱乐教育文化用品及服务	居住
1997	102.1	98.5	110.1	102.0	103.2	98.6	105.7	110.7
1998	99.9	94.4	107.0	102.4	115.0	97.0	101.0	111.6
1999	100.1	97.1	104.8	101.7	113.6	99.8	100.4	100.8
2000	100.5	97.2	99.6	100.2	93.6	100.0	100.2	106.3
2001	100.3	99.2	97.7	95.5	97.1	94.6	111.8	99.7
2002	97.8	97.1	100.9	96.2	97.3	92.2	101.4	97.7
2003	101.3	102.5	100.8	96.5	105.0	97.7	100.9	101.8
2004	104.3	111.0	98.4	97.3	99.8	99.4	100.7	103.9
2005	102.8	105.1	97.0	100.1	98.8	100.6	102.5	105.8
2006	101.4	102.5	91.0	102.0	103.0	99.1	100.4	106.4

受1998年亚洲金融危机波及，市场需求疲软，加上食品市场供应充裕，粮食价格连连下降，梧州市CPI处于低迷状态，通缩特征明显。随着梧州“米袋子”“菜篮子”工程建设的不断发展，各类农贸批发市场建设日臻完善，1997年—2002年梧州食品价格处于下行通道。2003年开始的食品价格新一轮上涨周期源于粮食价格的上涨、非典时期疫情对肉禽蛋等食品供应的影响以及农业的结构性调整。

5.价格改革攻坚期（2007年—2011年），CPI出现较大上涨。价格改革以宏观调控为主，CPI开始受国际物价传导影响。2011年梧州CPI比2006年上涨21.1%，年均上涨3.9%。

表5　2007年—2011年梧州市居民消费价格大类指数（上年价格=100）

年份	居民消费价格指数	食品	衣着	家庭设备用品及维修服务	医疗保健和个人用品	交通和通讯	娱乐教育文化用品及服务	居住
2007	105.8	112.5	103.4	102.0	103.6	99.0	100.9	104.9
2008	107.5	117.6	96.3	103.7	103.8	99.8	101.7	106.0
2009	97.6	98.5	99.4	99.8	98.6	97.5	98.9	91.5
2010	103.5	108.6	102.8	97.8	102.9	99.6	97.1	105.7
2011	105.4	113.7	99.8	103.0	102.9	102.2	99.4	102.0

这一阶段食品价格成为影响CPI波动的主要因素。物价波动的主要原因是猪肉等农副产品价格上涨和国际大宗商品价格波动。2007年、2008年CPI上涨是由于部分食品供给问题引起的结构性上涨，加上国际市场石油、钢材、有色金属等大宗商品价格的变化带来的传导影响。2009年受全球金融危机的巨大冲击影响，国内经济增长进一步放缓，需求下降，投资者和消费者预期信心不足，2009年梧州市居民消费价格水平总体下降，全年CPI比上年下降2.4%。2010年以后，国家实施扩大内需、保民生、保增长政策，梧州市各项经济平稳发展，市场需求复苏，居民消费增长，市场物价回升。2010年、2011年CPI上涨源自于食品价格的全面上涨，尤其是粮食、油脂等价格的上涨。

6.价格改革成熟期（2012年—2017年），CPI低位平稳运行。2012年至2017年，价格调控手段日益成熟，价格改革进一步深化，物价一直保持平稳低位运行态势。这一时期，梧州CPI一直在2%上下波动，2017年比2011年上涨12.4%，年均上涨2.0%。

表6 2012年—2017年梧州市居民消费价格大类指数（上年价格=100）

年份	居民消费价格指数	食品	衣着	家庭设备用品及维修服务	医疗保健和个人用品	交通和通讯	娱乐教育文化用品及服务	居住
2012	102.9	104.5	103.3	102.1	103.3	100.3	100.7	102.8
2013	102.3	104.2	101.2	101.1	101.4	100.9	100.8	102.3
2014	102.1	104.2	100.3	99.6	100.7	100.1	100.4	103.3
2015	101.0	102.7	103.8	99.4	101.2	99.1	100.0	97.7
2016	101.2	103.8	103.1	98.6	102.9	98.4	100.8	98.5
2017	102.3	100.2	103.2	102.5	112.1	104.4	101.0	100.8

这一时期，竞争性产品的价格完全由市场形成，垄断行业产品的价格形成引入竞争机制，价格管理侧重结构调节。CPI的波动影响因素正慢慢从食品向服务、工业品转移，尤其是服务价格的变化是影响CPI波动的主要因素。2017年梧州开启公立医院改革步伐，逐步取消公立医院药品加成、取消一次性医用耗材加成等，调整医疗服务价格，2017年梧州市医疗保健和个人用品类价格上涨12.1%，其中医疗服务价格上涨14.7%。

三、影响CPI变动的因素分析

改革开放以来梧州市CPI的波动是广西、全国CPI波动的缩影，是国际国内多种因素共同作用的结果。

（一）政府价格改革影响CPI变动

40年来梧州市居民消费价格变动轨迹，体现了经济体制逐渐向市场经济深入，价格改革不断深化的过程。在改革开放以前，国家对商品价格实行计划管理，许多商品价格多年不变。在国家推行经济改革、由市场供求关系确定定价机制后，商品价格真正反映供求变化，价格波动是市场经济的作用和结果。

（二）经济大环境影响CPI运行

经济大环境是影响CPI变动的重要因素，特别是经济全球化发展以来，国际、国内经济环境均对梧州CPI运行产生较大影响。尤其是2013年以来，国际经济形势动荡，欧债危机反复恶化，全球经济增长明显放缓；中国经济仍然处在增速放缓过程中，总需求相对疲弱；国际大宗商品价格大幅走低、输入性通胀压力得到缓解。2016年、2017年梧州市地区生产总值（GDP）增速分别为7.6%和6.7%，仅为10年前的一半（2006年、2007年梧州市GDP增速分别为14.6%和15.6%）。在此背景下，作为供求关系反映的物价，总体上难以出现较大涨幅，梧州市CPI涨幅回落在所难免。

（三）食品类价格是影响CPI的主因

"民以食为天"，食品消费在居民消费中所占权重较大，食品类价格在CPI中约占三分之一权重，从分类价格指数看，食品类价格走势与CPI走势一致，是影响CPI统计的核心因素。

表7 梧州市部分年份食品价格拉动CPI上涨影响情况表

年份	CPI	食品类价格指数	拉动CPI上升	影响程度（%）
2004	104.3	111.0	3.94	91.6
2005	102.8	105.1	1.79	63.9
2007	105.8	112.5	4.10	70.7
2011	105.4	113.7	4.30	79.6

决定食品价格的农产品（鲜菜鲜果、肉禽类产品等）供应量容易受天气变化、自然灾害等不确定因素影响，容易造成食品短期内供需失衡和价格较大幅度波动，这些种类商品价格的变动就成为左右CPI走势的主要因素。特别是猪肉价格受生猪生产周期性波动影响明显。2007年受5月份部分地区出现生猪疫情影响，梧州市全年上市猪肉量比上年减少30%，猪肉类价格比上年上涨47.8%，推动居民消费价格上涨1.6个百分点；2011年梧州市猪肉价格上涨29.4%，拉动CPI上涨1.0个百分点。猪肉价格已成为影响物价总水平的一个重要因素。

（四）劳动力价格刚性上涨影响大

随着人口红利的减少，生活成本的不断提高，工资水平和社保费用等也相应增加，劳动力成本不断提高。由于近年来最低工资标准一再提高，以及同工同酬等相关规定的出台，各行业的薪酬都相应看涨。用工成本增加已成为各类商品和服务价格上涨的重要因素之一，劳动力成本的常态化提高已影响到商品流通的各个环节，推高农产品、服务行业等领域的价格。劳动力成本的刚性增长成为推动CPI上涨的重要因素。自1995年广西实行最低工资保障制度以来共进行11次调整，从1995年200元调高至2015年1400元，年均上涨10.2%。

（五）政府出台稳价措施保障民生

政策性因素在调控CPI过程中也起到不可忽视的作用。物价问题是重要的民生问题，事关发展改革大局、人民群众切身利益和社会和谐稳定。在推进价格改革过程中梧州市扎实采取有效措施调控市场物价，有效地遏制价格过快上涨。1992年起梧州市政府通过征收副食品价格调节基金加大对“菜篮子”工程的投入，1994年市政府设立粮食风险基金，2008年连续出台了发放能繁母猪补贴资金、保险、扶持生猪生产等一系列稳定猪肉市场价格的措施，收到较好效果。2011年下半年，面对严峻的物价形势，梧州市政府及时启动了控价方案，从6月起采取一系列严密的调控价格措施，同时建立社会救助和保障标准与物价上涨挂钩的联动机制。

四、新时代梧州CPI展望

纵观改革开放以来梧州市CPI运行历程，经过长期持续的市场体制改革，政府物价调控能力不断增强，消费品零售市场繁荣活跃，广大群众在市场竞争中享受到了物美价廉的产品和服务。2017年梧州社会消费品零售总额445.87亿元，比2011年增长近1倍。2017年梧州市城镇居民人均可支配收入29359元，比1978年增长66.3倍，年均增长11.4%，人均收入增速大幅超过居民消费价格涨幅，人民生活水平显著提高，有效增进了人民福祉。党的十九大报告指出，中国经济已由高速增长阶段转向高质量发展阶段，中国社会主要矛盾也转化为人民日益增长的美好生活需要和不平衡不充分的发展之间的矛盾。中国特色社会主义进入了新时代，随着政府调控体系的日趋完善，对稳定物价发挥积极作用，预计未来一段时期梧州市居民消费价格水平总体上仍呈现平稳、低位运行的态势。

改革开放40年钦州市城镇居民收入不断提高消费结构全面升级

苏春慧

改革开放40年来，钦州市大力发展生产，园区经济和旅游业、港口经济、现代农业、海产品等支柱产业逐步成为经济发展引擎，建成了亿吨大港和多个国家级开放平台，经济社会稳步发展，城乡居民“收入倍增”计划稳步推进，人民生活水平不断提高，消费结构全面升级。

一、城镇居民收入实现跨越式提高

（一）城镇居民收入总水平居广西中等水平

改革开放40年来，钦州市城镇居民可支配收入增幅连续多年保持在两位数以上，由1980年的459元快速增加到2017年31415元，增长67.4倍，年均增长12.1%，城镇居民收入实现跨越式提高。2017年，钦州市城镇居民可支配收入低于全国平均水平4981元，高于广西平均水平913元，在广西14个地级市中排第七位，处于广西中等水平；在十四个地级市中，低于排第一位的南宁市1802元，高于排最后一位的河池市5768元，比毗邻的沿海城市防城港市和北海市低664元、497元。从近年增速看，党的十八大以来五年间，钦州市城镇居民人均可支配收入年均名义增长为7.7%，低于全国和广西平均水平0.4个百分点。

（二）城镇居民收入各阶段性特征

从收入增长幅度看，城镇居民收入增长经历了高速增长期、爬坡过坎期、持续快速增长期、平稳增长期四个阶段。

1. 城镇居民收入高速增长期，摆脱贫困解决温饱。此时期以改革开放初期至1990年为界线，随着企业实行奖励和计件工资制，特别是1983年企业推行经营承包责任制和企业利改税制度，职工工资快速增长，1990年钦州市职工年均工资为1970元，比1979年的592元和1985年的1013元分别增长2.3倍和0.95倍。由于工资性收入的提高，钦州市城镇居民收入进入了高速增长期，生活水平快速提高，逐渐摆脱贫困解决了温饱问题。据有记载的住户调查资料，1990年钦州市城镇居民人均可支配收入1644元，比1984年的565元增加了1079元，年均增长19.5%（如图1）。

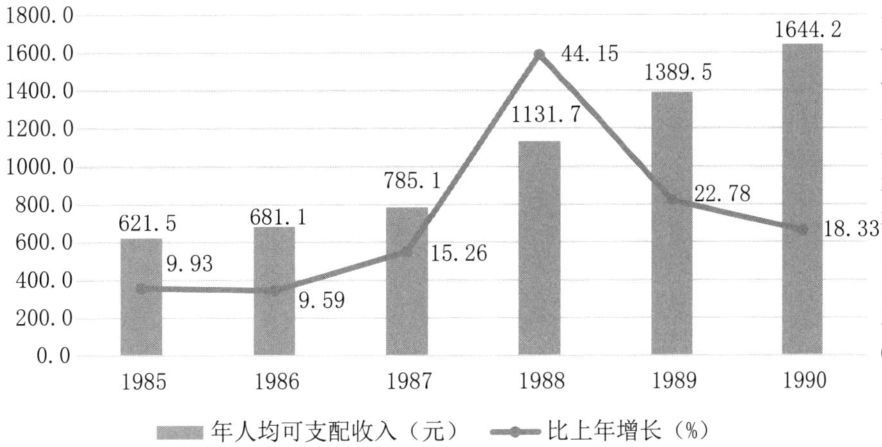

图1 改革开放初期—1990年城镇居民收入和增幅

2.城镇居民收入爬坡过坎期，解决温饱跨入总体小康。1991—2000年，邓小平同志南行讲话为沿海地区发展指明了方向，钦州市地处北部湾沿海地区也迅速进入经济高速发展期，城镇居民人均可支配收入由1991年的1667.6元增至2000年的5707.1元，增长2.4倍，年均增长14.6%。在此期间，1994年钦州撤地建市，开发建设全面兴起，城镇个体商贸、运输、修理、饮食服务业迅速发展，就业人员增多，城镇居民收入快速增长，从1992—1996年收入均达到2位数增长，其中1993年增幅达到47.6%。1997年，由于受亚洲经济危机影响，城镇居民收入增幅曾经跌为负数，但在1998年即回到上升通道，当年实现增长8.1%，在这期间，钦州市社会保障制度进一步完善，社会保险基金收支基本平衡，实行了城镇居民生活最低保障制度，人民生活水平稳步提高，基本完成温饱向总体小康的转变（如图2）。

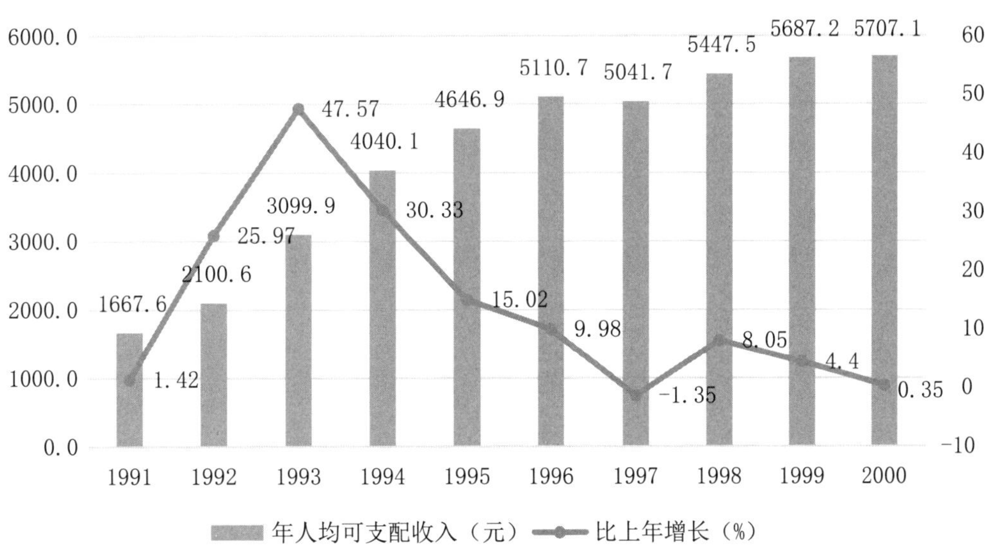

图2 1991—2000年城镇居民收入和增幅

3. 城镇居民收入持续快速增长期，进入全面小康建设阶段。2001—2012年，中国加入世界贸易组织，钦州市紧抓历史机遇，大力发展园区经济和旅游业、港口经济、工业园、海产品等支柱产业，房地产业也快速发展，城镇规模不断扩大，城镇就业人员大量增加，安置了大批下岗失业人员，社会保险体制不断完善，职工基本生活得到保障，企业退休职工按时领取养老金，城镇低保实现应保尽保，城镇居民收入进入快速发展期，人民生活水平快速提高，进入全面小康建设阶段。2001—2012年，城镇居民人均可支配收入从6246.4元增至21664.5元，增长2.47倍，年均增长12.0%，其中2007年城镇居民收入增幅达到这一时期的最高值20.1%（如图3）。

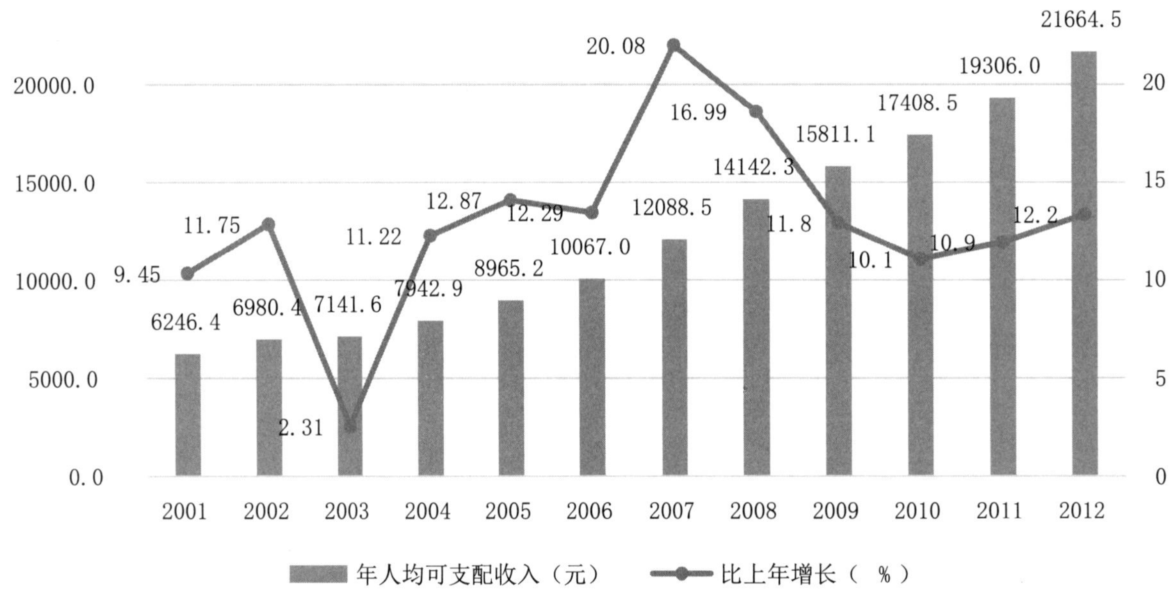

图3　2001—2012年城镇居民收入和增幅

4. 城镇居民收入平稳增长期，收入持续稳步增长。十八大以来，全国经济发展进入新常态，面对国际金融危机持续影响、“三期叠加”等一系列重大风险挑战及多次自然灾害袭击，钦州市通过深入实施“建大港、兴产业、造新城、强科教、惠民生”发展方略，建成亿吨大港和多个国家级开放平台，经济快速攀升。2012—2017年，地方生产总值连续跨越700亿、800亿、944.4亿、1102.05亿，2017年达到1309.82亿元，城乡面貌实现新变化，民生改善力度持续增强，城镇居收入进入平稳增长期，呈现缓中趋稳态势。钦州市城镇居民人均可支配收入也从2012年的21664元增至2017年的31415元，增加9751元，增长45.0%，年均增长7.7%（如图4）。

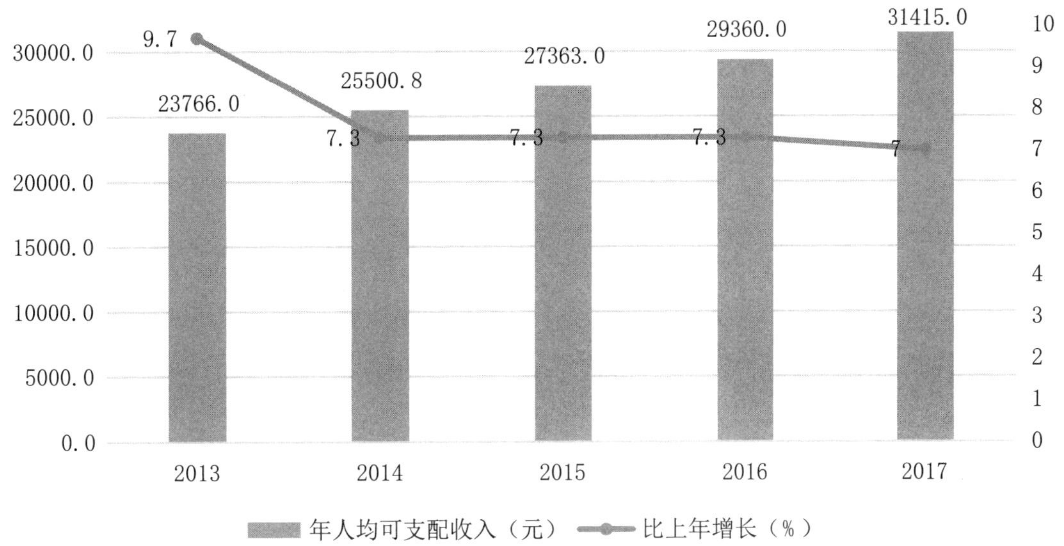

图4 2013—2017年城镇居民收入和增幅

（三）城镇居民收入增长结构趋向多元化

在计划经济时期，钦州市城镇居民收入主要依靠工资性收入，只有少数居民家庭依靠家庭经营，而几乎没有财产性收入；同时由于保障机制不完善，转移性收入的占比也很少。改革开放40年来，钦州市对职工工资进行了多次改革调整，1979年职工年均工资592元，1985年增至1013元，1990年增至1970元。同时，提高最低工资标准，出台了一系列支持各类经济主体发展的优惠政策，拓展居民投资渠道，不断完善社会保障制度，形成职工养老、失业、医疗、工伤等保险体系的基本框架。特别是十八大以来，钦州市引进了一批知名零售巨头，建成一批大型商贸市场，发展了一批电子商务，拉开了城市框架，带动商业发展，同时机关事业单位工资调整、乡镇公务员迎来涨薪潮，城镇居民的收入结构也发生了历史性变化。据住户调查资料显示，1985年钦州市城镇居民收入中，工资性收入占总收入的80.78%，但到2017年城镇居民人均可支配收入中，工资性收入、经营性收入、财产性收入、转移性收入分别为16298元、6334元、2238元、6546元，占比总收入的比重为51.9%、20.2%、7.1%、20.8%，收入结构实现了根本性变化。

二、城镇居民生活质量实现质的飞跃

改革开放40年来，钦州市经济迅速发展，从计划经济迅速进入市场经济，建成亿吨大港和多个国家级开放平台，经济快速攀升，城乡面貌实现新变化，民生改善力度持续增强，群众福祉实现新提高，城乡居民收入不断提高，人民生活质量实现质的飞跃。

（一）城镇居民恩格尔系数不断下降

根据联合国粮农组织的标准划分：恩格尔系数在60%以上为贫困，在50%~59%为温饱，在40%~49%为小康，在30%~39%

为富裕，30%以下为最富裕。1985年，钦州市城镇居民恩格尔系数57.8%，1997年首次下降到50%以下，2000年继续下降到40%以下。2017年，钦州市城镇居民购买食品消费支出6493元，在支出比1985年增长19.1倍的同时，恩格尔系数从1985年的57.8%降到了35.3%。

（二）每百户耐用消费品发生了巨大变化

80年代末期，钦州市城镇居民家庭主要拥有自行车、手表、缝纫机、收音机等老式“三转一响”，1990年每百户家庭拥有耐用消费品为：摩托车4辆，电冰箱26台，黑白电视机58台，彩色电视机42台，录放像机2台；九十年代，新一代耐用消费品电视机、冰箱、洗衣机、影音光碟（VCD）等迅速普及，2000年城市居民家庭主要耐用消费品年末每百户拥有量：摩托车32辆、电冰箱80台，彩色电视机100台，移动电话10台。进入21世纪，享受型高档消费品小汽车逐渐进入家庭，2005年每百户家庭拥有耐用消费品为：摩托车86.7辆，彩色电视机129台，移动电话131.64台，空调机48.27台，家用电脑42.14台，小汽车3.14辆。到2008年平均每百户家庭拥有耐用消费品为空调机62.64台，移动电话169.16台，家用电脑55.77台，家用汽车6.4辆。2017年，城乡居民家庭耐用消费品的拥有量和种类发生了巨大的变化，平均每百户家庭拥有耐用消费品为空调机108.2台，移动电话297.1台，彩色电视机137.3台，家用电脑88.9台，家用汽车43.2辆，摩托车137.6台，电冰箱101.9台。

（三）居住条件明显改善

改革开放前，钦州市城镇居民一般住宅为青砖瓦房2层结构；改革开放初期，部分农民进城建宅办厂经商，新建住宅均为钢筋混凝土楼房，低者2层，高者5层；80年代末，国家机关和国营企事业单位大量兴建钢筋水泥楼房，每套房42~62平方米，主要分2房1厅和3房1厅；90年代期间，公有住房进行了住房制度改革，并鼓励私人建房、买房，居住环境和住房条件都有改善；进入21世纪以后，以房地产为主的新建住宅物业小区兴起，园林式小区成为居民的首选，城镇居民居住条件真正从根本上发生了量到质的变化。1985年城镇居民人均住房面积7.38平方米，1990年增至11.71平方米，2000年增至23.6平方米，2005年增至33平方米，2010年增至44平方米。2017年，人均住宅建筑面积49平方米，比1985年增长了5.6倍（如表1）。

表1　1985—2017年钦州市城镇居民人均住房面积情况表（单位：平方米/人）

时间	1985年	1990年	1995年	2000年	2005年	2010年	2017年
住房面积	7.38	11.71	13.82	23.6	33	44	49

三、城镇居民消费水平全面提升

（一）城镇居民消费水平不断提高

改革开放40年以来，钦州市城镇居民收入不断攀升的同时，消费水平同步提升，消费领域不断扩大。据住户调查资料显示，1985—2017年期间，钦州市城镇居民人均可支配收入年均增长15%，人均消费支出平均增长11.9%。城镇居民人均消费水平逐年提高，1985年人均消费支出559.8元，1988年增至千元，1995年升到4000元，2000年跨过5000元，2010年越过1万元大关，2017年人均消费支出达到18392元。城镇居民平均消费倾向在波动中呈下行趋势，消费在收入中的比重越来越低，2017年平均消费倾向0.59，比1985年下降了0.31（如图5）。

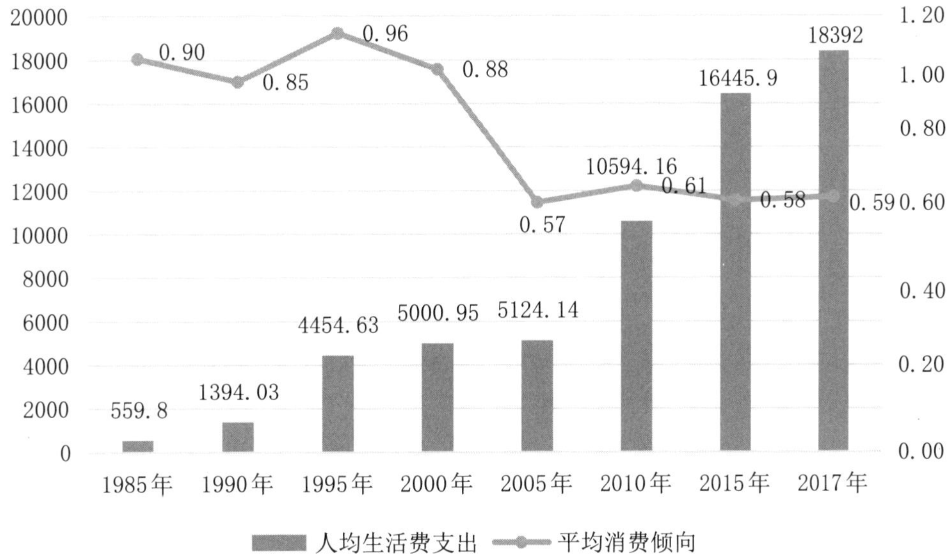

图5 钦州市城镇居民人均消费支出和平均消费倾向

（二）城镇居民消费阶段性特征

1.以解决温饱为主的消费支出结构。1985—1990年，钦州市城镇居民消费支出年均增长20.02%，1990年城镇居民人均消费支出1394.03元，是1985年的1.5倍。居民消费结构以吃的支出占大头，吃的支出占生活费支出56%~60%左右，穿的占6%~9%，日用品占7%~10%，住房、医疗费用和文化生活消费、交通比重较低。1990年，钦州市城镇居民人均生活费支出为1394.03元，其中，食品支出为793元，占生活费支出56.9%，衣着支出为108元，占生活费支出的7.75%，用品支出为125.66元，占生活费支出的9.01%，交通通讯支出12.38元，占生活费支出0.89%，居住支出7.26元，占生活费支出0.52%。

2.摆脱温饱初步进入全面小康的消费支出结构。1991—2000年，钦州市城镇居民消费支出仍以食品支出为主，但居民对食品要求从数量转变质量，在此期间，国家基础设施建设加快，住房制度进行了改革，公有住房全部卖给了私人，改变了“七五”期间居住消费基本上由国家福利负担的现状，消费结构发生了很大变化。1991—2000年，钦州市城镇居民消费年均增长13.6%，2000年城镇居民消费支出5000.95元比1990年的1394.03元增长3.59倍；其中食品消费支出1837.98元，衣着消费支出316.48元，日用品消费支出395.33元，娱乐教育文化消费支出839.27，药品及医疗用品消费支出214.9元，居住支出856.35元，分别占消费支出的36.75%、6.32%、7.90%、16.78%、4.3%和17.12%。

3.全面进入小康社会的消费支出结构。2001—2012年，钦州市交通基础设施和路网不断完善，居民出行便利化，网络电子工具融入日常生活，在线教育、辅导教育市场活跃，促进居民消费结构从根本上发生了变化。2001—2012年，钦州市城镇居民人均消费支出年均增长9.5%；2012年城镇居民人均消费支出13094.8元，比2000年的5001元增长1.6倍。其中：食品消费支出5946.4元，衣着消费支出1131.1元，家庭设备用品及服务消费支出占1167.17元，教育文化娱乐消费支出1369.12元，医疗保健消费支出574.98元，居住消费支出521.35元，交通和通讯消费支出1240.86元，分别占消费支出的45.4%、8.6%、8.9%、10.5%、4.4%、4.0%和9.5%。

4.十八大以来的消费支出结构。十八大以来，随着经济的不断发展，政府部门对公车进行了改革，轿车在居民家庭中普及，体育、健康、旅游等服务消费势头强劲，电子信息产品供需兴旺，居民对居住环境需求升级，居住成本日益增加，推动了休闲、交通、文化、居住消费的增长，消费结构全面升级。2017年钦州市城镇居民人均消费支出18392元，比2012年的13094.8元增长40.5%。其中：食品消费支出6493元，衣着消费支出753元，生活用品及服务消费支出占930元，教育文化娱乐消费支出1745元，医疗保健消费支出1043元，居住消费支出4599元，交通通讯消费支出2512元，分别占消费支出的35.3%、4.1%、5.1%、9.5%、5.7%、25%和13.7%。

改革开放40年来，钦州市城镇居民收入和消费支出呈现持续增加的良性发展趋势，生活水平显著提高，人民群众切切实实享受到了改革发展的成果。

防城港市建市25年来农村居民收入结构不断优化生活消费质量全面提升

左 良

建市二十五年来，防城港市各级党委、政府认真贯彻国家和自治区的各项惠农强农政策，出台了一系列调结构、稳增长、促升级的政策措施，扎实推进精准扶贫工作，加大惠民和民生工程的财政投入，产业结构不断优化，一、二、三产协调发展，有力推动了农村居民收入不断增长，消费质量全面提升，幸福感进一步增强。

一、收入水平提高，结构不断优化

建市25年来，防城港市农村居民收入呈持续快速增长态势。2017年农村居民人均可支配收入13373元，是1993年的14.5倍，比1993年的925元增加12448元，年均增长11.8%。（从2016年开始，防城港市城乡居民收入数据为新口径下城乡居民收入数据。为实现数据的可比性，根据自治区的统一安排，以新口径数据为基础进行了建市以来的数据回溯。本文中所列的历年收入数据均为新口径下回溯的可比数据。）

（一）农村居民收入来源呈多元化发展

1993年建市之初，防城港市农村居民的收入来源主要依靠家庭经营收入。随着县域经济和农村经济蓬勃向上不断发展，农村家庭收入结构在不断改善调整，大多数农村家庭从单一的经济来源模式逐渐向多元化发展，由依靠农业经营为主转变为家庭经营收入与工资性收入共同拉动农民增收、转移性收入占比不断提升的格局。至2002年防城港市农村居民家庭经营净收入占总收入的85.0%，工资性收入占比11.2%，转移收入占比2.9%，财产性收入占比仅0.9%。（现有资料中记录的四大项收入和八大项支出数据从2002年开始，故下文中的数据对比区间仅为2002年至2017年。本文中所列的历年四大项收入数据与八大项消费数据均为新口径下回溯的可比数据。）

2002—2012年防城港市建市第二个十年期间，农村居民收入进入持续较快速发展阶段，减免农业税、实行粮食直接补贴等一系列惠农政策促农增收效果逐步显现，农村劳动力外出务工增加，农村居民向着全面小康奋力前进。

十八大以来，防城港市各级党委政府根据中央及自治区统一部署，认真贯彻落实中央1号文件、农村工作会议精神，以“六大工程”为载体，大力发展现代农业，改善农村生产生活条件，落实强农惠农富农政策，有效促进了农村居民收入进入高速增长阶段，2012—2017年农村居民收入年均增速超过了两位数。到2017年，经营净收入占农民人均可支配收入的比重下降为43.9%，比2002年降低了41.1个百分点；工资性收入占可支配收入的比重为33.8%，比2002年提高了22.6个百分点；转移净收入占比提升至20.1%，财产性收入占比2.2%，农村居民收入来源日趋多元化。

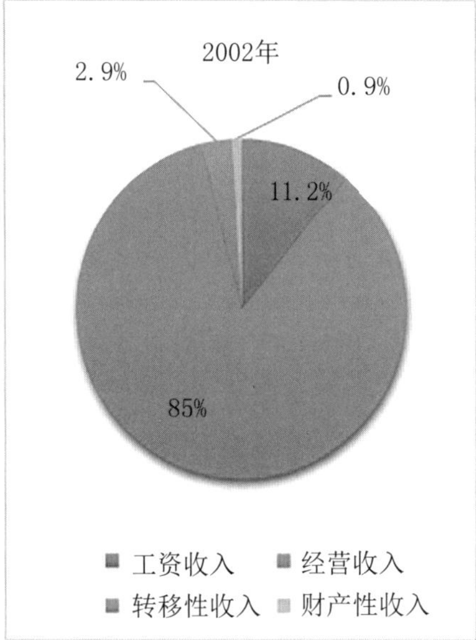

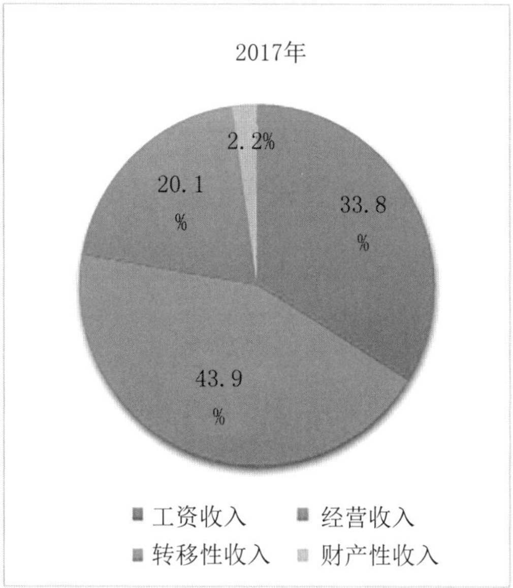

2002年与2017年防城港农村居民收入结构对比

（二）农村居民收入强劲增长

建市以来，经营净收入仍占农村居民收入主体地位，但比重在逐步下降，工资性收入和转移净收入比重不断提高，共同拉动农村居民增收。

1. 工资性收入保持两位数增长。防城港市大力推进农业农村改革，加快现代农业建设，发展多种形式的适度规模经营，农村土地流转不断加快，大量农业劳动力转移到本地或外出非农就业。近年来大型企业陆续进驻防城港，加上职业职能培训以及相关的政策帮扶如“春风行动”等，给农村居民提供了大量的就业机会，工资性收入得以保持两位数的高速增长，成为拉动农村居民增收的最主要力量。2017年防城港市农村居民工资性收入4518元，比2002年增加了4263元，是2002年的17.7倍，年均增长21.1%。

2. 经营净收入虽比重下降，但依旧占主体地位，并不断注入新的增长因素。经营净收入虽然占比在逐年下降，但仍是农村居民收入持续增长的主要来源，并在不断注入新的增长因素。2017年，防城港市农村居民人均经营净收入5877元，比2002年增加了3937元，年均增长7.7%。

2017年防城港农村居民人均出售糖

料6095千克，比2002年增加4369千克；出售金额2878元，比2002年增加2557元。人均出售水产品2418.5元，是2002年的3.5倍。

农村居民经营净收入逐步从单一的“靠山吃山靠海吃海”的模式转变为多形式全方位发展格局。农村电商覆盖率不断提高，为特色农产品的销售扩宽了渠道，促进了农产品质量和价格的稳步提升。渔港经济区等现代设施渔业加快发展，海洋牧场、渔光互补工厂化养殖、连片开发对虾养殖基地、万亩蚝排基地和畜禽养殖标准化示范场等初步形成，优势产业养殖继续保持稳定发展态势，龙头企业带动居民增收效果明显。

3.转移净收入成为农民增收的新动力。一是各级党政部门大力推进精准扶贫工作，各项扶贫政策措施落地生效，农民脱贫致富步伐加快，为农村居民增收注入新动力；二是强农惠农政策、边民补贴和低保补助等民生保障政策覆盖率及标准不断提升，离退休人员离退休金逐年上涨，促进转移净收入稳步增长；三是外出务工人员由于工资增长等原因，寄带回的赡养收入增加也大大促进了转移净收入增长。2017年，防城港市农村居民人均转移净收入2690元，比2002年增加2624元，是2002年的40.8倍，年均增长28.0%。

（三）渔业和三产收入增长形势成为防城港农村经济晴雨表

防城港地理位置优越，背靠大西南，面向东南亚，南临北部湾，沿边沿海的优势让渔业和乡村旅游业、边贸等三产成为防城港农村经济的重要部分，也在很大程度上影响着整个农村居民经济走势。2017年防城港农村居民渔业收入1175元，比2002年增加595元，年均增长4.8%；第三产业收入1105元，比2002年增长928元，年均增长13.0%。部分以浅海捕捞为生的渔民，在近年渔业减收且休渔期提前、延长的困境下，积极响应政府发展渔家乐的号召，发展第三产业经营，加上电商平台的强力加盟和大力推广宣传，拓宽了销售渠道，扩大了知名度。以港口区勒山古渔村为例，节假日和周末基本都是满客状态，带动了餐饮以及其他行业行情的火爆发展，不仅扩宽了收入渠道，还较好地应对了休渔期的收入空白问题。

防城港渔业发展正处于由传统的捕捞渔业向养殖渔业转型的过程中，近几年来养殖渔业发展提速，增速远高于建市前20年的平均增速，但养殖渔业存在着收益周期，也与气候、疫病等因素息息相关，受2014年威马逊台风的破坏性影响，之后两年防城港市农村居民的渔业收入增速均低于两位数；2017年受养殖疫病和环境恶化的影响，渔业收入的增速也回落到两位数以下，低于近5年的平均增速。

从历史数据来看，三产收入在建市前20年左右基本属于平稳发展，但近几年呈爆发式增长局面，近两年的增速均达到了15%以上，与防城港市第三产业异军突起的发展趋势相契合。2014年威马逊台风横扫防城港，台风过后一片狼藉，许多产业均遭受毁灭性打击，当年农村居民的第三产业收入增速仅为2.7%，处于有此统计来的历史最低点，这也从侧面印证了支柱行业对于中小城市农村经济的巨大影响。

二、生活消费质量全面提升，居民幸福感进一步增强

在收入高速增长的同时，农村居民的生活水平不断提高，消费意识逐步向中高端发展，质量全面提升，结构也更加合理。2017年防城港市农村居民人均消费性支出10873元，首次突破万元大关，是2002年的5.3倍，比2002年增加了8838元，年均增长11.8%。

（一）消费结构更加科学，结构和形式不断升级

食品支出仍是农村居民生活消费支出的最主要构成，但农村居民恩格尔系数从2002年的52.3%下降到2017年的33.7%，呈不断下降趋势。除了食品消费外，居住、交通通讯和生活用品及服务等消费支出均保持着两位数的增长速度，农村居民生活质量不断提高。

受物价等因素影响，农村居民生活消费支出年均增速快于人均可支配收入年均增速，收入和支出之比不断缩小。最明显的变化是农村居民由建市初期基本都是圩日赶集购物消费转变成按需消费，农村电商的助力更加让农村居民的消费结构和形式不断升级。

（二）生活消费品质成为农村消费增长的亮点

村村通公路和扶贫道路全硬化等道路基础设施建设不断加强，农村居民购车意愿明显增强。同时随着互联网时代的到来，城镇与农村的差距正在逐步缩小，农村淘宝等让农村地区居民可以与城镇享受同等的消费体验，特别是智能手机普及使居民生活得到极大的便捷与改善。从2002年到2017年，农村居民交通通信消费支出是八大项支出中年均增速最快的，年均增速18.2%。

农村居民教育文化娱乐和医疗保健等消费比重上升，2017年教育文化娱乐消费1743元，比2002年增加1525元，年均增速达14.7%，且消费占比不断提高，成为除食品烟酒和居住消费外占比最高的消费支出种类；医疗保健支出是八大项支出中除交通通信外增长最快的，2017年农村居民医疗保健支出981元，比2002年增加882元，年均增速16.5%。农村居民更加注重消费品质和养生健康，也侧面印证国家医疗改革和药品定价权放开等政策落实到位。

（三）住房消费占比扩大，居住环境充分改善

随着城镇化率不断提升，防城港市农村自留地较多且地皮相对于城镇较便宜，农村居民改善住房的愿望日趋强烈，加上惠民政策的相继出台，农村居民住房消费得到了较快增长。2017年农村居民人均居住支出2144元，是2002年的6.3倍，年均增长13.0%。人均住房面积由2002年的22.6平方米增加到2017年的44.0平方米，住房质量不断提高。

（四）耐用消费品更新换代速度加快

建市之初，“老三样”开始逐步换代，90年代末以来农村居民耐用消费品更新换代速度不断加快，到2017年，每百户农村居民家庭家用彩色电视机、摩托车等

产品数量均超过了100台，每百户家用汽车拥有量为21.3辆，每百户接入互联网的移动电话拥有量为206.6部。中高档乐器、健身器材、数码相机、电脑和空气净化器等中高端享受型耐用消费品也逐渐走进居民生活，拥有量呈逐年上升趋势，加上农村电商的助攻，很多城中村和乡镇的网络消费条件已经和城镇相差无几。

三、促进农村居民增收，提升生活消费质量的几点建议

（一）转变思路，重点关注支柱产业转型升级

从防城港整个大农业的格局来看，渔业占了大农口近一半产值，位置举足轻重。渔业的发展分捕捞和养殖两部分，远洋捕捞和浅海捕捞在建市前15年左右的时间里是渔业收入的主要来源，但近几年来随着休渔期更加规范严格明确以及老旧渔船的逐步硬性淘汰，加上受填海等环境变化影响，海潮循环不畅，浅滩易沉积泥，沙质海滩变成泥质海滩等因素，捕捞渔业对收入的带动是逐年减少的，转而发展养殖渔业是更为科学的出路，应逐步引导和带动相关从业者转变思路，把生产侧重点逐步转移，并在转移过程中加强技术指导，积极应对疫病和自然灾害等，确保产业转移的平稳健康过渡。

（二）加快农业产业结构调整，打造特色产业

防城港市农村经济主要是传统农业，规模小，农产品深加工程度低，农产品附加值低，缺乏市场竞争力，人才、资金、技术跟不上。要立足本地资源优势，推广农村科技成果的应用，积极引进适合本地的先进技术，以市场需求为导向，引导农民合理调整农业产业结构，因地制宜发展特色农产品种植，发展现代农业，实现农业产业化经营，促进农民增收。

（三）加强就业培训和引导，扩大农民就业渠道

健全城乡就业服务体制，探索“互联网+创业孵化基地”模式，加强农民工创业园和众创空间等项目建设，落实农民工创业担保贷款政策，改善创业环境，以创业带动就业。实施乡村振兴战略，抓好农村改革各项工作，重点抓好农村集体产权制度改革，盘活农村资源资产要素，不断拓宽农村劳动力就业渠道。通过项目扶持，引导合作社和家庭农场规范化发展，带动农户发展特色产业，进一步提高农村居民收入。防城港市农村劳动力外出务工人员较多，应积极开展针对性培训，提高农民工技能，拓宽就业门路，满足农民工与本地企业的双向需求，吸引农民工在本地就业，在周末或农忙时节可以兼顾农业生产。

（四）优化整合农村产业结构，促进农产品销售

加快产业结构调整，立足本地资源优势，推广农村科技成果的应用，积极引进适合本地的先进技术，以市场需求为导向，引导农民合理调整农业产业结构，因地制宜发展特色农产品种植，加快特色农业的发展建设。随着“互联网+”时代的到来，电商已经成为推动农产品销售的重

要抓手，通过打造本地电商平台或培训农民网络应用技术等方式，培育电商农业，改变农产品传统销售模式，通过网络销售防城港市的名特优农产品、发布供求和最新收购价格信息等，推动“农产品进城”，促进农民增收。

（五）抓好就业和社会保障，进一步增进民生福祉

实施好城乡养老、城乡低保、边民0~3公里补助、残疾人救助、孤儿救助等社保惠民项目。完善基本医疗保险制度，让农村居民享有更加公平的医保权益。做好失地失海农民、就业困难人员、贫困地区贫困劳动力等重点群体就业帮扶。针对防城港市多台风、强降雨等自然灾害的情况，重点做好预防工作，提高抗灾害能力，并加快发展保险及相关配套产业，增强抵御风险的能力。

砥砺前行数十载 改革辉煌港城强

——防城港市建市二十五周年农业发展综述

黄洋子 余林林

2018年，是改革开放40周年和中国特色社会主义进入新时代的重要历史时刻，是广西壮族自治区成立60周年，也是防城港市建市25周年、建港50周年。25载春秋，防城港市各族人民风雨兼程，砥砺前行，不忘初心，全市经济社会呈现稳中向好新局面，农业结构不断优化升级，人民生活稳步提高，正阔步迈向建设现代化边海经济体系新征程。

一、国民经济持续快速健康发展，综合实力不断增强

建市25年来，防城港市的经济总量连续翻番，实现了从量变到质变的飞跃，经济结构日趋合理，综合经济实力不断增强，发展质量不断提升，人民生活水平显著提高。

（一）经济持续快速发展

防城港市自1993年立市以来，地区生产总值从17.50亿元迅速跃升至2017年的741.62亿元，增加了41.4倍，年均增长16.9%。其中：第一产业增加了13.6倍，年均增长11.8%；第二产业增加了96.3倍，年均增长21.0%；第三产业增加了31.8倍，年均增长15.7%。第三产业对经济增长的贡献率从1994年的16.26%提高到2017年的26.50%，提高了10.24%，经济增长质量不断提高。

（二）居民生活明显改善

1996年—2017年，防城港市城镇居民人均可支配收入从4373元提高至32079元，增加了7.3倍，年均增长9.95%。农村居民人均可支配收入从1993年924元迅速提高至2017年13373元，增加了14.5倍，年均增长11.8%。

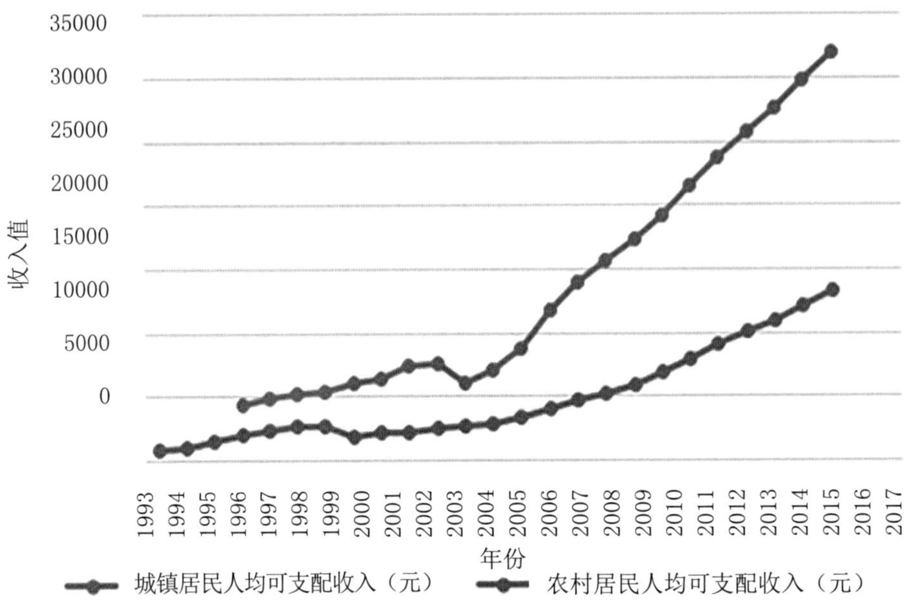

图1　1993—2017年间防城港市城镇居民人均可支配收入、农村居民人均可支配收入走势

随着人均收入的增长，城镇居民和农村居民的生活消费支出也稳步提高。1998年—2017年，防城港市城镇居民生活消费支出从4660元提高至20538元，增加了4.4倍，年均增长8.1%。农村居民生活消费支出从2001年1931元增至2017年10873元，增加了5.6倍，年均增长11.5%。

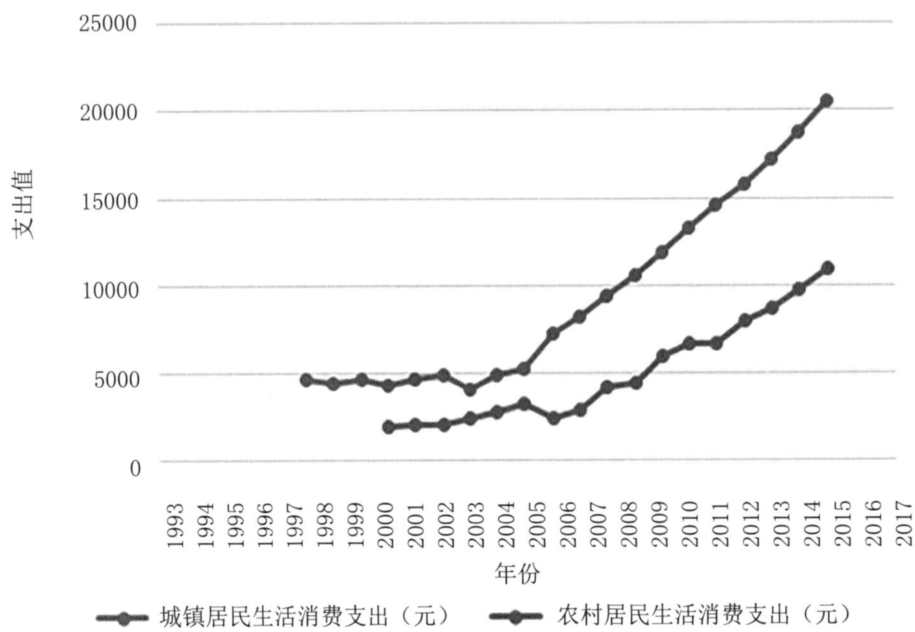

图2　1998—2017年间防城港市城镇居民生活消费支出、农村居民生活消费支出走势

注：从2016年开始，防城港市城乡居民收支数据为新口径下城乡常住居民收支数据，与老口径数据不可比。为实现数据的可比性，根据自治区的统一安排，以2016年新口径数据为基础进行了数据回溯。本文中所列的历年收支数据均为新口径下回溯的可比数据。

（三）扶贫工作成效喜人

据防城港市扶贫开发办公室统计数据显示，2014—2017年末，防城港市贫困人口逐年降低，分别为：46101人、34288人、25978人、14751（如表1所示）；减贫速度（年度贫困人口减少人数/上年末贫困人数）由2014年的22.0%，增加到2017年的43.2%，表明扶贫工作力度不断加大，取得了决定性进展，尤其是在2017年，减贫速度，比2016年提高19.0个百分点。

表1 2014—2017年防城港市脱贫人数占贫困人数比例表

内容＼年份	2014	2015	2016	2017
年末贫困人数（人）	46101	34288	25978	14751
贫困人口比上年减少人数（人）	13000	11813	8310	11227
减贫速度	22.0%	25.6%	24.2%	43.2%

二、农业生产全面快速发展，现代化水平不断提升

建市25周年以来，防城港市扎实推进农业现代化，落实各项支农惠农政策，以农业增效、农民增收为目标，农业综合生产能力稳步提高，现代农业示范区和名牌产品数量进一步增加，“10+3”特色产业行动计划、“双高”糖料蔗基地建设、产业扶贫和产业富民工程等取得新进展。防城港市农林牧渔业总产值由1993年的9.36亿元增至2017年的149.33亿元，年均增长12.2%，25年间增长了15.0倍。其中，农业产值42.28亿元，年均增长9.7%，增长8.3倍；林业产值16.27亿元，年均增长10.2%，增长9.3倍；畜牧业产值12.51亿元，年均增长8.9%，增长6.8倍；渔业产值75.88亿元，年均增长17.3%，增长45.3倍。其中，农林牧渔服务业产值从无到有，自2003年起首次实现零突破，产值为0.29亿元，至2017年达2.38亿元，年均增长16.2%，增长了7.2倍。

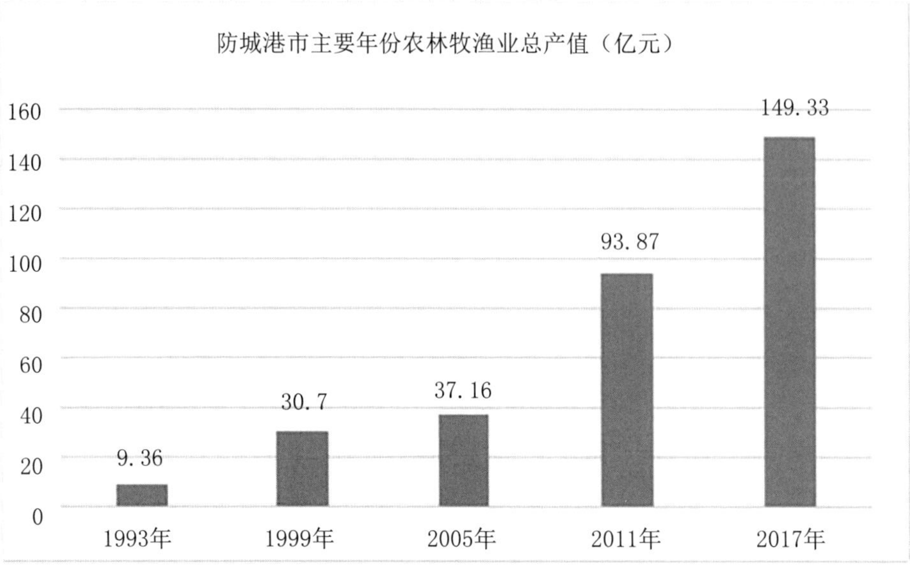

图3　防城港市主要年份农林牧渔业总产值

（一）行业结构调整优化

1993年农、林、牧、渔及服务业五大农业行业比重为48.5∶16.9∶17.2∶17.5∶0，经过建市25年的发展，到2017年调整为28.3∶10.9∶8.4∶50.8∶1.6，渔业比重大幅增加，农林牧渔服务业逐渐兴起，农业现代化得到长足发展。从总产值构成看，渔业所占比重超过半数，较1993年上升33.3个百分点；渔业产值每增1个百分点，可拉动总产值增长0.51个百分点，是农业经济的主要支撑。从产值增速看，渔业、农林牧渔服务业增长较快，年均增速16%以上，是推动农业经济增长的重要因素。

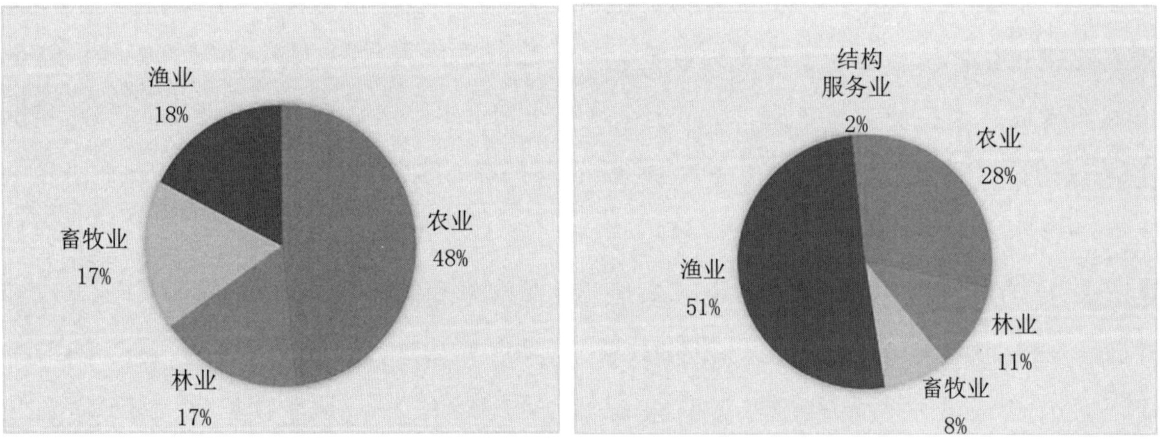

图4　1993、2017年防城港市农林牧渔业总产值结构图

（二）农产品产量持续增长

2017年，全市粮食总产量19.70万吨，在新型工业化、城镇化步伐不断加快、农业生产布局优化调整背景下，总量比1993年减少2.72万吨。甘蔗、水果、蔬菜等经济作物和渔业产品产量大幅增长，年均增速约3%~11%。2017年与1993年相比，甘蔗产量311.28万吨，增长了2.3倍，年均增长5.1%；水果产量8.66万吨，增长了1.3倍，年均增长3.5%；蔬菜产量30.69万吨，增长了6.1倍，年均增长8.5%；肉类总产量4.80万吨，增长了1.1倍，年均增长3.2%，其中猪肉产量2.69万吨，增长了39.3%，年均增长1.4%；水产品产量53.26万吨，增长了10.1倍，年均增长10.5%。

（三）生态林业建设积极推进

2017年，全年完成造林面积0.97万公顷，比2008年的0.49万公顷翻了一番，年均增长7.9%；幼林、成林抚育面积17.49万公顷，比2008年的4.85万公顷增长了2.6倍，年均增长15.3%；全社会木材采伐量90.21万立方米，比2008年的40.23万立方米增长了1.2倍，年均增长9.4%；天然松脂产量5.32万吨，比2008年的3.35万吨增长了58.8%，年均增长5.3%；八角产量0.79万吨，比2008年的0.5万吨增长了58.0%，年均增长5.2%；桂皮产量1.50万吨，比2008年的0.68万吨增长了1.2倍，年均增长9.2%。

（四）畜禽生产能力稳步增长

从产值来看，畜牧业各产值实现快速增长。1999年、2009年、2017年全市畜牧业总产值分别为4.06亿元、8.05亿元、14.03亿元。其中，2017年生猪产值2.67亿元，比1999年增加了1.2倍，年均增长4.4%；家禽产值3.41亿元，比1999年增加了3.3倍，年均增长8.5%。从出栏量来看，生猪、家禽出栏量呈逐年稳步上升态势。2017年，出栏生猪35.77万头，比2009年增长15.1%；出栏家禽991.04万只，比2009年增长21.9%。

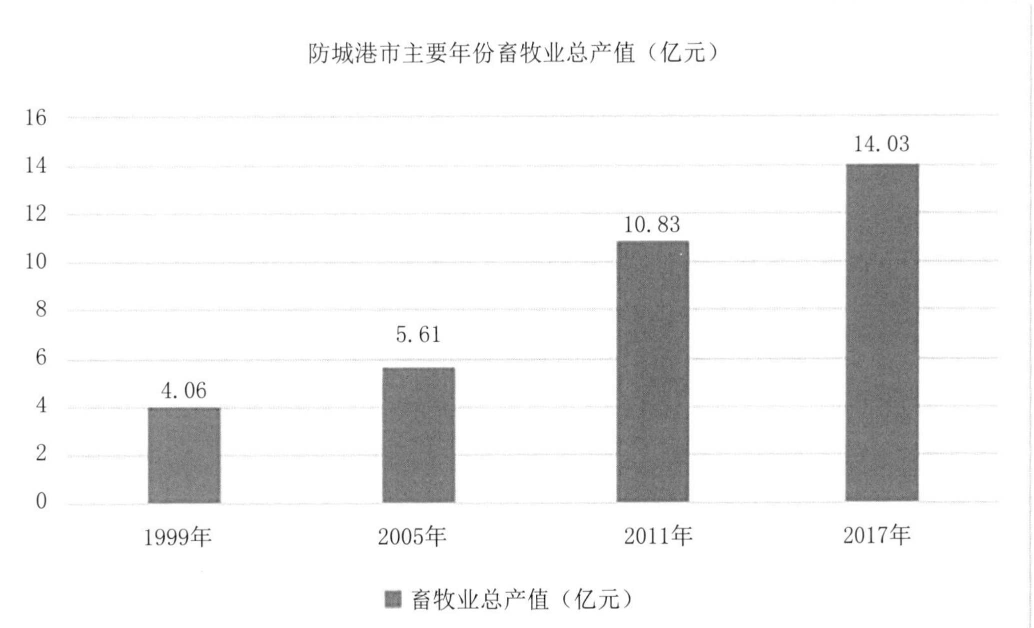

图5 防城港市主要年份畜牧业总产值

（五）渔业生产不断上升

建市、建港以来，防城港市渔业整体实力持续壮大、生产方式加快转变、结构布局不断优化，在水产品供给能力、现代渔业发展、环境资源养护等方面取得了不菲成绩。

1.渔业产品供给力提升。2017年，渔业产值占农林牧渔业总产值比重高达50%以上，是全市农业农村经济发展的支柱产业和农民增收的最重要渠道。全市水产品产量53.26万吨，比1993年增长了10.1倍，年均增长10.5%。其中，海水产品产量47.81万吨，比1999年增长36.6%；淡水产品产量5.44万吨，比1999年增长78.9%。

2.水产品工业化加快发展。全市水产品加工企业从无到有，从小到大，2017年全市水产品加工企业上升至15家，其中规模以上加工企业8家，年水产加工能力为12.5万吨，有水产冷库9座、总冷藏能力为30720吨/次，冻结能力为710吨/日。

3.渔业资源管护成效明显。在沿海三市率先编制实施了白龙珍珠湾海洋牧场示范区规划，2013至2017年期间连续5年实施防城港钢铁项目渔业生态保护修复工程，累计增殖放流苗种7亿多尾。防城港市白龙珍珠湾海域海洋牧场成为广西目前首个一期完工、二期项目在建的“国字号”海洋牧场示范区。

三、发展建议及展望

（一）积极培育新动能，发展壮大实体经济

以实施“产业提升年”为抓手，把经济增量提质升级作为突破口，以高质量发展提升各产业质量水平，把发展实体经济作为着力点，推动优势新动能产业迈向中高端，做大做强实体经济，推进建设现代化边海经济体系新征程。

（二）继续推进结构性改革，提高农业发展品质

以农业结构调整、农业绿色发展、农产品质量提升、农村一二三产业融合等方面为重点，进一步加大农业供给侧结构性改革力度。引导农业农村发展由注重满足“量”的需求向注重满足“质”的发展转变。着力打造当地特色农产品“广西名牌”，培育新的产业增长点。着力推动特色养殖业升级转型，提质改造生态环保养殖园区。着重打造以特色休闲和体验农业为重点的农业品牌，以产业发展带动农业振兴，以品牌建设促进农业效益提升。

（三）突出打好脱贫攻坚战，着力补齐民生短板

以继续推动脱贫、教育、卫生健康攻坚和为民办实事为抓手，坚持以人民为中心，在发展中补齐民生短板，更好满足人民美好生活的需要。进一步整合扶贫力量，完善扶贫机制，强化脱贫监督问责，突出产业支撑、易地搬迁、贫困村集体经济发展、兜底保障、基础设施建设、干部帮扶等重点工作，围绕脱贫标准精准施策，着力提升教育、医疗、住房保障水平。向十万大山山区等深度贫困地区聚焦发力，把扶贫和扶志、扶智结合起来，激发贫困人口内生脱贫动力。

改革开放40年百色市农业农村快速发展

练学翔

改革开放40年以来，百色市认真落实惠农政策，大力推进农业农村发展，农村经济发展实现了历史性跨越，农业农村面貌发生了翻天覆地的变化。从三次农业普查调查数据来看，百色农业生产持续发展，极大解放和发展了农村社会生产力，农村经济全面繁荣，农村社会和谐稳定，广大农民物质文化生活条件明显改善。

一、百色市农业农村跨越式发展

（一）农业发展成效显著

改革开放40年来，百色市农业产业发展迅速，在稳定粮食生产的基础上，基本形成了“三区两带”的特色产业格局。“三区”即右江河谷以果（芒果）、蔬、蔗、粮为主的无公害农业产区；南部山区以烟、桑、果（柑橙）、药材为主的绿色农业产区；北部山区以茶、桑、果（特色水果）为主的有机农业产区。“两带”即两翼山区水果带与沿江沿河沿路秋冬菜产业带。百色市农业综合生产能力大幅度提高，农业经济实力不断增强。1978年百色第一产业总产值3.92亿元，2016年达182.25亿元，增长45.5倍。

1.农业生产经营结构变化明显。改革开放40年以来，百色市农业的经营主体发生了巨大的变化，合作社、企业等大量涌现，增长迅速，这一变化提高了农业的整体生产效率。2016年末，百色市共有0.8万个农业经营单位，比1996年增长7倍；农业经营户76.65万户，比1996年增长27.5%；农业生产经营人员105.14万人，比1996年减少38.2%。农业企业主体的不断增加，为百色农业现代化、规模化奠定了基础，提高了生产效率。

表1 百色市主要年份农业农村经营单位、从业人员情况表

年份	农业经营单位（万个）	农业经营户（万户）	农业生产从业人员（万人）
1996年	0.10	60.09	170.62
2006年	0.09	68.48	163.6
2016年	0.80	76.65	105.14

2.农业机械保有量大幅提升。改革开放40年以来，百色市农业现代化步伐不断加快，农业机械保有量大幅提升。从拖拉机、联合收获机、机动脱粒机等机械数据看，百色农业现代化的进步明显。2016年末，全市共有拖拉机4.18万台，比1996年增长1.2倍；1996年末百色农业还没有联合收割机，到2016年末保有量为0.09万台；机动脱粒机保有量2.81万台，比1996年增长3倍。农业基础设施和生产条件的极大改善，有力地促进农业科技的应用和机械化的发展，大幅提升了农业生产力水平。

表2　百色市主要年份农业机械保有量对比表

年份	拖拉机（万台）	联合收获机（万台）	机动脱粒机（万台）
1996年	1.91		0.7
2016年	4.18	0.09	2.81

3.现代农业种植技术得到长足发展。2016年末百色市有喷灌、滴灌设施的耕地面积为10.14万亩，占灌溉面积的8.7%，比1996年增长166倍；大棚面积为1.62万亩，比1996年增长79.6倍。越来越多的采用现代农业现代种植技术，提高了生产效率。

表3　百色市主要年份喷灌、滴灌设施的耕地、温室、大棚情况

年份	喷灌、滴灌设施的耕地（亩）	温室占地面积（亩）	大棚面积（亩）
1996年	607	0.048	201
2016年	101400	2100	16200

（二）农村生活条件明显改善

1.基础设施取得巨大成就。改革开放40年以来，百色市农村生活条件全面改善。道路由过去的乡村道路仅能走马驮、交通十分不便，变成村村通公路、大部分县通高速公路。2016年末百色市有98.7%的村通路，比1996年提高30.6个百分点；高速公路从无到有，2016年末有22.6%的乡镇有高速公路路口；已通电的村达到100%，与1996年相比提高25.5个百分点；有97.8%村通电话，与1996年相比提高87个百分点；100%的村能接收电视节目，与1996年相比提高40.2个百分点；有11.3%的乡镇有码头，比1996年提高6.57个百分点；通路、通电、通电话、能接收电视节目让农村生产、生活越来越便捷，农民能享受更高效、现代的生活。

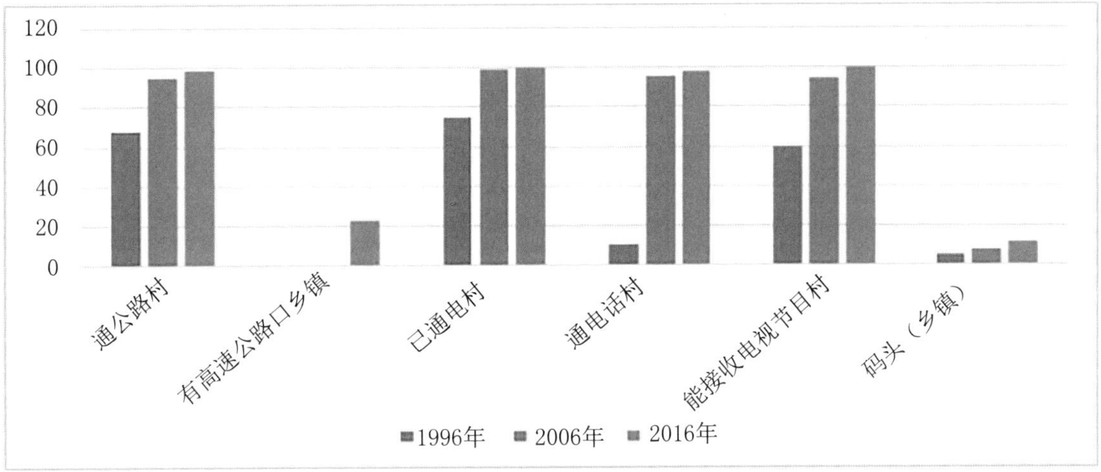

图1 百色市主要年份基础设施增长对比图

2.农村教育、医疗、文化事业蓬勃发展。改革开放40年来，百色市农村的教育、医疗、文化、体育等机构、场所日益完善。2016年末有99.2%的村建有文件站，与1996年相比提高1.57个百分点；公园从无到有，到2016年末有40.6%的乡镇建有公园；村卫生室增长最快，从1996年末的覆盖率31.0%到2016年的90.5%，提高59.5个百分点；2016年末有42.2%的村有幼儿园，与1996年相比提高40.5个百分点；2016年末村体育健身场所覆盖率为46.5%，与1996年相比提高41.6个百分点。

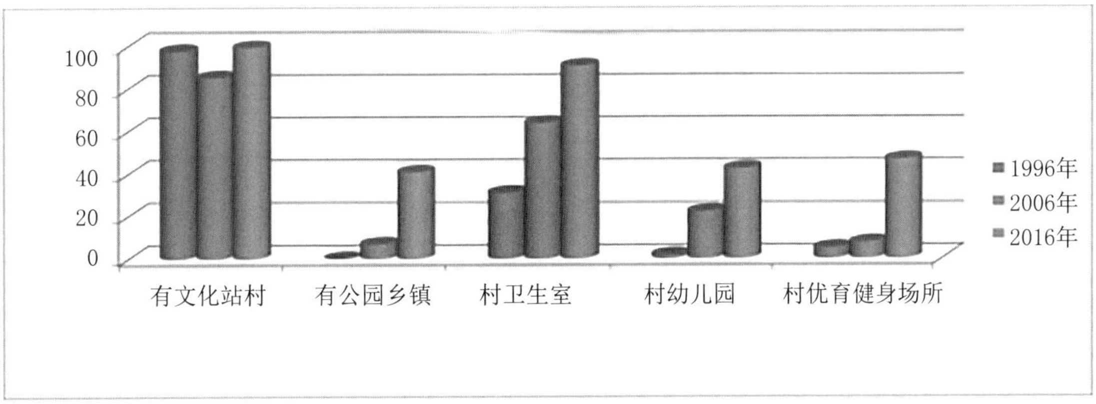

图2 百色市主要年份公共服务设施增长情况

3.卫生环境大幅改善。改革开放40年来，特别是近10年以来，百色农村卫生条件得到明显改善。2016年末有88.7%的乡镇集中供水，比2006年提高5.9个百分点；2016年末有22.5%的农民饮用水经过处理，与2006年相比提高16.8个百分点；2016年末有93.2%的乡镇有生活垃圾处理站，与2006年相比提高46.6个百分点。

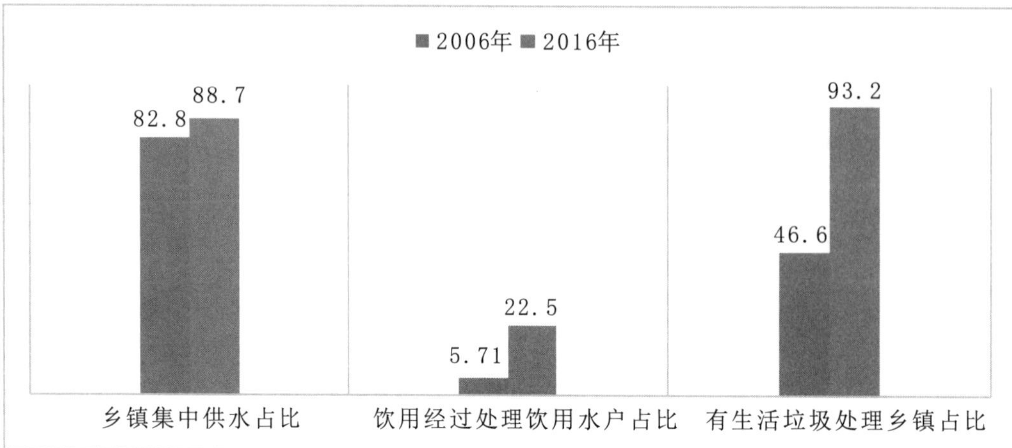

图3　百色市主要年份卫生环境变化情况图

4.农村市场体系日益壮大。2016年末有43.6%的乡镇有专门的粮油、蔬菜、水果市场，比1996年提高43个百分点；24.3%的村有50平米以上的商店或超市，比2006年提高13.3个百分点。

（三）农民生活水平明显提高

改革开放40年以来，百色市农民人均可支配收入由1978年的72元上升为2017年的10171元。2012年到2017年百色市累计减贫108.61万人；贫困发生率从45.0%下降到11.3%，下降了33.7个百分点。

1.农村农户住房拥有量稳步提高。2016年末，百色市有99.4%的农户拥有自己的住房，其中拥有2处以上住房的占7.0%，比2006年提高3个百分点。农户住房质量得到提高，2016年末农户住房为砖混结构的占比达75.9%，比2006年提高32.1个百分点；钢筋混凝土结构占比为17.6%，比2006年提高12.1个百分点。

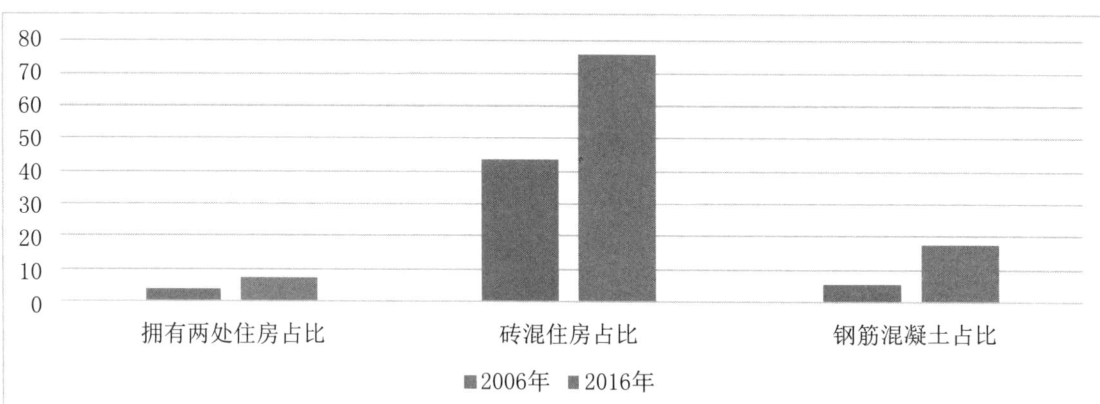

图4　百色农村住房变化情况对比图

2.农民每百户拥有耐用消费品大幅增加。改革开放40年来，百色市农民收入明显增长，极大改善了农民的物质生活条件。汽车、摩托车、彩电、手机等耐用消费品，在百色市农村都已经很普遍。2016年末农村每百户拥有小汽车13.7辆，比2006年增长8.8倍；每百户拥有摩托车90.9辆，比2006年增长2.3倍；每百户拥有彩色电视机94.8台，比2006年增加28.6台；每百户拥有电脑10.3台，比1996年增长24.8倍。每百户拥有手机233部，比2006年增长5倍。

表4 百色主要年份农村每百户拥有耐用消费品增长情况

年份	小汽车（辆）	摩托车（辆）	彩色电视机（台）	电脑（台）	手机（部）
2006年	1.4	27.2	66.2	0.4	39
2016年	13.7	90.9	94.8	10.3	233

二、百色市农业农村发展面临的问题

（一）自然条件恶劣，脱贫攻坚任务依然艰巨

改革开放40年以来，百色市农业农村快速发展，脱贫攻坚取得巨大的成就，但百色市是"老少边山穷"地区，自然条件恶劣，农业农村的发展还是比较落后，农民生活条件还是比较艰苦，脱贫攻坚任重道远。2017年底百色农民人均可支配收入为10171元，比全国农民平均人均可支配收入低3261元，比广西农民人均可支配收入低1154元。百色是广西乃至全国脱贫攻坚的主战场之一，2016年底，全市有贫困人口51.4万人、贫困村678个，全市12个县（市、区）都有扶贫开发任务，其中9个是国家扶贫开发工作重点县，2个是自治区扶贫开发工作重点县，1个是石漠化片区天窗县。要实现"十三五"期间脱贫攻坚的目标，到2020年稳定实现农村贫困人口不愁吃、不愁穿，农村贫困人口义务教育、基本医疗、住房安全有保障等目标，任务依然艰巨。

（二）农业基础设施薄弱，农业生产投入不足

百色市是革命老区、少数民族地区、边境地区、大石山区、贫困地区、水库移民区"六位一体"的特殊区域，在全国具有特殊性、典型性。改革开放40年来，虽然农业基础设施建设取得巨大的成就，但总体上看依然薄弱，特别是南北部石山区基础设施并不理想，存在一些亟需解决的问题。如农田的水利基础设施不完善，配套不齐全，利用率较低。2016年底百色市耕地面积为447.7千公顷，水利灌溉耕地面积为77.90千公顷，占17.4%，占比还是较低。农业机械化程度不高，相对其他周边市较低。2016年底全市耕地面积为南宁市的65%，但农业机械拖拉机拥有量只有4.18万台，为南宁市的22.4%。

（三）农业经济结构不尽合理，农业抗风险的机制不健全

改革开放40年来，百色农业经济结构调整初见成效，已初步形成水果、蔬菜、烟叶、桑蚕养殖等几大类农产品，主要农产品产量平稳增加，农产品有效供给

得到进一步保障，农产品基地建设逐渐形成区域连片发展，但农业抗风险机制还有待完善，抵抗自然和市场双重风险的能力较差，农业生产的盲目性、短期性还没有得到根本转变。同时农民的传统农业的生产观念和生产模式根深蒂固，习惯于粗放的生产方式，农业规模化、产业化、标准化较低，产业结构升级速度缓慢，农业结构中传统粮食作物产值比重仍较高，经济作物产值比例上升较慢。据2016年统计数据显示，百色农业产业粮食产值占农林牧渔产值比重为10.0%，占种植业产值比重为18.2%。百色农业结构趋向合理方向调整，但是调整速度较慢。

三、促进百色农业农村发展的建议

（一）继续加强扶贫攻坚力度，加快农业农村经济发展

一是着力抓好产业发展，发展农业农村经济。发展才是硬道理，通过抓好产业发展，加大市场开发力度，带动农户持续发展，增加农民的收入水平。二是加大扶贫攻坚力度。坚决贯彻中央政策，因地制宜地贯彻落实好中央、自治区文件精神，加大资金投入力度。同时完善体制机制，加大扶贫资金投入。出台优惠政策，引导社会、企业参与扶贫工作。

（二）加大农业资金投入，加强农业农村基础设施建设

一是抓好农田水利设施建设。加大资金投入，加强水利基础设施建设，加大中低产农田改造力度，提高农业综合生产及抗灾防灾能力。二是抓好农村道路建设。切实改善农业农村交通条件，加快农村的商贸流通。三是针对农业产业的发展现状，制订相应的惠农促农政策。在项目引进开发、技术引进方面加大工作力度。有计划地引导土地流转，实现规模经营。四是加强生态环境建设，做好农业农村生态环境保护，走农业可持续发展的道路。

（三）加快农业产业化发展，着力调整农业产业结构

百色传统农业发展还无法使当地农民从根本上摆脱贫困。要加快农业农村的发展速度，必须改变经营方式，调整农业产业结构。一是加强特色产业建设，夯实产业基础。在保障粮食安全生产的基础上，扎实推进百色芒果、柑橘、蚕桑建设，在扩大特色优势产业规模的过程中逐步调优产业结构。如，水果生产继续以百色芒果为重点，注重带动芒果、火龙果、柑桔、猕猴桃、西贡蕉等其他特色水果不断发展壮大；蚕桑产业加强标准化桑园基地建设，完善技术培训、完善技术服务体系。二是提高信息、物流、交通等服务水平，从而促进农业加快发展。培育壮大中介组织、电商，引导农村专业协会向合作社方向发展，搞活农产品流通。三是以龙头企业带动产业发展。引进带动作用明显的龙头企业及加工企业，以“公司+农户”形式引导产业发展，提高农产品附加值。

改革开放40年贺州市居民消费价格波动幅度逐步缩小

莫 媚

贺州是一座新兴城市，原为贺县，属梧州地区管辖，1997年设县级市，2002年设立地级贺州市，城市发展进程不断加快。改革开放以来，贺州物价管理由计划经济模式向市场经济转变，期间物价水平几经起落，总体维持上行趋势，但其波动幅度逐渐缩小，由大幅震荡转变为温和运行。据国家统计局贺州调查队调查数据显示，2017年与1977年相比，贺州市居民消费价格（CPI）累计上涨702.9%，年均上涨5.5%，变动趋势与全国、广西基本一致。

一、1978年以来贺州市物价变动基本情况

（一）从剧烈震荡到温和运行

因商品供应暂未能跟上人民需求、价格调控机制还未完善等原因，在80年代、90年代，贺州出现过物价大起大落的情况。而随着社会主义市场经济体制不断发展完善，贺州居民消费价格的波动由剧烈震荡逐步转向温和可控，总体呈现波动幅度缩小、波动周期加长的特点。特别是2012年以来，贺州市居民消费价格水平保持温和上涨态势。改革开放以来贺州CPI（其中1993年及以前为贺县职工生活费用价格指数）走势如图1所示：

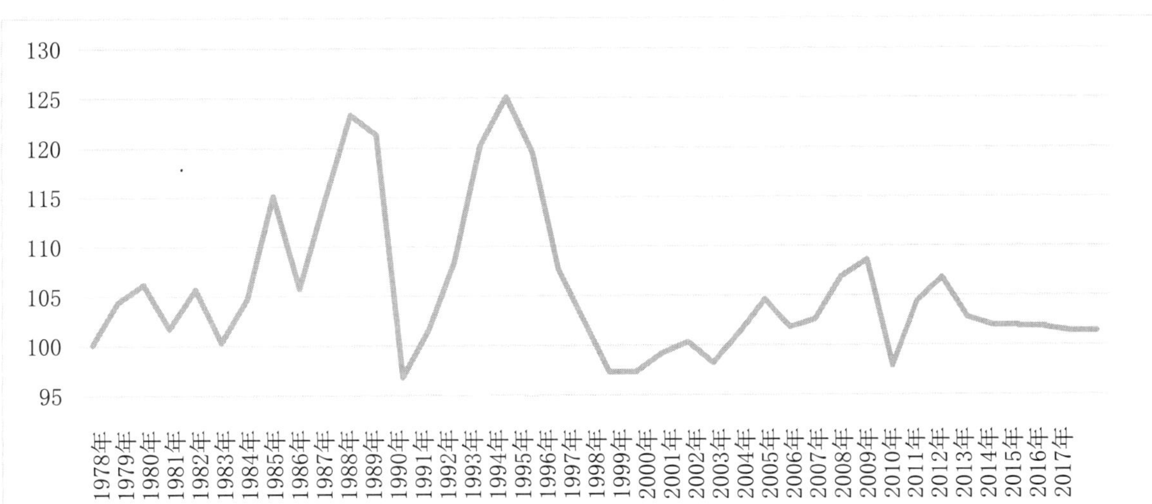

图1 1978年—2017年贺州市CPI走势

（二）物价变动趋势与全国、广西相符

1978—2017年，贺州CPI年均涨幅为5.5%，而全国、广西CPI年均涨幅分别为4.9%、5.4%。贺州CPI走势与全国、广西基本吻合。在80年代的个别年份，贺州物价涨跌幅与广西水平还会出现一定差距，90年代之后与广西基本保持一致，如图2所示。

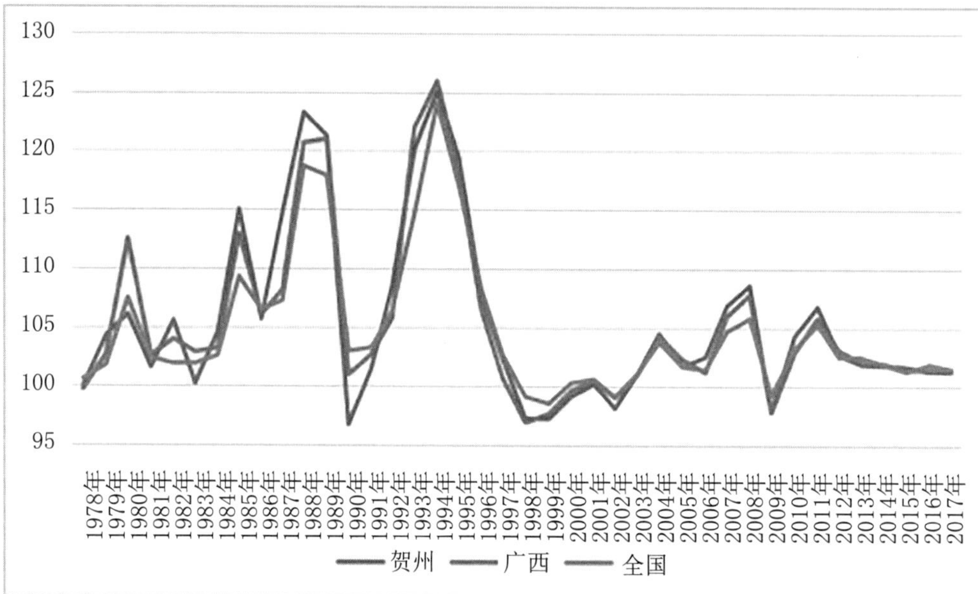

图2 1978年—2017年全国、广西、贺州CPI走势

二、各个时期物价变动特点

结合物价管理政策和物价水平变动特征来看，改革开放以来贺州市物价变动主要分五个阶段：

（一）初步放开管制阶段（1978年—1984年），价格稳步上涨

1979年起，国家对物价管理体制进行改革，适当下放物价管理权限，购销政策不断放宽，对粮食收购实行超购加价，并逐步减少农副产品派购品种，农副产品价格开始随行就市，议购议销，物价水平逐步上升，但上升幅度保持在7%以内。

（二）价格双轨管理阶段（1985年—1996年），价格大幅攀升

1985年起，“价格双轨制”开始实行，到1987年9月，国务院颁布《中华人民共和国价格管理条例》，国家定价、指导价和市场调节价相结合。这一时期，粮食收购办法改为合同订购，生猪购销价格放开，各种商品的市场价格相继上升，特别是1988年前后，受日用品供应紧缺，粮食供应政策调整等因素影响，物价出现大幅上涨，十二年中，有七年物价涨幅超过10%，其中1988年、1989年、1993年、1994年四年的物价涨幅超过了20%，出现了较为严重的通货膨胀。

（三）市场经济确立阶段（1997年—2006年），价格总体可控

这一时期市场经济主体地位逐步确立，主要通过市场竞争建立价格自动调节机制。

同时随着国家价格监管体系的不断完善，宏观调控力度也逐步加强，特别是在1998年《中华人民共和国价格法》颁布并实施后，政府价格管理进一步走上了法治化轨道。在此期间贺州市CPI涨势逐步放缓，十年间有涨有降，CPI上涨最大幅度为4.6%，下降最大幅度为2.7%，均在正常市场调节范围内。

（四）市场全面主导阶段（2007年—2011年），价格震荡上行

这一时期我国社会主义市场经济体制已基本建立，普通商品和服务价格均由市场自行调节，市场供需平衡偏离时，商品价格会出现较大幅度的波动。2007年，贺州市粮油、肉禽蛋鱼、食品、建材、农业生产资料等价格大幅上涨，特别是猪肉、食品等价格飙升，CPI涨幅达6.9%，2007年、2008年CPI分别上涨6.9%和8.6%，政府启动宏观调控后，2009年价格涨幅回落到2.1%，但受自然因素和经济大环境的影响，2010年、2011年贺州市CPI继续上涨4.4%和6.8%。

（五）调控机制成熟阶段（2012年—2017年），价格趋于稳定

经过2007年和2011年两次物价大幅波动，政府宏观调控价格机制日趋成熟，在重要物资储备、应对主要农副产品价格周期性波动等方面，都出台了行之有效的措施。2012年起，贺州市CPI涨幅逐年收窄，2014年起连续4年涨幅均未超过2%，价格水平基本保持稳定。

三、影响CPI走势的因素

（一）政府改革与调控

改革开放前，中国实行的是高度集中的价格管理体制，许多商品的价格长期处于不合理状态，价格没有发挥其调节国民经济的杠杆作用。1978年党的十一届三中全会以后，改革物价管理体制，有计划地下放商品管理权限，从改革初期实行“计划经济为主，市场调节为辅”，到80年代后期国家定价、指导价和市场调节价相结合，再到加入世界贸易组织（WTO）后市场定价占主导地位，政府对物价的管理不断放开，让“看不见的手”发挥越来越大的作用，以市场经济的高效率带动经济高速增长。

坚持市场经济的同时，宏观调控机制也在日益完善，在物价过快上涨时采取一定的平抑措施，重要商品价格持续低迷时对其产业加以扶持，保持价格的基本稳定。

（二）经济高速发展

改革开放以来，国内生产总值（GDP）进入高速增长的轨道，经济发展对物价水平的影响至关重要。一是央行货币发行量随经济增长而增加，导致在商品供应还不够充足的时期，物价水平出现大幅上扬。二是随着生产力的发展，商品供应逐渐增加，特别是科技消费品，从1980年代的一货难求价格走高，到现在琳琅满目价格平稳，至“十二五”、“十三五”期间，部分行业甚至出现产能过剩的情况。因商品供应充足且种类丰富，1997年以后，贺州市居民消费价格总体涨幅都在可控范围内，未再出现10%以上大起大落的波动。三是基础设施建设见成效，优化了贺州市场供应结构。2009年7月洛湛铁路通车，2014年12月，贵广高铁通车，直接影响客运价格下降。同时，货运路线的增加、高速公路的修建，使得商品流通更为便利，外来商品输入增多，丰富了贺州市场，利于物价稳定。

（三）食品类价格影响

贺州市历次物价剧烈波动，诱因均是食品类价格大幅上涨或回调。例如1987年职工生活费用价格上涨14.8%，其中食品类价格上涨17.5%；2007年CPI上涨6.9%，其中食品价格上涨15.4%，影响CPI上涨5.04个百分点；2011年CPI上涨6.8%，其中食品类价格上涨15.5%，影响CPI上涨5个百分点；2009年CPI下降2.1%，而食品类价格下降3.8%，影响CPI下降1.3个百分点。

在食品类商品中，粮食、肉禽类、鲜菜鲜果价格波动影响较大。改革开放前期，在1985至1989年、1992至1996年期间，粮食价格出现过几次持续性的上涨，1990年国家建立了粮食储备制度，该制度逐步完善后，对粮食价格调控起到了重大作用，其后粮食价格未再出现持续上涨的情况。肉禽供应在改革开放初期主要受生产力的影响，规模化养殖逐步发展后，肉禽日常供给已基本满足市民日常需求。但养殖业易受疫情影响，生猪、家禽大规模病死的情况屡有发生，例如2007年，生猪蓝耳病在贺州市蔓延，存栏量减少，猪肉供应短缺，全年价格上涨57.1%。由于猪肉涨价的带动，其替换品如其他肉类、肉禽制品、蛋类及水产品类价格也出现明显上涨。菜类价格波动频繁。受季节、气候影响大，受到自然灾害时，容易在短时间内大幅上涨；但同时因为种植周期短，生产恢复后价格会迅速回落。

（四）劳动力外流

贺州毗邻广东，到珠三角地区交通相对便利，改革开放后不断有劳动力外流到经济较发达的广东地区打工。2000年以后，80后一代成年，更多的青壮劳动力不愿意留在本地务农而偏向于外出打工，劳动力外流的现象愈加明显。与此同时，贺州市的服务业也在不断发展，招工成为一大难题，劳动力报酬也呈逐年上涨的态势，用工成本转嫁到服务收费，服务项目价格在2000年到2015年的15年间上涨了78.2%，而同时期居民消费价格总体上涨幅度为53%，服务项目价格上涨幅度远超同期居民消费价格总体涨幅。

（五）新世纪经济格局调整

2001年加入世界贸易组织后，我国与其他各国的经贸联系日益紧密，在经济全球化的趋势下，国内物价变动越来越多地受到国际商品价格走势的影响。例如国内成品油价格调整与国际油价变动挂钩，国际金价、大豆等大宗商品价格的变动亦影响国内相关商品价格的走势，进而影响CPI的变动。

2000年以来，网络购物兴起，中国电子商务取得了长足的发展，至2015年全国实物商品网上零售总额已占社会消费品零售总额10.8%。为应对电商的竞争，实体店降价促销活动增加，同时逐步发展出O2O经营模式。电商与实体零售商、服务商从竞争到融合，对商品价格产生了不容忽视的影响。

改革开放40年河池市农村居民生活水平显著提高

李名浩

1978年，党的十一届三中全会做出了实行改革开放的重大战略决策，为社会经济发展注入了新活力。历年来党中央高度重视三农工作，2004年至2018年不间断地连续十五年发布以“三农”为主题的中央一号文件，高强度明确了“三农”工作在中国社会主义现代化时期“重中之重”的地位。改革开放40年来，河池市委、政府认真贯彻落实党和国家各项促增收、惠民生的方针政策，不断创新发展思路，凝心聚力，全市经济实现快速稳定协调发展，农村居民收入快速增长，生活水平发生翻天覆地的变化，人民群众共享了改革开放的发展成果。特别是十八大以来精准扶贫和乡村振兴战略，全市“三农”发生了翻天覆地的变化，农村改革取得了巨大成绩，河池农村居民收入获得了快速增长的较好成绩，2017年河池市农村居民人均可支配收入8260元，增幅10.0%，扣除价格因素后实际增长8.6%。

一、改革开放以来河池农村经济发展情况

1978年全市农业总产值2.77亿元，经过40年的发展，2017年达到271.75亿元，是1978年的98.1倍，年均递增12.1%；其中全市粮食总产量102.18万吨，比1978年82.31万吨增长19.87万吨。农村居民人均收入由1978年54元上升为2017年8260元，增长了152.9倍，年均递增13.4%。改革开放以来，河池市在推进结构调整中不断加强农业综合生产能力建设，农业生产条件不断改善，粮食、油料等主要农产品产量持续增加，主要农产品有效供给水平不断增强。2017年，农业产值114.96亿元，林业产值29.20亿元，牧业产值112.83亿元，渔业产值8.56亿元，农林牧渔服务业产值6.20亿元，农林牧渔业增加值162.13亿元。2017年，河池市“三农”工作取得新进展，创建各级现代特色农业示范区206个，其中自治区级15个；建成现代林业示范区5个，新建林下经济示范基地11个；农民合作社达4665家，684个贫困村实现全覆盖；同时河池市委、市政府将产业发展作为脱贫攻坚的关键，精心谋划、大力实施“十大百万”扶贫产业工程，确保群众有稳定的、可持续的收入来源。全市核桃总面积达255万亩，建成“万千百”高产栽培核桃示范基地1185个30万亩；油茶总面积突破100万亩，建设千亩油茶高产示范基地14个；分别创建7个种牛、10个种羊繁育示范基地，肉牛、肉羊饲养量及出栏量居广

西第一；内陆大水面开发面积80万亩，居广西第一；桑园总面积达85万亩，桑蚕生产规模稳居全国第一。

二、改革开放以来，三次产业结构大幅调整，农村居民收入结构也发生了较大变化

（一）三次产业结构大幅调整

三次产业的比重由1978年的44.5∶29.8∶25.7调整为2017年的23.0∶30.4∶46.6，第一产业占地区生产总值（GDP）的比重下降了21.5个百分点；第二产业占GDP的比重提高了0.6个百分点；第三产业占GDP的比重提高20.9个百分点。

（二）收入结构调整成效明显

1.家庭经营性收入比重下降。作为传统的农业地区，家庭经营性收入在农民人均可支配收入中所占比重下降了18.3个百分点。2006年，人均家庭经营性纯收入为1321元，占全年人均纯收入2186元的60.4%，到2017年，家庭经营性净收入人均为3474元，占全年可支配收入8260元的42.1%。占比虽然下降了18.3个百分点，但仍是农民增收的主渠道。

2.工资性收入成为农民增收的新亮点，农村富余劳动力在城乡之间双向流动就业，是增加农民收入和推进城镇化的重要途径。2006年人均工资性收入人均724元，占人均纯收入的33.1%，2017年人均工资性收入2900元，占全年可支配收入8260元的35.1%，占比增加了2个百分点。

3.财产性收入比重变化不明显。2006年人均财产性收入34元，占人均纯收入的1.6%，2017年人均财产性收入84元，占全年可支配收入8260元的1.0%，占比下降了0.6个百分点。

4.国家各项支农惠农政策的出台和力度不断加大，使得转移性收入持续增加。从粮食直补到农村医保，再到农村养老保险等政策的连续出台及每年最低工资的调标，使得农村居民转移性收入快速增长。2006年人均转移性收入人均107元，占人均纯收入的4.9%，2017年人均转移性收入1802元，占全年可支配收入8260元的21.8%，占比增加了16.9个百分点，年均增长29.3%。

（三）居民收入增长农村快于城镇，城乡收入相对差距不断缩小

改革开放以来，河池市城乡居民收入相对差距逐步缩小，尤其在“十八大”后，河池市政府着力改善民生，加强政策的扶持与支持，努力促进扩大城乡劳动力就业，通过推进民生保障，不断完善社会保障体系，继续提高养老金、低保金水平，切实提高职工工资水平，高低收入差距进一步缩小。同时持续加大农村精准扶贫力度，财政惠民投入力度不断加大，惠农富农政策落实，农业、农村、农民实实在在的稳定、增效、增收，使得农村居民人均可支配收入增速基本高于城镇，城乡差距逐步缩小。数据显示，2012—2016期间，农村居民人均可支配收入增速分别高出城镇3.0、3.1、1.4、1.2、2.0和1.6个百分点。此外，全市城乡居民可支配收入倍差（以农村为1的城乡收入比）也呈逐年降低的趋势，2012年至2016年城乡居民可支配收入倍差分别为3.38、3.29、3.25、

3.21、3.15和3.10表明城乡居民收入差距在逐年缩小，收入分配结构持续改善。

三、党的十八大以来，农村居民生活状况发生了巨大的变化

改革开放以来，随着农村经济的发展，农村基础设施和消费环境的改善，收入水平的提高，带动消费水平逐年提升，居住条件明显提高，农村居民生活状况发生了翻天覆地的变化。特别是党的十八大以来，一系列民生措施，让百姓生活水平不断提高、生活质量不断改善。河池市农村居民人均可支配收入从2012年的5193元，增加到2017年的8260元，增加了0.6倍，年均增长9.7%。

（一）恩格尔系数下降，生活水平不断提升

党的十八大以来，全市农村居民生活消费支出中，食品消费支出金额不断攀升，从2012年的4062元，增加到2017年的6844元，增加了0.7倍，年均增长11.0%。但食品消费支出占生活消费比率下降，农村居民恩格尔系数由2012年的44.3%下降至2017年的33.9%，说明河池农村居民生活水平不断提高，消费结构不断改善。

（二）消费支出快速增长，消费结构日趋优化

40年的改革开放使河池农村居民逐步富裕起来，日益繁荣的消费市场为消费提供了更多更好的选择，消费丰富多彩，消费水平明显提升。居民的消费结构从满足简单的衣食生存需求，正不断向享受型、发展型方向升级。河池市农村居民人均生活消费支出从2012年的4062元，增加到2017年的6844元，增加了0.7倍，年均增长11.0%。在2012年农村居民的八项主要消费支出中，食品烟酒、衣着、居住、生活用品及服务、交通通信、教育文化娱乐、医疗保健和其他用品及服务所占比重分别为：44.3%、4.0%、18.6%、5.8%、10.8%、5.4%、8.8%、2.3%，2017年农村居民的八项主要消费对应分别为：33.9%、3.6%、21.6%、6.4%、10.3%、12.9%、9.7%和1.6%，其中：教育文化娱乐、医疗保健在八项主要消费支出中所占比重大幅提升，食品消费占比大幅下降。

（三）居住条件发生根本性改变

随着收入水平不断提高，农村居民的住房经历了土木结构、砖瓦房，到钢筋混凝土结构的三次更新换代，尤其近几年随着脱贫攻坚力度不断加大，土木结构房屋大幅减少，新增加的住房几乎都是钢筋混凝土结构。据住户调查数据显示，河池市农村住房主要建筑材料为钢筋混凝土或砖混结构的占达到90%左右，居住面积不断增加，房屋的质量和美观度越来越好。2017年全市农村居民人均居住消费支出1477元，占消费支出的21.6%，比2012年增加了3个百分点；人均年末使用房屋面积为46.8平方米，比2012年的36.2平方米，增加了10.6平方米。

（四）交通通信的快速发展带动了居民消费层次进一步提高

改革开放40年来，河池与时俱进，农村居民消费方式日新月异。交通、通讯、网络等建设的不断完善，满足了居民生活、工

作、娱乐的更多需要。居民家庭的电脑、手机、私家车等从无到有，通讯方式从传统的寄信到电子邮件、手机通话、微信、QQ等新媒体方式，沟通交流变得更方便快捷。在外就餐、网上购物、境内、外旅游等现代生活方式已经走入寻常百姓家。据住户调查数据显示，2017农村居民人均交通和通讯支出达706元，比2012年增加了0.62倍，年均递增10.1%。同时2017年全市农村每百户拥有摩托车85.0辆、汽车11.1辆。自2000年开始手机逐步进入农村家庭，近几年手机拥有量的高速增长，农村居民每百户拥有手机由2012年的84.7部，增加到2017年的259.5部，固定电话逐渐基本退出。

（五）消费从满足物质需求向精神享受转变

随着物质生活的不断满足，农村居民的精神文化生活消费需求快速增长。电脑、摄像机、健身器材等娱乐用品逐渐普及，休闲娱乐、健身、旅游等娱乐活动也开始进入普通百姓家庭，带动了教育文化娱乐服务消费的持续增长；同时外出旅游、送子女参加各种兴趣班学习、逢年过节亲朋聚会时到KTV和夜市消费等文娱消费也逐渐增多。2017年农村居民人均教育文化娱乐消费支出884元，占生活消费的比重达12.9%，比2012年的增长3.0倍。

（六）农村居民家庭耐用消费品不断普及和提档，生活质量实现大幅提升

耐用消费品消费，从70年代追求“三转一响”（手表、自行车、缝纫机和收音机），到90年代奢望“新三件”（彩电、冰箱、洗衣机），再到现在汽车和手机进入普通家庭。2012年全市农村每百户拥有冰箱56.9台，洗衣机39.2台，彩电85.3台，汽车2.0辆、移动手机84.7台；到2017年农村每百户拥有冰箱98.9台，洗衣机82.2台，彩电104.8台，汽车11.1辆、移动手机259.5台；“新三件”已然成为农村家庭的生活必需品。空调、热水器、计算机等家用电器也进入农民家庭，2012年河池农村居民每百户拥有空调6.5台、热水器26.0台和计算机7.6台，到2017年分别拥有空调20.5台、热水器68.8台和计算机17.2台。

40年风雨历程，河池市经济社会发展成就巨大，取得了令人瞩目的辉煌成就。但也应看到，当前打赢脱贫攻坚战的任务仍然十分艰巨。特别是河池市作为少数民族贫困地区，由于长期以来受自然、经济、社会、文化等因素的影响，经济社会发展与发达地区相比相对滞后，农业基础薄弱、工业支撑作用不强、服务业发展滞后，农村贫困面大、贫困程度深、基础设施落后、稳定脱贫难度大，要在2020年与全国广西同步全面建成小康社会，任务更为艰巨。河池市各级党委政府必须要以习近平新时代中国特色社会主义思想为指导，全面贯彻党的十九大精神，加强党对“三农”工作的全面领导，坚持把解决好“三农”问题，建立健全城乡融合发展体制机制和政策体系，统筹推进农村经济建设、政治建设、文化建设、社会建设、生态文明建设和党的建设，加快推进农业农村现代化，推动农业全面升级、农村全面进步、农民全面发展，谱写新时代河池乡村全面振兴新篇章，创造更加辉煌的未来。

十年来贵港市农村居民人均可支配收入快速增长

杨 婷

2008年至2017年，贵港市委、市政府以加快建成西江流域核心港口和新兴工业城市为目标，大力实施“工业兴市、工业强市，改革引领、创新驱动，东进融合、开放带动”三大战略，全面开展工业提质年、项目落地年、企业服务年、城市建设管理年、县域经济突破年、精准脱贫攻坚年“六个年”活动，持续开展“大招商、招大商”活动，经济社会保持平稳健康发展，农村居民收入得到较快增长。

一、十年来贵港市农村居民人均可支配收入快速增长

2008年至2017年，贵港市农村居民人均可支配收入实现快速增长（如图一所示）。调查资料显示，2008年至2017年，贵港市农村居民人均可支配收入（2008年—2015年农民人均可支配收入根据当年的农民人均纯收入数据推算得出）从4268元增加至12544元，增加8276元，增长了1.94倍，年均增长920元，年均增长率为12.7%，2015年首次突破万元大关。农村居民人均可支配收入构成“四大项”均呈现良好发展态势。

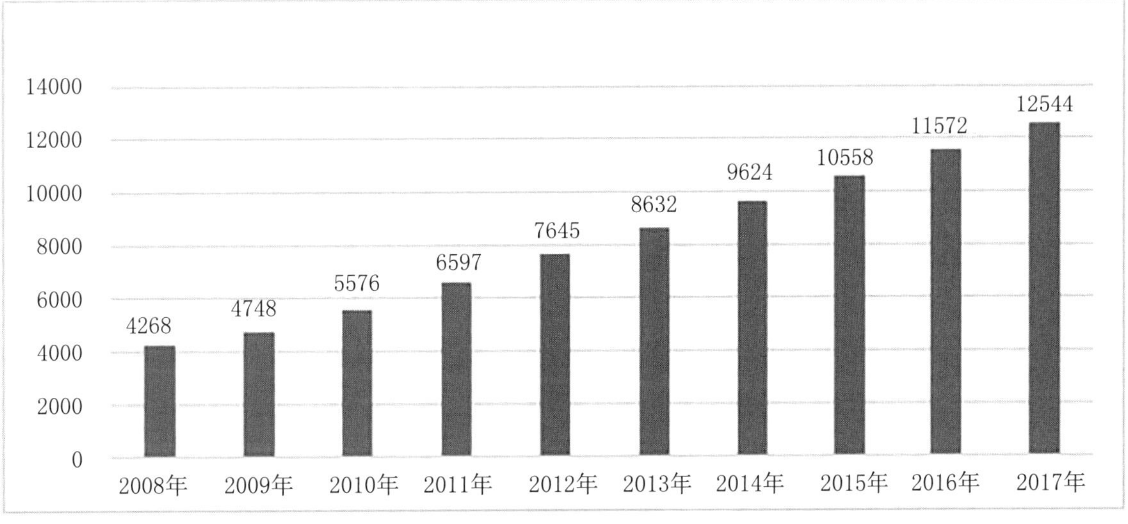

图1 2008年—2017年贵港市农村居民人均可支配收入

（一）工资性收入快速增长，占可支配收入的比重逐步提升

十年来，贵港市大力实施农民培训工程，加强了农民专业技能培训，提高了农民工就业技能，拓宽了就业渠道，增加了外出务工农民工；同时，通过实施“三年目标任务行动计划”，加大了招商引资的力度，一批批企业落户工业园区，贵港已初步构建了广西第二汽车生产基地，新能源电动车生产基地、电子信息制造基地和生物医药生产基地的框架，为农民工增加了大量的就业岗位；另外，随着二、三产业发展和最低工资标准不断提高，农民务工工资不断增加。调查显示，2017年贵港市农民人均工资性收入5539元，比2008年增加3811元，年均增长率为13.8%，农民人均工资性收入占人均可支配收入的比重由2008年的40.5%提高到2017年的44.2%，提高了3.7个百分点。

（二）家庭经营净收入有所增长，占可支配收入的比重逐步下降

十年来，贵港市积极落实各项支农扶农政策，把发展特色种养产业作为增加农民家庭经营收入的主要来源，努力扩大优势产业发展规模，做大做强优质谷、甘蔗、中药材等重点特色优势产业；同时积极调整农业结构，通过打造特色农业（核心）示范区、家庭农场、农民专业合作社等，拓宽农民增收渠道，实现了农业增效、农民增收；另外实施品牌战略，提高农产品竞争力，注重品牌打造，如富硒米、富硒茶叶等，实现效益增加；在稳定增加第一产业收入的同时，大力发展以交通运输业、旅游业、工业和建筑业为主的二、三产业，引导农民向非农产业转移，比如港南区打造的四季花田生态观光园获评广西五星级乡村旅游区，吸引了大量的游客吃住在农家，实现农民增收。调查显示，2017年贵港市农民人均家庭经营净收入5912元，比2008年增加了3544元，年均增长10.7%，明显低于工资性收入、财产性收入、转移性收入增速，农民人均家庭经营净收入占人均可支配收入的比重由2008年的55.5%下降到2017年47.1%，收窄了8.4个百分点。

（三）财产性收入高速增长，但占可支配收入的比重仍偏低

十年来，贵港市积极推进农村土地承包经营权流转工作，引导社会资本盘活农村“三资”资源，建立农村居民收益分配新机制，进一步促进了农村生产性固定资产的增加和租赁，推动了乡村旅游业的快速发展，农民转让承包土地经营权的出租租金、利息等收入高速增长。调查显示，2017年贵港市农民人均财产性净收入275元，比2008年增加225元，年均增长20.8%，但占人均可支配收入的比重仅为2.2%。

（四）转移性收入迅猛增长，惠农政策带动明显

十年来，贵港市认真落实粮食直补、农作物良种补贴、农资综合直补、农机购机补贴等惠农补贴政策，提高了农民生产积极性；同时，农村亲友赠送及支付赡养费水平的提高也成为了农民转移性收入迅猛增长的重要原因。调查显示，2017年贵港市农民转移性收入817元，比2008年增加了696元，年均增长23.6%。

二、农民增收的现状和困难

从当前和今后一个时期看，要实现贵港市农民人均收入持续快速增长，还面临不少问题和挑战。

（一）农业结构调整成效尚未充分显现

2016年以来，贵港市高度重视种植结构调整，但是由于农民自身对接市场能力弱、信息少，农民进入市场的组织化程度不高，一些农民对于成本较高的高效农业持观望态度，还有很多农民选择种植一些保守而传统的农产品或者把农业生产作为“副业”而选择外出务工，导致农业结构调整遇到瓶颈，农业结构调整的增收空间未能得到彻底释放。

（二）农业产业化发展水平不高

虽然贵港市农业产业化发展势头强劲，但是发展水平仍然不高，农产品加工龙头企业少，上规模、上档次的企业更少，带动能力不强。农产品深加工滞后，多数农产品加工企业为作坊型企业，规模小，生产设备简陋，加工技术落后，科技含量低，创新能力弱，市场竞争力不强，严重影响了农产品加工业发展和贵港市农民增收。

（三）农业生产制约因素较多，农民收入渠道单一

贵港市是农业大市，还不是农业强市，目前制约贵港市农业生产因素仍较多，一是农业农村基础设施仍薄弱，抗灾能力差，虽然各级党委、政府加大了农业农村基础设施的投入，但是由于历史原因或各种矛盾交织所致，目前贵港市农业农村基础设施仍不够完善。二是受自身文化素质、传统观念、思想意识、发展条件等多方面因素的影响，农民创收渠道比较单一，多数农民依然依靠土地生存，新的经济项目相对较少，先进科学高效的致富项目难以推进，陈旧的生产方式制约着农民增收和农村经济的发展。

（四）农村劳动力素质偏低，与农业现代化不相适应

随着农村市场经济的发育和成长，农民收入将会越来越多的依靠技术、信息和资本的相结合，与文化素质的相关性越来越显著。据农民工监测调查数据显示，调查的180个劳动力中，2017年接受过农业技术培训的仅有6人，接受过非农技术培训的也仅有1人，接受过培训的人数仅占劳动力的3.9%。贵港市农村劳动力整体素质低下，不利于就业转移和收入水平提高。农村劳动力整体素质偏低成为传统农业向现代农业转型以及促进农民增收的一大障碍。

三、促进农民增收的对策建议

（一）加强农民技能培训，提高农村基础教育和职业教育质量

针对农村劳动力整体素质普遍不高的现状，一是要从源头抓起，抓好农村义务教育，提高农村学生的入学率和巩固率；二是大力发展职业教育，提高农村劳动力的职业技能和就业能力；三是为农民定期开展农业科技实用技术、劳动力转移、新型创业等知识培训，提高农村劳动力的科

学文化水平和就业能力。

（二）加快推进产业结构调整

贵港市要发挥拥有生态、富硒等优质资源和浔郁平原地理优势，深化发展贵港市的粮食、糖料蔗、水果、蔬菜、茶叶、生猪等优势特色产业体系，并大力发展新、优、特、精的农业产业，做大做强优势产业，深化推进农业结构调整，加快推进产业化、标准化、规模化生产，区域化布局，促进农业产业升级，提升科学技术含量，发展农村合作组织，实行产供销一体化经营，使一二三产业融合发展，拓宽农民创收就业门路，完善现代大农业发展体系。

（三）加强农村基础设施建设，加快土地流转

增加对农业基础的投入力度，优先解决村道、机耕路、小型水利设施、信息网络等服务，为机械化、规模化、产业化发展创造条件。着力打造区域特色鲜明、带动作用大、劳动力转移能力强的龙头企业，鼓励龙头企业、农场主参与农业生产，通过合理有效的流转方式，将不愿种地或进城农民的土地依法转给“以地为生”的农民或农村经济合作组织，实行规模化、产业化经营，提高土地利用率，达到双赢高效的目的。

（四）发展新型农业，培植农民新增收点

随着农业呈现出文化、生态、观光、休闲、旅游等新功能，为农民增收带来新的空间。在保护和治理生态环境的同时应大力发展循环农业、生态农业、休闲观光农业，发展集采摘、收获等劳动参与性的休闲观光农业，多方面增加农民收入。

（五）落实强农惠农富农政策，完善各项社会保障制度

贯彻落实好中央、自治区种粮、良种、农资、农机具、农业保险等各项补贴政策；加大财政对农民生产性补贴的投入，提高农民转移性收入；完善农民社会保障制度，加快农村养老服务体系建设，提高农村社会保障水平。